정보통신선진국을 향한 발전사

정보통신 선진화 30년

시리즈 3 : 21세기를 위한 차세대 정보통신

이정욱 지음

정보통신선진국을 향한 발전사

정보통신 선진화 30년

시리즈 3 : 21세기를 위한 차세대 정보통신

인 쇄 : 2024년 5월 10일 초판 1쇄
발 행 : 2024년 5월 16일 초판 1쇄

저 자 : 이정욱
발행인 : 송 준
발행처 : 도서출판 홍릉
주 소 : 01093 서울시 강북구 인수봉로 50길 10
등 록 : 1976년 10월 21일 제5-66호

전 화 : 02-999-2274~5, 903-7037
팩 스 : 02-905-6729
e-mail : hongpub@hongpub.co.kr
http://www.hongpub.co.kr
ISBN : 979-11-5600-197-3(93000)

정 가 : 50,000원

서 문

우리나라 정보통신은 140년의 역사를 가지고 있다. 1885년 9월 한성-제물포 간에 최초의 전신선이 개통됨으로써 이 땅에 정보통신의 역사는 시작되었다. 그 후 우리나라의 정보통신은 근대화 시대, 여명기를 거쳐 1970년대부터 정보통신 선진화 시대를 열어가게 되었다. 저자는 우리나라 정보통신 140년의 역사를 4단계로 구분하였다.

(1) 전신전화를 최초로 개시한 전기통신의 근대화시대(1880년대-1930년대)

(2) 자동전화로의 현대화를 시작한 전기통신의 여명기(1940년대-1960년대)

(3) 전국 기간통신망의 현대화를 달성한 정보통신의 선진화시대(1970년대-1990년대)

(4) 전 국민 스마트폰을 실현한 정보통신의 개인화시대(2000년대 이후)

이 책은 그 중 정보통신 선진화시대 30년의 발전사이다. 우리나라 정보통신 선진화는 1982년 1월 1일 한국전기통신공사가 창립되면서 본격적으로 시작되었다. 이때부터 통신정책부문은 체신부 및 정보통신부가 담당하고, 공중전기통신사업은 한국전기통신공사가 전담하게 되었다. 이러한 통신발전을 위한 정부와 한국통신의 노력으로 1990년대 후반 우리나라는 정보통신 선진화를 완성하여 세계적으로 정보통신 선진국 10위권에 진입하였다.

저자는 한국전기통신공사가 우리나라의 정보통신수준을 선진국 대열로 끌어올린 역사적 과정을 정보통신 선진화 30년(情報通信 先進化 30年)이라는 이름으로 그 발전사를 발간한다. 이 책을 집필함에 있어 기준, 범위 및 근거는 다음과 같다.

첫째, 한국전기통신공사(약칭: 한국통신)는 우리나라 정보통신 선진화 30년 동안 정보통신의 기반시설인 기간통신망을 주도적으로 건설 운용하였다. 정보통신 선진화기간 동안 시내통신망, 장거리통신망, 국제통신망, 인터넷망 등의 기간통신망의 총 확장규모에 대해 정리하였다.

둘째, 정보통신 선진화 30년 동안 방대한 기간통신망의 건설을 위한 정부의 정책결정사항, 한국통신의 통신망 확장계획내용 및 건설과정 등을 정보통신 발전역사 측면에서 기술하였다.

셋째, 정보통신 선진화를 완성하기 까지 정책수립, 계획수립, 통신망 건설공사집행, 통신망운용 등 각 부문별로 이를 주관한 책임자 및 관련자를 가능한 범위에서 확인 기록하였다.

넷째, 본 책자의 주요내용은 당시 한국전기통신공사, 체신부, 정보통신부, 한국정보인증(주), 공공기관 등에서 발행한 결재문서, 보고서, 발간책자, 임직원 명부, 주요내부자료 등 각종 유인물을 근거로 집필되었다.

한편 이 책은 집필범위 및 내용면에서 다음과 같은 한계와 부족함이 있었음을 알려드리며 양해를 구한다.

① 정보통신 선진화 30년 동안 기간통신망의 확장 건설은 체신부, 정보통신부 및 한국전기통신공사의 통신망 건설담당부서가 주도하였다. 그러나 상당부분 여러 관련부서와 협력 수행되었으나 저자가 가진 자료에 의존하다 보니 통신망의 공급계획 수립 및 집행부서 중심으로 소개되고 관련 타 부서의 실적을 제대로 담지 못하였다.

② 집필내용의 상당부분이 저자가 보유한 자료를 근거로 기술한 관계로 저자중심으로 표현되었다.

③ 일부 주요 통신망 건설 및 운용에 대해서는 사정상 개략적으로만 표현하고 상세한 내용은 생략하였다.

④ 선진화 30년 기간에 영업, 재무, 조직개편 등 일반관리부문에 대하여는 저자가 보유한 자료가 없는 관계로 내용면에서 부족한 상태에서 마무리 되었다.

한편 1970년대부터 1990년대까지의 정보통신 선진화 기간에 대통령들이 결정한 많은 정보통신정책이 있으나 여기에서는 저자가 보유한 자료에서 확인된 대통령들의 결재문건 및 지시사항에 한하여 소개하였다. 그 중 주요내용을 보면 박정희 대통령은 대한민국의 정보통신현대화를 위한 5차5개년계획을 수립하여 전자교환기의 대량공급을 결정하였으며, 전자교환기의 국산화개발을 지시하는 등 정보통신 선진화의 기반을 마련하였다. 이를 바탕으로 전두환 대통령은 1982년부터 1986년까지 매년 100만회선 규모의 전자교환기를 대량 공급하여 1987년에는 전국전화의 자동화를 완성하고 자동전화 1천만회선의 위업을 달성하였다.

김영삼 대통령은 무궁화위성 1호 발사를 추진하여 위성통신시대로 진입하게 하였으며, 국내기술로 개발한 전자교환기의 공급을 1천만회선으로 확장함으로서 이때부터 우리나라는 정보통신 선진국(세계 9위) 반열에 올라서게 되었다. 김대중 대통령은 전자서명 공인인증기관을 설립하여 전자상거래 시대를 앞당겼다. 이처럼 정보통신발전을 위한 역대대통령들의 선도적 정책결정이 견인차가 되어 우리나라의 정보통신 선진화는 조기에 달성될 수 있었다고 본다.

끝으로 「정보통신 선진화 30년」은 총 3권으로 발간되었으며 각권의 주제는 <제1권> 전국민 자동전화공급 조기완성, <제2권> 초고속정보통신 시대의 실현, <제3권> 21세기를 위한 차세대 정보통신으로 정하여 집필하였다. 이 책은 2010년 1월에 집필을 시작하여 2024년 5월에 마침으로써 총 집필기간은 14년 5개월이 걸렸다. 이 책이 앞으로 우리나라 정보통신의 선진화를 완성한 정보통신 발전사(情報通信 發展史)로서 역할을 해 주기를 기대한다.

2024년 5월 서울 강북구 KT미아빌딩
KT리더스포럼 사무실에서 이 정 욱

차 례

제1장

국제통신 관문국의 다원화

1. 국제통신망의 현대화

1.1 국제통신망 확장 중장기계획

가. 5차 5개년계획에 의한 확장

우리나라는 1960년대 초까지도 통신에 대한 일반적 인식은 개인 간의 단순 의사전달기능이고, 소수계층의 전용물로 취급되었다. 그리고 사치품으로 인식함으로써 산업발전의 부산물 시 되고 있는 상황이어서 정부는 적극적인 개발정책이나 투자에 인색하였다. 1961년 말 국제통신의 운용시설은 12회선에 불과하였다. 그 후 1981년 말 국제통신은 1,488회선으로 늘어나면서 1961년에 비해 124배나 늘어나게 되었다.

그러나 당시 고도경제성장에 따른 급속한 국제통신시설 수요증가에는 부족한 상황이었다. 정부의 5차 경제개발 5개년계획에 맞추어 한국통신은 국제통신시설을 대량 확장하고 나섰다. 당시 한국전기통신공사 계획국 통신망계획부(부장 이정욱)에서 수립한 통신부문의 5차 5개년계획에 의하면 국제통신 교환시설 1,460회선, 국제전송로 531회선을 공급하는 것으로 계획되었다. 이때 5차 5개년계획 기간의 연도별 공급계획은 <표 1-1>과 같다(통신망 현대화계획, 1985. 12. 17. 한국통신 계획국 통신망계획부).

<표 1-1> 국제통신시설 공급계획(단위 1,000회선)

구분		1982년	1983년	1984년	1985년	1986년	계
교환시설	당년	-	1,200	-	260	-	1,460
	누계	609	1,809	1,809	2,069	2,069	2,069
전송시설	당년	98	206	69	65	93	531
	누계	1,665	1,871	1,940	2,005	2,098	2,098

이때 5차 5개년 기간 국제통신의 발전목표는 1981년 반자동통화 서비스에서 1986년 말에는 자동통화서비스를 제공하는 것으로 정하여 추진하였다. 그리고 중장기 시설확장계획에 의하면 교환시설은 1983년 1,809회선에서 2001년에 11,360회선으로 대폭 증설하고, 전송로는 1983년 1,871회선으로부터 2001년에는 12,429회선으로 크게 확장 추진하였다. 그리고 관문국 다원화는 1987년까지 부산을 추가한 후 점차 확대하고, 전송로는 1988년까지 해저 광통신케이블, 제5 위성지구국을 건설하여 다원화하는 방향으로 추진하였다.

나. 6차 5개년계획의 추진

한국통신은 정부의 5차 5개년계획에 이어 6차 5개년계획 기간에도 지속적으로 국제통신 시설의 고도화를 다음과 같이 추진하였다(제6차 경제사회발전 5개년계획 통신부문계획, 1986. 19, 통신부문계획위원회).

첫째, 교환 및 전송시설을 확충하고 디지털화한다. 이를 위해 국제통신수요를 완전충족하고 시설의 현대화로 서비스 품질을 향상시킨다. 이 기간에 국제통신을 위한 교환시설 1,320회선을 건설하여 1991년 말에는 총 2,295회선으로 확장한다. 이때 국제회선의 연도별 시설확장계획은 <표 1-2>와 같다. 또한 교환시설의 디지털화율은 1986년 말 76%에서 1992년 말 92%로 향상시키고, 전송시설의 디지털화율은 1991년 말 37%로 개선한다.

<표 1-2> 국제통신시설 제6차 5개년계획

구분	1986년	1987년	1988년	1989년	1990년	1991년
교환시설(회선)	-	-	260	310	330	420
시설누계	2,043	1,971	2,171	2,421	2,751	3,111
전송시설(회선)	-	130	192	-	2,000	-

둘째, 태평양 해저광케이블을 건설한다. 이 케이블 사업에는 한국, 미국, 일본 등 10개국이 참여하고 있고, 미국-하와이-일본 구간(280Mbps 4천회선)은 1987년-1988년에 건설한다. 그리고 괌-필리핀 구간(140Mbps 2천회선)은 1987년-1989년에 건설하고, 한국-일본-홍콩 구간(140Mbps 2천회선)은 1988년-1990년에 건설한다. 이 케이블의 총 건설비는 9억4천6백만불이고, 이중 한국 부담은 5천5백만불이며, 이를 1986년에 5.3백만 불, 1987년에 8.9백만불, 1988년에 17.1백만불, 1989년에 11.3백만불, 1990년에는 12.4백만불을 분할하여 지불한다.

셋째, 88올림픽 국제TV 중계회선 수요충족을 위해 제5 위성통신지구국을 건설한다. 이를 위해 충북 보은에 위치한 제4 위성지구국의 대지 및 건물을 활용하여 1986년- 1988년에 건설한다. 이 시설의 회선용량은 192회선이고, 시설비는 85억원을 투자하며, 88올림픽 후엔, 인도양 위성의 전용 위성통신지구국으로 활용한다.

넷째, 국제해사위성기구(INMARSAT)의 해사위성을 통해 해상에서 운용 중인 선박과 육지 간 통신을 제공하고, 선박의 재난방지 및 인명보호를 위하여 해사위성지구국을 건설한다. 이 사업은 1987년에 기본계획을 수립하고 방침을 확정하며, 1987년-1990년에 규격을 확정하고 물자를 구매한다. 시설비는 10억원으로 하여 1990년에 시공하여 1991년에 개통한다.

1.2 한국통신의 국제통신망 구성 및 운용

가. 1980년대의 국제통신회선 구성

1980년대 초반 국제간의 통신서비스를 제공하기 위한 국제통신망은 위성통신망, 스케타통신망, 해저케이블망으로 구성되었다. 즉 국내통신망에서 발생되는 국제간의 호(Call)는 관문국을 거쳐 위성 또는 해저광케이블을 통하여 연결되었다. 그리고 초기 국제전화망은 국제관문국 교환기 2개소(서울 1개소, 부산 1개소)와 위성지구국 또는 육양국으로 구성되었으며, 중기 이후에는 국제관문국을 3개소 이상(서울 2개소, 부산 1개소)으로 구축하였다. 이때 국제통신을 위한 위성통신망, 스케타통신망, 해저광케이블망은 다음과 같이 구성 운용하였다. 여기에서 한일 간 스케터 통신(음성급 60회선)이 1968년에 개설되었다.

① 위성통신망

> ☏--시내전화국—국제전신전화국--(동축 또는 MW)--금산위성통신지구국--
> (인텔세트 위성)--태평양지역(북미, 동남아), 인도양지역(유럽, 중동)

② 스케타 통신망

> ☏--시내전화국--국제전신전화국--(동축 또는 MW)--울산 무룡산 중계소--
> (스케타 무선망)--일본(요코하마)

③ 해저케이블 망

> ☏--시내전화국--국제전신전화국--(동축 또는 MW)--부산 해저통신 중계소--
> (해저케이블)--일본(요코하마)

그리고 상호접속망은 기존 사업자의 시외교환망에서 신규사업자 국제관문국 간을 접속하였으며, 타 통신망과의 접속에 대한 세부방안은 사업자 간 협의하여 결정하였다. 또한 외국 사업자와의 접속의 경우 제2 외국사업자의 회선을 이용한 우회회선을 금지하였으며 이 경우 국내 사업자의 회선을 이용토록 하였다. 이때 과금방법은 접속이용교환기에서 과금하였으며 IGS기능보유 교환기에서 과금하게 하였다.

한편 국제통신의 확장에 대비하여 한국통신 기술기획실(실장 이정욱)에서는 국제관문국을 보강하고 신설하는 발전계획을 수립 추진하였다(국제통신망 장기발전 기본계획, 1993. 한국통신 기술기획실). 이 계획에서 국내지역 여건을 고려하여 국제관문국을 보강하고, 서해안 통신수요 및 국제통신사업자를 감안하여 국제통신관문국을 신설토록 결정하였다. 1982년도에는 국제통신회선 98회선(소요예산 25억5천6백만 원)을 확충하였으며, 1983년에는 119억8천1백만 원을 투자하여 206회선을 신증설하였다.

나. 1990년대의 국제회선 운용

1990년대 중반 한국통신은 국제통신회선을 위성에 44%, 해저케이블에 56%로 분산 수용하여 운용하였으며, 그 세부내용은 <표 1-3>과 같다. 1990년대 중반부터 한국통신은 국제통신부문에서 데이콤과 경쟁하고 있었다. 당시 우리나라는 총 12,725회선의 국제통신회선을 운용하고 있었으며, 이를 한국통신과 데이콤이 분할 운용하고 있었다. 한국통신은 국제통신 직통국가 84개국, 사업자 104개사, 국제회선 8,995회선을 운용하고 있었다. 한편 데이콤은 국제통신 직통국가 42개국, 사업자 48개사, 국제회선 3,730회선을 운용하였는데 그 상세 내용은 <표 1-4>와 같다(1998. 12).

<표 1-3> 한국통신의 전송방식별 국제회선 수용상황(1996. 3)

전송방식	태평양위성	인도양위성	아시아새트	해저케이블	합계
운용회선(회선)	2,206	1,609	30	4,882	8,727
통신국가 수	미국 등 26	독일 등 59	중국	33	

<표 1-4> 한국통신과 데이콤의 국제회선 운용상황(1998. 12)

구분	한국통신	데이콤	계
위성통신회선	3,912회선	2,006회선	5,918회선
해저케이블회선	5,083회선	1,724회선	6,807회선
합계	8,995회선(71%)	3,730회선(29%)	12,725회선
직통국가 수	84개국 104개사업자	42개국 48개사업자	

이때 데이콤은 충남 아산에 위성지구국을 운용하고 있었으며, 위성지구국의 규모는 안테나 3기(인텔셋), 대지 1만9천평, 건물 1천평, 근무인원 32명으로 되어 있었다. 국제통신사업 경쟁 초기 한국통신이 가지고 있었던 국제회선업무는 전화회선과 전용회선을 운용하고 있었으며, 이 업무는 다음과 같이 분담 수행하였다(1996년).

(1) 전화회선에 관하여는 기 운용 중인 국가의 회선소요산출, 회선확보, 회선구성 및 운용업무는 네트워크본부가 담당하였다. 그리고 신규 국제전화사업자의 회선 신설 등 업무개시를 위한 협정 및 정산업무는 전략영업본부에서 담당하고, 001판촉 활동은 전략영업본부와

마케팅본부에서 수행하였다.

(2) 전용회선 부문은 네트워크본부에서 회선구매, 회선구성 및 운용을 담당하고전략영업본부는 회선판촉 활동 및 외국 사업자와 협정을 체결하였다.

당시 양사의 국제 해저케이블 보유상황(육양 기준)을 보면 한국통신은 HJK 3,240회선, RJK 9,480회선, CKC 6,030회선, APCN 6,510회선, FLAG 2,400회선, SMW-3 3,540회선 등 총 31,300회선을 확보하였다. 그리고 데이콤의 경우 HJK 600회선, RJK 3,660회선, CKC 1,260회선, APCN 3,270회선, FLAG 690회선, SMW-3 1,240회선 등 총 10,740회선을 확보하는데 성공하였다.

다. 국가별 국제통신회선 운용

당시 우리나라에서 발생하는 국제통신호(Call) 중 미국, 일본, 중국과의 통신량이 전체의 60% 이상을 차지하고 있었다. 이때 우리나라(한국통신)와 200회선 이상의 국제통신회선을 운용하고 있는 나라는 미국 2,684회선, 일본 1,854회선, 중국 776회선 홍콩 298회선, 독일 259회선, 영국 243회선, 인도네시아 208회선 등 7개국으로 나타났다. 국가별 국제통신회선 운용내용은 다음과 같다(1998. 12). 여기에서 ()내는 그 나라의 국제통신사업자를 말한다.

① 알젠틴(Telinter) 13회선, 호주(OPTUS) 45회선, 호주(Telstra) 118회선, 오스트리아(APTT) 28회선, 바레인(Batelco) 6회선, 방글라데쉬(Teleboard) 30회선, 벨지움 (BELGA-COM) 22회선, 볼리비아(ENTEL) 6회선, 브라질(EMB RATEL) 17회선, 브루나이 (JTB)10회선, 불가리아(BTC) 3회선

② 캐나다(Telegolbe) 134회선, 칠레(CheSat) 3회선, 칠레(ENTEL) 14회선, 중국(CT) 776회선, 코스타리카(ICE) 4회선, 사이프러스(CYTA) 9회선, 체코(SPT Telecom) 12회선, 덴마크(Teledanmark) 20회선, 도미니카공화국(CODETEL) 6회선

③ 에콰도르(EMETEL) 8회선, 이집트(Arento) 11회선, 피지(Fintel) 5회선, 핀란드 (Telecom Finland) 10회선, 프랑스(FT) 145회선, 가봉(TIG) 3회선, 독일(DTAG) 259회선, 그리스(OTE) 21회선, 과테말라(GUATEL) 10회선,

④ 홍콩(HKTI) 298회선, 헝거리(HTC) 16회선, 인도(VSNL) 60회선, 인도네시아(Indosat) 208회선, 인도네시아(Satelindo) 16회선, 이란(TCI) 14회선, 이락(MOC) 4회선, 아이랜드(Telecom Ireland) 10회선, 이스라엘(BEGEQ) 16회선, 이태리(Telecom Italia) 118회선

⑤ 일본(IDC) 256회선, 일본(ITJ) 223회선, 일본(KDD) 1,375회선, 요르단(TCJ) 10회선, 카자흐스탄(Kazaktelecom) 12회선, 케냐(KPTC) 3회선, 쿠웨이트(MOC) 8회선, 리비아(HATEF) 9호선, 룩셈부르그(P&T) 7회선

⑥ 마카오(CTM) 8회선, 말레이시아(TM) 113회선, 멕시코(TELMEX) 30회선, 몽고(MTC) 11회선, 미얀마(MPT) 30회선, 네팔(NTC) 4회선, 네델란드(NPTT) 40회선, 뉴질랜드(Clear)

16회선, 뉴질랜드(TNZL) 49회선, 나이지리아(NITEL) 8회선, 노르웨이(Telnor) 26회선

⑦ 오만(MPTT) 5회선, 파키스탄(PTC) 11회선, 파나마(INTEL) 8회선, 파푸아뉴기니(PTC) 8회선, 파라과이(ANTEL) 13회선, 페루(Telefonica) 15회선, 필리핀(CAPWIRE) 7회선, 필리핀(ETPI) 10회선, 필리핀(Philcom) 14회선, 필리핀(PLDT) 127회선, 폴란드(PTT) 21회선, 폴투갈(CPRM) 15회선, 콰타르(Q-TEL) 5회선, 루마니아(ROM-Telecom) 4회선, 러시아(Rostelecom) 124회선, 러시아(Vostoktelecom) 8회선,

⑧ 사우디아라비아(MOPTT) 38회선, 싱가폴(SingTel) 187회선, 남아프리카(Tele Kom) 20회선, 스페인(Telefonica) 53회선, 스리랑카(SLT) 15회선, 스웨덴(Tele2 AB)8회선, 스웨덴(Telia) 40회선, 스위스(SPTT) 70회선, 시리아(STE) 4회선, 타이완(CHT-1) 137회선, 태국(CAT) 118회선, 터키(Truk Telecom) 22회선

⑨ UAE(ETISALAT) 32회선, 영국(BT) 154회선, 영국(Mercury) 89회선, 미국/괌 (IT&E) 8회선, 미국/괌(MCI) 26회선, 미국/하와이(HTC) 31회선, 미국/본토(AT&T) 1,226회선, 미국/본토(MCI) 762회선, 미국/본토(PGE) 29회선, 미국/본토(Sprint) 329회선, 미국/본토(WorldCom) 244회선, 미국/사이판(MTC) 24회선, 미국/사모아(ASGOC) 5회선, 우즈베키스탄(CIAA) 8회선, 베네즈웰라(CANTV) 4회선, 베트남(VTI) 88회선, 예멘(TelecomYemen) 5회선, 유고(PTT) 4회선, INMARSAT 19회선

1.3 국제통신소통 및 신규서비스

가. 국제전화 소통상황

1996년 당시 국제통신 호 발생상황을 국제관문국 별로 보면 광화문 국제관문국이 563,368호로서 전체의 61%를 담당하고 있었으며, 목동관문국이 241,857호로서 26%, 부산관문국이 117,940호로서 13%를 각각 담당하고 있었다(1996. 9). 여기에서 호 발생 건수는 발신 및 착신호를 합친 일평균 완료호수를 말한다. 통화완료율은 발신목표 58.2%, 착신목표 67.6%로 관리하였으며, 1996년 7월 실적은 발신 58.5%, 착신 68.5%로서 관리목표를 달성하고 있는 상태였다. 이때 주요국가의 국제통화 착신완료율을 보면 <표 1-5>와 같다. 여기에서 발신은 한국에서 외국으로, 착신은 외국에서 한국으로의 통화를 말한다.

<표 1-5> 주요국가 국제통화 착신완료율

구분	미국	일본	중국	홍콩	영국	독일	싱가폴
발신	68.7	66.8	47.1	74.2	65.2	60.1	69.9
착신	63.5	63.4	62.1	67.9	64.4	64.9	66.0

한편 1997년 대한항공 사고로 괌 회선 소통을 위한 긴급조치를 해야 하는 일이 벌어졌다

(1997. 8. 7). 당시 우리나라와 괌 간의 직통회선은 괌 MCI 26회선, 괌 ITE 14회선 등 40회선을 위성으로 운용하고 있었다. 평소 소통량은 14회선 여유상태로 운용되었다. 긴급상황 발생에 따라 당초 호 배분을 직통루트 62%, 미국 경유 36%로 운용하던 방식을 호 배분을 무시하고 100%를 직통 및 우회 소통시키는 것으로 중계순로를 <표 1-6>과 같이 조정하였다.

<표 1-6> 괌회선 국제통화 중계순로 조정

구분	1차	2차	3차	4차
국제통신회사	MCI(괌)	ITE(괌)	MCI(본토)	AT&T(본토)
운용회선 수	26	14	769	1,226

우선 직통회선(1차, 2차)으로 소통하고, 직통회선 부족 시 미국을 경유하는 우회 루트(3차, 4차)로 소통 가능하게 조치하였다. 그리고 직통회선 20회선을 증설 추진하였고, 대한항공(KAL) 본사와 괌 공항 간에 음성급 전용회선 1회선을 구성하였으며, 국제 TV중계 19건을 구성하였다. 그 외 대한항공 대책본부(등촌동 대한항공 연수원)에는 이동공중전화 차량을 배치하였다.

한편 국제전화 불법통화가 성수분국 정문 앞 카드식 공중전화기에서 발생하였다(1997. 7. 11-7. 13). 이 사고는 심야에 외국인 근로자들이 공중전화기 부스 안에 모여서 사용하지 않는 특수번호(117)를 호출 후 후크스위치를 조작하여 시내요금(40원)으로 국제전화를 무료로 사용하고 있었다. 이 사고는 성수분국 정문 옆에 설치된 CCTV 감시카메라에 포착되어 외국인의 불법사용수법을 확인하였다. 이러한 경우는 No.1A 전자교환기에 수용된 공중전화기에서 만 발생하고 있음을 발견하고, 당시 공중전화기는 타 기종의 전자교환기로 대체 수용하는 긴급 조치를 시행하였다.

나. 국제 ISDN 서비스의 제공

한국통신은 국제통신서비스의 경쟁우위를 확보하고, 국제통신 주요고객에게 고급서비스를 제공하기 위해 국제 ISDN 서비스를 추진하였다. 이를 위하여 ISDN 교환시설 1식, ISDN 가입자 정합설비 1식을 도입하여 주설비(Host)는 광화문전화국에 설치하고, 원격설비(RLG)는 중앙전화국, 영동전화국, 여의도전화국에 각각 1대씩 설치하였다. 이 시설공사는 총 공사비 16억원을 투입하여 1994년 AT&T가 시공하였다(1994. 3. 31- 1994. 11. 12).

이 시설은 기본서비스로 회선교환 서비스(2B+B)를 제공하고, 부가서비스로는 발착신 번호표시(CLIP: Calling Line Identity Presentation), 발신번호 제한(CLIR: Calling Line Identity Restriction), 부번지(SUB: Sub-Address), 사용자간 신호(UUS: User to User Signalling), 터미널이동기능(TP: Terminal Portability) 등이 가능하였다. 그리고 국제간 화상회의, G4 팩스, 고속파일전송 등의 응용서비스도 제공되었다.

국제 ISDN 가입자의 수용상황은 광화문전화국 13가입자, 중앙전화국 7가입자, 영동전화국 17가입자, 여의도전화국 11가입자 등 총 48가입자로 나타났다. 그리고 이를 위한 요금은 가입비 20만원, 회선당 기본료 월 5천원이고, 통신료(B채널당)는 국제통화요금과 동일하게 운용하였다. 1999대 중반 한국통신은 일본, 미국 등 13개국과 국제 ISDN 연동시험을 추진하였다. 그중 일본, 미국, 영국 등 10개국(주관청)과는 국제 ISDN서비스를 제공 중에 있었으며 국가별 신호방식, 회선수 등 세부내용은 <표 1-7> 및 <표 1-8>과 같다(1996. 3. 20).

<표 1-7> 국제 ISDN 연동시험 및 서비스 국가

국가(주관청)	신호방식	회선수 (Transit)	개시일자	비고
일본 KDD	ISUP	60	1994. 10. 11	국제전용, 국내ISDN
미국 AT&T	ISUP	30	1995. 2. 25	국제전용, 국내ISDN
영국 BT	ISUP	6	1995. 2. 25	국제전용, 국내ISDN
캐나다 Teleglobe	ISUP	8	1995. 2. 25	국제전용, 국내ISDN
미국 MCI	ISUP	8	1995. 6. 20	국제전용, 국내ISDN

<표 1-8> 국제 ISDN 연동시험 및 서비스 국가

국가(주관청)	신호방식	회선수 (Transit)	개시일자	비고
싱가포르 ST	ISUP	8	1995. 8. 15	국제전용
홍콩 HKTI	TUP-j	(KDD)	1995. 11. 10	국제전용
뉴질랜드 TNZI	ISUP	(KDD)	1995. 11. 10	국제전용
호주 Telstra	TUP-j	8	1995. 11. 10	국제전용
일본 IDC	ISUP	8	1996. 2. 15	국제전용

이외에도 1996년중 독일, 스위스, 벨기에, 말레이시아, 이탈리아, 하와이, 프랑스, 대만 등 8개국으로 서비스지역을 확장 추진하였다. 당시 국제 ISDN서비스를 위한 이용가입자는 NT(Network Terminator)를 통해서 시내전화국의 지능망교환기(5E)로 접속되었다. 이때 서울중앙전화국, 영동전화국, 여의도전화국 가입자는 RLG(Remote Line Group)를 경유하여 지능망 교환기로 접속하게 되었다. 이 지능망 교환기는 광화문전화국의 관문교환기(AXE-10) 및 목동전화국의 관문교환기(5E)로 연결하여 국제 ISDN망을 구성하였다.

다. 한국-러시아간 직통전화개통

1997년 2월 한국통신은 한국과 러시아 모스크바 간 한국직통전화 서비스(Korea Direct)

를 개시하였다(1997. 2. 6). 이 서비스는 외국에 거주하는 교포, 유학생 및 여행자가 한국으로 전화를 걸 때 현지에서 요금을 지불할 필요없이 우리말을 이용하여 전화를 하고 나서 한국에서 전화요금을 지불할 수 있는 국제전화서비스였다. 이용자의 신청방법에 따라 번호통화, 대화자 지명통화로 구분되며 한국요금으로 저렴하게 이용할 수 있었다.

이와 같이 모스크바와의 한국직통전화 개통으로 러시아에는 이미 한국직통전화가 개통된 보스톡, 나호드카, 사할린을 포함해 4개 지역으로 확대되었으며, 한국직통전화 개통국가는 43개국 49개 지역으로 확대되었다. 한편 한국통신은 통신시설이 낙후되고 한국에 비해 요금이 비싼 사우디아라비아, 파라과이 등 통신후진국들과도 기술적인 문제점을 보완하여 우리 교민이나 유학생, 여행객이 보다 편리한 서비스를 제공받을 수 있도록 추진하였다.

2. 국제전화서비스의 선진화

2.1 국제관문국 운용상황

가. 3개 국제관문국 체제

정부의 제5차 5개년계획 기간 중 한국통신은 국제통신시설의 사업목표를 국제전화의 완전충족 및 자동화, 위성지구국의 2원화, 국제관문국의 이원화를 추진하는 것으로 정하였다. 이에 따라 1984년까지 국제전화수요를 완전 해소할 수 있게 1986년에 부산국제통신관문국 건설도 추진하였다. 이렇게 됨으로서 우리나라 국제관문국의 교환시설은 서울 1,809회선, 부산 170회선 등 총 1,979회선을 운용하게 되었다(전기통신주요사업계획, 1984, 한국전기통신공사).

이후 1990년대 중반까지 국제통신관문국의 교환시설은 서울과 부산에서만 운용되고 있었다. 그러나 한국통신 기술기획실에서는 국제환경이 변화하고 통신기술발전에 부응한 장기발전적인 측면에서 다원화된 국제통신망을 구축 추진하였다(국제교환망 장기발전계획, 1994. 11, 기술기획실 통신망계획2국). 이 계획의 주관부서 및 결재자는 제1장 말미의 참고자료 편에 기록되어 있다.

이에 따라 당시 서울국제관문국에 통화량이 집중됨으로서, 추풍령 이북지역의 국제통화는 서울 제1관문국(광화문전화국)으로 접속하고, 1994년부터는 서울 제2관문국(목동전화국)을 신설하여 이원화를 추진하였다. 그리고 추풍령 이남지역의 국제통화는 부산관문국(초량전화국)으로 연결하게 하였다. 이후 시설규모는 크게 늘어나 광화문관문국(AXE-10) 2만 회선, 목동관문국(5ESS) 6천 회선, 부산관문국(AXE-10) 7,600회선 등 총 3개국에 33,600회선으로 확장되었다(1996년 3월말).

한국통신은 국제통신망을 안정적으로 운용하고 유사시 국제통신 소통능력을 극대화하며 신규 통신수요를 충족하기 위해 부산국제관문국을 이원화하고, 서해안 지역의 수요를 감안하여 대전국제관문국을 신설하기로 계획을 세웠다(1994년도 주요업무 발전계획, 1994. 7. 26, 한국통신 기술기획실). 국제전화와 지능망을 겸한 교환기 1만 회선을 대전번호안내국에 설치하여 1997년 하반기에 개통하였다. 이들 관문국 건설을 위해 총 121억 원의 예산이 투입되었다.

한편 국제관문국 교환시설의 경우 우수기량자의 이직이 늘어나고 있는데다 국제교환시설의 단기간 운용으로 유지보수기술이 미비한 상태여서 대형 이상고장 발생하는 경우 대책이 필요하였다. 광화문관문국과 부산관문국의 AXE-10기종은 ERICSSON, 목동관문국의 5ESS기종은 LG정보통신에서 담당하도록 하는 등 교환기 공급사별로 기술지원계약을 체결하였다. 그래서 1995년부터 이에 필요한 소요예산 360백만 원을 확보하여 정기시스템 진단 및 긴급출동 지원업무를 시행하였다.

나. 한국통신의 국제관문교환기

1990년 중반 한국통신은 국제통신을 위한 국제관문교환기를 광화문, 목동, 부산에 각각 운용하고 있었다. 이 관문교환기는 국제자동전화(IDD) 서비스를 위한 시설로서 당시 추풍령 이북지역은 광화문전화국과 목동전화국에 수용하고, 추풍령 이남지역은 부산전화국에 1차 수용하였다. 그 세부내용은 <표 1-10>과 같으며 여기에서 ( )는 국제회선수를 말한다(대전 국제관문교환망 구축계획, 1996. 6, 한국통신 네트워크본부 시설운용실 국제통신계획국).

<표 1-10> 한국통신의 국제관문교환기 운용상황(1996. 4. 30)

구분	광화문	목동	부산	계
교환기종	AXE-10	5ESS	AXE-10	
시설수(회선)	20,000	6,000	7,600	33,600(14,200)
운용수(회선)	15,400	5,575	5,266	26,241(10,289)
설치년도	1991. 9. 27	1993. 12. 30	1991. 12. 30	

그리고 국제수동교환대는 광화문 54석, 목동 33석, 부산 33석을 운용하였다. 또한 데이콤 상호접속회선으로 광화문에 1,890회선, 부산에 660회선을 운용하였다. 이때 데이콤은 국제관문교환기를 서울에 5ESS 6,120회선, 대전에 ESS 4,710회선을 운용하고 있었으며, 국제수동 서비스는 제공하지 않았다. 당시 광화문 청사에 설치상면이 없어 목동전화국 3층에 관문교환기를 설치 개통하였다(1993. 12).

수도권지역의 국제교환 및 전송시설은 완전 이원화를 유지하였다. 이때 목동전화국의 시설내역을 보면 국제교환시설 6,000회선, ISPS용 터미널 33개를 운용하고 있었으며, 국제전송시설은 W-DCS 1식, DCME 26개 시스템, 565M 광단국 1식, MUX 1식을 국제통신망운용국 직원 12명이 운용하였다. 이때 담당부서에서는 이 시설을 목동전화국에 유지하는 방안과 광화문전화국으로 통합하는 방안을 검토하였다.

검토결과 시설의 집중운용으로 인한 인력 및 유지보수비용을 절감한다는 면에서는 광화문전화국으로 통합하는 방안이 유리하였다. 그러나 이 방안은 유사시 우회복구능력이 미흡하고 목동시설 이전에 따른 막대한 비용이 예상되었다. 또한 이미 분산 설치된 국제통신시설을 최대한 활용할 때의 이점, 수도권 지역의 국제통신량 비중, 소요상면 부족 등을 감안할 때 목동전화국 유지 방안이 유리하였다.

뿐만 아니라 우회복구능력과 통신망의 안정성 확보 면에서도 목동전화국 유지방안이 바람직하다고 판단하였다. 한편 국제회선 수요증가에 따른 국제관문국 신설, 기존지능망의 증설용량한계 등의 당면문제가 있었다(대전국제관문국 교환망 구축계획, 1996. 6, 한국통신 네트워크본부 시설운용실 국제통신계획국).

가장 큰 문제는 국제관문교환기의 국제회선 수용시설이 부족하다는 점이었다. 연도별 국제통신 소요회선 수는 1996년 11,235회선, 1998년 14,364회선, 2000년 17,979회선, 2002년 22,287회선으로 예측되었다(GMT자료). 1996년 당시 시설 수는 14,200회선으로 1998년에는 시설 부족이어서 1997년에 증설이 필요하였다. 또한 국제관문국 시설이 서울에 약 78% 정도 집중되어 있어 유사시 원활한 국제통신 소통의 어려움이 예상되었다. 더구나 광화문전화국 및 목동전화국이 관문국 증설을 위한 상면확보가 곤란한 점도 문제였다.

다. 데이콤의 국제통신망 개선

또 하나의 문제는 데이콤 국제전화의 접속점을 변경하는 일이 남아 있었다. 1996년 전반기까지 데이콤 국제전화는 데이콤 관문국을 거쳐 멀리 떨어져 있는 한국통신 국제관문국으로 접속 운용되고 있었다.

① 한국통신(광화문)-데이콤(용산) 1,890회선

② 한국통신(부산)-데이콤(용산) 330회선

③ 한국통신(부산)-데이콤(대전) 300회선

이러한 국제통신망의 장거리 구성방식을 한국통신의 45개 시외교환기와 데이콤의 6개 시외교환기를 직접 연결하는 근거리 구성방식으로 변경하여 통신망 구조를 크게 개선하는 일이었다. 이를 위해 한국통신과 데이콤 간의 접속회선을 당시 61,500회선으로부터 120,468회선으로 대폭 증설하여 1996년 10월 말에 변경을 완료하였다. 이때 전화망에서 국제전화망으로의 접속번호는 002를 사용하고, 전화망에서 시외전화망으로의 접속번호는 082를 사용하게 하였다. 특히 데이콤 전화망에서 한국통신으로 접속하는 경우 한국통신은 전국 21개 시외전화국과의 접속을 개방하였다. 세부내용은 <표 1-9>와 같다.

<표 1-9> 한국통신-데이콤 간의 상호접속 통신망

접속유형	접속번호	접속점	접속회선
전화망-국제전화망	002	KT측: 광화문, 부산국제관문국 데이콤측: 용산, 대전국제관문국	DS1급 84회선
전화망-시외전화망	082	KT측: 시외교환기(21국 41개 시스템) 데이콤측: 시외교환기(6국 6개 시스템)	DS1급 2,323회선

2.2 국제교환망의 확충

가. 시설상황 및 당면과제

1990년대 중반 국제교환망의 운용실태를 보면 국제관문국 교환시설은 광화문, 목동, 부산의 3개 시설을 운용하고 있었다. 당시 국제중계 신호방식은 C-7, C-5의 2개 신호방식을 운용하고 있었는데, 이중 C-7 신호방식은 주로 선진국 간에 운용하였고, 신규 직통회선 개설 국가는 C-5 신호방식을 적용하였다. 이때 국제회선시설은 총 14,200회선이고, 이중 C-7 신호방식 11,791회선, C-5 신호방식 1,683회선으로 운용되었다. 당시 국제교환망의 운용상 당면과제는 다음과 같이 파악되었다(중장기 네트워크 발전계획, 1996. 9, 한국통신 네트워크 본부).

① 국제 지능망교환기의 서비스 용량이 부족하고 성능이 구형이다. 그리고 국제전화 직접접속가입자 판매 활동 강화로 수요가 급증하는 바람에 이들을 국제 지능망교환기에 수용하여 운용하고 있다.

② 세계트래픽회의(GTM)의 국제회선 수요예측결과 1998년부터 시설이 부족하다. 그리고 유사시를 대비하여 국제관문국의 소통능력을 극대화할 필요가 있고, 기존 국제통신시설을 증설할 상면이 부족하다.

③ 목동 관문교환기를 신축하는 서울통신센터로 이전하는 대책이 강구되어야 하고, 국제 지능망 서비스 기능도 보강해야 한다.

나. 국제관문국 발전계획

한국통신 네트워크본부(본부장 이정욱)는 앞에서 분석한 당면과제를 해결하기 위해 국제관문국 발전계획을 수립 추진하였다(중장기 네트워크 발전계획, 1996. 9. 9, 한국통신 네트워크본부). 이 계획의 주관부서 및 결재자는 제1장 말미의 참고자료 편에 기록되어 있다. 이 계획의 주요내용은 다음과 같다.

(1) 대전국제관문국을 1997년에 신설한다. 이를 위해 국제관문교환기 1만 회선을 공급하고, 국제회선 통제시설과 국제전용회선 통제시설도 설치한다. 이 시설들은 대전번호안내국 3층에 설치한다.

(2) 이를 위한 국내구간 및 국제구간의 통신망 구성 및 루팅을 개선한다. 먼저 국내구간은 시외중계망과 연계한 국간중계루트를 신설하고 조정한다. 그리고 시외전화국과 국제관문국 간 국제발신 루트는 이원화하고, 국제착신 루트는 모든 국제관문국에서 다원화한다. 국제구간은 국제관문국과 국제위성 및 해저국간 국내전송로를 직통화를 완성하고 동기식 전송로를 확보한다.

(3) 국제관문국 C-7신호 중계망을 1998년에 구축한다. 이때 국내망 계획과 연계한 국제신호중계기(STP)를 설치하고, 외국 통신망 간 신호전달점 모드기능을 제공한다.

(4) 목동 국제통신센터를 1998년-1999년에 구축한다. 이를 위해 국제관문교환기(1만 회선)를 공급하고, 국제전송회선 통제시설, 국제고속전용회선 통제시설, 국제방송중계시설, 국제종합망 관리시설 등을 확보한다.

(5) 새로운 서비스 통신망을 구축한다. P-21 위성휴대통신망을 1998년-1999년에 구축하고 이를 위해 관문교환기를 설치한다. 그리고 국제위성 휴대통신 지구국(SAN), PSTN, PCS, 셀룰라 망과 연동을 추진하고, 위성휴대통신지능망 서비스설비도 확보한다. 이 장비들은 목동 서울사업본부 신축사옥에 설치한다.

(6) 국제 초고속정보통신망을 1999년부터 구축한다. 이를 위해 국제 ATM설비를 확보하고, 국제해저광케이블 및 고속디지털 위성전송로를 활용한다. 또한 국제통신 경쟁을 위한 전략설비를 1998년-1999년에 확충한다. 이를 위해 국제직접접속 전용교환기(KT-Express)를 설치하고, 국제직접접속가입자 전송설비를 증설한다.

다. 국제 신호중계 전용교환기의 신설

1990년대 후반 국제전화 트래픽이 증가하고 ISDN 및 지능망서비스를 도입함에 따라 공통선 신호방식의 이용이 확장되고 신호망이 복잡해지고 있었다. 이에 따라 효율적인 신호처리 및 통신망 관리체계를 확립하기 위해 국제 신호중계처리용 전용교환기(STP)의 도입 설치계획을 수립 시행하였다(중장기 네트워크 발전계획, 1996. 9, 10, 한국통신 네트워크본부). 이 계획의 주관부서 및 결재자는 제1장 말미의 참고자료 편에 기록되어 있다. 이 계획의 주요내용은 다음과 같다.

① 서울 및 부산 국제관문국에 신호중계교환기(STP: Signal Transfer Point)를 구축한다. 관문국 교환기는 호처리 및 데이터처리를 수행하고 신호중계교환기는 순수한 신호만을 처리 전달하는 기능만 수행토록 한다. 그리고 외국 사업자의 국제 트래픽에 대한 신호전달점 모드 기능을 확보한다.

② 신호중계교환기는 2개 시스템으로 이중화하고, 이를 위한 물자는 1998년 4/4분기-1999년 1/4분기에 확보하여 시설공사는 1999년 2/4분기에 시행한다. 소요예산은 1998년에 5억 원, 1999년에 45억 원으로 편성 집행한다.

2.3 국제전송시설의 현대화

1990년대 후반에 들어서면서 국제회선이 증가함에 따라 전송로를 증설하고, 통합유지보수체계를 구축하여야 하였다. 그리고 통신 시장개방에 따라 국제 위성통신 전송로를 다원화하고 위성통신의 디지털화의 요구가 대두되었다. 이에 따라 한국통신 네트워크본부는 국제통신전송로 시설의 현대화계획을 다음과 같이 수립 추진하였다(중장기 네트워크 발전계획, 1996. 9, 10, 한국통신 네트워크본부). 이 계획의 주관부서 및 결재자는 제1장 말미의 참고자료 편에 기록되어 있다.

가. 국제위성통신 전송로 다원화 및 디지털회선 분배장치 증설

통신 시장개방에 따라 지역 위성사업자의 국제통신사업에의 참여가 늘어나고, 국내 이용고객들은 비 인텔새트계 위성을 이용한 서비스를 요구하게 되었다. 이처럼 국제 위성통신 전송로를 다원화할 필요가 대두되면서 한국통신은 다음과 같이 국제위성통신 전송로의 다원화를 추진하였다.

① 지역 위성사업자의 위성접속용 허브 위성지구국을 구축하고, 이를 광장전화국 또는 영종도 신공항의 국제통신 텔리포트 기지에 우선 건설한다. 그리고 국제통신 텔리포트 기지와 이용자 간에 직통 국내전송로를 구축하고, 이용자 요구시 이용자 구내에 소형지구국(VSAT)을 치국한다.

② 이를 위해 팬암셋트, TDRS 등의 지역위성 접속지구국, 지역위성(SCC 위성 등)을 경유하여 국제통신서비스를 제공하는 허브 지구국을 공급한다. 또한 TV 전용지구국 등 국제 멀티미디어 서비스를 제공하는 지구국 및 VSAT 지구국 등도 공급 설치한다.

③ 정보통신부의 사업승인을 1996년-1997년에 받고, 설비는 1998년-1999년에 도입하여 1999년에 개통 및 운용한다. 소요예산은 1998년도에 30억 원, 1999년도에 130억 원을 편성하여 추진한다.

한편 1990년대 후반에 들어서면서 국제회선의 증가에 따라 전송로를 증설하고 통합유지보수체계를 구축하기 위해 디지털 회선분배장치(DCME) 증설계획을 다음과 같이 추진하였다.

① 세계주관청회의 시 상대 주관청과 협의하여 호환성을 유지할 수 있는 기종을 선정 구매한다. 그리고 디지털 계위는 CEPT 방식으로 적용하고 3배 이상 증배하는 것을 원칙으로 한다. 또한 기 설치운용 중인 시설은 비음성통신 트래픽이 증가함에 따라 적정하게 보완한다.

② 이 시설은 1997년, 1998년, 1999년에 매년 6개 시스템씩 공급하고, 이를 위한 물자는 1997년-1999년 3/4분기에 확보하여 시설공사는 1997년-1999년 4/4분기에 시행한다. 소요예산은 1997년에 10억 원, 1998년에 8억 원, 1999년에 10억 원을 배정하여 집행한다.

나. 국제전송 다중시설 증설 및 위성통신의 디지털화

국제회선 수요가 증가하고 사고복구능력을 높이기 위해 국제전송 다중시설을 확보추진하였다. 이는 국제회선 신증설을 위한 소요시설, 국제 해저케이블 육양에 따른 국내전송시설, 국제회선 사고복구계획에 따른 소요시설 등을 확보하기 위한 것이었다. 이를 위한 추진계획은 다음과 같다.

① 전송 다중시설 1식, 디지털회선 분배장치 1식, 비상복구시설 1식, 기타부대시설 1식 등을 공급하고, 이를 위한 물자는 1997년-1999년 3/4분기에 확보하고 시설공사는 1997년-1999년 4/4분기에 시행한다. ② 소요예산은 1997년 42억 원, 1998년 10억원, 1999년 35억 원을 투입한다.

그리고 국제통신망의 디지털화 실현으로 서비스 품질을 개선하기 위하여 국제위성 통신시설을 다음과 같이 확보 추진하였다.

① 세계트래픽회의 결과 및 인텔새트OR회의 결과를 수요에 반영하고, 위성통신시설을 신증설하여 시설을 보강하며 현대화를 추진한다. 그리고 운용보전 및 예비품의 운영합리화를 위하여 기종을 단일화한다.

② 위성통신 디지털화(IDR) 시스템을 1997년-1999년에 매년 6개 시스템씩 공급한다. 이를 위한 물자는 1997년-1999년 3/4분기에 확보하고, 시설공사는 1997년-1999년 4/4분기에 시행한다. 소요예산은 1997년-1999년에 매년 1천만원씩 편성하여 집행한다.

3. 대전국제관문국의 신설

3.1 국제회선의 분산수용 시도

가. 필요성 및 기본방침

앞에서 설명한 바와 같이 중장기 국제통신 수요충족을 위한 국제회선의 증설이 요구되었고, 수도권에 편중되어 있는 국제회선을 분산 수용할 필요가 대두되었다. 그리고 신규서비스 수요를 충족하고 경쟁사에 비해 비교 열세에 있는 서비스 수준을 높이며, 제3 국제통신사업자의 출현에 대비하여 기반확보가 요청되고 있었다.

이러한 필요성에 따라 일찍이 한국통신 기술기획실에서는 통신 신뢰성 향상을 위한 교환망 발전 기본계획을 수립한 바 있다(1992. 12). 이어서 통신구 화재에 따른 통신망 안정성 확보문제가 부각되었으며(1994. 3), 1995년도 을지연습 결과 문제점으로 대두되기도 하였다(1995. 10. 17, 비상기획위원회). 이후 국제관문국 시설 다원화 계획이 한국통신 경영기획심의위원회를 통과하여 부사장 결재로서 기본방향을 확정되었다(1996. 1. 19/ 1996. 3. 4). 한편 이를 위해 1996년에는 본예산 4.2억 원, 채무예산 20억 원 등 총 40억 원의 소요예산을 확보하기에 이르렀다.

1996년 중반 한국통신 네트워크본부(본부장 이정욱)는 대전국제관문국을 신설하고 국제지능망 서비스의 기능 확장을 위해「대전 국제관문교환망 구축계획」을 수립 추진하였다(1996. 6, 네트워크본부 시설운용실 국제통신계획국). 이 계획의 주관부서 및 결재자는 제1장 말미의 참고자료 편에 기록되어 있다. 본 계획의 주요내용은 다음과 같다.

먼저 신설되는 국제관문국에는 국제관문 교환기능 및 차세대 지능망 기능이 부가된 최신형 시스템을 구축하는 것으로 방침을 정하였다. 이렇게 함으로서 SSP를 공동으로 사용할 수 있어 직접 투자비를 절약할 수 있었다. 또한 동일 시스템에서 지능망 서비스를 구현함으로서 품질향상을 기할 수 있고, 상면, 운용요원, 조직 등 간접투자비도 절약할 수 있었다.

당시 국내기종은 국제신호방식(C5, C7) 기능이 개발되지 못하여 차세대 지능망 서비스 구현이 불가하였다. 이에 따라 국제지명경쟁에 의한 외자구매를 추진하게 되었다. 공급 기종으로는 국내에서 국제관문국으로 운용 중인 5ESS(Generic 8.1 이상)와 AXE-10(Transgate 3 이상)으로 하고, INAP(SSP-SCP)프로토콜과 SCP-외부 데이터베이스 간 프로토콜 등 한국통신의 표준규격을 적용하는 것으로 하였다. 또한 공급사가 한국통신의 표준규격을 수용하는 조건으로 사업을 추진하였다.

이를 위해 국제회선 5천회선(C-5 1,200회선, C-7 3,800회선)과 국내회선 5천회선(R-2 3,800회선, N-C7 1,200회선)을 공급하는 것으로 정하였다. 이때 국제 지능망교환을 위해 지능망 서비스 처리기능인 SCP(Servlce Control Point), 운용관리기능인 SMS(Servlce Management System), 안내방송기능인 IP(Intelligent Peripheral), 서비스 환경 구현기능인 SCE(Servlce Creation Environment) 등 ITU-T의 CS-1 서비스 기능을 만족하는 차세대 지능망 기능을 도입하는 것으로 하였다.

이때 계획된 서비스별 용량을 보면 국제크로버 서비스(I-800) 1만2천 가입자, 국제가상사설망 서비스(I-VPN) 1천 가입자, 선불카드 서비스(Pre-paid Card) 90만장, 신용카드 서비스 50만장, 개인번호 서비스(UPT) 2천 가입자 등으로 정하였다.

나. 대전관문교환기의 선정

대전국제관문국을 위한 교환기는 구매규격서에 적합한 업체 중 최저가 가격의 기종을 구매하는 원칙을 세우고, 국제지명경쟁 입찰방식으로 시행하였다. 이때 이 교환기의 기술요구조건은 일반사항 63개 항목, 관문국 부문 164개 항목, 지능망 부문 329개 항목, 교육훈련 9개 항목 등 총 565개 항목으로 정해졌다. 이 입찰에는 ERICSSON과 LUCENT의 두 회사가 입찰에 응하였으며, 1차 검토결과는 <표 1-11>과 같다.

여기에서 세부내역(1)은 관문국의 회선선택방식, 선불카드통화 서비스의 잔액에 따른 통화시간 통보 등 대부분 경미한 사항이었다. 세부내역(2)는 관문국 및 지능서비스 일부는 1단계로 개통하고(1997. 9. 30), WS-VNS, Commercial Card Calling 서비스, Pre-Pald 카드 서비스 등 잔여 지능서비스는 2단계로 개통(1998. 7. 15)하는 것으로 회신되었다. 또한 Auto-HCD 서비스의 메뉴방식의 구현은 불가하므로 한국통신이 구현하는 것으로 요구하였으며, 한국통신 INAP 규격 총 29개 기능 중 21개는 구현되고 8개 기능은 구현 불가한 것으로 확인되었다.

<표 1-11> 대전국제관문교환기 검토 결과

구분	대상항목	동의항목	부동의항목	주요 부동의내용
ERICSSON	565	542	23	세부내역(1)
LUCENT	565	494	71	세부내역(2)

이에 대해 한국통신은 ERICSSON에 11개 항목, LUCENT에 59개 항목에 대하여 보완을 요구하였다. 이러한 요구에 대해 ERICSSON사는 동의 6개 항목, 부분 동의 2개 항목, 부동의 3개 항목을 통보해 왔다. 여기에서 부분 동의 2건 및 부동의 3건은 지능망 부가서비스 관련 경미한 사항이었다. 반면 LUCENT사는 보완요구 59개 항목에 대해 일괄적으로 개발 소요일정 등의 사유로 변경이 곤란하다는 문서를 통보받았다. 총 59개 항목 중 검토 결과 경미한 31개 항목을 수용하더라도 주요 지능망 서비스를 개통일정 내에 공급하는 것이 불가능하다는 점 등 28개 항목이 규격을 만족하지 못하고 있었다.

종합적으로 검토하여 보면 이 사업은 국제관문국 다원화 계획에 의거 대전국제관문국 기능교환기 및 지능교환기를 구축하는 것으로 당시 1997년 정부 경영목표사업으로 정해져 있었고, 1997년 9월 30일을 개통목표로 하고 있었다. 또한 이 사업은 수도권에 편중된 국제회선을 분산수용하고, 경쟁사에 비해 비교 열세에 있는 지능망 서비스를 조기에 구축해야 하였다. 결과적으로 LUCENT의 입찰서는 본 규격에 부적합한 것으로 조달본부에 통보함으로써 비교우위에 있었던 ERICSSON사의 AXE-10기종을 선정하게 되었다.

3.2 대전국제전화관문국의 신설 개통

가. 통신망 구성 및 서비스 계획

대전국제관문국이 신설됨에 따라 국내통신은 루팅 및 통화량에 따라 수도권, 중부권, 남부권으로 완전 망형(Full-Mesh)으로 구성하여 3원화 운용하고, 국제통신의 경우에는 4개의 국제관문교환기를 호환성있게 운용하고 신뢰성을 고려하여 사업자별 협의에 따라 신호망을 재구성하고 회선도 재배치하게 하였다. 그리고 광화문국의 지능망 서비스는 KT-Express, 국제전용 ISDN, 요금즉시통보, 제3자과금, 콜링카드 서비스 등 직접서비스 위주로 운용하고, 대전국의 경우는 순수한 지능망서비스-국제가상사설망, 선불카드, 국제클로버(I-800), 신용카드, UPT 등 신규서비스를 수용하였다. 한편 당시 기부채납방식으로 운용 중인 CAVIAR 시스템은 운용 중지하였다.

한편 이 시설은 수도권에 편중된 국제회선을 분산 수용하는 목적을 가지고 설치된 한국통신의 네 번째 국제교환기이었다. 또한 중장기 국제통신수요를 충족하고 지능망서비스를 제공하기 위해 지능망 겸용 국제교환기(AXE-10) 및 광 단국장치를 1만 회선의 시설규모로 설치하였다. 한편 국제관문국의 다원화 추진에 따라 신설된 대전국제관문국의 국내 및 국외 통신망 구성을 위한 전송시설을 확보 추진하였으며, 세부사항은 다음과 같다(중장기 네트워크 발전계획, 1996. 9. 10, 한국통신 네트워크본부). 이 계획의 주관부서 및 결재자는 제1장 말미의 참고자료 편에 기록되어 있다.

① 시외전화국과 대전국제관문국 간 링크를 구축하고, 서울-대전-부산국제관문국 간의 전송로를 이원화하여 구성한다. 그리고 대전관문국-위성지구국, 대전관문국-해저중계국 간 링크를 구축한다. 또한 중부지역과 호남지역 고속전용회선을 대전 IDMC에 수용한다.

② ITMC 시설 1식, IDMC 시설 1식을 대전번호안내국 3층에 설치하고, 이 사업의 발주 및 계약은 1996년 3/4분기에 시행하며, 시설공사는 1996년 4/4분기-1997년 2/4분기에 시행한다. 이를 위한 소요 예산은 1997년에 46억 원을 배정 집행한다.

나. 대전국제전화관문국의 개통

대전국제관문국 시설은 국제통신망운용국 대전분국(대전번호안내국 3층)에 설치하였으며, 이때 소요예산 150억 원을 투입하고, 5개월(1997. 5. 29-10. 30) 간 시공하여, 1997년 11월 28일에 개통행사를 현지에서 가졌다. 이 행사에는 사장직무대행, 네트워크본부장, 시설운용실장, 마케팅본부장, 인력개발본부장, 충남본부장, 선로기술연구소장, 통신망연구소장, 전송기술연구소장 등이 참석하였다.

그리고 관련 국장으로는 국제통신계획국장, 국제통신운용국장, 국제영업국장, 전용사업국장, 금산위성지구국장, 보은위성지구국장, 국제통신망운용국장, 대전통신망운용국장, 대전번호안내국장, 국제통신계획국 기술역, 충남본부 마케팅국장, 시설운용국장 등이 참석하였다. 이외에도 언론·방송기자 대표 10명, 시공사 대표(에릭슨 코리아) 등 80여 명이 참석하였다. 이 행사에서 한국통신 사장직무대행(이정욱)은 대전국제관문국 개통기념사를 하였다.

<기념사> 친애하는 사원 여러분, 안녕하십니까. 먼저 오늘 개통식이 있기까지 애를 쓴 직원 및 공급사의 노고를 치하하며, 여러분과 더불어 대전국제관문국 개통행사를 갖게 된 것을 매우 기쁘게 생각합니다. 여러분께서도 주지하시는 바와 같이 오늘날 세계 각국은 정보사회의 조기 구현을 위하여 각종 정보통신 기반시설을 경쟁적으로 확충하고 있습니다. 특히 세계무역기구인 WTO의 출범에 의한 통신시장 개방이 내년부터 개시됨에 따라 국가별로

자국 내 통신 시장육성을 위한 경쟁력 강화를 추진함과 동시에 해외시장 개척을 위한 공세적 진출을 적극적으로 시도할 것으로 예상됩니다.

이러한 시점에서 우리 한국통신은 점증하는 국제통신 수요충족 및 국제관문국의 다원화로 통신망의 안정성 및 신뢰성을 제고하고 또한 차세대 지능망서비스 제공기반구축을 위해 광화문, 목동 및 부산에 이어 대전에 네 번째의 관문국을 개통하게 되었습니다. 우리 한국통신은 지난 1913년 한일 간 국제전신업무를 시작으로 하여 국제통신서비스를 제공하였으며, 1933년부터 국제전화업무를 개시하였습니다. 국제전화방식이 수동으로만 이루어지던 70년대에는 서울 신설동 시외국에 설치된 기계식 ESK 반자동교환기를 이용하여 국제전화서비스를 제공하여 왔습니다.

80년대에 비로소 혜화 및 부산에 각각 설치된 시외전자교환기인 No.4 전자교환기에 국제회선을 수용하여 국제자동전화(IDD)서비스를 제공하여 왔으나 급증하는 국제통신 수요충족과 가입자가 요구하는 새로운 서비스제공은 어려운 실정이었습니다. 따라서 1991년에 최초의 국제전용교환기인 AXE-10교환기를 광화문에 설치한데 이어 1992년에 부산에도 AXE-10기종을 운용함으로써 명실공히 국제통신관문국으로써의 면모를 갖추게 되었으며, 호처리 분담과 호환성을 가지게 되어 원활한 국제통화가 가능하게 되었습니다.

1993년에는 지속적으로 증가하는 국제통신 수요충족과 국제통신망의 안정성 및 신뢰성 확보를 위해 세 번째 국제통신관문국을 서울 목동에 설치하여 기존 혜화 및 부산 시외교환기에 수용된 국제회선을 국제전용 관문교환기로 모두 수용 변경하였습니다. 이번에 설치된 대전국제관문국의 AXE-10 교환기는 공통선 신호방식 버전(White)과 차세대지능망 기능을 탑재한 시스템으로 국제자동통화(IDD), 국제ISDN 서비스는 물론이고 국제가상사설망 서비스(IVPN), 국제클로버 서비스(KT-800), 단일번호 서비스(UIFN), 선불카드 서비스 및 신용카드 서비스 등의 첨단 지능망 서비스를 제공할 수 있게 되었습니다.

지금까지 전체 통화량의 83%에 달하는 서울, 경기, 충청 및 강원권의 국제통화를 광화문, 목동 국제관문국에서 처리하였고, 나머지 17%인 영호남권은 부산 국제관문국에서 처리하여 왜곡 편중된 국제통화처리로 통신망운용 면에서 비효율적이었으나, 본 대전국제관문국에서 경기 및 충청권의 국제통화를 수용하게 됨으로써 접속시간이 단축되고 관문국 고장 등에 대비한 통신망의 신뢰성이나 안정성을 향상시켜 고도의 국제전화서비스를 제공하게 되었습니다.

현재 전 세계 190개국에 1만여 회선의 국제전화서비스를 제공하고 있는 한국통신은 앞으로도 국제사회의 정보화 기본통신망을 지속적으로 고도화하고, 이를 통해 고객에게 보다 편리하고 저렴한 첨단 통신서비스를 제공함으로써 21세기 무한경쟁 시대를 맞아 국가경쟁력 향상에 도움이 되도록 최선을 다해야 할 것입니다. 대전국제관문국 개통을 위해 물심양면으로 지원과 수고를 아끼지 않은 공급사 관계자 및 직원 여러분의 노고를 다시 한번 치하드립니다. 감사합니다.

다. 한국통신 뉴스보도

한국통신 뉴스(Korea Telecom News)는 대전국제전화관문국 개통에 대해 다음과 같이 보도하였다(한국통신 뉴스, 1997. 12. 1).

<보도내용> 국내가입자와 외국가입자간 국제통신을 연결해주는 국제전화관문국이 서울의 광화문과 목동, 부산에 이어 네 번째로 28일 대전에서 개통되었다. 네트워크본부에서는 28일 이정욱 사장직무대행을 비롯한 관계자 80여 명이 참석한 가운데 대전 국제전화관문국 개통행사를 가졌다. 이 자리에서 이정욱 사장직무대행은 기념사를 통해 개통식이 있기까지 애쓴 사원과 공급사의 노고를 치하하고 앞으로도 우리 회사는 기본통신망을 지속적으로 고도화하고 고객에게 보다 편리하고 저렴한 첨단통신 서비스를 제공함으로써 국가경쟁력 향상에 최선을 다할 것이라고 말했다.

국제통화는 물론 다양한 지능망 서비스 제공을 위해 개통한 대전 국제전화관문국은 지난 5월부터 총 150억 원을 투입, 국제회선 수용용량 5천 회선과 국내접속을 위한 5천 회선을 포함하여 총 1만 회선 규모의 AXE-10 교환시설을 갖췄다. 이로써 우리 회사는 총 43,600회선의 국제통신회선을 보유하게 되었다. 대전국제전화관문국의 개통으로 우리회사는 4원화된 국제통신망을 갖추었다. 데이콤은 서울과 대전에, 온세통신은 서울과 부산에 각각 2원화된 국제통신망 체계를 갖고 있다. 지금까지 우리 회사는 전체 국제통화량의 83%에 달하는 서울, 경기, 충청, 강원권의 국제통화는 광화문과 목동 국제관문국에서 처리하였고 영호남권은 부산 국제관문국에서 처리하여 운용 면에서 다소 비효율적인 면이 있었다.

그러나 이번 대전 국제관문국의 개통으로 경기, 충청권의 국제통화를 수용함으로써 접속시간을 단축하고 관문국 장애 시 다원화된 국제통신망 구성이 가능해져 국제통신서비스의 신뢰성을 확보하고 보다 안정적인 서비스의 제공이 가능해졌다. 그리고 교환시설에 차세대 지능망 서비스 및 최신 운용프로그램을 탑재하여 국제 ISDN, 국제가상 사설망 서비스, 국제 클로버 서비스, 세계 단일번호, 월드폰카드, 신용통화서비스 등 다양한 지능망 서비스를 제공할 수 있다.

4. 주요 국제통신사업 및 행사

4.1 국제관문국 시설개통

가. 목동국제관문국 구축

한국통신 네트워크본부(본부장 이정욱)는 집중되는 국제통신수요를 지속적으로 충족하고 국제관문국 시설을 다원화하며 안정화하기 위해 목동국제통신센터를 구축 추진하였다.

또한 서울 목동전화국 내 잠정 설치하여 운용 중인 국제관문시설을 수용하여 서울 제2국제관문국으로서의 역할을 할 필요가 있었다. 이를 위해 목동 국제통신센터를 신설 추진하였다(중장기 네트워크 발전계획, 1996. 9. 10, 한국통신 네트워크본부). 이 계획의 주관부서 및 결재자는 제1장 말미의 참고자료 편에 기록되어 있다. 이 계획의 주요내용은 다음과 같다.

① 이 관문국 시설은 목동의 서울사업본부 신축사옥의 상면을 확보하여 1998년- 1999년에 구축한다.

② 국제관문교환기(1만회선)를 공급하고, 국제전송시설로는 국제전송회선 통제시설(IMTC: International Transmission Maintenance Center), 국제고속전용회선 통제시설(IDMC: International Data Maintenance Center), 국제방송중계시설(ITC: International Television Center), 국제종합망관리시설(INMC: Integrated Network Management Center) 등을 확보한다.

③ 목동 ITMC-위성지구국, ITMC-중계국 간 직접링크를 구축하고, ITC-가입자 간, ITC-방송국 간 전송로를 확보한다. 그리고 고속전용회선 가입자를 직접접속하고, 국제관문국 트래픽 처리상황을 감시하고 제어하는 기능을 확보토록 한다. 또한 국제통신시설 종합관리 시스템도 확보한다.

④ 이 사업을 위한 물자는 1998년 4/4분기에 발주하고, 시설공사는 1999년 1/4분기-3/4분기에 시행한다.

⑤ 소요 예산은 국제관문교환기를 위해 1998년도에 5억 원, 1999년도에 45억 원을 편성하였다. 그리고 전송시설을 위해서는 1998년도에 94억8천만 원, 1999년도에 72억5천만 원을 배정하였는데, 시설별 소요예산은 <표 1-12>와 같다.

<표 1-12> 목동국제관문국 전송시설 배정예산(단위 백만원)

시설별	ITC	IDMC	ITMC	통신망 관리센터	계
1998년	1,350	1,900	3,230	3,000	9,480
1999년	3,150	2,100	1,000	1,000	7,250

나. 국제위성휴대통신관문국 건설

한국통신은 P-21사업 참여에 따라 국제위성휴대통신서비스를 제공하고자 하였다. 이때 국내통신망 및 국제통신망을 접속하기 위한 P-21 전용관문국을 설치 추진하였다(중장기 네트워크 발전계획, 1996. 9. 10, 한국통신 네트워크본부). 이 계획의 주관부서 및 결재자는 제1장 말미의 참고자료 편에 기록되어 있다. 이 계획의 주요내용은 다음과 같다.

① P-21 사업 주체인 ICO사의 통신망 간 접속기술을 적용하고, 국내 및 국외 전화망, PCS 통신망 간 상호연동 기능을 확보한다. 그리고 기존 국제관문국 상면을 활용하여 설치한다.

② P-21 전용관문국 교환시설 1식을 공급하고, 이를 위한 물자는 1998년 3/4분기- 4/4분기

에 확보하고 설치공사는 1999년 1/4분기-4/4분기에 시행하여 2000년 1/4분기에 서비스한다.

③ 소요 예산은 1998년도에 40억 원, 1999년도에 8억 원을 확보 추진한다.

다. 국제 초고속정보통신망 구축

국제통신 기본통신망을 광대역 초고속화하여 음성 및 데이터 서비스를 통합한 대용량의 정보통신서비스를 제공하기 위해 국제 초고속정보통신망을 구축 추진하였다(중장기 네트워크 발전계획, 1996. 9. 10, 한국통신 네트워크본부). 이 계획의 주관부서 및 결재자는 제1장 말미의 참고자료 편에 기록되어 있다. 이 계획의 주요내용은 다음과 같다.

① 이 통신망은 위성 및 해저광케이블을 이용하여 추진 중인 국제 ATM시험망과 연계하여 구축한다. 그리고 국제전화, 패킷, 프레임 릴레이(FR)를 위한 국제 ATM망으로 단계적으로 구축한다.

② 이 통신망은 국제 대용량 데이터통신 가입자의 국제접속을 위한 노드로 제공하고, 범세계적 통신망사업자와 연동하는 글로벌통신망으로 조기에 구축한다. 또한 ATM망에 의한 국제고속 인터넷으로 구축한다.

③ ATM교환기 1식을 설치하고, 위성과 해저광케이블을 이용한 동기식 초고속 국제전송로를 구축한다. 이를 위한 물자는 1998년 3/4분기-1999년 1/4분기에 확보하고, 시설공사는 1998년 4/4분기-1999년 2/4분기에 시행하여 1999년에 운용시험을 거쳐 상용화한다. 소요예산은 1998년에 35억 원, 1999년에 55억 원을 배정 추진한다.

4.2 국제지능망 서비스

가. 국제선불카드 서비스 개시

한국통신은 국제지능망서비스를 위한 국제통신시설로서 KT-EXPRESS 7천회선, 국제전용 ISDN 320BRI, 국제가상사설망(IVPN) 260가입자, 콜링카드 75만개, 국제클로버(I-800) 9천 가입자분을 가지고 있었다. 또한 선불카드, 마스터카드, 글로벌 콜링카드 서비스를 제공하기 위한 CAVIAR 시설을 운용하기 시작하였다. 여기에서 Caviar란 Computer Assisted Variable International Automatic Radial의 약자이다.

특히 경쟁사인 데이콤이 선불카드 서비스를 제공하고 있는 데다가 재판매사업자도 선불카드를 판매하고 있었다. 한국통신은 이와 같은 국제선불카드 잠식에 따른 대응책으로서 CAVIAR장비의 도입을 추진하였으며 이를 위해 미국 ETI(Exacutive Telecard International)사와 외자장비 무상 도입계약을 체결하였다.

당시 계약조건은 선불카드 통화료의 8%를 수수료로 지불하고, 시스템 유지보수, 각종 소프트웨어 및 데이터관리는 ETI사에서 직접 수행하며, 한국통신은 설치장소, 전원시설 제공, 회선구성을 담당하는 것으로 정하였다. 이 시설은 국제통신망운용국 4층에 설치하였으며,

1996년 2월 1일 시스템을 개통하였다. 이때 선물카드(0096)는 한국통신이 판매한 선불카드로 국제전화를 지정된 금액 범위 내에서 국제전화를 이용하는 서비스이었으며, 마스터카드(00917)는 마스터카드를 소지한 고객이 국제전화를 사용 후 요금은 후불로 지급되는 서비스를 말한다.

나. 예상되는 당면문제들

당시 한국통신은 신규서비스(사용카드 등) 및 부가서비스(월드소스 등) 제공 곤란으로 경쟁력이 약화되었다. 그것은 국제지능망 교환기의 용량이 부족하고 성능이 떨어져 국제통신서비스 제공에 있어 다음과 같은 여러 가지 문제가 예상되었다(대전국제관문교환망 구축계획, 1996. 6, 한국통신 네트워크본부 시설운용실 국제통신계획국).

① 기존 국제가상사설망(IVPN)의 시설용량이 127 가입자인데 비해 실제는 260 가입자를 수용하고 있어 용량을 초과한 상황이다. 그리고 KT 800서비스 경우도 시설용량은 1천 회선인데, 750 가입자를 수용한 상태라 비밀번호 용량 부족이 예상된다.

② 외국 가업자와 공동제휴서비스 및 신규서비스 구현이 불가하다. World Sorce- VNS 서비스를 제공하기 위한 부가기능 Forced ON-net 등 10종이 필요하다. 그리고 시중발행카드 등 신규서비스 공급이 불가하다.

③ 경쟁사인 데이콤과 서비스를 비교 분석할 때 열등하다. 콜링카드 서비스의 경우 언어선택기능 등 한국통신보다 유리하다. 그리고 SCE 구현으로 기존 서비스의 변경, 보완 및 신규서비스의 사양작성, 설계, 개발, 검증, 이식 등이 용이하다. 또한 외부 데이터베이스와 SCP 간 기술규격(프로토콜) 개발로 VISA, BC, 삼성카드 서비스가 제공되고 있다.

④ 한국통신은 카드서비스 장비(Caviar) 사용료 8% 지불로 수입이 감소하고, 장비가 불안정하여 품질저하가 나타나고 있다.

⑤ 기존시스템의 용량확장이 어렵다. 동일NCP(3B20)의 생산이 중단되었고, WS- VNS 서비스의 부가기능 및 선불제 카드의 개발이 곤란하다. 그리고 Generic 5.2에서 Generic 8.1로 시스템 업 그레이드 시 소요경비(60억 원)가 과다하게 요구되고 있으며, 신규서비스 제공 및 추가가 불가하다. 또한 ITU-T에서 정한 IN CS-1을 기본으로 하는 Pre-paid, 신용카드 등과 같은 서비스와 Multi-vendor 환경하에서 지능망 응용프로토콜 INAP의 적용 등 차세대지능망 발전추세를 수용하는데 부적합하다.

이와 같은 문제를 해결하기 위해 한국통신은 1998년도 사업으로 국제지능망 서비스의 수요급증에 따른 시설을 다음과 같이 확충하였다(1998년도 주요업무계획, 1998. 2, 한국통신 네트워크본부).

첫째, 국제지능망서비스 수요급증에 따른 시설을 확충하고, 신용카드 서비스 확장을 위하여 조회시스템을 구축한다. 그리고 구형 관문교환기를 신형 버젼(White)으로 전환한다.

둘째, 대전 관문교환기의 지능망시설기능을 확장하고, 신용카드시설을 확장하며, 관문교환기를 개선한다. 이를 위한 소요 예산 91억4천1백만 원을 확보하여, 1998년에 착공하여 당해연도에 개통한다.

4.3 국제팩스시스템 구축

가. 시스템 개요 및 추진방침

1997년 한국통신은 기존의 국제전화망(IDD)을 이용하여 실시간 전송방식의 팩스(FAX)를 출현시켰다. 이를 위해 별도의 접속번호를 부여하고, 팩스 호 처리시스템을 설치하여 팩스를 실시간 전송하고 축적 전송하는 기능을 갖는 시설을 조기에 구축하였다. 이것은 앞으로 부가통신사업자와 경쟁력을 갖도록 하기 위한 차별화된 국제팩스서비스를 제공하는 방안으로 추진되었다.

당시 경쟁사인 데이콤은 1997년 후반 국제팩스(Power-FAX)의 상용서비스를 개시하였다(1997. 11. 1). 이 서비스의 접속번호는 00307을 사용하고, 요금은 IDD 요금보다 6- 10% 할인된 금액으로 정하였으며, 국가에 따라 차등 할인율을 적용하였다. 이를 위한 시설로는 PABX교환기를 중계용으로 개조한 Starex교환기 2식을 설치하였으며, 용량은 입중계회선 120, 출중계회선 120 등 240회선이었다. 그리고 서버는 VIPS-HD 2식도 설치되었는데, 교환기 및 서버 모두 LG정보통신 제품이었다.

이러한 상황에서 한국통신은 경쟁사의 시장잠식을 최소화하기 위해 시스템 확장 및 기능개선이 용이한 시설을 조기에 구축할 필요가 있었다. 그래서 국내개발교환기 제조업체 중에서 음성/팩스 축적전송, ARS기능 등 복합정보처리시스템을 생산하고 납품한 실적이 있는 업체를 선정하였다. 이에 따라 1997년에 공급계약을 체결하고 1998년 1/4분기 내 개통한다는 목표를 세웠다.

나. 국제FAX 시스템의 주요기능과 시설계획

한국통신은 국제FAX 시스템의 주요기능과 추진계획을 다음과 같이 정하여 시행하기로 하였다(국제 FAX 시스템 구축계획, 1997. 11, 한국통신 네트워크본부).

① 이 시스템은 팩스 호를 실시간 전송해야 하고 음성 호도 허용되어야 하며, 요금은 IDD 요금을 적용한다. 그리고 동보전송, 다중전송, 시간 지정전송, 자동 재전송, 부달통보 등 부가기능이 있으며, 축적전송기능이 있어야 한다. 시스템 확장 및 기능개선이 용이한 시설이어야 하고, 관문국과 팩스시스템 간 신호방식은 공통선 신호방식(No.7)을 적용한다. 이 시스템은 광화문전화국 4층에 위치한 국제통신망운용국에 설치한다.

② 과금용 자료의 생성, 실시간 과금(CAMA), 일정 시간 저장 등의 과금 기능이 있어야 한다. 또한 음성 호와 팩스 호를 구분하여 과금 요율을 차등 적용하고, 생성된 과금자료는

ITBS로 송부한다.

③ 주 시스템으로 FMS(Fax Message System) 1식을 설치하고, 용량은 초기에 480회선으로 하고 향후 용량증설이 용이해야 한다. 여기에 서버 및 부대시설 1식이 포함된다. 이 시설은 물자는 1997년 1월-1998년 2월에 확보하고, 설치공사는 1998년 3월에 시행하여 준공한다(1998. 3. 30).

④ 번호계획은 00725+안내방송+상대 팩스번호 순으로 이용하게 하고, 호 처리는 시내교환기-시외교환기-국제교환기를 경유하여 팩스교환기에 접속토록 한다. 상대방 팩스번호를 수신 후 FMS가 상대방을 호출하여 팩스음을 수신하여 연결한다. 이때 착신자의 팩스유무를 확인하고, 부가기능은 FMS가 팩스데이터를 축적 후 사후 송출한다. 이어서 발신자(FAX)와 착신자(FAX)를 접속시키고, 팩스전송 완료되면 호를 종료하고, 과금데이터를 생성하며, 자동전송 및 저장한다.

이와 같은 추진방침에 따라 1998년도 사업으로 국제FAX 전용교환망을 다음과 같이 추진하였다(1998년도 주요업무계획, 1998. 2, 한국통신 네트워크본부).

첫째, 국제FAX 서비스(수퍼팩스)를 제공하기 위한 전용시스템을 구축하고, FAX 호 처리 시스템을 설치하여 차별화된 서비스를 제공한다. 그리고 국제 FAX 실시간 전송 및 축적전송기능을 구현한다.

둘째, 이를 위해 초기용량이 480회선인 FMS 1식을 설치하고, 번호는 00725+(안내방송)+상대팩스번호의 구성으로 이용한다. 이때 호 처리는 시내통신망과 시외통신망을 거쳐 국제교환기를 경유하여 FAX교환기에 접속토록 한다.

셋째, 이 시설은 국제통신망운용국(광화문)에 설치하며 이를 위한 소요예산은 9억 원을 배정하고 1998년 착공 1998년 개통하는 것으로 추진한다.

다. 국제FAX 시설의 준공

1998년 전반기에 국제FAX 시설이 준공됨에 따라 한국통신은 종로구 세종로 100의 본사빌딩 4층 국제통신망운용국에서 국제수퍼팩스 개통 기념행사를 가졌다(1998. 4. 13). 이때 행사장과 동경사무소 간 팩스송수신 서비스의 기념 시연이 있었으며, 이 행사에는 부사장(이정욱), 마케팅본부장(우승술), 통신망관리단장(이상일) 등 관계자 13명과 출입기자단 7명이 참석하였다.

한국통신의 국제FAX 시설의 준공 개통과 관련하여 전자신문은「KT, 국제슈퍼팩스 내달 첫선」이라는 제목으로 다음과 같이 보도하였다(1998. 4. 14, 전자신문).

<기사내용> 한국통신은 외국으로 팩스를 보낼 때 실시간 처리 및 축적전송의 두 가지 방식을 모두 이용할 수 있는 국제 슈퍼팩스시스템을 국내 최초로 구축했다고 13일 밝혔다. 한국통신이 삼성전자의 하드웨어를 이용, 구축한 국제 슈퍼팩스시스템은 실시간 전송기능은

물론 동보전송기능, 자동 재전송기능, 다중전송기능, 지정시간 전송기능 등 다양한 기능을 제공한다. 이 시스템을 이용하려면 접속번호인 00725를 다이얼하면 된다.

한국통신은 이달 말까지 시험서비스와 함께 요금체계를 결정, 다음 달 1일부터 상용서비스에 나설 예정이며 메시지의 배달상태 확인이 즉시 가능한 실시간 전송서비스부터 제공하고 동보전송기능 등 여타 부가서비스는 고객들의 이용추세를 분석하여 제공할 계획이다. 한편 한국통신은 13일 오전 광화문 본사 4층 국제통신망운용국에서 이정욱 부사장이 참석한 가운데 국제 슈퍼팩스 개통기념 행사를 가졌다(조시룡 기자).

한편 당시 데이콤은 이 서비스 제공을 위해 용량이 240회선의 Starex 2식을 설치하여 1997년 11월 1일에 서비스를 개시하였다. 접속번호는 00307이고, 서비스 명칭은 Power-FAX로 불리었다.

4.4 국제통신종합센터 건설

가. 추진배경 및 기본계획

1980년대 초까지 서울특별시 종로구 세종로 84-4 일원과 건너편 우남회관 인근에는 오랫동안 한국 정보통신역사의 상징이고, 심장부의 역할을 해온 국제전신전화국(KIT), 중앙전신국, 광화문전화국이 어깨를 나란히 하고 우뚝 서 있었다. 1970년대 후반에 접어들면서 이들을 이전하고 국제통신종합센터를 건설하였다. 이때 국제통신센터의 건설방침은 다음과 같이 정하여 추진하였다(1982년 주요사업계획 및 당면과제, 1981. 11, 체신부 계획국).

(1) 당시 KIT 및 중앙전신국의 대지 1,451평 중 751평이 도시계획에 저촉되어 철거가 불가피하였다. 또한 서울시 고시에 따라 광화문전화국도 세종문화회관 미관광장지구로 지정됨에 따라 이전이 불가피하였다.

(2) 국제통신시설의 확장과 현대화를 추진해야 할 상황이 되어 국제통신종합센터를 건립한다. 이를 위해 세종로 84-4 일원(교보빌딩 옆)에 체신부 대지 700평을 포함하여 총 3,098평의 대지를 확보하고, 그 위에 연건평 23,072평(지하 3층, 지상 15층)의 건물을 신축한다.

(3) 이 건물은 1980년 12월에 착공하여 1983년 12월에 준공하며, 소요예산은 280억 원을 확보 시행한다. 1981년 11월 현재 대지 82.8평이 미확보상태인데, 이것은 부지 내 경한실업(주)이 소유한 대지 82.8평이 협의매수에 불응하는 바람에 중앙토지수용위원회에 재결신청 중에 있다.

(4) 건축계약 및 착공(1980. 12), 지하 3층 골체공사(1981년), 지상 1층-15층 골체 및 외장공사(1982년), 내장 및 부대설비공사(1983년)를 시행한다.

나. 건립계획조정 및 실행

앞에서 설명한 바와 같이 당시 체신부는 국제통신의 발전을 위해 서울특별시 종로구 세종로 100번지 소재 서울중앙전신국 자리에 「국제통신종합센터」 건립계획을 수립하였다. 당초 계획은 확보된 대지 3,098평 위에 지하 3층, 지상 12층(연건평 20,171평)을 1980년 9월에 착공하여 1982년 12월에 준공할 예정이었다. 그러나 1982년 1월 1일 한국전기통신공사가 발족함에 따라 사옥 확보가 필요하여 3개 층을 증축하기로 결정하였다. 이를 위해 당시 국무총리의 재가를 받아 추진하였다(1981. 6. 26).

이 건설계획은 지하 3층, 지상 15층(연건평 23,069평)으로 조정되어 시행하게 되었으며, 총 280억 원의 예산을 투입하였다. 이 건물은 1980년 12월에 착공되어 시행되어 오다가 1982년 1월 한국전기통신공사가 창립되면서 한국통신 중앙건설사무소 시설본부가 주관하게 되었으며, 현대건설(주)이 시공을 담당하였다. 이 건물공사는 1981년에 지하 3개 층 골체공사를 시공한 후, 1982년에는 지상 1층-15층의 골체 및 외장공사를 시행하였다.

그리고 1983년에는 지상 3층에서 15층까지 내장공사, 부대공사 및 조경공사를 하여 마무리함으로써 당초 계획대로 1983년 12월에 준공되었다. 그동안 공사는 건축, 전기, 구내통신의 3개 공정으로 시행되었으며 1983년 당시 공정별 감독자는 건축부분에 김동준 외 3명, 설비부분에 김원태 외 3명, 전기와 통신부분에 이낙구, 이중호 이었다.

한국전기통신공사는 이 건물을 본사 사옥으로 사용하는 현판식을 1984년 11월 2일에 갖고 우리나라 전기통신의 선진구현을 위한 제2의 출범을 하였다. 이날 현판식에서 이우재 사장, 김성진 체신부장관, 배동조 부사장, 임두순 감사가 테이프커팅 하였다(한국전기통신, 1984. 11, 한국전기통신공사). 특히 이 건물에는 91평의 면적에 총 60석의 좌석과 당시 최첨단의 회의시스템을 갖춘 국제회의실을 선보였다.

이 회의실은 국제회의 시 5개국 동시통역시설을 갖추고 컴퓨터에 의해 조작되는 스라이드 프로잭터 12대를 이용하여 대형 스크린의 멀티비젼 영상시스템과 입체음향의 영상 오디오시설도 갖추었다. 한편 통신센터의 또 하나의 명물인 광화문전화국 공중실은 100평의 사무실과 176평의 공중실로 만들어졌다. 여기에서 KIT 업무의 일부인 국제전화 및 전보와 공중텔렉스, 모사전보, 사진전송 등을 24시간 운용하는 한편 미니2층에는 전국의 전화사정 안내 및 고객상담을 하게 되었다. 이 건물은 초기에는 한국통신 본사, 광화문전화국, 체신부에서 사용하였다. 그 후 정보통신부, 방송통신위원회가 입주해 있다가 2013년 정부부처가 빠져 나가면서 KT 광화문 사옥으로 남게 되었다.

5. 국제통신사업 전담부서

가. 국제관문국 현업기관 개선

1997년 당시 한국통신의 국제관문국에 대한 운용관리는 네트워크본부와 전략영업본부로 이원화되어 있었다. 이때 네트워크본부에서 다음의 국제통신시설을 운용하였다.

① 국제관문교환기 2식, 국제 전송시설 2식, 위성지구국 3기 등을 운용하는 국제통신망운용국과 국제관문교환기 1식, 국제 전송시설 1식 등을 운용하는 국제통신망운용국 대전분국

② 국제위성지구국 4기, 국제위성 이동통신지구국 3기 등을 가지고 있는 금산위성지구국과 국제위성지구국 5기 등을 운용하는 보은위성지구국

③ JK, RJK, APCN이 수용되어 있는 부산해저중계국, HJK케이블을 수용 관리하는 제주해저중계국, CK를 담당하는 태안해저중계국, FLAG가 착지되어 있는 거제해저중계국

한편 1990년대 후반 전략영업본부는 부산국제전화국과 서울국제전화국의 서울국제교환대를 담당하고 있었다. 당시 부산국제전화국에는 국제관문교환기 1식, 국제전송시설 1식, 가입전신 전송단국시설, HiNET-P PAD, 부산국제교환데 32석을 가지고 있었다. 이와 같은 국제통신망 관리업무수행의 비합리, 비효율성을 개선하기 위해 이들 현업기관을 네트워크본부로 일원화하였다. 이와 같이 시행함으로서 국제통신시설 운용요원의 소속감을 일체화하여 생산력을 향상하고, 국제통신 기간망의 국제경쟁력을 강화하였다.

나. 국제통신사업을 주관한 부서 및 간부진

체신부는 국제통신사업의 전담을 위해 1950년 서울국제전신전화국(KIT)이 신설하였다. 1970년대 중반 이 전화국의 간부진은 국장 신영철, 업무과장 곽길현, 전신과장 구준회, 수배과장 반재형, 전화과장, 노상민, 제1기술과장 황윤언, 제2기술과장 성태경으로 보직되었다(전화번호부, 1974, 서울체신청). 또한 국제전신전화건설국(국장 김영만)이 운용되었다. 그 후 우리나라 정보통신 선진화 30년의 완성시기인 1990년대 국제통신사업의 주관부서 및 간부진은 다음과 같다.

(1) 1990년 하반기 한국전기통신공사 국제통신사업본부의 간부진은 본부장 서경식, 계획국장 이쾌석, 영업1국장 손성호, 영업2국장 고순영, 시설운용국장 전계형, 관리국장 오성주로 보직되었다. 그리고 현업기관으로는 서울국제전화국장 음재황, 국제망운용국장 조완행, 금산위성지구국장 장무웅, 보은위성지구국장 배선일, 부산국제전화국장 김재운, 부산해저중계국장 최정옥, 제주해저중계국장 공석으로 보임되었다(이상 2급이상 직원직위 일람표, 1990. 10. 20, 한국전기통신공사).

(2) 1993년의 국제통신사업본부의 간부진을 보면 본부장 유의준, 계획국장 김문오, 영업1국장 권태정, 영업2국장 고순영, 교환기술국장 전병섭, 전송기술국장 전계형, 관리국장 허중철로 보직되었다. 그리고 현업기관으로는 서울국제전화국장 이봉수, 국제망운용국장 김광영, 금산위성지구국장 김기열, 보은위성지구국장 김장진, 부산국제전화국장 김재기, 부산해저중계국장 곽선곤, 제주해저중계국장 채승국으로 보임되었다(이상 2급이상 직원직위 일람표, 1993. 8. 1, 한국전기통신공사).

(3) 1996년에 들어서면서 국제통신사업을 위한 시설 및 통신망 부분은 네트워크본부로, 영업부분은 전략영업본부로 분리되었다. 먼저 네트워크본부의 간부진을 보면 본부장 이정욱, 시설운용실장 김기천, 국제통신계획국장 전병섭, 국제통신망운용국장 김준, 금산위성지구국장 강성윤, 보은위성지구국장 김장진, 부산해저중계국장 백해량, 제주해저중계국장 서인수, 태안해저중계국장 임종호로 보임되었다. 그리고 전략영업본부의 간부진은 본부장 우승술, 국제사업협력국장 가재모, 서울국제전화국장 손성호, 부산국제전화국장 최해환으로 보직되었다(이상 2급이상 직원직위 일람표, 1996. 4. 30, 한국전기통신공사).

참고자료

(1) 국제교환망 장기발전계획(1994. 11)

한국통신은 국제환경의 급속한 변화 및 통신기술의 발전에 따라 국제통신망의 장기발전계획을 수립 추진하였다(국제교환망 장기발전계획, 1994. 11, 기술기획실 통신망계획2국). 이 계획의 주요내용은 서울국제관문국에 통화량이 집중되는 문제를 해소하고자 1994년부터 추풍령 이북지역의 국제통화는 서울 제1관문국(광화문전화국)으로 접속하고, 서울 제2관문국(목동전화국)을 신설하여 이원화를 추진하는 것이었다. 이 계획은 기술기획실 통신망계획2국장(안승춘)이 주관하고 실장(이정욱), 부사장(김상국), 사장(조백제)의 결재로 확정되었다.

(2) 대전 국제관문교환망 구축계획(1996. 6)

1996년 한국통신은 대전국제관문국을 신설하고 국제지능망 서비스를 확장하는 계획을 수립 추진하였다(대전 국제관문교환망 구축계획, 1996. 6, 네트워크본부 시설운용실 국제통신계획국). 이 계획의 주요내용은 ① 신설되는 국제관문국에는 국제관문교환기능 및 차세대 지능망 기능이 부가된 최신형 시스템을 구축한다, ② 공급기종으로는 국내에서 운용 중인 5ESS(Generic 8.1 이상)와 AXE-10(Transgate 3 이상)으로 한다, ③ 시설량은 국제회선 5천회선과 국내회선 5천회선을 공급한다, ④ 국제 지능망교환을 위해 차세대 지능망 기능을 도입한다 등으로 정하였다. 이 계획은 네트워크본부 시설운용실 국제교환사설부장(최병화), 국제통신국장(전병섭)이 주관하고 시설운용실장(김기천), 본부장(이정욱), 부사장(김노철), 사장(이준)의 결재로 확정 시행되었다.

(3) 국제관문국 발전계획(1996. 9. 9)

1990년대 중반 한국통신은 국제 지능망교환기의 서비스 용량이 부족하고 성능이 구형이며, 국제회선 수요예측결과 1998년부터 시설이 부족한 것으로 나타났다. 이러한 당면과제를 해결하기 위해 국제관문국 발전계획을 수립 추진하였다(중장기 네트워크 발전계획, 1996. 9. 9, 한국통신 네트워크본부). 이 계획의 주요내용은 ① 대전국제관문국을 1997년에 신설한다, ② 국내구간 및 국제구간의 통신망 구성 및 루팅을 개선한다, ③ 국제관문국 C-7신호 중계망을 1998년에 구축한다, ④ 목동 국제통신센터를 1998년-1999년에 구축한다, ⑤ P-21 위성휴대통신망을 1998년-1999년에 구축한다, ⑥ 국제 초고속 정보통신망을 1999년부터 구축한다 등으로 결정되었다. 이 계획은 네트워크본부 시설계획부 4급행정(이재춘), 시설계획부장(오경래), 종합기획국장(엄재건)이 주관하고 시설운용실장(김기천), 네트워크본부장(이정욱), 사장(이준)의 결재로 확정 시행되었다.

(4) 국제 신호중계 전용교환기의 신설(1996. 9, 10)

1990년대 후반 국제전화 트래픽이 증가하고 ISDN 및 지능망서비스를 도입함에 따라 공통선 신호방식의 이용이 확장되면서 신호망이 복잡해지고 있었다. 이에 따라 효율적인 신호처리 및 통신망 관리체계를 확립하기 위해 국제 신호중계 전용교환기(STP)의 도입 설치계획을 수립 시행하였다(중장기 네트워크 발전계획, 1996. 9, 10, 한국통신 네트워크본부). 이 계획의 주요내용은 ① 서울 및 부산 국제관문국에 신호중계교환기(STP)를 구축한다, ② 신호중계교환기는 2개 시스템으로 이중화한다 등으로 결정하였다. 이 계획은 네트워크본부 시설계획부 4급행정(이재춘), 시설계획부장(오경래), 종합기획국장(엄재건)이 주관하고 시설운용실장(김기천), 네트워크본부장(이정욱), 사장(이준)의 결재로 확정 시행되었다.

(5) 국제통신전송로 현대화계획(1996. 9, 10)

1990년대 후반 국제회선이 증가함에 따라 국제 위성통신 전송로를 다원화하고 위성통신의 디지털화를 서두르게 되었다. 이를 위해 한국통신은 국제통신전송로 시설의 현대화계획을 수립 추진하였다(중장기 네트워크 발전계획, 1996. 9, 10, 한국통신 네트워크본부). 이 계획의 주요내용은 ① 지역 위성사업자의 위성접속용 허브 위성지구국을 구축한다, ② 디지털 회선분배장치(DCME)를 1997년-1999년에 증설한다, ③ 국제전송 다중시설을 1997년-1999년에 증설한다, ④ 국제 위성통신의 디지털화를 위한 장비를 1997년-1999년에 공급한다 등으로 결정하였다. 이 계획은 네트워크본부 시설계획부 4급행정(이재춘), 시설계획부장(오경래), 종합기획국장(엄재건)이 주관하고 시설운용실장(김기천), 네트워크본부장(이정욱), 사장(이준)의 결재로 확정 시행되었다.

제2장

국제 해저통신망의 세계적 확장

1. 국제 해저통신망 시대로의 진입

1.1 국제 해저케이블망의 발전방향

가. 우리나라의 국제해저통신망 운용상황

1994년 8월 당시 우리나라 국제해저통신망 운용상황을 보면 한국과 일본 간의 제1 국제해저케이블(J-K-C) 399회선과 한국, 일본 홍콩을 연결하는 제2 국제해저케이블(H-J-K) 3,780회선에 불과하였다. 1990년대 초반까지 우리나라의 국제통신망은 아시아,북미, 유럽 등과 통신망을 구성할 때 일본을 경유해야 만 하였다. 또한 국제전송망이 이원화 루트로 구성되지 못하였으며, 국제해저통신망에 대한 장기계획도 미비한 상태였다. 그리고 우리나라는 지정학적으로 유리한 위치에도 불구하고 1990년대 중반까지도 국제해저광통신망의 중심 역할을 하지 못하고 일본에 크게 의존하고 있는 실정이었다.

이러한 상황을 타개하고자 1995년 한국통신 기술기획실(실장 이정욱)에서는「국제전송망 장기발전 기본계획」을 수립하였다(1995. 11). 이 계획에는 국제화 및 경쟁화에 대비하여 해저광케이블 건설에 참여하여 고품질의 광대역 국제전송로를 용이하게 확보하고, 이를 기반으로 동북아 및 태평양지역 통신중계국으로 부상하고자 하는 의지가 담겨 있었다. 이 구상을 실현하기 위해 한국통신은 전 세계 지역별 국가별 해저광전송망 구축 및 건설에 참여하고, 국제전송망을 이원화 구성하여 신뢰성을 확보토록 하며 기존 해저케이블의 운용을 극대화한다는 방침으로 추진하였다.

앞에서 수립한 국제전송망 장기발전 기본계획에 따라 1996년 한국통신 네트워크본부(본부장 이정욱)는 2000년대에 대비한 우리나라 국제 해저케이블망 확장의 청사진을 담은 중장기 국제 해저케이블망 발전계획을 세웠다(중장기 네트워크 발전계획, 1996. 9. 9, 한국통신 네트워크본부). 이 계획의 주관부서 및 결재자는 제2장 말미의 참고자료 편에 기록되어 있다. 이 계획의 주요내용은 다음과 같다.

> 첫째, 1990년대 중반 우리나라는 국제통신망에서 해저케이블이 차지하는 비중이 56%로 운용되고 있다. 이를 2000년에는 80% 수준으로 확장한다.
>
> 둘째, 현재 일본 중심으로 구성된 우리나라 국제통신망을 적정하게 분산하고 다원화하여 앞으로는 일본을 경유치 않고 태평양을 횡단하는 국제해저통신망을 확보하는 방향으로 전환한다.
>
> 셋째, 2000년대 국제통신수요를 충족하고 한국이 국제해저광통신망의 동북아 및 태평양지역의 중심국가가 되도록 하며, 이의 실현을 위해 범세계적인 국제해저케이블을 연차적으로 건설 확장해 나간다.

나. 국제해저케이블망의 확장준비

1990년대 중반 우리나라는 JK, HJK, RJK, CK 등 4개의 국내육양 국제해저케이블을 운용하고 있었으며 여기에 총 814회선이 실려 있었다(1996. 9). 그리고 APCN, FLAG 등 2개 해저광케이블의 7,470회선을 국내육양을 위해 건설하고 있었다. 그 외에도 여러 개의 국제해저케이블 건설에 참여하여 총 23구간에 3,153회선을 확보 완료하였으며, 2구간 4,320회선은 건설 중에 있었다. 이때 국제전송로에서 해저케이블이 차지하는 비중은 56%이었으며, 2000년에는 80%로 늘리도록 추진하였다.

한편 해저케이블 건설 및 유지보수의 자립을 위해 한국통신은 자회사로 한국해저통신(주)를 1995년 4월에 설립하였다. 이 회사는 외국 선박을 용선하여 해저케이블 건설에 참여하고 유지보수를 담당하였으며, 제2 제주-고흥 간 해저케이블 건설에 참여하고 CK, RJK 케이블 유지보수도 담당하였다.

이때 국제 초고속정보통신망 구축 등 대용량 해저케이블 수요는 증가하고 있는데 비해 건설기간은 4년-5년이나 소요된다는 점이 당면과제였다. 한편 정부는 국제통신사업분야의 경쟁사업자 및 민간사업자도 해저케이블 건설사업에의 참여를 허용하고 있어 이에 대한 대책이 필요하였다. 또한 당시 해저케이블 건설 및 유지보수 확장을 위한 소요설비를 보유하지 못한 상태에서 선박을 용선하여 수행하고 있는 점과 어로활동에 의해 해저케이블의 고장이 빈번하게 발생하고 있는 문제도 안고 있었다.

1.2 국제 해저케이블망의 확장방침

가. 국제해저통신망 확장방침 결정

앞에서 언급한 문제들을 해결하고자 한국통신 네트워크본부(본부장 이정욱)는 국제해저통신망 건설의 기본방침과 향후 발전계획을 수립 추진하였다(중장기 네트워크 발전계획,

1996. 9. 9, 한국통신 네트워크본부). 이 계획의 주관부서 및 결재자는 제2장 말미의 참고자료 편에 기록되어 있다. 이 계획의 주요내용은 다음과 같다.

첫째, 2000년대 수요확충을 위한 국내 육양해저케이블을 건설하고, 그 외 주요 해저케이블 건설에 지속적으로 참여하는 방향으로 한다. 그리고 범세계적인 국제 해저케이블망으로 확장하고 해저케이블 보호활동 및 유지보수를 강화한다. 이때 국제 해저광케이블 건설, 건설참여 해저케이블 등을 포함한 중장기 국제 해저광케이블의 건설계획을 <표 2-1>과 같이 수립 추진하였다.

<표 2-1> 국제해저광케이블 공급계획

시설명	구분	1995년 말 시설수	1996년 공급량	1997년 공급목표	1998년 공급목표	1999년 공급목표
육양케이블 건설	시스템 수	4	1	1	-	2
	회선 수	14,814	6,360	1,110	-	4,740
건설참여 케이블	구간 수	22	2	1	1	1
	회선 수	3,153	4,320	60	510	680
접속회선	식/구간수	13/15	17/19	9/9	2/2	3/5
	회선 수	542	887	1,035	120	600

둘째, 국제해저케이블의 수요를 확충하고 동북아지역 국제해저통신망의 허브(HUB)화를 구축하기 위해 다음과 같이 추진한다.

① 유라시아 국제해저케이블망을 1997년-1999년에 구축 추진한다. 이를 위해 해저광케이블 SEA-ME-WE3를 싱가폴에서 연장하여 국내 육양을 추진하고, 당시 육양건설 중인 APCN, FLAG 국제 해저광케이블과 연계 운용한다. 그리고 동남아-중동-유럽 20여 개국을 연결하여 유라시아 초고속정보통신망 구축을 위한 기반설비로 추진한다.

② 태평양을 횡단하는 국제 해저광케이블을 1997년-1999년에 건설한다. 이에 따라 북미지역을 연결하는 국내육양 해저광케이블을 신설하여 한국-괌, 한-중 국제해저케이블을 연계한 허브화 기반을 확보한다. 또한 RJK 및 APCN 해저케이블을 연계 운용하고, 북미지역 초고속정보통신망 구축을 위한 기반설비로 공급한다.

셋째, 범세계적인 국제 해저케이블망을 구축한다. 이를 위해 이들 해저케이블 건설에 참여하여 해저케이블의 용량을 확보한다. 남미 구간의 PAN-America 케이블 90회선, 아프리카 구간의 AFRICA-ONE 케이블 145회선, 아시아횡단 유럽구간의 TAE 케이블 60회선 등을 확보한다(1997년-1999년). 그리고 해저케이블 접속회선을 1997년-1999년에 확보하고, 해저케이블 연장용 육선 1,755회선(17구간)도 확보토록 한다.

넷째, 국제해저케이블 운용의 안정화를 시행한다. 이를 위해 해저케이블 감시레이더를

1997년에 설치한다. 그리고 국제해저케이블의 유지보수기반을 강화한다(1996년- 1999년). 이를 위해 전용선박과 잠수정(ROV)을 확보하고, 전용부두 및 예비품 보관창고를 건설한다. 또한 APCN, FLAG, SMW-3, 태평양횡단케이블 등 국제 해저케이블과 제주-고흥, 을릉-호산 등 국내 해저케이블의 유지보수권을 추가 확보한다.

나. 선진국의 추진상황

1990년대 중반 전 세계의 국제 해저케이블의 구축현황을 보면 약 25만Km의 케이블이 운용 중이었고, 2002년까지 약 30만Km의 해저케이블이 더 건설될 계획이었다. 그리고 제7 국제해저케이블(SMW-3), 제8 국제해저케이블(태평양횡단), Pacific Crossing-1 (PC-1), TCPN (한솔), TPC-6, Pacific Express Cable Network, Japan-US Cable Project, Oxygen Project, Southern Cross, SAFE 등 10여 개의 신설케이블이 계획되고 있거나 추진되고 있었다.

한편 국제해저케이블의 유지보수는 지역별로 공동유지보수구역을 설정하여 육양사업자와 선박운용자 간 협정에 의해 시행되고 있었다. 한국이 속한 동북아지역은 요코하마 존으로 설정되었다. 이 구역에는 17개 시스템의 해저케이블(4만Km)이 운용되고 있었으며, 육양사업자로 KT, KDD, CT, AT&T 등 16개사, 선박운용자는 KST(세계로), KCS(KOL), SBSS(Furai)의 3개사가 있었다. 이중 KST/SBSS는 공동운영체계를 갖추어 연간 6개월씩 교대로 대기하는 방식으로 협약되어 있었으며 연간 고정수입은 약 5백만 불이었다. 당시 한국통신에서는 국제해저케이블 사업을 다음과 같이 전망하였다.

첫째, 인터넷 수요가 급증하고 WTO 체제에 의해 각국의 규제가 완화됨에 따라 세계 주요 통신사업자 뿐만 아니라 시스템 공급업체, 일반 업체들도 국제해저케이블 사업에 경쟁적으로 참여함으로써 신규 국제해저광케이블 프로젝트가 다수 출현할 것이다. 그래서 태평양/인도양 지역에 10개+α, 대서양 지역에는 Gemini, AC-1, TAT-14 등이 계획대로 잘 추진될 것이다.

둘째, 해저케이블 사업은 일괄 수주방식으로서 시스템 공급업자를 중심으로 국제적인 컨소시엄을 구성하여 진행되고, 해양분야 건설공사 부분은 선박운용자가 컨소시엄에 참여하여 시행될 것이다. 그리고 해저케이블 건설은 수요에 비해 대양에서 건설작업을 수행할 수 있는 케이블 선박은 한정되어 있다. 그래서 KST 선박(세계로)은 경쟁력을 갖추고 있어 제8 국제해저케이블(태평양 횡단) 건설공사를 1,700만 불에 수주하는 등 포설 공사에 참여할 가능성이 많다.

셋째, 국제 해저케이블의 수량이 증가함에 따라 케이블 고장 발생건수도 증가될 것이다. 이에 따라 요코하마 구역의 대기 선박이 추가로 필요할 것으로 예상된다.

이러한 전망에 따라 한국통신은 KST 선박(세계로)과 SBSS 선박(Furai)의 연중 대기(Full Duty)를 요청하고, ROV도 선박과 같이 대기 요청하였다. 이렇게 되면 선박 수입이 연간 약 1

천만 불(2000년 초), ROV 수입은 연간 약 1백만 불로 예상되었다. KST/ SBSS 선박의 요코하마 존 가입을 위한 요코하마 존 특별회의가 1996년 12월 초 미국 하와이(AT&T)에서 열렸다.

이 회의에는 16개 당사자 34명이 참석하여 신규케이블의 선박도입 추진상황을 점검하고, KST/SBSS 선박의 요코하마 존 가입에 따른 운용방안(2 Ship Arrangement)에 대해 검토 의결하였으며, 새로운 대기료 할당방식을 검토하였다. 여기에서 한국통신은이 운용방안에 대해 프리젠테이션을 하여 KST/SBSS 선박도입에 합의를 이끌어 냈다. 또한 대기료와 가입시기(1997. 7. 1)도 합의되었다.

2. 동남아지역 국제해저통신망 확장

2.1 주변국가 간 국제통신망 건설

한국통신은 글로벌 시대를 맞이하여 일본, 홍콩, 중국, 러시아 등 인접 주변국가 간의 급증하는 국제통신량을 원활하게 소통하기 위해 1980년대 초반부터 1990년대 중반까지 4개의 국제해저통신망을 건설하였다.

가. 제1 국제해저케이블(J–K–C)

JKC케이블(Japan-Korea Cable System)은 한국(부산)과 일본(하마다) 간의 약 286Km를 연결하는 해저케이블로서 한국통신(KT)과 일본 KDD가 주관하여 1980년 11월에 개통하였다. 이후에도 1981년 13억원을 들여 이 케이블의 끝매기 공사를 시행하였다. 이 해저통신망은 동축케이블(CS-36M방식)을 이용하여 2,700회선 용량으로 건설되었으며, 총 건설비는 약 1천8백만 불이 투입되었다. 한국통신은 그 중 약 9백만 불을 부담하여 그동안 국제기간통신망으로 운용되다가 1997년 6월에 운용을 종료하였다.

나. 제2 국제해저케이블(H–J–K)

제2 국제해저케이블은 한국(제주)-일본(Chikura)-홍콩(Deep Water Bay)를 연결하는 약 4,857Km의 해저광케이블이다. 1988년 한국전기통신공사 사장(이우재)을 비롯한 11개국 22개 통신 관계기관 대표자들은 제주 그랜드호텔에서 제2 국제해저광케이블 건설 및 유지보수 계약서에 서명하고 건설공사에 착수하였다(1988. 1. 26). 이어서 각국대표 60여명이 참석한 가운데 제1차 관리위원회 모임을 가졌다(1988. 1. 27-1. 28).

HJK 해저광케이블(Hong Kong-Japan-Korea Cable System)로 명명된 이 시스템은 4천 명이 동시에 통화할 수 있는 용량으로 우리나라 안에서는 제주-고흥 간에 별도의 해저광케이블을 건설하여 전국 어디서나 이 케이블과 연결된다. HJK 시스템 건설은 일본 후지스사와

NEC사, 미국의 AT&T사, 영국 C&W사 등 4개사에 1억2천6백만 달러에 낙찰되었다.

이 해저광케이블이 건설됨으로써 통신위성을 이용할 때의 거리감이 없어져 국제전화도 국내통화와 같이 감도가 좋아지고 국제간 TV를 통한 화상회의, 고속데이터 등 새로운 통신서비스 도입이 가능하게 되어 종합정보통신망 구축을 앞당길 수 있게 되었다. 이 해저케이블은 한국통신(KT), 일본 KDD, 홍콩 HKTI가 약 1억7천만 불을 투입하여 1990년 7월에 개통되었다. 한국통신은 그중 약 3천3백만 불을 부담하여 3,780회선(280Mbps × 1개 시스템)을 확보하였다.

다. 제3 국제해저케이블(R–J–K)

RJK 해저케이블(Russia-Japan-Korea Cable System)은 한국(부산)-러시아(Nakhodka)-일본(Naoetsu) 구간의 약 1,761Km를 연결하는 국제해저통신망이다. 이 해저케이블의 회선용량은 15,120회선(560Mbps × 2)이나 되며 한국 KT, 일본 KDD, 덴마크 GN/TD, 러시아 ROSTELECOM이 공동으로 건설하여 1995년 2월에 개통되었다. 특히 덴마크의 Tele Denmark와 GN이 러시아 측 부분을 부담하는 것으로 하여 참여하게 되었으며, 1993년 4월 덴마크 당사자가 한국통신과 일본 KDD에게 출자제의를 해옴으로서 추진이 시작되었다.

이에 한국통신은 1994년 10월 이 제의를 수용하는 방향으로 결정하였고(국시 2340-1474), 1994년 12월에는 덴마크, 한국, 일본 당사자 간 출자협정이 서명되었다. 이 케이블의 건설에는 총 9천9백만 불이 투입되었으며 한국통신은 그 중 약 2천2백3십만 불을 부담하여 9,570회선을 확보하였고, 1996년 5월에는 330 마우의 회선이 증설되었다. 한국통신은 부산해저중계국에서 이 케이블의 준공행사를 거행하였으며, 이 행사에는 한국통신 조백제 사장, 이정욱 기획조정실장, 김노철 국제사업본부장, 이용경 연구개발원장, 남교중 통신망관리단장이 참석하였다.

이 국제해저케이블은 개통 2년 후 케이블 외피가 손상되는 사고가 발생하였으며 장애위치는 부산에서 한·러·일 분기점인 BU방향 약 167Km 지점으로 파악되었다(1997. 3. 21). 당시 이 케이블에는 일본, 미국, 홍콩 등 21개 통신사업자가 전화 1,480회선, 전용 62회선(인터넷 10회선 포함)을 운용하고 있었다. 이때 이 국제회선들은 보은위성지구국, 금산위성지구국 및 HJK 해저케이블을 이용하여 긴급 우회회선을 구성하고, 수리 선박(KST C.S Iris)를 현장에 투입하여 약 5Km의 케이블을 대체하여 3월 28일에 원상 복구하였다.

이때 일부 언론에서는 이 해저케이블의 수리 기간 동안 인터넷 이용속도가 느려지거나 접속 폭증 시간대에는 일부 불통사태까지 벌어지고 있다고 보도하였다(1997. 3. 25 한겨레신문). 이후 RJK 국제케이블에는 한국통신 2,240회선, 데이콤 1,050회선, OST 120회선 등 총 3,650회선이 수용 운용되었으며, 한국통신의 경우는 전화용 1,474회선, C7DL용 9회선, 전용회선 757회선을 사용하였다(1998. 3. 31).

라. 제4 국제해저케이블(C-K-C)

CKC 국제해저케이블(China-Korea Cable System)은 한국(태안)과 중국(청도)를 연결하는 549Km의 국제해저케이블로서 1996년 2월에 개통되었으며, 이 케이블의 육양을 위한끝매기 건설공사는 1996년 7월에 완료되었다. 이 해저케이블은 약 4천7백2십만 불의 건설비를 투입하여 통신용량 15,120회선(560Mbps × 2개)으로 건설되었으며 한국통신은 이 중에서 약 1천8백만 불을 부담하여 6,030회선을 확보하였다.

이 국제통신망은 1990년 9월 체신부장관(이우재)의 중국 방문 시 중국 측에 건설을 제의하면서 시작되었으며, 그해 11월 한국통신 사장(이해욱)이 중국 우전부를 방문한 자리에서 양국 간 통신협력방안의 하나로 협의하게 되었다. 그 후 1993년 2월 양국 정부 간 한·중 케이블 건설합의 의향서가 서명되었고 그해 6월 서울에서 한중케이블 건설양해각서가 서명됨으로써 본격 추진하게 되었다. 이때 한국-중국 간 해저케이블 건설을 위해서 3가지 루트가 검토되었다.

제1안은 태안-위해 간 370Km를 건설하는 방안으로서 건설비는 약 4천2백53만 불이 소요되고 최대수심은 70m이며 해저 조건이 비교적 간단하였다. 이 루트의 경우 한국 측은 태안-서산-천안-서울로 국내전송로를 구축하고 전 구간 기 설치된 광관로의 이용이 가능하였다. 한편 중국 측은 위해-제남-북경으로 전송로를 구축해야 하고 위해-제남 간 광관로의 신설이 필요한 것으로 확인되었다.

제2안은 태안-청도 구간 521Km를 건설하는 방안인데 이 루트의 건설비는 5천4백46만 불이 소요되는 것으로 파악되었고 마찬가지로 최대수심은 70m이며 해저 조건은 복잡하지 않았다. 이 방안의 경우 한국 측은 태안-서산-천안-서울로 이어져 1안과 동일하고, 중국 측은 청도-제남-북경으로 전송로를 구축해야 하므로 역시 청도-제남 간 광전송로를 신설해야만 하였다.

그리고 3안으로는 부산-상해 간 루트가 대두되었는데 거리가 950Km로 늘어나면서 건설비도 1억9백6십만 불로 크게 증가되는 것으로 확인되었다. 또한 최대수심이 200m나 되어 해저 조건도 상당 복잡하여 문제점이 많은 것으로 검토되었다. 이 경우에는 양국 모두 인접하고 있는 국제관문국인 부산과 상해로 직접 케이블을 육양할 수 있어 기 설치된 광관로를 용이하게 활용할 수 있는 이점도 있었다.

이러한 검토결과 한국통신은 케이블 부설작업과 향후 유지보수 면에서 볼 때 제1안인 태안-위해 루트가 적정한 것으로 판단하였다. 이 루트는 해저면 조건이 간단하고 어로 활동이 빈번하지 않으며 최소의 건설투자비로 건설이 가능하기 때문이었다.이 검토내용은 1992년 12월 한국통신 국제통신사업본부에서 작성한「한국-중국 간 해저광케이블 건설계획서」에 상세히 나와 있다. 이에 따라 한국통신은 한국-중국 간 해저광케이블망 구축에 관한 건설계획을 결정하였다(국전 2341-02216/1993. 2. 8). 이 건설계획의 주관부서 및 결재자는 제2장 말미의 참고자료 편에 기록되어 있다.

이후 1993년 2월부터 9월까지 한중해저케이블 건설추진전문가 회의와 실무회의가 서울과 북경에서 수차례 개최되었으며, 이 과정에서 그동안 알지 못했든 여러 가지 문제점이 발견되었다. 그래서 한국통신은 중국전신총국(DGT)과의 협의를 거쳐 결국 제2안인 태안-청도 루트로 변경하였다. 이에 따라 한국통신에서는 본 사업의 건설 및 유지보수협정을 1993년 11월 초 서명하고자 추진하였다.

이를 위해 한국통신은 중국 우전부장 방한에 맞추어 중국 측 서명 당사자인 DGT 총국장(Luan Zhengxi)이 함께 방한할 수 있도록 요청하는 문서(국전 2341-17318/1993. 10. 11)를 체신부장관에게 보냈다. 이 문서의 주관부서 및 결재자는 제2장 말미의 참고자료 편에 기록되어 있다. 이때 한국통신에서는 한국해양연구소에 위탁하여 건설구간에 대한 해양조사를 시행하였다(1993. 8-1994년 1).

이후 1994년 5월 한국통신은 해저광케이블의 시스템 공급자로 ALCATEL사를 정하였으며 이에 관한 공급계약은 한국통신 사장(조백제)과 중국 DGT 전신총국장 간에 북경에서 서명되었다(국시 2341-08094/1994. 5. 11). 이를 위한 공급계약금액은 USD 37,111,605(약 300억 원)이었으며, 한국통신은 이중 USD 20,042,977(약 160억 원)을 부담하였다. 이 계획의 의 주관부서 및 결재자는 제2장 말미의 참고자료 편에 기록되어 있다.

이 국제해저광케이블은 착공 1년 6개월만인 1995년 12월 말에 준공되었으며, 1996년 2월에 개통기념식을 하였다. 이 케이블은 당초 근해 천해부 지역에 1.5m로 매설되었으나 안강망 어로 활동이 빈번한 지역으로 확인됨에 따라 케이블의 보호를 위해 약 30Km(태안 육양 점에서 KP40-70간)에 대하여 3m 깊이로 매설 보강작업을 1996년 5월 하순부터 6월 초까지 시행하였다. 그 소요 비용은 계약자가 부담하였다.

1996년 12월 중순 케이블 육양 당사자 고위급 회의가 중국 북경에서 열렸다(1996. 12. 17-12. 18). 이때 한국통신 네트워크본부장(이정욱)은 지난 2월 개통된 한중해저케이블 통신망의 중국 측의 운영상황과 문제점을 파악하기 위해 산동성(山東省) 청도(青島, Qing Dao)를 방문하였다. 여기에는 한·중 해저케이블의 육양 지점을 관리하는 관리소와 전송 단국시설을 운영하고 있는 청도통신센터가 있었다. 이 방문의 안내는 청도시(青島市) 우전국(郵電局) 공정관리처(工程管理處) 부처장(劉鴻林, Liu Hong Lin)이 담당하였다. 이곳에서 네트워크본부장은 한국 측 태안에 있는 한국통신 직원과도 직접통화를 하면서 해저케이블 운용상태를 점검하였다.

2.2 동남아국가 간 국제해저통신망

가. APCN 해저케이블의 등장

한국통신은 동남아지역 국가들과의 국제통신망 구축을 위해 한국-일본-홍콩-대만-필리핀-태국-말레이지아-싱가폴-인도네시아-호주의 9개국의 12,083Km을 연결하는 제5 국제 해저케이블(APCN)을 건설에 참여하였다. APCN(Asia Pacific Cable Network)은 한국통신(KT), 일본 KDD, 홍콩 HKTI, 대만 ITDC, 필리핀 PLDT, 태국 CAT, 말련 TM, 싱가폴 ST, 인도네시아 INDOSAT, 호주 Telstra가 주관하여 건설되었다. 이 국제해저케이블은 해저 중계기 150개, 해중 분기장치 7기를 갖도록 설계되었으며, 총 통신용량은 60,480회선(5 Gbps)이며 약 6억5천1백만 불(약 5,530억 원)의 건설비가 투입되었다.

나. 한국통신의 구상

한국통신은 APCN 건설에 참여하면서 이 사업을 통해 한·일간 제2의 해저광케이블을 건설하고 동남아지역의 국제통신 루트를 다원화한다는 구상을 가지고 추진하였다. 또한 아시아-태평양 지역의 급증하는 국제통신수요를 충족하고 신뢰성을 높이는데 주안점을 두었다. 이때 한국통신 네트워크본부(본부장 이정욱)는 이 통신망 건설의 추진방침 및 공급계획을 다음과 같이 수립 추진하였다(중장기 네트워크 발전계획, 1996. 9. 10, 한국통신 네트워크본부). 이 계획의 주관부서 및 결재자는 제2장 말미의 참고자료 편에 기록되어 있다.

① APCN을 한국에 육양 건설하여 해저통신망의 회선소유권(Ownership)을 확보하고, 한국통신과 일본 KDD, 싱가폴 ST 등 9개 국가가 사업주체로 추진토록 한다.

② 1994년 6월 건설 및 유지보수 협정에 서명하고 1997년까지 계속 추진하여, 북미, 태평양 및 유럽지역의 증가회선은 APCN, 한국-괌 해저케이블에 수용한다. 또한 한국에의 육양은 기존 해저중계국에 수용하며 타 해저광케이블과 연계 추진한다.

③ 소요예산은 1996년도에 227억 원, 1997년도에 17억 원(공사비)을 확보하여 추진한다.

이와 같은 추진방침에 따라 한국통신은 약 4천1백5십만 불(약 352억 원)을 부담하여 1994년 10월부터 1996년 12월까지 자재를 확보하여 건설공사를 시행하였으며, 이 해저광케이블을 6,360회선(MAUO)을 부산으로 육양하여 1997년 2월 19일 개통하였다.

다. 개통기념행사

1997년 한국통신은 한국과 동남아 9개국을 연결하는 APCN 초고속 국제통신망의 준공을 기념하기 위한 개통기념식을 부산 해운대구 송정동에 위치한 부산해저중계국에서 거행하였다(1997. 2. 19). 이 기념식은 네트워크본부 전병섭 국제통신계획국장의 사회로 시작되어 김기천 네트워크본부장의 경과보고, 박성득 정보통신부차관의 유공자표창과 이계철 한국통신 사장의 기념사 순으로 진행되었으며, 부산시장과 김운환 국회의원의 축사가 이어졌다. 이외에도 정보통신부에서는 구영보 체신금융국장, 노준형 공보관, 이철성 부산체신청장, 한국통신에서는 김정수 공정대책실장, 박영학 부산본부장, 유재우 건설단장, 한국해저통신(주) 사장 등 100여 명이 참석하였다.

또한 언론사 기자단 15명이 참석하였으며, 이 국제해저통신망의 준공은「세계 최장 해저광케이블 개통」이라는 타이틀로 KBS-1(9시뉴스, 11시뉴스라인, 2/16), MBC(뉴스레이더, 2/17), SBS(모닝와이드, 2/17), YTN(YTN 네트워크, 2/16)에 보도되었다. 이후 APCN 국제해저광케이블에는 한국통신 5,321회선, 데이콤 3,420회선, OST 840회선 등 총 10,211회선이 수용 운용되었다. 한국통신의 경우는 전화용 2,461회선, C7DL용 14회선, 전용회선 2,840회선, 전신회선 6회선을 사용하였다(1998. 3. 31).

3. 중동 및 유럽지역 국제해저통신망 건설

3.1 제6 국제해저케이블(FLAG)

가. FLAG 해저케이블의 건설 규모

한국통신은 1990년대 중반부터 급속히 늘어나는 중동과 유럽 국가들과의 국제통신량을 운반하기 위해 제6 국제해저케이블(FLAG)와 제7 국제해저케이블(SMW-3)의 건설을 추진하였다. 이에 따라 인도양을 통과하여 유럽을 연결하는 해저광케이블 건설에 참여하여 아시아, 중동 및 유럽 국가들과 장기적이고 안정된 국제전송로를 확보하였다.

미국 FLAG사가 건설을 주관한 FLAG(Fiberoptic Link Around the Globe)는 일본-한국-중국-홍콩-태국-말레이지아-인도-UAE-이집트-이태리-스페인-영국의 12개국을 연결하는 총 2만7천Km의 국제해저케이블이다. 건설용량은 120,960회선(5Gbps2개×시스템)이고, 총 건설비는 14억 불로 추진되고 있었다. FLAG사는 미국 Nynex사를 주축으로 전 세계의 주요 사업체가 연합하여 영국령 Bermuda에 본사를 설립한 유한회사였다.

이 사업에는 미국 7대 지역통신사업자 중의 하나인 Nynex사를 비롯하여 사우디아라비아의 다국적 투자회사인 Dallah Al-Baraka Group, 일본의 무역회사인 Marubeni Corp, 뉴욕에 기반을 둔 종합무역상사인 Gulf Associates Inc, 홍콩에 기반을 두고 아시아 지역의 기간망 구축 및 운용에 참여하는 Asian Infrastructure Fund 그리고 태국 TelecomAsia의 자회사인 Telecom Holding Co 등이 참여하고 있었다.

나. FLAG에 대한 건설 참여 및 건설방침

한국통신 네트워크본부(본부장 이정욱)는 일찍부터 우리나라가 FLAG 국제해저케이블의 건설에 참여하는 방안을 검토하고 있었다. 이 시기에 PTR '94 (Pacific Telecom Roundtable)회의와 제16차 PTC(Pacific Telem Council)회의가 하와이에서 개최되고 있었다(1994. 1. 13-1. 21). 회의기간인 1월 20일 아침 일찍 Hong Kong Telecom의 Mr. Graig가 한국통신 네트워크 본부장(이정욱)이 묵고 있는 호텔로 찾아와서 Nynex가 추진하고 있는 국제해저케이블사업인 FLAG에 대하여 의논하기를 청하였다.

그는 HKT 입장을 전달하면서 FLAG사업은 APCN과 상호보완적인 측면에서 한국통신이 참여했으면 좋겠다는 의견을 밝혔다. 이에 네트워크 본부장은 한국통신의 당시 입장을 설명하였으며, 귀국 후 이 과제를 정식으로 검토 추진하였다. FLAG 건설사업은 미국 FLAG사에서 건설을 주관하고 12개 육양 당사국이 참여하여 1994년 건설 및 유지보수 협정에 서명하였다. 이 사업을 차질없이 추진하기 위해 한국통신 네트워크본부(본부장 이정욱)는 이 사업의 추진방침과 건설 기본계획을 다음과 같이 수립 추진하였다(중장기 네트워크 발전계획, 1996. 9. 10, 한국통신 네트워크본부).

① 한국통신은 극동-유럽 간 대규모 해저광케이블을 건설하여 유럽통신루트를 다원화하고, 중동, 유럽지역의 급증하는 국제통신수요를 충족하고자 이 사업에 적극 참여한다.

② 한국통신은 최소비용을 투자하여 소요 회선을 확보토록 하며, 대용량 케이블 육양으로 RJK 및 APCN과 연계하여 동북아지역의 중심국(Hub) 역할을 한다. 그리고 한국통신은 육양국을 건설하고 시스템을 운용하며, 해중 시설은 FLAG가 투자한다.

③ 총 건설비 14억불 중 한국통신은 6백30만 불을 투자하고, 총 1,110 MAUO의 케이블회선을 확보한다.

④ 자재확보 및 건설공사는 1994년-1996년 3/4분기에 시공하고, 개통시험 및 준공은 1997년 3월에 실시한다. 그리고 타 케이블과의 연장접속 및 끝매기 공사는 1997년 4월-5월에 시행한다. 소요예산은 1996년도에 8억 원, 1997년도에 72억 원을 확보하여 추진한다.

다. 해저케이블의 육양지 및 유지보수방안

FLAG 국제통신망은 비상시에 대비 시스템의 분산 수용이 필요하여 육양지를 충청남도 태안으로 결정하였다. 그러나 FLAG사 측에서 우리나라 서해안은 수심이 낮고 조류 등 해양 조건과 어로 활동의 빈도 등으로 보아 해저케이블 포설지로는 부적합하다는 의견을 제시하는 바람에 육양지 재검토(국시 2341-08040/ 94. 5. 18)를 거쳐 거제로 변경하게 되었다.

육양지를 태안에서 거제로 옮김으로써 FLAG사는 자재비 및 공사비 절감하게 되었다. 이에 따라 거제육양국 건설비용 1천4백만 달러는 FLAG사가 부담하도록 FLAG사와 적극적으로 협상하여 성사시켰다(KT-FLAG간 협정서, 1994. 12. 14). 이와 같은 변경은 한국 측에서는 또 하나의 국제통신망인 제7 국제해저케이블(SMW-3)도 거제에 육양할 계획이어서 육양국 활용 면에서 크게 유리하였다.

그 후 제1차 FLAG 육양 당사자 회의가 중국 상해에서 1996년 9월에 개최되었으며 FLAG 케이블 건설공사 진도에 대해 상의하고 앞으로의 유지보수, 회선복구방안 등이 협의되었다. 이 회의에는 일본, 중국 등 12개국에서 26명이 참가하였으며, 한국 측에서는 네트워크본부 시설운용실장(김기천) 외 2명이 참석하였다. 이때 우리 팀에서는 공사 진도를 파악하였는데 해저케이블의 약 55%(1만5천Km)가 생산 완료되었으며 영국, 스페인, 이태리, 이집트, 인도, 태국, 홍콩, 중국 및 일본은 육양국 준비가 완료된 것으로 확인되었다.

특히 한국통신 측은 FLAG 케이블의 효율적인 케이블 고장의 수리하기 위해 지역별로 적절한 유지보수 선박을 지정하는 것이 필요하다고 주장하였다. 당시 극동 아시아지역에는 한국, 일본, 중국 소유의 3척의 케이블 선박이 운용 중이었으며, 한국 근해구간은 한국해저통신(KST) 선박이 유지보수를 담당할 수 있도록 요청하였다. 이런 우리의 주장은 해저광케이블 고장 시 최단시간 내에 선박이 출동하여 신속히 고장을 수리할 수 있고 고장수리비용이 절감될 수 있기 때문이었다.

또한 한국통신은 정부로부터 한국해저통신(주) 선박을 이용하여 유지 보수하는 조건으로 FLAG 케이블사업을 승인받았다는 점도 강조하였다. KST(Korea Submarine Telecom)는 한국통신이 55% 투자한 자회사로서 케이블 선박(Maersk Fighter)을 보유하고 있었다. 이 배는 총톤수가 2,961톤이고 전장이 82.5m, 최대시속 15.7노트의 해저케이블 유지보수용으로 1992년에 건조되었다.

라. 건설공사 및 준공

당시 FLAG 측이 계획한 케이블 매설계획을 보면 케이블 매설거리가 약 280Km이고 매설깊이는 0.6m로 계획되어 있었다. 그런데 이 케이블의 육양지인 거제 인근해역은 비교적 어로 활동이 빈번한 지역이라는 점을 고려할 때 케이블 보호대책으로는 미흡하다고 판단하여 매설 깊이를 1,0m로 변경하여 약 470Km를 매설하도록 요청하여 보강 시공하였다.

이 해저광케이블의 건설용량은 120,960회선(5Gbps × 2)으로 설계되었으며 총 건설비는 약 14억불이 투입되었는데 한국통신은 이중 약 23,365천불(191억5천9백만 원)을 부담하여 2,190회선을 확보하였다. 그리고 1997년도 사업비는 목표량 1,110 Mauo, 72억 원이 편성되었다(중장기 네트워크 발전계획, 1996. 9. 10, 한국통신 네트워크본부). 이때 이 해저케이블의 국내 육양국도 건설하여 1997년 11월에 준공하였다(1997년도 정보통신 네트워크건설 사업계획, 1996. 12. 17, 한국통신 네트워크본부).

이 해저광케이블이 준공됨에 따라 한국통신 이외에도 데이콤이 630회선, 온세통신이 360회선의 국제회선을 운용하게 되었다. 이에 따라 우리나라는 2,190회선을 1997년 12월에 개통함으로써 총 27,744회선의 국제해저케이블망을 확보하였다. 또한 1997년에는 4,950회선의 국제회선 IRU를 확보함으로서 그해 년 말에는 총 6,747회선의 IRU를 보유하게 되었다.

이 케이블이 준공 개통된 후인 1998년 4월 FLAG사 회장(Andres Bande)이 한국통신을 방문하여 이정욱 부사장과 협의를 가졌다. Bande 회장은 칠레대(법학사)와 옥스퍼드 대학원(국제정치학 석사)을 졸업하고 부시대통령 재임 시 히스페닉계 미국인을 위한 대통령 교육자문위원회 의장을 역임하였다. 그 후 Sprint International 사장을 거쳐 FLAG 회장에 취임한 인물이었다.

이 회의에서 한국통신은 지난 2월 FLAG 케이블 개통식에 Reda 사장이 참석해준데 대하여 감사를 표하고, FLAG케이블의 운용 및 유지보수방안과 FLAG케이블 회선의 추가구매 문제를 논의하였다. 제6 국제케이블(FLAG)은 1998년 2월 16일 거제해저중계국에서 개통기념행사를 가졌으며, 이 자리에는 부사장(이정욱), 네트워크본부 국제통신팀장(전병섭), 부산본부장(유재우), 통신망관리단장(이상일)이 참석하였다.

3.2 제7 국제해저케이블(SMW-3)

가. 시설규모

SEA-ME-WE3(South East-Middle East-Western Europe 3 Cable System)케이블은 한국-동남아-인도양-중동-지중해-유럽 간 34개 국가의 40개 육양국을 연결하는 총 연장 3만8천Km에 이르는 국제해저케이블이다. 당초 이 국제해저케이블망은 영국에서 싱가폴까지 건설하도록 계획되어 있었으나 장기적인 국제통신수요를 감안할 때 중국, 한국까지 연장 건설할 필요가 있었다.

이 국제해저케이블의 건설구간은 태국-말레이시아-싱가폴-인도네시아-스리랑카-인도-UAE-오만-지부티-사우디아라비아-이집트-터키-이태리-사이프러스-그리스-이태리-모로코-폴투갈-프랑스-영국으로 계획되었다. 이 케이블의 건설용량은 10Gbps×2(241,920회선)으로 추진되고 있었으며 당시 총 건설비는 미정이었다.

나. 본 사업 참여를 위한 적극적인 시도

우리나라 입장에서는 1996년 3월 ASEM 회의에서 대통령이 제안한 유라시아 초고속정보통신망을 구축하기 위해서도 이 국제통신망의 연장이 요청되었다. 그리고 중국 상해와 지리적으로 인접한 한국까지 추가 연장할 경우 한·중 간 케이블이 구축되면서 루트가 다원화될 뿐만 아니라 복구 루트도 쉽게 확보할 수 있었다. 또한 이 케이블이 건설됨으로써 상대적으로 국제통신이 취약한 스리랑카, 파키스탄, 사우디, 터키, 그리스, 프랑스 등과 직통국제통신망이 구축될 수 있었다.

이런 와중에 중국 전신총국장이 1996년 3월 싱가폴을 방문하여 이 케이블을 중국 상해까지 연장해 줄 것을 제안하였고, 일본 KDD는 일본까지 연장하는 방안을 싱가폴과 중국에 제안하고 있었다. 이러한 상황에서 중국은 싱가폴과 양해각서(MOU)를 진행하면서 일본까지의 연장은 반대 입장을 견지하고 있었다. 당시 한국통신 네트워크본부장(이정욱)은 이 케이블을 한국까지 연장시키려면 한중 협력의 필요성을 크게 느끼고 있었다. 제7 국제해저케이블(SEA-ME-WE3) 사업을 주도하고 있는 싱가폴과 연장대상국인 중국이 동의하면 한국까지의 연장이 용이할 것이라고 판단하였다.

그래서 1996년 6월 한국통신 네트워크본부장(이정욱)은 간부 2명과 함께 중국 출장길에 올라 중국 우전부(MPT) 부부장, 전신총국장(China Telecom), 북경 우전관리국장(BTA), 그 외 우전부 및 전신총국 관련자를 만나 이 문제를 협의하였다(1996. 6. 4-6. 7). 당시 한국통신이 주장한 주요내용을 요약하면 다음과 같다.

첫째, SEA-ME-WE3 케이블이 한국과 중국에 연장될 경우 한·중 간 루트 다원화 확보는 물론 이미 확정된 FLAG 해저케이블과 SDH로 복구 루트를 확보할 수 있어 공동 이익이 된다.

둘째, 이 해저광케이블 건설 사업에 공동 참여함으로써 동북아시아에서 양국 간의 통신협력이 이루어져 국제통신발전에 크게 이바지할 것이다.

셋째, 이 케이블이 한국까지 연장되면 북미 태평양 횡단 직통케이블과 연결하여 세계를 연결하는 국제통신망이 될 것이다.

다행히 중국과의 협의가 성공적으로 이루어져 이 해저케이블은 한국까지 연장 건설하기로 결정되었다. 이 건설사업에는 한국 KT, 일본 KDD, 중국 CT, 싱가폴 ST, 프랑스 FT 등 34개국 사업자가 건설주관사로 참여하였다. 이에 따라 1996년 7월에 제1차 연장당사자 회의가 싱가폴에서 열렸고, 이어서 8월 중순에는 KT, CT, KDD, ST의 4자 간 회의가 북경에서, 8월 하순에는 제2차 연장당사자 회의가 동경에서 열렸다.

그리고 9월 하순에는 제3차 연장당사자 회의가 다시 싱가폴에서 열렸고 동시에 잠정투자자 회의가 열렸으며 이 회의에는 데이콤과 온세통신도 참여하였다. 데이콤은 1990년대 초반부터 국제통신사업자로서의 위상을 높이기 위해 해저케이블 육양에 적극 노력해 왔으며 이 회의에 참석하여 육양을 위한 지지 활동을 벌였다. 그러나 이때 육양 당사자 간 협의에서 이 케이블을 제2사업자를 위해 육양하는 문제는 원칙적으로 허용치 않기로 확인함에 따라 데이콤의 해저케이블 유치 활동은 어렵게 되었다. 이 회의에는 한국통신 네트워크본부의 전병섭 국제통신계획국장, 박수진 국제전송1부장, 고기영 국제전송1부 담당과장이 참석하였다.

이때 한국통신 네트워크본부(본부장 이정욱)는 SEA-ME-WE3 국제해저케이블 건설을 위한 추진방침과 공급계획을 다음과 같이 확정하여 추진하였다(중장기 네트워크 발전계획, 1996. 9. 10, 한국통신 네트워크본부). 이 계획의 주관부서 및 결재자는 제2장 말미의 참고자료 편에 기록되어 있다.

① 동남아-중동-유럽 간을 연결하는 고품질 해저광케이블을 건설하여 중동, 유럽지역에 대한 장기적 고품질 국제회선을 확보한다. 그리고 현재 유럽에서 싱가폴까지의 건설루트를 한국까지 연장 건설토록 추진하고, 한국에 육양하여 오너쉽(Ownership)으로 회선소유권을 확보한다.

② 본 해저광케이블의 건설하여 한국에 육양 건설 중인 APCN 및 FLAG 해저케이블과 연계 운용하고 복구 루트로 활용한다. 그리고 한국 육양은 기존 해저중계국에 수용하고 타 케이블과 연계 추진한다.

③ 한국통신은 6 MIU회선을 확보하고, 공사 입찰평가 및 계약자 선정은 1996년 3/4분기

에 시행하고, 건설 및 유지보수 협정은 1996년 4/4분기에 서명을 추진한다. 그리고 자재확보 및 건설공사는 1997년-1998년 3/4분기에 집행하고, 1998년 4/4분기에 개통시험을 거쳐 준공한다.

④ SEA-ME-WE3 해저케이블의 연장접속 및 준공은 1999년 4/4분기에 마치도록 한다. 이를 위한 소요예산은 1996년에 5천만 원, 1997년에 150억 원, 1998년에 160억 원, 1999년에 90억 원을 확보하여 추진한다.

이를 위해 1996년 11월 네트워크본부장(이정욱)은 한국 측을 대표하여「연장 당사자 간 MOU」에 서명하였고, 이어서 1997년 1월에는 싱가폴에서 제7 국제해저케이블의 건설 및 유지보수협정(Construction and Maintenance Agreement)에 서명하였다(1997. 1. 15). 이 서명식은 싱가폴의 Western Standard호텔 대회의장에서 시행되었으며, 싱가폴 텔레콤(Singapore Telecom)의 사장(Lee Hsien Yang)이 주관하였다. 이 서명행사는 일본 KDD, 한국 KT, 중국 CT 순으로 진행되었으며, 그날 저녁에는 서명식을 축하하는 만찬이 있었다. 당시 주요 참석자는 다음과 같다.

① Singapore Telecom 사장(Lee Hsin Yang), Osman Lotfy El. Sayed 의장, Telecom Malaysia의 수석부사장(Syed Mustaffa Bin Syed Ali AMP), 일본국제전신전화주식회사(KDD)의 대표취체역 부사장(太田 亨, Tohru Ohta)

② 한국통신(Korea Telecom) 네트워크본부장(이정욱), France Telecom의 국제통신망 담당 부사장(Jean-Phlippe Vanot), Singapore Telecom의 국제통신망 담당 부사장(Dr. Chia Choon Wei), 마카오 우전국 행정위원회 주석(Carlos Aberto Roldao Lopes)

③ 스리랑카 텔레콤의 국장(R. D. Somasiri), 미얀마의 우전국 국장(U. Htay Aung), Vietnam Telecom International 부국장(Le Nam Thang), 중국 우전전신총국(China Telecom) 총국장(張立貴)

이후 한국통신은 일차적으로 1998년도 목표량 270 MAUO를 개통 확보하는 것으로 추진하였다. 이후 1997년 10월 초에는 캄보디아가 추가되었다. 캄보디아 MPTC는 한국의 동양그룹과 합작으로 국제통신회사 KTC를 설립하여 SMW-3 해저케이블에 투자하였다. 이어서 제4차 관리위원회가 1998년 4월 싱가폴에서 열렸으며, 이때 캄보디아 MPTC를 대신하여 동양창업투자(주)의 정진석 대표이사와 세종대의 이명성 교수(자문역)가 참석하였다.

다. 건설공사 및 성공적 개통

제7 국제해저광케이블의 총 건설비는 14억1천4백만 불이 투입되었고, 한국통신 투자비는 당초의 3천4백만 불에서 3천2백4십만 불(투자지분 2.29%)로 줄어들게 되었다. 그리고 시스템 공급계약자는 Fujitsu/ 알카텔로 정해졌으며 이 해저케이블의 건설용량은 120,960회선(2.5Gbps × 4개 시스템)으로 설계되었으며, 한국통신은 이 중 3,480회선을 확보하였다.

한편 한국구간에 대한 해양조사 및 기본설계는 1997년 1월부터 8월까지 시행되었고, 거제 연안부 어업권 환경영향평가와 어민 피해보상(7억5천만 원)을 그해 12월 말까지 완료하였다. 1998년 2월에는 이 설치공사에 대한 거제시장의 승인을 획득하였으며, 거제 연안부 및 육상 케이블 설치공사와 거제중계국 단국장치 설치공사를 1998년 3월부터 8월까지 시행하였다.

이해 5월 초에는 한국해저통신(주)에서 「세계로」 선박을 투입하여 케이블 육양공사를 거제해저중계국에서 시행하였다. 이날 제7 해저광케이블 육양공사에는 부사장(이정욱), 통신망관리단장(이상일), 국제통신팀장(전병섭), 장거리전화건설국장(이웅형), 부산본부장(유재우), 한국해저통신(주) 사장 등이 현지 참석하였다. 이 케이블은 1999년 3월 말에 완전 개통되었다.

4. 북미대륙을 위한 국제해저통신망 건설

4.1 태평양횡단케이블의 건설 준비

가. 필요성 및 건설규모

한국통신은 제1의 통신상대국인 북미지역과의 통신망을 다원화하고 직통 해저케이블망을 확보하고자 노력하였다. 이를 위해 1996년부터 한국-중국-대만-일본-미국의 5개국을 연결하는 총 2만6천Km의 제8 국제해저케이블(태평양횡단케이블)의 건설을 추진하였다. 이 태평양횡단케이블(Trans-Pacific Cable)은 북미 직통해저케이블, China-US Cable Network, TPC-6 케이블이라 불리기도 하였다.

당시 중국, 한국 등 동남아지역 국가들의 대다수 해저케이블이 일본을 경유하여 미국과 연결되고 있어 국제통신망 루트 상 문제를 안고 있었다. 특히 한국은 미국과의 국제통신량이 가장 많은 나라임에도 한국에서 해외로 연결되는 모든 국제해저케이블이 일본 육양국을 경유하고 있었다. 당초 태평양횡단케이블도 일본을 경유하고 한국구간은 단일케이블(Single Landing)로 건설하는 것으로 계획되어 있었다. 이 경우 일본이 천재지변이나 비상사태 시 국제회선이 두절되거나 통제받을 우려가 상당 있었다.

이러한 문제점을 해결하기 위해 한국통신은 미국, 중국, 일본 등 11개국 15개 당사자를 상대로 여러 차례의 협상을 거쳐 미국과 직통 케이블망을 건설하는데 성공하였다. 그리고 단일 케이블방식은 사고가 발생하는 경우 자동복구기능이 없는 문제점이 있다는 것을 강력히 주장하여 이를 이중접속케이블(Double Branching)로 건설하도록 합의를 이끌어 냈다. 특히 이 케이블 건설 당시 15개 사업자 중 한국을 비롯한 6개 사업자만이 케이블을 육양하게 되었으며 국제해저통신망 보유라는 면에서 한국의 위상이 크게 향상되는 기회가 되었다.

나. 중국과의 협력추진

한편 중국(CT)은 태평양 횡단 해저케이블의 필요성을 한국과 같이 인식하고 있었을 뿐만 아니라 AT&T, C&W, NYNEX 등 여러 나라로 부터 케이블 건설에 관련한 다양한 제안을 받고 있었다. 당시 한국통신 네트워크본부장(이정욱)은 태평양횡단케이블을 건설함에 있어 중국과 한국이 협력하여 공동 대응방안을 갖추도록 시도하였다. 그것은 중국과 한국은 인접 국가로서 입장이나 환경이 유사하고 미국 및 일본은 선진국이고 케이블 시스템을 생산 공급하고 있기 때문에 상대적으로 불리한 입장에 있는 한국과 중국이 힘을 합쳐 이들을 적절하게 견제할 필요가 있었다.

또한 한국과 중국은 그동안 한중케이블 건설을 통해 이 분야에서 상호 신뢰와 우의를 다져왔기 때문에 좋은 동반자 관계가 될 수 있다고 확신하였다. 이러한 판단에 따라 한국통신 네트워크본부장(이정욱)은 1996년 6월 중국 우전부와 전신총국을 방문하여 주요 간부들을 만나 제7 국제해저케이블(SEA-ME-WE3) 건설사업과 동시에 제8 국제해저케이블(태평양횡단케이블) 건설 문제를 협의하였다(1996. 6. 4-6. 7). 이때 한국통신이 주장한 주요협력내용을 정리하면 다음과 같다.

① AT&T 제안과 C&W(NYNEX) 제안을 공동으로 분석 검토하여 적절한 대안을 채택하자. 그리고 가능한 AT&T 제안을 채택하여 중국과 한국이 공동 건설할 수 있도록 정책적 배려를 하도록 하자.

② 케이블 건설공사 시 양국의 케이블 선박 등 활용 가능한 자원을 최대한 투입될 수 있도록 공동 전략을 개발하자. 또한 본 사업추진을 연구 검토하기 위한 상설 실무협의체 구성하자.

③ 중국 우전부 부부장 방한 시 한국의 정보통신부 장관, 한국통신 사장과 협의할 수 있도록 추진하며, 한국의 정보통신부 장관이 방중하여 중국 측과 협의하는 방안으로 추진하자.

다시 말해 북미 수요가 많고 입장이 유사한 한국과 중국이 공동으로 건설할 필요가 있다는 점과, 한중통신장관회담 및 KT-CT고위급 회의를 거쳐 공동 추진하자고 제의하였다.

다. 중국 및 미국과 해저케이블 구성방안협의

당시 태평양횡단케이블 구성을 위한 세부적인 방법으로는 AT&T와 KDD 제안, C&W와 NYNEX 제안 그리고 SBC/Pacific Telesis/ Teleglobe 제안 등 3개 안이 있었다. 이 제안들을 가지고 관련 당사자 간 협의를 진행하였으며, 케이블 구성 및 제반 조건은 대동소이하여 별 문제가 없었으나 케이블루트 구성 면에서 중국(CT)과 한국(KT)간 의견이 상충되고 있었다.

한국 측 연결방식에 대해 중국은 분기접속을 주장하였고, 한국은 루프구성을 희망하였다. 당초 이 국제통신망 건설의 주목적은 북미와 중국을 연결하는 것으로 출발하였기 때문에 한국 입장을 관철한다는 것이 어렵다고 판단되었다. 그래서 상대방이 끝까지 우리 안을 수용하지 않는 경우 우리는 최종단계에서 분기접속을 수용한다는 복안을 가지고 있었다. 한편 한솔그룹이 이 해저케이블 참여를 희망하고 있어 관련 사업자와 협의하여 그 방안을 모색하였다.

이러한 논의가 진행 중인 1996년 8월 네트워크본부장(이정욱)은 미국 AT&T를 방문하여 몇 가지 현안에 대해 협의하였다(1996. 8. 25-9. 1). 먼저 뉴저지 홈델의 벨연구소를 방문하여 ATT-SSI 개발책임자를 만나 제8 국제해저광케이블 건설에 필요한 케이블의 개발상황과 기술특성을 확인하였다. 그리고 인디언 힐의 벨연구소를 방문하여 전자교환기(5ESS-2000) 개발연구소장으로 부터 이 신형 전자교환기의 개발상황을 파악하였다. 당시 방문에는 Lucent Technologies Korea 사장(Dave Allen)이 동행하여 짧은 시간에 효과적으로 이런 일을 수행할 수 있도록 도와주었다.

이어서 1996년 9월 중국 상해에서 제1차 FLAG 육양당사자 회의가 개최되었는데 여기에는 네트워크본부 시설운용실장(김기천) 외 2명이 참석하여 북미 직통케이블 건설에 대해 중국전기통신공사(China Telecom)와 협의하였다. 이 회의를 통해 한국과 중국은 미국 AT&T가 제안하고 있는 건설 방안이 양국에 적합하지 않다는 것을 공동인식하고 양측이 합의한 새로운 방안을 제안하기로 합의하였다.

이렇게 되자 그해 9월 13일에는 AT&T-SSI 사장(William Cater)과 해저케이블 건설국장(C. D. Hogan)이 한국통신을 방문하여 네트워크본부장(이정욱)에게 AT&T의 입장을 다음과 같이 전달하였다.

① AT&T는 지난 3년 동안 한국, 중국, 일본, 필리핀과 괌을 연결하는 국제해저케이블망을 계속 논의해 왔으며 북미직통루트는 최근(1996. 6)에 논의된 것이다.

② 이 케이블의 당초 계획은 중국-오끼나와-괌-하와이-미국으로 연결하도록 되어 있다. 따라서 한국은 이 케이블의 남측 루트인 괌으로 연결하고 중국-북미루트는 추가하는 방식으로 이 사업이 추진되어야 한다.

그러나 한국통신 네트워크본부장(이정욱)은 이 방안을 받아들일 수 없다고 그들을 설득한 후 다음과 같은 두 가지 중요한 사항을 주장하면서 협의하였다.

첫째, 한국이 괌으로 연결되는 것은 건설비가 상당히 소요되어 경제성이 적어 받아들이기 어려우니 새롭게 논의되는 중국-북미 구간에 직접 연결되는 모형으로 건설하고, WDM 기능을 활용하여 한국과 일본을 연결하자. 이 주장에 대해 카트(Cater) 사장은 중국이 동의하고 한국이 추가건설비를 부담한다면 반대하지 않겠다는 방향으로 합의가 이루어졌다.

둘째, 한국통신은 최근 몇 년간 적극적인 노력으로 KT/KDD 간 해저케이블 선박 합작사업을 추진하고 있다. 그러나 AT&T의 반대로 이 합작선박(KDD-Maru)이 요꼬하마 구역(Yokohama Zone) 가입이 안 되고 있다. 그러니 현재 YZ 인접 지역에서 운용 중인 KST선박이 YZ선박으로 지정될 수 있게 협조해 달라.

라. 한국, 중국, 일본 간 책임자 회의

그 후 1996년 12월 중순 태평양횡단케이블 육양당사자 고위급 회의가 서울에서 열렸다(1996. 12. 17-12. 18). 이 회의에는 한국통신 네트워크본부장(이정욱), 중국전기통신공사(China Telecom)의 부총국장(Li Ping), 국제공정처장(王洪建), 부국장(Yao Ji Dong), 일본 KDD의 대표취체역 부사장(太田亨, Ohta), 상무취체역(岩崎, Iwasaki), 미국 AT&T SSI의 사장(Cater), Mr. Hogan, Mr. Mclnerney 등 24명이 참석하였다.

이 회의에서 해저케이블의 루트구성, 기술방식, 투자수준, 공급자 선정, 추가투자자 등 상당히 구체적인 사항을 협의하였다. 특히 중국 측은 북쪽 루트에 3개의 광섬유(Fiber Pair)를 구성하도록 희망하였고, 투자비의 분담방법도 차등 분담에서 균등분담방식으로 변경을 요구하였다. 우리는 한국이 북미 직통해저케이블 루프에 직접 연결되도록 강력히 요구하여 이 방안이 받아들여지게 되었다.

1997년 1월 한국통신 네트워크본부장(이정욱)은 태평양횡단케이블 건설에 대한 중국과의 협의를 마무리하고자 싱가폴 회의에 참석하였다(1997. 1. 14-1. 15). 이 회의에는 중국 측에서는 전신총국장(張立貴), 국제공정처장(王洪建)이 나와 있었다. 한국통신 네트워크본부장은 이 회의에서 중국이 검토하고 있는 태평양횡단직통케이블 건설계획을 들어본 후 우리 측 의견을 재차 다음과 같이 전달하였다.

① 지난번 북경회의는 태평양횡단케이블 건설을 위한 중요한 회의였다. 북경회의를 마치고 우리는 청도를 거쳐 돌아갔다. 청도에서는 청도시 우전국장 등 간부들을 만나서 한중해저케이블(CKC)의 안정적 운용에 관하여 협의하였으며 중계소도 방문하였다.

② 북경회의에서 논의된 내용을 한국통신 간부회의에서 논의하였다. ATT의 제안이나 SBC 제안이 대동소이하여 수용가능하나 한국은 루프형태로 참여되기를 희망한다.

③ KDD의 오타 부사장과 ATT의 베이커 부사장과의 북경회의결과와 지난번 북경회의 이후 3가지 제안에 대한 중국 측 검토 결과를 설명해주기를 요청하며, 1월 중 실무회의를 제안한다. 이에 대한 의견을 주기를 바란다.

이와 같은 우리측 제안에 따라 양측은 이 과제를 보다 심도있게 논의하기 위해 별도의 작은 회의실을 얻었다. 이때 중국 측 국제공정처장은 통역을 대동하고 나타났다. 이 자리에서 네트워크본부장은 1시간 가까이 한국 측 입장을 설명하였다. 그러나 중국 측 전신총국장은 물러설 기미가 전혀 없이 오히려 한국통신 네트워크본부장을 설득하려고 하였다.

이렇게 되다 보니 한국 측이 얼마나 중국 측을 이해해 주느냐에 회의의 성공 여부가 판가름 나게 된 상황으로 가게 되자 한국 측은 다소 양보하는 선에서 회의를 마쳐야 했다. 결국 태평양횡단케이블 건설에 한국이 루프형태로 참여하는 문제는 결론을 내리지 못하고 다음 회의로 미루고 이 회의에서는 태평양해저케이블 건설에 한국통신이 중국을 적극 지원한다는 의견을 제시하고 마무리되었다.

이후 한국통신이 해저케이블 선박(세계로호) 명명식이 있은 후인 1998년 5월 일본 NTT의 마키노(Makino) 부사장이 한국통신을 방문하였다(1998. 5. 21). 이때 한국통신 부사장(이정욱)은 마키노 부사장을 만나 한일 간 해저광케이블 관련 관심 사항을 협의하였다. 특히 China-US 해저케이블 건설에 대해 다음과 같이 설명하고 협조를 구하였다.

(1) 한국-중국-대만-일본-미국을 연결하는 태평양횡단 케이블은 한국에서 최초로 태평양을 횡단하여 미국과 직접 연결하게 되어 그 의의가 크며, 본 케이블은 NTT가 참여한 최초의 국제해저케이블로서 NTT에게도 그 의의가 크다고 본다. 이 케이블은 10개국의 주요통신사업자가 공동으로 건설하는 사업으로서 그동안 보여준 NTT사의 협조에 감사한다.

(2) 본 케이블을 이용하여 NTT와 한국통신이 한·일 간 국제통신서비스를 제공할 예정임에 따라 본 케이블 건설사업이 양사의 밀접한 유대관계를 한층 강화할 것으로 기대한다.

(3) 2000년대의 인터넷서비스 등 다양한 멀티미디어 서비스를 제공하기 위해 세계적 최대용량(80Gbps)으로 건설하여 1999년 12월 사용서비스가 개시될 예정이다.

4.2 태평양횡단 해저케이블의 건설 시동

가. 건설양해각서 서명

1997년에는 태평양횡단케이블 건설을 위해 중국, 미국 등 관련 국가 간에 세부 추진계획이 수립되었으며, 이 케이블의 북쪽 루트에 대한 건설양해각서가 중국 북경에서 서명되었다(1997. 3. 30). 북경 조어대 국빈관에서 시행된 이번 양해각서에는 한국통신을 포함하여 중국 CT, 일본 KDD, NTT, 미국 AT&T, MCI, Sprint, SBC, 홍콩 HKTI 등 6개국 10개 당사자가 공동으로 서명하였으며, 주요서명자는 다음과 같다.

① 중국 우전전신총국 부국장(李平)

② 일본 NTT 대표취체역 회장(澤田茂生, Shigeo Sawada)

③ 한국통신 부사장(이정욱)

④ 일본 KDD 사장(西本 正)

⑤ SBC International Operations의 사장(John H. Atterbury)

⑥ 홍콩텔레콤 사장

⑦ 싱가폴 텔레콤 수석부사장(Lim Toon)

이때 양해각서의 주요 내용을 보면 한국통신을 비롯하여 6개국 10개 사업자를 초기당사자로 정하고 초기 당사자의 동의가 있어야 추가 당사자의 가입을 허용하도록 하였다. 그리고 각 초기 당사자는 동일금액을 투자하며, 중국, 일본, 한국에서 미국 간의 회선가격은 모두 동일하게 결정하였다. 한편 케이블 육양은 4개국 8개소로 정하고 중국 육양국은 China Telecom에서, 한국 육양국은 Korea Telecom에서, 일본 찌꾸라 육양국은 KDD에서, 일본 오끼나와 육양국은 NTT에서, 괌을 포함한 미국 육양국은 AT&T에서 제공하기로 서명하였다.

이 행사에는 한국을 대표하여 한국통신 부사장(이정욱)이 참석하였으며 중국 측에서는 우전부 장관, 차관, China Telecom 부총국장이 참석하였다. 미국에서는 AT&T Allan 회장과 부사장, MCII 수석부사장, Sprint 사장, SBCI 사장이 참석하였고 NTT 사장, KDD 사장과 부사장이 일본을 대표하여 참석하였으며, 홍콩의 HKTI 사장, 싱가폴의 SINGTEL 수석부사장도 참석하였다. 결국 이 국제통신망 건설사업에는 한국 KT, 미국 AT&T, Sprint, MCI, SBC, 중국 CT, 일본 KDD, 홍콩 HKTI, 싱가폴 SINGTEL, 대만 ITDC, 호주 Telstra, 말련 TM, 캐나다 Teleglobe 등 10개국 14개 사업자가 건설주관사로 참여하였다.

이 케이블은 중국(상해)을 출발하여 한국(부산), 일본(Chikura), 미국(Oregon), 미국(California), 괌, 일본(오끼나와), 중국(Shantou)을 돌아 중국(상해)로 연결되는 환형 루트로 건설되고, 총 통신용량이 96만회선(20Gbps × 4개시스템)이나 되는 대용량 해저통신망으로 계획되었다. 이 해저케이블의 총 건설비 약 12억불을 투입하여 1998년 1월 착공, 1999년 12월 개통 목표로 추진되었다.

한국통신의 본 해저케이블 건설에 본격 참여하였으며, 이를 위한 추진방침과 공급계획을 수립 추진하였다(중장기 네트워크 발전계획, 1996. 9. 10, 한국통신 네트워크본부). 이 계획의 주관부서 및 결재자는 제2장 말미의 참고자료 편에 기록되어 있다. 이 계획의 주요내용은 다음과 같다.

① 한국에 육양 건설하여 해저케이블 회선소유권(Ownership)을 확보하고, 한국-괌, 한국-중국 케이블 수용으로 루트를 다원화하며 복구 루트도 확보한다. 그리고 RJK 및 APCN 케이블과 연계하여 통신 중심국이 되도록 추진하고, 기존의 해저중계국을 한국 내 육양점으로 하여 효율적으로 투자한다.

② 이 사업에 한국통신은 6천2백만 불을 투자하고, 해저케이블 회선 4,560 MAUO (26,460 회선)을 확보한다. 이를 위한 자재확보 및 건설공사는 1997년 1/4분기-1997년 4/4분기에 시행하고, 1998년 1/4분기-2/4분기에 개통시험 및 준공한다. 그리고 연장접속 및 끝내기공사는 1998년 3/4분기-4/4분기에 집행한다.

③ 소요예산은 1996년에 110억 원, 1997년에 315억 원, 1998년에 50억 원을 확보하여 시행한다.

또한 1990년대 후반 태평양횡단케이블 건설부분 중 아시아-괌을 연결하는 건설이 추진되었다. 이때 한국통신은 한국-괌 간 해저케이블을 건설하여 태평양횡단 구간 전송루트를 다원화하여 국제통신의 신뢰성을 높이고자 하였다. 이 해저케이블의 건설구간은 한국-괌(미국)-중국-일본-필리핀으로 정하였으며, 건설용량은 5Gbps이고, 총 건설비는 3억불이 투입되며 1998년에 준공하는 것으로 계획되었다.

나. 예산문제 발생 및 사업의 시급성 대두

제7 국제해저케이블과 제8 국제해저케이블을 본격 추진해야 할 1998년에 IMF사태로 인해 예산확보문제가 발생하였다. 이 사업을 위해서는 총 489억 원이 소요되었으나 실행예산으로 겨우 189억 원이 편성되는 바람에 303억 원이 부족한 어려움에 직면하였다. 이 사업이 제대로 시행되지 못할 경우 한국의 국제신용도 추락, 지체이자 부담은 물론 국제분쟁이 발생할 소지가 있었다. 이 문제를 해결하기 위해 TPC-5 케이블의 여유회선을 판매하여 2,300만불을 확보하고 재투자할 수 있도록 추가예산을 배정하는 대책을 추진하였다.

한편 한국통신 워싱턴사무소(소장 남중수)는 본사 네트워크본부로 1996년 9월과 10월 두 달 사이 세 번에 걸쳐 태평양횡단케이블에 관한 현지 동향을 보고하였다. 이때 워싱턴사무소장은 작년부터 이 사업분야 미국 상황을 계속 보고했는데 이를 제대로 받았는지를 다급하게 확인하였다. 당시 주요보고내용은 다음과 같다.

① 1996년 미국의 통신법이 개정되어 기존의 시내전화사업자들이 장거리통신사업에 참여가 가능해지게 되었다. 따라서 이들은 극동지역의 시장성을 높이 평가하여 극동-북미 간 해저케이블 건설을 추진한다고 한다.

② 다수의 신규 무선사업자의 출현으로 국제트래픽이 증가될 것으로 예상되어 기존 장거리통신업체보다 저렴하게 제공하는 소규모의 Carrier's Carrier 등이 활발하게 사업을 전개하고 있다.

③ 현재 한국과 중국에서 미국으로 국제통신망의 연결은 전적으로 일본에 의존하고 있는데 이를 하루라도 빨리 탈피해야 한다. 한국에서 북미로 향하는 트래픽이 막대하다는 점에서 북미지역에의 직접 접속이 필요하다. 그리고 고베지진사태와 같은 지진발생 위험이 상존하는 상황에서 일본을 경유하는 북미 연결은 사태 발생 시 심각한 타격을 입을 수 있을 뿐만 아니라 일본은 한국과 피크 시간대를 같이 하고 있어 일본은 자국 트래픽에 우선순위를 줄 것이다.

이와 같은 미국 현지에서의 주장은 본사의 분석과 완전히 일치한 것으로서 본 사업을 추진함에 중요한 정책으로 수용하였다. 한편 미국 현지에서 파악한 바로는 PCS 면허를 획득한 한솔은 이 사업을 위한 타당성 조사가 완료 단계에 있으며, 사장, 부사장 등 최고경영진이 그해 10월 중순 해외사업자들을 접촉하였으며 워싱턴에 사무소를 개설하여 활동 중이라는 것이었다. 그래서 한국통신이 해저케이블 건설에 적극적으로 참여해야 한다고 보고하였다.

다. 한솔의 해저케이블 건설에 참여 제의

북미직통 해저케이블의 건설을 한창 추진 중이든 1996년 11월 이정욱 네트워크본부장은 한솔그룹으로부터 태평양횡단케이블을 공동으로 건설하자는 제의를 받았다. 이 제안은 한국통신과 한솔이 주도적으로 사업계획을 수립하여 미국과 중국사업자와 제휴하여 해저케이블을 건설하는 방안으로 되어 있었다. 케이블 루트는 한국-미국 간 직통통신망 건설을 기본으로 하고 아시아에서는 중국, 북미에서는 캐나다를 분기하는 환태평양 루프 형태로 구성하자는 방안이었다.

이 제안에서는 한국통신과 한솔이 동등지분으로 약 85만 불(7,075억 원)의 건설비를 투입하여 시스템 용량은 12만 회선(5Gbps × 2sys)으로 2000년경에 준공하는 일정으로 되어 있었다. 한솔이 이러한 제안을 하게 된 것은 한솔 측 전기통신 분야 사업을 확대하고 사업영역을 다각화하는 한편 인터넷 접속용 국제회선을 직접 확보하겠다는 의도로 보였다.

한국통신이 이 제안을 수용하는 경우 국제해저케이블 건설과 운용에 상당한 노우하우를 가진 C&W나 AT&T/KDD와 경쟁을 해야 하는 엄청난 부담이 생길 뿐만 아니라 독점사업을 하고 있는 중국(CT)을 끌어들인다는 것은 불가능하였다. 또한 국제해저케이블 건설기술을 보유하지 못한 한국 측 제안에 대해 관련 국가들이 신뢰를 보내 줄지 의문이 들었고, 한솔과 공동으로 이 해저케이블 사업을 하는 경우 한국통신에게는 별 이득이 없는 것으로 검토되었다.

한편 정부는 국제광케이블 사업을 민간기업에 허용하여 회선임대사업자로 허가하는 쪽으로 전기통신사업법을 1997년에 개정하겠다는 방침을 세웠다. 이렇게 되자 한솔은 이 사업에 상당한 의욕을 가지고 접근함으로써 한국통신은 결론을 내리기가 어려워 이 사업은 1997년 2월까지 상당 부분 진행되었다. 그러나 이 제안을 다각도로 검토한 결과 결국 한국통신은 이 제안을 접고 미국과 중국이 주도한 당초 계획대로 추진하여 태평양횡단 국제통신망을 확보하였다.

5. 전 세계 곳곳에 국제해저통신망 확보

5.1 아시아 및 미주지역

가. 국제해저통신망의 중심국 시도

앞에서 설명한 주요 해저광케이블 외에도 한국통신은 1970년대부터 직접 한국에 육양되지는 않지만 전 세계적인 국제통신망을 구축하기 위해 총 25개의 국제해저광통신망 건설 프로젝트에 참여해왔다. 1970년대에는 스페인-카나리섬-베네주엘라를 잇는 국제해저통신망(Columbus-1) 건설에 참여하였다.

그리고 1980년대에는 포르투갈-세네갈-브라질을 연결하는 해저케이블(Atlantis-1/2)을 비롯하여 호주-뉴질랜드-하와이-캐나다 간 해저케이블(Anzcan-S/N), 싱가폴-홍콩-대만 간 해저케이블(Sin-Hon-Tai) 건설에 참여하였다. 또한 괌-필리핀-대만 간 해저케이블(GPT)과 일본-괌-하와이-미국 간을 연결하는 국제해저케이블(HAW-4/TPC-3) 건설에 참여하여 총 856회선의 국제통신회선을 확보하였다. 1990년대에 들어서면서 한국통신은 국제통신망 확보에 더욱 박차를 가하여 전 세계를 누비는 주요구간 총 19개의 국제해저케이블 건설사업에 뛰어들었다.

아시아 지역에 건설된 국제해저통신망의 경우 브르네이-말련-필리핀(BMP), 싱가폴-말련(APC), 중국-일본(CJC), 말련-태국(MT), 태국-베트남-홍콩(TVH)의 5개 구간 케이블 건설에 참여하여 총 724회선을 확보하였다. 또한 오세아니아 지역에도 호주-뉴질랜드(TASMAN-2), 괌-호주(PacRim-W) 등 2개 구간에 60회선을 소유하였다. 한편 미주대륙 지역에는 일본-괌-하와이-미국(HAW-4, TPC-3, TPC-5), 일본-미국-알라스카(NPC), 일본-미국-카나다(TPC-4), 미국-카나다(CANUS) 등 4개 구간에 가장 많은 총 5,349회선을 확보하였다.

나. TPC-5 케이블 건설

TPC-5 해저케이블은 일본-괌-하와이-미국을 연결하는 태평양횡단 해저광케이블이다. 이 케이블의 총 건설비는 약 14억불이고, 회선용량은 5Gbps로서 1996년 12월에 준공되어 총 49개국 78개 사업자가 이를 사용하였다. 이때 한국통신은 이 케이블 건설에 참여하면서 추진방침과 건설계획을 수립 추진하였다(중장기 네트워크 발전계획, 1996. 9. 10, 한국통신 네트워크본부). 이 계획의 주요내용은 다음과 같다.

① TPC-5 케이블 건설사업은 1992년 10월에 건설 및 유지보수협정에 서명하였으며 1997년까지 계속 추진한다. 그리고 이 사업은 오너쉽(Ownership)으로 건설에 참여하여 회선소유권을 확보한다.

② TPC-3/ HAW-4, TPC-4 케이블 이외의 통신수요를 충족하고 백업 기능을 수행하게 한다. 그리고 남쪽 루트(괌-미국)에 회선 수요를 최대한 반영하고 추가로 수요회선을 지속적으로 확보토록 한다. 또한 시스템 개통 후에는 APCN 및 한국-괌 케이블과 연계 운용한다.

③ TPC-5 케이블의 북쪽루트(SEG.1)는 1996년 12월, 남쪽루트(SEG.2)는 1995년 12월에 준공하고, 한국통신은 6천1백만 불을 투자하여 3,840 MAUO의 회선을 확보한다.

④ TPC-5 케이블 사업을 위한 자재확보 및 건설공사는 1993년-1996년에 시행하고, 개통시험 및 준공은 1995년-1996년 4/4분기에 실시하며 연장 및 끝매기 공사는 1997년 2/4분기에 시행한다. 이를 위한 소요 예산은 1996년에 39억 원, 1997년에 6억 원을 확보하여 추진한다.

이후 실제 집행과정에서 한국통신은 TPC-5 해저케이블 사업에 5천만 불을 투자하여 14,220회선(474 MIU)을 확보하였다. 한국통신은 이 케이블 확보 후 상당한 진통을 겪었다. 그러나 그 후 환율이 폭등하고 경제 환경이 악화되는 영향을 받아 1990년대 후반기 특히 1998-1999년에는 국제통신량이 감소하는 바람에 여유가 발생하게 되었다.

또한 제8 국제케이블(태평양횡단) 사업이 확정되어 1997년 12월에는 공급계약이 체결되자 TPC-5 케이블의 여유 용량을 최대한 양도하기로 방침을 정하였다. 그래서 여유시설 113 MIU를 양도하여 그 대금 1,808만 불(271억 원)을 받아 국제통신사업에 투입하였다. 한편 이 국제통신회선 중 데이콤은 152 MIU를, 온세통신은 13 MIU를 확보하였다(1997. 12).

5.2 유럽, 남미, 아프리카 지역

가. 유럽지역

한국통신은 유럽지역을 위한 국제해저통신망으로 미국-영국-프랑스국 간의 TAT-9 및 TAT-12/13, 미국-독일-네델란드국 간의 TAT-10, 싱가폴-인도-사우디-프랑스 등 13개국 간의 SEA-ME-WE 2, 캐나다-아이슬랜드-아일랜드 등 5개국 간의 CANTAT-3, 미국-멕시코-버진제도-스페인 등 6개국 간의 Columbus-2, 스페인-영국-벨지움-네델란드국 간의 RIOJA 등 7개 구간에 총 1,110회선을 확보하였다.

이중 TAT-12/13 해저케이블은 대서양을 횡단하고 북미-유럽 간에 건설되는 해저케이블로서 건설구간은 미국-영국-프랑스-미국으로 정하였다. 한국통신은 유럽지역 국제전송루트를 다원화하고 안정성과 신뢰성을 유지하고자 이 해저케이블의 회선확보에 나서게 되었다. 이때 한국통신이 수립한 이 사업의 추진방침과 공급계획은 다음과 같다(중장기 네트워크 발전계획, 1996. 9. 12, 한국통신 네트워크본부). 이 계획의 주관부서 및 결재자는 제2장 말미의 참고자료 편에 기록되어 있다.

① 본 케이블 건설사업은 1992년 건설 및 유지보수협정에 서명한 후 1997년까지 추진한다. 한국통신은 이 사업에 오너쉽(Ownership)으로 참여하여 회선소유권을 확보한다.

② 미국 내 육선을 IRU로 확보하여 TPC-5 케이블 및 TAT-12/13 케이블과 접속루트를 구성한다. 영국에서 TAT12/13 케이블 및 RIOJA 케이블과 접속루트를 구성한다. 그리고 시스템 개통 후 신규케이블과 연결하여 유럽회선을 접속 운용토록 한다.

③ 이 해저케이블의 총 건설비는 7억5천만 불이고, 건설용량은 5Gbps×2 이며 이중 한국통신은 330 MAUO를 확보하고 소요 예산 2억1천만 불을 투자한다.

④ 이 사업을 위한 자재확보 및 건설공사는 1993년-1995년 10월에 집행하고, 개통시험 및 준공은 1995년 12월-1996년 9월에 시행한다. 그리고 연장접속 및 끝매기 공사는 1997년 1/4분기에 실시한다. 이를 위한 소요 예산은 1996년에 4억5천만 원, 1997년에 5천만 원을 편성하여 추진한다.

나. 남미지역

한국통신은 남미국가와의 국제전송루트를 다원화하고 안정성을 확보하고자 북미에서 남미국가 간을 연결하는 Pan-American 해저케이블 건설사업에 참여하기로 정하였다. 이때 건설구간은 미국-베네주엘라-파나마-콜롬비아-에콰도르-페루-칠레로 되어있었다. 이에 따라 C&MA와 1백만 불을 투자하여 90마우의 회선을 확보하는 공급계약을 체결하였다(1996. 9). 이때 수립한 이 사업의 추진방침과 국제전송로 공급계획은 다음과 같다(중장기 네트워크 발전계획, 1996. 9. 12, 한국통신 네트워크본부). 이 계획의 주관부서 및 결재자는 제2장 말미의 참고자료 편에 기록되어 있다.

① 이 건설사업은 1995년 소요회선을 확보토록 협의하여 1998년까지 계속 추진하며, 오너쉽(Ownership)으로 건설에 참여하고 회선소유권을 확보한다. 그리고 TPC-5 케이블 및 태평양 케이블과 연장접속으로 안정된 루트를 확보하고, 이중 위성통신 해소차원에서 추가 수요회선을 지속적으로 확보한다. 또한 시스템 개통 후 APCN 및 한국-괌 케이블과 연결 운용토록 한다.

② 이 건설사업의 총 건설비는 3억1천4백만 불이고, 건설용량은 622 Mbps×2이며, 이중 한국통신은 90 MAUO를 확보하고 이를 위해 156만7천 불을 투자한다.

③ 자재확보 및 건설공사는 1997년-1998년 2/4분기에 집행하고, 1998년 3/4분기에 개통시험을 거쳐 준공한다. 그리고 타 케이블과의 연장접속 및 끝내기 공사는 1998년 4/4분기에 실시한다. 소요예산은 1996년에 7천만원, 1997년에 7억 원, 1998년에 5억1천만 원을 확보하여 투입한다.

결국 Pan-America 케이블은 1998년 8월에 개통하는 것으로 추진되었다. 그리고 국제통신량이 상대적으로 적은 남미지역은 미국-브라질-베네주엘라(AMERICAS-1) 구간에도 30회선을 확보하였다.

다음에는 대륙 국가와 통신루트를 다원화하고 안정성있는 국제통신망을 확보하기 위해 중국-아시아-유럽 간을 연결하는 TAE 해저광케이블 건설사업에 참여하였다. 이 해저케이블의 건설구간은 중국-카자흐스탄-우즈베키스탄-독일 등 20개 국가로 정해져 있었다. 이때 한국통신이 수립한 사업의 추진방침과 공급계획의 요지는 다음과 같다(중장기 네트워크 발전계획, 1996. 9. 12, 한국통신 네트워크본부). 이 계획의 주관부서 및 결재자는 제2장 말미의 참고자료 편에 기록되어 있다.

① TAE케이블의 회선판매방식에 따라 회선을 구매 확보한다. 이를 위해 1995년 회선수요를 협의하여 1997년까지 계속 추진한다. 그리고 시스템 개통 후에는 CKC 해저케이블 또는 FLAG 해저케이블로 연장 접속토록 한다.

② 이 케이블의 건설용량은 140 Mbps와 560 Mbps이고, 시설은 1997년 3월에 준공한다. 한국통신은 60MAUO의 회선을 확보하고 이를 위해 약 1백만 불을 투자한다.

③ 이 통신망의 회선확보를 위한 협의는 1995년-1996년에 시행하였으며, 회선학보를 위한 협정은 1996년 내에 체결한다. 그리고 연장접속 및 끝내기 공사는 1997년에 시행하며, 소요예산은 1997년에 8억 원을 투자한다.

다. 아프리카 지역

한국통신은 아프리카 구간의 해저케이블망인 Africa-One 해저케이블 건설에도 적극 참여하였으며, 추진방침 및 사업내용은 다음과 같다(중장기 네트워크 발전계획, 1996. 9. 12, 한국통신 네트워크본부). 이 계획의 주관부서 및 결재자는 제2장 말미의 참고자료 편에 기록되어 있다.

① 이 해저광케이블은 범 아프리카를 연결하는 환형의 세계 최장거리(3만9천Km) 해저통신망 사업이다. 그래서 한국통신은 아프리카 지역의 국제전송 루트 다원화로 국제통신의 안정성을 확보하고자 이 사업에 참여한다.

② 향후 국제통신 회선 수요에 맞추어 소요회선을 구매하고, 인도양 및 태평양 케이블을 추가로 확보하여 이에 접속한다. 그리고 사업여건에 따라 일반투자도 참여토록 하며, 구간별 건설계획에 따라 1999년까지 계속 추진한다.

③ 이 사업의 총 건설비는 25억 불이고, 건설용량은 2.5Gbps×8×2조의 40Gbps이며, 1000년 9월에 준공한다. 한국통신은 이 중 145 MAUO를 확보하고, 이를 위해 2,077천불을 투자하며, 일반투자예산은 추후 결정토록 한다.

④ 이 사업에 대한 당사자 간 회선확보를 위한 협의는 1995년-1996년에 시행하고, 자재확보 및 건설공사는 1997년-1999년에 시행하며, 1999년에 개통 및 연장접속 끝매기 공사를 마친다. 소요예산은 1996년에 2천만 원, 1997년에 3억5천만 원, 1998년에 6억8천만 원, 1999년에 6억8천만 원을 편성하여 추진한다.

당초 2백만 불을 투자하여 129마우의 통신망을 확보하였으나, 실행과정에서 다소 조정되어 목표량은 145 MAUO로 늘어나게 되었으며, Africa-One 해저케이블은 1999년 9월에 개통하는 것으로 추진되었다. 전체적으로 보면 한국통신은 제1 국제해저통신망에서부터 제8 국제해저통신망 외에 전 세계 25개 중요해저통신망 건설에 참여하여 총 18,676회선의 국제통신망을 보유하게 되었다.

6. 국제해저케이블 중계국 건설 및 선박확보

6.1 국제해저광케이블의 육양국 선정

우리나라는 1990년대 중반에 들어서면서 여러 루트의 국제해저케이블이 건설되면서 육양국 선정이 매우 중요한 과제가 되었다. 육양국을 선정할 때는 우선 기존 해저중계국을 활용하여 건물의 추가 증축 없이 수용하도록 하며, 신설되는 국제해저케이블이 특정국에 집중화되지 않도록 분산 수용하고, 한국이 국제해저통신망의 중심국이 될 수 있도록 구성하는 것을 기본방침으로 정하였다.

가. 부산해저중계국

부산해저중계국은 기존 중계국이므로 국내전송로 구축이 용이하고, 3개 해저케이블이 이미 육양되어 있으나 1개 정도는 추가 육양이 가능할 뿐만 아니라 부산광역시에 소재하여 직원들의 거주조건도 양호한 편이다. RJK, APCN 국제해저케이블과 접속할 경우 국제접속성이 좋고 러시아 트래픽의 연결성이 양호하여 북미직통케이블의 육양지로 결정되었다.

나. 거제해저중계국

제6 국제해저케이블(FLAG)을 육양시키기 위해 거제해저중계국을 신축하였다. 이 중계국은 8,826m^2(2,670평)의 대지에 건물면적은 2,268m^2(686평)로 짓는 것으로 설계되었고, 1994년 12월에 대지를 매수하여 시설공사는 1995년 10월에 착공하여 1996년 11월에 준공되었다. 이를 위해 총 42억 원의 예산을 투입하여 건설되었으며, 해저케이블의 육양은 1996년 12월부터 1997년 3월까지 진행하였다. 이후 1997년 5월 거제해저중계국 개국 기념식을 거제시 동부면 학동리에서 거행하였으며, 이 행사 참석자는 다음과 같다(1997. 5. 27).

① 거제시 유관기관장 및 관계자 18명 : 거제시장, 시의회의장, 거제경찰서장, 통영해양경찰서장, 거제소방서장, 거제신문 편집국장, 거제3대대 대대장, 거제우체국장, 동부우체국장, 학동어통소장, 학동 및 다대어촌계장, 학동개발위원회 위원장, 학동리 이장, 학동초등학교 분교장, 예비군중대장, 지역주민대표 2명

② 한국통신 8명 : 네트워크본부장(이상복), 건설단 특수시설국장(권창현), 네트워크본부 종합기획국장(정재진), 국제통신계획국장(전병섭), 국제통신운용국장(송병호), 거제전화국장(신희영), 부산해저중계국장(백해량), 국제지방본부 노조위원장

③ 한국해저통신(주) 사장 및 본부장, 프린스건설(주) 사장 등 5명, 행사진행요원 및 거제해저중계국 직원 등 12명

그 후 제7 국제해저케이블(SEA-ME-WE3)이 건설됨으로써 이 케이블의 육양지로도 검토되었다. 당시 거제의 경우 국내전송로의 구축이 용이하였으나 면 소재지로 직원들의 거주조건은 부산에 비해 다소 열악할 수밖에 없었다. 그러나 이 해저케이블은 제6 국제해저케이블(FLAG)과 루트가 비슷하고 상호 보완적 운용이 가능하여 거제에 육양하는 것으로 선정하였다.

다. 4개 해저중계국 체제로 결정

1998년도 사업으로 글로벌 수요충족을 위한 해저케이블 육양을 다음과 같이 추진하였다(1998년도 주요업무계획, 1998. 2, 한국통신 네트워크본부).

첫째, 동남아, 유럽, 북미 간의 수요를 충족하기 위한 시설을 확보하고, 다양한 서비스 수

요를 충족하기 위해 대용량 케이블을 건설 추진한다. 그리고 루트를 다원화하여 국제통신의 안정성과 신뢰성을 확보토록 한다.

둘째, 1998년도 사업 목표량은 29,940회선으로 정하고, 소요예산은 489억 원을 확보한다. 그러나 당시 IMF 사태로 인해 실행예산이 189억 원으로 책정되어 303억 원이 부족한 상황이었다. 1998년도 사업은 1998년 착공 1998년 개통으로 추진하는 것으로 계획되었다.

셋째, 이와 같은 집행예산부족으로 제7 국제해저케이블(SMW-3) 건설비 201억 원, 제8 국제해저케이블(태평양횡단) 건설비 102억 원의 지급이 불가하였다. 이렇게 되면 국제신용도가 추락하고, 지체이자의 부담이 발생하여 국제 분담이 발생하게 된다. 이에 대한 대책으로 TPC-5 해저광케이블의 여유회선을 판매하여 2,300만 불을 수입 처리하고 재투자할 수 있도록 추가예산을 배정한다.

한편 제주의 경우는 국제해저케이블을 제2 제주-고흥 해저케이블에 연장 접속할 수 있으나 시스템 신뢰도 면에서 바람직하지 않을 뿐만 아니라 읍 소재지로서 직원들의 거주조건상 다소 열악한 것으로 평가되었다. 또한 제2 국제해저케이블(HJK)과 접속할 수 있으나 이 통신망의 용량이 이미 소진되었기 때문에 국제접속성이 좋지 않고, 국제해저케이블을 제주에 육양할 경우 제주-거제-부산을 연결하는 대용량의 타이 해저케이블 건설이 필요하여 적합한 방안이 되지 못했다.

이와 같은 여건을 고려하여 한국통신은 부산, 제주, 태안, 거제의 4개 해저중계국을 건설하여 운용하게 되었다. 제1 국제해저케이블(JKC), 제3 국제해저케이블(RJK), 제5 국제해저케이블(APCN)은 부산해저중계국에 육양하였다. 그리고 제2 국제해저케이블(HJK)은 제주해저중계국, 제4 국제해저케이블(CKC)은 태안해저중계국, 그리고 제6 국제해저케이블(FLAG)은 거제해저중계국에 육양하였다.

6.2 국제 해저광케이블망의 보호

가. 해저케이블의 고장발생

해저광케이블이 국제기간통신망으로서의 비중이 점차 커지면서 앞에서 설명한 바와 같이 8개의 대용량 국제해저케이블이 운용되거나 건설되고 있었다. 또한 국내해저케이블로는 1996년 당시 제주-고흥 간 제1 해저케이블과 제2 해저케이블이 운용되고 있었고, 울릉-호산 간 해저케이블이 설치되어 있어 전체적으로 3개의 해저케이블이 운용되고 있었다. 이처럼 해저케이블이 늘어남에 따라 해저케이블의 고장이 빈번하게 발생하는 문제에 부닥치게 되었다.

그동안 발생한 큰 고장을 보면 1995년 한-중 해저케이블 공사 중에 2회 발생하였고, JKC 해저케이블도 고장이 자주 발생하고 있었으며 제주-고흥 간 케이블도 두 번이나 장애가 발생하였다. 해저케이블에 고장이 발생하면 수리하는 시간이 평균 10일 내지 20일이 소요되는 관계로 통신서비스품질이 저하되는 큰 문제에 직면하였다. 더구나 한번 고장이 발생하면 10억 원-20억 원의 막대한 수리비가 지불되었다. 예를 들면 제주-고흥 간 해저케이블의 경우 준공한 다음 1996년 6월까지 약 96억원이 지출된 것으로 나타났다. 그래서 보다 과학적이고 효율적인 해저케이블 보호 방안이 필요하였으며, 그동안 해저케이블의 보호를 위한 홍보 활동도 되돌아보아 문제점을 개선할 필요가 있었다.

나. 안강망 어선 조업

제주 성산포 연안에는 갈치어장이 형성되어 안강망 조업이 활발하게 진행되고 있었는데 1996년 당시 안강망 어선 792척, 게통발 어선 72척 등이 조업하고 있었다. 특히 이들은 대형 앵커를 사용하고 통발을 이용하기 때문에 해저케이블에 치명적인 손상을 주고 있을 뿐만 아니라, 선장이나 선주들이 해저통신시설의 중요성을 알지 못하고 있었다. 그래서 한국통신은 해저케이블 보호를 위한 대대적인 홍보전을 펼치지 않을 수 없었다.

먼저 전국적으로 안강망 어선을 조사하여보니 목포, 여수, 군산, 부산, 인천지역에 총 1,527척이 있고, 게통발은 속초, 죽변, 강구, 죽산, 후포지역 등에 136척이 있었다. 안강망 어선은 광주통신망운용국에서, 게통발 어선은 강릉통신망운용국에서 홍보를 담당하게 하였다. 그리고 전국의 수산업협동조합 12개, 해양경찰서 7개, 어업무선국 10개, 선박출입항신고소 14개, 안강망협회 3개, 게통발협회 2개소를 대상으로 해저케이블 보호를 위한 홍보 활동을 벌였다. 또한 1996년 6월부터 해저광케이블 가해신고 포상금을 3백만 원에서 5천만 원으로 대폭 상향 조정하였다

한편 어로 활동이 활발한 지역을 정기 또는 부정기적으로 순회하면서 케이블 고장유발 가능 선박을 안전지대로 유도하는 순시 활동을 강화하였다. 잠수부가 수중작업이 가능한 수심 30m까지는 케이블 노출 상태를 점검하고 수중촬영도 하였다. 예를 들면 제2 국제해저케이블(HJK)에 대해 육양 지점으로부터 2.2Km까지 매년 점검하였고, 제1 국제해저케이블(JKC), 제3 국제해저케이블(RJK)은 육양 지점으로부터 3Km까지 3년마다 점검하였다.

또한 1996년에는 이러한 국제해저케이블의 유지보수를 전담할 해저통신망운용국을 신설하여 그 산하에 부산해저중계소, 제주해저중계소, 거제해저중계소, 태안해저중계소, 고흥해저중계소, 호산해저중계소를 두는 조직개편을 시도하였으나 실현되지 못하였다.

6.3 해저광케이블의 건설 및 운용의 전문화

가. 해저케이블용 선박건조

국제통신망에 있어 해저광케이블의 비중이 점점 늘어나 2000년에는 그 비중이 80%까지 확대될 것으로 전망되었다. 그러나 이들 해저광케이블에 고장이 발생하면 수리를 위해 외국

선박(일본)이 한국 연안에 들어와서 활동하고 있었다. 이런 상황에서는 우선 우리나라 해양정보가 유출될 우려가 있을 뿐만 아니라, 당시 일본과 중국은 이미 선박을 확보하여 운용하고 있었으므로 우리나라의 입장에서는 삼면이 바다인 해양국가로서의 자존심 문제도 대두되었다.

그러나 무엇보다도 비상시 국가기간통신망의 자체 긴급복구능력을 확보할 필요가 있었다. 이에 따라 한국통신은 해저케이블의 건설과 유지보수를 담당하는 선박을 직접 보유하여 운용하는 구상을 하게 되었다. 한국통신 계획국 통신망계획부장(이정욱)은 1984년 초부터 대한조선공사, 현대조선 등 관련 업계에 해저광케이블의 건설을 위한 선박을 제작할 수 있는지를 알아보기 시작하였다. 이 선박은 해저광케이블에 장애가 발생하는 경우 이 케이블을 선상으로 인양하여 수리할 수 있어야 했다.

그러나 당시 국내에서는 이러한 기술과 기능을 갖춘 선박을 제조할 수 없다는 것이 확인되었다. 그나마 현대조선에서는 기존의 화물선을 변경하여 제조하는 방식을 제시하였고, 대한조선공사에서는 제작은 가능한데 선박제조에 필요한 설계도면이 필요하다고 전해오면서 국내에서 이 선박을 제작하기 위해서는 우선 선박설계도면을 구하는 일이 급선무였다.

당시 아시아지역에서는 일본만이 이 선박을 보유하고 있는 터라 1985년 한국통신 통신망계획부장(이정욱)은 일본 요꼬하마에 있는 일본케이블(주)회사로 출장을 갔었다. 그곳에서 선박설계도면은 NTT가 가지고 있다는 것을 알아내고 NTT 본사에 들러 협조를 요청하였다. 그러나 설계기초자료만 구하였을 뿐 설계를 할 만큼의 필요한 도면은 그들로부터 확보하지 못하였다.

그래도 이때 확보된 기초자료를 가지고 1985년 12월 대한조선공사는 선박의 기본제원으로 전장(LOA) 75.5m, 선폭(B) 13.5m, 선심(O) 7.0m, 흘수(d) 4.4m, 총톤수(GT) 약 1,450톤으로 설계하여 선박모형(Scale 1:150)을 제작하였다. 그러나 그 후 이 선박건조는 제대로 추진되지 못하고 중단상태에 들어갔다.

나. 한국해저통신(주) 설립

이러한 시도가 있은 지 10여 년이 지나면서 한국통신이 건설하고 유지 보수해야 할 국제해저통신망은 계속 늘어나고 있었다. 이렇게 되자 한국통신은 1995년 4월에 이 사업을 전담할 한국해저통신(Korea Submarine Telecom 약칭 KST)을 부산광역시 해운대구 송정동 433-1에 설립하였다. 이 회사는 수권 자본금 150억원, 납입 자본금 83억원으로 하여 설립되었으며, 한국통신 55%, 한진해운 45%의 비율로 출자하였다,

한국통신은 한국해저통신(주)의 자본금으로 1997에 30억 원, 1999년에 30억 원을 출자하는 것으로 추진하였다(중장기 네트워크 발전계획, 1996. 9. 12, 한국통신 네트워크본부). 우선 제주-고흥 간 해저케이블, 제3 국제해저케이블(RJK), 제4 국제해저케이블(CKC)의 유

지보수를 담당하게 하였고, 1996년 말부터는 제2 제주-육지 해저케이블, 제5 국제해저케이블(APCN), 제6 국제해저케이블(FLAG)의 유지보수까지 전담하게 하였다.

또한 제주-육지 간 해저케이블 건설공사에도 참여하게 하였으며 이를 위한 특수선박도 운용하였다. 이러한 상황에 대처하기 위해 한국통신 선로기술연구소에서는 1995년부터 1997년에 걸쳐 「해저케이블 건설 및 유지보수에 관한 연구」를 수행하였다. 이 연구과제에 42억 원을 투입하여 수심 2천m급 ROV를 개발하고 해저케이블 유지관리 데이터베이스를 구축하며 해저케이블 건설 및 유지보수 기술을 개발하였다.

한편 한국통신은 한국해저통신(주)의 경영 자립화를 위해서도 KT 선박의 요코하마 존(Yokohama Zone) 가입이 필요하였다. 이를 위해 1995년 1월에 일본 KDD와 합작하여 KDD-Maru를 확보하기로 한국통신과 KDD 간에 계약이 이루어졌다. 이 합작사업계획에 따라 한국통신 51%, KDD 49%의 지분율로 아태해양통신(ATM)를 설립하였으며, KDD-Maru가 1996년 1월 말까지 요코하마 존의 유지보수 선박으로 지정받지 못할 경우 종료하기로 되어 있었다.

우리는 당초 KDD와 합작계약서를 체결하였으므로 KDD-Maru의 요코하마 구역 선박지정은 별문제가 없는 것으로 판단하였다. 그러나 중국과 영국 C&W의 합작 선박도 요코하마 구역에의 가입을 신청하고 있었고 미국 AT&T는 2개의 선박을 요코하마 구역에 진입하려고 시도하였다. 이 문제와 관련하여 한쪽에서는 C&W가 주도권을 잡고 있는 NPC 케이블을 요코하마 구역에 가입시키도록 강력히 요구하는 통에 관련 당사자와 수차례 협의하였으나 실패하였다.

이와 같은 상황을 고려하여 우선 케이블 선박을 용선하기로 방향을 정하여 2년간(1996년-1997년) 덴마크 선박(Maersk Fighter/ 2,961톤)을 연간 9백4십만 불(약 72억원)에 용선하였고 수중 작업정(ROV)도 구매 추진하였다. 당시 요코하마 존은 2002년까지 유효한 상황이었고 KDD 선박 1척에 의해 유지 보수되고 있었다. 이때 KT/CT, KDD, PLDT가 각각 두 번째 선박을 자사 선박으로 지정하기 위해 노력하였다.

1996년에 들어서면서 한국통신은 CT/HKTI와 협력하여 요코하마 존의 두 번째 선박으로 KT 선박과 CT 선박이 공동 운용될 수 있도록 추진하였다. 이러한 노력에도 불구하고 각국의 이해관계가 얽혀 이일을 성공시키는 것이 어려워지자 한국통신은 오랫동안 꿈꾸어온 8천 톤급의 해저케이블 선박을 직접 확보하는 방향으로 추진하였다.

다. 해저케이블용 선박건조 및 국제협력

한국통신 네트워크본부(본부장 이정욱)는 한국해저통신(주)의 사업기반을 조기에 확보하고 해저케이블 선박용선 및 신규 선박의 건조비 등 해저케이블 유지보수 및 건설장비의 도입을 위한 자본금을 출자 시행하였다(중장기 네트워크 발전계획, 1996. 9. 10, 한국통신 네트워크본부). 이 계획의 주관부서 및 결재자는 제2장 말미의 참고자료 편에 기록되어 있다. 이 계획의 주요내용은 다음과 같다.

① 국제 및 국내해저케이블의 유지 보수권을 확보하고, 해저케이블 유지보수용 선박을 용선한다. 그리고 해저케이블 건설 및 유지보수를 위한 부대장비를 도입하고 신규 선박의 건조를 추진한다. ② 이를 위한 기본결정은 1997년 1/4분기-1999년 1/4분기에 시행하고, 1997년 1/4분기-1999년 1/4분기에 이사회의 의결을 거쳐서 자본출자는 1997년 1/4분기-1999년 1/4에 집행한다. 이를 위한 소요예산은 1997년도에 30억 원, 1999년도에 30억 원을 책정한다.

그 후 1998년 1월 한국통신은 한진중공업과 케이블 선박 건조계약을 5천3백만 불에 체결하였다. 선박 규모는 전장(LOA) 115.8m, 선폭(B) 20m, 선심(O) 11.3m, 총톤수(GT) 약 8,100톤으로 정하여 제작되었으며, 그해 3월 말에 인도되었다. 이 선박 명칭은 공모하여 심의한 결과「세계로(SEGERO)」로 정하였으며, 4월에는 한진중공업 부산영도조선소에서 명명 행사를 가졌다.

이어서「세계로」호 명명식 이후 1998년 5월 일본 NTT의 부사장(마키노 Makino)은 한국통신 부사장(이정욱)을 방문하였다(1998. 5. 21). 이때 한국통신 부사장은 마키노 부사장을 만나 한일 간 해저광케이블 관련 관심 사항을 협의하였다. 먼저 마키노 부사장에게 지난번 한국통신 케이블선박「세계로」호의 명명식 행사에 참석해 주신 것에 대해 감사를 표하고, 한국통신과 NTT는 오래전부터 여러 분야에 걸쳐 좋은 협력관계를 유지해 온점을 전하였다.

그리고 최근 NTT가 국제통신사업 분야에 진출하게 된 것을 축하하면서 이 분야에서도 양사가 더욱 좋은 상호 협력관계를 유지하기를 바란다고 인사하였다. 또한 한국통신이 보유하고 있는 TPC-5 케이블의 여유 용량을 NTT에게 IRU로 양도하는데 있어서 NTT의 협력에 감사함을 전하였다. 여기에서 IRU란 Indefeasible Right of Use를 말하며, 당시 일본 NTT에 양도하는 용량은 84 Half-MIU(2,520회선)이고, 금액은 1,344만 불(약 200억원)이었다. 이 케이블 용량은 1998년 9월 30일에 양도할 계획이며, 대금은 1998년 4월 6일에 선납되었다.

한편 NTT도 자회사(NTTI)를 통해 NTT의 일본 국내 해저케이블 건설 및 유지보수를 위해 Kuroshio Maru(5,656톤), Koyo Maru(1,336톤), Setouchi Maru(822톤) 등 케이블 선박 3척을 운용하고 있었다. 그리고 1998년에는 영국의 CWM(Cable & Wireless Marine)사와 NTTI가 합작으로 한국해저통신주식회사(KST)와 같은 전문회사를 설립할 예정이었다. 이에 한국통신 부사장은 NTT 부사장에게 KST와 NTTI 간에도 긴밀한 상호협력 관계가 형성되기를 희망하였다. 이때 제7 국제해저케이블(SMW-3) 전체 해양부문 포설공사는 NTTI가 수행하고 있었으며, 그중 한국 측의 거제 연안부 공사는 KST가 NTTI로부터 이관 받아 수행하였다.

참고자료

(1) 한국-중국 간 해저광케이블망 구축계획(1993. 2. 8)

1993년 한국통신은 한국-중국 간 국제통신망을 위해 해저광케이블망 건설계획을 결정하였다(한국-중국 간 해저광케이블망 구축계획, 국전 2341-02216). 이 계획에서 케이블 부설작업과 향후 유지보수 면에서 태안-위해 루트를 선정하였다. 이 계획은 국제통신사업본부 배재완(4급통신), 해저시설부장(박수진), 전송기술국장(전계형)이 주관하고 본부장(노을환), 제2부사장(김낙성), 사장(이해욱)이 결재하여 확정 시행되었다.

(2) 한국-중국 간 해저광케이블망의 유지보수협정(1993. 10. 11)

1993년 한국통신 사장과 중국 DGT총국장 간 한국-중국 간 해저광케이블 유지보수협정이 서명되었다. 이를 위해 한국통신은 체신부장관에게 중국 우전부장 방한에 맞추어 중국 측 서명 당사자인 DGT 총국장(Luan Zhengxi)이 함께 방한할 수 있도록 문서로 요청하였다(국전 2341-17318). 이 계획은 국제통신사업본부 해저시설부장(박수진), 전송기술국장(전계형)이 주관하고 본부장(유의준), 제2부사장(김락성), 사장(조백제)이 결재하여 시행되었다.

(3) 한국-중국 간 해저광케이블 시스템 공급계약(1994. 5. 11)

1994년 5월 한국통신은 제4 국제해저광케이블(한국-중국)의 시스템 공급자로 알카텔사(ALCATEL)를 정하였으며 이에 관한 공급계약은 한국통신 사장(조백제)과 중국 DGT 전신총국장 간에 북경에서 서명되었다(국시 2341-08094). 이때 공급계약금액은 약 3천7백만불이었으며, 한국통신은 이중 약 2천만 불을 부담하였다. 이 계획은 국제통신본부 해저시설부장(박수진), 시설국장(전병섭)이 주관하고 본부장(김노철), 부사장(김상국), 사장(조백제)의 결재에 의해 시행되었다.

(4) 중장기 국제해저케이블 발전계획(1996. 9. 9)

한국통신은 2000년대에 대비하여 우리나라 국제 해저케이블망 확장의 청사진을 담은 중장기 국제해저케이블 발전계획을 수립하였다(중장기 네트워크 발전계획, 네트2510-3162, 한국통신 네트워크본부). 이 계획의 주요내용은 다음과 같다. ① 국제통신망에서 해저케이블의 비중을 2000년에는 80% 수준으로 확장한다. ② 일본 중심으로 구성된 우리나라 국제통신망을 일본을 경유치 않고 직접 태평양을 횡단하는 통신망을 확보한다. ③ 한국이 국제해저광통신망의 동북아 및 태평양지역의 중심국가가 되기 위해 범세계적인 국제해저케이블을 연차적으로 건설 확장해 나간다.

④ 유라시아 국제해저케이블망을 1997년-1999년에 구축 추진한다. 이를 위해 SEA-ME-WE3 해저광케이블을 싱가폴에서 연장하여 국내 육양을 추진한다. ⑤ 태평양을 횡단

하는 국제 해저광케이블을 1997년-1999년에 건설한다. ⑥ 국제해저케이블 운용의 안정화를 위해 해저케이블 감시레이더를 1997년에 설치한다. 이 계획은 한국통신 네트워크본부 과장(이재춘), 시설계획부장(오경래), 종합기획국장(엄재건)이 주관하고 시설운용실장(김기천), 본부장(이정욱), 부사장(김노철), 사장(이준)의 결재로 확정 시행되었다.

(5) 제5 국제해저케이블(APCN)의 건설계획(1996. 9. 10)

한국통신은 동남아지역 국가들과의 국제통신망의 확보을 위해 제5 국제해저케이블(APCN) 건설에 참여하는 계획을 수립 추진하였다(중장기 네트워크 발전계획, 1996. 9. 10, 한국통신 네트워크본부). 이 계획의 주요내용은 다음과 같다. ① APCN은 한국-일본-홍콩-대만-필리핀-태국-말레이지아-싱가폴-인도네시아-호주의 9개국을 연결한다. ② APCN을 한국에 육양 건설하여 해저통신망의 회선소유권을 확보하고, 한국통신과 일본 KDD, 싱가폴 ST 등 9개 국가가 사업주체로 추진한다.

③ 본 케이블은 1994년 6월 건설 및 유지보수 협정에 서명하고 1997년까지 추진한다. 이 계획은 네트워크본부 시설운용실 국제전송1부장(박수진), 국제통신계획국장(전병섭)이 주관하고 시설운용실장(김기천), 본부장(이정욱), 부사장(김노철), 사장(이준)의 결재로 확정 시행되었다.

(6) 제6 국제해저케이블(FLAG)의 건설계획(1996. 9. 10)

한국통신은 1990년대 중반부터 급속히 늘어나는 중동과 유럽 국가들과의 국제통신을 위해 인도양을 경유하여 유럽을 연결하는 제6 국제해저케이블(FLAG) 건설을 추진하였다(중장기 네트워크 발전계획, 1996. 9. 10, 한국통신 네트워크본부). 이 계획의 주요내용은 다음과 같다. ① FLAG 케이블은 일본-한국-중국-홍콩-태국-말레이지아-인도-UAE-이집트-이태리-스페인-영국의 12개국을 연결한다 ② 극동-유럽 간 대규모 해저광케이블을 건설하여 유럽통신루트를 다원화하고 중동, 유럽지역의 급증하는 국제통신수요를 충족한다.

③ RJK 및 APCN과 연계하여 동북아지역의 중심국(Hub) 역할을 한다. ④ 이 케이블은 1997년 3월에 준공한다. 이 계획은 네트워크본부 시설운용실 국제전송1부장(박수진), 국제통신계획국장(전병섭)이 주관하고 시설운용실장(김기천), 본부장(이정욱), 부사장(김노철), 사장(이준)의 결재로 확정 시행되었다.

(7) 제7 국제해저케이블(SEA-ME-WE3)의 건설계획(1996. 9. 10)

한국통신은 동남아-중동-유럽 간을 연결하는 제7 국제해저케이블(SEA-ME-WE3) 건 설계획을 확정하여 추진하였다(중장기 네트워크 발전계획, 1996. 9. 10, 한국통신 네트워크본부). 이 계획의 주요내용은 다음과 같다. ① 이 국제해저케이블을 건설하여 태국-말레이시아-싱가폴-인도네시아-스리랑카-인도-UAE-오만-지부티-사우디아라비아-이집트-터키-이태리-사이프러스-그리스-이태리-모로코-폴투갈-프랑스-영국 등 34개국을 연결한다. ② 중동, 유럽지역에 고품질 국제통신회선을 확보한다.

③ APCN 및 FLAG 해저케이블과 연계 운용하고 복구 루트로 활용한다. ④ 이 해저케이블은 1999년 4/4분기에 준공한다. 이 계획은 네트워크본부 시설운용실 과장(고기영), 국제전송1부장(박수진), 국제통신계획국장(전병섭)이 주관하고 시설운용실장(김기천), 본부장(이정욱), 부사장(김노철), 사장(이준)의 결재로 확정 시행되었다.

(8) 제8 국제해저케이블의 건설계획(1997. 3. 30)

우리나라는 제1의 통신상대국인 미국과 직통국제통신망을 위해 제8 국제해저케이블(태평양횡단 해저광케이블)의 건설을 추진하였다. 한국통신은 이를 위한 양해각서를 중국 북경에서 관련국과 서명하였다(1997. 3. 30). 이 양해각서는 한국 KT, 중국 CT, 일본 KDD, NTT, 미국 AT&T, MCI, Sprint, SBC, 홍콩 HKTI 등 6개국 10개 당사자가 공동으로 서명하였으며 한국 측은 한국통신 부사장(이정욱)이 서명하였다.

본 양해각서의 주요내용은 다음과 같다. ① 한국통신을 비롯하여 6개국 10개 사업자를 초기당사자로 정한다. ② 초기 당사자의 동의가 있어야 추가 당사자의 가입을 허용한다 ③ 각 초기 당사자는 동일금액을 투자하며 중국, 일본, 한국에서 미국 간의 회선가격은 모두 동일하게 결정한다 ④ 케이블 육양은 4개국 8개소로 정하고 중국 육양국은 China Telecom에서, 한국 육양국은 Korea Telecom에서, 일본 찌꾸라 육양국은 KDD에서, 일본 오끼나와 육양국은 NTT에서, 괌을 포함한 미국 육양국은 AT&T에서 제공한다.

(9) 유럽, 남미, 아프리카 지역의 국제해저케이블 확보(1996. 9. 12)

한국통신은 유럽, 남미, 아프리카 지역 국제전송루트를 다원화하고 안정적인 국제통신회선확보를 위한 계획을 수립 추진하였다(중장기 네트워크 발전계획, 1996. 9. 12, 한국통신 네트워크본부). 이 계획의 주요 국제해저케이블 구간은 다음과 같다. ① 미국-영국-프랑스 간의 TAT-9 및 TAT-12/13 ② 미국-독일-네델란드 간의 TAT-10 ③ 싱가폴-인도-사우디-프랑스 등 13개국 간의 SEA- ME-WE2 ④ 캐나다-아이슬랜드-아일랜드 등 5개국 간의 CANTAT-3 ⑤ 스페인-영국-벨지움-네델란드 간의 RIOJA ⑥ 미국-멕시코-버진제도-스페인 등 6개국 간의 Columbus-2.

또한 북미에서 남미국가(미국-베네주엘라-파나마-콜롬비아-에콰도르-페루-칠레) 간을 연결하는 Pan-American 국제해저케이블구간에 90 MAUO를 확보하며 이 구간은 1998년에 준공한다. 그리고 아프리카의 Africa-One 해저케이블 건설에 참여하여 145 MAUO를 확보하며 이 해저케이블은 1999년 9월에 개통한다. 이상 계획은 네트워크본부 시설운용실 국제전송1부장(박수진), 국제통신계획국장(전병섭)이 주관하고 시설운용실장(김기천), 본부장(이정욱), 부사장(김노철), 사장(이준)의 결재로 확정 시행되었다.

(10) 해저케이블 유지보수 및 건설장비의 도입계획(1996. 9. 10)

한국통신은 한국해저통신(주)의 사업기반을 조기에 확보하고 해저케이블 선박용선 및 신규 선박의 건조 등 해저케이블 유지 보수계획을 수립 시행하였다(중장기 네트워크 발전계획, 1996. 9. 10, 한국통신 네트워크본부). 이 계획의 주요내용은 다음과 같다. ① 국제 및 국내해저케이블의 유지 보수권을 확보하고, 해저케이블 유지보수용 선박을 용선한다.

② 해저케이블 건설 및 유지보수를 위한 부대장비를 도입하고 신규 선박의 건조를 추진한다. ③ 이를 위한 소요예산은 1997년도에 30억 원, 1999년도에 30억 원을 책정한다. 이 계획은 네트워크본부 시설운용실 국제전송1부장(박수진), 국제통신계획국장(전병섭)이 주관하고 시설운용실장(김기천), 본부장(이정욱), 부사장(김노철), 사장(이준)의 결재로 확정 시행되었다.

제3장

위성통신시대의 개척

1. 한국의 위성통신망 운용

1.1 초기의 위성통신망 운용 및 추진계획

가. 1970년대-1980년대의 우리나라 위성통신

위성통신은 인공위성을 통해 세계 각국을 연결하는 무선통신방식으로서 국제사회의 정치, 경제, 문화 등의 교류에 필요한 통신서비스를 효과적으로 제공하기 위해 구축되었다. 우리나라는 1970년대 중반 금산위성통신지구국(국장 이상범)을 운용하였으며 1977년에는 금산제2위성통신지구국이 개통되었다. 이후 1979년에는 35회선, 1980년에 120회선을 증설하여 그때까지 총 377회선을 운용하고 있었다.

1981년에는 11억7천5백만 원의 예산을 들여 태평양 위성 54회선, 인도양 위성 30회선 등 84회선을 증설하였다. 이어서 1982년에는 태평양 위성 70회선, 인도양 위성 28회선 등 98회선을 확장함으로서 그해 말에는 총 559회선으로 크게 늘어나게 되었다. 이를 위해 16억3천4백만 원의 예산을 투입하였으며, 이동위성지구국 마무리 공사에 9천8백만 원이 배정되어 시행되었다(1982년도 주요사업계획 및 당면과제, 1981. 11, 한국전기통신공사 계획국).

또한 1980년대에 들어서면서 통신사업의 자유화 추세에 따라 위성사업의 진입 제한이 대폭 완화되어 많은 민간위성사업자가 출현하였으며, 위성사업자 간 경쟁도 치열해지고 있었다. 그 후 1984년까지 제1 위성지구국(532회선)과 제2 위성지구국(302회선) 등 총 834회선의 위성통신 회선을 운용하였다. 그리고 1983년 보은 제4위성지구국을 위한 본 건물 1,944m², 부속건물 439m²를 신축하였다(1983. 12). 이때 공사감독자는 중앙건설사무소 구재근으로 지정되었다(통신투자사업 추진현황, 1983. 3, 한국통신 중앙건설사무소 시설본부). 이에 따라 1985년 보은 제4위성지구국(738회선)이 개통되었다.

한편 아태지역에는 80년대에 7개의 위성운용자가 있었으나 90년대에 들어 9개 민간위성

운용자가 신규로 가세하였으며 2000년까지 8개 운용자가 더 출현할 것으로 예상되었다. 또한 이용자에게 위성중계기를 직접 판매하거나 이용자가 위성지구국을 소유 설치하는 등 위성사업운영 및 위성이용에 대한 규제도 완화되고 있었으며, 전 세계 인구의 약 35%를 점하는 아태지역은 세계 주요방송사의 각축장이 되고 있었다.

이처럼 위성사업 경쟁이 치열해짐에 따라 궤도확보 경쟁도 가열되어 국제전기통신연합(ITU)에 궤도신청이 가용 궤도수를 훨씬 초과하고 있었고 특히 아태지역의 가용궤도 수는 100-150개이나 1995년 말에는 무려 459개나 신청되어 있었다. 그리고 동남아지역의 경우 1980년대까지는 호주, 중국, 인도네시아의 3개국이 독자위성을 보유 운용하고 있었다.

그러나 1990년대에 들어와서는 인도네시아의 Palapa, 홍콩의 Asiasat, 중국의 Apstar, 태국의 Thaicom, 말레이시아의 Measat, 미국의 PamAmSat과 Columbiasat, 통가의 Rimsat 그리고 호주의 Optus의 8개국으로 늘어났으며, 2000년까지는 13개국으로 확대될 전망이었다.

이러다 보니 위성 궤도의 증가로 국가 간 궤도분쟁이 빈번하게 발생하여 1992년부터 1995년까지 아태지역에서 13건이 발생하였다. 그러나 대부분의 위성이 방송을 위한 지역위성으로 운용되고 있었고, 외국과의 합작형태로 사업을 운용하거나 외국 기업에게 사업을 허용하고 있는 실정이었다.

한편 1980년대에 들어서면서 세계 여러 나라에서는 ISDN이라는 새로운 바람이 불기 시작하여 이는 통신위성으로까지 확장되고 있었다. 이러한 추세에 따라 한국통신 계획국 통신망계획부(부장 이정욱)는 위성통신의 ISDN 도입을 다음과 같이 주장하였다(한국전기통신, 1985. 11, 한국전기통신공사).

(1) 위성통신은 이용자들의 통신방식에 투명하기 때문에 세계 ISDN의 징검다리가 될 것이다. 아시아지역에서는 이미 인도네시아, 인도, 일본에서 전용 통신위성을 가지고 서비스하고 있고, 태국정부도 자국 통신위성을 고려하고 있다.

(2) 일본의 경우 위성통신 서비스는 1983년에 사꾸라 CS-2 시스템으로 개시되었다. CS-2A와 CS-2B는 각각 8개의 채널을 가지고 있어 외곽 섬과의 전화 중계, 국가적인 재해가 생길 경우의 비상구조 채널로 이용하고 있다. 일본은 1988년 2개의 위성을 교체할 계획인데 이렇게 되면 더욱 많은 위성통신을 제공할 수 있게 될 것이다.

(3) 앞으로 위성통신 시스템은 ISDN과 연결될 것이며 결국 위성통신은 여러 가지 새로운 서비스를 복합적으로 제공할 수 있을 것이다. 이러한 서비스영역은 종래의 전통적인 통신서비스개념을 뛰어넘어 위성통신을 일반화된 전송수단으로 이용할 것으로 보인다. 따라서 미래에는 통신위성까지 연장되는 광역 서비스망이 형성되고 어떤 형태, 어떠한 양의 데이터도 전송 가능한 강력한 통신망을 구축한다는 관점에서 우리의 통신망계획이 수립되어야 한다.

나. 1990년대 중반 우리나라의 위성통신

1990년대 중반에 들어서면서 한국통신은 무궁화 위성통신망을 건설하는 등 세계 광역통신망을 본격 구축하기로 결정하였다(1994년도 주요업무 발전계획, 1993. 7. 26, 한국통신 기술기획실). 1994년 중반기 우리나라는 7개 위성지구국을 건설 운용하였다. 이들 위성지구국은 태평양 위성과 인도양 위성에 연결되어 총 6,191회선의 위성통신망을 운용하였다.

위성지구국 별로 보면 금산1지구국 1,595회선, 보은1지구국 1,480회선, 금산2지구국 1,387회선, 보은2지구국 1,353회선, 보은3지구국 228회선, 금산해사지구국 27회선, 서울1지구국(용산) 121회선 등 총 6,191회선이 운용되고 있었다. 이중 보은위성지구국은 대지 34,170평 위에 건물 1,205평으로 계획하여 설계는 동산건축(박정병)이 담당하고 남화토건(최상준)이 시공하였다. 이 건물은 총 7억5천1백27만5천 원을 들여 1983년 9월에 착공하여 1984년 6월에 준공되었다.

그런데 1990년대에 들어서면서 이 건물의 천정보와 스라브 일부에 균열이 발생하여 1995년 6월 한국건설안전기술원으로 하여금 건물의 안전진단을 실시하여 조치하였다. 그러다가 1996년 상반기에는 인텔새트와 연결하는 위성지구국이 10기, 인말새트와 연결하는 위성지구국이 2기, 아시아새트와는 1기로 늘어나 있었다. 위성지구국 별로는 금산위성지구국에 5기, 보은위성지구국에 5기, 서울위성지구국에 3기가 운용되고 있었으며 위성통신 회선도 총 7,998회선으로 확장되었다.

한편 1990년대에 들어서면서 한국통신은 멀티미디어 서비스를 위한 위성통신 기술개발에 박차를 가하고 있었다(1995년도 주요업무 발전계획, 1995. 2, 기술기획실). 이중 위성통신 시스템 및 기술개발계획을 보면 <표 3-1>과 같이 추진하였다.

<표 3-1> 위성통신시스템 및 기술개발계획

시스템별	장치명	개발기간
초소형지구국 시스템	VSAT	1990년-1994년
소형지구국 시스템	DAMA-SCPC	1990년-1995년
직접위성방송 시스템	DBS	1993년-1995년
고선명TV 전송장치	CODEC	1993년-1997년
CDMA, 밀리파 등 신기술		1995년-1998년

한국통신은 이들 위성통신 시스템을 이용하여 고속데이터통신(1995년), 직접위성방송(DBS)의 시험서비스(1995년), 화상회의(1996년), 고선명 TV(1998년) 등 멀티미디어 서비스 제공계획을 수립하였다. 이어서 기술기획실(실장 이정욱)에서는 차세대 무궁화위성을 위한 기술개발을 다음과 같이 추진하였다(1995년도 주요업무 발전계획, 1995. 2, 기술기획실).

첫째, 중장기적으로 위성기술의 자립을 위해 우주 위성센터(Test-Bed 포함)를 구축하여 위성시스템의 설계, 제작, 시험 등을 수행하고 국내외 위성기술의 수요를 충족시킨다.

둘째, 위성시스템의 기술 확보를 위해 소형 통신위성을 1995년-1999년에 개발하고, 저궤도 이동 위성통신기술을 1995년-2005년에 개발한다. 그리고 차세대 무궁화위성시스템은 2000년-2005년에 개발토록 한다.

1990년대 중반의 우리나라 위성통신 시설은 총 6,191회선이고 이중 3,529회선을 운용하고 있었다. 1994년 8월 당시 시설 규모는 금산1지구국 1,595회선, 보은1지구국 1,480회선, 금산2지구국 1,387회선, 보은2지구국 1,353회선, 보은3지구국 228회선, 금산해사지구국 27회선, 서울1지구국(용산) 121회선을 운용하고 있었다. 그 후 1998년에는 남북관제 통신용 예비회선을 확보하기 위해 아시아새트 VSAT 3식을 증설하였고, APCN 해저케이블 복구용 예비회선을 확보하려고 인텔새트 위성시설 1식을 증설하였다. 여기에서 VSAT은 Very Small Aperture Terminal을 말한다.

1.2 위성통신망 구축의 기본방향

가. 무궁화위성 발사에 대한 준비

정부에서는 1995년도 발사예정인 무궁화위성의 위성방송 전송방식에 아날로그방식과 디지털 방식이 산학연 각계의 의견 대립으로 한국방식을 결정할 필요성이 대두되어「통신방송 위성사업 실무협의회」를 발족시켰다(1993. 6). 이 협의회는 대통령령 제12788호(1989. 8. 24)과 통위 93170-94(1993. 6. 4)에 의해 위성방송 전송방식 선정 등 통신방송 위성사업 추진에 따른 전반적인 자문을 하는 것이 임무였다.

당시 이 협의회는 위원장에 체신부차관(경상현)을 선정하였으며, 정부 측 위원으로는 경제기획원 예산심의관 김병일, 재무부 경제협력국장 강영주, 국방부 지휘통제통신참모부장 김낙용, 상공자원부 전자정보공업국장 이희범, 체신부 전파관리국장 이인학, 체신부 통신기술심의관 문영환, 공보처 방송행정국장 서종환, 과학기술처 기계연구조정관 홍성빈, 전파연구소장 임정재 등이 참여하였다.

그리고 산업계와 학계 측에서는 한국통신 기술기획실장 이정욱, 한국통신 위성사업단장 황보한, KBS 기술본부장 이일로, 한국항공우주연구소 소장 홍재학, 한국전자통신연구소(ETRI) 위성통신기술연구단장 정선종, 한국과학기술원 교수 나정웅, 연세대학교 교수 박한규, 경희대학교 교수 진용옥, 한국정보통신진흥협회 회장 정장호, 한국이동통신(주) 사장 조병일, (주)데이콤 전무 조성용, MBC 이사 김종환, 한국통신산업협회 부회장 김광호 등이 참여하였다. 그리고 간사는 체신부 통신위성과장 조병하가 맡았으며, 이 회의는 제1차 회의(1993. 6. 8) 개최 후 필요 시 수시로 개최되었다.

이때 한국통신 기술기획실(실장 이정욱)에서는 위성통신망 구축 기본계획(한국통신의 통신사업 발전방향, 1994. 5)을 수립 추진하였다. 이 계획의 주관부서 및 결재자는 제3장 말미의 참고자료 편에 기록되어 있다. 이 계획의 주요내용은 다음과 같다.

① 한국통신은 21세기 위성통신 시대에 대비하여 「무궁화호 위성」을 1996년에 발사한다. 그리고 무궁화 위성방송의 전송방식을 디지털 시스템으로 확정하고 방송에 필요한 송수신 장비를 조속히 개발 추진한다.

② 한국통신은 한국, 중국, 필리핀 등 아시아지역을 위한 지역통신위성을 조속히 개발한다. 또한 통신과 방송이 점진적으로 통합되어가는 추세에 따라 방송사업에도 적극적으로 참여한다.

이어서 1995년 기술기획실에서는 제2세대 무궁화위성의 개발을 위한 기술발전계획(1995. 2)을 세웠다. 이 계획에서 한국통신은 중장기적으로 위성기술의 자립을 위해 우주위성 센터를 구축하고 1999년까지 소형 통신위성을 개발하며, 2005년까지 저궤도 이동위성통신기술과 차세대 무궁화위성 시스템을 개발한다는 목표를 밝혔다. 이에 따라 한국통신은 제2세대 무궁화위성의 국내 제작기술을 확보하기 위해 주도적으로 위성시스템을 개발하고 산학연 합동 연구체제를 구축하도록 하였으며, 2005년 6월에는 위성통신사업추진위원회를 구성하였다.

또한 항공우주연구소에 차세대 위성버스 핵심부품을 개발하게 하고, 한국전자통신연구소(ETRI)에서 위성통신 주파수등록기술을 지원하는 연구 과제를 수행하게 하였다. 이후 후속조치는 기획조정실(실장 이정욱)에서 1995년도 업무계획(1995. 6)에 담아 추진하였으며 이 계획의 세부사항은 기획조정실 기술조정2국장(김문수)이 수립하였다.

나. 1990년대 후반기 추진방향

1990년대 후반에 들어서면서 국제위성전송로 수요증가가 정점에 도달하고 1997년 이후에는 감소가 예상되었다. 그리고 국제위성 이동통신 및 휴대통신 등 새로운 개념의 서비스로 전환되고 범세계적 사업계획이 다수 출현하고 있었다. 그 내용을 보면 인말샛트 통신으로서 선박, 항공기, 차량, 휴대용 위성전화, 텔렉스, 팩스, 데이터, 영상통신서비스가 대두되고 있었으며, P-21, 이리디움, 글로벌스타, 오딧세이 계획 등 중·저궤도 위성휴대통신사업의 경쟁이 가시화되고 있었다.

그리고 DAMA(Demand Assignment Multiple Access), 155Mbps 디지털 전송 등 새로운 위성통신기술이 개발 추진되고, 비 인텔샛트계 위성통신이 국제통신사업에 진출하고 있었다. 이들은 지역 위성을 이용하여 TV전송, 고속전용회선, VSAT(Very Small Aperture Terminal) 등의 국제통신 서비스를 확산하고 있었다. 또한 국제위성을 국제해저케이블에 대한 긴급복구설비로 활용하고 있었다. 당시 한국통신은 금산, 보은, 서울지역에 총 13기의 위성통신지구국을 운영하고 있었으며, 세부내용은 <표 3-2>와 같다.

1998년 한국통신은 초고속 전용회선 및 멀티미디어 수요증가, 국제해저케이블 사고복구 능력 향상, 아시아샛트 VSAT 서비스를 위한 시설 확보 등의 사유로 국제위성통신시설을 증설을 다음과 같이 추진하였다.

(1) 국제해저케이블 사고복구수요를 반영하고, 금산 제7위성국을 이용한 아시아샛트 VSAT 서비스를 제공한다. 이때 안테나 및 무선장비는 기존시설을 활용토록 한다.

(2) 인텔샛트 위성시설은 1997년 말 현재 13대를 운용하고 있으며, 1998년에 4대, 1999년에 8대를 증설한다. 그리고 아시아샛트 위성시설은 1998년에 1대를 신설하고 1999년에 1대, 2000년에 1대를 증설한다.

(3) 1998년에는 인텔샛트 위성시설은 IDR 45M 4대, HPA 2대, Up/Down 카운타 2대를 설치하고, 아시아샛트 위성시설은 컨버터 1식, 모뎀 1식을 1998년 12월까지 설치한다. 이를 위한 소요예산은 8억 원을 확보한다.

<표 3-2> 국제위성 통신시설 상황(단위 회선)

위성지구국	지구국 수	시설 수	운용 수	비고
금산위성지구국	인텔샛트 3기	3,503	1,453	태평양1, 인도양1, 복구용1
	인말샛트 2기	35	35	태평양1, 인도양1
보은위성지구국	인텔샛트 5기	4,265	2,354	태평양2, 인도양2, 복구용1
서울위성지구국	인텔샛트 2기	120	90	태평양2
	아시아샛트 1기	120	60	중국(연길용)
계	13기	8,043	3,997	

1.3 위성통신의 중장기 발전구상

가. 위성통신의 중장기 발전계획 확정

우리나라 위성통신의 운영상황을 고려하고 2000년대 위성통신 시대에 대비하여 한국통신 네트워크본부(본부장 이정욱)는 우리나라 위성통신 중장기 계획을 다음과 같이 수립 추진하였다(중장기 네트워크 발전계획, 1996. 9, 한국통신 네트워크본부). 이 계획의 주관부서 및 결재자는 제3장 말미의 참고자료 편에 기록되어 있다.

첫째, 국제위성통신망을 고도화, 다원화하고 운용시설을 통합 추진한다. 그리고 국제위성 이동통신망을 고도화하고 신규서비스를 적극적으로 추진하며, 국제위성전송로가 국제초고속정보통신망의 기반설비가 될 수 있도록 한다. 그리고 위성을 이용한 국제통신망의 긴급복구능력을 증대시킨다.

둘째, 국제위성통신망의 고도화를 위해 SCPC(Single Channel Per Carrier) 방식의 대체용 DAMA 서비스 설비를 1997년에 도입하고, 국제위성전송로의 디지털화를 1997년-1998년에 완성한다. 그리고 금산위성지구국을 대상으로 국제위성 통신시설의 통합운용체제를 1997년-1998년에 구축한다. 또한 국제위성전송로의 다원화를 위해 팬암샛트, 수퍼버드 등 아태지역위성을 이용한 비 인텔샛트계 위성지구국을 1997년-1999년에 건설한다.

셋째, 국제위성 이동통신망의 고도화 및 안전화를 추진한다. 이를 위해 인말샛트 디지털화 설비(B/M)를 1997년-1998년에 설치하여 디지털 선박전화, 텔렉스, 팩스, 데이터 전송서비스를 제공한다. 이때 태평양 및 인도양 지역을 위한 서비스 용량을 확보하고, 인말샛트 통신설비의 서비스 기능을 지속적으로 보강한다.

넷째, P-21 위성휴대통신망을 구축한다. 이를 위해 P-21 SAN 지구국을 1997년- 1999년에 건설한다. 여기에 위성안테나(8.5m) 및 무선장치 5기, 교환장치 1식을 설치한다. 그리고 인텔샛트 155Mbps 디지털 전송설비와 동기식 디지털설비(SDH STM-1급)를 1998년에 도입하여 국제해저광케이블 복구 및 초고속정보통신망의 기반을 구축한다.

나. 국제위성통신망의 구축 방향

위와 같은 전반적인 상황을 고려하여 1990년대 후반 전체 국제위성통신망의 구축 운용계획을 수립 추진하였다(중장기 네트워크 발전계획, 네트 2510-3162, 1996. 9. 9).이 계획의 주요내용은 다음과 같다. 그리고 이 계획의 주관부서 및 결재자는 제3장 말미의 참고자료 편에 기록되어 있다.

(1) 금산위성지구국은 인텔샛트 60도, 인말샛트 64.5도, 아시아샛트 100.5도, 인텔샛트 177도, 인말샛트 178도, 인텔샛트 183도(긴급복구용) 등 6개 루트를 위성과 연결하여 운용한다.

(2) 금산위성지구국 1국과 2국 및 긴급복구지구국, 아시아샛트지구국의 기계시설과 감시, 제어시설을 증축 국사로 이전하여 통합한다. 이때 조정, 감시, 시험 등의 감시설비를 확보하고, 시설별로 단계적으로 이전 설치한다. 그리고 지구국 별 TV 중계시설을 통합하고, 향후 위성지구국이 신설되거나 통신장비가 증설될 때 수용이 가능하도록 배치한다. 이를 위해 통합감시시설 1식, 통신장비 이설 2개 국소, TV 중계시설 이설 및 통합 2개 국소 등의 공사를 시행한다. 이를 위한 물자는 1997년 2/4분기에 확보하고, 이전설치공사는 1997년 3/4분기-1998년 1/4분기에 시행하여 1998년 2/4분기- 3/4분기에 시험을 실시한 후 개통한다. 소요예산은 1997년에 20억 원, 1998년에 10억 원을 투입한다.

(3) 보은위성지구국은 인텔샛트 63도, 인텔샛트 66도, 인텔샛트 174도, 인텔샛트 180도 등 4개 루트를 위성과 연결하여 운용한다.

(4) 서울위성지구국은 아시아샛트 100.5도, 인텔샛트 174도, 인텔샛트 177도 위성과 연

결 운용하고, SAN 지구국은 P-21 위성과 연결 운용한다.

한편 한국통신은 무궁화위성 사업을 적극적으로 수행하기 위한 전담조직으로써 위성사업본부를 신설하였다. 이 위성사업본부의 조직규모 및 간부진은 제3장 말미의 참고자료 편에 기록되어 있다.

2. 역사적 무궁화위성의 발사

2.1 무궁화위성 발사를 위한 사전준비

가. 시행상황 및 추진방향

무궁화위성의 위성체는 중형급으로서 통신방송용 위성 2기를 갖는 규모로 추진되었으며, 위성 1기당 통신용 12개, 방송용 3개의 중계기를 탑재하도록 계획되었다. 그리고 발사체는 발사용 로켓 2기(Delta-Ⅱ), 관제소는 주부 관제소 및 지상 장비로 계획되었다. 이를 위한 예산은 위성 및 발사체 1,955억 원, 기타 1,495억 원 총 3,450억 원으로 추진되었다.

1995년 1월 당시 한국통신 기술기획실장(이정욱)은 사장(조백제)에게 무궁화위성 사업의 추진상황을 다음과 같이 보고하였다(사장업무보고, 1995. 2, 기술기획실).

① 위성체는 1993년 8월에 제작에 착수하여 당시 90%의 진도를 보이고 있고, 발사체는 1993년 7월에 제작에 착수하여 93%의 진도를 보여주고 있다. 그리고 주 관제소는 93% 진척되고 부 관제소는 100% 건설되었다.

② 공정 진도, 계약 의무사항 및 기성고 청구내용 확인 등을 위해 제작현장감시를 진행하고 있다. 이를 위해 위성체 및 관제시설 분야에 미국, 영국의 전문가 8명, 발사체 분야에 미국 전문가 2명이 참여하고 있다. 그리고 한국통신, 관련 연구소, 산업체 등에서 전문가 54명이 참여하여 현장기술훈련을 받고 있다.

③ 향후 추진일정은 위성체 및 발사체는 1995년 5월까지 건설을 완료하고, 주 위성의 발사는 1995년 7월 18일(잠정), 예비위성은 1995년 12월에 발사하도록 추진한다.

한편 한국통신 기획조정실(실장 이정욱)에서는 제2세대 무궁화위성 개발을 위한 기술발전계획을 만들었다(위성통신 기술발전계획, 1995. 6, 기획조정실 기술조정2국). 이 계획의 추진방침은 제2세대 무궁화 위성을 국내제작하기 위한 기술을 확보하는 쪽으로 가닥을 잡고, 핵심기술은 국제공동으로 개발 추진하고자 하였다.

이를 위해 한국통신이 주도적으로 위성시스템을 개발하며, 산·학·연 합동연구체제를 구축하고 이를 통해 위성 관련 기술의 국내수요를 충족하고 수출 산업화하며, 멀티미디어 시대에 대비한다는 방침이었다. 이를 뒷받침하기 위해 다음과 같이 추진하였다.

첫째, 위성통신 사업추진위원회를 구성하고 향후 위성통신 수요를 파악하며 발전방향을 조사한다. 그리고 국내 위성 관련 기술현황을 조사하고 소요 기술도 파악한다.

둘째, 우주위성센터(Test Facility)를 설립하고 제2세대 무궁화 위성시스템을 개발한다. 이 발전계획을 1995년 3/4분기까지 작성한다.

나. 무궁화위성 1호의 궤도확보

위성통신 및 방송망을 구축하기 위해서는 무엇보다 선행적으로 궤도와 주파수 자원을 확보해야 하였다. 이때 정지궤도의 확보는 ITU가 국가별로 위성 궤도를 분배하는 방법과 ITU에 개별 신청하고 관련 국가와의 조정을 통해 확보하는 두 가지 방법이 있었다. 그리고 방송위성 궤도는 ITU의 궤도분배계획을 통해서 만 확보가 가능하였다. 그런데 ITU는 세계전파주관청회의(WARC)를 통해 방송위성과 통신위성의 궤도를 이미 1977년과 1988년에 분배한 상태였다.

그때 우리나라는 통신용으로 동경 106.2-126.2도와 12.75-13.25/ 10.70-11.45 Ghz 대역의 주파수를, 방송용으로 동경 110도와 17.30-18.10/ 11.70-12.20Ghz 대역의 주파수를 할당받았다. 그러나 할당받은 주파수 대역은 당시 상용화되지 않아 무궁화위성에 이용할 수가 없는 실정이었다. 우리는 무궁화위성을 쏘아 올릴 우주 위치로 동경 116도(주 위성)와 동경 113도(예비위성)의 두 개의 궤도를 확보해야 하였다. 그래서 1990년 9월 우리는 이 궤도 위치에 대해 위성망 국제등록절차를 시작하였으나 동경 113도의 위치는 이미 홍콩에서 선점한 상태였다.

한편 영국(홍콩) ASIASAT사의 ASIASAT-BK는 동경 116도 상에 우리와 동일한 주파수 대역으로 계획되어 있어 어느 한쪽이 사업을 포기하지 않으면 안 될 정도로 심각한 문제점을 갖고 있었다. 이것은 양측의 사업계획이 비슷한 시기에 추진되어 상대방의 계획을 알 수 없었기 때문이었는데 불행하게도 조정 우선권은 홍콩의 ASIASAT 측이 갖고 있었다. 그러나 우리는 동경 116도를 확보하기 위해 1991년 말부터 수 차에 걸쳐 어려운 협상을 진행하고 있었다.

이 궤도를 확보하기 위해서는 홍콩 측 위성의 상향링크를 조정하는 방안, 홍콩 위성 중계기를 임차하거나 무궁화위성(Korea Sat)을 무료로 임차하여 주는 방안이 있었다. 그래서 뒷부분에서 이 문제에 대해 설명하고 있는 바와 같이 홍콩 위성 중계기를 임차하는 방안을 선택하였다. 이런 와중에 중국 연변지역 조선족 대표단이 서울-연길 간 위성통신망을 구축해 줄 것을 우리 정부와 한국통신에 요청하는 일이 벌어졌다.

한국통신에서는 이 구간에 인텔샛트(INTELSAT) 위성 대신 아시아샛트(ASIASAT) 위성을 사용하여 연변-서울 간 필요회선을 아시아샛트 측으로부터 임차하면 홍콩과의 협상에 물꼬가 트일 것이라고 생각하였다. 우선 연변-서울 간 국제직통 통신루트를 개설하기 위해서는 중국 중앙정부의 허가가 필요하였다. 이러한 문제를 해결하기 위해 한국통신 기술기획실장(이정욱)은 1994년 11월 중국 출장길에 올랐다.

북경 펜킨스키 호텔에 짐을 풀었으나 중국 측 책임자를 만나기가 쉽지 않아 끙끙대고 있는 터에 오랫동안 사업을 하면서 중국 우전부 고위층을 잘 알고 있는 한국의 한샤인 인터내셔날 회장(김호용)을 만나 도움을 청했다. 김 회장은 책임자와 바로 미팅을 주선할 터이니 다음날 호텔 식당에서 오찬을 하자고 제안하였고 그 이튿날 오찬장에 나간 한국통신 측 일행은 깜짝 놀라지 않을 수 없었다. 그곳에는 김 회장과 함께 중국 우전부 장관, 우전부 차관 두 분이 기다리고 있었다.

이 자리에서 기술기획실장은 연길-서울 간 국제직통통신망의 필요성을 설명하고 필요한 장비는 물론 건설비용까지 한국통신에서 부담하겠다는 제안을 하고 돌아왔다. 이처럼 한국통신 대표가 중국 우전부장과의 직접 면담에 의해 연길-서울 간 직통통신망이 추진되었는데 여기에는 김호용 회장의 노력이 크게 작용하였다. 이런 여러 고비의 어려운 과정을 거쳐 무궁화위성 궤도를 확보할 수 있었다.

그리고 1995년 말까지 인접하고 있는 위성망과의 기술적인 조정을 수행하였으며, 주파수 대역도 통신용은 14.0-14.5/ 12.25-12.75Ghz 대역으로, 방송용은 14.5-14.8/ 11.7-12.0Ghz 대역으로 변경 확보하였다. 많은 수의 위성들이 인접한 궤도에서 동일주파수대역을 사용하다 보면 서로 주파수에 대한 간섭은 불가피하고 이를 최소화하기 위해서는 국제간 조정이 필요하였다.

무궁화 위성망 조정에서 가장 어려웠던 상대국은 영국(홍콩)과 일본이었다. 일본과는 위성궤도는 달랐으나 양국이 지리적으로 인접하여 예상간섭 정도가 심하였기 때문이었다. 일본과는 5개 위성망이 조정대상이었으며 1991년 10월부터 양국 정부대표 간 공식조정회의와 사업자 간 비공식조정회의를 거쳐 1994년 5월에 조정을 완료하였다.

2.2 무궁화위성 1호의 발사

가. 기념리셉션

1995년 무궁화위성 1호 발사에 앞서 한국통신은 LA지역 교민들을 초청하여「무궁화위성 발사 기념리셉션」을 LA의 Oxford Palace 호텔에서 개최하였으며, 이 리셉션은 한국통신 연구개발원장(이정욱)이 주관하였다(1995. 7. 30). 에리카 김(Erica Kim)의 사회로 오후 6시부터 8시까지 진행된 이 리셉션에는 박태희 LA 총영사, LA 한인회장, LA 상공회의소 회장, 오렌지카운티 시의원, 안창호 선생의 영애 수안 Ahn여사, 재미과학자 회장을 비롯하여 우리 교민 180여 명이 참석하였다.

에리카 김은 1964년 서울에서 태어나 초등학교 2학년 때 부모와 함께 미국으로 이민을 와서 고등학교를 수석으로 졸업하고 코넬대학 정치학과와 UCLA 법과대학원을 나와 스물일

곱의 나이에 변호사시험에 합격하였다. 그녀는 한인들을 위한 변호에 주력하고 한국교민사회를 위한 봉사활동에 앞장서고 있었으며 이명박 정부 당시 세간의 이목을 집중시켰든 BBK 사건에 연루된 김경준의 누이였다.

LA에서 기념리셉션을 마친 한국통신 대표단은 8월 1일 플로리다 위성발사장에 도착하여 그곳 Howard Johnson 호텔에 여장을 풀었다. 그리고 바로 케네디 우주센터(Kennedy Space Center)의 Delta 발사장으로 가서 준비상황을 점검하였다. 그러나 점검이 채 끝나기도 전인 오후 3시경 태풍경보가 발령되는 바람에 대표단은 숙소를 부득이 올란드 시내에 있는 Peabody 호텔로 피난하였다. 강한 허리케인이 올란드를 습격하고 있었기 때문이었다.

이런 어려움 속에서도 8월 4일에는 현지 교민들을 초청하여 「무궁화호 발사기념 자축 및 교민환영 리셉션」을 Orlando의 Howard Johnson 호텔에서 열었다. 이 축하 리셉션에는 미국 남부지역 교민들과 무궁화위성 발사현장에 도착한 조영장 의원을 비롯한 국회의원 참관단 11명이 참석하였다. 이 축하행사도 한국통신을 대표하여 연구개발원장(이정욱)이 주관하였다.

나. 무궁화위성 1호 발사

무궁화위성 종합추진계획 수립 당시 무궁화위성 1호는 1996년에 발사하는 것으로 계획되어 있었다. 그러나 그동안 위성기술이 급속하게 발전함으로써 위성체 제작기간을 단축할 수 있었고, 또한 TV 난시청지역 해소와 관련 산업의 조기 육성 등의 필요성에 의해 위성 발사시기를 앞당기게 되었다. 이에 따라 당초 1995년 4월에 위성을 발사하는 것으로 일정을 앞당겼다가 이후 1995년 8월 3일에 발사하기로 결정되었다.

그러나 발사 예정일 이틀 전인 1995년 8월 1일 오전 9시 마이애미 동남방 260마일 지점에 허리케인(Erin)이 발생하여 풍속 65Km/s와 중심이동속도 9노트로 서북 방향으로 이동하고 있었다. 오후 3시경에는 태풍경보가 발동되었으며 이때 강한 허리케인이 오랜드(Orland)를 습격하고 있는 관계로 한국통신 지휘부도 부득이 오랜드 시내에 있는 피보디(Peabody) 호텔로 피난하였다. 이때 위성발사장(Cape Canaveral)에서는 위성발사 최종준비작업과 허리케인 대비 작업이 동시에 진행되었다. 허리케인은 8월 2일과 8월 3일에 플로리다 중부지역을 강타한 후 8월 4일에야 바람이 자고 비가 멎었다.

드디어 8월 5일 한국대표단 일행은 새벽 1시에 잠을 깨어 2시에 위성발사장으로 출발하였다. 가서 보니 위성발사장에서는 무궁화위성을 위한 보조로켓이 한창 장착되고 있는 단계라 다소 시간적 여유가 있어서 호텔로 되돌아갔다가 다시 6시경에 발사장 관람대에 도착하였다. 무궁화위성 1호는 정확하게 7시 10분에 발사되었으며 우리나라가 최초로 통신위성을 보유하는 정말 기념비적인 행사였다.

한편 발사 당일에는 심한 비바람과 허리케인은 가고 날씨가 그렇게 좋을 수가 없었다. 위성 발사가 끝난 후 계획대로 저녁 6시부터 The Rite-Carlton 호텔에서 교민을 위한 리셉션을 개최하였는데, 김창준 미국 하원의원을 비롯하여 많은 재미 과학자들이 참석하여 성황리에 마치게 되었다.

이번에 발사된 무궁화위성은 규모가 600Kg급의 주 위성 1기와 예비위성 1기의 2기이고 중계기는 통신용 12개, 방송용 3개 등 총 15개가 탑재되었으며, 동경 116도, 적도상공 35,786Km에 쏘아 올려졌다. 이 무궁화위성은 통신과 방송의 두 가지 용도로 계획되었다. 첫 번째는 탑재된 통신용 중계기로 도서벽지통신, 통일시 긴급통신, 위성 현장중계, 국가기간 전산망, 금융 전산망, 비상통신망 등으로 이용하게 계획되었다. 한편 방송용 중계기로는 한반도 전 지역 및 중국, 일본, 러시아 영토의 일부 지역에 직접위성방송을 할 수 있게 하였다.

당시 무궁화위성 발사행사에는 정부 측에서는 정보통신부 박영일 전파방송관리국장, 이상윤 정보통신부 위싱턴사무소장, 김창곤 과장, 형태근 과장이 참석하였다. 국회에서는 조영장 의원을 참관단장으로 하여 통신과학기술위원회 조영장, 강경식, 김찬두, 박근호, 이호정, 이용삼(이상 민자당), 김충현, 김병오, 유인태(이상 민주당), 강창희(자민련) 그리고 정동호(무소속) 등 11명의 국회의원이 참관하여 우리나라 최초의 통신위성 발사를 경축하였다.

그리고 한국통신 측에서는 이준 사장, 이해욱 이사장, 이정욱 연구개발원장, 김낙성 한국통신 CATV(주) 사장이 참관하였고, 미국 현지에서 이 행사를 준비한 한국통신 간부들은 위성사업단 간부 이외에 강민호 해외협력단장, 강병태 기획조정실 국장, 조남진 한국통신 미주사장(Korea Telecom America's Inc.), 남중수 고순영, 장구현, 김세창, 박부권 등이 수고하였으며, 업계에서는 이돈신 (주)하이게인안테나 사장 등이 참석하였다.

다. 무궁화위성의 수명단축 문제

무궁화위성 발사 기념리셉션을 끝낸 후 한국통신 사장(이준)과 연구개발원장(이정욱) 일행은 워싱턴으로 이동하여 인텔샛트 사무실과 한국통신 워싱턴사무소를 방문하였다. 이때 한국통신 미국현지법인 주관으로 시행한 국제팩스서비스 개통기념식에 참석하였다(1995. 8. 7). 그리고 우리 일행은 워싱턴에 도착했을 때 무궁화위성이 궤도진입에 문제가 발생하였다는 사실을 알게 되었다.

한국통신 대표단 귀국 후 무궁화위성 1호 사고의 원인을 보다 상세히 파악하여 대책을 세웠다. 발사과정에서 1단 고체 보조로켓 6번이 분리되지 않아 궤도진입에 오차가 발생하였고 8월 10일에 AKM을 점화 성공하여 원형궤도 진입에는 성공하였으나 위성의 수명은 크게 단축되었다(무궁화 위성백서, 1996. 12, 한국통신). 다시 말해 위성 발사 2분 후 로켓에서 분리되어야 할 3개의 보조로켓 중 1개가 떨어지지 않고 1단 로켓과 함께 상승하였다는 것이었다.

이렇게 되자 위성의 수명을 좌우하는 위성체에 실린 액체수소연료의 양을 감소시켰기 때문에 10년 7개월의 절반에도 못 미치는 4년 6개월 안팎으로 수명이 떨어지게 되었다. 이 문제와 관련하여 보험계약과 손실처리문제를 상당 기간 검토하였으며, 1998년 2월에는 이정욱 부사장이 중심이 되어 해결방안을 신중하게 논의하였다.

한국통신은 1995년 3월 무궁화위성 1호에 대해 삼성화재 등 국내 11개 손해보험사와 826억 원의 보험계약을 체결하였다. 그리고 이 국내 보험사들은 보험액의 94.45%를 해외 보험사(Marsh&McLennan사)에 재보험을 들었다. 무궁화위성 1호의 수명이 4년 6개월로 확인됨에 따라 잔존처리기준(4년9개월 이하)에 해당되어 826억 원의 보험 전액을 보상받을 수 있는 상황이었다. 그러나 이 경우 위성 소유권을 해외 보험사가 갖게 되기 때문에 한국통신은 해외 보험사로부터 위성을 재매입하거나 임차해야만 하는 입장이 되었다.

이러한 보상 문제를 놓고 해외 보험사와 협상 끝에 무궁화위성 1호를 해외 보험사로부터 3,950만 달러(310억 원)에 재구매하는 결정을 하게 되었다. 이에 따라 한국통신은 보험총액 826억 원에서 재구입비 310억 원을 공제한 516억 원을 받게 되었다. 당시를 되돌아보면 한국통신 측과 해외 보험사 간의 보험계약조건 상 문제 위성이 차후에 역할을 수행한다 하더라도 위성의 잔존처리 시 위성의 소유권을 해외 보험사에 이양하게 되어 있었다. 그래서 무궁화위성 1호가 예정 궤도에서 본래의 역할을 수행할 수 있게 됨에도 불구하고 한국통신은 해외 재보험사로부터 무궁화위성 1호를 재구입하는 방법을 선택했었다.

이어서 무궁화위성 2호는 1996년 1월 14일에 발사되었고 1996년 3월 18일부터 무궁화위성에 의한 통신방송 서비스가 개시되었다. 한편 케이블TV 등 다채널 매체와 경쟁하기 위해 위성방송 전송방식을 영상 압축방식(MPEG-2)으로 전환하였고, 1997년에는 5,763개의 초등학교에, 1998년에는 4,738개의 중고등학교에 위성 수신기를 무료로 보급하는 계획을 추진하였다.

2.3 무궁화위성 3호의 발사

가. 국내외 위성사업의 진행상황

무궁화위성 1호가 발사되어 운용된 1990년대 중반 국내 통신사업환경은 한국통신의 단일체제에서 경쟁체제로 급속하게 전환되고 있었다. 이런 조류를 타고 새롭게 탄생한 여러 국내 통신사업자들이 전 세계적인 이동체 위성사업에 적극적으로 참여하기 시작하였다. 신세기통신과 삼성전자는 ICO에 투자하고 있었고, 현대전자와 데이콤은 Globalstar에, SK텔레콤은 Iridium에, 금호텔레콤과 대우는 Odyssey에 참여하고 있었다.

또한 데이콤은 미국 Orion사와 중계를 계약하였고, 삼성의 Spaceway, LG의 Astro- link, 현대의 H-Star사업 등 민간사업자들이 위성통신과 위성방송사업을 적극적으로 추진하고 있었다. 이때 한국통신은 Astrolink 프로젝트에 대해 관심을 가지고 검토한 적이 있는데 주요사항을 정리하면 다음과 같다(Astrolink Project 개요, 1997. 8. 11, 한국통신 네트워크본부).

① 사업일정은 시스템설계 1997년 말, 위성설계제작 1999년 말, 위성 발사 2000년 1/4분기-2002년 3/4분기로 되어 있고, 위성체는 Lockheed Martin사가 제작하고 ILS가 발사할 예정이다.

② 운용주파수는 가입자에서 위성 방향으로는 29.5-30.0Ghz, 위성에서 가입자 방향으로는 19.7-20.2Ghz, 위성 간 링크는 60Ghz를 사용한다.

③ 위성궤도는 38도E, 130도E, 172.5도E, 21.5도W, 97도W를 이용하며, 이를 통해 양방향 멀티미디어, 고속데이터, 영상, 전화 서비스를 제공한다.

당시 한국통신은 이 프로젝트가 지향하는 전반적인 서비스 내용과 향후 계획은 기술발전 측면과 미래 초고속환경에서 유익한 사업으로 판단하였다. 그러나 이 프로젝트의 세부계획 및 일정과 그에 따른 기술적, 경제적 가능성에 대해서는 사내 전문가 그룹에서 심층검토가 필요한 것으로 판단되었다. 주요검토내용은 Ka밴드의 낮은 가용율에 대한 대처방안, 프로젝트 일정준수 가능성, 위성탑재 ATM 교환기 기술 등 Ka 밴드 위성기술개발 상황 등에 대하여 무선통신연구소, 위성통신연구실, 통신망연구소에서 1997년 8월부터 1997년 9월까지 검토하여 한국통신 통신망기획심의위원회에 보고토록 하였다.

한편 한국통신은 일본의 JSAT 3호, 중국의 Asiasat 2호 및 3호, 인텔샛트의 Intelsat -k 등 주변국 위성과의 경쟁도 피할 수 없는 상황에 들어서고 있었다. 이러한 상황에서 무궁화위성 1호의 뜻하지 않은 발사사고로 수명이 2000년 초에 종료될 것으로 예상되는 바람에 무궁화위성 3호를 5년 정도 앞당겨 추진하였다. 무궁화위성 3호를 1999년 하반기에 발사하면 무궁화위성 1호의 서비스를 연계할 수 있다는 판단 아래 무궁화위성 3호는 성능이나 용량에서 1호보다 더욱 확장된 규모의 위성체로 추진하게 되었다.

나. 3호위성 발사계획수립 및 발사준비

한국통신은 1996년 6월에 무궁화위성 3호 발사계획을 수립하였는데, 위성 규모는 통신용 24채널과 방송용 6채널로서 무궁화위성 1호의 약 2.5배 통신용량으로 늘리고, 수명은 12년으로 정하였다. 방송용 중계기 6기는 동작범위를 한반도로, 통신용 27기 중 24기는 한반도와 동남아지역을 커버하도록 계획하였다. 이를 위해 약 1,800억 원의 예산을 투입하고 이중 약 1억 불(800억 원)은 외부에서 차입하도록 하였다. 그리고 무궁화위성 3호가 동경 116도에 발사되면 무궁화위성 1호 및 2호는 동경 113도로 이동하여 운용하게 하였다.

당시 무궁화위성 3호는 위성체 제작과 발사용역을 분리하여 발주하는 방식을 선택하였다. 위성체 제작을 위해 미국의 록히드 마틴사(Lockheed Martin Overseas Corporation)와 1997년 3월에 금액 1억825만 달러(USD)에 계약을 체결하였다. 이 계약에 의하여 위성체는 1997년 4월부터 1999년 7월까지 27개월 동안 제작하게 되었다. 그리고 이 위성체의 획득을 위해서 수입 물품에 대한 승인절차에 들어가 1997년 3월 말 정보통신부 장관, 4월에 재정경제원 장관의 허가를 받았다.

이때 재정경제원 장관은 무궁화위성 1호 관련 보험금(USD 64,414,500)에 상당하는 자체 보유 원화 자금으로 달러를 구입하여 우선 지급하라는 것이었다. 그러나 한국통신은 무궁화위성 1호 관련 보험금은 1996년에 전액을 사용하였고 1997년 4월에 무궁화위성 3호 소요재원으로 양키본드를 발행하고 있었다. 따라서 무궁화위성 3호 대금을 양키본드 자금으로 지급할 수 있도록 재정경제원 허가조건을 변경 추진하였다. 당시 재정경제원에서는 이일을 진영욱 국제금융담당관, 김우석 국제금융증권심의관, 윤증현 금융정책실장이 담당하였다.

이런 난관을 거쳐 1997년 5월 한국통신은 김홍수 책임연구원을 비롯한 9명으로 무궁화위성 3호 감리단을 구성하여 캘리포니아 써니베일에 있는 록히드마틴 본사로 보내서 1999년 9월까지 감리활동을 하였다. 무궁화위성 3호 사업에는 몇몇 국내 산업체가 참여하였다. 현대전자는 Ka Band 탑재체(Payload), 지상 안테나와 무선장치를 담당하였고, 대한항공에서는 위성체 구조물부문에 참여하였다. 그리고 온도조절용 열관은 두원중공업에서, 충전지장치와 퓨즈 및 점화장치는 한라중공업에서 담당하였다. 대우중공업에서는 상하향 신호처리장치, 원격신호 접속장치와 기타 옵션부분을 전담하였다.

다. 발사용역 결정과 성공적 발사

무궁화위성 3호의 발사용역에는 중국의 장성공사, 유럽의 아리안스페이스사, 미국의 록히드마틴사가 참여 의사를 밝혀왔다. 그러나 1997년 1월과 2월의 2차에 걸친 입찰이 유찰되었다. 당시 세계위성 시장은 1998년부터 2000년 사이에 많은 저궤도 위성의 발사로 시장이 폭발적으로 증가하고 있었다. 이렇게 되다 보니 구매자가 제시한 입찰보증금, 계약이행보증금, 지체상금 등의 폐지를 요구하는 등 발사업체가 시장의 흐름을 주도하고 있었다.

더구나 1999년에는 세계적으로 신뢰성있는 발사업체가 2-3개 정도 남아 있는 상황이 벌어져 그나마 조기 확보가 절실하였다. 그래서 무궁화위성 3호 발사용역에 응찰한 장성공사를 포함한 다수 발사업체를 대상으로 복수견적서를 동시에 접수하여 최적의 업체를 선정하였다. 그 결과 1997년 8월 프랑스의 아리안스페이스(Ariane Space)사와 9천70만 달러(USD)에 수의 계약하였으며, 제작 기간은 1997년 9월부터 1999년 7월까지로 정하였다.

또한 1997년 12월에는 무궁화위성 3호 사고 시 경제적 손실을 최소화하기 위해 발사보험 가입 문제를 자문하고 재보험처리와 유사시 신속한 보험금 회수를 담당하게 될 해외 재보험 대행사로 J&H Marsh & McLennan사를 선정하였다.

무궁화위성 3호의 전체 사업비 규모를 보면 위성체 및 관제시설에 974억2천5백만 원, 발사용역비 866억3천만 원, 감리비 51억4천4백만 원, 보험료 302억 원으로 총 2,143억9천9백만 원을 투입하여 추진되었다(위성 3700-3135, 1997. 10. 17). 무궁화위성 3호는 1999년 8월에 발사되고 2000년 1월부터 서비스를 개시하였다.

2.4 무궁화위성의 활용

가. 무궁화위성 1호의 활용

무궁화위성 1호가 1996년 8월 5일 발사되고, 무궁화위성 2호가 1996년 1월 14일 발사된 후 한국통신은 그동안 인텔샛트 임차 위성으로 제공되던 국내 위성통신 서비스를 무궁화위성으로 전환 운용하게 되었다. 또한 한국통신은 무궁화위성에 의한 본격적인 서비스가 제공되기에 앞서 용인관제소에서 김영삼 대통령을 비롯한 각계 인사를 모시고 위성통신 시대로의 진입을 알리는 무궁화위성 시대 개막기념행사를 거행하였다(1996. 3. 18).

그러나 무궁화위성 1호가 발사된 지 1년 6개월이 지난 1997년 3월 당시의 중계기 이용 상황을 보면 통신용은 총 24기 중 19.39기가 이용되었고, 방송용은 총 6기 중 0.5기(KBS 2채널)가 활용되는 수준에 머물렀다. KBS에서는 1996년 7월부터 한국통신의 SNG 장비를 장기임차(월 3천4백만 원)하였으며, 위성 중계기도 장기임차(월 2천3백만 원)하여 사용하기 시작하였다. 그러나 무궁화위성의 활용은 전반적으로 부진하여 별도의 활용계획을 세워야 할 입장이었다.

우선 종합유선방송의 프로그램공급자(P.P)로부터 종합유선방송국 운용자(S.O)에게 프로그램을 전송하는 케이블TV 프로그램 분배망으로 활용하기로 하였다. 이를 위해 광진전화국에 위성송출지구국을 설치하였으며 매일경제 등 19개 케이블TV 사업자가 참여하도록 유도하여 53개 종합유선방송국에 케이블TV 프로그램을 전송하였다. 또한 삼성SDS, 현대정보기술, LG정보통신, 한화, 동부, 대한생명, 한국중공업, 교보, 쌍용증권, 한솔제지, SK텔레콤, 한국통신에서는 사내방송으로 이용하였다.

그리고 광림교회, 명성교회, 만민중앙교회, 여의도순복음교회, 예루살렘교회, 성락교회에서 위성을 통한 설교방송을 시작하였다. 한국마사회에서는 경마 중계를 개시하였으며, KBS, SBS, MBC에서는 SNG를 이용한 뉴스 현장중계를 시작하였고, 한국통신에서는 인천-백령 간 백업통신망으로 활용하였다.

나. 무궁화위성 1호의 방송용 검토

무궁화위성이 발사된 지 3년이 지나도록 방송 쪽에서는 여전히 위성사용이 부진하였다. 1997년 10월 무궁화위성 1호와 2호의 중계기 사용현황을 보면 총 20.14기 중에서 통신용은 19.14기(79.8%)를 사용되고 있는 반면에 방송용은 1기(16.8%)만이 사용되고 있었다. 한국통신 위성사업본부장(황보한)은 이처럼 위성방송이 부진한 것은 당시 정부의 통합방송법 제정과 사업자 선정이 지연되고 있는 것이 원인이라고 설명하였다.

이 법안은 1995년 11월에 정부에서 국회에 상정되었으나 제14대 국회의 임기 만료로 폐기되고 1996년 11월에 다시 정부에서 국회에 상정하여 1997년 10월 당시까지 국회에 계류

되어 있었다. 이런 상황이 되자 한국통신은 부사장(이정욱)이 중심이 되어 이 문제의 해결방안을 다음과 같이 검토 추진하였다.

(1) 현안을 타개하기 위해 궁여지책으로 방송용 중계기를 통신용으로 전환하여 사용하는 방안을 검토하였다. 그러나 위성사업본부에서는 상당한 문제점이 있다는 검토 결과를 내놓았다. 국제적으로 방송용 중계기의 경우 통신용에 비해 출력이 높고 전파간섭이 많아 국제무선규칙상에도 방송용은 제한하고 있을 뿐만 아니라, 통신용과 방송용은 편파방식이 서로 다르고 주파수도 상이하다는 것이다. 그리고 방송용 중계기는 통신용에 비해 고가이므로 장기적인 측면에서 통신용으로 활용하는 것은 비경제적이고 이를 방송용으로 재전환할 때는 지상 장비를 개수해야 하는 등 추가비용이 발생한다는 것이었다.

(2) 무궁화위성을 기간통신망으로 활용하는 방안을 검토하였다. 위성망과 광케이블망의 특성을 비교하여 보면 통신용량 면에서 위성은 소용량이고 광케이블은 대용량 매체이며, 통신지연 문제의 경우 위성은 250-280ms인데 비해 광케이블은 무시할 정도이다. 한편 회선당 단가 면에서 무궁화위성은 1,332만 원이 소요되는 것으로 평가된 반면 광케이블망을 구축하는 경우, 5대 도시에 설치 시 72만원, 제주해저광케이블 건설 시 28만원으로 분석되었다.

결과적으로 무궁화위성의 회선당 단가는 해저 광케이블의 48배, 5대 도시를 연결한 국내 광케이블의 18배에 달하는 고비용이 소요되는 것으로 평가되었다. 따라서 무궁화위성 1호와 2호의 통신용 유휴중계기는 용량, 품질, 경제성, 활용도 측면에서 기간통신망에 사용하는 것은 적합한 선택이 되지 못하였다. 그래서 제주- 육지 간 통신망으로는 제3 해저광케이블을 건설하는 것이 가장 바람직하다는 결론을 얻었다.

한편 무궁화위성을 도서통신망으로 이용하는 방안을 찾아보았다. 우선 마이크로웨이브, 광케이블 등 지상 통신망으로 회선공급이 어려운 구간이나 군 작전통신망이 필요한 지역 중 이원화가 요구되는 구간을 대상으로 검토하였다. 제주도와 육지 간은 해저광케이블 이원화와 디지털 마이크로웨이브(DMW)시설로 3원화하고, 울릉도는 해저광케이블과 DMW로 이원화하게 하였다. 백령도의 경우는 DMW와 위성으로 이원화하고 인천- 백령 간에 위성통신 210회선을 이용하였다. 그 외 대용량 통신망이 필요한 도서에는 위성 중계기가 과다하게 소요되기 때문에 위성을 이용하는 것이 경제성이 없는 것으로 검토되었다.

(3) 지상파방송을 방송국의 송신안테나를 통해 무궁화위성으로 직접 송출하고 수신자는 위성으로부터 직접 수신하는 「디지털 위성방송」을 추진하였다. 한국통신에서는 1995년 5월 디지털 위성방송을 위한 송신지구국을 부평에 설치하여 1996년 1월부터 실험방송을 개시하는 계획을 추진하였다. 그리고 1995년 9월 정보통신부에서는 디지털 위성방송시스템 연구개발계획을 수립하였고 이를 한국통신 위성사업단이 수행하였다.

한편 한국방송공사(KBS)는 1995년부터 비공식적으로 자체 송출지구국을 건설하겠다는 의사를 표명하고 있었다. 1996년 1월 정보통신부는 한국통신의 위성중계기 이용약관을 승인하는 과정에서 향후 통신 시장의 전면 개방에 대비하여 송출지구국 설치도 개방하는 조치를 하였다. 즉 송출지구국 설비는 한국통신이 설치토록 하지만 전파법과 전기통신법에 적합한 때에는 채널 사용계약자도 자체적으로 설치할 수 있게 하였다.

이렇게 되자 1996년 4월 KBS는 정보통신부에 자체 송출지구국의 건설 가능성을 문의하였는데, 정부는 그해 6월 한국통신 송출지구국과 연계 운용조건으로 설치 가능하다고 회신하였다. 그러나 KBS는 1997년 3월에 송출지구국 자체 건설을 위한 장비구매 입찰을 실시하기 위해 정보통신부에 무선국 허가를 신청하였으나 한국통신과 중복투자라는 이유로 불허되었다. 당시 KBS 측에서는 이 신청이 한국통신의 반대로 불허 결정이 났다는 루머가 돌기도 하였다.

(4) 한국통신은 무궁화위성을 활용한 교육방송 실시방안도 본격적으로 추진하였다. 이 방안은 TV로 대입 과외를 무료로 받도록 하면 국민 전 계층의 큰 불만 요인인 과외비 부담을 완화할 수 있다는 점에서 상당한 장점을 가지고 있었다. 더구나 당시 무궁화위성의 총 18개의 방송용 채널이 유휴 상태에 있었다. 그래서 당시 방송법상 허가가 가능한 한국통신을 송출사업자(SO)로 허가받고 교육프로그램사업자(PP)는 과외학원 등 전문민간사업자로 구성하여 EBS 채널로 부족한 방송시간을 보충하면서 EBS와 경쟁한다는 구상이었다.

이를 위해 전국 10,285개의 초중고에 수신기를 보급하여야 했다. 당시 수신기 가격이 대당 90만 원선이나 특소세(21.45%)를 낮추면 70만 원선에 보급이 가능하였다. 또한 위성방송용 공동안테나를 설치해야 하는데 아파트는 가구당 6만 여원, 농어촌은 가구당 4만 여원 정도의 설치비가 필요한 것으로 파악되었다. 주로 귀가 후 가정에서 시청할 수 있도록 하고 고1-3학년 별 국·영·수 과목별로 다양한 시간대에서 시청할 수 있도록 하여 늦어도 1997년 9월부터는 방송을 개시한다는 구상이었다.

이를 위해 정보통신부는 지구국 송출료를 한시적으로 면제토록 하며, 교육부는 프로그램 편성계획을 수립하며, 재경원에서는 특소세를 인하하는 등 정부 지원계획을 추진하였다. 이러한 내용으로 1997년 3월 정보통신부의 정보통신정책심의위원회에 무궁화위성을 활용한 교육방송 실시방안이 상정되었다. 당시 심의위원회 위원장은 정보통신부 장관(강봉균)이었고, 한국통신 부사장(이정욱)은 정책심의위원으로 참여하였으며, 간사는 정책심의관(석호익)이 맡았었다.

그해 4월에는 이 계획이 국무총리에게 보고되었으며 이를 바탕으로 국무총리 행정조정실에서는 「위성교육방송을 통한 사교육비 경감방안」을 만들었다. 이어서 이 방안에 대한 정보통신부의 정책 방향을 정립하기 위한 정책토론회가 정보통신부 차관(이계철) 주재로 열렸다. 이 회의에는 정보통신부에서는 정보통신정책실장(정홍식), 정보화기획실장(안병엽), 정보통신지원국장(서영길), 전파방송관리국장(천조운), 한국통신 부사장(이정욱), 한국정보문화센터 사무총장(정진일) 등 7명이 참석하였다. 그 후 4월 하순 위성교육방송 실시

방안을 확정하기 위한 국무총리실 행정조정실장 주재 관계부처 차관회의가 개최되었다.

한편 프로그램 수급을 위한 의향조사를 1997년 3월에 실시하였다. 사설학원 12, 케이블TV 프로그램공급자 5, 대기업 2 등 19개 업체를 대상으로 조사하여 보니 적극 참여를 희망하는 업체가 7인 반면 참여를 거부하는 업체가 12로 의외로 많이 나타났다. 이러한 현상이 발생한 이유는 사설학원의 경우 투자 부담을 느끼는데다가 사업성이 취약하다고 판단하고 있었으며, 케이블TV 프로그램공급자와 대기업에서는 정부정책을 상당 의심하고 있었고 사후보장이 불투명하다는 것이었다.

당시 가장 중요한 과제는 프로그램 제작주체를 누구로 할 것인가 이었는데 사설학원은 대부분 자금 능력 부족으로 그들에게 우수한 프로그램 공급을 기대할 수는 없었다. 반면 재정 능력이 있는 대기업은 수익성을 따지고 정부의 위성사업자 인정 등 사후보장을 들고나와 추진이 곤란하게 되었다. 다시 말해서 정부 정책을 실현하기 위해서는 충분한 투자로 양질의 프로그램 제작 공급이 필수적이었다.

따라서 재정적으로 장기 제작능력을 보유한 대기업체의 참여가 바람직하나 이를 위한 유인 동기가 부족한 실정이었다. 한국통신 입장에서는 프로그램을 외부에서 수급한다 하더라도 시설투자비, 중계기 이용료 등이 상당 소요되어 막대한 손실이 예상되었다. 또한 시청자가 확보해야 할 수신기 가격이 고가여서 특소세 감면 시에도 약 70만원이나 되어 시청자 부담이 크므로 정부 차원의 예산지원 없이는 보급 활성화를 기대할 수 없다는 문제점도 대두되었다.

이렇게 사업 타당성 검토가 진행되고 있는 시기인 1997년 7월 정보통신부 장관은 조찬모임에서 민간운용 위성 교육방송을 추가로 허용하겠다는 방침을 표명하였다. 정부는 두산수퍼네트, 마이TV, 다솜방송 등 케이블TV 교육방송 3사에게 허가신청서를 발급하고, 한국통신에게 컨소시엄으로 참여의사가 있는지를 타진하여 왔다. 한국통신에서는 이에 따른 사업성을 검토한 결과 정부의 간섭에서 벗어난 민간방송으로서 경쟁 시 방송 초기부터 흑자경영이 가능하다고 판단하였다. 그러나 결국 이 사업은 여러 가지 요인에 의해 성사되지 못했다.

(5) 1996년 한국통신 네트워크본부(본부장 이정욱)는 무궁화위성을 이용한 재해통신망을 구축하는 계획을 1996년 10월에 수립하였다. 전시, 지진, 태풍, 홍수, 해일, 설해, 화재 등으로 기간통신망에 고장이 발생하였을 경우 무궁화위성을 이용하여 비상통제 및 재해통제, 국가행정 지휘통신망을 구성하는 방안이었다. 이 통신망의 구성을 위해서는 SNG를 이용하는 방안, T-SAT를 활용하는 방안, DAMA-SCPC를 설치하는 방안 등 세 가지 방안이 있었다.

이를 비교 검토한 결과 한국통신이 이미 보유하고 있는 SNG를 이용하는 방안이 가장 효율적이라는 결론을 얻었다. 그래서 재해 지역에 이동용 SNG를 설치하여 서울 광진위성지구국을 중심국으로 무궁화위성의 통신중계기(36MHz)와 연결시켜 통신망을 구성하게 하였다. 이 계획의 주관부서 및 결재자는 제3장 말미의 참고자료 편에 기록 되어 있다.

(6) 무궁화위성을 이용하여 위치 정보시스템을 구축하는 방안이 1995년 2월 수립되었다. 당시 우리나라는 자가용 차량이 폭발적으로 늘어나고 있었을 뿐만 아니라 화물 수송량이 연 10% 이상으로 증가하고 있었다. 특히 화물수송 분야의 경우 차량 가동율을 향상시키고 평균탑재량을 증가시켜 수송비를 절감할 수 있다는 점이 부각되었다.당시 국내에는 약 47,500개의 물류 관련 업체가 있는 것으로 파악되어 3년 후부터 흑자가 예상되었다. 이 사업은 한국통신 기술기획실(실장 이정욱)에서 기본계획을 수립하였고, 이 사업의 집행은 통신망본부(본부장 이영환)에서 담당하여 1996년 7월 개시되었다. 한편 무궁화위성을 이용하여 위성 이동데이터 서비스와 위성전용망 고속회선 서비스 등 신규서비스도 1996년 9월에 제공하였다.

3. 이동 위성통신사업의 추진

3.1 위성휴대통신(GMPCS)

가. 중궤도 위성통신망의 건설 붐

우리나라는 1990년대 중반에 들어서면서 위성휴대통신(GMPCS)을 위한 중궤도 위성통신사업이 유행처럼 번지고 있었다. 이 위성 이동통신사업은 국제컨소시엄 형태로 추진되고 있었으며 주요사업에 통신사업자와 장비제조업체가 자본 참여를 하고 있었다. 대표적으로 Project 21, Iridium과 Global Star 사업이 시작되고 있었다.

첫째, Project 21 사업은 중궤도인 10,355Km 상공에 12개의 위성을 쏘아 올려 전화와 데이터통신을 제공하는 위성 통신서비스로서 인말새트(INMARSAT)가 주체가 되어 추진되고 있었다. 총 투자 금액은 30억 불로 계획되었으며 한국에서는 이중 5.5%인 8천4백만 불(614억4천만 원)을 부담하여 충남 아산에 기지국을 건설하고자 하였다. 이 계획에 한국통신, 삼성전자, 신세기가 6:2:2의 비율로 참여하게 되어 한국통신은 368억 원을 투자하여 1998년에 서비스를 개시하는 것으로 추진하였다.

둘째, Iridium 사업은 Motorola가 사업 주체가 되어 852Km 상공에 66개의 위성을 운용하는 저궤도 위성사업이었다. 이 사업의 총 투자액은 34억불이었으며 한국 측 부담금은 8천1백77만 불(560억 원, 지분율 4.5%)로 정하였으며 한국이동통신이 한국 내 컨소시엄을 주도하여 충북 진천에 기지국을 건설하여 1997년에 서비스를 제공한다는 구상이었다.

셋째, Global Star 사업은 1,300Km 상공에 48개의 위성을 돌리는 통신망으로서 미국의 SS/L과 Qualcomm사가 주도하고 있었다. 총 18억 불이 투자되는 이 프로젝트는 한국 측에서 3천7백5십만불(300억원, 지분율 6.1%)을 부담하여 경기도 여주에 기지국을 건설하는 것으로 추진되어 현대그룹(240억원)과 데이콤(60억원)이 이미 1994년 3월에 계약이 끝나 있는 상황이었다. 이외에도 금호와 대우그룹에서도 미국 TRW사가 주도한 Odyssey사업에 참여를 추진하고 있었다.

나. 한국통신의 위성휴대통신사업 추진

이중 Project 21은 중궤도의 소형 통신위성을 발사하여 전 세계를 단일 위성통신 통화권을 구축하여 전화, 데이터, 팩스 등을 제공하는 글로벌 이동위성서비스로 출발되었다. 이 사업은 1995년 1월에 설립된 영국 런던에 있는 ICO Global사가 주관하고 있었으며, 1999년에 위성을 제작하여 발사하고 상용서비스는 2000년을 목표로 하고 있었다. 이 사업에는 44개국 47개 투자자들이 참여하고 있었으며, 총 자본금은 30억불이었다. ICO는 Intermediate Constalition Orbit의 약자이다.

우리나라는 이 사업에 8,400만 불(5.84%)을 출자키로 결정하였으며, 이중 한국통신 60%, 삼성 20%, 신세기 20%를 투자하는 것으로 하였다. 당시 국제위성휴대통신 지구국(SAN: Satellite Access Node)을 건설하여 운용하는 국가는 호주, 칠레, 독일, 인도, 남아공, 미국, 브라질, 중국, 인니, 멕시코, 한국, 아랍연합의 12개국으로 되어 있었다. 한국통신은 1994년 1월 이 사업에 참여하기로 결정하고 ICO KOREA(주)를 설립하였다(1995. 12).

한국통신은 이 사업을 위한 추진체계를 마련하였다. 무선사업본부는 국내 사업허가의 취득, ICO사와 협상 및 계약, 국내 영업계획 수립 등을 담당하고, 네트워크본부에서는 위성지구국의 건설, 국내 통신망의 구축, ICO사의 지분투자 등을 담당하였다. 이에 따라 네트워크본부는 이 사업을 신속히 추진하기 위해 1996년 7월에 「중장기 네트워크 발전계획」을 수립하였고, 그해 11월에는 ICO의 12개 국제위성휴대통신 지구국 중 동북아지역을 담당하는 지구국을 한국에 건설하는 「국제위성휴대통신 지구국 건설기본계획」을 확정하였다. 이 계획의 주관부서 및 결재자는 제3장 말미의 참고자료 편에 기록되어 있다.

이 계획에 의하면 위성지구국을 위한 부지, 국사, 안테나, 기초대 등 기초시설은 한국통신에서 확보하고, 안테나 설치 및 개통, 통신설비 공급은 ICO에서 수행하게 되었다. 이를 위해 부지 2만5천 평에 건물 500평 규모의 국사를 1997년에 시작하여 1998년 2월에 준공하는 계획을 세웠다. 한국통신은 1996년 12월 「1997년도 정보통신 네트워크 건설사업계획」을 세우면서 이 프로젝트를 구체화하였다. 이 계획의 주관부서 및 결재자는 제3장 말미의 참고자료 편에 기록되어 있다.

이 사업계획에서는 2010년 가입자를 460만 명(국내 8만5천명)으로 전망하고, 전 세계 위성 이동통신시장의 40%를 확보하는 목표를 세웠다. 이에 따라 관문지구국 위치를 1996년에 선정하고, 지상시설 설치공사를 1998년 1월부터 1999년 12월까지 시행하게 하였다. 그리고 1호 위성을 1999년 7월에 발사하며 1999년 12월에는 시스템 통합시험을 거쳐 2001년

1월에 서비스를 개시하는 일정을 확정하였다.

한편 ICO 투자관리와 관련 해외사업을 전담하기 위해 ICO투자관리(주)를 1995년 12월에 발족시켰다. 이 회사는 한국통신 370억 원(60%), 삼성전자 123억 원(20%), 신세기통신 123억 원(20%)을 투자하여 총 616억 원으로 설립되었다. 임원진으로는 대표이사 1명을 상임으로 두고 비 상임이사로는 한국통신 2명(네트워크본부장, 기획조정실장), 삼성전자 1명, 신세기통신 1명 등 4명으로 구성하였다.

3.2 위성 휴대통신지구국 건설

가. 추진방침

한국통신 네트워크본부(본부장 이정욱)는 P-21 국제위성휴대통신망을 위한 동북아시아 지역의 위성휴대통신 관문국 역할을 수행할 지구국 건설을 추진하였다. 이에 따라 위성휴대통신지구국(SAN: Satellite Access Node)을 위한 소요설비 공급계획을 다음과 같이 수립 추진하였다(중장기 네트워크 발전계획, 1996. 9. 10, 한국통신 네트워크본부). 이 계획의 주관부서 및 결재자는 제3장 말미의 참고자료 편에 기록되어 있다.

① 금산위성지구국 부지를 추가로 확보하여 방사형으로 안테나를 설치하고, 기계실 및 운용실은 별도 국사를 중앙 위치에 신축한다. 그리고 수전설비는 기존 금산위성지구국 설비 용량늘 증설하여 공급토록 한다.

② 주요시설로는 안테나(8M) 5기, 송수신장치 1식, M&C 2식, 관련 부대장비 1식을 공급하고, 이에 필요한 물자는 1997년 4/4분기-1998년 4/4분기에 확보하고, 시설공사 및 시험은 1998년 4/4분기-1999년 3/4분기에 시행하여 2000년 1/4분기에 상용서비스를 개시한다.

③ 소요예산은 1997년도에 2억 원, 1998년도에 292억 원, 1999년도에 80억 원을 배정하여 추진한다.

나. SAN 지구국 건설부지 확보(1차)

한국통신은 SAN 지구국 건설을 위한 부지확보는 선행 사업으로 추진하기로 결정하였다. 제1 후보지는 금산위성지구국의 남쪽 인접 논을 포함하여 충남 금산군 금성면 양전리 259번지 주변 총 면적 125,052m²(73필지, 37,828평)의 농림지역이 떠올랐다. 여기에 약 600평 규모의 건물을 짓는 계획을 수립하였다. 이를 위해 한국통신이 187억 원을 투자하고, ICO는 441억 원을 부담하여 총 628억 원의 예산이 소요되는 것으로 확인되었다.

이 부지를 확보하기 위해 1996년 11월 금산군청, 금산군의회, 금산군 기자협회에서 사업설명회를 개최하였다. 이때 현지에서 받은 인상은 그동안 금산위성지구국이 지역발전에 별로 공헌하지 못했다는 것이었다. 주민들은 안테나 등을 켜놓아 곡식이 잘 익지 않는 문제도 있었지만 참고 살아왔다고 말했다. 그러나 원칙적으로는 SAN 지구국 건설은 환영한다고 하였다.

이런 상황을 감안할 때 지역주민에게 현실감 있는 공헌사업을 보여주어야 한다는 생각이 들었다. 적정한 가격으로 토지보상을 시행함은 물론 다리건설, 축대조성, 농로포장, 홍보관 건립 등 주민들의 숙원사업을 해결해 주어야만 이 사업의 추진이 가능하다고 판단되었다. 이 지역은 당시 농림지역과 농업진흥지역으로 소유자는 2개 국가기관을 포함하여 총 60명이나 되었다.

우선 한국통신은 그해 9월 공공시설입지지정 승인을 신청하였다. 그러나 당시 농림부의 농지전용 불허방침으로 제대로 추진이 되지 않아 다시 11월 국토이용계획 변경을 금산군 도시과에 신청하였다. 이번에도 농지보전강화방침(96. 10. 17)에 내려진 직후여서 주관부서인 농림부의 설득이 무엇보다 중요하게 대두되었다. 이처럼 정부의 농지보전방침에 따라 정부 승인이 불투명한 상황에서 승인 시에도 행정 소요일이 4개월 정도로 장기간 소요될 뿐만 아니라 토지소유자가 60명이나 되는 등 부지 매입과정에 애로가 이만저만이 아니었다.

이런 와중에 주요일간신문에「지역발전 외면하는 한통」이라는 제목의 칼럼 기사가 다음과 같이 보도되었다(1996. 11. 14, 양철기 부장/금산지역담당).

<기사 내용> 지난 1971년 지역발전을 담당하겠다며 들어선 금산위성통신이 25년이 지나도록 금산에 과연 무엇을 기여했습니까. 위성이동통신 지상지구국 건립과 관련, 주민 반발에 부딪친 한국통신이 지난 12일 부랴부랴 군의원 기자간담회를 통한 사업설명회를 갖자 기존 위성통신에 대한 불만이 봇물처럼 터져 나왔다. 금산 주민들은 3공 초기 국책사업으로 체신부가 세운 금산위성통신이 지역발전에 보탬이 될 수 있다는 보랏빛 희망 속에 이를 적극 환영했었다.

그러나 이는 잠깐, 국가보안시설이라는 이유로 외부인 접근이 금지됐고 인근 지역 건물 증축이 제한됐으며 또 밤에는 야간등을 환히 밝혀 농작물 피해가 잇따랐다. 여기에다 위성통신은 지역의 각종 행사를 비롯해 물자 구입 주민등록 이전 비협조 등 지역발전 배려는 커녕 오히려 지역 정서만 해치는 공공시설로 주민들 눈에 각인됐다. 이같은 상황에서 한국통신이 또다시 인접 지역에 위성이동통신 안테나를 세운다니 어느 누가 이를 곱게 볼리 있겠는가.

더욱이 지금은 예전 같이 밀어붙이면 할 수 없이 밀리던 시대가 아니다. 한국통신 측은 연간 100억 원의 수입이 보장되는 SAN(위성이동통신)사업의 최적지 금산에 입지가 안 될 경우 SAN 사업은 치열한 유치경쟁을 벌였던 일본에게 빼앗길지 모른다고 밝히고 있다. 건립 후보지인 금산군 금성면 일대는 임란 당시 왜적과 맞서 장렬히 산화한 칠백의사의 넋이 살아 숨 쉬는 곳이다. 금산의 어느 누가 국익이 담긴 사업을 더더욱 일본에게 넘길 마음을 가질리 있으랴.

그러나 한국통신은 이 사업을 예전 기존 금산위성통신 같이 미미한 활동으로 답습해 추진한다면 그것은 금산지역의 충정된 마음을 참으로 외면하는 처사다. 초등학교 시절 어렸을 때 금산위성통신이 들어서면 텔레비전 화면도 잘 나오고 우리 지역이 크게 발전할 것으로 알았었다. 이제 40세를 바라보는 지역 언론인의 한 섞인 충고가 현재 지역 정서를 한마디로 내포하고 있다. 국가 산하 공사로 거듭난 한국통신은 진실된 마음으로 금산지역 주민들의 바람이 무엇인가를 헤아려 이를 토대로 지역발전과 SAN 사업을 성심껏 추진해야 한다.

다. SAN 지구국 건설부지 확보(2차)

한국통신은 이 지역에 대한 국토이용계획변경과 농업 진흥지역의 해제를 지속적으로 추진하는 동시에 예비후보지를 선정하기 시작하였다. 이러한 난제들을 타개해 나가면서 SAN 부지의 매수취득업무를 종합적이고 효율적으로 관리하고 중요사항을 심의 결정하기 위해 「SAN 부지매수 심의위원회」를 구성하였다.

이 심의위원회의 위원장은 이정욱 네트워크본부장, 부위원장은 네트워크본부 엄재건 종합기획국장이 맡게 되었으며 위원으로는 네트워크본부 전병섭 국제통신계획국장, 전략영업본부 가재모 국제사업협력국장, 건설단 한태희 특수시설국장, 강성윤 금산위성지구국장, 네트워크본부 정창현 국제위성시설부장, 전략영업본부 송기춘 ICO사업부장, 건설단 장명환 대형국사시설부장, 금산위성지구국 이창희 관리부장이 임명되었으며, 간사는 네트워크 본부 김덕겸 사업지원부장이 맡게 되었다.

그리고 한국통신은 부지매수를 추진 중인 1996년 12월 ICO 사와 국내 독점사업권 양해각서를 체결하였다. 한편 그간 추진해온 제1 후보지인 금산위성지구국 인접부지와 제2 후보지인 금산위성지구국 인접 야산의 매입이 불투명해 짐에 따라 다시 제3의 후보지를 매물 중심으로 실사하기 시작하였다. 1996년 12월에는 충남 천안, 충북 진천, 음성, 충주지역 그리고 경기도 여주, 이천지역을 대상으로 SAN 후보지를 조사하였다.

조사결과 충남 천안시 수신면 용원리 야산, 충남 천안시 수신면 신덕리 인삼재배 밭, 충북 진천군 이월면 미잠리 밭, 충북 음성군 삼성면 천평리 산139 등 4개 지역이 떠올랐다. 이중 충북 진천군과 음성군 지역은 헬기 이동 등으로 부적합하였고 충남 천안시의 두 곳은 주파수 간섭이나 항공기 이동 등의 문제가 없는 것으로 파악되어 적합하다고 검토되었다. 그리고 당시 부지가격은 지역에 따라 크게 차이가 났지만 야산 형태로 토목작업이 용이한 경우 약 10만원 선으로 확인되었다.

이 과정에서 충남 천안시 성남면 대흥리 산 66-3 일대가 가장 유력한 후보지로 부상하였다. 부지면적은 약 3만2천 평이고 준농림지역으로 되어 있었으며 소유자는 16명으로 확인되어 이 부지를 매수하기로 심의위원회에서 결정하였다. 이에 따라 이 부지의 공공시설 입지지정 고시를 1997년 6월까지 마치고 부지는 5월 말까지 매수 완료하여 6월 초부터 건축공사에 들어가기로 일정을 잡았다. 그러나 일정보다 늦어진 9월 부지매수상황을 보면 전체 면적 31,803평 중 약 84%인 26,803평을 소유주 14명과 계약금액 37억7백만 원에 계약을 체결하였다.

그 중 이씨 문중(이홍구) 땅 5천평 만이 남게 되었는데 이 문중 땅은 평당 1백만 원에 총 50억원을 요구하고 있어 매수에 난항을 겪고 있었다. 또한 부지 내에 청동기시대 유물이 발견되는 바람에 이에 대한 발굴조사를 충남대 박물관에서 9월 초 개시하였다. 그리고 잔여 토지 5천 평에 대해서는 1997년 1월부터 8월까지 소유자와 평당 15만 원 선에서 협의를 하였으나 매수 협의에는 실패하였다.

한국통신에서는 토지수용절차를 밟기로 결정하여 8월에 충청남도를 경유하여 건설교통부로 사업인정신청을 하였고 그해 12월 건설교통부로부터 사업인정 결정을 받았다. 이에 따라 충청남도의 지방토지수용위원회(위원장 충남도지사 심대평)에서는 평당 62,942원 총 3억1천4백만 원의 보상액으로 하여 토지수용을 결정하였다. 그리고 이 부지 내에 무연분묘 13기가 있는 것으로 파악되어 분묘 이전이 가능한 1998년 6월 중순부터 공사를 착공하는 것으로 추진하였다.

3.3 협정체결 및 사업관리

가. ICO 사업에 대한 운영개선

한국통신에서는 이 사업을 효율적으로 수행하기 위해 1997년 4월에 담당업무를 조직별로 분담하게 하였다. 네트워크본부는 SAN 지구국 건설계획을 수립하고 이를 건설하며 상호협정 체결업무를 전담하게 하였다. 또한 ICO 통신망과 국내외 통신망을 연동하고 국내 무선통신사업자와의 상호접속을 담당하며 ICO투자관리(주)도 관리하도록 하였다. 그리고 마케팅본부는 ICO 영업계획을 세워서 영업을 담당하게 하였으며, ICO투자관리(주)는 ICO 사업에 대한 투자와 사업관리를 하고 해외 마케팅사업을 전담하게 하였다.

ICO 사업을 위한 제17차 이사회가 ICO Global사 이사와 관련자 25명이 참석하여1997년 7월 28일 서울 인터콘티넨탈 호텔에서 열렸다. 1997년 7월 말에는 한국통신 사장(이계철)과 ICO 사장(Olof Lundberg) 간에 SAN 건설 및 상호접속 협정이 체결되었다. 이때 SAN 협정서(SAN Agreement)는 부지제공조건, 건설공사수행, SAN 장비공급조건, 운용유지비용조건, SAN 건설일정표 등을 정한 48개 조항 및 6개 부속서로 구성되었다.

이 협정서의 주요내용 중 하나는 한국통신은 부지소유권 취득일로부터 10년간(2009. 12까지) ICO에 건물과 대지를 무료로 제공하고 부지는 25년간 ICO의 위성통신시스템 용도로 공여하는 것이었다. 그리고 상호접속협정서(Interconnection Agreement)에는 발착신 접속조건, 국내 및 국제해저케이블 제공조건, 영구회선임대조건, 중계요금 설정, 계약기간 등 36개 조항을 규정하였고, 7개 부속서가 첨부되었다.

이 협정서에서 한국통신과 ICO는 각각의 담당 부분 장비는 자기 비용으로 제공하고 관리 책임을 지며, 접속점은 대전에 설치하는 것으로 정하였다. 이 계약은 10년간 유효하며 국내 접속 전송료는 USD 0.05/분으로 하고 회선제공가격은 한국통신이 ICO에 회선영구사용권을 제공할 때 관련 케이블 컨소시엄 간 협의된 건설 및 유지보수협정에 따르도록 정하였다.

그 후 1997년 9월에는 ICO Global사에 대한 증자계획이 검토되었다. 발행 규모는 총 1천4백40만 주의 절반인 720만 주(7.2억불)이고 한국에는 42만 주(4,200만 불)의 주식이 배정되었다. 이 증자계획에 대해 독일, 일본, 인도, 싱가폴, 그리스 등 5개국은 증자에 참여하는 것으로 확인되었다. 이에 따라 한국통신은 증자의 타당성을 보다 전문적으로 판단하기 위해 산동회계법인에게 용역을 의뢰하였다. 용역 결과 이 사업의 예상 투자수익율(14.2%)이 국내 평균 또는 한국통신의 각 비율보다 높게 나타남으로 증자에 참여하는 것이 바람직하다는 의견이 제시되었다.

그런데 한국통신과 공동출자자인 삼성전자와 신세기통신은 국내 사업권을 한국통신이 확보하는 것에 대한 불만으로 증자를 포기하였다. 이런 상황에서 마케팅본부(본부장 우승술, 국제영업국장 가재모)는 1997년 10월 정보통신부로부터 GMPCS(ICO)사업 가허가를 취득하였다. 이 가허가는 전기통신사업법 제5조의2 제1항 및 동법 시행규칙 제5조의2 제3항의 규정에 의해 정보통신부 장관이 한국전기통신공사(대표자 이계철)에게 위성 휴대통신역무(GMPCS)를 허가한 것이었다. 여기에는 가 허가일로부터 3년 이내에 주파수를 할당받아 제공하는 역무 허가를 받아야 한다는 조건이 첨부되어 있었다.

한편 ICO 사는 총 12명으로 구성된 이사회가 운영되고 있었는데 한국통신 측 이사로는 국제통신본부 계획국장(고순영)이 선임되어 있었다. 1997년 하반기에 당시 네트워크본부장(본부장 이상복)은 부사장(이정욱)에게 몇 가지 문제점을 설명하였다.

① ICO 서비스는 2000년에 개시되는 것으로 추진하고 있으나 실제 이익배당은 2003년에 가서나 가능한 것으로 판단되어 향후 6년간 수입이 없을 것으로 예상된다.② 따라서 ICO투자관리(주)는 전담 요원 없이 명목상 회사(Paper Company)로 운영하며, 대표이사와 직원은 사업 관련 한국통신 임원 및 직원이 겸무토록 하는 것이 바람직하다. ③ 해외 마케팅사업도 이 회사에서 수행하기 곤란함으로 해외사업본부에서 수행하는 것이 적절하다.

이와 같은 ICO 사업의 문제를 해결하기 위해 한국통신 제30차 경영기획심의위원회는 「ICO 투자관리(주) 운영개선」을 확정하였다(네트워크 2570-3489, 1997. 10. 23). 이 개선계획의 주관부서 및 결재자는 제3장 말미의 참고자료 편에 기록되어 있다.

나. 천안위성지구국 기공식

SAN 지구국 건설계획에 따라 1998년 5월에는 ICO 사와 가계약을 맺어야 하고 1999년 1월까지는 본 계약을 체결하는 일정이 잡혀지게 되었고, 국내 경쟁상황을 고려하여 양사 간 수익배분 비율도 설정해야만 하였다. 이러한 문제들을 논의하기 위해 1998년 1월 중순 ICO Global사 부사장(Patric McDougal)은 한국통신 부사장(이정욱)을 방문하였다. 이 방문에는 ICO Global사에서 규제를 담당하고 있는 김은주 박사도 동행하였는데, 한국통신은 이 자리에서 본 사업과 관련하여 궁금한 사항인 ICO 사의 위성 발사계획은 예정대로 진행 중인지와 사업일정에 장애가 될 만한 특별한 문제는 없는가에 대하여 집중적으로 문의하였다.

이러한 난관을 뚫고 천안위성지구국 기공식을 1998년 6월 19일에 갖게 되었다. 이 행사에는 이정욱 부사장, 서용희 무선사업본부장, 김기천 충남사업본부장, 이상일 통신망관리단장, 성인수 건설단장, 천안시장, 충청체신청장, 관련 임직원 총 75명이 참석하였다. 이 자리에서 전병섭 국제통신팀장이 경과보고를 하였으며, 부사장의 유공직원에 대한 표창장 수여, 감사패를 증정한 후 천안시장이 축사를 하였으며 이어 기념식수를 하였다.

그러나 이 시기에 정부의 2차 공기업 민영화가 강력히 추진되는 마당에 한국통신도 자체적 경영혁신을 하지 않을 수 없는 상황이 되었다. 그래서 ICO 투자관리(주)를 청산하여 한국통신 본체에 통합하는 방안을 검토하게 되었고 1998년 12월 한국통신 이사회에 보고한 후 1999년 5월 ICO 주주총회의 승인을 받아 청산을 끝내도록 추진되었다. 한편 1998년도 사업으로 국제위성휴대통신(SAN) 지구국을 다음과 같이 건설 추진하였다(1998년도 주요업무계획, 1998. 2, 한국통신 네트워크본부).

① 한국통신과 ICO 간 계약 체결된 SAN 지구국을 공동으로 건설한다. 이를 위해 부지, 국사, 안테나 기초대 등 기초시설은 한국통신에서 담당하고, 총 부지 31,803평 중 1997년에는 26,803평(84.3%)을 확보한다.

② 1998년도 사업목표량은 지구국 시설 5기를 건설하고, 이를 위해 소요예산 8억3천2백만 원을 확보하며, 이 시설은 1998년 착공 1998년 개통한다. 그리고 한국통신이 담당한 국사 신축, 안테나 5기 기초대 공사는 1997년 11월-1998년 3월에 시행한다.

③ ICO 자체가 추진하는 5기는 501억 원을 투입하여 1998년 착공 1999년 개통하는 것으로 추진한다. 그리고 안테나 설치, 통신설비 공급은 1998년 4월-1999년 6월에 시행한다.

4. 국제 위성통신기구에의 적극적 참여

4.1 국제 전기통신위성기구(INTELSAT) 사업 추진

가. DAMA 서비스 도입

국제전기통신위성기구(ITSO)는 1964년 세계 상업통신위성궤도의 우주부문 설계, 개발, 건설, 운용 및 유지보수에 관한 업무를 담당하기 위해 설립되었다. 여기에서 ITSO는

International Telecommunications Satellite Organization을 말한다. DAMA 서비스는 운용회선 수가 많지 않은 국가 간에 회선 이용율을 향상시키기 위해 인텔샛트에서 신규로 도입한 서비스로서, 디지털방식의 서비스를 제공하기에 적합한 설비였다.

한국통신 네트워크본부(본부장 이정욱)는 이 DAMA 서비스를 다음과 같이 도입 추진하였다(중장기 네트워크 발전계획, 1996. 9. 10, 한국통신 네트워크본부). 이 계획의 주관부서 및 결재자는 제3장 말미의 참고자료 편에 기록되어 있다.

① 금산위성지구국, 보은위성지구국의 인도양(60도) 및 태평양(174도)에 각각 도입한다. 인도양(60도) 위성채널은 1996년 10월, 태평양(174도) 위성채널은 1996년 11월에 서비스를 개시한다.

② 회선수용대상은 기존의 SCPC 회선 운용국가 및 협의 국가회선으로 하고, 국내 통신망과의 접속은 CEPT 방식과 No.5 신호방식을 적용한다.

③ 시설 장비로서 RF 송수신장치 2식, 채널모뎀 및 MC시스템 2식을 공급하고, 이를 위한 물자는 1997년 3/4분기에 확보하여 시설공사는 1997년 4/4분기에 시행한다. 그리고 소요예산은 1997년도에 28억 원을 확보하여 추진한다.

한편 1997년 2월 한국통신은 카자흐스탄공화국(Republic of Kazakhstan)에 거주하고 있는 한국동포와 국내 이산가족이 재회의 기쁨을 나눈 한-카자흐스탄 이산가족 영상만남 행사를 가졌다(1997. 3. 2-3. 3). 이 행사는 카자흐스탄 주재 한국대사관의 협조를 얻어 한국통신 국제영상회의실(서울시 종로구 세종로 100)과 카자흐스탄 알마티 시에 있는 카자흐텔레콤(Kazak Telecom)을 연결하여 이루어졌다. 3월 2일에는 이산가족(16가족 242명)이 영상만남을 통해 60년 이산의 통한을 풀었다.

그리고 3월 3일에는 한국통신 부사장(이정욱), 정보통신부, 교육부, 외무부, KBS 관계자, 주 카자흐스탄 대사(이영민), 고려연합회 회장(채유리) 등이 기념식에서 서로 인사를 주고받았다. 곧 이어진 원로간 회의에는 전 문공부장관(오재경), 전 교육부장관(안호상), 카자흐스탄 이산가족협회 회장(김기원) 등 40여 명이 참석하였다. 당시 이 행사를 위해 인도양 상공에 떠 있는 인텔샛트(INTELSAT)를 이용하여 128Kbps 디지털 전용회선을 구성하였으며, 특별히 고품질 음성과 영상을 실시간으로 전송하기 위해 한국통신이 보유하고 있는 최신 이동용 영상시설을 카자흐스탄으로 공수하였다.

나. 인텔샛트 사무총장 진출 시도

1997년 5월 위성사업본부(본부장 황보한)는 한국통신 부사장(이정욱)에게 인텔샛트(INTELSAT) 이사회에 한국통신 간부가 진출하는 방안을 보고하였다. 인텔샛트는 1964년 미국 위싱턴에서 창설되었으며 140개국의 회원이 참여하고 있는 국제기구로서, 당시 한국통신은 이 국제기구 이사회 부의장과 단독이사에 진출하고자 노력하던 참이었다. 이때 인텔샛트 경영진은 차기 이사회(1998년-1999년)에서 부의장을 선출할 예정으로 있었으며, 아시아 국가에서 부의장이 선출되기를 희망하고 있었다.

한국통신에서는 한국인이 부의장에 진출하는 경우 차기 의장(1999년-2000년)에 선출되는 것도 가능할 것으로 보아 한국의 국제적 위상이 크게 향상될 것으로 판단하였다. 한편 1997년 4월에 열린 인텔샛트 총회에서 이사회의 진출요건인 최저투자율을 1.63792%로 결정하였다. 당시 한국통신은 투자율 1.87%로 되어 있어 단독이사에 진출할 수 있는 충분한 자격을 보유하고 있었다.

이러한 상황에서 당시 사무총장(Mr. Iriving Goldstein)의 임기가 1998년 10월에 종료됨에 따라 1997년 12월에 열린 인텔샛트 제120차 이사회에서 차기 인텔샛트 사무총장 선발을 공표하였다. 이에 따라 다음 해 3월에 사무총장 후보신청서를 접수하고 제123차 이사회(1998. 6)에서 후보자 면접을 1998. 6. 11부터 6. 16까지 실시하여 제124차 이사회(1998. 9)에서 차기 사무총장을 선출하는 일정까지 확정되었다.

사무총장은 인텔샛트 업무수행에 대해 직접적으로 이사회에 책임을 지는 법적인 대표자로서, 이사회에서 선출되고 총회에서 승인을 받도록 되어 있었다. 그리고 연봉은 686,329 US달러(실 수령액 5억5,580만원)이며 임기는 6년이었다. 사무총장 선출방법은 후보자 전원에 대해 이사회에서 면접을 시행하고 투표를 시행하여 2/3의 득표자를 선출하도록 되어 있었다. 2/3득표를 받는 사람이 나올 때까지 투표를 계속 시행하여 매 투표 시 마다 최저 득표자를 탈락시키는 방법이었다.

다. 인텔샛트 사무총장 선거운동 전개

인텔샛트 제122차 이사회에서 후보자 나이를 55세 이하로 제한하는 방안이 제안되었다. 과거 3- 4대 사무총장 후보의 경우 60세 이하로 제한하였는데 앞으로 일반 직원과 동일한 정년적용을 위해 이 안이 대두되었다. 한국통신은 이 제안에 대하여 적극적으로 대응하기로 방침을 정하고 아시아지역의 서명자들을 중심으로 나이 제한 철폐 활동을 전개하였다.

당시 나이 제한 철폐를 지지하는 국가로는 인도, 일본, 중국, 아세안 그룹I(태국, 말레이시아, 인도네시아), 아세안 그룹II(브루나이, 싱가폴, 필리핀), 뉴질랜드, 브라질, 에콰도르, 아르헨티나, 호주 등이었다. 반면 독일, 노르웨이, 영국, 오스트리아, 멕시코, 파나마는 나이 제한 철폐를 반대하고 있었고, 미국은 나이 제한 철폐를 선호하는 듯 하였으나 다수가 철폐를 원한다면 따르겠다는 입장을 표명하였다. 결국 다수 이사들의 지지로 선례를 깨고 나이 제한 문구를 삭제하기로 합의되었다.

한국통신에서는 국내 인텔샛트 사업의 활성화, 국제통신사업의 기술 및 영업정보의 획득 그리고 우리나라의 국제적인 위상을 높인다는 입장에서 한국통신 간부의 사무총장으로의 진출이 필요하였다. 그래서 위성사업본부장(황보한)의 출마를 결정하고 당선을 위한 제반

상황을 분석하여 활동계획을 수립하였다.

첫째, 인텔샛트 이사회를 통한 협력 활동을 전개하기로 하였다. 제122차 이사회(1998. 3), 제123차 이사회(1998. 6), 제124차 이사회(1998. 9)를 대상으로 득표 활동을 하며, 특히 아시아 지역 대표를 위주로 적극적인 로비활동을 벌리기로 하였다. 이사분포를 보면 아시아지역은 한국, 중국, 일본, 태국, 인도, 브루나이, 호주의 7명으로서 23.9%를 차지하고 있었다.

한편 유럽의 경우 독일, 이탈리아, 프랑스, 영국, 오스트리아, 노르웨이, 스페인, 뉴질랜드, 캐나다의 9명이며 지분율은 32.09%를 차지하고 있었다. 그리고 중남미 지역에는 아르헨티나, 페루, 브라질, 에콰도르, 칠레, 파나마, 바하마의 7명이며 13.27%의 지분을 보유하였다. 그런데 총 28명 이사국 중 5명은 부동표로 간주되었다. 그들은 17.95%의 지분을 가진 미국과 쿠웨이트(3.35%), 이집트(2.13%), 말라이(1.47%), 나이제리(1.33%)들 이었다. 이러한 국가별 지분율을 감안할 때 미국의 지지를 얻는 것이 당락에 결정적 영향을 미칠 것으로 예상되어 이를 위한 다각적인 노력이 필요하였다.

둘째, 1998년 3월에 예정된 제28차 인텔샛트 서명자 회의를 통해 협력 활동을 벌리기로 하는 한편 정보통신부에게 정부 차원의 외교활동을 요청하였다. 정보통신부에서는 ITU 제2차 세계통신정책포럼(1998. 3), 인텔샛트 제22차 총회(1998. 3), OECD 회의(1998. 5), APEC 통신정보산업장관회의(1998. 6) 등에 참석할 계획으로 있어 이때 우리측 후보자에 대한 홍보 활동을 하도록 요청하였다.

셋째, 한국통신 해외사무소를 통한 다각적인 협력 활동을 수행하는 방안을 세워 사무총장 선출 시까지 1998년 2월부터 10월까지 비상근 전담팀을 운용하기로 하였다. 전담팀에서 각국 이사들과 접촉한 결과 과거 15년간(1984년-1998년) 미국이 사무총장을 독점해 왔기 때문에 상당수 국가는 비 미국계 사무총장을 선호하는 추세임을 파악하였다. 그리고 황보한 본부장이 출마하는 경우 독일, 프랑스, 영국 등 유럽국가에서 적극적으로 지지할 것으로 확인되었다.

결국 사무총장 후보로는 한국통신의 황보한 위성사업본부장을 비롯하여 인텔샛트의 기술운용 부사장인 스웨덴의 Conny Kullman, Telenor Satellite Services 사장인 노르웨이의 Knut Reed, Sprint International 이사인 콜롬비아의 John Echeverri, VSNL 사장인 인도의 B.K. Syngal 등 5명이 등록하였다. 선출일이 다가오자 1998년 5월 한국통신에서는 부사장(이정욱), 네트워크 본부 국제통신팀장(전병섭), 종합망기획부장(연해정)으로 팀을 구성하였다. 본 팀은 브라질, 아르헨티나, 미국을 직접 방문하여 관계자들을 만나 한국통신 위성사업본부장의 인텔샛트 사무총장 진출을 위한 활동을 전개하였다(1998. 5. 31-6. 9).

먼저 브라질 리오데자네이로(Rio De Janeiro)에 도착하여 Embratel을 방문하였다(1998. 6. 2). 이 회사는 브라질에서 장거리통신과 국제통신을 담당하고 있는 공기업이었으며, 당시 민영화를 추진 중인 관계로 사장은 수도에 가고 없었다. 그래서 사장대행과 인텔새트 이사(Mr.

Santos)를 만나서 인텔샛트 사무총장으로 출마한 한국 후보(황보한)를 지지해 줄 것을 요청하였다. 이때 브라질 정보통신사업자의 민영화계획과 경쟁구상에 대해서도 설명을 들었다.

다음 행선지는 아르헨티나 부에노스아이레스(Buenos ires)였다. 공항 도착에서부터 한국 대사관 대사(경창훈), 공사(민대식), 담당(김광식)의 지원 및 안내로 어려움 없이 활동할 수 있었다. 아르헨티나의 CNC(Commission National de Communications)의 이사(Mr. Patricio Fence)를 만나 이번 선거에서 한국을 지지해 줄 것을 요청하였다(1998. 6. 4). 이러한 한국의 요청에 대해 그는 상당히 긍정적이었다. 이곳 부에노스아이레스에는 우리 교포들이 대도로변의 수많은 의류점포를 운영하고 있었다.

대부분의 가게는 당초 유대인들의 것이었으나 지금은 그들이 밀려나고 대신 우리 교포들이 차지했다고 하였다. 이곳 부에노스아이레스에서 성공한 것으로 보였다. 그러나 대사관에서는 이곳 현지인들과의 융화가 잘 안되는 문제가 있다고 설명하였다. 현지인의 60% 이상이 한국교포에 대해 거부감을 가지고 있다는 여론조사가 나왔다고 하였다.

아르헨티나에서의 일이 끝나자 미국 뉴욕으로 이동하였다. 뉴저지의 Holmdel에 있는 루슨트 테크놀로지스를 방문하였다(1998. 6. 6). 토요일 오후임에도 불구하고 여러사람이 회의를 준비하고 있었다. 5ESS 전자교환기와 ATM 교환기에 대한 현안 사항을 협의하느라 오후 2시에 시작한 회의를 5시 30분에 마쳤다. 이날 회의에는 John Colton, Stan Lumish, Jian Xu, Joseph John, Vikram Karmarkar 등이 참여하여 많은 수고를 하였다.

라. 스웨덴 후보가 사무총장에 선출

한국통신 부사장(이정욱) 일행은 인텔샛트 사무총장 선거 지원을 위한 출장의 마지막 행선지로 미국 뉴욕에 있는 미국 통신위성회사(COMSAT: Communications Satellite Corpotation)를 방문하였다(1998. 6. 8). 이 회의에는 COMSAT 사장(John H. Mattingly), 위성시스템 투자관리 담당 부사장(Maury J. Mechanick), 전략투자 담당 부사장(David C. Preiss), 판매 및 사업계획담당 부사장(Robert S. Twining), 국제담당 부장(Veera M. Walker)이 참석하였다.

이때 우리 측에서는 사무총장 후보인 한국통신 위성사업본부장(황보한)이 직접 출석하였다. 이들로부터 인텔샛트 사무총장을 위한 질문과 답변이 10시부터 11시까지 계속되었다. 또한 이 자리에는 주미한국대사관의 한춘구 국장도 참석하였다. 이어서 사무총장 후보자에 대한 인터뷰가 진행되었다. 각 후보는 무작위로 정해진 순서에 따라 인텔샛트를 이끌어 갈 비젼과 전략에 대하여 20분간 견해를 발표하고 약 40분간의 질의응답을 한 후 5분간 마무리 연설을 하였다.

이 인터뷰는 스웨덴, 노르웨이, 한국, 콜롬비아 순으로 진행되었으며, 인도 후보(Syngal)는 불참하였다. 스웨덴 후보는 약 15년간 인텔샛트 근무경험을 장점으로 인텔샛트 사정을 잘 파악하고 있어 앞으로 있을 구조 개편에 자기가 적임자임을 주장하였다. 노르웨이 후보는 상당히 도전적이고 적극적인 면을 보였으며 특히 인텔샛트의 상업화를 강력히 주장하였다.

한편 한국 후보(황보한)는 충분한 브리핑 자료를 준비하여 논리적으로 잘 설명하고 질의 응답도 훌륭하게 수행하였다. 콜롬비아 후보는 스페인어로 설명하였으며 태도나 설명 내용 면에서 그다지 지지를 받지 못한 것으로 보였다. 그러나 선거결과는 예상밖으로 나왔다. 한국은 가장 많은 지분을 가진 미국(COMSAT 18%)의 지지를 받을 것으로 예상했으나 COMSAT은 노르웨이 후보를 지지하였고, 기대를 했던 싱가폴, 태국 등 동남아국가와 아프리카 국가의 지지도 놓쳐버리고 말았다.

한편 최대지분을 가진 미국, 영국, 캐나다 및 노르웨이는 노르웨이 후보를 지지하였다. 그러나 3차 투표결과 스웨덴 45.0%, 노르웨이 32.5%, 한국 7.4%, 콜롬비아 1.7%로 나타나서 3차 투표 이후 노르웨이 후보와 한국 후보가 탈퇴하는 바람에 결국 스웨덴 후보(Mr. Kullman)가 제5대 사무총장으로 선출되었다.

4.2 국제 이동위성기구(INMARSAT) 사업추진

가. 인말샛트에 투자

1990년대 중반 위성을 이용해서 해상에서의 조난 예방 및 안전을 도모하고 선박 간 또는 선박과 육지 간의 통신을 개선하고자 설립된 국제기구인 국제 해사위성기구(International Maritime Satellite Organization)는 국제 이동위성기구(International Mobile Satellite Organization)로 개칭되었다(1994. 12). 인말샛트 사업주체는 영국 런던에 있는 국제해사위성 이동통신기구로서 회원국은 80개국에 자산은 7억7천2백만 불이었다.

이것은 운항 중인 항공기와 지상 간에 인말샛트 위성을 이용하여 승객이나 승무원에게 전화, 팩스통신 및 항공기의 운항에 필요한 각종 데이터통신을 이용하는 AERO 서비스를 위한 위성통신망이었다. 당시 인말샛트에서 제공되는 서비스는 <표 3-3>과 같다.

<표 3-3> 인말샛트 현황 및 제공서비스 내용

구분	제공지역	서비스 내용	도입시기
인말샛트 A/B	태평양, 인도양	전화, 팩스, 텔렉스, 데이터	1991. 3
인말샛트 C	태평양, 인도양	단방향팩스, 텔렉스, 데이터	1993. 11
인말샛트 M/mini-M	태평양, 인도양	전화, 팩스, 데이터	1997. 1
인말샛트 AERO	태평양	전화, 팩스, 데이터	1996. 1

한국통신은 이를 도입하기 위한 기본계획을 1993년 2월에 수립하였으며, 1994년 3월에는 이 사업에 대한 설명회 및 서명식을 롯데호텔 2층 에머랄드 룸에서 가졌다. 이 행사에는 태국 CAT에서 Priti Hetrakul 부사장, 미국 COMSAT의 Chris Leber 부사장, 이태리

Telecom Italia의 Ugo Bonsi 전무, 인도네시아 Indosat의 Bambang Sulistyo 이사, 말레이시아 Telecom Malaysia의 Nik Ibrahim 사장, 필리핀 PLDT의 Roman P. Obias 부사장 등 14명이 참석하였다.

그리고 국내 항공사에서는 대한항공의 이태원 부사장, 아시아나항공의 박용태 부사장, 삼성항공의 노석호 부사장이 참석하였다. 또한 국내에 있는 태국항공, 유나이티드에어라인, 에어차이나, 영국항공, 말레이시아항공, 뉴질랜드항공, 바스피브라질항공, 시타, 사우디항공, 소련국영항공, 캐세이퍼시픽, 동방항공, 알이태리항공에서 책임자 등 총 23명이 참석하였다.

한국통신에서는 김상국 부사장, 신동호 경영기획실장, 이정욱 기술기획실장 등 14명이 참석하였으며, 경과보고에 이어 협정서 서명이 있었다. 한국통신은 여기에 120억 원(지분율 1.72%)을 투자하여 투자순위 14위를 확보하였다. 한편 한국통신은 해상조난 안전통신에 대비하여 동보 기능이 확보되어야 하여 17억 원의 예산을 투입하여 금산지구국에 인말샛트(INMARSAT) 1식을 보강하였다.

나. 인말샛트 사업이 조정시행

1997년도 인말샛트 사업추진상황을 정리하면 다음과 같다(GMPCS 및 인말샛트 사내업무 체계정립, 1997. 10. 22, 무선사업본부).

① 수입상황은 수입목표 129억 원, 수입실적(1997. 9) 84억8천4백만 원으로서 달성율 65.76%로 나타났다. ② 외국의 지구국을 이용하는 인말샛트 mini-M 중계서비스를 도입하고, mini-M 단말기 임대서비스를 도입하였다(1997. 9). ③ 금산지구국을 이용한 인말샛트 B, 인말샛트 M, 인말샛트 mini-M의 직접서비스를 도입한다(1997. 11). 이를 위해 mini-M SIM카드 서비스를 도입하고 필요한 SIM카드를 제조한다. 여기에서 SIM (Subscriber Identification Module)는 개인별 과금기능 카드를 말한다. 또한 ACARS 항공데이터 통신서비스를 도입한다(1997. 12).

당시 마케팅본부에서 추진한 이 업무를 무선사업본부로 이관하였으며, 기업고객을 대상으로한 영업활동은 현행대로 기업고객영업센터(전략영업본부)에서 취급하였다. 그러나 당시 가입자로는 대한항공(10회선), 아시아나항공(2회선), 삼성항공(1회선)이 전부여서 1996년-1997년에 적자를 면치 못하고 있었다. 이러한 상황에서 1998년 5월 한국통신 무선사업본부장(서용희)은 이 사업의 중단을 부사장(이정욱)에게 건의하였다.

당시 한국통신은 출자회사 전환을 앞두고 있어 사업구조조정을 검토하던 입장이었다. IMF 시대 정부의 외화 절감 정책에 부응하고 매년 19억 원의 적자를 해소하기 위해 한국통신은 이 서비스를 중단하기로 결정하였다. 한편 인말샛트 통신위성을 이용하여 이동체 간 또는 이동체와 육상 간에 전화, 팩스, 텔렉스, 데이터 등 국제간 통신서비스로 확대하기 위해서 금산위성지구국에 약 50억 원을 들여 교환기와 접속 장비를 설치하여 1996년 2월부터 서비스를 개시하였다. 이중 인말샛트를 통한 선박 위성통신을 <표 3-4>와 같이 추진하였다(1998년도 주요사업계획, 1998. 2. 9, 무선사업본부).

<표 3-4> 인말새트를 이용한 선박통신서비스

구분	인말샛트 A	인말샛트 C	인말샛트 B/M/mini-M
주 대상고객	대형선박	소형선박	소형 및 휴대용
서비스 내용	전화, 팩스, 텔렉스, 데이터	팩스, 텔렉스, 데이터	전화, 팩스, 데이터
특징	아날로그 통신	요금저렴, 단방향	디지털통신

한국통신은 B/M/mini-M 금산지구국을 개통하였으며 이 행사에는 네트워크본부장(이상복) 등 50명이 참석하였다(1997. 11. 10). 이에 따라 외국의 지구국을 경유하여 제공 중이던 인말샛트 B/M/mini-M 중계서비스를 금산위성지구국을 통하여 직접 서비스하게 되었다. 그리고 외국에 지급하던 중계료(연간 약 5억 원)를 절감하고 새로운 수입원을 창출하게 되었다.

한편 이용요금도 인말샛트-B는 510원/6초에서 300원/6초, 인말샛트-M은 500원/6초에서 330원/6초, 인말샛트 B/M/mini-M은 320원/6초에서 210원-260원/6초로 최고 41%까지 인하하게 되었다. 이는 경쟁국가의 요금에 비해 5-10%가 저렴한 수준으로 낮추게 되었다.

다. 인말샛트 디지털서비스 도입 및 통신시설 보강

국제위성 이동통신을 위한 아날로그방식인 인말샛트A 시스템을 통신위성의 회선용량을 확장하여 이용하고자 디지털 방식으로 전환하고자 하였다. 이에 따라 대체 통신설비로 육상휴대통신 이용이 가능한 인말샛트 B/M 서비스 설비를 다음과 같이 도입 추진하였다(중장기 네트워크 발전계획, 1996. 9. 10, 한국통신 네트워크본부). 이 계획의 주관부서 및 결재자는 제3장 말미의 참고자료 편에 기록되어 있다.

① 이 시스템을 태평양 및 인도양 겸용으로 설치하고, 안테나설비는 기존시설을 활용한다. 그리고 회선 수요는 서비스 개시년도인 1998년을 기준으로 Y+3년간 수요를 반영토록 한다.

② 이 시스템은 전화 35회선, 텔렉스 20회선, 데이터 5회선 규모의 인말샛트 B/W 시스템 1식을 공급한다. 이를 위한 물자는 1996년 4/4분기-1997년 3/4분기에 확보하고, 설치공사는 1997년 4/4분기에 시행한다. 그리고 1998년 1/4분기에 시험을 마치고 개통한다. 소요 예산은 1997년도에 41억2천9백만 원, 1998년도에 5억 원을 배정하여 추진한다.

또한 인말샛트 기구의 위성 중계기에 신기술이 적용되고, 서비스 보완에 따라 인말샛트 시스템의 하드웨어 및 소프트웨어 설비를 보강할 필요가 있어 다음과 같이 시행계획을 수립하여 추진하였다.

① 1995년-1996년에 취역한 인말샛트 제3세대 위성통신방식을 수용하는 설비(이중 편파 운용 등)와 CP 76, NCMS 대응설비 등 항공통신에 대한 신규서비스 및 통신망관리 기능을 수용한 설비를 확보한다. 그리고 인말샛트-시스템 서비스 개선을 위한 하드웨어와 소프트웨어 설비도 확보한다.

② 인말샛트A, 인말샛트C, AERO 시스템을 각각 1식을 공급하고, 인말샛트 IOR, POR 위성설비 1식을 보강한다.

③ 이를 위한 물자는 1997년-1999년 4/4분기에 확보하고, 시설공사는 1997년-1999년 4/4분기에 시행한다. 소요예산은 1997년에 15억 원, 1998년에 20억 원, 1999년에 25억 원을 확보 추진한다.

5. 특수 위성통신사업의 추진

5.1 한국-연길 간 직통 국제통신망

가. 중국 우전부장관에게 요청

1994년 10월 한국통신 기술기획실장(이정욱)은 중국 북경에서 개최된 1994 Asia Pacific Telecom Forum에 참석하였다(1994. 10. 24-10. 30). 이 기간 중 한국 측 유력인사(김호용 회장)의 주선으로 기술기획실장은 중국 우전부 장관, 차관, 총국장과 차이나월드 호텔(China World Hotel)에서 오찬을 하였다. 이 자리에서 한국통신 기술기획실장은 중국 우전부 장관(吳基傳)에게 연길-서울 간 위성통신망을 건설하고자 하며, 연길 측 위성지구국 시설 전부를 한국통신이 부담하는 방안을 제시하였다. 이때 우전부 장관은 이 방안에 대하여 대답이 불분명하였다(1994. 10. 26).

한편 기술기획실장은 길림성(吉林省) 연길시(延吉市) 우전국 백철수(白哲洙) 국장을 만나 그동안의 진행내용을 설명하여 주었다(1994. 10. 28). 1995년에 들어서면서 아시아 샛트(AsiaSat)를 이용한 한국-연길 간 직통 국제통신망을 구성하는 방안이 본격 논의되었다. 당시 교포밀집지역인 중국 연길 시로부터 직통 국제통신망 구성이 필요하고 이에 따른 지구국 건설을 위한 지원요청도 있었다.

한편 한국입장에서는 한중간 상호협력을 증진하고 무궁화위성의 궤도확보를 위해 아시아 샛트 위성을 이용할 필요성이 대두되었다. 이에 따라 1995년 2월에 한국통신과 홍콩 아시아샛트 회사 간에 아시아샛트의 위성 중계기 사용을 위한 서명이 이루어졌으며 1년 차에 9MHz, 2년 차에 18MHz, 3년 차에 27MHz, 4년 차에 36MHz를 임차하는 것으로 정하였다. 이를 위해 금산 제7지구국건설 계획이 추진되었으며, 향후 금산 제1지구국 대체용으로 활용할 작정이었다. 그러나 중국 측의 요청으로 이 국제통신망의 개통을 앞당기지 않을 수 없었다.

그래서 1996년 3월부터 서울 제3위성지구국을 임시로 이를 위한 국제통신망을 구성하여 사용한 후 11월부터 금산 제7위성지구국으로 변경하여 사용하는 계획을 세우게 되었다. 이에 따라 네트워크본부에서는 서울시 광진구 자양동에 위치한 서울지구국에 안테나 1식(13m)과 위성장비 1식(IDR 2Mbps 75회선)을 1995년 12월에 준공하였다. 이를 위해 21억8천만 원의 예산이 투입되었다. 또한 해외사업본부는 15억 원의 예산을 들여 중국 길림성 연길시에 연길지구국을 1996년 3월 20일에 준공하였다. 연길 측의 안테나시설, 전원시설과 건물은 중국에서 제공하였다.

나. 한일 간 위성조정협약 위반문제의 대두

양국의 위성지구국은 준공되었으나 몇 가지 풀어야 할 현안문제가 남아 있었다. 정보통신부는 1992년 10월 일본과의 위성망 조정회의에서 양국 내에는 아시아샛트 지구국을 설치하지 않기로 합의한 바가 있었다. 이와 관련하여 합의된 내용에는 일본 측은 무궁화위성이 동경 116도를 사용하고 아시아샛트-BK가 동경 114도로 변경하도록 최대한 협력키로 한다고 되어 있었다.

또한 한국 측은 무궁화위성에 간섭을 주지 않는 범위 내에서 타이 샛트(Thaisat)의 궤도를 동경 120도에서 동경 118로 변경하는 방안을 긍정적으로 검토키로 한다고 되어 있었다. 이러한 합의를 하게 된 것은 당시 우리 측의 무궁화위성 1호는 아시아 샛트-BK와 동일 궤도에서 추진되고 있었고, 일본 측의 경우는 일본 SJC-2와 타이 셋트-A3가 동일 궤도를 가지고 충돌하고 있었다. 이와 같은 문제를 안고 있는 양국은 향후 아시아·태평양 지역에서의 지역위성 계획에 대해 자국 국내 위성의 보호를 위한 공동대처가 불가피한 상황이었다.

이런 면에서 아시아 샛트를 이용한 서울-연길 간 국제직통통신망 건설은 한일 간 위성 조정협약을 위반하고 있었다. 이 문제를 일본과 공식적으로 협의하자니 최소한 6개월 이상이 소요될 것으로 판단되어 협의 시간이 부족하였다. 그래서 개통행사는 계획대로 추진하되 가능한 사내행사로 축소하였고 언론기관에 홍보도 지양하도록 요청하였다. 한편 정보통신부에서는 3월 20일에 일본에 양해 서신을 보내 이 내용을 통보하였다.

이처럼 어려운 과정을 거쳐 서울-연길 간 직통 국제통신망 개통기념행사를 1996년 3월 22일에는 한국통신 본사에서 가졌다. 이 행사에는 서울 측에 한국통신 이준 사장, 이정욱 네트워크본부장, 강민호 해외사업본부장, 우승술 전략영업본부장과 손 주한 중국공사가 참석하였다. 그리고 중국 측에서는 DGT 부국장, 연길시장 등이 참석하여 기념영상대담을 가졌다.그 후 당초 계획대로 한-연길 간 직통 국제통신망을 위한 금산 제7위성지구국의 건설이 추진되었다.

선행공사로서 전용 아시아샛트 지구국 기계실과 금산지구국 집중감시 시스템실 통합을 위한 상면을 확보하고 금산 1,2국, 7국 및 5국 기계실을 통합 설치가 가능하도록 금산위성지구국에 49억 원의 예산을 들여1,750m²(530평)를 증축하였다. 그리고 위성통신시설을 위해서는 총 소요예산은 39억 원을 편성하였으나 23.4억 원을 들여 아시아 샛트 지구국을 1996년 8월 15일에 착공하여 12월 20일에 준공하였다(96 네트워크 건설사업 추진실적, 네트워크본부, 1996. 12).

금산 제7 위성지구국과 연길 위성지구국을 100.5도 각도로 연결하는 통신망을 위해 안테나는 (주)하이게인, 통신시설은 미국 WSI, 건물은 (주)세기건설이 각각 담당하였다. 1997년 초의 아시아 샛트 임차중계기의 활용상황을 보면 서울-연길 간 국간 중계용으로 9MHz 대역 중 4MHz를 사용하고, 1997년부터 매년 9MHz 씩 추가임차 하여 1999년까지 최대 36MHz를 사용할 계획이었다(주요업무보고, 위성사업본부, 1997. 1. 10). 당시 중계기 임차료로 1년 차(1996. 2)에 50만 USD, 4년 차(1999. 2)에는 238만 USD를 지불하게 되었다.

또한 선박과 항공위성의 비상복구를 위해 금산 제8 위성지구국의 건설도 동시에 추진되었다. 이 지구국의 건설에는 19억8천만 원이 투입되었으며 (주)하이게인에서 안테나를 건설하였고 통신시설은 미국 IDB에서 공급하였다. 이 공사가 1996년 말에 끝나자 두 지구국의 준공기념식이 1997년 1월 7일 금산지구국 현지에서 거행되었으며 먼저 기념식수와 준공기념 테이프 컷팅이 있었다. 기념식에서 네트워크 본부 국제통신계획국장(전병섭)의 경과보고에 이어 네트워크 본부장(이정욱)이 기념사를 하였고, 금산군수(김현근)가 참석하여 축사를 하였다.

전체적으로 보아 위성통신 시설은 1996년에 180회선을 증설함으로써 1996년 말에는 총 8,105회선을 확보하였으며, 국제관문국으로 광화문, 목동, 부산의 3개국과 위성지구국 15기(금산 7기, 보은 5기, 서울 3기)를 운용하였다. 1997년에는 금산지구국의 시설을 통합하였으며, 금산위성지구국과 광화문국제관문국 ITMC 간에는 E1×2를, 금산위성지구국과 대전국제관문국 ITMC 간에는 E1×1의 전송로를 구성하였다.

5.2 초고속 위성통신망 사업추진

가. 범세계적인 위성통신의 방향

초고속위성망이란 Ka 밴드 주파수(30GHz/18GHz)를 이용하여 정지궤도 또는 저궤도 위성에 교환장치를 탑재하여 직접 초고속 멀티미디어 서비스를 제공할 수 있는 통신망을 말한다. 이 위성망의 특징은 우선 위성에 교환기능이 있고, 위성 간에 중계링크가 있으며, 가입자가 지상 통신망을 경유하지 않고 직접 위성과 접속되는 것이었다. 그리고 셀 구조의 고출력 다중 빔 방식으로 통신용량이 증대되고, Ka 밴드 주파수를 이용하여 광대역 멀티미디어 통신을 할 수 있는 통신망이다.

또한 이 통신망은 비대칭 데이터 구조로 전송속도는 16Kbps-8Mpbs 정도를 제공하였다. 반면 강우의 영향이 심하고 가용율이 99.5% 정도로 낮으나, 범세계적인 초고속통신망 구성이 가능하다는 장점도 가지고 있었다. 1990년대 하반기 한국통신은 범세계적으로 활발히 추진되고 있는 초고속 위성통신망에 대한 상황을 분석하고 사업진입 방향을 제시하였다(초고속위성망 사업분석, 1997. 8, 한국통신 네트워크본부).

첫째, 과거의 위성통신 기술은 정지궤도 위성을 이용하여 주로 음성통신, TV 중계를 하는 방식이었고, 인텔샛트 등 국제기구 중심의 국제통신 위주로 발전하였다. 1998년 현재에는 저궤도 위성을 활용하여 이동통신 중심의 디지털 DBS로 발전되고 있다. 그리고 이리듐(Iridium), ICO 등 민간업체 중심으로 가고 있다.

둘째, 미래 2000년대에는 저궤도 및 정지궤도 위성을 이용하여 초고속데이터, 영상통합서비스를 제공하는 쪽으로 향하고 있다. 이를 위해 ASTROLINK 등 민간업체 중심으로 발전되고 있다. 특히 Ka 밴드 초고속위성망 구축을 위한 신기술로는 위성에 교환장치를 탑재하여 운용하는 기술인 OBP(On Board Processing), 위성과 위성 간 중계용 회선을 구성하는 기술인 ISL(Inter Satellite Link), 위성빔 각도를 매우 작게하고 주파수를 재사용하는 기술인 PAA(Phased Array Antenna) 등이 있다. 당시 이 기술들은 1993년부터 NASA 주도로 적극적으로 개발되고 있다.

셋째, 앞으로 위성통신 주요서비스로는 저궤도 위성을 이용한 위성 이동통신 서비스(GMPCS), 디지털 다채널 방송(DBS), 초고속 위성을 이용한 멀티미디어 서비스가 대두되고 있다. 2000년대를 향한 위성통신 선진국의 상황을 보면 미국을 중심으로 Ka 밴드의 범세계 초고속 위성통신망 사업이 경쟁적으로 추진되고 있다.

넷째, 이 사업들은 대부분 위성제작사가 주관하고 있고, 이때 정지궤도를 이용하여 세계를 대상으로 한 Ka밴드 위성망 구축계획은 20여개 이상이 추진되고 있다. 그 중 대표적인 프로젝트는 <표 3-5>와 같다.

<표 3-5> 정지궤도 위성통신 프로젝트

구분	Astrolink	Spaceway	Cyberstar
주도업체	Lockheed Martin	Hughes	Loral
서비스 지역	전 세계	전 세계	일부지역 제외
위성 수	9개	15개	3개
총 투자비(US$)	3.75B	3.0B	1.05B
서비스 개시	2000년 초	1999년 초	2000년 초

다섯째, 저궤도 위성을 이용하는 대표적인 프로젝트로는 Teledesic과 Celestri가 있다. Teledesic은 McCaw. MicroSoft가 주도하는 프로젝트로서 총 9B US$의 투자비를 들여서 288개의 위성을 쏘아 올려 전 세계를 서비스지역으로 한다. 그리고 Celestri는 모토롤라가 주도하고 투자비 총 12.9B US$를 투입하여 63개의 위성을 운용하여 전 세계를 서비스지역으로 하는 프로젝트이다. 이들 두 개의 서비스는 모두 2001년 초에 개시되는 것으로 추진되고 있다.

나. 국내외적으로 위성통신 사업의 가속화

당시 세계적인 컨설팅회사들의 Ka밴드 위성사업에 대한 기본적인 평가는 일단 긍정적이었다. Ka 밴드에 대한 수년간의 연구로 소요 기술의 실현 가능성은 확인하였으나 상용화를 위한 기술의 성숙도는 미흡한 상황이었다. 그리고 투자시기에 대해서는 기술적 성숙도 미흡 등으로 아직은 이르다는 평가와 가능하다는 의견으로 양분되고 있었다. AT&T, BT, KDD 등 세계 주요통신사업자들은 대체로 사업에 불참하고 있고, 여전히 지상망을 선호하고 있었다.

당시 국제위성 기구는 위성통신 분야의 경쟁 가속화에 대응하기 위한 변신 움직임이 있었다. 인텔샛트(INTELSAT)는 1999년부터 기존의 kU 밴드를 이용한 DBS, 멀티미디어, VSAT 등을 제공할 민간회사 형태의 자회사를 설립하고 있었다. 그리고 1995년부터 Ka 밴드 위성망에 대한 기술적 타당성을 연구하고 있었으며, 구체적인 Ka 밴드 사업계획은 당시 논의 중이고 미확정 상황이었다.

그리고 인말샛트(INMARSAT)는 2001년부터 휴대형 멀티미디어(64Kbps-512Kbps) 서비스를 제공하기 위한 제4세대 위성을 이용한 HORIZONS 프로젝트를 추진 중이었다. 이 계획은 수용용량, 통신망 구성, 기술성에서 Ka 밴드 초고속위성망과는 근본적으로 차이가 있었다. 일부 서비스 분야에서 Ka 밴드 위성사업과 기본적으로 상호 보완적인 관계가 있는 것으로 파악되었다.

한편 국내 동향을 보면 위성, 단말기 등의 제작 및 통신사업 진입을 목적으로 대기업 중심으로 적극적인 투자 움직임이 나타나고 있었다. 삼성전자는 Spaceway에 단독으로 출자하고, LG정보통신은 Astrolink의 아시아지역 위성에 투자하고 있었다. 그리고 데이콤은 Orion 위성의 중계기 8기를 구매하고, 현대전자는 Cyberstar 투자를 타진하고 있으며 Teledesic에 관심을 기울이고 있었다. 또한 SK텔레콤 등에서도 사업을 준비하고 있었다.

다. 한국통신의 초고속위성망 추진

이러한 상황에서 한국통신은 초고속위성망의 실현 가능성, 장래성, 활용도 등을 다음과 같이 검토하였다(초고속위성망 사업분석, 1997. 8, 한국통신 네트워크본부).

첫째, 초고속위성망의 긍정적인 면은 통신망 구축 및 이용요금이 저렴하고, 전 세계적인 통신망 구축이 가능하며, 멀티미디어 서비스 수용이 용이하다. 그리고 위성 중심의 가입자망을 구축 가능하고, 지상 초고속통신망의 백업용으로 이용될 수 있으며, 재난재해 비상복구용으로 활용할 수 있다. 초고속위성망의 부정적인 측면은 기술적인 성숙도가 미흡하고, 초기시장이 불확실하며 가용율이 위약한 점이다. 그리고 벤처사업의 성격을 가지고 있고, 사업추진일정이 지연되고 있으며, 투자비의 추가부담 가능성이 농후하다는 것이다.

둘째, 중장기적으로는 대단위 수요가 잠재된 사업이고, 현시점에서 기술적인 성숙도는 미흡하나 향후 상용화는 가능하다. 그리고 유사목적의 xDAL, LMDS, 케이블 모뎀과 경쟁관계가 될 것이다. 활용도 면에서는 영상분배 등을 위주로 한 멀티미디어 서비스에 활용이 되고, 인터넷, LAN, WAN 등 컴퓨터 데이터 네트워크와 연결되며, 원격진료, 교육 등 공익성 서비스와 기업 전용망에 이용될 것이다.

이에 따라 한국통신은 초고속위성망 사업에 대한 향후 추진 방향을 다음과 같이 정립하였다(초고속위성망 사업분석, 1997. 8, 한국통신 네트워크본부).

(1) 국내시장을 보면 인터넷을 위시한 멀티미디어 서비스의 활성화로 국내외 초고속 통신시장이 급속하게 성장하고 있고, 특히 영국 DTT 컨설팅의 분석에 의하면 초고속위성망은 지상 매체와 경쟁 또는 상호 보완관계이며 초고속 시장의 10%-15% 점유가 예상된다고 하고 있다.

(2) 현재 수십 개의 Ka 밴드사업이 추진 중이나 시장의 대부분이 초기 진입한 3-4개의 사업체에 집중될 것으로 전망되고, 국제기구에서도 Ka 밴드 위성망에 대한 많은 관심을 보이고 있으나 관료적 조직 성격상 신속한 사업 추진력은 결여되어 있다.

(3) 투자규모 면에서는 저궤도 위성보다 정지궤도 위성이 바람직하다. 저궤도 위성 Ka 밴드 위성망 투자비는 정지궤도 위성보다 3배 이상 고가이다. 음성 등 일부 실시간 통신을 제외하면 멀티미디어 서비스 제공에 큰 차이점이 없다.

(4) 정지궤도를 이용한 프로젝트 중 가장 바람직한 투자대상은 Lockheed Martin 사에서 추진 중인 Astrolink로 판단된다. 이 회사는 1993년부터 NASA 주도로 수행 중인 Ka 밴드 위성망 연구에 깊이 관여하여 타 사업자보다 많은 기술이 축적된 것으로 판단된다. 총 5개의 궤도 중 아시아 태평양 상공의 위성 궤도가 동경 130도로 우리나라와 가장 근접한 위치이다. 투자 규모는 이사 1명을 선임하여 사업경영에 직접 참여 가능한 수준이 지분의 34% 선(612억 원)이다.

위와 같이 검토한 결과, 초고속위성망은 기술적으로 성숙되지 못한 벤처 프로젝트의 성격이 강하나 위성사업의 미래는 Ka 밴드를 주 무대로 전개될 것인바 적정규모의 사업참여가 바람직하다고 보았다. 그리고 한국통신은 통신사업 이외에 부가적인 이익이 없으므로 필수적으로 국내외 사업권(영업권)을 확보해야 하며, 이 사업의 추진은 ICO 등 국제 위성통신 업무를 담당하는 부서에서 추진하는 것이 효율적인 것으로 판단하였다.

한편 1990년대 하반기 한국통신은 초고속통신 수요충족을 위해 위성 시설을 확충하였다

(1998년도 주요업무계획, 1998. 2, 한국통신 네트워크본부). 우선 초고속 전용회선의 수요를 충족하기 위해 위성 시설을 확충하고, 인텔샛트, 아시아샛트, VSAT 위성 시설을 증설하였다. 그리고 인말샛트 표준규격을 변경하여 시스템을 보강하였다. 다음에는 1998년도 사업으로 인텔샛트 시설 3식 증설, 아시아샛트 위성 시설 1식 증설, 인말샛트 시설 1식 보강 등 5식을 시행하였다. 이를 위한 소요예산은 17억 원을 확보하였으며 이 증설계획은 1998년 착공 1998년 개통으로 추진하였다.

참고자료

(1) 위성통신사업의 발전방향(1994. 5)

한국통신은 21세기 위성통신 시대에 대비하고 통신과 방송이 점진적으로 통합되어가는 추세에 따른 위성통신사업 발전계획을 수립 추진하였다(한국통신의 통신사업 발전방향). <주요내용> ① 무궁화호 위성을 1996년에 발사한다. ② 무궁화 위성방송의 전송방식을 디지털 시스템으로 확정하고 방송에 필요한 송수신장비를 조속히 개발 추진한다. ③ 한국통신은 한국, 중국, 필리핀 등 아시아지역을 위한 지역통신위성을 조속히 개발한다. ④ 통신과 방송의 통합추세에 따라 방송사업에도 적극적으로 참여한다. 이 계획은 기술기획실 종합계획부장(오재길), 통신망계획1국장(박학송)이 주관하고 실장(이정욱), 부사장(김상국), 사장(조백제)의 결재로 확정 시행되었다.

(2) 무궁화위성의 기술발전계획(1995. 2)

한국통신은 제2세대 무궁화위성의 개발을 위한 기술발전계획을 수립 추진하였다(무궁화위성 기술발전계획). <주요내용> ① 중장기적으로 위성기술의 자립을 위해 우주위성센터를 구축한다. ② 1999년까지 소형 통신위성을 개발하며 2005년까지 저궤도 이동위성 통신기술을 개발한다. ③ 제2세대 무궁화위성의 국내 제작기술을 확보한다. ④ 산학연 합동 연구체제를 구축하고 위성통신사업추진위원회를 구성한다. ⑤ 항공우주연구소에 차세대 위성버스 핵심부품을 개발하게 하고 한국전자통신연구소(ETRI)는 위성통신 주파수 등록기술을 지원하는 연구과제를 수행한다.

이 계획은 기술기획실 종합계획부장(오재길), 통신망계획1국장(박학송)이 주관하고 실장(이정욱), 부사장(김상국), 사장(조백제)의 결재로 확정 시행되었다.

(3) 국제위성통신망의 구축 및 운용계획(1996. 9. 9)

한국통신은 우리나라 전체 국제위성통신망을 효율적으로 운용하기 위한 중장기계획을 수립 추진하였다(중장기 네트워크 발전계획, 네트 2510-3162). <주요내용> ① 금산위성지구국은 인텔샛트 60도 등 6개 루트를 위성과 연결 운용한다. ② 금산위성지구국 1국과 2국 및 긴급복구지구국, 아시아샛트지구국을 증축 국사로 이전 통합한다. ③ 보은위성지구국은 인텔샛트 63도 등 4개 루트를 위성과 연결 운용한다. ④ 서울위성지구국은 아시아샛트, 인텔샛트 위성과 연결 운용하고, SAN 지구국은 P-21 위성과 연결한다. 이 계획은 네트워크본부의 시설계획부 이재춘 과장, 오경래 시설계획부장, 엄재건 종합기획국장이 주관하고 김기천 시설운용실장, 이정욱 본부장, 이준 사장의 결재로 확정되었다.

(4) 위성통신 중장기 발전계획(1996. 9. 10)

한국통신은 2000년대 위성통신 시대에 대비하여 우리나라 위성통신 중장기 계획을 수립 추진하였다(중장기 네트워크 발전계획, 네트2510-3162, 한국통신 네트워크본부). <주요내용> ① 국제위성통신망을 고도화, 다원화하고 운용시설을 통합 추진한다. ② 국제위성통신망의 고도화를 위해 DAMA 서비스 설비를 1997년에 도입하고 국제위성전송로의 디지털화를 1997년-1998년에 완성한다. ③ 금산위성지구국을 대상으로 국제위성 통신시설의 통합운용체제를 1997년-1998년에 구축한다.

④ 국제위성전송로의 다원화를 위해 비 인텔샛트계 위성지구국을 1997년-1999년에 건설한다. ⑤ 국제위성 이동통신을 위한 아날로그방식의 인말샛트A 시스템을 디지털 방식으로 전환한다. ⑥ P-21 위성휴대통신망을 구축하고 이를 위해 P-21 SAN 지구국을 1997년-1999년에 건설한다. 이 계획은 네트워크본부 시설계획부 4급행정(이재춘), 시설계획부장(오경래), 종합기획국장(엄재건)이 주관하고 시설운용실장(김기천), 본부장(이정욱), 사장(이준)의 결재로 확정 시행되었다.

(5) 무궁화위성을 이용한 재해통신망 구축계획(1996. 10)

한국통신은 무궁화위성을 이용하여 전시, 지진, 태풍, 홍수, 해일, 설해, 화재 등으로 기간통신망에 고장이 발생하였을 경우 SNG를 이용하여 재해통신망을 구축하는 계획을 수립하였다(무궁화위성을 이용한 재해통신망 구축계획). 이 계획은 네트워크본부의 시내전송운용국장(신호기)이 주관하고 시설운용실장(김기천), 본부장(이정욱)의 결재로 확정 시행되었다.

(6) 국제위성휴대통신지구국 건설 기본계획(1996. 11)

1990년대 중반 한국통신은 중궤도에 소형 통신위성을 발사하여 전 세계를 단일 위성통신 통화권으로 구축하는 Project 21 사업에 참여하기로 결정함에 따라 동북아지역을 담당하는 국제위성휴대통신 지구국을 한국에 건설하는 계획을 수립 추진하였다(국제위성휴대통신 지구국 건설기본계획). 이 계획은 네트워크본부 국제위성시설부장(정창현), 국제통신계획국장(전병섭)이 주관하고 시설운용실장(김기천), 본부장(이정욱), 부사장

(김노철), 사장(이준)의 결재로 시행되었다.

(7) 국제위성 휴대통신서비스 관문국 건설계획(1996. 12)

한국통신은 국제위성 휴대통신서비스를 위한 관문국을 설치 운용하는 계획을 수립 추진하였다(1997년도 정보통신 네트워크 건설사업계획). 이 계획에는 1996년에 관문지구국 위치를 선정하고, 지상시설 설치공사를 1998년-1999년에 시행하여 2001년 1월 서비스를 개시하는 것으로 하였다. 이 계획의 주관부서는 네트워크본부 국제위성시설부장(정창현), 국제통신계획국장(전병섭)이 주관하고 시설운용실장(김기천), 본부장(이정욱), 부사장(김노철), 사장(이준)이 결재로 확정되었다.

(8) 위성사업본부 신설 및 초기 간부들(1995. 5)

한국통신은 무궁화 위성사업을 적극적으로 수행하기 위해 위성사업본부를 신설하여 그 본부에 위성심의조정실, 위성통신연구실, 계획국, 영업운용국, 위성기술국, 위성감리국을 두고, 현장조직으로 서울위성지구국과 용인위성관제소를 운용하였다. 1995년 간부진을 보면 본부장 황보한, 사업국장 고원상, 감리1실장 현용선, 감리2실장 이규종, 감리3실장 김명석, 위성연구실장 김홍수, 용인위성관제소장 윤용중으로 보직되었다(2급이상 직원직위 일람표, 1995. 5. 6, 한국전기통신공사). 이중 이규종, 김명석, 정기환 등 3명은 전문연구원으로 초빙한 재미 과학자였다. 1997년 위성사업본부 운용인력은 일반직 376명, 연구직 60명, 청원경찰 20명 등 총 376명으로 구성되었다(1997년 3월).

(9) ICO 투자관리(주) 운영개선(1997. 10. 23)

한국통신은 국제위성 휴대통신서비스가 1997년 이후 6년간 수입이 없을 것으로 예상됨에 따라 이를 전담할 투자관리회사의 운영개선방안을 수립하였다(ICO 투자관리(주) 운영개선). <주요내용> ① 2000년에 서비스를 개시할 계획이나 실제 이익배당은 2003년에 가서나 가능하다. ② ICO 투자관리(주)는 전담 요원없이 명목상 회사로 운영한다. ③ 대표이사와 직원은 본 사업 관련 한국통신 임원과 직원이 겸무한다(네트워크 2570-3489). 이 계획은 네트워크본부 국제통신계획국 국제기구관리부 과장(하향순), 부장(정병윤), 국장(전병섭)이 주관하고 본부장(이상복), 부사장(이정욱), 사장(이계철)이 결재하여 시행되었다.

제4장
이동통신시대로의 진입

1. 초기 이동체통신시대

1.1 이동통신서비스의 시작

가. 한국통신의 이동통신서비스 개시

1980년대 중반 한국통신은 무선호출서비스와 자동차 다이얼전화(MTS) 서비스를 확대 공급하기 시작하였다. 이러한 이동체 서비스 수요의 완전 충족을 위해 서울, 부산, 대구, 광주, 대전 등 대도시지역에 시설을 확대 공급하였다(전기통신 주요사업계획, 1984, 한국전기통신공사). 이들 시설은 시내전화와 같이 다이얼로 호출되는 자동방식이었으며, 자동차 다이얼 전화는 시외 국번호, 무선호출서비스는 시내 국번호를 사용하게 하였다.

이 서비스는 수도권은 1984년부터 제공하고, 경상도, 전라도, 제주도 지역은 1986년부터 공급하며, 충청도, 강원도 지역에는 1987년 이후에 공급하는 계획을 세웠다. 이 2개 이동체 서비스에 대한 1980년대 후반기(1984년-1988년)의 확장계획은 <표 4-1>과 같다(전기통신 주요사업계획, 1984, 한국전기통신공사).

<표 4-1> 이동체 통신서비스 확장계획

구분	1984년	1985년	1986년	1987년
무선호출서비스	8,000	28,000	36,000	40,000
자동차다이얼전화(MTS)	3,000	5,000	14,300	15,000

이후 6차 5개년계획이 시작되면서 정부와 한국통신은 이동체 통신시설의 확충을 다음과 같은 방침을 세워 추진하였다(제6차 경제사회발전 5개년계획, 1986. 10, 통신부문계획위원회).

첫째, 차량 전화는 전국을 6개 서비스 권역으로 나누어 주요 도시 및 고속도로망에 확대하고, 무선호출은 전국 도청소재지 중심으로 9개 서비스 권역으로 구분하여 음성 및 표시방식(Tone & Display)으로 전국으로 확대 공급한다. 6차 5개년계획 기간에 차량 전화 38,050회선, 무선호출 91,050회선을 증설하며, 연도별 추진계획은 <표 4-2> 및 <표 4-3>과 같다. 그리고 이를 위한 무선국을 증설하여 1986년에 8만7천개, 1991년에 17만5천개, 1998년에 23만4천개, 2001년에는 52만개를 운용한다.

<표 4-2> 차량 전화 공급 제6차 5개년계획

구분	1986년	1987년	1988년	1989년	1990년	1991년
차량 전화 수요	-	14,000	19,000	25,000	33,000	44,000
당년 공급(회선)	-	2,600	2,250	12,450	5,200	15,550
시설 누계(회선)	11,000	13,600	15,850	15,850	33,500	49,050

<표 4-3> 무선호출 공급 제6차 5개년계획

구분	1986년	1987년	1988년	1989년	1990년	1991년
무선호출 수요	-	56,000	70,000	85,000	103,000	129,000
당년 공급(회선)	-	20,000	16,550	12,200	19,700	22,600
시설 누계(회선)	41,500	61,500	78,050	90,250	109,950	132,550

둘째, 국내위성 통신방송사업을 추진한다. 이를 위한 기본방침은 우주개발의 일환으로 범국가적인 우주개발 기본정책 하에 추진하고, 1990년대 중반 통신위성을 운영하도록 추진한다. 이에 따라 위성 통신방송시스템 엔지니어링 연구를 1987년-1988년에 시행하고, 1989년에 사업전담기구를 설치하며 정부방침을 결정한다. 그리고 1992년- 1995년에 위성을 확보토록 한다.

그 후 1990년대 중반에 들어서면서 한국통신은 광대역 이동통신서비스를 제공하는 등 이를 위한 세계 광역통신망을 본격 구축하기로 결정하였다(1994년도 주요업무 발전계획, 1993. 7. 26, 한국통신 기술기획실). 특히 저궤도 위성을 이용하여 전 세계를 서비스 영역으로 하는 개인 통신서비스의 추진을 결정하였다. 당시 이를 위한 위성 서비스의 세계 각국 추진상황은 <표 4-4>와 같다.

<표 4-4> 개인 통신서비스를 위한 위성통신 상황(1993. 7)

프로젝트명	이리디움	글로벌스타	프로젝트 21
개발회사	모토롤라	로럴/퀄컴	인마샛트
위성 수	66	48	24-40
서비스 개시	1998년	1997년	1998년

이에 따른 국내업체의 동향을 보면 한국이동통신(KMT)은 이리디움, 현대전자는 글로벌스타에 참여 의사를 밝히고 있었다. 이때 한국통신은 인마샛트(INMARSAT) 이사국이며, 인마샛트를 이용한 해사위성 통신서비스를 제공하고 있었다. 그리고 1994년에 프로젝트21 사업에의 참여계획을 수립하였으며, 이 사업은 국제기구에서 추진 중으로 사업의 안전성이 있고 타 사업보다 참여가 용이한 면이 있었다.

한국이동통신(주)는 서울(2), 부산, 광주, 대구, 대전 등 5대 광역시에 이동전화교환기(216,756회선)를 설치하여 운용하였다. 이때 한국통신과의 접속은 46,446회선으로 구성되었다. 한편 신세기통신(주)는 서울에만 이동전화교환기(13,860회선)를 운용하였으며, 한국통신과는 1,500회선으로 접속되었다(1996. 5). 이때 이동통신 사업자들이 교환국과 기지국을 건설하면 한국통신은 이 통신망을 한국통신의 서울시외전화국으로 연결하여 이동전화서비스를 제공하는 방식이었다.

이때 서울시내 가입자가 서울시내로 연결하는 경우, 서울가입자-서울시내전화국(KT) - 서울시외전화국(KT)-서울교환국(KMT)-서울기지국(KMT)-서울가입자로 접속하였다. 또한 강릉시내 가입자가 강릉 시내로 접속할 때는 강릉가입자-강릉시내전화국(KT)-강릉시외전화국(KT)-서울시외전화국(KT)-서울교환국(KMT)-강릉기지국(KMT)-강릉가입자로 구성되는 방식이었다. 이 경우 한국이동통신(KMT)에서 강릉교환국을 보유하지 못한 관계로 강릉에서 서울로 다시 강릉으로 연결되었다.

나. 무선호출서비스 개시

전화 등을 이용하여 무선호출 수신기를 휴대한 가입자에게 일방적으로 용무가 있음을 숫자나 문자로 알려 전화를 걸게 하는 이동통신 서비스를 무선호출서비스라고 하였다. 이 서비스를 위한 통신망은 무선호출교환기와 기지국으로 구성된다. 이를 위한 초기 통신망은 교환망을 서울에 설치하고 무선망은 수도권 전역에 설치하였으며 중기 이후에는 교환망과 무선망을 가입자 수용에 따라 용량만 증설하는 방향으로 추진하였다. 그리고 상호 접속을 위한 관문국으로 PSTN은 시내교환기(탠덤), 시외교환기를 사용하였고 무선망은 무선호출교환기를 이용하였다. 타 통신망과는 PSTN을 경유하여 접속함을 원칙으로 하였으며, 사업자간 협정으로 직접 접속이 가능하였다. 당시 10개 무선호출사업자는 <표 4-5>와 같다.

또한 한국이동통신(주)는 9개 도시, 10개 지역통신사업자는 지역별로 무선호출교환기를 설치 운용하였다. 이 통신망은 신규사업자가 무선호출교환국과 기지국을 구축하면 한국통신은 시내전화국 또는 시외전화국과 연결하여 무선호출서비스를 제공하였다(중장기 네트워크 발전계획, 1996. 9, 한국통신 네트워크본부). 이를 위한 통신망은 <표 4-6>과 같이 구성되었으며 여기에서 접속회선은 한국통신-이동통신사 간의 구성회선 수이고 단위는 회선이다. 이때 상호접속망의 인터페이스는 DS1 급의 중계선 접속으로 하였고 신호방식은 R2 신호를 채택하였으며, 이 서비스에서 상호 접속에 따른 과금은 필요하지 않았다. 이때 무선통신서비스를 위한 상호접속의 세부내용은 <표 4-7>과 같고, 여기에서 KMT(Korea Mobile Telecom)는 한국이동통신(주)이며, KPT는 한국항만전화(주)를 말한다.

<표 4-5> 무선호출사업자 현황(1996년)

사업자명	담당지역	사업자명	담당지역
서울이동통신	서울	충남이동통신	충남
나래이동통신	서울	전북이동통신	전북
부일이동통신	부산	강원이동통신	강원
세림이동통신	대구	새한이동통신	충북
광주이동통신	전남	제주이동통신	제주

<표 4-6> 초기 무선호출통신망의 구성(1996. 5)

구분	무선호출교환기 설치지역	시설수	접속회선
한국이동통신	서울(5), 부산(2), 광주(1), 대구(2), 대전(1) 전주(1), 춘천(1), 원주(1), 제주(1)	34,499	24,702
지역이동통신	지역별(1)	38,667	25,770

<표 4-7> 무선통신서비스를 위한 상호접속

접속사업자	접속유형	접속번호	접속점	접속회선
KT-KMT	전화망-이동통신망	011	서울2, 대전, 대구, 부산, 광주 등 6개	DS1급 1,496회선
	전화망-무선호출망	012	시내탠덤, 시외계위	DS1급 576회선
KT-KPT	전화망-항만전화망	0131	8개소(시내DOD방식)	270회선
무선호출 지역사업자	전화망-무선호출망	015	시내탠덤, 시외계위	DS1급 341회선

예를 들어 서울가입자가 서울가입자를 호출하는 경우를 보면, 서울가입자-서울시내전화국(KT)-서울시내전화집중국(KT)-무선호출서울교환국(KMT)-서울기지국(KMT)-서울 가입자로 통신망을 연결하였다. 그리고 전주가입자가 서울가입자를 호출할 때는 전주 가입자-전주시내전화국(KT)-전주시외전화국(KT)-무선호출서울교환국(KMT)-서울기지국(KMT)-서울가입자로 연결 구성하였다. 이때 통신사업자 별 유지보수를 위한 책임 구간은 한국통신은 접속제공교환기의 CDF의 V측까지이고, 타 사업자는 접속제공교환기의 CDF의 V측 이후로 정하였다.

이와 같이 무선호출서비스가 확장됨에 따라 한국무선호출협의회가 발족하여 서울이동통신 사장(정의진)이 회장을 맡고 있다가 1996년 말 나래이동통신 사장(김종길)이 회장으로 선임되었다. 당시 나래이동통신(주)은 삼보컴퓨터의 계열사였으며, 삼보컴퓨터는 회선임대사업자인 두루넷의 지분(10%)을 가지고 있었다. 이후 나래이동통신 사장이 두루넷 사장을 겸직하게 되어 015 사업자(11개)들이 한국통신과 계약사용 중인 전용회선을 두루넷으로 전환을 시도하였다.

이때 015 사업자들의 전용회선 사용료는 연간 300억원으로 추정됨에 따라 한국통신 공정대책실, 전략영업본부, 무선사업본부가 공동으로 전용회선 전환방지를 위해 활동하였다. 초기 한국통신은 PCS의 개념을 정립하는 일이 필요하였다. 당시 PCS는 주민등록번호와 같이 개인전화번호(Personal Number)를 부여하는 통신서비스인 것처럼 이해하는 계층이 다수가 되어 사업영역확장 및 대정부 대응에 장애 요인으로 작용할 우려가 있었다.

이에 따라 PCS는 한국통신이 서비스제공 준비 중인 가입전화 무선접속시스템(CT2)과 향후 제공할 CT2+, WPBX, 저궤도 위성이동통신 등을 포괄하고 PN 개념의 PCS는 최종목표시스템으로 두면서 시스템 구축을 전개하는 것이 보다 효과적이라고 판단하였다. 초기에는 이런 전략적 판단에 따라 PCS 기술의 발전방향을 정하였다. 1단계에서는 단방향 발신전용인 CT2로 시작하여 단방향 발신전용 및 무선호출이 가능한 CT2+로 진전된 후 다음에 양방향 사설교환인 WPBX(Wireless PBX)를 제공하려고 하였다. 그리고 2단계에 가서 양방향 위성통신인 LEO(Low Earth Orbit)을 공급하고 양방향 개인번호 서비스인 PN을 실현한다는 구상이었다.

1.2 초기 한국통신의 이동통신사업 유실

가. SK 텔레콤의 출현

1980년대 들어서면서 한국통신은 이동통신 사업을 위해 자본금 2억5천만 원을 투입하여 한국이동통신(주)를 설립하였다(1984. 3. 29). 이 회사는 한국통신의 자회사인 관계로 정부출자회사에 속하게 되었으며, 그로부터 4년 후 이동전화, 무선호출서비스 등 업무를 개시하였다(1988. 8. 1). 이후 1992년 정부(정보통신부)는 한국이동통신(주) 사장으로 전임 한국통신 부사장(조병일)을 내정하였으며 주주총회에서 선임되었다.

그러나 김영삼 정부 시절 이동통신 민영화라는 미명하에 정보통신산업의 노른자위인 우리나라 제1의 이동통신회사를 선경그룹으로 매각되는 아픔을 겪었다(1994. 6). 한국통신 입장에서는 엄청난 수익사업인 우리나라 최초의 이동통신회사를 선경그룹에 넘긴 역사적인 사건이 벌어졌다. 당시 이동통신사업은 21세기의 첨단통신사업 중 가장 핵심적인 사업으로 부상하고 있는 시기였다. 한국이동통신(주)가 SKT로 민영화되면서 당시 이동통신(주) 조병

일 사장은 SKT 초대사장이 되었다

당시 한국통신의 미래사업에 대한 전략은 기술기획실(실장 이정욱)에서 담당하고 있었으나 담당 임원은 그 자세한 내막을 알지 못하고 있었다. 이 회사가 선경그룹으로 넘어간 후 SKT는 초대사장에 이어 다음 사장도 전임 한국통신 부사장(서정욱)을 선임하였다(1995. 3). 그 후 회사명칭은 SK텔레콤으로 변경되었다(1997. 3. 21). 이때 SKT의 주주 상황을 보면 총 발행주식 수는 6,010,524주이고, 자본금은 300억 원이었으며 주요주주 현황은 <표 4-8>과 같이 구성되었다(SKT 경영참여 및 사업관리 일원화, 1997. 10. 23, 한국통신 무선사업본부).

<표 4-8> SKT의 주요 주주상황(1997. 11)

주주명	선경	한국통신	서울은행 투자신탁	시티뱅크	기타
소유주식 수 (1000주)	1,275	1,142	664	424	2,495
소유비율(%)	21.85	18.99	10.9	7.27	40.99

선경그룹은 유공의 19.18% 이외 선경인더스트리 1.58%, 흥국상사 1.09% 등 총 21.85%의 지분을 보유하였다. 당시 한국통신은 18.99%를 보유한 제2 대주주였으나 형식상 비상임이사 1명을 경영에 참여시키는 정도에 그쳤다. 당시 SKT는 종업원 수 5,152명(정규직 3,559명, 비정규직 1,593명)으로 운영하였으며, 주요사업은 휴대전화 및 무선호출사업, 휴대전화 가입자용 단말기 판매, 해외사업 및 통신망설비 수출을 하고 있었다.

또한 SKT는 PC 통신, 멀티미디어, 케이블TV 전송망, GMPCS 사업도 추진하고 있었다. 한편 SK텔레콤은 한국통신으로부터 한국이동통신을 인수한 지 얼마 지나지 않은 1997년에는 이미 이동전화 가입자 380만명, 무선호출 가입자 685만명으로 늘어났고, 이에 따라 매출액 1조5,958억 원, 당기순이익 1,636억 원을 달성하는 초우량기업으로의 성장세를 과시하였다(1997. 6. 30). 뿐만 아니라 앞으로 SKT의 매출액 규모는 <표 4-9>와 같이 급성장할 것으로 전망되었다.

<표 4-9> SKT의 매출 규모 성장예측

년도별	1993년	1995년	1997년	2001년
매출액(억원)	4,420	13,225	27,000	80,000

1997년 말 SK텔레콤의 임원은 부회장 손길승, 사장 서정욱, 감사 이인표, 전무 목정래, 조정남, 표문수, 상무 최진모, 이원재, 유상수로 구성 운영하였다. 이때 등기이사로는 송호섭, 정태수, 윤원기, 박학준, 홍원식, 조민래, 배준진, 박성도 등 8명이었다. 비상임이사 김기천

(한국통신 초고속본부장), 비상임감사 최해용(유공전무)으로 구성되었다(1997. 11).

나. SKT에서의 한국통신의 완전철수

당시 한국통신은 SKT의 제2 대주주이었으나, 정부 정책을 수용할 수밖에 없는 정부투자기관이라는 성격상 과도기적인 지위에 불과하였다. 이러한 상황에서 한국통신이 SKT의 대주주로서의 실질적 경영 참여는 물 건너간 일이 아닐 수 없었다. 더구나 얼마 지나지 않아 정보통신부는 한국통신이 가진 SKT 지분매각을 요구하고 나섰다. 이는 한국통신은 SKT 주주에서 빠지고 아예 손을 떼라는 뜻이었다.

이때 한국통신은 SKT 관리상항을 보면 우선 기획조정실이 경영관리 총괄, 주주총회 관리 등 경영관리부서로서 역할을 하고 있었다. 그리고 한국통신 무선사업본부는 사업관리부서로서 주식배당 및 배당금 관리를 하였으며, 초고속통신추진본부에서는 이사회에 참석하고 있었다. 한편 공정대책실에서는 SKT에 직원(국장, 부장, 과장 각 1명)을 파견하여 SKT와 협력, 제휴 관계를 처리하고 있는 실정이었다.

이처럼 SKT 관리부서가 한국통신 내에서 다원화됨으로써 실질적인 경영관리를 하지 못하였고, 이사회 안건 검토 및 대응은 이사가 소속된 부서에서 처리하고 있었다. 이러다 보니 한국통신의 종합의견을 내놓지 못하고 사업관리부서가 제대로 된 역할을 하지 못하는 등 다음과 같은 문제점이 노출되고 있었다.

첫째, SKT의 지분매각 및 증자 참여 등 주요 경영관리에 대한 종합적 전략이 부재하였다. 또한 정부의 한국통신에 대한 SKT 지분매각 요구 및 이에 대한 국회 동의 등에 대해 대응책이 부재한 상황이었다. 한국통신의 SKT 지분매각과 관련된 전기통신사업법(제6조 4, 5호, 허가의 결격사유)를 보면 다음과 같이 규정하고 있었다.

① 제6조 4호 : 다른 기간통신사업자가 주식을 소유하고 있는 법인(정보통신부 장관의 승인을 얻은 경우를 제외한다). ② 제6조 5호 : 주주(출자지분의 소유자를 포함한다. 이하 같다) 1인과 그 외 대통령령이 정하는 특수 관계에 있는 자(이하 동일인이라 한다)가 총 발행주식의 100분의 33(전화 역무를 제공하는 법인의 경우에는 100분의 10)을 초과하여 소유하고 있는 법인(기간통신사업자가 허가받은 복수의 기간통신 역무 중 일부 기간통신 역무를 제공하기 위하여 정보통신부 장관의 승인을 얻어 설립한 법인은 제외한다).

둘째, 당시 보유주식의 일시 매도, 매수 등 재택크를 통한 단기 기업자금 이용이 미흡하였다. 이 부분도 주식관리는 사업관리부서(무선사업본부)에서 하게 되어 있으나 자금운용은 재무실에서 담당하였다.

셋째, 한국통신은 2대 주주이나 경영권 참여는 이사회 기구뿐으로 SK텔레콤의 임원 및 이사 20명 중 비상임 이사 1명으로 경영에 참여한다는 것은 사실상 불가능한 일이었다.

이러한 문제점을 타개하기 위해 한국통신 무선사업본부(본부장 서용희)에서는 SK텔레콤에 대한 효율적인 경영참여 및 사업관리를 위한 대책을 마련하여 부사장(이정욱)이 주재하는 간부회의에 상정하였다(SKT 경영관리강화 및 사업관리 일원화, 1997. 11. 11, 한국통신 무선사업본부).

(1) 자회사를 통하여 SKT 지분을 확보하고 소액 주주들의 연합에 의해 경영권을 확보하는 방안을 강구한다. 그리고 상근이사는 2명 이상, 비상근이사는 4명 이상으로 확대방안을 검토한다. 또한 정부의 한국통신에 대한 SKT 지분 축소요구에 대한 대응방안을 마련하고 SKT의 주식을 해외자금차입을 위해 담보 등으로 활용한다.

(2) 한국통신 내부의 SK텔레콤에 대한 경영 및 사업관리부서를 일원화하고 역할을 정립한다. 기획조정실은 자회사, 출자회사의 지분축소 및 확대 등 기업전략을 수립 시행한다. 재무실은 출자회사의 주식 및 배당금을 관리한다. 그리고 기업의 자금 활용을 위한 주식의 단기처분, 매수 등 주식을 운용한다.

(3) 사업관리부서에서 소관 출자회사의 사업 및 경영을 관리한다. 이를 위해 소관 출자회사의 사업 및 경영상황을 경영층에 보고하고 협의하며 결과를 조치한다. 또한 이사회에 참석하는 등 한국통신의 창구역할을 하고, 사내 종합된 의견을 소관 사업에 반영하며, SKT에 파견된 직원도 사업관리부서에서 관리하도록 한다.

이후 1998년까지 한국통신은 SK텔레콤을 출자회사로 관리해 왔으며, 관리창구는 초기 네트워크본부에서 담당하다가 무선사업본부, 사업협력실로 바뀌었다. 그로부터 24년이 흘러간 2018년 언론은 당시 상황에 대해 다음과 같이 보도하였다(조선일보, 2018. 8. 13).

<기사 내용> 정보통신 분야를 미래 성장동력으로 삼은 최종현 회장은 미국 ICT(정보통신기술) 기업들에 투자하고 현지법인을 설립해 이동통신 사업을 준비했다. 우여곡절 끝에 1994년 민영화 대상이던 한국이동통신(현 SK텔레콤)을 4,271억 원에 인수했다. 2,000억 원 이상 비싸게 샀다는 논란에 대해 그는 10년 이내에 1조-2조원 대의 이익을 낼 수 있을 것이라고 단언했다. SK텔레콤의 순이익은 인수 7년 후부터 1조원을 웃돌았다.

1.3 신규 통신서비스의 허가대상 역무 및 전제조건

가. 허가대상역무

1996년 한국통신에서는 새롭게 허가되는 신규 통신서비스를 위한 통신망을 구축하고 상호접속조건을 제시하는 일을 주관하였다(1996. 6). 이용자에 대한 신규 서비스를 조기에 제공하기 위해 통신사업자 간 원활한 협조체제를 구축하였으며 이를 위해 우선 전기통신망 간 상호접속기준이 만들었다(1995. 9. 25). 또한 정부는 국제전화, 개인휴대통신(PCS) 등 7개 분야 29개 사업자를 위한 신규통신사업자 허가신청요령을 공고하였다(1995. 12. 15). 1996년 3월에는 PCS(Personal Communication System) 사업권의 허가신청사항을 수정하는 내용의 신규통신사업자 허가신청요령을 수정 공고하였다(1996. 3. 8). 당시 허가대상 역무와 사업구역은 다음과 같이 정하였다.

① 전국을 사업구역으로 국제전화는 1개 사업자, PCS는 3개 사업자를 허가한다. 그리고 회선임대는 전국을 사업구역으로 허가한다(미정).

② TRS는 전국을 사업구역으로 하는 1개 사업자를 허가한다. 또한 사업구역별로 각각 1개의 사업자를 허가한다(수도권, 부산/경남권, 대구/경북권, 광주/전남권, 대전/충남권, 전북권, 충북권, 강원권, 제주권).

③ 무선데이터는 전국을 사업구역으로 하는 1개 사업자를 허가한다. 그리고 무선호출은 수도권을 사업구역으로 하는 1개 사업자를 허가한다.

④ CT-2는 전국을 사업구역으로 하는 1개 사업자, 수도권에 2개 사업자를 허가한다. 또한 사업구역별로 각각 1개의 사업자를 허가한다(부산/경남권, 대구/경북권, 광주/전남권, 대전/충남권, 전북권, 충북권, 강원권, 제주권).

나. 신규사업자의 전재조건

위의 신규서비스 사업을 성공적으로 제공하기 위해 신규사업자들이 수행해야 할 전제조건을 다음과 같이 정하였다.

(1) 이 사업자들은 역무별로 원활한 서비스를 제공하기 위해 통신망을 보유한다. 전국사업자의 경우 1단계에서 광역시 및 도 단위, 대도시별로 지역 호를 처리하기 위한 권역별 통신망을 구축한다. 그리고 2단계에 가서 권역 간을 연결하는 중계망을 건설하여 전국망을 구축한다. 이때 권역 간 트래픽은 품질 및 통신망의 신뢰성을 확보하기 위해 자체망에서 처리한다. 한편 지역사업자는 광역시 및 도단위, 대도시별로 지역호를 처리하는 권역별 통신망을 구축한다.

(2) 타 통신망 간 연동을 위한 상호접속기능을 보유한다. 공중통신망, 공중데이터망, 이동통신망, 무선통신망 등 각각의 통신망에 개별적으로 접속한다. 이때 해당 통신망과 직접 접속이 가능한 통신망 기능을 제시하여야 하고 신규사업자도 전용 IGS설치가 바람직하다.

(3) 상호 접속을 위해서 전기통신망 간 상호접속기준(1995. 9. 25 개정)을 만족하여야 한다. 접속제공교환기 및 접속이용교환기는 상호 정산을 위한 트래픽 관리 및 과금기능을 자체 수행한다. 전화계통신망 간의 접속방식은 중계회선(Trunk)방식으로 하며, 접속회선의 용량 및 증설의 최소단위는 E1(32채널), T1으로 한다. 그리고 접속점(POI)은 접속제공교환기가 설치된 국소의 회선분배반(CDF-V측)으로 하고, 신호방식은 국내표준 MFC-R2 또는 No7 공통선 신호방식으로 한다. 데이터통신망 간 접속은 중계회선(Trunk)은 E1단위, 데이터링크는 채널(64Kbps)단위로 접속회선을 산정한다. 그리고 신호방식 및 프로토콜은 전화망-데이터망 간은 MFC R2, No.7으로, 데이터망 간에는 X.75로 정한다.

(4) 기술발전추세 및 수요제공에 적합한 통신망을 구축하여야 한다. 이를 위해 초기수요 및 종국 수요 제공에 적합한 통신망 구축모형을 제시한다. 그리고 기본서비스, 부가서비스 제공, 타 통신망과의 연동 및 향후 시스템 증설 및 유지보수가 용이한 시스템을 설치한다. 또한 서비스 통신망 내 통신망 구성회선 및 통신망 간 접속회선은 이원화하여 구성한다.

2. 개인통신서비스(PCS)의 도입시도

2.1 PCS 사업의 준비

가. 선진국 동향 및 우리 업계의 시각

1994년에 들어서면서 Qualcom사가 Wireless 94 Conference에서 미니셀 사이트용으로 시내전화 서비스를 시연하였고 Motorola와 AT&T가 CDMA 교환기 개발에 참여하여 제품을 선보이기 시작하였다. 영국을 비롯한 EC 국가들은 유럽통일규격의 디지털방식의 이동전화시스템인「GSM」을 상용제품으로 생산하여 PCS 경쟁에 돌입하고 있었다. 이 기술은 미주를 제외한 대부분의 국가에서 채용할 것으로 보였다.

유럽의 경우 이미 서비스가 시작된 영국, 독일, 프랑스 등에 이어 1994년에는 그리스, 핀란드 등에서도 서비스가 시작될 전망이었고 1994년 말까지 유럽, 아시아, 오세아니아에서 신규참여가 있을 것으로 보이는 등 사업자 총수는 세계적으로 66개 이상으로 늘어날 것으로 전망되었다. 특히 이 시기는 UR 협상타결과 한미통신협상 결과에 따라 국제화 및 개방화가 가속되고 있었고 1994년부터 미국의 직접적인 시장개입이 시작될 상황이었다.

따라서 우리나라는 강력한 이동통신 사업자를 조기에 출현시켜 PCS 시장의 외국 잠식을 막아야 할 입장이었다. 1996년 당시 2002년의 이동통신 시장은 가입자 수 1,200만명, 시장규모(1998-2002) 17조5천억 원으로 예측하였다. 그 중 PCS는 가입자 수 600만명, 시장규모(1998-2002) 7조5천억 원으로 내다보고 있었다. 이러한 상황에서 이 사업에 대한 당시 정부와 업계의 시각을 정리하면 다음과 같다.

첫째, 체신부(전파관리국, 정책국)에서는 PCS의 국내표준화는 아직 시기상조라고 보고 있으며, 한국통신(KT)이 조기에 기술개발을 추진하는 것은 체신부의 정책방향을 변화시키려 한다는 시각을 가지고 있었다. 그리고 일부 업체는 DCN(디지털이동통신) 개발로 인해 PCS 개발 여력이 없기 때문에 한국통신의 사업추진을 1년-2년 연기해야 한다는 견해를 가지고 있었다. 또한 당시 추진 중인 한국전자통신연구소(ETRI)의 DCN 기술개발 노우하우를 최대한 이용하는 방향으로 PCS 시스템 개발이 이루어져야 한다고 보고 있었다. 한편 당시 기술개발에 관한 한 교환기 4사의 공동개발체제를 유지하였으나 PCS 분야는 경쟁개발체제가 더 효율적이라고 보고 있었다.

둘째, 제조업체들은 교환기 개발에 200명 이상의 연구 개발인력을 투입하려 하지 않고 있었다. 금성과 삼성은 TDX 개량형과 수출형, DCN 개발에 인력을 투입하고 있으므로 PCS는 그 사업들이 마무리가 될 1-2년 후에 시작하길 원하고 있었다. 반면 대우와 동양은 DCN 개발에 참여하지 못한 관계로 PCS 개발에 적극적이었으며, 금성과 삼성이 소극적이기는 하나 한국통신이 유도하는 방향으로 참여는 할 것으로 보았다. 한편 신세기 이동통신이나 KMT는 1996년 1월부터 국내 모델이 상용화되지 않으면 외국제품을 그대로 투입할 것으로 예상되었다.

나. 한국통신의 PCS 사업 준비

앞에서 설명한 바와 같이 1990년대에 들어서면서 통신서비스의 진화 방향은 장소 대 장소에서 개인 위주의 서비스로 진화하고 있었다. 이에 따라 한국통신은 대표적인 차세대 통신사업인 개인발신전용서비스(CT-2)와 개인통신서비스(PCS)를 적극적으로 추진하기 시작하였다. 이러한 상황에서 한국통신 기술기획실(실장 이정욱)에서는 PCS를 공중통신망 부가서비스로 제공하며, TDX-10 ISDN 교환기에 무선접속 기술기능을 개발하여 조기에 서비스를 제공하는 PCS 기술개발계획을 수립하였다(개인통신 기술개발계획, 1993. 12, 기술기획실 무선망계획부). 이 계획의 주관부서 및 결재자는 제4장 말미의 참고자료 편에 기록되어 있다.

이를 위해 1단계(-1995년)에서는 기존망에 무선접속서비스를 구현하고, 2단계(-1997년)에서 상용시스템을 개발하여 시범서비스를 실시하며, 3단계(-1998년)에 이르러 상용서비스를 제공하는 구상을 그려나가고 있었다. 한편 한국통신은 일반 가입자가 이동할 때 착신전화 수신이 가능한 개인번호서비스(PTN)를 1996년부터 상용 공급할 계획이었다. 그리고 무선휴대전화를 이용한 개인휴대통신서비스도 국내 개발하여 1998년부터 상용 공급할 예정이었다. 그러나 통신사업자들은 정부의 PCS 분야 통신사업정책의 미확정이라는 현안문제를 안고 있었다.

이런 상황에서 한국통신은 1994년 추진계획으로 CT-2 시범사업의 성공적인 수행, 지속적인 사업권의 확보추진, 기본통신망의 개발추진, 관련 기술의 국내표준 정립 등으로 결정하여 추진해 나갔다(1994년도 주요업무 발전계획, 1993. 7. 26, 한국통신 기술기획실). 다음해에는 PCS 사업추진 방향을 내부적으로 다음과 같이 설정하였다(1994. 4. 11, 기술기획실 교환기술국).

① 한국통신은 종합통신사업자로서 사업영역의 제한은 철폐될 것이나 신규사업추진에 어려움이 상존할 것이다. PCS의 기반시스템인 TDX-10의 완전한 모델의 개량 개선은 적어도 3년-5년의 기간이 필요할 것이다.

② PCS 사업권 획득을 위한 한국통신 위주의 논리전개로 사업영역 확장에 애로점이 있다. PCS는 오직 PSTN 교환기를 근간으로 해야만 가격과 성능 면에서 유리하다.

2.2 무선통신사업으로의 전환 시도

가. PCS 이동통신사업의 단계적 추진

체신부는 교환기 제조업 4개사를 PCS 사업에 조기 참여시켜 사업화를 추진토록 하였으며, 이때 한국통신은 PCS 사업의 추진 방향을 다음과 같이 설정하였다.

① 종합통신사업자로 PCS 사업은 확실히 할 수 있으나 대내외 여건상 단계적 전략적으로 추진한다. 체신부는 세계적으로 상용화된 시스템을 국내에서 시범서비스를 하는 것까지는 수용할 것이다.

② 업체와의 개발계약은 추진하되 국내표준 또는 사내표준은 추후에 정하는 것이 바람직하고, 기존의 개발계획을 기술연구개발로 전환하여 지속적으로 자체기술을 갖도록 유도한다.

③ 미국의 기술 동향을 주시하고 기술 확보를 위한 다각적인 노력을 강구하며 PCS 사업은 시범사업을 기반으로 공식화하여 1996년부터 실시한다. 또한 주파수 확보와 시스템 확보가 급선무이다.

한편 디지털 셀룰라와 PCS를 비교하여 보면 기본적으로 동일한 기술을 적용하기 때문에 품질면에서 차이가 적다. PCS는 퀄컴사의 디지털 셀룰라 기술인 N-CDMA를 그대로 적용하고 있고, 주파수가 높아 커버리지가 좁아짐에 따라 음영지역이 추가로 발생한다. 다시 말해 PCS 주파수는 셀룰라보다 2배 높으므로 전파통달 거리가 1/2로 줄어든다. 그러나 고이득 안테나 사용으로 손실을 보상할 수 있다.

또한 PCS는 도심에서 건물에 의한 감쇄가 크며, 회절 등 전파특성이 떨어져 셀 반경이 줄어든다. 일반적으로 셀 크기는 사용주파수 대역, 기지국 안테나 이득 및 높이, 지형지세, 빌딩 밀집도, 트래픽 밀도 등이 감안되어 결정되며 PCS가 샐룰라보다 많이 소요된다. 도심에서의 기지국 반경은 SKT는 0.7-3Km, PCS 사업자의 경우 0.5-1.5Km로 설정되어 PCS는 건물 내 음영지역이 셀룰라보다 많이 발생한다.

나. PCS 사업에 대한 한국통신의 강한 의지

정부는 1994년도 통신사업 구조조정결과 PCS 사업은 통신망 구축, 기술개발 및 서비스 제공에서 가장 유력한 전국규모의 사업자 1개를 선정하고 점진적으로 경쟁을 확대하는 것으로 결정하였다. 그리고 1995년에 PCS 사업자를 신규 허가할 예정으로 있어 한국통신은 이동통신 사업에의 진출을 시도하게 되었다. 한국통신 기술기획실(실장 이정욱)은 사업권 획득과 기술개발을 강력히 추진하기 위해 「개인휴대통신사업 추진활성화계획」을 수립 추진하였다(기이 1230-43, 1995. 1. 18). 이 계획의 주관부서 및 결재자는 제4장 말미의 참고자료 편에 기록되어 있다.

이 계획에서는 사업권을 획득하기 위해 「무선통신사업추진단」을 설치 운용하게 하였다. 이 추진단은 본사에 1995년 1월 말까지 구성하도록 하고, 단장은 관리급으로 하며 사업계획1국, 사업계획2국, 사업계획3국으로 편성하였다. 그 임무는 PCS 사업권 확보를 위한 사업계획서 준비와 적극적인 대외활동을 하는 것으로 정하였다. 한편 시스템 개발을 전담할 무선통신개발단을 1995년 2월 말까지 연구개발원에 설치하기로 결정하였다.

한국통신은 이때부터 유선사업 위주에서 무선사업으로 통신사업을 전환 확장하기 시작하였으며, 이를 위해 무엇보다도 서둘러 핵심기술을 개발해야만 하였다. 특히 무선기능을 가진 전자교환기 개발이 시급하였고, 단말기 기술, 차세대 지능서비스 기술, 가입자처리장치의 개발을 조속히 추진해야만 하였다. 당시 한국통신 기술기획실에서 세운 기본계획에 의하면 초기 상용시스템의 구현은 1998년 말, 확산단계의 상용시스템은 2000년 후반에나 가능할 것으로 판단하였다.

이 서비스를 조기에 국내에 확산하기 위해 우선 세계적으로 상용화된 시스템을 도입하여 시범서비스를 실시하기로 결정하였다. 한국통신은 시범서비스 기간에 도입시스템의 상세한 분석 및 응용기술의 확보를 위해 테스크포스 체재를 운용하였다. 이 팀은 한국통신 24명(기술기획실 1, 사업개발센터 3, 연구개발원 20), 한국전자통신연구소(ETRI) 15명, 산업체 40명 등 총 79명으로 운영되었다.

3. 개인통신서비스(PCS)를 위한 기술개발

3.1 PCS 접속방식 및 기술도입

가. 기술개발 기본방향

한국통신 기술기획실(실장 이정욱)은 PCS 사업을 위한 핵심기술 중 무선교환기는 TDX-10 전자교환기와 연계하여 개발하고 무선접속기술(TDMA 및 CDMA)은 최종적 서비스 관점에서 최적의 방식을 선정하여 도입하기로 정하였다. 그리고 기지국 기술은 우선 도입하고 2년 후 기술 자립하며, 단말기 기술은 공동 개발하는 것으로 설정하였다.

한편 최첨단 PCS 시스템을 확보한다는 차원에서 CT-2 서비스는 발신 전용으로 도보속도의 이용자 위주로 보급하고 GSM은 차량 이용자 위주로 공급할 것을 결정하였다. 그리고 PCS 통신망은 기존 공중통신망(PSTN) 시설의 특별한 확장없이 구축하며, 차세대 지능망의 형태로 TMN 개념을 도입하기로 하였다. 이를 위해 한국통신 기술기획실에서는 책임기관으로서 기술개발 방향을 정립하고 외국 업체로 부터 국내 산업체로 무선접속기술과 기지국 기술이 차질없이 전수되도록 조치하였다.

그리고 한국통신 연구개발원에서는 기술개발 전략을 연구하고 통신망 구축과 지능기술을 확보하고 산업체에서는 교환기와 단말기를 개발하였으며, 사업개발센터에서는 이 프로젝트의 개발관리와 시범사업을 주관하게 하였다. 이와 같은 방침에 따라 기술기획실에서는 이 사업을 효율적이고 신속하게 추진하기 위해 무선접속을 위한 기술표준 확정 등을 담당하는「기술조정위원회」와 사업추진전략수립 자문기구로「PCS 사업추진위원회」를 운영하였다.

이 위원회의 위원장은 기술기획실장, 부위원장은 사업개발센터장, 간사는 교환기술국장이 맡게 되었다. 그리고 위원에는 경영기획실, 기술기획실, 인력개발실, 전화본부, 통신망본부, 국제통신본부, 사업개발센터, 연구개발원, 전자교환운용연구단의 관련 국장 및 한국전자통신연구소의 계통연구부장 등 사내 관련 분야의 국장급으로 구성하여 실질적인 사업추진을 위한 실행위원회 성격으로 운영하였다.

또한 한국통신 기술기획실(실장 이정욱)은 PCS 개발에 따른 무선접속방식 기술도입을 위한 준비작업을 시작하였으며 이를 위한 첫 단계로 전담반을 구성 운영하였다(1994. 2-1994. 5). 이 전담반의 책임자는 한국통신 통신시스템개발센터의 최두환 박사가 맡았으며, 기술기획실 무선기술부장(김용헌), 사업개발센터 이동통신개발부장(이명수), 개인 통신개발부장(김진오) 등 8명이 참여하였다.

여기에서 PCS 기술도입을 위한 RFI 발송(1994. 2. 4)과 RFP 접수(1994. 2. 23) 및 평가를 담당하였으며 이때 InterDigital, NTT, Teknekron, Hughes, Qualcom 등 5개 업체로부터 RFI를 접수하였다. 이에 따라 한국통신은 RFP를 발송하였으며 이에 대한 응답서 접수상황은 <표 4-10>과 같다.

<표 4-10> PCS 기술도입을 위한 RFP 응답서 접수상황(1994. 4)

제출기관	무선접속방식	접수일자
Hughes(WACS 8+)	TDMA	1994. 4. 25
InterDigital 8+	B-CDMA	1994, 4. 25
Ericsson Radio	TDMA	1994. 4. 25
TCSI(DCT&DECT)	S-CDMA	1994. 4. 26
AT&T	TDMA, CDMA	1994. 5. 2

이 표에서 B-CDMA는 Broadband-CDMA이고, S-CDMA는 Syncronization-CDMA를 말한다. 또한 체계적이고 신속한 연구관리를 위해 한국통신 연구개발원에 휴대통신 총괄팀

(23명)과 한국전자통신연구소(ETRI)에 교환기술연구단 2실(15명)을 신설하여 이 과제를 전담하게 하였다.

나. 정부, 한국통신 및 산업체 간의 개발 협력

한국통신은 1994년부터 PCS 사업은 기술기획실의 통신망계획2국에서 교환기술국(총괄, 교환)과 전송기술국(무선기술)으로 업무를 이관하였다(1994. 4. 7). 이때 교환기술국이 주관하여 PCS 관련자 12명이 참석한 1차 회의를 개최하여 사업계획을 수립하고 개발추진업무를 협의하였다(1994. 4. 22). 이어서 PCS 관련 제조업체인 삼성, 금성, 대우, 동양 등 교환 4사가 참석한 간담회를 가졌다.

이 회의에서 한국통신의 PCS 사업계획을 설명하고 5월 중 계약을 추진할 것임을 통보하였다(1994. 4. 29). 이후 무선접속전담반이 주관하여 RFP 접수를 마감하였다. 당시 HNS, Ericsson, AT&T, TCS, ICC 등 5개사로부터 접수하였다(1994. 5. 2). 이어서 체신부 주관의 PCS 기술개발관련자 회의가 열렸다(1994. 5. 3).

이 회의에는 체신부에서 기술과장, 통신진흥과장, 한국통신에서는 교환기술국장, 지능기술부장, 최두환 부장, 이명성 부장이 참석하였다. 한국전자통신연구소(ETRI)에서는 지능망연구부장 외 5명, 데이콤의 전략기획본부장, 이동통신에서는 중앙연구소장, 실장이 참석하였다. 이 회의에서 논의된 주요내용은 다음과 같다.

① PCS 기술개발에 국가역량을 집중시킬 수 있는 방안을 모색한다. 이를 위해 관련 사업자(ETRI 포함) 회의를 수시로 개최하여 가능한 한 DCN 개발에 제조업체 역량을 쏟을 수 있도록 각 사업자의 개별추진은 자제토록 한다.

② 정부, 사업자, 제조업체의 정확한 역할을 정립한다. ETRI가 PCS를 주도적으로 개발하는 것은 불가능하며, ETRI 스스로 자기 역할을 정립하는 노력을 하도록 한다.

③ 기술개발 분야 중 업체의 특수보유기술을 충분히 활용할 수 있는 방안을 검토한다. 교환기는 4개사 위주로 개발하고, 기지국, 단말기 등은 참여 의사가 있는 업체는 가능한 한 수용 검토한다.

④ 체신부는 PCS와 관련한 타임 테이블을 정하여 사업자 구조조정 일정, 무선접속 관련 표준화 일정, 서비스 개시 시점 등 추진일정을 명확하게 제시토록 한다.

이때 정보통신부(전파관리국과 통신정책실)는 한국통신 주도로 기술개발 및 서비스를 개시한 후 타 사업자에게는 3년 이내에 사업권을 부여하겠다고 발표하였다. 한편 한국통신은 교환기술국이 주관하여 PCS 관련자 11명이 참석한 2차 회의에서 사업계획을 검토하고 의견을 수렴하였고 개발추진업무를 협의하였다(1994. 5. 10). 또한 RFP 제출업체 평가방법을 결정하고 5월 20일까지 평가결과를 통보하는 등 무선접속전담반 결산 및 최종회의를 가졌다. 이 회의는 무선접속전담반이 주관하였다(1994. 5. 13).

한편 한국통신 기술기획실은 교환기, 기지국, 무선접속기술을 교환 4사와 통합 개발한다는 PCS 관련 시스템 개발방침을 수립하여 사업개발센터로 시달하였다(1994. 5. 14). 이에 따라 사업개발센터가 주관하여 PCS 관련 2차 제조업체 간담회를 열었다. 이 간담회에는 삼성, 금성, 대우, 동양 등 교환 4사가 참석하였으며, 공동개발협약서를 검토하고 제반 예상 문제점도 검토 토의하였다(1994. 5. 17).

이어서 한국통신 무선접속전담반에서는 RFP 평가보고서 최종분을 기술기획실에 보고하였다(1994. 5. 20). 이후 한국통신 사업개발센터가 주관하여 PCS 관련 3차 제조업체 간담회를 개최하여 공동개발협약서 최종의견을 수합하였다(1994. 5. 23). 이때 무선접속방식 및 해외 협력업체의 선정은 4개사와 협의 후 결정하는 것으로 정하였으며 사업개발센터 주관으로 삼성, 금성, 대우, 동양 등 교환기 제조업 4사와 공동개발협약을 체결하였다(1994. 5. 30).

3.2 PCS 시스템 개발추진

가. PCS 시스템의 연도별 개발계획

앞에서 설명한 바와 같이 한국통신 기술기획실(실장 이정욱)은 무선접속기술 표준 등을 포함한 PCS 시스템의 개발을 사업개발센터가 담당하도록 결정하였다. 이에 따라 당시 한국통신 사업개발센터(소장 이상철)에서는 개인통신서비스(PCS) 개발계획을 기술기획실로 보고하였다(주요현안보고, 1994. 4, 사업개발센터). 이 보고의 주요 내용은 다음과 같다.

① 개인통신은 향후 가입전화의 주종을 이룰 주요사업이므로 시스템의 자체개발 및 조기사업개시를 위해 1994년-1997년에 연구 개발하여 1998년에 상용서비스를 개시한다.

② 이 사업의 연구개발부서는 통신시스템개발센터, 전자교환운용연구단, ETRI로 지정하고, 사업개발센터가 개발관리를 담당한다. 이를 위해 소요예산 226억원, 소요인력 449명을 투입하며 연도별 개발목표를 <표 4-11>과 같이 설정한다.

<표 4-11> PCS 시스템의 연도별 개발목표

년도별	1994년	1995년	1996년	1997년
개발내용	개발방식결정 시스템기능구현	시험시스템 개발	시험서비스 상용시스템 개발	부가기능개발 시범서비스
예산/인력	65억/70명	70억/150명	56억/134명	35억/95명

나. PCS 시스템의 개발전략

한국통신은 PCS 시스템의 개발 방침 및 사업화 전략을 다음과 같이 정하여 추진하였다.

(1) PSTN, ISDN, IN 등 한국통신의 기존통신망을 근간으로 하여 경제적인 방식의 시스템을 개발한다. 이를 위해 TDX-10 교환기 개발 4개 업체에서 기본적으로 참여하여 1994년

4월 중에 공동개발을 위한 협약을 체결하고 업무를 분담하는 등 산업체를 참여시켜 공동 개발하여 조기에 서비스를 실현토록 한다. 이때 필요한 경우 기술 수준이 우수한 무선전문업체의 추가참여도 고려한다.

(2) 선진외국의 핵심기술을 도입하여 개발 기간을 단축한다. 국내에서 보유하지 못한 무선 다원접속기술 등은 선진국으로부터 도입하고 외국 업체로부터 기술제안서를 받아 개발방식 및 협력업체를 선정한다. 이를 위해 41개사에 RFP를 발송하여 복수의 후보 업체를 선정한다(1994. 3-1994. 5). 이때 해외 출장으로 협력제안업체들과 직접 협의하면서 협력업체를 선정하고 협력을 체결한다(1994. 8).

(3) PCS 시스템 개발을 위한 연구인력은 시스템개발센터 24명, 전자교환연구단 7명, ETRI 12명을 투입하고 관리인력은 사업개발센터 15명으로 시행한다. 또한 PCS 전담조직과 인력을 최우선 보강하는 등 연구 및 관리조직을 확대 개편한다.

(4) PCS 시스템을 조기 개발하여 한국통신의 개발방식을 국가 표준화로 유도하고 가장 경제적인 방식을 개발하여 PSTN 수준의 이용요금으로 서비스한다. 그리고 선진기술을 과감히 도입하여 획기적으로 앞선 품질과 기능을 구현하며, 한국통신의 PCS 사업을 적극적으로 홍보하여 PCS 사업자로서의 분위기를 확산시킨다.

(5) CT-2 서비스를 통해 PCS 사업으로 자연스럽게 진입시킨다. 당시 한국통신은 CT-2 사업은 여의도에서 시범사업을 추진하고 있었으며 체신부로부터 이를 서울 전 지역에 확산하는 승인을 받아놓은 상황이었다. 1996년부터 CT-2+ 서비스를 제공하면 이것이 사실상의 PCS 사업의 시작이 될 것이다.

다. PCS 시스템 개발업체 선정

한국통신 기술기획실(실장 이정욱)에서는 PCS 개발업체를 선정하는 방안을 수립 추진하였다(PCS 시스템 개발업체 선정방안, 1994. 5. 12, 기술기획실 교환기술국). 이 선정방안의 주요내용은 다음과 같다.

<제1안> 국내 참여 희망업체들에 의한 공동개발방식으로 한국통신에서 개발요구사항을 제시하고 각 참여 희망업체의 개발사항과 일정을 관리하는 형태이다. 개발 완료 후에는 각사의 개발시스템을 평가하여 우수업체를 1개-2개를 선정한다. 이때 객관적인 평가항목에 의해 평가를 실시하여 선정하며 선정된 업체에 대해서는 인센티브를 부여한다. 이 방안의 장점은 국내업체 중 우수한 기술력을 보유한 업체를 선정함으로써 시스템 품질을 향상시키고 경쟁력을 높일 수 있다는 것이다.

그리고 1-2개 업체가 시스템을 공급한다면 시스템 단일화 및 유지보수가 용이해 지고, 또한 기술력이 우수한 소수의 업체에 의해 생산력을 높일 수 있어 연구개발에 집중투자가 가능하다. 그러나 우수업체 선정을 위한 객관성 있는 평가 기준과 적용이 어려운 상황에서, 개

발결과 1-2개 업체의 시스템만 선정한다면 선정에서 탈락한 업체의 불만이 예상된다. 그리고 평가결과에 대한 의의 제기로 원활한 시스템 선정이 곤란해질 가능성이 있다. 또한 그 중 월등한 성능의 시스템을 선정하기 어려울 경우 소수업체를 선정하겠다는 본래의 취지가 무색해질 수 있다.

<제2안> 국내 참여업체와 외국 업체의 컨소시엄 형태로 추진하는 방안이다. 이를 위한 평가 기준 및 항목을 가지고 1-2개의 컨소시엄을 선정하고, 선정된 컨소시엄에서 시스템을 공동 개발토록 한다. 이때 개발이 완료된 시스템에 대해서는 인센티브를 부여한다. 이 방안의 장점은 국내업체와 기술력이 우수한 외국 업체의 컨소시엄에 의한 공동개발로 우수한 시스템을 생산할 수 있다. 그리고 외국 업체와의 공동개발로 선진기술을 용이하게 습득할 수 있고 단기간 내에 우수한 시스템을 확보할 수 있다.

반면 단점으로는 컨소시엄을 평가할 때 공정하고 객관적인 평가 기준의 설정 및 적용이 곤란한 면이 있다. 그러다 보니 평가결과 탈락한 컨소시엄이 불만을 제기할 수 있고, 외국 참여업체에 의한 국제적 분쟁이 발생할 수도 있다. 그리고 컨소시엄 구성에 많은 시간이 소요되어 적기에 시스템 개발이 어려워질 수도 있다. 또한 기술력과 자금력이 우수한 외국 업체가 개발을 주도함으로써 기술이 해외에 종속될 가능성이 있을 뿐만 아니라 연구개발 관리 및 평가를 시행함에 있어 외국 업체의 관리가 곤란한 측면이 있다.

<검토결과> 한국 고유의 우수한 시스템을 개발하기 위해 제1안이 적절한 것으로 판단하였다. 그것은 국내기술을 확보하고 평가 선정의 부작용을 최소화하며 외국 업체에 기술종속을 방지할 수 있다고 보았다. 그리고 조기에 시스템 개발에 착수할 수 있다는 점도 고려되었다.

3.3 PCS 시스템 개발을 위한 해외조사 및 연구개발

가. 한국통신의 PCS 관련 연구개발 상황

1990년대 초반 한국통신의 개인통신서비스(PCS) 관련 연구개발은 통신시스템개발센터와 전자교환운용연구단이 선두에서 추진하고 있었다. 먼저 통신시스템개발센터는「차세대 휴대전화망 기술」을 개발하고 있었다. 이 과제에서는 분야별 접속프로토콜 기술을 개발하고 SCP, HLR, SMS를 보완하고 RP, RASM을 개발하는 등 지능망 분야를 보완하고 기지국을 개발하였다.

여기에서 SCP는 Service Control Point, HLR은 Home Location Register, SMS는 Service Management Systems, RP란 Radio Port, RASM은 Remote Access Switch Module을 말한다. 이를 위해 총 소요예산 139억원을 투입하여 연구 기간은 1994년- 1997년으로 시행되었다.

이 개발과제가 진행 중인 1994년 말 한국통신 사장(조백제)과 기술기획실장(이정욱)은 통신시스템개발센터(소장 이용경)를 방문하여 연구의 초기 성과를 확인하였다. 이때 통신

시스템개발센터는 두 가지 개발실적을 시연하고 보고하였다.

(1) PCS용 RF 변환장치

PCS용 기지국, 기지국 제어장치, 가입자 데이터 처리장치 등을 개발하고 있었으며, 그 중 휴대접속팀에서는 RF 변환장치와 RF용 MMIC를 개발하여 시연하였다. 이것은 미국의 PCS 표준 중의 하나인 PACS 규격을 채택하여 단말기 및 기지국의 RF 변환기능용 장치로 활용할 수 있게 개발한 것이었다. 이 장치는 앞으로 한국통신이 무선접속표준으로 PACS를 채택할 경우 장치의 내용을 소형화하고 슬림화하여 업체에게 기술을 이전한 후 대량 생산할 예정이었다. 이 장치는 당시 국내 중소업체인 LTI가 제작하였다.

(2) SPCS(Small Personal Communication System)

SPCS는 개인통신서비스(PCS)를 위한 시스템의 운용 및 개발기술을 습득하기 위한 무선통신시스템으로 SPCX(교환기) 1대, 기지국 4대, 단말기 6대로 구성되었다. 특히 이 장치는 통신시스템개발센터에서 2억5천만 원의 비용을 들여 유럽의 PCS 표준 중하나인 DECT 규격으로 대우통신이 제작하여 1994년 12월에 설치한 것이었다.

이 시스템의 용량은 40명이 동시에 통화할 수 있으며, 표준 통화품질을 유지하는 선에서 약 1,180명 정도의 가입자 수용이 가능하였다. 용도는 제작설치단계부터 한국통신 연구원 2- 3명을 고정 배치하여 설계, 설치기술을 습득하였다. 그리고 안정화 단계인 1995년 3/4분기를 거친 후에는 연구개발원 내의 WPBX용으로 사용하고 운용기술 습득을 위한 시험 및 운용시스템으로 활용하는 것으로 추진하였다.

한편 전자교환운용연구단에서는「차세대 휴대전화 교환기술」을 개발하고 있었다. 이 과제는 ASS/S, ASS/T, VLR, RF Controller 등을 중심으로 TDX-10 전자교환기를 이용한 개인통신용 교환기를 개발하는 것이었다. 여기에서 ASS/S는 Access Switching Subsystem(Subscriber), ASS/T는 ASS(Trunk)를 말한다. 연구 기간은 1994년-1997년이었으며 이를 위한 소요예산은 총 27억원으로 편성되었다.

나. ETRI와 그 외 업체의 연구개발 상황

한국전자통신연구소(ETRI)에서는「ISDN 무선접속 서비스」를 1993년부터 1994년에 걸쳐 연구하고 있었으며, 소요예산은 총 34억원이 배정되었다. 이 과제는 PCS 통신망 구성방안, 각 시스템 인터페이스 방안을 연구하고 개인휴대통신에 필요한 각종 표준안을 작성하는 것이었다. 그리고 ETRI에서는 디지털 차량전화, PCS 등 디지털 이동통신 시스템도 개발하고 있었다. 이 과제의 연구 기간은 1989년-1996년으로 되어 있었으며 이 과제를 위해 한국통신(KT)이 203억원을 출연하였다.

이때 PCS는 매년 2-3명 만 참여하여 명맥을 유지하는 정도의 연구가 진행되고 있었으며 1993년 연구결과는 없는 상황이었다. 그 외 KMT는 자체연구소에서 PCS 연구개발계획을 수립하여 통신망 구축방안을 연구 중이었다. 데이콤은 1994년 2월부터 미국 Bell Atlantic에 위탁교육과 자체연구소에서 관련 기술 및 통신망 구축계획을 연구 중이었다. 이때 데이콤은 한국통신의 연구개발 추진상황을 고려하여 본격적인 연구개발에 들어가 있었다.

다. 일본 PCS에 대한 현장조사

한국통신은 PCS 사업을 위해 일본 PHP 사업 현장을 조사하였으며 일본 우정성 간부들이 업무차 체신부를 내방한 자리에서 한국통신의 주요관심사인 PCS 사업에 대한 질의 및 논의가 있었다(1994. 5. 6). 이때 질의 사항 중 소요기간이 필요한 사항은 답방 형식을 통해 노하우를 습득하도록 하고, 일본 방문일정 및 방문회사는 상호 협의 후 결정토록 하였다.

당시 우리나라는 한정된 주파수자원을 최대한 효율적으로 이용하고 국가적 효율성을 높이기 위해 PCS 사업을 추진함에 있어 한국통신이 주도적 역할을 해야 한다는 강력한 인식이 있었다. 한편 기술개발경쟁은 가속화되는 상황이어서 기술이전은 기피하였다. 이런 상황에서 한국통신은 한국통신 주도의 연구개발 방향을 조기에 결정하고 사내연구소, 산업체, ETRI 간 효율적인 개발체계를 정립해야 하였다.

이런 면에서 일본의 PCS 사업추진 방향을 파악하여 우리나라 PCS 사업추진에 참고해야 할 입장이었다. 그래서 운용현장을 방문하여 체계 및 운용기법을 파악하고 한일 간 상호 기술교류로 긴밀한 협조체제의 구축이 요구되었다. 이에 따라 한국통신은 체신부와 합동으로 일본의 PCS 사업에 대한 전반적인 사항을 현장방문을 통해 파악하고자 추진하였다. 이를 위한 조사단은 체신부, 한국통신 기술기획실, 경영기획실, 사업개발센터, 연구개발원 관련 실무자들로 구성하였으며, 1994년 5월 중순에 방문하는 것으로 정하였다.

이때 방문회사는 NTT DoCoMo, IDC, IDD계, 제조업체 등 관련 기관으로 정하였다. 조사단의 주요관심 사항은 연구개발 및 도입관리체계, 이용주파수 대역 및 주파수 확보방안(현재 실험용인가?), PHP 실용화시험을 위한 공동협의회를 구성 중으로 알고 있는데 NTT DoCoMO, IDC, IDD계의 공동협의회 체계, PCS 사업을 위한 NTT와 NTT DoCoMo의 역할관계에 대한 것이었다. 그리고 사업자, 제조업체의 역할분담, 참여업체 선정기준 및 방법, 관련 기술의 표준화 방법 및 절차에 관한 것도 주요관심사이었다.

또한 통신망 구성, 기지국 설치장소 확보방안, 가입자 이용실태를 포함한 PCS 사업 초기의 수요예측방법, 단말기 기술확보 방안 및 향후전망, 유지보수 관리시스템의 체계와 소요인력 등도 관심 대상이었다. 그 외에도 총괄, 운용, 유지보수 등에 대한 단계별 조직체계의 변천, 이용제도, 요금제도, 타 통신망 간의 접속료 정산제도, 홍보 등 초기 기반확보를 위한 영업전략, 추후 서비스 및 통신망 발전계획 등에 관하여도 파악하고자 하였다.

라. PCS 연구개발조직의 운영

한국통신 기술기획실(실장 이정욱)에서는 주요전략사업이자 경쟁사업이 될 PCS 사업에 필요한 핵심기술을 자체확보하고 다원화 되어 있는 PCS 관련 연구조직을 하나로 통합하기로 하였다. 그리고 연구개발 자원의 집중화 및 전략적 지원체제를 구축하기 위해 PCS 전담 연구조직도 설치 운영하였다. 또한 교환, 무선, 전송, 위성기술연구소를 조기에 설립하기 위해 「연구소 육성발전 기본계획」을 수립하여 경쟁사업 분야에서 자체기술의 확보를 서둘렀다(1994. 8. 25).

그러나 정보통신부는 기능별 전문연구소 보다는 그룹화 및 멀티미디어연구소를 설립하는 방향으로 재검토를 요청하는 바람에 이 직제규정 개정안은 제10차 이사회에 상정하지 못하고 보류되었다(1994. 10). 그 후 한국통신의 연구소 조직개편 가능성을 타진한 결과 정보통신부로부터 유보지시가 있어 조직개편은 중단된 상태로 흘러갔다(1994. 12). 한편 정부방침은 PCS 사업권은 기술개발능력에 중점을 두고 결정하겠다는 것이었다. 당시 정보통신부의 1995년도 사업계획의 주요 내용은 ① 국내 기술개발능력의 효율적 집중과 초기 투자 부담을 감안하여 하나의 사업자를 우선 허가한다. ② 주파수 여건과 기술개발 및 수요추세를 감안하여 점차적으로 경쟁을 확대한다는 것이었다.

이때 한국통신에서 무선기술 분야 연구개발 업무는 3개 조직에서 수행하고 있었다. 우선 연구개발원 기술개발단에서 차세대 무선통신 기술연구를 수행하고 있었고, 통신시스템개발센터에서는 휴대통신 및 이동전화시스템의 분석, 개발시험 및 공동개발을 담당하고 있었다. 그리고 전자교환운용연구단은 PCS 교환기를 개발하고 있었다. 이와 같이 PCS에 관한 연구개발이 분산된 문제를 해결하고자 기술기획실에서는 사업개발단에서 PCS 사업총괄업무를 수행토록 조치하였다(1994. 9).

1995년 한국통신 기술기획실(실장 이정욱)에서는 PCS 시스템 개발을 본격적으로 추진하기 위한 전담연구조직에 관한 계획을 확정하였다(1995. 1. 14). 이 계획에 따라 관련 조직의 연구개발 업무를 다음과 같이 변경하였다.

(1) 무선기술연구소 설치 전까지 잠정적으로 직제규정 시행세칙을 개정하여 「기술개발단」을 「무선기술개발단」으로 명칭을 변경하였다. 그리고 업무분장 및 과제지정은 PCS 중심으로 조정하는 등 조직을 보강하였다. 당시 직제규정 개정 전 기술개발단의 업무분장은 ① 기초 및 공통기반기술에 관한 연구, ② 차세대 무선통신기술 연구, ③ 차세대 광 통신시스템 및 관련 소재의 연구개발, ④ GIS/GPS 관련 기술의 연구 및 시스템 개발, ⑤ 초고속 정보통신기술 개발, ⑥ TOP 전략 실체화에 관한 연구로 되어 있었다.

(2) 이 직제규정을 개정을 하면서 ①항은 각 연구소 공통사항으로 삭제하고 ③항은 통신시스템개발센터로 이관하였다. 그리고 ④항은 선로연구소로 이관하고 ⑤항은 소프트웨어연구소, ⑥항은 연구개발원 전략기획팀으로 이관하였다.

(3) 새롭게 출범한 무선기술개발단 업무로서 ① 무선통신기술 연구개발, ② 무선시스템 구조 및 운용연구, ③ 무선접속기술의 개발, ④ 주파수 이용기술 연구, ⑤ 차세대 무선통신기

술 연구, ⑥ PCS 교환기술의 개발로 정하였다.

(4) 통신시스템개발센터의 업무분장 중 휴대통신 및 이동전화 시스템의 분석, 개발시험 및 공동개발은 삭제하였다.

이와 같이 연구개발업무를 조정함에 따라 통신시스템개발센터의 수행과제도 다음과 같이 변경하였다.

① 연구개발원 기술개발단에서 수행해온 전화망을 이용한 실시간 동영상 통신기술 개발, 장애자 용 단말기 연구개발 등 2개 과제는 통신시스템개발센터로 조정한다.

② 연구개발원 기술개발단에서 수행하든 연구소 종합사무자동화시스템 구축연구, 한국인터넷의 초고속망 및 서비스 개발, TOP 전략의 진화발전에 관한 연구 등 3개 과제는 각각 연구개발원 연구관리단, 소프트웨어연구소, 연구개발원 전략기획팀으로 조정한다.

③ 통신시스템개발센터에서 담당해온 PCS용 기지국, 단말기, 가입자 관리장치 개발과제와 전자교환운용연구단이 수행해온 PCS 교환기 개발 등 2개 과제는 연구개발원 무선기술개발단으로 조정한다.

기술기획실의 PCS시스템 개발 전담연구조직 기본계획에 따라 경영기획실은 직제규정 시행세칙을 개정하였으며(1995. 1. 14-1. 25), 연구개발원에서는 수행과제를 조정하고 팀을 구성 조치하였다(1995. 1. 25-1. 30). 한편 PCS 분야 연구인력은 <표 4-12>에서 보는 바와 같이 엄청 부족한 실정이어서 소요인력 만큼의 정예인력을 확보 추진하였다. 이를 위해 전 연구원을 대상으로 내부 우수인력을 공개 선발하고, 신규채용인력을 우선 배치하도록 하였다. 또한 외국인 과학자를 포함하여 경력직 연구원의 외부영입을 적극적으로 추진하였다.

<표 4-12> PCS 분야 소요 연구인력

1995년 과제	기존인력	소요인력	부족	비고
PCS용 시스템 개발	29	58	-29	기지국, 단말기, 가입자관리장치
PCS 교환기 개발	7	20	-13	
계	36	78	-42	

4. 개인통신서비스(PCS)의 본격적 가동

4.1 초기 개인통신서비스 추진상황

가. 이동통신업계에 선경그룹의 급부상

1994년 김영삼 정부시절 선경그룹은 엄청난 노력을 기울여 한국통신의 자회사인 한국이동통신(주)를 한국통신으로부터 인수해 가는 횡재를 누렸다. 초기 한국이동통신의 경영진은 대표이사 부회장 손길승, 대표이사 사장 서정욱, 기획조정실장 표문수 등으로 구성되었으며 특히 PCS 추진본부(본부장 유승문)를 가동하였다(1996. 1). 이 회사는 그룹 차원에서 PCS 사업 분야에 상당수의 기획요원(120명 수준)을 확보하여 제조업체 등과 공동개발을 통해 향후 5년간 350억 원을 투입하려는 등 이 사업에 적극적으로 진출을 시도하고 있었다.

그 후 이 회사는 SK텔레콤으로 발전하게 되었다. 데이콤은 신사업개발단(68명 규모)에서 PCS 사업을 추진하려고 하고 있고, 신세기통신은 코오롱그룹 차원에서 전담팀(50명 규모)을 가동할 예정이며, 삼성도 한국전력과 제휴하여 시외전화 및 PCS 사업권 획득을 위한 노력을 할 것으로 파악되었다. 이동통신사업자 중 셀룰라 계열(800MHz)에서는 선경그룹의 한국이동통신(KMT)의 경쟁력이 최강으로 나타나기 시작하였으며 코오롱, 포철, 해외주주들로 구성된 신세기통신도 1996년 4월 1일 서비스를 개시하였다. 그리고 PCS 계열(1.9MHz)에서는 삼성-현대, LG, 금호-데이콤, 한솔-효성의 재벌계열사와 한국통신이 PCS 사업을 준비하고 있는 상황이었다.

한편 한국통신은 우리나라 이동통신 분야의 선두주자였던 한국이동통신(KMT)을 선경그룹에 공출당하여 사기가 떨어진 상태에서 이 사업을 다시 새롭게 준비한다는 것이 여의치 않았다. 노태우 정부 이전 한국이동통신(KMT)은 한국통신의 자회사였다. 이러다 보니 한국통신 공정대책실에서는 한국통신이 이제 새삼스럽게 개인통신서비스(PCS)라는 이동통신사업을 재개하기에는 이미 기지국 상면 확보 및 유통망확보 면에서 절대 불리하다고 보고하였다.

나. 아픈 과거를 딛고 재기 시도

이와 같은 난감한 상황에서 아픈 과거를 잊고 한국통신 기술기획실(실장 이정욱)은 다시 한번 개인통신서비스(PCS) 라는 이동통신사업의 재기를 위한 이동통신추진계획을 수립하였다(1995년도 주요업무 발전계획, 1995. 2, 기술기획실). 이 계획의 주요내용은 다음과 같다.

① 한국통신은 1단계에서 CT-2 서비스를 제공하고 2단계에서 PCS 서비스를 제공한다. 즉 PCS 서비스 전 단계로서 CT-2 서비스를 제공한다.

② CT-2는 공중전화망(PSTN)에 기지국을 연결하여 이용하는 발신 전용서비스로서 1995년 내에 여의도 지역에 시험서비스를 시행한 후 1996년부터 상용서비스를 제공토록 하며 무선호출서비스와 연계하여 사업화한다.

③ PCS 시스템의 개발 방향은 PCS 교환기, 무선기지국시설, 단말기를 한 개의 시스템으로 묶어서 1994년-1997년에 개발한다. 그리고 PCS 시스템의 조기 확보를 위해 한국통신 연구진과 대기업 연구소가 공동으로 개발한다.

④ PCS 사업권 확보를 위해 무선통신사업추진단을 설치하여 영업계획, 재무계획, 기술개발계획 등을 포함한 사업계획서를 작성한다.

4.2 새 출발하는 한국통신

가. PCS 수요 및 통신망 구성

한국통신 기술기획실에서는 PCS 사업을 위한 수요분석을 재차 시행하고 이를 위한 통신망 요소별 제원과 특성을 면밀히 파악하였다. 이일은 당시 연구개발원 통신망연구소에서 수행하였으며 조사된 PCS 수요분석에 의하면 2000년 110만명, 2002년 249만명, 2004년 351만명, 2006년 410만명, 2008년 451만명으로 예측되었다. PCS 통신망 구성원칙은 공중전화망(PSTN)을 활용하여 구성하고 트래픽의 대부분은 PSTN과 접속될 것으로 전망하였다. 그리고 동일통화권 내 PSTN과의 접속은 탠덤교환기를 통해 접속하고 타 통화권 PSTN과의 접속은 시외교환기를 통해 접속하는 것을 원칙으로 하였다. 그리고 서울시내 PCS망 구성을 위한 트래픽 특성은 다음과 같이 가정하였다.

① PCS 가입자당 발생 트래픽(발신+착신)은 0.05 Erl, 가입자의 발생호 중 시외호의 비율은 15%, 가입자의 발신/ 착신 트래픽 비율은 7: 3으로 가정한다.

② 한국통신의 PCS 가입자수요는 전체 이동전화수요의 20%로 가정하고, 통화권 내 PCS 트래픽의 분포는 PSTN 발신 트래픽에 비례한다.

그리고 한국통신은 PCS를 위한 기지국, 기지국 제어기, 교환국 등 통신망 요소들의 위치를 선정할 때 고려할 사항은 다음과 같이 정하여 시행하였다.

첫째, 기지국(BTS)은 가입자수요 밀집지역 및 전파전파 환경이 양호한 지역을 고려하여 선정한다. 또한 가입자선로에 광케이블이 공급되었거나 계획 중인 지역, HDSL을 도입하여 E1 전송로를 구성하기 용이한 지역, 가입자 광 단국장치가 설치된 지역 등 기지국과 기지국 제어기 간의 전송로(E1) 구성이 용이한 지역을 고려한다.

둘째, 기지국 제어기(BSC)의 경우는 우선 트래픽이 많거나 구간전송로의 구성이 용이한 전화국사를 선정한다. 그리고 기지국의 수용변경이 최소로 예상되는 지역을 고려하는 등 초기수요에 너무 제약되지 말고 중장기적인 관점에서 결정한다.

셋째, 교환국(PCX)의 위치는 트래픽 및 전송로가 집중되는 텐덤국이나 시외국으로 정한다.

한편 한국통신은 위의 고려사항과 선정조건에 의해 서울시내 PCS망 구성방안을 <표 4-13>과 같이 제시하였다(PCS망 구성방안, 1995, 한국통신 통신망연구소 통신망구조연구실). 이 방안에 의해 2005년에 가서는 혜화, 구로, 영동, 광화문, 잠실 등 5개 전화국에 교환국(PCX)를 설치하고 총 239개의 기지국을 건설 운영하는 것으로 결정하였다.

<표 4-13> 서울시내 PCS망 구성방안

PCX 위치	1999년		2002년		2005년	
	BSC수	BTS수	BSC수	BTS수	BSC수	BTS수
혜화전화국	11	51	11	56	11	55
구로전화국	7	36	8	41	11	50
영동전화국	8	38	12	62	10	48
광화문전화국			9	47	12	57
잠실전화국					6	29
계	26	125	40	206	50	239

나. PCS 전송망의 본격 구축

1996년 중반 한국전력에서는 LG텔레콤과 한솔PCS에 집중마케팅을 하였다. 특히 한솔PCS에 대해서는 전 기지국(1,218개소)에 광 전송로 공급을 제안하였고 한국통신의 사용료보다 10% 이상 저렴하게 제공하겠다고 나섰다. 이때 한국통신에서는 초고속전용망의 신뢰성과 우월성을 설명하여 회선수요가 적고 회선공급이 난지역인 강원, 전북, 제주지역을 제외한 전량을 한국통신이 수주하였다.

그리고 한국통신에서는 PCS 사업자별 전용회선 수요를 조사하였으며 KT프리텔 1,247회선, 한솔PCS 861회선을 파악하였으나 LG텔레콤으로부터는 통보를 받지 못하였다(1996. 6). 한편 한국통신은 대우, 삼성, 현대, 한화, LG정보통신, AT&T와 PCS 교환기 개발협약을 체결한 바 있었다(1996. 2). 한국통신은 LG정보통신과 맺은 PCS 교환기 개발협약은 해지하였다. 이것은 LG텔레콤이 1996년 6월 PCS 사업권을 획득하게 되면서 한국통신과 사업경쟁 관계로 변화하였기 때문에 협약내용 중 경쟁사업자 관계인 경우에는 협약을 해지한다는 조항에 따라 시행되었다.

한국통신이 LG정보통신을 PCS 장비공급사에서 배제함에 따라 당시 LG그룹은 한국통신 상품을 배제하는 쪽으로 갈 것으로 예상하였다. 전용회선의 경우 LG텔레콤의 중간 간부급에서는 한국전력 회선을 이용하는 경우 유지보수 등 제반 문제점을 제시하면서 한국통신 회선 사용을 건의하였으나 당시 LG그룹 경영층에서 한국전력 회선의 사용을 결정한 것으로 전해졌다.

당시 PCS 사업자의 통신망 수주상황을 보면 KT프리텔은 1,470회선(795억 원)을 전량 한국통신 회선을 사용하기로 결정하였다. 한솔PCS는 1,256회선(680억 원)을 한국통신 회선 70%, 한국전력 회선 30%를 수주하였다. 그리고 LG텔레콤은 1,380회선(685억 원)을 전량 한국전력 회선을 사용키로 계약하였다. 이때 KT프리텔과 한솔PCS의 PCS 통신망 구성 및 상용서비스 일정은 <표 4-14>와 같이 추진되었다.

<표 4-14> KT프리텔과 한솔PCS의 통신망 구성

사업자	지역별	회선구성완료	시범서비스	상용서비스
KT프리텔	서울, 부산, 경기	1997. 5. 15	1997. 7. 1	1997. 11. 1
	대구, 충남, 전남, 제주	1997. 6. 15	1997. 8. 1	
	충북, 전북, 강원	1997. 7. 15	1997. 9. 1	
한솔PCS	서울, 경기	1997. 6. 1	1997. 8. 1	1997. 11. 1
	부산, 전남	1997. 7. 1	1997. 9. 1	
	대구, 충청	1997. 8. 1	1997. 10. 1	

다. 한국통신프리텔(KTF)의 이동통신망 구성

1997년 초 KTF의 수도권의 기지국 수는 총 519국이고, 중앙1, 중앙2, 구로1, 구로2 등 4개 교환권을 운영하였다(수도권 기지국 배치현황보고, 1997. 2. 13, KTF Network Analysis Team). 이 보고에 의하면 KTF는 전국적으로 총 1,366개의 기지국을 건설하여 운용하고 있으며, 전국 권역별 서비스지역 및 기지국 수는 <표 4-15>와 같다.

<표 4-15> KTF의 전국 기지국 배치상황(1997. 2)

권역별	교환권	서비스지역	기지국수	BTS 공급사
수도권	혜화1	서울 서북(시청, 을지로)	56	대우통신연합
	혜화2	서울 동북(경기북부, 강원)	183	삼성전자
	구로1	서울 남서(여의도, 경인일부)	61	대우통신연합
	구로2	서울 남동(강남, 고속도로)	140	삼성전자
경기권	중동	경인지역	79	대우통신연합
경북권		대구, 경북	194	삼성전자
경남권		부산, 경남	231	삼성전자
충청권		충남, 충북	208	삼성전자
전라권		전남, 전북, 제주	214	대우통신연합

1997년 삼성전자에서 BTS 956국(약 2,100억 원), 대우통신연합에서 BTS 410국(약 1,100억 원)을 공급 설치하였다. 이때 혜화전화국에 PCS 교환기를 설치한 이유는 다른 전화국에 설치하는 것보다 PCX-PSTN 간 회선을 절감할 수 있고 통화품질 확보 및 유지보수가 용이하여 경제적인 통신망 구축이 가능하기 때문이었다. 이 시설은 혜화전화국 6층 서울통신망운용국 상면을 사용 설치하고 서울통신망운용국은 7층으로 이전하였으며 시설 이전비

용은 KTF가 부담하였다.

이 설치방안에 대해 당시 통신망관리단에서는 찬성하였으나 서울사업본부는 장기적으로 한국통신의 새로운 서비스에 대한 설치장소로 회선망 중심국을 확보해야 하고, 중기적으로는 CT-2 고객지원센터, 초고속선도망 사업, 신호중계교환기 설치 등의 수요로 서울본부 자체 상면도 시급한 실정임을 내세워 반대하였다. 결국 한국통신프리텔(KTF)의 전국 이동통신망은 총괄국 9개국, 중심국 1개국, 집중국 37개국으로 다음과 같이 구축되었다(KTF-iPCS Network, 1997. 3, KT프리텔).

① 전국통화권을 위해 총괄국으로 혜화1, 혜화2, 구로1, 구로2, 중동, 대구, 부산, 동마산, 대전, 북광주 등 10개국을 정하였다. 수도권 지역은 혜화1, 혜화2, 구로1, 구로2, 중동 국간 통신망은 완전 망형으로 구성하였다. 그리고 수도권 이외 전 지역의 경우는 혜화1, 구로1, 대구, 부산, 대전, 북광주 국간을 완전 망형으로 구성하였다.

② 서울시내의 경우 혜화1 IGS, 혜화2 IGS, 구로1 IGS, 구로2 IGS, 송파 IGS, 영등포 IGS, 광화문 IGS, 신촌 IGS, 혜화 Toll 2/3, 구로 Toll 2/3, 신설동 Toll 1/2, 목동 Toll 1/2 등은 수도권 5개의 총괄국 PCX와 각각 직통회선으로 연결되었다.

③ 대구 경북지역을 위해 대구 PCX를 중심국으로 정하여 여기에 대구 IGS, 남대구 IGS, 태평 Toll, 신암 Toll 등 4개 집중국을 연결하는 통신망을 구성하였다.

④ 부산지역은 부산 PCX를 중심국으로 설치하여 이 교환기에 부산 IGS, 사상 IGS, 부산진 IGS, 부산 Toll 1, 부산 Toll 2 등 5개 집중국이 접속되었다. 경남지역의 경우에는 중심국으로는 동마산 PCX, 집중국은 동마산 Toll 1, 동마산 Toll 2, 남강 Toll을 정하여 통신망을 구성하였다. 이때 동마산 PCX는 부산 PCX와 대구 PCX로 직통망을 구성하여 전국지역과 연결되게 하였다.

⑤ 충청지역은 대전 PCX를 총괄국으로 하여 서대전 IGS, 번호안내 IGS, 대전 Toll 1, 대전 Toll 2을 집중국으로 하여 연결하였다. 그리고 전남 전북지역의 경우에는 북광주 PCX를 총괄국으로 하여 서광주 IGS, 북광주 IGS, 북광주 Toll, 서광주 Toll을 집중국으로 구성 운용하였다.

라. 신규 PCS 서비스를 위한 통신망 구축

전국적으로 PCS 통신망의 구성형태를 보면 PCS 교환기와 PCS 교환기 간은 그물망형(Full Mesh)으로 구성하고, PCS 교환기와 기지국(BTS) 간은 성형(Star)으로 연결하였다. 이때 교환망은 초기에는 노드(Node)를 대도시(6대 도시) 중심으로 설치하고, 중기 이후에는 최소 도청소재지 이상의 도시에는 전부 설치하는 쪽으로 추진하였다. 무선망의 경우에는 초기에는 도시 및 주요 도로변에 설치하고, 중기 이후에는 전국 대부분 지역으로 확장하였다.

또한 사업자 간 상호접속을 위해 공중망사업자(PSTN)와 PCS 사업자는 관문국을 각 각 설치하였다. 공중망사업자의 경우 대도시에서는 IGS 기능이 구현된 시내교환기 또는 시외교환기, 기타지역에서는 시외교환기에 설치하였다. PCS 사업자는 PCS 교환기 또는 전용 IGS를 설치 운용하였다. 한편 신규 시외전화망, 신규 국제전화망, 이동전화망(이동전화, 타 PCS), 무선호출망 등 타 통신망과 상호접속방식도 결정하였다. 즉 공중망사업자의 IGS를 경유하여 접속하는 것을 원칙으로 하였으며, 사업자 간 협정 시 통신망 간의 직접 접속도 허용하였다. 이때 PCS와 PSTN 간 접속호의 라우팅은 발신지역 최인근 관문국으로 정하였다.

그 외에도 통신망 간 정합을 위해 전송방식은 DS1E, 신호방식은 국내표준 No.7 신호방식으로 정하였으며, 이것이 불가능할 경우 R2 신호방식을 사용토록 하였다. 과금방식도 방침을 정하였는데 PCS와 PSTN 간은 접속을 제공하는 교환기에서 과금하고, PCS와 PCS 간은 발신 지역 IGS에서 과금토록 하였으며, 상세 과금을 기록할 수 있는 기능을 보유하도록 정하였다.

5. 한국통신의 PCS 사업권 획득

5.1 개인휴대통신의 활성화

가. 한국통신과 타 사업자들의 추진상황

정부는 1994년도 통신사업 구조조정결과 PCS 사업은 통신망 구축, 기술개발 및 서비스 제공에 가장 유리한 전국규모의 사업자 1개를 선정하고 점진적으로 경쟁을 확대하도록 결정하였다. 반면 신규서비스를 위한 기술개발 및 시험은 자율에 맡겼다. 이에 따라 1995년 내에 1개의 PCS 사업자를 신규 허가할 예정이었다. 당시 신규 사업허가요건을 보면 사업법 제10조에 의해 허가받은 역무 이외의 다른 역무를 제공하고자 할 경우 장관의 허가가 필요하고 허가 시 심사내용으로는 전기통신 역무 제공계획, 설비 규모, 재정 능력, 기술개발실적, 기술개발계획 등으로 되어 있었다(사업법 제5조).

이때 한국통신은 1993년 말 개인통신서비스(PCS) 개발을 위한 기본계획을 수립하였다(1993. 12. 24). 이에 따라 산업체(교환기 4사)와 공동연구 합의각서를 체결하였으며 무선접속방식을 선정하였다(1994. 6). 그리고 PCS 시스템 교환기(PCX), 기지국, 기지국 제어장치 등의 개발요구서를 확정하였으며, 가입자 데이터 처리용 컴퓨터 기종도 선정하였다. 그리고 1994년 말에는 공동개발업체 선정을 위한 시스템 개발 기본계획을 수립하였으며, 이에 따라 교환기, 기지국 및 단말기 분야는 평가 기준에 적합한 업체, 가입자 정보처리장치는 평가 기준에 적합한 업체 중 2개 업체를 선정하고, 개인통신시스템 공동개발업체를 선정 추진하고 있었다(1994. 12).

한편 한국이동통신은 기획요원을 120명 수준으로 확보하여 선경그룹 차원에서 추진하고 있었다. 이들은 향후 5년간 350억원을 투입하여 제조업체와 공동 개발하는 방식으로 추진하고 있었다. 데이콤은 PCS 사업추진을 위해 68명 규모의 신사업개발팀을 만들어 해외훈련을 추진하고, 신세기통신은 50명 규모의 팀을 만들어 코오롱그룹 차원에서 대응하며, 삼성은 한국전력과 제휴하여 시외전화 및 PCS 사업권 획득을 위해 노력하고 있었다.

나. PCS 사업의 추진전략

1995년에 들어서면서 한국통신 기술기획실(실장 이정욱)에서는 PCS 사업추진전략을 다시 다듬었다. 이 전략의 핵심은 시외전화 신규사업의 허가와 PCS 시업권의 확보를 연계 추진하고, PCS 사업권 획득을 위한 강력한 추진조직을 갖추며, 시스템 기술개발 및 개발관리를 정예화하는 것이었다. 이러한 방향에서 PCS 사업권을 확보하기 위해 2차에 걸쳐 간부 회의를 개최하였다.

제1차 간부회의(1995. 1. 9)에서는 사업권의 확실한 획득 및 무선통신사업의 강력 추진을 위한 전담조직으로「무선사업추진기획단」을 설립하는 것으로 의견을 모았다. 이 기획단은 본사 기구로 하며 관리급으로 보직하여 PCS, CT-2, 무선데이터 등 모든 무선통신사업을 집중 추진하게 하였다. 그리고 PCS 개발업무와 사업계획서 작성업무를 통합 시행하게 하였다. 따라서 당시 사업개발단, 연구개발원 및 전자교환운용연구단의 PCS 관련 조직 및 인력을 무선사업추진기획단으로 통합하게 하였다.

제2차 간부회의(1995. 1. 13)에서는 PCS 사업권 확보와 PCS 시스템 개발은 당분간 별도 체계를 유지하도록 하였다. 그 주요내용은 다음과 같다.

첫째, PCS 시스템의 교환기, 기지국, 단말기, 가입자 정보처리장치 등 주요시스템의 전반적인 개발관리는 사업개발단이 수행하고, PCS 시스템 개발총괄 및 시스템 통합은 무선통신개발단이 담당한다.

둘째, 이를 위해 연구개발원 기술개발단을 무선통신개발단으로 변경하여 당시 분산된 관련 연구부서를 통합한다. 한편 교환기, 기지국, 단말기, 가입자 처리장치 등은 업체에서 개발토록 한다.

셋째, PCS 사업권 획득을 위한 사업계획서는 방대한 자료와 세밀한 작업이 필요하므로「PCS 사업추진단」을 설치한다. 사업계획서는 영업, 재무, 요금, 기술개발, 통신망계획, 운용유지보수 등을 포함한다.

넷째, PCS 사업추진단은 본사에 관리급 부서로 설치하여 사업권 확보를 위한 사업계획서 준비와 대외활동을 담당한다. 본 사업의 중요성을 감안하여 우수인력을 우선 차출하고 필요 시 사외 전문인력 또는 연구기관에 용역 추진한다. 정책연구소, 법률회사, 회계법인 등의 전문가를 활용하고 한국통신기술(주) 등 사업계획서를 작성해 본 경험이 있는 업체에 용역을 하거나 외국 전문가 및 사업자를 활용한다.

다섯째, 향후 사업의 진도에 따라 상용사업추진을 별도 검토하되 전화본부 또는 PCS 사업추진단에서 수행한다.

당시 기술기획실에서는 위와 같이 PCS 사업추진방안에 있어 1차 간부회의 안과 2차 간부회의 안이 상이하여 두 개안에 대하여 비교 검토하였다. 먼저 무선통신사업을 통합일원화 추진하자는 제1안의 장점은 한 조직에 시스템 개발, 사업권 확보, 사업추진 등 모든 권한을 부여함으로써 책임이 명확해지고 사업추진 의사결정이 신속하게 이루어질 수 있었다. 반면 단점으로는 시스템 개발과 사업계획서 작성의 통합으로 업무가 과중하고, 이 사업을 위해 전반적으로 조직을 재편성하여야 하므로 조직이 정상 가동될 때까지 수개월이 소요될 수밖에 없었다.

그리고 본사, 사업개발단, 연구개발원의 조직과 기능을 조정해야 하고, 사업계획서 준비와 개발지연이 예상되었다. 사업권 획득과 기술개발을 분리 추진하자는 제2안의 경우는 제1안의 장단점을 역으로 보면 되었다. 검토 결과 본사에 PCS 사업추진전담반을 구성하여 PCS 사업권을 획득하도록 하고 전담반장은 추진력있고 대외활동능력이 있는 인재의 등용이 필요하다는 견해가 공통적이었다.

다. PCS 사업의 추진체계

한국통신 기술기획실(이정욱)에서는 개인휴대통신서비스의 사업권 획득 및 기술개발을 강력히 추진하기 위해 「개인휴대통신사업(PCS) 추진활성화계획」을 수립하였다(기이 1230-43, 1995. 1. 18, 기술기획실). 이 계획의 주관부서 및 결재자는 제4장 말미의 참고자료편에 기록되어 있다. 이 계획의 주요내용은 PCS 사업을 전사적으로 추진하고, PCS 사업권을 획득하기 위해 강력한 추진조직을 설치하며, 시스템 기술개발 및 개발관리를 정예화하여 추진하는 것이 골자로 되어 있다. 한편 이 계획에 대한 일부 내용은 이미 전항(2.2의 나)에서 언급한 바 있다. 여기에서는 이 계획에서 정한 PCS 사업추진체계를 보다 세부적으로 정리하면 다음과 같다.

첫째, PCS용 교환기, 기지국 및 단말기, 가입자 데이터처리시스템 등 주요시스템은 무선통신개발단과 산업체가 공동으로 개발한다. 그리고 PCS 통신망 구조 연구 및 시험장치는 ETRI가 개발하며, 시스템 개발에 따른 전반적인 개발관리는 사업개발단이 담당한다.

둘째, 사업권 확보를 위한 사업계획서는 사업 관련 분야와 기술관련 분야로 구분하여 그 주요 내용을 작성한다. 사업 관련 분야에는 매출, 손익, 자금수지 등 재무계획, 요금수준, 요금체계, 이용약관 등 요금계획, 각 조직 분야별 인원 규모 등 인력계획을 담는다. 그리고 기술 관련 분야에는 통신망 구성, 서비스 식별번호 및 번호체계, 기술개발실적 및 기술개발계획, 운용체계, 운용기술확보 및 유지보수계획 등을 기술한다.

셋째, PCS 사업권 획득을 위한 사업계획서 준비와 적극적 대외활동을 전담하면서 사업권 획득을 위해「무선통신사업추진단」을 설치 운용한다. 이 기구는 본사에 두고 단장은 관리급으로 하며, 사업계획1국, 사업계획2국, 사업계획3국으로 구성한다. 이 조직은 PCS 사업권 획득의 시급성을 감안하여 우선 임시조직으로 구성한 뒤 조직 개편할 때 정규 조직화한다. PCS 사업의 중요성과 특수성을 고려하여 우수인력을 우선 차출하며, 필요한 경우 사외 전문인력 또는 연구기관에 용역을 추진한다. 이를 위해 정책연구소, 법률회사 및 회계법인 등 전문가와 계약을 추진한다. 또한 한국통신기술(주) 등 계획서작성 전문업체와의 용역을 고려하며, 외국의 전문가 및 사업자와의 용역도 추진한다.

넷째, 향후 무선통신사업추진단에서 무선통신사업을 추진토록 검토하며, 이 사업의 전사적 추진과 관련 실·본부와의 협조체계를 위해 부사장을 위원장으로 하고, 관련 실•본부장을 위원으로 하는「무선통신사업추진위원회」를 구성 운용한다. 이 위원회는 PCS 사업권 확보를 위해 필요한 전사적 지원방안을 협의 조정하고, PCS 개발에 관련되는 주요사항을 조정하며, 기타 사업추진에 관련되는 주요사항을 조정하는 임무를 담당한다.

다섯째, PCS 시스템의 개발일정은 연구개발원에 무선통신개발단 설치(1995. 2), 업체의 개발실시(1995. 2-1996. 10), 1차 시제품 시연회(1995. 12), 개발제품 제작 및 시험서비스(1996. 12), 시범서비스 및 상용화(1997-1998) 순으로 정한다. 그리고 사업권 확보는 사내방침 결정(1995. 1), 무선통신사업추진단 구성(1995. 1), 사업계획서 수립(1995. 2-4), 사내의견수렴 및 조정(1995. 5-6), 사업계획서 완성(1995. 7)의 일정으로 추진한다.

한편 한국통신 기획조정실(실장 이정욱)에서는 무선사업의 발전을 위해 외부인사로 자문위원회를 구성 운영하였다. 본 위원회는 김인호(한양대 교수), 김재균(전 한국통신학회회장), 김정기(중앙대 교수), 노상국(전자신문사 편집인 겸 주필), 박한규(연세대 교수), 박항구(ETRI 무선통신단장), 윤창번(KISDI 실장), 이우재(전 체신부장관), 이재홍(서울대 교수), 이진주(KAIST 교수), 장세탁(국가기술자문회의 사무차장), 조동성(서울대 교수)으로 구성되었다(1995. 4. 28).

5.2 PCS 무선접속방식의 선정심의

가. TDMA방식과 CDMA방식의 비교검토

통신서비스의 개인화와 멀티미디어화의 환경에서 한국통신은 개인통신서비스를 적기에 제공하기 위해 시스템을 개발하고 통신망 기반을 구축하여 이 사업을 본격적으로 전개하기 위한 준비작업에 착수하였다. 먼저 개인통신시스템(PCS)을 위한 접속방식에는 공간분할 다중접속방식(TDMA)과 코드분할 다중접속방식(CDMA)이 있다. 이 두 가지 접속방식의 채널 대역폭, 기지국당 가입자 수, 데이터 전송속도 등 특성을 비교하면 표 <3-16>과 같다.

<표 4-16> TDMA와 CDMA 비교

방식별	TDMA	CDMA
사용대역폭(채널당)	30KHz	1.23MHz
통화품질	8Kbps 보코더 사용으로 좋음	13Kbps 보코더 사용으로 더좋음
기지국 당 가입자 수	3,900 가입자	11,000 가입자
보안성	우수	더 우수/코드분할방식
단말기 전력소모	보통(0.6-2W)	적음(0.2W)
주파수 계획	인접지역 내 동일주파수 재사용 불가로 복잡	주파수 재 사용률이 높아서 간단
데이터 전송속도	9.6Kbps	14.4Kbps
이동중 데이터전송	Hard Hand off로 부적합	Soft Hand off로 적합
장비제조업체	다수	소수

그리고 PCS 무선접속방식 선정을 위한 검토를 위해 CDMA 방식과 TDMA 방식의 특징과 여건을 비교하여 보면 다음과 같다.

① TDMA 방식은 기술적으로 상용화되어 있고 여러 업체에서 기술을 보유하고 있어 경제적인 기술 확보가 용이하고, 당시 다수 국가가 이 방식을 표준화하고 있어 관련 산업의 수출이 가능하다. 이 방식은 셀룰라를 근간으로 하여 발전된 방식으로서 PCS 서비스를 조기에 실시할 수 있는 장점이 있다.

② TDMA(GSM) 방식의 국내개발상황을 보면 1993년 초 전자부품연구소(KETI)와 국내의 삼성, LG, 대우, 현대 등 4사가 GSM 단말기를 공동개발을 개시하여 1995년 초에는 공동개발 시제품을 개발 완료하였다. 그리고 1996년 초에는 각사 독자로 상용시제품을 개발 완료하여 대우통신은 유럽 판매를 위해 형식승인을 추진하고 있고, 삼성전자는 유럽 형식승인을 완료하여 연말부터 관련 장비를 이미 수출하고 있다.

③ CDMA 방식은 이론적으로 우수하나 기술이 증명되지 않았으며 실용화 가능 시기가 불확실하고 기술을 소수의 회사가 보유하고 있다. 이 방식을 표준으로 채택한 국가가 적어 관련 산업의 수출 면에서 불리하나 국내시장 보호 면에서는 유리하다. 국방과학기술연구소에서 군사용으로 일부 기술을 보유하고 있으며, 한국이동통신에서는 군용으로 사용되었던 기술을 민수용으로 전환하는 작업을 활발히 진행하고 있으며, Qualcom 사는 DCN용 CDMA 기술을 보유하고 있다.

PCS 무선접속방식 선정을 위한 검토를 위해 당시 CDMA 방식과 TDMA 방식에 대한 개발업체를 조사한 결과는 <표 4-17>과 같다. 이때 체신부는 CDMA, 상공부는 TDMA를 선호하고 있었으며, 한국통신 연구개발원 연구원들은 TDMA 방식을 선호하였다. 한편 한국이동통신(KMT)은 CDMA 방식을 국내 개발할 수 있다고 주장하고 나섰다. 이러한 상황에서 한국통신 기술기획실은 다음과 같은 의견을 제시하였다.

첫째, CDMA 방식의 기술이 증명되지 않은 상태에서 이론상의 수치만으로 두 가지 방식을 비교하는 것은 무의미하다.

둘째, 체신부는 DCN 에서와 같이 CDMA 방식을 선호하는 경향인데, 당시 CDMA 방식에 대한 기본특허를 보유한 업체는 Qualcom과 InterDigital 2개사이다.

셋째, 한국통신이 특정 방식을 선정하여 발표하면 이들 회사에서 고액의 특허료를 요구할 가능성이 높다. 따라서 가능한 한 CDMA 방식과 TDMA 방식을 끝까지 경쟁시켜 국내업체가 유리한 조건으로 계약할 수 있도록 유도하고, 특정 방식이 선정되었을 경우 업체를 이용하여 국가표준이 될 수 있게 하는 것이 바람직하다.

<표 4-17> CDMA 방식과 TDMA 방식 개발업체(1995년)

방식별	개발업체	세부내용	개발업체	세부내용
CDMA	OKi	ACDMA(IS-95)	AT&T	WCDMA(IS-95)
	InterDigital	WCDMA	Qualcom & Motorola	CDMA(IS-95)
TDMA	Hughes	IS-95 WACS(Bellcore)	Tecnekrcn	PHPS
	AT&T	IS-54	Siemens	GSM
	Ericsson	IS-54	Northern Telecom	PCS 1800(GSM)
	Ericsson	DCS 1800(GSM)	Alcatel	DCS 1800(GSM)
	Panasonic	PHPS	Ericsson	DCT 1800(DECT)

나. TDMA(DCS-1900) 방식을 표준으로 합의

이후 PCS 접속방식을 보다 구체적인 방향을 결정하기 위해 한국통신은 무선접속전담반을 구성 운영하였다(1994. 1-1994. 5). 이때 기술기획실(실장 이정욱)에서는 PCS 무선접속 방식 결정을 위한 회의를 15층 소회의실에서 개최하였으며, 이 회의에 한국통신 무선통신사업추진단장 외 관련 국장 6명, LG 최용일 상무 외 2명, 대우 유웅현 상무 외 5명, 삼성 이용복 상무 외 3명, 한화 어재흥 상무 외 2명, 대영 최두환 상무 등이 참석하였다(1994. 4. 12).

이 회의에서 먼저 기술기획실의 PCS 담당부장(구본철)은 한국통신 PCS 사업의 기본방향을 설명하였다. 국제기술의 양대 산맥인 두 기술(TDMA, CDMA) 보유의 필연성, 세계진출과 국내시장의 상호보완성, 국내 공동개발 참여업체의 선호기술 등을 강조하였다. 이어서 연구개발원 책임연구원(홍원표)은 한국통신의 PCS 시스템 개발 방향에 대해 설명하였다.

그 핵심은 DCS-1800/1900은 1998년에 상용화하고 2000년 이후 B-CDMA를 개발한다는 것이었다. 이 방안이 세계시장 진출에 유리하고, 스마트카드에 의한 글로벌 네트워킹이 용이하기 때문이라는 점을 강조하였다. 이로서 국가경쟁력을 강화할 수 있고 저렴하고 보편적 서비스를 할 수 있으며, 발전적 기술제휴도 가능하다는 점을 들었다. 이때 참여업체들의 의견을 정리하면 다음과 같다.

① 부품의 가용성(Availability)과 비용(Cost)이 중요하다고 생각되고 특히 수출가능성을 고려할 때 DCS-1800이 개발 및 시장차원에서 가장 유리하다고 생각한다(대우컨소시엄).

② 한국통신에서 발표한 방식대로 추진하는 것이 바람직하다(삼성전자). 한국 뿐 만 아니라 세계시장을 고려한다면 DCS-1800이 가장 바람직하며, CDMA는 개선의 여지가 많은 기술이다(한화컨소시엄).

③ LG는 그동안 DCN CDMA를 개발해 왔으나 한국통신에서 TDMA에 관해 많은 검토를 해 왔다고 생각하고 습득한 개발기술을 TDMA 개발에 활용 가능하고 향후 두가지 기술의 보유를 고려하고 있으므로 한국통신의 방향대로 따르겠다(LG정보통신).

④ 한국통신이 정부, 사업자, 업체의 입장을 가장 공정하게 생각하고 있다고 생각하므로 한국통신의 결정이 현실적으로 가장 타당하다(대영전자).

한편 이 회의에서 한국통신 무선통신사업추진단장(이상철)은 정부는 한국통신만이 전국민을 대상으로 보편적 서비스를 제공할 능력을 보유하고 있으므로 초기에는 전국규모의 1개 사업자로 한국통신(KT)을 생각하고 있다고 본다는 의견을 설명하였다.

그리고 CDMA는 단말기 및 초기투자비용이 과다하여 기존의 셀룰라와 같이 특수계층을 위한 서비스가 될 것이며, CDMA 뿐만 아니라 DCS-1800은 전 세계시장의 80%를 점유하고 있으므로 국가경쟁력 강화를 위해 기술의 다양화가 필요하다는 점도 지적하였다. 또한 DCS-1900을 TDX와의 세계적 호환성을 갖고 경쟁력 있는 모델로 개발하여 세계시장에 진출하는 방향도 제시되었다. 결론적으로 이 회의에서는 혼연일체가 되어 시스템을 1996년 말까지 개발을 완료하고 1998년 상용화가 가능하도록 총체적 노력을 경주해야 한다는 것과, DCS-1900 방식을 기반으로 한 시스템을 표준으로 정하는 합의가 있었다. 이에 따라 교환기 4사와 공동으로 전담반 운영(1994. 9-1994. 10), PCS 시스템 개발 기본계획 확정(1994. 12. 7) 등의 추진일정도 구체화 되었다.

다. 업계 선호도 우위의 TDMA 방식

이후 4개 컨소시엄과 공동개발협약을 체결하였고(1995. 3. 9), 이어서 4개 컨소시엄과 무선접속방식에 관한 1차 설명회를 설비조달회의실(8층)에서 개최하였다(1995. 3 13). 이 회의에는 한국통신 사업개발단장 외 9명, 대우 컨소시엄 5명, 삼성전자 7명, LG정보통신 5명 등 총 27명이 참석하였다. 참여업체별로 PCS 무선접속방식에 대한 검토 결과를 발표하였는데 주요 내용은 다음과 같다.

(1) 대우 컨소시엄

이 회의에 전무 유웅현, 전무 최두환, 부장 유호영, 실장 김현도, 차장 함경상 등 5명이 참석하였으며 주요 발표내용은 다음과 같다.

① 1998년 상용서비스 면에서 본다면 PACS 방식은 무선접속 기술구현이 용이하고 교환기, 기지국 제어기는 TDX-10 전자교환기의 기술을 기반으로 하므로 일부 핵심기술의 도입만으로 기간 내 상용화 가능함. 그리고 DCS-1900은 무선접속기술이 복잡하나 유럽에서 DCS-1800이 상용화 중으로 필요기술의 도입으로 기간 내 상용화 가능하고 기술도입 선의 선택폭이 넓어 기술의존도를 줄일 수 있음.

② 기술개발 측면을 들여다보면 PACS는 기술이 일부 회사에 편중되어 있어 기술의존도가 심화될 수 있으나 개발품만을 조기에 구매하고 기술 도입하여 향후 전 기술을 국산화한다면 자립할 수 있음. DCS-1900은 현재 유럽에서 상용 중이므로 관련 부품의 습득이 쉽고, 기술도입의 선택폭이 넓으며 지적 재산권도 별문제가 없는 관계로 기술의 보편화가 급속히 이루어질 수 있음.

③ 사업성 측면을 검토하여 보면 PACS는 한국통신 만의 장점을 살려 경제적 부담을 덜 수 있으며 기존의 관리시스템을 활용할 수 있고 기지국과 단말기를 소형화 경량화가 가능하며 낮은 가격으로 서비스할 수 있음. DCS-1900은 고속 이동성 서비스까지 제공 가능하며 복잡한 기법 등을 사용하나 상용화된 ASIC 칩을 사용하여 우수한 서비스 성능을 발휘할 수 있음.

이상과 같은 검토 결과 DCS-1900은 기술의 복잡성을 제외한 전 분야에서 우수하며, PACS는 국제규격, 상용화에서 약간 미비하고 기타분야는 우수함.

(2) 삼성전자

본 회의에 이사 김영기, 이사 홍순호, 부장 지영만, 부장 정중호, 수석연구원 정준석, 수석연구원 이철환, 수석연구원 박형래 등 7명이 참석하였으며 주요 발표내용은 다음과 같다.

① 한국의 통신망 적합성에서 보면 PACS는 ISDN 및 AIN 프로토콜을 활용하므로 서비스 수용 및 통신망 구축이 용이하고, DCS-1800은 공통선 신호규격을 사용하므로 통신망 정합이 용이하며 대형 무선기지국을 운용할 수 있어 무선망의 구축이 용이함. 그리고 CDMA는 DCN개발로 이미 확보된 교환국을 사용할 수 있어 통신망 정합과 서비스 연동이 용이함.

② 사업권 확보 면에서 보면 PACS는 세계시장에서 표준화가 불투명하므로 사업권을 획득하는 명분이 미흡하고, DCS-1800은 수출기회의 확대, 세계화 정책 배려로 사업권 획득이 유리하고 이미 상용화된 규격과 제품을 활용할 수 있어 안정된 서비스가 가능함. 그리고 CDMA는 국책사업 영향으로 사업권 획득 및 표준채택이 유리하고 DCN 과제수행으로 확

보된 관련 기술을 활용 가능함.

③ 제조업체의 입장에서 보면 PACS는 RBOC의 지지도에 따른 표준화와 사장 규모가 불투명하고 상용 ASIC 부재로 자체개발이 필요하며 특허분산소유로 협상이 난항이며 기술료 부담이 큼. DCS-1800은 수출시장 개척이 용이하고 기술 공개로 기술료 부담이 적으며 이미 상용화된 부품을 조달하게 되어 개발이 비교적 용이함. 그리고 CDMA는 이미 투자된 관련 기술, 시설 및 인력 활용이 용이하고 기술사용에 대한 추가협상이 필요함.

이상과 같이 검토한 결과 수출기회 확대 및 글로벌 네트워킹이 가능한 GSM 계열의 DCS-1800 방식이 유리함. 그리고 GSM 일부 핵심기술은 자체개발로 확보 가능하여 DCS-1800 기술의 국산화 및 제품개발은 용이함. 따라서 시장성, 개발의 용이성 및 서비스 확대 차원에서 DCS-1800을 사업화 방식으로 제안함.

(3) LG정보통신

이 회의에 이사 이정률, 이사 안병욱, 부장 장형만, 책임연구원 이효진, 선임연구원 전종영 등 5명이 참석하였으며 주요 발표내용은 다음과 같다.

① LG정보통신은 CDMA의 기술 및 인력확보, 국내 생산기반 조성, 타 방식 선정 시 이중 기술종속 및 기술료 지불, 적기 실현 가능성, 핵심부품의 국내개발, 국제 경쟁 력 등을 검토한 결과 IS-95 based CDMA로 추진하는 것을 건의함.

② PCS 교환기는 TDX-10 개량형 기술을 이용하여 개발하고, 고정국 제어기(RPC)와 고정국(RP)은 DCN 기술을 이용하여 개발하는 방안을 주장함. 그리고 가입자 정보처리시스템(HLR)은 DCN용 HLR을 개량 개발토록 하고 단말기는 저가격, 저전력, 소형 휴대폰을 PCS 용도로 개발하고자 함.

③ 핵심부품의 경우 ETRI가 개발하고 있는 부품과 LG가 개발하는 국산품을 최대한 활용하는 전략을 제시함.

라. TDMA 방식과 CDMA 방식으로 선호도 양분

이어서 4개 컨소시엄과 무선접속방식 결정을 위한 2차 회의가 한국통신 본사 15층 회의실에서 개최되었다(1995. 4. 12). 이 회의에는 4개 연합공동개발자 임원, 한국통신 무선통신 사업추진단장(이상철) 외 국장 6명이 참석하였다. 이 회의에서 논의된 주요내용은 다음과 같다.

첫째, PCS 개발에 대한 정부 입장은 사업자별로 자유롭게 개발토록 하는 것이며, 무선접속방식(CAI)은 가급적 단일표준을 채택하고자 하나 부득이한 경우에는 복수로 채택한다. 이를 위해 ETRI에서 각계 의견을 청취하여 CAI 표준화(안)을 1995년 12월까지 작성하여 TTA에 제출하고 TTA에서 심의하여 국가표준을 채택한다.

둘째, 한국통신은 전제조건 없이 무선접속방식을 공동개발자와 논의하여 기술성, 경제성, 시장성, 기술 자립성 등을 고려하여 결정한다. 그리고 1998년 상용서비스 목표를 기필코 달성한다.

셋째, 공동개발자와 일치된 입장에서 개발방식을 선정하여 국가표준이 채택되도록 노력한다. 그리고 1998년 상용서비스를 목표로 하고 서비스를 연차적으로 전국으로 확대하며, 궁극적으로는 차세대 통신(FPLMTS)으로 발전토록 한다.

한국통신은 2차 회의 후 1차 공동개발자의 의견을 청취하고 사내 의견을 수렴한 결과 TDMA 방식은 삼성, 대우, 대영, 일진, 한화, 성미 등 6개 업체에서 제안하였으며 CDMA 방식은 LG, 현대, 대한 등 3개 업체가 선호하는 것으로 확인되었다(1995. 3. 17).

5.3 PCS 무선접속방식 확정

가. 한국통신의 무선접속방식 확정

한국통신 기획조정실(실장 이정욱)에서는 서비스의 경쟁력, 통신망 구축의 효율성, 시스템 생산의 경제성 및 시장성을 종합 검토하여 한국통신의 PCS 시스템 방식을 선정하여 안정적인 서비스를 적기에 제공하고자 개인통신시스템 방식을 확정하였다(개인통신시스템 PCS방식 확정, 1995. 4. 24, 기획조정실). 이 계획의 주관부서 및 결재자는 제4장 말미의 참고자료 편에 기록되어 있으며, 그 주요 내용은 다음과 같다.

첫째, PCS 무선접속방식은 국제표준 중 하나를 채택하여 국내기술로 우선 개발하고 필요 부분은 해외업체와 기술협력을 추진한다. 그리고 무선접속방식을 제외한 시스템은 국내에서 개발한 기술을 이용한다. 또한 TDMA 방식과 광대역 CDMA방식을 지속적으로 연구 추진한다.

둘째, 무선접속방식은 1단계에서는 개발의 신속성, 시장성, 경제성을 고려하여 GSM 계열의 PCS-1900을 기반으로 한 시스템으로 정하고 이를 1995년부터 개발 추진하여 1998년부터 상용화한다. 2단계에서 FPLMTS로 발전하기 위해 광대역 CDMA 방식으로 1996년부터 개발하고 2001년부터 상용화한다.

셋째, 위와 같이 선정한 사유는 4개 공동개발 컨소시엄과 합의한 방식이기 때문이다. 특히 TDMA 방식은 76개국 130개 사업자가 채택하여 전 세계시장의 80% 이상을 점유하고 있어 시장성이 있다. 따라서 PCS 시스템과 단말기의 수출에 유리하다. 그리고 스마트카드 사용 및 프로젝트 21 사업과 연계하여 국제이동성 확보에 절대적으로 유리하다.

또한 경제성 면에서 CDMA 방식에 비해 시스템은 20%, 단말기는 50% 정도 저렴한 가격으로 제공이 가능하고, 기술성 면에서는 보편화, 상용화된 기술로서 안정된 방식이다. 기술 자립성 면에서도 보유기술의 보편화로 특허제약이 적으며 기술료가 상대적으로 낮다는 이점이 있다. 따라서 이의 시행을 위해 위의 방식 결정문서를 본17, 직1(무선통신개발단), 사1

(전자교환운용연구단), 대우전자(주), LG정보통신(주), 삼성전자(주), 한화전자정보통신(주), 현대전자(주), 대영전자(주), 대한전선(주), (주)일진, 성미전자(주)로 발송하였다.

한편 한국통신은 1998년을 목표로 추진 중인 PCS 개발사업을 해외업체와 공동기술 개발을 협력하고자 제안요청서(RFP)를 발송하였다(1995. 4. 25). 이 제안요청서의 발송 주체는 앞에서 언급한 한국통신 연구개발원 등 10개사로 구성된 한국PCS컨소시엄인 WING(Wireless Infra Networking Group)으로 되었다. 이때 기술협력의 범위는 기술전수, 알고리즘 전수, 특허사용허여, 자료 및 훈련 등으로 정하였으며 기술협력 분야는 Digital Baseband Technologies/ASICs, RF Technologies/ASICs, System Technologies, Network Technologies 등으로 정하였다. 이에 대한 제안서의 접수처는 대우통신이 맡았다.

그리고 기술협상 대상 업체로는 Ericsson, Motorola, NT, Hughes, Nokia 등 5개의 DCS-1800 방식의 회사로 하였다. 또한 Hughes, Motorola, Bellcore 등 3개의 PACS 방식의 회사, 그 외 Qualcomm(Q-CDMA 방식), InterDigital(B-CDMA 방식) 등 총 10개사로 정하였다. 한국통신은 업체와 합동으로 특허료 및 기술료 등 기술 공여 조건을 협상하였다. 당시 기술협상팀은 한국통신 측에서는 홍원표, 이명수가 주축이었고, 공동개발 컨소시엄에서는 컨소시엄별로 각 2명이 참여하였다. 이들에 대한 기술협상결과는 사내의견을 종합하고 사내표준안을 작성하여 보고되었다(1995. 4. 25)

나. 미국의 PCS 서비스 개시

AT&T사는 1996년 10월부터 미국 주요지역을 대상으로 TDMA 방식의 PCS 서비스를 제공하기 시작하였다. 한국통신에서는 1995년 8월에 통신전문지를 통해 AT&T사의 TDMA 방식 결정 사실을 인지하였으며, AT&T사의 TDMA 방식 결정은 그 이전으로 생각된다. 이때 AT&T사의 TDMA 방식에 의한 PCS 서비스는 음성 송수신 외에 페이져, 간단한 메시지 송수신기능을 갖춘 서비스이었다. 이러한 서비스는 앞으로 한국통신이 제공하게 될 CDMA 방식의 PCS 시스템에서도 제공이 가능하며, 이외에도 호 대기, 발신번호 표시, 회의통화, 음성 메시지 검색 등 다양한 부가서비스 제공이 가능하였다.

장비제조부문에 있어서 AT&T사의 TDMA 방식에 의한 PCS 개시가 당시 PCS 표준방식을 채택하지 않은 국가 또는 사업자의 PCS 표준방식 결정에 영향을 줄 가능성은 있었다. 그러나 미국의 경우 PCS 사업자들이 채택할 것으로 알려진 기술방식이 1년 이상 전부터 공개되었기 때문에 AT&T의 TDMA 방식에 의한 PCS 서비스 개시가 국산 CDMA 장비의 외국수출에 미치는 영향은 크지 않을 것으로 보였다. 당시 미국 내 서비스대상 인구기준으로 PCS 방식별 점유비율은 CDMA 50%, IS-136(TDMA) 24%, PCS-1900(TDMA) 22%, 기타방식 4%로 나타나고 있었다(1996. 10. 10, 전자신문). 그리고 미국 내 4대 PCS 사업자의 PCS 방식 채택상황을 보면 <표 4-18>과 같다(1996. 9. 11, PCS WEEK).

그리고 AT&T사의 TDMA방식이 앞으로의 신방식인 FPLMTS(Future Public Land Mobile Telecommunications Systems) 표준화에 미칠 영향도 검토하였다. 국제전기통신연합(ITU)은 FPLMTS 표준화를 위해 1997년부터 각국으로부터 후보방식을 접수받아 1999년 완성을 목표로 작업을 진행하고 있었다. AT&T사의 TDMA방식은 광대역 고속서비스를 수용 처리해야 하는 FPLMTS에 적용하기 위해서는 상당히 보완해야 할 기술로 파악되어 직접적인 관련이 없는 것으로 판단되었다.

<표 4-18> 미국 4대 PCS 사업자의 PCS 방식 채택상황(1996. 9)

회사명	Sprint Spectrum LP	AT&T Wireless Services Inc	NextWave Com munications Inc	PrimeCo Personal Communications LP
서비스대상	156백만명	113백만명	97백만명	57백만명
접속방식	CDMA	IS-136TDMA	CDMA	CDMA

당시 CDMA방식으로 FPLMTS를 구현하는 것이 전 세계의 추세이나 각국은 자국의 기술방식 선정을 위해 채택가능성이 있는 여러 TDMA와 CDMA방식을 대상으로 실험 및 시뮬레이션을 상당기간 계속할 것으로 예상되었으며, 한국통신도 FPLMTS 개발을 1997년부터 본격 수행할 예정이었다. 한편 이 문제에 대하여 당시 조선일보, 제일경제신문 등 국내 언론은 다음과 같이 보도하였다.

<기사내용1> 미, TDMA 휴대폰 서비스/ AT&T 사 한국CDMA장비 수출난관(1996. 10. 11, 조선일보). LG텔레콤, 한솔PCS 등 국내 개인휴대통신(PCS) 업체가 1998년부터 CDMA(코드분할 다중접속) 방식의 PCS 서비스를 제공할 예정인 가운데 미국의 최대전신전화회사인 AT&T사가 3일부터 미국 주요지역을 대상으로 TDMA(시분할 다중접속) 방식의 디지털 PCS 서비스를 시작했다. 이에 따라 한국이 독자 개발한 CDMA 기술은 전 세계 PCS 표준으로 자리잡기 어려워졌으며, 특히 국내 휴대폰 관련 메이커들이 미국으로 통신장비를 수출하려던 기대가 큰 난관에 부닥칠 전망이다.

미 AT&T의 로버트 알렌 회장은 3일「뉴욕 시애틀 캘리포니아 40개 메트로폴리탄 지역 7천만 주민을 대상으로 디지털 PCS 서비스를 제공한다」면서「디지털 PCS 서비스가 무선통신 대중화 시대를 열 것」이라고 말했다. AT&T의 PCS 서비스는 음성 송수신 외에 페이저(삐삐), 간단한 메시지 송수신기능을 갖춘 멀티미디어 통신서비스로 국내업체가 계획 중인 PCS 서비스보다 기능이 많다(황순현 기자).

<기사내용2> CDMA 업체 미국시장 진출 영향없다(1996. 10. 11, 제일경제신문). 정보통신부는 최근 미국 AT&T사가 TDMA(시분할 다중접속) 방식의 이동전화서비스를 개시한 것과 관련해 미국 PCS 시장의 기술방식별 점유율에서 CDMA(코드분할 다중접속)가 월등히 우세하기 때문에 국내 CDMA 업체의 미국시장 진출에는 큰 영향이 없을 것으로 판단된

다고 10일 밝혔다.

미 최대의 통신업체인 AT&T는 지난 3월부터 뉴욕, 시애틀과 캘리포니아주 등지에서 TDMA 방식의 휴대폰 서비스를 개시했으며 이 같은 소식이 전해지자 CDMA 방식을 채택하고 있는 국내업체의 미국시장 진출계획에 차질이 예상된다는 우려가 제기됐다. 정보통신부는 이와 관련 미국 전체의 개인휴대통신시장에서 각 통신사업자가 채택하고 있는 기술방식별 점유율은 CDMA 방식과 미국식 TDMA 방식, 유럽식 TDMA (PCS-1900) 방식이 50대 24대 22로서 CDMA가 우세하다고 주장했다.

정통부는 미국에서 CDMA 방식을 채택하고 있는 주요사업자는 1위 PCS 사업자인 스프린트(서비스 대상인구 1억5천5백만 명), 2위 사업자인 넥스트웨이브(1억3백만 명)와 4위 사업자 PCS 프라임사 등으로, 서비스 대상 측면에서 미국 전역을 커버할 수 있는 업체는 10대 PCS 사업자 중 두 번째인 AT&T(서비스 대상인구 1억7백만 명)가 유일하다는 것이다. AT&T가 TDMA 방식을 채택한 것은 AT&T의 전신인 멕코우사가 미국식 TDMA를 채택하고 있었기 때문에 향후 PCS와의 연동을 위해 불가피했던 것으로 이미 오래전부터 알려진 내용이라고 정통부는 지적했다(김병호 기자).

5.4 정부의 허가정책 경위 및 대응

가. 정부 정책의 난맥상

그동안 정부 정책에 의해 무선통신사업진출이 제한되었던 한국통신은 경영진을 포함한 전 직원의 노력에 힘입어 제2차 통신사업 구조개편에서 PCS 이동통신사업에 참여하게 되었다. 1995년 정부는 통신사업 경쟁력 강화정책 방향에서 신규기간통신사업자 허가계획과 함께 한국통신을 「주도적 통신사업자」로 육성하겠다는 방침을 발표하였다(1995. 7). 이에 따라 정보통신부는 통신사업자 허가신청요령을 공고하면서 한국통신에 대해서는 PCS 이동통신서비스와 CT-2 사업 등 이동통신사업의 중복신청을 허용하였다(1995. 12).

이번 조치는 1994년 정부 정책에 의해 한국통신은 이동통신사업을 선경그룹으로 넘긴지 딱 1년이 지난 1995년에 다시 이동통신사업을 할 수 있도록 허용되는 상황이 벌어졌다. 앞에서 설명한 바와 같이 1984년 일찍이 한국통신은 2000년대의 정보통신사업의 핵심이 될 이동통신사업을 전담하기 위해 한국이동통신(주)를 설립하여 10년째 자회사로 운영해오고 있었다. 그런데 1994년 얼떨떨 결에 이 회사는 선경그룹으로 매각되고 이후 한국통신은 이동통신사업에 참여할 수가 없었다.

그로부터 1년이 지난 1995년에 정부에서 한국통신에 대해 이동통신사업을 허용하였으나 지난 10년 동안 키워온 한국이동통신(주)를 민간대기업에게 넘겨버린 상태라 한국통신 입장에서는 정부에 대해 야속하기 짝이 없었으며 그야말로 만감이 교차하였다. 이런 와중에 정부는 1996년에 들어오면서 한국통신에 관련된 일부를 변경하여 허가신청요령을 수정 공고하였다(1996. 3. 8). 이때 변경된 허가신청의 주요내용은 한국통신은 PCS 이동통신 사업을 위한 자회사를 설립할 것과 이 자회사에 사업권을 허가하겠다는 것이었다.

이 신규사업허가 수정 공고안은 1996년 3월 6일 14시에 정보통신부 장관이 기자회견을 통하여 발표되었다. 정부는 이처럼 수정하게 된 배경을 다음과 같이 설명하였다. 첫째는 한국통신의 무선통신사업의 경쟁력을 제고하고 민간기업의 참여기회를 확대하며 민간의 창의와 활력을 도입하기 위해 필요하고, 다음에는 PCS 사업을 위한 대규모 투자재원을 효율적으로 조달하고 허가 후 한국통신에 대한 민간의 특혜시비를 해소하기 위한 조치라고 주장하였다.

나. 이동통신사업을 위한 두 번째 자회사 설립

1996년 한국통신은 이동통신사업을 위한 자회사를 설립하라는 정부의 주장은 한국통신 본체가 이동통신사업을 직접경영하려는 것을 억제하려는 의도 외에는 별 의미가 없었다. 결과적으로 한국통신은 12년 전으로 되돌아가 이동통신사업을 전담할 자회사를 다시 설립하게 되었다. 이러한 정부의 조치에 대해 한국통신 전 종사원은 정부의 편향적이고 일관성 없는 정책에 불만을 나타냈었다.

당시 한국통신 임직원들은 한국통신 자회사에 의한 PCS 사업은 한국통신에 사업권을 부여한 것이 아니라고 보았으며, 정부가 이런 일에 까지 간여하는 것은 공기업인 한국통신의 보편적 서비스 제공 취지에 역행하는 조치로 받아들였다. 더구나 자회사가 성장사업인 PCS 사업을 수행하게 되면 종전과는 달리 한국통신은 주도적 사업자가 아닌 속 빈 강정으로 전락할 우려가 있다고 판단하였다.

그래서 한국통신은 정부의 수정 공고안에 대한 의견을 1996년 3월 7일에 제시하였다. 즉 사업자 선정 시 허가신청 주체인 한국통신에게 역무를 허가해 줄 것과 주도적 사업자의 육성 정책을 지속적으로 추진해 주기를 요청하였다. 즉 주도적 사업자 육성과 관련하여 한국통신이 출자한 통신사업자에 대한 지분 제한을 완화할 것과 자회사 설립 시 정부의 자회사분리 매각요구를 자제하고 경영 관여를 하지 말 것을 요구하는내용이었다. 그러나 정부는 1996년 3월 8일 수정 공고를 공식 발표하면서 정부 입장을 비공식으로 다음과 같이 전달해 왔다.

첫째, 한국통신을 우리나라 주도적 정보통신사업자로 지속적으로 육성한다.

둘째, 한국통신이 허가 신청한 역무에 대해서는 심사에서 적격으로 판정될 경우 우선 한국통신에게 역무변경을 허가한다. 준비 기간이 짧은 CT2는 서비스 제공 후 자회사로 이관하고, PCS는 가능한 한 조기에 자회사를 설립하여 서비스를 개시한다.

셋째, 출자회사 지분제한 완화 요구에 대해서는 한국통신이 통신사업의 공정경쟁을 보장하고 자체 경영혁신을 도모하기 위해 허가된 역무를 자회사에 이관하여 사업을 영위케 하는 경우 정보통신부 장관의 승인을 얻어 지분 제한(33%) 적용을 완화토록 한다. 그리고 자회사 분리매각 요구자제 및 경영에 대한 정부관여 배제 의견은 적극 수용한다.

이러한 상황이 전개된 후 한국통신은 무선사업 추진방향에 관하여 사내토론회를 1996년 3월 18일에 개최하였다. 이 토론회에서 참석자의 다수는 심정적으로 한국통신 본체가 이동통신사업을 수행하기를 희망하였다. 그러나 자회사 설립조건을 불가피하게 받아들여야 할 경우 한국통신에게 사업권 허가 지분제한을 완화하는 사업법을 개정하고 규제 완화에 대한 정부의 입장을 공식적으로 보장받아야 한다는 의견이 지배적이었다. 이러한 한국통신의 여론에도 불구하고 정부는 수정공고내용에 따라 1996년 6월 한국통신에 PCS 사업권을 부여함으로써 그해 12월 자회사인 한국통신프리텔(KTF)을 설립하였다.

6. 한국통신의 이동통신서비스 개시

6.1 한국통신의 당면과제

가. 한국이동통신(KMT) 유실의 후유증

1990년대 우리나라 이동통신시장에는 한국이동통신(주)이 10년에 걸쳐 영업 및 운용 분야에서 축적된 경험을 보유하고 있었으며 이동통신사업자로서의 확고한 이미지를 구축하고 있었다. 앞에서 설명한 바와 같이 한국이동통신(주)는 당초 한국통신이 설립하여 자회사로 운용하던 중 김영삼 정부때에 선경그룹으로 넘어간 통신회사였으며 얼마 지나지 않아 이 회사는 SK텔레콤으로 회사명이 변경되었다.

당시 이 회사는 투자가 이미 완료된 전국규모의 이동통신망을 보유하고 있었으며, 1998년에 300만 명의 가입자를 확보한 상태에서 신규 PCS 사업자와 경쟁을 시작하는 상황이었다. 또한 KMT는 전국에 걸친 방대한 유통망을 보유하고 있었으며 정부의 규제와 간섭으로부터 비교적 자유로운 입장이어서 신속하고 일관성 있는 의사결정도 가능하였다.

이 시기에 사업자별 유통망을 비교하여 보면 한국통신은 전국에 391개의 전화국을 보유하고 있는 반면 한국이동통신은 전국에 약 8천개의 대리점을 보유하고 있었다. 한편 신세기통신은 수도권과 대전지역에 약 2,500개의 대리점을 확보하고 있었고, 삼성과 LG는 약 2,500개의 가전 및 통신기기 대리점과 이외에 보험대리점 등의 영업망을 운용하고 있었으며, 현대는 약 1천개의 가전 및 통신기기 대리점과 이외에 보험, 자동차 대리점 등의 영업망을 가지고 있었다.

이처럼 한국통신은 다른 기업들이 이동통신사업을 개시한 지 10여년이 지난 중간지점에서 이 시장에 참여하게 되었다. 이때 한국통신 공정대책실(실장 서용희)에서는 당시 한국통신이 처한 상황과 당면과제를 다음과 같이 정리하였다(한국통신 공정대책실, 1996. 3).

① 한참 늦게 이동통신 시장에 뛰어들게 된 한국통신의 이동통신사업에 대한 사업성을 보면 서비스 개시 5년 후인 2002년까지 투자비는 약 1조5천억 원, 총 비용은 약 3조원이 소요될 것으로 예상된다. 이때 시장점유율 30%를 확보하는 경우 약 5천억 원의 누적손실이, 시장점유율이 40%에 도달하면 약 1천억 원의 이익이 발생하는 것으로 분석된다.

② 기존 셀룰라 2개 사업자에 이어 신규 PCS 3개 사업자의 시장점유 경쟁이 치열할 것이며, 기존 셀룰라 사업자는 다각적이고 공격적인 시장방어 전략을 구사할 것이다.

③ 한국통신은 후발 신규사업자 입장으로 무선통신 관련 기술 및 영업망, 사업경험 등 모든 면에서 민간그룹보다 열세에 있다. 즉 삼성과 현대 연합체는 막강한 기술력, 자금력, 영업력을 구비하여 그야말로 무적함대가 될 것이다. 또한 한솔과 효성을 주도로 한 비제조업체 연합, 금호와 데이콤을 주도로 한 비제조업체 연합, LG를 주도로 한 연합체도 출현하여 재벌그룹들 간의 전쟁터가 될 것이다.

또한 한국통신은 공기업 규제 및 지배적 사업자규제를 받고 있기 때문에 사업수행 시 경쟁력 확보가 의문시 되고 있는 실정이었다. 더구나 1998년 이후 민영화가 되더라도 한국통신에 대한 정부의 규제와 경영 관여가 완전 배제된다는 기대는 할 수 없다고 판단하였다. 따라서 어떠한 형태든 한국통신 PCS 사업의 경쟁력을 제고할 수 있는 전략이 절실히 요구되고 있는 관계로 풀어야 할 당면과제를 다음과 같이 정리하였다.

첫째, 정부에 대하여 지속적인 건의와 협의를 통하여 정책 환경을 개선하는 노력을 기울인다. 구체적으로 보면 정부의 주도적 사업자 육성정책의 지속적 추진 차원에서 사업허가 신청주체인 한국통신에게 사업권을 부여해 달라고 주장한다.

둘째, 한국통신이 출자한 통신사업자에 대한 지분 제한규정에 관하여는 예외적용근거를 1996년 전기통신사업법 개정 시 마련할 것을 요청한다. 또한 자회사에 대한 정부의 분리매각 및 경영 관여의 배제를 요청한다.

셋째, 무선사업의 성공 대안을 강구해야 한다. PCS 사업허가 정책수정이 미치는 영향을 경영, 기술, 영업 등 한국통신의 사업 측면과 고용, 임금, 신분 등 종사원 측면에서 면밀하게 분석하여 보다 합리적이고 현실적인 대안을 도출해야 한다.

넷째, 종사원의 심정적 불만을 해소하고 공감대를 확보해야 한다. 한국통신의 각 이해관계자의 상반된 입장의 차이를 최소화하는 PCS 사업추진방안을 종사원들이 공감하는 차원에서 도출해야 하고 치열한 경쟁상황에서 PCS 사업을 성공시키고 한국통신의 발전을 도모하고 전 종사원의 실익을 보장할 수 있는 대안이 강구되어야 한다.

나. 이동통신기술발전계획 수립

한편 한국통신 네트워크본부(본부장 이정욱)는 통신서비스의 휴대화 및 개인화에 따라 차세대 주력통신으로 등장하게 될 이동통신에 대한 중장기 기술발전계획을 수립하였다(업무계획보고, 1996. 5, 네트워크본부 기술기획국장 김문수). 이 계획에서 앞으로 이동통신사업의 추진방침은 이동통신 기술발전 방향을 제시하고, 이동통신 관련 기술을 확보하기 위한 체계를 정립하며, 또한 관련 응용기술을 확보하는 것으로 정하였다.

이를 위한 주요과제로서 이동통신 기술발전 및 표준화 추세를 분석하고 광대역 무선접속기술, 디지털 신호처리기술, 멀티미디어 기술, 위성 이동통신기술 등 차세대 무선통신기술을 확보하는 것으로 정하였다. 또한 중장기적으로는 지상 및 위성 이동통신 시스템과 관련된 무선멀티미디어 서비스를 위해 차세대 이동통신기술(FPLMTS) 및 UPT(Universal Personal Telecommunications) 기술을 확보하는 방향을 정하였다. 이를 위한 세부시행계획은 1996년 4/4분기 내에 확정하는 것으로 추진하였다.

6.2 한국통신 프리텔(KTF)의 설립

가. 출자 내역 및 본사의 지원방침

1997년 초 한국통신은 PCS 사업에 본격적으로 참여하기 위해 한국통신프리텔(KT Freetel)을 설립하였다(1997. 1. 3). 이 회사는 한국통신이 1대 주주인 상법상 주식회사로서 수권 자본금 2조원, 납입 자본금 5천억 원으로 하여 설립되었으며 출자 내역은 <표 4-19>와 같다. 주주는 대우 4.9%, 효성 3.0%, 모토롤라 2.8%, 현대 2.5% 등 총 12,722개 기업으로 구성되었다.

<표 4-19> 한국통신프리텔(KTF)에 대한 출자 내역

구분	참여기업 수	출자금(억원)	비율(%)
한국통신	1	1,666.5	33.3
한국통신 직원		600	12.0
공익기관	5	156	3.1
중소기업	12,694	1,624	32.5
전략적 제휴기업	21	813.5	16.3
외국기업	1	140	2.8
계	12,722	5,000	100

당시 한국전기통신공사는 한국통신프리텔(KTF)을 설립하면서 이를 위한 사업지원방침을 다음과 같이 정하였다(무선사업업무보고, 1997. 2. 15, 한국통신 무선사업본부).

① PCS 사업의 조기정착을 위해 적극적으로 지원한다. 업무의 조기 정상가동을 위해 임원 3명, 직원 308명 등 직원 전출협정을 즉각 체결한다(1997. 1. 3). ② 유통망, 마케팅 정보의

이용 등 공동 마케팅을 추진하고, 본체 연구개발 조직의 이용방안을 강구한다. ③ 기지국, 교환기 등의 설치상면을 지원 협조하고, 통신망의 구축과 운용을 최대한 지원한다. ④ 본체에서는 자본 증감, 조직개편, 정관개정 등 필수사항 만을 관리하고, 평가 제도를 통한 경영관리를 하는 등 경영 자율성을 최대한 보장한다.

그 후 한국통신프리텔의 자본금 5,000억 원, 한국통신 출자금 1,667억 원, 한국통신 지분율 33.33%로 유지되었으며, 본체에서는 KTF의 경쟁력 확보 지원책으로 주식양도절차를 위임하였다. 즉 1% 이하 주주사의 지분변동은 한국통신 프리텔로 위임 조치하였다. 또한 사내 업무용 이동전화 2,035대의 가입 전환도 조치하였다(1998년도 주요사업계획, 1998. 2. 9, 무선사업본부).

한국통신프리텔(KTF)이 사업을 개시한지 6개월이 지나자 한국통신 부사장(이정욱)은 KTF(사장 이상철)를 방문하여 PCS 서비스개시 준비를 위한 노력에 대해 치하하고 주요 추진상황을 청취하였다(1997년 7월 말). 그리고 한국통신 본체의 유선통신사업은 경쟁심화로 수익감소 등 경영에 상당한 어려움이 있음을 설명하고, 한국통신프리텔의 이동통신사업이 조기에 정상화되기를 희망하면서 다음 사항을 당부하였다.

첫째, 무선통신계 사업에서도 경쟁이 격화될 것인바 한국통신이 보유한 기술력, 마케팅 등을 공동 활용하여 음영지역 해소, 서비스 소통, 품질 면에서 우위는 물론 수익성 확보에 최선을 다할 것.

둘째, 한국통신에서 전출된 직원과 외부에서 영입한 직원 간에 융화가 잘되도록 경영진이 노력하고 본체와도 잘 협력할 것.

셋째, 본사 무선사업본부장은 전화국 창구 및 본체 직원도 PCS 예약가입과 문의 사항을 처리할 수 있도록 조치할 것.

나. 초기 KTF의 사업추진상황 전망

한국통신프리텔 창립 후 첫해의 사업추진실적을 보면 1997년 10월 1일 상용서비스를 제공하였으며, 그 서비스는 6개 광역시, 78개 시, 154개 읍면에 제공되었다. 그리고 마케팅을 위해 30개 영업소 및 4,575개 대리점을 구축하였고, 총 투자비 1조317억 원을 투입하여 교환기 10식, 가입자 관리장치 5식, 기지국 관리장치 92식, 기지국 1,342대를 구축하였다. 이때 서비스 판매실적은 약 35만1천명(시장점유율 34%), 예약가입자 85만명을 확보하였으며, 1997년도 매출목표 59억 원, 실적 113억 원으로 목표를 초과 달성하였다(한국통신 무선사업본부, 1998. 1. 30).

1998년 초 한국통신 무선사업본부(본부장 서용희)는 KTF 사업에 대해 중장기적 전망을 제시하였다(한국통신 무선사업본부, 1998. 1. 30). 이때 제시된 주요내용은 다음과 같다.

① KTF 설립 2년 차인 1998년에는 가입자 수 145만 명, 매출액 8,000억 원, 영업비용 1조

872억 원, 당기순이익 -4,094억 원으로 예상된다. ② 2,000년에는 가입자 수 291만 명, 매출액 1조6,531억 원, 당기순이익 810억 원, 누적 손익 -5,903억 원으로 전망된다. ③ 2002년이 되어야 가입자 수 366만 명, 매출액 1조9,989억 원, 당기순이익 3,188억 원, 누적 손익 896억 원이 될 것이다.

더구나 당시 IMF 체제하에서 사업 환경은 더욱 나빠지고 있었다. 고금리에 의한 부채경영의 어려움이 있는 데다 은행의 대출제한 등으로 자금조달에 곤란을 겪고 있었다. 한편 이동통신 가입자 증가는 둔화되고 해지율이 증가될 뿐만 아니라 신규가입이 정체되어 투자비 및 비용의 상승으로 채산성이 악화되고 있었다. 이러한 상황에서 한국통신프리텔은 1998년도 사업추진전략을 다음과 같이 수립하였다.

(1) 1/4분기 내 시장에서 확실한 지위를 구축한다. 이를 위해 주주사 및 5천여개의 유통망을 동원하고 네트워크 분야 경쟁력을 확보한다. (2) 최소의 투자로 전국통신망을 조기에 완성하여 로밍효과를 극대화하고 IMF시대의 기업 간 전략적 제휴효과를 홍보한다. (3) 비용의 가장 큰 요인인 단말기 시장의 주도권을 확보하고 사업에 필요한 최소한의 규모의 초긴축 경영으로 대응한다.

다. 본사의 적극적인 재정지원 및 기반시설 확보노력

KTF 설립초기 사업추진 상의 큰 문제점은 투자비 3,700억 원과 단말기 보조금 5,500억 원 등 필요자금 총 7,600억 원을 확보하는 일이었다. 그런데 정부대출까지도 본체인 한국통신(KT)의 지급보증을 요구하고 있었고 외부자금을 조달할 경우에는 높은 이자율 부담으로 사업성이 악화될 수밖에 없는 실정이었다. 이처럼 자금 확보에 대한 곤란을 겪자 신규투자 및 통신망 확장이 어려워지게 되었다.

이와 같은 상황이 되자 KT프리텔 사장(이상철)은 한국통신 부사장(이정욱)에게 약 6,000억 원 규모의 지급보증을 요청해왔다. 이 문제를 해결하기 위해 본사 재무관리실(실장 한수도)은 사내절차를 거쳐 자금조달을 지원하였다. 이런 결과로 KTF는 부채비율이 낮아지고 금융비용 부담은 감소하게 되었으며 이동통신사업자 중 가장 많은 자본금을 보유하게 되었다.

한편 한국통신프리텔은 IMF 체제하의 위기를 극복하고 최단기간에 전국통신망을 구축하기 위해 한솔텔레콤과 공동망을 구축하여 상호 간 로밍을 추진하는 협정을 체결하였다(1997. 12. 4). 양사의 이동통신 로밍효과를 극대화하기 위해 지역적으로 분할하여 통신망을 구축하기로 정하였다. KTF에서는 영남과 강원지역을 맡고, 한솔텔레콤은 충청과 전라지역을 담당하며, 수도권과 6대 광역시에는 독자적으로 건설하는 방안으로 추진하여 상호로밍을 개시하였다(1998. 2. 1).

이와 같이 공동망을 구축함으로써 1998년 4월에는 3,400개의 기지국을 확보하게 되었으며, 1998년도에 2,800억 원을 감소시키고 향후 5년간 총 6,508억 원의 투자비를 절감할 수 있었다. 이어서 PCS 016과 018 통합망의 공동 구축으로 PCS 단말기 무료 업그레이드도 시행하였다(1998. 2. 26-2. 27). 이때 대상은 삼성 SCH-1100과 삼성SPH-2000 모델이었으며, 기타 모델은 각사의 AS센터와 전국영업소에서 시행하였다(PCS 단말기 무료 업그레이드 실시, 1998. 2, 한국통신프리텔).

또한 지속적으로 소프트웨어를 개선하여 1998년 전반기에 통화완료율을 65% 수준으로 개선하는 계획도 추진하였고 적어도 1998년 전반기까지 단말기 보조금을 1997년도 수준(대당 약 25만원)으로 유지하였다. 마케팅 분야에서는 한국통신의 전화국을 활용하여 중소도시 및 농어촌지역에서 확실한 우위를 확보하며, 네트워크 분야에서도 경험과 기술이 축적된 한국통신 출신의 기술직을 다수(약 35%) 포진시켜 통신망의 안정적 운용을 전략적으로 뒷받침하였다.

라. KTF 운영에 대한 국정감사 질의

한국통신이 PCS 자회사로 한국통신프리텔을 운영하는데 대해 초기 국내에서 다소의 논란이 있었다. 이와 관련하여 1997년 국회 국정감사에서 국회교체위원회의 장영달 의원이 질문을 하였으며, 한국전기통신공사 사장은 이에 대해 답변하였다.

<국정감사 질의> 한국통신의 PCS 자회사 분할이유와 정보통신부의 압력이 있었는지? PCS 사업의 자회사 방침을 철회하고 본체에서 추진할 의향은 없는지? 컨소시엄 구성 시 경쟁입찰이 아닌 제안서 심사방식을 취한데 대한 입장과 투명성 확보대책은?

<한국통신 답변> 한국통신이 PCS 사업을 자회사를 설립하여 추진하고자 하는 이유는 지배적 사업자이면서 공기업 하의 엄격한 규제여건으로는 빠른 시장 환경변화에 유연한 대처가 어렵고 판매망에 있어서도 타 경쟁사업자에 비해 열세에 있어 5개 사업자 구도의 치열한 시장경쟁에 대응하기 위해서는 최선의 방안이라 판단해서다. 정보통신부와는 지난 4월 자회사 설립방안을 작성하는 과정 중에 협의를 거친 바 있어 특별한 이견은 없으며 정부의 압력은 없었다.

이울러 성공적인 PCS 사업을 추진하기 위해 민간기업 수준의 최적의 경영조직을 구성하여 본체 직영의 단점을 최소화하고 유망 중소중견기업을 포함하는 대규모 컨소시엄을 구성하여 기지국용 건물 확보 및 판매망 구축, 구성 주주를 기반으로 한 가입자 확보 등으로 경쟁력을 강화할 계획이다. 그리고 경쟁력의 조기 확보를 위해 연내에 자회사 설립을 목표로 추진 중에 있다.

따라서 현재 자회사 방침을 철회할 경우 국내외 민간사업자와의 치열한 경쟁에서 우위를 확보하기가 어렵고 또한 사업추진에도 많은 혼란이 예상되므로 본체에서 직접 추진하는 방안은 고려되지 않고 있다. 컨소시엄 참여업체 선정방식을 경쟁 입찰로 할 경우 자회사 입장에서는 액면가 이상으로 입찰이 성립되면 대규모의 자본이득이 발생되므로 바람직한 방법일 수 있으나, 정보통신 관련 유망 중소중견기업이 탈락하고 자본력이 뒷받침되는 대기업 위주로 컨소시엄이 구성될 것이다.

결과적으로 새로운 정보통신기술의 개발과 산업화의 촉진을 위한 정부의 중소기업 보호 육성시책과 공기업 책무 등을 고려하여 볼 때 바람직하지 않다고 본다. 그러나 국내외 경쟁 상황과 참여업체 보호도 고려하여야 하므로 건전한 중소기업의 참여를 최대한 배려하되 참여의지와 경쟁력 기여도를 엄격하게 평가하여 투명성을 최대한 확보하고 이에 따라 지분을 배정할 계획이다.

마. 한국통신프리텔(KTF)의 광고대행사 선정

한국통신프리텔(사장 이상철)의 광고대행사 선정을 위한 제안 설명회에 동방기획, MBC 애드컴, 대홍기획, 예음기획, MAPS 등 국내 굴지의 6개 광고대행사가 참여하였다. KTF는 회사별로 경쟁 프리젠테이션을 실시한 결과 제일기획을 광고대행사로 최종 선정하였다(1997. 3. 3, 한국통신 무선사업본부). 이에 따라 제일기획은 앞으로 1년 동안 연간 150억 원 규모의 한국통신프리텔의 기업이미지 및 PCS 광고의 기획에서 제작 및 집행, 광고판촉 등의 활동을 하게 되었다. 이 회사는 이번 광고대행사 선정과정에서 마케팅전략과 크리에이티브 및 016 식별번호 차별화 전략 등 전반적인 부문에서 안정적인 기획안을 제시함으로서 최종 선정되었다.

7. 이동통신사업의 경쟁시대 진입

7.1 이동통신사업의 경쟁 준비

가. 사업환경 및 무선통신사업자

1997년 WTO 기본통신협상이 타결됨에 따라 국내 통신사업자에 대한 외국인의 총 지분을 1998년 33%, 2001년 49%로 제한하였으며, 특히 한국통신의 경우는 1998년 20%, 2001년 33%로 제한하였다. 그리고 동일인의 경우는 유선전화 10%, 무선통신 33%로 지분이 제한되고, 한국통신 유선전화는 3%로 정해졌다. 한편 외국인 대주주는 1999년부터 허용하기로 결정되었다.

이와 같은 사업환경에서 앞으로 무선통신시장은 경쟁이 국제화하고, 통신사업 구도가 재편되며, 공정경쟁문제가 대두될 전망이었다. 또한 동일인에게 33%까지 지분허용을 계기로 기존 이동통신사업자에 대한 경영 참여 또는 M&A 가능성이 커지게 되었다. 이때 무선통신사업자 상황은 <표 4-20>과 같다(1997년도 상반기 경영성과분석보고서, 1997. 7. 24, 한국통신 무선사업본부).

<표 4-20> 우리나라의 무선통신사업자 수(1997. 7)

구분	셀룰라	PCS	CT-2	TRS	무선호출
사업면허(전국)	2	3	1	2	1
사업면허(지역권)	-	-	10	9	11
계	2	3	11	11	12

나. 3개사의 치열한 경쟁 돌입

정보통신부와 한국통신은 2000년대에 들어서면서 무선통신 가입자 수가 3,732만 명으로 늘어나고, 시장규모 12조2천억 원, 연평균 성장률 27%로 예측하여 본격적인 무선통신 시대가 도래할 것으로 전망하였다. 이때 셀룰라 방식의 이동통신사업자인 SK텔레콤은 코믹한 TV 광고와 시리즈 형태의 신문, 잡지 광고를 활용하고 있었고, 신세기통신은 디지털의 우수성을 강조하는 방법을 사용하였다.

그리고 2개의 셀룰라 방식의 이동통신 사업자가 함께 PCS 사업개시에 대비하여 보증금을 20만원에서 2만원으로 대폭 삭감하였다. 한국통신프리텔은 모기업인 한국통신의 공신력있는 기업 이미지를 마케팅에 활용하였고, 100년 동안 유선부문에서 얻은 특화된 경험을 집중 홍보하였다. 그리고 자체 대리점, 한국통신의 전화국, 한국통신의 위탁대리점을 활용하였으며, 대우자동차, 대우가전 등의 유통망도 이용하였다.

이때 LG 텔레콤은 기존의 전속대리점 운영체제를 거부하고 오픈 마케팅제를 도입하였으며, PCS 3사 중 가장 먼저 시험서비스를 제공하였다(1997. 8). 그리고 사업 초기 그룹계열사 전 임직원에게 단말기를 무료로 공급하거나 보조금을 지급하는 등의 방법을 통해 약 13만 명의 가입자를 확보하였다. 그리고 한솔PCS는 PCS 3사 중 가장 많은 광고비(250억 원)를 책정하여 주목을 받았다. 자사 대리점 외 외환은행 및 농협 유통망을 활용하였으며, 단말기 공급권을 희망하기도 하였다(1997년도 상반기 경영분석 보고서, 1997. 7. 24, 한국통신 무선사업본부).

PCS 3사의 경우 저가전략을 내세우기보다는 기존의 셀룰라 폰에 비해 우수한 통화품질과 다양한 부가서비스를 강점으로 부각시키는 마케팅전략을 들고 나섰다. 당시 셀룰라 사업자인 SKT는 설비보증금을 당초 20만원에서 2만원으로 조정하였는데 이는 PCS 사업자가 시장에 진입하는 초기에 자금을 압박하고 셀룰러의 가입비용을 줄여서 PCS 잠재고객을 흡수하겠다는 의도가 담겨 있었다.

SKT가 보증금을 인하하기 전에는 PCS가 가입자 유치 면에서 유리하였으나 보증금 인하 후에는 대동소이하게 되었다. 이때 PCS 사업자가 자금 압박을 받아 단말기를 저가로 공급하려던 계획에 문제가 발생하였다. 다시 말해 PCS 단말기를 무상으로 제공하여 기존 셀룰라 가입자를 PCS 쪽으로 유도하려든 구상도 어려워지게 되었다. 그리고 PCS 보증금을 당초

10만원에서 완전 면제키로 조정함으로써 이용요금의 인상이 불가피하나 현실적으로 어려운 실정이었다.

7.2 이동통신 3사의 기지국 경쟁

가. 무선통신사업자별 운영상황

당초 PCS 3사는 1997년 10월에 시험서비스, 1998년 1월에 상용서비스를 제공할 계획이었으나 1997년 8월에 시험서비스, 1997년 10월에 상용서비스를 개시하는 일정으로으로 조정되었다. 이때 PCS의 조기 개통을 위해 SKT의 셀룰라(D)보다 적은 수의 기지국으로 개통을 하다 보면 음영지역이 과다 발생할 우려가 있었다. 당시 서울시내의 기지국 설치계획을 보면 SKT는 187개소를 운용 중이었고 1997년 말까지 240개소로 증설할 계획이었다. 반면 KT프리텔은 1997년 말까지 168개소를 개통예정이었고 1998년에 190개까지 증설하는 계획을 추진하였다.

전국 기지국 설치계획을 보면 KT프리텔 1,366개, 한솔PCS 1,477개, LG텔레콤 1,260개, SKT 1,907개(999개 운용 중), 신세기 1,278개(570개 운용중) 등 총 7,288개로 확인되었다. 이후 실제 무선통신사업자들의 기지국 및 가입자 운용상황을 종합하면 <표 4-21>과 같다(1997년-1998년). 여기에서 D는 디지털방식, A는 아날로그방식을 말한다.

<표 4-21> 무선통신사업자별 기지국 운용상황

사업자별	1997년 말 시설	1998년도 예정
SKT	D 2,041개, A 1,341개 계 3,382개	D 2,341개(300개 증설) 계 3,682개
신세기	1,054개	
한국통신프리텔	1,370개	1,658개, 통합망 구축으로 2,468개 효과
한솔PCS	1,528개	
LG텔레콤	1,481개	1,786개
계	D 7,474개, A 1,341개 계 8,815개	

그리고 당시 이동통신가입자를 확인하여 보면 SKT는 아날로그 가입자 1,562,081명을 포함하여 4,570,601명이었고, 신세기통신은 1,124,991명으로 운용하였다. 그리고 한국통신프리텔(KTF)은 350,150명, 한솔PCS는 416,233명, LG텔레콤은 365,433명 등 총 6,827,408명을 운용하고 있었다(1997. 12. 31). 여기에서 KTF의 가입자는 실 가입자이나 한솔PCS 및 LG텔레콤 가입자는 가가입자가 한솔 10만, LG 3만이 포함된 숫자이었다. 1998년에 들어서

면서 KTF 가입자는 463,700명, 한솔PCS는 450,000명으로 늘어나고 있었다(1998. 1. 29).

한편 이동통신사업자 별 단말기 공급상황은 <표 4-22>과 같고 사업자별 단말기 구입 가격은 사업자와 제조업체 간 별도계약으로 하고 있어 공개하지 않고 있는 실정이었다.

<표 4-22> 이동통신사업자 별 단말기 보급상황(1997. 12)

통신사업자 별	단말기 모델	구입가격(원)	판매가격(원)
SKT	SD-3100 LG SCH-220F 삼성 HHP-301 현대		324,000 368,000 327,000
신세기통신	SP-7000 LG SCH-230F 삼성 HHP-301S 현대		286,000 267,000 266,000
한국통신 프리텔	LGP-1500 LG SCH-1100 삼성 HGP-301 현대	638,000 616,000 550,000	346,000 350,000 280,000
한솔PCS	LGP-1500 LGSCH-1100 삼성 HGP-301 현대	KTF와 동일 조건	341,000 322,000 275,000
LG텔레콤	LGP-1300 LG LGP-1500 LG		320,000 375,000

나. 한솔PCS의 사업 포기

제지사업을 주력으로 삼던 한솔그룹은 1996년 PCS 사업자로 선정된 뒤 공격적 마케팅을 벌이며 정보통신회사로 변신을 시도하였다. 한솔PCS 출발에서부터 20여년이 지난 2018년까지 바라본 상황을 언론은 다음과 같이 보도하였다(2018. 10. 22, 한국일보).

<기사내용> 당시 이동통신사업은 폭발적인 성장전망이 쏟아지며 황금알을 낳는 거위 대접을 받았다. 한솔과 함께 PCS 사업자로 선정된 LG텔레콤(019)과 한국통신프리텔(현KT, 016)도 장밋빛 전망에 취해 PCS사업 확장에 투자를 아끼지 않았다. 하지만 PCS 시장에서 구조조정 얘기가 나오기까지는 채 1년이 걸리지 않았다. 1996년부터 서비스를 해온 SK텔레콤, 신세기통신 등 셀룰라 사업자까지 포함하면 5개사가 이동통신 시장에서 경쟁하며 업체 간 과당경쟁을 피하기 어려웠다.

초기 가입자를 확보하는게 무엇보다 중요했던 만큼 업체들은 가입자 1인당 30만원, 40만원의 보조금을 뿌리고 연인 간 무제한 통화라는 당시로서는 파격적인 요금제를 내놓기도 했다. 결국 굴지의 대기업이나 공기업에 비해 자금력이 부족한 한솔과 신세기통신은 각각 KT와 SK텔레콤에 인수되며 이동통신 시장에서 퇴출당했다. 제지회사에서 정보통신회사로 변신하려던 한솔그룹의 꿈도 함께 좌절됐다.

한솔그룹은 삼성그룹이 1968년 인수한 전주제지에 그 뿌리를 두고 있다. 전주제지는 1993년 삼성그룹에서 계열 분리되면서 이병철 회장의 장녀 이인희 고문이 경영을 맡게 된다. 한솔그룹은 국내 제지업계 1위 기업인 한솔제지를 주력 계열사로 삼아 임업과 화학 등에도 발을 넓히며 재계 20위권 기업으로 부상했다. 컴퓨터와 스마트 폰이 보편화하기 전 제지업체들은 사무용품, 달력, 수첩, 잡지 등 생활 전반에 쓰이는 다양한 제품을 만들며 주요 기업으로 인정받았다.

한솔은 1996년에는 PCS 사업자로 선정되면서 그룹의 외형을 한 단계 더 넓히는 듯했다. 하지만 외환위기 후 전 산업계 구조조정을 추진하는 정부 정책 기조와 LG, SK 등 이동통신 사업을 하는 국내 굴지의 대기업들과의 자금력 싸움에서 밀리면서 통신사업을 포기하게 된다. PCS 사업실패는 한솔그룹에 여러 변화를 안겨줬다. 우선 한솔그룹은 PCS 사업부 매각 후 악화한 재무구조 개선을 위해 전주제지 공장을 매각하는 등 강도 높은 구조조정을 단행해야 했다.

PCS 사업을 추진했던 이인희 고문의 2남 조동길 회장 대신 3남 조동만 회장이 경영권을 이어받는 등 지배구조에도 변화가 생겼다. 조동만 회장은 2002년 회장에 취임한 이후 내실 경영을 바탕으로 2조원 대에 그치던 그룹매출을 5조원 대까지 늘리는데 성공했지만 한솔그룹은 재계 순위는 50위권 밖으로 떨어진 상태다. 한솔그룹은 재무구조 개선을 위해 최근 한솔개발이 운영 중인 강원도 원주시 오크밸리의 매각작업에 나선 상태다.

8. 이동통신 및 개인휴대폰 개발

8.1 개인휴대통신(PCS)의 출현 배경 및 특징

가. PCS 서비스의 출현

이동전화서비스는 1979년부터 보급되기 시작한 후 수요가 급증하고 있었으나 요금 및 단말기 고가로 서비스의 보편화는 미흡하였다. 국내의 경우 서비스 이용계층이 고소득자 중심이고 업무용이 약 70-80%를 점유하였다. 1980년대 중반부터 이동전화 서비스보다 값싸고 편리하게 이용할 수 있는 이동통신 서비스에 대한 욕구가 크게 늘어나면서 일반 대중을 위한 새로운 서비스 개발의 필요성이 대두되었다.

1980년대 후반 영국에서 발신 전용의 CT-2가 보급되면서 이동전화망 및 PSTN의 차별화를 위해 PCN 개념이 도입되었으며, 이는 CT-2, CT-3 등 새로운 이동통신망을 총칭하는 것이었다. 그 후 1990년대 초 미국에서 이동과 휴대가 가능한 모든 이동통신 서비스를 총칭하는 PCS 개념이 등장하였는데 이것이 당시 가장 보편적으로 사용되고 있었다. PCS는 이동전화보다 저렴하고 편리한 이동통신 서비스로 개발 보급하게 되었으며, 이를 통해 이동통신 서비스의 대중화 및 보편화가 실현되었다. 그러나 PCS는 국제적으로 개념이 통일되어 있지 않고 다양하게 사용 중이었고 기존의 이동전화 서비스의 단점을 극복하고 보행자 중심의 차세대 이동통신 서비스를 총칭하고 있었다.

당시 선진국 수준에서 PCS 서비스 특징을 보면 이동전화에 비해 저렴한 보행자 중심의 이동통신 서비스로서 시속 20Km 이하의 핸드오프 및 요금이 저렴하였다. 또한 유선전화와 동등수준의 통화품질을 유지할 수 있었으며, 휴대가 편리하고 저렴한 초소형 경량의 단말기를 사용하고 있어 이동전화와 경쟁 관계에 있는 차세대 주력통신서비스였다. 따라서 향후 가정, 거리 및 직장 등 장소를 가리지 않고 하나의 단말기로 음성, 데이터 및 영상서비스의 이용이 가능할 것이며, 개인번호에 의해 여러 가지 단말기로 서비스를 이용할 수 있을 것이라는 전망을 하고 있었다.

결국 PCS는 저속의 보행자 중심의 이동통신기술이므로 고속의 차량 중심의 이동전화 기술에 비해 저렴하고 시스템 개발이 용이하다고 판단하였다. 당시 시내통신망 사업자는 기존 유선통신망(PSTN)과의 통합 부분, 셀룰라 사업자는 셀룰라 망과의 연동성 부분, 장거리 통신사업자는 독자적인 가입자망의 신규구축 그리고 신규사업자는 셀룰라보다 저렴한 비용으로 공급하는 방안이 주요과제였다.

나. 해외연구개발 현황

1990년 6월 이후 미국은 시내전화 사업자, 케이블TV 사업자, 이동전화 사업자, 통신장비 제조업체 등 약 220여 개의 업체가 다양하게 시스템을 개발하고 있으며, 1995년 중 상용시스템을 출현할 예정이다. 당시 무선접속기술을 보면 셀룰라 계열은 N-CDMA, B-CDMA, Omnipoint-CDMA, TDMA, DCS-1800 등이 선을 보이고 있었으며, 코드리스 계열로는 DECT, PACS가 개발 중으로 이 두 계열의 기술이 치열하게 경합하고 있었다. 유럽에서는 통신사업자와 제조업체 공동으로 상용시스템을 개발하고 있었으며, 영국은 1993년 9월부터, 독일은 1994년 5월부터 GSM을 기본으로 마이크로셀 기술을 적용한 DCS-1800 시스템으로 상용서비스를 개시하였다.

또한 유럽에서는 셀룰라 계열인 DCS-1800 외에 코드리스 계열인 DECT 시스템도 1996년경 상용화할 예정으로 개발하고 있었다. 일본의 경우 1993년 말 무선기술표준화기구(RCR: Research & Development Center for Radio System)에서 1.9Ghz 대역 TDMA 방식의 PHS(Personal Handyphone System)를 표준으로 결정하였다. 그리고 통신사업자 주관하에 제조업체와 공동으로 1993년 10월 상용시스템 개발을 완료하고 1994년 4월부터 삿포로와 동경에서 시범서비스를 실시하였다. 여기에는 NTT, DDI, KDD 등 8개 그룹사업자 및 공동개발 업체들이 참가하였으며, 1995년 하반기에 상용서비스를 개시할 예정이었다.

8.2 한국통신의 개인휴대통신기술 개발

가. PCS 기술개발 기본방향

개인휴대통신(PCS)은 소형의 단말기로 1.8GHz대의 주파수를 사용하여 전국 어디서나 이동 중 통신이 가능한 이동통신 서비스이다. 이 서비스를 위한 통신망은 크게 보아 PCS 망설비와 무선설비로 구성되었다. PCS 망설비는 PCS 교환기(PCX), 가입자 정보처리장치(HLR), 기지국 제어장치(BSC), 부가서비스 장치 등으로 이루어지고, 무선설비는 기지국(BTS), 단말기(MS)로 구성되었다. 한국통신 기술기획실(실장 이정욱)에서는 1993년 말 PCS 시스템 개발 기본계획을 확정하였다(1993. 12. 24). 이때 결정된 개발 기본방향은 다음과 같다.

첫째, 가입자 정보처리시스템은 개발 경험을 보유하고 있거나 개발능력이 있는 업체를 선정하여 공동 개발한다. 이것은 통신망 장비 조달규정의 개발조달방식에 해당된다.

둘째, 교환기는 한국통신과 TDX-10 전자교환기 생산업체인 국내교환기 4사와 공동 개발토록 하며, 시스템 구현단계부터는 참여사 간 경쟁 개발한다. 그리고 기지국은 한국통신과 TDX-10 생산업체인 국내교환기 4사와 공동 개발한다. 무선접속기술 개발방식 결정 후 TDX-10 생산업체에서 해외기술을 도입하여 개발한다.

셋째, 단말기는 무선접속기술 개발방식 결정 후 TDX-10 생산업체에서 해외기술을 도입하여 개발한다. 또한 CAI 규격공개로 공동개발 불참업체도 제품생산을 허용한다.

한편 한국통신 기술기획실에서는 PCS 시스템 개발 기본계획이 확정한 후 관련 부서에 이를 시행하기 위한 부서별 추진계획을 요청하였다(1994. 1. 10). 먼저 사업개발단은 개발관리계획을 수립하게 하였다. 그리고 통신시스템개발센터와 전자교환운용연구단에서는 세부개발계획, 1994년 연구인력 확보 및 활용계획, 관련 시스템의 공동개발을 위한 사전준비, 무선접속기술 개발방식선정을 위한 전담반 구성 등을 전담케 하였다.

나. 개발환경 및 개발방침

당시 PCS 서비스 개발에 대한 국내외 환경을 종합하면 1994년 정부는 통신사업자들의 PCS 서비스 기술개발을 허용하였다(통기93100-29, 1994. 1. 18). 이에 따르면 1994년 12월까지 세부계획을 수립하여 1995년부터 추진하며, 한국통신, 데이콤, KMT가 분야별로 분담하여 공동 개발한다는 구상이었다. 이를 위한 구체적인 실현방안에 대한 제시를 ETRI에 요청하고 있었다. 그리고 데이콤은 셀룰라 방식인 DCS-1800이나 퀄컴의 CDMA 방식의 PCS를 구상하고 있었다. 즉 독립망 구조의 시스템 규격을 연구 중이었으며, 규격작성개발팀(약 20명)을 미국에 파견하여 운용교육을 실시하고 있었다.

한국이동통신(KMT)은 퀄컴과 ETRI 간에 추진 중인 CDMA 방식의 디지털 이동통신 시스템 개발과 연계하여 퀄컴의 CDMA 방식 PCS를 국내 개발하는 쪽으로 구상하고 있었다. 또한 한국전자통신연구소(ETRI)는 1994년 한국통신, 데이콤, KMT에서 각각 2억원씩 출연한 연구비 6억원을 받아 개인통신 서비스 개발을 국책과제로 수행하고 있었다. 당시 외국의 개발 동향은 셀룰라 방식의 독립망 구조로의 개발과 기존 공중통신망(PSTN/ISDN)을 활용한 방식이 병행 개발되고 있었다. 이에 따라 다양한 방식의 개인 통신망이 출현할 것으로 예상되었다.

이때 한국통신 기술기획실(실장 이정욱)은 초기단계에서 PCS 시스템 개발계획을 수립 추진하였다(개인통신서비스 PCS 개발추진, 1994. 3. 18, 기술기획실 통신망계획2국). 이 계획의 주관부서 및 결재자는 제4장 말미의 참고자료 편에 기록되어 있다. 이 계획의 주요내용 및 그동안의 추진사항은 다음과 같다.

(1) 초기 한국통신은 이를 위해 기존 공중통신망(PSTN/ISDN)을 활용하고 일반전화선로의 무선화 개념으로 개인 통신시스템을 개발을 시작하였다. 이에 따라 1994년 초반의 PCS 시스템을 연구개발은 개인통신망 기본구조를 확정하고, 개인 통신시스템 사용자 요구사항(안)을 작성하였으며, TDX-10 Wireless ISDN 일반요구사항(안)을 작성하였다.

(2) 산업체와 공동개발협약을 체결하기 위해 한국통신-교환기 4개사 간 1차 회의/2차 회의를 개최하였다(1994. 2. 23/3. 2). 그리고 사내 관련 부서 및 산업체에 최종안을 검토 요청하였다(1994. 3. 17).

(3) 무선접속방식을 결정하기 위해 무선접속전담반을 구성 운영하였다(1994. 1. 31). 이어서 41개 외국 업체로 RFI를 발송하여, 5개 업체로부터 RFI를 접수하였으며, 다시 41개 외국 업체로 RFP를 발송하였다(1994. 2-1994. 3).

(4) 앞으로 개인 통신시스템 사용자 요구사항 확정(1994. 4), 교환기 개발규격안 확정(1994. 4), 기지국 개발방식 확정(1994. 5), 가입자 정보처리시스템 공통기술규격 확정(1994. 6) 단계까지 1994년 전반기까지 모두 마치도록 한다.

(5) 공동개발협약에 대한 관련 부서 및 산업체의 의견을 접수하여 조속한 시기에 협약을 체결한다(1994. 3. 25). 또한 무선접속방식 결정을 위해 RFP 접수를 4월에 마무리하고, 개발방식을 5월에 확정한 후, 1994년 8월에는 국제 공동개발 협약을 체결토록 한다.

다. PCS는 국책연구과제로 추진

정부는 PCS 시스템 개발에 있어 통신사업자의 자율적 추진을 허용하였으나 당시 사업자 간 분담 공동개발방식에 집착하고 있었다. 그리고 한국통신 내부에서도 관련부서 간 개발방향에 대해서는 시각차를 가지고 있었다. 기획부서와 사업관리부서의 견해차로 원활한 개발 추진이 되지 못하고 있는 터에 한국통신 사업개발센터는 개발관리능력이 취약한 실정이었다. 또한 당시 해외출장 규제로 개발부서의 원활한 업무수행에도 차질이 생기고 있었다. PCS 기술방식을 결정하려면 최근 외국의 표준화 동향 및 개발 동향을 현지에 가서 실사하는 것이 필요한데 1994년 해외출장 기본계획에는 SDC의 경우 1건만이 반영되어 있었다.

이 문제를 해결하기 위해 한국통신 기술기획실 통신망계획2국(국장 안승춘)에서는 다음과 같이 대책을 세워 추진하였다(개인통신서비스 PCS 개발추진, 1994. 3. 18, 기술기획실 통신망계획2국).

첫째, 사업자 공동출연에 의한 국책과제 연구만 추진한다. 당시 ETRI에서 수행 중인「개인통신서비스 개발」과제를 이용하고 연구 분야를 사업자 간 인터페이스, 통신망과 사용자 간 인터페이스 표준연구로 한정하는 등 최소화한다.

둘째, 개발초기(1994년)의 개발관리는 기술기획실과 사업개발센터의 공동관리체제로 추진하고 과제관리책임자도 통신망계획2국장과 이동전화개발국장으로 한다.

셋째, 이 사업의 중요성을 감안하여 본사는 개발부서의 업무수행을 적극적으로 지원한다. 특히 방식 결정을 위한 해외 현지실사 등의 업무를 적극적으로 지원하고, 해외사무소에 미국TIA 등의 PCS 표준화 회의에 참석할 수 있도록 하여 관련 외국정보를 실시간으로 수집할 수 있는 체제를 구축한다.

라. PCS 시스템의 단계별 개발계획

1994년 한국통신 기술기획실(실장 이정욱)은 개인통신서비스를 위한 PCS 시스템의 단계별 개발계획을 수립하였다(개인통신서비스 PCS 개발추진사항, 1994. 4. 1, 기술기획실). 이 계획은 기술기획실 통신망계획2국(국장 안승춘)이 주관하였으며 다음과 같은 추진방침을 정하여 시행하였다.

첫째, 개인통신서비스(PCS)는 공중통신망의 부가서비스로 제공하고, 기존 기술 및 통신망을 최대한 활용하여 추진하여 조기에 경제적으로 제공한다.

둘째, PCS 시스템 기술개발의 생산성을 향상시키기 위해 단기 개발목표를 설정하여 평가한다. 초기 단계에서는 사내연구소와 한국전자통신연구소(ETRI)가 상호보완적인 연구개발체제로 수행한다.

셋째, 필요한 경우 개발 경험이 있는 우수한 업체와 공동개발로 조기 상용화를 추진하며, 국내에서 확보하지 못한 기술은 개발방식을 조기에 확정하여 효율적으로 개발한다.

넷째, 1996년에 시험서비스, 1997년에 시범서비스를 실시하고 1998년에는 상용서비스를 제공하도록 한다. 이를 위한 단계별 개발계획은 <표 4-23>과 같다.

다섯째, 무선접속방식은 선진국에서 표준으로 제안 또는 개발 중인 방식을 선정하고, 개발방식을 위한 전담반을 구성 운영하며, 이를 기술조정위원회에서 심의 확정한다. 그리고 교환기 및 기지국은 TDX-10 전자교환기 생산업체와 공동개발하고, 가입자 정보처리시스템은 개발 경험을 보유하고 있거나 개발능력이 있는 업체를 선정하여 공동개발을 추진한다.

여섯째, 통신시스템개발센터에서 무선접속기술 및 가입자 정보처리시스템을 개발하고 동시에 PCS 개발 프로젝트를 총괄한다. 그리고 전자교환운용연구단은 교환기술개발 분야를 담당하고, ETRI는 전략연구과제로 서비스, 개발시스템의 구조연구 등을 수행한다. 이를 수행하기 위한 연도별 소요예산을 <표 4-24>와 같이 수립하여 시행한다. 한국통신에서는 PCS를 1998년 중 상용서비스제공을 확정하고 단계별로 개발 추진하였다(1995년도 업무보고, 1995. 3, 기술기획실).

<표 4-23> PCS 서비스의 단계별 개발계획

제1단계(1993-1995)	제2단계(1996-1997)	제3단계(1998-)
-기존통신망의 무선접속 서비스 기능구현 -실용시스템(시제품) 개발	-소규모 시험서비스 -상용시스템 개발 및 시범 서비스	-상용서비스 -개발시스템의 기능 고도화 추진

<표 4-24> PCS 기술 및 시스템 개발을 위한 예산계획

년도별	1993년	1994년	1995년	1996년	1997년	계
소요 예산	24억	65억	70억	56억	35억	250억

8.3 개인휴대통신(PCS)을 위한 기술확보

가. 효율적 기술개발 및 서비스 적기제공

한국통신 기술기획실(실장 이정욱)에서는 개인휴대통신(PCS)을 위한 기술개발과 도입을 효율적으로 추진하여 서비스를 적기에 제공하기 위한 기본계획을 수립하였다(PCS 기술확보계획, 1995. 2, 기술기획실). 이 계획은 기술기획실 교환기술국(국장 여영조)이 주관하였으며, 이 계획의 주요내용은 다음과 같다.

첫째, 서비스 제공은 1단계(1997년-1998년)에서는 기본통신 서비스를 개발하고 2단계(1998년-2000년)에 가서 복합통신 서비스를 개발 제공하는 등 목표일정에 따라 기술개발과 기술도입전략을 수립한다.

둘째, 연구개발조직을 효율적으로 운영하여 규격작성과 시험평가기술을 확보하고 확보가 필수 불가결한 기술은 초기부터 자체 개발토록 하며 기술도입과정에 참여하여 해외 우수기술을 습득한다. 그리고 우수 무선인력을 지속적으로 확보하고 양성한다.

셋째, 개발규격을 조기에 제시하고 품질경쟁을 조성하기 위한 단계별 개발목표를 제시하여 품질을 관리한다. 그리고 개발 중 규격변경 부분에 대해서는 한국통신 연구소가 중재하고 조정하는 등 경쟁개발 여건을 조성한다.

넷째, 시험시스템(Test-Bed)의 구축으로 우수기술을 조기에 확보한다. 이를 위해 해외 협력업체 및 국내 공동개발업체와 공동으로 구축하고 제작과정에서부터 한국통신이 직접 참여한다. 그리고 개발방식과 동일한 시스템을 제작하고 운용한다.

이와 같은 추진방침에 따라 서비스 개발은 1단계에서는 음성, 데이터 통신서비스, 가입자 번호 사용, 개인번호(PN) 서비스 등 기본통신서비스를 개발하고 2단계에 가서 음성, 데이터 통신, 화상, 멀티미디어 서비스, 스마트카드 서비스 등 복합통신서비스를 개발하는 것으로 정하였다. 한편 앞에서 설명한 단계별 서비스 제공을 위한 PCS 시스템의 개발방향을 다음과 같이 설정하여 추진하였다.

(1) PCS 교환기는 국내 보유기술로 PCS 기능을 개발한다. 이에 따라 TDX-10 개량형을 기반으로 하여 PCS 기능이 부가된 구조 즉 개량형 하드웨어 및 소프트웨어의 성능을 보완 개선된 구조로 개발한다. 그리고 PCS 기능과 유선전화서비스 기능을 동시에 수용할 수 있도록 개발한다. 초기 PCS 교환망은 1단계 지능망과 신호망 시스템을 활용한 구조로 개발하고, 2단계부터 범용 개인 통신서비스(UPT)를 목표로 추진하며 이를 위해 차세대 지능망 개념을 도입한 구조로 개발한다.

(2) 고정국 제어장치 및 고정국은 간단한 호 처리기능과 통화관리기능을 갖는 구조로 개발하고, 단말기를 가정에서 코드리스용으로 쓸 수 있도록 한 고정국 장치 구조로 개발한다. 그리고 타 업체의 고정국 제어장치와 고정국 간 통일된 형상을 유지하도록 한다. 고정국 제어장치 및 고정국은 확정된 접속방식에 따라 자체개발하거나 기술도입하여 개발한다.

(3) 단말기는 소형, 경량, 저가의 제품구조이고, Wireless와 Cordless용의 듀얼모드구조로 개발하고, 간단한 통화기능부터 스마트 카드 기능까지 단계적으로 개발한다.그리고 가입자 데이터 처리장치는 국내개발 DCN의 가입자 데이터 처리장치 기술을 최대한 활용하며, 국내 보유기술로 실시간 DBMS를 개발한다.

(4) PCS 제어망은 지능망(IN) 구조를 활용하고 여기에 신호중계교환기(SMX-1)를 활용하여 구축한다. 그리고 PCS 망제어DB는 지능망 SCP/SMS 기술을 활용하여 구축하며, 망제어 프로토콜에 No.7 프로토콜을 활용한다. 또한 PCS의 SSP는 지능망 SSP 기술을 활용하여 개발한다.

나. PCS 기술확보를 위한 조직간 업무조정

PCS 기술을 효율적으로 확보하기 위해 한국통신은 기술기획실, 사업개발단, 무선통신개발단, 전자교환운용연구단 등 관련 조직에 관련 업무를 분담 추진하였다. 먼저 기술기획실은 PCS기술 확보계획, 국내외 우수연구인력 확보 및 활용방안, 운용인력 양성계획 등을 수립하는 일을 수행하게 하였다. 사업개발단에서는 경쟁개발 환경조성을 위한 세부방안, 단계별 개발목표 및 평가 세부일정, 서비스 개발전략 세부계획, OM&A 시스템 개발 세부계획 등을 수립하게 하였다.

그리고 무선통신개발단과 전자교환운용연구단에서는 연구조직 활용 세부계획을 수립 운영하고, 시스템 기본구조설계 및 개발규격을 작성하며, 시스템 통합과 연동시험, 시스템 성능평가를 수행하게 정하였다. 그 외에도 장치별 O&M 및 통신망 운용기술 개발, 무선망 구축을 위한 설계시스템의 개발 및 통신망 진화전략 수립, 단계별 개발실적 평가, 해외 기술 이전에 따른 조정관리 등의 일도 담당하게 정하였다. 특히 무선통신개발단을 시험시스템(Test-Bed)의 제작 및 운용의 추진부서로 정하였다.

한편 PCS 사업에 필요한 핵심기술을 자체확보하고 당시 다원화되어 있는 연구조직을 하나로 묶어 연구개발 자원을 집중화하고 전략적 지원체제를 구축하기 위해 PCS 전담연구조직을 설치 운영하였다. 그 첫 단계로서 경쟁사업 분야의 자체기술을 확보하고자 교환, 무선, 전송, 위성 등 전문분야별 통신연구소를 조기에 설립하기 위한 연구소 육성발전 기본계획을 수립하였다(1994. 8. 25).

그러나 이 계획은 정부(정보통신부)로부터 기능별 전문연구소 보다는 그룹화 및 멀티미디어연구소 등으로 재검토하라는 지시에 따라 제10차 이사회에 상정이 보류되고 말았다(1994. 10). 그 후 한국통신 연구소 조직개편 가능성을 정보통신부에 타진한 결과 국책연구소 통폐합 방향과 연계하여 종합적으로 검토할 것을 요구받았다(1994. 12). 이에 따라 한국통신은 PCS 기술개발의 시급성을 감안하여 기존 연구소의 업무분장을 조정 변경하여 이 신기술을 개발하는 쪽으로 가닥을 잡게 되었다.

당시 한국통신은 무선기술 분야의 연구개발 업무를 3개 조직에서 수행하고 있었다. 우선 연구개발원 기술개발단에서는 차세대 무선통신기술연구를 진행하고 있었고, 통신시스템개발센터는 PCS용 기지국, 단말기, 가입자관리 장치를 개발하고 있었다. 한편 전자교환운용연구단에서는 PCS 교환기를 개발하고 있었다.

이러한 상황에서 한국통신 기술기획실(실장 이정욱)에서는 무선통신연구소 설치 전까지 잠정적으로 직제규정 시행세칙을 개정하여 조직에 대한 보강조치를 하였다. 주요내용으로는 연구개발원 기술개발단을 무선통신개발단으로 명칭 및 기능을 변경하고 업무분장 및 과제지정은 PCS 중심으로 조정하여 특화 조치하였다. 당시 기술개발단(개정전)은 기초 및 공통기반기술에 관한 연구, 차세대 무선통신기술연구, 차세대 광통신 시스템 및 관련 소재 연구개발을 담당하고 있었다. 또한 GIS, GPS 관련 기술연구 및 시스템 개발, 초고속 정보통신 기술개발, TOP 전략 실체화에 관한 연구 등도 담당하고 있었다.

이를 무선통신개발단(개정 후)으로 변경하여 분장업무를 다음과 같이 조정하였다(PCS 개발을 위한 연구소 운영계획, 1995. 1, 한국통신 기술기획실).

첫째, 기초 및 공통기반기술에 관한 연구는 각 연구소 공통사항으로 삭제하고, 차세대 광통신 시스템 및 관련 소재의 연구개발 업무는 통신시스템개발센터로 이관한다.

둘째, GIS, GPS 관련 기술연구 및 시스템 개발 분야는 선로연구소, 초고속 정보통신 기술개발은 소프트웨어연구소, TOP 전략 실체화에 관한 연구과제는 연구개발원 전략기획팀으로 각각 이관한다.

셋째, 무선통신개발단은 PCS, CT-2, TRS 등 무선통신기술의 연구개발, 무선시스템 구조 및 운용연구, 무선접속기술의 개발, 주파수 이용기술 연구, 차세대 무선통신 기술연구, PCS 교환기술의 개발업무를 신설한다.

이때 통신시스템개발센터는 전송기술 전담연구기능으로 특화하였다. 그래서 직제규정 시행세칙에서 정하고 있는 통신시스템개발센터의 업무분장 제4호(휴대통신 및 이동전화 시스템의 분석, 개발시험 및 공동개발)는 삭제하였으며, 이에 따라 수행과제는 <표 4-25>와 같이 조정하였다.

<표 4-25> PCS 개발을 위한 수행과제 조정(1995. 1)

과제명	조정전	조정후
전화망을 이용한 실시간 동영상 통신기술개발	연구개발원 기술개발단	통신시스템개발센터
장애자용 단말기 연구개발	연구개발원 기술개발단	통신시스템개발센터
연구소 종합사무자동화 시스템 구축연구	연구개발원 기술개발단	연구개발원 기술개발단
한국 인터넷의 초고속망 및 서비스 개발	연구개발원 기술개발단	연구개발원 소프트웨어 연구소
TOP 전략의 진화발전에 관한 연구	연구개발원 기술개발단	연구개발원 전략기획팀
PCS용 기비국, 단말기, 가입자관리장치 개발	통신시스템개발센터	연구개발원 기술개발단
PCS 교환기 개발	전자교환운용연구단	연구개발원 기술개발단

한편 PCS용 기지국, 단말기, 가입자 관리장치 개발을 위한 연구인력을 검토한 결과 소요인력은 58명이었으나 기존인력은 29명으로 29명이 부족하고, PCS 교환기 개발 분야는 소요인력 20명, 기존인력 7명으로 파악되어 13명이 부족한 상황이었다. 이를 해결하기 위해 우선 기존 PCS 분야 연구과제 소속인력은 무선통신개발단으로 배치하고, PCS분야 개발과제의 중요성을 감안하여 소요인력 만큼 정예인력으로 우선 충원하기로 하였다. 이를 위해 전 연구원을 대상으로 내부 우수인력을 공개 선발하고 신규채용 인력을 우선 배정하게 하였다. 그리고 외국인 과학자를 포함하여 경력직 연구원의 외부영입을 적극적으로 추진하였다.

8.4 개인휴대통신(PCS) 기술의 공동개발

가. PCS 시스템의 공동개발과 조달

한국통신 연구개발원(원장 이용경)은 PCX, HLR, BSC, BTS 등 PCS 시스템을 삼성전자,

LG정보통신, 대우 컨소시엄(대우통신, 대영, 일진), 한화컨소시엄(한화전자정보통신, 현대전자, 대한, 성미)과 공동개발을 추진하였다(PCS 공동개발 현황, 1995. 9. 14, 한국통신). 이 개발사업의 주관은 연구개발원 무선통신개발단(단장 유완영)이 담당하였으며 이 시스템의 공동개발 일정은 <표 4-26>과 같이 정하여 추진하였다.

<표 4-27> PCS 시스템 공동개발 일정

연도별	주요개발내용
1994년	사용자 요구사항 작성
1995년	공동개발 협약체결(1995. 3. 9), 무선접속방식을 PCS1900으로 확정 (1995. 4. 24), 기본설계서 완성(1995. 7. 31), 해외기술 협력업체 선 정(한국통신/업체), 상세설계(업체), 기능구현(업체), 시스템 시험평 가(한국통신 연구소)
1996년	시스템 연동시험(업체, 1996. 7), 최우수 제품선정(한국통신연구소 1996. 10)
1997년	개발확인시험(한국통신 품질보증단, 1997. 1), 시험서비스(한국통신, 1997. 3), 시범서비스(한국통신, 1997. 9)
1998년	상용서비스(한국통신)

이를 위한 기술도입 협상대상은 AT&T, Northern Telecom, Ericsson으로 정하였으며, 기술협력영역은 RF 기술, 디지털 베이스밴드 기술, ASIC 관련 정보 및 기술, 기타 시스템 관련 기술 등 기지국의 무선접속기술을 도입하기로 하였다. 이때 한국통신 PCS사업 실무추진위원회 시설준비반장(이동훈)은「한국통신의 PCS 시스템 개발현황과 조달계획」을 국회에 보고하였다(1996. 10). 이 보고의 주요내용은 다음과 같다

<국회보고내용> 한국통신은 취약한 국내 무선통신산업의 기술발전과 관련 제조업체의 기술력 배양을 위해 개발조달방식에 의한 장비조달을 추진하였다. 이때 장비조달 추진경과는 다음과 같다.

① PCS 시스템개발 세부추진계획 수립(1995. 12. 29), 개발조달공고(1996. 1. 4), 개발업체 선정하였음(1996. 1. 24). ② 삼성전자, 루슨트, 대우•모토롤라 연합, 현대, 한화, LG정보통신 등 6개사와 공동개발 협약을 체결하였음(1996. 2, 2). 그 후 루슨트는 성미전자와 연합을 구성하였음(1996. 7). ③ 당초 공동개발업체로 정해진 LG정보통신은 PCS 사업권을 획득한 LG텔레콤의 대주주로서 이미 체결된 공동개발협약에 의거하여 해지되었음(1996. 6). 또한 현대전자산업(주)와 한화전자정보통신연합은 시스템개발을 완료하지 못해 시험평가에 불참함으로써 협약이 해지되었음(1996. 7).

이러한 상황에서 한국통신은 자체연구소와 장비제조업체 공동으로 장비개발에 박차를 가하였다. 이때 공동개발에는 삼성전자, 대우통신연합(협력업체 모토롤라), 루슨트 테크놀로지스연합(협력업체 성미전자) 등 3개 업체와 한국통신 연구소가 참여하였다. 1996년 하

반기 한국통신은 강동전화국 고덕분국에 평가시험환경을 설치하였으며, 각사에서 개발한 시스템을 대상으로 제품을 평가하고 개발확인시험을 실시하여 최우수업체를 선정하였다 (1996. 10).

최우수 제품에 대해서는 초기 발주물량에 한하여 표준규격화하고 공급자격을 부여하도록 하여 1997년 초 구매계약을 체결하고 1997년 하반기에는 물자를 확보하여 시설공사를 완료하는 일정으로 추진하였다. 당시 평가가 종료되기도 전에 일부신문에 총 1천개 시험항목 중 핵심필수항목 50개에 대한 평가결과 성미·루슨트 연합과 대우·모토롤라연합이 1위와 2위를 차지했다고 보도하였다(1996. 10. 9, 한국경제신문). 이런 상황이 벌어진 것은 당시 업체 간 경쟁이 얼마나 치열했는지를 가늠해 볼 수 있는 대목이었다.

나. PCS 종합시험센터 운영

한국통신은 개인휴대전화사업 초기에 양질의 서비스를 제공하기 위해 PCS 종합시스템 시험을 실시하는「PCS 종합시험센터」를 경기도 일산정보통신센터에 개관하였다(1997. 4. 4). 이 센터에는 PCS 교환기 2식, 기지국제어기(BSC) 4식, 기지국(BTS) 7식, 가입자정보처리장치(HLR) 2식, 단말기 21식, 음성사서함시스템(VMS) 2식 등을 설치하였다. 이 장비는 국내 개발된 PCS 시스템의 상용화시험, 시스템의 개량개선, VMA, SMC, AC 등 부가시스템의 개발 및 연동시험을 위한 것이었다. 또한 통신망운용 및 통신망 관리시스템의 연동기능 개발, 신규서비스 개발확인시험, KTF-iPCS 망의 성능측정 및 통화품질 측정 등에도 활용되었다(1997. 3-1997. 10).

이 시험센터의 개관 기념행사에는 한국통신에서는 부사장(이정욱), 공정대책실장(김정수), 홍보국장(박희양), 무선사업본부장(서용희), 마케팅국장(박운식) 등 10명이 참석하였다. 그리고 KTF에서는 사장(이상철), 부사장, 감사, 상무 등 6명이 참석하였으며, 업체에서는 삼성전자 사장, 대우통신 사장, 모토롤라 사장 등이 참석하였으며, 언론기관 기자단 30명도 함께하였다. 이 행사는 현판식을 마친 후 KTF 기술상무의 경과보고, KTF 사장(이상철)의 기념사에 이어 한국통신 부사장(이정욱)의 격려사가 있었다. 그리고 테이프 컷팅, 시연회(PCS 통화시연), 기념리셉션, 오찬이 있었다.

다. PCS 사업자들의 사업개시일정

당시 우리나라 PCS 사업자들의 사업계획서상 전국망의 완성 시기는 한국통신 2000년, LG 2000년, 한솔 2002년으로 되어 있었다. 초기 서비스 권역을 보면 KT-PCS는 서울, 부산, 인천, 경기로 정하였으며 LG텔레콤은 수도권, 부산권, 대구권, 광부권, 대전권으로 정하였다. 한솔PCS의 경우 전국을 권역으로 하고 장비공급 희망업체에서 상용화 시기까지 공급계약 체결을 요구하고 있었다. 이들 PCS 사업자들의 조달방법과 사업추진일정을 보면 <표 4-27>과 같다.

<표 4-27> 우리나라 PCS 사업자들의 사업추진일정(1996. 10)

구분	KT-PCS	LG텔레콤	한솔PCS
조달방법	개발조달	최초조달	최초조달
구매제안요구서 발송	1996. 11. 15	1996. 8. 23	1996. 9. 3
제안서 접수마감	1996. 12. 5	1996. 9. 13	1996. 9. 30
공급업체 계약체결	1996. 12. 31	1996. 10. 31	
계약방식	미정	일괄계약방식	일괄계약방식
시스템 안정화	1997. 8-1997. 12	1997. 9-1997. 11	
서비스 개시	1998년 1/4분기	1997. 12. 1	

8.5 PCS 서비스를 위한 통신망구축

가. 한국통신의 통신망 구축방향

한국통신은 개인통신서비스(PCS) 도입에 대비한 통신망 구성요소의 최적화 구축방안을 1994년 7월에 수립하였다(사장업무보고, 1995. 2, 기술기획실). 앞에서 기술한 바와 같이 1993년 12월에 개인통신서비스 개발 기본계획이 수립된 이후 다음해 교환 4개사와 공동연구 합의각서가 체결되었다(1994. 6). 이에 따라 무선접속방식을 선정하였으며, PCS용 교환기(PCX) 개발요구서, 기지국 및 기지국 제어장치 개발요구서 등 PCS 시스템 개발요구서를 확정하였다.

그리고 가입자 데이터 처리용 컴퓨터의 기종도 선정하였으며, 공동개발업체 선정을 위한 시스템개발 기본계획을 수립하였다(1994. 12). 이를 위해 기술기획실에서는 위 계획을 위한 방침을 제시하였다. 그 주요내용으로는 지역별 수요에 근거한 최적통신망 구축, 사업 환경을 감안한 통신망의 전국 확산전략, 타 통신망과 최적 상호접속방안, 그리고 이용자 편의성, 통신망 발전방향을 감안한 번호계획 등을 제시하였다.

이때 세운 세부일정을 보면 시스템 공동개발업체 선정(1995. 1), PCS 사업자 허가(1995. 12), 개발제품제작(1996. 4/4분기), 시험서비스(1997. 1/4분기), 시범서비스 및 상용화(1998. 1/4분기)를 추진하는 것으로 정하였다. 첫 단계로서 PCS 공동개발업체 선정 작업에 착수하였으며, 이를 위한 제안을 공고하였다(1994. 12. 28).

이에 따라 삼성전자, LG정보통신, 대우통신(대영전자, 일진과 컨소시엄 구성), 한화전자(성미전자, 대한전선과 컨소시엄 구성), 현대전자 등 5개사로부터 제안서를 접수하였다(1995. 1. 12). 당시 1차 평가를 실시한 결과 삼성, 한화, 현대로 압축되어 이를 업체에 통보하였다(1995. 1. 28). 그리고 이 업체들에게 2차 평가를 위한 제안서를 요구하여 제안서를 접수하였다(1995. 2. 15). 이어서 재평가를 시행한 후 업체에 그 결과를 통보하게 되어 있었다(1995. 2. 22).

나. 기지국 공용화 추진

신규무선사업자가 다수 출현함으로서 기지국이 난립되고, 전파환경이 복잡해지며, 기지국을 위한 부지를 확보해야 하는 문제가 대두되었다. 이에 대한 효율적 방안을 찾기 위해 정부(정보통신부 전파방송관리국)가 주관이 되어 기지국 공용화 추진 1차 회의가 열렸다(1996. 8. 22). 이어서 2차 회의를 거쳐 기지국 공용화 기본협정(안)을 마련하였다(1996. 9. 18). 이 기본협정의 주요내용은 다음과 같다(기지국 공용화추진에 따른 대응방안 검토, 1996. 9. 18, 한국통신 무선사업본부).

첫째, 공용화대상 무선기지국은 이동전화, 무선호출, PCS, TRS, 무선데이터통신을 위한 기지국으로 한다. 그리고 기지국 공용화지역은 기지국 밀집이 예상되는 지역과 그린벨트, 군사시설보호지역, 터널 등 각각의 기지국 설치가 곤란한 지역으로 정한다. 또한 공용화시설은 부지, 건물, 철탑, 전원시설, 도로, 보안시설 및 냉난방 등 부대시설로 한다.

둘째, 기지국 공용화를 효율적으로 추진하기 위해 기지국 공용화 협정을 체결하고, 비용부담비율을 결정하며, 소유지분비율을 결정한다. 비용부담부분에서 시설비는 참여사업자가 이용규모에 따라 부담하며 부담비율은 협의체에서 결정한다. 그리고 당해 연도 시설비의 30%를 사업단에 납부하여 시설비를 적립한다. 또한 운영비는 기지국별 관리, 운영에 소요되는 비용을 참여사업자가 부담한다.

셋째, 공용화 대상 시설의 소유권은 참여사업자와 사업단의 공동명의로 한다. 그리고 협정위반 시에는 납부한 기지국 시설비는 포기하고 사업단과 타 참여사업자에게 손해를 배상한다. 이를 위해 1996년 10월 1일 기본협정을 체결한다.

이와 같은 기지국 공용화 방안에 대해 한국통신은 제도적인 측면과 운용상 측면을 검토하여 다음과 같이 의견을 제시하였다(기지국 공용화추진에 따른 대응방안 검토, 1996. 9. 18, 한국통신 무선사업본부). 먼저 제도적인 측면에서 다음과 같은 문제점을 제기하였다.

① 전기통신기본법(제18조, 제19조)에는 사업자 간 협정체결에 의하여 설비를 제공하는 경우와 협정체결이 되지 않을 때 정보통신부장관의 명령이나 통신위원회의 재정 신청에 의하여 제공하는 경우로 정하고 있다. 따라서 위의 기지국 공용화 방안은 이 절차를 무시하는 것이 되었다.

② 전기통신사업법(제34조, 제35조)에는 전기통신설비를 공동 사용할 때는 사업자의 요청에 의해 협정을 체결하도록 되어 있다. 위의 방안은 이 또한 무시되는 문제가 발생하게 된다. 당시 설비제고기준(제4조)에 따르면 선로 및 회선설비가 아닌 설비의 제공은 사업자 간 협의를 원칙으로 한다.

③ 공사는 회계규정 시행세칙(제134조, 제135조, 제142조)에 따라 부동산 및 그 외의 자산을 임대차하고 있으며, 부동산을 임대차하는 경우에는 국사임대심의위원회를 두어 그 중요사항을 심의 결정하도록 하고 있다.

다음에는 기지국을 공용화하는 경우 사업자별 차별화, 경제성, 서비스품질, 재해발생시 생존성 등 운용상의 측면에서 다음과 같이 검토되었다.

① 기지국 공용화는 사업자 간 무선망 구축능력의 차별화가 불가능하다. 이는 우수한 사업자를 선정한다는 뜻이 무의미하게 되어 사업자선정 기본방침에 위배된다.

② 기지국 투자비를 보면 기지국장치와 안테나가 전체투자비의 90%이상을 차지하고, 기지국 공용화 대상 시설의 투자비는 전체투자비의 10% 이내로 미미하다. 따라서 기지국 공용화의 경제성이 빈약하다.

③ 서비스별 기지국 안테나를 공동의 철탑에 설치하는 경우 상호간섭 등으로 다른 서비스품질의 열화가 예상된다. 또한 수도권의 경우 기지국장치 수 350시스템, 기지국 단가 10억원으로 산정할 때 약 3,500억 원의 시설투자비가 투입될 것으로 예상된다. 따라서 충분한 보완 없이 대규모 투자를 시행할 경우 국가적인 손실발생이 우려된다.

④ 화재, 건물붕괴, 낙뢰 등 재해발생시 해당지역의 셀룰라, 무선호출, TRS, PCS, 무선데이터 등 모든 무선서비스가 불통되어 심각한 사회문제가 발생할 수 있다. 또한 무선기지국의 집중화로 불순분자의 파괴대상목표가 될 가능성이 높다.

위의 제도적 면과 운용상 문제를 제외한 기타 문제점으로는 기지국을 공동으로 설치할 부지 또는 건물의 소유주가 임대에 문제를 제기하는 경우 전체 신규사업추진에 지장을 초래할 수 있다고 보았다. 한편 1998년부터 예상되는 외국통신사업자의 국내시장진출 시 내국민 대우원칙을 주장하는 그들의 국내무선시장잠입을 더욱 용이하게 할 수 있다고 판단하였다. 이에 따라 한국통신 무선사업본부(본부장 서용희)는 다음과 같은 방안을 제시하였다(기지국 공용화추진에 따른 대응방안 검토, 1996. 9. 18, 한국통신 무선사업본부).

첫째, 기지국 공용화시 상호간섭에 의한 서비스품질의 저하가 예상되므로 시범사업을 통한 기술적인 사항을 검증한 후 기본협정을 체결한다.

둘째, 전화국사 등 사업자가 소유한 건물은 전기통신사업법상의 절차에 의해 사업자 간 개별협상을 통해 추진한다. 이를 위해 기지국 공동사용고시를 제정한다.

셋째, 그린벨트, 군사보호지역, 지하철, 터널 등과 같은 특수지역의 신설기지국에 한하여 기지국 공용화를 우선적으로 추진한다.

9. TDMA 및 CDMA 기술개발

9.1 한국통신의 PCS기술개발 노력

가. TDMA방식 시스템의 국내개발성공

한국통신이 TDMA방식을 개발 추진함에 따라 기술축적, 해외수출, 활용가능성 등에 대한 논란이 많았다. 특히 국회에서 상당한 관심을 가지고 질의하였으며 이에 대해 한국통신은 답변 자료를 작성하였다(1996. 10, PCS사업 실무추진위원회 시설준비반장 이동훈). 이 답변의 주요내용은 아래와 같다

<국회 답변> 한국통신은 PCS 관련된 기술개발을 1994년부터 시작하였으며 그 중 TDMA에 관련된 기술개발은 1995년 4월부터 7개월간 연구하였다. PCS 기술은 유무선 기반기술이 총 망라된 복합적인 기술로서 그중 TDMA 관련 개발기술로는 무선접속을 위한 제반 규격의 제정과 기지국 및 단말기의 구조설계 등에 관한 것이었다. 한국통신은 이를 바탕으로 PCS 전단계로서 TDMA 방식의 유럽표준인 소형 PCS 시스템 개발에 성공하였다.

핵심칩인 저잡음 증폭기 등의 개발에 성공하여 단말기의 소형화 및 저전력화에 크게 기여하였다. 여기에서 개발된 기본설계 및 단말기의 소형화와 저전력화 기술 등은 관련업체들에 전수하였다. 그리고 국내개발 TDX-10 교환기술을 기반으로 한 이동교환망기술, 가입자 관리기술 및 부가서비스 등 유선기술은 CDMA방식에도 동일하게 적용이 가능한 기술이어서 CDMA 방식의 개발에도 십분 활용하고 있다.

해외 진출사례로 대우통신은 TDMA 방식으로 우즈베키스탄의 이동통신사업에 참여하고 있었으며, 삼성전자 등 5개사는 한국전자부품연구소와 단말기를 공동 개발하여 유럽에 형식승인을 요청하여 해외진출을 모색하고 있는 등 TDMA 개발실적을 바탕으로 국제경쟁력을 높이는데 이바지하였다.

나. CDMA방식 시스템의 국내개발성공

우리나라가 PCS 시스템을 개발하기 시작한 1990년대 중반 협대역 CDMA방식에 대한 원천기술은 미국 퀄컴(Qualcomm)사가 보유하고 있었다. 우리나라는 이 무선기술을 도입하여 TDX 전자교환기와 접목하여 셀룰라용 CDMA시스템 개발에 성공하였다. 전 세계 6개 CDMA 장비공급업체 중 삼성, LG, 현대 등 국내업체가 3개가 되었다. 또한 당시 삼성과 LG는 셀룰라용 800MHz CDMA 장비를 1.8MHz PCS용으로 업밴드화 하는데 성공하였다. 그 동안 CDMA 방식은 기술의 불확실로 인해 많은 국가에서 채택을 주저했으나 한국, 홍콩 등에서 상용화가 진전되면서 태국, 중국 등 여러 국가에서 채택하려고 하고 있었다.

특히 미국의 경우 다수 셀룰라 사업자와 주요 PCS 사업자가 CDMA 방식을 선호하였다. CDMA방식을 채택한 PCS 사업자는 STV(Sprint Tele-Ventures), PrimeCo, Centennial 등이 있었고, 셀룰라 사업자로는 벨 아틀랜틱/나이넥스, Ameritec, GTE, Airtouch/US West Vector, Sprint Celluar, AllTel 등이 있었다. 앞으로 CDMA 방식의 상용화가 보다 가속되면서 기술의 우수성과 시스템 및 단말기 가격의 하락으로 다수 국가에서 채택할 것으로 보이며, 차세대 육상이동통신시스템인 FPLMTS(Future Public Land Mobile Telecommunications Systems)에도 채택될 예정이었다.

한편 우리나라는 셀룰라 CDMA시스템을 일찍부터 개발하고 있었으며, 이와 관련하여 CDMA 방식의 디지털 이동전화용 교환기, 기지국, 단말기 등을 1989년부터 1996년까지 8년간 개발 추진하였다. 개발방법은 ETRI 주관 하에 미국 퀄컴사와 민간제조업체가 공동 개발하였다. 교환기, 기지국 등 기반구조 분야는 금성, 삼성, 현대 등 3사가 개발에 참여하였으며, 단말기 분야에는 금성, 삼성, 현대, 맥슨 등 4개사가 참여하였다. 여기에 소요되는 예산은 총 3천억 원으로 정부 1천억 원, 공동개발 참여업체 2천억 원으로 공동 부담으로 시행하였다.

이때 단말기는 ETRI와 업체가 퀄컴의 기술지원을 받아 공동으로 개발하고, 기지국은 퀄컴 주관으로 공동 개발하였다. 그리고 기지국 제어부는 ETRI가 주관하고 퀄컴의 기술지원을 받아 공동 개발하였으며 교환기는 ETRI 주관 하에 업체 간 경쟁 개발하였다. 또한 당시 이동교환기로는 삼성은 SDX-100 교환기, 금성은 STAREX-TX1, 현대는 초기 TDX-10교환기를 사용하여 개발을 시도하였다.

이러한 상황에서 1995년 11월 정부는 국내 PCS 무선접속방식을 CDMA로 확정함에 따라 CDMA 방식에 의한 PCS 사업을 본격 추진하게 되었다. 이에 따라 한국통신은 개발기본계획과 기술요구서의 재작성(1995. 12), 개발조달공고(1995. 1), 선정된 업체와 공동개발협약 체결(1996. 2), 요소 시스템별 상세요구사항 및 접속규격 등의 공동작성(1996. 4), 시스템 구현 및 시제품개발 완료(1996. 8), 시험평가(1996. 10) 등의 일을 수행하였다.

그리고 개발된 접속규격은 한국통신기술협회에 국내 최초로 상정하여 국가표준화를 선도하였다. LG텔레콤, 한솔PCS 등 경쟁사들의 경우 한국통신이 개발한 제반기술규격을 기반으로 조달을 추진함으로서 동 업계의 기술을 유도하였다. 또한 통신망 구축에 있어서도 셀의 설계, 국사확보, 회선접속 등이 당시 순조롭게 진행되었다. 그래서 1997년에 물자납품, 시설공사 및 안정화 기간을 거쳐 1998년부터 상용서비스를 개시하였다.

다. PCS용 MMIC 개발

개인휴대통신서비스의 조속한 제공을 위해 한국통신 통신시스템개발센터(소장 이용경)에서는 1995년 말 국내 최초로 개인휴대통신용 단일칩 초고주파 집적회로 전압제어 발진기(MMIC VCO : Monolithic Microwave Integrated Circuit Voltage Controlled Oscillator)를 개발하였다. 개인휴대통신용 단말기와 기지국에 사용될 VCO는 전압을 변화시켜 원하는 주파수의 초고주파를 발진시키는 IC칩으로서 아주 작은 면적에 여러 개의 소자를 집적시킬 수 있도록 MMIC화에 성공한 것이었다.

이를 규모면에서 보면 약 1cm² 정도의 하이브리드 IC를 약 1/40의 크기인 2.2mm² 정도로 줄인 것으로서 신뢰성을 향상시킴은 물론 대량생산을 통한 원가절감에도 크게 기여할 수 있었다. 특히 주목할 점은 VCO의 경우 회로의 비선형 및 선형특성을 모두 정확히 구현해야 하기 때문에 작동원리에 대한 명확한 이해는 물론 정밀한 설계와 제작기술이 있어야

만 MMIC화에 성공할 수 있는 첨단기술인데 한국통신은 1회의 설계와 제작으로 목표치를 달성하였다.

이는 MMIC분야에서는 VCO 설계, 제작기술의 보유여부가 전체 기술의 척도로 사용할 만큼 중요하다는 점에서 이 개발품의 성공은 우리나라 기술수준을 한 차원 높인 결과로 평가되었다. 이 개발은 당시 통신시스템개발센터 휴대통신팀(팀장 이명성)의 김영기 박사를 주축으로 하여 마이크로웨이브 분야의 윤찬의 박사와 최진호 전임연구원이 1년이라는 짧은 기간 내에 회로설계를 완료하였고 삼성전자의 화합물 반도체 제조공정을 이용하여 제작된 것이었다.

한국통신 통신시스템개발센터는 이때 확보된 기술을 활용하여 저잡음 증폭기(Low Noise Amplifier), 혼합기(Mixer), 전력증폭기(Power Amplifier) 등의 MMIC화를 지속적으로 추진하였다. 이 기술로서 휴대통신에 사용될 단말기의 크기를 절반수준으로 줄이고 생산단가도 크게 줄임으로서 이용자들이 저렴한 가격으로 구매할 수 있게 하였다. 당시 이동통신 전화기의 경우 대부분의 핵심부품을 수입에 의존하고 있는 실정이었지만 한국통신의 핵심부품 개발성공으로 개인휴대통신 전화기의 국산화율을 크게 높일 수 있었다.

라. CDMA 기술료 지급

우리나라에서 CDMA기술료 지급대상 업체는 삼성전자, LGIC, 현대전자, 맥슨 등 8개사이었다. 이들이 지급해야 할 기술료는 다음과 같이 정해져 있었다(CDMA 기술료 지급, 1997. 10. 14, 한국통신 IMT-2000 총괄팀).

① 선급기술료는 850만 불이며, 단말기 기술료는 국내는 13년간 5.25%, 국외의 경우는 15년간 5.75%를 지불한다. ② 기반구조 기술료는 퀄컴사 제품을 구매하여 판매할 경우 5%를 부담하고, 지정생산자(DM) 혹은 이의 자회사가 생산, 판매할 경우 국내에서는 13년간 6%, 국외에서는 15년간 6.5%를 지불한다. ③ 기술료 지급절차는 기술도입업체는 퀄컴사에 상반기 및 하반기 후 60일 이내에 2회 기술료를 지급한다. 퀄컴은 국내기업으로부터 지급받은 기술료 중 20%를 회계종료일(12월 31일) 후 45일 이내에 지급한다.

그리고 한국전자통신연구소(ETRI)는 퀄컴사로 부터 1회만 지급받게 되어 있으므로 1996년도 상반기까지의 기술료 중 20%(1,510,687달러)를 1997년 2월 15일 이전에 지급받았다. 그리고 1996년도 하반기 및 1997년도 상반기 기술료 중 20%는 1998년 2월 15일까지 지급받을 예정이었으며 1997년도 하반기 기술료는 1999년에 받게 되었다.

한편 미국 퀄컴사는 ETRI가 CDMA ASIC(MSM, CMS칩)을 개발할 때 ETRI와 퀄컴 간에 체결한 계약을 위반하여 특허를 침해했다고 주장하였다(1997. 10. 11, 전자신문). 이때 계약내용에는 퀄컴 기술을 이용한 CDMA ASIC을 ETRI가 개발해서는 안 되고, ETRI에서 CDMA부품 기술을 기업에 직접적으로 이전하지 못하게 되어 있었다. 이에 대해 ETRI는 퀄컴 측의 특허를 침해한 것이 아니라 IS-95 표준안을 토대로 자체 개발한 것이라고 답변하였다(1997. 8. 26).

기업들이 ASIC을 개발할 때 디자인하우스를 이용해 설계하는 방식이 일반적이며 ETRI는 디자인하우스로서의 역할 만 담당하였다. 여기에서 디자인하우스란 칩을 설계할 때 디자인하는 곳으로 디자인은 칩을 설계하는 과정에서 초기단계의 작업을 말한다. 이에 대해 당시 퀄컴 측으로부터 아무런 답변이 없는 상태로 보아 퀄컴이 ETRI의 CDMA 관련 각종 기술개발을 사전에 차단하기 위한 경고성 발언으로 판단하였다.

9.2 정부의 기술개발정책 방향

가. 우수한 접속방식을 선정한다는 방침

정부는 통신사업자 구조조정 개편방향에서 PCS는 대체서비스가 존재하고 국내 기술개발 가능성이 있으므로 서비스 상용화보다는 기술개발을 우선하고 기술개발 및 시험은 통신사업자가 자율적으로 시행한다는 정책목표를 수립하였다(1994. 6. 30). 그리고 PCS 사업자 수는 초기에는 1개 사업자를 우선 허가하고 주파수 여건, 기술개발 및 수요추세 등을 감안하여 연차적으로 경쟁을 확대하는 것으로 정하였다. 이때 초기 사업자는 조속한 통신망 구축, 기술개발 및 서비스 제공에 가장 유리한 사업자로 선정한다는 방침을 세웠다.

1994년 말 체신부는 개인휴대통신(PCS) 기술개발 정책방향을 확정하였다. 정부는 세계 각국이 경쟁적으로 개발하고 있는 차세대 이동통신기술인 PCS 기술개발에 대한 국가차원의 연구개발 정책방향을 확정하고, 이를 한국전기통신공사, 한국전자통신연구소, ㈜데이콤, 한국통신기술협회, 전파통신기술개발추진협의회, 정보통신연구관리단으로 통보하였다(개인휴대통신 기술개발 정책방향 확정통보, 1994. 12. 13, 체신부장관). 이때 정부가 세운 PCS 기술개발 기본방침으로는 PCS 시스템 및 단말기는 1995년부터 통신사업자가 자율적으로 개발하며, 무선접속방식은 개발 중인 여러 방식 중에서 우수한 방식을 선정하여 표준화를 추진한다는 것이었다.

나. ETRI의 이동통신분야 선도기반기술 개발

한국전자통신연구소(ETRI)는 PCS 무선접속기술 등 기초 기반기술과 2000년대 이동통신분야의 선도기반기술을 중점 개발하는 것으로 정하였으며, 이에 대한 세부적인 내용은 다음과 같다.

(1) 통신사업자는 정부의 연구개발 정책방향에 따라 자체 연구개발계획을 수립하여 1995년부터 기술개발을 추진한다. 그리고 공동개발 시 업체 선정은 공정한 기준과 절차에 따라 공개적으로 선정한다.

(2) 무선접속방식은 관련기술의 자립 및 국제 경쟁력 확보에 유리한 방식을 우선 고려하

여 통신사업자가 자율적으로 개발한다. 그리고 무선접속방식은 향후 국내 개발 중인 여러 방식 중에서 우수한 방식을 선정하여 표준화를 추진한다. 표준방식의 선정 시기는 사업자 선정계획, 프로토타입 개발가능시기, 국제표준화 동향 등을 감안하여 결정한다. 그리고 표준화방식은 별도의 전문협의체를 구성하여 선정하고 세부기준과 방법 등은 한국전자통신연구소가 연구한다.

(3) 한국전자통신연구소는 PCS 무선접속기술 등 기초 기반기술과 핵심부품을 개발한다. 이 기술은 무선접속 표준방식을 결정할 때까지 개발하며, 민간차원에서 투자가 곤란한 PCS용 핵심부품을 개발한다. 이때 기업에서 희망할 경우 공동개발을 추진하되 개발비는 기업이 부담토록 한다. 이를 위해 총 110억 원의 소요예산을 들여 3년간(1995년-1997년)에 걸쳐 다음과 같이 연차적으로 개발한다.

① 1995년에는 무선접속기술 및 국가 표준방식을 위한 기준을 연구하고, 1-3Ghz대의 전파전파 특성을 연구한다. 그리고 모뎀용 ASIC, RF용 MMIC 등 핵심부품규격 및 기초설계를 연구한다. 이를 위해 소요예산 20억 원, 연구인력 26명을 투입한다.

② 1996년에는 PCS 기술표준규격(안)을 작성하고, 1-3Ghz대 전파전파 특성모델을 연구한다. 그리고 핵심부품 상세설계 및 시제품을 개발한다. 여기에 50억 원의 소요예산과 60명의 연구인력을 투입한다.

③ 1997년에는 1-3Ghz대 전파전파 특성모델을 정립하고, 핵심부품 시제품을 보완하며 상용제품을 개발한다. 이해에는 소요예산 40억 원, 연구인력 40명을 투자한다.

또한 FPLMTS/UPT 등 향후 2000년대 상용화가 예상되는 차세대 이동통신기술에 대한 선도기반기술을 개발한다. 1995년에 통신망의 요소기술 등을 분석하여 연구개 발계획을 수립하고 다양한 무선접속기술과 핵심부품을 개발한다. 이때 산학연 각계 전문가들로 실무협의체를 구성하여 다양한 의견을 수렴하여 연구기반을 조성한다. 이를 위해 우선 1995년에 선행연구 및 기술개발계획 수립을 위해 2억 원의 예산과 3명의 연구인력을 투입하게 하였다.

(4) PCS를 조기에 상용화하고 관련 산업의 국제경쟁력을 확보토록 한다. 이를 위해 초기에는 저속 핸드오프와 음성서비스 위주로 개발하고, 영상처리기능 등은 국제동향을 고려하여 점진적으로 개발하며 관련 기술을 조기에 자립화하도록 한다. 이를 위해 지능망 기술, CDMA 방식의 디지털 이동통신 시스템 기술 등 국내에서 보유하고 있거나 개발 중인 기술을 최대한 활용토록 하고 시스템 및 단말기 개발과 병행하여 핵심부품을 개발한다. 또한 외국 특정회사에 종속된 주문형 반도체 등 핵심부품은 사용을 자제하고 국제적으로 범용성이 크고 구현이 용이한 기술을 채택한다.

(5) 연구개발과 병행하여 TTA주관으로 PCS 기술의 표준화를 추진한다. 이를 위해 TTA는 1994년 말까지 표준화 세부시행계획을 수립하여 체신부에 제출하고, 1995년부터 PCS표준화 전문분과위원회를 구성 운영한다. 그리고 효율적인 표준화 추진을 위해 PCS 기술표준

규격(안)을 한국전자통신연구소가 작성하여 TTA에 제출한다. 이때 한국전자통신연구소는 산학연 전문가들로 실무협의체를 구성 운영한다.

(6) 정부는 연구개발을 지원한다. 이를 위해 1994년 하반기부터 관계 전문가로 전기통신진흥협의회에 PCS 분과위원회를 구성하여 연구개발방향을 협의한다. 그리고 서비스 개념, 시스템 및 서비스 구비조건, 무선접속 표준방식 선정방법 등을 검토한다. 또한 한국전자통신연구소의 국책연구개발 사업비는 체신부에서 정보통신진흥기금 또는 통신사업자 출연금에서 확보하여 지원토록 하며, 공동개발 참여업체에게는 정보통신진흥기금을 융자 지원한다.

10. 무선데이터통신의 급성장

10.1 한국통신의 사업방향

가. 사업개요 및 시장상황

무선데이터 서비스는 실외 어느 곳에서나 무선 엑세스 링크를 이용하여 이동 중에 메시지를 교환하고 정보를 검색할 수 있는 서비스를 말한다. 이를 위해 주파수대역 900Mhz를 사용하여 무선통신과 각종 데이터 단말기를 결합시켜 이용자들이 이동 중에도 데이터통신을 할 수 있다. 이 서비스는 당시 정보통신 단말기의 확산과 이동통신 서비스 및 기술발전으로 상당한 잠재수요가 있었다.

무선데이터를 위한 통신망은 지역교환기, 중계교환기, 통신망 제어시스템 등 교환설비와 무선데이터 기지국, 단말기 등의 무선설비로 구성된다. 특히 이 서비스는 이동 중인 차량이나 보행 시 또는 유선통신이 불가능한 지역에서 휴대용 PC나 단말기를 이용하여 문자, 그림 등 데이터를 교환할 수 있는 장점을 가지고 있었다.

미국은 1990년부터 다양한 이동데이터 서비스를 도입하였으며, 독일, 프랑스, 영국에서는 1993년부터 이 서비스를 개시하였다. 국내의 경우 1990년대 중반 데이콤은 시험서비스를 위한 주파수를 신청하였으며, 한국이동통신(KMT)은 기존 셀룰라망으로 데이터통신 서비스를 제공하기 위해 추진하고 있었다. 이때 체신부에서는 일반통신사업자의 무선데이터 서비스를 허용하는 방침을 내놓았다(통기931100-29, 1994. 1. 18).

나. 한국통신의 준비

1990년대 중반 우리나라는 산업사회로 이행됨에 따라 이동 중 실시간 업무수행의 필요성이 커지고 휴대용 PC의 대량공급으로 정보화기반이 조성되면서 이동 무선데이터 통신서비스 수요가 상당히 증가될 것으로 예상되었다. 이에 따라 한국통신은 잠재적인 신규서비스 수요에 능동적으로 대응하고 이동통신사업 참여를 위해 무선데이터통신 사업을 준비하기 시작하였다. 이를 위해 기술기획실에서는 일차적으로 무선데이터통신을 위한 사업계획 및 주요방침을 다음과 같이 수립하였다(무선데이터서비스 사업계획, 1994, 6, 기술기획실 통신망계획2국).

(1) 1995년도 특정지역을 대상으로 시범서비스를 제공하며, 기존 Hinet-P에 무선 단순접속방식으로 서비스를 구현한다. (2) 초기에는 수요가 예상되는 대도시지역에 서비스망을 구축하여 점진적으로 서비스 제공지역을 확대 추진하는 등 시범서비스 결과를 분석한 후 상용서비스를 제공토록 한다.

이어서 무선데이터사업 환경을 조사한바, 국내 무선데이터 수요는 2000년대 초반부터 본격적인 성장이 예상되고 전용무선데이터 수요는 2010년에 전체수용의 20% 수준으로 예상되었다. 그리고 사업개시 6년 후부터 경상이익이 발생하며 통신사업 정책방향 개편으로 무선데이터 전용방식인 경우 사업이 가능한 것으로 판단되었다. 이에 따라 한국통신 기술기획실(실장 이정욱)에서는 무선데이터통신 기본계획을 수립 시행하였다(무선데이터통신 기본계획, 1994. 9. 17). 이 계획의 주관부서 및 결재자는 제4장 말미의 참고자료 편에 기록되어 있다. 이 계획의 주요내용은 다음과 같다.

첫째, 추진방침 : 무선데이터서비스를 조기에 사업화하여 종합통신사업자로서의 위상을 확보하고 전용 무선패킷시스템으로 통신망을 구성한다. 우선 시범서비스를 제공하여 기술성 및 사업성을 분석한 후 점진적으로 사용서비스망을 확대 구축한다. 그리고 조기에 서비스 활성화를 위해 응용 소프트웨어의 개발지원 체제를 구축하고 상용서비스 시에는 데이터통신망과 접속한다.

둘째, 상용서비스 시행계획 : 1995년 서울전역을 대상으로 시범서비스를 추진하고 시험가입자 규모는 300 가입자 수준으로 실시하며, 이를 위해 소요예산 12억 원을 확보한다. 상용서비스는 3단계에 걸쳐 시행한다. 1단계(1997년-1998년)는 수도권 지역을 대상으로 시범서비스를 실시하고, 2단계(1999년-2001년)에서 전국 주요도시지역 및 주요도로를 대상으로 시행한다. 그리고 3단계(2002년-2006년)에 가서는 전국망을 구축토록 한다.

셋째 추진일정 및 분야별 전담부서 : 이 사업은 한국통신 정보통신본부가 담당 추진한다. 또한 이를 위한 응용 소프트웨어의 개발주관부서는 정보통신본부가 되고, 개발담당부서는 연구개발원 소프트웨어연구소로 정한다. 한편 향후 추진일정과 주관부서를 다음과 같이 정한다.

① 정보통신본부는 사업집행계획을 1994년 10월까지 수립하고, 장비조달과 표준화는 1995년 6월까지 마치도록 한다. ② 보급사업단은 구매계약을 1995년 7월까지 체결하고, 정보통신본부와 시설사업단에서는 설치공사 및 시험을 1995년 10월까지 완료한다. ③ 시험서비스는 1995년 4/4분기, 상용서비스는 1997년 1월에 실시토록 추진하며, 이 시험 및 상용서비스 시행도 정보통신본부가 담당한다.

10.2 무선데이터통신을 위한 사전준비

가. 시험서비스 시행 및 사업자지정

1990년대 중반에 들어서면서 한국통신은 무선데이터통신 서비스를 위해 15개 채널의 시험주파수를 확보하고 중요전기통신설비의 설치승인을 받았다(1995. 3. 27). 이어 따라 서울지역에 총 60억원을 투자하여 기지국 30대, 교환기 1식, 통신망 관리장치 1식, 측정시스템 1식 등 Ericsson사의 Mobitex장비를 도입 설치하여 통신망 구축을 완료하였다(1995. 12. 29).

그래서 서울 전역과 과천지역을 대상으로 시험서비스를 1년간(1996. 3-1997. 3) 실시하게 되었으며, 당시 시험사업에는 <표 4-28>과 같이 한국신용정보(주) 등 20개사가 참여하였다. 이 표에서 GPS는 위치정보시스템(Global Positioning System), AVL은 자동차 위치확인(Automatic Vehicle Location), CNS는 차량항법시스템(Car Navigation System)을 말한다.

<표 4-28> 무선데이터통신 시험사업 참여업체

업체명	적용분야	업체명	적용분야
국민은행	DB검색	기아정보시스템	DB검색/GPS/원격제어
대우정보시스템	온라인 업무처리	대한항공	DB검색, 조회
데이터콤	IBM접속, 비동기통신	두산정보통신	DB검색
BC카드	카드조회, 승인	삼성전자	단말기 시험
쌍용정보통신	GPS(AVL)	유니콘전자통신	GPS(AVL)
진보엔지니어링	GPS(AVL, CNS)	천일전자통신	버스 안내시스템
팬택	GPS(AVL)	평화은행	DB검색
한국DB컨설팅	화물공차정보/증권정보	한국보안공사	긴급지령, 보안
한국신용정보	카드조회, 승인	한국정보통신	카드조회, 승인
한국통신기술	생활정보서비스	한국PC통신	무선PC통신

한국통신은 1995년 10월-1996년 8월에 서울지역 300가입자를 대상으로 시범서비스를 추진하였다(1995년도 업무보고, 1995. 3, 기술기획실). 그리고 무선데이터망의 구축을 위해 초기에는 주요 대도시(6대 도시)에 지역교환기를 설치하고 무선망은 주요도시 및 주요도로에 시설토록 하였다. 그리고 중기 이후에는 교환망을 최소 도청소재지 이상의 대도시에 설치하고, 무선망은 전국의 시급 이상 도시 및 주요 도로변에 구축하게 하였다.

한편 상호접속 망을 위한 관문국은 PSTN은 시내교환기, PSDN은 노드교환기, 무선데이터망은 지역교환기로 정하였으며 타 통신망과의 접속은 사업자 간 협정으로 직접 접속하게 하였다. 그리고 상호접속망의 인터페이스는 PSDN은 X.75로, PSTN은 가입자 회선으로 연결하였으며, 과금방식은 발신 측 교환기에서 과금하게 하였다.

이어서 한국통신 기획조정실(실장 이정욱)에서는 무선데이터시스템 기술발전계획을 수립하였다(1995. 6). 이 계획의 주요내용은 이동용 단말기를 이용하여 데이터, 텍스트, 영상정보 등을 실시간 전송 가능한 무선데이터시스템을 개발하기 위해 국내실정에 적합한 기술개발 및 발전방향을 제시하는 것이었다. 이를 위한 추진방침으로는 무선데이터시스템 구축을 위한 기반시설을 확보하고, 이와 관련하여 국내개발체계를 확립하는 것으로 정하였다.

이때 추진계획의 골격은 관련 기술을 조기에 확보하고 개발사업을 효율적으로 추진하는 것이었다. 그리고 원천기술을 확보하고 시스템에 대한 국산화율을 높이도록 추진하며, 소요기술의 도입 및 연구개발 추진체계를 확립하였다. 이를 위한 세부발전계획은 1995년 4/4분기 내에 확정하는 것으로 추진하였다.

1996년 중반 정부는 무선데이터통신 전국사업자로 에어미디어, 인테크텔레콤, 한컴텔레컴 등 3개사를 선정하였다(1996. 6). 이들 신규사업자 컨소시엄 구성내역을 보면 <표 4-29>와 같다(무선데이터통신 사업화방안, 1996. 8. 23, 무선사업본부).

<표 4-29> 무선데이터통신 신규사업자 컨소시엄 구성

사업자명	에어미디어	인테크텔레콤	한컴텔레컴
주도업체	고려아연	인테크산업	한국컴퓨터
컨소시엄 구성	데이콤, 경인전자, 코리아써키트, 모콤, 새한전자, 한국신용통신 등 32개사	일신방직, 남성, 팬택 텔슨전자, 희성전선 국도, 한통엔지니어링 등 40개사	현대전자, 태일정밀, 나우정밀, 내외반도체, 콤텍시스템, 흥창물산, 하이게인안테나, 진보, 핸디소프트, KMT, 015사업자 등 47개사
자본금	150억원	100억원	100억원

이때 신규사업자들은 한국통신의 무선데이터사업 진출에 부정적 시각을 갖고 있었으며, 정부(MIC)는 신규서비스 허가제도를 당시 사전공고방식을 보완 변경하려는 상황이었다. 한편 KISDI에서는 신규사업도입방향에 대한 공청회를 개최하였으며, 무선데이터 사업의 경우 주파수 여건상 추가 사업자 허가는 지양하는 것이 좋겠다는 쪽으로 의견이 기울었다.

나. 무선데이터통신의 사업화 방안

위와 같은 사업환경과 정책동향을 감안하여 한국통신 무선사업본부(본부장 이상철)는 무선데이터통신 사업화를 위한 4개 방안을 검토 제시하였다(무선데이터통신 사업화방안, 1996. 8. 23, 무선사업본부).

첫 번째, 무선데이터통신 신규사업권을 획득하는 방안으로 전기통신 관계법 개정이후인 1997년에 허가 신청한다. 이 방안의 긍정적인 측면은 서울지역 통신망 구축으로 1단계 사업준비는 완료상태이고, 시험서비스의 제공경험으로 기술이 확보되었으며 인력도 20명 정도

양성되었다. 그리고 정부의 승인을 얻어 투자하고 시험운용 중에 있어 한국통신이 신규신청 시 정부에 부담으로 작용할 것이다.

또한 종합통신사업자인 한국통신의 무선데이터사업을 배제하는 명분이 약하고, 시험사업에 이미 20여개 회사가 참여하고 있다는 점도 긍정적이라고 할 수 있다. 반면 부정적인 측면은 기존 사업자들이 한국통신의 사업진출에 반대여론을 형성하고, 정부 입장에서는 아직 불투명한 시장에 한국통신을 신규사업자로 허가하여 다수사업자를 경쟁하게 한다는 부담을 가질 수 있다는 것이다. 또한 법 개정 후 사업신청을 하게 되면 심사 등의 절차상 허가지연 문제가 발생할 수 있을 것으로 예상된다.

이 방안의 장점은 투자시설 및 양성 인력을 효과적으로 이용 가능하고, 한국통신이 독자적으로 사업을 추진할 수 있다는 것이다. 반면 단점은 사업권 확보에 장기화의 우려가 있고, 사업권 확보를 실패하는 경우 설비의 처분방안이 없다는 점이다.

두 번째, 종합물류정보전산망 구축과 연계하여 사업화하는 방안이다. 한국통신은 건설교통부의 종합물류전산망 구축 전담자로 지정되었다(1996. 4). 무선데이터통신망은 화물운송 서비스 등을 제공하려면 필수적이라는 점에서 추진해볼 만한 방안이다. 이를 위해서는 건설교통부와 정보통신부에 건의하여 상용주파수를 확보하는 것이 관건이다. 이 방안의 장점은 물류수요를 기초로 조기에 전국망을 구축할 수 있고, 시장 성숙기까지 내실을 기할 수 있다는 것이다. 반면 단점으로는 물류망 사업에 한정되어 일반 무선데이터사업을 할 수 없고, 주파수 확보 가능성이 불투명하다는 점이다.

세 번째, 신규사업권 취득자 3개사 중 인테크텔레콤과 제휴하는 방안이다. 인테크텔레콤은 한국통신과 동일한 에릭슨 시스템으로 통신망을 구축할 계획인데다가, 에어미디어, 한컴텔레컴과 달리 컴소시엄에 통신운용체를 확보하지 않은 상태였다. 그래서 한국통신은 사업권을 확보하지 못했고, 인테크텔레콤은 통신망 구축 및 시설운용에 취약한 면이 있어 사업제휴를 하는 경우 상호 취약점을 보완할 수 있다. 이를 위해 서울지역에 구성된 시험망을 임대하여 시설운용은 협의에 따라 한국통신이 수탁 운용하고, 주파수 확보, 무선국 허가 등은 인테크텔레콤에서 시행한다. 그리고 시설 임대를 시행한 일정기간 후 한국통신에서 사업권을 취득하면 회수하도록 하며, 한국통신 자체 및 종합물류정보전신망 관련 업무를 수용한다.

참고로 인테크산업(주)의 주요사업 분야를 보면 선불카드 시스템 및 단말기 제조와 정산 VAN을 운용하고, 버스 자동요금징수시스템 등 비접촉식 요금징수시스템을 운용하고 있다. 그리고 앞으로 도로교통시스템 분야에 집중 투자하는 계획을 가지고 있다. 이 방안의 장점은 사업권 확보의 향방에 따라 융통성있게 대처할 수 있고, 신규 3개 사업자의 반대여론 조성을 최대한 약화시킬 수 있다. 반면 단점으로는 한국통신이 사업 전면에 나설 수 없고, 경우에 따라 4안으로 진행될 가능성이 있다.

네 번째, 신규사업권 취득자인 인테크텔레콤에 지분으로 참여하는 방안이다. 현 시설을 출자액으로 하여 지분 참여하여 무선데이터 사업의 대주주로 위치를 확보한다. 당시 인테크텔레콤의 주주 컴소시엄을 보면 인테크산업이 1대주주(14%)로 되어 있고, 2대 주주(각 10%)는 일신방직, 텔슨전자, 남성 등이었으며, 기타주주(소액)로는 팬택, 한통엔지니어링 등 37개사가 있었다. 초기 자본금은 100억원이며 앞으로 250억원까지 증자예정이었다. 이 방안의 장점은 출자사업형태가 되므로 사업에 참여할 수 있는 시기가 가장 빠르다는 면이 있고, 단점은 단독사업자 자격획득을 포기할 수밖에 없다는 것이다.

위와 같이 검토한 결과 한국통신의 사업진입에 유리한 측면인 이미 통신망을 구축한 점과 정부승인 하에 시험사업을 추진하고 있음을 강조하고, 약점으로 예상되는 신규사업권 보유사의 반대여론 및 시험서비스용 주파수 사용기한의 제약 등을 극복할 수 있는 방안을 선택해야만 하였다. 따라서 제3안을 선택하고, 시간적 여유를 확보하여 독자사업의 기회를 포착하는 쪽으로 방향을 정하였다(무선데이터통신 사업화 방안, 1996. 8. 23, 무선사업본부).

그 후 한국통신은 다시 무선데이터 사업권을 확보하기 위한 2개 방안을 검토하였다. 제1안은 화물운송정보서비스 제공에 필요한 주파수를 확보하여 종합물류망 사업과 연계하여 추진하는 방안이고, 제2안은 시험주파수 사용기간을 연장하여 사내 물류통신으로 활용하는 방안이 있었다. 당시 한국통신은 제1안을 선택하여 정부와 협의하고 세부방안을 수립하였다(1997. 3). 한편 한국통신은 무선데이터시설 운용전담반을 혜화전화국에 두고 1년간 운용하였다(1996. 2. 29-1997. 2. 28). 전담요원은 4급 3명, 5급 7명, 6급 1명 등 11명으로 편성되었으며, 이것은 서울본부 자체정원을 조정하여 혜화전화국 내 운용실을 편제화하여 추진하였다.

10.3 무선데이터통신 사업의 본격추진

가. 적극적인 사업진출

1990년대 후반 우리나라는 전 인구의 20%가 사무실 밖의 이동업무에 종사하며, 경쟁력의 원천이 시간이라는 인식이 확산되고 있었다. 또한 휴대용 PC 보급이 크게 늘어나고 이동통신서비스가 급성장함에 따라 무선데이터통신의 시장규모가 <표 4-30>과 같이 크게 성장할 것으로 예측되었다. 당시 한국통신은 종합통신사업자로서 PCS, CT-2 등의 사업진출과 병행하여 데이터 전용의 이동통신사업에도 적극적으로 진출할 필요가 있었다. 그리고 새로운 수입원의 확보 및 해외사업진출을 위한 국내서비스 기반을 확보한다는 면에서도 참여가 요구되었다.

<표 4-30> 무선데이터사업 시장규모

구분	1997년	1998년	1999년	2000년	2001년
수요(1,000명)	25	55	119	244	359
시장(백만원)	11,900	26,500	56,500	116,000	170,500

한국통신이 무선데이터사업에 참여하기 위해서는 종합물류망 사업과 연계 추진하는 방안(제1안)과 이미 선정된 무선데이터사업자와 전략적으로 제휴하는 방안(제2안)의 두 가지가 있었다. 이때 한국통신은 정보통신부에게 제1안을 수용해 줄 것을 요청하였으나, 정부는 다음과 같은 이유로 불가하다고 하였다.

① 한국통신이 무선데이터사업자로 지정받지 않는 한 사업자용으로 확보한 주파수를 할당하는 것은 곤란하다. ② 기 선정 사업자가 2000년까지 전국망을 구축할 계획이므로 이 통신망을 이용하면 전국 물류망 구성에 문제가 없다. ③ 한국통신이 보유한 시험용 장비는 협력 체제를 구축하여 기 선정 사업자에게 이관시키면 이용 가능하다. 다만 사업제휴 시 대상사업자의 기종변경은 승인가능하다.

이러한 정부방침에 따라 한국통신 무선사업본부(본부장 서용희)에서는 제1안과 제2안에 대해 다음과 같이 재검토하였다(무선데이터통신 사업화방안 검토, 1997. 2. 6, 한국통신 무선사업본부).

제1안의 경우, 종합물류망의 적기구축, 물류 활성화 가능, 투자시설과 양성된 인력의 효과적 이용, 자체기술축적 가능 등의 장점이 있다. 그러나 종합물류망에 국한되어 업무영역이 제한되고, 당시 정부 허가정책과 상이하다는 단점이 있다. 또한 한국통신이 화물운송서비스 제공을 위해서는 무선데이터 역무를 추가하여 역무변경을 하여야 한다. 그러나 정부의 1997년 허가대상역무에 무선데이터사업은 포함되어 있지 않아 역무변경 허가신청이 불가하다는 문제가 있다.

제2안으로 추진하면 무선데이터사업을 조기에 참여가 가능하고, 정부 의견에 현실적으로 가장 근접할 수 있다. 반면 종합물류망사업 추진상 애로가 예상되고, 단독 사업화를 추진하는 경우 저지의 빌미를 제공할 수 있는 단점이 있다.

나. 무선데이터사업 시행방안 검토

이 사업의 실행을 위해 한국통신 초고속통신추진본부(본부장 김기천)는 무선데이터사업자 선정방안을 마련하였다(무선데이터 협력업체 선정방안, 1997. 6, 한국통신. 초고속통신추진본부). 제1안은 무선사업자 모두를 동시에 접속한다. 이 방안의 장점은 무선사업자의 불만요인을 원천적으로 해소할 수 있었다. 반면 다음과 같은 몇 가지 단점이 예상되었다.

① 사업자가 모두 참여기회를 획득하므로 경쟁을 통한 요금인하보다는 사업자 간의 담합을 통한 무선요금이 상승할 우려가 있다. 또한 시험서비스에 대해 사용요금을 부과하는 경우 추가부담이 발생할 수 있다.

② 무선데이터사업자 간 경쟁이 심화되면 종합물류망사업은 배제하고 독자적 사업추진을 시도하게 되고, 한국통신은 하나의 IP로 위상이 전락하는 등 사업 주도권을 무선데이터사업자들이 장악할 우려가 있다.

③ 무선망사업자들이 상호 눈치를 보며 통신망 구축 일정을 지연시킬 경우 한국통신은 이를 강제할 능력이 없으며, 전국망의 구축 지연이 불가피하다. 또한 초기 위험부담을 무선사업자가 회피할 경우 통제할 수단이 없어 시험서비스 준비활동의 차질이 야기될 수 있다.

제2안은 한국통신이 요구하는 조건을 충족시키는 가장 유리한 사업자 1개를 선정한다. 이때 요구조건으로는 무선망의 사용료가 저렴하고 전국망을 조기에 구축하며 유지보수체계가 잘 되어 있어야 한다는 점이다. 또한 시험사업기간 동안 무선망과 개인번호를 무료로 제공하고, 화물차량 위치추적서비스 및 유사서비스를 제공해서는 안 된다는 것이었다. 그런데 이 방안의 단점은 비 선정업체들의 불만의 소지가 높다는 점이 있으나, 다음과 같은 장점을 가지고 있었다.

① 무선데이터사업자에 대한 가격결정권을 확보하는 것이 용이하고, 이 사업자에 대한 투자유인 제공으로 조기에 전국망을 구축할 수 있으며 서비스품질의 제고가 가능하다.

② 시험사업 및 상용화를 위한 편리한 유지보수체계의 구축이 가능하고 선정업체를 한국통신의 의지에 따라 통제할 수 있으며, 사업초기 서비스의 안정화가 가능하다.

③ 선정된 무선사업자의 입장에서 보면 시장을 조기 선점하고, 활성화를 통해 보장된 영업수익을 기대할 수 있다. 그리고 협력업체 지정에 따른 금융기관의 자금사용이 용이하고, 타 분야 무선데이터사업 수행에서 우월한 지위를 확보할 수 있다.

이와 같이 검토한 결과 제2안으로 추진하기로 하였다. 이 방안은 종합물류망 사업에서의 사업 주도권을 공고히 하고 무선망 비용을 절약하며 전국망을 조기에 구축할 수 있는 것으로 검토되었다. 또한 편리한 유지보수체제를 구축할 수 있고 무선데이터 사업자의 경쟁사업자화를 억제할 수 있는 장점도 가지고 있었다. 따라서 한국통신이 필요로 하는 무선망 비용, 전국망의 조기구축 등의 조건을 가장 유리하게 제시하는 1개 업체를 선정하여 사업을 추진하였다.

그리고 선정된 업체가 독점력을 이용하여 요금을 상승시키거나 투자나 품질제고에 게을리 할 우려가 있을 경우, 한국통신의 고객물류서비스 센터의 통제가 가능한 시점부터 점진적으로 타 무선데이터 사업자에 대해서도 동등 접속을 허용하여 경쟁을 유도한다는 복안을 가지고 추진하였다. 당시 무선망 사업자 선정에 대한 정보통신부의 입장은 1개 사업자를 선정하는 쪽이었다.

한편 종합물류정보망의 무선망 부분은 이미 허가된 무선데이터 사업자 중 1개 사업자와 협력 체제를 구축하여 우선 무선데이터 통신망을 구성하기를 희망하였다. 종합물류정보망은 신규허가된 3개 무선데이터 사업자의 통신망을 동등하게 접속 이용할 수 있도록 한다는 방침이었다(국가종합물류정보망 구축지원계획, 1997. 3, 정보통신부). 한편 건설교통부의 입장은 사업자 수에 대한 언급은 없었다.

10.4 한국통신의 협력업체 선정

가. 기존 무선데이터통신 사업자에 대한 출자

한국통신은 보유하고 있는 무선데이터 망을 활용하여 시험사업을 시행하였다(1996. 12-1997. 7). 그러나 한국통신은 단독으로 무선데이터사업 참여가 불가능하여 시험사업을 종료하고 이미 허가된 무선데이터사업자에 대한 출자를 통해 이 사업에 진출하고자 하였다. 즉 무선데이터사업자를 협력업체로 선정하는 방안을 선택함으로서 종합물류정보망사업을 조기에 실체화하고 활성화를 시도하였다.

1997년에 들어서면서 건설교통부는 무선주파수 사용관련 협의를 정보통신부에 요청하였으며, 정보통신부는 이에 대한 회신을 건설교통부로 전달하였다(1997. 3). 이에 따라 건설교통부는 무선주파수는 기존사업자와의 제휴협력을 통해 확보한다는 협의결과를 한국통신으로 보내왔다(1997. 3. 28).

당시 인텍크텔레콤은 구성한 컨소시엄에 통신사업자가 없어 기존 통신사업자와 제휴를 통해 입지를 강화할 필요가 있었고, 통신망 장비를 한국통신과 동일한 에릭슨 장비를 사용할 계획이었다. 그리고 통신망 구축이 지연됨에 따라 타 사업자에 비해 서비스가 지연되어 협력이 필요한 상황이었다. 이러한 점을 고려하여 한국통신은 인텍크텔레콤을 선정대상으로 우선 검토하였다.

한편 한국통신은 이 사업추진을 위한 전제조건으로 인텍크텔레콤이 정부로부터 장비변경허가를 득할 것, 공동 대주주 지분 및 동수의 상근임원을 보장할 것, 매매계약에 의거 시설을 이관하고 지분율에 따른 주식과 초과 금액분에 대한 채권과 담보를 보장할 것 등을 제시하였다. 이에 따라 한국통신 무선사업본부(본부장 서용희)에서는 기존사업자를 <표 4-31>과 같이 분석한 결과, 협력업체로 인테크텔레콤(주)을 결정하였다(1997. 4. 8).

<표 4-31> 기존 무선데이터사업자 분석

사업자명	에어미디어	인텍크텔레콤	한컴텔레콤
자본금	150억원	100억원	100억원
주도업체	고려아연	인텍크산업	한국컴퓨터
주주수/통신업체	33개사/DACOM	27개사	47개사(KMT)
채택기종	DataTAC(모토롤라)	Mobitex(에릭슨)	DataTAC(모토롤라)
서비스 개시	1997. 5	1997. 7	1997. 4

이어서 한국통신은 인테크텔레콤과 사업협력을 위한 기본합의서를 체결하였다(1997. 4. 21). 그 주요내용은 ① 협력범위, 투자형태, 투자방법 등을 합의한다. 1대 주주와 동일 지분 및 권한을 보장하며, 임원 구성은 1대 주주와 동수의 상근임원을 배정한다. ② 보유장비는 장

부가격에 대한 공인 감가상각 후 잔액을 반영함을 원칙으로 하되 별도 협의한다라고 되어 있다. 이어서 기본합의서보다 구체화된 사업협력을 위한 협약서도 체결하였다(1997. 5. 19).

이 협약서의 주요내용으로는 한국통신은 협약서 체결 후 1개월 이내에 5억 원을 출자하여 4.76%의 지분을 확보하고, 사업개시 후 최초 증자 시 14.53%의 지분을 확보하여 공동 대주주가 되는 것으로 정하였다. 그리고 무선데이터자산은 가액 5,190,394천원에 매각하여 상호 공동사용하고, 인텍크텔레콤이 요구하는 경우 관련 규정에 따라 기술인력을 전출하는 등 기술지원을 하는 것으로 하였다(인텍크텔레콤의 전환사채에 대한 주식전환계획, 1997. 9, 한국통신 무선사업본부). 이에 따라 한국통신은 무선데이터통신사업 추진계획을 다음과 같이 정하였다(인텍크텔레콤 주주총회, 1997. 7. 22, 한국통신 무선사업본부).

(1) 1차로 5.5억원(4.76%)을 출자하여 10만주의 주식(액면가 5,000원)을 취득한다(1997. 7. 25). 그리고 2차 출자는 서비스 개시 후 13.2억 원을 출자하여 14.53%의 지분을 확보한다.

(2) 발행규모는 4,640,394천원의 전환사채 발행계약을 체결한다(1997. 7. 23). 전환사채는 발행계약일 부터 국민은행 정기이자율(약 9%)을 적용하고, 증자시마다 한국통신이 공동대주주를 유지하도록 주식을 전환한다.

(3) 무선데이터망 관리장치 1식, 교환기 1식, 기지국 장비 30식 등 자산을 양도한다(1997. 7. 25). 그리고 인텍크텔레콤에서는 무선국 가허가 승인을 추진하고, 한국통신 무선국은 폐지 신고한다(1997. 7. 29).

나. 협력업체와의 협약사항 이행

한국통신 이사회는 한국통신이 추진하는 협력업체와의 협약서에 의해 무선데이터사업 참여계획과 출자계획을 승인하였다(1997. 4. 24). 여기에서 출자금액 5억 원(10만주), 지분율 4.76%로 하여 출자 시기는 1997년 5월로 승인되었다. 이에 따라 한국통신은 다음과 같이 이행하였다.

첫째, 무선데이터통신 자산을 5,190,394천원에 매각하였으며, 이때 자산평가는 안진회계법인에 용역 추진하였으며 그 내용은 <표 4-32>와 같다. 이때 매각대금은 현금으로 지급하고, 전환사채 4,640,394천원을 발행하며, 이 전환사채는 1997년 8월 27일에 인수하는 것으로 하였다. 그리고 인텍크텔레콤에 5억원(4.76% 지분율)을 출자하고, 장비도 이관하였다(1997. 7. 25). 다만 기지국 장비는 기지국 상면 미확보로 2년간 유보하는 것으로 하였다.

<표 4-32> 무선데이터통신 장비의 자산평가

구 분	구매가액	장부가액	자산평가액
가격(1,000원)	6,391,114	3,785,947	5,134,506

둘째, 양사 간 무선데이터사업의 협력을 효율적으로 추진하기 위해 한국통신 직원을 인텍크텔레콤으로 재적 전출하는 등 직원전출에 관한 협정서를 체결하였다(1997. 6. 20). 그리

고 한국통신 상호 및 로고의 공동사용을 검토하였다. 다만 이것은 한국통신이 1대 주주의 위치를 확보하거나 경영권을 확보할 때까지 유보토록 하였다.

셋째, 30개의 기지국에 대한 임대협정을 체결하였으며(1997. 7. 25), 앞으로 전국통신망을 구축할 때 전국 전화국사를 적극 활용하는 방안을 검토하였다. 한편 한국통신은 기지국 30국 및 이동국 300국의 무선국을 폐지하였다(1997. 7. 31).

다음에는 협력업체인 인텍크텔레콤에서도 이 사업을 적극적으로 추진하기 위해 이사회 및 주주총회를 개최하였다(1997. 7. 22). 이 총회에서는 주주변동, 전환사채 발행 등을 위해 정관을 변경하였고, 한국통신 간부를 인텍크텔레콤 임원(부사장 김동호, 전무이사 정창화)으로 선임하였다. 그리고 무선데이터통신 장비는 당초 모토롤라(DataTac)로 정해져 있었다.

그러나 기술이전 조건이 유리하고, 가격이 저렴한 에릭슨 제품(Mobitex)으로 정부에 변경 요청하였으며 정보통신부는 이를 승인하였다(1997. 6. 20). 또한 정보통신부로부터 중요 전기통신설비의 설치승인을 획득하고, 한국통신의 통신망관리장치, 교환기를 인텍크텔레콤 청사로 이전하였다(1997. 7. 28). 이 후 버스카드 무인충전서비스를 개시하였다(1997. 9. 1).

다. 협력업체 선정방식의 변경검토

앞에서 설명한 바와 같이 한국통신이 3개의 무선데이터사업자 중 1개 사업자를 협력업체로 선정하여 시범서비스 및 초기상용화를 추진하려는 방침을 밝히자 업계로부터 건의문이 접수되었다(종합물류망사업 추진관련 무선데이터통신사업자의 공동건의, 1997. 7. 30). 이 건의문은 주식회사 에어미디어 대표이사 사장 장절준, 인테크텔레콤주식회사 대표이사 사장 홍용남, 한세텔레콤 주식회사 대표이사 사장 한흥섭이 공동으로 작성한 것으로서 그 주요내용은 다음과 같다.

(1) 우리나라의 무선데이터통신 사업의 여건상 종합물류정보망의 무선망 수요는 초기 무선데이터시장의 대부분을 차지할 수 있어 이번 선정 작업에서 탈락할 2개 사업자의 경우 사업추진 상 심각한 영향을 받을 것으로 예상되므로 사업자 간 과도한 경쟁에 따른 부작용의 우려가 있음.

(2) 전국적인 무선데이터 망 시설을 집중구축하기 위해서는 중소기업인 무선데이터통신 사업자의 과중한 투자부담과 이로 인한 전국망 구축일정의 지연으로 인한 종합물류망 구축 일정의 차질이 발생할 우려가 있음.

(3) 3개 사업자에게 시범초기부터 공동으로 참여할 수 있는 기회를 준다면 서비스의 조기 안정화, 유지보수체계, 무선망 비용에 관한 문제 등을 해소할 수 있도록 공동추진체계를 마련하여 1개 사업자 선정보다 낳은 서비스를 제공토록 하겠음.

(4) 3개 사업자의 역량 결집을 통해 전국 무선데이터통신망 조기구축 및 가입자 확보 활동에 적극 참여하고 시범사업의 완벽한 제공 등을 통해 종합물류정보망 사업의 효율적인 추

진과 국내 무선데이터통신 사업의 발전에 기여할 수 있도록 노력하겠음.

(5) 한국통신의 무선협력업체 선정방침을 재고하여 무선데이터통신 3개 사업자가 공동으로 종합물류정보망 시범사업 초기부터 참여할 수 있는 기회를 제공하여 주시기를 건의함.

이와 같은 무선데이터통신 업계의 건의를 받아들여 한국통신 초고속통신추진본부(본부장 김기천)에서는 통신망기획심의위원회의 심의를 거쳐 한국통신이 제시한 제반요건들을 수용하는 조건으로 3개 무선데이터사업자 모두를 협력업체로 선정하여 개별협정을 추진하였다(1997. 11).

11. 항만전화의 현대화

11.1 항만전화통신망(TRS)의 자동화 및 확장

가. 한국통신의 항만전화 서비스 개시

한국통신은 1980년대 중반 국제 관문통신인 항만전화사업을 전담하게 될 항만전화주식회사를 설립하였다(1985. 12. 30). 이때 부산, 인천 등 6개 중요 항만지역의 영세민간업체를 매입 또는 합병하였으며, 이 회사설립을 위한 납입자본금 6천만 원 중 공사는 50%를 출자하였다. 이 회사의 설립을 위한 창립총회가 발기인 및 체신부, 한국전기통신공사 관계자가 참석한 가운데 한국통신 본사 8층 회의실에서 개최되었다(1985. 12. 27). 이날 창립총회에서는 회사의 정관을 의결하고 이사와 감사를 선임하였다.

이어서 1986년 초에 재산평가를 실시하고 기존 6개 사업체를 통합하여 자본금을 증자하였으며, 이때 공사에서는 증가되는 자본금의 50%를 추가 출자하는 것으로 추진하였다. 증자 후에는 공중통신사업자로 지정받아 항만전화의 영업업무, 시설관리 등을 담당하였으며, 초대 대표이사에는 윤영중씨를 선임하였다(한국전기통신, 1986. 1, 한국전기통신공사). 이후 체신부로부터 공중전기통신사업자로 지정되었다(1988. 1. 7),

이에 따라 종전의 수동교환대를 전자교환기로 바꾸었으며, 부두의 노후 선로들을 개체하는 등 9개 지역 1,900회선을 현대화하였다. 이어서 주파수공용통신(TRS) 전국지역사업자로 허가를 받았다(1995. 2. 28). 이후 회사상호를 항만전화주식회사로부터 「주식회사 한국TRS」로 변경하였다(1995. 11. 28). 이 회사의 임무는 주파수공용통신(TRS) 사업을 전국적으로 시행하고, 항만전화사업을 수탁 관리하는 것이었다.

이 회사의 조직은 2실, 4본부, 3단, 7개 지사, 4개 센터, 153개 대리점으로 되어 있으며 인원은 186명으로 편성 운영되었다(1997. 11). 임원은 이사 4명, 감사 1명으로 되어 있었으며, 이중 상임이사는 사장 1명, 상무 2명이며, 비 상임이사로 한국통신 무선사업본부장이 참여하였다. 그리고 납입자본금은 304억 원이고 주주별 주식수를 보면 <표 4-33>과 같다. 여기에서 민간주주는 한보그룹(3.1%), 한화정보통신(1.4%), 개인주주(6.5%)로 구성되었다.

<표 4-33> 한국TRS의 주식소유상황(1997. 11)

구분	한국통신	우리사주	민간주주	계
주식수(만주)	506	36	66	608
자본금(억원)	253	18	33	304
비율(%)	83	6	11	100

1997년도 사업상황(1997년 9월말 기준)을 보면 매출액 114억6천2백만 원을 달성하였고, 가입자는 총 46,885명을 운용하였는데, 세부내역은 다음과 같다(한국TRS 현황, 1997. 11, 한국통신 무선사업본부).

① TRS사업은 매출목표 68억 원, 실적 59억7천7백만 원으로 75%를 달성하였고, 항만전화는 매출목표 118억 원, 실적 63억8천5백만 원으로 58%를 달성하였다. 전체로 보면 매출목표 178억 원, 실적 114억6천2백만 원으로 64%를 달성하였다.

② TRS 상품판매는 판매목표 2만6천회선, 실적 16,390회선으로 63%를 달성하였고, 항만전화는 판매목표 4,069회선, 실적 3,468회선으로 85%를 달성하였다.

③ 이때 항만유선전화는 시설 6,318회선, 가입자 2,982명이그, 항만전용회선은 시설 348회선, 가입자 330명이었다. 그리고 항만무선전화는 시설 43채널, 가입자 156명, 주파수공용통신은 시설 344채녈, 가입자 46,885명을 운용하였다(1997년 9월말 현재). 이때 TRS 장비는 Johson사의 LTR American 시스템을 운용하였다.

나. 신규사업자 허가 상황

TRS(Trunk Radio System)는 다수의 단말기가 다수의 무선채널을 공용으로 사용하여 주파수 사용효율이 무전기보다 높은 주파수공용 이동통신서비스를 말한다. 이때 사용주파수 대역으로는 전국사업자는 800Mhz대, 지역사업자의 경우에는 300Mhz대가 배정되었다. TRS통신망은 제어/교환장치, 기지국, TRS단말기로 이루어진다. 당시 신규 TRS통신망의 구성필요조건은 지역사업자와 전국사업자로 구분하여 단계별로 제시하면 <표 4-34>와 같다.

당시 우리나라에는 TRS사업을 위해 2개의 전국사업자와 9개의 지역사업자가 허가를 받아 서비스 중에 있거나 준비 중에 있었다. 그 세부내역은 다음과 같다(1997. 10).

① 전국사업자인 한국TRS는 수도권 등 전국 18개 지역을 담당하여 이미 1995년 2월 28일에 서비스를 개시하였다. 또 하나의 전국사업자인 아남텔레콤은 수도권 및 경남권에 대하여 1997년 9월에 서비스를 시작하였다.

② 지역사업자 중 수도권을 담당하는 서울TRS와 부산, 경남권 지역을 지정받은 글로벌

텔레콤은 1997년 11월에 서비스를 개시한다.

③ 지역사업자 중 대구, 경북권의 대구TRS, 광주, 전남권의 광주텔레콤, 제주권의 제주텔레콤은 1997년 12월에 서비스를 개시한다.

④ 지역사업자 중 대전, 충남권의 충남TRS, 충북권의 세한텔레콤, 전북권의 전북이동통신, 강원권의 강원텔레콤은 1998년 9월에 서비스를 개시할 예정이다.

<표 4-34> 신규 TRS망 구성조건

구분		지역사업자	전국사업자
초기	제어/교환 장치 (중계교환기 포함)	지역 내 대도시 (도청소재지 이상)	전국 대도시 (6대 도시)
	이동중계국	지역 내 중/대도시(시급 이상)	전국 대도시
중기	제어/교환 장치 (중계교환기 포함)	지역 내 대도시	전국 대도시 (도청소재지 이상)
	이동중계국	지역 내 소도시	전국 대부분도시

11.2 항만전화통신망의 현대화

가. 항만전화 자동화

한국통신은 연안선박전화를 위한 시설은 43채널을 가지고 있었으며, 가입자는 339명을 운용하고 있었다(1996. 12). 이 사업은 연근해의 연안선박과 내륙 간 통신서비스를 자동화하고, 육·해상 종합무선통신사업자로서의 위상을 확보하기 위해 추진하였다. 이를 위해 추진한 기본서비스는 자동무선전화, 여객선 공중전화, FAX사업으로서 수용주파수는 262MHz-279MHz 대역을 사용하고, 셀룰라방식으로 구축하고 불가능할 경우 TRS 방식을 도입하도록 하였다. 이 사업의 연도별 공급계획은 <표 4-35>와 같이 수립 시행하였다.

<표 4-35> 우리나라 항만전화의 자동화계획

구분	1997년	1998년	1999년
대상지역	인천, 서해일부	서해남부, 남해안, 제주	동해안, 울릉, 독도
기지국(개소)	4	21	10
단말기(대)	529	5,200	4,500
투자비(백만원)	4,800	13,800	9,600

1997년에는 시범사업을 인천 및 서해5도의 연근해지역에서 시행하는 것으로 추진하였다. 이때 시범가입자는 선박, 선박관련업체, 국가기관 등 220 가입자로 정하였으며, 시범장비는

1997년 7월까지 조달하여 시범서비스를 2개월(1997. 8-1997. 9)간 실시한 후 1997년 10월부터 상용서비스를 제공하는 것으로 추진하였다. 그리고 1997년 항만전화시설의 대개체를 위한 예산으로 1억 원을 배정하였다(무선사업 업무보고, 1997. 2. 15, 한국통신 무선사업본부).

한편 1997년 영업수익목표는 3억6천5백만 원으로 정하였으며, 상반기까지 실적은 1억9백만 원을 달성하였다. 이처럼 목표에 다소 미달하게 된 것은 자회사 위탁사업으로 정리대상사업이라는 점과 휴대폰의 가격인하로 이동전화를 이용하게 되었기 때문이었다. 이에 따라 가입자가 지속적으로 감소할 것으로 예상되고 연간 수익이 1억8천만 원 정도로 전망되는 관계로 1998년에 제공 예정인 연안선박자동화사업으로 잔여 가입자를 흡수하는 방향으로 추진하게 되었다(1997년도 상반기 경영성과분석 보고서, 1997. 7. 24, 무선사업본부).

나. 디지털 TRS방식 도입

한국TRS는 항만전화통신망의 현대화의 방안으로 디지털 TRS 통신망을 구축 추진하였다. 우선 수도권, 경남권에 158채널을 1997년 11월까지 공급하고, 동계유니버시아드, 동아시아대회 등 각종 국제행사지원에 700대를 제공하기로 추진하였다. 이어서 1998년까지 경북, 충남북, 전남북지역에 건설하고, 1999년까지 강원, 제주권을 신설하고, 수도권과 경남권에는 증설하기로 하였다. 그리고 2000년부터는 신규수요를 충족하고 음영지역을 최소화하여 셀룰라 및 PCS 등 타 무선서비스와의 경쟁체제를 구축하기로 하였다. 이처럼 전국 디지털 TRS망을 완성하기 위한 연도별 공급계획은 <표 4-36>과 같다(한국 TRS 현황, 1997. 11, 한국통신 무선사업본부).

<표 4-36> TRS방식의 연도별 공급계획

연도별	1997년	1998년	1999년	2000년	2001년	2002년
공급지역	수도권 경남권	경북 충남북 전남북	강원제주 수도권 경남권	경북 충남북 전남북	수도권, 경남권 강원, 제주 등	
기지국(개소)	29	33	30	30	30	29
공급량(채널)	153	133	300	350	400	600
소요예산(억원)	220	300	430	500	580	860

이 사업을 위한 투자자금은 1998년도에는 증자 및 차입으로 확보하고, 1999년과 2000년에는 내부자금과 일부 차입하여 충당하며, 2001년과 2002년에는 내부자금으로 조달하는 것으로 계획하였다. 이때 한국통신은 한국TRS의 경영전망을 다음과 같이 예측하였다.

① 전국시장규모는 1998년 159,500명, 2000년 464,500명, 2002년 943,700명으로 확대되고, 시장점유목표는 1998년 80%, 2000년 60%, 2002년 50%로 정한다.

② 가입자 수는 1998년 127,600명, 2000년 278,700명, 2002년 472,000명으로 늘어나고, 수익은 1998년 270억원, 2000년 950억원, 2002년 2,100억원으로 증가될 것이다.

③ 반면 비용은 1998년 404억원, 2000년 588억원, 2002년 1,408억원으로 늘어날 것이다. 따라서 당기순이익은 1998년에는 134억원의 적자가 발생하고, 2000년에는 처음으로 152억원의 흑자로 전환될 것이며, 2002년에는 692억원의 흑자가 예측된다.

다. 디지털 TRS방식의 개통

1997년 하반기 한국TRS는 디지털 TRS장비의 설치공사를 4개월에 걸쳐 시행하였다(1997. 7-1997. 10). 이때 수도권에 18개소, 경남권에 11개소 등 29개소에 중계국을 설치하였다. 그리고 무선국허가를 1997년 11월에 취득하여 1997년 11월 20일 시범 개통하였다. 이 TRS 통신망을 위한 장비공급 내용, 투입예산, 서비스지역 등은 다음과 같다.

① 수도권에 117개 채널의 시설을 공급하여 서울, 인천, 파주, 동두천, 남양주, 용인, 평택 등 23개시에 서비스를 제공하고, 이를 위해 목동에 교환국을 설치하였다. 그리고 경남권에는 41채널의 시설을 공급하여 부산, 울산, 진주, 남해 등 13개시에 서비스를 제공하였다.

② 이때 공급장비는 Motorola사의 iDEN 시스템이고, 시설공사는 LG전자에서 시행하였으며, 사용주파수는 송신 851-866Mhz, 수신 806-821Mhz대역을 사용하였다. 이를 위한 시설투자비는 장비가격 180억 원, 공사비 29억 원, 중계국 구축비용 10억 원 등 총 219억 원이 투입되었다.

1991년 이후 아날로그 TRS 5만대를 운용해온 한국통신 TRS는 디지털방식으로는 국내최초로 서울-부산 간 시험서비스를 개통하였다. 그간의 TRS 서비스는 지역단위의 서비스만 제공하였으나, 디지털 TRS방식으로 전국망이 개통되어 PCS 셀룰라와 같이 전국지역과도 통화할 수 있는 TRS 서비스 시대를 열게 되었다. 특히 TRS 서비스를 애용하고 있는 화물운송 분야의 종사자가 통화권 제한 등으로 당시 겪었던 서비스 불편이 해소되어, 전국 어디에서나 차량운행 중에 업무연락을 신속하게 할 수 있어 국내 물류산업발전에 크게 기여할 것으로 예상되었다.

디지털 TRS망을 시범개통하면서 한국통신TRS 사장(김부중)은 정보통신부 기자실에서 기자간담회를 개최하였다(1997. 11. 20). 이때 국내 최초로 서울-부산 간 디지털 TRS망 시범개통에 따른 사업 설명을 하였다. 이 자리에서 국민일보 조재봉 기자와 한국 TRS 부산지사장 간에 서울-부산 간 시범통화를 하였으며 며칠 후 1997년 11월 25일에 상용서비스를 개통하였다. 이어서 한국TRS는 수도권 및 경남권 디지털 TRS 설비 4만 회선을 개통을 축하하는 행사를 1997년 12월 12일에 한국통신 15층 회의실에서 가졌다. 이 행사에는 한국통신 사장 등 간부직, 한국통신 TRS대리점 사장, 통신관련 기업 사장 등 300여명이 참석하였다. 여기에는 대리점 사장들을 집중 참석토록 하여 한국TRS가 한국통신 그룹사로서의 공신력과 서비스의 우수성을 널리 홍보하고 그룹경영체제를 대내외에 알리고자 하였다.

라. TRS서비스의 특징

한국TRS를「한국통신 TRS」로 회사명칭을 변경하는 것을 계기로 한국통신 자회사로서의 전통과 기술력을 보여주고, PCS 3사 및 타 통신사업자가 호텔을 빌려 호화롭게 행사하는 대신 한국통신 TRS는 내실있게 자체장소에서 행사하는 점을 부각시켰다. 한국통신 TRS는 당시 개통된 TRS 서비스의 특징을 다음과 같이 홍보하였다.

첫째, 기지국 간 상호연동을 통해 전국 어디에서나 통화연결이 가능하며 맑고 깨끗한 통화품질을 제공한다. 그리고 PCS, 셀룰라와 같이 휴대단말기 서비스를 제공한다.

둘째, 필요한 서비스지역만 선택 가입할 수 있는 맞춤형서비스를 제공한다. 지역통화권에서는 시 또는 군단위로 결합하여 통화할 수 있는 단위의 서비스이고, 도단위통화권에서는 수개지역 통화권을 결합하여 통화할 수 있는 생활권 단위의 서비스를 제공한다. 그리고 고속도로통화권에서는 경부고속도로, 호남고속도로, 영동고속도로, 서해고속도로 등 주요고속도로 만 선택하여 통화할 수 있는 서비스를 제공한다. 또한 전국통화권의 경우 전국 단위로 가입하여 통화할 수 있는 서비스도 제공한다.

셋째, 가입서비스지역 내에서 지역통화, 광역 및 전국, 지역선택, 개별통화 등 다양한 통화기능이 제공된다. 개별통화의 경우 통화용 번호를 부여하여 1:1로 개별로 통화하는 서비스이며, 일반전화와 같이 개별통화번호를 부여하여 안내서비스도 제공할 예정이다.

넷째, 단말기 도난 및 불법복제로부터 가입자를 보호하기 위해 무선원격방식에 의한 가입자관리체계를 갖추고 있다. 디지털방식으로 주파수 효율성이 아날로그방식의 6배로 통화접속율이 높다.

마. 디지털 TRS의 이용요금

디지털 TRS방식의 이용요금은 1997년 11월에 정보통신부에 신고할 예정이었으며, 가입비는 당시 아날로그 가입자가 디지털방식으로의 전환을 감안하여 당시 아날로그 형태로 유지하였다. 기본료와 통화료는 표준형, 알뜰형, 다량이용형, 개별통화 우대형 등으로 분류하여 가입자 이용성향에 따라 선택할 수 있도록 하였다. 또한 야간할인제를 적용하여 주파수 효율성을 높이도록 하였으며, 요금표는 다음과 같이 정하였다(디지털 TRS 요금안, 1997. 11. 20, 한국통신 TRS).

① 가입비는 30,000원, 장치비는 5,000원, 보증금은 없다.

② 즉시 음성통화서비스 요금은 표준형, 알뜰형, 다량이용형, 개별우대형으로 구분하여 <표 4-37>과 같다. 여기에서 알뜰형은 표준형보다 통화량이 적은 가입자에게 유리하게 정하였고, 다량이용형은 표준형보다 통화량이 많은 가입자에게 유리하게 정하였다. 그리고 개별통화 우대형은 그룹통화보다 개별통화를 많이 사용하는 가입자에게 유리하도록 하였다. 한편 개별통화 우대형 중 개별통화 시 150분까지는 무료이고, 광역통화(기본)의 경우 통

화권에 따라 별도 실비를 부과하게 하였다.

③ 데이터서비스 요금은 데이터(음성복합)는 기본료 1만2천원, 통화료 단위당 3원으로 하였고, 데이터(전용)는 기본료 1만5천원, 통화료 단위당 3원으로 정하였다. 이때 기본료는 실비부과하는 것으로 하였으며, 통화료는 2,000단위는 무료로 정하였다. 여기에서 1단위는 32바이트를 말한다.

④ 이동무선전화는 기본료 1만4천원, 통화료는 주간 10초당 16원, 14초당 할인을 적용하였다. 음성사서함과 문자사서함의 경우는 기본료 3천원으로 정하였다.

<표 4-37 > 디지털 TRS방식의 즉시 음성통화서비스 요금

구분	표준형	알뜰형	다량이용형	개별통화 우대형
기본료	10,000원	5,000원	30,000원	20,000원
통화료(개별통화)	15원	24원	8원	10원
그룹통화(지역통화)	15원	26원	8원	18원
그룹통화(지역선택통화)	17원	26원	9원	22원
그룹통화(광역통화/기본)	19원	27원	10원	24원

11.3 한국TRS의 경영개선

가. 주식보유상황

한국통신은 지회사이면서 전국 TRS 사업자인 한국TRS(주)의 경영을 개선하기 위해 상당한 노력을 기울였다. 우선 경남TRS 사업은 양도하고 항만 유무선 전화사업, 항만전용회선사업을 양수하여 모자회사 간 경영 합리화를 추진하였다. 여기에서 양수사업내용을 보면 유선전화 가입자 3,399명, 교환, 선로 등 통신시설 1식, 전용회선 가입자 401명, 시내외 전용회선 3,391회선, 선박무선전화 가입자 252명으로 되어 있었다. 이에 따른 인수금액은 약 10억원이었으며, 이를 위해 정부인가를 획득하였다(1996. 4. 25). 당시 한국TRS의 주식보유상황은 <표 4-38>과 같다.

이때 기업의 동요를 방지하고 자금동원, 인력이동 등의 문제를 고려하여 모자회사 간 업무위탁을 체결하였다(1996. 12. 24). 위탁대상사업은 항만 유무선전화사업, 항만전용회선사업으로 하였으며, 위탁범위는 가입자 및 운용보전관리로 정하였다. 당시 위탁기간은 2년간(1996. 12-1998. 11)로 하고 이를 위한 위탁수수료는 약 70억 원으로 결정하였다. 이 사항도 정부의 승인을 받아 시행되었다(1996. 9. 10). 그리고 본사 차원에서 항만통신의 선진화를 위해 사업분야별 전문적 지원 방안으로 항만유선전화는 마케팅본부, 항만전용회선은 전략영업본부, 선박무선전화는 무선사업본부가 담당하게 정하였다.

<표 4-38> 한국통신 TRS의 주식보유상황(1997. 2)

구분	세부내용	보유주식 수	보유율(%)
한국통신		1,652,749	79.35
우리사주		240,000	11.52
한보그룹	㈜한보	42,587	2.04
	㈜한보에너지	29,156	1.39
	한보철강공업(주)	20,947	1.0
	한보정보통신	8,517	0.4
	정태수	50,103	2.4
	소계	151,310	7.26
한화정보통신		29,811	1.43
기타 개인		8,772	0.42
합 계		2,082,642	100

1996년 한국TRS 사장(노을환)은 전국적으로 디지털 TRS망을 구축하는데 필요한 자금 조달을 위해 증자를 추진하였다. 이때 증자 규모는 200억 원으로 하고, 출자금 납입은 1997년 4월로 정하여 기존주주의 주식 소유비율에 따라 출자하는 방법으로 추진하였다. 한편 증자를 추진하는 과정에서 한보그룹이 실권하는 경우 실권주를 인수해야 하는 현안과제가 있었으며, 실권주의 처리방법은 이사회에서 결정하는 것으로 하였다.

일반적으로는 기존주주의 주식소유비율에 따라 배정하고 타 기업과의 전략적 제휴 차원에서 제3자 매각도 가능한 것으로 판단하였다. 그리고 한보그룹 실권주가 발생하는 경우에 대비하여 출자금을 추가확보가 필요한 상황이었다. 당시 확보된 예산은 160억 원이고 정상적인 출자예정액은 150억 원이었으며, 한보그룹이 실권 시 165억 원이 소요되므로 5억 원을 추가로 확보해야 하였다.

나. 주식매각추진

한국통신은 한국TRS 주식의 전략적 매각을 추진하였다. 이러한 주식매각은 민간경영기법을 통한 경영효율성의 제고, 한국TRS의 수익증대 및 경쟁력 강화, 정부의 민영화 정책관련보유 지분 축소에 사전 대응한다는 측면에서 필요하였다. 이때 매각대상 주식 수는 <표 4-39>와 같았으며, 이를 위한 매각방침은 아래와 같이 확정하였다(1996, 11. 27).

첫째, 매각물량의 20%를 기존주주에 매각하고, 안정적 경영권확보가 가능한 수준에서 단계적으로 매각한다. 1단계(1997년 2/4분기)에서는 매각 후 총 주식의 51%만을 보유하고, 2단계(1998년 이후)에서 본체의 민영화와 연계하여 총 주식수의 1/3만을 보유한다.

둘째, 매각대상 업체는 대량의 TRS수요를 유발할 수 있는 업체, 한국통신의 협력업체 등으로 하고, 1개 업체 당 매각한도는 6%(364,958주) 이내로 한다.

셋째, 추진일정은 매각 및 평가기준은 1997년 2월에 마련하고, 다음 달에는 주식가격을 평가하며, 이어서 4월에는 대상 업체를 선정하고 매각을 시행한다.

<표 4-39> 한국TRS의 매각대상주식 수

구분		주식수(1,000주)	비율(%)
총 주식		6,082	100
매각 전 보유주식		4,668	76.75
매각대상주식	기존주주에 매각	317	5.15
	전략적 매각	1,252	20,60
	계	1,566	25,75
매각 후 보유주식		3,102	51.00

이후 1997년에 들어서면서 한국TRS(주)의 2대 주주인 한보그룹이 부도를 맞게 되었다. 한보에 부도가 발생하자 그룹계열사들도 상호 간 빚보증 상태로 연쇄부도가 나게 되었다. 이렇게 되자 한부그룹의 자금입출이 통제되고 법정관리 전에는 채권은행단, 법정관리 후에는 법원에서 관리인을 선임 후 위탁 경영하게 되었다. 이러한 상황에서 한국TRS는 전국 디지털방식의 TRS통신망을 구축하기 위해 증자계획을 수립 추진하였다(경영정보, 1997. 2. 11, 한국통신). 이때 증자규모는 200억 원으로 결정하였다(1997. 2). 출자금 납입은 1997년 3월에 하고, 출자방법은 기존주주의 주식소유비율에 따라 출자하는 것으로 정하였다. 이와 같이 증자 후 주식분포는 <표 4-40>과 같다.

<표 4-40> 한국TRS(주)의 증자 후 주식분포

구분	한국통신	우리사주	한보그룹	한화정보	개인	합계
증자	3,015,615 (75.39)	637,905 (15.95)	276,081 (6.90)	54,393 (1.36)	16,005 (0.40)	4,000,000 (100)
합계	4,668,364 (76.75)	877,905 (14.43)	427,391 (7.03)	84,204 (1.38)	24,777 (0.41)	6,082,642 (100)

그러나 이 계획을 추진할 때 한보그룹이 증자에 참여하는 경우 문제점은 없으나 부도기업을 공기업의 주요 주주로 참여시킨다는 비판여론이 예상되었다. 증자할 때 한보그룹이 실권할 경우 실권주의 처리방법은 이사회에서 결정하도록 하고, 일반적으로 기존 주주의 주식소유비율에 따라 배정하며, 타 기업과의 전략적 제휴차원에서 제3자 매각도 가능하였다. 또한 실권주의 대량 발생에 대비하여 출자금 조정도 검토하였다. 당시 확보된 예산은 160억

원이고, 정상적인 출자예정액은 150억 원이었는데, 한보그룹이 실권하는 경우 165억 원이 소요되므로 5억 원이 추가로 확보되어야 하였다.

한편 한국통신은 보유주식 1,566,216주(25.75%)을 1997년 2월 증자 후 매각하기로 결정하였다(사장결재, 1996. 11. 27). 이때 매각방법은 우선 우리사주를 제외한 기존 주주에게 매각주식의 20%를 우선 배정하고, TRS수요 유발업체 등에게 1,252,973주(20.60%)를 회사당 최대 6%이내에서 전략적으로 매각 추진하였다. 이와 같이 매각하면 보유주식은 <표 4-41>과 같이 변동되었다.

<표 4-41> 한국TRS(주)의 주식매각 후 주식분포(괄호내는 %)

한국통신	우리사주	한보그룹	한화정보	개인	전략기업	합계
3,102,147 (51.00)	877,905 (14.43)	679,989 (11.13)	133,380 (2.19)	39,248 (0.65)	1,252,973 (20.60)	6,082,642 (100)

1997년 중반 한국TRS는 한국TRS 사장사임에 따른 이사 선·해임의 건을 의결하기 위해 제33차 임시주주총회를 개최하였으며, 당시 노을환 사장이 퇴임하고 김부중 이사를 신임사장으로 선임하였다(1997. 6. 13). 이어서 제101차 이사회를 개최하여 직제규정을 개정하고, 대표이사를 선임하였다. 그러나 한국TRS의 보유주식 83.16% 중 32.16%를 매각 추진 중에 주식시장침체 등의 주변 환경변화로 매각시기 및 매각방법 등을 일부 조정하게 되었다. 이때 한국통신 무선사업본부(본부장 서용희)에서는 주식매각계획을 다음과 같이 수립 추진하였다(한국 TRS 주식매각계획, 1997. 10, 한국통신 무선사업본부).

(1) 매각 시기는 당초 1997년 11월 이전에서 주식시황을 검토하여 추후 결정한다. 매각방법은 당초 심사점수와 입찰가격점수를 반영한 그룹별 고득점자순으로 낙찰할 예정이었으나, 이를 심사 후 적격자 간 그룹별 최고가 낙찰방법으로 조정한다.

(2) 입찰참여 제한대상은 당초 TRS 사업자의 입찰참여를 제한하는 방침에서 1997년도 선정된 TRS 지역사업자도 입찰 참여를 허용하는 쪽으로 완화한다. 그리고 예정가격은 당초 공개하는 방침이었으나 비공개로 조정한다.

(3) 주식매각 추진부서는 당초 무선사업본부가 시행하는 것으로 되어 있었으나, 이를 재무실에서 시행하도록 조정한다.

그러나 한국통신 보유주식의 매각은 유보되고 한국통신 TRS의 자본금은 304억 원, 출자금 253억 원, 지분율 83.16%를 유지하였다(1998년도 주요사업계획, 1998. 2. 9, 무선사업본부). 이후 한국통신 계열사 구조조정의 일환으로 TRS 사업의 일원화를 추진하였다(1998. 3). 이때 항만무선전화를 한국통신 TRS의 위탁사업을 해제하여 본체로 가져오고, 공항통신사업은 본체에서 한국통신 TRS에게 양도사업으로 넘기게 되었다. 그리고 한국통신 TRS의 경영개선을 위해 한국통신에서 125억 원을 증자하여 출자금액을 150억 원으로 늘렸다. 또한 총 소요자금 203억 원을 감안해 53억 원을 차입 조달하는 것으로 조치하였다.

한편 한국통신 TRS는 업무전반에 대하여 감사원 감사를 1997. 12. 1부터 12. 16까지 수감하였다(감사원 감사 수감결과보고, 1997. 12. 26, 한국통신 무선사업본부). 이때 주요수감내용은 사무자동화사업(전자결재시스템), 아날로그 TRS시스템 구매 시 계약불이행에 대한 조치, 업무용TRS단말기의 운용 및 관리, 디지털 TRS시스템 구매 시 계약금액 산정방법 등에 관한 것이었다. 이 감사는 감사원 3국 5과(임진부 감사관 외 5명)로부터 수감하였다.

12. 공항무선통신서비스의 선진화

12.1 공항통신 TRS 서비스 개시

가. TRS 상용서비스 개시

공항통신서비스는 공항지역에서 항공사 등 공항관련업체가 항공기 운항관리 및 공항관련 업무를 위해 사용하는 무선통신서비스를 말한다. 한국통신은 1985년 12월부터 국내에 무선국을 개설할 수 없는 외국 항공사의 항공기 운항관리에 필요한 서비스를 김포공항과 김해공항에서 일본항공 등 13개 외국 항공사를 대상으로 서비스를 제공하고 있었다. 특히 김해공항의 경우는 일본항공에서 설치 후 기부 체납되었다(공항통신 사업현황, 1997. 8. 12, 한국통신 무선사업본부).

이때 항공사와 항공기 간 통신을 제공하는 지대공 서비스와 지상요원 상호 간 통신을 제공하는 지대지 서비스를 제공하였다. 당시 지대지용 1개 시스템과 145대의 단말기를 가지고 있었으며, 지대공용은 2개 시스템을 김포공항과 김해공항에 운용하고 있었다(1996. 12). 당시 공항통신은 국가가 운용해야 할 공공적 성격이 강한 사업이기 때문에 한국통신은 이 사업을 정부 수탁사업으로 전환하고 전파사용료의 면제를 추진하였다.

이러한 상황에서도 한국통신은 지대공 서비스의 경우 항공기별 일제호출 서비스를 항공기별 선택호출 서비스로 개선하고 기존의 음성서비스를 음성 및 항공데이터 서비스로 개선하는 등 국제공항과 국내공항에서 운용하고 있는 구형의 낙후된 공항통신망을 현대화하였다. 또한 그때까지 무전기 형태의 지대지 서비스를 TRS 방식으로 바꾸고, 일제 통화방식을 개별, 그룹, 일제 통화방식으로 개선하며, 주파수는 2채널에서 10채널로 추가 확보하여 크게 개선하였다. 한국통신은 공항통신망의 연도별 확장계획을 <표 4-42>와 같이 수립 시행하였다(1997년도 상반기 경영성과분석 보고서, 1997. 7. 25, 무선사업본부).

이에 따라 한국통신 무선사업본부(본부장 이상철)에서는 1997년 계획인 김해, 청주, 인천(영종도) 공항무선 통신망을 위해 공항 TRS를 구매 추진하였다. 이 사업은 무선사업본부

과장(김상일), 특수무선사업부장(정용환), 계획국장(김우식)이 담당하였다. 그리고 네트워크본부에서는 정보통신부로 통신망 구성에 대한 시설내역 및 보안대책 등 중요통신설비의 설치신고를 하였다(1996. 10). 이 설치신고는 네트워크본부 과장(박용남), 시설계획부장(오경래), 종합계획국장(엄재건)이 수행하였다.

이를 위한 제안 설명회에는 LG기공, 신광전기, 삼성전자, 국제전자, 한솔텔레컴, LG전자 등 6개 업체가 참가하였으나 LG전자, 삼성전자의 2개 업체가 제안서를 제출하였다(1996. 10). 이어서 건설단에서는 기술평가를 시행하고 가격입찰을 통해 LG전자(모토롤라 제품)가 13억8천만 원에 낙찰되었다(공항TRS 관련사항보고, 1998. 5. 18, 한국통신 무선사업본부). 이후 1997년 5월에 준공하여 1997년 8월 1일에 상용서비스를 개시하였다.

<표 4-42> 공항통신망 확장계획(1997. 7. 30)

시행년도	1997년	1998년	1999년	2000년
공항명	김해, 청주 인천(영종도)	대구, 광주, 제주	포항, 군산, 목포	강릉, 속초, 여수

나. 공항통신서비스 영업활동

1997년 한국통신은 공항통신서비스를 추진하면서 이 서비스의 특징을 다음과 같이 소개하고 있다(공항무선통신서비스 팜프렛, 1997, 한국통신).

① 공항지역 내에서 공항관련 업무를 이동 중에도 신속 정확하게 동시에 전달할 수 있다. 즉 담당자가 자리를 비워도 즉시 연락이 되고, 연락을 기다릴 필요가 없으며, 같은 내용을 여러 사람에게 동시에 전달할 수 있어 시간이 절약된다. ② 변경된 업무내용을 신속하게 전달할 수 있어 일의 능률이 배가되고, 현장과 사무실 또는 현장과 현장 사이의 업무연락이 원활해진다. 그리고 업무영역이 넓어져도 사무실내에서처럼 신속하게 처리할 수 있고 비상통화를 이용하면 돌발사태에 즉시 대응할 수 있다. ③ 통화방식은 개별, 그룹, 일제통화로 이루어지고, 통화범위는 공항중심 50Km까지 가능하며, 100% 통신보안이 보장된다.

당시 공항무선통신의 가입업무는 김포공항은 공항전화국, 김해공항은 부산본부와 강서전화국, 인천공항은 경기본부와 인천전화국, 청주공항은 충북본부와 상당전화국에서 담당하였다.

1997년도 공항통신을 위한 예산은 20억 원이 배정되었으며 수입은 공항무선전화료 1억2천만 원으로 계획되었다(무선사업업무보고, 1997. 2. 15, 한국통신 무선사업본부). 이때 영업수익목표는 1억1천7백만 원으로 정하였으며, 상반기까지의 실적은 7천9백만 원이었다. 한편 당시 추진 중인 단말기 임대료 인하 등 이용요금을 조정하는 경우 가입자가 상당 증가될 것으로 전망하였으며, 항공데이터 서비스 등 신규서비스를 개발 보급한다면 수익이 증가할 것으로 판단하였다(1997년도 상반기 경영성과분석 보고서, 1997. 7. 24, 무선사업본부).

한편 공항무선통신 요금은 청약 시 요금과 매월 납입요금으로 구분하여 정했으며 세부내역은 <4-43>과 같다.

<표 4-43> 공항무선통신 요금(대당, 1997년)

구분	청약 시 요금			매월 납입요금		
	가입비	설치비	계	통화료	임대료	계
휴대용	20,000	5,000	25,000	23,000	29,000	52,000
고정용	20,000	14,000	34,000	23,000	66,000	89,000
차량용	20,000	20,000	40,000	23,000	37,000	60,000
지대공	20,000	14,000	34,000	341,000	20,000	361,000

그러나 한국통신 무선사업본부(본부장 서용희)에서는 자가망 등 유사서비스에 대한 요금 경쟁력을 확보하기 위해 공항통신 이용요금 변경을 추진하였다(공항통신 이용요금변경, 1997. 11. 11, 무선사업본부 특수사업국장 이동훈). 이 건은 지대지통신 만 요금조정하는 것으로 한국통신 이사회에 상정되었으며, 주요변경내역은 다음과 같다.

(1) 다량 이용자들이 초기 가입시 가입비용 부담이 커서 가입을 주저하는 점을 고려하여 가입비, 장치비 및 부가사용료를 폐지한다. 가입 유도 후 이용료(대당 월 4만원) 수입을 확보하는 편이 유리하다고 본다. (2) 가입자에 대한 통화료를 2만3천원에서 2만원으로 경감한다. 당시 자가 무전기의 월운영비는 대당 1,770원(전파사용료)인 점을 감안하여 품질은 나쁘지만 운영비가 저렴한 자가 무전기 이용자를 가입 유도한다. (3) 당시 시중 단말기(TRS) 가격이 120만 원대에서 90만 원대로 인하된 점을 감안하여, 단말기 임대료를 2만9천원에서 2만원으로 인하하여 현실화한다.

이와 같은 요금인하 홍보에 따라 노스웨스트 항공 등 6개 업체에서 65대를 예약 가입하였고, 약 1천대의 자가 무전기를 운영 중인 대한항공(KAL)과 이용협의가 진행되었다. 이 안건은 한국통신 제11차 이사회에서 의결되고, 정보통신부 신고를 거쳐 공시되었다(1997. 10. 1).

1997년 말에는 지대지 18개 시스템, 지대공 9개 시스템을 운용하게 되었으며, 가입자 수는 251명으로 늘어났다. 그리고 공항통신역무를 한국통신TRS로 통합하는 공항통신역무 전환계획을 수립하였다(1998. 5). 그런 구상에서 대한항공, 아시아나 등 TRS 자가 통신망 가입자를 공항 TRS로 흡수하는 영업활동을 강화하기로 하였다(1998년도 주요사업계획, 1998. 2. 9, 무선사업본부).

12.2 항공데이터통신 사업

항공데이터통신은 국내영공에서 항공사 및 항공기에서 여객정보, 화물정보, 항로별 기상정보 등을 전송하고 검색하는 통신을 말한다. 그러나 항공관제통신은 음성으로만 사용하도록 ICAO에서 권고하고 있어 이 부분은 항공데이터통신과는 무관하였다. 이 통신서비스(VHF대역)는 1997년부터 김포공항에서 일본항공 등 20개 국내외 항공사를 대상으로 서비스를 제공하고 있었다(1997. 5. 20).

한국통신은 항공관제 데이터통신과 항공운항 데이터통신을 운용하였다. 항공관제 데이터통신은 관제소에서 항공기가 이착륙할 때 활주로 지정, 비행항로지시(속도, 방향, 고도 등), 공항 내 이착륙 인가 등의 항공관제를 하는 통신이다. 그리고 항공운항 데이터통신은 다음과 같다(항공데이터사업 현황, 1997. 5. 20, 한국통신 무선사업본부).

① 항공사에서 조종사에게 운항변경사항 통보, 위치보고 등을 지시하는 통신

② 조종사가 항공기 위치, 탑승객 현황, 이륙 및 목적지 도착시간, 항공기 상태(엔진기능, 연료 등) 등에 대한 각종 데이터를 항공사에 전송하는 통신

③ 조종사의 항로별 기상정보 검색, 공항정보검색(공항구조 등) 등을 위한 통신

이 서비스의 본격 시행을 위해 건설교통부(서울지방항공청)에서는 항공관제 데이터통신의 시험서비스를 실시하고 있었다(1995. 10-1997. 1). 서울지방항공청에서는 정보통신부로부터 시험주파수(131.550Mhz)를 확보 사용하였는데, 실시 후 시험주파수의 반납거부로 정보통신부는 이를 직권 회수하기도 하였다(1997. 4. 21).

이러한 상황에서 한국통신은 항공데이터서비스 사업을 추진하였으나 이를 위한 공항 데이터베이스를 자체적으로 구축하기에는 어려움이 따랐다. 그것은 전 세계적인 항공정보를 입수하는 것이 곤란하였을 뿐만 아니라, 항공 데이터베이스를 단독으로 구축하는 경우 대형 전산시스템이 필요하여 투자비가 과다하게 소요되는 문제가 있었다. 한편 국내 전파법상 외국인은 주파수 소유가 불가능하여 단독으로 이 서비스를 제공하는 것은 불가능하였다.

따라서 항공 데이터베이스를 보유한 국제항공데이터사업자와 제휴할 필요가 있었다. 당시 국제항공데이터사업자는 ARINC와 SITA가 있었으며, ARINC는 북미지역 중심으로 50개 지역에 서비스하고 있었으며, SITA는 유럽, 남미 등 285개 지역에 서비스함으로서 전 세계의 80%를 점유하고 있었다. 그리고 SITA사는 국내항공사와 이미 서비스 이용협정을 체결한 상태였으며, 검토결과 씨타(SITA)를 선정하여 협력을 위한 협정을 체결하였다(1996. 4. 26). 이에 따른 양사 간 역할을 다음과 같이 정하였다.

① 한국통신은 주파수(131,550Mhz)를 제공하고, 기지국을 공항전화국에 설치 운용한다. 이때 전파사용료는 년 181,600원이다.

② SITA는 기지국 사용료 504만원/년, 유지보수료 504만원/년, 이용항공기별 90만원/년, 데이터 이용료 100자당 20원 등 주파수 및 기지국 사용료를 납부한다.

그리고 항공 데이터베이스 제공수입은 한국통신과 SITA 간 5:5 정도로 분배하며, 국내 최초로 항공데이터 상용서비스를 1997년 5월 20일부터 개시하였다. 한편 항공데이터통신

(HF대역)은 국제영공에서 단파대 주파수를 이용하여 항공사 및 항공기에서 여객정보, 화물정보, 항로별 기상정보 등을 전송하고 검색하는 서비스이었다. 당시 위성통신(Inmarsat)으로만 이용하였으며, 한국통신과 ARINC사 간 서비스 도입을 위하여 협의하고 있었다.

이 방식에 의한 서비스는 ARNIC사에서 개발하여 전 세계적으로 통신망을 구축 추진하고 있었고, 미국, 캐나다, 네델란드에서 시험서비스를 실시하고 있었다. 그리고 아시아지역의 한국, 싱가폴, 러시아, 뉴질랜드 등을 포함하여 전 세계적으로 16개의 지상통신소를 설치 운용할 계획이었다. 이 서비스는 국제영공을 운항하는 국내외 항공사를 이용대상으로 하였다. 이를 위해 한국통신과 ARNIC 간 양해각서를 1997년 8월에 체결 추진하였다(공항통신사업현황, 1997. 8. 12, 한국통신 무선사업본부).

13. 해상이동통신의 자동화

13.1 해상이동통신망의 개선시도

가. 선박무선통신시설의 개선

선박무선통신은 중파, 단파, 초단파를 이용하여 선박과 육지 간 수동방식으로 무선전화 및 무선전보서비스를 제공하였다. 이 서비스내역을 보면 선박무선전화(국내, 국제)는 항만은 초단파, 근해는 중단파, 원양은 단파를 사용하여 통신하였다. 그리고 선박무선전보(국내, 국제)의 경우는 통상무선전보, 인명안전전보, 무선관보 등을 제공하였다. 당시 이를 위한 신청번호는 전화 105번, 전보 115번을 이용하였다.

이 무선선박통신서비스는 1910년 목포무선전신소가 개소되면서 전보서비스 위주로 시작되었다(1910. 11. 23). 그 후 경성체신국 부평공무출장소가 개소되었다(1939. 9. 1). 그 후 1990년대 하반기 우리나라의 육상이동통신은 셀룰라, PCS, CT-2, TRS, 무선데이터 및 무선호출서비스가 상용화되고 다수의 사업자 간 천문학적인 재원투자로 경쟁이 심화되고 있었다. 그러나 이들 해상이동통신은 시설이 낙후되고 육상이동통신에 비해 서비스품질도 저하되어 이용자의 불만이 팽배하고 있는 실정이었다.

이런 상황에서 한국통신 기술기획실(실장 이정욱)에서는 육상이동통신에 비해 상대적으로 낙후된 해안무선통신을 균형있게 발전시키기 위한「해상통신망 구축 기본계획」을 수립하였다(1995. 4. 10). 그리고 정부(정보통신부)에서도 낙후된 연근해 선박통신서비스를 개선하기 위한 연안선박 자동전화용 주파수를 262MHz- 273MHz 대역으로 배정하였다(1995. 6. 30). 이때 국회 국정감사 시 유용태 의원이 도서·낙도 주민에게 육상수준의 이동전화 서비스를 제공할 것을 요구하였다(1996년도 국정감사).

1995년 기술기획실에서 수립한 해상통신망 구축 기본계획에 따라 무선사업본부(본부장 서용희)는 연안선박 자동전화사업계획을 수립 추진하였다(1996. 12. 6). 이 계획의 주요내용은 다음과 같다.

① 260MHz대 주파수를 이용한 셀룰라 수준의 통신망을 구축하고, 기존 국사, 철탑, 전원시설 및 전송로를 활용하여 최대한 경제적 서비스를 제공한다.

② 선박과 육상 간, 선박과 선박 간에 무선전화, 여객선 공중전화, 팩스 등의 서비스를 제공토록 하고, 선박전화 관련 기존 유사서비스를 통합하고 흡수한다.

③ 기상정보, 선박그룹 간 통화, 선박위치정보 등 부가서비스를 제공하고 단말기는 설치형, 휴대형, 공중전화형 등 3가지 형태로 공급한다.

1990년대 중반 우리나라의 해상이동통신으로는 한국통신의 선박무선수동전화와 그 외 특수목적용의 자가망이 운용되고 있었다. 그 세부내용은 <표 4-44>와 같다.

이때 한국통신은 그동안 선박통신를 위해 전국 12개소에 무선국을 운영하여 오다가 이 무선통신시설들을 다음과 같이 집중화하였다(선박무선통신서비스 운영개선 건의, 1997. 9. 9, 한국통신 무선사업본부).

① 1단계로 서울, 인천, 군산, 강릉, 동해 무선통신시설을 서울집중국으로 집중화하였다(1995. 7. 10). 서울무선전신국은 집중화된 인천 등 4개 지역을 원격국으로 운용하고, 인원은 170명으로 운용하였다.

② 2단계에서는 부산, 목포, 여수, 울릉, 포항, 제주, 울산 무선통신시설을 부산집중국으로 집중화하였다(1996. 5. 1). 부산무선전신국은 집중화된 목포 등 6개 지역을 원격국으로 운용하고, 인원은 89명으로 운용하였다.

1996년 말 통신시설규모를 보면 원양통신을 위해 송신기 38대. 수신기 35대를 운용하고 있었으며, 연근해통신용 송신기 84대, 수신기 95대, 항만통신용 송수신기 37대를 보유하였다. 이후 1997년에는 송신기 126대, 수신기 129대, 송수신기(VHF) 48대, 철탑 203기, 안테나 246기를 운용하고 있었으며 가입선박 수는 7,150로 확장되었다.

<표 4-44> 우리나라 해상통신서비스 상황(1997. 7)

서비스명	통신방식	시설수 (국/CH)	커버리지	요금	비고
선박무선전화	VHF	10/42	항만 내	200원/3분	수동전화
	중단파SSB	8/24	인근해	400원/3분	소형선박
	단파SSB	1/9	원양	1,500원/3분	
위성선박전화	INMARSAT	2/	전 세계	550원/6초	대형선박
항만무선전화	TRS	5/43	남해연안	28원/10초	

나. 선박무선통신사업의 경영개선

이와 같은 노력에도 불구하고 선박무선통신사업에 대한 당시 3년간(1995년-1997년)의 경영상황은 연평균 적자액이 342억 원에 이르고 있었으며, 연도별 실적을 보면 <표 4-45>와 같다. 1997년도 상황을 보면 영업수익목표는 370억 원으로 정하여 추진하였으며 상반기까지의 실적은 165억 원을 달성하였다. 이 사업은 인말샛트와 이동전화의 출현으로 큰 폭으로 통화량이 감소하는데다 통화품질이 열악하여 통화량이 급격히 감소하고 있었다.

<표 4-45> 선박무선통신 서비스의 손익상황(단위: 백만원)

년도별	1995년도	1996년도	1997년도	비고
매출액	463	388	370	해사위성통신 등 첨단 통신서비스의 출현으로 매년 매출액이 감소
매출원가	34,897	34,087	35,000	
손익	-34,434	-33,699	-34,630	

원래 선박통신은 평시에는 선박의 안전항해, 공공의 복지통신으로 이용되며 유사시에는 국가안위에 관련한 최후 통신수단으로 국가재원에서 부담함이 타당하나 당시 NTS 적자분담금으로 분류하여 통신사업자가 부담하게 되었다. 사업자별 통화량을 기준으로 NTS 적자분담금을 분담하였으나 분담금의 92%를 한국통신이 부담함으로서 정책성 사업의 적자를 한국통신이 거의 전액 부담하고 있었다. 1996년 사업자별 NTS 분담금은 <표 4-46>과 같이 부담하였다. 여기에서 데이콤은 당시 시외전화 사업개시로 국제부문 접속료만 부담하였다(1996. 1. 1).

<표 4-46> 통신사업자 별 NTS 분담금 내역(1996년도)

사업자별	한국통신	데이콤	SKT	총계
분담금(억원)	6,188	34	499	6,721
비율(%)	92	0.6	7.4	100

그런데 한국통신이 정부출자기관으로 전환됨에 따라 당시 NTS 적자분담금의 근간이 된 한국전기통신공사법(중요통신 유지의무 조항)이 폐지되게 되었다. 이에 따라 정책성 사업에 대한 법적근거가 소멸될 입장이어서 한국통신의 정부출자기관 전환시점에 정책성 사업에 대한 합리적인 비용부담방안을 정립해야 하였다. 통신사업 독점시대에는 시외전화, 국제전화 수익으로 정책성 사업의 적자보전이 가능하였으나 통신사업경쟁이 심화되고, 한국통신 내부의 경영계약제 시행에 따라 정책성 사업을 종전과 같은 경영방식으로 운영하는 것은 곤란하게 되었다.

이에 따라 한국통신 무선사업본부(본부장 서용희)에서는 정책성 사업(선박무선통신사업)의 운영개선방안을 정부에 건의하였다(선박무선통신서비스 운영개선 건의, 1997. 9. 9, 한국통신).

<건의내용> 국가업무의 원활한 수행을 위한 통신 및 공공의 안녕과 복지증진을 위한 통신은 국가가 수행하고, 통신사업의 경쟁 환경 하에서 정책성 적자사업을 특정사업자 만 부담하는 것은 부당하다. 따라서 이 사업의 개선을 위해 2개의 방안을 다음과 같이 제시한다.

① 제1안은 정책성 사업은 정보화촉진기금으로 전액 지원하는 등 국가재원으로 운영한다.

② 제2안은 정책성 사업에 소요되는 비용을 국가재원으로 부담하고 한국통신은 수탁사업으로 추진한다. 그리고 선박무선통신의 수익은 정부에 귀속하고, 유지, 운용비용은 정부가 한국통신에 위탁수수료를 지급한다.

한국통신은 제2안인 정부의 수탁사업으로 수행하는 방향으로 건의하고 추진하였으며, 1997년 선박전화 개체를 위해 10억 원 예산을 배정하였다. 이때 수입은 선박무선통화료 3억 7천만 원이었다(무선사업 업무보고, 1997. 2. 15, 한국통신 무선사업본부). 이러한 노력의 결과 1997년 말에는 선박통신 및 해상통신을 위한 시설과 가입자는 <표 4-47>과 같이 늘어났다(1998년도 주요사업계획, 1998. 2. 9, 무선사업본부).

한편 한국통신은 당시 선박의 안전항해를 위한 조난 및 안전통신의 청취의무와 선박의 업무용 및 선원을 위한 무선통신 등의 보편적 서비스를 제공하고 있었다. 이와 같이 국가가 수행할 정책성 사업에 연간 340억 원의 적자가 발생하고 있었다. 선박무선통신의 적자 중 일부는 NTS 적자분담금으로 적자보전(1996년 269억 원)되고 있으나 한국통신이 NTS 분담금의 92%를 부담하고 있는 실정이었다. 그래서 선박무선통신은 국가가 수행해야할 정책우선사업으로 정부와 한국통신 간 위·수탁사업으로 추진할 것을 재차 요구하였다(시티폰 사업대책, 1997. 12. 22, 무선사업본부).

<표 4-47> 선박통신 및 해상통신 운용상황(1997. 12)

구분	선박통신	해상통신	인말샛트
시설수	송신기 174대, 수신기 129대 무선국 12개소	교환기 1식 기지국 6대	중계기 119채널
가입자 수	7,150		808

13.2 해상이동통신의 현대화

가. 선박무선통신서비스 개선

앞에서 설명한 바와 같이 선박무선통신은 해상인명안전통신과 공중통신업무 등 공익업무를 수행하고 있었다. 이를 위해 수동조작방식의 모르스 전신이나 전화방식으로 통신을 하고, 운용자는 수작업에 의해 교환 및 중계업무를 수행하며 조난안전통신의 청수 및 기기 조작을 하였다. 1998년에 들어와서는 연근해 선박 및 도서지역의 통신지원을 위한 셀룰라 수준 (260MHz)의 해상이동통신 서비스를 제공하는데 주력하였으며, 이를 위한 연도별 시행계획을 <표 4-48>과 같이 결정하였다(1998년도 주요 사업계획, 1998. 2. 9, 무선 사업본부).

<표 4-48> 해상이동통신 서비스의 단계별 추진계획

지역별	기지국	단말기	투자비	시행년도
남해안 및 부산	6개소	200대	45억 원	1997년
서해안 및 제주	8개소	2,750대	130억 원	1998년
동해안, 울릉, 독도	17개소	자급제	97억 원	1999년

1997년 한국통신은 총 투자비 24억9천만 원을 들여 3만 가입자 용량의 시설을 개통하였다(1997. 12). 이에 따라 부산, 목포, 남해안 일부지역에 시험서비스를 제공하였다(1998. 3). 그리고 연안선박 서비스를 해상이동통신 서비스로 역무를 변경하고 이용약관도 바꾸고 마케팅 체제를 구축하였다(1998. 3). 이어서 항만무선전화(가입자 수 112명)를 폐지하고 해상이동통신으로 흡수하여 상용서비스를 개시하였다(1998. 4. 1).

또한 한국통신이 맡았던 해상조난통신을 위한 청수업무(500Khz, 2091Khz, 2182Khz, 156.8Mhz)는 1999년부터 해양경찰청으로 이관하거나 정부로부터의 수탁사업으로 전환하는 쪽으로 추진하였다. 그리고 해상공중통신은 수익성보다는 공익성이 강한 사업이므로 정부 수탁사업으로 하거나 보편적 서비스 대상사업에 반영하고자 계속 노력하였다(1998년도 주요사업계획, 1998. 2. 9, 무선사업본부).

한편 한국통신은 당시 전국 12개 해안지역에 운용하던 선박무선통신시설을 다음과 같이 2개소에서 집중 운용하는 쪽으로 전환하였다.

① 서울무선국은 원양선박 단파전신, 연근해 중단파전신, 원양선박 단파전화, 근해 초단파전화 업무를 취급한다. 이때 관할 해안국은 부평, 인천, 군산, 강릉, 동해이고, 21개 좌석, 인원 159명으로 운용한다. ② 부산무선국은 연근해 중단파전신, 연근해 단파전화, 근해 초단파전화 업무를 취급한다. 이때 관할 해안국은 목포, 여수, 울릉, 포항, 제주, 대구이었고, 15개 좌석, 인원 81명으로 운용한다.

이와 같은 개선조치에도 불구하고 한국통신은 다음과 같은 문제를 여전히 안고 있었다(선박무선통신 경영개선 추진, 1998. 4. 18, 한국통신 무선사업본부).

첫째, 대형선박은 인말샛트 서비스로 전환됨에 따라 서비스 이용건수가 1996년도 84만7천 건에서 1997년도에는 69만5천 건으로 년 평균 18% 감소하였다. 이를 1일 이용건수(1인당)로 보면 1996년도 21건, 1997년도 17건으로 나타났다.

둘째, 많은 인력비용으로 적자가 누증되고 있었다. 1996년도에는 수입 3억2천2백만 원, 비용 274억8천6백만 원으로 271억8천4백만 원의 적자가 발생하였고, 1997년도에는 수입 3억2천8백만 원, 비용 281억6천만 원으로 278억3천2백만 원의 적자이다.

셋째, 정책성 사업으로 분리하여 적자보전을 하는 모양새는 갖추었으나 이는 대부분을 결국 한국통신이 부담하였다. 예를 들어 1996년도 적자분 271억 원에 대해 한국통신이 244억 원(90%)을 부담하고, 나머지 27억 원(10%)을 타 사업자가 부담하였다.

이러한 상황이 계속되자 한국통신은 이 사업에 대한 강력한 개선방안을 다음과 같이 시행하기에 이르렀다(선박무선통신 경영개선 추진, 1998. 4. 18, 한국통신 무선사업본부).

(1) 업무취급국소를 서울, 부산의 2개 국소에서 서울 또는 부산의 1개 국소로 통합하여 인력재활용 및 운용비(년 35억 원)를 절감한다. 그리고 운용인력은 413명으로부터 200명 수준으로 감축한다. (2) 인명안전업무는 1998년도 하반기에 해양경찰로 업무 이관하고, 정책성 공익성 사업은 정부의 수탁사업 또는 정보화촉진 대상사업으로 추진한다.

이때 김형오 국회의원(한나라당)은 선박무선통신의 주파수 할당자료를 요구하였으며, 해상이동 시설통합에 대해 송신소는 수도권, 수신소는 부산으로 통합하는 방안을 제안하였다(1998. 4. 18).

나. 신형 해상이동전화 설치

한국통신은 정책적 공익적 차원에서 연근해 도서지역의 통신서비스를 육상수준으로 개선하기 위해 신형 해상이동전화 시스템을 도입 설치하였다. 이 시설은 목포(하당분국)에 교환기를 설치하고, 기지국은 목포(양을산), 완도(남양산), 고흥(장계산), 하동(금오산), 김해(불모산), 부산(봉래산) 등 6개 지역에 설치하였다. 이 시스템은 성미전자(주)와 24억9천만 원에 구매계약을 체결하여 설치 공사 후 시험운용을 거쳐 상용서비스를 시작하였다(1998. 5. 1). 그리고 목포전화국 하당분국에서 이 신형 해상이동통신시설의 개통식을 가졌다.

이 행사에 한국통신 부사장(이정욱), 무선사업본부장(서용희), 부산본부장(유재우), 전남본부장(박학송)이 참석하였으며, 그 외 성미전자(주) 대표이사, 선박협회, 지역대표, 여객선사, 지역 언론사 및 방송사에서 참석하였다(1998. 5. 8). 이 시설이 개통됨으로서 선박무선전화, 여객선 무선공중전화는 물론, 전화망과 접속되어 국내전화 및 국제전화 서비스도 제공할 수 있게 되었다. 그리고 이를 위한 이용요금은 <표 4-49>와 같이 정하였다.

한편 한국통신은 가입자를 확보하기 위해 항만전화가입자, 수협, 선주협회, 해운조합 등 해상관련단체를 대상으로 적극적인 마케팅 활동을 전개하였다. 그리고 TRS 항만무선전화 가입자의 수용을 전환하기 위한 항만전화 업무수탁협정을 체결하였다(1996. 12. 24). 이때 가입전환 대상은 287명이었으며, 1997년도 위탁수수료는 10억7천만 원(수입 1억8천만 원)

을 지급하였다. 또한 100톤 이상의 연안여객선(25개 업체 47척), 화물선, 유조선 등 266개 업체 563척을 표적고객으로 선정하여 집중적으로 마케팅하였다. 또한 초기사업의 활성화를 위해 단말기는 저가 임대제와 자급제를 병행하였다.

<표 4-49> 해상이동전화 이용요금

구분	설치형 단말기	공중전화형 단말기
가입비	30,000원	면제
기본료	30,000원	면제
국내통화료	15원/10초	50원/20초
국제통화료	일반전화요금	300원/20초
보증금	200,000원	200,000원
임대료	30,000원/월	면제

다. 부평송신소 이전

부평송신소는 선박과의 무선통신을 위한 송신시설을 운용해 온 무선송신소로서 인천시 부평구에 있었다. 앞에서 설명한 바와 같이 1990년대 중반에 들어서면서 전국 해안도시에 산재한 무선통신시설을 서울과 부산으로 집중화한 후 부평송신소 이전계획을 수립하였다(1996. 12. 17). 또한 부평송신소의 시설이 노후되어 전파환경이 열화된 상황이었을 뿐만 아니라, 주변 도시화에 따라 고출력의 전파를 송출함에 따라 인근 TV 및 라디오 등에 전파간섭을 주는 바람에 잦은 민원이 발생하였다.

이러한 전파송출 환경을 개선하기 위해 31억 원을 투입하여 대지 48,923평의 이전 부지를 경기도 화성군 서신면 장외리(제부도 앞)에 확보하였다(1996. 9. 13). 이전대상은 송신기 36기, 안테나 33기, 철탑 66기를 이설하는 것으로서, 이를 위해 1997년 본예산 30억 원, 1998년 채무예산 66억 원 등 총 96억 원을 배정하였다(무선사업 업무보고, 1997. 2. 15, 한국통신 무선사업본부).

이를 위해 토목공사와 건축공사는 1996년 12월에 착공하여 1997년 11월까지 완료할 계획이었다. 그리고 철탑 및 공중선 시설은 1998년 4월까지 이전을 끝내고 송신기 등 기계시설을 1998년 5월에 개통하는 일정으로 추진하였다. 그러나 집행과정에서 철탑 및 안테나 시설은 당초 계획대로 대개체를 완료하였으나 여타 공정은 다소 늦어지는 상황이 벌어졌다.

이에 따라 구축물은 1998년 8월에 준공되었으며 송신기 및 기계시설은 1998년 10월에 공사를 완료하였다. 그리고 공중선 및 절체기 공사도 1998년 10월에 완료됨에 따라 새로운 부지의 부평송신소는 1998년 11월에 개통하게 되었다(1998년도 주요사업계획, 1998. 2. 9, 무선사업본부).

14. 시티폰의 사업화 및 상용화

14.1 시티폰(CT-2)의 출현

가. 한국통신의 CT-2 사업방침

1990년대에 진입하면서 통신서비스의 진화방향은 장소 대 장소에서 개인위주의 서비스로 발전하고 있었다. 이에 따라 한국통신은 당시 대표적인 차세대 통신사업이 될 것으로 보이는 개인발신전용서비스(CT-2)와 개인통신서비스(PCS)를 적극적으로 추진하였다. 이중 시티폰은 공중전화망(PSTN)에 무선기지국을 연결하여 지하철역, 쇼핑센터, 거리 등 도심의 공공장소에서 옥내외에서 이동 중에 발신전용 전화서비스를 제공하는 코드리스 공중전화 형태의 서비스이었다.

CT-2는 발신전용 무선단말기를 이용하여 음성통화를 하는 발신위주의 저가 고품질의 디지털 무선통신서비스인 셈이었다. 이때 사용주파수는 910MHz-914MHz 대역을 사용하고, 통신망은 CT-2 기지국, CT-2용 시내교환기, CT-2 관리시스템으로 구성하게 된다. 한국통신은 우선 서울 명동지역에서 전파특성실험을 시행하였다(1990. 10-1990. 12). 한국통신은 서울지역에 200개의 기지국을 설치하여 단말기 1,000 규모로 시범서비스를 1993년 12월부터 1994년 6월까지 시행하는 계획을 수립하였다(1994년도 주요업무 발전계획, 1993. 7. 26, 한국통신 기술기획실).

이때 국내업체에서는 기지국 및 단말기는 개발완료단계에 있었다. 그러나 당시 정부는 1993년 말이나 되어야 본 사업에 대한 정책방향을 확정할 예정인 데다가 시범사업에 대한 정부의 공식승인이 유보되고 있었고, 또한 주파수배정이 늦어지는 바람에 국내업체의 기술개발이 지연되는 등 몇 가지 현안문제가 이 사업의 발목을 잡고 있었다. 당시 한국통신은 시티폰(CT-2) 서비스는 발신위주의 통신서비스이고 통화중 이동거리에 제한이 있으나 통신비가 저렴하고 고품질의 디지털 통신방식이라는 점에 매력을 느끼고 있었다. 또한 앞으로 착신기능도 부가할 수 있는 서비스로 평가하였다. 이에 따라 한국통신은 이 서비스를 도입하는 쪽으로 기울고 있었다.

한국통신 기술기획실(실장 이정욱)에서는 시티폰(CT-2) 서비스망 기본계획을 수립 추진하였다(시티폰 서비스망 기본계획, 1993. 12, 한국통신 기술기획실). 이 계획의 주관부서 및 결재자는 제4장 말미의 참고자료 편에 기록되어 있다. 이 계획의 주요내용은 다음과 같다.

① 시티폰 서비스는 개인통신서비스와는 통화중 이동성, 단방향 통신, 통신망구성 등에서 차별화된다. 고객들의 통신서비스 선택의 폭을 확장하고, 타 통신사업자 간 연대하여 새로운 통신서비스로 발전시킨다. 그리고 서비스의 활성화를 위해 시험서비스의 사업결과를

분석하여 부가서비스를 도입하고, 주문자 부착방식제도를 도입 추진한다. 또한 부가서비스 도입을 위한 장치는 착신교환기 1식, 단말기 1,500대 규모로 하여 1996년 3월-1997년 2월에 서비스를 제공한다.

② 시티폰 통신망의 구축은 전국 중소도시를 대상으로 점진적으로 확대 보급하고, 무선호출서비스가 활성화된 지역으로 확대한다. 통신망은 제1단계(1995년-1996년)에는 서울지역, 수도권 및 광역도시일부에 시설하고, 2단계(1997년-1998년)에는 광역시 및 대도시로 확장하며, 3단계(1999년-2000년)에 가서는 수요발생지역 위주로 시설을 확대 공급하는 등 단계별로 확장한다.

③ 장비는 장치 간 호환성이 있도록 기술요구서를 제정하고, 사내표준규격은 기업에게 무상으로 실시권을 부여한다.

④ 전파취약문제 때문에 누설동축케이블(LCX)을 시설하고, 시험장비는 활용가치가 높은 지역으로 재배치하며, 이용제도 및 관련 법령을 가정용 무선전화기와 동등하게 적용한다. 즉, 시험주파수 대역을 상용주파수로 사용토록 추진하고, 전파법 무선국 신고없이 개설할 수 있는 무선국으로 추진한다.

⑤ 전화망, 가입자관리, 기지국관리, 무선호출 및 기지국으로 시스템을 구성하고, V.22 bis, 사내기간정보전산망 기준을 적용하고 비가입지역의 통화 및 과금처리는 지역전산소를 경유하여 처리한다.

⑥ 시험사업을 통해 호 발생패턴과 요금에 대한 가입자의 반응을 분석하고, 연령, 성별, 직업별 이용성향을 분석한다. 그리고 제주, 울릉 등 무선호출가입자가 적은 지역에 재활용토록 하며, 상용서비스는 1996년 상반기에 제공한다.

나. 시티폰 시스템의 구성 및 기능

한국통신은 CT-2 사업을 위한 통신망 간 연동과 가입자 관리장치(SMS), 기지국 관리장치(NMS) 등 주요장비의 기능과 무선호출망과의 접속체계를 정하였다(시티폰 서비스망 기본계획, 1993. 12, 한국통신 기술기획실).

첫째, 가입자 관리장치의 주요기능은 다음과 같이 정하였다. ① 가입자 등록, 검색, 수정, 삭제, 상세과금 정보저장, 중앙호 인증, 불량 가입자 관리 등 가입자 관리기능 ② 통화량 통제, 장애 현황통계 수집, 장애 현황통계 출력, 가입자등록 현황통계 보고 및 출력 등 통화량 및 성능관리 기능

③ 기본요금관리, 국제, 시외, 긴급서비스 등 호 등급에 따른 과금관리기능, 상세과금 및 과금정산 관리기능, 신규DAT 등록, 등록된 DAT 정보관리, 과금정보 백업, 로딩, 삭제 등 과금 데이터 관리기능 ④ NMS 구성 등록, 검색, 수정, 삭제, 시스템 운용관리 프로그램 및 데이터 백업, 내부 프로세스 상태관리, 패스워드 관리, 운용요원 별 메뉴관리 제한기능, 운용자

작업내역 이력관리, NMS 장애관리 등 시스템 관리기능

둘째, 기지국 관리장치의 주요기능은 다음과 같이 정하였다. ① 기지국 구성, 등록, 검색, 수정, 삭제 등 기지국 관리기능, 다이얼 디지트 분석데이터베이스, 단축다이얼 번호리스트, 기지국 관리장치 전화번호 리스트, 동작 파라미터 데이터베이스, Valid LID 데이터베이스, 중앙인증 계정번호 데이터베이스, 긴급접속 전화번호 리스트 등 기지국 설정 데이터관리기능 ② 장애정보 수집 및 출력, 장애관리, 장애위치관리, 가청경보발생 등 장애관리 및 출력기능

③ 시스템 운용프로그램 및 데이터 백업, 내부장치 상태관리, 패스워드 관리, 운용요원 별 메뉴관리 제한기능, 기지국 진단, 원격기지국 콘솔설정, 원격프로그램 다운로드, BS 장애경보 관리 등 시스템 관리기능 ④ 운용자 작업내역 이력관리, 시설유지 변동에 관한 이력관리 등 이력관리 기능

셋째, 무선호출망과의 접속체계는 다음과 같이 정하였다. ① CT-2를 위한 착신교환기는 광화문전화국에 설치하고, 무선호출망의 IGS는 구로, 혜화, 전농, 신촌, 잠실, 영동, 영등포, 광화문전화국에 설치한다. ② 광화문전화국의 착신교환기와 구로전화국 등 8개 무선호출망의 IGS를 상호 연결한다. ③ 서울시내 및 주변지역 LE는 구로 등 8개 전화국의 무선호출망 IGS에 수용하고, 타 지역은 시외통신망을 통해 혜화 및 구로 2개 전화국에 있는 무선호출망 IGS에 접속 수용한다.

이와 같은「시티폰 서비스망 기본계획」에 따라 첫 출발인 시범서비스를 거친 후 수도권 지역의 서비스망을 구축하고, 지역별 전파특성에 따른 모델링으로 최적의 엑세스망을 구축하는 방침으로 추진하였다.

14.2 시티폰 시범서비스 시행

가. 한국통신의 시범사업 추진

한국통신은 통신서비스의 개인화, 휴대화 추세에 따라 장차 가입전화의 주종상품으로 예상되는 개인통신을 한국통신 사업영역의 하나로 수용하고자 하였다. 이를 위해 개인통신서비스(PCS) 발전전략이 수립되었으며 기반조성 단계로 텔리포인트 서비스(CT-2)를 서울지역에 도입키로 방침을 정하였다. 이때 한국통신 사업개발단(단장 유완영)에서는 텔리포인트 서비스(CT-2)의 본격 상용화에 대비한 시범서비스 세부추진계획을 수립하였다(1993년도 텔리포인트 서비스 시범사업계획, 1993. 2. 19, 한국통신 사업개발단). 이 계획의 주관부서 및 결재자는 제4장 말미의 참고자료 편에 기록되어 있다. 이 계획의 주요내용은 다음과 같다.

① 국제적으로 표준화된 CT-2/CAI 방식을 적용하고, 시범지역은 시설공급이 용이하고 시범효과가 큰 지역을 선택한다. 그리고 시스템 장비 및 단말기는 가급적 국산개발을 유도하고, 턴키방식에 의하여 구매, 시공한다. 이때 단말기는 사급으로 하며, 요금은 시내 무료,

시외는 유료로 시행한다.

② 시범지역은 서울 여의도로 정하고, 이를 위해 공중용 기지국 200대, 가정용 기지국 20대, 관리장치 1식, 단말기 1천대를 공급한다. 기간은 1993. 12-1994. 6로 한다.

③ 이 사업을 위해 한국통신 내 업무분담은 시범사업의 총괄집행은 사업개발단, 공사감독은 통신시설사업단, 시범시설운용은 서울사업본부, 중요통신설비 설치승인은 경영기획실, 주파수확보는 기술기획실로 정하여 추진한다.

④ 시설공급을 위한 제반 환경조사 및 기본설계는 한국통신기술(주)에 용역 의뢰하여 실시한다. 그리고 장비의 구매조달은 새로운 구매제도에 따른 통신망장비 최초조달절차를 적용한다. 장비공급, 설계 및 시공을 일괄발주 시행하며, 규격은 TTA의 표준(CT-2/CAI)을 준용한다.

⑤ 통신망은 여의도 전 지역에 서비스 가능토록 구성하고, 통화량 및 서비스 반경을 고려하여 기지국을 설치한다. 그리고 시범기간 중 시내는 무료, 시외는 일반전화요금을 적용하며, CT-2 서비스에 적합한 전산프로그램을 개발한다.

⑥ 시범사업 시행을 위해 사업개발단에 사업총괄 집행요원을 확보하고, 서울사업본부에 시범사업 운용전담반을 편성한다. 그리고 시범가입자는 여의도 거주자 중 시범효과가 클 것으로 예상되는 고객을 선정하고, 단말기는 사급제로 일정액 예치 후 무상임대토록 한다.

⑦ 이 사업을 위한 소요예산은 물자비 27억3천2백만 원, 공사비 3억5천만 원, 기초조사비 1억 원 등 총 31억8천2백만 원으로 시행한다. 이를 위한 추진일정은 장비구매조달 1993. 5-1993. 9, 통신망 구축 1993. 10-1993. 11, 시범서비스 1993. 12-1994. 6에 시행한다.

나. 시범사업승인 및 주파수 배정 요청

한국통신은 정부에 대하여 시범서비스를 위한 주파수 배정요청(1992. 12. 24), 장비의 통신설비 승인요청(1993. 2. 12), 주파수 배정 재요청(1993. 6. 8)을 시행하였다. 이어서 정부에게 휴대공중전화서비스 시범사업승인을 요청하였다(1993. 8. 28). 이에 대해 정부로부터 이를 승인하는 문서를 접수하였다(통기93100-653, 발신전용휴대전화(CT-2) 시험사업 승인, 1993. 12. 31, 체신부장관).

이 문서에서 정부는 한국통신이 승인 요청한 발신전용 휴대전화 시험사업에 대하여 시험서비스 목적으로만 사용할 것이며, 요금은 개량시스템(910-914MHz)의 운용실험에 필요한 기간경과 후 부과하는 조건으로 승인하였다. 또한 정부는 한국통신이 요청한 발신전용 휴대전화 시험사업용 주파수를 통보하였다(주파93341-20, 발신전용 휴대전화(CT-2) 주파수할당, 1994. 1. 18, 체신부장관). 그 주요내용은 ① 전파형식은 80K0F9X, 공중선전력은 10mW, 사용지역은 여의도 일원이며, 시험사업에만 사용하고 시험종료 후 회수하는 조건이며 ② 배정된 주파수는 40채널로서 910.050-913.950 Mhz 대역이라는 것이였다.

다. 시티폰 시범서비스 및 시설확장

1995년이 되어서야 한국통신은 여의도 지역 1천 가입자를 대상으로 CT-2 시범서비스를 개통하였다(1995. 3. 8). 이 행사는 여의도전화국 2층 CT-2 운용실에서 사장(조백제), 부사장(김상국), 기술기획실장(이정욱), 서울사업본부장(이상복), 통신시설단장(남교중), 한국통신 출입기자단, 여의도 고객대표자, 공사업체대표 등이 참석하였다. 이 시범서비스는 1995년 3월 8일부터 6월 30일까지 운용하고 1996년 초에 서울지역에 상용서비스를 목표로 추진하였다(1995년도 업무보고, 1995. 3, 기술기획실).

그러다가 시범서비스 대상지역을 다시 서울(과천, 광명 포함)지역으로 확장하고 시범규모도 1만1천명(기업고객 3,860명)으로 확대하였으며 시범기간은 1996년 말부터 3개월간(1996. 12. 20-1997. 3. 19)으로 정하였다. 이때 기업 및 일반고객은 시내요금 무료, 기지국 장소제공자 및 업무용은 시내외 요금무료로 제공하였으며, 단말기는 1년 이상 이용할 때는 무상 임대하였다(무선사업업무보고, 1997. 2. 15, 무선사업본부).

이어서 서울지역에만 예약판매를 판매목표 10만명, 판매기간은 시범서비스 기간과 같은 기간으로 정하여 실시하였다. 이때 가입자 특전은 시범서비스 기간 중에는 시내통화는 무료로 하였으며, 가입비는 2만1천원에서 1만1천원으로 1만원을 할인하여 시행하였다. 당시 한국통신은 공신력있는 기업 이미지를 마케팅에 활용하려고 노력하였으며 ㈜세모, SK텔레콤, 해피텔레콤과의 업무제휴도 시행하였다. 한편 지역사업자는 삐삐와 연계하여 가입자를 확보하는 전략(Meet-Me 서비스)을 구사하였으며 나래이동통신의 블루버드 농구단과 같은 스포츠 마케팅을 활용하였다.

한편 한국통신 기술기획실 전송기술국(국장 김문수)에서는 CT-2 상용서비스를 위해 한국통신 실정에 가장 적합한 방식을 선정하여 시스템의 표준화를 추진하였다. 이를 위한 검토사항으로는 가능한 다수의 업체가 참가하고 사업권 확보에 유리하며 추후 기술의 진화에 용이한 방식을 선정하기로 하였다. 이때 한국통신의 표준화방침을 다음과 같이 정하였다(CT-2 상용서비스 시스템 표준화방침, 1995. 1. 19, 기술기획실 전송기술국).

① CT-2의 표준화는 발신전용으로 하고 착신은 무선호출기를 이용한 간접착신방식으로 구현한다. ② CT-2 표준화 시스템의 구성은 기종에 따라 상이할 수 있고, 통화권(가입구역)별로 동일회사 제품을 선정하여 연동성을 확보한다. ③ 표준규격은 1995년 2월에 제정하고, 상용서비스는 1996년 1월에 개시한다.

14.3 시티폰을 위한 장비조달

가. CT-2 장비조달 및 업체선정

한국통신은 1993년 2월에 수립한 텔리포인트 서비스(CT-2) 시범계획에 의해 시범사업용

장비 구매를 추진하였다. 이때 기술기획실(실장 이정욱)에서는 사업명칭을「가입전화 무선접속시스템(CT-2)」으로 변경하여 조달방침을 최초조달방식으로 최종 결정하였다(가입전화 무선접속시스템 CT-2 조달방침, 1993. 11. 4, 한국통신 기술기획실). 또한 기술기획실에서는 가입전화 무선접속시스템 공통규격을 제정하여 관련부서에서 조속히 사업이 진행되도록 조치하였다(가입전화 무선접속시스템 공통규격 제정, 1993. 11. 9, 기술기획실 기술표준국).

그러나 체신부의 사업승인 및 주파수배정이 늦어지는 바람에 1994년도 사업으로 조정하여 장비조달을 추진하였다. 한국통신 입장에서는 이 CT-2 시범사업은 장차 개인통신서비스 분야 진출을 위한 교두보로서의 의미가 있는 전략사업이었다.

당시 사업개발센터(단장 이상철)에서는 국내외 통신사업 환경이 불투명한 점 등을 감안하여 전사적 차원에서 조속히 추진해야 되므로 조달절차를 일부 단축 조정하여 구매하고자 다음과 같이 결정하였다(CT-2 시범사업 장비조달, 1994. 1. 19, 한국통신 사업개발센터). 이 계획의 주관부서 및 결재자는 제4장 말미의 참고자료 편에 기록되어 있다.

① 조달유형은 최초조달절차를 적용하고, 조달일정은 1994년내 서비스 개시를 위해 최대한 단축시행하며, 장비조달, 시공을 일괄발주 시행한다. 그리고 공급자격자는 경쟁유도를 위해 복수업체로 하고 그 중 1개 업체와 계약하며, 공급자격자 선정을 위한 평가계획은 별도로 수립 시행한다.

② 장비명칭은 휴대공중전화(CT-2) 시스템이고, 규격은 가입전화 무선접속시스템(KT공 58-0056)이며, 주파수대역은 910-914MHz로 한다. 그리고 기능은 발신전용 휴대전화서비스로 하고, 향후 착신기능을 부여한다.

③ 조달수량은 기지국 200대, 관리시스템 1식, 단말기 1천대, 가정용 기지국 20대로 한다. 조달절차는 조달공고, 신청접수, 평가, 선정, 규격서 작성, 공급자격부여, 계약체결 순으로 하며 최초조달절차를 적용한다. 기자재 시험장비는 제안신청접수 후 8주이내에 업체에서 제시해야 하며, 장비납품은 9월말로 하고 납품 검수 후 시공한다. 그리고 조달설명서에 명시된 일반적인 선정기준에 시공능력을 추가한 종합평가로 2개사의 적격 공급자격자를 선정한다.

④ 장비의 조기조달을 위하여 계약 및 공사기간을 포함하여 정상 80주에서 48주로 단축추진한다. 이를 위해 평가계획수립, 공급자 능력조사, 제품규격 제정 등은 사전에 준비를 병행하고, 서류심사, 기자재 시험은 기본사항 평가로 일정을 단축한다.

⑤ 소요예산은 물자비 27억3천2백만 원, 공사비 3억 원 등 총 30억3천2백만 원으로 하고, 이 사업의 효율적 추진을 위해 시범사업 추진총괄은 사업개발단, 공사감독은 통신시설사업단, 시범운용은 서울사업본부가 담당한다.

나. 장비업체 평가

한국통신 품질보증단(단장 강민호)은 CT-2장비의 최초조달에 참여한 제안업체(제품)에 대해 평가를 실시하고 평가결과를 기술기획실장, 사장에게 다음과 같이 보고하였다(가입전화 무선접속 CT-2 시스템 제안평가결과 보고, 1994. 6. 9, 한국통신 품질보증단장).

① 제안업체는 금성정보통신, 금성통신, 삼성전자, 삼우통신공업, 성미전자, 제일정밀공업 등 6개 업체임. ② 평가기간은 1994. 4. 13-1994. 6. 4이고, 평가는 서류심사, 공급자 능력조사, 기자재 성능시험(현장시험은 미실시)을 실시하였으며, 평가결과 6개 업체에 대한 성능시험결과 부적합하였음.

이러한 평가 결과에 따라 기술기획실에서는 관련부서 회의를 개최하여 대책을 협의하였다(1994. 6. 15). 이 회의는 기술기획실 설비조달국장(이홍구)이 주관하였으며, 회의결과는 다음과 같다(CT-2 제안평가결과에 따른 협의결과, 1994. 6. 15, 기술기획실 설비조달국).

① 제안평가결과(성능시험) 6개 업체 전체가 부적합이므로 시범사업 추진목표에 따라 재평가 추진이 불가피하다. 전기통신기자재 조달세칙 제17조 2항에 의거 제안업체에 일정보완기간을 부여 후 재평가를 실시한다. ② 재시험결과 성능시험 합격업체가 다수인 경우 선정기준에 의거 공급예정자를 2개 업체 선정한다. 이때 1개 업체만 합격한 경우에는 해당업체만 선정토록 하고, 탈락한 업체는 후속조달 신규제안절차로 참여가 가능하다. ③ 재시험결과 전업체가 부적합할 경우에는 공통기술규격 항목을 재분류(필수항목, 선택항목)한 후 필수항목 합격업체에 대해 선택항목, 추가항목 등으로 점수화 후 순위에 따라 2개 업체를 선정한다.

이 회의결과에 따라 기술기획실에서는 담당부서인 사업개발센터와 품질보증단에 재추진하도록 방침을 통보하였다(가입전화 무선접속시스템/CT-2, 1994. 6. 16, 기술기획실 설비조달국). 이와 같은 재추진방침에 따라 사업개발센터(소장 이상철)에서는 기자재 평가 및 시범운용기간을 다음과 같이 조정하여 다시 추진하였다(CT-2 시범사업 가재 평가 및 추진일정 조정, 1994. 6. 27, 사업개발센터).

① 시범서비스 개시일자를 당초 1994년 12월 1일에서 1994년 12월 28일로 조정하며, 시범운용은 1994. 12. 28-1995. 6. 30으로 변경한다. ② 업체 기자재 보완기간은 6주를 부여하며, 현장시험은 설치공사 후 인수시험 시 병행 시행한다.

또한 품질보증단(단장 강민호)에서는 기술기획실의 재추진방침에 따라 업체 재평가 계획을 다음과 같이 추진하였다(CT-2 재시험 계획, 1994. 7. 25, 품질보증단).

① 재시험 결과 공통기술규격을 만족하는 업체가 없을 경우 공통기술규격항목을 재분류한 후 필수항목 합격업체에 대해 선택항목 및 추가항목 등으로 점수화한 후 순위에 따라 2개 업체를 선정한다.

② 필수항목(적부판정)으로 RF무선부분, 운용부분 한글화, 과금, OTAR, 기지국 방수, PSTN과의 연동 등을 정한다. 선택항목(점수화)으로는 필수항목을 제외한 공통기술규격 항목으로 하고, 추가항목(점수화)은 공통기술규격 이외의 선택항목으로 한다.

③ 필수항목, 선택항목, 추가항목 구분 시 점수배점은 2차 평가 시 성능시험 합격업체가

다수인 경우에는 필수항목 60%, 선택항목 40%로 한다. 그리고 2차 평가 시 전 업체가 부적합일 경우에는 필수항목 60%, 선택항목 20%, 추가항목 20%로 한다.

그리고 품질보증단에서는 위와 같은 재시험 방침에 따라 참여업체에 대한 재차 성능시험을 실시하였다. 이때 재평가에 참여한 업체는 금성통신, 삼성전자, 삼우통신공업, 성미전자, 제일정밀공업 등 5개 업체이며, 재시험은 1개월(1994. 7. 25-1994. 8. 20)에 걸쳐 실시하였다. 그러나 시험결과 모두 부적합하였다(가입전화 무선접속시스템/CT-2 제안평가 재실시 결과보고, 1994. 8. 25, 품질보증단).

다. 전 업체 부적격 평가에 대한 대책 및 선정

기술기획실(실장 이정욱)은 품질보증단이 실시한 CT-2 업체에 대한 재시험평가 결과도 모두 부적합으로 나오자 이에 대한 1차 대책회의를 개최하였다(1994. 8. 26). 이 회의에는 기술기획실의 전송조달부장(김정식), 무선망계획부장(장병수), 무선기술부장(김용헌)이 참석하였고, 사업개발센터 휴대전화부장(이종식), 품질보증단 품질평가5부장(문호원)이 참석하였다. 이 회의에서 검토된 주요내용은 다음과 같다.

<제1안> 현 결과로 공급자를 선정하여 계획대로 1994년 12월에 시범사업을 개시한다. 그러나 이 경우 제안업체 모두 부적격에 따른 탈락업체의 반발이 예상되고, 필수항목 부적격 제품에 의한 사업시행이 곤란하며, 기술요구서 부적격 업체를 선정하였다는 선례를 남기게 된다.

<제2안> 새로운 시험사업계획을 수립하여 1994년 12월에 사업을 개시하되, 시범사업은 순연되는 일정을 잡아 1995년 2월에 사업을 개시한다. 그러나 이 방안의 경우에도 시험 및 시범사업에 대한 용어의 정의를 정립할 필요가 있고, 시험사업의 주체를 지정해야 한다. 그리고 내자에 의한 설계시공 일괄입찰방식을 적용할 필요가 있으며, 시험사업 참여업체에의 공급자격부여 여부 등의 문제가 있다.

품질보증단의 재평가결과에 대한 1차 대책회의에 이어서 기술기획실에서는 2차 대책회의를 개최하여 이의 해결방안을 찾는 노력을 기울였다(1994. 8. 29). 이 회의는 관계국장 회의로서 기술기획실 설비조달국장(이홍구), 통신망계획2국장(안승춘), 전송기술국장(김문수), 사업개발센터 무선통신계획국장(정회성), 품질보증단 품질평가국장(이영철)이 참석하였다. 이 회의의 주요내용은 다음과 같다

① 부적격 사항을 업체에서 보완하여 3차 시험을 실시하여 순연되는 대로 절차를 진행하며, 1995년 2월에 사업을 개시하는 것으로 추진한다. 이때 3차 성능시험항목은 기술요구서의 필수항목 중 업체 부적합 항목으로 한다. ② 기술요구서의 선택항목 중 부적합 항목은 제품납품 시까지 보완하는 조건부 공급자격을 부여토록 한다. ③ 3차 성능시험을 위한 일정은 업체보완기간 1주(1994. 8. 30-1994. 9. 5), 3차 시험기간 10일(1994. 9. 6-1994. 9. 15), 공급자 선정 1주(1994. 9. 16-1994. 9. 22)로 정하여 시행한다.

이상과 같은 2차에 걸친 한국통신 관련부서 간 회의결과에 따라 기술기획실(실장 이정욱)에서는 CT-2업체에 대한 장비 3차 성능시험을 실시하도록 결정하여 이를 다시 사업개발센터와 품질보증단으로 통보하였다(가입자 무선접속시스템/CT-2 재평가 실시, 1994. 8. 30, 한국통신 기술기획실). 이때 통보주요내용은 다음과 같다.

① CT-2에 대한 3차 성능시험을 실시하여 적정 공급자를 선정한다. 평가주관부서는 품질보증단이고, 업체보완기간은 1주이며, 업체보완항목은 2차 시험결과 기술요구서의 부적합항목으로 한다. ② 시험기간은 10일이고, 시험항목은 2차 시험결과 기술요구서의 필수항목 중 부적격 항목으로 하며, 기술요구서의 선택항목 중 부적합 항목은 제품납품 시까지 보완하는 조건부 공급자격을 부여토록 한다.

이러한 방침에 따라 품질보증단은 3차 평가를 실시하였으며 평가결과 삼우통신공업(주)와 제일정밀공업(주)가 공급자로 결정되었다. 이에 따라 기술기획실에서는 이 시험사업을 위한 제품구매요구 및 집행지시는 사업개발센터가 주관하고, 공급자와의 구매계약은 보급사업단, 시공계약 및 시공은 통신시설사업단에서 추진하게 하였다.

그리고 사업의 조기추진을 위해 시험운용과정에서 현장시험을 시행하고 기술요구서의 선택항목 중 부적합 항목은 물품납품 시까지 해당업체에서 보완하도록 하였다. 따라서 위의 2개 업체는 시험사업 제품공급을 위한 조건부 공급자로 확정하였다(가입전화 무선전화접속시스템 시험공급자 확정, 1994. 9. 15, 한국통신 기술기획실). 이 문서의 주관부서 및 결재자는 제4장 말미의 참고자료 편에 기록되어 있다.

또한 서비스망을 전국적으로 확대하고 본격적인 개인서비스를 도입하며 이를 위한 최적의 발전방향을 제시한다는 방침을 수립하였다(텔리포인트 CT-2 서비스망 구축계획, 1994. 11, 기술기획실 통신망계획2국). 한국통신이 CT-2 사업을 추진해 나가자 서울이동통신과 나래이동통신이 공동으로 CT-2 사업에 참여하고자 그 당위성을 정부에 제출하였다(1995. 4).

이렇게 되자 정부는 CT-2서비스, TRS 사업의 경우 사업성 여부를 정부가 판단하기 보다는 시장기능에 맡겨 주파수가 허용하는 한 사업자를 허가한다는 방침의 통신사업경쟁력 강화를 위한 기본정책방향을 확정 발표하였다(1995. 7. 4). 이후 정부는 CT-2 사업자수를 1개의 전국사업자와 10개의 지역사업자로 선정하는 내용의 허가신청요령을 공고하였다(1995. 12. 15).

라. 시설불공정에 대한 감사원의 지적

시티폰 서비스를 위한 여의도 시범사업을 시행하는 과정에서 뜻하지 않게 이 사업의 시설공사를 하면서 불공정 사실을 지적하는 감사원의 질문서를 받게 되었다(질문서, 1995. 6. 5, 감사원). 이 질문서 발신자는 감사원 사무처 감사반장(제3국 제6과장) 이양호이고, 수신자는 한국전기통신공사 기획조정실장 이정욱으로 되어 있었다.

<질문 내용> 1992. 7. 20 개인통신서비스 발전계획에 의하면 이용자의 휴대통신서비스

의 욕구증가에 따라 기존의 PSTN 전화망을 활용한 시티폰(CT-2) 서비스의 상용화 필요성이 증대되어 통신비용이 저렴하고 고품질의 디지털통신방식으로 가입자 선로를 무선화한 동 시설의 서비스망 기본계획을 수립하여 이를 여의도지역에서 현장시험을 함에 있어

전기통신제품의 표준화 및 조달규정 제32조 규정에 따라 현장시험 의뢰한 회사들로부터 시험에 소요되는 물품, 측정기 및 설치, 철거공사까지 부담케 하여 품질보증단에서 현장 시험케 함이 타당함에도 1994. 10. 8 서울특별시 구로구 시흥동 991-7번지 소재 삼우통신공업주식회사(대표 임병우)로부터 가입전화 무선접속시스템(CT-2) 접선기 5대외 4종(2억7천만 원)을 구입하여 1994. 11. 21부터 1995. 3. 19(80일간)까지 여의도 시범지역에서 시설공사(231,014,000원)를 하고 시험 중에 있으면서

1995. 1. 17 서울특별시 영등포구 여의도동 15-4 소재 제일정밀공업주식회사(대표 김선종)에게는 품질보증단에 시험 의뢰하여 현장시험에 소요되는 물품, 측정기 및 설치, 철거공사비까지 부담하게 하는 등 불공정하게 실시하였을 뿐 아니라 또한 한국전기통신공사에서 구입 설치한 삼우통신공업주식회사의 여의도 고정시설을 공정경쟁을 유도한다는 이유로 이를 다시 철거하여 제주, 울릉지역에 재배치할 계획인 바 이는 철거비 및 시설비 등의 예산낭비를 초래케 될 사실이 있는바

① 이건 삼우통신공업주식회사로부터 CT-2를 2억7천만 원에 구입하고 이에 따른 공사비 231,014,000원을 투자하여 현장시험을 하게하고 제일정밀공업주식회사에 대해서는 품질보증단을 통하여 물품, 측정기 및 설치, 철거공사까지 부담케 함으로써 불공정하게 현장 시험케 된 것으로 판단되는바 귀견을 말씀하여 주십시오.

② 이건 삼우통신공업(주)의 시설을 현장 시험하는 여의도지역에서 철거하여 제주 또는 울릉도지역으로 재배치를 하게 되면 철거 및 시설공사에 따른 예산낭비가 되는 바 그 사유를 말씀하여 주십시오.

③ 이건 앞으로 처리대책을 구체적으로 말씀하여 주시고 이건 관련자의 소속, 직, 성명, 담당업무, 관리기간 및 현 근무처를 말씀하여 주십시오. 또한 이건 당초 처리가 정당하다고 인정하면 그 내용을 구체적으로 설명하시고 그에 대한 증거서류를 제시하여 주시기 바랍니다.

이 질문서에 대해 한국전기통신공사는 기획조정실장 이정욱 명의로 다음과 같이 답변하였다(시티폰 서비스망 기본계획에 관한 사항, 1995. 6, 한국통신).

<답변 내용> 통신망장비는 일반적으로 성능시험과 현장시험을 거쳐서 장비 공급자를 선정하게 되어 있으나, CT-2 신규사업의 경우 사업의 조기추진을 위하여 우선 성능시험을 실시하여 조건부 공급자를 선정하고 바로 시험운용을 하도록 계획하였습니다. 이에 따라 먼저 실시한 성능시험에서 삼우통신주식회사와 제일정밀주식회사가 적합판정을 받아 양사 모두 조건부 공급자로 선정되었습니다.

시험운용을 위한 장비입찰에서 양사가 경쟁한 결과 삼우통신(주)에 낙찰되어 시험사업

용 장비를 공급하게 되었고, 이 시험사업용 장비로서 현장시험을 겸하게 되었습니다. 한편 제일정밀공업(주)는 시험용 시료로서 당초 계획대로 현장시험을 실시한 후 시료는 되돌려주게 됩니다. 삼우통신공업(주)에서 공급한 시험사업용 CT-2 장비는 시험서비스 목적(별첨 1)으로 도입되어 장비용량이 적을 뿐 아니라 착신이 가능합니다.

따라서 무선호출 가입자가 적은 지역에 공급하는 것이 효과적이라고 판단되어 시티폰 서비스망 기본계획 수립 시(1995. 4. 11) 제주, 울릉 지역에서의 재활용계획을 세웠습니다. 시티폰 상용시험은 단말기를 발신전용으로만 사용하도록 검토 중이므로 여의도지역에 설치된 장비는 제주도나 울릉도에 이설치 않고 대도시지역에서 재활용하는 방법을 검토 추진하겠습니다. 이건 관련하여 발신전용 휴대전화(CT-2) 시험사업 승인문서와 발신전용 휴대전화(CT-2) 주파수 할당문서를 첨부하며 관련자는 다음과 같습니다.

소속	직위	성명	담당업무	관리기간	현 근무처
기술기획실	설비조달국장	김은진	조달관련업무		기획조정실
기술기획실	전송조달부장	김정식	조달관련업무		정보통신부 파견
경영전략실	통신망 기획 총괄팀장	안승춘	통신망 기획 총괄	기본계획수립 후 현재까지	좌동
경영전략실	무선망 기획 팀장	장병수	무선망 기획	기본계획수립 후 현재까지	좌동

14.4 시티폰 서비스의 상용화

가. 전국사업자 허가 획득 및 사업준비

CT-2 시범사업이 성공적으로 진행되면서 한국통신은 정부로부터 CT-2 전국사업자의 허가를 획득하였다(1996. 6. 10). 이에 따라 한국통신은 1996년 하반기에 CT-2 서비스를 일반고객에게 상용화 제공을 위한 기본계획을 수립하였다(1996. 10. 26). 이 계획의 주요내용은 다음과 같다(시티폰사업 활성화 대책, 1998. 1, 한국통신).

① 서비스 보급지역은 서울, 수도권 도시, 6대 광역시, 도청소재 도시, 시 단위 도시 등 총 72개 시 지역으로 한다. 그리고 PCS 서비스는 1998년 3월에 상용 제공되는 것으로 본다.

② 한국통신과 지역사업자가 담당할 총 시설투자규모는 약 4,010억 원이며, 그 세부내역은 <표 4-50>과 같다. 다만 여기에는 일시 출연금 및 자산에 대한 투자비는 제외한 금액이다.

③ 이 사업계획 수립 시 가입수요 및 손익을 <표 4-51>과 같이 예측하였다. 이때 전제사항은 가입비 21,000원, 기본료 6,500원, 통화료 11,500원으로 설정하였다.

<표 4-50> 시티폰 시설투자규모 계획(1996. 10)

구분	SMS(식)	NMS(식)	기지국(대)	총 투자비
한국통신	11	42	34,050	2,406억 원
지역사업자	11	22	22,700	1,604억 원

<표 4-51> 사업계획 수립당시 사업수지 전망

연도별	1997년	1998년	1999년	2000년	2001년
총 수요(천명)	935	1,579	2,206	2,852	3,443
시장점유율(%)	63.58	61.90	60.71	60.40	60.40
KT수요(천명)	595	978	1,339	1,723	2,079
수익(억원)	714	1,793	2,654	3,541	4,472
비용(억원)	2,016	2,346	2,373	2,775	3,202
당기이익(억원)	-1,302	-553	281	776	1,271
누적손익(억원)	-1,302	-1,855	-1,574	-808	463

이후 1997년 초 한국통신은 상용화 개시 전 서비스제공지역을 당초 72개 도시에서 29개 도시로 축소하였다(1997. 3). 그리고 투자비 절감을 위해 지역사업자와 기지국을 공동으로 건설하고 이용하는 방향으로 조정하였다. 이때 한국통신과 지역사업자의 장비건설은 수도권 지역은 6대4, 기타지역은 7대3의 비율로 부담하기로 정하였다. 이와 같이 서비스 제공지역을 조정하는 경우 투자비, 수요, 수익, 당기손익 등은 다음과 같이 파악되었다(시티폰사업 활성화 대책, 1998. 1, 한국통신).

① 총 투자비는 한국통신 1,864억 원, 지역사업자 1,770억 원으로 감소한다. ② 1997년은 수요 53만7천명, 수익 658억 원, 당기손익 -1,015억 원이 발생한다. ③ 2001년에는 수요 1,705천명, 수익 3,731억 원, 당기손익 824억 원, 누적손익 180억 원으로 전망된다.

또한 지역사업자와의 협의를 통해 서울 등 29개 도시만 우선 상용서비스를 제공하고, 기타지역은 상용서비스 제공지역의 사업성을 분석한 후 확대여부를 결정하기로 하였다. 그동안 한국통신은 수차례의 사업성 검토 분석을 시행하였으며, 적어도 사업개시 3년 내(1999년)에 이익을 창출하고, 5년 내(2001년)에 누적적자를 보전한다는 목표를 세웠으며, 기지국 공동이용을 통한 투자비를 절감하는 방향으로 추진하였다.

이후 사업계획을 재차 조정하여 2001년까지 가입자 220만을 확보하고, 4,300억 원의 수익을 달성하는 목표를 세웠으며 <표 4-52>와 같이 시장점유율은 60%를 유지하는 사업전략을 확정하였다(무선사업 업무보고, 1997. 2. 15, 한국통신 무선사업본부).

<표 4-52> 초기의 CT-2 사업전망

연도별	1997년	1998년	1999년	2000년	2001년
총 수요(천명)	936	1,641	2,329	3,040	3,689
누적가입자(천명)	595	1,016	1,414	1,836	2,228
시장점유율(%)	63.6	61.9	60.7	60.4	60.4
수익(억원)	714	1,901	2,896	3,874	4,906

이러한 수익전망에 따라 한국통신은 CT-2 사업을 통해 무선통신사업의 교두보를 마련하고 유무선사업의 통합으로 종합통신사업자로서 위상을 확립할 수 있다는 의지를 가지고, 이를 제2의 주력사업으로 성장시키겠다는 뜻도 가지고 있었다(시티폰 상용서비스 준비상황 보고, 1997. 3, 무선사업본부).

한편 당시 본체가 출자기관으로 전환하는 시기와 그룹경영체제와를 연계하여 자회사 분리방안도 검토할 필요가 있었다. 또한 이 사업을 위한 유통망을 1999년까지 전화국 172개소, 위탁영업점 341개소, 자회사 대리점 300개소, 위탁대리점 470개소, 제휴대리점 717개소 등 총 2천개소를 확보하는 계획을 세웠다. 그리고 위탁수수료와 판매장려금을 지원하는 방안을 다음과 같이 정하였다.

① 청약수수료는 신규가입자 1명당 9천원을 지원한다. 가입자 관리수수료는 위탁대리점은 사용료의 7%를 3년간 지원하고, 위탁영업점의 경우는 사용료의 5%를 2년간 지원한다.

② 판매장려금은 우수대리점 20%를 선정하여 분기별 100만원을 지원하고, 직원에 대한 판매보상금은 1건당 7,000원을 지급한다.

1996년 말 한국통신은 우선 서울지역 위탁대리점 40개소를 선정하였으며, 위탁대리점 사업설명회를 개최하였다. 그리고 한국통신은 지역 시티폰 사업자와 기지국을 공동으로 이용하는 협정을 체결하였다(1996. 11). 이때 설치기준은 수도권은 한국통신 6개소, 지역사업자 4개소로 하고 기타지역은 7 대 3의 비율로 정하였다. 그리고 시티폰 브랜드를 지역사업자와 공동사용하고 사용료는 1997년부터 1999년까지 지역사업자로부터 총 18억원을 징수하는 것으로 하였으며, TV CF와 신문광고도 공동으로 시행하기로 하였다.

또한 한국이동통신(KMT)과 CT-2, CT-2+ 관련서비스에 관한 영업협력 기본합의서를 체결하였다(1996. 12. 19). 이때 협력범위는 영업망을 상호이용하고, 가입자 관리, 요금과금, 수납 등으로 정하였다. 이어서 이를 위한 기본협정서를 체결하였다(1997. 3).

나. 사업목표 설정 및 상용화

한편 1997년 시티폰사업의 판매목표는 가입자 59만5천명 확보, 수익목표 714억 원으로 설정하였으며, 사업본부별 목표는 <표 4-53>과 같이 정하여 추진하였다. 다음에는 시티폰 이용의 표적고객은 대학생, 영업사원, A/S직, 중산층 등의 18세-30세의 연령층으로 설정하였으며, 판매 전략으로는 대리점, 제휴대리점 및 총판점 등 다양한 경로로 판매하고 사내조직과 인력을 활용한 인적판매에도 역점을 두는 것으로 하였다. 이를 위한 유통망은 1997년에 1,400개소, 1999년까지 총 2,000개소를 구축하는 계획을 수립하였으며, 세부내역은 <표 4-54>와 같다(무선사업업무보고, 1997. 2. 15, 무선사업본부). 여기에서 전화국, 자회사, 영업점은 마케팅본부에서 구축하고, 대리점과 제휴점의 구축은 무선사업본부가 담당 추진하였다.

<표 4-53> 시티폰사업의 사업본부별 판매목표(1997년)

지역본부	수익(억원)	가입자(천명)	지역본부	수익(억원)	가입자(천명)
서울	280	191	부산	110	107
경기	150	122	대구	63	61
충남	28	25	충북	15	17
전남	33	32	전북	17	19
강원	9	11	제주	9	10

<표 4-54> 시티폰사업 유통망 구축계획(1997년)

구분	직영점(330개소)		위탁점(1,070개소)		
	전화국	자회사	영업점	대리점	제휴점
유통망수	120	210	340	230	500

이를 위해 위탁대리점은 서울시, 광역시, 수도권 시, 도청소재지의 시를 모집지역으로 하여 160개소를 지역본부장이 선정하게 하였으며, 제휴대리점은 한국이동통신(주)의 대리점 중 유망대리점을 선정하여 계약을 추진하였다(1997. 2). 그리고 전국 총판대리점을 2개 선정하여 시범 운영하게 하였으며, 위탁대리점이 개점하는 경우 간판, 이미지보드, PC, FAX 등을 2천만 원 범위 내에서 지원하였다. 또한 모집수수료 9천원을 지급하고 관리수수료는 3년간 매출액의 7%를 지급하는 것으로 시행하였다.

한편 이를 위한 이용약관을 결정하는 절차를 진행하였으며, 이때 정부는 이를 결정할 때 소비자대표의 의견을 수렴하여 통신위원회의 심의를 거쳐 확정토록 방침을 정하였다. 이에 따라 대한주부클럽연합회 회장(김천주) 등 13명이 참석한 소비자 대표회의가 정보통신부 회의실에서 개최되었다(1997. 1. 30). 이런 준비과정을 거쳐 CT-2 서비스는 1996년 6월 사업자가 선정된 후 1997년 3월 20일 수도권에서부터 상용서비스를 개시하였으며, 1997년 7월 15일에는 전국서비스를 개시하였다(CT-2 사업의 현황과 구조조정 방향, 1997. 12, 정보통신부). 그러나 이 서비스는 예상보다 조기 출현한 PCS와 경쟁상황이 되었다.

14.5 기지국 및 통신망 건설

가. 1996년도 통신망 건설

시티폰(CT-2) 서비스의 상용화를 위한 서비스망의 구축은 단계별로 시행하였다. 1단계(1995년-1996년)에서는 수도권과 광역시 위주로 통신망을 구축하여 서비스하고, 2단계(1997년-1998년)에 가서 중소도시까지 통신망을 구축하여 서비스를 제공하는「시티폰 서비스망 기본계획」을 수립하였다(1995. 4). 이에 따라 사업초기에는 발신위주의 서비스로 출발하였으며, 이를 위해 기지국은 대도시 위주로 건설하였다. 그리고 교환설비는 기지국 설치지역의 시내교환회선을 이용하였으며, CT-2 관리시스템은 도청소재지 이상의 지역별 대도시에 시설하였다.

사업 중기에 이르러 착신서비스를 허용하였으며, 기지국을 중소도시로 확장하고 착신교환기를 도청소재지 이상 지역별 대도시에 설치하였다. 한편 상호접속은 PSTN은 시내교환기, CT-2 기지국은 통화회선 등 관문국 또는 POI에서 시행하였다. 그리고 타 통신망과는 PSTN을 경유하여 접속하였으며, CT-2 가입자 관리시스템에서 상세 과금이 되도록 하였다. CT-2 서비스를 위하여 우선 서울과 수도권 도시 일부는 1996년에 시설을 공급하기로 결정하였다. 이때 서울과 수도권 지역의 통신망 건설계획은 <표 4-55>와 같다.

<표 4-55> 서울 및 수도권의 CT-2 통신망 건설(1996년)

<table>
<tr><th>지역구분</th><th>서비스지역</th><th>통신망장비</th><th>수량</th><th>설치장소</th></tr>
<tr><td rowspan="3">서울</td><td rowspan="3">서울,과천, 광명</td><td>가입자관리장치</td><td>2식</td><td>구로, 성북</td></tr>
<tr><td>기지국관리장치</td><td>8식</td><td>구로, 성북, 수서, 신촌</td></tr>
<tr><td>기지국</td><td>7,150대</td><td>도로변</td></tr>
<tr><td rowspan="3">수도권</td><td rowspan="3">인천, 수원 성남, 안양
부천, 안산, 의정부</td><td>가입자관리장치</td><td>1식</td><td>중동</td></tr>
<tr><td>기지국관리장치</td><td>2식</td><td>중동, 남수원</td></tr>
<tr><td>기지국</td><td>2,200대</td><td>도로변</td></tr>
</table>

그리고 대전지역은 가입자 관리장치, 기지국 관리장치 각 1식을 둔산전화국에 설치하고 기지국 장치 600대는 도로변 위주로 설치하였다. 또한 광역시, 도청소재지, 19개 주요도시에는 1997년에, 인구 10만이하의 도시에는 1998년까지 시설을 공급하는 것으로 정하였다. 이후 한국통신 무선사업본부(본부장 이상철)는 다시 CT-2 시설공급계획을 다음과 같이 수립 추진하였다(시티폰사업 활성화방안, 1996. 8, 한국통신 무선사업본부).

① 1996년도 공급대상지역은 서울, 과천, 대전(이상 시범확대지역), 수원, 성남, 의정부, 안양, 부천, 안산(이상 수도권 시), 부산, 대구, 인천, 광주(이상 광역시)로 정하였다. 여기에 18,650개의 기지국을 건설하고 소요예산 1,329억 원을 투입한다.

② 1997년도 공급대상지역은 구리, 고양, 남양주, 군포, 의왕, 하남, 시흥(이상 수도권 시), 춘천, 청주, 전주, 창원, 제주(이상 도청소재지)로 정하였다. 이를 위해 기지국 6,600개를 건설하고 552억 원의 예산을 확보한다.

③ CT-2 서비스의 상용화는 서울, 대전은 1996년 12월에 시행한다. 그리고 부산, 대구, 광주, 인천, 수도권 도시는 1997년 상반기에 싱용화 제공하고, 도청소재지는 1997년 하반기에 상용 공급한다.

한국통신의 전국 시설상황은 기지국 9,950대, 가입자 관리장치 4식, 기지국 관리장치 11식을 운용하게 되었다(1996. 12). 이때 시티폰의 가입자당 호수는 3.89이고, 호당 통화시간은 88.4초, 1일 통화도수는 34.4, 발신완료율은 58.4%로 확인되었다(1996. 12).

나. 1997년도 통신망 건설 및 사업추진

1997년 시티폰사업으로 총 45개 도시에 기지국 17,641대를 공급 추진하였다. 이를 위한 예산은 총 1,503억 원을 확보하였으며, 수입은 714억 원이 될 것으로 예상하였다(무선사업업무보고, 1997. 2. 15, 한국통신 무선사업본부). 1997년도 사업계획 중 주요내용은 다음과 같다.

① 서울특별시(과천, 광명 포함)에 기지국 2,850대를 공급하고, 인천, 수원, 성남, 의정부, 안양, 부천, 안산, 구리, 고양, 남양주, 군포, 의왕, 하남, 시흥 등 14개의 수도권 도시에 기지국 3,200대를 준공한다.

② 부산, 대구, 대전, 광주 등 4대 광역시에 5,605대를 준공하고, 춘천, 청주, 창원, 전주, 제주 등 도청소재지에 2,440대를 설치한다.

③ 원주, 강릉, 천안, 충주, 제천, 군산, 익산, 목포, 여수, 순천, 포항, 구미, 안동, 경주, 진주, 마산, 울산, 김해, 진해 등 19개의 인구 10만 이상 도시에 3,546대를 공급 설치한다.

그리고 1997년 3월까지 서울지역의 위탁대리점은 1차로 41개소가 선정 개점하였고, 2차로 45개소를 선정 추진하고 있었으며, 서울지역 영업점은 98개소를 선정하여 업무계약을 완료하였다(1997. 2. 28). 또한 전국 총판대리점으로 ㈜세모를 선정하여 영업 개시하였다(1997. 3. 12). 1997년 사업분은 CT-2 기지국의 경우 한국통신은 8,650국(목표량 1만개 국)을 설치 완료하였으며, 나래이동통신은 3,375국(목표량 5천개 국)을 설치 완료하였고, 서울이동통신의 경우는 3,091국(목표량 5천개 국)을 설치 완료한 상황으로 설치목표량은 1997년 6월에 완료 예정으로 추진하였다(서울지역 시티폰사업 추진보고, 1997. 4. 9, 무선사업본부).

1997년 후반 우리나라에는 1개의 전국사업자, 10개의 지역사업자 등 총 11개 사업자가 CT-2 통신망을 건설하고 있었다(1997. 10. 30). 이와 같이 11개 사업자가 분할 경쟁하는 구도로 전개되자 CT-2의 사업성을 <표 4-56>과 같이 1999년부터 당기이익이 발생하는 것으로 수정하였다(CT-2 시설 통합운영 시의 사업성 검토, 1997. 12. 17, 무선사업본부).

<표 4-56> 11개 사업자 구도하의 CT-2 사업의 사업수지전망

구분	1997년	1998년	1999년	2000년	2001년
수요(1000명)	595	978	1,339	1,723	2,079
수익(억원)	714	1,793	2,654	3,541	4,472
비용(억원)	2,016	2,346	2,373	2,775	3,202
당기손익(억원)	-1,302	-553	281	766	1,271
누적손익(억원)	-1,302	-1,855	-1,574	-808	463

이때 한국통신 1,863억 원, 지역사업자 1,779억 원 등 총 3,642억 원을 투자하여 전국 29개 도시에서 총 69만 명의 가입자를 확보하여 영업하고 있었다. CT-2 사업투자상황을 종합하면 <표 4-57>과 같다(CT-2 사업의 현황과 구조조정 방향, 1997. 12, 정보통신부).

<표 4-57> CT-2 사업 투자 상황(1997. 10)

구 분	한국통신	서울이통	나래이통	8개사업자	계
	전국	서울	서울	기타지역	
기지국수(국소)	25,868	7,700	7,015	6,581	47,164
투자액(억원)	1,863	574	676	529	3,642

이와 같이 집행한 결과 1997년 말에는 기지국 26,158대, 가입자 관리장치 11식, 기지국 관리장치 26식을 운용하게 되었으며, 가입자는 326,461명으로 늘어났다(1998년도 주요사업계획, 1998. 2. 9, 무선사업본부). 당시 1997년도 통신망구축 및 투자비상황은 <표 4-58>과 같다.

<표 4-58> CT-2 통신망 구축 및 투자비(1997년도)

구분	한국통신	11개 지역사업자	계
기지국	26,294개소	20,354개소	46,648개소
투자비	1,864억원	1,779억원	3,643억원

1997년 중반 한국통신은 시티폰의 상용서비스를 서울 등 29개 도시에 제공하였다(1997. 7. 15). 그러나 IMF사태로 국내 경기불황이 시작된 1997년 10월 이후에는 가입자 증가추세가 둔화되고 통화량이 급감하였다. 이때 가입자 증가율은 38.1%(1997. 6), 8.50%(1997. 7), 4.55%(1997. 12)로 급감하였으며, 반면 가입자 해지율은 7.36%(1997. 6), 19.21%(1997. 7), 46.48%(1997. 12)로 폭증하였다.

이에 따라 월 이용요금은 당초 1만8천원이었으나 1998년에는 1만2천원 수준으로 낮추게 되었다. 당시 시티폰의 전체 가입자 수는 66만4천명이었으며, 그 중 한국통신 가입자는 32

만6천명으로 전체시장의 49.17%를 차지하였다. 그리고 한국통신의 1997년도 시티폰 수입은 445억 원으로 확인되었다. 이에 대한 사업 환경과 문제점이 다음과 같이 분석되었다.

① 시티폰(CT-2)은 저렴한 요금의 움직이는 발신전용 공중전화이나 이용자는 PCS나 셀룰라와 동일한 성능(착신기능, 핸드오버 기능 등)을 요구하고 있었다.

② PCS가 조기 상용화됨으로서 이동통신사들이 PCS의 저렴한 요금, 고품질 등을 대대적으로 홍보 광고하는 바람에 이에 대한 기대심리가 한껏 증가하였다. 따라서 틈새시장으로서의 CT-2 입지가 크게 약화되었다.

③ 당시 대리점의 상품판매마진을 보면 시티폰은 1만원, PCS 및 셀룰라는 3만원- 4만원으로 나타나 대리점에서 시티폰 서비스를 판매 기피하고 타 이동통신상품의 판매를 선호하였다. 또한 과열경쟁에 따른 광고 선전비, 판매 촉진비, 판매수수료 등 영업비용이 과다하게 소요되고 있는 실정이었다.

한국통신은 이러한 상황을 헤쳐 나가기 위해 시티폰을 발착신 겸용으로 변경하여 새로운 이동통신방식으로 발전시키고자 하였다. 그리고 기지국의 출력을 10mW에서 100mW로 보강하여 통화 커버리지를 확대하고 음영지역을 해소하는 쪽으로 가닥을 잡았다. 한편 한국통신 시티폰 광고에도 노력하였으며, 그 일환으로 전국고교야구대회에 협찬하였다(제27회 봉황대기 전국고교야구대회 협찬, 1997. 8. 7, 무선사업본부).

이 대회는 한국일보사, 일간스포츠, 대한야구협회가 주최하고 한국통신이 협찬하는 방식으로 서울동대문야구장에서 개최되었다(1997. 8. 8-8. 22). 당시 협찬금액은 3천3백만 원이었으며, 한국일보, 일간스포츠의 대진표 하단, 안내현수막, 경기장내 휀스, 안내책자, 대회 입장권 등에 「한국통신 시티폰」을 광고하였다.

14.6 시티폰 단말기 공급 및 가입자 확보

가. 시티폰 단말기 공급

한국통신은 CT-2 단말기의 유통전담 자회사로 한국공중전화(주)를 선정하였다. 이것은 전담회사에서 일괄 다량 구매하여 각 대리점 및 전화국으로 공급하는 것이 저렴한 가격으로 판매할 수 있었기 때문이었다. 초기물량 10만3천 대는 삼성, 한창, 유양정보통신 등 납품업체와 계약을 완료하여 납품기간은 1996년 12월부터 1997년 2월까지로 되어 있었다. 이때 단가는 14만원-18만7천원이었다.

1997년에는 69만6천대를 구매하고 신속한 A/S체제를 갖추도록 조치하였다. 이에 따른 세부공급계획은 <표 4-59>와 같이 수립 시행하였다(무선사업업무보고, 1997. 2. 15, 무선사업본부). 이 계획의 추진을 위해 단말기 판매는 전화국 및 대리점, 영업점, 자회사 대리점, 제휴대리점 등 위탁점을 활용하고, 판매방법으로는 현금 및 신용카드를 병행할 수 있게 하였다.

<표 4-59> 시티폰 단말기 공급계획(1996년-1997년)

구분	1996. 12	1997년 1/4분기	1997년 2/4분기	1997년 3/4분기	1997년 4/4분기
공급지역	시범 서비스	서울지역	수도권 광역시	도청소재지 이상의 시	인구 10만 이상의 시
소요물량(대)	30,000	81,000	183,000	191,000	211,000

그리고 직원 1인이 10대 판매운동을 전개하여 조기에 25만 명을 목표로 대량 가입자를 확보하도록 추진하였다. 또한 한국통신과 자회사 창사기념일, 생일, 근로자의 날 등을 위한 기념품을 시티폰 단말기를 지급하도록 유도하였으며, 유관기관 및 대기업 기념일 선물로 권장하였다. 1997년 전반기의 시티폰 단말기 판매상황을 보면 10개 제조회사에서 총 167,654대를 판매하였다. 삼성(30%)이 판매 선호도 1위였으며, 그 뒤를 이어 한창(20%), 한화(18%), 유양(17%) 순으로 나타났었으며, 회사별 판매상황을 보면 <표 4-60>과 같다(1997년도 상반기 경영성과분석 보고서, 1997. 7. 25, 무선사업본부).

<표 4-60> 시티폰 단말기 판매상황(1997. 7. 4)

회사명	판매수	회사명	판매수	회사명	판매수	회사명	판매수
닷소	4,309	삼성	49,826	한창	34,131	텔슨	683
화승	14,003	유양	28,804	한화	29,533	해태	6,365

한편 한국통신 총판대리점의 하나인 ㈜세모에 부도가 발생하였으며, 부도금액은 16억7천만 원으로 확인되었다. 한국통신은 이 회사에 시티폰 가입자 모집을 위탁시행하고 있었으며, 담보는 서비스 담보 3억 원, 단말기 담보 5억 원 등 보증보험 8억 원으로 설정되어 있었다. 그 동안의 영업실적을 보면 세모는 전국 대리점과 방판조직을 보유하여 판매력이 우수하고, 월 5천대 수준으로 한국통신 전체 가입자의 약 10%를 모집한 능력을 보여주었다.

한국통신은 채권을 확보한 관계로 직접적인 손실은 없었으나 판매에 약간의 영향을 받을 것으로 예상되었다. 이때 한국통신은 다음과 같은 대책을 세워 조치하였다(세모의 부도에 따른 대책, 1997. 8. 13, 한국통신 무선사업본부).

① 단말기 대금의 회수는 담보 및 지출보류 액으로 채권을 확보함으로서 손실 없이 처리한다. 우선적으로 세모의 시티폰 재고단말기를 회수하고, 미회수 재고단말기 금액(823,366천원)은 지출보류 액(446,673천원)과 보증보험(5억 원)으로 처리하고, 기타 시티폰 가입비 등은 후납 처리됨으로 문제가 없다.

② ㈜세모 측에 시티폰 위탁판매 영업활동을 일시 중지하고, 공중전화(주)로 하여금 재고단말기를 회수하게 한다.

③ 향후 세모의 경영정상화 추이에 따라 신축적으로 대응한다. 경영정상화가 가능할 때는

시티폰 위탁영업을 재개하고, 경영이 악화되는 경우에는 전국 총판대리점 계약을 해지한다.

④ 세모의 총판대리점 계약을 해지하게 되는 경우에는 세모에서 모집한 가입자를 한국통신에 이관한 후 계약을 해지한다. 그리고 전산시스템을 철수하고 관련서류를 인수한다. 즉 한국통신 전국총판대리점 계약서 제24조(계약해지) 및 제25조(계약해지에 따른 조치)에 의하여 처리한다.

나. 시티폰 단말기의 할부판매

한국통신은 시티폰 단말기의 초기 구매비용부담을 경감시켜 대량의 가입자를 확보하는 촉진방안으로 할부판매를 1997년 4월 17일부터 시행하였다. 할부조건은 시티폰 단말기를 3개월-12개월 무이자 할부로 시행하였으며, 1997년 6월 실적을 보면 순 판매 46,405건 중 할부판매 45,141건(97%)으로 나타났다. 이 할부판매에 대한 전화국 및 대리점에서는 시티폰 지역사업자의 단말기 저가 할인판매에 대응할 수 있는 강력한 수단이므로 이를 지속적으로 시행되어야 한다는 입장이었다.

그러나 이때 할부판매에 대한 문제점이 언론에 보도되었다(독자투고란, 1997. 7. 24, 조선일보). 투고자는 아들(고등학생)이 부모의 동의 없이 시티폰을 할부 가입하였으며, 투고자가 해약요청을 했으나 대리점(새인천 대리점)에서는 할부금을 완납해야만 해약이 가능하다고 하며 해약처리를 거부하면서 발생한 일이었다. 이에 대해 한국통신은 해당 대리점에 부당한 할부 판매를 하지 않도록 주의를 촉구하였으며, 이 건은 해약처리가 되도록 조치하였다. 이에 따라 부모의 동의 없이 미성년자에게 할부 판매하는 것을 금지하였다.

다. CT-2 가입자 확보

1997년 중반 서울지역의 시티폰 가입자는 한국통신 51,745명, 서울이동통신 9,600명, 나래이동통신 26,600명을 확보하였다(서울지역 시티폰사업 추진보고, 1997. 4. 9, 무선사업본부). 그로부터 1개월 후 시티폰사업의 전국 상용가입자가 75,249명으로 증가된 것으로 파악되었으며 세부내역은 <표 4-61>과 같다(각 본부별 시티폰사업 추진보고, 1997. 5. 10, 무선사업본부). 이때 가입자의 이용성향을 보면 20대와 30대가 전체 가입자의 36%를 차지하였고, 성별로는 남자 77, 여자 23의 비율로 남자의 가입율이 높게 나타났다. 그리고 가입자당 일 평균통화량은 252초, 월 평균 이용료는 12,490원으로 분석되었다.

<표 4-61> 한국통신의 시티폰사업 추진상황(1997. 5)

구분	서울본부	경기본부	부산본부	대구본부	계
전화국	28,838	1,474	1,337	3,128	34,777
대리점	34,053	1,835	2,624	1,960	40,472
계	62,891	3,309	3,961	5,088	75,249

이후 1997년 전반기까지의 CT-2의 상용서비스 제공지역은 서울, 인천, 수원, 성남 등 수도권 12개 지역과 부산, 대구, 대전, 광주 등 4대 광역시로 늘어났다. 이 지역의 가입자 확보상황을 보면 <표 4-62>와 같다(시티폰사업 추진상황, 1997. 7. 1, 무선사업본부). 당시 이 사업의 주관부서 및 책임자는 무선사업본부 마케팅국(국장 박운식), 시설운용국장(국장 정회성), 특수무선사업국(국장 이동훈), 본부장(서용희)으로 보직되었다.

<표 4-62> 시티폰 가입자 확보상황(1997. 6. 29)

구분	전화국	대리점	계	시장점유율(%)
서울/수도권	31,143	81,133	112,276	43.7
광역시	25,822	21,189	47,011	81.0
계	56,965	102,322	159,287	50.7

이때 서울이동통신은 79,864명, 나래이동통신은 64,836명으로 나타났으며, 1997년 7월 중에 서비스 개통지역은 구리, 고양, 남양주, 하남 등 수도권 도시와 울산, 창원, 마산, 추천, 원주, 제주, 전주, 청주 등이 포함되었다. 이후 1997년 하반기 확보된 총 가입자는 69만 명으로 확인되었으며, 세부내역은 <표 4-63>과 같다(CT-2 사업의 현황과 구조조정 방향, 1997. 12, 정보통신부).

이후 1997년 말 가입자 수는 한국통신 32만6천명, 지역사업자 33만8천명 등 총 66만4천명으로 파악되었으며, 1997년 사업수익은 가입비, 기본료, 통화료, 기지국 이용료 등 총 444억8천1백만 원으로 확인되었다(시티폰사업 활성화를 위한 지역사업자와의 시설통합운영 기본계획 요약, 1998. 1, 무선사업본부).

<표 4-63> 시티폰 가입자 확보상황(1997. 10)

구분	한국통신	서울이통	나래이통	지역사업자	계
	전국	수도권	수도권	기타지역	
가입자 수	300,000	180,000	120,000	90,000	690,000

15. PCS와 시티폰의 충돌

15.1 PCS의 조기 등판

가. 시티폰사업의 사업성 분석

CT-2 사업은 미래의 셀룰라, PCS와 치열한 경쟁을 해야 할 상황이어서 사업성이 크게 떨어지는 것으로 예측되어 한국통신은 CT-2 사업을 신중히 재검토하게 되었다. 이에 따라 한국통신 부사장(이정욱)은 PCS 자회사를 설립할 때 CT-2 사업을 포함시킬 것인지에 대해 본사 실본부장 회의를 개최하였다(1996. 6. 14). 이 회의에서 무선사업본부(본부장 이상철)는 다음과 같이 보고하였다(CT-2 사업형태 검토, 1996. 6. 14, 무선사업본부).

<보고내용> 1998년 이후 셀룰라 및 PCS와의 치열한 경쟁구도를 고려하면 사업성이 매우 불투명하고, 2000년 이후에는 사업정체로 적자가 될 우려가 크다. CT-2는 2000년 이후 사업성장이 둔화되고 가입자의 이탈이 가속될 것으로 보인다. 그리고 앞으로 시내전화는 원가가 상승하고 가입자가 감소함에 따라 가격경쟁력이 약화될 것이다. 반면 PCS와 셀룰라는 시간이 흐름에 따라 가격이 하락하여 가입자가 급증할 것으로 예상된다.

이러한 상황에서 CT-2의 투자비를 회수할 수 있는 전제조건을 검토하여 보면 2002년에 가입자를 약 100만 명 정도 확보해야 한다. 그리고 서비스지역의 평균 가입율이 4%를 넘어서야 하고, 투자지역은 수도권, 광역시까지만 투자하는 방안으로 추진하여야 하는데 이때 총 소요비용은 약 7,000억 원으로 예측된다. 이처럼 시장전망이 불투명하고 다수의 경쟁사업자가 있는 상황에서 단기간에 100만 명 이상의 가입자를 확보하기 위해서는 다음과 같은 전략이 요구된다.

첫째, 최적의 환경 하에서 민간기업형태의 생존의지가 필요하다. 또한 CT-2의 보완재인 무선호출(1천만)과 연계하는 등 주변상황을 최대한 활용하여 시너지효과를 극대화하는 방안이 요구된다.

둘째, CT-2와 PCS의 차별화 전략을 구사하여 경쟁 관계 서비스로부터 공생관계로 변화시켜야 하고, 단말기 대량공급에 의해 단말기 가격이 인하되도록 유도하여야 하며, 과열경쟁 최소화를 위해 경쟁사업자와 단말기 공급, 홍보, 요금전략, 시설의 공동투자 등을 통하여 공동제휴를 성사시켜야 한다.

나. 시티폰 사업의 시행주체 검토

한편 한국통신은 시티폰사업의 사업주체를 한국통신 본체에서 수행하는 경우와 자회사에서 수행하는 경우 장단점을 비교 검토하면 다음과 같다.

(1) 본체에서 수행할 때의 장점과 단점

이 경우 인력, 시설, 회선 등 기존자원의 활용이 용이하여 초기시설투자 및 경쟁체제의 조기구축이 용이하다. 그리고 우수한 신용도로 외부자금조달이 용이하다. 또한 종합통신사업자의 위상을 확보하고 무선통신사업 욕구를 충족한다는 면에서 본체 직원정서에 부합한다.

반면 단점으로는 장비조달 및 단말기 유통 등에 규제의 존속, 의사결정의 신속성 결여, 본체 사업부문의 일부로 인식되어 지배적사업자에 대한 규제의 상존 등으로 민간부문에 비해 경영의 탄력성이 저하될 우려가 있다. 그리고 업체 간 가격경쟁 시 신속한 대응이 어려워 경쟁력이 약화될 수 있다. 한편 본체와 자회사 간 경쟁관계로 발전될 우려도 있다. 즉 시장에서

PCS와 충돌하여 모회사의 피해의식으로 인한 감정악화 시 자회사 경영에 악영향을 가져올 수 있다. 또한 서비스 퇴출의 어려움도 예상된다.

(2) 자회사에서 수행할 때 장점과 단점

먼저 장점을 보면 PCS 사업추진에 대비한 시장의 기반구축 및 경험축적효과, PCS와 유통망 공유를 통한 영업비용의 절감 등 시너지효과에 의한 경쟁력이 강화될 수 있다. 그리고 타 사업자와 경쟁이 용이하다. 지배적사업자가 아닌 동일한 후발사업자의 입장에서 협상이 가능하고, 시설 공동사용 시에도 본체보다 유리한 입장에서 협상이 가능하며, 협상에 의한 과다출혈경쟁을 지양하도록 유도가 가능하다. 한편 서비스 퇴출 시 PCS로 가입자 이관 등 가입자 정리가 유리하고 우수인력 확보가 용이하다.

반면 단점으로는 본체직원의 비협조로 간접적인 사업경쟁력의 저하를 가져올 수 있다. CT-2 적정가입자 수를 확보하지 못하는 경우 회선임대 등 고정적 유지비용부담이 가중되고, CT-2사업의 수지가 악화되면 PCS부문의 이익을 잠식하게 되는 등 PCS사업에 직접 영향을 줄 수 있다.

위와 같이 검토한 결과 자회사에서 사업을 수행하는 방안을 선택할 경우 PCS 자회사 설립과정에 포함해서 추진해야 하였다. 앞으로 본체에서 CT-2 사업을 떼어내 PCS 자회사와 통합한다는 것은 현실적으로 불가능하다고 보았다. 사업성이 높다면 인계할 이유가 없으며, 사업성이 낮다면 자회사가 인수할 명분이 없기 때문이었다. 따라서 CT-2 사업의 추진주체는 사업초기부터 명확히 설정되어 안정적이고 일관성 있게 추진되어야 하였다.

다. 한국통신의 전담부서 조직개편

한국통신은 다가오는 이동통신시대에 대비하여 사업전담조직을 개편하는 3가지 방안을 검토하였다. 각 방안에 대한 장단점은 다음과 같다(시티폰사업 활성화 방안, 1996. 8, 한국통신 무선사업본부).

<제1안> 당시 조직을 PCS와 CT-2로 이분화한다. 이 방안의 기본방향은 CT-2, 특수무선 등 무선사업을 전담하는 사업본부 규모의 조직체계로 보완하고, PCS 전담반을 사업부서와 통합 확대 운영한다. 당시 무선사업본부는 4국 16부 123명으로 운영하고 있었다. 세부내용을 보면 ① 계획국은 종합계획부, 특수무선부, 사업지원부의 3부(32명), ② 영업국은 영업계획부, 고객지원부, 시장개발부, 유통지원부의 4개부(24명), ③ 시설운용1국은 시설계획부, 교환시설부, 무선시설부, 개발조달부, 운용계획부의 5개부(44명), ④ 시설운용2국은 시티폰시설부, 시티폰운용부, 시티폰기술부, 무선데이터부의 4개부(23명)로 운영되고 있었다.

이와 같은 규모의 무선사업본부를 다음과 같이 3국 9부 50명으로 조정하는 방안을 검토하였다. ① 계획국은 종합계획부, 특수무선부의 2개부(12명)로 조정하고, 마케팅국은 영업계획부, 고객지원부, 유통지원부의 3개부(15명)로 조정한다. ② 시설운용국은 시티폰시설

부, 시티폰운용부, 시티폰기술부, 무선데이터부의 4개부(23명)로 조정한다.

<제2안> CT-2 영업업무를 자회사에 위탁한다. 이 경우 다음과 같은 여러 가지의 강점이 있는 것으로 분석되었다.

① 정부투자회계규정 등 각종 규제의 제외 또는 완화로 단말기 조달이 용이하고, 경쟁력 있는 유통망을 구축할 수 있다. 그리고 고객의 니즈 및 시장 환경변화에 대응한 효율적이며 신속한 의사결정 체제를 구축할 수 있다.

② PCS와 CT-2 유통망을 통합 구축하고, 단말기 조달관련업무의 일원화가 가능하여 한국통신 그룹차원에서 시너지효과를 낼 수 있고, 경쟁력을 확보할 수 있다.

③ 외부전문 인력의 활용이 용이하여 치열한 경쟁에서 우위를 확보할 수 있고, 컨소시엄 구성업체의 인적 물적 자원의 활용이 가능하여 사업경쟁력을 확보할 수 있다.

④ PCS 사업추진에 대비한 시장기반을 구축하고 경쟁경험효과가 있고, 광고전략을 수립하고 실행할 때 규제탈피가 용이하다. 또한 민간기업형으로 각종 영업활동비의 지출이 용이하고, 인건비, 산재비 등 본체의 노무비용을 절감하는 효과가 있다.

또한 제2안의 자회사에 영업업무를 위탁하는 경우 본체는 수·체납관리, 요금정책 수립, 공정경쟁을 위한 지도 및 감독, 경영목표설정 및 관리를 하도록 하며, 기존 전화국에서도 판매하는 쪽으로 운용하게 한다. 그리고 자회사는 가입자 유치, 유통망 구축 및 관리, 마케팅 전략수립, 단말기 공급 및 A/S, 시장조사 및 분석, 광고 판촉 및 홍보, 고객만족, 영업목표 및 실적관리 등을 담당토록 한다.

한편 제2안의 경우 고려사항으로는 영업권 위탁에 따른 정부(정보통신부)의 승인이 필요하였다. 다음에는 시설, 영업의 이원화로 본체와 자회사 간 협력체제가 미흡한 점이 있었다. 특히 통화품질 보장을 위한 한국통신 그룹차원에서 본채의 적극적인 지원이 요청되었다. 이를 위하여 본체와 자회사의 위탁관계는 업무위탁협정서로 처리가 가능하였다.

<제3안> CT-2 영업업무를 마케팅본부로 이관한다. 당시 무선사업본부는 대부분 PCS 업무를 수행하고 있는 조직이어서 신규 경쟁사업인 CT-2 사업은 시설운영2국과 영업국 일부가 담당하고 있어 경쟁사업에 차질이 우려된다. 그리고 PCS와 CT-2업무를 이원적으로 수행함으로서 발생하는 비능율 요소를 없앨 필요도 있다. 또한 이용약관, 광고기획, 유통망관리, CS추진, 수납, 마케팅 기획 등 대부분의 업무처리부서가 있는 마케팅본부로 조기 이관하는 것이 유리하다. 이렇게 함으로서 인력 및 예산의 분할손을 방지하고 타 사업자와 경쟁대비 대응체제의 구축도 용이하다.

라. 시티폰 사업방향의 재설정

정부의 CT-2 사업허가와 관련하여 한국통신은 이 사업의 기술성, 효율성, 보편성 면에서 다음과 같은 입장을 가지고 있었다.

첫째, CT-2 사업은 PSTN의 연장선상에서 부수적인 통신망 구축 운영이 불가피한 기술적 특성을 가지고 있다. 셀룰라나 PCS 서비스 등은 독립적인 망을 구성하여 독자적으로 효과적인 사업 운영이 가능하나, 이 서비스는 교환기, 전송로 등 시내전화망 시설의 80% 이상을 활용해야 한다.

둘째, 이 서비스를 위한 CT-2 시설의 설치 및 운용은 PSTN망의 구축, 운용을 병행할 수 있으며, 가입자관리, 요금징수업무 등은 통합 수행하여 효율성을 확보하는 것이 필요하다. 그리고 전국의 주요 군 지역 이상 주민에 대한 동등 요율의 서비스를 제공해야 하는 보편성도 확보되어야 한다.

이런 점을 감안하여 한국통신은 이 사업의 허가방안에 대해 정부와 2차에 걸쳐 협의하였다(CT-2 서비스 허가관련 협의결과, 1996. 9. 9, 한국통신 공정대책실). 제1차 협의에서 한국통신은 정책적 고려를 충족시키고, 조기에 전국서비스로 보급 확산할 수 있도록 CT-2 사업을 한국통신 본체에서 수행하는 방안을 제안하였다(1996. 9. 6).이에 대하여 정보통신부는 본체에서 사업을 우선 수행하고 1997년 말까지 자회사로 이관하도록 주장하였다.

제2차 협의에서 한국통신은 CT-2 사업의 정책적, 경제적, 기술적 특성을 고려하여 본체에서 사업을 수행하게 허가해주기를 재차 제안하였다(1996. 9. 9). 그러면서 한국통신은 1997년 말까지 CT-2 사업활성화를 위한 경영체제 개선방안을 수립 제출할 것을 제안하고, 그룹경영체제의 실현으로 한국통신 스스로 경영체제 개선이 가능함을 피력하였다.

이때 정보통신부는 CT-2 사업을 본체에서 우선 수행하되 가능한 한 조기에 자회사로 이관한다는 사항을 명기할 것을 주장하였다. 이러한 양측의 주장을 고려하여 CT-2 사업을 본체에서 우선 수행하되 전국서비스 보급체제가 안정적으로 정착할 때 분사화하는 것으로 결론지었다. CT-2 사업의 사업주체와 추진방향에 대해서는 세간의 관심이 높아 당시 국회상임위원회에서도 박성범, 이부영, 남궁진, 하순봉, 김형오 의원의 질의가 있었다.

15.2 사업 활성화를 위한 법제도의 개선

가. CT-2 무선국 관련 제도개선

한국통신은 시티폰 무선국 개설에 소요되는 제세비용이 과다하여 이의 개선을 정부에 건의하였다(CT-2 무선국 관련 제도개선추진, 1997. 2. 22, 무선사업본부). 세부적으로 보면 시티폰 기지국 설치에 따른 전파사용료, 무선국 검사수수료 등 제세 비용이 과다하여 제도 개선이 필요하였다. 이때 정부에서는 전파법을 개정하였으며, 본 법 개정에 따른 시행령 및 규칙을 개정을 1997년 3월 말까지 마치는 것으로 추진하고 있었다. 이에 따라 한국통신 무선사업본부(본부장 서용희)는 이 법안 개정에 반영해야 할 요구사항을 다음과 같이 제출하였다(무선사업 업무보고, 1997. 2. 15, 무선사업본부).

(1) 전파사용료

정부의 전파사용료에 대한 개정내용을 보면 육상이동 업무용은 목적계수 0.03을 0.5로 산향 개정하고 CT-2 무선국은 0.1을 곱한 값을 적용토록 하였다. 이때 정부의 입법예고 안과 한국통신 건의안을 보면 <표 4-64>와 같다.

<표 4-64> 시티폰사업에 대한 전파사용료 비교

구분	시범적용	정부 입법예고안	한국통신 건의안
기지국	240,300원	2장치2,700원	2장치면제
		4장치5,400원	4장치3,200원
		6장치8,100원	6장치4,800원
단말기	24,030원	2,500원	면제
목적계수		0.05	0.03

한국통신이 이와 같이 기지국에 대한 전파사용료를 하향 조정한 것은 CT-2는 출력이 미약한 소규모 무선국이라는 점을 고려하고, 단말기는 서비스기능이 다른 휴대전화에 비해 저급이라는 점을 감안하여 이에 대한 전파사용료를 면제하도록 건의하였다. 또한 목적계수를 하향 조정한 것은 고비용으로 보편적 서비스 제공에 장애가 된다는 점을 반영한 것이었다. 정부에서는 기지국 사용료의 면세점을 2,500원으로 하고, 주파수당 810원/분기을 부과하는 안이었다. 다만 사업용 무선국임을 감안하여 부과방안을 정부에서 검토 중에 있었다. 이에 대해 한국통신은 기지국에 수용된 송수신장치수에 따라 2개장치 수용의 경우는 면제하고, 4개장치 수용은 3,200원/분기, 6개장치 수용은 4,800원/분기을 적용하는 방안을 제시하였다.

(2) 무선국 준공검사수수료

정부의 개정내용은 검사수수료 부과 최저단위가 당시 5W 미만이나 0.5W 미만 항을 신설하여 기존의 30- 50%수준으로 인하를 적용하였다. 이에 대하여 한국통신은 <표 4-65>와 같이 준공검사 수수료의 인하를 요구하였다. 당시 시범사업을 위한 기지국 당 부과기준은 18만6천원이었다.

<표 4-65> 무선국 준공검사수수료 부과기준(1997년)

구분	당시수수료	정부 입법예고안	한국통신 요구안
송수신장치 당	31,000원	15,000원	5,000원
2개장치 수용	62,000원	30,000원	10,000원
4개장치 수용	124,000원	60,000원	20,000원
6개장치 수용	186,000원	90,000원	30,000원

이 표에서 보는 바와 같이 정부안은 기지국 당 2대-6대의 송수신장치를 수용하고, 송수신 장치 당 3만1천원을 부과하는 방침이었다. 반면 한국통신은 1개 기지국을 1개 장치로 간주하여 3만1천원을 부과하고, 기지국에 수용된 장치 당 5천원 수준으로 인하하는 방안을 제시하였다. 여기에서 최초 1회한 소요비용을 정리하여 보면 정부의 입법예고(안)은 18억 원(15,000원×4개장치×3만 기지국)이고, 한국통신 요구안의 경우 6억 원(5,000원×4장치×3만 기지국)으로 줄어드는 방안이었다.

(3) 면허세 감면 및 무선국 허가절차

정부안은 기지국 당 년 2만7천원을 부과하는 것으로 되어 있었다. 그러나 한국통신은 면허세 부과가 과다하다고 판단하여 간이무선국으로 분류하여 면제 또는 인하해 줄 것을 제안하였다. 또한 무선국 허가절차는 당시 정부 지침대로 시행하는 경우 다수의 기지국을 허가 및 검사를 위해서는 장기간이 소요되는 문제점이 있었다. 그래서 한국통신은 시티폰 무선국 기지국은 간이 허가절차에 의한 검사 및 허가대상으로 분류해 줄 것을 요청하였다.

나. 시티폰 요금 및 요금조정

한국통신은 타 통신서비스와 경쟁에 따른 요금체제를 조정하고 시티폰 원가계산에 의한 통화요금수준을 확정하였다(시티폰 요금확정, 1997. 2. 11, 한국통신 무선사업본부). 이에 따라 시티폰 서비스를 위한 이용약관을 제정하였으며, 이중 <표 4-66>은 시티폰 서비스 요금에 대한 정부의 조정내용이다. 당시 이 요금(안)은 소비자 대표회의를 개최하여 1997년 2월 중순에 시행할 예정이었다. 이와 같은 한국통신과 지역사업자의 시티폰 통화요금조정 요구를 받아 정부는 기본료 6,500원, 가입비 21,000원으로 조정하였다.

<표 4-66> 시티폰 통화요금조정

구분	한국통신 요구안	지역사업자 요구안	정보통신부 조정
시내통화료	8원/ 10초	10원/ 10초	8원/ 10초
시외통화료	15원/ 10초	15원/ 10초	14원/ 10초
기본료	5,000원	7,000원	6,500원
가입비	30,000원	24,500원	21,000원

1997년 후반기에 들어서면서 한국통신은 시티폰 선택통화요금제 도입계획을 수립하였다. 이 제도를 도입하려는 목적은 선택요금제 도입으로 가입자 욕구를 충족하고, 판매경쟁력을 강화하는데 있었다. 또한 단체가입자 가입비 할인제도의 신설로 대형고객을 유치하고, 지역사업자와 동일하게 가입비를 조정하여 판매를 강화하려는 의도도 깔려있었다.

이 요금선택제는 1997년 7월 1일부터 시행계획이었으며, 한국통신 무선사업본부(본부장 서용희)는 이 서비스의 시행을 위한 방침을 다음과 같이 정하였다(시티폰 선택통화요금

제 도입계획, 1997. 6. 20, 무선사업본부).

첫째, 시내통화를 주로하는 가입자를 대상으로 한 선택형 A, 시외전화를 주로하는 가입자를 대상으로 한 선택형 B, 장시간 통화를 하는 요유있는 가입자를 대상으로 한 선택형 C로 구분한다. 이를 위한 요금은 <표 4-67>과 같이 정한다. 여기에서 특히 선택형 A의 경우 시내통화료는 무료로 한다.

<표 4-67> 시티폰 선택요금 비교

선택요금	기본료	시내통화료	시외통화료
표준형	6,500원	8원/10초	14원/10초
선택형 A	16,500원	7원/10초	13원/10초
선택형 B	13,500원	6.5원/10초	6.5원/10초
선택형 C	10,500원	50원/180초	50원/40초

둘째, 5대 이상의 시티폰을 동시에 가입하는 단체나 법인에게는 가입비를 50% 할인한다. 그리고 가입비를 지역사업자와 동일하게 2만1천원에서 2만원으로 조정한다.

다. 기지국을 위한 도로점용료

1997년 초 서울시에서는 시내 도로변의 전주, 공중전화부스에 설치된 시티폰 기지국이 도로법 제40조 및 제46조에 의거 도로점용 허가대상물건이므로 관계법령에 따라 각 구청별로 허가 신청할 것을 요구하였다(1997. 2. 20). 그리고 점용료는 1개소 당 년간 27,100원이 부과된다는 내용이었다. 이에 따라 한국통신은 시티폰 기지국을 위한 도로점용료의 부과대책을 다음과 같이 검토 추진하였다(시티폰 기지국에 대한 도로점용료 부과대책, 1997. 5. 31, 무선사업본부).

① 법률자문을 요청한 결과 시티폰 기지국 시설은 현행 도로법상 도로점용 허가대상 물건으로 보기 어려우며 행정소송을 제기하여 구제받을 수 있음을 확인하였다(1997. 3. 14).

② 건설교통부에 질의한 결과 건설교통부에서는 도로법에 따라 도로관리청의 허가를 받아야 하며, 점용료 산정기준의 기본취지를 감안하여 도로법령의 범위 내에서 서울시가 정한 조례에 의거 부과해야 할 것이라는 회신을 받았다(1997. 3. 17). 또한 시티폰시설이 현행 도로법에 의한 도로점용허가 대상물건으로 보고 있으나 점용료 금액부분에 대하여는 도로점용료 산정기준에 명기되지 않은 관계로 도로법 시행령을 개정 추진 중이라고 하였다.

③ 서울시 처분에 대하여 한국통신은 의견문서를 제출하였다. 이에 대해 서울시는 현행 점용료 산정기준에 의한 시티폰시설의 점용료는 인접토지의 0.05를 곱한 금액으로 산정해야 하나 공익사업임을 감안하여 공중전화 수준으로 낮게 책정하였다고 회신하였다(1997. 4. 1). 그러면서 건설교통부에서 관련법을 개정 시까지는 서울시의 처분을 수용할 것을 요구

하였다. 이때 서울특별시 담당부서인 건설행정과장(서기관 김상범), 도로국장(부이사관 임동국)과 협의하였다.

이러한 상황에 따라 한국통신은 법규부장, 세무부장, 공중전화시설부장, 시티폰시설부장 등이 참석한 사내 관련부장 대책회의를 열었다(1997. 3. 18). 이 회의에서는 가산금부과 등 불이익을 고려하여 납기기간까지 도로점용료를 일단 납부하고 감사원에 심사청구를 제기하자는 쪽으로 결론을 내렸다. 이런 방향으로 추진하게 된 것은 행정소송 시 승소판결이 불투명할 뿐 아니라, 소송기일이 과다 소요되며, 소송기간 중 서울시에서 철거명령, 형사고발 등 사업추진에 어려운 문제가 예상되었다.

따라서 당초 추진한 행정소송은 일단 보류하고 서울시 구청별로 도로점용허가를 신청하였다(1997. 3. 20). 이때 대상시설은 전주 4,075개, 부스 1,468개 등 총 5,643개소였다. 이어서 점용료 부과액 144,058천원을 납부하였다(1997. 4. 10-5. 15). 이때 1개소 당 연간점용료 금액은 특별시 27,100원, 광역시 18,070원, 기타지역 12,050원으로 하여 산정되었다. 이어서 한국통신은 시티폰시설에 대한 도로점용료 부과근거가 없음에도 서울시에서는 공중전화 점용료와 동일한 금액으로 과다하게 부과한 점에 대하여 감사원에 심사를 청구하였다(1997. 5. 21). 즉 관련법 개정 시까지는 통신관련 시설물 중 점유면적을 감안하여 전주와 유사한 것으로 점용료 부과기준(2,000원)을 준용하여 줄 것을 요청하였다. 따라서 기 납부한 144,058천원 중 과다 납부한 137,747천원에 대해 환불 청구하였다.

이후 한국통신 담당부서에서는 건설교통부를 방문하여 도로법 시행령 개정에 필요한 시티폰시설 점용료금액 검토 자료를 제출하고 설명하면서 한국통신의 요구사항 관철을 위해 노력하였다. 방문결과 건설교통부 측에서는 한국통신 요구사항을 긍정적으로 검토할 것을 약속하였다(1997. 5. 27). 또한 감사원을 방문하여 이의 신청을 하게 된 취지를 설명하고 시티폰시설에 대한 자료를 제출하였다. 감사원 측에서도 한국통신에 유리하도록 적극 대처하겠다고 하였다(1997. 6).

15.3 시티폰(CT-2) 서비스의 전국로밍

가. 지역사업자의 전국서비스 제공문제

정부는 CT-2 서비스를 위한 전국가업자로 한국통신을 허가하고 역무제공지역을 전국으로 정하였다. 반면 지역사업자로서 나래, 서울, 부일 등 10개 지역회사를 허가하고 역무제공지역을 허가된 지역으로 정하였다. 그런데 한국통신이 1997년 중반 부산, 대구, 경기지역에 통신망을 구축하여 서비스를 개시함에 따라 지역사업자의 가입자가 한국통신 통신망을 이용여부에 대한 문제가 발생하였다.

이때 지역사업자들은 시설투자 및 영업은 허가된 지역 내에서만 하고, 가입자는 전국 어느 곳에 가서도 자유롭게 서비스 이용이 가능해야 한다고 주장하였다. 그러나 한국통신 입장은 허가 상 역무 제공지역이 전국인 한국통신의 가입자만이 전국 어디에서나 서비스 이용이 가능하며, 지역사업자의 가입자는 허가받은 해당지역 내에서만 서비스가 가능하다고 보고 있었다. 이때 정보통신부 실무자는 지역사업자(015)와 동일한 견해를 피력하였다.

이와 유사한 사례인 무선호출사업의 경우, 전국사업자인 한국이동통신(KMT)에서는 전국적으로 역무를 제공하고, 신규사업자인 제2무선호출사업자는 사업 초기에 허가지역 내에서만 서비스를 제공하였다. 그 후 무선호출역무에 대한 정부의 이용약관 개정에 따라 전국적으로 광역서비스 시행이 가능하게 되었다. 한국통신은 이 문제에 대해 다음과 같이 대응하기로 방침을 정하였다(시티폰 지역사업자의 전국서비스 제공에 대한 대책, 1997. 4. 29, 무선사업본부).

첫째, 지역사업자에게 전국서비스를 허용하는 경우 지역사업자를 허가한 의미가 없다. 즉 지역사업자 컨소시엄에 의해 얼마든지 제2의 전국사업자가 출현할 수 있기 때문이다. 이런 이유로 전국사업자와 지역사업자는 정부에 대한 출연금이 <표 4-68>에서 보는 바와 같이 큰 차이를 보이고 있다.

둘째, 전국사업자로서 역할에 상응한 배려가 인정되어야 한다. 한국통신은 장비의 표준화, 국산화, 시스템 연동 등을 위해 장기간 노력해 왔다(1992년-1996년). 그동안 시험시스템의 운용을 통한 문제점을 해소하고, 서비스 홍보 및 장비의 안정화에도 기여하였다(1995. 3-1996. 12). 또한 초기 시설투자의 60-70%를 한국통신이 담당하였다.

셋째, 지역사업자에게 전국서비스 이용을 허용하는 경우 지역사업자의 타 지역 영업활동을 제한하는 방안이 현실적으로 없다. 정부방침 상 지역사업자에게 전국서비스 허용이 불가피할 경우에는 1999년 1월부터 시행하는 등 최대한 시행시기를 늦추도록 한다.

<표 4-68> 시티폰 사업자의 일시출연금

사업구역	사업자	출연금	사업구역	사업자	출연금
전국	한국통신	190억원			
수도권	나래이동통신	90억원	수도권	서울이동통신	90억원
부산경남권	부일이동통신	30억원	대구경북권	세림이동통신	30억원
광주전남권	광주이동통신	15억원	대전충남권	새한이동통신	10억원
전북권	전북이동통신	7억원	충북권	신원텔레콤	6억원
강원권	강원이동통신	4억원	제주권	제주이동통신	3억원

나. 시티폰 서비스의 전국로밍 추진

한국통신 단독으로 CT-2 전국서비스를 제공할 때 타 지역사업자 소유의 기지국 수(약

40%) 만큼 음영지역이 발생하고, 지역사업자 상호간 로밍을 시행할 때도 타 지역 한국통신 기지국 수(약 60%)만큼 음영지역이 발생할 우려가 있었다. 따라서 이를 조기에 해소하여 CT-2사업의 활성화를 도모하기 위해 한국통신과 지역사업자 간의 전국로밍을 추진할 필요가 대두되었다.

이를 위해 한국통신과 각 지역사업자 간 기지국을 공동 이용하고 기지국 관리장치의 연동으로 모든 CT-2 가입자에게 사업구역에 관계없이 전국서비스를 제공하자는 것이었다. 이러한 필요성에 따라 당시 CT-2 서비스의 상호협력협정서(1996. 11. 29)에 의거하여 지역사업자의 사업구역별로만 한국통신과 각 지역사업자 간 로밍을 시행하고 있었다(1997. 3. 20). 이때 사업구역별 기지국 협의설치 및 공동이용 상황은 한국통신은 수도권 60%, 지방 70% 비율로 설치하고 있었다. 당시 전국로밍에 대한 한국통신, 지역사업자, 정부의 의견은 다음과 같았다(CT-2 서비스 전국로밍 추진, 1997. 6, 한국통신 공정대책실).

① 한국통신은 전국사업자이기 때문에 한국통신 만이 전국서비스를 제공할 수 있고, 한국통신의 CT-2 가입자는 모든 지역사업자 기지국을 이용 가능하였다. 전국사업자와 각 지역사업자의 로밍은 사업자 간 상업적 협의사항으로 한국통신의 전국로밍 의무는 없다는 것이 한국통신의 의견이었다.

② 지역사업자의 의견은 한국통신의 일방적인 전국서비스의 경우 타 지역사업자의 기지국 사용은 사업자 간 형평성과 이용자 편익측면에서 불가하다는 것이었다. 그리고 한국통신과의 전국로밍이 지연되는 경우 CT-2 시장의 활성화 호기를 상실할 것이라는 입장이었다.

③ 정보통신부의 의견은 사업허가서상의 제공지역은 시설설치 및 영업활동 구역이며 이용자 서비스 지역의 제한은 아니다. 따라서 이용자의 편익 증진을 위해 사업자 간 협의하여 전국로밍을 조기에 추진하기를 권고하였다(부가93120-84, 1997. 4. 30).

④ 태평양 법무법인의 법률자문결과, 지역사업자 간 협정으로 CT-2 전국서비스 제공은 가능하다는 것이었다. 그리고 상호협력 협정서 해석은 한국통신과 지역사업자 간 동일사업구역 내에서의 공동서비스를 의미하며, 전국로망 문제는 사업자 간 협의사항이나 지역사업자 의견에도 일리가 있다는 의견이었다.

이에 따라 한국통신은 지역사업자와 전국로밍을 추진하는 쪽으로 방향을 잡고 다음과 같이 추진하였다(CT-2 서비스 전국로밍 추진, 1997. 6, 한국통신 공정대책실).

첫째, 한국통신은 10개 지역사업자의 가입자에게 전국의 모든 한국통신 기지국을 이용하도록 허용한다. 또한 한국통신 CT-2 기지국에서 모든 사업자 식별번호(Link Identification)를 개방하며, 현재 지역사업자는 전국의 한국통신 가입자에게 자사의 기지국 이용을 허용토록 한다.

둘째, 전국로밍의 시행시기, 방법 등 구체적인 사항은 한국통신 무선사업본부가 지역사업자와 협의하여 시행한다. 이 협의는 1997년 3/4분기 이내에 시행하고, 지역사업자와 전국로밍 협정은 1997년 4/4분기 이내에 체결한다.

이와 같은 결정은 기지국을 공동 이용함으로서 음영지역을 최소화하고자 한 조치였다. 이처럼 로밍을 하지 않을 경우 한국통신도 전국평균 약 40%의 서비스 음영지역이 발생하는 상황이었다. 그리고 이 경우 상대적으로 지역사업자보다 한국통신의 통화가능지역이 넓어 마케팅 측면에서 다소 유리하나 CT-2 전체시장은 위축될 수밖에 없을 것으로 판단되었다. 또한 한국통신의 전국서비스 단독 실현을 위해서도 기지국 등의 추가설치가 필요한 상황이었다. 그리고 CT-2 서비스의 통화가능지역을 확대함으로서 서비스품질을 높일 수 있고, PCS 출현전 지역사업자와 시장을 공동으로 활성화하여 가입자를 조기에 확보할 수있는 측면도 있었다.

15.4 시티폰사업의 환경악화

가. 어려운 사업 환경의 전개

한국통신은 시티폰사업의 1997년 연간수익목표를 714억2천4백만 원으로 정하여 추진하였으나 상반기까지의 실적은 115억6천1백만 원으로 연간목표의 16.5%에 그치는 어려운 상황이 발생하였다. 그것은 PCS 서비스가 예상보다 조기에 상용화되어 시장에 등판하는 바람에 시티폰의 잠재고객이 주저하는 일이 벌어지고 말았다. 또한 여러 곳에서 시티폰의 상용화가 연기되고 보급지역을 축소 조정하는 일이 벌어지게 되었다(1997년도 상반기 경영성과분석보고서, 1997. 7. 24, 무선사업본부).

또한 시티폰은 통화가능지역의 협소, 통화중 절단, 착신기능 미비 등의 이유로 고객의 민원이 빈발하고, 판매마진이 적은 관계로 대리점에서 시티폰 판매를 기피하는 상황이 되었다. 이때 셀룰라 판매마진은 대당 4만원-5만원인데 비해 시티폰은 대당 1만원이었다. 이때 한국통신은 시티폰 사업에 대한 지역사업자의 동향을 파악하였다(CT-2 사업관련 추진현황, 1997. 12. 17, 무선사업본부).

① 지역사업자는 상용화 이후 저가판매, 단말기 임대 등을 실시하여 가입자 확보에는 다소 성공하였으나, 가입자 증가에도 수익성이 저조하고 그 증가추세도 둔화하고 있었으며, 요금징수율도 저조한 실정이었다. 이때 한국통신 요금징수율은 85%인데 비해 지역사업자 징수율(평균)은 48%에 그치고 있었다.

② 지역사업자의 기지국 이용료 14%, 전용회선료 11%, 접속통화료 3% 등 실제 영업비용 중 한국통신에 지불비용이 28%를 점유하였다. 1997년 10월분 기지국 이용료(약 20억원) 등을 납부하지 않고 있는 상황이었다.

③ 서울이동통신 등 일부 지역사업자는 한국통신에게 CT-2 사업의 양수 양도 협상조건을 문서로 제안하였다. 또한 지역사업자 사장단 회의에서 한국통신에게 개별적으로 사업권의 양수 양도 협상을 제안하기로 방침을 결정하였다(1997. 12. 4). 이어서 10개 지역사업자

전체가 사업권의 양수 양도 협상을 요구하는 문서를 한국통신으로 송하였다(1997. 12. 17).

이와 같은 지역사업자들의 시설통합운영 요구에 대해 한국통신 무선사업본부(본부장 서용희)에서는 다음과 같이 회신하였다(CT-2 사업관련 추진현황, 1997. 12. 17, 무선사업본부).

첫째, CT-2 사업의 어려움은 한국통신도 동일한 입장이고, 지역사업자의 시설인수에 따른 투자비가 과다하게 소요되며 자금여력도 없다. 또한 시설인수 후 현 통신시장 상황으로 볼 때 사업성이 불투명하다. 이처럼 전체 CT-2 사업의 부진과 한국통신의 경영여건 상 협의 요구를 수용하기 어렵다.

둘째, 각사에서 언급한 1998년 1월 1일부터 CT-2 서비스를 중단하겠다는 문제에 대하여는 상호 신의와 성실로 기지국 공동이용에 관한 협정이 충실히 이행되기를 촉구한다.

셋째, 일부 지역사업자들이 시티폰에 대한 부정적 이미지를 언론에 계속 유포함으로서 한국통신의 시티폰사업에 막대한 지장을 주고 있으니 이의 중지를 요청한다.

이와 관련하여 한국통신은 이 문제에 대해 정부와 협의하였는데 이 회의에는 정보통신부 측에서 통신정책실장, 정보통신지원국장, 부가통신과장, 한국통신에서는 무선사업본부장(서용희), 마케팅국장(박운식)이 참석하였다. 이 회의 주요결과는 다음과 같다(CT-2 사업 협의결과 보고, 1997. 12. 22, 무선사업본부).

① 정부에서는 한국통신 방안에 기본적으로 동의한다. 한국통신은 접속료의 실제 발생 원가를 NTS에 반영을 요구하였으나, 시티폰과 관련이 없으므로 제외하고 장관에게 보고하였다.

② 015 사업자가 본안에 수용여부를 사전조율 후 가능성이 있을 경우 사장이 장관에게 요청한다. 시티폰은 접속료 등 비용절감으로 사업성을 제고하기 위해 PSTN의 부가서비스로의 역무변경을 적극 권유한다.

③ 한국통신에서 요청한 정부의 정책지원사항에 대하여 정보통신부는 긍정적으로 수용의사를 표명하였다. 통합시행 시기는 가능한 1997년 12월 말로 기본합의 하되 015와 협의되면 1998년 1월 가능하다.

한편 이처럼 어려운 환경에서도 1998년에도 한국통신을 비롯한 지역사업자들은 상당한 투자를 하여 통신망을 구축하여 서울 등 전국 29개 도시에 이 서비스를 제공하였다. 1998년 전반기 우리나라의 시티폰사업 추진상황은 <표 4-69>와 같다. 그러나 1997년 하반기 시티폰의 월 이용요금은 당초 1만8천원으로 정하였으나 당시에는 1만2천원 수준이었다.

<표 4-69> 시티폰을 위한 통신망 구축 및 투자비

구분	한국통신	11개 지역사업자	계
기지국	26,294개소	20,354개소	46,648개소
투자비	1,864억 원	1,779억 원	3,643억 원

이때 한국통신의 시티폰 가입자는 32만6천명으로 시장점유율은 49.17%로 나타났으며, 이에 따른 수입은 445억 원이었다(1997. 12). 시티폰 가입자는 국내경기의 불황이 시작된 1997년 10월 이후에는 <표 4-70>에서 보는 바와 같이 그 증가추세가 둔화되고 통화량이 급감하였다. 한편 지역사업자가 한국통신 기지국 사용대가로 받는 B/S 이용료는 1997년 목표는 206억1천만 원으로 정하였으며, 상반기까지 60억6천만 원을 받아들였다(1997년도 상반기 경영성과분석 보고서, 1997. 7. 24, 무선사업본부).

<표 4-70> 시티폰 가입자 증가추세(1997년 하반기)

구분	1997년 6월	1997년 7월	1997년 12월
가입자 증가율(%)	38.10	8.50	4.55
가입자 해지율(%)	7.36	19.21	46.48

나. 시티폰사업 환경이 나빠진 원인

시티폰 서비스는 상용화이후 당초 기대와는 달리 사업 환경이 급속하게 나빠지고 있었는데 한국통신은 그 원인을 다음과 같이 분석하여 대처하였다(시티폰사업 활성화 대책, 1998. 1, 한국통신).

(1) 당초 CT-2는 저렴한 이용요금의 움직이는 발신전용 공중전화라는 브랜드를 가지고 출발하였으나 이용자는 착신, 핸드오버 기능 등 PCS나 셀룰라와 동일한 성능을 요구하는 상황이 되었다. 그리고 이동성의 제한, 초기의 통화 커버리지의 협소, 송신출력 미약(10mW) 등의 문제도 표출되었다.

(2) 사업개시 7개월 만에 PCS 상품이 조기 상용화되고 저렴한 요금, 고품질 등을 대대적으로 홍보하는 바람에 가입자의 PCS에 대한 기대심리가 한껏 커져가고 있었다. 그래서 틈새시장으로서의 시티폰의 입지는 심각하게 약화될 수밖에 없었다.

(3) 영업시장에서의 판매마진을 보면 CT-2는 1만원인데 비하여 PCS 및 셀룰라는 3만원-4만원으로 나타나고 있어, 대리점에서 시티폰 서비스의 판매를 기피하고, 타 이동통신상품의 판매를 선호하는 상황이 발생하였다.

(4) 사업개시 7개월 만에 터진 IMF사태로 인한 국내경기 불황이 시작되었다. 이에 따라 1997년 10월 이후 가입자의 증가추세가 둔화되고 통화량이 급감하는 사태가 발생하였다. 당시 가입자 증가율은 38.1%(6월), 8.5%(10월), 4.55%(12월)로 급감하였고, 가입자 해지율은 7.36%(6월), 19.21%(10월), 46.48%(12월)로 급증하였다.

(5) 11개 사업자가 개별통신망으로 분리 운영함에 따라 비용이 과다하게 소요될 뿐만 아니라, 광고 선전비, 판매 촉진비, 판매수수료 등 영업비용도 과열경쟁으로 과다하게 발생하였다. 또한 지역사업자의 사업포기 및 사업권 반납설이 언론에 집중보도되는 바람에 전체

시티폰 사업이 침체되었다.

한국통신은 이러한 상황을 감안하여 CT-2 사업에 대한 수지전망을 <표 4-71>과 같이 조정하여 시행하였다(CT-2 시설 통합운영시의 사업성 검토, 1997. 12. 17, 무선사업본부). 조정된 수요예측으로는 사업개시 5년차인 2001년에도 당기순이익 발생은 어려울 것으로 예측되었다.

<표 4-71> CT-2 사업의 조정수지전망

구분	1997년	1998년	1999년	2000년	2001년
수요(1000명)	332	519	546	531	515
수익(억원)	444	803	890	860	812
비용(억원)	1,406	1,476	1,343	1,064	964
당기손익(억원)	-962	-673	-543	-204	-152
누적손익(억원)	-962	-1,635	-2,088	-2,292	-2,444

한편 이 사업에 대한 외국의 동향을 보면 홍콩의 3개 사업자가 사업권을 반납한다는 소문이 돌기 시작하였다. 세발리에는 사업을 포기하고 75억의 손실로 사업정리하면서 사업 포기를 발표하였으며, 허치슨과 퍼시픽 텔레링크도 사업 중단을 발표하고 있었다(1996년 말). 또한 프랑스, 싱가폴, 중국, 대만 등 상당수 국가가 서비스를 제공하고 있거나 계획 중인데 사업 활성화는 미진한 상태에 있다는 점을 신중하게 들어다 볼 필요가 대두되었다.

다. 시티폰 사업실적의 중간평가

시티폰 사업은 1997년 3월 20일 서울, 수도권을 중심으로 상용서비스를 개시한 이래 전국 29개 도시에서 서비스를 제공하고 있었다. 이에 대한 사업실적을 분석하고 주변상황을 보면 다음과 같다.

① 기지국 시설은 상호협정에 의거하여 한국통신이 25,787대(57.22%), 지역사업자가 19,279대(42.77%) 등 총 45,066대를 설치하여 공동 사용 중에 있다. 이때까지의 투자비는 한국통신 1,807억 원, 지역사업자 1,300억 원 등 총 3,107억 원 정도이다.

② 전체 가입자는 679,440명이며, 이중 한국통신 가입자가 279,753명으로 시장의 43.8%를 점유하고 있다(1997. 10. 30). 그리고 한국통신의 영업수익은 275억8천만 원을 달성하였다(1997. 9. 30).

③ 일부 지역사업자를 중심으로 언론, 정부, 국회 등을 통해 CT-2 사업의 수익성의 한계로 사업권의 반납설이 유포되고 있다. 특히 서울이동통신, 나래이동통신 등 수도권사업자들이 사업포기에 주도적이었다.

④ 정보통신부는 CT-2 사업의 허가 주무부처로서 본 사업과 관련된 제세비용 등을 절감

하게 하는 등 사업 활성화를 도모하고 있었다. 그러나 지역사업자들이 허가권을 반납하는 경우 이를 수용하고 한국통신으로 하여 통합 운영하는 방안을 내부적으로 검토하고 있었다.

이와 같은 상황에 대해 한국통신은 대외적 전략과 대내적 전략으로 이원화하여 다음과 같이 추진하였다(한국통신의 대응전략, 1997. 11. 18, 무선사업본부).

첫째, CT-2 시설의 통합운용 등 M&A에 대하여 대정부 및 지역사업자들에게 수용불가방침을 지속적으로 유지한다. 이것은 사업운용에 대한 어려움은 한국통신도 동일한 상황이고, 지역사업자의 시설인수에 따른 투자비가 과다하고 자금여력이 없으며, 시설 인수 후에도 PCS 등으로 사업성이 불투명하기 때문이었다.

둘째, 시티폰사업의 활성화를 위해 각종 제세비용의 감면을 지속적으로 요구한다. 그리고 무선국 허가 제도를 개선하고, 전파사용료, 기지국 면허세, 도로점용료 등을 감면할 것과 연도별 출연금을 면제해줄 것도 요구한다. 이때 출연금과 관련하여 연간 약 40억 원의 절감이 예상되었다.

셋째, 불가피하게 본 사업을 인수하게 되는 경우에는 최대한의 실익확보를 위한 사업전략 및 대책반을 구성 운영한다. 전담반은 1997년 11월 20일부터 1997년 12월 30일까지 운영하며 사내대응전략 종합보고는 1997년 말에 하도록 한다.

한국통신은 시티폰을 통합 운영하는 경우 적자보전을 위해 무선호출(Pager) 사업권 등 타 사업권을 확보하는 것으로 가닥을 잡았다. 그리고 CT-2 사업의 활성화를 위해 무선기지국 허가의 폐지, 면허세, 도로점용료의 면제, 년도별 출연금의 면제, 기지국 출력의 증대(100mW), HBS 및 WPABX의 활성화 등의 대안을 제시하고 요구사항을 충족하면 인수 가능하다는 쪽으로 입장을 정리하였다.

한국통신은 이를 시행하기 전에 대정부 대응을 위해 전기통신사업법 관련 법령 검토가 필요하였다. 즉 PSTN의 부가서비스로 전환, CT-2 사업권 반납여부, 정부의 부가서비스 승인여부 등 역무변경에 대하여 검토해야 하였다. 그리고 부가사업자로 전환하는 경우 타 사업자와의 관계에 대해 예상되는 법령의 정밀검토 및 대응논리의 개발이 요구되었다. 한편 지역사업자에 대한 대응전략은 다음과 같이 검토하였다.

① 향후 사업확장 등을 감안하여 한국통신 필요시설만 인수해야하기 때문에 각 사업자별로 운용중인 SMS, NMS, BS, 전산망 등 대상시설을 조사하고, 지역별 시설 및 가입자 용량 등을 검토하여, 인수필요시설과 인수 불필요 시설을 구분한다.

② 사업자별 인수필요시설에 대한 투자비, 감가상각비 등과 예측되는 인수비용의 총액 규모를 파악할 필요가 있다. 그리고 사업자와 기지국 임대인과의 임대계약내용과 승계여부도 검토한다.

③ 인수비용의 거치기간, 상환기간의 협상, 한국통신에 지불할 무선호출접속료, 전용회선료 등과의 상계정산방안 등을 검토한다. 그래서 당기순이익 발생 시까지 거치 후 지불하

고, 상호접속료 및 전용회선료 등과의 상계 정산한다.

④ 지역사업자의 임대, 할부판매 가입자의 처리방안, 불량가입자 및 체납가입자의 처리, 유료 및 무료가입자의 관리 데이터베이스 등 가입자 처리계획을 검토한다. 이때 영업권은 고려하지 않고, 임대, 할부단말기 대금은 지역사업자가 회수토록하고 체납금액은 지역사업자가 회수토록 한다.

⑤ 대리점에 대한 처리대책으로서 서비스 담보 및 단말기 담보의 재설정 및 계약, 대리점별 장려금, 수수료 정산 및 미정산 내역 및 처리, 재고 단말기 대책 등 대리점의 계약승계여부를 검토한다. 이를 위해 015 대리점과 한국통신과는 전면 재계약을 추진하고, 015와의 채무채권 관계는 승계 전 사업자와 대리점 간 해결한다.

한편 시티폰 사업을 통합 인수할 경우 인수 후 사업 활성화를 위해 다음과 같은 몇 가지 대책이 선행되어야 하였다.

① CT-2를 PSTN의 부가서비스로 전환하기 위해 기본료는 6,500원에서 2,500원으로 인하하고, 통화료는 PSTN 요금과 동일하게 맞추어야 한다. 그리고 PSTN의 부가서비스와 무선호출서비스를 통합한 사업으로 전환한다. 이를 위해 무선호출(Pager) 기본료 8천원과 CT-2 기본료 6,500원을 패키지화하여 1만원으로 조정한다.

② 상호접속료, 전용회선료 등의 폐지에 따라 수익, 비용의 계리 정산 등 사내 본부 간 내부거래기준을 검토한다. 그리고 시설인수 후 통신망 및 전산망의 연동대책 및 유지보수대책을 수립한다. 또한 무선호출(Pager) 사업권의 획득에 대비하여 영업계획, 설비계획, 투자계획, 유지보수계획 등 사업계획서를 작성한다.

15.5 시티폰 사업자의 건의사항

가. CT-2 사업자의 공통건의사항

당시 시티폰 기지국의 무선국 허가와 관련하여 CT-2 기지국 및 단말기는 전파법 시행령 제56조의 2에 의거하여 무선국 허가대상으로 준공검사. 정기검사, 변경검사를 시행해야 하며, 관련 수수료 및 전파사용료를 납부하게 되어 있었다. 시티폰 사업의 활성화를 위한 조치의 일환으로 현안사항을 검토 개선하기 위한 회의가 정보통신부 정보통신정책실 회의실에서 개최되었다(1997. 10. 21).

이 회의는 정보통신부에서 정책심의관(회의 주재), 정보통신정책과장, 부가통신과장, 전파기획과장이 참석하였으며, 한국통신에서는 무선사업본부장(서용희)이 참석하였다. 그리고 지역사업자 측에서는 서울이동통신, 나래이동통신, 부일이동통신, 세림이동통신, 신원텔레콤의 담당임원과 무선호출협의회 부회장이 참석하였다. 이 회의에서 업계가 정부에 요구한 사항과 회의결과는 다음과 같다(CT-2 현안 검토회의 참석 결과보고, 1997. 10. 23, 무선사업본부).

(1) CT-2 기지국의 무선국 허가 관련사항

당시 단말기 전파사용료는 단말기 당 2,500원이고, 분기별로 정보통신부에 납부토록 되어 있으며, 기지국 수수료 부과상황은 <표 4-72>와 같다. 이 회의에서 업계에서는 CT-2 기지국을 허가없이 설치할 수 있는 소출력 무선국으로 전파법 시행령을 개정하는 의견을 제안하였다. 이 주장은 CT-2 기지국 및 단말기는 당시 법령상 무선국 허가가 제외되는 10mW이하의 소출력 무선국이라는 근거로 하여 나왔다.

<표 4-72> CT-2 기지국 수수료 부과상황(기지국당)

구분	납부기준금액	납부주기	비고
허가신청수수료	15,000원	허가신청 시	정보통신부에 납부
준공검사수수료/장치당	10,000원	준공 시	정보통신부에 납부
전파사용료	4,860원	분기1회	정보통신부에 납부
변경검사수수료	8,000원	1회당	기지국 설치장소 변경시
재허가신청수수료	8,000원	1회당	무선국 허가기간 5년
정기검사수수료	8,000원	1회당	기지국 정기검사 5년
면허세	27,000원	매년	지방자치단체에 납부
도로점용료	27,100원	매년	지방자치단체에 납부

이에 대해 정부(정보통신부)는 시티폰 기지국은 10mW 이하의 소출력이나 통신사업용 무선국이므로 허가대상에서 제외하는 것은 곤란하다는 의견이었다. 그 대신 시티폰 기지국에 대한 대조검사는 폐지하고 성능검사 만 실시하는 등 검사절차를 간소화하고, 정기검사 및 변경검사는 폐지하는 의견을 내 놓았다.

(2) CT-2 전파사용료 면제 및 기지국 출력의 상향조정

업계에서는 CT-2 기지국 허가와 관련하여 전파수수료 및 제반 수수료가 과다하여 원가가 상승하고, 단말기의 전파사용료 부과로 보편적 서비스 제공에 저해요인이 되고 있어 이의 면제를 제안하였다. 이에 대하여 정부는 기지국 전파사용료는 현행대로 유지하면서 감면을 검토하고, 단말기에 대한 전파사용료(분기 2,500원)는 면제하는 의견을 제시하였다.

CT-2 기지국 출력은 당시 정부의 기술표준에 의거하여 RF출력 10mW이하로 규정하고 있었다. 업계에서는 이 기지국의 공중선 출력이 10mW 이하로 규정되어 있는 관계로 이 사업을 위해 기지국을 과다하게 설치하여야 하고, 음영지역이 다수 발생하며, 통화품질이 저하되는 요인이 되므로 100mW로 상향조정하여 줄 것을 제안하였다. 이에 대해 정부는 기지국의 출력을 100mW로 증대하는 방안을 검토하겠다고 하였다.

(3) CT-2를 착신이 가능한 서비스로 국책과제로 개발요청

당시 한국통신에서는 CT-3로의 진화를 위한 연구과제를 총 33억7천만 원의 연구비를 투입하여 1997년- 1998년에 걸쳐 추진 중이었다. 이 과제는 ETRI를 연구수행기관으로 지정하여 수행하였다. 그래서 한국통신은 발신전용인 시티폰을 착신이 가능한 무선전화(CT-3)로의 진화를 위해 당시 한국통신이 출연하여 ETRI가 수행 중인 연구과제를 국책과제로 선정하여 정부가 수행해 주기를 요청하였다. 이에 대하여 정부는 CT-3의 기술개발을 국책과제로 선정하도록 검토하겠다고 하였다.

나. 지역사업자 요구사항

앞의 정보통신부 주관회의에서 지역사업자가 한국통신에 요구한 사항과 회의결과는 다음과 같다(CT-2 현안 검토회의 참석 결과보고, 1997. 10. 23, 무선사업본부).

(1) 기지국 이용료 징수유예

시티폰 사업의 원가 및 초기 투자비 절감을 위해 한국통신과 시티폰 사업자 간 협정에 의거하여 기지국을 공동 건설하고 운용 중이었다. 당시 기지국 건설 상황을 보면 <표 4-73>과 같다(무선호출협의회 협조요청사항 보고, 1997. 11. 18, 무선사업본부).

당시 한국통신은 지역사업자보다 기지국을 6,508대 많이 설치한 상황이었다. 그런데 상호협정에는 한국통신이 더 투자한 6,508대에 대한 투자비, 유지보수비를 장비내용연수(6년)에 걸쳐 지역사업자가 한국통신에 지불토록 되어 있었다. 이때 기지국 이용료는 감가상각비, 유지보수비, 투자보수비 등으로 되어 있었으며 이는 다음과 같이 산출하게 되어 있었다.

① 감가상각비는 기지국 및 기지국 관리장치 등의 설비를 6년간 정액법에 따라 산출한다. 다만 공기구, 비품 및 운반구는 4년간 정액법에 의한다. ② 유지보수비는 인건비, 전파사용료, 도로점용료, 건물임차료, 전기료, 면허세 등의 실비로 한다. ③ 투자보수비는 선투자에 대한 이자율을 말하며, (고정자산 장부가액+적정운전자본)×13.07%로 정한다.

<표 4-73> CT-2 기지국 시설상황(1997. 9. 30)

구분	한국통신	지역사업자	계
기지국 수	25,787(57.2%)	19,279(42.8%)	45,066(100%)

당시 지역사업자의 기지국 이용료의 월평균 납부액은 19억5천만 원으로 1개 사업자 당 1억9,500만원이었다(1997. 9. 30). 이때 지역사업자의 CT-2는 초기사업으로 수입이 적은 반면 기지국 이용료, 전용회선료, 접속통화료 등의 비용이 과중하여 사업에 어려움이 있으니, 경상이익이 발생할 것으로 예상되는 1998년 6월까지 기지국 이용료의 정산을 유예하여 주기를 요청하였다. 또한 1998년 7월부터 정산을 실시하되 유예기간의 기지국 이용료는 경상이익 범위 내에서 누적 원금을 분할 지불토록 요청하였다.

이에 대해 한국통신은 이 사업에 대한 어려움은 한국통신도 동일하다는 입장을 설명하였다. 그리고 기지국 이용료는 한국통신이 선 투자한 투자비를 지역사업자가 6년에 걸쳐 분할 상환하는 것으로 유예는 불가하다고 답변하였다. 또한 기지국 이용료는 한국통신과 지역사업자가 동일한 수량의 기지국을 추가 설치할 때는 정산이 필요 없음을 이해시켰다. 함께 노력하여 음영지역을 해소하여 사업 활성화에 기여하자고 설득하였다.

(2) 상호접속료의 감면

상호접속료는 1995년 9월 25일에 고시된 정부의 접속원가 산정기준(정보통신부 고시 1995-119)에 의거 책정된 금액을 통신망 이용사업자가 통신망 제공사업자에게 지불하는 요금이다. 세부적으로는 통신서비스별, 통신망 이용형태별, 사업자별로 동일요금을 적용하게 되었다. 이때 지역사업자는 CT-2 사업은 초기사업으로서 수입대비 지출이 과다하므로 상호접속료의 감면을 요망하였다. 이에 대해 한국통신은 우선 상호접속료의 조정은 정보통신부 상호접속기준의 개정이 선행되어야 한다는 입장이었다.

그리고 상호접속료는 시내전화망에 총 소요되는 비용을 시내전화망을 이용하는 통신사업자(27개)가 이용통화량에 따라 정산하므로 시티폰(CT-2)만의 상호접속료를 감면하는 경우에는 타 사업자가 이를 부담하게 되는 문제가 발생한다. 또한 한국통신도 사업본부 간 내부거래에 의거 지역사업자와 동일한 접속료로 부서 간 상호정산 중으로 감면하기에는 곤란하다는 입장을 밝혔다.

(3) 전용회선료 감면

당시 지역사업자의 시티폰 기지국 및 상호 접속회선은 25,291회선이고, 시내전용 회선료는 회선당 월 2만원으로 년 60억 원으로 추정되었다. 이에 지역사업자는 CT-2사업이 초기사업으로 수익에 비해 비용이 과중함을 감안하여 감면을 요구하였다. 이에 대해 정부에서는 10%정도 감면하는 것을 검토 중이나 한국통신은 당시 이용약관으로는 할인제도 적용이 불가하다는 입장이었다.

(4) CT-2사업의 통합운용방안

끝으로 지역사업자들은 CT-2 회선설비를 한국통신에 이관하고 지역사업자는 영업업무만 시행하는 방안을 내놓았다. 이에 관련된 법령을 살펴보면 당시 전기통신사업법 제4조(전기통신사업의 구분 등) 제2항에는 기간통신사업은 전기통신 회선설비를 설치하고 전신, 전화역무 등 정보통신부령이 정하는 종류와 내용의 전기통신역무를 제공하는 사업이라고 정하고 있었다. 또한 전기통신사업법 시행령 제3조(기간통신사업의 전기통신역무의 종류와 내용)에는 전화역무, 가입전신역무, 전기통신 회선설비 임대역무, 주파수를 할당받아 제공하는 역무, 기타역무로 정하고 있었다.

이에 따라 한국통신은 시티폰 지역사업자가 요구하고 있는 회선설비를 한국통신으로 이관하고 영업업무만을 시행하는 방안은 사업법상 시행 불가한 것으로 조치하였다.

15.6 시티폰 사업의 회생시도

가. 힘겨운 회생시도 및 사업대책

1997년 8월 한국통신은 일반전화망에서 널리 이용되고 있는 전화정보서비스를 시티폰으로도 이용할 수 있게 조치하였다(1997. 8. 1). 품목별 도소매 가격 등 농수산물 정보, 법률구조, 민법, 형법 등 법률정보, 각종 시험합격자 발표, 당첨안내 등 다이얼 2000서비스, 바이오리듬, 시각장애인정보 등의 생활정보서비스를 별도의 이용료 없이 제공하였다. 이들 11개 생활정보서비스 외에도 철도정보 등의 생활정보와 특수번호를 포함한 전화사서함, 광고사서함, 연락방, 전화동아리서비스 등 다양한 전화정보를 야외에서 편리하게 저렴한 요금으로 이용하게 하였다.

그러나 1997년 후반 한국통신은 무선호출협의회로부터 CT-2 관련 비용의 지급유예 요청을 받게 되었다(1997. 11. 17). 당시 CT-2 10개 지역사업자는 사업허가일(1996. 8. 16)로부터 약 1년간 직접 투자비를 회사별로 25억 원부터 700억 원까지 투입하고 있었다. 그러나 시장규모의 급속한 감소로 인해 경영이 악화됨에 따라 상호협정서에 의한 기지국 이용료, 상호접속료, 브랜드 이용료에 대한 지불을 이행할 수 없어 이를 유예 요청한 것이었다.

한국통신은 이와 같은 상황을 감안하여 무선협의회의 기지국 이용료 유예 요청에 대한 입장은 정리하였다(무선호출협의회 협조요청사항 보고, 1997. 11. 18, 무선사업본부). 이 내용은 무선협의회에 문서로 다음과 같이 통보되었다(1997. 11. 19).

첫째, 시티폰 사업에 대한 어려움은 한국통신도 동일하게 겪고 있다. 기지국 이용료는 한국통신이 선 투자한 투자비를 지역사업자가 6년에 걸쳐 분할 상환하는 것으로 유예는 불가하다. 사업성을 이유로 일방적인 협정이행이 불가하다는 요구는 부적절하며, 상호협정서(제27조 협정의 이행)에 의거 신의성실로 협정의 이행을 촉구한다. 협정서에는 이행불가사유로 천재지변, 전시, 사변 또는 이에 준하는 긴급사태 등 사화 통념상 불가항력적 사유의 경우에만 협정위반의 책임이 소멸되는 것으로 되어 있다.

둘째, 상호접속료의 지불유예를 요청한 것을 검토한다. 상호접속료는 정보통신부의 접속원가 산정기준(정보통신부고시 1995-119, 1995. 9. 25)에 의거 책정된 금액을 통신망 이용사업자가 통신망 제공사업자에게 지불하는 요금이다. 상호접속료의 조정은 정보통신부 상호접속기준의 개정이 선행되어야 하기 때문에 이를 한국통신이 임의로 결정할 수 있는 사안이 아니다.

상호접속료는 시내전화망에 소요되는 총비용을 시내전화망을 이용하는 통신사업자(총 27개)가 이용통화량에 따라 정산하므로 시티폰 서비스에 대해서만 감면하는 경우 이 비용이 타 사업자에게 전가된다. 한국통신도 사업본부 간 내부거래에 의거 지역사업자와 동일한 접속료로 부서 간 상호 정산하고 있어 기지국 상호접속료의 유예는 지난하다. 사업성을 이유로 협정의 이행불가 요구는 부적절하며, 한국통신 공중전화망과 CT-2 통신망 간 상호접속에 관한 협정(1997. 1. 18)에 의거 신의와 성실로 협정의 이행을 촉구한다.

셋째, 공동브랜드 사용료의 지불유예문제로서 사업성을 이유로 이행불가는 곤란하다. 한국통신이 개발하여 사용 중인 BI(Brand Identity)인 영문 「City Phone」과 국문 「시티폰」을 CT-2 활성화를 위해 지역사업자와 협정을 체결하여 공동 사용하고 있다. 이를 위해 한국통신과 지역사업자 간 CT-2 서비스 브랜드 공동 사용협정서를 체결하였다(1997. 3. 16). 여기에서 10개 지역사업자는 10년간 브랜드를 공동으로 사용하고 그 대가로 한국통신에게 18억 원을 3년간에 걸쳐 분할 납부하기로 되어 있다. 사업성을 이유로 일방적인 협정의 이행불가 요구는 부적절하다.

나. 시티폰사업에의 안간힘

어려운 환경에서도 한국통신은 시티폰을 발착신 겸용으로 변경하고, 기지국의 출력을 100mW로 보강하여 통화 커버리지 및 음영지역을 해소하도록 시도하였다. 그래서 이를 저속도의 이동통신수단으로 정착시켜 새로운 이동통신방식으로 발전시키고자 안간힘을 쏟고 있었다. 그럼에도 불구하고 한국통신은 1998년에 들어서면서 시티폰(CT-2)의 사업목표를 2000년에 가입자 223만 명, 당기순이익 407억 원으로 결정하였다. 그리고 2002년에는 가입자 365만 명, 누적순이익 263억 원의 목표를 설정하였다.이때 무선사업본부(본부장 서용희)는 시티폰 시설의 통합운영 등 이 사업회생을 위해 다음과 같은 힘겨운 시도를 계속해 나갔다(1998년도 주요사업계획, 1998. 2. 9, 무선사업본부).

첫째, 사업 폐지된 지역사업자의 시설을 임차 통합 운영한다. 이를 위해 가입자는 무상으로 한국통신에 이관하고 임차료 지급은 시설 임차 후 2년 유예 3년 분할 상환한다. 분할상환 후 한국통신에 비망가액(1,000원)으로 소유권을 이전하는 방안으로 추진한다. 이때 인수가입자 30만 명과 기지국 등 인수시설 20,683대를 1998년 4월 1일부터 통합 운영한다.

둘째, 시설통합 후 시티폰(CT-2) 역무를 폐지하고 기존 일반전화(PSTN)의 부가서비스로 전환한다. 이를 위해 시티폰요금(8원/10초)을 PSTN과 동일한 요금(45원/3분)으로 바꾸고, 기본요금(6,500원)도 부가서비스료(3,000원)로 고치는 등 이용제도 및 약관을 변경한다. 그리고 지역사업자 대리점(1,300개소)을 활용한 영업망을 확충하고 900MHz 무선전화기와 연계한 가입자를 확보한다. 또한 저가의 요금 등 장점을 집중 광고하고 홍보하여 IMF 체제하의 시티폰 판매 전략을 시행한다. 당시 한창 등 14개사는 1백만 대의 부품을 보유하고 있는 상황임을 고려하여 시설통합 후 단말기 가격의 인하를 유도한다.

셋째, 시티폰 서비스의 커버리지를 유효면적대비 65%에서 90%까지 확보하고 서울 및 수도권 지역의 음영지역을 집중 해소한다. 이를 위해 기지국 출력을 10mW에서 100mW로 증대시키는데 우선 1998년에 5천대를 시행한다. 그리고 중첩기지국 1,075대는 이면도로,

주택가, 아파트단지 등으로 이설 재배치한다. 또한 저가의 보급형 기지국, 분산안테나, 무선구내교환기 보급과 연계한 음영지역을 해소한다. 기지국 안테나 1,205대는 안테나 이득을 당시의 5dBi에서 9dBi로 향상시켜 품질을 개선한다.

16. 시티폰 확장을 위한 상호협력

16.1 한국통신과 지역사업자 간 상호협력

가. 시티폰 기지국의 공동이용

한국통신은 시티폰 지역사업자 간 CT-2 기지국의 협의설치 및 공동이용을 위해 상호협력에 관한 협정을 다음과 같이 체결하였다(한국전기통신공사와 CT-2 지역사업자 간 CT-2 서비스 상호협력에 관한 협정서, 1996. 11. 29).

① 이 사업의 협력의 범위는 기지국 설치, 기지국 공동이용, 통신설비의 제공 및 이용, 공정경쟁협력, 기타 정책협조 및 관련 부대업무로 정한다.

② 각사는 최상의 통화 커버리지 확보 및 투자비 절감과 CT-2 통신망의 조기 구축을 위해 기지국 설치는 각사의 사업지역에 자사의 책임과 비용으로 설치한다. 그리고 자사의 기지국은 자사의 책임 하에 관리하고 유지보수하며, 각사는 기지국 상호이용에 따른 이용대가를 상호 정산한다.

③ 각사는 원활한 시설공급을 위해 CT-2 시설공급협의회를 구성 운영한다. 한국통신의 지역본부와 지역사업자의 시설공급부서의 실무관계자로 구성한다. 여기에서는 특히 통신망 설계, 치국, 회선구성, 부속설비 등 CT-2 사업발전을 위한 제반사항을 협의 조정한다.

④ 각사는 기지국의 중복설치를 방지하고 기지국의 효율적인 활용을 위해 상호 협의하여 설치한다. 설치원칙은 한국통신은 옥외중심, 지역사업자는 옥내 및 지하 공간 중심으로 설치한다. 그리고 기지국의 공동이용은 각사의 해당지역 설치목표량의 60% 이상이 설치된 시점부터 개시하며 잔여시설에 대한 완료기한은 기지국 공동이용시점으로부터 1개월 이내로 한다.

⑤ 각사의 CT-2 통신망 구축을 위한 회선설비 제공에 최대한 협력하고 지역사업자의 CT-2 통신망을 포함한 자사 통신망 구축에 소요되는 회선설비는 한국통신의 설비를 전부 이용하는 것을 원칙으로 한다. 또한 기지국 이용료는 사업지역별로 총 기지국수를 각사가 균등 설치하였을 때의 기지국수와 자사의 기지국수 간의 차이에 기지국 당 단가를 적용하여 정산한다. 이때균등분 이하로 설치한 사업자가 균등분 이상으로 설치한 사업자에게 지불한다.

이 협정서는 한국전기통신공사(갑)와 CT-2 지역사업자(을) 간에 체결되었으며, 갑은 한국전기통신공사 사장 명에 의하여 무선사업본부장(서용희)이 되고, 을은 강원이동통신 대표이사(정선교), 광주이동통신 대표이사(심판구), 나래이동통신 대표이사(김종길), 부일이동통신 대표이사(최무용), 새한이동통신 대표이사(이희달), 서울이동통신 대표이사(김영환), 세림이동통신 대표이사(김문규), 전북이동통신 대표이사(최규현), 제주이동통신 대표이사(김희상), 충남이동통신 대표이사(심종익)가 서명하였다.

나. 시티폰 전국망 연동에 관한 협정

한국통신은 시티폰 지역사업자와 시티폰 서비스 전국망연동에 관하여 필요한 사항을 정하는 협정을 체결하였다(한국전기통신공사와 CT-2 지역사업자 간 CT-2 서비스 전국망연동에 관한 협정서, 1997. 7. 14). 본 협정의 주요내용은 다음과 같다.

① 각사는 LID(Link Identification Code) 및 OPSIC(Operators Identification Code)를 각사의 관리장치 및 기지국에 공동으로 등록하여 각사의 가입자가 통화시도를 할 때 전국 어디서나 각사의 CT-2 시스템에 접속되어 서비스등급에 따라 통화가 이루어질 수 있어야 한다.

② 단말기에 대한 인증을 위하여 이미 체결된 f 알고리즘 공동사용 및 LID 사용에 관한 합의서에서 정한 f 알고리즘을 공동 사용하여야 한다. 그리고 각사는 타사업자의 가입자가 사용한 과금정보를 3일 이내에 전송하여야 한다.

③ 각사는 전국망연동에 따라 자사가입자가 가입지역 이외 지역에서 타사업자의 시설이용에 따라 발생한 이용대가는 통화량을 기준으로 상호 정산함을 원칙으로 한다.

이 협정서는 한국전기통신공사와 CT-2 지역사업자 간에 체결되었으며, 한국전기통신공사 측은 사장 명에 의하여 무선사업본부장(서용희)이 되고, 지역사업자 측은 강원이동통신 대표이사(정선교), 광주이동통신 대표이사(심판구), 나래이동통신 대표이사(김종길), 부일이동통신 대표이사(최무용), 새한이동통신 대표이사(이희달), 서울이동통신 대표이사(김영환), 세림이동통신 대표이사(김문규), 신원텔레콤 대표이사(양세욱), 전북이동통신 대표이사(최규현), 제주이동통신 대표이사(김희상)이 서명하였다.

16.2 시티폰사업을 위한 최종 처방

가. 정부의 사업대책 검토

시티폰사업의 어려움을 타개하기 위해 1997년 말 정보통신부 차관주재회의가 차관실에서 개최되었다(1997. 11. 22). 이때 한국통신은 시티폰이 현 상태로는 사업성이 없으므로 다음 사항을 조치해줄 것을 정부에 건의하였다.

① 착신서비스 제공을 위한 주파수 배정, 시티폰 전용무선호출을 위한 주파수 배정, 시티폰 출력의 상향조정(10mW에서 100mW로). ② HBS 기능을 실현할 수 있도록 기존 코드리스 전화기의 기술기준 보완, PABX에 WPABX 기능실현을 위한 기술기준 개정 ③ 기지국 전파

사용료 면제, 무선국 관련 검사수수료, 기지국 면허세, 도로점용료, 정보통신 출연금 면제

이와 같은 시티폰사업의 회생을 위한 한국통신의 건의에 대해 당시 차관회의에서 협의된 주요내용은 다음과 같다.

① 착신서비스를 위한 주파수 배정문제는 현재 시티폰의 인접대역 주파수가 타목적으로 사용되고 있기 때문에 한국통신이 부담한다면 기배정하여 사용하는 사업자, 사용기관과 협의 가능하다. 그러나 시티폰의 착신서비스 제공을 위한 기술개발 등 상당기간이 필요한 것으로 보며 서비스 제공시기, 소요예산 등 구체적인 검토가 요망된다.

② 한국통신에 시티폰 전용주파수를 배정하는 것은 착신서비스와 연계하여 검토가 필요하다. 시티폰의 출력을 100mW로 보강하는 것은 적극 검토 추진한다. 또한 HBS, WPABX는 기술기준을 보완하여 생산업체, 별정사업자의 의무조항으로 할 수 있도록 조치한다.

③ 기지국 전파사용료 및 수수료는 적극 검토하여 완화 추진하며, 기지국 공용화 무선국 이동지하중계기 전파사용료 감면은 공용화를 위해 도입할 계획이나 검토 추진한다. 그리고 기지국 면허세 면제도 검토 추진한다. 또한 기지국 도로점용료는 한국통신이 감사원에 심사청구 중에 있어 정보통신부에서 감사원과 협력하여 면제 또는 감면되도록 공동 노력한다.

④ 정보통신 출연금 면제는 시티폰의 출연금 면제 시 TRS, PCS, 무선데이터 등 연쇄반응이 있으며, 면제액 만큼 특정사업자가 추가 부담이 수반되므로 수용이 불가하다.

이 회의를 마치면서 차관은 시티폰을 PSTN의 부가서비스로 전환하는 방안을 적극 검토하고, 시티폰서비스를 PSTN 부가사업으로 추진 시에는 전국 1개 사업자로 운영하는 방안을 포함하여 종합 검토할 것을 요청하였다. 또한 지역사업자가 시티폰을 반납 시 음영지역 발생 등 한국통신에 미치는 영향과 대책도 검토할 것을 요망하였다.

이 회의에는 정보통신부의 차관(박성득), 정보통신지원국장, 정보통신정책심의. 부가통신과장(차양신)이 참석하였고, 한국통신에서는 부사장(이정욱), 무선사업본부장(서용희), 마케팅국장(박운식)이 참석하였다. 이어서 정부는 시티폰 사업의 어려움을 해결하기 위해 당시 영업상황, 비용구조, 수지보전 전망 등을 분석하고 이를 살리기 위한 대책을 내 놓았는데 주요내용을 보면 다음과 같다(CT-2 사업의 현황과 구조조정 방향, 1997. 12, 정보통신부).

(1) 영업상황 및 수지보전 전망

영업상황을 보면 서비스 초기년도인 1997년에는 한국통신이 1,018억 원, 10개 지역사업자가 1,321억 원 등 총 2,339억 원의 적자가 예상된다. 사업비용 중 감가상각비가 약 30%로서 이를 제외하면 적자규모가 1,388억 원이며, 이중 한국통신을 제외한 10개 지역사업자의 적자규모는 951억 원으로 예상된다. 한국통신의 경우 CT-2사업은 무선 공중전화 및 일반전화 무선 가입자망으로서의 기능을 통해 전화통화 유발은 물론 전화서비스의 다양성을 제고시켜 전화망의 효율 및 수익을 증대시키는 효과가 있으므로 역무구분 또는 회계분리를 현행과 달리하면 한국통신은 지역사업자와 다르게 수지 개선이 예상된다.

수입상황을 보면 시티폰 요금은 월 14,500원(1,000도수 기준)이고, PCS는 월 35,500원, 셀룰라는 월 42,000원이다. 따라서 시티폰 요금은 셀룰라, PCS의 35-40% 수준이다. 그럼에도 사업계획 당시 예상보다 1997년 말 기준으로 볼 때, 가입자는 118만 명에서 78만 명으로 감소할 것으로 보이며, 평균 이용요금은 월 1만8천원-2만원으로 예상하였으나 1만2천원으로 감소하고 있다. 특히 10-20%의 가입자가 시티폰 사용을 하지 않고 있는 상태이고, 30-40%가 요금을 체납하고 있는 실정이다.

비용구조를 분석하여 보면 한국통신을 제외한 지역사업자는 무선호출사업을 병행하기 때문에 인건비 비중이 높지 않다. 서울이동통신의 경우 과다한 판매영업비 지출이 적자의 요인으로 보인다. 지역사업자의 경우 기지국 이용료, 전용회선료, 접속료 등 한국통신에게 지불해야 하는 비용부담이 과중하다. 서울이동통신의 경우 사업비용의 20%를 점유하고 있다. 수지보전 전망을 보면 지역사업자들은 1997년도 무선호출사업에서 총 578억 원의 흑자를 전망하고 있으나 CT-2사업의 적자가 1,321억 원에 달해 수지 보전이 어렵게 보인다.

(2) 앞으로의 전망과 문제점

가입자는 현실적으로 2001년까지 당초 사업계획서상 예상 가입자인 442만 명의 33%에 불과한 138만 명에 그칠 것으로 예상된다. 이처럼 가입자 수요전망이 저조한 사유는 다음과 같이 파악된다.

① 틈새시장으로서의 시티폰 서비스의 입지가 축소되고 있다. 이것은 PCS의 조기 상용화 개통 및 GMPCS, IMT-2000 등 신규서비스의 출현이 예상되기 때문이다.

② CT-2 서비스 특성에 비해 소비자의 고품질 서비스 욕구 때문이다. CT-2는 이동성의 제한, 통화품질 미흡 등 저품질 서비스라는 인식이 확산되어 가입증가율이 둔화되고 해지율이 증가되고 있다.

③ 타 이동통신 서비스에 대한 가격경쟁력이 부족하였다. 이것은 이용자들이 원하는 통화품질을 확보하기 위해서는 투자비용을 늘려야 하는 관계로 가격인하에 한계가 있다. 반면 무선호출과 같이 이용할 경우 우리의 소비행태로 보아 PCS 등의 타 이동통신 서비스와 가격 차이를 거의 못 느끼는 상황이다. 즉 CT-2+무선호출의 월 이용료는 25,200원인데 비해 PCS는 35,500원이었다(월 1,000 도수기준).

나. 정부의 시티폰사업 구조조정

시티폰사업이 한국통신 및 지역사업자 공히 서비스 개시 5년차인 2001년에도 손익이 적자상태로 예상되자 정부에서는 이를 개선하기 위해 정보통신부장관(강봉균) 주재로 대책회의가 개최되었다(1997. 12. 1). 이 회의에서 논의된 정부의 구조조정원칙과 이의 시행을 위한 회의결과는 다음과 같다(CT-2 사업의 구조조정방안에 대한 장관주재 회의참석 결과보고, 1997. 12. 2, 무선사업본부).

① 정부차원에서 시티폰 사업의 수지개선을 위한 사항을 최대한 지원한다. 이를 위해 접속통화료를 26% 인하하여 연평균 약 76억 원을 경감하고, CT-2 기지국의 정기검사, 변경검사 등을 면제하여 연평균 약 3억 원을 경감토록 하며, 기지국 도로점용료를 면제하여 연평균 약 7억 원을 경감토록 추진하는 등 제세비용을 경감 조치한다.

② 기지국 출력을 10mW에서 100mW로 조정하고, 가정용 기지국(HBS), 구내무선교환기(WPABX)에 CT-2 기능을 부여하여 보급을 촉진하며, 건물내부, 백화점, 지하 공간 등에 저가의 보급형 기지국을 확대 설치토록 유도하는 등 통화품질을 개선하고 서비스 범위가 확대되도록 지원한다.

③ 지역사업자의 시티폰사업을 한국통신에 통합 운영하는 방안을 지원한다. 이를 위해 인수인계에 관한 구체적 내용은 사업자 자율로 협의 결정토록 하며, 자산에 대한 평가는 감가상각 분을 제외한 잔존가액을 기초로 하여 협의에 의해 결정한다. 또한 인수대금은 자금상황, 사업성 등을 고려하여 장기분할상환 조건을 자율 협상토록 한다.

④ 정부의 제세비용 경감지원에 대하여는 정보화 촉진기금을 당기순이익 발생 시까지 징수 유예한다. 이는 한국통신 기준 매출액의 3%에 해당한다.

⑤ 정부의 구조조정안에 따라 사업지속 또는 사업퇴출여부는 사업자 자율로 결정한다. 한국통신으로의 통합운영계획은 사업자 간 자율적인 협의에 의해 통합사업자가 지정되도록 결정한다. 사업을 퇴출하고자 하는 사업자는 가입자 처리를 완료한 후 정부에 사업퇴출 승인을 요청한다.

⑥ 사업자간 통합협상은 개별사업자 간의 법인 대 법인으로 협상을 추진하는 것을 원칙으로 하고 1997년 12월 31일까지 완료한다. 정부의 CT-2 구조조정안을 금일회의의 토의내용을 보완하여 통신위원회(1997. 12. 4)에 회부한다.

⑦ 한국통신은 시티폰사업의 인수방안, CT-2사업을 수익성있는 사업으로 활성화 시키는 방안과 이를 위한 대정부 개선사항을 종합적으로 검토한다.

이 회의에는 정보통신부의 정보통신정책실장, 정보통신지원국장 외 관련 직원 3명이 참석하였고, 한국통신에서는 부사장(이정욱), 무선사업본부장(서용희)이 참석하였다. 또한 시티폰 지역사업자 대표로서 나래이동통신 사장(김종길), 서울이동통신 회장(이봉훈), 부일이동통신 사장(최무용), 광주이동통신 사장(심판구), 전북이동통신 사장(최규현) 등이 참석하였다.

이때 논의된 구조조정 원칙을 다시 정리하면 정부차원에서는 사업수지 개선을 위해 사업자 건의사항에 대해 최대한 지원을 강구하겠다는 방향이었다. 이를 위해 기지국 검사비용, 접속통화료 등 부담을 경감하고 기지국 출력을 100mW로 상향하고, 건문 내에도 기지국을 설치하여 통화품질 개선과 서비스 범위가 확대되도록 지원하겠다는 것이었다. 이상의 지원조치를 전제로 사업의 계속여부는 사업자의 자율판단에 맡긴다는 방침이었다.

그럼에도 불구하고 사업폐지를 신청하는 경우에는 가입자보호를 전제로 이를 승인하고, 사업폐지의 경우 정보통신부장관의 승인을 받아야 하며 사업폐지로 인해 공공의 이익이 저해될 우려가 있는 경우에는 승인을 해서는 안 된다는 점도 검토되었다(전기통신사업법 제14조). 또한 가입자보호를 위한 가입자 이관문제, 사업 폐지된 시설의 재활용문제 등의 해결은 관련 사업자 간 자율적으로 협의 결정하게 하였다. 사업폐지 전에 사업자 간에 시설과 가입자의 인수인계를 통해 통합운영에 합의하는 경우에는 정보통신부장관의 인가를 받아 사업의 양수 양도를 할 수 있도록 하였다(전기통신사업법 제13조 제2항).

16.3 시티폰 사업의 구조조정

가. 시티폰 사업의 통합운영방안 대두

시티폰 사업은 이와 같이 어려운 상황에도 불구하고 지역별로 2개-3개 사업자가 경쟁하고, 총 11개 사업자가 경쟁하고 있었다. 이러한 경쟁구도 하에서 BEF에 도달하기 위해서는 시장 전체로 304만 명 이상의 가입자가 확보되어야 하나 현실적으로 2001년에 138만 명의 가입자가 예상되어 사업성이 부족하였다. 이것도 통화품질 개선 및 서비스 범위확대를 위한 지원조치를 전제로 전망한 것이다. 따라서 현재의 시장상황과 향후 전망으로 보아 사업을 계속 수행하기 위해서는 품질개선과 비용경감 등의 대책이 필요하였다.

한편 정부는 사업수지 개선을 위한 사업자 건의사항에 대해서는 기지국 검사비용, 접속통화료 등의 부담을 경감하는 등 최대한의 지원책을 강구하겠다고 나섰다. 또한 통화품질 개선, 서비스의 다양화 및 고도화를 지원하기로 하였으며 이러한 지원조치를 전제로 사업의 계속여부는 사업자의 자율적 판단에 맡기기로 하였다. 그럼에도 불구하고 사업의 폐지를 신청하는 경우에는 가입자 보호를 전제로 이를 승인하기로 하고, 가입자 보호를 위한 가입자 이관문제, 사업 폐지된 시설의 재활용 문제 등은 관련 사업자 간 자율적으로 협의하여 결정하는 것으로 정하였다.

이때 한국통신은 사업 폐지된 시설이 발생할 경우 통합운영 시 기술적 문제점을 검토하였다. 당시 기지국(BS) 수를 보면 한국통신 26,028대, 지역사업자 20,207대 등 총 46,234대가 운용되고 있었고, 각 사업자별로 집중운용센터를 <표 4-74>와 같이 운용하고 있었다.

<표 4-74> 사업자 별 시티폰 집중운용센터의 운용

구분	한국통신	지역사업자	계
가입자 관리장치(SMS)	12	11	23
기지국 관리장치(NMS)	26	8	34

그리고 사업자별 가입자 관리장치(SMS)와 기지국 관리장치(NMS)에 대한 장비설치상

황은 다음과 같이 조사되었다.

(1) 한국통신은 서울/경기지역은 삼성과 삼우, 부산지역 삼우, 전남지역 삼우, 대구지역 삼성, 충남지역 제일, 전북지역 제일, 강원지역 삼우, 충북지역 제일, 제주지역 삼우 제품으로 설치되었다. (2) 지역사업자는 서울/경기지역은 삼성과 닷소로 설치되었으며, 부산지역, 대구지역, 충남지역, 충북지역, 전남지역, 전북지역, 강원지역, 제주지역 등 모두 삼성 제품으로 설치되었다.

이러한 상황에서 통신망을 체제대로 운영하는 경우 각 센터별로 인력을 배치해야 하고 이로 인해 분할손이 발생하고, 각 국별 측정 장치, 예비 유니트 등을 별도 확보해야 하였다. 동일지역에 서로 다른 기종의 시스템을 운용함에 따른 교육에 대한 중복비용 발생 등 유지보수비용이 과다하게 소요될 수밖에 없는 상황이기 때문이었다. 따라서 통신망의 효율적 운용과 유지보수의 전문화를 위해 제작사별, 지역별 시스템 재배치가 불가피하였다.

이 경우 지역사업자의 가입자 관리장치(SMS)와 기지국 관리장치(NMS)를 한국통신의 집중센터로 통합하는 것으로 검토되었다. 그리고 서울이동통신의 닷소사 기지국(7,056대)은 특정지역으로 재배치하고, 기타 지방도시도 한국통신과 지역사업자의 설비가 이 기종으로 설치된 경우 지역별로 재배치하기로 하였다. 이와 같이 시설 통합 및 재배치를 위한 비용은 약 450억 원 정도 과다하게 소요될 것으로 예상되었다.

나. 정부의 구조조정 결정

정보통신부는 그간 사업성 문제로 논의가 있어 왔던 시티폰 사업에 대한 정보통신부장관 주재회의(1997. 12. 1)와 정보통신정책심의위원회의 심의를 거친 결과를 토대로 다음과 같이 이 사업의 구조조정 방향을 확정하였다(CT-2 사업구조조정 방향 확정통보, 1997. 12. 15, 정보통신부장관).

(1) 정부차원에서 사업수지 개선을 위해 사업자 건의사항에 대해 최대한 지원하는 방안을 강구한다. 기지국 정기검사, 변경검사를 면제하여 연평균 약 3억 원을 경감토록 한다. 기지국 도로점용료를 면제하여 연평균 약 7억 원을 경감토록 한다. 다만 이 사항은 감사원 등과 협의를 전제로 한다. 그리고 접속통화료를 26% 인하하여 연평균 약 76억 원을 경감 조치한다.

(2) 통화품질을 개선하고 서비스 범위가 확대되도록 지원한다. 이를 위해 기지국 출력을 10mW에서 100mW로 상향 조정한다. 그리고 가정용 기지국(HBS), 무선구내교환기(WPABX)에 CT-2 기능을 부여하여 보급을 촉진토록 한다. 또한 건물내부, 백화점, 지하 공간 등에 저가의 보급형 기지국을 확대 설치토록 유도한다.

(3) 이상의 지원조치를 전제로 사업의 계속여부를 사업자 자율판단에 맡기며, 그럼에도 불구하고 사업폐지를 신청하는 경우에는 가입자 보호조치를 전제로 이를 승인한다. 가입자

보호를 위한 가입자 이관문제, 사업 폐지된 시설의 재활용 문제 등의 해결은 관련 사업자 간 자율적으로 협의 결정한다. 또한 법 제도의 개선이 필요한 사항은 즉시 시행하고 제도개선이 필요한 사항은 조속히 개선하여 시행한다.

(4) 이 문서의 수신처는 한국전기통신공사, 서울이동통신(주), ㈜나래이동통신, 부일이동통신(주), ㈜세림이동통신, 광주이동통신(주), ㈜신원텔레컴, 전북이동통신(주), 새한텔레콤(주), ㈜강원이동통신, 제주이동통신(주)으로 하였다.

이어서 정보통신부와 한국통신 간에 시티폰 사업을 위한 대책회의가 열렸다(1997. 12. 17). 이 회의에는 정보통신부에서 정보통신정책실장, 정보통신지원국장, 한국통신에서는 무선사업본부장, 마케팅국장이 참석하였으며, 이때 정부의 요망사항과 한국통신의 요구사항은 각각 다음과 같다(시티폰 관련 사업대책 보고, 1997. 12. 17, 무선사업본부).

정부는 대선 후 및 임시국회를 대비하여 최대현안 과제가 시티폰이기 때문에 연내에 한국통신의 내부방침을 확정하고 사업자 간 협의할 것을 요망하였다. 이때 대내외 발표는 금지할 것도 요망하였다. 그리고 CT-2 시설인수 시에는 IMF 규제하의 통신수요를 고려하고, 정부의 지원요구사항을 최대한 지원하며, 지역사업자의 투자부분을 실사하여 무상 또는 최소한의 비용으로 인수할 것을 요망하였다.

한국통신에서는 무상인수 시 세금, 감가상각비 부담 등을 감안하여 지역사업자의 시설을 수탁 운영하고 수탁운영은 당기순이익 발생년도부터 협상가액 도달시점까지 년차적으로 정산할 것을 요구하였다. 그리고 정부에서는 시티폰 관련 제세비용 감면, 정보통신 출연금 면제조치를 요구하였다. 또한 시티폰의 출력보강, 코드없는 전화기에 CT-2 기능보강을 위한 기술기준을 제정하고, 시티폰을 PSTN의 부가서비스로 역무의 변경을 승인하며 이를 위한 착신주파수를 배정할 것을 요구하였다.

16.4 시티폰 시설의 통합운영 결정

가. 시설통합운영이 한국통신에 미치는 영향

1997년 말 지역사업자 사장단 회의에서는 한국통신에게 시설의 양수양도 협상을 제안하기로 방침을 결정하고 이에 대한 협상을 요구하였다(1997. 12. 4). 이때 이들은 기지국 이용료, 상호접속료, 브랜드 이용료 등의 납부유예 및 협정파기를 요구하는 쪽으로 움직이고 있었다. 그러나 지역사업자가 시티폰의 사업성 불투명으로 사업포기 및 사업권 반납은 정부 승인이 필요한 사항이었다.

이러한 상황에서 한국통신은 CT-2시설을 통합 운영하는 경우 장단점을 검토하여 통합 운영방안이 한국통신에 미치는 영향을 다음과 같이 분석하였다(시티폰사업 활성화를 위한 지역사업자와의 시설통합운영 기본계획 요약, 1998. 1, 무선사업본부).

① 셀룰라, PCS 및 지역 시티폰사업자 등 이동통신이 옥외에서 잠식하는 유선전화시장의 방어적 역할을 수행할 수 있다. 또한 유선상품과의 패키지 요금제도 등의 시행으로 유선통신시장을 방어하는 등 기본통신시장의 수입누수를 방지할 수 있다.

② 당시 지역사업자와 공동으로 사업을 수행함으로서 한국통신 만의 역무변경은 곤란하고 다수 사업자 체제로서는 요금조정이 곤란한 실정이었다. 그러나 통합 운영하는 경우 CT-2를 PSTN의 부가역무로 전환이 용이하고, 요금제도의 유연성을 가질 수 있다.

③ CT-2를 PSTN의 부가역무로 변경 시 유선통신 시장경쟁에서 한국통신 가입자는 옥내+옥외 서비스를 제공하게 되어 차별화 상품으로 정착시킬 수 있다. 이때 하나로통신 가입자는 옥내서비스로만 제한되기 때문이다. 그리고 정보화촉진기금(매출액의 3%), 기지국 전파사용료, 면허세 등 연간 약 80억 원을 감면받을 수 있는 등 제세비용을 경감할 수 있다.

④ 가정용 기지국(HBS), 구내무선교환기(WPABX) 등 기본통신망의 서비스 보강으로 새로운 수익원의 발굴이 예상된다.

⑤ 시설통합운영 시 단점으로는 통합운영에 따른 이설비용이 과다하게 소요된다(약 200억 원 추정). 그리고 시설통합운영 후 사업이 부진할 경우 가입자 퇴출비용의 부담 등 위험성이 상존한다.

나. 지역사업자 시설의 임대차 계약조건

한편 한국통신은 지역사업자의 CT-2 시설을 임대차하는 경우 계약조건을 다음과 같이 정하였다(시티폰사업 활성화를 위한 지역사업자와의 시설통합운영 기본계획, 1998. 1, 무선사업본부).

① 정부의 CT-2 사업 구조조정방침에 따라 지역사업자의 사업 폐지된 시설을 임차하여 시설을 통합 운영한다. 이때 시설의 임차협의는 가입자와 시설을 일괄협상 추진한다.

② 기지국을 대상으로 실사 후 시설을 임차 추진한다. 한국통신이 자산실사 후 시설통합운영에 필수적인 시설은 리스, 외상구매에 관계없이 지역사업자는 당해시설을 한국통신에 임대토록 한다. 양사 합동으로 실사를 통해 임대차하기로 결정된 설비에 대해 1997년 12월 31일 회계결산 종료 후 장부가액(잔존가액)의 20% 이하로 결정한다.

③ 임차료 지불방법은 한국통신이 지역사업자의 설비를 임차하여 통합운영 후 세후 당기순이익 발생년도 부터 지역사업자별 임차료 총 지불금액에 도달 시 까지 자산가액 비율로 수익을 배분하는 것으로 한다. 지역사업자의 설비는 각 사별 임차료 총 지불금액에 도달 시 한국통신에 무상으로 소유권을 이전하며, 가입자는 무상으로 한국통신에 이관한다.

한국통신은 폐지된 지역사업자의 시설을 임차하여 운영하는 조건으로 사업성을 분석하였다. 이때 비용부분의 산출기준을 ① 한국통신이 통합 운영 후 당기순이익이 발생하는 시점부터 이익금을 일정비율로 배분하고, 정부의 제세비용 감면을 반영한다(년 86억 원). ②

유지보수인력은 당시 한국통신의 유지보수인력 수준(350명)을 유지하고, 지역사업자 시설의 임차로 시설 감가상각액은 제외한다. ③ 수익부분의 산출기준은 가입비 1만원, 기본료 4천원, 월 이용요금 1만2천원으로 산정하는 것으로 설정하였다. 한국통신은 시티폰 시설을 통합 운영하는 경우 그 사업성은 <표 4-75>와 같이 예측하였다(CT-2 시설 통합운영시의 사업성 검토, 1997. 12. 17, 무선사업본부).

<표 4-75> 시티폰사업을 통합 운영하는 경우 사업성 예측

구분	1997년	1998년	1999년	2000년	2001년
수요(1000명)	332	1,176	1,237	1,203	1,166
수익(억원)	444	1,431	1,743	1,757	1,706
비용(억원)	1,406	1,965	1,979	1,688	1,573
당기손익(억원)	-962	-534	-236	69	133
누적손익(억원)	-962	-1,496	-1,732	-1,663	-1,530

다. 지역사업자 설비의 통합결단

이와 같은 예측에 의하면 사업개시 4년차(2000년)에 당기순이익 69억 원이 발생하는 것으로 나타나고 있다. 그리고 장비내용연수(6년) 이전에는 누적순익을 달성할 수 없으며, 그 이후년도(2003년)부터는 시설의 재투자 등이 이루어져야 함으로 결국 사업성이 없는 것으로 분석되었다.

이러한 상황에서 한국통신 무선사업본부(본부장 서용희)는 많은 고민 끝에 시티폰사업 활성화를 위한 통합운영방안을 다음과 같이 수립 추진하였다(시티폰 사업대책, 1997. 12. 22, 무선사업본부).

첫째, 지역사업자의 사업 폐지된 시설을 임차하여 통합 운영한다. 이는 지역사업자의 시설을 유무상 인수하는 경우 한국통신의 자산이 증가하여 법인세 및 인수시설의 감가상각 등에 따른 비용이 과중하게 발생하기 때문이다. 특히 법인세의 경우 잔존가액의 30.8%(약 431억 원) 정도를 부담하게 되어 있다. 이때 시설에 대한 임차협의는 가입자와 시설을 일괄 협상 추진한다.

둘째, 시설의 임차는 기지국을 대상으로 실사한 후 전산시스템 및 부대시설은 제외하고, 가입자 관리장치 등 기타시설도 한국통신이 필요한 시설에 한정하여 임차한다. 한국통신은 통합운영 후 당기순이익(세금정산 후 이익)의 발생년도부터 협상에 의하여 결정된 자산가액 비율로 사업자 간 연차적으로 이익을 분배한다. 그리고 지역사업자별 이익 배분액 누계가 협상에 의해 결정된 자산가액에 도달할 때 임차설비는 한국통신으로 이관한다.

셋째, 지역사업자의 리스 및 외상구매한 시설의 채권, 채무는 당해사업자 책임 하에 조치한다. 이를 위해 한국통신이 자산을 실사한 후 시설통합운영에 필수적인 시설은 리스, 외상

구매에 관계없이 지역사업자는 한국통신에 임대차하여야 한다. 이때 외상구매와 리스에 추입된 비용은 기투자비로 인정한다.

넷째, 당해 사업자가 가입자에게 임대 및 할부판매한 단말기에 대한 채권은 당해사업자의 책임 하에 회수한다. 지역사업자와 가입자 간 계약한 가입보증금은 부채로서 가입자 관리대장을 실사한 후 한국통신으로 전액 이관한다. 그리고 지역사업자와 대리점 간 체결한 계약은 당해사업자 책임 하에 조치하고, 지역사업자의 대리점은 한국통신 또는 한국공중전화(주)와 별도의 계약을 체결한다. 또한 당해 사업자가 채용한 CT-2 영업 및 운용요원은 당해사업자의 책임하에 조치한다.

다섯째, 시설의 임대차 후 최대의 수익을 위해 CT-2의 역무변경 등은 한국통신이 결정한다. 한국통신이 시설 통합운영 후 가업성의 결여로 서비스 퇴출을 결정하는 경우 임대차계약은 자동적으로 파기된다. 그리고 지역사업자가 기체결한 임대차계약과 관련한 수익성 등의 이유로 중도에 계약 파기를 요구하는 경우 한국통신은 가입자 퇴출비용 등의 손해배상을 지역사업자에게 청구한다.

16.5 시티폰 시설통합운영에 따른 후속조치

가. 정부의 정책적 지원대책 요청

한국통신은 적자가 예상되는 시티폰 사업의 시설 임차에 따른 정책적 지원 등 시티폰사업의 할성화를 위해 정부의 지원사항을 다음과 같이 강력히 요청하였다(시티폰 사업대책, 1997. 12. 22, 무선사업본부/본부장 서용희).

① 전파법시행령을 개정하여 CT-2기지국을 무선국 허가대상에서 제외 조치한다. 그래서 코드없는 전화기와 동일한 출력(10mW)으로 형평성을 유지토록 한다. 무선국 허가대상에서 제외가 불가한 경우 실제 사용채널당 전파사용료를 부과하도록 조정한다. 또한 준공검사, 정기검사, 임시검사, 변경검사 수수료 등 무선국 검사수수료를 면제한다.

② 시티폰사업 활성화를 위해 기지국 출력을 10mW에서 100mW로 상향 조정한다. 코드없는 전화기(HBS), WPABX에 시티폰 기능을 보강하고, 이를 위해 기술기준을 제정한다. 또한 시티폰을 PSTN의 부가서비스로 역무를 변경한다. 이를 위해 발신전용휴대전화 역무를 폐지하고, PSTN의 부가서비스로 역무를 변경하며, 900MHz 대역의 착신주파수를 대역폭 4MHz로 할당한다.

③ 매출액 대비 3%의 정보통신출연금이 납부를 면제한다. 그리고 CT-2 시설 임차후 시설통합에 따른 필요자금을 정부에서 무이자로 융자 제공한다.

1998년 초 한국통신은 재차 폐지된 지역사업자의 시티폰 시설을 임차하여 통합운용 시의 사업성을 면밀히 분석하였다. 여기에서 수요예측은 서울대 경영연구소 연구결과(1997.

12. 29)를 참조하였다(시티폰 시설 통합운영에 따른 지역사업자 요구사항 검토 및 대책, 1998. 1. 30, 무선사업본부). 이 사업성 분석결과는 <표 4-76>과 같다.

<표 4-76> 시티폰 시설을 임차하여 운영 시 사업성 분석

구분	1997년	1998년	1999년	2000년	2001년	2002년
수요(1000명)	327	1,032	1,574	2,233	2,949	3,647
수익(억원)	445	818	1,256	1,819	2,558	3,108
비용(억원)	1,405	1,726	1,446	1,412	1,573	2,077
당기손익(억원)	-960	-908	-192	407	885	1,031
누적손익(억원)	-960	-1,868	-2,060	-1,653	-768	263

이때 임대차 설비의 자산평가 기준가액은 1997년 말 회계결산 종료시점의 지역사업자의 장부가액을 기준하여 20%로 하였으며, 한국통신의 자산가액은 1997년 말 결산 후 장부가액의 100% 기준으로 하였다. 그리고 이익배분방법은 지역사업자의 시설을 임차하여 한국통신이 통합운영 후 당기순이익(세금정산 후 이익) 발생년도부터 자산평가 기준액 비율로 사업자 간 연차적으로 이익을 분배하는 것으로 하였다. 또한 산출기준은 시설 총합 후 PSTN의 부가서비스로 역무변경하고, 부가서비스료는 3천원으로 정하여 PSTN과 동일 이용요금체계를 적용하였다.

나. 지역사업자의 요구사항

1998년이 되면서 한국통신은 시티폰 사업과 관련하여 지역사업자와의 협의는 다음과 같이 진행되었다(시티폰 관련 협상추진 내역, 1998. 2. 4, 무선사업본부).

제1차 회의(1998. 1. 8)는 한국무선호출협의회 회의실에서 가졌으며, 이때 지역사업자들은 시설 임차기준을 잔존가의 50%를 요구하였고, 금융권 차입금에 대해 한국통신이 지급보증을 해줄 것을 요구하였다. 이에 대해 한국통신은 금융권 차입금 지급보증은 불가하며, 시설 임차기준금액은 잔존가의 20%로 할 것을 제시하였다.

제2차 회의(1998. 1. 12)에서 지역사업자들은 한국통신이 제시한 20%를 수용하였으며, 재차 금융권 차입금 지급보증을 요구하고 나섰다. 이에 한국통신은 이 지급보증은 불가함을 다시 확인하였다.

제3차 회의(1998. 1. 14)가 지역사업자 대표로서 광주이동통신 사장, 나래이동통신 사장, 한국통신에서는 무선사업본부장(서용희), 마케팅국장(박운식)이 참석하였다. 이 회의에서 지역사업자 측은 시설 임차기준금액을 잔존가의 30%를 요구하였다. 협의결과 1997년도 회계결산 후 잔존가의 20%로 한국통신에 임대차하고, 당기순이익 발생 시 자산가 비율로 이익을 배분하기로 하였다. 그리고 한국통신 내부의견을 수렴한 후 1998년 1월 30일에 기본협정을 체결하기로 합의하였다.

이때 한국무선호출협의회 회장(광주이동통신 사장 심판구)은 정보통신부 장관(강봉균)을 면담하여 잔존가의 20%를 1년 거치 3년 분할 상환할 수 있도록 요구하였다(1998. 1. 26). 이때 1997년도 기지국 임대료 미납액은 지역사업자가 현금이 없으므로 잔존가에서 상계하기를 요구하였다. 당시 한무협 회장은 한국통신과 협의한 대로 추진하고자 하나 협회 회장으로서의 어려움을 표명하였다.

며칠 후 한국무선호출협의회는 부회장(최승태)이 나서, 잔존가의 30%를 1년 거치 3년 분할 상환하고, 분할납부 시 최초년도는 조금 적게, 점차 비율을 높이는 방안으로 분할 상환하는 수정제안을 하였다(1998. 1. 31). 이에 대해 한국통신도 잔존가의 20%를 유지하고 최초년도인 2000년에 20%, 2001년에 30%, 2002년에 50%를 분할 납부하는 방식의 2년 유예 3년 분할 상환하는 수정제안을 내 놓았다.

이때 한국무선호출협의회는 잔존가의 20%를 수용하고 한국통신의 분할납부조건도 수용하였다(1998. 2. 3). 이때 기지국 이용료의 납부유예를 요구하면서 지역사업자는 한국통신 상품의 불매의사를 표명하기도 하였다. 이에 대하여 한국통신은 잔존가의 20%, 기지국 이용료는 2000년 20%, 2001년 30%, 2002년 50%로 정하고 브랜드 이용료는 세부협정 체결 전까지 납부하는 것으로 수정 제안하였다.

위와 같은 지역사업자의 요구에 대해 한국통신 무선사업본부(본부장 서용희)는 다음과 같은 방향을 결정하였다(시티폰 시설 통합운영에 따른 지역사업자 요구사항 검토 및 대책, 1998. 1. 30, 무선사업본부).

① 임대료 상환을 1년 거치 3년 분할로 상환하는 경우, 시설통합운영 후 최초상환년도(1999년)에 192억 원의 적자상태에서 매년 약 70억 원의 시설임대료를 상환해야 하므로 이것은 곤란하다.

② 임대료 상환을 2년 거치 3년 분할로 상환하는 경우, 한국통신의 사업성 예측대로 단기순이익 발생이 순조롭지 못할 경우 이익금의 전액 또는 적자 시에도 임대료를 상환하여야 하는 위험이 있다. 또한 상환 만료년도(2002년)에도 한국통신으로의 설비소유권 이전은 곤란하다. 설비의 감가상각 만료년도가 2003년이기 때문에 그 이전에는 장부가액이 많이 남아 한국통신으로 소유권을 이전하는 경우 지역사업자는 기부행위에 대한 증여세 부담을 해야 하는 문제가 발생한다(고문 변호사의 의견).

한국통신은 지역사업자의 요구내용에 대해 이와 같이 검토됨에 따라 다음과 같은 대안을 마련하였다.

첫째, 지역사업자가 요구하는 1년 거치 3년 분할 상환조건을 2000년까지 2년 유예 후 분할 상환한다. 그리고 한국통신은 위험부담을 최소화를 위해 거치기간 후 당기순이익을 지역사업자와 한국통신이 5: 5 비율로 분배한다. 여기에서 거치기간 중에는 이자는 발생하며 동기간 중 원금상환 또는 지급을 하지 않으며, 유예기간 중에는 이자가 발생하지 아니하고, 동 기간 중에는 원금상환 또는 지급을 하지 아니한다.

둘째, 지역사업자에 대한 이익분배금 총액이 설비 내용연수 만료 전일 경우 내용연수 만료 시 까지 설비를 계속 한국통신에 무상임대하고, 내용연수 만료 후에는 설비의 비망가액(장비당 1,000원)으로 한국통신이 인수한다.

다. 정부와의 협의 및 대통령직인수위원회에 보고

한국통신의 이와 같은 정부지원요청에 대하여 이를 협의하는 회의가 개최되었으며, 이 회의와 면담에는 정보통신부 측은 정책심의관, 전파방송국장, 정보통신지원국 부가통신과장이 참여하였고, 한국통신에서는 무선사업본부장(서용희), 마케팅팀장(박운식)이 참석하였다(1998. 1. 30). 이때 협의에 대한 정부의 답변내용은 다음과 같다(시티폰 사업관련 정부와의 협의결과 보고, 1998. 1. 31, 무선사업본부).

① 한국무선호출협회 회장(심판구)이 정보통신부장관 면담 시 설비임대료 20%를 지역사업자가 1년 거치 3년 분할 상환할 수 있도록 건의하였다. 정부는 이를 포함한 한국통신의 이익금 배분조건을 완화토록 요구하였다.

② 한국통신의 요구사항은 시티폰 활성화를 위하여 사안별로 검토 후 처리하겠다. PSTN 부가서비스로의 전환은 한국통신이 전 사업자의 시설을 통합 운영할 때 정부정책으로 수용하겠다.

③ 정보화촉진기금은 PSTN의 부가서비스로 전환되면 면제하겠으며, 전파관련 비용감면은 통신사업 구조조정 차원에서 정책적으로 수용하겠다. 그리고 정기검사, 변경검사 비용은 면제 및 면허세가 부과되지 않는 방향으로 조정하겠다.

④ 기지국 출력을 10mW에서 100mW로 보강하는 것은 승인한다. 시설통합 시 무선국 검사절차는 현행법상 법인합병 시에만 가능하게 되어 있다. 그래서 변경검사 신청 등 절차만 시행하고 기지국에 대한 실제 변경검사는 면제하겠다.

⑤ 900MHz 대역의 착신주파수 배정건의는 기존의 910-914MHz 대역의 4MHz로 우선 서비스를 제공하고 가입자 증가추세에 따라 주파수의 추가배정문제를 문서로 한국통신에 회신하겠다. 이 경우 900MHz의 인접대역에 기사용 중인 국방부 및 한국통신 장비의 주파수 전환을 위한 비용은 한국통신이 부담하여야 한다.

이와 같은 시티폰 사업에 대한 협의내용은 김대중 대통령직 인수위원회에 보고되었다(시티폰 관련 인수위의 정보통신부 협의내용 보고, 1998. 1. 31. 무선사업본부). 여기에서는 CT-2를 한국통신에서 통합운영 시 사업성, 시티폰을 PSTN의 부가서비스로 전환이 기술적 또는 행정적으로 가능한 것인지에 대한 의견, 수요조사의 신빙성 등이 논의 보고되었다. 이 회의에는 대통령직 인수위원회 경제2분과 최용식 위원(지대섭 국회의원 보좌관), 정보통신부 정보통신지원국장이 참석하였다(1998. 1. 30).

이후 한국통신은 시설통합 운영합의서의 추진일정을 다음과 같이 정하여 시행하였다(시티폰 관련 협상추진 내역, 1998. 2. 4, 무선사업본부).

① 정보통신부로부터 한국통신의 건의사항에 대한 서면회신을 접수한다(1998. 2. 4). 서울이동통신도 한국통신이 제시한 안에 동의 시 10개 지역사업자와 1998년 2월 4일이나 2월 5일까지 기본합의서를 체결한다.

② 서울이동통신이 합의의사가 없을 시는 9개 지역사업자와 합의 체결한다. 그리고1998년 2월 중 가입자 및 자산실사와 전산망 등의 구축과 아울러 세부협정서를 체결하고 한국통신은 1998년 3월 1일부터 가입자를 인수 운용한다.

라. 정부 관련기관에 보고

1998년 초 김대중 정부가 들어서자 한국통신은 시티폰 사업의 상황을 대통령직 인수위원회 경제제2분과위원회에 보고하였다(1998. 2. 11). 이때 한국통신에서는 무선사업본부장(서용희)과 마케팅팀장(박운식)이 참석하여 보고하였다. 이 위원회에는 김봉기 전문위원(새정치국민회의), 정보통신부 이교용 국장, 강문석 과장이 참석하였다. 이 자리에서 인수위 측으로 부터 이미 1998년 2월 10일 대통령 당선자에게 시티폰사업 건이 보고 완료되었음을 통보받았다.

그리고 시설통폐합은 사업자 간 자율적으로 추진되고 있고, 시설통합 후 PSTN 부가역무로 변경하는 등 사업 활성화 방안을 보고하였다. 김봉기 전문위원에게는 시티폰 시설통합 후의 사업성 및 활성화계획도 설명하였다(시티폰 관련 인수위원회 설명회 결과보고, 1998. 2. 11, 무선사업본부). 이어서 시티폰 추진살황을 국회 통신과학위원장(박구일 의원), 자민련 간사(조영재 의원), 신한국당 간사(유용태 의원)에게 설명하였다. 이때 의원들의 관심사항은 다음과 같이 확인되었다(시티폰 관련 국회활동사항 보고, 1998. 2. 16, 무선사업본부).

① 시티폰 가입자의 피해가 없도록 홍보활동 강화를 요망하며, 외국의 자본이 통신사업에 들어올 때 한국통신의 경영권 확보를 위한 주식분산 등 발생되는 문제 검토가 필요함을 강조하였다(박구일 의원). ② 임대 대가를 잔존가의 20%로 결정 협의하였는데 지역사업자의 불만은 없는지를 확인하였다(조영재 의원). ③ 한국통신 안에는 긍정적이나 다수 사업자를 선정한 정책결정자의 문제로 피해가 많다. 그 외 선박무선사업의 차질 없는 추진, 조달물자(물류비용)의 절감 대책, 관로 시설공사가 표준공법대로 시행되는지를 질의하였다(유용태 의원).

한편 한국통신 무선사업본부는 시티폰 사업상황과 통합운영에 대해 감사원의 특별감사를 수감하였다(1998. 2. 24). 이 특별감사는 감사원 감사1국 7과의 오정희 과장, 한재훈 감사관, 민홍근 감사관, 장봉식 감사관이 시행하였는데 당시 수감내용은 다음과 같다(감사원 특별감사 수감결과 보고, 1998. 2. 25, 무선사업본부).

<질의1> 정부가 시티폰 사업허가 당시 KISDI의 연구결과보고에는 한국통신을 제외하

고 지역사업자를 허가함이 바람직하다는 연구보고에 대한 한국통신의 견해는?(한재훈 감사관). <답변1> CT-2는 CT-1에서 발전된 개념의 발신전용 휴대전화 서비스이다. 따라서 교환기 등 통신망 설비를 보유한 한국통신이 사업을 수행함이 바람직하다.

<질의2> 한국통신이 CT-2를 PSTN의 부가역무로 전환하고자 하는데 이를 정부가 승인치 않을 시 대책은 무엇인지?(오정희 과장). <답변2> 한국통신은 정부로 부터 이를 긍정적으로 수용하기로 하겠다는 문서를 이미 회신 받은바 있다. 만일 역무변경이 안될 경우 요금을 PSTN과 동일요금으로 인하하여 시행하겠다.

<질의3> 한국통신이 CT-2를 CT-3로 전환코자 정부에 건의 중이나 CT-3로 전환계획은 타 사업자의 반대가 예상되는데 이에 대한 한국통신의 대책은?(장봉식 감사관). <답변3> ① 정부는 900MHz 대역에서 안기부, 국방부 등이 사용 중인 주파수를 한국통신으로 이전하는 것을 전제로 이를 수용키로 하였다. 한국통신이 CT-3로 전환 시 현재 할당받은 910MHz-914MHz의 대역으로도 약 2백만 가입자의 수용이 가능하다. ② 사업성이 있다고 판단되면 정부와 협의를 통해 전환시기와 타 기관이 사용 중인 주파수를 한국통신으로 이전하는 문제를 정부와 협의 추진하겠다.

17. 시티폰 지역사업자의 사업권 반납

17.1 서울이동통신의 시티폰사업 양수요청

가. 사업권 반납과 관련한 주변동향

1998년에 들어서면서 정부는 지역사업자의 사업권 반납설 유포로 언론 등으로부터 통신정책 부재 등의 비난 속에 대응방안을 고심하고 있었다. 그리고 지역사업자의 사업권 반납 시 가입자 대책과 인수사업자를 파악하고 있었다. 현실적으로 한국통신이 인수 가능한 사업자로 판단하면서도 통신사업 경쟁원칙의 붕괴, 한국통신의 인수불가 의사통보에 따라 가입자 대책과 인수 사업자 파악 등에 대하여 고심하였다.

그리고 하나로통신은 1999년 시내전화 사업개시를 앞두고 가정용 기지국(HBS) 등의 보급을 통한 시내전화 시장 확보에 나서고 있었다. 또한 데이콤은 시외 및 국제전화시장을 확보하기 위한 사업전략의 일환으로 CT-2를 활용하기 위해 일부 지역사업자 및 정부 측과 인수의사를 타진하고 있었다. 즉 HBS를 무료로 제공하여 CT-2 가입자를 데이콤 가입자화 하는 전략이었는데, 당시 데이톰은 하나로통신의 1대주주(10%)였다. 한편 SK텔레콤은 서울이동통신의 시티폰사업 인수에 대한 정확한 의사는 확인되지 않고 있었으나, CT-2 사업에 관심을 갖고 인수여건을 타진하고 있다는 소문이 나돌고 있었다.

나. 시티폰 사업의 양도사유 및 협의요청

1997년 초반 CT-2 사업은 서울, 수도권을 중심으로 사용서비스를 개시하여 전국 29개 도시를 대상으로 서비스가 제공되고 있었다(1997. 3. 20). 기지국 시설은 상호협정에 의거 한국통신이 25,787대(57.22%), 지역사업자가 19,279대(42.77%) 등 총 45,066대를 설치하여 공동 사용 중에 있었다. 그때까지 투자비는 한국통신이 1,807억 원, 지역사업자가 약 1,800억 원 정도가 투자되었다.

이때 가입자는 679,440명으로 이중 한국통신은 279,753명으로 전체시장의 41.2%를 점유하고 있었다(1997. 10. 30). 그리고 영업수익은 275억8천만 원을 달성하고 있는 상황이었다(1997. 9. 30). 이러한 상황에서 수도권의 시티폰 사업자인 서울이동통신(주)은 자사의 CT-2 사업을 한국통신에 양도하기를 희망하며 협의를 요청해 왔다(1997. 11. 18). 이때 서울이동통신이 한국통신에 대한 세부요청사항은 다음과 같다(서울이동통신의 시티폰사업 양수요청에 대한 검토, 1997. 11. 19, 무선사업본부).

① PCS의 조기 출현에 따라 가입자 모집비용이 증가하고 있고, 기지국 사용료, 상호접속료, 전용회선료 등 고정비의 과중으로 사업이 부진하다. 서울이동통신은 1997년 12월까지 사업 후 1998년 1월부터 이 사업을 폐지하기로 사내방침을 확정하였다.

② CT-2 사업의 합리적 운영과 경쟁력 확보를 위해서는 서울이동통신의 가입자 및 관련 시설 일체를 한국통신에서 운영함이 바람직한 것으로 사료된다. 그래서 서울이동통신의 사업권을 한국통신이 양수할 의사가 있으면 조속한 협의를 통하여 양도 양수 및 가입자 처리 대책 등 사후대책을 수립하기를 희망한다.

또한 나래이동통신 등 9개 지역사업자도 한국무선협의회 대표자 회의에서 이와 동일한 의견을 표명하였다. 이후 한국통신과 서울이동통신 간의 협의는 다음과 같이 진행되었다(서울이통과의 협상추진내역, 1998. 2. 4, 무선사업본부).

① 서울이동통신은 재차 한국통신에게 사업의 양수도 협의를 제안하였다(1997. 12. 8). 이때 서울이동통신은 주요통신설비 424억 원, 임대단말기 16억 원 등 자산양도금액으로 총 440억 원을 제안하고, 가입자 119,996명은 무상 인계하겠다는 제안을 하였다. 이에 대해 한국통신은 양수도 협의 의사가 없음을 회신하였다.

② 얼마 후 서울이동통신은 그들의 시설(닷소사 제품)을 무상으로 한국통신에 인계하겠다는 제안을 하였다(1998. 1. 16). 이에 대하여 한국통신은 국세(법인세) 등의 문제로 무상인수는 곤란하다는 견해를 밝혔다. 이어서 서울이동통신은 잔존가의 5%로 계상하여 당기순이익(세금정산 후)발생 시부터 자산가액 비율로 배분하는 수정된 제안을 내 놓았다. 이 방안에 대해 한국통신 무선사업본부 마케팅팀장(박운식)과 서울이동통신 상무(김용인)간에 합의하였으나 합의 후 1998년 1월 말까지 연락이 두절되었다.

③ 서울이동통신에서 정부에 사업폐지 승인을 요청하였다(1998. 1. 24). 이에 대해 정보

통신부에서는 가입자 보호대책 없이는 사업폐지 불허방침을 통보하였다(1998. 2. 3). 그러나 서울이동통신은 1998년 2월 15일까지만 서비스를 제공하고 서비스 중단함을 자사 가입자들에게 안내하는 가입자 퇴출안내문을 송부하였다(1998. 1. 31).

④ 한국통신은 한국무선호출협의회 부회장(최승태)을 통해 서울이동통신과의 협의창구를 개설하도록 중재를 요청하였다(1998. 1. 31). 이때 한국무선호출협의회 부회장은 서울이동통신과의 협의결과 서울이동통신은 한국통신과 협의의사가 없다고 통보하여왔다. 이에 한국통신은 다시 한국무선호출협의회 회장(심판구)을 통해 서울이동통신과의 협의 창구 개설을 위한 중재를 요구하였으나 역시 협의의사가 없다는 반응이었다(1998. 2. 2).

⑤ 그 후 한국통신 무선사업본부 마케팅팀장과 서울이동통신 상무 간에 전화통화가 되어 한국통신은 협의할 것을 요구하였다(1998. 2. 3). 이에 서울이동통신 측은 상호오해가 있는 것 같으니, 1998년 2월 3일 오후 한국통신을 방문하여 협의토록 하겠다고 하였으나 방문치 아니하였다. 이에 따라 한국통신은 한무협 회장을 통한 재협의를 요구하였다(1998. 2. 3). 이때 한국통신은 서울이동통신의 시설임차금액은 잔존가의 10%, 기지국 이용료 및 브랜드 이용료는 타 사업자와 동일한 조건을 제시하였다.

다. 한국통신의 인수불가방침 재검토

이러한 상황으로 흘러가는 가운데 한국통신은 지역사업자의 시티폰(CT-2)사업을 인수하는 방안과 시티폰 사업의 인수불가방안의 장단점을 재검토하였다(서울이동통신의 시티폰사업 양수요청에 대한 검토, 1997. 11. 19, 무선사업본부). 먼저 지역사업자의 CT-2 사업을 인수하는 방안의 장단점을 다음과 같이 분석하였다.

(1) 시외전화 및 국제통신 시장의 방어에 기여할 수 있다. 이를 PSTN의 부가서비스로 전환할 때 <표 4-77>에서 보는 바와 같이 전국 균일요금화 추진할 수 있다.

<표 4-77> PSTN 요금과 CT-2의 전국 균일요금화

구분	PSTN	CT-2
30Km 이내	45원/3분	144원/3분 참고: 현 시티폰요금은 100Km이하 8원/10초 100Km이상 14원/10초)
100Km 까지	45원/47초(172원/3분)	
100Km 이상	45원/33초(245원/3분)	

(2) 시내전화 시장에서 경쟁사업자에 대한 서비스 차별화를 할 수 있고, 셀룰러, PCS 등의 이동통신에 대한 유선전화시장 방어에 기여할 수 있다. 특히 공중전화 수익감소에 대해 방어적 역할을 수행할 수 있다. 이것은 HBS 등의 공급으로 가정에서는 PSTN, 외출 시는 시티폰을 사용하게 한다.

(3) 기 확보된 70만 가입자에 대한 통화료 수입 및 매출증대 효과가 있고, PSTN의 부가서비

스로 전환할 때 가입자증가가 예상된다. 그리고 독점사업 시 경쟁으로 인한 소모성 경비를 절감할 수 있고, 통합 운영하는 경우 경제적인 유지보수가 가능하다. 또한 지역사업자의 사업권을 인수 시 정부와의 협의를 통해 전파사용료, 면허세 등의 제세비용의 절감이 가능하다.

(4) 단점으로는 추가 투자비용(인수비용)에 대한 위험부담이 있다. 당시 PSTN으로 전환할 때 수요, 경제성 등 사업성을 연구용역 중에 있는데. 이는 가격, 조건 등 인수협상에 따라 변동 가능하다.

다음에는 지역사업자의 시티폰사업 인수불가 방안에 대한 장단점을 분석한 결과 장점은 추가투자(인수비용)에 대한 위험부담이 없다는 것이고, 단점은 다음과 같이 여러 가지로 정리되었다.

① PCS 서비스가 조기 상용화되어 PCS와 셀룰라의 치열한 가격경쟁이 불가피하게 전개되는 상황에서 현재의 11개 사업자 구도로서는 틈새시장이 너무 협소하다. 시티폰 시장규모에 비해 사업자 수가 과다하고, 적은 시장규모에서 사업자 간 경쟁으로 광고비, 단말기 판매 장려금 등 소모적인 경비가 가중될 것이다. 또한 사업자 간 통신망 운용보전 비용이 증가하여 상당기간 누적손익 분기년도가 지연될 전망이다.

② 초기 투자비를 절감하고 국가자원을 효율적으로 이용하기 위해서는 지역사업자와 기지국을 공동으로 건설하게 될 것이다. 그러면 이 서비스를 PSTN의 부가서비스로 전환하는 문제나 요금조정을 한국통신 단독으로 할 수 없어 상당한 지장이 있을 뿐만 아니라 운신의 폭이 좁아진다.

③ 지역사업자의 사업권 반납 시 한국통신 단독망으로는 통화 커바리지가 협소하여 시티폰 사업 전체가 공멸될 우려가 있다. 그리고 인수불가 방침을 확정하는 경우 데이콤 및 SK텔레콤 등이 CT-2사업을 인수하여 한국통신의 유선전화시장을 잠식할 우려도 있다.

위와 같이 검토한 결과 한국통신은 일단 다음과 같이 시티폰(CT-2) 사업을 추진하기로 방향을 정하였다. 이에 따라 지역사업자와 인수가격, 조건 등에 대해 협상을 진행하며, 적정가격과 조건이 충족되면 인수하고, 부적정하면 포기하는 방향으로 시행하였다.

첫째, 지역사업자가 이 사업을 지속적으로 운영하는 경우 적자가 가중되고 있어 조속한 사업양도를 희망하고 있다. 지역사업자가 한국통신에 납부하는 금액을 보면 기지국 이용료 19억5천만 원, 상호접속료 5억4천만 원, 전용회선료 9억 원 등 총 33억9천만 원이었다. 이러한 상황에서 협상여하에 따라서는 시설투자비의 50% 내외로 협상이 가능할 것으로 판단되었고, 인수조건도 ×년 거치 ×년 분할상환 방향으로 추진이 가능하다고 보았다. 또한 분할상환방법도 지역사업자가 한국통신에 지불하는 상호접속료, 전용회선료와 상계하는 방안으로 추진하여 추가비용을 최소화할 수 있다고 판단된다.

둘째, 단호한 인수 불가입장을 표명하는 경우 하나로통신, 데이콤, SK텔레콤 등 타 통신사업자와 협상을 시도할 가능성이 있다. 그리고 인수불가 시 시티폰 사업에 대한 역무변경,

요금정책 등 운신의 폭이 좁고, 현 구도로서는 사업성이 불투명하다.

셋째, 인수 후 PSTN의 부가서비스로 전환할 때, HBS 등의 확대공급으로 시내전화, 시외전화 및 공중전화 시장을 적극적으로 방어할 수 있으며, 독점에 따른 소모성 경비의 절감, 시설 유지보수에 대한 규모의 경제 및 PSTN 등과의 연계로 가입자 증가 등 시너지효과를 발생하여 사업성은 있을 것으로 판단된다.

17.2 서울이동통신의 시티폰사업 인수추진

가. 서울이동통신의 시티폰 사업폐지 승인

1998년 초 서울이동통신의 시티폰(CT-2) 사업 폐지신청이 정보통신부로부터 승인되었다(1998. 1. 23). 이에 따라 서울이동통신은 자사 가입자에 대한 서비스 안내문을 통보한 후 당초 10만 명의 가입자를 퇴출하기 시작하였다(1998. 1. 24). 그리고 한국통신과 기 체결한 기지국 공동건설, 공동이용, 로밍협정을 폐지하고 통신망 연동을 해제하였다(1998. 2. 15), 이러한 문제를 심의하기 위해 정보통신부는 제12차 정보통신정책심의위원회를 개최하였다(1998. 2. 11). 이 회의에 한국통신 부사장(이정욱)이 참석하여 한국통신의 입장을 다음과 같이 밝혔다.

(1) 정부의 서울이동통신에 대한 사업퇴출에 대하여는 당시 전체 시티폰 가입자가 CT-2 기지국을 공동으로 건설 이용하며 전국 로밍서비스를 시행하고 있는 상황이다. 서울이동통신의 가입자 뿐 만 아니라 나래이통, 한국통신 및 타 사업자의 가입자도 보호되어야 할 것으로 판단된다. 정부는 서울이동통신의 사업퇴출승인 시 전체 가입자 보호가 정책에 반영되어야 한다.

(2) 서울이동통신의 통신망 연동 해제요구에 대해서는 한국통신은 서울이동통신이 정부의 사업퇴출 승인 시 까지는 가입자 보호를 위해 한국통신의 기지국에서 서울이동통신의 자사 LID(Link Identification) 삭제요구는 수용할 수 없다.

(3) 서울이동통신의 시설 통합운영에 대한 한국통신의 입장은 현재 서울이동통신 측에 협상조건을 수정제안 중에 있다. 이를 위한 협의 및 대화창구는 개방되어 언제라도 협의할 준비가 되어 있으며, 한국통신의 수정제안사항은 잔존가 10% 수준, 기타 조건은 지역사업자와 동일하다.

나. 시티폰 시설의 인수통합방안

한국통신은 서울이동통신의 시티폰 시설을 인수 통합하기 위한 검토에 들어갔다. 서울이동통신의 운영시설은 프랑스 닷소(DASSAULT)사의 제품으로 가입자 관리장치 2식, 기지국 관리장치 2식, 기지국 제어장치 222식, 기지국 5,075대를 서울과 경기지역에서 설치 운용하고 있었다. 이 시설의 장점은 착신이 가능한 버전업된 시스템과 응용 소프트웨어를 채택하였고, 기지국-제어장치 간 ISDN(2B+D)의 채택으로 회선비용을 절감할 수 있다는 점이다. 반면 다음과 같은 몇 가지 단점이 있었다(서울이통 시티폰 시설인수통합 검토, 1998. 2. 4, 한국통신).

① 임대건물 등 설치분을 전화국 시험실 등으로 이설하여야 하며, 이때 이설비용으로 21억7천만 원이 소요된다. 그리고 구로, 수서 등 2개 센터에 인력이 18명이 추가 소요되고 원천기술을 보유한 프랑스 닷소사로 부터 운용교육이 필요하며 이를 위해 11억 원이 소요된다.

② 장비공급업체 및 운용안정을 위해서는 국내 지원업체 지정이 필요하고, 지원업체가 없는 경우 예비품 확보 및 운용 장애에 대한 조치에 어려움이 예상된다. 당시 서울이동통신의 경우 시스템 장애 시 닷소 지원팀을 초청하여 해결하고 있는 상황이었다. 따라서 장비공급 관련 국내 지원체제를 마련할 필요가 있다.

③ 삼성, 삼우 기지국은 국내생산제품으로 자사 기지국 보완이 가능하나, 닷소 기지국은 프랑스에서 완제품을 수입하였기 때문에 하자 보증문제가 발생하는 등 기존 기지국의 출력을 증대할 때 책임한계가 불분명한 문제가 있다. 그 외 서울이동통신의 경우 닷소사로 부터 장비를 직도입한 관계로 한국통신 조달규정에 의한 국내공급 자격업체 문제가 대두된다.

다. 서울이동통신과의 협상추진

당시 서울이동통신 시설을 인수하는 방안에 대한 한국통신의 제시안과 서울이동통신의 협의안에 대하여 기준가격, 장비이설, 운용교육 등을 비교하여 보면 <표 4-78>과 같다(서울이통 협의안에 대한 검토보고, 1998. 2. 14, 무선사업본부). 당시 한국통신과 서울이동통신의 방안을 비교하면 의견의 상당부분이 상충하고 있었다. 서울이동통신의 닷소사 장비는 진화가 가능한 최첨단 장비이고, ISDN 기능(2B+D)을 통한 전용회선을 절감할 수 있다고 주장하였다. 반면 한국통신은 BSC(310식) 등 이설비용이 23억 원 정도로 과다 소요되고, 통합운영 시 운용인력의 비용이 년 11억 원(18명)이 소요되는 어려움이 있다고 보았다.

<표 4-78> 서울이동통신 시설인수방안의 비교

구 분	한국통신	서울이동통신
기준가격	① 1997년 말 회계결산 후 잔존가(424억원)의 10% 인수예상금액 42억원 ② 추정투자비 581억원, 1997년 감가상각 15억원	설비잔존가(424억원)의 45% 인계예상금액 191억원
장비이설	양수자 부담	양수자 부담
운용요원교육		서울이동통신에서 한국통신 직원 교육실시

특히 서울이동통신의 방안은 형평성이 결여되어 이미 합의한 9개 지역사업자의 강력한 반발이 예상되므로 수용이 불가하였다. 9개 지역사업자와는 기준가 20%로 이미 체결된 기본합의서의 파기까지 예상되는 상황이었다. 따라서 한국통신은 타 지역사업자와 동일한 조건으로 수정 제시하되 기준가격은 잔존가의 20%로 수정하고, BSC 등 설비이설은 서울이동통신이 부담하는 조건으로 처리방향을 잡았다.

이러한 재협상 추진방침을 가지고 한국통신은 서울이동통신과 시설인수 통합운영문제에 대한 협의를 서울이동통신 감사실에서 진행하였다(1998. 2. 12). 이 회의에서는 한국통신과 9개 지역사업자와의 합의서 내용, 서울이동통신과 타 사업자와 제안내용이 다른 이유, 시설을 이관하지 않을 시 서울이동통신에 미치는 영향 등을 설명하고 협의하였다(서울이통과 협의결과 보고, 1998. 2. 12, 무선사업본부).

이때 한국통신은 서울이동통신과의 협의 시 9개 지역사업자와 동일한 조건을 제시할 것을 제안하였다. 다만 임차료 기준가액은 별도 협의하는 것으로 하였다. 그리고 한국통신은 서울이동통신이 BSC 등의 장비를 한국통신 전화국으로 이설해 주는 경우와 서울이동통신의 BSC를 한국통신이 이설할 때의 임차료 기준가액을 제시할 것을 요망하였다. 이에 대해 서울이동통신은 한국통신의 제안에 대해 답변을 1998년 2월 16일까지 문서로 답변하겠다고 하였다.

이후 한국통신과 서울이동통신은 시설통합 인수협상을 위한 회의가 재개되었으며, 이 회의에는 한국통신의 무선사업본부장, 서울이동통신의 이홍재 감사, 최상빈 이사가 참석하였다(1998. 2. 24). 이 회의에서 서울이동통신은 가격잔존가 45%에서 37%로 수정 제안하였으나, 한국통신은 잔존가 20% 이상은 이미 체결 사업자와의 관계 등을 고려하여 수용이 불가하다고 결론지었다.

시설인수가격 20%를 제외한 다른 조건을 제시하는 경우 검토할 수 있으나 20%선 만은 수용할 수 없었다. 이에 서울이동통신은 자사 회장에게 보고 후 통보하겠다고 하였다. 한편 이를 위한 후속조치로 한국통신은 기 설치 운용 중인 장비의 1997년도 말 장부가격의 20%, 신품장비는 25%를 계상하는 방법으로 시설 임차료를 산정하였다. 이때 서울이동통신의 투자비 내역과 임차비용은 <표 4-79>와 같이 분석되었다.

<표 4-79> 서울이동통신의 투자비 내역과 임차비용 분석

구분	기설 장비가	신품 장비가	계
투자내역(백만원)	47,798	10,283	58,081
감가상각(백만원)	18,832	-	18,832
인수예상가(백만원)	5,793(20%)	2,570(25%)	8,362

그리고 임차료 상환, 설비의 이설, 가입자 및 시설인수인계 기간 등 세부적인 시행사항은 다음과 같이 정하였다(시티폰 시설통합 운영현황 및 서울이동통신과의 협상추진상황 보고, 1998. 3. 23, 무선사업본부).

① 임차료의 상환은 2년 유예하고, 최초연도 20%, 다음연도 30%, 마지막 연도 50% 등 3년 분할상환으로 하고, 임차료 총 지불액 도달 시 한국통신에 비망가액(1,000원)으로 소유권을 이전한다. ② 관리장치(SMS, NMS) 및 BCU(310대) 설비 등은 한국통신 부담으로 이설한다. ③ 서울이동통신은 프랑스 닷소 제품으로 시설 이전 및 이전 후 안정화기간 동안(1998. 2. 16- 3. 31) 시스템 운용을 지원한다. 그리고 기 협정체결 사업자도 형평성 원칙에 의거 일괄 미정산 처리한다. 전체 사업자의 미정산 이용료는 33억3천3백만 원이며, 서울이통은 12억2천3백만 원으로 예상된다. ④ 이상 내용에 대해 한국통신 무선사업본부장(서용희)과 서울이동통신 감사(이홍재) 간의 가합의가 이루어졌다(1998. 3. 23).

17.3 시티폰(CT-2) 사업의 통합운영

가. 사업자 간 기본합의서 체결

CT-2 시설 통합운영을 위한 사업자 간 기본합의서 체결을 위한 사장단 회의가 한국통신 13층 회의실에서 개최되었다(1998. 2. 6). 이 기본합의서의 서명당사자는 한국통신에서는 무선사업본부장, 지역사업자로는 강원, 광주, 나래, 부일, 새한, 세림, 신원, 전북, 제주이통 등 9개 지역사업자 사장이 참석하였다. 이 회의에서 기본합의서의 원칙은 합의되었으며 그 외 주요내용은 다음과 같다(CT-2 시설통합을 위한 사업자 간 기본합의서 체결을 위한 사장단 회의결과, 1998. 2. 6, 무선사업본부).

① 나래, 전북, 부일, 세림 등 4개 사업자는 현재 기본합의서가 설비제공으로 되어 있어 이를 임대차 등으로 수정한다. ② 강원, 광주, 새한, 신원, 제주이통은 현재의 합의서안 대로 시행한다. ③ 각 사별 의견내용을 1998년 2월 9일 중으로 실무자가 모여 한국통신에서 합의서 내용을 수정하고, 1998년 2월 10일 중에 합의서에 서명한다.

위 회의에서 결정된 대로 한국통신은 나래이동통신 등 9개 사업자와 기본합의서를 체결하였다(1998. 2. 10). 이어서 시설통합에 따른 현장실사 및 가입자 승계를 시행하였다(1998. 2. 15-3. 20). 이 기간에 가입자 승계대상자(123,932명)에 대한 실사를 하고 데이터베이스 작업을 완료하였다. 또한 관리장치, BS 등 20,206대에 대한 실사를 완료하고, 관리장치 18식을 이설 완료하였다.

이에 따라 정부는 지역사업자의 발신전용 휴대전화역무(CT-2)를 1998년 3월 20일자로 폐지 승인하였으며, 시설통합 운영은 1998년 4월 1일자로 시행하게 되었다. 한편 시설통합 운영에 따른 상호 지불예상액을 분석하였다(시티폰 시설통합운영 현황 및 서울이통과의 협상추진 상황보고, 1998. 3. 23, 무선사업본부). 먼저 시티폰(CT-2) 시설통합에 따른 한국통신(KT)의 인수 추정가액을 살펴보았다.

지역사업자 투자비 총액 1,514억1천5백만 원, 1997년 감가상각 액(39.4%) 596억5천7백만 원, 잔액 917억5천8백만 원으로 분석되었고, 인수추정금액(20%)은 183억5천3백만 원으로 확인되었다. 따라서 연도별 지불금액은 2000년 36억7천1백만 원, 2001년 55억5백만 원, 2002년 91억7천7백만 원으로 확인되었다. 한편 사업자별 기지국 이용료의 징수예상금액은 총 97억8천1백만 원이 되는 것으로 파악되었다. 그 중 나래이동통신이 35억8천7백만 원, 서울이동통신이 35억2천6백만 원으로 가장 많은 금액이었으며, 그 외 사업자별 징수예상액(1997. 10-1998. 3)은 <표 4-80>과 같이 확인되었다.

이때 한국통신의 인수가액과 기지국 이용료의 차액이 지불할 예상금액이다. 따라서 인수가액(183억5천3백만 원)에서 기지국 이용료 징수액(97억8천1백만 원)을 차감하면 총 지불금액은 85억7천2백만 원이 된다. 그리고 연도별 지불금액은 2000년 1,7억1천5백만 원, 2001년 25억7천2백만 원, 2002년 42억8천5백만 원이 된다.

<표 4-80> 지역사업자별 기지국이용료 징수예상액(단위: 백만원)

사업자별	나래	서울	부일	세림	광주
이용료	4,820	4,749	470	860	577
미정산	1,234	1,223	112	211	145
징수액	3,587	3,526	358	649	432
사업자별	신원	새한	전북	강원	제주
이용료	668	192	249	133	396
미정산	174	46	61	31	96
징수액	494	146	188	102	300

나. 시설통합운영 후 사업 활성화를 위한 조치

1998년 전반기 한국통신은 시티폰(CT-2) 시설의 통합 운영에 따라 향후 이 사업의 활성화를 위해 다음과 같은 조치를 정부와 협의 추진하였다(시티폰 시설통합현황 및 서울이통과의 협상추진 상황보고, 1998. 3. 23, 무선사업본부). 우선 시내통화료를 8원/10초를 45원/3분으로 조정하고, 기본료 6,500원을 부가사용료 3,500원으로 조정하는 등 CT-2 서비스 이용약관을 개정하였다. 그리고 정부신고(1998. 3. 17), 약관공시(1998. 3. 24)를 거쳐 1998년 4월 1일부터 시행토록 추진하였다.

당시 시티폰 서비스는 정보통신부로부터 주파수를 할당받아 제공하는 역무였다. 1998년 3월 이를 전화역무(PSTN)로 변경 요청하였으며 이를 위해 전기통신사업법 전기통신사업

회계분리 고시기준과 전기통신사업 상호접속기준을 개정 추진하였다. 또한 시티폰의 제세 비용을 감면하는 등 CT-2 사업 구조조정에 대한 정부의 후속조치를 건의하였다(1998. 2. 23). 주요내용으로는 지역사업자 무선국을 한국통신이 승계하는 사항과 CT-2 기지국을 허가신고 없이 개설할 수 있는 무선국으로 분류하게 하였다.

정보통신부와 협의결과 지역사업자의 무선국은 허가신청 절차만 시행하고 실제 준공검사는 면제하며, CT-2 무선국 허가면제는 당시 전파법 개정(안)을 검토하고 있어 개정 시 긍정적으로 검토하겠다고 하였다. 또한 기지국 출력을 10mW에서 100mW로 증대하기 위한 출력장치의 개발을 추진하고 이를 위해 한국통신 규격을 조속히 제정하고, 1998년 4월에는 시험서비스를 실시하여 1998년 하반기에는 상용서비스를 제공토록 추진하였다.

다. 시티폰 지역사업자의 무선국 허가 승계

CT-2 사업은 정부의 구조조정방침에 따라 시설을 임차하여 통합 운용하되 정책건의사항을 정부에서 일괄 수용하는 것을 전제로 추진하였다. 이때 한국통신은 사업추진상의 문제점을 정리하여 정부에 건의하였다(CT-2 지역사업자 무선국 허가승계 건의, 1998. 4. 16, 한국통신).

① 전파법상 허가 승계의 범위(전파법 제19조 제2항)에는 시설자인 개인이 사업을 양도하는 경우, 시설자인 법인의 합병이 있는 경우로 정하고 있다. 지역사업자의 사업 폐지된 시설을 통합 운영하기 위해서는 지역사업자 무선국 허가사항이 한국통신에게 승계가 필요하나 이는 현 법령상 승계요건에 부합되지 않고 있다.

② 시설통합에 기 투입된 비용이 20억 원, 무선국 신규허가 시 비용이 13억 원이 추가됨으로서 적자수지 개선이 어려운 상황이다. 더구나 지역사업자가 퇴출한 시설을 통합 운영한다는 부정적 내부여론이 있다 보니 추가비용 부담 명분이 미약하다. 한편 시설은 중단 없이 운용됨에 따라 전파사용료 등 정기비용은 규정에 따라 납부됨으로서 정부의 세수에는 영향이 없다. 반면 지역사업자 시설을 신규허가 신청 시 한국통신에게는 비용 부담이 과도하게 발생한다(13억 원).

③ CT-2 사업의 시설통합은 정부의 구조조정정책에 따른 것으로 합목적성을 고려하여 무선국을 승계할 수 있도록 행정 특례 조치를 요망한다. 향후 법인의 합병 없이 사업과 시설만을 양도 양수하는 경우에 대한 무선국 승계가 가능하도록 전파법 개정을 요망한다.

라. 위탁대리점 대표자들의 시위

1998년 시티폰(CT-2) 위탁대리점 대표자 장윤관 외 18명이 한국통신 본사 1층 홍보관에 도착 즉시 위탁대리점 1명이 무선사업본부 유통지원부 박이근 과장과 통화한 후 방문증을 교부받아 19명이 15층으로 이동하였다. 박이근 과장이 15층 회의장에서 대표자 일행을 만난 후 회의 준비 중 일행 일부가 11층으로 이동하였고, 이때 나머지 일행이 돌출행동으로 11

층 사장실 진입을 시도하였다.

사장실 진입이 저지되자 11층 사장실 출입구 복도를 점거하여 농성을 벌였다(1998. 3. 18). 이들은 3월 19일에 한국통신 사장과의 면담을 약속 후 자진 해산하였다. 그 후 한국통신 대리점사업 및 시티폰사업 규탄대회가 서울역 광장과 한국통신 광화문 빌딩 앞에서 벌어졌다(1998. 4. 29). 이 집회에는 약 200명이 참가하여 서울역 광장, 상공회의소, 남대문시장 입구, 신세계백화점, 대연각 빌딩, 명동지하철역, 상업은행 명동지점으로 행진하였다. 이후 다시 한국통신 광화문빌딩에서 정부종합청사를 왕복 행진하였다.

18. 차세대 이동통신기술 개발

18.1 IMT-2000 개발의 출발점

가. IMT-2000의 국외 개발동향

1990년대 중반 세계적으로「IMT 2000/ FPLMTS」라는 차세대 이동통신서비스가 출현하고 있었다. IMT는 국제이동통신(International Mobile Telecommunication)의 영문약자이고, FPLMPS는 차세대 이동통신(Future Public Land Telecommunication System)의 줄인 말이다. 당시 개별적인 무선통신서비스를 통합하여 서로 다른 무선접속환경에서도 하나의 단말기로 개인마다 부여된 개인번호에 의해서 음성, 비음성 및 멀티미디어 등 다양한 서비스를 제공하고자 시도하였다.

이를 위해 세계적으로 IMT-2000에 대한 단일표준을 추구하고 있었으나 지역별 그룹을 형성하여 개발 중에 있었으므로 사실상 단일표준화는 어려운 상황에 있었다. 북미는 CDMA 개발그룹(CDG : CDMA Development Group)이 중심이 되어 퀄컴 방식을 기반으로 동기식 W-CDMA 개발을 추진하고 있었다. 여기에서 CDG는 IMT-2000 개발을 위한 북미 4개사인 LMNQ(Lucent, Motolora, Nortel, Qualcomm)를 말한다. 유럽에서는 GSM을 기반으로 한 비동기식 W-CDMA를 에릭슨 주도로 개발하고, TDMA방식은 지멘스 주축으로 개발을 병행 추진하고 있었다.

그리고 일본은 도코모(DoCoMo)를 중심으로 유럽방식인 비동기식 W-CDMA 개발을 추진하면서 아시아 및 제 외국 컨소시엄 참여를 희망하는 한편 IDO, DDI 중심으로는 미국의 퀄컴 방식을 개발하고 있었다. 이처럼 당시 선진국은 단일표준보다는 복수표준의 채택이 유력 시 됨에 따라 글로벌 로밍을 위한 호환성 확보에 주력하는 분위기였다. 또한 선진 제조업체는 지역그룹의 표준은 물론 복수규격으로 개발 중이었다.

나. 정부의 IMT-2000 개발의지

정부는 한국전자통신연구소(ETRI)로 하여금 디지털 셀룰라 CDMA(IS-95)를 기반으로 한 퀄컴사의 동기식 W-CDMA방식으로 기술개발계획을 확정하였다(1996. 11. 2). 이어서 FPLMTS 기술개발 컨소시엄 구성 설명회를 개최하고 컨소시업 참여의사를 통보하였다(1996. 11. 25). 이때 컨소시엄에는 통신사업자(14개), 제조업체(73개) 등 총 87개 업체가 참여하였으며 이때 참여기관 및 업체는 다음과 같다(1996. 11. 25 기준).

① 한국전기통신공사, 데이콤, 신세기통신, 한국이동통신, 한솔PCS, LG텔레콤 등 전국 규모의 기간통신사업자(6)

② 인테크텔레콤, 두루넷, 아남텔리콤, 한컴텔레콤 등 TRS 및 무선데이터사업자(4)

③ 나래이동통신, 충남이동통신, 부일이동통신, 새한이동통신 등 이동통신 지역사업자(4)

④ 한화정보통신, 태일정밀, 현대전자산업, 일진, 대우통신, 대영전자공업, 태광산업, 한라중공업, KNC, 삼성전자, 모토롤라반도체통신, LG정보통신, 대한전선 등 제조업체(13)

⑤ 해태전자, 맥슨전자, 코오롱정보통신, LG전자, 국제상사 등 단말기 제조업체(5)

⑥ 대성정밀, 국제전자공업, 삼우통신공업, 길음전자, 창원전자, 삼테크, 유신전자공업, 내외반도체, PLUS, 정명산업, CTI반도체, 한국산광통신, 단암산업, 에이스안테나, 대일통신, 동한전자, 아비브정보통신, 우리별정보통신, 성미전자, 이성전자공업, 태평양시스템, 청호컴퓨터, KMW, 맥팀스제어통신연구소, 한국통신, 기쁜, KDC정보통신, 성화통신(주), 일용전자, 나사금속통신, 텔슨전자, 태림전자, 기륭전자, 동양전기공업, 동아일렉콤 등 인프라, 단말기 분야의 중소기업(35)

⑦ 금호텔레콤, 아남반도체기, 고정통신, 모아통신, 중앙전자공업, 한국H&S, 팬택, 기린전자, EC전자통신, 한서통신공업, 스탠더드텔레콤, 아함전자, 부산의용촌보훈복지공장, 대성전기, 한국통신기산업, 자네트시스템 등 단말기 분야의 중소기업(20)

이후 정부는 국책 및 산업체의 공동 컨소시엄(93개 기업)을 구성하여 IMT-2000 표준모델연구 및 기반기술연구를 시행하였다. 이를 위해 소요예산 630억 원, 소요인력 486명을 투입하고 개발기간은 1997년 1월부터 1999년 12월까지로 정하였다. 또한 정부는 본 과제의 개발기관으로 한국전자통신연구원(ETRI), 개발관리부서로 한국통신을 지정하였으며, IMT-2000의 연도별 개발목표를 다음과 같이 설정하였다.

① 1997년 : IMT-2000 표준화 연구 및 평가, 무선접속 테스트베드의 설계 및 제작, 기반기술연구, 핵심부품 설계, IMT-2000 검증 시제품 및 공통시험환경 설계.

② 1998년 : IMT-2000 표준안 제안, 무선접속 테스트베드 보완, 무선망설계 검증, 기반기술연구, 핵심부품제작 및 시험, IMT-2000 검증시제품 구현 및 시험환경 구축.

③ 1999년 : IMT-2000 표준안 보완, 테스트베드를 이용한 무선망설계 검증, 기반기술연구, 핵심부품성능 개선, IMT-2000 검증시제품 연동시험.

다. 통신사업자 및 생산업체의 본격참여

한국통신은 어느 한쪽으로 치우칠 수 없는 시대적 흐름 따라 동기식(퀄컴 방식)과 비동기식(NTT DoCoMo) 개발에 착수하였다. 한국통신은 무선통신연구소에서 기지국, 단말기 및 핵심부품을 개발하고, 교환기술연구소에서 교환기를 개발하게 하였다. 그리고 한화정보통신과는 시험용 모델(Prototype Test Bed) 제작하여 동기식은 1997년 12월, 비동기식은 1998년 6월까지 납품하도록 발주하였다.

SK텔레콤에서는 일본방식의 비동기식 W-CDMA 방식을 개발을 위해 NTT 도코모에 공동연구개발 직원을 파견하였다(1997. 10). 그리고 비동기식 시험용 장비(Test Bed)를 구축하고 영상통신시연회를 추진하였다(1997. 9). 이를 2002년 월드컵에서 통신지원용으로 사용하려는 협의도 진행하였다. 또한 사업권을 확보하기 위해 정부의 비동기식 개발사업관리단장에 SK텔레콤 사장(서정욱)을 추천하면서 개발과제를 수탁받기 위해 대정부 협의를 진행하고 있었다.

삼성전자 등 제조업체에서는 일본방식의 비동기식 W-CDMA 방식을 개발하고 있었다. 세부적으로 보면 삼성전자는 국가 잠정표준인 퀄컴 방식과 도코모 계열방식을 병행하여 개발하고 있었으며, LG정보통신은 국가 잠정표준인 퀄컴 방식을 개발 중이었다. 이러한 상황에서 정부는 주요 통신사업자에게 IMT-2000 시험주파수를 <표 4-81>과 같이 배정하였다.

<표 4-81> IMT-2000 시험주파수 배정(1997년)

구분	TX(MHz)	RX(MHz)	비고
한국통신	1,890～1,900	2,115～2,125	1997. 7. 30
SK텔레콤	1,890～1895	1,970～1,975	사용종료로 재신청
삼성전자	1,965～1,980	1,885～1,900	시스템 미구성

18.2 한국통신의 IMT-2000 개발준비

가. IMT-2000 개발의 출발

1990년대 후반 IMT-2000 서비스가 2000년대의 대표적인 무선통신서비스로 대두되었다. 이에 따라 한국통신은 종합통신사업자로서 무선분야의 주도적 사업자의 위상을 확보하고 수입창출을 위해 이 신규 사업에 진출하고자 이를 위한 추진기본계획을 수립하여 IMT-2000 모델시스템(COSMOS)의 구축을 위한 기술요구서를 작성하였다. 또한 그동안 RF MMIC 등 IMT-2000 관련 핵심기술을 개발하여 6건의 특허를 출원하였다. 여기에서 RF란 무선주파수(Radio Frequncy)이고, MMIC는 마이크로파 단일결정 IC(Monolithic Microwave IC)를 뜻한다. 이 개발사업의 준비단계를 벗어나 앞으로 이 기술의 본격적 개발을 위해 추진방침을 다음과 같이 수립하였다(1996. 11. 30).

첫째, 초기단계에서는 사업권을 확보하는데 역점을 두고 정부주도의 공동개발에 주도적으로 참여한다. 그리고 FPLMTS의 핵심기술인 광대역 무선접속기술을 역점적으로 개발한다. 둘째, 앞으로 멀티미디어서비스 제공 및 초고속통신망과의 연동기술을 개발하고 1999년 완료예정인 국제표준화 활동에 적극 참여한다. 그리고 ETRI 주도의 국내표준화에 한국통신의 의사를 반영토록 한다. 셋째, 제1단계(1997년-2000년)는 사업권 확보를 위한 연구개발성과를 조기에 가시화하고 국제 및 국내표준화 활동에 적극 참여토록 한다. 그리고 제2단계(2001년-2003년)에 가서는 기존시설을 최대한 활용하여 경제적인 시스템을 구축하여 상용서비스를 개시한다.

이후 한국통신은 국책개발관리기관으로 지정되었으며, IMT-2000 기술개발협의회도 구성되었다. 회원사로 정보통신부, 한국통신, ETRI, 한국이동통신(KMT), 삼성전자 등 93개 기관이 참여하였다(1996. 12-1997. 1). 이에 따라 개발협의회 운영요령 및 사업관리규정을 제정하고 1997년 출연금은 정부 100억 원, 민간 100억 원 등 총 200억 원으로 정하였으며, 이 중 한국통신은 26억7천만 원을 분담하였다. 이때 한국통신의 역할은 정부, 산업체, 주관연구기관 간의 협조체제를 구축하고 조정하여 정부정책이 적극적으로 수행될 수 있게 하고, 연구개발사업을 효율적으로 관리하는데 있었다.

나. 한국통신의 IMT-2000 시스템개발

1997년 초 한국통신 네트워크본부(본부장 이정욱)는 자체적으로 IMT-2000 기반기술을 확보하고 상용시스템을 개발하는 기본계획을 수립하였다(IMT-2000 시스템개발 기본계획, 1997. 2. 5, 네트워크본부). 이 계획의 주관부서 및 결재자는 제4장 말미의 참고자료 편에 기록되어 있다. 이 계획의 주요내용은 5년간에 걸쳐 총 92억 원의 연구개발비를 투입하여 1단계(1996-1998년)에서는 핵심기술과 요소장치를 개발하고, 2단계(1999-2000년)에서는 상용시스템과 응용서비스를 개발하는 것으로 결정하였다. 이 연구과제는 한국통신 무선통신연구소가 수행하게 하였다.

이에 따라 무선사업본부에서는 IMT-2000 국책개발사업과 자체개발과제를 연계하여 종합적으로 추진하기 위해 1급 1명, 2급 1명, 3급 이하 7명 등 총 9명으로 구성하여 차세대 이동통신개발 전담조직을 만들어 운영하였다(무선사업업무보고, 1997. 2. 15, 한국통신 무선사업본부). 1997년 중반 한국통신은 IMT-2000 개발의 추진방향과 연구개발계획 등 세부시행계획을 확정하였다(IMT-2000 정책회의결과, 1997. 7. 10, 무선사업본부). 이 계획의 주관부서 및 결재자는 제4장 말미의 참고자료 편에 기록되어 있다. 이 계획의 주요내용은 다음과 같다.

(1) 무선통신연구소는 차세대 광대역 개인이동통신시스템 개발과제를 수행하고 이를 무

선사업본부에서 관리한다. 당시 연구개발실적은 차세대 핵심기술인 RF/IF칩을 개발하였으며, 테스트베드(COSMOS) 제작을 위해 한화정보통신을 선정하였다(1997. 5- 1997. 6). (2) 교환기술연구소에서는 이동 ATM교환기술을 개발하고, 이를 네트워크본부가 관리한다. (3) 앞으로 국내외 타 기업과 공동협력을 추진하고 IMT-2000 기술방식을 재검토하며 외국과 IMT-2000 개발협력전략을 수립한다. 그리고 IMT-2000 관련 연구개발추진체계 및 과제의 통폐합을 검토한다.

이때 ETRI는 개발수행방안으로 분야별 책임개발제를 도입할 것으로 예상되었고, IMT-2000은 한국통신과 SK텔레콤이 공동개발사로 선정되는 것이 필수적이라고 판단하고 있었다. SKT는 도코모 계열의 테스트베드를 공개하면서 단독개발사로 선정되기를 시도할 것으로 보였다. 따라서 ETRI의 개발수행방안의 성안단계에서부터 정부의 개발수행체계 결정단계까지 단계별로 한국통신 입장을 반영되도록 노력하였다.

다. 한국통신의 연구개발계획

1997년 후반 한국통신은 IMT-2000 상용시스템을 위한 연구개발계획을 수립 추진하였다. 그 주요내용은 다음과 같다.

① 차세대 광대역 개인이동통신시스템 연구개발 과제를 무선통신연구소에서 수행한다. 이 연구과제의 개발목표는 IMT-2000 연구용 모델시스템(COSMOS)의 연구개발, IMT-2000 핵심기술개발, IMT-2000 응용서비스 개발로 정하였다. 연구기간은 1996년- 1998년으로 정하고 소요예산 99억 원, 소요인력 92명을 투입하는 것으로 추진한다. 여기에서 COSMOS란 Communication System for Mobile multimedia Services를 말한다.

② ATM 교환기를 이용한 UPT/FPLMTS 기능개발을 위한 연구 과제를 교환기술연구소가 수행한다. 개발목표는 IMT-2000 서비스 제공을 위한 ATM 교환 소프트웨어 개발, UPT 접속 ATM 교환시스템 소프트웨어 개발, IMT-2000용 연구시제품 ATM 교환시스템 개발로 정하였다. 이를 위해 소요예산 125억 원, 소요인력 82명을 투입하여 1996년- 2000년에 수행한다. 여기에서 UPT는 Universal Personal Telecommunication을 말한다.

한편 한국통신은 IMT-2000시스템을 개발 추진함에 있어 다음과 같은 몇 가지 현안 과제를 안고 있었다(IMT-2000 개발전략 재검토, 1997. 8, 무선사업본부).

첫째, 무선전송기술 표준화 방향을 재정립할 때가 되었다. NTT 도코모 계열방식만을 개발하고 있으나 타 회사에서는 복수방식을 선호하므로 한국통신의 개발방향을 조속히 정립해야 한다.

둘째, 기술개발 협력업체의 추가 선정여부를 조속히 결정해야 한다. 무선기술의 공동개발업체로 한화정보통신(주)를 지정하여 개발 중이나 이 협력사는 삼성전자, LG정보통신보다 기술 및 대외협력 면에서 실력이 상대적으로 미약하다. 이러다 보니 정부는 한국통신이

IMT-2000 개발에 소극적으로 참여하는 것으로 보고 있으며, 통신사업자로는 SK텔레콤, 제조업체로는 삼성전자 및 LG정보통신이 이 신기술개발에 적극적이라고 인식하고 있다.

셋째, 한국통신 내 개발관리부서가 이원화되어 있어 정보유통에 한계가 있는 등 업무의 협력체계가 미흡하다. 당시 IMT-2000 무선기술은 무선사업본부, IMT-2000 교환기술은 네트워크본부에서 담당하였다.

넷째, 표준화 활동에도 미온적으로 대응하고 있는 문제가 있다. 한국통신기술협회(TTA)의 IMT-2000 분과위원회를 보면 의장은 정보통신부 전파연구소 위규진 박사, 부의장에 ETRI 임선배 박사, 간사에는 SK텔레콤 홍인기 박사로 구성되었다. 그리고 산하 5개 연구위원회도 통신망 연구위원회 의장 ETRI 김성배, 무선프로토콜 연구위원회 의장 ETRI 송평중, 스펙트럼 연구위원회 의장 신세기 정우기, 무선전송기술 연구위원회 의장 LG정보통신 연철흠, 위성부문 연구위원회 의장 한국통신 오종택이 맡고 있는 실정이다.

다섯째, 한국통신 IMT-2000 개발실적 및 추진내용 등 기술력의 대외홍보가 미흡하다. SK텔레콤의 경우 국내외 행사에 적극 참여하여 연구 및 기술력을 전파함으로서 국내 무선분야는 SK텔레콤 만 존재하는 것으로 제 외국에서 인식하는 경향이 있다. 그래서 외국기업들이 공동연구를 하자면서 기술협력을 그쪽으로 요청하는 경우가 있었다.

18.3 IMT-2000 표준방식에 대한 고심

가. 국내 동기식 기술개발

IMT-2000을 위해 ITU에서는 동기식과 비동기식 복수규격이 가능하도록 추진하고 있었으며, 북미는 동기식, 유럽과 일본은 비동기식 위주로 개발하고 있었다. 당시 우리나라는 동기식과 비동기식 기술개발을 병행하였다. 동기식 기술의 개발목표는 기반기술 및 표준모델을 연구하는 것으로 정하였으며, 1단계(1997년-1999년)에서는 기반기술을 확보하고 2단계(1999년-2000년)에서 상용시스템을 개발하는 것으로 하였다. 이 방식의 기술개발을 위한 출연자는 정부, 한국통신 등 103개 업체로 되었다. 이때 동기식 국내개발을 위한 개발추진체계는 다음과 같이 정하여 추진하였다(차세대이동통신 IMT-2000 추진방향, 1997. 12, 무선사업본부).

① 정부, ETRI, 17개 통신사업자, 88개 제조업체 107개 기관으로 구성된 차세대이동통신 기술개발협의회를 운영한다. 그 산하에 운영위원회, 표준회위원회를 둔다.

② 차세대이동통신 기술개발협의회를 위해 한국통신에 사업관리팀(5명)을 설치 운용한다. 이를 위한 사업관리비는 출연연구개발비 중 약 2억 원을 계상 확보하였다.

③ 사업관리팀의 역할은 기술개발협의회 및 운영위원회의 주요 실무행정사항, 차세대이동통신 표준화연구회의 운영에 관한 사항, 차세대이동통신 표준화추진에 관한 사항, 기술

개발사업의 관리 및 평가반 운영, 사업비의 총괄관리 및 재원운용계획 수립, 기술도입 및 기술이전 관련사항, 기술개발사업의 방향 및 추진전략에 관한 사항, 사업계획의 검토 분석 및 변경 협의 등의 업무를 수행하는 것으로 정하였다.

이에 따라 차세대이동통신 기술개발협의회는 위원장으로 한국통신 무선사업본부장(서용희)을 선임하고, 그 산하에 4개의 전문연구반을 구성하였다. 여기에서 기술개발분석, 평가, 이전 등을 시행하였으며, 무선접속 시험용장치(Test Bed)의 설치, 시제품 제작 등을 담당하였다. 그리고 지적재산권(특허권 80건)을 확보하였다. IMT-2000 국책사업을 추진하는 과정에서 한국통신의 역할을 강화하기 위해 정부의 승인을 거쳐 본 협의회 규정을 개정하였다(1997. 12. 24). 주요내용으로는 사업관리팀의 기획, 조정기능을 강화하고, 사업관리관련 의사결정을 사업관리팀에 위임하게 하였다. 또한 연구개발사업을 전략적, 체계적으로 관리할 수 있게 하고, 개발협의회와 운영위원회를 효율적으로 운영하는 방향으로 개정하였다.

그러나 이 사업이 진행되는 과정에서 정부출연연구비가 축소되는 문제가 생겼다. 즉 IMT-2000 기술개발사업 중 정부출연과제인 기반기술연구과제의 1998년도 협약출연금이 당초 110억 원에서 70억 원으로 삭감되었다. 이렇게 되면 우선 ETRI는 기반기술 연구목표와 연구범위를 축소하려 들것이고, 민간출연업체들은 정부와 기업체가 50: 50 비율로 균등부담하게 되어 있는 원칙에 따라 기업체는 출연금 삭감을 요청할 것으로 예상되었다. 결국 정부출연의 기반기술의 연구결과부실로 전체 연구목표달성에 지연을 초래할 것으로 예상되었다.

이와 같은 정부출연금 삭감에 따른 대책을 수립하기 위해 한국통신은 임시운영위원회를 소집하였다(1998. 1). 한국통신은 이 위원회를 통해 참여기업체의 반발을 최소화하고, 기업체 출연금(110억 원)은 당초대로 출연하는 쪽으로 유도하기 위한 것이었다. 또한 1997년 이월금 및 동기방식 개발예산을 비 동기방식으로의 전용을 방지하고, 각 사의 연구추진을 비동기방식 개발체계로 수렴하는 등 비동기방식의 기술개발로 인한 추가연구비를 최소화하는 쪽으로 움직였다.

또한 비 동기방식 개발협의회의 출범으로 동기방식의 개발이 상대적으로 위축되지 않도록 해야 하였으며, 이를 위해 한화정보통신, 한국통신프리텔, 데이콤, 삼성전자 등과 공조체제를 유지할 필요가 있었다. 이런 와중에도 한국통신은 1998년 전반기까지 IMT-2000 운영관리 요령을 제정하고 무선접속 시험용 장치(Test Bed)를 구축 시연하며 ITU-R에 IMT용 표준안을 제출하였다. 한편 IMT-2000 기술개발협의회 위원장을 무선사업본부장에서 부사장(이정욱)으로 격상하였다.

나. 국내 비동기식 기술개발

비동기식 기술은 동기방식과 경쟁 개발하는 것으로 정하여 별도의 추진체제를 갖추었다

(1997. 11). 한국통신은 본격적으로 IMT-2000 개발을 위해 교환분야와 무선분야로 나누어 개발하였다. 교환분야의 개발목표는 ATM을 이용한 IMT-2000 기능을 개발하여 소요예산은 26억7천만 원으로 정하였다. 이 기술개발의 수행부서는 한국통신 통신망연구소가 되고 관리부서는 네트워크본부로 정하였다.

무선분야의 개발목표는 차세대 광대역기술 및 무선망 운용기술을 개발하도록 하며 소요예산은 53억5천만 원을 배정하였다. 이 기술개발은 무선망연구소가 전담하고 무선사업본부에서 관리하게 하였다. 1997년 12월에는 정보통신부 주관으로 IMT-2000 비동기방식 연구개발단 단장 위촉 건을 토의하는 회의가 개최되었다(1997. 12. 9). 이 회의에는 정보통신부(기술기준과장 신용섭), 한국통신, KT프리텔, SK텔레콤, 데이콤, 한솔PCS 등 5개 통신사업자와 삼성전자, 현대전자, 대우통신, LG정보통신 등 4개 제조업체가 참석하였다.

이 회의에서 SK텔레콤 사장(서정욱)을 연구개발단장에 위촉하는 안건을 토의하였다. 이에 대해 한국통신, KT프리텔, 삼성전자, 데이콤, 한솔PCS는 단장의 중립성을 고려하여 반대하였다. 반면 SK텔레콤, 현대전자, 대우통신, LG정보통신은 개인능력을 중시하여 찬성하였다. 그 외 논의된 의견을 보면 한국통신은 기존의 동기식 개발체제에서 함께 개발 추진하고, 이 방식의 개발책임자로서 ETRI 관련단장이나 TTA총장을 추천하였다.

한편 LG정보통신에서는 사업관리는 기존의 한국통신 사업관리팀에서 담당하는 방안을 제안하였다. 그리고 LG정보통신과 SK텔레콤에서는 동기식 연구개발단에 인력파견을 희망하였다. 이처럼 의견이 나누어지자 정보통신부에서 검토하여 결정하는 것으로 하였다(이상 IMT-2000 비동기방식 참여업체 실무협의회 결과보고, 1997. 12. 13, 무선사업본부).

이후 본 회의결과에 대해 정보통신부에서 검토한 결과 우선 TTA에 연구개발단을 구성하고, SK텔레콤 사장을 단장으로 임명 추진하였으며, 이에 필요한 인력 10명은 각사에서 TTA에 파견토록 하였다. 이에 따라 비동기 IMT-2000 기술개발협의회(의장 서정욱)가 구성되었으며, 여기에 통신사업자, 대기업, 제조업체 등 11개 업체가 참여하였다. 그리고 참여업체 직원들로 연구개발단을 구성하여 TTA에 설치하였으며, 여기에는 한국통신, 데이콤, SK텔레콤, 한국통신프리텔, 한솔PCS, LG텔레콤, 삼성전자, LGIC, 현대전자산업, 대우통신, 한화정보통신 등이 참여를 희망하였다.

한편 비동기 IMT-2000 기술개발협의회가 운영됨에 따라 한국통신은 다음과 같은 방향으로 비동기 사업을 추진하였다(비동기 IMT-2000 기술개발협의회 구성 동향보고, 1997. 12. 24, 무선사업본부).

① 한국통신은 이 연구개발단에 전체인력의 50% 수준으로 참여하여 공동연구로 수행하는 등 사업권 확보에 불리한 요소를 최대한 제거할 수 있도록 추진한다.

② 연구개발비 투자는 타사와 균등 또는 이하로 배분하고 현금투자는 최소화한다.

③ 연구개발에 대한 인력투입은 기존의 연구인력(30명) 모두를 파견하여 비동기 개발을

추진하고, 전체적인 인력관리는 IMT-2000 총괄팀 소속으로 한다.

18.4 동기식 CDMA와 비동기식 CDMA 논쟁

가. 정부의 정책방향 재정립

당시 우리나라는 IMT-2000 표준화는 IS-95를 기반으로 동기식 W-CDMA(퀄컴방식)으로 표준규격을 개발 중이었다. 그러나 퀄컴이 주축이 된 북미계열 표준규격개발에 제외국 기업의 참여기회가 제외됨으로 향후 방식표준 결정 후 기술료 등 유리한 협상을 위해 표준화 전략의 변경이 요청되었다. 한국은 IMT-2000 핵심 전송기술인 CDMA기술을 퀄컴(Qualcomm)방식으로 하여 표준모델을 개발하고 있었다.

당시 IMT-2000은 3대축으로 개발이 진행되고 있었다. 북미는 퀄컴방식으로 동기식 광대역 CDMA를 개발하고, 일본은 NTT도코모(DoCoMo)를 주축으로 비동기식 광대역 CDMA를 개발 중이었다. 한편 유럽에서는 노키아, 에릭슨을 주축으로 광대역 CDMA를 개발 추진하고 있었다. 이런 상황에서 일본 NTT 도코모는 IMT-2000 개발에 외국기업 참여를 유치하고 있었다.

한편 퀄컴방식의 주축인 루슨트(Lucent), 노텔(Notel), 모토롤라, 퀄컴 등 북미기업 4개사는 CDMA 개발그룹(CDG)을 구성하였으나 한국 등 외국업체의 참여는 배제하였다. 특히 선진외국의 경우 대부분의 표준화 및 기술개발은 제조업체가 주도하고 있었으며, 핵심기술을 보유한 기업들 간에 IMT-2000개발을 협력하고 있었다. 당시 기술을 보유하지 못한 기업과는 협력을 배제하고 있는 실정이었다. 이러한 상황에서 정보통신부는 차관주재로 IMT-2000 표준전략 변경을 위한 관련기관 대표자회의를 개최하였다(1997. 7. 16). 이 회의에는 제조업체측에서 삼성전자, LG정보통신, 현대전자의 부사장, 통신사업자 측에서 한국통신, SK텔레콤, 데이콤의 담당임원 그리고 한국전자통신연구원 부소장 등 12명이 참석하였다

회의결과 한국전자통신연구소(ETRI)는 국가 및 국제 IMT-2000 표준화 전략을 수립하고, 한중일 간 동북아 표준화 협력은 정보통신부가 주관하는 것으로 정하였다. 그리고 정보통신부는 시험주파수 요구 시 할당하며, 국내기업과 외국기업과의 협력은 개방하는 방향을 정하였다. 그리고 한국정보통신기술협회(TTA)는 IMT-2000 관련 회의에 참여하여 기술을 공유하도록 하며, 본 회의를 토대로 실부회의를 통해 세부추진방향을 수립하게 하였다.

나. IMT–2000 개발관계자 회의

제1차 IMT-2000 개발관계자 회의(1997. 7. 24)에서는 복수규격을 채택하는 경우 재원 등을 고려하여 도코모(DoCoMo)방식과 CDG방식으로 기업군을 구성하여 개발하는 것으로 정하였다. 그리고 SK텔레콤이 자체 구축한 도코모 테스트베드는 ETRI에 제공 가능한지 여부를 차기회의에 제시토록 하였다. 이어서 제2차 IMT-2000 개발관계자 회의가 정보통신부

주관으로 열렸다(1997. 8. 6). 여기에는 정보통신부, 한국통신, ETRI, SK텔레콤, 데이콤, 삼성전자, LG정보통신, 현대전자의 담당이사 15명이 참석하였다 이 회의에서 논의된 주요사항은 다음과 같다(제2차 IMT-2000 개발관계자 회의, 1997. 8. 7, 무선사업본부).

(1) 한일 테스트베드 구축방안을 검토하였다. 이를 통해 NTT 도코모의 규격에 의한 구현기술을 확보하고, 적기에 제품생산능력을 확보한다. 그리고 국내외 국산제품의 자유로운 판매여건을 보장하고, 개발과정에서 지적재산권을 획득하여 기술료 협상을 기대하는데 목적이 있다. 테스트베드 규모는 상용을 전제로 하여 HLR/SC 1식, ATM 교환기 1식, ISDN 교환기 1식, BSC 2식, BTS 3식을 구축한다. 그리고 단말기는 음성, 데이터, 영상, 멀티미디어 단말기 등 규격별로 10대를 확보한다. 이을 위한 구축비용 104억원을 확보한다. 여기에서 HLR/SC란 Home Location Register / Service Controller의 약자로서 가입자관리 및 서비스 제어장치를 말한다.

(2) NTT도코모(DoCoMo)방식의 개발주관기관을 선정하였다. 주요내용은 다음과 같다.

① 관계사는 SK텔레콤에서 개발한 시스템베드를 SK텔레콤 중앙연구소를 방문 현지 실사하여 기술구현 가능성을 검토한다(1997. 8. 12). 그리고 IS-95의 지적재산권에 대항할 수 있는 NTT도코모의 지적재산권을 파악한다.

② 기술개발 수행방안으로는 ETRI 내에 개발그룹을 구성하는 방안과 한국통신, SK텔레콤, 데이콤 중 한 곳을 선정하여 통신사업자에 개발그룹을 구성하는 방안의 2개 방안을 검토하여 결정한다.

③ ETRI, 한국통신, SK텔레콤, 데이콤은 주관연구기관으로 지정되는 경우 자사의 연구개발추진방안 및 타사에 대비하여 자사의 장단점을 차기회의에서 제시한다. 또한 차기회의에서는 SK텔레콤의 테스트베드 현지실사 내용을 발표하고, 도코모 방식의 개발주관기관지정을 위한 RFP를 제출한다.

이에 대한 업계의 반응을 보면 삼성은 ETRI에서 개발을 주관하는 방안을 지지한반면 SK텔레콤은 자기의 개발주관을 적극 희망하였다. 그러나 SK텔레콤에 대한 IMT-2000 사업자 지정이 기정사실화될 것을 우려하여 타사들은 SKT가 개발주관기관으로 지정되는 것을 반대하였다. 정보통신부는 타사들의 주장에 공감하는 입장이었다.

한편 한국통신을 개발주관기관으로 지정하는 것은 무난하나 한국통신에서 제시하는 수행방안에 따라 결정될 것으로 보였다. 다만 타사에서는 KT프리텔을 개발주관기관으로 정하는 것도 SKT와 동일하게 반대하였다. 이에 따라 정부는 한국통신과 ETRI 양자 중 택일하는 입장이었는데, ETRI는 당시 북미방식을 개발하고 있어 인력과 예산 면에서 도코모방식을 개발할 여력이 없어 소극적 자세를 보이고 있었다.

이러한 상황에서 한국통신은 ETRI에서 개발을 주관하는 것으로 추진하되 통신사업자가 개발주관기관으로 지정될 경우에는 한국통신이 주도적으로 수행한다는 방향을 설정하였다. 이는 SK텔레콤의 IMT-2000 사업권 획득의 기정사실화를 방지할 필요가 있고, 한국통신은 이미 도코모방식으로 자체개발하고 있었기 때문이었다. 그러나 주관연구기관으로 선정되는 경우 추가예산과 인력의 투입이 필요하였다.

이와 관련하여 정부는 1997년 8월중에 주관연구기관을 지정하고 도코모방식의 개발수행체계를 구축하고자 하였다. 이어서 개발기본계획을 수립하고, 일본 측과 공동개발 및 협력방안을 협의, 시스템 구조 및 시스템 요구사항 작성 등을 수행하는 계획을 가지고 있었다(1997. 9-1997. 10). 이후 도코모방식의 테스트베드를 개발하고 이를 설치하여 시험을 추진하는 일정이 발표되었다(1997. 10-1998. 12).

다. 통신사업자들의 IMT-2000 개발수행방안

정부주관으로 제3차 IMT-2000 개발관계자회의가 정보통신부, 한국통신, ETRI, SK텔레콤, 데이콤, 삼성전자, 현대전자, LG정보통신의 담당이사들이 참석한 가운데 정보통신부 14층 회의실에서 개최되었다(1997. 8. 13). 이 회의에서 각 통신사업자들은 IMT-2000 개발수행방안을 다음과 같이 제안하였다.

① 한국통신은 기존의 기술개발협의회 테두리 내에서 ETRI와 별도의 개발단을 구성하여 개발하고, 개발단은 한국통신 연구소 내에 구성한다. ② SK텔레콤은 기존의 기술개발협의회와 별도의 컨소시엄을 구성하고 개발단은 TTA 산하에 구성하되 총괄업무는 SK텔레콤이 수행한다. ③ 데이콤은 규격개발협의회를 구성하여 규격개발만을 공동으로 하고, 구현은 각 사업자, 제조업체가 분야별로 팀을 구성하여 개발한다.

그러나 이 회의에서 비동기식 W-CDMA 시스템의 개발주관은 한국전자통신연구소(ETRI)에서 수행하는 것으로 결론지었다. ETRI에서 기존의 기술개발협의회와의 관계를 고려하여 개발수행방안을 작성하여 정보통신부에 제출하게 되었다. 이에 대해 ETRI는 지적재산권 협상 등 대외협력창구와 시스템 통합 등은 ETRI에서 수행하고, 네트워크, 무선, 단말기 등은 참여업체별로 분담해서 개발하는 방향을 밝혔다. 그리고 정부는 ETRI안과 각 사의 제안내용을 토대로 개발수행체계를 1997년 8월말까지 결정하기로 하였다.

18.5 IMT-2000 시스템의 본격적 개발

가. 한국통신의 추진방향

한국통신의 차세대 이동통신(IMT-2000) 개발은 차세대 이동통신 기반기술의 연구(정부출연과제)와 차세대 이동통신 표준모델의 연구(민간출연과제)로 구분하여 진행되었다(1997년-1999년). 당시 개발과제의 협약 당사자를 보면 정부출연과제는 정보통신부, 한국전자통신연구원, 기술개발협의회의 3개 기관이었고, 민간출연과제는 한국통신 등 93개 참여업체와 한국전자통신연구원이었다. 초기 차세대 이동통신 기술개발협의회의 위원장은 한국통신 무선사업본부장이 맡고 있었다.

이를 위한 재원은 정부출연과제인 IMT-2000 기반기술연구는 정보화촉진기금 출연금으로 사용하고, 민간출연과제인 IMT-2000 표준모델연구는 참여업체의 출연금으로 확보하게 하였다. 이에 따라 정부출연과제에 315억 원, 민간출연과제에 315억 원을 확보하였다. 이때 민간출연과제를 위한 연구개발비 출연상황은 <표 4-82>와 같다.

여기에서 통신사업자 중 한솔PCS 등은 한솔PCS 외 11개 업체이고, 제조업체 중 한화정보통신 등은 한화정보통신 외 14개 대기업, 중앙전자공업 등은 중앙전자공업 외 57개 중소기업을 말한다. 앞에서 언급한 바와 같이 우리나라는 한국전자통신연구원(ETRI)를 주관 연구기관으로 하여 IMT-2000 기반기술을 개발하고 표준화를 추진하였다. 이를 위한 개발자금은 총 630억 원으로 정하였으며, 정부와 민간에서 각각 50%를 분담하였다. 한국통신은 참여업체 중 가장 많은 70억 원을 투자하였다.

<표 4-82> IMT-2000 개발을 위한 참여업체 출연금

통신사업자	출연금(백만원)	제조업체	출연금(백만원)
한국통신(KT)	7,000	현대전자	1,000
SK텔레콤	3,500	대우통신	1,000
데이콤	1,500	삼성전자	1,000
신세기통신	1,500	LG정보통신	1,000
한솔PCS 등	2,400	한화정보통신 등	11,200
		중앙전자공업 등	400
소계	15,900	소계	15,600

나. 한국통신의 W-CDMA 시스템 개발

한국통신은 비동기식 W-CDMA 시스템의 개발을 위한 세부개발계획을 수립하였다. 이 계획의 주요내용은 다음과 같다(IMT-2000 시스템 개발제안서, 1997. 8, 한국통신).

(1) 1단계(1997. 10-1998. 12)에서는 비동기식 테스트베드를 구축하고 이를 위해 소용예산 350억 원, 소요인력 195MY를 투입한다. 이때 주요 연구개발내용은 비동기식 무선접속기술 개발, 이동 ATM 교환기술 개발, 무선 및 통신망 접속프로토콜 개발, 위성분야를 포함한 기반기술연구, 핵심부품개발, 비동기식 W-CDMA 테스트베드 구성 등으로 정하였다.

(2) 2단계((1999. 1-2001. 12)에서는 비동기식 상용제품 개발을 목표로 하여 소요예산 1,440억원, 소요인력 725MY를 투입한다. 이때 주요 연구개발내용은 단말기 및 기지국 개발, 기지국 제어기 개발, 이동 ATM 교환기 개발, HLR 및 SC 개발, 위성부분을 포함한 기반기술연구. 핵심부품개발 등으로 정하였다.

한편 연구개발 수행체계로는 참여업체가 보유하고 있는 교환기술, 무선기술, 지능망기술, 단말기기술 등을 통합하는 종합연구개발체계를 구축하였다. 이를 위한 컨소시엄 구성과 재원확보방안을 다음과 같이 검토하여 추진하였다.

첫째, 본 시스템의 개발은 컨소시엄을 구성하고, 전체비용부담비율은 IMT-2000 기술개발협의회 연구비 출연기준에 준하여 산정한다. 그리고 정보통신 관련 연구비를 지원하여 업체부담을 절감한다.

둘째, 참여업체는 연구비 출연기준에 따라 소요인력을 지원한다. 개발인력은 한국통신이 50%, 참여기업이 50% 기준으로 구성한다. 그리고 참여업체의 모집은 기술개발협의회 산하 사업관리팀에서 모집한다.

셋째, 연구개발재원에 대한 출연은 현금 및 현물출자를 인정한다. 제1안은 기존 IMT-2000 기술협의회 예산을 사용하고, 소요예산이 추가로 발생하는 경우 추가비용을 분담한다. 향후 추가로 참여하는 기업의 경우도 부담한다. 그리고 93개 공동참여업체가 지적재산권은 공유한다. 제2안은 기존 IMT-2000 기술협의회 예산을 사용하지 않고, 컨소시엄 참여기업이 추가비용을 공동 부담한다. 이때는 별도 구성된 참여기업에만 지적재산권 및 기술이전을 실시한다.

18.6 IMT-2000 개발관리체계

가. 정부의 추진방향 및 문제점 검토

우리나라는 퀄컴 방식의 공동개발 국가에서 배제됨으로서 타 방식에 대한 개발여부를 결정하기 위해 차관회의 및 4차에 걸친 관련 실무자 회의를 개최하였다. 이들 회의에서 기존의 퀄컴 방식은 지속적으로 개발을 추진하고, 일본 도코모 방식도 추가로 개발한다는 방향으로 결정되었다.

정부는 퀄컴 방식과 도코모 방식별로 기술개발관리를 이원화하여 기존의 기술개발협의회는 그대로 유지하고, 도코모 방식의 개발관리는 한국통신기술협회(TTA) 산하에 별도의 상설조직을 운용하면서 경쟁개발을 시도하였다. 이때 주관연구기관은 한국전자통신연구소(ETRI)로 정하였으며, 도코모 방식의 개발은 퀄컴 방식의 지적재산권(IPR) 협상에 따라 중도에 종료될 가능성도 배제할 수 없는 상황이었다. 이때 한국통신은 TTA에서 도코모 방식을 관리하는 이원화의 경우 다음과 같은 몇 가지 문제점이 있음을 적시하였다.

① 표준화 기관인 TTA에서 개발관리를 하는 경우 국가표준지정에 모순이 발생할 수 있다. TTA는 각 회원사에서 제안한 표준안을 심의, 조정하는 표준 심의기관이다. 그런데 TTA에서 특정기술을 개발 관리하는 경우 그 기술을 국가표준으로 인정이 불가피한 상황에 직면하기 때문에 국가표준결정시 공정성에 대한 문제가 있다.

② 하나의 기술개발사업에 두 개의 사업관리기관이 존재하게 되어 ETRI의 기술개발에 차질이 우려되고, 불합리한 경쟁개발을 하는 경우 부작용이 발생할 수 있다.

③ 복수의 개발관리조직으로 관리비용이 과다하게 발생할 수 있다. IMT-2000 개발협의회 설립목적은 국가개발역량의 결집에 있다. 그러나 퀄컴 방식과 도코모 방식 간 공통부분의 중복개발이 우려되고, 중도에 개발을 종료할 확률이 높은 도코모 방식 개발을 위해 별도의 대규모 상설조직을 운영한다는 것은 문제가 있다.

④ 민간통신사업자, 제조업체 등 특정기업의 책임자가 IMT-2000 시스템의 개발관리를 담당할 경우, 향후 IMT-2000 사업자를 선정할 때 이에 대한 공정성 시비가 있을 수 있다.

나. 한국통신의 IMT-2000 개발조직

한국통신은 차세대 이동통신(IMT-2000) 개발을 전문적이고 능율적으로 수행하기 위해 개발조직을 개편하였다(IMT-2000 시스템 개발제안서, 1997. 8, 한국통신).

① IMT-2000 기술개발협의회 산하에 기존 사업관리팀을 확대하여 개발관리국을 둔다. 이 개발관리국에서 한국전자통신연구소(ETRI)의 동기식 IMT-2000 개발단과 한국통신 연구소의 비동기식 IMT-2000 개발단을 관리한다. 그리고 동기식 및 비동기식 개발기관 간 상호 개발기술을 공유하여 중복개발을 최소화할 수 있도록 협력체계를 유지한다.

② 비동기식 IMT-2000 개발단에서는 소요기술개발(주관: 한국통신과 참여업체), 테스트베드 구축(주관: ETRI와 한국통신), 시스템 개발(주관: 한국통신과 제조업체)의 3개 단위사업으로 구분하여 관리한다.

③ 개발단과 참여업체 간 분야별 연구수행계약을 체결하여 책임연구체계를 도입한다. 소요기술개발 분야는 한국통신과 참여업체, 테스트베드구축 분야는 ETRI와 한국통신, 시스템개발 분야는 한국통신과 제조업체와 체결한다.

다. IMT-2000 시스템의 개발관리 수행체계

정부는 IMT-2000 시스템의 효율적 개발을 위해 개발관리 수행체계를 제시하였다(IMT-2000 비동기방식 개발관리 주관부서 검토, 1997. 9. 18, 무선사업본부). 그 주요내용은 다음과 같다.

① 퀄컴(Qualcomm) 방식은 차세대 이동통신기술협의회를 최고관리기구로 하고, 사업관리는 한국통신 무선사업본부장이 맡는다. 이 연구개발의 총괄연구기관은 ETRI로 하며 ETRI는 참여업체로부터 인력지원을 받는다.

② 도코모(DoCoMo) 방식은 차세대 이동통신기술협의회를 최고관리기구로 하고, 그 산하에 연구개발관리단을 두며 책임자는 TTA나 SK텔레콤 사장으로 정한다. 이 연구개발의 총괄연구기관은 ETRI가 되며 참여업체의 지원을 받아 수행한다.

이 방안에 대한 각계의 반응을 보면 ETRI는 정부 추진방향을 반대하며 예산, 인력, 관리단장 선임 등에 대해 한국통신과 공조를 요청하였다. 그리고 삼성전자는 정부의 방향을 희망하지만 관리조직을 TTA에 두는 것은 찬성하지 않았다. LG정보통신은 SK텔레콤과 공조하여 비동기식을 한국통신에서 관리할 경우 비동기식에 불참의사를 표명하고, 서정욱 사장을 비동기식 개발관리단장으로 영입하는 것은 긍정적으로 보았다.

한편 데이콤은 한국통신에서 조직을 보강하여 이 사업을 관리할 것을 희망하였으며, SK텔레콤은 개발관리조직을 TTA 산하에 두는 것을 희망하였다. 이것은 초기에 TTA에 구성 운용하다가 이후 SK텔레콤으로 이관할 수 있을 것으로 판단하는 듯 하였다. 또한 서정욱 사장이 계속 SK텔레콤에 근무하는 것을 희망하였다.

이때 한국통신의 기본입장은 ETRI에서 퀄컴 방식(동기식)과 도코모 방식(비동기식)을의 개발을 총괄 주관하는 정보통신부의 방침에 원칙적으로 동의하였다. 개발관리조직은 기존의 동기식 사업관리팀을 확대 개편하여 동기식 및 비동기식을 종합 관리하는 방법이었다. 개발관리부서의 인력은 컨소시엄 업체 중 희망기업으로부터 인력을 파견 받아서 수행하고 사업관리비용은 기존 체계를 유지하는 것으로 정하였다. 이러한 입장에서 한국통신은 IMT-2000 개발관리를 위해 기존의 사업관리팀을 개발단 규모로 확대 개편하여 추진하였다.

이를 위해 차세대이동통신 기술개발협의회 산하에 IMT-2000 기술개발관리단(한국통신 무선사업본부)을 두고 여기에 종합기획팀(기술개발기획, 연구사업비 관리, 운영위원회 지원), 개발관리1팀(퀄컴방식의 개발관리 및 평가), 개발관리2팀(도코모방식의 개발관리 및 평가), 대외협력팀(국내외 표준화 협력, 지적재산권 협상) 등 4개 팀을 편성하여 이 일을 담당해 나가고자 하였다. 그리고 한국전자통신연구소(ETRI)가 주관연구기관으로서 퀄컴 방식, 도코모 방식의 기술개발을 총괄관리하고, 이를 위해 한국통신, 통신사업자, 제조업체 등 희망사의 인력을 확보하여 수행하는 방안을 제시하였다.

라. IMT-2000 비동기식 연구관리단의 구성

정부는 비동기식 W-CDMA 연구개발을 종합관리하기 위해 IMT-2000 비동기식 연구관리단의 구성 및 운영방안을 논의하는 회의를 개최하였다(1997. 10. 31). 이 회의에는 정보통신부, 한국통신, SK텔레콤, 삼성전자, 데이콤, LG정보통신, ETRI의 담당 간부들이 참석하였다(IMT-2000 비동기식 연구관리단 구성 및 운영회의, 1997. 10. 31, 한국통신 IMT-2000 총괄팀). 여기에서 논의된 주요사항은 다음과 같다

① 연구관리단 단장으로 SK텔레콤 사장을 임명한다. 다만 사장 재임 시는 비상임으로 근무한다. 인력은 초기단계에서는 최소한의 규모로 구성하되 연구관리업무가 확대되면 파견인력을 증원한다. 사무실은 TTA에서 제공한다. ② 인력규모는 5명으로 하며, 한국통신 인력으로만 구성하고 필요시 참여업체 인력을 파견토록 한다. 이때 한국통신 직원은 소속은 한국통신에 그대로 두고 근무지는 TTA로 옮겨서 근무한다. ③ 운영비는 한국통신이 부담

하며 국책연구과제에서 별도 과제비로 TTA에 보조한다.

결과적으로 IMT-2000 비동기식 개발을 위한 연구관리단장은 SK텔레콤 사장이 맡고, 이 관리단의 운영비는 한국통신이 부담하는 비합리적인 형태로 운영하게 되었다.

18.7 한국통신의 그동안의 추진실적

가. 초기 IMT-2000 개발실적

한국통신에서는 IMT-2000 동기방식은 1999년 표준모델을 개발한다는 목표로 정부와 105개 업체가 공동 출연하여 국책과제로 연구개발에 착수하였다(1997. 1). 이를 위해 차세대이동통신 기술개발협의회(위원장 한국통신 무선사업본부장)에서 최종 의사를 결정하고, 한국통신에 사업관리팀을 설치 운영하였으며, ETRI 중심으로 연구개발을 수행하였다. 또한 동기식 개발을 적극적으로 지원하기 위해 한국통신 사업관리팀 임무도 대폭 확대 조치하였다(1997. 12. 5).

한편 IMT-2000 비동기방식은 기존의 동기방식 연구개발과는 완전히 별도의 체계를 구축하여 경쟁을 유도한다는 기본계획을 확정하였다(1997. 11. 26). 이 방식의 연구개발은 업체가 연구비를 부담하고, 연구개발도 업체 중심으로 추진되었으며, 필요한 경우 기초기반기술 연구비는 정부로부터 지원받게 되어 있었다. 또한 국제표준화 동향이 급변하고 있음을 고려하여 각 단계별로 연구개발의 구체적인 범위 및 연구자원 투입규모 등을 결정할 필요가 있었다. 이 방식의 경우 초기단계에서는 시스템 개발능력이 있는 업체(11개) 중심으로 추진하고, 연구개발단장은 참여업체협의회에서 결정하게 되었으며, 참여업체는 연구개발단장의 지휘감독을 받는 조건으로 선정하게 하였다.

1997년까지 한국통신의 비동기식 IMT-2000 개발추진실적은 다음과 같다(IMT-2000 시스템 개발제안서, 1997. 8, 한국통신).

① 무선분야에서는 MMIC, RF 트랜시버, W-CDMA 모뎀을 개발하였다. ② 이동 ATM교환 분야는 IMT-2000 서비스 기본요구사항과 이동 ATM교환기 요구사항을 정의하였으며, 지능망 연동기술을 개발하였다. ③ 네트워크 시스템 간 지능형 이동통신 응용프로토콜(iMAP) 규격을 개발하였다. ④ 국제표준화 활동으로 ITU 기고문을 10편 기고하였으며, 한국통신-NTT 간 IMT-2000 국제협력연구를 수행하였다. ⑤ RF 구동증폭기 설계기법 외 10건의 특허를 출원하였으며, 소프트웨어 무선기술(SW Radio) 개발 외 2건을 국제공동연구를 하였다. 그 중 미국 스탠포드 대학과는 고속 소프트 핸드오버(Soft Handover) 기술에 대한 공동연구를 수행하였다.

나. 동기식과 비동기식의 병행개발

1997년 하반기에 들어서면서 IMT-2000 무선표준에 W-CDMA방식이 유력해지는 가운데 1997년 1월부터 동기방식 위주로 연구가 진행하고 있어 비동기방식과의 경쟁에서 유리한 입장으로 올라서고 있었다. 그러나 다원화될 가능성이 있는 국제표준화에 능동적으로 대처하고 원천기술 도입 시 협상력을 강화한다는 측면에서 비동기방식의 연구개발도 병행 추진이 필요하였다. 이때 두 방식의 연구개발상황은 <표 4-83>과 같다.

<표 4-83> IMT-2000 방식별 연구개발 상황

구 분	동기방식	비동기방식
추진체계	기존체계로 추진	참여업체로 컨소시엄 구성
연구착수시기	1997. 1	1997. 12
참여업체	정부, 연구소, 대기업, 중소기업 등 97개사	업체 및 대기업으로 구성 필요시 정부 참여
사업관리부서	한국통신(KT)	TTA에 연구개발단 구성
연구개발부서	ETRI	업체중심, 필요시 ETRI 지원
연구개발비	업체 및 정부가 동등비율 출연	업체출연, 필요시 기초기반 기술은 정부지원

1997년 후반 한국통신은 IMT-2000 시스템의 연구개발에 대해 단계별 추진계획을 다시 수립하였다(비동기방식 W-CDMA 연구개발 참여조사, 1997. 11, 무선사업본부 IMT-2000 총괄팀). 그 세부내용을 다음과 같다

① 1단계에서는 연구개발 참여업체를 선정하고 역할을 분담하고, 연구개발단을 구성하는 등 추진체계를 정립하며, 비동기 연구개발에 대한 세부시행계획을 하는 등 연구개발 기반을 구축한다(1997. 11-1998. 3). ② 2단계에서는 비동기식 W-CDMA 변복조 기술을 연구개발하고, 이를 위한 무선접속기술을 개발하며, Sub System 구조를 연구하고 설계한다. 그리고 표준모델 검증용 시제품을 개발 제작하며, 테스트베드를 구축 시험한다(1998. 4-1999. 3). ③ 3단계에 가서 상용시제품을 개발한다(1999. 4).

한편 한국통신은 신규 비동기식 개발 컨소시엄에 참여하기로 하였다. 비동기식 개발에 한국통신이 불참하여 SK텔레콤 주도로 개발될 경우 사업권 확보에 불리하고, SK텔레콤의 연구재원이 개발 컨소시엄에 지원되는 결과를 초래할 수 있기 때문이었다. 또한 한국통신이 SK텔레콤, ETRI와 공동 연구를 하는 경우 무선분야에 기 확보된 기술을 전수받는 기회도 될 수 있어 연구개발단 구성에 적극 참여하기로 정하였다. 한편 한국통신은 국제표준화기구(ITU-R)에 IMT-2000 국가표준안을 제출하는 등 국가표준제정에 주도적인 역할을 수행하였다(1998. 6). 앞에서 설명한 것처럼 한국통신은 1997년 초부터 동기방식의 IMT-2000 개발을 주관하였으며 개발 실무는 전자통신연구소(ETRI)가 담당하였다.

19. 이동통신발전을 위한 활동

가. 전파이용의 확대 및 효율화

한국통신과 정부는 전파자원의 합리적 관리 및 배분을 위해 6차 5개년계획의 주요사항으로 정하여 추진하였다(제6차 경제사회발전 5개년계획 통신부문계획, 1986. 10, 통신계획위원회). 그 주요내용은 다음과 같다

첫째, 주파수자원의 합리적 균형적 배분으로 통신망의 확장하고 고도화를 추진하고, 국민의 편익을 위하여 전파이용을 선별적 단계적으로 확대한다. 6차 5개년계획기간 주파수는 매년 17% 증가하고 무선국은 매년 14.5% 증가하는 것으로 나타나고 있으며, 이 기간의 전파이용을 <표 4-84>와 같이 전망한다.

<표 4-84> 6차 5개년계획 기간의 전파이용전망

구분	1985년	1986년	1987년	1988년	1989년	1990년	1991년
주파수	589	1,200	1,404	1,643	1,922	2,249	2,631
무선국	72	87	102	117	134	153	175

둘째, VHF와 UHF대의 고정 및 이동업무용 주파수대역폭을 16KHz에서 8.5KHz로 협대역화 한다. 그리고 VHF대 다중무선용 주파수(216-223MHz)와 육상이동용 주파수(1-2GHz) 등 미 이용주파수대의 이용을 촉진한다. 또한 선박, 열차무선 및 기타 소전력설비 등을 위한 새로운 주파수대를 확보한다.

나. 전파사용료제도 개선

한국통신 네트워크본부(본부장 이정욱)에서는 당시 전파사용료제도의 문제점을 파악하여 공정하고 합리적인 전파사용료제도에 대한 개선안을 수립하였다(업무계획보고, 1996. 5, 한국통신 네트워크본부). 이 계획은 네트워크본부 기술기획국장(김문수)이 주관하여 시행하였다. 이 계획의 주요내용은 다음과 같다.

① 과도한 전파사용료의 부담을 경감하고, 무선통신기술 발전추세에 적합한 전파사용료제도를 마련한다. 이를 위해 전파사용료 개선안을 작성하여 정부(MIC) 정책에 반영토록 추진한다. ② 우선 국내외 전파사용료 상황을 조사한 후 각국의 전파사용료제도를 비교 분석하여 당시 우리나라의 전파사용료제도의 문제점을 분석한다. ③ 전파사용료 산정을 위한 적용계수를 조정하고 신설하는 등 산정식을 개선하고, 정액제 전파사용료를 건의한다.

이렇게 되면 한국통신의 전파사용료는 연간 약 100억 원 이상을 절감할 수 있을 뿐만 아니라, CT-2, PCS, 무선 케이블TV 등 신규무선서비스 발전에 크게 기여할 것으로 보았다. 이

를 위한 세부시행계획은 1996년 3월까지 정부에 건의하였다. 이에 따라 정부는 1993년부터 징수한 전파사용료에 대한 합리성 및 서비스 간 형평성을 고려하고 그때까지의 불합리한 점을 개선하고자「전파사용료 제도개선전담반」을 운영하였다.

이때 전담반은 정보통신부 전파관리국 기획2담당 외 2명, 한국전자통신연구원 기술경제연구부 김한주 박사 외 1명, 한국통신 무선사업본부 장병수 부장 외 1명, SK텔레콤 기획조정실 박기한 등으로 구성되었다. 1차 회의는 TTA회의실에서 열렸으며, 여기에서 기존의 전파사용료 계산식을 상수1×지정대역×배타성+상수2×기지국수×k 라는 공식으로 수정하였다(1997. 8. 4-8. 6).

그리고 단말기의 사용료는 정액제로 추진하고 장기적으로는 폐지하며, 신규서비스인 LMDS, WLL, GMPCS에 대한 부과원칙을 설정하였다. 또한 CT-2 단말기는 법 개정 후 1998년부터 폐지하고, 미니-M은 GMPCS와 동일하게 8,000원 수준으로 하는 방향으로 개선하기로 하였다. 보다 정확한 의견을 수렴하여 1997년 9월에 2차 회의를 한 후 1998년 1월부터 시행하는 일정으로 추진되었다.

다. 접속료 수익배분방식의 개선

1997년 후반 한국통신은 한국통신과 이동통신사업자 간 접속료 수익배분 방식을 개선하고자 하였다. 당시 정보통신부에서 정한 접속료 배분방식은 <표 4-85>와 같다. 이때 한국통신은 1차년도(1998년)의 수익배분방식을 2차년도(1999년)에도 동일하게 적용하기를 요청하였다(시티폰 사업대책, 1997. 12. 22, 무선사업본부).

<표 4-85> 정보통신부의 접속료 배분방식(L-M)

구분	1998년도(%)	1999년도(%)	비 고
한국통신 : 셀룰라	30 : 70	35 : 65	2001부터 이동망 원가방식
한국통신 : PCS	25 : 75	30 : 70	

라. 무선통신사업 관련 대외활동

1970년에 한국통신학회 주관으로 서울 하이얏트(Hyatt)호텔에서 국제전기통신전략포럼(Korea International Telecommunication Summit `97)이 개최되었다(1997. 11. 4-11. 6). 이 행사에서는 장관축사, 기조연설, 국내외 CDMA 개발, PCS 개발 및 사업추진현황, 국내 및 국제로밍, 국제 전기통신망 구축동향, 국내외 WLL 개발현황 등이 발표되었다.

이 회의에서 한국통신 부사장(이정욱)은「KT Vision 2005」라는 제목으로 기조연설을 하였다. 그리고 한국의 전기통신망 구축전략(네트워크본부 통신망기획국장 윤종록), WLL 개발(무선통신연구소 가입자무선연구실장 김태근), 이동통신시장에서의 CT-2의 위치와 역할(무선사업본부 시설운용국장 정회성), 21세기의 인터넷(전략영업본부 인터넷사업1국장

양재수), LEO-위성통신시스템(네트워크본부 국제통신계획국장 전병섭) 등의 주제를 발표하였다. 이 행사에는 한국통신, 데이콤, SK텔레콤이 각각 2만5천 달러씩 후원하였다.

참고자료

(1) 텔리포인트 서비스 시범사업계획(1993. 2. 19).

1993년 한국통신은 텔리포인트 서비스(CT-2)의 본격 상용화에 대비하여 시범서비스 추진계획을 수립하였다(1993년도 텔리포인트 서비스 CT-2 시범사업계획, 한국통신 사업개발단). 이 계획은 사업개발단 과장(조기주), 부장(이종식), 국장(정회성)이 주관하고 단장(유완영), 부사장(김락성), 사장(이해욱)의 결재로 확정 시행되었다.

(2) 시티폰서비스를 위한 기본계획(1993. 12)

1993년 말 한국통신은 시티폰(CT-2) 서비스 도입 기본계획을 수립하였다(시티폰 서비스망 기본계획, 1993. 12, 한국통신 기술기획실). 이 계획의 주요내용은 다음과 같다. ① 시티폰서비스는 개인통신서비스(PCS)와 차별화하여 새로운 통신서비스로 발전시킨다 ② 시티폰 통신망은 전국 중소도시를 대상으로 점진적으로 확대 구축한다 ③ 통신망은 서울지역, 수도권 및 광역도시일부에는 1996년까지 시설하고, 광역시 및 대도시는 1998년까지 확장하며, 2000년에는 수요발생지역 위주로 시설을 확장한다. 이 계획은 기술기획실 무선망계획부장(장병수), 통신망계획국장(안승춘)이 주관하고 실장(이정욱), 부사장(김락성), 사장(조백제)의 결재로 확정 시행되었다.

(3) 개인이동통신(PCS) 기술개발계획(1993. 12)

1993년 말 한국통신은 개인이동통신서비스(PCS)를 공중통신망의 부가서비스로서 조기에 제공하기 위한 PCS 기술개발계획을 수립하였다(개인통신 기술개발계획, 1993. 12, 기술기획실 무선망계획부). 이 계획의 주요내용은 다음과 같다. ① TDX-10 ISDN 교환기에 무선접속 기술기능을 개발하고 1995년까지 기존통신망에 무선접속서비스를 구현한다 ② 1997년 상용시스템을 개발하여 시범서비스를 실시하며, 1998년에는 상용서비스를 제공한다. 이 계획은 기술기획실 무선망계획부장(장병수), 통신망계획국장(안승춘)이 주관하고 실장(이정욱), 부사장(김락성), 사장(조백제)의 결재로 확정 시행되었다.

(4) 시티폰 시범사업을 위한 장비조달(1994. 1. 19)

1994년 초 한국통신 기술기획실은 가입전화 무선접속시스템(CT-2)의 조달방침을 다음과 같이 결정하였다. ① 이 장비는 사업개발센터가 주관하여 최초조달방식으로 조달한다 ② 사업개발센터에서는 국내외 통신사업 환경이 불투명한 점 등을 감안하여 조달절차를 일부 단축 조정하여 추진한다. 이에 따라 사업개발센터에서는 장비조달 시행계획을 수립 집행하였다(CT-2 시범사업 장비조달, 1994. 1. 19, 한국통신 사업개발센터). 이 계획의 주요내용은 다음과 같다. ① 조달유형은 최초조달절차를 적용하고, 조달일정은 1994년내 서비스 개시를 위해 최대한 단축 시행한다 ② 장비명칭은 휴대공중전화(CT-2) 시스템으로 하고, 규격은 가입전화 무선접속시스템(KT공 58-0056)이다 ③ 조달수량은 기지국 200대, 관리시스템 1식, 단말기 1천대, 가정용 기지국 20대로 한다. 이 계획은 한국통신 사업개발센터 과장(조기주), 부장(이종식), 국장(정회성)이 주관하고 단장(이상철), 부사장(김상국)이 결재하여 시행되었다.

(5) 개인통신서비스(PCS) 시스템 개발계획(1994. 3. 18)

1994년 한국통신은 개인통신서비스(PCS) 시스템 개발계획을 수립 추진하였다(개인통신서비스 PCS 개발추진, 1994. 3. 18, 기술기획실 통신망계획2국). 이 계획의 주요내용은 다음과 같다. ① PCS는 기존 공중통신망(PSTN/ISDN)을 활용하고 일반전화선로의 무선화를 실현하는 개념으로 시행한다 ② 전자교환기 제조 4개사 간 공동개발 협의를 거쳐 추진하고, 1994년 3월 중 개발협약을 체결한다 ③ 1994년 8월에는 외국업체와 국제공동개발협약을 체결한다. 이 계획은 한국통신 기술기획실 무선망계획부장(장병수), 통신망계획2국장(안승춘)이 주관하고 기술기획실장(이정욱), 부사장(김상국), 사장(조백제)의 결재를 거쳐 확정 시행되었다.

(6) 시티폰 시험서비스 시행계획 및 공급자 확정(1994. 9. 15)

1994년 하반기 한국통신은 시티폰(CT-2)의 시험서비스를 위해 삼우통신공업(주)와 제일정밀공업(주)를 제품공급자로 선정하고, 본 시험사업을 위한 시행계획을 결정하였다(가입전화 무선전화접속시스템 시험공급자 확정, 한국통신 기술기획실). 이 계획의 주요내용은 다음과 같다. ① 제품구매요구 및 집행지시는 사업개발센터가 주관하고, 공급자와의 구매계약은 보급사업단, 시공계약 및 시공은 통신시설사업단에서 추진한다 ② 시험 운용과정에서 현장시험을 시행한다 ③ 기술요구서의 선택항목 중 부적합 항목은 물품납품 시까지 해당업체에서 보완한다 ④ 시험평가에서 합격한 2개 업체는 시험사업 제품공급을 위한 조건부 공급자로 확정한다. 이 계획은 기술기획실 담당책임자(4급통신 이광희), 설비조달국장(이홍구)이 주관하고 실장(이정욱), 부사장(김상국)의 결재로 확정되었다.

(7) 무선데이터통신 기본계획(1994. 9. 17)

1990년대 중반 한국통신은 무선데이터서비스를 조기에 사업화하여 종합통신사업자로서의 위상을 확보하기 위한 기본계획을 수립 시행하였다(무선데이터통신 기본계획, 기이 1230-516, 1994. 9. 17). 이 계획의 주요내용은 다음과 같다. ① 무선데이터서비스를 위해 전용 무선패킷시스템으로 통신망을 구성한다 ② 1995년 서울전역을 대상으로 시범서비스를 추진한다 ③ 전국적 상용서비스는 3단계(1997년-2006년)에 걸쳐 시행한다. 이 계획은 기안책임자(이진우), 무선망계획부장(장병수), 통신망계획2국장(안승춘)이 주관하고 기술기획실장(이정욱), 부사장(김상국), 사장(조백제)의 결재로 확정 시행되었다.

(8) 개인휴대통신사업 활성화계획(1995. 1. 18)

1995년 한국통신은 PCS 사업권을 획득하고 관련 기술개발을 강력히 시행하기 위해 PCS 활성화계획을 수립 추진하였다(개인휴대통신사업 추진활성화계획, 기이 1230-43, 기술기획실). 이 계획의 주요내용은 다음과 같다. ① PCS 사업권을 획득하기 위해 본사에 「무선통신사업추진단」을 설치한다 ② 시스템개발을 전담할 「무선통신개발단」을 1995년 2월 말까지 연구개발원에 설치한다. 이 계획은 기술기획실 무선망계획부장(장병수), 통신망계획2국장(안승춘)이 주관하고 기술기획실장(이정욱), 부사장(김상국), 사장(조백제)이 결재로 확정 시행되었다.

(9) 개인통신시스템(PCS) 방식 확정(1995. 4. 24)

한국통신은 우리나라 PCS서비스의 경쟁력, 통신망 구축의 효율성, 시스템 생산의 경제성 및 시장성 등을 종합 검토하여 개인통신시스템(PCS) 개발계획을 수립 추진하였다(개인통신시스템 PCS방식 확정, 1995. 4. 24, 기획조정실). 이 계획의 주요내용은 다음과 같다. ① 1단계에서는 GSM 계열의 PCS-1900을 기반으로 개발하여 1998년부터 상용화한다 ② 2단계에서 FPLMTS로 발전하기 위해 광대역 CDMA 방식으로 개발하여 2001년부터 상용화한다. 이 계획은 기획조정실의 담당과장(3급통신 김채득), 지능기술부장(구본철), 기술조정1국장(여영조)이 주관하고 기획조정실장(이정욱), 부사장(신동호)의 결재로서 확정 시행되었다.

(10) IMT-2000 시스템의 개발기본계획(1997. 2. 5)

1997년 초 한국통신은 2000년대에 대비하여 IMT-2000의 기반기술을 확보하고 상용시스템을 개발하는 계획을 수립하였다(IMT-2000 개발 기본계획, 1997. 2. 5, 네트워크본부). 이 계획의 주요내용은 다음과 같다. ① 5년간에 걸쳐 총 92억 원의 연구개발비를 투입하여 1단계(1996-1998년)에서 핵심기술과 요소장치를 개발한다 ② 2단계(1999- 2000년)에서는 상용시스템과 응용서비스를 개발한다 ③ 이 시스템의 연구과제는 한국통신 무선통신연구소가 수행한다. 이 계획은 네트워크본부 무선망기획부장(오윤석), 통신망기획국장(윤종록)이 주관하고 본부장(이정욱), 부사장(김노철), 사장(이계철)의 결재로 확정 시행되었다.

(11) IMT-2000 시스템의 개발시행계획(1997. 7. 10)

1997년 중반 한국통신은 IMT-2000 시스템개발 기본계획을 근거로 세부시행계획을 수립 추진하였다(IMT-2000 개발세부계획, 1997. 7. 10, 무선사업본부). 이 계획의 주요내용은 다음과 같다. ① IMT-2000 개발은 무선통신연구소가 수행하고 무선사업본부가 관리한다 ② 교환기술연구소는 이동 ATM교환기술을 개발하고 네트워크본부가 관리한다 ③ 국내외 타 기업과 공동협력을 추진하고 IMT-2000 기술방식을 재검토한다 ④ 외국과 IMT-2000 개발협력전략을 수립한다. 이 계획은 무선사업본부 개발관리부장(장병수), 특수사업전담팀장(이동훈)이 주관하고, 무선사업본부장(서용희), 부사장(이정욱)의 결재로 확정 시행되었다.

제5장

전자상거래 시대의 개막

1. 전자상거래 시대의 도래

1.1 전자거래방식

가. 전자거래의 해결과제 및 거래방식

산업사회에서는 대면방식에 의한 거래가 이루어졌으나 1990년대 후반 정보화사회로 발전하면서 비대면 방식의 거래가 급속하게 늘어나고 있었다. 이때 전자거래에서 해결해야할 과제는 우선 전송중인 전자거래의 정보가 노출될 위험성이 있기 때문에 이를 방지하기 위한 기밀성(Confidentiality)이 요구되었다. 그리고 전송중인 전자거래의 정보가 변경될 위험과 전자거래 정보전송사실을 부인할 위험이 도사리고 있었으며 또한 정보전송자의 신원을 사칭할 위험도 상존하고 있었다.

이와 같은 위험성을 방지하기 위해 무결성(Integrity), 부인방지(Non-Repudiation), 신원확인(Authentication) 등의 과제를 해결해야 하였다. 당시 이 과제의 해결방법으로 자료의 암호화, 암호데이터의 전달, 자료변조의 검증, 통신상대의 확인 등을 위한 기술로서 공개키 알고리즘(PKI; Public Key Infrastructure)이 등장하였다. 공개키 알고리즘이란 비밀키와 공개키로 구성되어 비밀키로 암호화하면 공개키로 복원화하고 공개키로 암호화하면 비밀키로 복호화하는 방식이었다.

나. 공인인증서와 공인인증기관

공개키는 공개하라는 것이니까 검색속도가 빠른 공개 데이터베이스에 저장해야 함으로 디렉토리 서버(Diirectory Server)가 필요하다. 그리고 공개하고 나서 자신의 것이 아니라고 하는 문제를 해결하고자 공개키를 신뢰할 수 있는 기관에서 인증해주기 위한 인증기관이 필요하다. 공인인증기관(CA: Certficate Authority)이란 전자서명법의 공인인증기준에 의거

정보통신부 장관이 지정한 기관으로서, 전자서명법에 의거한 인증관리체계(PKI체계)를 갖추고 정보통신망을 통하여 사용자의 전자서명 공개키를 인증하는 기관을 말한다.

그리고 공인인증서는 공인인증기관이 발급하는 개인용, 법인용, 서버용 인증서를 말하고, 전자서명법에 의거하여 기명날인과 서명이 동일한 법적효력을 보유한다. 그리고 등록기관(RA: Registration Authorty)이란 공인인증서 발급하고 폐지 신청을 접수하고, 공인인증서 발급 신청자의 신원을 확인하는 기관이다. 또한 RA는 인증서 요금을 수납하고 서버인증서의 경우 현장실사를 수행한다. 이때 공인인증서는 신원확인, 전자문서 내용의 변경방지, 전자거래 사실의 부인방지, 전자문서 내용의 유출방지 등의 기능을 가지고 있다.

인증서(Certificate)는 정보전송자의 신원을 확인할 수 있는 증명서로서, 인증서에는 일반적으로 인증서 버전, 인증서 일련번호, CA가 서명한 알고리즘, 발행자. 유효기간, 주체, 공개키 등의 정보가 들어있다.

1.2 전자서명법의 제정 및 공포

가. 전자서명법 및 공인인증기관

우리나라는 1999년 2월 5일 전자서명법을 공포하였다. 이법은 전자문서의 안정성과 신뢰성을 확보하기 위해 전자서명에 관한 기본사항을 정함으로써 정보화를 촉진하고 국민생활의 편익을 증진함을 목적으로 하였다. 이 법은 1999년 7월 1일부터 시행하게 되었으며, 주요내용은 다음과 같다.

① 공인인증기관에서 발급한 인증서에 의해 생성된 전자서명은 별령이 정한 서명 또는 기명날인으로 본다. 공인인증기관으로 지정을 받을 수 있는 대상은 국가기관, 지방자치단체 또는 법인에 한한다.

② 인증업무의 독립성을 확보하기 위하여 중립적이고 신뢰할 수 있는 제3자를 공인인증기관으로 지정하고, 공인인증기관으로 지정을 받기 위해서는 최소 100억원 이상의 자본금을 보유하는 것이 필요하다.

이때 인증기관에 대한 정부의 방침은 전자서명법상의 효력을 갖는 공인인증을 할 수 있는 소수의 공인인증기관을 지정하여 인증시장에서 상호 경쟁하도록 하며, 당사자 간에만 효력이 있는 인증을 할 수 있는 비공인 인증기관의 인증시장 참여도 배제하지 않는다는 것이었다. 공인인증기관(Certified Certificate Authority)이란 전자서명법에 의해 정보통신부 장관으로 부터 지정을 받은 공신력있는 인증기관으로 인터넷상에서 거래 상대방의 신원 및 신용을 확인하거나 증명할 수 있는 인증서(Certifiacte)를 발급하는 기관이었다.

그리고 공인인증서는 전자거래 상대방의 신원확인, 네트워크상에 전송되는 정보의 변질여부 확인, 전자거래 상대방간 정보의 송수신여부에 대한 부인방지 등의 기능을 갖추어야 하였다. 또한 정보화기능인 기밀성까지 보장되어야 네트워크상에서 안전하게 거래가 이루어질 수 있었다. 이때 미국은 유타주, 텍사스주, 워싱턴주 등 주정부 단위로 공인인증기관을 이미 지정하여 인증서비스를 제공하고 있고, 민간주도의 미국경제 특성에 따라 비공인인증기관인 베리사인(VeriSign)과 사이버트러스트(CyberTrust)가 인증시장을 주도하고 있었다.

앞으로 일반부문의 인증서비스는 기업과 소비자 간 거래(Business-to-Customer), 기업과 기업 간 거래(Business-to-Business), 기업 내 결재 및 정보교환(Intranet), 유관기업 간 정보교환(Extranet), 의료서비스. 보안 이메일(Secure E-Mail) 등을 위해 제공되어야 하였다. 또한 행정부문에는 각종 민원서류 발급업무와 조달행정 관련 업무에 사용되고, 금융부문에는 은행거래와 증권거래에 필수적인 신기술 서비스로 등장하고 있었다.

나. 공인인증기관 설립을 위한 첫 걸음

1990년대 중반 우리나라는 인터넷 사용자수가 폭발적으로 증가하고 전자거래의 규모가 연차적으로 증가추세에 있었다. 그리고 인터넷 기반의 전자거래는 비접촉 비대면의 특성을 지니고 있으므로 안정적인 전자거래를 위해서는 거래 상대방 간의 신원 및 신용확인을 위한 전자인증서가 요구되고 있었다. 이러한 상황에서 국내 인증기관은 공인인증기관과 비공인인증기관이 공존할 것으로 예상되었다.

이때 국내 대기업 및 정보통신업계를 중심으로 컨소시엄 형태의 공인인증기관을 설립하려 하였으며 금융결재원, 한국증권전산 등에서는 독자적으로 공인인증업무를 추진하고 있었다. 한편 비공인 인증기관으로는 외국 인증회사 및 소규모 벤쳐기업 중심으로 인증서비스를 제공할 것으로 예상되었다. 정부는 전자서명법 발효에 따른 공인인증기관의 난립을 방지하고 국제경쟁력이 있는 공인인증기관 육성을 위해 희망하는 관련업체가 참여하는 컨소시엄 형태로 공인인증기관을 설립하고자 다음 사항을 감안하여 추진하였다.

첫째, 전자서명 인증을 위한 공인인증기관은 전자상거래의 활성화, 전자정부의 구현 및 전자화폐의 이용촉진에 있어 핵심적 역할을 수행하며 향후 고도성장이 예상된다.

둘째, 공인인증기관은 현재 국내시장에서 활동하고 있는 선진국의 인증기관과 경쟁이 불가피하며 사업초기에는 적자가 예상된다.

셋째, 국내 전자서명 인증기관의 조기정착과 공인인증기관 육성을 위해 분야별 소수의 공인인증기관을 집중 육성하는 것이 필요하다. 따라서 금융분야는 은행거래를 위한 금융결재원, 증권거래를 위한 한국증권전산을 운영하고, 전자상거래 등 일반분야는 컨소시엄 형태의 공인인증기관을 추진한다.

이러한 방향에서 정보통신부는 공인인증기관 컨소시엄 구성을 위한 업체 간담회를 개최하고, 공인인증기관 컨소시엄 참여 희망업체에 대한 기본입장을 확인하였다(1999. 3. 10-3. 17). 이어서 공인인증기관 설립을 위한 관련기관 첫 회의를 한국정보통신진흥협회 회의실에서 갖고 설립작업반을 구성하기로 하였다. 이 회의의 주요내용은 다음과 같다.

① 설립작업반은 정보통신진흥협회 관계자, 컨소시엄 참여업체 관계자, 정보보호센터 관계자로 구성하고, 1999년 3월 29일부터 1999년 6월 30일 회사 설립 시까지 운영한다.

② 참여희망기업은 한국통신, SK텔레콤, 포스데이터이고, 당시 삼성SDS와 LG-EDS도 참여할 예정이었다. 그리고 공인인증기관 컨소시엄에 29개 기업이 참여의사를 표명하였다. 그리고 관련기관은 정보통신부, 정보통신진흥협회, 정보보호센터, 한국전자통신연구원(ETRI) 등이었다.

③ 본 설립작업반의 주요업무는 회사설립을 위한 제반업무 및 업체간 이해조정을 하는 것으로 정하였다. 그리고 사업계획 작성, 출자자 모집 및 발기인 구성, 합작투자계약서 및 정관 작성, 발기인 총회 및 창립총회 등을 수행한다. 그리고 예산은 작업반 참여업체 출연금으로 사용 후 회사창립비용으로 정산한다.

이에 따라 공인인증기관 설립작업반을 구성하고, 전자상거래 및 전자인증 기술발전 현황, 전자인증사업의 국내외 현황조사를 실시하였다(1999. 3. 29-4. 1). 그리고 사업계획서, 합작투자계약서 및 정관 작성에 착수하였다(1999. 4. 19).

2. 공인인증기관의 설립 추진

2.1 공인인증기관 설립추진위원회 출범

가. 공인인증기관의 설립 본격화

1999년 5월초 정보통신부장관(남궁석)은 한국통신 경영자문위원장(이정욱)에게 전자상거래를 위한 공인인증기관의 설립책임자로 일해 줄 것을 요청하였다. 우리나라에서 최초로 전자서명법이 발효되면서 동시에 공인인증기관이 운용개시 되어야 하니 이 일을 전담할 회사를 그 해 6월 말까지 세워야 한다는 것이 정부(정보통신부)의 방침이었다(최초 공인인증기관의 설립/ 이정욱, 2004. 12, 정보통신부의 정보보호 정책연혁).

당시 한국통신 경영자문위원장은 부사장직에서 물러나 이 직으로 온지 4개월 정도 지난 때였다. 이일의 시급성을 고려하여 정부는 공인인증기관 설립추진위원장으로 한국통신 이정욱을 선임하고, 설립업무를 전반적으로 관리 지원하는 일은 정보통신부 서기관(전성배)이 담당하게 하였다. 이에 따라 당시 설립위원장(이정욱)은 공인인증기관 설립을 본격화하기 위해 설립작업반을 설립전담반으로 명칭을 바꾸고 다음과 같이 추진하였다.

(1) 추진위원회 전담반 반원으로 고병훈(포스코 ICT), 김낙중(SK텔레콤), 김용준(외부영입 전문가), 김재중(LG-CNS), 김주현(삼성SDS 시스템전문가 경영학박사), 박용건(한국무

선국 관리사업단), 백석철(한국통신 정보보안전문가 공학박사), 석제범(정보통신부 사무관), 이석훈(외부영입 전문가), 이철호(한국통신), 정왕호(외부영입 전문가) 등 11명으로 편성하였다.

(2) 추진위원장은 한국통신 본사와 협의하여 KT 목동 사옥에 설립추진위원회 사무실을 마련하고 설립 작업에 착수하였다. 한편 운영 후반기에는 본 설립전담반에 참여를 희망하는 회사의 임원들로 구성된 별도의 설립추진위원회도 운영하였다.

당시 선진국의 전자거래를 위한 기본법 제정상황을 보면 일본의 경우 전자서명인증법(E-Signature and Certification Service Law)이 2000년 4월경에 국회를 통과한다고 되어 있었고, 미국의 전자서명법(Electronic Signature in Global and National Commerce Act)은 2000년 6월경에 의회승인을 받을 것으로 예정되어 있었다. 그 외 독일, 이탈리아, 말레이시아, 싱가폴이 일부 입법화하였거나 입법을 추진하고 있는 상황이었다. 이때 우리나라가 전자상거래를 위한 공인인증기관을 설립한다는 것은 선진국 중에서도 대단히 빠른 걸음으로서 획기적인 일임에 틀림없었다.

나. 설립추진위원회 제1차 회의

우리나라 최초의 공인인증기관 설립을 위한 추진위원회 제1차 회의를 개최하였다(1999. 5. 14). 이 회의에서는 주요주주로서 참여를 최종확인하고, 합작투자계약서와 정관에 대한 의견을 제출받았다. 그 외 이 회의에서는 향후 설립추진일정은 다음과 같이 정하였다.

① 2차 설립추진회의를 5월 21일에 개최하여 합작투자계약서 및 정관을 조정협의하고 투자지분을 협의 결정한다. ② 3차 설립추진회의를 5월 28일에 개최하여 합작투자계약서 및 정관을 확정하고, 발기인 서명을 받는다. ③ 일반주주를 모집한다. 6월 4일 이전에 모집주주에 대한 사업설명회를 개최하고 일반주주 및 지분을 확정한다. ④ 그 외 발기인 주식인수(1999. 6. 4), 청약 및 주금납입(1999. 6. 18이전), 창립총회 개최(1999. 6. 25 예정), 법인등기(1999. 6말) 일정으로 추진한다.

이 회의에서는 한국정보통신진흥협회 부회장(손융기)의 인사말, 정보통신부 국장(이성옥)의 격려사, 공인인증기관 설립추진위원회 위원장(이정욱)의 경과보고 및 추진일정에 대한 설명이 있었다. 이어서 설립전담반에서는 사업계획서, 합작투자계획서, 정관에 대하여 설명하였으며 추진위원장은 지분 구성안도 설명하였다.

다. 설립추진위원회 제2차 회의

공인인증기관 설립추진위원회 제2차 회의가 웨스턴조선호텔 1층 그랜드볼룸 고려룸에서 개최되었다(1999. 5. 28). 이 회의에서는 발기인 선정, 진행현황 및 추진일정보고, 합작투작투자계약서, 정관 협의 및 확정 등의 안건이 협의 결정되었다. 이 회의는 설립추진위원회의 김용준 위원의 사회로 진행되었다. 당시 주요회의내용은 다음과 같다.

(1) 설립추진위원회 위원장(이정욱)의 인사말에 이어 1차 설립추진회의에서 결정된 참가회사(11개사), 사업계획, 투자계약서 및 정관 초안, 추진위원회 결성 등에 대해 간략하게 설명하였다. 위원장은 컨소시엄에 주요주주로 참여하고자 결정한 회사들은 삼성SDS, SK텔레콤, LG인터넷, 한국무선국관리사업단, 한국정보통신, 한국통신 등 6개사임을 밝히고, 참석자들을 차례로 소개하였다.

(2) 위원장은 발기인 선정방법을 제의하고 오늘까지 주요주주로 참여를 결정한 6개사 전원이 발기인으로 참여할 것을 제안하여 그대로 결정하였다. 그 외 설립비용 분담방법 및 납부방법을 정하고, 합작투자계획서 및 정관에 대한 각사의 검토의견을 협의하여 개정안을 제시하였다.

이 회의에는 설립추진위원회 이정욱 위원장, 정보통신부 신용섭 부이사관, 한국정보통신진흥협회 손융기 부회장, 삼성SDS 유화석 상무, SK텔레콤 박명욱 상무, LG-EDS 윤철수 상무, 한국정보통신 원좌현 부사장, 한국통신 김선조 단장, 정보통신부 정보보호과 석제범 서기관 등이 참석하였다.

2.2 공인인증기관의 설립 본격화

1999년 중반 공인인증기관 설립추진위원회 제3차 회의가 서울시 중구 남대문로 4가 45번지 대한상공회의소 12층 D룸에서 개최되었다(1999. 6. 25). 이 회의에서는 주금납입현황보고, 회사설립관련 창업비 조사보고, 창립총회 및 이사회 개최, 이사 및 감사 선임 등의 안건이 협의 결정되었다. 그 세부내용은 다음과 같다.

가. 주금납입현황 및 발기인 구성

(1) 주주별 주금납입은 주요주주인 삼성SDS(주) 외 8개사와 일반주주인 대우공업(주) 외 12개사 등 모두 22개사에서 총 4백만 주 200억 원의 출자금액이 납입되었으며 설립비용은 기 지출액(1999. 4. 19-6. 17) 24,802,106원과, 예상 지출액(이후 설립완료) 388,287,264원 등 총 413,089,370원이다.

(2) 창립총회는 1999년 6월 30일 오후 3시에 대한상공회의소 12층에서 개최하고, 부의안건은 창립사항 보고의 건(제1호 의안), 정관승인의 건(제2호 의안), 이사, 감사 선임의 건(제3호 의안), 상법 제313조 소정사항 조사보고의 건(제4호 의안), 본점설치장소 결정의 건(제5호 의안), 이사 보수한도 결정의 건(제6호 의안) 등 총 6건이다.

(3) 이사회는 1999년 6월 30일 오후 5시 대한상공회의소 12층에서 개최하고 부의안건은 대표이사 선정의 건이다.

그리고 본 회사의 창립발기인 대표는 한국무선국관리사업단 이사장 조경호가 맡고, 발기인으로는 삼성SDS주식회사 대표이사 김홍기, SK텔레콤주식회사 대표이사 사장 조정남,

주식회사LG인터넷 대표이사 이양동, 한국정보통신주식회사 대표이사 하제준, 한국전기통신공사 사장 이계철이 선임되었다.

나. 회사창립보고

앞에서 선임된 발기인 대표 및 발기인들은 본 회사의 발기인으로서 상법 제311조의 규정에 의해 회사 창립에 관한 사항을 다음과 같이 보고하였다.

① 본인들은 사업목적을 정관 제2조와 같이 정하고 회사가 발행할 주식총수는 일천육백만주(16,000,000주), 설립 시 발행하는 주식총수는 사백만주(4,000,000주), 1주의 금액 금오천원, 자본금 이백억 원(금20,000,000,000원)으로 하는 주식회사를 설립하고자 기획하였음.

② 본인들은 한국무선국관리사업단 이사장 조경호를 발기인 대표로 선임하고 회사가 설립되기까지 발기인을 대표하기로 하였음. 그리고 발기인 전원이 모여 1999년 6월 16일 정관을 작성하고, 공증인가 법무법인 충정에게서 동년 6월 17일 인증을 받았음.

③ 1999년 6월 16일 발기인은 설립 시에 발행하는 주식의 총수 사백만주(4,000,000주)중 이백사십만 주(2,400,000주)만을 인수하고 잔여주식 일백육십만 주(1,600,000주)에 대하여는 주식청약서로 주주모집에 착수하였음. 그리고 위 모집에 앞서 발기인 전원은 액면 1주의 금액을 금오천원으로 정하고 동년 6월 24일까지 주식청약 인이 소정의 주식 청약서를 회사창립사무소로 제출하면서 청약주식의 발행가액 전액을 주식청약증거금으로 주금납입을 맡을 은행인 한빛은행 한경센터지점에 납입하도록 결정함.

④ 주식인수 청약이 1999년 6월 24일까지 일백육십만 주에 달하고 주식청약증거금으로 금팔십억원(금8,000,000,000원)이 납입되어 그 주식 청약증거금을 주금납입금으로 충당함으로써 동일까지 납입된 발기인의 주금납입금 일백이십억원(금12,000,000,000원)과 합산하여 금 이백억 원(금20,000,000,000원)의 주금납입금이 발기인 대표명의로 유가증권 청약증거금계정에 보관되어 있음이 위 은행에서 발행한 주금납입금 보관증명서에 의하여 확증됨.

⑤ 정관에서 정한 변태설립사항은 상법 제299조의 2에 해당되어 공증인의 조사, 보고 및 감정인의 감정으로 법원 선임검사인의 조사, 보고에 갈음할 수 있어 공증인의 조사보고서와 감정인의 감정서로 갈음하였는바 그 사항은 타당함. 회사가 부담할 설립비용은 별첨계산서와 같은바 그 부담 및 지출은 모두 상당하다 인정됨. 이상과 같이 인수와 납입이 완료되었으므로 본인들은 속히 회사를 설립하기 위해 주식인수인 전원의 동의를 얻어 2주간의 법정기간을 단축하여 금일 창립총회를 개최하게 되었음.

다. 이사회 구성

본 회사의 이사회는 대표이사 사장에 이정욱 한국통신 경영자문위원장, 비상임 이사에는 김선조 한국통신 상품기획단장, 김소헌 제일화재해상보험(주) 감사, 박명욱 SK텔레콤(주) 신규사업부문장, 신인용 (주)LG인터넷 경영지원그룹장, 원좌현 한국정보통신(주) 부사장,

유화석 삼성SDS(주) 삼성정보전략팀장, 정점균 한국무선국관리사업단 기획실장 겸 관리본부장, 조영훈 (주)다우기술 영업본부장, 황기연 (주)일진 대표이사로 구성하고 비상임 감사에는 김광호 포스데이터(주) 대표이사를 선임한다.

2.3 공인인증기관 설립을 위한 사업설명회

1999년 6월 공인인증기관 설립추진위원회(위원장 이정욱)는 (가칭)한국정보인증주식회사 설립을 위한 사업설명회를 개최하였다(1999. 6. 1). 이 사업설명회에서 설립추진위원장의 인사말에 이어 추진경과 및 일정, 사업계획, 합작투자계약서 및 정관, 지분구성안 등에 관하여 설립전담반에서 설명하였다. 끝으로 정보통신부 담당국장(이성옥)의 격려사가 있었다(가칭 한국정보인증주식회사 사업설명회, 1999. 6. 1, 가칭 한국정보인증주식회사 설립전담반). 이 사업설명회에서의 주요내용은 다음과 같다

가. 설립추진위원장의 인사말

한국정보인증(주) 설립을 위한 사업설명회에 참석해주셔서 감사합니다. 21세기 정보화사회의 실현을 위한 선진국들의 전략을 보면 초고속정보통신망을 구축하는데 중점을 두고 있습니다. 이를 위해 기간통신망은 ATM방식과 10G대의 초대용량 전송망을 건설해 나가고 있습니다. 또한 가입자통신망은 광케이블로 점점 대체하고 있으며, 인터넷을 초고속 광대역화하고 있습니다. 이와 동시에 전자상거래를 활성화하고 이를 위해 정보인증을 조기에 실현하고자 엄청난 노력을 기울이고 있습니다.

우리나라 정부는 전자서명법을 제정하여 1999년 7월 1일부터 발효될 예정이고, 정보인증은 공인인증기관을 설립하여 수행하게 되어 있으며 공인인증기관의 인증이라야 법적효력을 갖게 되어 있습니다. 이를 위해 한국정보인증(주)을 설립 추진하는 것입니다. 지난주까지 주요주주로는 삼성, SK, 한국정보통신, 한국통신 정보통신부 산하의 한국무선국관리사업단이 확정되었습니다. 주요주주는 20억 원씩 출자하는 것으로 추진하고 있으며 추가로 1개사-2개사 더 받을 계획입니다. 앞으로 설립되는 한국정보인증(주)의 3대 주력사업은 다음과 같이 정하여 추진할 것입니다.

첫째, 전자문서 및 전자상거래를 위한 제반 인증사업을 수행할 것입니다. 이를 위해 기술적으로 우수하고 경제성 있는 인증시스템을 선정할 계획입니다.

둘째, 전자상거래를 위한 정보를 제공하겠습니다. 주주들을 중심으로 EC 상품정보시스템을 구축하고 이를 우한 추진협의회를 구성 운영하고자 합니다. 또한 가장 기술적으로 우수하고 값싼 상품정보시스템을 구축할 예정입니다.

셋째, 정보보안, 전자상거래, 인터넷통신망에 관한 첨단기술을 개발하고 제공하고자 합니다. 쇼핑몰, 대기업, 공공기관 업무를 대상으로 전자상거래 시스템을 개발하고, 인터넷통

신망의 기술도 개발 추진합니다. 이와 관련하여 국내통신망을 재구성하고, 국제통신망을 통합하며, 가입자통신망 기술을 개발토록 합니다.

또한 한국정보인증(주)는 21세기 정보통신 분야의 핵심이 될 인터넷과 전자상거래 사업을 주축으로 하여 사업을 추진하고자 하며, 우리나라를 대표할 수 있는 전자상거래의 국가공인 인증회사로 성장하고자 합니다. 한편 일반주주에게는 21세기 정보통신분야의 핵심사업에 투자한 효과를 거둘 수 있게 할 것입니다. 이와 동시에 앞으로 주주들과는 전자상거래를 위한 정보제공사업을 협력하고 정보보안, 전자상거래, 인터넷통신망의 첨단기술 개발부분을 협력했으면 합니다. 뿐만 아니라 각 시스템 및 장비의 개발, 제조, 판매부문에 대하여 협력하며, 고객등록을 통한 고객관리 등의 일도 가능한 한 협력해 나가고자 합니다.

나. 회사의 설립목적 및 사업계획

우리나라의 인터넷 사용자수가 폭발적으로 증가하고 전자상거래 규모가 연차적으로 증가하는 추세에 있다. 인터넷 기반의 전자상거래는 비접촉 비대면(Non-face-to-face) 특성을 지니고 있으므로 성공적인 전자상거래를 위해서는 거래 상대방의 신원확인을 위한 전자인증서가 요구된다. 이에 따라 전자서명법 발효 후 다수의 공인인증업체가 난립하여 무분별한 기술도입이나 특정업체에 의한 인증시장의 전횡이 우려된다.

따라서 본 추진위원회는 이러한 상황을 방지하려는 정부의 의지에 따라 다수업체가 참여하는 컨소시엄을 구성하여 인증업계를 주도하는 공인인증기관을 설립한다. 이 공인인증기관은 주식회사 형태로 설립하고, 주요주주로 참여할 법인을 발기인으로 하며, 일반주주를 모집하는 방식으로 추진한다. 이번 설립되는 공인인증기관은 비공인인증기관(특히 외국인증기관)과 경쟁할 것으로 예상된다.

한편 한국정보인증주식회사(가칭) 등의 공인인증기관은 일반부문, 행정부문, 은행부문, 증권부문에서 인증서비스를 제공하기 위해 상호경쟁하게 될 것이다. 반면 일반기업 및 소규모 벤쳐기업 등 국내 비공인인증기관의 활동은 미약할 것이나 외국 인증기관의 국내활동은 활발할 것이다. 이때 한국정보인증주식회사(가칭, 이하 한국정보인증이라고 표기한다)는 다음과 같은 강점을 가지고 있다.

① 한국정보인증은 정부의 전자상거래 육성정책의 일환으로 설립되므로 공공부문의 인터넷 인증 및 보안업무에 참여하는데 유리하다.

② 한국정보인증의 참여예정 주주들 중 PC통신 및 ISP업 관련회사들이 있어 고객유치 및 홍보에 협력을 받는데 유리하다.

③ 다른 공인인증기관은 업무추진 상 관련기관의 통제를 많이 받기 때문에 인증을 주된 목적으로 설립되는 한국정보인증에 비해 업무추진이 민활하지 못할 것이다.

반면 한국정보인증의 약점을 살펴보면 초기의 인증수요는 금융서비스분야 및 일반 전자상거래에서 주로 발생할 것으로 예상된다. 이때 다른 공인인증기관은 전국의 동사무소, 은행, 증권사 등을 등록기관(RA)으로 지정하여 잠재고객에 대한 접근도에서 한국정보인증보다 유리할 것으로 판단된다. 그리고 한국정보인증은 고객의 신원이나 신용정보를 반영한 행정, 은행, 증권서비스를 위한 인증서를 발급하기 위해서는 이들 정보를 가지고 있는 다른 공인인증기관에 비해 정보접근도 및 정보획득 원가측면에서 경쟁력이 떨어질 것으로 보인다.

이러한 상황에서 한국정보인증의 경쟁력을 확보하기 위해서는 조기에 인증서비스를 개시하고, 적극적인 촉진활동으로 주도적 공인인증기관으로서의 인지도를 높여야 한다. 이를 위해 정부관련 부처와 협력하여 조달 및 행정 분야의 인증사업을 조기 추진할 필요가 있다. 그리고 신용카드, 은행 등 전자상거래 상 지불관련기관과 제휴하여 전자상거래 당사자의 편의성을 높여야 한다. 예를 들어 거래 시 마다 지불관련 정보를 별도로 입력하는 불편을 해결해야 한다. 또한 한국정보인증의 설립참여기업의 인증업무를 적극 활용토록 하고, PC통신업체와 협력하여 PC 통신고객을 적극 유치해야 한다.

다. 영업계획, 인증시스템 및 조직계획

인증사업은 인터넷을 매개로 한 일반상거래 및 금융거래의 당사자인 사업자(Server)와 고객(Client)에게 등급별로 차별화된 인증서비스를 제공토록 한다. 이 사업을 위한 인증시스템은 키 생성시스템, 등록관리시스템, 인증서 생성시스템, 시점확인시스템, 웹서비스시스템, 디렉토리서비스 시스템 등으로 구성한다. 그리고 이 시스템은 국제적으로 인증된 표준방식인 PKI(Public Key Infrastructure)방식을 채택하고, X.509, 대칭키, 비 대칭키 암호기술을 사용한다.

또한 무중단서비스 및 안정성을 위해 핵심 인증시스템은 이중으로 구성하고, 키 생성 및 인증서생성 시스템 등 특히 보안을 요하는 시스템은 오프라인으로 구성한다. 한편 인증수수료는 베리사인(VeriSign) 등 선진 인증사업자에 의해 산업관행으로 정착된 연간 정액수수료 방식으로 하고, 등급별 인증서의 용도 및 수수료는 <표 5-1>과 정하여 시행한다.

<표 5-1> 등급별 인증서의 용도 및 수수료

등급	1등급	2등급	3등급
대상	Client	Client	Server
절차	대면/전자통신 신분증확인	대면, 신분증확인, 신용도확인	방문 사업자등록증
용도	이메일 등 비상거래	이메일 등 일반상거래, 금융거래	일반상거래, 금융거래
수수료	1만원/년	2만원/년	30만원/년

한편 한국정보인증은 사업초기 인증시장 환경의 불확실성에 능동적으로 대처하기 위해 기획, 기술, 영업전략 면에서 시스템본부, 영업본부, 사업지원팀 등의 시장중심체제로 다음과 같이 운영한다.

① 시스템본부는 운영시스템에 대한 중장기 계획을 수립, 인증시스템(SW, HW)에 대한 운영 및 유지, 인증서비스와 관련된 연구개발 등의 업무를 담당한다.

② 영업본부는 마케팅전략, 상품개발, 광고 및 촉진업무를 전담하고, 개인고객의 유치 및 유지, 기업고객의 유치 및 유지, 공공기관과 관련된 업무개발 및 관계유지 업무를 담당한다.

③ 사업지원팀은 대외협력, 인사, 재무, 총무, 보안 등의 업무를 담당한다.

라. 인증시장 및 재무추정

우리나라 인증시장의 규모는 국내 인터넷 사용자수와 서버수를 근간으로 개인인증 시장규모와 서버인증 시장규모를 각각 추정하고 이를 더해 전체 인증시장규모로 추정하였다. 당시 국내 서버 수를 보면 1995년에 38,644개였던 서버는 1997년 131,005개, 1999년 289,589개, 2001년 473,998개, 2003년 659,724개로 증가할 것으로 예측된다(한국전산원의 인터넷 사용자 통계조사자료, 1998. 12). 서버 중 실제적으로 거래업무가 이루어지는 서버를 비즈니스 서버라 명명하고 비즈니스 서버는 전체 서버의 90%로 가정하였다.

이때 한국정보인증의 인증시장 점유율은 2003년에 40%를 점하는 것으로 가정하고, 서버인증서의 가격은 미국의 인증기관인 베리사인(VeriSign)이 발급가를 참고하여 2000년에 30만원, 그 후 연차별로 2만5천원씩 감소하는 것으로 가정하였다. 다음 한국정보인증의 재무추정의 전제는 회사설립 1999년 7월, 영업개시 2000년 1월로 하여 다음과 같이 정하였다. 여기에서는 손익계산서, 대차대조표, 현금흐름표 등의 추정 재무제표는 생략한다.

① 초기자본금은 200억 원, 감가상각은 4년 정액법, 세율은 법인세, 지방세 포함 34%로 한다. 매 회계연도는 1월 1일에 시작하여 12월 31일에 종료하고, 잉여자금은 연 7%로 운용한다. 그리고 인력, 자산의 증가 및 감소는 연초에 발생하고 다른 영업활동은 연간 점진적으로 진전된다.

② 투자비로서 건물임차보증금 25억 원, 시스템(SW+HW) 비용으로 1999년 30억 원, 2000년 15억 원(내용연수 4년)으로 한다. 그리고 인건비 및 활동비는 년 1인당 7천만 원으로 한다. 운용비용으로 시스템 운용비는 시스템 구입비의 년 8%, 건물관리비 년 2억4천만 원, 개발비 년 5억 원으로 정한다. 한편 1999년의 광고 선전비는 년 3억 원, 판매촉진비는 년 3억 원으로 한다.

마. 컨소시엄 구성, 합작투자계약서 및 정관

1999년 2월 5일 제정된 전자서명법에 의한 공인인증기관의 설립을 위해 투자자로 컨소시엄을 구성하고 이를 위한 합작투자계약서를 작성하였다. 그 주요내용은 다음과 같다.

첫째, 투자자는 컨소시엄을 토대로 별도 법인인 (가칭)한국정보인증주식회사를 설립하여 정보통신부로부터 공인인증사업 지정을 득한 후 사업을 전개하기로 한다.

둘째, 각 주요주주가 한명씩 지명한 자들과 회사설립절차를 집행하는 자 한명으로 구성하는 설립추진위원회를 둔다. 설립추진위원회의 위원장은 위원 중에서 선임하고 설립위원회의 의결은 출석위원의 과반수로 한다.

셋째, 이외 회사의 명칭, 회사의 사업목적, 자본구성 및 주식취득 제한, 출자금액, 주식의 양도, 설립비용, 회사의 운영 및 영업, 이사회 및 대표이사, 배당금 등에 관한 사항이 들어있다. 이에 대한 내용은 생략한다.

다음에는 (가칭)한국정보인증주식회사의 설립을 위한 정관을 작성하였으며, 본 정관에서 정한 회사의 목적, 수행사업, 주식, 이사회 등에 관한 주요내용은 다음과 같다.

(1) 이 회사는 (가칭)한국정보인증주식회사라 칭하며, 영문으로는 Korea Information Certificate Authority, Incorporated로 표기한다.

(2) 이 회사는 전자문서 인증사업을 효율적으로 수행함으로써 정보통신망 상에서 거래를 안전하게 할 수 있는 기반을 구축하고 전자적 거래를 활성화시킴으로써 정보화 사회를 선도하여 국민의 편익증진과 공공복지의 향상에 기여함을 목적으로 한다.

(3) 이 회사는 전자서명 관계법령에 의한 다음 각 호의 사업을 행한다. 또한 이 회사는 다음 각 호의 사업이외에 법령에서 정하는 업무도 행한다. ① 전자문서 및 전자상거래를 위한 제반 전자인증, ② 전자상거래 관련 정보제공, ③ 정보보안, 전자거래, 인터넷통신망에 관한 기술개발 및 제공, ④ 정보보안시스템, 전자거래시스템, 인터넷 통신망장비의 개발, 제조, 판매 및 공급,⑤ 전자문서 인증관련 시설임대, ⑥ 위 각호의 사업과 직간접으로 관련되거나 부대되는 사업

(4) 회사가 발행할 주식의 총수는 일천육만 주로 하고, 주식 일주의 금액은 오천 원으로 하며, 회사설립 시 발행하는 주식의 총수는 사백만주로 한다. 그리고 회사는 증권거래법에 규정된 바에 따라 재직 중인 임직원수의 10%에서 90% 범위 내에서 1인에 대해 발행주식 총수의 100분의 2를 초과하지 않는 한도에서 임직원에게 주식매입선택권을 부여할 수 있다.

(5) 주주총회는 이사 및 감사의 선임과 해임, 이사 및 감사의 보수지급한도, 결산의 승인, 정관의 변경, 회사의 합병 및 해산, 기타 법령 및 이사회에서 요구하는 사항을 의결한다.

(6) 이 회사는 3인 이상의 상임이사와 3인 이상의 비상임이사를 두되 이사의 총수는 15인을 초과하지 아니하여야 한다. 이때 비상임이사로 선임될 수 있는 자격은 다음과 같다.

① 전자상거래 분야 등에 관련된 국가기관, 정부투자기관, 정부연구기관 등의 임직원으로서 관련분야에 상당한 경력을 가진 자, ② 회사의 경영 및 기타 관련분야에 관한 학식과 경험이 풍부한 자, ③ 회사의 경영과 관련된 기업체의 임원.

3. 한국정보인증(주)의 창립

3.1 회사의 창립시동

가. 컨소시엄 구성

한국정보인증을 설립하는 첫 단계에서 정보보호 및 공인인증사업에 대한 시장규모, 매출액, 수익성을 예측한다는 것이 쉽지 않아 신설회사의 자본금 규모를 일단 200억 원 내외로 정하였는데 이것은 설립 후 적어도 3년간은 영업이익이 어렵다고 판단한 자본금이었다. 그러나 2개월도 채 남지 않은 기간에 설립추진위원회가 이만한 자본금을 유치한다는 것은 쉬운 일이 아니었다. 이때 한국정보인증(주)의 총 주수는 4백만 주이고, 출자금액은 총 200억 원이었다. 그리고 대주주로는 삼성SDS 등 9개 회사로 구성되었는데 세부내역은 <표 5-2>와 같다.

<표 5-2> 한국정보인증(주) 대주주현황(1999. 7)

주주명	대표자	주수 (1000주)	출자금액 (백만원)	지분율(%)
삼성SDS(주)	김홍기	400	2,000	10.0
SK텔레콤(주)	조정남	400	2,000	10.0
LG인터넷(주)	이양동	400	2,000	10.0
한국무선국 관리사업단	조경호	400	2,000	10.0
한국정보통신(주)	하제준	400	2,000	10.0
한국전기통신공사	이계철	400	2,000	10.0
(주)다우기술	김익래	400	2,000	10.0
(주)일진	황기연	400	2,000	10.0
제일화재해상보험	곽병화	400	2,000	10.0

당시 설립추진위원장(이정욱)은 회사 창립기일이 촉박한 관계로 지난 20년 이상 인연이 닿아있는 정보통신 분야의 기업들에게 투자를 권유하는 방법을 선택하였다. 결국 삼성, LG, SK, KT 등 정보통신 분야의 대기업들이 한국정보인증㈜의 대주주가 되었으며, 이중에서 일진, 한국정보통신, 삼성SDS 등 몇몇 회사에는 급한 나머지 추진위원장이 각 기업 회장님들과 직접 통화를 하여 급하게 투자를 받은 경우도 있었다.

이때 추진위원장은 민간투자촉진을 위해 정부에 투자지원을 요청하여 정보통신부 산하의 무선국관리단이 대주주로 참여하게 되었다. 이 부분에 대하여는 회사창립 이후 회사경영에 정부가 간여할 수 있는 구조를 만들었다는 비판을 받기도 하였다. 한편 소주주는 대우공업 등 13개 회사가 참여하였으며 세부내역은 <표 5-3>과 같다.

<표 5-3> 한국정보인증(주) 소주주현황(1999. 7)

주주명	대표자	주수 (1000주)	출자금액 (백만원)	지분율(%)
대우공업(주)	오돈영	40	200	1.0
삼경정보통신	김혜정	20	100	0.5
(주)세림이동통신	김경민	40	200	1.0
(주)신후무역	이석룡	20	100	0.5
중앙상선(주)	김동기	20	100	0.5
(주)테라	박상훈	40	200	1.0
포스데이타(주)	김광호	40	200	1.0
풍기산업(주)	오돈영	40	200	1.0
하나로통신(주)	신윤식	20	100	0.5
한국신용정보(주)	김창부	40	200	1.0
한국신용평가정보(주)	송태준	40	200	1.0
한솔텔레컴(주)	김근무	20	100	0.5
(주)훼스트시스템	고재우	20	100	0.5

나. 법인의 상호

공인인증기관 설립추진위원회에서는 새롭게 설립되는 법인의 상호를 다음과 같이 검토 결정하였다. 제1안은 한국정보인증(주)로 정하였다. 이 명칭은 컨소시엄이 인증서비스를 제공하는 회사임을 나타내기 용이하였으나 당시 인증이란 용어가 이용자에게 익숙하지 않은 점이 있었다. 제2안으로는 한국정보보증(주)로 하는 안이 있었는데, 이때 보증은 인증보다는 일반적인 용어이나, 보증업무는 인증기관의 부가업무이나 이를 주 업무로 오해할 소지가 있었다. 그 외에도 한국전자보증(주), 한국전자공증(주), 한국정보산업(주) 등이 거론되었다.

이와 같이 제안된 상호를 검토한 결과 당시 인증이라는 용어의 사용례가 늘어나고 있고, 컨소시엄이 수행하는 업무의 내용을 전달할 수 있어야 하므로 제1안을 선택하였으며, 복수의 상호등록을 추진하였다. 이때 한국정보인증(주)의 영문명칭은 Korea Information Certification Authority(KICA)로 결정하였으며 약칭은 KICA로 정하였다. 동시에 정보보호를 상징하는 키(Key) 형상의 회사로고도 정하였다. 이상 회사의 국문명칭, 회사의 영문명칭, 회사로고 등은 초대 사장(이정욱)이 직접 디자인하고 제안 심의하여 결정되었다.

3.2 합작투자계약 시행

1999년 2월 5일 제정된 전자서명법에 의한 공인인증기관의 설립을 위해 앞에서 소개한 컨소시엄 구성회사인 삼성SDS 등 24개 투자자는 합작투자계약서에 합의 서명하였다(1999. 6). 이때 합작투자계약서의 주요내용은 다음과 같다.

가. 컨소시엄의 구성 및 회사의 명칭

24개 투자자들은 정보통신부의 공인인증기관 지정 신청과 관련한 제반 사무처리를 위한 컨소시엄을 구성하고 이에 대한 상호 협력의무를 규율하기 위해 본 계약을 체결한다. 그리고 투자자들은 컨소시엄을 토대로 별도 법인인 한국정보인증주식회사를 설립하여 정보통신부로부터 공인인증사업 지정을 득한 후 사업을 전개하기로 한다. 또한 투자자들은 회사가 설립된 후에 전자문서의 인증에 관한 다양한 기술, 장비 및 경영기법을 활용하여 전자문서 인증 사업의 조기 경쟁력을 확보하고 고도화된 전자문서의 보안 역무 및 전자상거래의 활성화를 위한 역무를 제공하여 국가사회의 정보화를 촉진하는데 기여한다.

이에 따라 각 주요주주가 한명씩 지명한 자들과 회사설립절차를 집행하는 자 한명으로 구성하는 설립추진위원회를 두고, 설립추진위원회의 위원장은 위원 중에서 선임한다. 본 컨소시엄은 가능한 조속히 본 계약 및 정관에 준거하여 관계 법률에 따라 주식회사 형태의 회사를 설립하여 등기하고 정보통신부에 공인인증기관으로의 지정을 신청할 것에 합의한다. 그리고 회사의 명칭은 한국정보인증주식회사, 영문으로는 Korea Information Certificate Authority, Incoporated로 표기하고, 회사의 본사는 서울특별시에 둔다.

나. 사업목적 및 지분구성

이 회사는 전자문서 인증사업을 효율적으로 수행함으로써 정보통신망 상에서의 거래를 안전하게 추진할 수 있는 기반을 구축하고 전자적 거래를 활성화시킴으로써 정보화 사회를 선도하여 국민의 편익증진과 공공복지의 향상에 기여함을 목적으로 한다. 이 회사는 사업목적을 달성하기 위해 전자서명 관계법령에 의한 다음 각 호의 사업을 행한다.

① 전자문서 및 전자상거래를 위한 제반 전자인증

② 전자상거래 관련 정보제공

③ 정보보안, 전자거래, 인터넷통신망에 관한 기술개발 및 제공

④ 정보보안시스템, 전자거래시스템, 인터넷통신망의 개발, 제조, 판매 및 공급

⑤ 전자문서 인증관련 시설임대

⑥ 위 각호의 사업과 직간접으로 관련되거나 부대되는 사업

그리고 본 계약에 의하여 각 당사자들이 인수할 회사의 주식소유비율(최초 지분율)은 다음과 같고, 각 투자자 상호간에 특수 관계인이 있는 경우에는 이를 명시한다.

첫째, 대주주(지분율 10%, 출자액 20억 원)로는 삼성SDS주식회사 서울시 역삼동 707-19, SK텔레콤주식회사 서울시 중구 남대문로 5가 267, 주식회사 LG인터넷 서울시 영등포구 여의도동 15-28, 한국무선국관리사업단 서울시 마포구 동교동 160-4, 한국정보통신주식회사 서울시 영등포구 여의도동 33, 한국전기통신공사 경기도 성남시 분당구 정자동 206, 주식회사 다우기술 서울시 강남구 대치동 1002, 주식회사 일진 서울시 마포구 도화동 50-1, 제일화재해상보험주식회사 서울시 중구 서소문동 12-1 등 9개사 임.

둘째, 일반주주(지분율 1%, 출자액 2억 원)로는 대우공업(주) 충청남도 당진군 송산면 무수리 15-1, 주식회사 세림이동통신 대구광역시 중구 하서동 28, 주식회사 테라 서울시 마포구 셔교동 461-28, 포스데이터주식회사 경기도 성남시 분당구 서현동 276-2, 풍기산업(주) 경기도 안산시 원시동 742, 한국신용정보(주) 서울시 서초구 서초2동 1337-20, 한국신용평가정보(주) 서울시 영등포구 여의도동 15-28 등 7개사 임.

셋째, 일반주주(지분율 0.5%, 출자액 1억 원)는 삼경정보통신(주) 서울시 송파구 신천동 29-5, 주식회사 신후무역 서울시 마포구 서교동 476-53, 중앙상선주식회사 서울시 중구 무교동 1, 하나로통신주식회사 서울시 서초구 서초동 1445-3, 한솔텔레콤주식회사 서울시 초동 1321-11, (주)훼스트시스템 서울시 서초구 양재동 87-9 등 6개사 임.

다. 출자금액 및 주식의 양도 등

회사의 수권자본금은 1주당 액면가 오천 원인 기명주식 1천6백만 주 합계 8백억 원으로 하고, 회사설립 시 자본금은 2백억 원으로 한다. 투자자들은 주요주주가 합의한 일자에 상법에서 정한 주식인수절차에 따라 출자금을 전액 현금으로 납입하여야 한다. 그리고 투자자들은 회사 설립일로부터 3년간 회사의 주식을 양도할 수 없고, 투자자들은 본 계약에서 달리 정함이 없는 한 한 회사가 신규로 발행하는 주식에 대하여 당사자가 소유하고 있는 주식소유비율에 따라 신주인수권을 갖는다. 한편 회사의 설립 시까지 주요주주가 지출하는 제반비용 및 관련 부대비용(컨소시엄 구성을 위한 사업설명회, 기타 각종 광고, 사업계획 작성, 각종 등록내지 인허, 회사설립인력에 대한 보수 등 회사설립에 소요된 비용 포함)은 세법상 창업비에 한하여 회사가 부담한다.

라. 이사회, 대표이사, 감사 및 배당금

상임이사는 대표이사 사장(창립총회 시는 발기인 대표)이 추천하고 비상임 이사는 각 주요주주가 1명씩 추천한 자들과 주요 주주의 합의에 따라 추천한 자들을 주주총회의 결의에 따라 선임한다. 상임이사는 다른 회사의 임원을 겸할 수 없고, 비상임이사로 선임될 수 있는 자의 자격은 ① 전자상거래 분야 등에 관련된 국가기관, 정부투자기관, 정부연구기관 등의 임직원으로서 관련분야에 상당한 경력을 가진 자. ② 회사의 경영 및 기타 관련분야에 관한 학식과 경험이 풍부한자 ③ 회사의 경영과 관련된 기업체의 임원으로 한다.

그리고 감사는 1인을 두되 주요주주가 협의하여 공익을 대표할 수 있는 자 가운데서 추천한다. 그리고 회사는 사업개시 후 회계연도의 이월결손금이 전액 보전되지 아니하는 한 배당금은 지급하지 아니하고, 이월결손금이 전액 보전되는 경우 배당금의 지급은 정관이 정하는 바에 의한다.

마. 당사자의 협력의무 및 기타사항

첫째, 투자자들은 회사가 공인인증기관으로 지정받기 위한 지정신청서의 준비와 제출 및 본 계약에서 정하고 있는 제반사항에 대하여 가능한 모든 협조와 노력을 제공하여야 한다. 그리고 투자자들은 공인인증기관 지정의 획득 및 원활한 운영을 위하여 다음 각 호의 사항에 대하여 협력한다. 이를 위해 회사와 각 투자자들 간의 협력 및 역할에 대하여 규정한 주주협력에 관한 합의서를 회사설립 후 6개월 이내에 체결한다. 이와 같은 합의서는 본 합작투자계약서의 일부를 구성한다.

① 전자상거래를 위한 통신망, 장비, 기술 등의 유무상 제공, ② 지적재산권의 유무상 제공 및 부동산, 건물의 임대, ③ 사업 및 마케팅 관련 노하우 제공 및 인력파견, ④ 영업망 및 고객정보의 제공, 가입자 유치 및 지원, 각종 소프트웨어의 개발 지원 등

둘째, 투자자들은 회사의 재정적 자립과 효율극대화를 위해 회사의 공인인증서비스 및 관련서비스를 우선적으로 이용하도록 협조한다. 그리고 일방 투자자가 본 계약 체결 후 회사설립 시에 발기인이 정하는 주금예치일 까지 주식대금을 납입하지 않는 경우 이유를 불문하고 주요주주가 협의하여 즉시 서면통고의 발송에 의해 당해 투자자를 컨소시엄으로부터 제명하고 이를 대체할 방안을 시행한다.

셋째, 투자자 및 투자자의 계열회사들은 본 계약체결 후 본 컨소시엄 이외에, 제3자에게 인증서의 발급 및 인증관련 기록의 관리 등의 인증역무를 제공함을 목적으로 하는 다른 컨소시엄에 직접 또는 간접적으로 참여하지 못한다. 여기서 제3자라 함은 투자자와 독점규제 및 공정거래에 관한 법률에서 정하는 투자자의 계열회사를 제외한 자를 말한다.

한편 본 계약 기간 중 투자자 및 투자자의 계열회사가 회사를 통하거나 회사와의 제휴 이외의 방법으로 한국 내에서 제3자에게 인증서의 발급 및 인증관련 기록의 관리 등의 인증역무를 제공하고자 하는 경우에는 회사 및 주요주주에게 서면통지하고 사업 또는 활동내역에 관하여 합의를 하여야 한다. 이외 주식의 양도, 신주인수권, 정관, 회사의 운영 및 영업, 회계, 계약의 종료 및 변경, 계약위반 시 효과, 비밀유지, 관할법원 등에 관한 세부내용은 생략한다.

3.3 창립총회 개최

1999년 6월 공인인증기관 설립추진위원회는 당초계획대로 한국정보인증주식회사 창립총회를 대한상공회의소에서 개최하였다(1999. 6. 30). 본 창립총회는 발기인대표인 한국무

선국관리사업단 조경호 이사장이 임시의장을 맡아 진행되었다. 이 창립총회의 심의안건은 창립사항보고(제1호 안건), 정관승인(제2호 안건), 이사 및 감사의 선임(제3호 안건), 상법 제313조 소정사항 조사보고(제4호 안건), 본점설치장소 결정(제5호 안건), 이사 보수한도 결정(제6호 안건) 등 이었다. 이때 의안별 주요보고 및 의결내용은 다음과 같다(창립총회 의안설명서, 1999. 6. 30, 한국정보인증주식회사).

가. 창립사항 보고

총회 임시의장인 창립발기인 대표 한국무선국관리사업단 이사장(조경호)는 창립보고사항을 낭독하였다. 그 주요내용은 다음과 같다.

① 발기인 삼성SDS주식회사 대표이사 김홍기, 발기인 SK텔레콤주식회사 대표이사 사장 조정남, 발기인 주식회사LG인터넷 대표이사 이양동, 발기인 한국정보통신주식회사 대표이사 하제준, 발기인 한국전기통신공사 사장 이계철은 본 회사의 발기인으로서 상법 제311조의 규정에 의하여 회사 창립에 관한 사항을 다음과 같이 보고함.

② 본인들은 사업목적을 정관 제2조와 같이 정하고 회사가 발행할 주식총수는 일천육백만주(16,000,000주), 설립 시 발행하는 주식총수는 사백만주(4,000,000주), 1주의 금액 금오천원, 자본금 이백억 원(금20,000,000,000원)으로 하는 주식회사를 설립하고자 기획하였음.

③ 본인들은 한국무선국관리사업단 이사장 조경호를 발기인 대표로 선임하고 회사가 설립되기까지 발기인을 대표하기로 하였음. 발기인 전원이 모여 1999년 6월 16일 정관을 작성하고, 공증인가 법무법인 충정에게서 동년 6월 17일 인증을 받았음.

④ 1999년 6월 16일 발기인은 설립 시에 발행하는 주식의 총수 사백만주(4,000,000주)중 이백사십만 주(2,400,000주)만을 인수하고 잔여주식 일백육십만 주(1,600,000주)에 대하여는 주식청약서로 주주모집에 착수하였음. 위 모집에 앞서 발기인 전원은 액면 1주의 금액을 금오천원으로 정하고 동년 6월 24일까지 주식청약 인이 소정의 주식 청약서를 회사 창립사무소로 제출하면서 청약주식의 발행가액 전액을 주식청약증거금으로 주금납입을 맡을 은행인 한빛은행 한경센터지점에 납입하도록 결정함.

⑤ 주식인수 청약이 1999년 6월 24일까지 일백육십만 주에 달하고 주식청약증거금으로 금 팔십억 원(금8,000,000,000원)이 납입되어 그 주식 청약증거금을 주금납입금으로 충당함으로써 동일까지 납입된 발기인의 주금납입금 일백이십억 원(금120억 원)과 합산하여 금이백억 원(금200억 원)의 주금납입금이 발기인 대표명의로 유가증권 청약증거금계정에 보관되어 있음이 위 은행에서 발행한 주금납입금 보관증명서에 의하여 확증됨.

⑥ 정관에서 정한 변태설립사항은 상법 제299조의 2에 해당되어 공증인의 조사, 보고 및 감정인의 감정으로 법원 선임검사인의 조사, 보고에 갈음할 수 있어 공증인의 조사보고서와 감정인의 감정서로 갈음하였는바 그 사항은 타당함. 회사가 부담할 설립비용은 별첨계산서

와 같은바 그 부담 및 지출은 모두 상당하다 인정됨.

이상과 같이 인수와 납입이 완료되었으므로 본인들은 속히 회사를 설립하기 위해 주식인수인 전원의 동의를 얻어 2주간의 법정기간을 단축하여 금일 창립총회를 개최하게 되었다.

나. 이사 및 감사 선임

총회 임시의장은 이사 및 감사 선임에 관하여 그동안 발기인들이 마련한 복안을 다음과 같이 제시하였다.

① 정관에는 3인 이상의 상임이사와 3인 이상의 비상임이사를 두도록 되어 있으나 짧은 기간에 회사를 설립하다보니 발기인들이 상임이사 후보를 물색하는데 충분한 시간을 가질 수가 없어서 상임이사는 창립총회에서 우선 한 사람만 선임하고 다른 두 사람은 차후에 선임하도록 한다.

② 비상임 이사는 각 주요주주가 추천하는 인사를 선임하고, 감사는 비상임으로 주요주주가 아닌 주주가 추천한 인사를 선임한다.

③ 발기인들의 제안은 상임이사에 이정욱, 비상임이사에 김선조, 김소헌, 박명욱, 신인용, 원좌현, 유화석, 정점균, 조영훈, 황기연으로 정하고, 비상임감사에는 김광호를 선임한다.

이 제안에 대하여 내부주주의 승인 동의에 이어 주주들이 표결결과 참석주주 주식수의 3분의 2이상이며 인수주식총수의 과반수이상을 획득함으로써 의장은 선임이 확정되었음을 선포하였다. 또한 이사 보수한도의 결정안건에 대해서는 당사의 정관 제40조에 의하면 비상임 이사는 무보수를 원칙으로 하도록 규정되어 있으므로 1999년도 상임이사들을 위한 이사 보수한도는 2억 원으로 책정하였다. 한편 감사는 비상임으로 선임되었으므로 감사 보수한도는 정하지 않았다.

다. 본점설치장소의 결정 및 공증인의 조사보고서 등

한국정보인증의 본점은 서울특별시 중구 중림동 441번지 한국경제신문 빌딩 9층에 설치하는 안이 창립총회에서 의결되었다. 그 이유는 한국경제신문 빌딩은 도심에 위치하고 있어 고객접근도가 양호하고 언론사 건물로 출입자 통제 등 건물보안이 잘 이루어져 당사가 공인인증기관으로 보안을 강구하는데 유리하다. 뿐만 아니라 최근에 건축된 인텔리젼트 빌딩으로 통신기반시설이 잘 구축되어 있고 비교적 임차료가 저렴하기 때문이다.

한편 공증인가 법무법인 충정 조치형 변호사는 설립중인 회사에 대한 설립비용의 타당성 여부를 조사하고 그 조사결과를 보고하였다. 이것은 설립중인 한국정보인증주식회사의 발기인들에 의하여 회사가 부담할 설립비용을 정관에 기재함에 따라 모집변태설립을 하게 되어 상법 제31조 및 동법 제299조의 2의 규정에 따라 회사가 부담할 설립비용에 대한 타당성 여부를 1999년 6월 17일자로 조사 완료하였다.

라. 대표이사 선임

창립총회에 이어 1999년 6월 30일 오후 5시 한국정보인증주식회사 1999년도 제1차 이사회가 대한상공회의소 12층 S룸에서 개최되었다. 이 회의에서는 회사정관 제35조의 규정에 의하여 설립추진위원장(이정욱)을 대표이사로 선임하였다. 1999년 7월 1일은 또 하나의 뜻 깊은 정보통신의 날로 기억되고 있는데 그것은 바로 우리나라의 전자거래기본법과 전자서명법이 발효된 날이라는 점과 이에 맞추어 정부의 계획대로 제1호 공인인증기관으로서 한국정보인증㈜가 공식적으로 출범하게 되었다는 것이었다.

그러나 그동안 설립추진위원회의 노력으로 모집된 주주구성결과, 전자상거래의 필수사항인 공인인증서를 발급 운용하는 기업체라는 점에서 볼 때 은행, 증권회사 등 대형금융기관을 대주주로 유치하지 못한 아쉬움을 남겼다. 투자모집결과 245억 원으로 초과달성 되었으나 최종 200억 원으로 맞추어 확정하였다.

3.4 창립기념식

가. 한국정보인증(주)의 창립기념식

한국정보인증(주)의 창립총회를 마치고 회사가 출범한 1999년 7월 5일 서울특별시 중구 중림동 441 한경빌딩 9층 본사에서 외부인사들을 모시고 별도의 창립기념식을 가졌다. 이때 한국정보인증에서는 다음과 같이 초청장을 관련인사들에게 보냈다.

<초청의 말씀> 저희 한국정보인증주식회사는 1999년 7월 1일 시행되는 전자서명법에 따라 국내 주요 관련업체들이 주주로 참여한 전자상거래 공인인증기관으로 1999년 6월 30일에 창립하였습니다. 당사에서는 앞으로 전자문서 및 전자상거래를 위한 제반 전자인증, 전자상거래 관련 정보제공, 정보보안, 전자거래, 인터넷 통신망에 관한 기술개발 및 제공을 사업목표로 하고 있습니다. 이에 따라 창립기념 및 현판식을 아래와 같이 개최하오니 부디 참석하시어 자리를 빛내 주시기 바랍니다.

일시 : 1999년 7월 5일 오후 5시

장소 : 서울시 중구 중림동 441 한국경제신문빌딩 8층

한국정보인증주식회사 대표이사 사장 이정욱

한국정보인증(주)의 창립기념식은 당초계획대로 내외귀빈들을 모시고 한경빌딩에서 계획대로 거행되었다(1999. 7. 5). 이날 창립기념식에서 대표이사 사장(이정욱)은 다음과 같이 경과보고 및 인사말을 하였다.

<경과보고 및 인사말> 오늘 바쁘신 중에도 한국정보인증주식회사 창립기념식에 참석하여 주신 내외귀빈 여러분께 감사드립니다. 특히 남궁석 정보통신부 장관님, 서정욱 과학기술부 장관님, 전국은행연합회 이동호 회장님께서 참석하시어 이 자리가 더욱 빛나고 있습니

다. 그리고 주주 여러분, 이처럼 많이 참석해 주셔서 대단히 감사합니다. 한국정보인증주식회사는 금년 2월 5일 전자서명법이 공포되면서 태동하게 되었습니다.

전자서명법에 규정되어 있는 전자문서 및 전자상거래의 공인인증기관을 설립하기 위하여 설립추진위원회가 지난 4월부터 6월까지 3개월 동안 운영되었습니다. 그동안 설립추진위원회에서는 사업설명회를 열고 주주를 모집하고 합작투자계약을 완료하는 등 짧은 기간에 회사설립을 집중적으로 추진하였습니다. 그래서 지난 6월 30일 대한상공회의소에서 창립총회를 개최함으로서 본 회사가 7월 1일자로 공식 출범하게 되었습니다.

새로 창립된 이 회사의 주요주주로는 다우기술, 삼성, SK, LG, 일진, 제일화재해상보험, 한국무선국관리사업단, 한국통신, 한국정보통신의 9개사이고, 일반주주로는 포스데이터, 하나로통신, 한국신용정보, 한국신용평가정보 등 13개 회사로서 총 22개 회사가 참여하였으며 자본금은 200억 원으로 출발하게 되었습니다. 전자상거래가 활성화되기 위해서는 첫째는 첨단기술방식을 도입하여 정보인증체계를 갖추는 일이고 두 번째는 인터넷과 전자상거래의 전용 네트워크인 초고속통신망을 조속히 구축하는 일이라고 생각합니다.

따라서 한국정보인증의 핵심사업으로는 전자문서인증은 물론 모든 전자상거래에 대한 인증업무를 수행할 계획입니다. 또한 상품 화상정보 데이터베이스를 구축하여 지금 널리 확산되고 있는 웹 사이트, 도·소매업, 인터넷 상점 등에 저렴한 가격으로 우수한 품질의 상품정보를 공급할 예정입니다. 다른 하나는 인터넷통신망을 선진국 수준으로 고도화하기 위하여 인터넷 기간통신망을 통합하고 인터넷 가입자통신망을 초고속화하는 가장 실용적인 기술제공 사업에도 참여할 계획입니다.

앞으로 한국정보인증에서는 전자상거래의 전면적인 시행에 대비하여 국가에서 공인한 인증기관으로서의 책임을 다할 수 있도록 모든 노력을 기울이겠습니다. 그래서 우리나라 전자상거래를 선진국 수준으로 끌어올리는데 주도적인 역할을 해나갈 것을 다짐합니다. 대단히 감사합니다.

이어서 한경빌딩 1층 현관에서 한국정보인증(주)의 현판식을 가졌으며, 현판 좌측에 곽병화 제일화재해상보험 사장, 이동호 전국은행연합회 회장(전 내무부 장관), 남궁석 정보통신부장관, 현판 우측에 이정욱 한국정보인증 사장, 신윤식 하나로통신 사장, 이철수 한국정보보호센터 원장이 정열하여 거행하였다. 한편 이날 창립기념식을 위해 한국전산원 박성득 원장, 한국루슨트테크놀로지스 양춘경 부사장, 온세통신 장상현 사장, 한국컴퓨터 홍승채 회장, 한국통신산업개발 이계순 사장, 일진그룹 허진규 회장, 한국통신기술 우승술 사장, 한화정보통신 이해욱 회장, 한국통신공중전화 이상복 사장 등은 축하화분을 보내주셨다.

나. 한국정보인증(주) 창립에 대한 언론보도

한국정보인증(주)이 창립되기 직전인 6월 언론에서는 「한국정보인증 설립 가시화」라는 제목으로 다음과 같이 보도하였다(전자신문, 1999. 6. 14, 김경묵기자).

<기사내용> 오는 7월 시행될 전자서명법상의 공인인증기관(CA)을 겨냥, 민간 컨소시엄으로 구성 중인 가칭 한국정보인증 설립 작업이 점차 윤곽을 잡아가고 있다. 한국정보인증은 최근 주주모집 절차를 거쳐 10개 업체와 개인투자자들이 총 220억 원의 지분참여 의사를 표시했다고 12일 밝혔다. 이 같은 규모는 당초 예상했던 200억 원보다 늘어난 것으로 회사설립 전담반은 현재 200억 원의 자본금 규정을 개정 중이다.

또 초대 대표이사 사장으로 한국통신 부사장을 역임한 이정욱 씨를 내정하고 이달 말 창립총회와 이사회를 개최한 뒤 다음 달 초에는 법인설립 절차를 마치기로 했다. 현재로선 10개 업체가 20억 원씩 총 200억 원, 개인투자자들이 20억 원의 자본금을 공동출자할 예정이다. 주요주주로 참여의사를 밝힌 업체들은 LG인터넷, 삼성SDS, SK텔레콤, 한국통신, 한국정보통신, 다우기술, 일진, 제일화재, 동부정보기술 등 10개사. 이들 업체는 의견 조율을 거쳐 등재이사 및 사외이사를 선임하고 공동 경영에 참여할 계획이다.

한국정보인증은 올해 당면과제로 조직정비와 시스템 안정화, 서비스 대상영역 확대를 꼽고 있다. 인적 구성에 있어서는 전문 시스템 관리인력 25명을 포함, 올해는 일단 45명의 인력으로 조직 안정화를 꾀하기로 했다. 공인 CA로서 질 높은 인증서비스를 위해서는 시스템 안정화가 최우선 과제이므로 회사설립 작업이 마무리되는 대로 시스템 구축작업에 본격 착수하기로 했다. 일단 전자서명법이 요구하는 사양대로 시스템을 구현할 계획이지만 사업이 안정권에 진입하면「SET」등 타 인증서비스로도 확대할 방침이다.

한국정보인증은 대기업들의 적극적인 투자로 회사설립에는 일단 성공적인 첫발을 내디뎠다는 평가다. 하지만 앞으로 풀어야 할 숙제는 한두 가지가 아니다. 우선 컨소시엄업체들의 전례를 보면 10개에 달하는 주주들의 의견조율 문제가 걸림돌로 작용할 공산이 크다. 주요주주들의 지분을 동일하게 제한한다고 못 박은 점이 결국 경영권 부재로 이어질 가능성이 크다는 얘기다. 당장 인증서비스를 적용할 마땅한 시장이 없다는 점도 문제다.

은행, 증권 등 처음부터 확실한 인증서비스 대상을 확보한 금융결제원, 한국증권전산과는 다른 처지다. 일단은 참여 주주들의 그룹사를 대상으로 EC나 전자우편 등에 인증서비스를 제공할 계획이지만 당분간은 사업성 확보가 불투명한 실정이다. 이밖에 인증서비스가 온라인상에서의 신원·거래내용 등을 보증하는 만큼 이에 상응하는 배상책임 장치마련도 시급히 해결해야 할 과제다.

3.5 전자문서 인증시대가 열린 배경(언론보도)

1999년 7월 한국정보인증이 창립되자 언론에서는「전자문서 인증시대 개막」이라는 제목으로 우리나라의 공인인증서 시대가 열린 배경을 정보통신부 비사로 보도하였다. 이 보도기사에는「그것은 미래를 향한 새 이정표였다」라는 부제가 달렸으며 기사내용은 다음과 같다(정보통신부 비사 145편, 2013. 7. 26, 전자신문).

가. 1호 정보공인인증기관의 출범

1999년 7월 1일 전자거래기본법과 전자서명법이 발효됐다. 이 법은 전자문서 인증시대 개막을 예고했다. 그동안 각종 거래 때마다 사용하던 인감이나 서명 대신 공인인증기관이 이를 대행할 수 있도록 했기 때문이다. 그해 7월 5일. 정보공인인증 기관 1호가 출범했다. 한국정보인증이다. 이정욱 한국정보인증 사장(한국통신 사장대행 역임, 현 한국정보통신기술인협회장)은 이날 서울 중림동 한국경제신문 9층에서 창립 기념식과 현판식을 갖고 공식 업무를 시작했다.

이날 기념식에는 남궁석 정보통신부 장관(작고, 국회 사무총장 역임)과 서정욱 과학기술부 장관(현 KT 고문), 박성득 한국전산원장(정통부 차관 역임, 현 한국해킹보안협회장), 이동호 전국은행연합회장(내무부 장관 역임), 정선종 한국전자통신연구원장(현 통신위성우주산업연구회 고문), 이철수 한국정보보호진흥원장(현 우즈베키스탄 타슈켄트 ICT대학교 부총장), 조정남 SK텔레콤 사장(부회장 역임, 현 고문), 곽병화 제일화재해상보험 사장 등이 참석했다.

<한국정보인증은 1999년 7월 5일 서울시 중구 중림동 한경빌딩 8층에서 창립기념식을 갖고 출범했다. 왼쪽부터 조정남 SK텔레콤 사장, 정선종 한국전자통신연구원 원장, 이동호 전국은행연합회 회장, 남궁석 정보통신부 장관, 이정욱 사장, 서정욱 과학기술부 장관, 박성득 전산원장, 곽병화 제일화재해상보험 사장, 이철수 한국정보보호원장>

이정욱 사장은 경과보고에서 「한국정보인증은 지난 2월 5일 전자서명법이 공포됨에 따라 태동하게 됐다」면서 「앞으로 전자문서인증은 물론이고 모든 전자상거래에 인증업무를 수행할 계획」이라고 밝혔다.

이정욱 사장의 증언 「그해 5월 초 어느 날. 남궁석 장관이 장관실에서 잠깐 보자는 연락이 왔어요. 무슨 일인가 하며 영문도 모른 채 갔더니 거두절미하고 전자상거래를 위한 공인인증기관을 설립하라는 겁니다.」 남궁 장관은 이 사장에게 「우리나라 최초로 7월 1일 전자서명법이 발효된다. 이에 맞춰 공인인증기관을 설립해 업무를 시작해야 하니 시일이 촉박하다. 공인인증 업무를 전담할 회사를 6월 말까지 설립해야 한다」고 말했다.

남궁 장관은 이 사장이 1991년 한국통신 정보통신사업본부장으로 일할 때 만났다. 그해 12월 한국통신 자회사인 한국PC통신 사장에 남궁석 사장이 취임했다. 남궁 사장은 이건희 삼성그룹 회장의 부름을 받아 1993년 9월 삼성 SDS 사장으로 자리를 옮길 때까지 이 본부장과 호흡을 맞춰 일했다.

이 사장은 당시 맡고 있던 한국통신 경영자문위원장직을 사퇴하고 공인인증기관 설립에 총력을 기울였다. 이 사장의 이어지는 말. 「그때부터 정신없이 뛰었습니다. 사무실이 없어 한국통신에 이야기해 한국통신 목동 건물 2층에 방을 얻어 간판을 내걸었습니다. 곧장 공인인증기관 설립 전담반을 구성했습니다.」 전담반장 겸 설립추진위원장은 이 사장이 맡고 정부 측 실무총괄은 전성배 정통부 사무관(방통위 국제협력관 역임, 현 중앙공무원교육원 파견)이 담당했다.

정통부에서 석제범 사무관(방통위 통신정책국장 역임, 현 새누리당 수석전문위원)이 반원으로 가세했다. 반원으로 고병훈(포스코), 김낙중(SK텔레콤), 김재중(LG CNS, 현 한국정보인증 이사), 김용준(외부 전문가), 김주현(삼성SDS), 박용건(한국무선국 관리사업단), 백석철(한국통신), 이석훈(외부 전문가), 이철호(한국통신), 정왕호씨(외부 전문가)가 참여했다.

이 사장은 국내 정보보호 및 공인인증 사업 시장규모, 매출액, 수익성 등을 예측하고 회사의 자본금 규모를 200억 원 정도로 정했다. 설립 후 3년간은 영업이익을 내기 어렵다고 판단해 산출한 금액이었다. 이 사장은 정보통신기업들에 투자를 권했다. 한국통신과 삼성SDS, SK텔레콤, LG인터넷, 한국무선국 관리사업단, 한국정보통신, 다우기술, 일진, 제일화재해상보험, 대우공업, 삼경정보통신, 세림이동통신, 신후무역, 중앙상선, 테라, 포스데이타, 풍기산업, 하나로통신, 한국신용정보, 한국신용평가정보, 한솔텔레콤, 훼스트시스템 22개사가 주주로 참여했다.

자본금으로 245억 원을 유치했으나 이를 200억 원으로 조정했다. 사무실을 서울 중림동 한국경제신문 9층으로 옮겼다. 이 사장의 회고. 「당시 인증기관 설립을 추진하다 보니 다른 부처도 준비를 하고 있었습니다. 사장까지 내정한 상태였어요. 부처 간 경쟁이 심했습니다.」

이 사장은 회사 설립 후 공인인증시스템은 국내에서 개발했다. 그는 처음 미국 베리사인

시스템 도입을 위해 미국을 방문해 그곳 사장과 만났으나 두 가지 이유로 방침을 변경했다. 하나는 자체 기술개발로 국내 산업을 육성해야 한다는 점과 다른 하나는 외국 업체에 기술 종속 우려와 비싼 로열티 때문이었다. 이 사장은 삼성SDS와 공동으로 3개월여 만에 국가암호 표준기술을 기반으로 한 사인게이트1(signgate 1)을 개발했다. 그해 9월 30일 사인게이트 정보인증센터를 준공했다.

정통부는 이보다 앞서 1998년 4월부터 전자상거래 활성화를 위한 전자서명 인증제 도입을 적극 추진해 왔다. 정통부 그해 4월 27일 전자서명(디지털서명)에 법적 효력을 부여하는 것 등을 골자로 한 전자서명법안을 마련했다. 전자서명법안의 골자는 공인인증기관 등이 인증한 전자서명은 일반문서에 사용되는 인장이나 서명과 같은 법적 효력이 있다고 규정하는 내용이었다.

법안은 인증기관의 공신력 확보 및 이용자보호를 위한 관리제도 마련, 당사자 간의 분쟁 최소화를 위한 인증방법 및 절차 명시, 전자서명 및 전자문서에 법적효력 부여, 국제 간 전자상거래에 대비한 외국과의 상호인증 등도 명시했다. 전자서명이란 종이문서에 사용되는 서명(인감)과 같이 서명자 식별 및 변조 방지 목적으로 전자문서에 포함되거나 부착되는 기호나 부호를 말하며 문서 작성자는 비밀코드로 전자문서에 디지털서명을 부착하고 문서를 받아보는 사람은 공개코드(서명 검증키)로 디지털서명의 유효성을 확인토록 했다.

정통부는 이런 내용의 전자서명법 제정안을 그해 7월 27일 입법 예고했다. 이 법안은 그해 12월 24일 국회 본회의를 통과했다. 이에 따라 1999년 7월부터 컴퓨터 및 정보통신망에서 오가는 전자문서에 사용되는 전자서명도 기존의 일반 종이문서에 사용되는 인감이나 서명과 같은 법적 효력을 갖게 됐다. 그동안 정보사회의 진전에 따라 인터넷 등 개방형 통신망에서 오가는 각종 전자문서의 이용량이 급증했으나 전자문서를 이용해 거래계약이나 대금결제 등의 법률적 행위로까지 발전하지 못했다.

나. 공인인증기관 설립을 대통령께 보고

1999년 4월 1일. 남궁석 장관은 정통부 회의실에서 열린 새해 업무보고에서 김대중 대통령에게 연내 전자서명 공인인증기관을 설립하겠다고 보고했다. 남궁 장관은「신산업 창출과 고용확대를 위해 전자상거래를 활성화하고 전자상거래 신뢰성과 안정성을 보장하기 위해 공인인증기관을 설립 운영하겠다」고 밝혔다. 정통부에서 공인인증기관 설립을 총괄한 신용섭 당시 정보보호과장(방통위 상임위원 역임, 현 EBS 사장)의 말.「당시 공인인증 업무는 아무도 가지 않은 길을 가는 일이었습니다. PKI(Public Key Infrastructure)라는 개념조차 정리가 안 된 상태였습니다. 이론만 있는 상황에서 공인인증기관을 설립하려니 뭘 어떻게 해야 할지 고민이 엄청났습니다. 그래서 날마다 고민하고 실무진과 토론하고 외국사례를 조사하면서 작업을 해 나갔습니다.」

이성옥 정통부 정보기반심의관(정통부 정보화기획실장, 정보통신연구진흥원장 역임, 현 한국플랜트산업협회 부회장)의 회고.「공인인증기관 설립작업은 전적으로 신 과장이 실무를 총괄했습니다.」신 과장은 전성배 사무관과 한국전자통신연구원과 한국정보보호진흥원(현 한국인터넷진흥원) 전문가들로 합동조사단을 구성해 2주간 독일에 보내 그곳 사례를 파악했다. 당시 공인인증기관 설립을 놓고 삼성과 LG, SK 등 대기업 간에 물밑경쟁이 치열했다.

신 과장은 이 분야는 외국 업체에 의존해서는 안 된다는 생각에 이철수 한국정보보호진흥원장에게 자문을 구했다. 이홍섭 박사(한국정보보호진흥원장 역임, 현 건국대 석좌교수), 조현숙 박사(현 한국전자통신연구원 사이버보안연구단장) 등과도 머리를 맞대고 지혜를 모았다. 신 과장은 공인인증기관은 컨소시엄을 구성해 설립하기로 정부방침을 변경했다. 정통부는 3월 29일 한국통신과 삼성SDS 등 6개사를 주요 주주로 확정했다.

그해 6월 1일 일반주주 모집을 위한 사업설명회를 열어 22개사 컨소시엄에서 자본금 200억원을 마련했다. 그는 전자서명법 시행령과 시행규칙 작업도 했다. 그해 6월 30일 시행령을 발표했고 이어 시행규칙은 8월 12일 확정했다. 정통부는 설립작업이 마무리될 4월 말께 초대 사장을 내정했다. 신 과장의 말.「안병엽 차관(정통부 장관, 국회의원 역임, 현 KAIST 교수)에게 초대사장 선임을 어떻게 했으면 좋겠습니까 라고 보고 했더니 이정욱씨로 했으면 좋겠다고 하시더군요.

사전에 남궁 장관과 협의를 해 결정했을 겁니다. 남궁 장관이 이후 이 사장을 불러 내정을 통보하면서 설립을 지시했다고 생각합니다.」한국정보인증은 7월 7일 전자서명 인증관리센터를 설립했다. 한국정보인증은 정부에서 2000년 2월 10일 1호 인증기관으로 지정받았다. 2호는 한국증권전산이며 3호는 금융결제원이다.

한국정보인증은 이정욱 초대 사장에 이어 강영철(데이콤 전략기획본부장 역임), 김인식씨(정통부 공보관, 정보통신공무원교육원장 역임, 현 한국스마트TV산업협회 부회장)가 사장 바통을 이어받았다. 현재는 국회의장 정무수석비관을 지낸 고성학씨가 사장으로 재직 중이다. 한국정보인증은 지난해 318억 원의 매출을 올렸고 영업이익 44억 원을 기록했다. 한국정보인증 출범은 남이 가지 않은 길에 세운 정보사회의 새 깃발이었다.

4. 공인인증시스템의 국내개발

4.1 과감한 국산화개발 시도

가. 선진국시스템의 도입이냐, 국산화개발이냐

한국정보인증(주)이 계획대로 창립은 되었으나 가장 중요한 공인인증서의 발급 및 운용시스템을 갖추지 못하였기 때문에 영업을 전혀 할 수가 없었다. 공인인증시스템을 확보하는 방안으로는 이미 외국에서 운용되고 있는 외국산 시스템을 도입하는 경우와 우리 기술진에 의해 국산시스템을 개발하는 방법의 두 가지 길이 있었다.

1999년 중반 한국정보인증 사장(이정욱)은 공인인증사업을 조속히 개시하기 위해 먼저 외국산 시스템의 도입을 검토하였으며 이미 세계적으로 우수한 정보보호기술을 자랑하고 있는 미국의 베리사인(Verisign)사를 찾아갔다. 미국 실리콘밸리에서 젊은 사장을 만나 협상을 시작하였으며 이틀 동안의 미팅을 통해 몇 가지 교훈을 얻고 그냥 돌아오고 말았다. 한국정보인증이 외국제품을 직도입하여 운용하는 경우 다음과 같은 상당한 문제점이 예상되었다.

첫째, 차세대 IT산업 중 주요 분야인 공인인증시스템 및 정보보호의 핵심기술에 대하여 국내개발기회를 완전히 상실할 수밖에 없다.

둘째, 공인인증시스템의 운용 및 유지보수까지 외국 기술진에 의지해야 하고, 신규서비스 발생 시에도 하나하나 이들에게 개발을 의뢰해야만 될 수밖에 없어 영구적으로 기술종속국으로 전락될 것으로 예상된다.

셋째, 도입가격이 엄청나게 높은데다가 상당한 런닝 로얄티까지 요구하고 있어 사업수지를 맞출 수가 없다. 또한 이러한 조건에서는 인증서의 판매가격이 비싸져서 저렴한 가격으로 공인인증서를 대량 보급하겠다는 우리정부의 방침도 실현이 불가능할 것으로 보인다.

1999년 하반기 한국정보인증(사장 이정욱)은 우리나라 최초로 공인인증시스템의 국산화 개발에 착수하였다(최초 공인인증기관의 설립/ 이정욱, 2004. 12, 정보통신부의 정보보호정책 연혁). 이 시스템(SignGATE I)은 국가암호화표준기술을 기반으로 하여 공인인증서 발급에 있어 안전신뢰성에 중점을 두고 개발하기로 정하였다. 이를 위해 다음과 같이 외부 전문 업체에 위탁하여 개발 추진하였다(한국정보인증의 공인인증시스템 공급계약서, 1999. 8, 한국정보인증주식회사).

① 개발업체 : 삼성SDS주식회사(대표이사 김홍기) ② 개발기간 : 공인인증기관용 인증시스템(시점확인기능 제외)은 1999년 9월 30일, 공인인증기관용 인증시스템(시점확인기능 포함)은 1999년 10월 31일 까지 공급 ③ 공급가격 : 1억8천만 원 ④ 개발내역 : 인증서발급시스템(CA), 등록기관시스템(RA), 키 생성시스템(KGS), 스마트카드발급시스템, 인증클라이언트시스템.

본 계약에 있어 특이사항을 보면, 이 개발시스템은 한국정보인증이 정부기관으로부터 공인인증기관으로 지정받은 경우 이를 최종검수 완료로 본다는 것, 개발된 인증시스템의 소스코드, 프로그램, 자료, 기술, 노하우, 기타 성과물에 대한 저작권 및 영구사용권은 한국정보인증이 갖는다는 것, 개발 공급된 인증시스템의 컴퓨터가 2000년 문제에 대해 발생할 수 있는 손해에 대하여는 삼성SDS가 배상책임을 진다는 것 등이 있다.

한국정보인증은 삼성SDS와 공동개발 3개월 만에 국가암호표준기술을 기반으로 한 우리나라의 제1호 공인인증시스템(Signgate 1)을 개발하여 운용할 수 있었다. 이때 한국정보인증은 인증시스템의 구성원칙을 ① 무중단서비스(Non-stop Service) 및 안정성을 위해 컴퓨터 시스템 및 네트워크를 이중으로 구성한다. ② 키 생성 및 인증서 생성시스템 등 특히 보안을 요하는 시스템은 오프라인(Off-line)으로 구성한다. ③ 국제적으로 인증된 표준방식(PKI)을 채택하는 것으로 정하여 추진하였다.

이 시스템은 개발된 후 SignGATE I 인증시스템으로 명명되었으며, 이를 기반으로 1999년 9월 30일에「Signgate 정보인증센터」를 준공 개통하였다. 이날 Signgate 정보인증센터 개통식에는 남궁석 정보통신부장관, 오명 동아일보사장, 이계철 한국통신사장, 박용정 한국경제신문사장 등 관련 인사들이 참석하였다. 이로서 한국정보인증은 우리나라 제1호 공인인증기관으로 탄생하게 되었다. 초기 미지의 세계에 도전하면서 한국정보인증㈜의 경영이념은「선진 전자상거래의 실현」에 두었으며, 경영목표는「세계적 정보인증기업으로 발전」으로 설정하였다.

나. 공인인증시스템의 국내개발 성공

한국정보인증(주)에서 공인인증시스템을 국내개발에 성공하자 언론에서는「한국정보인증 인증센터, 사인게이트 시험가동」이라는 제목으로 다음과 같이 보도하였다(1999. 10. 1, 전자신문).

<기사내용> 한국정보인증(대표 이정욱)은 인증센터인「사인게이트」완공식을 30일 가졌다. 한국정보인증은 그동안 총 23억 원의 예산을 투입, 키 생성시스템, 인증서 생성시스템, 디렉터리 시스템, 시점확인 시스템, 등록관리 시스템, 침입차단 시스템 등 11개 시스템을 구축 완료하고 이날부터 시험서비스에 들어갔다고 밝혔다.

이어 10월 중순에는 공인인증기관(CA) 등록을 신청한 뒤 내년 1월부터 인증서 발급 등 상용서비스에 착수하기로 했다. 이정욱 사장은 정보인증센터의 네트워크와 핵심시스템들에 대해서는 완벽한 백업환경을 구축해 안전한 전자서명 인증체계 구현에 만전을 기했다고 말했다. 한국정보인증은 전자서명 공인 CA를 겨냥, 한국통신 등 22개 국내 업체들이 총 200억 원의 자본금을 출자해 지난 7월 1일 공식 출범한 인증서비스 전문업체이다(서한기자).

4.2 공인인증센터 구축 및 운영인력

가. 인증센터 소요시설

한국정보인증은 사인게이트(Signgate) 인증센터를 운영하기 위해 소프트웨어 설비로 총 소요예산 6억6백만 원을 투입하여 인증시스템, 디렉토리 서버 등 7개 설비를 구매하였다. 이 인증시스템은 삼성SDS에서 공급하였다. 이때 소프트웨어 설비내역은 <표 5-4>와 같고 하드웨어 시설내역은 <표 5-5>와 같다(인증센터 소요시설 및 장비, 1999. 8. 2, 한국정보인증 시스템관리실). 사인게이트 정보인증센터의 하드웨어 설비는 키 생성시스템, 인증서 생성시스템, 디렉토리시스템, 시점확인시스템, 등록관리시스템 등 13개 시스템을 구매 추진하였으며, 이를 위한 소요예산은 총 7억7천만 원이 투입되었다(인증센터 소요시설 및 장비, 1999. 8. 2, 한국정보인증 시스템관리실).

<표 5-4> 인증센터 소프트웨어 시설 구매내역(단위: 백만원)

명칭	수량	규격	금액	비고
인증시스템	1	공인인증	180	① 디렉토리 서버는 넷스케이프 기준 ② 침입차단시스템은 방화벽시스템
디렉토리 서버	1	30만- 50만	250	
웹 서버	2		30	
침입차단시스템	1	국내업체	20	
침입탐지시스템	3		90	
데이터백업 SW	6		30	
스마트카드 툴킷	1		6	

<표 5-5> 인증센터 하드웨어 시설 구매내역(단위: 백만원)

명칭	수량	금액	명칭	수량	금액
키 생성시스템	3	90	인증서 생성시스템	2	60
디렉토리 시스템	2	70	시점확인 시스템	2	60
등록관리 시스템	2	60	관리시스템	1	30
웹서버 시스템	2	70	매일 시스템	1	35
침입차단 시스템	3	90	침입탐지 시스템	1	30
백업 디바이스	20	40	시점확인 장치	1	75
이중화 장치	6	60			

나. 인증시스템 및 네트워크 구축

한국정보인증(대표이사 사장 이정욱)은 공인인증기관 신청을 위해 인증시스템구축 및 시설계획을 정부에 제출하였다. 이때 인증시스템을 위한 네트워크 장비로는 WS-5505, WS-5008B 등 기간망 교환장비(Backbone Switch), CISCO 7057/4, PWR/7/2 등 기간망 라우터((Backbone Router),CISCO 2514, CISCO 2501 등 RA 및 HUB를 확보 구축하였으며 세부내역은 <표 5-6>과 같다.

그리고 이 사업계획서에서 제시한 인증시스템 수 및 기종은 다음과 같다(공인인증기관 신청 사업계획서, 1999. 9, 한국정보인증주식회사).

① 등록관리시스템(RA & RA Admin.) : 인증서 발급신청을 입력, 저장, CA와 송수신 및 관리하고, 또한 RA시스템을 관리하는 운영자를 위한 시스템이며, E-3501기종 2대를 이중화 방식으로 구축함. ② 키 생성시스템(KGS) : 전자서명 및 시점확인용 키를 생성하는 시스템이며, Ultra 10기종 2대를 이중화 방식으로 구축함.

③ 인증서 생성, 관리시스템(CA & CA Admin.) : 공인인증서를 생성하고 관리 및 CA시스템을 관리하는 운영자를 위한 시스템이며, E-3501기종 2대를 이중화 방식으로 구축함. 그리고 사용자의 단말기에 설치되어 사용자가 인증서 관련 작업을 하는 CMS 클라이언트(CMS Client) 시스템도 구축함. ④ 시점확인시스템(TSA) : 사용자간 거래에 있어 시점확인이 필요할 경우 이를 확인해 주는 시스템이며, E-250기종 2대를 이중화 방식으로 구축함.

⑤ 디렉토리 시스템 : 공개키 및 폐기목록 등을 보관 또는 사용자가 사용 또는 확인할 수 있게 하는 시스템이며, E-3501 기종 1대를 구축함. ⑥ 웹 시스템 : 사용자가 최초 CMS, CPS 등을 다운 받는 등을 위한 시스템이며, E-250기종 2대를 이중화 방식으로 구축함.

⑦ 메일 시스템 : 인증서 발급을 사용자에 통보하거나 사용자와 회사 간 메일 교환을 위한 시스템이며, Ultra 60기종 1대를 구축함. 그리고 인증서 발급수수료 징수와 관련하여 이에 필요한 데이터를 제공하는 빌링시스템도 구축함. ⑧ 외부용 침입차단시스템으로 Ultra 60기종 2대를 이중화로 구축하고, 내부용 침입탐지시스템으로 Ultra 60기종 1대를 구축함.

<표 5-6> 인증시스템을 위한 네트워크 시설

위치	제품명
기간망 교환장비	WS-5505 2대, WS-5008B 2대, WS-5008B/2 2대 WS-X5530-E3 2대, WS-X5302 2대, WS-X5225R 4대, WS-U5531-FETX 2대, MEM-S3-FLC16M 2대
기간망 라우터	CISCO 7057/4 2대, PWR/7/2 2대, MEM-RSP4-256M 2대 VIP2-50 6대, PA-2FEISL-TX 2대, PA-MC-4T1 2대, PA-4T 6대, PA-2T3 Serial/DSU 2대, SF75A-12X 2대
RA, 사내, HUB, MNS용 라우터	CISCO 2514 1대, CISCO 2501 1대, 3CI16441 2대 CWE+C-SOL-COMB 1대

다. 인증센터 보호설비

한국정보인증(주) 인증시설의 침입방지를 위한 외부구조물, 내부구조물, 침입감지시스템, 출입통제시스템 등은 다음과 같이 갖추었다.

(1) 인증시설의 외부 및 내부 구조물

인증시설의 외부구조물의 벽체는 3.2mm 철판으로 바닥에서 텍스위의 천장까지 시공하고, 외부창문의 유리는 강화필름으로 빈 공간 없이 두 겹으로 시공하였다. 인증시설의 내부

구조물은 보안1등급(Security Level 1) 지역으로부터 보안2등급(Security Level 2) 지역으로 비인가자의 침입을 방지하기 위하여 바닥에서 텍스위의 천장까지 철판(3T)으로 시공하였다. 또한 핵심인증시설인 인증서 생성관리실, 키 생성실 등은 천장으로의 침입을 방지하기 위하여 바닥에서 텍스위의 천장까지 철판으로 시공하였다.

(2) 침입감지시스템

벽면의 파괴, 굴착행위 시 파열진동에 의하여 설치장소에 가해지는 충격에 의한 일시적인 운동에너지의 변화량을 감지하여 주제어장치로 전기적 신호를 전달하는 진동감지기를 설치하였다. 또한 유리가 파손될 때 발생하는 파열음을 감지하여 주제어장치로 전기적 신호를 전달하는 유리진동감지기도 설치하였다.

그리고 각종 문이 일정한 거리 또는 시간 이상으로 개방되었을 경우에 신호를 주 제어장치로 전달하는 자석감지기를 출입문 및 창문에 설치하였다. 원적외선을 이용하여 인체에서 발생되는 열과 주위의 온도차를 감지하여 주제어장치로 알려주는 열선감지기도 설치하였다. 이를 위한 주제어장치는 중앙통제실에 설치하였다. 이외 출입통제시스템, 영상감시시스템, 비상경보, 정보보안시스템, 침입탐지시스템, 방화설비 등도 갖추었다.

4.3 공인인증시스템의 성능개선

가. SignGATE Ⅱ 인증시스템 개발

초기 개발된 SignGATE I 인증시스템은 페이크 CA(Fake CA)방식을 도입하여 강력한 보안성 확보에 중점을 둔 것이어서 운영과정에서 인증서를 대량으로 발급할 때 속도가 느린 문제점이 발견되었다. 2000년에 들어서면서 이러한 저속도문제를 해결하고 온라인 자동발급방식으로 개선하기 위해 SignGATE II 개발에 착수하였다. 이 시스템의 개발은 다음과 같이 외부전문 업체에 위탁하여 개발 추진하였다(SignGATE II 인증시스템 개발 추진 , 2000. 9. 28, 한국정보인증주식회사).

① 개발업체 : 주식회사 케이사인(대표이사 홍기융) ② 개발기간 : 계약일-2000. 11. 15 ③ 개발비용 : 1억6천만 원 ④ 개발내역 : 인증서발급시스템(CA), 등록기관시스템(RA), 키 생성시스템(KGS), 스마트카드발급시스템, 인증클라이언트시스템.

SignGATE II 시스템은 국내 보안전문업체와 한국정보인증(주) 기술진의 국내기술로 개발 완성되었으며, 이 인증시스템의 구축상황을 보면 <표 5-7> 및 <표 5-8>와 같다(공인인증사업 종합추진현황, 2001. 8, 한국정보인증). 이와 같이 저속도문제를 해결하고, 온라인 자동발급방식으로 개선한 제2호 공인인증시스템(Signgate Ⅱ)을 다시 개발 성공함으로써 한국정보인증㈜은 본격적인 공인인증서 기반의 전자거래시대를 열어가게 되었다.

<표 5-7> SignGATE II의 공인인증시스템 구성

시스템	기종	시설수
SignGATE I CA시스템	Sun Enterprise 250	2대
SignGATE I RA시스템	Sun Enterprise 3500	1대
SignGATE II CA시스템	Sun Enterprise 3500	2대
디렉토리시스템	Sun Enterprise 3500	3대
키생성시스템	Sun Ultra 10	2대

<표 5-8> SignGATE II의 부가서비스시스템 및 네트워크

시스템	기종	시설수
시점확인시스템	Sun Enterprise 3500	2대
OCSP시스템	Sun Enterprise 3500	1대
웹서비스 시스템	Sun Enterprise250	2대
보안 및 장애관리 시스템	Sun Ultra 60	6대
네트워크 회선	KT, 데이콤 E1급	각 1회선
라우터	Cisco 7500	2대
스위치	Cartlyst 5505	2대

나. 등록관리시스템 및 툴킷 개발

2001년 중반 한국정보인증은 자체 데이터베이스를 갖는 등록관리시스템을 확보하였다. 이 사업은 (주)프라임시큐어와 공동으로 추진하였으며 이외에도 몇 가지 중요한 사업을 추진하였다. 먼저 가입자 신원확인 및 등록업무를 강화하고, 가입자의 증가에따라 고객문의사항 및 불편사항을 조치하는 등 종합고객센터의 운영을 강화하였다. 다음 2001년 5월 1차 시점확인시스템을 개발완료하고 성능 및 기능의 고도화 작업을 수행하였으며, 이 과제는 (주)케이사인과 공동으로 개발하였다. 그리고 유선 온라인 인증서상태 프로토콜(OCSP) 시스템을 개발하고, VPN 인증사업, 인증부가서비스 요금관리시스템도 개발하였다.

한편 한국정보인증(사장 이정욱)은 공인인증시스템과 연동 가능한 표준화된 툴킷 패밀리(Toolkit Family)의 개발을 추진하였다(TOOLKIT 개발 및 공급계약서, 2000. 5. 31). 개발될 툴킷은 한국정보인증주식회사가 기존에 운용중인 SignGATE v2.6 인증시스템과의 상호연동 및 SignGATE v2.6 툴킷 패밀리의 모든 기능이 수용되어야 하며, 더불어 제시된 PKI 표준, 전자서명 및 암호화 알고리즘, 운영체제 및 환경, API 등을 지원해야 한다. 그리고 개발업체는 주식회사 케이사인(대표이사 홍기융)으로 정하고 개발된 툴킷은 2000년 7월 24일까지 공급하며, 공급금액은 4천8백만 원(부가세 면제)으로 계약하였다.

본 장비의 개발에 이어서 한국정보인증은 2001년 중반까지 SignGATE 시스템의 인증관리용으로 Windows, UNIX SUN, HP, IBM, Windows NT ASP, Web HTML, SUN Java, HP Java, IBM Java, Windows NT Java 등 주요 툴 킷(Toolkit) 10종을 개발 완성하였다. 또한 다양한 플랫폼을 지원할 수 있는 툴 킷도 추가로 확보하였다.

4.4 인증시스템의 안정화 및 고도화

가. 초기 인증관리체계 운영인력

한국정보인증은 공인인증센터가 갖추어 지면서 이를 운영할 초기 인증관리체계를 위한 필수인력을 <표 5-9>와 같이 확보하였다.

<표 5-9> 초기 인증관리체계 필수운영인력(2000. 2. 3)

성명	소속	직급	경력	성명	소속	직급	경력
정왕호	시스템운영	1급	KIST, 한화	이동석	시스템운영	2급	한국통신
이규돈	사업기획	2급	한국통신	유희열	공공사업	2급	한국통신
최희철	공공사업	2급	SK, 현대	이철호	기업사업	2급	한국통신
이석호	시스템운영	3급	한국통신	정종윤	시스템운영	3급	한국통신
장승욱	공공사업	3급	삼성전자	박윤환	시스템운영	4급	동양시스템
김재중	시스템운영	4급	LG-EDS	김홍석	공공사업	5급	경희대연구소

나. 성공적인 인증사업 기반마련

2000년 초 한국정보인증(대표이사 사장 이정욱)은 정부로부터 우리나라 제1호 공인인증기관으로 지정을 획득하였다(2000. 2. 10). 이어서 3월 1일에는 시험서비스를 실시하고, 4월 1일에는 상용서비스를 개시하였다. 그리고 SignGATE 인증시스템의 안정화와 고도화하는데 성공하였다(2000년도 주요사업 추진실적/ 2001년 제1차 이사회 안건, 2001. 3. 13, 한국정보인증 사장).

첫째, 당초 SignGATE 1 인증시스템을 수동발급방식으로 운용하였다. 이를 개선하기 위해 2000년 3월에는 SignGATE 1 버전 2.5를 개발하고, 이어서 SignGATE 1 버전 3.0을 개발하였다. 그리고 2000년 말에는 국제표준을 적용한 온라인 자동발급시스템으로 SignGATE II를 개발하는데 성공하였다(2000. 12).

둘째, 인증서 활용기반을 대폭 확산을 위해 사용자의 시스템 환경에 적합한 인증시스템 툴 킷도 개발하였다. 그 내용을 보면 2000년 말에는 Web, Window 등 2개종을 개발하였으며, 이어서 유닉스, 아이비엠 등 8종과 컴팩, 리눅스 등 4종을 개발하였다(2001. 2-2001. 3). 이와 같이 툴 킷을 자체개발함으로써 인증서를 저렴하게 공급하게 되었다. 이때 타 공인인증기관은 자체개발한 툴 킷을 보유하지 못하고 보안업체의 툴 킷을 활용한 관계로 인증서 가격이 고가였다.

셋째, 인증서 접수와 신원확인 업무를 수행하는 등록기관(RA) 16개 회사를 확보하였다. 금융 분야에 삼성생명, 교보생명, 대한생명, 한빛은행, 평화은행, 현대해상, 제일화재, 신원정보기술 등 8개사를 한국정보인증의 공인인증서 등록기관으로 확보하였다. 그리고 공공분야에는 한국통신, 한국전력, 국민건강관리공단(일산병원) 등 3개사, 일반회사로서 삼성SDS, 포스데이터, 한국능률협회 인증원, 고려개발, 핌스텍, DDIP 등 6개사를 확정하였다.

넷째, 보안업체의 영업력과 기술력을 사업에 활용하고, 보안업체가 공인인증서 확산에 기여하도록 한국정보인증의 툴킷 기술을 제공하는 등 보안업체와의 사업협력 체제를 구축하였다.

5. 공인인증기관의 지정신청 및 심사

5.1 공인인증기관 지정기준 및 신청서 제출

가. 공인인증기관 지정기준

전자서명법에는 공인인증기관은 인증업무의 안전과 신뢰성을 갖춘 능력이 인정되는 자를 지정하고, 국가기관, 지방자치단체, 법인을 대상으로 지정하도록 정하고 있다. 그리고 기술능력, 재정능력, 시설 및 장비 기타 필요한 사항을 보유하여야 하고, 지정절차는 대통령령으로 정하고 있다(전자서명법 제4조). 그리고 공인인증기관은 정보통신부령이 정하는 바에 따라 지정 신청을 해야 하고, 공인인증기관 지정기준은 다음과 같다(전자서명법 시행령 제2조, 제3조).

첫째, 기술력은 다음의 요건을 갖춘 운영인력 12인 이상을 보유하여야 한다(제3조).

① 정보통신기사, 정보처리기사 및 전자계산기 조직응용기사 이상의 국가기술자격 또는 이와 동등 이상의 자격이 있다고 정보통신부 장관이 인정하는 자격을 갖춘 자.② 정보통신부 장관이 정하여 고시하는 정보보호 또는 정보통신 운영, 관리 분야에서 2년 이상 근무한 경력이 있을 것. ③ 인증관리체제의 운영, 비상복구대책 및 침해사고의 대응 등에 하여 보호센터에서 실시하는 교육을 이수할 것.

둘째, 재정능력은 자본금 80억 원 이상일 것

셋째, 시설 및 장비 면에서는 가입자의 신원확인 및 관리를 위한 설비, 전자서명 키 관리체계를 안전하게 유지하기 위한 설비, 인증서를 안전하고 신뢰성있게 관리하기 위한 설비, 전자서명 및 시점확인을 위한 설비, 인증관리체계를 안정하게 운영하기 위한 보호설비 등을 갖추어야 한다. 그리고 이들 시설 및 장비에 관한 세부사항은 정보통신부령으로 정한다.

그 외 공인인증업무 개시 전 한국정보보호센터로부터 전자서명 검증키를 인증 받아야 하고, 공인인증기관은 인증 받은 전자서명 검증키에 합치하는 전자서명생성 키를 이용하여 인증업무를 수행해야 한다.

나. 공증인증기관 지정신청서 제출

1999년 11월 한국정보인증(주)는 공인인증기관 선정을 위해 공인인증기관 지정신청서를 <표 5-10>과 같이 제출하였다(1999. 11. 12). 이후 한국정보인증(주)는 공인인증기관으로의 선정을 위한 사업계획서을 제출하고, 실질심사를 거쳐 우리나라 제1호 공인인증기관으로 지정되었다(2000, 2. 10).

<표 5-10> 공인인증기관 신청서

<table>
<tr><td>상호 또는 명칭</td><td>한국정보인증주식회사</td><td>전화번호</td><td>02-360-3220</td></tr>
<tr><td>성명(대표자)</td><td>이정욱</td><td>주민등록번호</td><td>440102-</td></tr>
<tr><td>주소</td><td colspan="3">서울특별시 중구 중림동 441 한경빌딩 9층</td></tr>
<tr><td>인터넷 홈페이지</td><td colspan="3">http://www.signgate.com</td></tr>
<tr><td>자본금</td><td colspan="3">금 200억 원</td></tr>
<tr><td>인증역무의 종류 및 내용</td><td colspan="3">전자문서 및 전자상거래를 위한 제반 전자인증
(인증업무준칙 참조)</td></tr>
<tr><td>인증역무제공 대상 또는 지역</td><td colspan="3">공중서비스로 전 국민대상 및 전국적 지역</td></tr>
<tr><td>주요장비의 개요 및 설치장소</td><td colspan="3">핵심인증시스템(첨부서류 참조), 본사(서울특별시 중구중림동 441 한경빌딩 9층)</td></tr>
<tr><td colspan="4">전자서명법 제4조, 동법시행령 제2조 제1항 및 동법시행규칙 제2조의 규정에의하여 위와 같이 신청합니다.
1999년 11월 12일
신청인 이 정 욱(직인)
정보통신부장관 귀하</td></tr>
</table>

다. 인증관련 당사자의 담당업무

인증관련 당사자로서 정부, 정보보호센터, 공인인증기관이 수행하는 업무는 다음과 같이 정하였다.

첫째, 정보통신부는 전자서명 인증관리체계의 안전, 신뢰성 있는 운영을 위한 정책 및 감독기관으로 공인인증기관의 지정 및 지정취소 업무를 수행한다. 또한 전자서명 인증관리체계의 안전·신뢰성 있는 구축 및 운영을 위한 정책 수립, 정보보호센터와 공인인증기관의 법,

시행령 및 시행규칙의 준수여부에 대한 관리 감독, 외국정부와 전자서명의 상호인정 등의 업무도 수행한다.

둘째, 정보보호센터는 법 제8조 및 제25조의 규정에 따라 전자서명 인증관리체계에서 공인인증기관 전자서명 검증키의 인증, 공인인증기관 지정을 위한 실질심사 및 평가 등의 업무를 수행한다. 즉 전자서명법 제4조의 규정에 의하면 공인인증기관 지정신청자의 기술능력, 시설 및 장비 등 세부 지정요건의 구비여부를 확인할 수 있도록 실질심사 및 평가를 시행하게 되어 있다. 당시 정부는 한국정보보호센터(Korea Infor- mation Security Regency)에게 이 업무를 전담하도록 하였다.

이에 따라 한국정보보호센터는 전자서명을 안전하고 신뢰성 있게 이용할 수 있는 환경을 조성하고, 공인인증기관을 효율적으로 관리하기 위하여 공인인증기관의 전자서명 검증키에 대한 인증, 전자서명 인증기술의 개발 및 보급, 기타 전자서명인증과 관련된 업무 수행을 위하여 전자서명 인증관리센터를 개원하였다(1999. 7. 7). 본 전자서명 인증관리센터의 기능은 인증관리체계의 구축 및 운영, 공인인증기관에 대한 인증업무 수행, 공인인증기관의 지정 지원을 위한 실질심사, 공인인증기관의 안전운영 지원, 정부의 상호인정 지원 및 외국 최상위 인증기관과의 상호인증, 전자서명 인증기술개발 및 보급 등의 업무를 수행하는 것이었다.

셋째, 공인인증기관은 법 제4조 제2항에의 규정에 의하여 지정받은 국가기관, 지방자치단체 또는 법인으로서 가입자에게 신원확인, 인증서 발급, 인증의 효력정지 및 폐지, 인증서 갱신, 시점확인서비스 등의 인증역무를 제공한다. 다만 법 제5조의 결격사유에 해당하는 자는 공인인증기관으로 지정받을 수 없다.

5.2 공인인증기관 신청을 위한 사업계획서 제출

한국정보인증(대표이사 사장 이정욱)은 공인인증기관 신청을 위해 기업체 일반현황, 조직 및 인력현황, 기술개발계획, 인증시스템구축 및 시설계획, 영업 및 사업계획, 재무계획 등을 포함한 사업계획서를 정부에 제출하였다. 이때 사업계획서 내용 중 앞에서 이미 설명된 부분을 제외한 주요사항은 다음과 같다(공인인증기관 신청 사업계획서, 1999. 9, 한국정보인증주식회사).

가. 조직 및 기술인력

창립당시 한국정보인증의 조직은 시스템본부, 영업본부, 사업지원실로 구성 운영하고 있으며, 세부내용은 다음과 같다. 그리고 회사의 정보인증 기술개발을 위한 자체 기술인력은 <표 5-10>과 같이 확보하여 추진한다.

① 시스템본부는 시스템관리실, 시스템개발실, 네트워크관리실의 3개실을 운용함. 시스템관리실에는 시스템기획부, 시스템운영부를 두고, 시스템개발실에는 시스템 개발1부, 시

스템 개발2부, 네트워크관리실에는 네트워크기획부, 네트워크운영부를 운영함.

② 영업본부에는 영업1실과 영업2실의 2개실을 운영함. 영업1실에는 마케팅기획부, 개인사업부, 요금관리부, 홍보부를 운영함. 그리고 영업2실에는 기업사업부, 시스템사업부, EC사업부를 두고, 사업지원실에는 재무부와 총무부를 운영함.

<표 5-10> 한국정보인증 창립당시 기술인력 확보

성명	전공	주요경력	성명	전공	주요경력
이정욱	전자공학	체신부, 한국통신	정왕호	전기공학	KIST, 한화
이규돈	항공우주	금성, 한국통신	이동석	전산학	한국통신 한국통신기술
박정식	수학	한국통신	이석호	정보제어	한국통신
김용준	물리학	KIST, ETRI	백석철	물리학	한국통신 시큐어소프트
정종윤	정보통신	한국통신	김영길	전산학	한국통신
김재중	컴퓨터과학	LG EDS	유희열	전자통신	한국통신
최희철	전자공학	쌍용, SK C&C	김홍석	전파공학	-
이용호	전산학	데이콤, KOTRA	이재철	수학	IBM
이철호	전산학	한국통신	김주현	산업공학	삼성SDS

다음 회사 창립당시 정보인증을 위한 기술개발계획의 현황, 문제점, 추진전략은 다음과 같다.

① 현재의 인증시스템(SignGate)는 주로 인증서를 발급하고 관리하는 업무중심으로 구성됨. 인증서 발급신청, 등록관리, 키 생성 및 관리, 인증서 생성 및 관리, 인증서 폐기목록열람 등을 위한 디렉토리 시스템 및 시점확인시스템 등으로 구성되어 있음. 현재 인증시스템(SignGate)의 주 기능은 현재까지의 표준기술을 따르고 있으나 일부기능은 표준화가 진행중임.

② 인증서를 이용하는 최신의 기술을 활용하는 다양한 응용서비스가 개발되고 이용되기 전에는 인증서의 용도가 빈약함. SignGate 시스템이 향후 국제적으로 통용되기 위해서는 국제적인 표준화 진행에 따른 지속적인 보완과 개선이 필요함.

③ 이를 위한 추진전략으로는 SignGate 성능개선부문과 응용시스템 개발부문으로 2원화 추진하고, 기술개발 및 국제표준화 추세에 맞추어 SignGate의 보완 및 개선이 필요함. 또한 응용서비스 발굴 및 프로토 타입을 구현하고 필요시에는 기술보유업체와 전략적 제휴를 통해 서비스를 극대화 시키는 방향으로 시스템 개발을 추진할 것임.

나. 응용서비스 기술개발

한국정보인증의 경영수익을 위해 상시적인 수입원이 될 수 있는 서비스의 필요성이 대두되어 다음과 같이 응용서비스 기술을 개발한다.

① 인증서를 이용한 지불관문 프로토콜(Payment Gateway Protocol)을 개발한다. 이것은 고객이 인증서를 이용하여 쇼핑몰로부터 물건을 구매할 수 있는 지불게이트웨이 프로토콜을 말한다. 기존의 SSL(Secure Socket Layer)지불방식과 SET(Secure Electronic Transaction)의 장점만을 활용하여 신용카드 입력을 하지 않고 인증서만으로 지불이 가능하도록 하는 기술이다.

② 보안메일(Secure Mail) 서비스를 개발한다. 인증서를 이용한 메일의 암호화 및 전자서명을 제공하는 서비스로서 S/MIME 프로토콜과 디렉토리 서버를 이용하는 기술이 요구된다. 웹 메일 사용자에게 Netscape와 IE의 메일 클라이언트에서 제공하는 보안메일과 같은 방법의 솔루션을 개발하여 안정한 메일을 제공토록 한다.

③ 쇼핑몰 사이트 보안점검 및 보안등급별 인증서 발급 서비스를 제공한다. 이것은 정기회원제로 운영하는 보안점검을 통한 등급별 인증서 발급서비스이다. 정기적으로 보안점검을 위한 소프트웨어를 통해 쇼핑몰의 취약성을 검사하고 해결해주는 기술로 사인게이트에서 이를 통해 쇼핑몰의 신뢰성을 보장해 주고자 한다.

④ 디지털 사인인쇄 및 스캐닝 기술(2 Dim. Barcode)을 확보하고 관련 응용서비스를 개발한다. 이는 전자서명과 바코드 기술을 결합한 인증서비스로서, 이를 위한 기술은 http://www.stamps.com사와 기술제휴 협의를 통해 확보토록 한다. 인터넷 우표판매, 각종 공연(영화, 연극, 음악회 등) 인터넷 입장권 판매, 체육행사 인터넷 입장권 판매 서비스를 제공한다.

⑤ 전자문서 공증서비스 및 내용증명서비스를 개발 제공한다. 공증기관을 통해 제공되는 서비스로서 특정문서의 진위 검증기능을 통해 문서공증업무를 취급하는 서비스를 말한다. 송신 측에서 보낸 메시지가 수신 측에 틀림없이 배달되고 내용변경도 없음을 증명해주는 내용증명서비스도 제공한다.

⑥ 원격바이러스 방역서비스를 개발 제공한다. 인증서 기반의 회원제 운영을 통해 원격서버에서 PC의 바이러스를 방역해주는 서비스를 말한다. 바이러스에 대한 백신프로그램 개발업체와 협력을 통해 인증서를 발급받은 고객에게 원격서버에서 PC의 바이러스를 방역해주는 모듈(ActiveX, 코드사인을 응용한 Java Apple 등)을 제공하여 실시간으로 바이러스를 방역해주는 기술을 개발 제공한다.

⑦ 이동통신 인터넷 인증서비스 등도 개발 제공한다. 이동무선 인터넷 서비스에서 요구되는 서버 및 사용자 인증기능을 지원하는 인증서 기반의 인증서비스를 개발 제공한다. 이외에도 원격보안결함탐지 서비스, 데이터 인증서비스도 제공토록 한다.

다. 인증서 신청, 발급, 폐지 및 갱신

한국정보인증의 인증서 신청 및 발급은 다음과 같이 그 업무를 수행할 수 있게 하고 그 절차를 세부적으로 정하였다. 여기에서는 세부절차에 대한 설명은 생략한다.

① 로컬 RA(Local RA)에 온라인 신청하여 온라인으로 발급 ② 원격 RA(Remote RA)에 온라인 신청하여 온라인으로 발급 ③ 오프라인 신청하여 온라인으로 발급 ④ 오프라인 신청하여 오프라인으로 발급 ⑤ 인증서의 폐지, 정지, 회복의 신청 등 ⑥ 인증서의 갱신.

그 외에도 한국정보인증의 영업 및 사업계획 부분, 재무계획 부분은 그 내용이 방대하여 생략한다. 필요시 그 세부내용은 공인인증기관 신청 사업계획서(1999. 9, 한국정보인증주식회사)에 기록되어 있다.

5.3 공인인증기관 지정을 위한 실질심사

가. 정부에 한국정보인증(주) 현황보고

앞에서 설명한 바와 같이 한국정보인증은 1999년 11월 공인인증기관 지정을 정보통신부에 신청하였다(1999. 11. 12). 이때 공인인증기관 지정신청서 외 별권 3권을 제출하였는데, 이에 대하여 당시 정보통신부는 ① 인증서 이용자를 위한 CP 작성 제출 ② 정보통신부 입자에서 요구하는 필요문서 보완제출 ③ 상세한 실제 영업실적 작성 제출 ④ 화재보험사, 기타 공공기관이 실제 영업실적 제출 등을 요구하였다.

그 외의 관련 진행사항으로는 한국전산원의 공인인증기관 지정에 관한 회의가 열렸다(1999. 11. 16). 이때 한국전산원은 늦게 공인인증기관이 되고자 시도하고 있었다. 그러나 정부의 방침은 한국정보인증(일반인증부문), 금융결재원(은행거래부문), 한국증권전산(증권거래부문) 등 3개 공인인증기관을 지정하게 되어 있었다. 한국전산원의 신청은 당초의 정부 방침과 위배되는 전혀 명분이 없는 욕심이었다.

당시 한국전산원은 그 임무를 공공업무의 전산화로부터 정보화라는 쪽으로의 확장을 시도하고 있었다. 결과적으로 한국전산원이 공인인증기관 지정을 받았으나 얼마 지나지 못하고 별 운영성과를 내지 못하고 흐지부지되고 말았다. 한편 1999년 11월 한국정보인증 사장(이정욱)은 한국정보인증 현황을 정보통신부장관에게 보고하였다. 이 자리에는 정보통신부 담당국장, 정보보호과장이 배석하였다(1999. 11. 18).

나. 인증시설 검수

가장 먼저 정보인증 설비 중 보안설비공사에 대한 육안검사가 실시되었다(1999. 10. 11). 이때 점검표에 항목을 육안으로 검사하였고, 다음날에는 업체별 공사내용별 점검표와 설치 및 납품확인서를 근거로 검수가 실시되었다(1999. 10. 12). 이때 설치 및 납품수량을 확인하고 각 기능을 점검하며, 미비사항에 대하여는 시정일자를 제시하고 확인서를 받았다. 이 검수는 한국정보인증의 이동호부장과 이석호과장이 수검하였다. 일주일 후 CCTV, 무인경비시스템, UPS, 항온항습기에 대한 검수는 합격하였다(1999. 10. 18). 그러나 출입통제시스템 검수중 지문인식기는 인식오류 율이 37%나 되고 출입통제 하드웨어도 이중화가 안된 이유로 불합격되었다(1999. 11. 3).

다. 공인인증기관 실질심사

한국정보인증은 공인인증기관 실질심사 실시계획을 정보보호센터로부터 접수하였다(1999. 11. 22). 이때 정보통신부에 제출할 공인인증기관 지정 관련 서류사본을 요구하고 설명회 가능일정을 통보해 줄 것을 요구하였다. 이에 한국정보인증은 설명회 가능일정을 1999년 11월 30일로 통보하였다. 이날 정보보호센터(KISA) 2층 교육장에서 시행된 실질심사 설명회 내용 및 주관부서는 다음과 같다.

① 회사소개 및 인증업무준칙(CPS)는 영업1실.

② 출입통제 및 무인경비시스템, 기타 물리적 보안시스템 등 센터의 보호설비와 하드웨어, 소프트웨어 등 시스템구축현황은 시스템관리실.

③ 키 생성시스템, 인증서생성 시스템, 디렉토리 시스템, 시점확인시스템, 등록관리시스템 등 인증시스템은 시스템개발실. 또한 OID, DN, 인증서 프로파일 등 인증정책과 전자서명알고리즘 부분도 담당.

④ 침입차단시스템 및 침입탐지시스템, 취약점 분석시스템 등 정보보호시스템은 시스템관리실. 이외에도 시스템관리실은 웹/메일시스템 등 서비스시스템과 각종 센터운영규정 및 지침도 담당.

위의 설명회에 이어 한국정보인증 심사대비 팀은 KISA의 인증기술팀 소속 심사예정자(15명)를 대상으로 실질심사를 위한 설명회가 KISA회의실에서 열렸으며, 이날 설명회에서는 심사관련 질의응답도 있었다(1999. 12. 2). 질의응답내용은 인증서 폐지목록 갱신주기, 서비스 등 CPS 관련사항, 인증서 프로파일 관련 KISA와 대비한 상이점, RA 관련사항, 원격백업시설 위치 등에 관한 사항이었다. 이 설명회에는 한국정보인증 측에서 이용호, 안삼구, 정왕호, 최희철, 김용준, 이동석이 참여하였다. 그 후 1999년 12월 3일부터 2000년 1월 말까지 실질심사가 진행되었으며, 심사 완료된 부문은 다음과 같다.

① 등록관리시스템, 가입자 정보보관설비 등 가입자 신원확인 및 관리 설비, ② 공인기관 전자서명 키 생성시스템, 가입자 전자서명 키 생성시스템, 전자서명 생성키 교부설비, 공인인증기관의 전자서명 키 저장장치, 가입자 전자서명 키 저장장치 등 전자서명 키 관리 설비, ③ 인증서생성 및 관리시스템, 디렉토리 시스템, 가입자인증서 저장설비 등 인증서관리 설비, ④ 전자서명 알고리즘, 해쉬 알고리즘, 암호 알고리즘 등 전자서명 알고리즘, ⑤ 시각수

신 장치, 시점확인시스템 등 시점확인 장치, ⑥ 핵심인증시스템 운영실, 다중출입통제장치, 침입감지경보 및 감시통제장치, 물리적 잠금장치, 네트워크 보안설비, 전산보안, 재해예방설비 등 보호설비, ⑦ 인증업무준칙과 인증업무운영 부문은 권고사항으로 완료.

5.4 제1호 국가공인인증기관으로 지정

가. 한국정보인증이 제1호로 확정

한국정보인증(주)는 1999년 7월 1일 발효된 전자서명법과 동법 시행령에서 정하고 있는 인증기술기준과 시스템 보안기준을 갖추어 정부의 심사를 거쳐 2000년 2월 10일자로 우리나라 국가공인인증기관 제1호로 지정되었다. 이에 따라 한국정보인증(주)의 인증서(SignGate)는 정보의 유출방지, 거래내용 변조방지, 거래자 신원확인은 물론 사이버 상에서도 거래시 인감도장을 찍은 것과 같은 완벽한 법적효력을 가지게 되었다.

특히 인증시스템의 국산화개발에 성공하였으며, 타 회사의 인증시스템과 달리 원격시스템 구성이 가능하여 다양하게 e-비즈니스를 펼칠 수 있게 하였다. 이처럼 한국정보인증이 우리나라 제1호 공인인증기관으로 지정되면서, 이어서 금융결재원이 제2호 기관, 한국증권전산(주)가 제3호 기관으로 지정되었다. 그 이후 한국전산원도 공인인증기관으로 추가 지정되어 이 대열에 합류하였다.

나. 4개 공인인증기관을 소개한 언론

우리나라에 국가공인인증기관이 4개로 출범하여 공인인증서비스가 개시되자 언론에서는 이들 4개 공인인증기관을 다음과 같이 소개하였다(전자신문 2001. 4. 16).

(1) 한국정보인증

2000년 4월 공인인증서비스를 개시한 한국정보인증(대표 이정욱)은 인증서의 이용확산을 위한 홍보 및 적용업무의 확산에 주력해왔다. 한국정보인증은 공인인증기관 간 상호연동 표준을 수용한 사인게이트Ⅱ 시스템을 개발, 2001년 1월부터 상호연동 인증서 발급을 시작했다. 현재 2만여 개 기업이 상호연동이 가능한 공인인증서를 발급받아 조달청을 비롯해 국방조달본부·한전·지방자치단체의 전자입찰에 참여하고 있으며 각 분야별 공제조합의 전자보증서비스에도 활용하고 있다.

전자민원분야에서는 부산시 지방세납부서비스, 의료분야에서는 국민건강보험공단의 일산병원에 국내 최초로 전자처방전에 공인인증서비스를 제공했으며 사이버보험, 건설인허가 관련업무 등 전자민원서비스와 쇼핑몰 등의 B2B와 B2C 분야에도 공인인증서비스를 제공하고 있다. 한국정보인증은 올해 인증서 보급 활성화를 위해 교육·의료·금융·전자민원 분야를 중심으로 시범사업을 적극적으로 추진할 계획이며 공인인증서 활성화를 위해 금년 6월까지 신청한 개인에게는 1년간 인증서를 무료로 이용토록 하고 있다. 향후 주력사업으로 부상할 무선공인인증서비스를 제공하기 위한 마무리 작업을 진행 중이며 상반기에 서비스를 개시할 계획이다.

(2) 한국증권전산

한국증권전산(대표 김경중)은 증권업계의 전산 인프라를 공동으로 구축, 이용해 공동 이익을 도모하고자 증권업계가 24년 전 설립한 기관이다. 한국증권전산은 90년대 중반부터 불어 닥친 인터넷 붐에 대응하기 위해 사이버 증권거래 시스템을 미리 구축, 국내 최초로 사이버 증권거래 서비스를 실시했다. 사이버 거래의 필수요소인 안전에도 만전을 기해 인터넷 보안 및 전자인증 기술력을 축적, 98년 8월 국내 최초로 사이버 증권거래에 사설인증서비스를 적용했다.

증권전산은 이 같은 공익기관 적 특징과 전자인증기술력을 기반으로 인증기관인 사인코리아를 구축, 국내 최초로 공인인증기관으로 등록했다. 이후 전자입찰로 대표되는 공공기관의 B2B 거래와 국세청 국세신고시스템에 공인인증서비스를 적용했으며 향후 제2금융권, 공공기관의 전자민원, 병원, 공장, 쇼핑몰 등 사이버 세계 전 분야로 서비스 분야를 확대할 계획이다. 증권전산 측은 당분간 수익성 확보에 치중하기보다는 공인인증서비스 활성화에 모든 역량을 기울이고 공인인증서비스에 대한 수익금은 모두 재투자, 인증서 사용 수수료 인하와 공인인증 제도 확산에 사용할 방침이다.

(3) 금융결제원

금융결제원(원장 김영대)은 지난해 4월 공인인증기관으로 지정돼 예스사인(yessign) 서비스를 제공 중이다. 금융결제원 공인인증서는 인터넷뱅킹, PG(Payment Gateway), 인터넷지로, 주택청약, 자금관리서비스(CMS) 등 지급결제 서비스 및 국방부 조달본부의 전자입찰, 국세청 전자고지납부업무 등에 적용되고 있다.

예스사인 서비스에서 제공하는 인증서 종류는 전자거래용(개인, 법인/단체) 인증서와 서버용 인증서가 있으며 공인인증서 발급 시 개인용 PC 뿐만 아니라 IC 카드 등 다양한 저장매체를 이용해 발급받아 사용할 수 있다. 예스사인 서비스를 통해 약 21만 건이 전자거래용으로 발급됐으며 가입자는 하나의 인증서를 발급받아 예스사인 서비스를 제공하는 은행의 전자거래시스템에 모두 활용할 수 있다.

현재 조흥·제일·신한·농협·경남·부산은행이 예스사인 서비스를 실시 중이며 4월 중에 국민·주택·외환·한미·대구은행 등이 참여할 예정이다. 금융결제원은 인터넷과 무선통신의 결합으로 무선단말기를 이용한 인터넷 서비스가 점차 확산됨에 따라 사용자 인증 및 정보보호가 필수조건으로 대두될 것으로 보고 올해에는 무선 PKI 시스템을 준비, 공인인증서의 활용가치를 높여 나간다는 계획이다.

(4) 한국전산원

국가 및 공공분야 정보화추진 전문기술지원기관으로 중립성을 요구하는 공공분야의 인증서비스를 제공 중인 한국전산원(원장 박성득)은 공공분야 e비즈니스와 정부 및 공공기관과 민간분야 간 전자거래 업무를 대상으로 전자서명 인증서비스를 중점 발굴, 1천만 명 전자서명 이용자 확보에 앞장서기로 했다. 이를 위해 전산원은 우선 공공분야 정보공동 활용 및 정보연계업무를 대상으로 한 공인인증서비스를 중점 발굴할 계획이다.

일차적으로 4월부터는 조달 EDI 및 국방조달업무에 대한 인증서비스를 제공하고 현재 사설인증서를 사용 중인 공공분야 전자거래 업무에 공인인증 적용을 유도하는 한편 무역·물류·관세·조달·의료 등의 전자자료 교환업무(EDI)에도 공인인증체계를 보급해 나갈 방침이다. 이와 함께 각종 정보화계획 수립 시 PKI의 도입 적용과 새로운 응용분야 발굴에도 적극 나설 계획이다.

이를 위해 상반기 중 한국전산원 인트라넷에 PKI 기반의 가상사설망(VPN) 및 e메일 서비스를 추진키로 했다. 하반기에는 SSO221를 지식정보연계 활용체제 구축의 일환으로 추진 중인 국가지식정보 통합검색시스템에도 PKI를 기반으로 서비스 제공에 나설 계획이다.

6. 공인인증서비스의 등록대행기관 지정

6.1 한국정보인증의 등록대행기관

가. 등록대행기관의 시설기본방침

한국정보인증은 공인인증서비스 등록대행기관(RA: Registration Authority)을 위한 시스템 구축 기본방침은 다음과 같이 정하여 시행하였다.

첫째, RA 시스템은 CA 시스템(SignGATE)과 기술적으로 연동되는 시스템으로 구성하고, 한국정보인증은 RA용 소프트웨어, 고객용 툴 킷, 서버용 툴 킷 등 RA 구축용 소프트웨어를 구매하여 RA 시스템을 구축한다.

둘째, RA 시스템의 구축방안은 시스템의 특성 및 규모에 따라 A형, B형, C형으로 구분하고 등록대행기관과 협의하여 그 중 하나를 방안으로 시행한다.

셋째, 한국정보인증은 공인인증기관으로서 인증서비스 제공을 위한 자체 인증시스템을 구축 관리하고, RA 시스템의 구축, 공인인증시스템과 RA 간 연동시험, RA 소프트웨어 및 툴 킷 제공, RA 유지보수 및 기술지원 및 교육을 담당한다.

넷째, 공인인증 등록기관은 RA 시스템 구축에 필요한 요구사항, RA 시스템 인수시험항목 및 방법을 제시한다. 그리고 RA 시스템 구축에 필요한 소프트웨어 및 툴킷을 구매하고, RA 시스템의 인수 및 운영 등을 담당한다.

나. 등록대행기관 협약추진

한국정보인증은 공인인증서비스 등록대행기관(RA: Registration Authority)으로 삼성SDS, 이니시스, 인터뱅크, 광주정보센터 등을 지정하였다(2000년-2001년). 이에 관하여 언론은 다음과 같이 보도하였다.

① 삼성SDS, 전자상거래 인증등록대행

삼성SDS는 전자서명 공인인증기관인 한국정보인증(대표 이정욱)과 제휴를 맺고 인터넷을 통해 전자인증 등록대행 서비스에 나선다고 23일 밝혔다. 이에 따라 삼성SDS는 국내에서는 처음으로 인터넷에 인증서비스센터를 개설, 전자인증의 신청, 재발급, 갱신, 폐기 등의 인증서비스와 고객지원 등 한국정보인증의 업무를 대행하게 된다. 서비스를 받기 위해서는 인증서비스센터에 접속한 후 보안프로그램을 내려 받아 설치하면 된다(서울경제, 한국경제, 경향신문, 전자신문, 2000. 5. 24).

② 이니시스, 공인인증서비스

인터넷 전자결제 서비스 전문업체 이니시스(대표 권도균)가 29일 공인인증기관인 한국정보인증(대표 이정욱)과 웹서버 인증서비스 등록대행기관(RA) 운영계약을 맺고 웹서버 인증서비스를 시작했다. 이니시스는 이번 공인인증 서비스를 통해 고객의 신원정보 및 고객 지불정보를 암호화하고 메시지 변경 방지 및 웹서버의 실체 확인기능을 제공하게 된다. 이 회사는 우선 자사와 지불서비스 이용계약을 맺고 있는 3천여 개 인터넷 쇼핑몰을 대상으로 서비스를 제공하고 향후 호스팅, IDC 및 솔루션 개발업체들로 확대해 나갈 예정이다. 또 웹서버 인증서뿐 아니라 개인 인증서, 법인 인증서 등으로 서비스 영역도 넓혀나간다는 계획이다(전자신문, 2001. 4. 30, 전경원 기자).

③ 인터뱅크, 공인인증서비스 등록 대행

인터넷 전자화폐 발행 및 전자결제 서비스 업체인 인터뱅크(대표 신창균)가 20일 공인인증기관인 한국정보인증(대표 이정욱)과 공인인증서비스 등록기관(RA) 운영계약을 체결했다. 이 계약에 따라 인터뱅크는 등록기관으로서 공인인증서 발급을 희망하는 고객들의 접수와 신원확인 업무를 대행하고 접수된 정보를 한국정보인증에 전달하는 등 개인·법인·웹서버 공인인증서 발급과 관련된 전반적인 업무를 맡게 된다.

또 인증서비스를 통해 고객의 신원정보보호, 고객지불정보 암호화, 메시지 변경 방지 및 웹 서버의 실체 확인기능 등을 제공한다. 인터뱅크는 우선 자사와 지불서비스 이용계약을 맺고 있는 300여개 인터넷 쇼핑몰을 대상으로 공인인증서 발급신청을 접수하고 호스팅 솔루션 개발업체 등으로 확대해 나갈 예정이다. 또 전자입찰과 각종 민원서류 발급, 건설공사 수발주 업무 등에 편리하게 이용할 수 있는 스마트카드 형태의 공인인증카드를 발급키로 했다(전자신문, 2001. 5. 21, 서동규 기자).

④ 광주정보센터, 한국정보인증 RA계약

광주시와 지역 상공인들이 공동 출연한 광주광역정보센터(대표 서귀종)와 공인인증기관인 한국정보인증(대표 이정욱)이 공인인증 등록기관(RA) 계약을 맺었다. 광주광역정보센터는 이번 RA계약으로 사이버공간의 건전한 거래질서 확립과 거래당사자 간 분쟁을 방지할 수 있게 됐다.

정보센터는 전자서명 및 인증암호 정보보호 기술을 축적해 인터넷 기반의 K카드, 전자상거래, 민원서류 발급, 지방세 서비스 등에 한국정보인증의 공인인증서를 적용하게 된다. 또 앞으로 추진할 인터넷데이터센터(IDC) 사업 및 애플리케이션 서비스 제공(ASP) 사업에 경쟁력을 갖게 됐으며 광주와 전남북, 제주지역에서 유일한 RA 역할을 수행하게 된다(전자신문, 2001. 6. 22, 광주 김한식 기자).

6.2 지역별 등록대행기관 지정

2000년에 들어서면서 한국정보인증(대표이사 이정욱)은 지역등록기관으로 <표 5-11>과 같이 계약을 완료하여 그 기능을 수행하였다(공인인증사업 종합추진현황, 2001. 8, 한국정보인증). 그리고 한국정보인증의 공인인증서를 이용하기로 확정된 정부, 공공기관, 기업체 등은 총 80여개로 늘어나게 되었다.

<표 5-11> 한국정보인증의 지역별 공인인증 등록기관

공인인증 등록기관	관할지역	계약일
대구종합정보센터	대구, 경북	2001. 1. 4
광주광역정보센터	광주, 전남북, 제주	2001. 6. 20
대전종합정보센터	대전, 충남북	2001. 6. 27
인천상공회의소	인천	2001. 7. 13
신원정보기술	부산	2000. 5. 12
코아게이트	서울, 경기, 강원	2000. 7. 26

이 표에서 보는 바와 같이 한국정보인증은 공인인증 등록기관으로 대구종합정보센터 등 6개 지역별 공인인증 등록기관을 지정하였다(2001. 1-2001. 7). 이에 대한 진행사항을 언론에서는 다음과 같이 보도하였다(전자신문, 2001. 1. 10, 주문정 기자).

<보도내용> 공인인증기관인 한국정보인증(대표 이정욱)은 최근 한국전력공사(대표 최수병), 대구종합정보센터(대표 박녹), 메일 솔루션업체인 쓰리알소프트(대표 유병선) 등과 차례로 공인인증 등록대행기관 계약을 체결하는 등 등록대행기관 확대에 박차를 가하고 있다. 특히 올초 등록대행기관 계약을 체결한 대구종합정보센터의 경우 대구지역의 인터넷데

이터센터(IDC) 사업 및 애플리케이션 서비스 제공(ASP) 사업에 공인인증서를 적용할 계획이어서 그동안 서울, 부산지역에 한정됐던 등록대행기관을 대구지역으로 확대해 지방에서도 공인인증서를 발급받아 활용할 수 있게 할 계획이다.

한국정보인증은 또 최근 쓰리알소프트와 등록대행기관 계약을 체결함에 따라 공인인증서 발급 및 운영 솔루션을 공동으로 개발하기로 했다. 이에 따라 쓰리알소프트는 자체 보안인증센터를 구축해 공인인증서를 원하는 일반인 및 법인에 공인인증서비스를 실시하게 된다. 한국정보인증 이정욱 사장은 이 같은 여세를 몰아 현재 20여 개 사에 이르는 등록대행기관을 올해 말까지 50여개 업체로 늘릴 계획이라고 밝혔다.

7. 공인인증서의 종류 및 신청방법

7.1 한국정보인증의 공인인증사업 준비

한국정보인증(대표이사 사장 이정욱)은 공인인증서를 개인용 인증서, 법인용 인증서, 서버용 인증서 등으로 구분하고, 이를 발급할 때 신청 가입자의 신원을 확인하기 위해 신원확인 업무처리지침을 정하였다(신원확인 업무처리지침, 1999. 10, 한국정보인증주식회사). 이와 동시에 공인인증서의 종류 및 신청방법을 다음과 같이 정하여 시행하였다(공인인증서의 종류 및 신청방법, 1999. 10, 한국정보인증주식회사).

가. 1등급 인증서의 신청방법 및 발급절차

1등급 개인용 및 법인/단체용 인증서는 고객이 한국정보인증(주) 또는 한국정보인증(주)가 지정한 등록기관을 방문하여 직접 대면에 의한 신원확인을 거쳐 발급한다. 이 경우 인증서 발급절차는 다음과 같다.

① 고객은 한국정보인증(주) 또는 등록기관을 방문하여 인증서비스 신청서를 작성하고, 신분증명서 및 작성된 신청서를 제출한다. 한국정보인증(주) 또는 등록기관은 고객에 대한 신원확인(등록기관에 의해 이미 신원이 확인된 경우는 생략)을 시행하고 인증서비스 신청서를 접수한다.

② 요금을 납부하고 신청서 내용을 전산입력하고, 고객에게 영수증 또는 신청서 사본을 교부하고 고객은 귀가한다.

③ 고객은 인증서 발급을 위해 등록기관 사이트에 접속하여 가입자 인증서 관리소프트웨어를 다운로드 받고 인증서 발급을 요청한다.

④ 한국정보인증(주)에서는 인증서를 발급하고 고객에게 이메일로 통보한다. 고객은 이메일을 확인한 후 사이트에 접속하여 자기 PC에 인증서를 설치한다.

나. 등급별 인증서의 신청방법 및 제출서류

1등급 개인용 인증서(일반인, 미성년자, 제외국민, 외국인)의 제출서류는 <표 5-12>와 같이 정하여 시행한다.

<표 5-12> 1등급 개인용 인증서 제출서류

구분	제출서류
일반인	① 인증서비스 신청서② 주민등록증(또는 여권, 운전면허증, 국가기관이 발행하고 사진이 부착된 증명서도 가능)
미성년자	① 인증서비스 신청서② 여권 또는 주민등록등본
재외국민	① 인증서비스 신청서② 여권 또는 재외국민등록증
외국인	① 인증서비스 신청서② 여권 또는 외국인등록증

2등급 개인용 인증서는 고객이 한국정보인증(주) 또는 한국정보인증(주)가 지정하는 등록기관에 직접 방문하거나 대면에 준하는 신원확인 절차를 거쳐 발급한다. 발급절차와 제출서류는 고객이 등록기관을 방문하여 신청할 때는 1등급의 경우와 동일하다.한편 인터넷, 우편 등으로 신청할 때는 신청방법, 발급절차 및 제출서류는 한국정보인증(주)에서 별도로 정한다. 3등급 인증서는 고객이 한국정보인증(주) 또는 한국정보인증(주)가 지정하는 등록기관과 직접 대면하거나 대면에 준하는 신원확인 절차를 거쳐 발급한다. 이에 대한 발급절차 및 제출서류는 한국정보인증(주)에서 별도로 정한다.

7.2 사업추진전략 및 진출사업 검토

가. 1999년의 시장상황 및 사업구상

당시 비즈니스 환경은 전례 없이 복잡하고 빠른 속도로 변화하고 있었다. 더욱이 각국은 인터넷을 중심으로 한 디지털기반 경제구조로의 전환이 불가피하였고 이는 이러한 변화를 더욱 가속화시키고 있었다. 21세기 정보기술의 꽃으로 불리는 암호시장은 지난 20년간 암호시장을 독점해온 미국에게 일본의 도전이 거세지고 있었다. 미국이 개발한 RSA방식은 2000년으로 특허시효가 끝나기 때문이었다.

암호를 주고받는 사람끼리 디지털화된 열쇠와 자물쇠를 나눠 갖는 대칭키 방식은 기밀유지가 최우선이 되는 국가나 금융권의 결제시스템에서 많이 사용되고, 공개된 방식으로 암호를 푸는 비대칭키 방식은 전자상거래 등 민간부문에서 주로 많이 사용되고 있었다. 당시 세계 암호시장규모는 75억 달러(9조원) 수준이며 특히 전자상거래가 확산되면서 매년 30%라는 급속한 신장세를 보이고 있었다.

선진국에서는 일찍이 인터넷의 방대한 가능성에 눈을 뜨기 시작하여 홈쇼핑은 물론 전자

지불시스템, 가상은행, 사이버증권 등 인터넷과 인증을 일상생활에 활용하는 것이 보편화되어 가고 있었다. 이에 따라 국내 정보인증시장도 급속한 성장이 예상되었다. 국내 정보인증시장 전체적인 규모는 1999년 7.6억 원, 2000년도 19억 원, 2001년에 45억 원, 2003년에 109억 원으로 점차 증가할 것으로 추산하였다.

1999년 하반기 국내 인증기관은 공인된 인증기관은 없었고 1999년 7월 전자서명법이 발효되어 당시 민간 컨소시엄인 한국정보인증(주)를 비롯한 금융결재원, 한국증권전산 등이 공인인증기관 지정을 위한 신청을 준비하고 있었다. 국내시장환경은 2000년 상반기를 시작으로 인증시장이 본격 형성될 것으로 보고 있었다. 금융권에서 필요한 인증수요와 전자상거래에 필요한 인증수요가 점차적으로 증대되어 수년 내에 폭발적인 정보보호사업이 확산될 것으로 내다보았다.

나. 한국정보인증의 진출사업 검토

한국정보인증(주)의 창립초기 사업추진목표는 고객의 니즈에 부합하는 인증서를 발급하고 편리하고 사용하기 간편한 인증서를 공급하는데 두었다. 또한 안정적이고 완전한 인증서 발급절차를 조기에 갖추면서 최고수준의 보안유지를 확보하는 시급한 과제도 안고 있었다. 한편 고도지식 기반사회를 주도하는 전문 인력을 양성해야할 책임도 지고 있었다.

인증서 판매사업은 디지털 서명이나 암호화 기술을 이용하는 전자보안 비즈니스 사업으로 인증서를 네트워크 환경에서 사용자에게 판매하는 것으로서 이때 인증서가 필요한 응용서비스 분야는 ① 지정한 사람만 볼 수 있는 보안메일, ② 거래당사자간에 의해 생기는 거래문서 및 신원확인의 상호검증 ③ 송신자와 수신자에 의해 생긴 거래사실을 부인하지 못하게 전자거래사실을 증명하는 부인봉쇄 ④ 전자자료 송신 후 도중에 파일이 위변조가 없음을 증명하는 내용증명 등이 있다.

그리고 발급인증서의 종류는 개인 1등급, 개인 2등급, 개인 3등급, 법인 및 단체용으로 구분하고 이에 대한 가격(연회비), 신원확인방법 등은 <표 5-13>과 같이 정하였다. 또한 한국정보인증에서 추진하는 사업은 크게 구분하여 PKI 사업부문과 non-PKI 사업부문으로 구분하여 시장에 진입하는 방침을 수립 추진하였으며, 세부내역은 다음과 같다(한국정보인증주식회사 이사회 의결안건, 1999. 11. 29, 한국정보인증 사장).

첫째, PKI관련 상품으로 개인인증서, 법인인증서 및 전자상거래 서버용 인증서를 발행하고, 솔루션 사업으로 보안메일을 제공한다. 그리고 한국정보인증(KICA) 인증서 자동설치 프로그램 등 소프트웨어 툴킷도 제공한다.

둘째, PKI관련 상품으로 인증서 기반 지불대행 서비스, EDI 엔진을 개발하고, 정보 보안 교육프로그램, PKI 컨설팅 사업을 수행한다.

셋째, non-PKI 사업으로는 정보보안용 소프트웨어 개발 툴 킷을 출시하고, 인트라넷 및 엑스라 넷을 구축하는 SI 솔루션사업과 전자상거래용 종합상품 데이터베이스를 구축한다.

<표 5-13> 발급인증서의 종류 및 가격

종류	용도	가격(연회비)
개인1등급	이메일, 웹 브라우징(Web Browsing), 웹(Web)을 사용한 소액 거래	이메일 무료 7,000원
개인2등급	개인의 이메일 온라인신청, 온라인 회원가입, 이메일, Low-risk 상거래, SW validation,	14,000원
개인3등급	개인금융거래, 멤버쉽 온라인 회원가입, 기타 강력한 암호가 필요한 곳	35,000원
법인 및 단체용	기업의 전자금융거래, 전자상거래 컨텐츠 제공, E-뱅킹, Firm-뱅킹, 유료 DB 이용, 전자상거래서버, 강력한 암호가 필요한 비즈니스 서버	400,000원

7.3 사업방향 및 사업성 분석

가. 공인인증사업 경제성 예측

한국정보인증은 국내 인터넷 사용자수와 서버수를 근간으로 개인인증시장 규모와 서버 인증시장 규모를 추정하고 이를 합산하였다. 이때 인터넷사용자 수와 서버 수는 한국전산원(KRNIC)의 인터넷 사용자 통계조사자료를 근거로 하였다. 그리고 민간부문 공인인증기관이 은행, 증권 공공부문 공인인증서비스까지 수행할 수 있는 것으로 가정하였다. 이들 각 분야별 경제성 예측보다는 당시 우리나라의 인터넷 사용자수와 서버수를 근간으로 하여 예측하였다.

또한 한국정보인증의 수요예측의 전제는 국내시장 점유율을 2000년 30%에서 2003년 40%로 정하고, 국내 인터넷 사업자(Server) 및 개인사용자(Client) 중 인증서가 필요한 비율은 2001년 1%에서 2003년 7%로 정하였다. 그리고 인증서 발급 수수료는 당시 외국기관의 요금체제를 적용하였다.

(1) 서버 인증시장규모 추정

우리나라 국내서버 수는 1999년 289,589대로부터 2003년에는 659,724대로 증가하는 것으로 나타나고 있으며, 년차별 증가상황은 <표 5-14>와 같다(공인인증기관 사업계획서, 1999. 4, 공인인증기관 전담반). 이때 서버 인증시장규모는 비즈니스 서버 수에 1999년부터 향후 5년간 1%씩 연차적으로 증가하면서 서버 인증서가 필요한 것으로 추정하였다.

그리고 전체 서버 인증시장에서 민간 공인인증기관이 1999년에는 60%, 2000년에는 55%, 그 이후에는 50% 점하는 것으로 가정하였다. 이런 방식으로 추정한 우리나라 연도별 서버인증시장의 규모는 <표 5-15>과 같다(공인인증기관 사업계획서, 1999. 4, 공인인증기관 전담반). 한편 서버 인증서의 가격은 미국 베리사인(VeriSign) 서버인증서 발급가격의 평균치인 30만원을 1999년에 잡고, 2000년-20003년에는 2만5천 원씩 감소하는 것으로 가정하였다.

<표 5-14> 국내 서버수의 증가상황

년도별	1999년	2000년	2001년	2002년	2003년
서버 수	289,589	382,257	473,998	563,867	659,724

<표 5-15> 국내 서버인증시장 규모

연도별	1999년	2000년	2001년	2002년	2003년
비즈니스서버 수	260,630	344,031	426,598	507,480	593,751
인증서 필요서버 수	1,303	3,440	8,532	15,224	23,750
서버인증가격	300,000	275,000	250,000	225,000	200,000
시장규모(백만원)	235	520	1,067	1,713	2,375

(2) 개인인증시장 규모추정

당시 국내 인터넷 사용자는 매년 2배씩 증가해왔으나 이런 증가추세가 꺾일 것을 감안하여 평균 년 1.5배씩 증가하는 것으로 가정하였다. 인터넷 사용자수는 1999년 4,654천명으로부터 2003년에는 23,559천명으로 증가하는 것으로 추정하였으며, 연차별 증가상황은 <표 5-16>과 같다(공인인증기관 사업계획서, 1999. 4, 공인인증기관 전담반). 이때 연도별 인터넷 사용자수는 한국전산원의 자료를 근거로 하여 각 연도별 증감비율을 구하여 이의 평균치를 적용하여 추정하였다.

<표 5-16> 국내 인터넷 사용자의 증가상황

년도별	1999년	2000년	2001년	2002년	2003년
인터넷 사용자수(1000명)	4,654	6,981	10,471	15,706	23,559

개인 인증시장 규모는 보안 이메일(Secure E-Mail), 금융거래, 전자상거래 등을 위해 개인인증서를 받을 사용자수를 먼저 국내 인터넷 사용자수에 일정비율을 적용하여 연차적으로 추정하였다. 한편 개인인증서 가격은 베리사인(VeriSign)의 인증서 가격(1등급, 2등급)에 일정액 만큼 연차적으로 하락하는 것으로 가정하였다. 이때 1등급은 65%, 2등급은 35%를 점하는 것으로 하였다. 또한 전체 개인인증시장에서 민간 공인인증기관이 1999년에는 60%, 2000년에는 55%, 그 이후에는 50%를 점하는 것으로 가정하였다. 이를 감안하여 개인

인증시장 규모를 추정하면 <표 5-17>과 같다(공인인증기관 사업계획서, 1999. 4, 공인인증기관 전담반).

< 표 5-17> 개인인증시장 규모

연도별	1999년	2000년	2001년	2002년	2003년
인증서 소요	23,000	70,000	314,000	785,000	1,649,000
1등급 가격	10,000	8,000	6,000	5,000	5,000
2등급 가격	20,000	17,500	15,000	12,500	12,500
시장규모(백만원)	215	521	1,720	3,592	7,541

본 사업계획서에서는 전체 인증서비스 예상수익은 1999년 4억2천4백만 원, 2001년 27억 8천7백만 원, 2003년 99억1천6백만 원으로 추정하였다. 당시 회사는 1999년 7월에 설립하고 영업은 2000년 1월에 개시하는 것으로 재무 추정하였다. 초기자본금은 200억 원이고, 설립 후 5차년도인 2003년부터 흑자로 전환되는 것으로 보았다. 또한 설립 초기의 적자보전을 위해 보안솔루션을 제공하고 기술개발용역 등 수익사업을 추진하는 것으로 하였으며 최저 현금보유액은 2003년 32억 원 규모로 정하였다.

한편 자금지출 및 예치계획은 7월과 8월 중 지출예정인 47억6천만 원 및 경상비 3억4천만 원을 합한 51억 원에 예비비 약 20%를 합한 60억 원은 한빛은행 한경센터지점에 보통예금으로 예치하였다. 그리고 100억 원은 은행별 수익률을 받아 최대 5개 은행에 9개월 또는 12개월 만기 정기예금으로 분산 예치하였다. 또한 잔여분 40억 원은 위 5개 은행 중 수익률이 양호한 은행을 선정하여 각 20억 원 씩 3개월 또는 6개월 만기 정기예금에 예치하였다. 당시 20억 원 기준으로 한 정기예금의 지급금리는 <표 5-18>과 같다(1999. 7).

<표 5-18> 시중은행 정기예금 지급금리(단위 %)

구분	한미은행	외환은행	한빛은행	신한은행	산업은행
3개월	6.50	7.00	7.20	6.90	-
6개월	7.00	7.40	7.60	7.40	7.12
9개월	7.00	7.70	7.60	7.65	7.12

나. 공인인증기관의 사업 준비

한국정보인증(주)가 설립된 직후 국내언론에서는 공인인증기관의 사업 준비상황에 대하여 「3개 공인 CA 준비작업 어떻게 돼가나」라는 제목으로 다음과 같이 보도하였다(전자신문, 1999. 7. 13).

<기사내용> 한국정보인증(대표 이정욱)은 증권, 은행 등 특정 영역에 구애받지 않고 범

민간부문의 인증서비스를 겨냥하고 있는 예비공인 CA다. 최근 법인설립 절차를 마친 한국정보인증은 20억 원씩의 자본금을 납입한 대주주 9개와 13개의 소주주로 구성돼 설립부터가 남다르다. 특정 대기업의 이해관계에 치우치지 않으면서도 독보적인 경쟁력을 갖춘 공인 CA가 돼야 한다는 판단 때문이다.

한국정보인증은 일단 법인설립이라는 당면과제는 해결했지만 앞으로 넘어야 할 산이 더욱 많다고 보고 지금부터 차근차근 준비해 나갈 계획이다. 우선 CA 시스템 구축을 위해 곧 전문 업체를 선정, 오는 9월 말까지는 공동개발 작업을 통해 완벽한 시스템을 구현하기로 했다. 공인 CA 서비스의 제반 규정을 담은 인증업무준칙(CPS)도 이 기간 내에 마무리 짓기로 했다. 이를 통해 공인 CA 등록 신청을 10월 중순으로 잡고 있으며 10월 한 달간은 시스템 테스트에 주력할 예정이다. 이어 늦어도 11월에는 일반 사용자들을 대상으로 한 시범 인증서비스에 돌입하고 내년에는 상용화한다는 계획이다.

한국정보인증은 사업 초기단계부터 탄탄한 영업기반을 마련하는 것이 무엇보다 중요한 선결 요건이라고 인식하고 있다. 증권전산이나 금융결제원과 달리「보증」받은 고객이 아직 없기 때문이다. 이에 따라 한국정보인증은 시스템구축에 들어가는 이달부터 영업·마케팅에 총력을 기울이기로 했다. 이를 위해 이미 중단기 영업전략 수립과 인원 보강작업에 착수, 이달까지는 영업전담팀을 구성하고 곧바로 현장에 투입할 계획이다. 단순한 고객확보 외에 인증서비스를 바탕으로 한 새로운 서비스 상품 개발에도 힘을 쏟고 있다.

또한 일반 네티즌을 대상으로「인증」이 익명의 가상공간에서 신뢰성을 확보할 수 있는 핵심 서비스라는 점을 인식시키는 등 적극적인 교육, 홍보활동도 펼치기로 했다. 한국정보인증 김용준 기술실장은 사고 발생 시 배상책임 문제나 보험 상품개발 등 공인 CA로서 신뢰성을 갖출 수 있는 방안을 다각도로 연구 중이라고 밝혔다(서한기자).

한편 한국정보인증(주)의 창립년도인 1999년도 주요사업 추진성과를 요약하면 다음과 같다(2000년도 사업계획 및 예산/이사회 의결안건, 2000. 1. 27, 한국정보인증 사장).

(1) 전자서명법의 공포에 따라 공인인증회사 설립추진위원회를 구성하였다(1999. 5. 14). 이어서 창립총회 및 이사회를 거쳐 임원을 선출하였다(1999. 6. 3). 그리고 회사를 창립하고 법인설립등기를 마쳤다(1999. 7. 2).

(2) 정보인증시스템 구축기본계획을 확정하였다(1999. 7. 1). 이어서 인증시스템의 하드웨어 및 소프트웨어를 도입하여 정보인증센터를 준공하였다(1999. 9. 30). 이를 위해 총 23억6천만 원을 투입하였다. 이후 공인인증기관 지정신청을 위해 시스템을 보완해 가면서, 2000년 1월 현재 정보인증시스템 시험 운용하고 있다.

(3) 1999년 11월 12일 공인인증기관 신청서를 제출하고 현재 실질심사가 진행 중이며 2000년 1월말에는 완료예정이다.

8. 한국정보인증의 7대 주력사업

8.1 인증사업의 방향설정

가. 사업방향

공인인증사업을 본격적으로 추진하면서 한국정보인증(주) 대표이사 사장(이정욱)은 2000년대를 향한 정보인증 사업방향을 다음과 같이 제시하였다(2000년대 우리나라 전자상거래의 발전을 주도하는 한국정보인증, 1999. 10, 한국정보인증주식회사).

<발표내용> 21세기는 세계가 하나되는 세상, 컴퓨터와 통신의 급속한 발달로 누구나 국경없는 거래를 자유롭게 하게 될 것입니다. 인터넷의 발달로 모든 사람은 세계시장에서 원하는 상품을 안심하고 구매하고 기업도 세계시장을 대상으로 자유롭게 사업을 할 수 있는 시대가 올 것입니다. 21세기에는 국민 누구나 인터넷을 통해서 안심하고 전자거래를 할 수 있는 세상을 한국정보인증주식회사가 열어가겠습니다.

한국정보인증(주)는 개인 간, 기업 간 그리고 개인과 기업 간에 이루어지는 인터넷상의 상거래, 문서교환 등을 신뢰성 있게 할 수 있도록 정보인증을 하는 공인기관입니다. 정보인증제도는 전자상거래의 안전성을 제고시키고 활성화하기 위해 도입된 제도로서 종이문서에 인감도장이나 사인을 하는 것과 같은 안전장치를 하는 것입니다. 민간업체 및 공공기관 등 국내 22개 회사가 주주로 설립한 한국정보인증주식회사는 고도의 시스템 기술을 보유하여 한국의 전자상거래를 선진국 수준으로 끌어 올리고 아울러 세계적인 정보인증회사로 성장해 갈 것입니다.

나. 7대 주력사업을 위한 목표

한국정보인증(주)는 전자상거래의 정보인증을 전담하는 공인인증회사의 임무를 하면서 동시에 인터넷 및 전자상거래 발전을 위한 기술개발에도 주력하는 계획을 수립 추진하였다. 창립초기 제1호 공인인증기관이 되면서 7대 사업에 주력하기로 목표를 정하여 추진하였다(2000년대 우리나라 전자상거래의 발전을 주도하는 한국정보인증, 1999. 10, 한국정보인증주식회사). 그 세부내용은 다음과 같다.

첫째, 정보인증서비스를 선도적으로 추진한다. 종이문서에 인감을 사용하듯 전자문서에는 인증된 전자서명을 사용하여 안전하고 편리한 거래를 조기에 실현하게 한다. 특히 인터넷 쇼핑과 금융거래를 위해 전자상거래 인증서비스 제공에 주력하여, 전자서명 인증제도를 통해 인터넷 쇼핑몰에서 안심하고 쇼핑할 수 있게 한다. 이를 위해 먼저 공인인증기관에 등록한 후 전자서명 키를 받은 후 인터넷 쇼핑을 하는 이용하게 하고, 이때 판매회사의 신용까지 인증회사에서 확인해주어 이용자가 안심하고 쇼핑할 수 있게 추진한다.

둘째, 전자서명을 통해 PC뱅킹 등의 금융거래를 안전하게 이용하게 하고, 통장을 개설하거나 대출까지 받을 수 있게 한다. 특히 모든 금융기관이 전자서명인증 제도를 기반으로 사이버 통합 뱅킹서비스를 제공토록 한다. 또한 주식투자에서 경매에 이르기까지 모든 재테크가 인터넷으로 가능하게 만들고, 이를 기반으로 홈뱅킹, 증권거래, 인터넷보험 등의 서비스를 급속히 발전시킨다.

셋째, 민원서류를 동사무소에까지 가지 않고도 전자서명을 이용하여 문서발급자의 신원을 확인하고 문서의 위변조도 방지할 수 있게 조치한다. 그래서 전자우편으로 안심하고 주민등록등본, 출생신고, 호적등본교부, 토지등기 등 민원서류를 발급받을 수 있도록 추진한다.

넷째, 전자서명을 통해 신원확인이 가능하므로 입학원서를 낼 때부터 등록하고 수업을 듣는 것까지 모두 인터넷으로 해결할 수 있게 하고, 전자서명만 있으면 원격진료에다 처방전까지 받을 수 있는 의료서비스도 가능하게 한다.

다섯째, 전자서명은 인감도장이나 마찬가지이므로 전자서명을 통해 법적으로 계약이 성립될 수 있다. 인터넷으로 업무를 처리하게 되면 시간절약, 경비절약이 가능하므로 기업의 경쟁력을 향상시킨다. 뿐만 아니라 사내결재, 업무교환, 전자문서, 기업간 거래, 주주총회의 의결권 행사 등에도 편리하게 활용할 수 있도록 한다.

여섯째, 정보보안시스템(Information Security System)과 인터넷 네트워크 구축에 이르기까지 종합기술(Total Solution)을 제공하는 시스템서비스 사업을 추진한다.

① PKI 기술에 의한 기업 인트라넷 및 엑스트라넷의 보안시스템 등 정보보안시스템을 구축, 기업내부 시스템의 방화벽 구축 관련 서비스 제공. ② 다양한 해킹도구(Hacking Tool)를 사용하여 시스템 네트워크의 전반적인 보안수준 테스트 및 보안컨설팅의 제공. ③ PKI기본교육, 전자인증관리자 교육, 인터넷 보안교육 등 정보보안교육 서비스. ④ 인터넷 및 전자상거래 네트워크의 기술개발 및 보안기술 제공.

일곱째, 전자상거래 상품의 데이터베이스를 제공한다. 최고의 품질과 경제적인 가격으로 우리나라를 대표할 수 있는 대규모 상품 화상정보 데이터베이스를 구축한다. 그리고 모든 전자상거래 업체들에게 경제적인 가격으로 온라인 분배 제공하고, 상품 화상정보의 국내표준화를 추진하여 국제경쟁력을 강화한다.

8.2 인증사업의 본궤도 진입을 위한 노력

가. 사업초기년도의 사업추진전략

한국정보인증(대표이사 사장 이정욱)은 사업개시 첫해인 2000년도 인증사업을 위한 추진전략을 다음과 같이 정하여 추진하였다(2000년도 사업계획 및 예산/이사회 의결안건,

2000. 1. 27, 한국정보인증 사장).

첫째, 공인인증기관 지정을 획득하여 국내 최고의 전문인증기관으로서 인증사업을 선도한다. 그리고 인증시스템을 완비하고 국제표준시스템으로 발전시킨다. 이를 위해 인증시스템을 안정적으로 운영하고 기능 고도화를 지속적으로 추진한다.

둘째, 인증사업의 경쟁력을 확보하기 위해 자체 기술인력을 양성하는 등 정보인증전문가를 확보한다. 이에 따라 2000년 이후 국내최고의 인증기술 전문가 그룹을 보유토록 한다.

셋째, 사내인력을 인증서 가입대상으로 하는 시험운영을 실시하여 문제점을 조기에 보완한다. 1999년 2월과 3월에 시범서비스를 거쳐 4월부터는 전국규모로 서비스를 개시한다.

넷째, 한국정보인증의 효율적 운영을 위해 계약직을 확대 운영하고 팀제 조직을 활성화하며, 스톡옵션(Stock Option)제를 도입 시행한다.

나. 2000년도 영업방침 및 사업방향

한국정보인증은 초기 인증시장의 선점을 위한 2000년도 영업방침을 다음과 같이 정하였다(2000년 영업보고서/제2차 이사회 안건, 2000. 3. 14, 한국정보인증 사장).

① 국가 및 공공기관 인증서비스의 사업기반을 구축하고 시장을 선점한다. 그리고 전자거래와 은행, 보험, 증권 등 금융인증시장의 교두보를 확보한다. ② EDI 부문의 툴킷을 확보하고 시장을 적극 개발하며, 인증서비스 유관기관과의 전략적 제휴를 통한 경쟁력을 강화한다. ③ 초기 인증시장의 선점을 위해 일정기간 개인인증서를 무상으로 제공한다.

한편 한국정보인증 사장(이정욱)은 언론과의 인터뷰를 통해 2000년도의 사업방향을 다음과 같이 제시하였다(전자신문, 2000. 3. 3).

<보도내용> 인증제도는 전자상거래의 안전성을 높이기 위해 도입된 제도다. 인감도장이나 사인이 아날로그시대의 안전장치라면 전자인증은 디지털시대의 안전장치다. 정부에서 공인 인증기관 설립에 큰 비중을 두고 추진하는 것도 이 때문이다. 한국정보인증은 증권전산과 함께 올 2월 정부가 허가한 공인인증기관 1호다. 지난해 7월 컨소시엄 형태로 출발해 2월 공인인증기관 허가를 받았으며 시범서비스 기간을 거쳐 이달부터 상용서비스에 나선다.

「공인인증제도는 정부가 나서 전자상거래를 법적으로 뒷받침하자는 목적입니다. 구매자와 판매업체 신원과 신용도를 정부가 보증하겠다는 취지지요. 전자인증이 활성화되면 전자상거래는 물론 인터넷 발전에도 크게 기여할 수 있기 때문입니다. 한국정보인증은 정부가 원하는 기술능력과 인증시스템, 전문 인력을 고루 갖춰 공인인증기관에 선정됐습니다.」

사실 상대방의 신원이나 신용도를 확인해주는 인증업무는 굳이 정부가 나서지 않아도 된다. 인증업무에 필요한 시스템이나 인원 등 일정 자격요건만 갖추고 적법한 절차를 밟아 서비스하면 그만이다. 단지 정부는 문제가 발생할 때 납득할 만한 보상을 해줄 수 있는 체계와 피해를 최소화할 수 있는 법적 절차만 정해주면 된다. 정부는 인증기관의 업무를 감시, 총괄하고 문제가 발생했을 때 이를 신속하고 합리적으로 해결할 수 있는 여건만 만들어 주면 되는 것이다. 오히려 정부의 간섭을 최소화해 자유로운 시장경쟁을 유도, 인증서비스의 질을 높일 수도 있다.

이정욱 사장이 공인인증제도를 고집하는 데는 다른 이유가 있다.「지난해 10월 세계적인 인증기관인 미국 베리사인을 방문한 적이 있습니다. 이미 아시아 지역에서도 몇몇 국가가 이 회사의 기술과 인증시스템을 도입해 인증사업을 벌이고 있습니다. 매출액의 40% 정도가 수출에서 올린 수입이라고 합니다. 우리나라도 이미 몇 년 전부터 인증기술과 시스템을 자체개발중이어서 짧은 기간 안에 선진국 수준에 도달할 수 있다고 생각합니다. 기반기술 확보와 해외시장 개척을 위해서도 초기에 다소 어려움이 있더라도 독자적인 인증기관이 필요하다고 봅니다.」

원천기술 확보와 경쟁력을 위해 과도기적이지만 국내인증업체가 필요하다는 얘기다. 한국정보인증은 정보인증서비스 뿐만 아니라 시스템과 전자상거래 상품 데이터베이스 등 3개 분야를 주력으로 사업에 나선다. 장기적으로도 시스템과 기술수출도 추진할 계획이다.「인터넷쇼핑과 금융거래를 위한 전자상거래 인증서비스, 민원, 교육과 의료, 기업업무 등 문서인증 서비스가 주 사업입니다. 또 보안시스템과 인터넷 네트워크 구축 등 종합 솔루션사업, 상품을 동영상으로 제공하는 데이터베이스 서비스 사업도 구상중입니다.」

이정욱 사장은「한국정보인증은 궁극적으로 세계시장을 겨냥하고 있다」며 기술 주도업체로 거듭날 것이라고 자신감을 보였다. 한국정보인증은 삼성SDS, LG텔레콤, 다우기술, 하나로통신, 한국신용정보 등 22개 업체가 주주사로 참여해 지난해 7월 자본금 200억 원으로 설립됐다(김병준 기자).

8.3 주요핵심사업의 강력한 추진

한국정보인증은 2000년도 주요사업으로 SignGATE 정보인증센터를 안정적으로 운용하고, 공공 및 인터넷사업, 기업 및 EC 사업, 금융사업 분야의 사업을 적극 추진하는 계획을 세웠다. 또한 SignGATE의 국제표준화 개발, 인증업무를 위한 응용서비스 개발, 외부연구과제 수행, 한국정보인증(주)이 발전계획 수립, 홈페이지 구축 및 운영 등 총 9개 사업으로 정하였다. 그 중 주요사업은 다음과 같다(2000년도 사업계획 및 예산/이사회 의결안건, 2000. 1. 27, 한국정보인증 사장).

가. SignGATE 정보인증센터의 안정 운영

인증서비스 상용화에 따른 시스템을 철저히 점검하고 기능을 고도화한다. 그리고 24시간 운영체제를 구축하고 시스템 장애를 예방하며 고객 불편사항을 접수하여 시스템에 반영한다. 또한 시스템 운영자 교육을 강화하고 인증기술 전문인력을 자체양성하며, 인증서비스 경험을 바탕으로 지속적인 규정과 제도를 정비해 나간다. 한편 보안 및 비상대책을 위한 규정과 절차를 준수하고, 시스템 감사기록을 분석하여 불법침입을 사전에 예방한다.

뿐만 아니라 철저한 해킹방지대책을 수립 시행하고, 정기적인 보안감사와 보안훈련을 시행토록 한다. 나아가 각종 인증서비스를 필요로 하는 고객에게 네트워크 이용과 접속을 완벽하게 지원하고, 인증서비스와 향후 기타 인증 응용서비스를 지원하는 안정된 네트워크를 구축 운영한다. 이 사업을 위해 2000년 2월부터 상용화를 준비하여 4월에는 상용서비스를 개시한다. 그리고 RA기관은 2000년 2월- 12월에 네트워크에 접속 운영하고, 서버인증 고객도 2000년 4월-12월에 네트워크에 접속 운영한다. 이를 위해 소요예산 1억9천만 원을 투입한다.

나. 인증서비스 사업의 확대

정부 및 공공기관을 대상으로 서버인증 및 서비스 기반을 구축하고, 이때 RA는 국세청, 우정국, 서울시, 한국통신 등이 협의하여 선정한다. 그리고 PC통신 및 ISP업체와의 RA 제휴를 통해 사업을 활성화하며, 이를 위한 초기대상 업체는 유니텔, 2차 대상업체로는 LG인터넷(천리안)으로 정하여 추진한다. 이 사업의 추진방침은 정부, 공공기관 중심으로 인증서비스의 공신력을 획득하고 인증사업의 안정화기반을 구축한다. 그리고 해당산업의 선도적 역할을 할 수 있는 업체와 사업협력을 적극 추진하여 시범서비스를 통해 잠재고객을 확보한다.

또한 대고객 판촉용 인증서를 한시적으로 무상 지원하여 사용자의 저변을 조기에 확대시킨다. 기업 및 EC분야 사업을 위하여 쇼핑몰 PG사업자(지불), 보안솔루션 사업자와 전략적 제휴로 신규사업을 발굴하고 인증서비스를 제공한다. 쇼핑몰(B2C) 및 EDI (B2B) 서버대상의 인증서비스, 대기업 e-비즈니스와 연계한 인증서비스, 대학병원 및 종합병원 대상의 인증서비스를 제공한다. 이 사업은 쇼핑몰 지불결재 대행기관을 RA로 선정하고 가입회원들에 대한 서버인증을 추진한다. 네이버, 마이비즈, 슈퍼 몰 등 유수한 포탈업체와 컨소시엄을 구성하여 공동으로 사업을 추진한다. 또한 대기업 포탈사이트와 업무제휴로 개인인증 및 기업 내 통합구매 서버인증도 추진하고, 대학 재학생을 대상으로 홍보 및 인증서비스 마인드를 확산시킨다.

다음에는 금융사업 분야의 인증서비스를 확대해 나간다. 은행 및 보험사와의 제휴방안을 찾아내어 인증서비스를 제공하고, 온라인 빌링을 위한 인증서비스를 제공한다. 뿐만 아니라 인터넷 대출, 인터넷 직불시스템, 신용카드사 등과 연계하여 인증서비스를 제공한다. 이와 같이 금융권 대상으로 인증서비스의 교두보를 확보하고, 인터넷 뱅킹, 사이버보험과 연계하여 은행 및 보험사와 전략적 제휴를 추진한다. 이때에도 초기 인증시장의 저변확대를 위해 한시적으로 인증서를 무상 제공토록 한다.

다. 2000년대를 위한 발전계획 추진

한국정보인증은 2000년에 정보인증기술 및 이를 위한 응용서비스 개발계획을 다음과 같이 정하여 추진하였다.

첫째, SignGATE의 국제표준화 개발을 추진한다. 현재 운영 중인 SignGATE와 타 응용시스템과의 인터페이스 문제점을 분석하고 국제표준 동향을 분석하여 새로운 국제표준 추세에 맞추어 보완 개선한다. 또한 사용자 요구사항을 수용한 고객 지향적 시스템으로 지속적으로 개선한다. 이 사업은 2000년 2월부터 시작하여 7월에 완료하도록 추진한다.

둘째, 인증업무 응용서비스를 개발한다. 이 사업은 전자문서 거래상 요구되는 부인봉쇄 기능을 충족하기 위한 배달증명서비스 시스템을 연구 개발한다. 또한 PKI기술 분야 국제표준화 동향을 분석하여 향후 시스템개선을 위한 발전방향을 제시하고, 무선분야 등 향후 신규서비스 기술표준 동향도 조사한다.

셋째, 2000년 정보통신 선도기술 분야 연구개발과제 중 전자서명 국제상호인증기술 개발과제를 한국정보보호센터(KISA)와 공동 수행한다. 이를 기반으로 국가 간 전자서명 상호인증을 위한 통합 PKI시스템을 개발하고, 한국정보인증의 1차년도 연구과제로서 상호인증용 클라이언트 인증서 검증 프로토콜 및 소프트웨어를 개발한다. 이 연구과제를 위한 개발비는 정부출연 3억 원, 당사 현물출연 2억6천만 원 등 총 5억6천만원으로 수행한다.

또한 한국정보인증(주)의 발전계획을 수립한다. 이 계획에는 최고경영자의 「선진 전자상거래 실현」이라는 경영이념과 장기 비젼으로 정한 세계적 정보인증기업의 구현이라는 목표를 달성하기 위한 실천방안을 마련하고자 한다. 이를 위해 사업 환경 및 기술동향의 분석, 선진사례의 벤치마킹, 내부역량 분석, 단계별 경영목표 설정 등을 시행하여 중장기 전략과제를 선정하고 추진방안을 수립토록 한다.

또 하나의 과제는 한국정보인증(KICA)의 이미지를 높이고 고객 지향적이고 사용이 편리한 종합 인증서비스를 구현할 수 있는 홈 페이지를 구축하는 일이다. 또한 이 홈페이지는 대고객 영업 및 업무지원창구로 활용할 수 있도록 개발하고, 동시에 공인인증기관을 홍보하고 정보인증 마인드를 확산시키는 방향으로 구축 운용한다.

8.4 전자거래 공인인증시대 개막

가. 공인인증서비스의 개시

2000년에 들어서면서 한국정보인증은 공인인증서비스를 개시하였다. 이와 관련하여 언론에서는 「전자거래 공인인증시대 개막」이라는 주제로 다음과 같이 보도하였다(전자신문, 2000. 2. 11).

<보도내용> 행정, 기업경영, 전자상거래, 금융 등 인터넷을 이용한 전자거래에 안정성과 신뢰성을 부여하는 공인인증시대가 본격적으로 개막됐다. 정보통신부는 한국정보인증주식회사(대표 이정욱)와 한국증권전산주식회사(대표 김경중)를 전자서명법에 따라 전자서

명 공인인증기관으로 공식 지정했다고 밝혔다. 남궁석 정보통신부 장관은 10일 이들 공인인증기관에게 지정서를 교부하는 자리에서「전자서명 이용 활성화를 통한 국민편익 증대에 힘써 줄 것」을 당부했다.

공인인증기관이 공식 지정됨에 따라 인터넷을 이용한 전자거래 활성화의 제반 장애요소를 해결할 수 있게 됐으며 이를 통해 전자거래의 안전, 신뢰성 토대가 마련될 수 있게 됐다. 지금까지 전자문서를 이용한 전자거래에서는 거래 상대방을 직접 대면할 수 없으므로 거래 당사자 간에 상대방이 누구인지 확인하기 어렵고 전자거래에 이용되는 전자문서가 위조나 변조된 경우 어떤 것이 진짜인지 알 수가 없었다.

또한 전자문서를 작성해 보낸 사람이 그 사실을 부인하는 경우 이를 증명할 방법이 없는 문제점이 있었다. 이와 관련 처음으로 지정된 이들 공인인증기관은 이용자에게 인증서를 발급함으로써 거래 상대방이 누구인지 전자문서 내용이 바뀌지 않았는지를 확인하고 문서작성과 전송사실을 부인할 수 없도록 하는 등 전자거래에서 나타날 수 있는 문제점들을 해결, 전자거래의 안전성과 신뢰성을 확보하는 역할을 하게 된다.

먼저 전자서명법에서 정한 의무와 권한을 부여받게 된 공인인증기관은 인증업무를 안전하게 수행할 의무와 인증서비스 이용자에 대한 손해배상책임을 지게 되며 공인인증기관이 인증한 전자서명은 법적 효력을 부여받게 된다. 특히 공인인증기관이 인증한 전자서명의 효력은 부인될 수 있으며 이러한 법적 효력을 부인하고자 할 경우에는 이를 부인하는 사람이 그 사실을 입증해야 한다.

정보통신부 관계자는「공인인증기관의 전자서명은 공인받지 아니한 인증기관의 전자서명이나 다른 기술을 이용한 전자서명과 달리 완벽한 법적 효력이 인정되므로 이용자는 이를 마음놓고 이용할 수 있다」고 설명했다. 이 관계자는「공인인증기관을 중심으로 전자서명인증체계가 구축됨에 따라 사이버공간에서의 건전한 거래질서 확립과 거래 당사자 간의 분쟁 방지를 통한 국민재산보호가 가능해 질 것이며 공인인증기관은 전자거래의 안전성을 확보하기 위한 기반구조의 역할을 수행할 것」이라고 덧붙였다(조시룡기자).

나. 국내 첫 공인인증서 발행

2000년 3월 한국정보인증은 인터넷을 이용하여 온라인으로 주주권을 행사하는 인터넷 주주총회용 인증서를 발급 추진하였다. 2000년 2월 8일 DDIP와 계약을 체결하고 인증서 발급을 준비 완료하였다. 이에 대해 언론에서는「한국정보인증, 국내 첫 공인인증서 발행」이라는 제목으로 다음과 같이 보도하였다.

(1) 온라인으로 주주 의결권을 행사(2000. 3. 3)

한국정보인증(대표 이정욱)이 지난 1일부터 국가 공인인증기관으로는 처음으로 상용서비스를 시작, 인터넷 주주의결권 행사전문 업체인 DDIP에 온라인으로 주주 의결권을 행사할 국내 첫 공인인증서를 발행했다고 2일 밝혔다. 한국정보인증이 이번에 발행한 공인인증서는 인터넷 온라인 상태에서 주주총회에 참석하지 않고도 자신의 의사를 주주총회에 반영할 수 있으며 법적효력을 인정받을 수 있다. 또 위임장을 전자서명으로 대체해 각 의안에 대한 의결권을 온라인 상태에서 확인할 수 있으며 전자서명 후 인터넷을 통해 투표할 수 있다. 한국정보인증 이정욱 사장은 「1호 공인인증서 발급을 계기로 본격적인 상용서비스에 나선다」며 「공인인증기관이 전자거래의 안전성 확보와 거래 당사자 간 분쟁방지에 크게 기여할 것」이라고 강조했다(전자신문, 강병준 기자).

(2) 주주총회용 공인인증서(2000. 4. 6)

일반주주 등 주주총회에 직접 참석하지 않고도 인터넷상에서 주주의결권을 행사할 수 있는 길이 열렸다. 시간과 비용문제로 주총에 참석하지 못했던 소액주주들은 인터넷을 통해 간편하게 주주권을 행사하며 기업에서는 의결정족수의 확보 및 투명경영을 통한 경영합리화를 기할 수 있게 되었다. DDIP(Digital Data Information Processing, 대표 이건호)는 2월 14일 전자서명 공인인증기관인 한국정보인증(대표 이정욱)과 제휴, 인터넷을 통해 주주총회용 공인인증서에 의한 주주의결권 대리행사 서비스를 3월 1일부터 시작했다(서울경제신문, 최수문 기자).

(3) 인터넷 주주의결권 행사(2000. 3. 3)

주주총회에 참석하지 않고도 자신의 의사를 주주총회에 반영시킬 수 있는 길이 열렸다. 한국정보인증은 인터넷 주주의결권 행사 전문회사인 (주)DDIP를 통해 온라인으로 주주의결권을 행사할 국내 첫 공인인증서를 발행하게 됐다고 3일 밝혔다. 이에 따라 소액주주들은 공인인증기관의 인증을 받아 주주총회에 가지 않고도 인터넷상으로 의결권을 행사할 수 있게 됐다(내외경제신문, 이동주 기자).

8.5 공인인증서비스의 전면적 확대

가. 공공기관 및 금융기관 위주로 공급시도

한국정보인증 사장(이정욱)은 인터넷 데이터센터 내의 전자거래사업자들(IP)에게 전자거래의 안전성과 신뢰성을 보장하기 위해 이들에게 공인인증서를 발급하였다. 또한 이를 위해 데이콤 및 한국통신과 업무협약을 체결하였다(2000. 2). 그리고 인터넷 사이버보험 업무를 활성화하고 신뢰성을 보장하기 위해 공인인증서비스를 제공하였다. 이를 위해 삼성생명보험, 교보생명보험, 대한생명보험, 제일화재손해보험, 동부화재손해보험, 현대화재손해보험 등과 업무협약을 체결하였다(2000. 2).

또한 인터넷 기반의 안전한 전자금융서비스를 위해 1차로 한빛은행, 평화은행과 업무협약을 체결하고, 이들 은행 고객들에게 인증서를 발급하였다(2000. 2-3). 이외에도 신원정보기술에도 공인인증서를 발급하였다(2000. 2). 그 중 한국정보인증과 대한생명, 평화은행과의 업무제휴에 대한 언론보도내용은 다음과 같다.

① 대한생명은 4월부터 본격화하는 인터넷 보험판매를 위해 2일 한국정보인증과 협약조인식을 가졌다. 한국정보인증은 사이버거래에 필요한 인증키(주민등록번호와 같은 역할을 함)와 인증서를 대한생명 고객에게 발급해줄 예정이다. 고객들은 대한생명 지점에 가서 인증등록 신청을 하면 된다(한국경제신문, 2000. 3. 3).

② 평화은행(은행장 김경우)은 인터넷 뱅킹 서비스를 위해 2일 인터넷상에서 거래자의 신분 및 서명을 확인해주는 전자인증서비스 업체인 한국정보인증(대표 이정욱)과 업무제휴를 체결했다(서울경제신문, 매일경제신문, 한국경제신문, 2000. 3. 3).

앞에서 설명한 바와 같이 2000년 3월부터 한국정보인증(대표이사 사장 이정욱)은 공인인증서 제공서비스를 본격 공급하기 시작하였다. 또한 국제상거래에 대비하였으며, 부가서비스사업의 기반도 조성하였다. 그동안의 영업실적을 종합하면 다음과 같다(2000년도 주요사업 추진실적/ 2001년 제1차 이사회 안건, 2001. 3. 13, 한국정보인증 사장).

첫째, 한국정보인증은 공인인증서를 정부, 공공기관 및 일반기업들에게 제공하기 시작하였다. 예를 들면 ① 조달청, 서초구청, 한국전력의 전자입찰서비스, 부산시의 전자납부서비스, 국민건강관리공단(일산병원)의 전자처방전 발급서비스(2000. 8-2000. 11), ② 한국통신의 전자처방전 전달서비스(2000. 1), 건설기술연구원과 건설협회의 건설인허가 및 민원업무(2000. 10), ③ 현대해상, 삼성생명, 대한생명, 교보생명의 사이버보험서비스(2000. 6), DDIP의 온라인 주주총회(2000. 1), 고려개발, 인터 웹, 다산이포테크의 인터넷 구매업무(2000. 11) 등이 있다.

둘째, 한국정보인증은 2000년 4월 1일부터 국내 최초로 우체국 인터넷쇼핑몰인 e포스트에 공인서버 인증를 제공하게 되었다. 이에 관하여 언론에서는 다음과 같이 보도하였다(매일경제신문, 2000. 3. 30). <보도내용> 지역특산품을 파는 우체국 인터넷쇼핑이 한국정보인증에서 다음달 1일 첫 공인서버인증을 받는다. 공인서버인증이란 전자상거래 사업자 신원을 공인하고 전송되는 정보를 암호화해 고객이 믿고 이용할 수 있도록 하는 제도다. 그동안 국내에는 공인된 인증기관이 설립되지 않아 국내 전자상거래 업체들은 베리사인 등 외국 인증사에서 비공인 서버인증을 받아 왔다.

나. 정부 및 기업으로 전면적 공급확대

한국정보인증은 2000년 1분기 당시 정부부처, 공공기관, 기업 등에 공인인증서를 제공하기 위한 업무협약 체결을 추진하였다. 우선 우정국, 국세청, 조달청, 특허청, 서울시 등 정부부처 및 공공기관과 유니텔, 천리안, 하이텔 등 PC통신업체와 업무계약을 추진하였다. 또한 한국건설기술연구원, CALS/ EC협회, 중소기업진흥공단 등에 EDI 사업을 위해 공인인증서를 제공하고, 한화그룹, 동부그룹, 현대상사, 삼성SDS 등 일반기업과도 업무계약을 추진해 나갔다.

한편 2000년 중반에 접어들면서 한국정보인증은 전사적 기업정보보안, 민원서류발급, EC/CALS 분야의 공인인증사업을 확장해 나갔다. 그리고 인터넷 공증서비스와 인터넷 청구납부서비스를 위한 인증사업도 추진하였다. 이에 관하여 언론은 다음과 같이 보도하였다.

(1) 전사적 기업정보보안(전자신문, 2000. 5. 31)

한국정보인증(대표 이정욱)이 PwC TRS(한국담당 이사 밥그래프)와 전자공인인증 서비스와 관련한 사업제휴협약을 체결했다고 30일 밝혔다. 이번 제휴로 PwC TRS는 최근 이슈가 되고 있는 전사적 기업정보보안과 관련해 보안정책수립에서 보안시스템 구현에 이르는 통합서비스를 제공하고, 한국정보인증은 전자서명 법령을 준수하는 공인인증서비스를 제공키로 했다. 더욱이 한국정보인증은 자체에서 발급하는 공인인증서를 국내 뿐 아니라 국제적으로 인정받고 PwC의 e-비즈니스와 관련한 선진기법을 이전받을 수 있게 됐다(김병준 기자).

(2) 전사적 기업보안(디지털타임스, 2000. 6. 1)

한국정보인증(대표 이정욱)과 삼일회계법인(대표 서태식)은 지난 30일 공인인증서비스에 대한 사업제휴협약을 체결했다. 이에 따라 삼일회계법인은 최근 이슈가 되고 있는 전자적 기업보안과 관련된 정책수립에서 보안시스템 구현에 이르는 통합서비스를 제공하고, 한국정보인증은 공인인증서비스를 프라이워터하우스의 고객들에게 제공함으로써 완벽한 보안 인증시스템을 구현할 계획이다. 또한 양사는 공인인증서 사업과 보안컨설팅 사업에 대해 상호고객교환, 전보 및 자료의 공유와 기술인력을 상호지원하게 된다(성연광 기자).

(3) 민원증명서류발급(매일경제, 전자신문, 디지털타임스, 2000. 8. 9)

키오스크(무인정보시스템) 전문업체인 지한정보통신(대표 이상호)은 8일 서울 하얏트호텔에서 전자서명 공인인증기관인 한국정보인증(대표 이정욱), 스마트카드 솔루션업체인 코아게이트(대표 김동주)와 포괄적 업무제휴를 하고 민원증명서류발급 서비스를 시작한다고 밝혔다. 이번제휴로 지한정보통신은 자사의 빅콜통합 키오스크가 제공하는 각종 민원증명서류발급은 물론 전자상거래, 인터넷폰서비스, 현금자동인출(ATM) 서비스, 버스 및 지하철 등 교통카드 충전서비스, 영상전화기능 등 30여 가지 부대서비스를 제공하게 된다.

(4) 인터넷 공증서비스(디지털타임스, 2000. 12. 14)

공인인증기관인 한국정보인증(대표 이정욱)과 법무법인 태평양이 설립한 사이버로펌인 로앤비는 13일 제휴를 하고 공인인증서를 바탕으로 한 인터넷공증서비스를 공동 개발키로 했다. 이에 따라 한국정보인증은 내년 초 자사의 공인인증서비스에 전자영수증, 내용증명 등 인터넷공증서비스를 추가할 계획이다. 이정욱 사장은 지금까지는 서류를 지참하고 직접 법무법인을 방문해 대면확인 후 공증서비스를 받을 수 있었지만 앞으로는 인터넷을 통해 공인인증서로 신원확인을 대체하고 공증서비스를 받을 수 있어 시간과 비용을 절약할 수 있을 것이라고 말했다(성연광 기자).

(5) 인터넷 청구납부서비스(전자신문, 2000. 12. 14)

인터넷 청구납부서비스(EBPP) 전문 업체인 원빌은 공인인증기관인 한국정보인증(대표 이정욱)과 전략적 제휴를 맺고 EBPP 사업을 위한 보안시스템을 구축했다. 이번 제휴로 원빌은 한국정보인증으로부터 본인 신원확인 및 개인정보 누출방지 부문과 관련한 인증서비스와 암호화 관련기술을 제공받게 된다. 원빌 조영재 사장은 전자거래상의 가장 큰 문제점이던 개인정보 보안문제를 해결함으로써 EBPP 서비스 활성화가 기대된다고 말하고 보안과 EBPP 사업은 불가분의 관계가 있는 만큼 한국정보인증과 사업확장 측면에서 공동마케팅도 긴밀하게 추진할 예정이라고 덧붙였다(정은아 기자).

9. 인증시장에서의 치열한 경쟁

9.1 사업본격화 2차년도의 승부

한국정보인증(대표이사 사장 이정욱)은 인증시장에서의 치열한 경쟁과 장기전에 대비하여 2001년도 한국정보인증(주)의 인증사업 추진방향 및 사업계획을 수립 추진하였다(2001년도 사업계획/ 제1차 이사회 의결안건, 2001. 3. 13, 한국정보인증 사장). 그 주요내용은 다음과 같다.

가. 인증서의 이용촉진 및 신규서비스 개발

첫째 공인인증서의 이용촉진기반을 조성하고 보급을 확대한다. 이를 위해 정부의 인증서 사용자 1천만 명 확보방침에 적극 동참하고, 상반기에는 개인인증서를 무료로 발급 제공하여 인증수요를 조기 발굴하고 이용촉진기반을 구축한다. 이를 위해 한국정보인증(주)는 인증서의 발급목표를 2001년 1백만 개, 2002년 3백50만 개로 정하고 정부와 공동으로 대국민 홍보에 나서며 분야별 시범서비스를 적극 추진한다. 또한 보안업체, SI업체와 협력체제를 구축하여 기업시장을 적극 공략한다.

둘째 인증서 발급체제를 획기적으로 개선한다. 이를 위해 온라인 즉시발급체제를 본격적으로 운영하고 인증서 발급단계를 축소하는 등 인증서 발급체제를 고객중심으로 획기적으로 전환한다.

셋째 인증 부가서비스를 본격 추진한다. 시점확인, 전자영수증 및 내용증명, 생체인증서비스 등 부가서비스를 조기에 개발하고 상용서비스를 실시한다. 그리고 스마트카드 기반의 인증부가서비스 사업모델을 개발하고 이를 사업화한다.

넷째 무선 공인인증서비스 기반을 구축하고 상용서비스를 실시한다. 이를 위하여 정부의 무선인증시스템 심사에 대비한 시스템을 구축하고, 이동통신사업자와 무선인증서비스 공동사업협정을 체결 추진한다. 상반기에 무선인증 시범서비스를 실시한다.

나. 자체연구개발 및 대외활동 강화

① 국제상호인증서비스를 개시한다. 아시아국가 공인인증기관과의 국제상호인증서비스를 선도적으로 개통하고 국내 공인인증기관 중 가장 먼저 국제상호연동 서비스를 실현한다.

② 자체 연구개발능력을 강화한다. 인증시스템의 기능을 고도화하고, 무선인증시스템을 개발 구축한다. 그리고 유무선 인증시스템의 통합 연동을 위한 자체개발능력을 확보토록 한다. 또한 인증부가서비스를 개발하고 기능개선을 위한 능력을 확보하며, 정부연구과제를 획득 수행하고 이를 통하여 첨단인증기술을 자체 개발토록 추진한다.

③ PKI포럼, 아시아 PKI포럼에 주도적으로 참여하는 등 대외활동을 강화한다. 그리고 인증촉진협의회, e-비즈니스 기업인연합회 등에 적극 참여하여 산업자원부와의 협조체제도 강화한다. 또한 인증기술표준화 활동, 한국의 대표공인인증기관으로서의 이미지 제고를 위한 대외활동도 강화한다.

다. 사업개시 2차년도의 주력사업

한국정보인증은 2001년도 주력사업으로 SignGATE 인증센터의 안정운영, 부가서비스 본격추진, 무선인증사업 기반구축 등을 추진하고, 이를 위하여 지출예산 67억3천6백만 원, 수입예산 40억5천4백만 원으로 편성하여 다음과 같이 추진하였다.

(1) 인증서 발급체제 개선

당시 SignGATE I 인증시스템은 수동발급방식으로 운용되고 있었는데, 이를 온라인 자동발급이 가능한 SignGATE II 인증시스템으로 전환한다(2001. 1). 우선 신규고객에게 온라인 자동발급서비스를 제공하고, 기존의 SignGATE I을 이용하는 고객은 3월까지 SignGATE II로 전환한다. 그리고 온라인 인증서 신청방식을 개발하여 시행한다(2001. 4). 인증서 신청을 위해 고객이 한국정보인증(KICA) 홈페이지에 접속하거나 대규모 고객을 보유하고 있는 포털사이트의 홈페이지를 통하여 온라인으로 시행토록 한다. 또한 신원확인은 우편으로 하거나 신원확인등록기관(RA)을 통해 하는 등 다양한 방법으로 할 수 있게 한다.

(2) SignGATE 인증센터의 안정운영

인증센터의 안전성과 신뢰성을 유지하도록 24시간 365일 시스템 장애를 사전에 진단하고 이를 위한 조치능력을 확보한다. 그리고 외부로부터 침입 및 해킹에 철저히 대비하고, 센터운영인력의 운영능력을 높이기 위한 신기술교육을 지속적으로 시행한다. 또한 인증서 발급이 대폭 늘어나는 상황에 대응할 수 있도록 인증시스템과 네트워크의 가용성 및 확장성을 사전에 확보토록 한다.

특히 하드웨어 및 네트워크의 적시도입으로 고품질 인증서비스를 항시 제공하고 무선인증 및 전자영수증 서비스용 인증시스템을 도입 운영한다. 한편 고객 불편사항을 지속적으로 수집하여 시스템 개선에 반영하고, 서비스 응답시간을 정기적으로 모니터링하여 적정 응답시간을 유지하도록 한다. 뿐만 아니라 등록기관의 인증시스템 운영실태도 정기적으로 관리지도한다.

(3) 다양한 인증시스템 툴킷 개발 및 보급

사용자의 다양한 시스템 환경에 공인인증서를 적용할 수 있도록 다종의 툴 킷을 개발하여 보급한다. SignGATE II 인증시스템 기반의 상호연동이 가능한 14종의 툴 킷을 개발 보급하며, 특히 사용자가 가장 많이 사용하는 시스템용 툴 킷인 Web, Window, NT, Unix, Java, Linux 등 총10종을 우선 개발 보급한다(2001. 1-2001. 4). 이와 같이 툴 킷을 자체개발하는 경우 소유권을 가지고 있게 되므로 이를 사용자에게 저렴하게 공급할 수 있다. 그리고 보안업체의 툴킷에 한국정보인증의 상호연동 기술을 접목시켜 보급한다. 이를 위해 보안업체가 자사의 툴킷을 이용하여 공인인증서를 확산할 수 있도록 기술을 지원하고 정책적 지원도 시행한다. 우선 이니텍, 소프트포럼, 드림시큐리티, 프라임시큐어에 기술을 이전한다.

(4) 인증서비스 이용촉진 및 스마트카드의 보급

한국정보인증은 인증서비스 이용촉진 기반을 조성하기 위해 2001년 6월까지 개인인증서 신청자에게 인증서를 무료로 발급하고, 공인인증서 활성화를 함에 있어 장애요인이 되는 법과 제도를 개선한다. 이를 위해 정부와 긴밀한 협의 하에 ① 정부, 지방자치단체의 전자입찰서비스, ② 정보통신부, 그 산하기관의 보안전자우편서비스, 보건복지부의 전자처방전, ③ 교육부의 학교정보화, 정보통신부의 사이버우체국. ④ 특허청의 전자특허출원, 전자영수증 등의 시범사업을 공동으로 추진한다.

그리고 법인인증서의 이용을 활성화하고 안전한 이용을 위하여 인증서 구매 시 한시적으로 스마트카드와 독취기를 무료로 보급한다. 이와 같이 법인인증서(10만원), 스마트카드 및 독취기(3만5천원)를 무료로 제공하는 것은 한정된 법인인증서 시장에서 초기 경쟁력을 확보하기 위해 수익보다 시장점유에 주력한다. 세부적으로는 2001년 2월 현재 조달청의 전자입찰 참가업체 중 1등급 법인인증서 신청업체에 한해 무상공급하고, 조달청 전자입찰용으로 용도가 한정된 3등급 인증서의 경우에는 유상으로 공급한다.

또한 2001년 3월부터는 금융기관을 통해 정가(10만원)에 법인인증서를 신청하는 업체에게도 무상으로 공급한다. 이 경우 법인인증서의 보급이 활성화되는 시점까지 무료로 공급한다. 우선 조달청 입찰등록업체(3만개)를 대상으로 1등급 법인인증서를 집중적으로 공급하고, 이 1등급 법인인증서는 조달청, 국방부 조달본부, 한국통신, 각 지방자치단체 등의 입찰에도 사용할 수 있게 하였다.

9.2 주요부문별로 사업방침 설정

한국정보인증은 인증사업 본격화 2차 년도를 맞이하여 한국증권전산, 금융결재원, 한국전산원 등 경쟁사업자들과 주요 분야별로 전면경쟁에 뛰어들었다. 이를 위한 사업방침을 다음과 같이 결정하여 추진하였다.

가. 공공분야 공인인증서비스의 확대

첫째, 정부 및 공공기관의 전자입찰과 전자민원서비스에 공인인증서비스를 제공한다. 이때 전자거래시점을 확인해주는 시점확인서비스도 병행 제공한다. 그리고 대학의 학사관리, 초중고의 교육정보화 사업에 공인인증서를 제공한다. 또한 정부, 공공기관 종사원에게 암호화기능이 부가된 보안전자우편용 공인인증서를 우선 발급하여 사용자 저변을 확대한다.

둘째, 조달청의 전자입찰용 인증서를 본격 공급한다. 이때 시범사업기간(2000. 11- 2001. 3)에는 무료로 발급하고 2001년 4월부터 유료 발급한다. 전국 조달등록업체(3만개 업체) 중 2001년에 1만5천개 업체에 법인인증서를 발급 추진한다. 그리고 2001년 2월 중 서초구청, 강남구청, 송파구청에 시스템을 구축 제공하고, 서울시를 비롯한 전국의 지방자치단체로 확대 추진한다.

셋째, 산업부문별 공제조합에 전자입찰용 보증서 발급을 위한 공인인증서를 적용한다. 현재 건설공제조합과 전기공사공제조합은 한국정보인증(KICA)의 인증서를 적용하고 있다. 또한 국방부 조달본부, 한국통신, 한국전력과 기타 공공기관의 전자입찰시스템에 공인인증서를 적용토록 한다.

나. 전자민원서비스의 보급확대

온라인 국세전자시스템(국세청), 사이버 민원서비스(경찰청), 전자특허출원시스템(특허청) 등 전자정부 추진계획에 의한 전자민원서비스 보급 확대에 적극 참여한다. 그리고 한국통신, 공무원연금관리공단, 건설기술인협회, 무역협회 등 공공기관 및 각종 단체의 민원서비스에 인증서비스를 제공토록 한다. 대학에서 스마트카드 기반의 학생증 발급시 공인인증서 탑재를 추진하고, 사이버대학의 학사업무 및 학생관리에 공인인증서를 적용한다. 그리고 교육부, 교육정보시스템 구축업체와 공동으로 초중고교의 학교정보화 사업의 일환으로 공인인증서 보급사업을 추진한다.

또한 전자서명과 암호화 기능을 보유한 보안전자우편 인증사업을 본격 추진한다. 우선 정보통신부(3천명)에 보안전자우편인증서를 2001년 3월중 발급하고 연내에 전 정부기관 및 공공기관으로 보급을 확산한다. 이를 위해 3R소프트와 등록기관 계약을 2001년 1월에 체결하여 일반기업시장을 공략하고, 그 외 주요개발업체와 지속적으로 계약체결을 추진하는 등 국내유수의 전자우편 개발업체와 사업협력 체제를 구축한다.

다. 기업 및 의료분야에 공인인증서비스 확산

전자상거래 선도단체, 보안전문 업체와의 사업제휴를 통해 시장을 활성화하고 시장점유를 확대한다. 이때 신규시장을 발굴하고 사설인증을 공인인증으로 대체하며, 전자처방전 등 의료분야 시장을 적극 개발 확산한다. 또한 외국인증회사의 독점시장인 웹서버 인증시장을 집중 공략한다. 이를 위한 시행계획을 다음과 같이 추진한다.

① EC분야 공인인증서비스 선도기업으로서의 대외이미지를 높인다. 이를 위해 전자거래진흥원, 전자거래협회와 사업제휴를 추진하고 산업자원부 주도의 B2B 시범사업에 적극 참여한다.

② 국내 유수의 보안업체와 사업제휴를 통해 기업부문 사업기반을 강화한다. 이를 위해 상호연동이 가능한 한국정보인증의 툴 킷을 보안업체솔루션과 결합하고, 보안업체의 기술력, 영업력을 활용하여 시장을 개척한다.

③ 한국통신과 공동으로 3만 개의 의원과 약국을 대상으로 전자처방권 전달서비스를 제공하고, 의료 EDI 등 의료분야에 공인인증서비스를 본격 제공한다. 또한 전자의무기록에 대한 공인인증을 적용하게 하며, 이를 위해 병원 및 관련 솔루션업체와 공동으로 시범사업을 추진하고 상용화한다.

라. 인터넷뱅킹에 공인인증서 이용활성화

사이버 금융거래에 한국정보인증(주)의 인증서비스 및 부가서비스를 적용하고 전국규모 은행을 당사의 등록기관으로 확보토록 한다. 우선 시범사업기관을 획득하고 이후 수익성을 달성하는 방향으로 추진하여 초기시장을 확보한다.

첫째, 은행부문에서는 전국규모의 은행과 등록기관 계약을 체결하여 인터넷뱅킹에 공인인증서를 적용하도록 추진하고, 민원확인창구로 확보한다. 그리고 신용카드와 공인인증서를 결합한 서비스를 개발하는 등 공동사업을 추진한다. 우선 하나은행과 신용/공인인증카드를 2월에 제공하고, 한빛은행과는 직불/공인인증카드를 상반기 중에 출시한다. 또한 무선인증사업을 통하여 무선인터넷뱅킹을 활성화시킨다.

둘째, 보험부문은 2002년-2003년에 사이버보험의 활성화될 것으로 예상됨에 따라 인증서 적용업무를 확대한다. 현재는 현대해상화재 등에서 보험모집인에게 발급하여 업무에 적용하는 단계에 있다.

셋째, 증권사를 대상으로 사설인증시스템을 대체하는 시범사업을 적극한다. 현재 증권사는 사설인증을 사용 중이라 대체에 소극적이나 한국정보인증의 내용증명 및 전자영수증 서비스와 연계하여 공급 추진한다. 그리고 카드사와 공동으로 시범사업을 추진한다. 이를 위해 공인인증서를 스마트카드 기반의 신용카드 발급과 연계하여 제공하고, 법인인증서 중심의 공인인증카드 사업을 공동으로 추진한다.

마. 한국정보인증의 공인인증서 이용상황

2001년 중반 한국정보인증은 총 40,814개의 공인인증서를 발급하였다. 세부발급내역은 <표 5-19>와 같다(공인인증사업 종합추진현황, 2001. 8, 한국정보인증).

<표 5-19> 공인인증서 발급현황(2001. 7월말)

구분	SignGATE I		SignGATE II				계
	1등급	특별등급	1등급	특별등급	2등급	웹서버	
개인	3,407	2,114	801	4,435	1,159	79	40,814
법인	555	1,669	13,485	13,110	-		

그리고 2001년 중반 한국정보인증의 공인인증서를 이용하거나 이용 확정한 정부, 공공기관, 금융업계, 대기업, 단체 등은 다음과 같다.

① 정부 및 공공기관으로서 조달청의 입찰시스템, 한국통신의 의료EDI, 한국전력의 전자입찰 및 조달 EDI, 한국전력기술의 인터넷 구매시스템, 강남구청, 송파구청, 서초구청, 한국마사회, 건설공제조합, 한국전자증명원.

② 금융보험업계의 교보생명, 대한생명보험, 제일화재해상보험, 현대해상화재보험, 금호종합금융, 제일생명, 대신생명, 대한화재해상보험, 동부화재, 삼성생명, 삼성증권, 한국신용정보, 한국신용평가정보, 한빛은행, 하나은행, 평화은행.

③ 기업체로는 삼성중공업, 데이콤, 삼성전자, 삼성물산, 고려개발, 일렉트로피아. 퓨쳐시스템, 매크로21, 동부정보시스템, 컨텐츠코리아, 삼일회계법인, 패스21.

④ 인터넷 관련업체 및 PC업체로는 디디아이피의 온라인 주주총회, 쓰리알소프트의 보안메일, 핌스텍의 전자세금계산서, 메디링스의 인터넷 구매시스템, 이니시스의 웹서버 인증서, 인터뱅크의 전자화폐, 아이티젠의 교육기관 인트라넷, 인터넷시큐리티의 일반 PC이용자, 엔투비의 인터넷 구매시스템, 넥스비텍, 원빌, 한국통신 커머스솔루션즈, 페이게이트, 마이에스크로.

⑤ 무선통신사업자 및 보안전문 업체로는 한국통신 KTF, LG텔레콤, SK텔레콤, 소프트포럼, 드림시큐리티, 이니텍, 프라임시큐어, 글로벌한넷, 시큐리티테크놀로지, 시큐아이, 뉴소프트기술, 현영시스템즈.

⑥ 협회 및 단체의 경우 한국능률협회의 인등서 등록기관, 대한세무협회의 전자세금계산서, 일산병원의 전자처방전 전달시스템, KLNET의 물류 EDI망, 한국물류정보통신, KMI의 운수업자 유류보조금 환급, 인터웹, 전자거래진흥원, 엔에스 컨설팅 등

또한 2001년 8월 당시 한국정보인증의 공인인증서를 이용예정으로 추진 중인 금융기관 및 기업을 보면 하나은행, 삼성에버랜드는 한국정보인증의 등록기관으로 계약을 진행하고

있으며, 주택은행, 새마을금고 중앙협의회, 시그앤 등은 공인인증서의 적용을 추진하고 있다. 그리고 삼성에버랜드, 롯데그룹은 인터넷 구매시스템에 공인인증서 적용을 진행하고 있다. 또한 LG전자, 한전KDN, 더존디지털웨어, 핸디소프트, 건설기술원, 한국마사회 등은 전자세금계산서, 회계패키지, 전자입찰패키지, 건설민원시스템 등에 한국정보인증의 툴킷을 적용할 예정이다.

10. 2000년대를 위한 정보인증서비스 개발

10.1 의료처방전에 전자서명 도입

가. 한국통신과 공인인증서비스 제휴

한국정보인증은 한국통신(KT)과 공인인증서비스 제공을 위한 사업제휴를 하였다. 이에 관하여 언론에서는「한국정보인증, 한국통신과 공인인증서비스 제휴」라는 제목으로 다음과 같이 보도하였다(전자신문, 2000. 8. 17).

<기사내용> 국가공인 인증회사인 한국정보인증(대표 이정욱)은 6일 한국통신(대표 이계철)과 한국통신이 운영 중인 인터넷 서비스에 자사의 공인인증서비스를 적용하는 공인인증등록기관(RA) 조인식을 가졌다고 밝혔다. 이번 RA계약으로 한국통신은 인터넷을 통해 계획하고 있거나 제공하는 인터넷 기반의 의료보험, 전자처방전, 국민연금, 전자입찰, 인터넷 데이터센터(IDC) 등 인터넷을 기반으로 하는 서비스에 한국정보인증의 공인인증서를 적용하게 됐다.

이에 따라 한국통신은 전자상거래시 발생할 수 있는 각종 문제점을 원천적으로 해결할 수 있게 됨으로써 가입자에게 양질의 서비스를 제공함은 물론 법적 효력을 가진 보안서비스를 받을 수 있게 됐다. 한국정보인증은 이번 제휴를 계기로 한국통신이 서비스중인 인터넷 기반의 각종 유선사업 뿐만 아니라 무선인터넷 분야까지 확대해 공인인증서비스를 제공할 계획이다(주문정 기자).

나. 의료처방전에 전자서명 도입 시도

한국정보인증은 국민건강보험 일산병원과 협력하여 의료처방전에 전자서명의 도입을 시도하였다. 이에 관하여 언론은 다음과 같이 보도하였다(전자신문, 2000. 8. 22).

<기사내용> 전자서명에 대한 관심이 높아져 가는 가운데 의약분업과 관련돼 의료처방전이 위변조를 원천적으로 막기 위한 의료계의 전자서명이 처음으로 도입된다. 국가공인 인증업체 가운데 하나인 한국정보인증(대표 이정욱)은 국민건강보험공단 일산병원(원장 홍원표)의 의료처방전에 자사의 공인인증서비스를 적용키로 했다고 21일 밝혔다. 의료처방전에

디지털 전자서명을 도입한 것은 해외에서도 그 사례를 찾아보기가 어려운 것으로 이번 일산병원의 적용사례는 국내 의료계 뿐 만 아니라 전 세계 의료계로부터도 지대한 관심을 끌 것으로 예상된다.

한국정보인증과 일산병원이 지난 5월말부터 작업을 시작한 의료처방전 전자서명 도입프로젝트는 외래처방전에 의사의 서명날인을 국가공인인증서가 대신하는 방식이다.이에 따라 의사들이 PC를 통해 처방전을 작성하고 패스워드만 입력하면 전자서명 효력이 발생되므로 일일이 기명날인하는 번거로움을 탈피, 외부양국으로 송부할 때 처방전이 뒤바뀌는 등의 돌발 사고를 원천봉쇄할 수 있게 됐다. 또한 공인인증서가 전자서명법에 근거를 두고 있어 처방전에 대한 분쟁이 발생할 경우 의약 전자처방전의 내용이 변하지 않았다는 법적 효력을 의료진이 보장받게 된다.

전자서명키는 코아게이트(대표 김동주)가 제공한 스마트카드에 내장함으로써 회진이나 수술 등 이동이 빈번한 병원업무의 특성을 반영해 의료진의 업무 편리성과 효율성을 높였다. 한국정보인증은 일산병원 적용을 계기로 23일 전국병원을 대상으로 한 병원인증 관련 세미나를 개최할 예정이다. 또한 분당 재생병원은 처방전 뿐만 아니라 전자진료기록(EMR: Electronic Medical Record) 부문에서 이달 말 국내 처음 전자서명을 적용하는 것을 시작으로 인하대 병원도 시스템 도입을 진행 중이어서 국내 종합병원 및 대학병원 등의 공인인증 기반 전자서명 도입이 급속히 확산될 것으로 보인다(전경원 기자).

또한 한국정보인증은 국민건강보험 일산병원과 협력하여 의료처방전에 전자서명을 도입한 위의 행사에 관하여 또 다른 언론에서도 다음과 같이 보도하였다(한국경제, 2000. 8. 23).

<기사내용> 전자서명된 의료처방전을 발급하는 시대가 눈앞에 다가왔다. 한국정보인증주식회사(대표 이정욱)는 최근 국민건강보험공단 일산병원(원장 홍원표)에 자사의 전자서명 공인인증 서비스를 적용, 전자 서명한 의료처방전을 발급할 수 있게 됐다고 22일 밝혔다. 이에 따라 의사들은 일일이 기명날인해야 하는 번거로움을 피할 수 있으며 외부약국으로 처방전을 송부할 때 발생할 수 있는 돌발 사고를 원천봉쇄할 수 있게 됐다. 전자서명을 한 의료처방전은 전자서명법에 근거를 두고 있어 처방전에 대한 분쟁이 발생했을 경우 의약전자처방전의 내용이 변하지 않았다는 법적효력을 갖는다(김경근 기자).

10.2 전자세금계산서의 발행 개시

가. 전자세금계산서를 위한 시스템 개발

한국정보인증은 전자세금계산서, 전자영수증, 내용증명 분야의 인증사업을 추진함에 있어 상호이익을 목표로 공동사업방식을 도입 추진하였다. 전자세금계산서 분야는 한국전자증명원과 페이게이트와 공동사업을 추진하기로 확정하였다. 이를 위해 한국전자증명원과 전자세금계산서 솔루션의 공급 및 판매계약을 체결하였으며(2001. 5. 19), 페이게이트와는 전자세금계산서 보관서비스 및 공동개발계약을 체결하였다(2001. 5. 18). 이어서 프라임시큐어와 전자세금계산서, 툴 킷 등 제반사업부문에 대한 공동사업계약을 체결하였으며(2001. 5. 29), 그 외 또한 전자영수증 분야는 다우기술과 수수료 배분 등의 계약을 조정하였다.

2001년 중반 한국정보인증(사장 이정욱)은 전자세금계산서 시스템(A형)을 개발 완료하였다. 한국정보인증은 (주)다우기술과 공동으로 개발하였으며, 이 시스템은 밸리서트 디지털 영수증(Valicert Digital Receipt) 기반의 선진국 형 전자영수증 시스템이었다. 그리고 전자세금계산서 시스템(B형)은 페이게이트, 프라임시큐리티와 공동으로 개발하였다. 이 시스템의 경우 서비스 형은 페이게이트, 솔루션 형은 프라임시큐리티와 공동 개발하고, 툴킷형은 자체개발하였다. 이를 위해 Sun Enterprise 3500기종 2대를 설치하여 전자영수증 및 전자세금계산 시스템을 구축하였다.

나. 전자세금계산서에 공인인증서비스

본 전자세금계산서 발행시스템이 개발됨에 따라 한국정보인증은 전자상거래 및 전자세금계산서를 위한 공인인증사업을 일차적으로 데이콤, 현대백화점, 다우기술, 매크로21 등과 사업협력을 맺었다. 이에 관하여 각 언론에서는 다음과 같이 보도하였다.

(1) 데이콤, 전자상거래 인증서비스 제공(전자신문 2000. 2. 11)

데이콤(대표 정규석)은 10일 오전, 한국인터넷데이터센터(KIDC)에서 정부 공인인증기관인 한국정보인증(대표 이정욱)과 전자상거래(EC) 인증사업 공동추진을 내용으로 하는 협정을 체결하고 3월부터 EC 인증서비스를 제공한다고 밝혔다. 이번 제휴로 데이콤은 KIDC에 한국정보인증의 공인인증시스템을 구축해 주고 이를 활용, EC 업체 및 이용자들에게 인터넷을 통한 거래 사실에 대해 공신력 있는 인증서비스를 제공한다. 데이콤은 이번 공신력을 지닌 인증서비스 제공이 EC에 대한 이용자들의 막연한 불안감을 해소해 EC 활성화에 크게 기여하게 될 것이라고 설명했다(조시룡 기자).

(2) 첫 전자세금계산서 발급(전자신문)

국세청이 올해 초 인터넷을 통한 전자세금계산서 교부제도를 시행한 이래 유통업계 처음으로 현대백화점(대표 이병규)이 이 제도를 본격적으로 도입한다. 현대백화점은 9일 전자영수증 및 전자세금계산서 발급 시스템을 구축하기로 결정하고 현재 거래 중인 2천7백여 개 협력업체를 대상으로 오는 8월부터 서비스를 제공키로 했다고 밝혔다. 현대백화점의 전자세금계산서는 한국정보인증(대표 이정욱)의 공인인증서를 적용하게 되며 시스템 구축은 보안·인증업체 넥스월드가 담당한다. 또한 시스템은 공개키 기반구조(PKI) 정보인증업체 이니텍(대표 김재근)의 PKI 기반 전자세금계산서 솔루션을 적용한다.

인터넷을 통한 전자세금계산서는 종이 형태의 세금계산서 발행과 교부, 보관 등에 따른 제반 비용과 시간을 절감할 수 있으며 거래의 투명성도 높일 수 있다는 장점이 있다. 특히 현대백화점에서 구축하게 될 PKI 기반의 전자세금계산서는 공인인증서와의 연동을 통해 세금계산서에 전자서명을 첨부함으로써 거래당사자의 신원을 확인할 수 있고 데이터의 위변조를 방지할 수 있다. 또한 거래사실 부인방지 기능과 함께 거래되는 계산서 내역을 암호화해 보안성을 높인다(유병수 기자).

10.3 전자상거래를 위한 내용증명서비스

가. 전자상거래 내용증명 및 전자영수증 서비스

다우기술(대표 김종환)은 국가 공인인증기관인 한국정보인증(대표 이정욱)과 인터넷 전자상거래 내용증명과 전자영수증 서비스 공동사업에 관한 전략적 제휴를 맺었다고 15일 밝혔다. 이번 제휴로 다우기술은 내용증명 및 전자영수증서비스와 관련한 솔루션을 제공하고 한국정보인증은 공인인증서 기반의 전자서명기술을 접목해 전자영수증센터를 구축, 서비스를 담당하게 된다. 두 회사는 현재 시스템 개발을 끝내고 필드 테스트 중인데 이것이 끝나는 오는 3월부터 본격적인 상용서비스에 들어갈 계획이다.

특히 이번 서비스는 이미 기업에서 운영하고 있는 응용 프로그램과 연동이 쉽도록 연동모듈이 함께 제공된다. 또 판매기업에서 전자영수증을 관리하고 처리할 수 있어서 영수증관리에 대한 비용도 대폭 절감시켜준다. 다우기술 김종환 사장은 우선 공공기관과 기업고객을 대상으로 공동마케팅을 전개할 것이라며 이번 제휴로 인터넷 전자상거래에서 발생할 수 있는 각종 사고를 사전에 예방하고 신뢰도를 높임으로써 전자상거래 활성화를 촉진시킬 수 있을 것이라고 전망했다.

나. e마켓플레이스의 공인인증(전자신문/서울경제, 2000. 8. 4)

(1) 매크로 21(대표 김복수)은 국가공인인증기관인 한국정보인증(대표 이정욱)과 최근 전략적 제휴를 맺고 산자부가 추진 중인 디지털 산업단지 구축 프로젝트 수주를 위해 정보인증분야에서 협력하기로 했다고 3일 밝혔다. 이번 제휴로 매크로 21은 한국정보인증에 자사가 운영하는 산업기자재 e마켓플레이스에 입주한 1천3백여 개의 업체정보 및 11만여 개의 상품정보에 대한 데이터베이스를 제공한다.

한국정보인증은 B2B 전자상거래 부문에서 일어나는 모든 부분에 대해 본인신원확인, 무결성, 거래부인방지, 정보누출방지 부문에 대한 전자서명기술 및 암호화 기술에 대한 안전장치를 매크로 21에 제공하게 된다. 매크로 21은 디지털산업단지 구축 프로젝트를 위해 지금까지 엔피아시스템즈(DOI코드식별체계부문), 소프트파워(ERP부문), 오라클(ASP부문) 등 10여개 업체와 제휴를 맺었다(전자신문, 2000.8.4, 주문정 기자).

(2) 디지털산업단지형 e마켓플레이스를 운영하고 있는 (주)매크로 21(대표 김복수)은 한

국정보인증(대표 이정욱)과 손잡고 정부가 추진하고 있는 디지털산업단지 구축 프로젝트의 정보인증 부문에 컨소시엄을 구성, 참여키로 했다고 3일 밝혔다(서울경제, 2000.8.4., 정민정 기자).

10.4 전자입찰시대로의 진입

가. 정부 및 공공기관의 전자입찰 시행

우리나라에서 새롭게 시작하는 조달청 전자입찰에 대하여 중앙일보, 매일경제신문, 전자신문에서는 다음과 같이 보도하였다(2000. 9. 19).

<기사내용> 조달청은 19일 오전 11시 한국정보인증 및 한국증권전산 등과 전자입찰 공인인증협정을 체결하고 20일부터 전자인증 사용자 등록을 받기로 했다. 사용자 등록이 가능한 업체는 전국 2천8백여 개의 조달청 입찰참가 자격업체로 이들 업체가 등록한 전자인증은 각종 구매 및 시설공사의 전자입찰 시 인감도장으로 기명날인한 것과 같은 효력을 발휘하게 된다.

조달청 관계자는 다음달부터 3천만 원 미만 물품구매나 1억 원 미만 시설공사 입찰 등 소액입찰부터 전자입찰을 적용키로 했다며 전자입찰시스템에서 입찰의 법적 안정성과 신뢰확보를 위해 전자인증 사용자 등록은 필수적이라고 말했다. 한편 조달청은 전자입찰시스템 도입으로 연간 62억 원에 이르는 조달업체 및 조달청의 비용이 절감될 것으로 기대하고 있다.

한국정보인증은 한국전력과 전자입찰서비스 제휴를 체결하였는데 이에 대하여 일간신문에서는 다음과 같이 보도하였다.

(1) 한국전력의 전자입찰서비스 제공

한국전력공사(대표 최수병)는 공인인증기관인 한국정보인증(대표 이정욱)과 최근 공인인증서비스 계약을 체결하고 오는 2001년 1월부터 1천여 협력사들을 대상으로 공인인증서 기반의 입찰서비스를 제공키로 했다고 25일 밝혔다(전자신문, 2000. 12. 27, 주문정 기자).

(2) 1천여 협력사를 대상으로 한국전력의 전자입찰서비스 개시

한국전력공사(대표 최수병)는 공인인증기관인 한국정보인증(대표 이정욱)과 공인인증서비스 계약을 맺고 전자입찰시스템, 송배전자재, 발전자재, 연료자재, 신규수용접수, 정부조달 전자문서교환(EDI) 시스템에 전자서명 및 입찰 시점확인서비스를 도입하는 공인인증서비스 연동체계를 구축하고 1천여 개의 협력사들을 대상으로 한 입찰서비스를 내년 1월 중 제공할 계획이라고 밝혔다(디지털타임스, 2000. 12. 28, 성연광 기자).

나. 시점확인시스템 구축

2001년 초 한국정보인증은 전자입찰서비스, 내용증명서비스 등을 제공할 때 필수적인 시점확인시스템을 구축하였다. 이에 대하여 언론은 다음과 같이 보도하였다.

(1) 공개키 기반의 시점확인시스템 구축

공개키 기반(PKI) 인증솔루션 전문 업체 케이사인(대표 홍기융)은 최근 공인인증기관인 한국정보인증(대표 이정욱)에 PKI 기반의 시점확인시스템을 구축키로 했다고 28일 밝혔다. 이에 따라 한국정보인증은 케이사인의 시점확인시스템과 다양한 OS플랫폼에서 적용할 수 있는 API를 도입함으로써 국내 최초로 내용증명서비스를 제공할 수 있는 기반을 마련하였다(디지털타임스, 2001. 1. 29, 성연광 기자).

(2) 공인인증기반의 내용증명서비스 시작

전자거래 시 오고가는 데이터에 대한 시점과 위변조 확인을 위한 전자문서 내용증명서비스가 경쟁 출발선 상에 섰다. 공개키기반(PKI) 응용솔루션 업체들이 기반기술제품인 타임스탬프인증(TSA) 서버 솔루션 개발을 완료함에 따라 공인인증기관 및 사설인증서비스 업체들이 앞다퉈 이를 도입하고 있다. 공인인증기관인 한국정보인증(대표 이정욱)은 상반기 공인인증기반 내용증명서비스를 시작한다.

한국정보인증은 최근 케이사인(대표 홍기융)의 시점확인시스템을 비롯 다양한 운영체제 플랫폼에서 적용할 수 있는 애플리케이션 프로그래밍 인터페이스(API)를 도입, 기술적 기반을 마련했다. 또 지난해 말 내용증명의 법적 유효성 검토를 위해 법률 포털사이트 로앤비(대표 이해완)와 상호 협력키로 했다(일간정보, 2001. 1. 30, 김인순 기자).

10.5 인터넷 뱅킹시대의 개막

가. 인터넷뱅킹 시대의 개막

우리나라는 2000년 하반기에 들어서면서 공인인증서를 이용하여 전자거래 및 인터넷뱅킹 시대가 열리기 시작하였다. 당시 언론에서는 다음과 같이 보도하였다.

(1) 은행이용에 전자 인감 첫선(동아일보, 2000. 9. 4)

전자금융거래 시 인감역할을 하게 될 공인인증 전자서명 키가 이달 첫 선을 보인다. 금융고객들은 앞으로 전자서명 키 만 갖고 있으면 22개 은행과 인터넷뱅킹을 자유롭게 이용할 수 있게 된다. 현재 인터넷뱅킹 서비스를 이용하는 고객들은 해당 은행으로부터 별도로 ID와 비밀번호를 발급받고 있다. 그러나 공인인증 키를 발급받으면 어느 은행과도 동일한 ID와 비밀번호를 사용할 수 있다.

조흥은행은 3일 금융결재원이 이달부터 발급하는 공인인증서를 은행권에서는 최초로 적용해 발급한다고 밝혔다. 약 1개월간 조흥은행과 금융결재원 직원을 대상으로 한 시범서비스를 거쳐 10월부터 일반 고객에게 발급할 예정이다. 금융결재원 관계자는 조흥은행만이 시범서비스를 시작했지만 내년에는 모든 은행이 공인인증서를 발급하게 될 것이라고 말했다.

공인인증서의 또 다른 장점은 각 은행이 발급하는 사설인증서보다 고난도의 암호체계를 적용해 보안성이 한층 강화되었다는 점이다. 또한 인터넷뱅킹 사고가 발생한다 하더라도 공인인증서 사용고객은 금융결재원이 가입한 손해보험에 의해 보상을 받을 수 있게 된다. 현재는 금융사고가 났을 경우 사설인증서의 법적 효력이 모호해 책임소재를 두고 은행과 금융고객의 분쟁이 적지 않은 형편이다(박현진 기자).

(2) 인터넷뱅킹 공인인증서 발급(전자신문, 2000. 9. 4)

전자서명법 상의 공인인증기관(CA)인 금융결재원과 조흥, 제일, 광주 등 3개 시중은행은 이달부터 내부직원들을 대상으로 인터넷뱅킹 공인인증서 발급을 시작했다고 3일 밝혔다. 특히 이 가운데 60여만 고객들에게 사설 전자인증서를 발급, 운영해 왔던 조흥은행은 공인인증 서비스를 이달 내에 상용화하는 한편 종전의 사설인증서를 공인인증서로 대체할 계획이다. 공인인증서란 민간 전문 업체들이 제공하는 사설서비스와 달리 정보통신부 등 국가기관의 승인을 얻은 공인CA가 제공하는 서비스로 오프라인 환경에서의 인감도장과 같은 법률적 효력을 지닌다. 현재 국내에선 한국정보인증, 금융결재원, 한국증권전산 등 3군데가 공인인증기관으로 지정돼 있다(서한 기자).

나. 인터넷 구매시대의 시작

2001년 중반 한국정보인증(사장 이정욱)은 인터넷 구매시스템에 공인인증서를 도입하여 우리나라에서는 최초로 인터넷 상품구매시대를 열었다. 이때 언론은 다음과 같이 보도하였다(전자신문 2001. 5. 31).

<기사내용> 제조업 분야에서 국내 처음으로 인터넷 구매시스템에 공인인증이 도입됐다. 삼성중공업(대표 김장완)은 다음 달부터 가동되는 조선기자재 인터넷 구매시스템에 데이터의 기밀성 보장, 사용자 인증, 거래사실부인 방지, 데이터의 위변조 방지 등을 위해 한국정보인증(대표 이정욱)의 공인인증서비스를 도입키로 했다고 29일 밝혔다. 삼성중공업의 조선기자재 인터넷구매시스템은 삼성SDS 및 한국오라클과 공동으로 국내 조선업계에서는 처음으로 구축한 B2B 시스템으로서 전자카탈로그 관리, 인터넷 구매·발주 및 사후관리, 거래선 및 통계데이터 관리 등을 주요내용으로 하고 있다.

삼성중공업은 다음 달까지 컨설팅과 전자상거래 기반의 개요 설계를 완료하고 본격 운용에 들어갈 계획이다. 삼성중공업은 한국정보인증의 공인인증 서비스 도입과 함께 서비스 툴킷 적용 부문은 종합보안업체인 시큐아이닷컴(대표 오경수)에 맡기기로 했다. 한편 삼성중공업의 협력업체들은 앞으로 각종 조선기자재로부터 소모성 자재에 이르기까지 인터넷구매 시스템을 이용해야만 거래를 할 수 있게 된다. 삼성 측은 올해 이 시스템을 통해 구매업무를 30% 이상 효율화하여 200억 원의 비용을 절감하고 오는 2003년부터는 연간 구매비용 1조5000억 원의 3% 수준인 450억 원까지 비용을 줄여나갈 계획이다.

다. 보안메일서비스의 첫선

2001년 초 한국정보인증은 쓰리알소프트와 공동구축하여 보안메일 전문인증 센터를 국내에서 첫 선을 보이게 되었다. 이에 대해 언론에서는 다음과 같이 보도하였다.

(1) 보안메일 전문인증 센터 국내 첫 개시(디지털타임스, 2001. 1. 11)

빠르면 내달 중에 보안메일 전문인증 센터가 국내 처음으로 문을 열 것으로 보인다. 메일솔루션 전문업체 쓰리알소프트(대표 유병선)는 최근 공인인증기관인 한국정보인증(대표 이정욱)과 등록대행기관(RA) 계약을 하고 내달 안으로 보안메일인증센터를 구축키로 했다고 10일 밝혔다. 이번에 설립될 보안인증센터는 일반인 및 법인을 대상으로 공인인증서가 탑재된 보안메일서비스를 전문적으로 제공하게 된다. 이번 인증센터 설립으로 보안메일 및 공인인증서비스를 저렴한 가격에 제공할 수 있게 돼 값비싼 보안메일 솔루션을 도입하지 않아도 안전한 메일 송수신이 가능할 뿐 아니라 보안메일솔루션 시장 활성화의 걸림돌이던 보안메일 간 호환성 문제를 해결할 수 있을 것으로 회사 측은 기대했다<성연광 기자>.

(2) 정보통신부에 보안메일 제공(전자신문, 2001. 2. 28)

메일솔루션 전문 업체인 쓰리알소프트(대표 유병선)와 공인인증기관인 한국정보인증(대표 이정욱)은 공동으로 쓰리알소프트의 보안 메일시스템인「엣시큐어」를 정보통신부에 공급했다고 27일 밝혔다. 이에 따라 정보통신부는 e메일 사용으로 일어날 수 있는 사내기밀문서 및 개인정보 유출을 막고 업무의 보안성과 효율성을 기할 수 있게 됐다. 정통부는 이번 보안 메일 시범사용을 계기로 일반인들의 보안 메일 사용을 적극 유도하는 한편 타 공공기관으로도 보안 메일을 확대 보급할 예정이다. 쓰리알소프트의 엣시큐어는 세계적인 보안기업인 미국 RSA의 보안 모듈을 적용한 서버 기반의 보안메일시스템으로 한국정보인증에서 제공하는 보안 메일용 공인인증서를 발급받았다. <0001083o기자>

11. 정보인증서비스의 국제화

11.1 국제 공인인증서비스 준비

가. 인증기술의 국제표준화

한국정보인증(대표이사 사장 이정욱)은 2000년대 첨단 정보인증사업에 대비하여 국제상호인증 기술, 첨단보안기술, 부가서비스 등을 개발하기 위한 전략적 사업을 다음과 같이 추진하였다.

첫째, 2001년 국제상거래에 대비하여 전자서명 국제 상호인증 기술개발 연구사업을 정부와 공동으로 수행하고, SignGATE 인증시스템의 국제표준화 개발을 완료하였다. 그리고 국제 상호인증 기술보유업체인 미국의 벨리서트(Valicert)와 기술협력을 추진하였다. 이를 위해 Validation Authortity의 국내 사업자인 다우기술과 공동으로 기술검토를 완료하였다. 또한 국제 상거래에 대비하여 국내 공인인증기관 간 상호 연동기술개발을 주도적으로 추진 완료하였다.

둘째, 선진사업자와 기술협력강화에 본격적으로 나섰다. 세계적인 인증 솔루션업체인 볼티모어사와 기술협정을 체결하였다(2000. 12. 1). 이를 통해 웹브라우저로 서버 접속시 발생하는 보안경고문 해결기술을 도입함으로서 공인인증기관 중 한국정보인증 만이 웹 서버 인증서를 발급할 수 있었다. 그리고 선진사업자와의 기술협력을 통해 보안경고문을 해결하여 전자서명과 암호화기능을 겸비한 보안전자우편 인증서 발급을 개시하였다. 이처럼 보안전자우편 인증사업기반을 갖춤으로서 초기시장을 선점할 수 있었다.

셋째, 2000년에는 부가서비스 사업기반도 조성하였다. 먼저 전자영수증 및 내용증명서비스를 위해 공인인증서 기반의 전자영수증을 발급하고 전자거래 내역을 보관 및 관리를 위한 기반기술을 검토하였다. 이를 위해 미국 밸리서트(Valicert)사의 디지털 영수증(Digital Receipt) 솔루션의 국내 공급선인 다우기술과 솔루션을 분석하고 기술을 검토하였다.

넷째, 전자거래 시점을 공인하는 시점확인서비스 기반을 구축하였다. 이를 위해 시범서비스를 실시하여 처리능력을 보강하는 등 시스템의 보완개발계획을 수립하였다(2000. 3). 또한 공인인증서와 생체인증을 결합한 서비스를 제공하기 위해 국내 최고의 생체인증기술 보유업체인 패스21과 공동사업을 위한 협정을 체결하였다(2000. 12).

나. 국제표준화 인증을 위한 진두지휘

2000년에 들어서면서 한국정보인증은 인증시스템을 국내 개발하고 이를 국제표준화 하는데 앞장섰었다. 이에 관해 언론은 다음과 같이 보도하였다(일간정보, 2000. 6. 30).

<기사내용> 한국정보인증(대표 이정욱)은 그동안 인증시스템의 국산화 작업에 선봉으로 나서 케이사인, 프라임시큐어, 삼성SDS와 공동으로 인증시스템 사인게이트 구축에 성공했다. 지난 4월에는 사인게이트 인증시스템을 통해 주주총회 압무를 대행하는 DDIP회사에 첫 공인인증서를 발행했다. 사인게이트-1 시스템은 외부의 침입으로부터 안전성을 확보하기 위해 가상CA의 전방에 오도록 해 외부로부터 CA에 접근하는 것을 근본적으로 차단하는 시스템이다.

이와 함께 한국정보인증은 편의성을 향상시킨 사이게이트-II 개발에 착수, 지속적인 인증시스템 개발로 해외시장 진출을 노리고 있다. 최근 보험사들이 사이버 보험시장의 선점을 위해 공인인증서 적용에 나선 이후 삼성생명과 교보생명, 제일화재, 삼성SDS, 신원정보기술 등과 등록기관 업무계약을 체결했다. 또한 한국정보인증은 전자서명 국제상호인증 기술개발 프로젝트를 정보보호센터와 공동으로 수행하는 등 인증시스템의 국제표준화에도 앞

장서고 있다. 또한 공인인증서비스 확대를 위해 공인인증서 기반의 부가서비스와 무선인터넷 분야의 인증서비스도 제공하고 있다.

다. ASEM 각국대표에 인증서 발급

한국정보인증(사장 이정욱)은 2000년 9월에 개최된 ASEM회의에 각국 대표들에게 인증서를 발급하였다. 이에 관한 언론 보도내용의 주요부분을 정리하면 다음과 같다(디지털타임스, 2000. 9. 5).

<기사내용> 사인게이트 인증센터는 한국통신의 인터넷망과 데이콤의 인터넷망을 이중으로 연결해 안정성을 확보했을 뿐만 아니라 처리속도 면에서 초고속으로 운영하고 있다. 이러한 서비스의 안정성과 신속성을 확보함에 따라 지난 3월 인터넷 주주총회에 공인인증서비스를 제공하는 것을 시작으로 4월부터는 인터넷보험 분야에 본격적으로 인증서비스를 시행했다. 이어 6월에는 공공기관, 전자납세시스템에 한국정보인증의 공인인증서가 제공됐으며 7월부터는 병원의료시스템에 공인인증서가 적용됨으로써 의료처방전에 전자서명을 도입하는데 성공했다.

한국정보인증은 현제 운용중인 사인게이트(v2.6)의 성능을 고도화하고 앞으로의 국제상거래에 대비해 국제표준시스템으로 발전시키기 위한 계획을 추진 중이다. 지금의 인증시스템보다 안정성이 더욱 높고 처리속도를 초고속화하기 위해 뉴사인게이트 I(v3.0)을 연내에 개발 완료하고, 내년부터는 국제표준형인 사인게이트 II를 개발, 국제상거래용으로 운용하게 될 것이다.

특히 오는 10월 20일 개최되는 제3차 아시아-유럽 정상회의(ASEM)에 한국정보인증의 공인인증서비스가 채택돼 서비스를 제공한다. 정상회의에 참가할 각국대표에게 공인인증서를 발급, 이들이 인터넷등록을 할 때 이용하게 함으로써 국제 전자거래에 처음으로 국내 공인인증서가 활용되는 것이다. 최근 현안으로 떠오르고 있는 것은 국내와 국제간에 서로 다른 인증시스템을 운용함으로써 발생하는 기술, 정책, 서비스 문제다. 이 문제를 해결하기 위해 상호연동기술을 조속히 개발해야 하는데 한국정보인증에서 이 과제를 주도하고 있다.

한국정보인증은 새로운 보안기술과 미래형 인터넷 거래서비스를 개발하는데 선진국과 어깨를 나란히 할 것이다. 특히 무선 전자상거래시스템의 개발에 적극 투자해 무선 네트워크에 효율적으로 공인인증서를 탑재하기 위한 기술을 개발할 계획이다. 또 인터넷거래의 내용증명과 시점확인을 위한 트랜잭션 인증기술개발을 추진할 것이다.

11.2 인증기관 상호연동 및 국제상호인증의 추진

가. 3개 인증기관 연동 추진

한국정보인증은 우리나라 3개 공인인증기관 간 연동을 주관하여 2000년 말까지 실현하였다. 이에 관한 내용을 언론은 다음과 같이 보도하였다(전자신문, 2000. 11. 6).

<기사내용> 연말부터 한국정보인증, 한국증권전산, 금융결재원 등 3개 공인인증기관의 검증프로그램 중 하나만 갖고 있어도 공인인증서가 필요한 각종 기업 간 또는 기관 간 전자거래를 할 수 있게 된다. 5일 관계당국과 업계에 따르면 정보통신부는 3개 공인인증기관과 공동으로 최근 공인인증기관 간 상호연동에 따른 기술적인 문제점을 해결, 연말께부터는 서로 다른 공인인증기관의 인증서를 받더라도 사용자 확인 등 인증처리를 할 수 있는 상호연동 시범서비스를 실시할 계획이다. 또한 3개 공인인증기관은 국제적으로도 산업계표준으로 자리잡고 있는 PKCS 규격에 준한 시스템을 채택하고 있어 향후 국제호환도 가능해질 것으로 보인다. 그동안 공인인증기관 간 상호연동문제는 전자상거래 활성화로 거래의 안정성을 보장해주는 전자인증서비스 사업이 급부상함에 따라 인터넷 이용자의 전자서명 활성화를 위한 관건으로 지적돼왔다(주문정 기자).

나. 국제상호인증의 추진

한국정보인증(대표이사 사장 이정욱)은 공인인증서를 국제상거래에 적용할 수 있도록 국제상호인증을 다음과 같이 추진하였다(2001년 사업계획/ 제1차 이사회 의결안건, 2001. 3. 13, 한국정보인증 사장).

첫째, 상호인증용 온라인 인증서 상태를 확인하는 프로토콜 및 소프트웨어를 개발한다. 이를 위해 인증서의 폐지여부를 온라인으로 확인할 수 있는 소프트웨어를 개발하고 다양한 시스템 환경을 지원하는 인증서 검증기술을 개발한다. 또한 국제상호인증시험을 위한 환경을 구축한다. 이를 위해 인증서 상태확인기술 및 시스템을 2001년 1월부터 8월까지 개발하고, 국제상호인증 시험환경 구축 및 종합시험은 2001년 9월-2001년 10월에 실시한다.

둘째, 한국정보인증의 공인인증서를 국제상거래에 적용할 수 있도록 해외 공인인증기관과 사업협력을 추진한다. 홍콩의 공인인증기관인 홍콩포스트(Hongkong Post)와 국제상호인증 서비스를 추진하며, 이를 위한 MOU를 2001년 3월에 체결한다. 양사의 인증서 발급지침을 상호협의하고 상호인증을 위한 기술사항을 점검한 후 시범을 실시한다. 이때 상호인증용 시스템은 기존의 보유 장비를 활용하여 서비스를 시행한다. 이어서 싱가포르, 말레이시아 등 주요 동남아국가로 대상을 확대한다(2001. 5-2001. 8).

셋째, 국제상호인증서비스 제공을 위한 시스템을 확보한다. 이를 위해 밸리서트(ValiCert)의 국제 VA 게이트웨이(Global VA Gateway) 솔루션을 활용하는 방안을 검토한다. 이때 한국정보인증은 VA 인증센터를 구축 운영하고, 국내 솔루션 공급처인 다우기술은 국제 VA 솔루션을 공급하여 공동사업으로 추진한다.

이와 같은 계획에 따라 2000년 한국정보인증은 정보통신 선도기반기술 개발사업 연구과제로 정하여 국제 전자서명 상호인증 기술을 부분적으로 개발 완료하였다. 이때 상호인증용 클라이언트 인증서 검증 프로토콜 및 소프트웨어를 개발하였다. 이어서 2001년에는 연구예산 2억 원을 투입하여 온라인 인증서 상태프로토콜(OCSP) 시스템을 개발하였다(공인인증사업 종합추진현황, 2001. 8, 한국정보인증). 또한 국제 상호인증을 위한 아시아국가와의 협력을 추진하였다. 가장 먼저 홍콩의 공인 CA인 홍콩포스트와 사업협정을 체결하였다(2001. 5). 이어서 국제 상호운용성을 위한 Privylink와 기술협력, 싱가포르, 말레이시아, 일본, 중국의 공인 CA와 상호인증사업협력을 2001년 내 완료를 목표로 추진하였다(공인인증사업 종합추진현황, 2001. 8, 한국정보인증).

한편, 한국정보인증은 공인인증서를 국제상거래에 적용할 수 있도록 홍콩포스트와 국제상호인증을 위한 사업제휴를 체결하였다. 이에 관하여 언론에서는 다음과 같이 보도하였다(전자신문, 2001. 3. 20).

<기사내용> 이르면 올 하반기부터는 국내 공인인증기관의 공인인증서를 이용한 국가 간 전자상거래가 이루어질 전망이다. 공인인증기관인 한국정보인증(대표 이정욱)은 19일 최근 홍콩의 공인인증기관인 홍콩포스트(http://www.hongkongpost.com)와 양국 간 국제상호인증을 추진하기 위한 전략적 제휴를 맺었다고 밝혔다.

양사는 이번 제휴를 계기로 양국 기업 간에 발생하는 국제 전자상거래에 공인인증서를 적용하기 위해 인증정책을 협의하는 한편 국제표준 기반의 상호인증기술 프로그램과 상호인증서비스 실시를 위한 절차를 공동 개발하기로 했다. 이에 따라 이르면 하반기부터는 홍콩기업과 거래하는 국내 업체의 경우 한국정보인증에서 발행한 공인인증서로 홍콩기업과 인터넷 전자상거래를 수행할 수 있게 되며 홍콩 업체들도 홍콩우정국이 발행한 인증서로 국내 업체들과 거래할 수 있게 된다.

한국정보인증은 또 말레이시아, 싱가포르 등 아시아권 인증기관을 비롯한 전 세계 국가와도 국제상호인증 협력범위를 확대해 나갈 계획이다. 한국정보인증의 이정욱 사장은 「신뢰할 수 있는 상대국 공인인증기관이 발행한 인증서를 그대로 사용함으로써 인터넷상의 거래 상대방의 신원에 대한 불신을 제거할 수 있음은 물론 공개키 기반구조(PKI) 기반의 전자서명 및 암호체계를 이용한 신속하고 안전한 거래 효과를 거둘 수 있게 될 것」이라고 말했다(0001086e기자).

11.3 차세대 전자상거래를 위한 현안문제 해결

가. 정보보호 핵심기술의 국산화

인터넷 공증, B2B 거래를 위한 네트워크 인증 등의 트랜잭션 서비스와 모바일 전자거래 등 차세대 전자상거래를 위해서는 중장기적으로 정보보호 핵심기술의 국산화와 컴퓨터의 기반소프트웨어 개발이 계획적이고 체계적으로 이루어져야 하였다. 이에 따라 한국정보인증은 당시의 문제점을 분석하고 이를 해결하여 차세대 전자상거래를 위해 다음과 같이 준비하고 추진하기로 정하였다.

첫째, 국내에서 사용 중인 대부분의 소프트웨어 엔진과 DBMS는 외국제품이므로 미래에 대비하여 경제성 있고 고성능의 차세대 제품을 반드시 개발할 필요가 있다.

둘째, 전 세계 웹 브라우저(Web Browser)의 대부분이 MS와 Netscape사 제품이다. 그런데 이들 마이크로소프트사의 익스플로러나 넷스케이프사의 네비게이터가 운용하고 있는 「신뢰할 수 있는 인증서 목록」에 그동안 국내공인인증서가 등록되지 못한 문제가 있다. 앞으로 새로운 버전의 이들 제품이 발표될 때부터 국내공인인증기관의 인증서가 탑재될 수 있도록 준비한다.

셋째, 계속 증가하고 있는 모바일 전자상거래의 취약점을 제거하기 위하여 공인인증서를 사용하는 방안을 조속히 강구하여야 한다. 모바일 전자상거래는 무선망과 유선망의 효율적 결합에 의하여 이루어진다. 즉 차세대 이동통신(IMT-2000)기반의 무선망과 TCP/IP 기반의 인터넷망의 연결기술을 개발해야 한다. 우선 무선네트워크 쪽을 보면 단말기와 컨텐츠의 접속기술을 정립하여야 하는데 여기에는 일반적으로 WAP (Wireless Application Protocol)과 MME(Microsoft Mobile Explorer)의 두 가지 방식이 있다. 또한 대역폭이 한정되고 오류율이 높은 무선네트워크의 특성을 고려할 때 공인인증서를 탑재하기 위하여는 무선인터넷분야의 보안프로토콜이 개발되어야 하고 표준화가 조속히 마무리되어야 할 것이다.

넷째, 유선망 부분은 지금보다 월등히 전송속도를 높이고 보안성이 강한 네트워크로 개량되어야 한다. 우리나라의 인터넷 사업모형을 보면 대부분의 사업자들이 IASP (Internet Access Service Provider)와 ISP(Internet Service Provider)를 겸하고 있고 각자가 네트워크를 가지고 있어 수십 개의 인터넷망이 운용되고 있다. 특히 PKI를 기반으로 하는 공인인증서가 유통되는 네트워크에서는 전송속도와 보안성이 대단히 중요하기 때문에 앞으로 초고속국가망을 백본으로 하여 수십 개의 인터넷 망을 재편성하는 등 유선망을 장기적이고 지속적으로 발전시켜 나가야 할 것이다.

다섯째, 최종 연결망(last one mile)으로 불리는 가입자 액세스 망과 홈 네트워크를 FTTH 구조로 발전시켜 이 컴퓨터 네트워크를 통하여 우리나라가 선진국 중에서도 가장 먼저 완전한 디지털 경제시대를 열어가도록 추진한다.

나. 공인인증서 기반의 부가서비스 개발

한국정보인증은 2001년 전반기에 전자영수증, 내용증명서비스, 웹서버 인증 등 부가서비스를 집중적으로 개발하는 계획을 수립 추진하였다. 그 주요내용은 다음과 같다.

첫째, 공인인증서를 기반으로 하는 전자영수증 및 내용증명서비스를 위한 시범서비스를 2001년 4월에 실시한다. 앞에서 이미 설명한 바와 같이 미국 밸리서트(Valicert)사의 디지털

영수증 솔루션 국내공급선인 다우기술과 공동사업을 추진한다. 이 서비스로서 우선 B2B 시장을 집중 공략한다.

둘째, 인터넷상에 있는 쇼핑몰의 실체를 확인해주고 거래정보의 안전성을 보장하는 웹서버 인증사업을 본격 추진한다. 이 사업을 위해서는 웹브라우저를 이용하여 웹서버에 접속할 때 발생하는 보안경고문 문제를 해결해야 한다. 이러한 문제는 세계적인 인증솔루션 회사인 볼티모어와 기술협력을 통하여 해결하고, 공인인증기관의 공신력과 가격경쟁력으로 시장 점유율 1위를 달성토록 한다.

한국정보인증은 이 인증사업의 시장규모를 약 1,200건으로 예측하고 첫해에 시장의 50% 이상을 확보한다는 목표를 설정하였다. 특히 기존의 외국회사 인증서를 적극 대체해 나가기로 하고, 전자거래진흥원, 쇼핑몰 관련협회, 지불중계업체, 보안업체 등과 공동 마케팅을 시행하는 방안을 강구하였다. 또한 보안전자우편용(S/MIME) 툴 킷을 2001년 3월까지 개발하고, VPN 인증서비스와 USB 키, 스마트카드 등에 인증서 저장기술을 2001년 6월까지 개발 추진하였다. 한편 한국정보인증이 추진하는 부가서비스 사업 분야에 대해 언론에서는「인증업체 부가서비스 개발경쟁」이라는 주제로 보도하였다(디지털타임스, 2000. 9. 15).

<기사내용> 공인인증서비스를 기반으로 한 각종 부가서비스 개발이 활기를 띠고 있다. 14일 관련업계에 따르면 한국정보인증, 증권전산, 금융결재원 등 공인인증기관들은 최근 전자서명 기반의 공인인증서비스 수요확산에 주력하는 동시에 인터넷 공증, 내용확인, 시점확인, 무선전자상거래 인증 등 다양한 부가서비스 개발에 박차를 가하고 있다. 이를 통해 직접적인 수익 창출은 물론 공인인증서비스 수요확산을 위한 촉매제로 활용하기 위한 것으로 풀이된다.

한국정보인증은 개인, 법인, 웹 서버 인증서비스 등 공인인증 수요기반확산에 주력하는 동시에 WAP 기반의 무선인터넷인증, 가상사설망(VPN) 장비 간 암호화키를 공유하기 위한 VPN 인증, 보안메일 인증, 인터넷을 통해 배포되는 소프트웨어에 대한 소프트웨어 인증, 시점확인, 내용증명 등 부가서비스를 개발하고 있다. 한국정보인증은 조달청의 전자입찰서비스를 위한 시점확인서비스를 9월말부터 제공하고, 연말까지 전자서명과 연계한 인터넷 과금서비스를 개발해 인터넷결재 서비스 시장에도 진출한다는 계획이다.

업계의 한 관계자는 이제까지 공인인증기관들이 시장주도권 다툼이 서비스 영역에 국한됐다면, 공인인증 수요가 대폭 확산되는 내년부터는 직접적인 수익창출로 연결되는 부가서비스 영역에서 사업의 성패가 판가름 나게 될 것으로 전망했다(성연광 기자).

다. 공인인증서비스의 활성화

2000년 하반기 우리나라는 인터넷뱅킹과 홈 트레이딩, 전자상거래가 확산되고 있었다. 이들 서비스의 안전성과 신뢰성이 최대의 이슈로 떠오르는 가운데 공인인증기관들이 인증서비스 활성화와 수익성 확보에 박차를 가하고 있었다. 이 문제에 관하여 언론에서는「인증 서비스 활성화 팔 걷었다」라는 제목으로 보도하였다(전자신문, 2000. 11. 16).

<기사내용> 15일 관련업계에 따르면 한국정보인증, 한국증권전산, 금융결재원 등 3개 공인인증기관은 최근 인터넷을 이용한 거래 및 업무처리가 늘어남에 따라 온라인상의 본인확인 수단인 전자서명(인증) 수요가 크게 증가할 것으로 판단, 전국 지점망을 갖고 있는 보험사나 증권사 등을 등록기관(RA)으로 확보해 공인인증 서비스의 저변을 확대하는 한편 다양한 부가서비스를 개발함으로써 고객확보에 주력하고 있다.

이에 따라 업계에서는 공인증기관의 매출신장이나 수익창출이 RA 확보전, 부가서비스 품질과 직결될 것으로 보고 있다. 한국정보인증(대표 이정욱)은 지금까지 교보생명, 한국통신, 신원정보기술, 데이콤 등 10개 RA와 7개 등록사무소(BRA)를 확보하는 등 공인인증서 발급을 위한 RA 및 BRA 확보에 박차를 가하고 있다. 이와 함께 한국정보인증은 시점확인 서비스 및 내용증명서비스 등을 준비 중이다(주문정 기자).

11.4 웹 서버 인증의 경쟁시대 돌입

가. 웹 서버 인증시장 가열

2001년 초부터 우리나라의 웹 서버 인증시장은 인증전문 업체들의 경쟁으로 가열현상을 보이기 시작하였다. 한국정보인증은 보안경고 메시지의 문제점을 해결하고 쇼핑몰 및 e마켓 플레이스 등 전자상거래업체들을 대상으로 웹 서버 인증에 주력하고 있었다. 이에 관해 언론은 다음과 같이 보도하였다(전자신문, 2001. 2. 26).

<기사내용> 그동안 한국전자인증이 주도해온 웹 서버 인증시장에 올 들어 한국정보인증, 엔트러스트코리아 등이 가세하면서 시장선점경쟁이 한층 치열해지고 있다. 웹 서버 인증은 쇼핑몰 등 전자상거래 운영업체의 서버와 고객 PC간 통신채널을 암호화해 주는 것으로 최근 정보보안에 대한 인식이 저변으로 확산되면서 시장이 빠른 속도로 확대되고 있다. 특히 올해는 한국정보인증, 엔트러스트코리아 등이 새로 가세함에 따라 웹 서버 인증시장은 3사의 경쟁체제와 함께 본격적인 시장을 형성, 전자인증업계의 유망 부가서비스로 자리 잡을 전망이다.

한국정보인증(대표 이정욱 http://www.signgate.com)은 최근 바라-볼티모어테크놀로지스의 옴니루트를 도입, 그동안 넷스케이프 메신저나 아웃룩 익스프레스를 공인인증서로 서명할 경우 나타나던 보안경고 메시지의 문제점을 해결하고 시장공략에 본격 나섰다. 한국정보인증은 또 전자거래진흥원과 업무제휴를 맺고 대상쇼핑몰에 대해서는 특약을 통해 저가로 인증서를 보급하기로 하는 등 쇼핑몰 및 e마켓 플레이스 등 전자상거래업체들을 대상으로 올해에만 600건의 판매를 목표로 잡아놓고 있다.

올초 웹 서버 인증 판매에 나선 엔트러스트코리아(대표 이원열)도 오는 4월부터는 웹 서버 인증서비스를 프리미엄급과 엘리트급 등으로 세분화하고 본격적인 영업에 나선다는 계획이다. 엔트러스트코리아는 웹 서버 인증 발급 후 유효기간이 되면 갱신처리를 해주는 자동관리 등을 무기로 시장을 공략, 올해 이 부문에서만 10억 원의 매출액을 기록한다는 전략이다. 또한 올 하반기부터는 기존의 유선 웹 서버 인증 외에 WAP서버 인증도 판매할 예정이다.

지난해까지 서버인증시장을 독점해온 한국전자인증(대표 신홍식)은 경쟁업체들이 가세함에 따라 영업조직을 정비해 시장점유율 1위를 고수한다는 계획이다. 전자인증은 지난해 판매한 400여 개의 웹 서버 인증갱신을 계약하는 한편 인터넷데이터센터(IDC) 등과 리셀러 계약을 통한 적극적인 영업 전략으로 올해 800건의 판매를 계획하고 있다. 전자인증의 한 관계자는 지난해까지만 해도 서버인증에 대한 인지도 부족으로 웹 서버 보급률이 낮았지만 올 들어 전자상거래 이용자의 신뢰성 제고 요구와 쇼핑몰 등 전자상거래 운영자의 인식제고로 시장규모가 지난해에 비해 3배 이상 증가한 30억~100억 원까지 확대될 것이라고 전망했다(0001086e기자).

나. 공인 웹서버 인증서비스 개시

2001년 2월 한국정보인증은 공인 웹 서버 인증서비스를 위해 한국전자거래진흥원과 업무협약을 체결하였다. 이에 관하여 언론에서는 다음과 같이 보도하였다.

(1) 공인 웹 서버 인증서비스를 제공(내외경제신문, 2001. 2. 10)

한국전자거래진흥원(원장 정득진)은 국가 공인인증기관인 한국정보인증(대표 이정욱)과 공인인증서비스에 관한 업무협약을 체결하고 eTrust 인증협의회의 77개 회원사들에 2년간 정상가의 60%인 파격적인 할인가격으로 공인 웹 서버 인증서비스를 제공하기로 했다. 공인 웹 서버 인증이란 사이버쇼핑몰에서 상품을 구매할 때 입력해야 하는 각종 개인정보를 암호화해 전송함으로써 통신 중에 발생할 수 있는 정보의 노출, 변조에 의한 손실을 미연에 방지하고 이를 법적으로 보증해 주는 서비스다(이동주 기자).

(2) 한국전자거래진흥원에 60% 할인가격으로 제공(디지털타임스, 2001. 2. 12)

한국전자거래진흥원(원장 정득진)은 국가 공인인증기관인 한국정보인증(대표 이정욱)과 최근 업무제휴를 하고 e트러스트 인증업체 협의회 회원사에게 2년간 공인 웹 서버 인증서비스를 60% 할인된 가격에 제공한다. 웹서버 인증서비스란 소비자가 인터넷을 통해 사이버쇼핑몰에서 상품을 구매하고자 할 때 필수적으로 입력하게 되는 신원정보, 지불정보 및 ID 등과 같은 중요한 개인정보를 128비트 암호화기술을 통해 통신 중에 발생할 수 있는 정보의 노출, 변조, 오용에 대한 손실을 미연에 방지하고 이를 법적으로 보증해 주는 서비스다.

한국전자거래진흥원 측은 이번 공인인증 협약체결로 eTrust 인증업체협의회 소속 77개 쇼핑몰이 보다 신뢰성 있는 전자상거래사업을 진행할 수 있게 되고, 소비자에게도 보다 질 높은 서비스를 제공할 수 있을 것으로 기대했다. 진흥원 관계자는 이번 협약으로 저렴한 비용에 공인인증서비스를 이용할 수 있게 돼 향후 eTrust 인증업체에게는 물론 전자상거래 전반의 신뢰성 확보 및 활성화 측면에서도 크게 기여할 것으로 전망했다(성연광 기자).

11.5 생체인증서비스의 시도

가. 지문이용 공인인증서비스 출발

2000년 말 한국정보인증은 지문을 이용한 생체인증서비스를 하기로 하고 첫 단계로서 생체보안전문 업체인 패스21과 공동사업제휴를 하였다. 이에 관하여 당시 서울경제신문, 전자신문, 디지털타임스 등에서 보도하였는데, 그 중 서울경제신문(2000. 12. 19)의 보도내용은 다음과 같다.

<기사내용> 공인인증기관인 한국정보인증(대표 이정욱)과 생체인증 보안솔루션 전문업체인 패스21(대표 김석구)은 18일 공인인증서비스와 생체인증서비스를 결합한 통합인증서비스 제공을 위한 전략적 제휴를 맺었다. 양사는 이번제휴를 통해 전자서명법에 의해 발행되는 국가공인인증서를 바탕으로 한 공인인증서비스와 지문인식을 이용한 생체인증서비스를 접목해 안전하게 전자상거래를 할 수 있는 복합인증서비스를 공동으로 개발, 내년 초부터 서비스를 본격 제공할 예정이다.

이에 따라 인터넷 사용자는 앞으로 전자상거래 시 한국정보인증에서 제공하는 공인인증서와 패스21에서 제공하는 생체인증센서를 사용, 인터넷상에서 별도로 비밀번호를 입력할 필요 없이 실시간으로 생체인증(지문)을 통한 신원확인을 할 수 있게 된다. 양사의 관계자는 도용과 해킹이 불가능한 생체인증으로 실시간 본인임을 확인한 후 공인인증서를 사용하게 돼 인터넷 이용자들은 인터넷뱅킹, 전자상거래, 민원업무, 보안메일, 증권거래 등을 보다 안전하게 사용할 수 있게 됐다고 말했다.

나. 생체인증 서비스를 위한 실행계획 수립

한국정보인증(사장 이정욱)은 2001년에 들어서면서 PKI 기반의 전자서명과 생체정보(지문)를 결합하여 보다 안전하고 편리한 복합인증서비스를 개발하기로 하였다. 이를 통해 생체인증사업을 출발하기 위한 사업계획을 다음과 같이 수립 추진하였다(2001년 사업계획/제1차 이사회 의결안건, 2001. 3. 13, 한국정보인증 사장).

첫째, 세계 최고수준의 공인인증과 생체인증의 복합인증기술을 개발한다. 이를 통해 첨단인증서비스 회사로 도약하기 위한 기반을 구축하고, 국내 PKI 생체인증 시장을 선도한다.

둘째, 생체인증 전문업체인 패스21과 공동사업을 추진한다. 이 사업을 위해 한국정보인증(KICA)의 공인인증분야 전문기술과 생체인증기술을 결합하여 개발한다. 그리고 한국정보인증은 생체인증센터를 구축 운영하고 패스21은 생체인증기술을 제공한다.

셋째, 복합인증기술은 단계별로 개발하여 사업화한다. 1단계는 전자서명 이용을 위한 패스워드를 대체하는 기술을 개발하고, 2단계에서는 공인인증서와 생체정보를 결합하여 사용하는 기술을 개발한다. 지문인식센터는 인증서 신청고객에게 저비용 또는 무료로 제공한다.

2001년 중반 한국정보인증은 공인인증서의 전자서명 비밀번호를 생체(지문)로 대체하는 생체인증사업을 (주)패스21과 공동으로 추진하여 생체인증센터를 구축 완료하였다. 이때 PKI 생체인증시스템을 위해 HP Netserver LH 6000 3대를 설치하여 운용하였다(공인인증사업 종합추진현황, 2001. 8, 한국정보인증).

다. PKI 생체인증 첫 상용화

2001년 4월 한국정보인증은 우리나라에서 처음으로 생체인증서비스를 개시하였다. 이에 대해 언론은 「PKI 생체인증 첫 상용화」라는 주제로 다음과 같이 보도하였다(전자신문, 2001. 4. 25).

<기사내용> ID와 패스워드 없이 지문 하나만으로 본인 여부를 확인받아 전자정부 민원이나 인터넷뱅킹, 전자상거래를 이용할 수 있는 「공개키 기반구조(PKI) 생체인증」 기술이 국내에서 처음으로 상용화됐다. 공인인증기관인 한국정보인증(대표 이정욱)과 생체인증 보안 솔루션업체인 패스 21(대표 김석구)은 24일 서울 중림동 소재 한국경제신문빌딩에서 「PKI 생체인증센터」의 개소식을 갖고 PKI 생체인증 서비스를 공동 제공키로 했다.

PKI 생체인증은 인터넷상에서 전자서명을 이용할 때 한국정보인증의 공인인증서 고객이 ID와 패스워드 대신 지문으로 본인임을 확인하고 전자서명용 공인인증서를 부여받아 사용하는 서비스다. 또 전자서명법에 의해 공인된 전자인증서를 사용하게 돼 온라인상에서 인감도장 역할을 하게 된다. 이 서비스는 인터넷뱅킹, 사이버증권, 전자금융, 쇼핑몰, 성인유료사이트 등 이용자 확인을 위해 ID와 패스워드를 사용하는 모든 웹사이트에 적용된다.

한국정보인증과 패스 21은 현재 한빛은행, 다이너스카드, 쇼핑몰업체인 디시피아, 증권정보 서비스업체인 팍스넷에 생체인증을 이용한 인터넷 뱅킹과 전자금융 서비스를 위한 시험테스트 중이다. 이와 함께 PKI 기반의 공인인증서를 이용할 수 없는 기업과 일반인을 위해 생체정보만을 이용해 신원을 확인하는 서비스도 제공할 계획이다. 양사는 PKI 생체인증 시스템을 통한 인터넷 금융거래 시 손실이 발생할 경우에 대비해 이달 초에 화재해상보험사인 ACE 인터내셔널 및 재보험회사인 마쉬와 PKI 생체인증 보장보험계약을 체결했다(서동규 기자).

라. PKI 생체인증사업 본격화

한국정보인증은 2001년 5월 우리나라에서 처음으로 PKI(공개키 기반구조) 기반의 생체인증사업을 본격적으로 추진하였다. 이에 대해 언론은 「PKI 생체인증사업 본격화」라는 제목으로 다음과 같이 보도하였다(전자신문, 2001. 5. 22).

<기사내용> 지문인식업체들이 전자상거래, 인터넷뱅킹 등 온라인상에서 적용할 수 있는 공개키 기반구조(PKI) 생체인증사업을 강화하고 있다. PKI 생체인증은 기존 PKI의 문제점으로 지목되고 있는 사용자 인증단계의 보안성을 지문인식 등의 생체인식기술을 통해 해결하는 솔루션으로 생체인식기술 중 상용화에 가장 앞선 지문인식 업계에서 실용화를 추진하고 있다.

최근 패스 21과 휴노테크놀로지 등이 PKI 생체인증을 이용한 전자상거래 사용자인증 서비스의 시험단계에 돌입한 데 이어 그동안 오프라인상의 도어록 제품 등에 머물러온 지문인식 업체들이 전자상거래 적용을 위한 PKI 기술결합에 힘을 쏟고 있다. 패스21(대표 김석구)은 공인인증기관인 한국정보인증(대표 이정욱)과 PKI 생체인증센터를 세우고 PKI 생체인증 서비스를 공동 제공키로 하는 한편 한빛은행, 다이너스카드, 디시피아, 팍스넷 등과 함께 시험 테스트를 진행 중이다.

휴노테크놀로지(대표 김상균)는 한국통신과 함께 지문인식 솔루션 기업인 이핑거사인을 설립하고 전자상거래 사용자확인 및 거래인증 서비스, 후불결제 서비스를 9월부터 제공할 계획으로 시스템 안정화 작업과 함께 회원사 확보에 힘을 기울이고 있다.

최근 넥스텔과 합작법인 트루게이트를 설립해 온라인 인터넷 생체인증서비스 사업을 시작하는 니트젠(대표 안준영)도 독립적인 생체인증기관의 필요성을 인식하고 PKI기술 대응을 완비하는 한편 외국의 경우와 같이 사설 인증기관의 운용 가능성을 타진하기 위한 제휴도 추진하고 있다. 이외 삼성전자 서버보안시스템인 스마트로그인에 지문인식단말기 및 알고리즘을 공급하는 바이오비젼(대표 이수록)과 이즈텍(대표 유영식) 등도 PKI 연동이 전자상거래 적용의 필수조건이라는 인식하에 기술개발에 적극적이다(김용석 기자).

12. 무선 전자상거래방식의 개발

12.1 무선인증서비스 개발 및 보급

가. 무선인증사업의 준비

2000년대에 들어서면서 우리나라의 인터넷사용자 수 및 이동전화사용자 수는 급격하게 증가하고 있었다. 2001년 인터넷사용자는 2천만 이상, 이동전화사용자는 3천만 이상으로 예측되었다. 2001년 전반기 무선통신시장 상황을 보면 이동전화가입자 26,728천명, 무선인터넷가입자 9,239천명으로 확인되었으며, 세부내용은 <표 5-20>과 같다(무선인증시스템 구축기본계획, 2001. 4. 17, 한국정보인증).

당시 무선단말기도 핸드폰, PDA, PARM PC 등 다양하게 보급되고 있었고, 그중에서도 이동통신 금융거래(Mobile Banking)가 크게 늘어날 것으로 예상되었다. 무선 인터넷거래에 위해서는 인증, 무결성, 기밀성, 부인봉쇄 등 거래의 안전성과 신뢰성을 확보할 수 있는 무선인증시스템을 구축하는 일이 급선무였다.

<표 5-20> 무선통신사 별 시장현황(2001. 4)

구분	이동전화		무선인터넷	
	가입자(천명)	점유율(%)	가입자(천명)	점유율(%)
SK텔레콤	10,941	40.1	2,546	27.6
신세기	3,380	12.7	815	8.8
KT프리텔	5,445	20.4	2,562	27.7
KT엠닷컴	3,101	11.6	1,260	13.6
LG텔레콤	3,861	14.4	2,056	22.3

이처럼 무선인터넷 및 이동통신단말기를 이용한 전자거래가 확대됨에 따라 데이터의 기밀성을 위한 암호화 알고리즘의 개발, 사용자의 인증을 위한 전자인증서, 바이러스 차단을 위한 안티 바이러스 소프트웨어 등 3가지 보안과제가 대두되었다. 한국정보인증(대표이사 이정욱)은 무선인증사업을 위한 무선인증시스템을 개발 구축하기로 결정하였다. 이때 무선인증시스템의 개발을 위한 기본방침 및 목표는 다음과 같다.

① 2001년 상반기 내에 무선인증시스템을 구축하여 하반기부터 본격적인 무선인증서비스를 개시하고, 모든 무선통신사업자를 대상으로 무선인증서비스를 제공한다.

② 유무선 통합인증서비스 솔루션을 개발하여 이 서비스를 제공한다. 이를 위해 일반고객 및 컨텐츠(CP) 사업자에게 유무선 통합솔루션을 제공한다.

③ 보안협력업체와는 무선인증사업을 공동으로 추진하고 인증솔루션 도입비율을 최소화하며 지속적인 기술지원관계를 유지토록 한다.

④ 무선인증시스템은 무선통신사업자별로 개발하고, 무선인증시스템 구축에 필요한 개발비용을 최소화하기 위해 투자를 분담하여 일정기간 공동 추진한다.

또한 한국정보인증은 무선인터넷 인증사업을 본격 추진하기 위해 사업설명회를 한국정보인증 대회의실에서 개최하였다(2000. 1. 14). 본 사업설명회에는 SK텔레콤, 한국통신프리텔, 신세기통신, LG텔레콤, 한솔PCS, 에어미디어 등 이동통신사업자가 참석하였다. 그리고 삼성전자, LG정보통신, 현대전자, SK텔레텍, 모토롤라 등 단말기 생산업체도 참석하였다. 그 외에도 MS Korea, 팜 컴퓨팅 등 단말기 브라우저 공급업체, 에릭슨, 모토롤라, 컴팩, 노키아 등 하드웨어 공급업체, 무선인터넷 컨텐츠 공급자 등도 초청하였다.

나. 무선 PKI 기술방식

전 세계적으로 무선인터넷을 위한 주요기술로는 WAP(Wireless Application Protocol)방식과 MME(Microsoft Mobile Explorer)방식이 있다. 당시 이 두 가지 기술의 장단점을 정리하면 다음과 같다.

첫째, WAP방식은 1997년 무선 환경에 최적의 인터넷 솔루션을 제공하기 위해 설립된 WAP포럼에서 개발한 기술이다. 이 기술은 최초 설립 당시 Ericsson, Motorola, Nokia, Phone.com 등 단말기 업체가 중심이 되어 개발되었으며 2000년 500여개 업체가 WAP포럼 회원으로 활동하고 있었고 WAP 1.2 버전이 나와 있었다. 이 기술방식은 무선 환경에 최적화된 프로토콜이고, 개방형 표준(Open Standard)이며 거의 모든 무선 터미널과의 호환성이 있는 장점을 가지고 있었다. 반면 WAP 게이트웨이에서 웹페이지 자동변환에 문제가 있고, HTML과 다른 기술언어(WML)을 사용하며, 단대단(End-to-End) 보안제공이 어렵다는 단점이 있었다. 그리고 기존의 인터넷 표준프로토콜을 사용하지 못하는 문제점도 있었다.

둘째, MME방식은 마이크로소프트에서 당시의 인터넷 표준을 지원하는 단말기(전화기, PDA)용 브라우저로 개발된 기술로서 완전성(Compact), 최적화(Optimized), 코드사이즈 최소화(Small Code Size) 등의 특징을 가지고 있었다. 그리고 기존 인터넷 HTML 및 WML/WAP을 지원하고 SSL을 통한 단대단 보안채널의 확립이 가능하였다. 또한 MS의 모든 제품과 호환이 되는 장점을 가지고 있었다. 한편 단점으로는 개방형 표준이 아니라는 것, 보다 많은 무선대역폭, 프로세싱 파워, 전력소모를 들수 있다. 그리고 휴대폰 대상의 인터넷 서비스 솔루션 제공에 있어서 시장점유가 미미하다는 것도 단점이었다.

2001년 초 국내의 경우 WAP기술은 한국전자통신연구소(ETRI) 주도로 개발되어 그 원천기술이 보안업체에 이전되었다. 그리고 보안업체에 이전된 기술이 상용화 시스템으로 출시되는데 통상 2개월-4개월이 걸리는 것으로 알려지고 있었다. 당시 무선통신사업자별 무선인증서비스 개발상황은 <표 5-21>과 같다(무선인증시스템 구축 기본계획, 2001. 4. 17, 한국정보인증). 여기에서 공동사업내용 CA 등 8종은 CA, W-CA, RA, KGS, ICS, DS, OCSP, 서버를 말한다.

<표 5-21> 무선통신사업자별 무선인증서비스 개발현황(2001. 4)

통신사업자	기술방식	보안업체	개발부문	공동사업내용
KT프리텔	ME	드림시큐리티	단말기	CA 등 8종
SK텔레콤	WAP	시큐어소프트	단말기	CA 등 8종
LG텔레콤	WAP	케이사인	단말기	CA 등 8종

한국정보인증은 무선인증분야에서 드림시큐리티와 ME방식(KTF)의 무선인증시스템의

공급을 위한 공동사업계약을 체결하였다(2001. 5. 23). 그리고 SKT와는 무선인증 기본계약을 체결하였다(2001. 7. 30). 또한 K-Sign과 WAP방식(019)의 무선인증시스템 공급계약을 추진하였다.

12.2 무선인증시스템의 개발

가. 추진전략 및 기본계획

한국정보인증은 무선인터넷 인증시스템의 개발을 위한 추진전략과 기본계획을 수립 시행하였다(무선인터넷 인증시스템 개발 기본계획, 2001. 2. 1, 한국정보인증). 이 계획의 주요 내용은 다음과 같다.

첫째, 2001년 초 KT프리텔은 드림시큐리티, SK텔레콤은 시큐어소프트, LG텔레콤은 케이사인과 무선인터넷시스템을 개발 구축하고 있다. 한국정보인증은 이런 상황을 감안하여 각 이동통신사업자(011, 019)가 무선인증시스템에 투자한 부분을 최대한 활용할 수 있도록 무선인증시스템을 구축한다.

둘째, 무선인증서비스 제공을 위해 이동통신사업자와 역할을 분담한다. 한국정보인증은 CA, DS, RA, OCSP를 전담하고, 이동통신사업자(부속 무선PKI 솔루션업체 포함)는 단말기 탑재, 소프트웨어, 게이트웨이, 서버, PKI 포탈을 담당한다. 그리고 한국정보인증, 이동통신사업자 및 부속 무선PKI 솔루션업체는 공동으로 이동통신사업자와의 접속을 처리한다. 이때 국제표준 및 국내 무선PKI 기술기준을 적용토록 한다.

셋째, 시장 선점을 위해 이동통신사업자의 RA화를 반드시 달성한다. 016, 019는 RA기관을 하도록 정책적 차원에서 유도하고, 011은 RA기관화가 상대적으로 용이하다.

넷째, 시범서비스 제공시기에 대해서는 이동통신사업자 간 경쟁을 유도하고, WAP방식보다 ME방식을 먼저 수용한다. WAP 단말용 X.509인증서 발급을 위한 CA, RA, PKI 클라이언트의 기술이전시기가 2001년 3월로 예정되어 있으나 상용화개발에 4개월이 추가 소요되는 문제가 있다. 한편 ME 단말용 PKI클라이언트는 한국전자통신연구소에서 기술을 개발하지 않고 PKI 솔루션업체가 개발하고 있어 가장 기술개발이 앞선 업체를 선정할 수 있다. WAP 방식의 경우 인증서비스 수용준비가 먼저 갖추어진 이동통신사업자에게 순차적으로 시범서비스를 제공한다.

나. 무선인증시스템개발과 무선인증센터 구축

한국정보인증(대표이사 이정욱)과 주식회사 케이사인(대표이사 홍기융)은 무선분야 공인인증서비스와 관련한 기술개발 및 마케팅을 통해 상호이익을 도모하고 전자거래의 활성화에 기여하고자 공동사업을 다음과 같이 추진하였다(한국정보인증주식회사와 주식회사 케이사인과의 무선인증서비스 공동사업 계약서, 2001. 4).

(1) 한국정보인증은 무선인증사업 추진을 총괄하고 무선인증센터 구축에 필요한 하드웨어, 네트워크 장비를 제공한다. 그리고 케이사인이 제공하는 소프트웨어를 제외한 소프트웨어를 제공하고 무선인증센터를 구축 운영하며 무선인증서비스 마케팅 및 홍보활동을 수행한다.

(2) 케이사인은 무선인증서비스를 위한 공인인증발급 시스템, 등록 시스템, 컨텐츠 제공자 시스템, 단말기에 필요한 소프트웨어(소스 포함)와 기술을 제공한다. 그리고 한국정보인증의 요구에 따라 무선인증서비스 성능향상을 위한 기술을 개발 제공하고, 케이사인이 제공한 소프트웨어에 대한 한국정보인증의 개선요구에 대하여 신속히 유지 보수한다. 또한 한국정보인증의 무선인증서비스 사업자 지정과 관련하여 정부의 실질심사, 정부의 상호연동 심사 및 공인무선인증 사업자 지정에 필요한 제반 기술지원업무와 무선인증서비스 상용화 이후 2개월 간 개발인력을 지원한다. 그리고 무선인증서비스 마케팅 및 홍보활동도 수행한다.

(3) 무선인증서비스 공동사업을 추진하여 발생한 매출액에서 해당 서비스 제공을 위해 통신사업자 및 등록기관에게 지불하는 수수료를 공제한 잔액을 한국정보인증과 케이사인이 별도로 정한 비율에 따라 배분한다. 또한 컨텐츠 제공자용 소프트웨어에 대한 수익배분은 통신사업자 등에게 지불하는 수수료를 공제한 잔액을 양사가 별도로 정한 비율에 따라 배분한다.

(4) 케이사인은 한국정보인증을 제외한 타 공인인증기관과 무선인증사업의 공동사업계약을 체결하지 않는다. 그리고 계약기간은 계약일로부터 3년으로 하고 공인 무선인증사업자 지정 획득을 위한 소요기간 및 사업자지정 이후 유료화 시행이전 기간은 예외로 하여 연장한다.

다. 무선인증서비스를 위한 소프트웨어 개발

한국정보인증(대표이사 이정욱)과 주식회사 드림시큐리티(대표이사 황석순)는 무선분야 공인인증서비스 제공과 관련하여 시스템 공급, 기술개발 등을 통하여 상호이익을 도모하고자 공동사업계약을 체결하였다(한국정보인증주식회사와 주식회사 드림시큐리티와의 무선인증서비스 공동사업 계약서, 2001. 5). 이 계약의 주요내용은 다음과 같다.

첫째, 본 공동사업의 범위는 ME 프로토콜을 적용하는 무선인증시스템의 공급, 유지보수 및 서비스 기술개발과 이와 관련된 부대업무로 한다.

둘째, 본 공동사업을 수행함에 있어 드림시큐리티의 역할은 다음과 같이 정한다.

① 무선인증서비스를 위한 공인인증발급 시스템, 등록시스템, 컨텐츠 제공자 시스템, 단말기 등에 필요한 소프트웨어(소스 포함)와 기술제공 및 기술이전. 그리고 단말기 및 무선컨텐츠 제공자에게 PKI 클라이언트 모듈 설치 시 한국정보인증의 무선인증서비스의 적용. 계약일로부터 최초 1년간 한국정보인증이 지정하는 장소에 개발인원 1명의 상주근무 지원.

② 한국정보인증의 요구에 의한 무선인증서비스 성능향상을 위한 시스템 개발 및 산출물의 제공, 드림시큐리티가 제공한 소프트웨어의 유지보수 및 신속한 보완, 운영자 교육훈련 및 매뉴얼 제공. 또한 한국정보인증의 공인인증 사업자 지정과 관련하여 정부의 실질심사, 상호연동 심사 및 기타 공인무선인증 사업자 지정에 필요한 제반 기술지원.

셋째, 한국정보인증은 무선인증서비스를 제공함으로써 발생한 매출액에서 해당서비스 제공을 위한 통신사업자, 등록기관 등에게 지불하는 수수료를 공제한 잔액의 30%를 드림시큐리티에게 지불한다. 그리고 이동통신사, 단말기 제조사 및 무선 컨텐츠 제공자에게 제공되는 PKI 클라이언트의 설치 및 지원은 유상으로 하되 이에 대한 수익은 전적으로 드림시큐리티에게 귀속된다.

12.3 무선인증시스템의 구축

가. 기본방침

한국정보인증은 무선인증시스템을 단계별로 구축하기로 결정하였다(무선인증시스템 구축기본계획, 2001. 4. 17, 한국정보인증). 그 주요내용은 다음과 같다.

① 1단계에서는 무선인증시스템을 개발한다. 본 인증시스템은 무선통신사업자별로 각각의 WAP 또는 ME방식으로 개발하며 보안업체와 공동사업으로 추진한다. 이 시스템은 4월중에 시연하고 5월-6월에 개발 완료한다.

② 2단계에서는 무선통신사업자별 무선인증서비스를 개시한다. 이를 위해 2001년 6월-9월에 시범서비스 및 상용서비스를 실시한다.

③ 3단계는 유무선 통합인증시스템을 개발한다(2001. 7-2002. 3). 본 통합인증시스템을 위해 CA, RA, OCSP, 서버, 툴 킷, Proxy 서버, SSO 등을 개발한다.

④ 4단계에 가서 유무선 통합인증서비스를 개시한다. 2002년 4월부터 유무선 통합등록 업무를 시행하고 일반사용자 및 컨텐츠 사업자에게 제공한다.

나. 무선인증시스템의 개발 완료 및 무선인증센터 완성

2001년 중반 한국정보인증(사장 이정욱)은 무선인증시스템을 개발 완료하였다(공인인증사업 종합추진현황, 2001. 8, 한국정보인증). 이때 KTF 무선인증시스템은 ME방식으로 드림시큐리티와 공동개발하고, SKT 시스템은 WAP방식으로 SKT와 공동으로 개발하였다. 그리고 LGT 시스템은 WAP방식으로 케이사인과 공동으로 개발하였다.

또한 무선인증시스템 상호연동을 위한 평가 및 운영기술도 개발하였다. 이를 위해 소요예산 11억5천만 원을 투입하여 통합검증서버 개발 외 5개 단위과제를 정하여 한국정보보호진흥원과 공동연구를 추진하였다. 그리고 무선인증시스템 I, 무선인증시스템 II, 무선인증시스템 III를 설치하여 「무선인증센터」 구축을 완성하였으며 인증시스템으로 Sun Enterprise

3500을 각각 2대씩 설치 운용하였다.

당시 한국정보인증은 무선인증시스템의 개발, 시험 및 상용화 개시까지를 단계별로 나누어 시행하였다(무선인증시스템 내부시연회, 2001. 5. 11, 한국정보인증 정보인증기술연구소). 그 주요내용은 다음과 같다.

① 1단계 : 무선사업자별로 초기개발품(Prototype)을 설치하여 종합운영시험을 실시.

② 2단계 : 무선통신사별로 무선인증시스템의 시연준비 및 시연(Demo) 실시.

③ 3단계 : 무선인증시스템의 상세설계 및 표준사양을 적용하여 상용시스템 개발.

④ 4단계 : 소프트웨어 및 하드웨어에 대한 상용화 시험 실시.

⑤ 5단계 : 시범서비스를 실시한 후 상용서비스의 개시.

12.4 이동통신사업자와의 공동사업 추진

가. 사업추진방향

당초 계획대로 무선인증시스템이 개발 구축되어 무선인증사업기반이 마련됨에 따라 한국정보인증(대표이사 이정욱)은 2001년 상반기내 서비스를 개시하는 일정으로 추진하였다(2001년 사업계획/ 제1차 이사회 의결안건, 2001. 3. 13, 한국정보인증 사장). 이때 추진방침의 주요내용은 다음과 같다.

첫째, 이동통신사업자와 사업협력 체제를 조기에 구축하여 시스템을 공동 개발하고, WAP방식과 ME방식을 지원하는 인증시스템을 별도 구축한다. 그리고 정부의 실질심사에 대비하여 기술표준에 적합한 무선인증시스템을 구축한다. 이를 위해 정부주도의 무선인증 기술 표준화작업에 주도적으로 참여하고, 이동통신사업자, 시스템 공급업체와 긴밀한 기술 협력 체제를 구축한다.

둘째, 무선인증서비스를 조기개통에 주력한다. 이를 위해 최적의 무선인증시스템 공급업체를 선정하고 공급업체와 공동사업으로 추진하여 초기 투자를 최소화한다. 이때 SK텔레콤과 LG텔레콤은 WAP방식, KTF는 ME방식을 사용하고 있는 점을 고려하여 이동통신사업자의 기술방식을 반영한 인증시스템을 구축한다.

셋째, 이동통신사업자와 무선공인인증서비스 활성화를 위한 공동사업 체제를 구축한다. 한국통신프리텔, SK텔레콤, LG텔레콤 등 이동통신사업자와 한국정보인증(KICA)의 인증서비스 적용을 위한 사업협정을 체결한다. 이동통신사업자와 등록기관 계약체결, 무선인증기반의 부가서비스 공동개발, 과금대행 등 다각적인 공동사업모델을 개발하고 추진한다.

넷째, 무선인터넷, PKI 운영 평가기술을 개발한다. 무선 PKI 운영평가 기술개발을 위한 무선인증관리체제를 구축하고 유무선 인증서의 통합 검증방법론을 개발한다. 또한 무선단말기용 소프트웨어 및 검증 소프트웨어를 개발하고 시점확인 및 내용증명시스템을 구현한다.

나. 한국통신프리텔과의 사업협력

한국정보인증(대표이사 이정욱)과 한국통신프리텔(대표이사 이용경)은 유무선 인터넷을 이용한 전자거래에 공인인증서비스 제공으로 거래의 안전성 및 신뢰성 보장을 통한 전자거래시장의 활성화를 위해 협정을 체결하였다(유무선 인터넷시장의 전자거래에 대한 공인인증서비스제공 협정서, 2000. 4). 이 협정의 주요내용은 다음과 같다.

첫째, 한국정보인증은 유무선 포털에 참여하는 컨텐츠 사업자들을 대상으로 전자거래 단위의 공인인증 제공, 전자거래 단위로 거래내역에 대한 확인기능을 제공하는 인증시스템 공동 개발, 유무선 컨텐츠 사업자들을 대상으로 공인인증서비스의 공동마케팅 활동 등의 업무를 담당한다.

둘째, 한국통신프리텔은 한국정보인증이 추진하는 전자거래 단위로 거래내역 확인기능 구현을 위한 인증시스템의 공동개발, 기존의 가입자와 유무선 컨텐츠 사업자들을 대상으로 한국정보인증의 공인인증서비스에 대한 공동마케팅 활동 등의 업무를 담당한다.

셋째, 양사는 차세대이동통신(IMT-2000)의 가입자 공인인증을 위한 사업을 별도로 합의하여 추진할 수 있다.

이후 2001년 1월 한국정보인증은 한통프리텔과 무선인증서비스를 위한 전략적 제휴를 체결하였다. 이때 전자신문은 「프리텔과 엠닷컴, 한국정보인증 무선인터넷 인증서비스 제휴」라는 제목으로 무선인증서비스 공동개발을 다음과 같이 보도하였다.

<기사내용> 한국통신프리텔(대표 이용경)과 한국통신엠닷컴(대표 정의진)이 모바일 커머스 서비스를 위한 인증체계를 가췄다. 29일 한국통신프리텔과 한국통신엠닷컴은 한국정보인증(대표 이정욱)과 무선인증서비스에 관한 전략적 제휴를 체결하고 공인인증서를 적용한 본격적인 모바일 커머스 서비스에 나선다. 무선인증서비스는 전자서명법에 의해 발행되는 국가 공인인증서를 무선인터넷에 적용시킨 것으로 모바일 커머스의 안전성을 크게 높인 것이 특징이다.

이용자들은 휴대폰에 내장된 공인인증서를 통해 신용카드 번호, 금융거래정보, 증권거래정보와 같은 보안이 필수적인 정보를 암호화해 송수신할 수 있게 된다. 3사는 무선인증 기술규격 연구, ME방식을 이용한 무선이증기술 개발, 무선인증시스템 구축 및 관련부가서비스 개발에 나서 올해 4월부터 016, 018 고객을 대상으로 서비스에 나설 계획이다. 프리텔과 엠닷컴 무선인증서비스는 양사 통합 유무선 인터넷 사이트인 매직엔을 이용한 모바일뱅킹, 쇼핑, 증권거래, 발권 및 예약, 전자결제, 유료정보서비스, 회원제 서비스 등 무선 전자상거래 전반에 걸쳐 활용될 예정이다. 서비스를 이용하려면 올해 4월부터 출시될 인증장치 탑재 휴대폰을 구입하면 된다.

이와 같은 한국정보인증과 한통프리텔과의 무선인증서비스를 위한 전략적 협력체결에 대해서 서울경제신문(김창의 기자), 매일경제신문(최용성 기자), 디지털타임스(박창신 기자), 일간정보신문(박영례 기자) 등 여러 언론에서도 전과 같은 동일한 내용의 기사를 보도하였다.

다. SK텔레콤과의 사업협력

한국정보인증(대표이사 이정욱)과 SK텔레콤(대표이사 표문수)은 SK텔레콤의 가입자가 이동전화단말기에 한국정보인증이 제공하는 공인인증서를 설치하여 무선으로 공인인증서비스를 받을 수 있도록 하는 무선인증사업을 공동으로 추진하기 위해 협정을 체결하였다(한국정보인증주식회사와 SK텔레콤주식회사와의 무선공인인증서비스 공동사업계약서, 2001. 6). 그 주요내용은 다음과 같다.

첫째, 한국정보인증은 무선 공인인증사업 추진을 총괄하고, 무선인증센터를 구축 운영하며, 무선인증서비스의 마케팅 및 홍보활동을 담당한다. 둘째, SKT는 무선인증서비스 등록업무와 요금수납업무를 수행하고, 무선인증서비스 등록업무에 필요한 시스템을 구축하고 운영한다. 그리고 컨텐츠 제공자용 시스템 및 단말기 소프트웨어를 배포한다. 또한 한국정보인증이 무선인증서비스 제공과 관련하여 한국정보보호센터의 실질심사, 상호연동 심사 및 기타 SKT와 합의한 무선인증사업에 필요한 기술심사 시 수검에 필요한 사항을 지원한다. 셋째, 본 계약에 의한 무선인증서비스 공동사업의 수익배분 및 정산방법은 별도의 등록기관 운영계약으로 정한다.

라. LG텔레콤과의 사업협력

한국정보인증(대표이사 이정욱)과 LG텔레콤(대표이사 남용)은 무선분야 공인인증서비스와 관련한 기술개발 및 마케팅을 통해 상호이익을 도모하고 전자거래의 활성화에 기여하고자 공동사업계약을 체결하였다(한국정보인증주식회사와 주식회사 LG텔레콤과의 무선인증서비스 공동사업계약서, 2001. 4). 그 주요내용은 다음과 같다.

첫째, 한국정보인증은 무선인증사업 추진을 총괄하고 무선인증시스템을 개발한다. 그리고 무선인증센터를 구축하고 운영하며 무선인증서비스를 제공한다.

둘째, LG텔레콤은 게이트웨이, 무선단말기의 소프트웨어 및 PKI 포털, 단대단 보안기술을 개발한다. 그리고 한국정보인증의 무선인증서비스 사업자 지정과 관련하여 정부의 실질심사, 정부의 상호연동 심사 및 공인무선인증 사업자 지정에 필요한 제반사항을 지원한다. 또한 무선인증서비스의 과금 및 수납업무를 대행한다.

셋째, 본 계약에 의한 무선인증서비스 공동사업의 수익배분 및 정산방법은 별도로 정한다. 그리고 본 계약 이전에 양사가 독자적으로 보유한 기술에 대해서는 각각 독립적인 권리를 가지며 무선인증서비스를 제공하기 위하여 LG텔레콤과 한국정보인증이 시범 및 상용서비스를 위해 공동으로 개발한 소프트웨어 등(비즈니스모델 포함)의 저작물은 양사의 공동 소유로 한다.

이때 전자신문은 「LG 텔레콤, 한국정보인증과 m커머스 무선인증서비스 추진」이라는 제목으로 다음과 같이 보도하였다.

<보도내용> LG 텔레콤(대표 남용)은 한국정보인증(대표 이정욱)과 무선전자상거래 활성화를 위한 양사 간 무선인증서비스를 공동 개발한다는 내용의 전략적 제휴를 체결, 5월부터 시범서비스에 나선다고 15일 발표했다. 양사는 이번 제휴에 따라 무선 인터넷 규격인 WAP(Wireless Application Protocol) 방식을 위한 무선인증서비스를 공동 개발하고 오는 4월까지 인증서가 탑재된 단말기를 개발하여 5월부터 시범서비스에 나선다.

서비스가 구현될 경우 019 PCS 사용자들은 PCS 단말기에 내장된 공인인증서를 이용해 실시간으로 개인 신분확인을 할 수 있으며 개인 신용카드 번호나 개인 금융거래 정보, 증권거래 정보와 같은 민감한 정보를 암호화시켜 송수신할 수 있게 된다. 특히 019 PCS 가입자는 무선인터넷 이지아이의 쇼핑몰에 들어가 공인인증서를 주고받으면서 신용카드에 의한 결제 시 정보보호를 받게 된다. LG 텔레콤은 무선인증서비스가 실시되면 유무선 포털사이트(http://www.ez-i.co.kr)를 통해 모바일뱅킹, 쇼핑, 증권거래, 발권 및 예약, 전자결제 등 다양한 분야에서 소액결제서비스에 나설 예정이다.

12.5 무선인증사업을 위한 기술협력

2000년대에 들어서면서 한국정보인증은 무선인증분야의 국제적으로 우수한 기술을 확보하기 위해 세계적인 보안업체 볼티모어와 기술협력을 체결을 통해 무선인증사업을 본격 추진하였다. 이에 관하여 각 언론은 다음과 같이 보도하였다.

가. 무선 PKI 인증센터의 공동구축(디지털타임스, 2000. 12. 4)

공인인증기관인 한국정보인증이 내년부터 무선시장에 공인인증서비스 제공을 위한 무선 PKI 구축을 추진하고 가상사설망(VPN) 서비스와 내용증명서비스 등 부가사업을 본격화한다. 한국정보인증(대표 이정욱)은 1일 서울 매리어트호텔에서 세계적인 PKI 솔루션업체인 볼티모어테크놀로지스와 기술제휴를 하고 자사의 무선 공개키기반(PKI) 인증센터 구축을 공동으로 추진하고 VPN, 내용증명 서비스 등 내년부터 본격적으로 실시할 부가서비스 사업에도 상호 협력키로 합의했다.

양사는 이 서비스를 위해 현재 실무적인 세부작업을 진행 중이며 이달 중순부터 보안메일 서비스와 웹서버 인증 등에 관련 서비스를 본격적으로 제공할 예정이다. 이번 제휴를 통해 정보인증은 볼티모어의 옴니루트를 도입, 넷스케이프 메신저나 아웃룩 익스프레스를 통해 서명할 경우 보안 경고 메시지가 나타나는 문제점을 해결할 수 있게 됐다고 밝혔다(성연광 기자).

나. 세계적인 보안업체 볼티모어와 기술협력(inews24.com, 2000. 12. 1)

한국정보인증(대표 이정욱)과 바라-볼티모어테크놀로지는 1일 사업제휴를 맺고 무선 전자서명 공인인증 서비스를 위한 무선 PKI 구축을 본격화한다고 발표했다. 한국정보인증은 12월 1일 강남의 메리어트호텔 미팅룸에서 존 팰프레이먼 볼티모어 아시아태평양 부사장, 김영수 바라-볼티모어 테크놀로지 사장 등이 참석한 가운데 무선시장을 위한 공개키 기반구조(무선 PKI) 구축에 볼티모어가 협력하는 기술협력 관계를 맺었다. 이에 따라 양사는 솔루션구축이 마무리되는 내년부터 무선 PKI 구축에 본격적으로 나설 방침이다. 또 가상사설네트워크(VPN) 서비스, 내용증명서비스 등 부가서비스를 제공하게 된다.

특히 한국정보인증은 넷스케이프 메신저나 아웃룩 익스프레스를 공인인증서로 서명할 경우 나타나는 문제점을 해결하기 위해 볼티모어의 옴니 루트를 도입하기로 결정했다. 현재 실무적인 세부작업을 진행 중이며 앞으로 보안 메일서비스와 웹서버 인증서비스 등으로 제공될 예정이다. 한국정보인증 이정욱 사장은 한국정보인증은 공인인증서를 발급하는 사업에서 한차원 발전한 부가서비스 사업을 본격적으로 펼칠 것이라며 해외업체와의 협력은 볼티모어나 베리사인, 엔트러스트 등 외국 인증업체들과 어깨를 나란히 할 수 있는 방안이라고 밝혔다(김현아 기자).

다. 가상사설망, 내용증명 등 부가서비스 사업의 추진(전자신문, 2000. 12. 4)

한국정보인증(대표 이정욱)이 내년부터 무선공인 서비스를 제공하기 위해 무선 공개키 기반구조(PKI) 구축에 본격적으로 나서는 한편 가상사설망(VPN) 서비스, 내용증명서비스 등 부가서비스 제공을 본격화한다. 이를 위해 한국정보인증은 바라-볼티모어 테크놀로지스 코리아와 PKI 분야에서 기술협력을 체결, VPN 서비스, 내용증명서비스 등 부가서비스 사업에도 상호 협력키로 했다. 한국정보인증은 또 넷스케이프 메신저나 아웃룩 익스프레스를 공인인증서로 서명할 경우 보안 경고 메시지가 나타나는 문제점을 해결하기 위해 볼티모어의 옴니루트를 도입, 이달 중 본격 서비스할 계획이다(주문정 기자).

라. 공개키 기반(PKI)의 현재와 미래(디지털타임스, 2000. 9. 22)

볼티모어 테크노로지가 미국 플로리다주 올랜드에서 사흘간의 일정으로 개최한 「글로벌 e시큐리티 2000」 행사가 20일 성황리에 막을 내렸다. 공개키 기반(PKI)의 현재와 미래라는 주제로 열린 이번 행사엔 전 세계 IT기업 관계자 850여명이 참가해 정보보호 인프라로 급부상하고 있는 PKI 보안기술에 대한 높은 관심을 반영했다. 이번 행사에는 IBM, 시스코시스템즈, 휼랫패커드, 컴팩, 인텔, 모토롤러 등에서 활동 중인 100여명의 PKI 전문가들이 G2B, G2C, 보험, B2B 등 다양한 분야의 PKI 적용사례들을 발표했으며, 무선인터넷, T커머스 등 최신 PKI 기술들도 대거 선보였다.

특히 홍콩 우편국의 전자상거래 인증시스템, 호주 세무국(ATO)의 전자문서시스템, 미 연방정부의 브리지CA 등 세계 각국 정부의 PKI 구현사례들에 참가자들의 이목이 집중됐으며, 미국 및 유럽연합(EU)의 전자서명제도 등 PKI 구현을 위한 법, 제도 문제 등을 다룬 섹션에서는 주제 발표자와 참가자들 간의 열띤 논쟁이 벌어지기도 했다. 이번 행사기간 중 소개된 PKI 신기술들 중 방화벽 업체인 체크포인트와 시스코시스템즈, 알카텔 등 통신장비업체들이 선보인 PKI 기반이 가상사설망(VPN)과 인터넷TV 셋톱박스, 휴대폰 등 다양한 단말기를 이용한 전자상거래를 위한 스마트카드 칩 기반의 PKI 솔루션들이 참가자의 주목을 받았다.

특히 행사 마지막 날인 30일엔 PKI포럼의 중역 리자프리티가 PKI솔루션 간 상호연동을 위한 포럼의 오픈플랫폼을 소개했다. PKI포럼은 서로 다른 PKI 기반의 다양한 애플리케이션 간 상호연동을 통해 기술개발을 촉진하고 시장을 확산하기 위해 볼티모어, 엔트러스트, 베리사인 등 PKI 전문업체들과 IBM, MS, RSA 시큐리티 등 관련업체들이 주도적으로 참여해 지난 2월 결성된 단체다. 이번 행사에 참가한 이정욱 한국정보인증 사장은 정부 및 다양한 분야에 접목할 수 있는 PKI 구현사례를 한눈에 파악할 수 있어 향후 국내 공인인증시장에 활용할 수 있는 유용한 정보를 얻는 기회가 됐다고 평가했다.

12.6 무선인터넷산업의 체계적 발전노력

가. 무선인터넷산업 발전협의회 구성 및 운영

2001년 중반 정보통신부는 정부 및 민간이 자율적으로 참여하는 협의회를 구성하여 이를 통해 관련분야별 의견을 체계적으로 수렴하여 무선인터넷 서비스의 기반을 조성하고 정부정책을 지원하며 시장을 확대하기 위해 무선인터넷산업 발전협의회를 구성 운영하였다. 이를 위한 기본방침을 다음과 같이 수립하였다(무선인터넷산업 발전협의회 구성 및 운영, 2001. 6. 12, 정보통신부).

첫째, 기존산업간 융합현상에 따라 대두된 무선인터넷산업의 특성을 살려 기존 전문분야별 위원회를 확대 보완하여 협의회 산하 분과위원회로 활용한다.

둘째, KIWI, MISP, MITA 등 경쟁적으로 활동하고 있는 기존 민간 무선인터넷 관련단체를 협의회에 포함시켜 시장에서의 실질적인 협력분위기를 조성한다.

셋째, 무선인터넷시장에서 중요한 역할을 하고 있는 이동전화사와의 적극적인 협력하에 무선인터넷 요금, 수익배분, 단말기사양, 네트워크 개선, 정보보호 등 관련사항을 논의한다.

이때 무선인터넷산업발전협의회 위원장은 김동선 정통부 차관으로 정하였다. 위원으로는 오길록 한국전자통신연구원 원장, 윤창번 정보통신정책연구원 원장, 이단형 한국소프트웨어진흥원 원장, 임주환 한국정보통신기술협회 사무총장, 이상철 한국통신 대표이사, 표문수 SK텔레콤 대표이사, 이용경 KT프리텔 대표이사, 남용 LG텔레콤 대표이사가 참여하였다.

또한 본 협의회는 이정욱 한국정보인증 대표이사, 이기태 삼성전자 대표이사, 백우현 LG전자 대표이사, 박병엽 팬택 대표이사, 김홍기 삼성SDS 대표이사, 오해진 LG- EDS 대표이사, 성규영 한국무선인터넷협회 회장, 정인식 한국전자지불포럼 의장, 최배식 한국무선인터넷협의회 회장, 손융기 한국PKI포럼 사무총장, 석호익 정보통신부 정보통신지원국장으로 구성되었다.

나. 무선인터넷산업 발전협의회에 관한 언론보도

우리나라 무선 인터넷의 발전을 위해 무선 인터넷산업 발전협의회 구성에 관하여 언론에서는 다음과 같이 보도하였다(전자신문, 2001. 3. 15)

<기사내용> 무선인터넷산업의 체계적인 발전을 뒷받침할 협의체가 민·관·연 모두 참여하는 형태로 구성됐다. 정보통신부는 정부, 이동전화사업자, 단말기 제조업체, 콘텐츠제공업체(CP), 솔루션업체, 금융기관 등이 참여하는「무선인터넷산업 발전협의회」를 구성했다고 14일 밝혔다. 무선인터넷 발전협의회는 정부 및 무선인터넷 분야를 대표하는 관련 사업자 등 20인으로 구성됐으며 산하에 기술개발·표준화·서비스 등 5개 전문분과위원회가 조직된다. 위원장은 정보통신부 차관이 맡기로 했으며 위원의 임기는 2년으로 하되 연임을 가능토록 했다.

정통부는 무선인터넷산업은 통신·인터넷·금융·정보보호 등 다양한 분야를 포괄하는 종합서비스산업이라는 특성 때문에 관련 사업자 간 정보공유 및 협조가 필수적이라며 무선인터넷 관련 주요 현안들이 체계적으로 수렴될 수 있는 계기를 마련하기 위해 협의회를 구성했다고 설명했다.

협의회는 앞으로 여러 산업 분야가 관련되는 종합적인 시장발전 방안을 마련하게 되며 5개 전문분과위원회는 단말기 사양, 네트워크 품질 개선, 정보보호시스템, 지급 결제 수수료 등 시장 활성화에 필요한 다양한 주제를 논의하게 된다. 기술개발분과는 차세대 이동통신기술개발협의회가 맡기로 했으며 표준화분과위는 무선인터넷 표준화포럼, 서비스분과는 신설 예정인 무선인터넷 서비스포럼, 지불 및 결제분과는 한국전자지불포럼, 정보보호분과는 한국PKI포럼이 각각 제반 업무를 총괄하게 된다.

정통부 관계자는 무선인터넷 발전협의회가 구성됨으로써 무선인터넷산업이 보다 체계적이고 효율적으로 육성될 수 있는 추진체계가 마련돼 국내 무선인터넷산업이 한 단계 도약할 수 있게 됐다고 밝혔다. 무선인터넷산업 발전협의회 위원은 전항(가)의 명단을 그대로 소개하였다(조시룡 기자).

13. e-비즈니스 선진강국의 실현

13.1 정부의 e-비즈니스 확산노력

가. 확산시책

2000년 말 산업자원부는 e-비즈니스 확산시책을 발표하였으며, 기본방향을 다음과 같이 제시하였다(e-비즈니스 확산시책, 2000. 12, 산업지원부).

① 우리 경제의 근간인 전통산업의 e-비즈니스 확산을 위해 민관 합동으로 중장기 정책을 추진한다. 산자부를 중심으로 정부부처, 경제4단체, 지방자치단체, 업종단체가 모두 참여하는 총력지원체제를 구축한다. 2001년 3월까지 e-비즈니스 선진강국 실현을 위한 국가 비전 및 장단기 세부추진전략을 재설정한다.

② 전통산업과 IT산업의 접목을 가속화할 수 있도록 실질적인 인프라를 단기간 내에 구축한다. 2001년 초까지 전자상거래 표준화 로드맵을 수립하여 전자문서, 전자카달로그 등 실질적인 표준화를 추진한다. 2001년 상반기에 안전한 B2B 거래에 필수적인 전자서명인증 사용을 활성화하고 전자결재시스템을 구축하고 디지털세금계산서를 도입한다.

③ 공공부문 e-비즈니스화를 단계적으로 가속화하여 민간부문의 확산을 유도한다. 1단계로 산자부 산하 정부투자기관, 출자기관, 재투자기관, 출연기관 및 규모가 큰 업종단체 등 20여개에 대한 인터넷 전자구매를 의무화한다. 2단계에서는 각 부처 및 산하기관 등으로 확대한다.

④ 산업의 저변인 중소기업과 지방경제의 e-비즈니스화를 중점 지원한다. 산업단지 등 중소기업 밀집지역을 중심으로 저가 보급형 초고속 인터넷서비스 상품을 개발 보급한다. 또한 전국 41개 전자상거래지원센터(ECRC)를 통해 지방 중소기업의 e-비즈니스 마인드 및 전자상거래 능력을 제고한다.

⑤ e-비즈니스의 글로벌화에 대응하여 중국, 일본 등과 협력 체제를 구축하고 우리 기업의 해외시장 진출을 적극 지원한다. 현재 국내에 한정되어 있는 전자무역 내트워크를 글로벌 환경에 맞게 국가간 연동을 통한 국제적 네트워크로 발전시킨다. 우선적으로 일본, 중국, 싱가폴, 대만 등 아시아 국가와의 연계를 통해 전자무역네트워크를 구축 추진한다.

나. e-비즈니스 확산 국가전략

세계경제는 기업활동 전반에 정보기술(IT)을 활용하는 산업의 e-비즈니스화가 급속히 진행됨에 따라 우리나라 정부는 기존산업의 강점을 최대한 활용하여 조속한 e-비즈니스화를 추진하고자 e-비즈니스 확산 국가전략을 수립 추진하였다(e-비즈니스 확산 국가전략, 2001.

4. 27). 이 국가전략은 재정경제부, 외교통상부, 법무부, 국방부, 문화관광부, 농림부, 산업자원부, 정보통신부, 보건복지부, 건설교통부, 해양수산부, 기획예산처, 공정거래위원회, 조달청, 중소기업청, 특허청 등이 공동으로 발표하였다. 그동안의 주요추진실적을 다음과 같이 발표하였다.

(1) 전자상거래 표준약관, 소비자보호지침, 전자상거래 발명 심사지침 등을 제정하고 대외무역법, 부정경쟁방지법 등을 개정하였다. 그리고 한국정보인증, 금융결재원, 한국전산원, 한국증권전산 등 4개 공인인증기관을 지정하여 전자서명 공인인증제도를 본격 운영하였다.

(2) e-비즈니스 전문 인력양성 종합대책을 수립 추진하고, e-비즈니스 분야 국가기술자격으로 전자상거래관리사를 신설하여 약 5천여 명을 배출하였다. 그리고 정부조달 전자입찰시대를 개막하여 내자물품의 약 80%를 전자조달구매하고 있다. 또한 국가계약법령 및 조달사업법령에 전자입찰 및 조달을 명문화하였다.

그리고 앞으로 우리나라 e-비즈니스 확산을 위한 4대 발전전략을 다음과 같이 발표하였다. ① 제조업뿐만 아니라 여타산업, 그리고 중소기업의 IT화를 통해 산업부문의 e-비즈니스를 정착시켜 e-Industry를 구축한다. ② 공공부문이 먼저 B2G를 전면 실시함으로써 기존산업의 e-비즈니스화를 선도하여 e-Government를 촉진한다. ③ e-비즈니스의 운용기반을 고도화하고 e-비즈니스 친화적인 법과 제도를 마련하여 e-Enabler를 조성한다. ④ 글로벌 스텐다드를 적극 수용하고 e-비즈니스 분야에서 세계의 중심축으로 발돋움하여 e-World를 지향한다.

13.2 e-비즈니스의 발전을 위한 단체

가. e-비즈니스 기업인연합회 출범

2000년 말 정부는 e-비즈니스 발전방향을 공동 모색하기 위해 경제단체와 기업인이 모두 참여하는 e-비즈니스 기업인연합회가 공식 출범했다. 이에 관하여 일간언론에서는 다음과 같이 보도하였다(서울경제신문, 전자신문, 중앙일보, 2000. 12. 28). 그 중 서울경제신문은 다음과 같이 보도하였다.

<보도내용> 산업자원부는 28일 서울 반포 메리어트호텔 그랜드볼룸에서 신국환 산자부장관, 박광태 국회 산자위원장을 포함, 경제계 인사 150명이 참석한 가운데 e-비즈니스기업인 연합회를 발기인 대회를 가졌다. 연합회는 한국전자거래협회를 주축으로 인터넷기업협회 등 14개 단체 소속 3,000여개 기업이 가입한 국내 최대 규모의 e-비즈니스 추진기구라고 산자부는 밝혔다.

산자부는 e-비즈니스 관련단체가 우후죽순 격으로 등장하고 있지만 상호중복투자와 업

계의 이해조정 미흡 등의 문제점이 나타나고 있다며 이에 따라 민간차원의 구심체를 통해 업계 결집과 상호보완적 네트워크 구축이 필요하다는 판단 하에 연합회를 발족시킨 것이라고 설명했다.

연합회는 앞으로 e-비즈니스와 관련된 업계의 목소리를 대변하고, 업계공동의 협력사업을 발굴하며 기업 간 전략적 제휴 유도한다. 또한 민간중심의 한중일 동북아 협력사업을 추진하고 전통산업과 정보기술산업 간 접목 등의 기능을 맡게 된다. 한편 이날 e-비즈니스 기업인연합회는 관련 협회 및 단체장 13명으로 다음과 같이 구성되었다.

① 한국전자거래협회(회장 홍석현, 중앙일보 회장), 한국인터넷기업협회(회장 이금룡, 옥션 사장), 전자거래연구조합(이사장 김홍기, 삼성SDS 사장), 전자상거래협동조합(이사장 조기원, 예원 사장, 글로벌커머스협회(회장 이창우, 텔랙처 사장)

② 인증사용촉진협의회(회장 이정욱, 한국정보인증 사장), 디지털경영인협회(회장 문규영, 아주산업 부회장), 인터넷쇼핑몰협회(회장 배재광, 밴처법률지원센터장), 솔루션업체협의회(회장 신양호, 아이비젠 사장),

③ e-마켓플레이스협의회(회장 이금룡, 옥션 사장), eTrust 인증업체협의회(회장 김홍식, 한솔CSN 사장), 전자무역결재워킹그룹(회장 백성기, 외환은행 부장), 섬유패션EC협의회(회장 홍두표, 텍스피아웹닷컴 사장).

나. 인증사용 촉진협의회 구성

산업지원부는 기업 간 전자상거래(B2B)인 e마켓플레이스와 우수 쇼핑몰을 중심으로 전자서명 인증서 사용을 촉진하기 위해 인증사용촉진협의회를 구성했다. 이에 관하여 언론은 다음과 같이 보도하였다(디지털타임스, 2000. 11. 28)

<보도내용> 산업자원부는 27일 전자상거래 과정에서 거래당사자의 신원을 확인하는 온라인 인증서의 사용을 확산시키기 위해 3개 공인인증기관과 14개 보안인증 전문업체들로 인증사용촉진협의회(회장 이정욱 한국정보인증 대표)를 구성했다고 밝혔다. 이같은 조치는 전자상거래 업체들이 사이트 개설에만 치중해 상거래의 핵심요소인 전자서명인증 시스템의 구축을 등한시 하고 있다는 판단에 따른 것이다.

이날 출범한 협의회는 한국정보인증, 한국증권전산, 금융결제원 등 3개 공인인증기관과 한국전자인증(Verisign), 엔트러스트 코리아, 바라볼티모어 테크놀로지 등 국내진출 외국인증업체, 시큐아이닷컴, 케이사인, 장미디어인터렉티브, 이니텍, 프라임시큐어, 소프트포럼, 드림시큐리티, 펜타시큐리티 등 국내 사설 인증전문업체들이 참가했다. 협의회는 우선 기업간(B2B) 전자상거래 9개 시범업종의 e마켓플레이스부터 인증서 사용을 적극 유도함으로써 인증시장의 초기수요를 창출하고 나아가 디지털산업단지 사업, 주요 공기업의 전자조달분야 등으로 사용범위를 확대하는 활동을 벌리게 된다.

또 인증업계 공동 협력사업을 추진하고 인증사용 촉진에 장애가 될 법령의 개정 건의활동도 벌인다. 산자부는 이와 관련 재경부와 협의해 디지털 세금계산서 교부 시 인증시스템을 거치도록 부가가치세법 시행령을 개정할 방침이다(함영훈 기자). 이와 관련하여 이정욱 인증촉진협의회 회장은 6일 오전 7시 30분부터 조선호텔 3층 코스모스 룸에서 인증촉진협의회 조찬 모임을 개최하였다(전자신문, 2001. 2. 5).

13.3 정보보호 및 전자거래의 활성화

가. 한국정보보호진흥원의 출범

정부는 정보통신망 이용촉진 및 정보보호 등에 관한 법률 제52조 규정에 의해 한국정보보호진흥원을 설립하였다(2001. 7. 1). 이 진흥원은 종전의 한국정보보호센터가 승격된 기관으로 2000년 당시 이사회는 이사장 오명 동아일보 사장, 이사 8명 등 총 9명으로 구성되었다. 이사에는 양준철 정보통신부 정보호심의관, 임상규 기획예산처 경제예산심의관, 김철환 국가정보원 정보보안단장, 이정욱 한국정보인증 사장, 임종인 고려대학교 교수, 이기호 이화여자대학교 대학원장, 이철수 한국정보보호센터 원장으로 구성하고, 감사는 박승규 정보통신부 우정국장이 맡았다.

한편 한국정보인증 사장(이정욱)은 1999년부터 6년간 재임한 한국정보보호진흥원 이사를 물러나면서 한국정보보호진흥원으로부터 감사패를 받았다.

감 사 패

한국정보보호진흥원

이정욱 이사님

이사님께서는 1999년 5월 23일부터 2005년 5월 22일까지 한국정보보호진흥원 이사로 재임하시면서 탁월한 식견과 경륜으로 진흥원 발전을 위해 헌신하셨을 뿐만 아니라 우리나라 정보보호 수준향상에 크게 기여하셨습니다. 이에 그 공로를 기리고 앞날에 건강과 영광이 함께 하기를 바라는 모든 임직원의 바램을 모아 이 패를 드립니다.

2005년 6월

한국정보보호진흥원 임직원 일동.

나. 한국PKI포럼 출범

정부는 국내 PKI 비즈니스 환경기반을 구축하고 PKI의 이용을 활성화하기 위해 한국PKI포럼을 추진하였다. 본 PKI포럼의 주요역할을 다음과 같이 정하였다(전자서명 이용생활화 추진, 2001. 1, 정보통신부).

첫째, 국내 PKI 비즈니스 환경기반을 구축하고 PKI의 이용을 활성화한다. 이를 위해 인증서 활용분야의 기업들을 포괄하여 기업의 인증서 사용을 유도하고 이를 통하여 개인인증서의 이용을 확산한다. 그리고 전자서명을 활용함으로써 생산성을 높이고 국민의 삶을 풍요롭게 하는 다양한 전자서명 응용분야를 발굴하여 PKI 이용을 활성화한다.

둘째, 국내 PKI 제도 발전을 위한 연구 활동을 수행한다. 인터넷보안기술포럼(ISTF)에서 추진하는 PKI 기술표준안을 실제 적용하는 경우에 발생하는 문제를 검토하는 등 PKI 이용자 입장에서 PKI 표준의 현실적용을 위한 부분을 담당한다. 기업들이 사업 중에 접하는 법제도상의 PKI 이용 저해요인을 수렴하여 국내 PKI 제도의 개선방안을 제시한다.

셋째, 국제협력활동을 수행한다. 일본, 싱가폴의 PKI 관련단체와 아시아 PKI포럼 설립을 위한 실무협의를 진행한다. 나아가 아시아 정보보호시장을 선점하고 전자상거래 시장확보를 위해 PKI 관련 표준화 등에 있어서 주도적 역할을 수행한다.

이에 따라 국내 전자서명의 이용을 활성화하기 위해 한국PKI포럼이 2001년 3월 출범하였다. 이에 관하여 언론에서는 다음과 같이 보도하였다(전자신문, 2001. 3. 9)

<보도내용> 국내 전자서명 이용을 활성화하고 아시아 정보보안시장을 주도하기 위해 구성된 한국PKI포럼이 8일 서울 세종로 세종문화회관에서 창립총회를 갖고 공식 출범했다. 전국경제인연합회, 경영자총협회, 한국무역협회, 대한상공회의소, 중소기업협동조합중앙회, 한국전자거래협회, 공인인증기관, 대기업, 금융기관, 정보보안솔루션 업체 등 220여 기관 및 업체 관계자가 참석한 이날 총회에서는 이용태 전국경제인연합회 부회장을 초대의장으로 선출했다.

또 조휘갑 한국정보보호센터 원장(연구기관 대표), 조남호 한국경영자총협회 부회장(경영자 대표), 이정욱 한국정보인증 사장(공인인증기관 대표), 이완 조흥은행 부행장(금융기관 대표), 신동렬 성문전자 회장(중소기업 대표)을 해당분야를 대표하는 부의장으로 각각 뽑았다. 총회에서 안병엽 정보통신부 장관은 격려사를 통해 전자서명을 확산시키기 위해서는 먼저 업체가 앞장서 B2B 거래에 전자서명을 사용하고 이를 기반으로 일반 이용자와의 B2C 거래에까지 확산시키는 전략이 필요하다며 정부에서도 한국PKI포럼 활동을 적극 지원할 계획이라고 약속했다.

한국PKI포럼은 국내 공개키 기반구조(PKI)의 비즈니스 환경기반을 구축하고 PKI 이용 활성화를 위한 실무협의체 역할을 담당하게 되며 공인인증기관 및 PKI 이용자그룹의 애로사항과 PKI 이용 활성화를 저해하는 요소들을 정부에 알리는 창구 역할을 하게 된다. 또 아울러 한일 양국이 중심이 돼 구축 중인「아시아 PKI 포럼」설립을 주도적으로 추진해 우리나라의 앞선 전자서명 제도 및 기술을 아시아 각국에 전파하고 아시아 전자상거래 시장 및 PKI 시장선점을 위한 구심체 역할을 담당할 계획이다.

이와 함께 앞으로 국내 전자서명 활성화 및 이용확산을 위해 전자서명의 필요성 및 이용

장점 등을 수록한 홍보 간행물을 배포하는 한편 올해를 전자서명 이용 활성화의 원년으로 삼아 올해 말까지 전자서명 이용자를 3백만 명으로 늘리고 오는 2002년 말까지 1천만 명으로 확대해 나간다는 방침이다(이상 전자신문, 0001016e기자).

14. 정보인증사업의 경영

14.1 유상증자계획의 시행

가. 유상증자계획 및 스톡옵션 부여

2000년 한국정보인증(대표이사 사장 이정욱)은 직원들의 애사심과 경영목표 달성의지를 고취하고 인력유출을 방지하여 안정적인 사업운영기반을 실현하고자 우리사주 배정을 위한 유상증자계획을 수립 추진하였다(유상증자계획, 2000. 10, 제3차 이사회 안건/한국정보인증 사장). 이 계획의 주요내용은 다음과 같다.

① 증자금액은 현 자본금의 10%인 20억 원으로 하고, 발행주식은 기명식 보통주식 40만주로 한다. 이때 신주의 배정방법은 우리사주조합에 28만주를 배정하고, 제3자에게 12만주를 배정한다. 이와 같이 시행하는 경우 증자 후 우리사주조합의 지분율은 6.36%로 늘어난다.

② 우리사주조합에는 1인 평균 7,800주(36명 기준)를 배정하며, 이를 위하여 2000년 10월까지 사주조합에 주식 배정이 가능하도록 정관을 변경하고 우리사주조합을 11월 중에 결성한다. 그리고 12월 중 이사회를 개최하여 증자 및 주권을 발행토록 한다.

또한 한국정보인증은 회사정관 제10조에 근거하여 사내 시스템 운영팀의 김재중 대리에게 스톡옵션(Stock Option)을 부여하기로 결정하였다(스톡옵션 부여, 2000. 10, 제3차 이사회 안건/한국정보인증 사장). 김재중 대리는 인증시스템 개발의 핵심인력이고 모범적인 근무성적으로 앞으로 성장성에 회사의 기대가 크다는 점이 평가되었다. 한편 사내 PKI 핵심기술 인력을 유지할 필요가 있다는 면도 크게 감안되었다. 당시 대상자에게는 2001년 상반기 정기주주총회까지 한국정보인증(주) 기명식 보통주식 3,000주를 액면가(5,000원)에 부여하기로 하였다.

나. 우리사주조합 추진 및 유상증자 실시

2000년 제3차 이사회에는 유상증자계획이 당초계획이 수정되어 증자금액은 14억 원(발행주식의 7%)으로 하고, 기명식 보통주식 28만주를 발행하며, 이중 우리사주조합에 20만주, 제3자에게 8만주를 배정하게 되었다(우리사주조합 결성 및 육성/ 제1차 이사회, 2001. 3. 13, 한국정보인증 사장).

또한 2000년 제3차 이사회(2000. 11. 9)에서는 우리사주 조합원에게 신주를 우선 배정할 수 있도록 정관 제9조(신주인수권)에 근거를 마련하였다. 이에 따라 한국정보인증의 경영방침으로 사주조합육성 및 지원계획을 승인 의결하였다(우리사주조합 결성 및 육성/ 제1차 이사회, 2001. 3. 13, 한국정보인증 사장). 이어서 제도설명 및 가입신청서를 접수하고 창립총회를 개최하였다(2001. 3. 23). 이 총회에서는 조합규약을 채택하고, 조합임원을 선임한 후 조합이사회와 회사와 약정을 체결하였다(2001. 2. 23). 또한 지주관리위탁계약도 체결되었다(2001. 4. 2).

그리고 2001년 제2차 이사회는 우리사주조합을 포함한 제3자 배정방식에 의한 유상증자 실시계획을 아래와 같이 의결하였다(유상증자 실시/ 제2차 이사회 의결안건, 2001. 7, 한국정보인증 사장).

① 발행주식은 기명식 보통주식 271,800주, 신주 발행가격은 1주당 5천원, 신주발행총액은 13억5천9백만 원으로 의결함. 그리고 제3자 배정방식에 의하여 한국정보인증(주) 우리사주조합 191,800주, (주)코아게이트 2만주, (주)드림시큐리티 2만주, 신원정보기술(주) 2만주, (주)프라임시큐어 2만주를 배정토록 함.

② 청약일 및 주금납입일은 2001년 7월 24일이고, 신주인수권의 양도를 허용치 않으며, 유상증자로 발행하는 신주에 대하여도 정관 제11조에 정한 바에 따라 주식양도의 제한 등 규정을 적용함. 그리고 우리사주 배정분은 신주발행 즉시 한국증권금융(주)에 예탁함.

③ 조합원 주식배정원칙은 우선 2,000주를 균등배정하고, 직급에 따라 상무보 2,400주, 부장 2,100주, 과장 1,800주, 대리 1,500주, 사원 1,200주를 각각 배정함.

여기에서 제3자 배정대상인 (주)코아게이트는 한국정보인증만이 보유하고 있는 공인인증서비스 전문등록기관(RA)으로서 전자입찰, 인증서를 탑재한 스마트카드 사업 등 분야에서 마케팅역량을 집중하고 있는 회사이고, (주)드림시큐리티는 공개키 기반을 사용한 유무선 보안 솔루션의 원천기술을 바탕으로 관련 소프트웨어를 개발하는 업체로서 특히 ME방식의 무선인증시스템에 탁월한 기술력을 보유하고 있었다.

그리고 신원정보기술(주)는 웹 기반의 통합 빌링시스템 구축과 전자상거래 온라인 결재 및 e-Biz 관련 IT 개발을 주 사업으로 하는 정보기술회사로서 인터넷 금융환경 구축과 종합금융정보서비스 분야에 노하우를 축적하고 있는 회사였다. 또한 (주)프라임시큐어는 인증, 보안 및 응용솔루션 개발과 시스템 구축 및 관련 컨설팅을 사업내용으로 하는 보안 전문업체로서 공공부문에서 다수의 전자조달 및 보안시스템 구축실적을 보유하고 있었다.

14.2 임직원의 직호 및 연봉

가. 임직원의 직급별 직호

1999년 하반기 한국정보인증(사장 이정욱)은 제2차 이사회를 개최하고 회사 운영의 기틀이 되는 주요사항을 심의 의결하였다(이사회 운영규정, 1999. 11. 19, 한국정보인증 사장). 이 회의에서 의결안건으로 1999년도 사업계획 및 예산, 이사회 운영규정, 직제 및 업무분장규정, 급여규정, 인사규정을 의결하였다. 그리고 보고안건으로는 주요영업활동 추진현황, SignGATE 인증센터 구축현황, 공인인증기관 지정추진현황이 보고되었다. 당시 의결된 인사규정에 의하면 직원은 일반직직원, 연구직직원, 계약직직원 등의 직군으로 구분하고 각 직급별 직호 및 호봉은 <표 5-22>와 같다. 그리고 직원의 정년은 만 58세가 되는 월의 말일에 도달했을 때 면직한다.

<표 5-22> 직급별 직호 및 호봉

직급	1급	2급	3급	4급	5급
일반직	상무보	부장	과장	대리	사원
연구직	수석연구원	책임연구원	선임연구원	전임연구원	연구원
호봉 체계	1-10호봉	1-10호봉	1-10호봉	1-10호봉	1-10호봉

나. 임직원의 연봉

한국정보인증(주) 직원의 급여는 연봉제를 채택하고, 연봉은 직급 및 호봉에 의한 기준급과 사업실적 및 직무능력급으로 구성하고 연봉에 대한 평가는 년2회 수행한다. 이때 지급 및 호봉별 기준급은 <표 5-23>과 같이 정하여 시행한다.

이때 사업실적 및 직무능력급은 기준급 × (1+사업실적 및 직무능력급 가급비율)에 의해 계산하고, 가급비율은 0%에서 50%사이에서 결정된다. 그리고 연봉급여의 월정분할금 중 소득세 및 주민세, 의료보험, 국민보험, 고용보험, 회사에 대한 부채, 법원의 결정에 따른 가압류 등을 급여에서 원천공제한 후 본인에게 직접 지급한다. 또한 연봉 외 직책수당, 특근수당, 연월차수당을 별도 정하는 규정에 따라 지급한다.

<표 5-23> 직급 및 호봉별 기준급(단위: 1,000원)

구분	1급	2급	3급	4급	5급
1호봉	48,000	40,000	32,000	24,000	18,000
10호봉	57,364	47,804	41,753	31,315	23,486

그 후 2000년 이사회에서는 대표이사 연봉은 8500만원-9,500만원, 설날 및 추석분할금은 각각 300만원으로 하는 임원보수 규정을 심의 의결하였다(2000년도 사업계획 및 예산/이사회 의결안건, 2000. 1. 27, 한국정보인증 사장). 이후 2001년 제1차 이사회에서는 임원보수 지급한도를 년 1억 원으로 결정하였다(임원보수 지급한도/ 제1차 이사회 보고안건, 2001, 3. 13, 한국정보인증 사장).

15. 지나온 길, 앞으로의 과제

15.1 전자서명시대의 개막

2013년 전자신문은 정보통신부 비사를 다루면서 우리나라의 공인인증서 시대가 열린 배경을 보도하였다. 이 비사의 한 부분으로 한국정보인증 사장(이정욱)은「전자서명시대 개막」이라는 주제로 기고하였다(이현덕의 정보통신부 비사 5회, 2013. 7, 전자신문). 이때 기사내용은 다음과 같다.

가. 전자서명 생활화의 원년

정부는 올해를「전자서명 생활화의 원년」으로 정하고 오는 2002년까지 전자거래용 인증서 이용자를 1천만 명으로 확대하기 위한 대대적 운동을 시작했다. 이 계획은 정부가 우리나라의 인터넷과 전자상거래의 선진화를 위해 취한 획기적인 조치로 높이 평가할 일이다. 또한 정부는 그동안 전자서명법을 여러 선진국보다 먼저 입법·시행함으로써 일찍부터 전자거래의 국가적 기틀을 마련했다. 올해를 전자서명 생활화의 원년으로 설정한 데는 두 가지 뜻이 있다고 본다.

첫 번째는 우리나라의 인터넷을 전자거래가 중심이 되는 선진형으로 전환시키고자 하는 점이다. 지금까지의 인터넷이 다분히 엔터테인먼트 위주였다면 앞으로는 경제활동의 핵심수단으로 발전시킨다는 의지를 담고 있다고 하겠다.

두 번째는 인터넷거래, 즉 전자상거래를 생활화하기 위해서는 인터넷상에서 서로 믿고 거래할 수 있는 제도적 장치를 강구해줘야 한다는 점이다. 지금까지의 인터넷거래에서는 치명적인 문제가 있었는데 그 하나는 상대방을 직접 보지 못하기 때문에 신원확인이 불가능하다는 점과 거래내용이 제3자에게 노출될 수 있다는 점이다. 이 같은 문제점을 해결하기 위해 세계 각국에서도 전자거래용 인증서를 도입하고 있다.

나. 국내에 공인인증서 최초 발행

국내에 공인인증서가 처음 선보인 것은 지난 1999년 상반기며 다른 분야에 비해 정부부처와 공공기관 분야에서 보급이 빠르게 진행되고 있다. 공공부문에서는 민원업무와 납세, 조달 업무 등에 도입돼 사용되고 있다. 부산시의 경우 지방세와 자동차세를 인터넷으로 납부할 수 있는 제도를 채택해 시행 중이고 대구시와 서울시도 올 상반기 안에 민원, 납세 업무 등을 인터넷으로 해결할 수 있게 할 것으로 보인다.

특히 지난해 하반기 조달청의 전자입찰방식 도입을 계기로 정부기관 및 공공기관을 중심으로 공인인증서가 빠르게 보급되고 있고 정보통신부도 오는 3월부터는 공인인증서 기반의 e메일을 전 직원에게 보급하기로 하는 등 전자정부 실현에 박차를 가하고 있다. 기업부문에서는 한국통신이나 한국전력과 같은 정부투자기관에서 본격적으로 전자거래 방식을 도입해 시범운영 중이고 일반 대기업에서도 공인인증서를 기반으로 하는 신규사업모델을 준비하고 있다.

그동안 비공인(사설)인증과 ID, 패스워드를 사용해 온 인터넷뱅킹과 사이버 트레이딩 분야에서도 공인인증서를 기반으로 한 거래로 바뀌어 가고 있고 빠른 속도로 이용자가 늘어날 것으로 예상되는 m커머스 분야에서도 이동통신업체와 공인인증기관 간 제휴를 통한 공인인증서 사용이 추진되고 있다. 또한 앞으로 전자거래를 활성화하기 위해서는 전자거래 시 전자영수증을 발급해야 한다. 쇼핑몰 등에서 구매자에게 공인인증서를 기반으로 하는 전자영수증을 발급해 주고 동일한 영수증을 공인인증기관에 보관·관리하는 시스템을 구축해야 한다.

앞으로 공인인증서로 전자서명되는 내용증명 서비스가 디지털 경제 활동의 전면에 등장하게 될 것으로 예상된다. 최근 개화하기 시작한 국가 간 전자거래에도 인증서가 필요하고 해당국 간의 상호인증은 필수적이다. 국가 간 상호인증은 기술적인 면보다는 정책부문의 비중이 크기 때문에 해당국과 인증정책 부문에 대한 합의를 거쳐야 한다. 따라서 단순히 외국업체의 인증서를 사용하는 것만으로 국제 상거래에 바로 사용할 수 있다는 항간의 기대는 잘못된 것이다.

15.2 국내 정보인증시장의 과제

2000년대에 들어서면서 우리나라는 바야흐로 전 국민인터넷 시대에 본격적으로 진입하고 있었다. 이때 한국정보인증 사장(이정욱)은 당시 국내 정보인증시장의 안고 있는 과제를 분석하고 그에 대한 대책을 제시하였다. 이 내용은 정보보호뉴스 기획특집으로 보도되었으며 주요내용은 다음과 같다(정보보호뉴스, 2000. 3. 6).

가. 앞서가는 정부와 공인인증 시행

2000년에 진입하면서 인터넷은 10대와 20대에게는 생활 자체가 되었고, 30대와 40대에게는 일생활의 필수과목이며, 50대와 60대에게는 선택과목이 된 셈이다. 인터넷의 확산속도는 가히 광속이다. 인터넷 인구가 1천만 명을 육박하면서 우리나라 전자상거래의 규모도 생각보다 빠른 속도로 팽창되고 있다.

2,000년대에는 전체 상거래의 약 40%이상이 인터넷상거래가 차지할 것으로 예상되고 그 총액규모도 약 150억 원대에 달할 것으로 보인다. 이처럼 e-비즈니스의 급속한 증가는 일시적 현상이 아니고 어느 나라에서나 앞으로 3년 내에 전자상거래 표준방식이 정착할 것으로 보인다. 미국은 1980년대에 들어서면서 이 분야의 기술을 개발하여 인터넷시대와 전자

상거래에 대비해 왔다. 그리고 1990년 초부터는 자신들이 개발한 소프트웨어와 하드웨어를 전세계 시장에 출시하기 시작하였다.

특히 1990년대 후반부터는 전 세계를 인터넷으로 묶어 글로벌화 하는 시도를 본격적으로 하고 있으며, 이를 바탕으로 미국은 국가경제를 디지털경제 체제로 변환시켜 나가고 있다. 지난해 소비자보호원에서 조사한 바에 의하면 인터넷 쇼핑몰 구매자의 15%가 배달된 제품이 불량품이거나 반품을 약속해 놓고 지키지 않거나, 또는 대금을 지불했는데도 상품을 보내주지 않는 등 피해경험이 있다고 나타나고 있다. 이 문제의 해결을 위하여 구매자와 판매업체에 대한 신원확인과 신용도를 확인하여 공인기관이 인증해주는 정보인증의 도입이 시급한 실정이다.

우리 정부에서는 이러한 인터넷 전자상거래의 문제점을 해소하고 세계경제의 흐름에 발맞추기 위하여 전자거래기본법과 전사서명법을 제정, 1999년 7월 1일자로 공포하였다. 선진국에 한발 앞서 우리나라 전자상거래에 대한 법적인 뒷받침을 한 셈이고, 인터넷의 발전을 촉진시키는 획기적인 조치임에 틀림없다. 이 법에서는 전자거래의 안정성과 신뢰성을 높이기 위하여 전자인증방식을 도입하였으며, 이를 위하여 전자서명법에서는 기술능력과 인증시스템 및 전문 인력을 갖춘 공인인증기관을 지정하도록 되어 있다. 현재 공인인증기관으로는 한국정보인증(주)와 한국증권전산(주)가 지정되었고, 금융결제원도 준비 중에 있다.

나. 한국정보인증의 유비무환

지난해 10월초 미국 실리콘벨리에 있는 베리사인(Verisign)을 방문할 기회가 있었는데, 이 회사는 현재 세계적으로 유명한 정보인증 전문회사이다. 베리사인은 미국 내에서 정보인증사업을 주도하고 있을 뿐 아니라 전 세계시장을 대상으로 마케팅을 하고 있다. 아시아 지역의 몇몇 국가들도 이 회사의 기술과 시스템을 통째로 수입해 인증사업을 하고 있다. 현재 이 회사 매출액의 약 40%정도는 기술과 시스템을 수출하여 올린 수입이다.

우리나라는 이미 몇 년 전부터 이 분야에 대한 기술과 시스템을 개발해 왔기 때문에 빠른 시간 내에 선진국 수준으로 완성할 수 있다고 본다. 이러한 상황에서 인터넷과 전자상거래의 발전을 위하여 우리가 유념해야 할 일이 있다. 바로 기술의 국산개발 과제이다. 초기에 다소 어려움이 예상되지만 중장기적인 입장에서는 공인인증기관이라면 국산시스템으로 전자상거래를 개시해야 한다.

또한 짧은 기간에 인터넷이 엄청난 양적 팽창을 하다 보니 질적인 문제가 대두되고 있다. 인터넷이용자 약 70%가 나타내고 있는 가장 큰 불만은 인터넷 접속이 잘 안되고 느리며 중간에 끊어진다는 점이다. 즉 인터넷의 인프라를 최고 수준으로 구축하는 일이다. 일반이용자 PC와 쇼핑몰의 서버 간을 연결시켜 주는 인터넷 네트워크의 건설과제이다. 이 네트워크는 첨단기술을 개발하여야 하고 엄청난 투자를 요구하는 부문으로서 장기적으로 치밀하게 시행되어야 한다.

이 부문이 소프트웨어적으로나 하드웨어적으로 실로 어렵기 때문에 우리는 지금도 손쉽게 뭉게구름으로 표시하고 있다. 인프라 구축의 중요성은 아무리 강조해도 지나치지 않다. 앞으로 전 세계는 인터넷과 전자상거래의 거대한 집합 네트워크로 변화해 갈 것이다. 우리는 당장 먹기에 곶감이 달다는 식보다는 미래에 세계시장에 진출할 수 있는 꿈을 준비해야 한다. 이제 전 세계는 신기술의 거대한 물결에 휩싸여 도도히 흘러가고 있다. 미국이 주도하는 디지털 경제의 흐름은 향후 수십 년간 지속된다고 보아야 한다. 이 물결을 타는 자는 살아남고 거스르는 자는 패배하게 되어 있다.

15.3 세계 인증주도기관으로의 도약

2000년 4월 한국정보인증(사장 이정욱)은 한국정보인증의 발전방향과 포부에 대해 언론과 인터뷰를 가졌다. 이 신문은 당시 인터뷰내용을「세계 인증주도기관으로의 도약」이라는 제목으로 보도하였다(산업경제신문, 2000. 4. 10). 이 보도의 주요내용은 다음과 같다.

가. 전자상거래 안정성에서 큰 몫 담당

국내 첫 민간주도의 공인인증기관인 한국정보인증(주)는 인터넷상에서의 각종 거래에 따른 신원확인과 이에 대한 보증, 각종 사고발생시 법률적으로 보호받을 수 있는 보상까지도 준비하고 있다. 우리나라 전자상거래 시장이 전 세계 어디에서라도 인정받을 수 있는 안정된 시장으로 성장 발전해 가는데 선도적 역할을 담당할 한국정보인증(주)의 이정욱 사장을 만나 발전계획과 포부를 함께 살펴본다.

국내최대의 공인인증회사인 한국정보인증주식회사는 1999년 7월에 시행된 전자서명법에 의거하여 고도의 안정성과 신뢰성을 보유한 인증시스템을 구축하여 전자상거래에 있어 필수적이라 할 수 있는 인증서 발급서비스를 제공하기 위해 한국통신, 삼성SDS, LG인터넷 등 국내 굴지의 기업들이 공동출자하여 설립된 회사이다. 인증제도는 전자상거래의 안정성을 높이기 위해 도입된 제도다. 인감도장이나 사인이 아날로그 시대의 안전장치라면 전자인증은 디지털 시대의 안전장치다. 정부에서 공인인증기관 설립에 비중을 두고 추진하는 것도 이 때문이다(박성하 기자).

나. 국산 공인인증방식의 확산

「공인인증제도는 정부가 나서 전자상거래를 법적으로 뒷받침하자는 목적으로 설립되었습니다. 구매자와 판매업체 신원과 신용도를 정부가 보증하겠다는 취지지요. 전자인증이 활성화되면 전자상거래는 물론 인터넷 발전에도 크게 기여할 수 있기 때문입니다. 한국정보인증은 정부가 원하는 기술능력과 인증시스템, 전문 인력을 고루 갖춰 국가공인인증기관 제

1호로 선정되었습니다.」이정욱 사장의 말이다.

공인인증기관의 개념을 살펴보면 전자서명법에 의거하여 국가로부터 지정을 받은 공신력있는 인증기관으로서 인터넷상에서 거래상대방의 신원 및 시용을 확인하거나 증명할 수 있는 인증서(Certificate)를 발급하는 기관으로 게임 및 서버의 인증서 발급, 폐기, 갱신, 내용변경, 내용조회 등의 업무를 수행하며 전자서명법은 공인인증서에 의한 거래에서 법적 효력을 가질 수 있도록 규정하고 있다.

「전자상거래와 인증은 깊은 관계가 있습니다. 전자상거래는 전 세계적으로는 21세기 국가경제를 좌우할 핵심사업으로 부상하고 있습니다. 현재 국내 쇼핑몰은 800여개로 추산되는데, 본사가 최근 대형쇼핑몰 10개 업체를 대상으로 조사한 바에 따르면 절반정도가 자체인증을, 나머지는 외국인증시스템을 도입하고 있습니다. 하지만 향후 3년 내에 국내쇼핑몰 중 80%이상의 업체들에게 서비스를 제공할 목표를 세우고 있습니다.」

한국전기통신공사 부사장을 지내며 우리나라 최초로 전자교환기를 도입하여 전화시설을 2,300만 회선으로 확장시킨 경력을 가진 이정욱 사장의 자신만만함에 눈길이 간다. 전자인증의 발달로 인해 이제 우리들은 각종 은행 업무는 물론 쇼핑, 교육 등의 서비스를 받을 수 있고 행정민원, 기업업무, 심지어 주주총회의결 서비스까지도 받을 수 있게 되었다. 인터넷상에서의 신용보증과 편리한 업무처리 이제는 한국정보인증(주)가 그 일선에 있다(박성하 기자).

15.4 인터넷의 백년대계

2000년 초 한국정보인증 사장(이정욱)은「인터넷 백년대계」라는 제목으로 인터넷의 장기적 발전방향을 제시하였다. 이에 대해 언론에서 보도한 내용은 다음과 같다(디지털타임스, 2000. 3. 31).

가. 이용자 70% 불만토로

인터넷인구가 1천만 명을 넘어섰다. 그러나 외형적으로 성장한 인터넷산업의 이면을 들여다보면 해결해야할 과제가 한두 가지가 아니다. 돌아보면 우리나라에 인터넷 서비스의 도입이 논의된 것도 1992년부터다. 한국통신은 1993년에 인터넷 도입계획을 세웠다. 그 이후 크고 작은 인터넷사업자가 등장하면서 시장경쟁에 불이 붙기 시작했다. 언론사, 방송사 및 정부부처에서도 앞 다퉈 인터넷 관련행사를 추진했다. 인터넷통신망과 PC를 통해 고속 멀티미디어 서비스를 관람하도록 한 세계박람회와 정보엑스포 96행사는 정부주도의 행사로서 인터넷문화를 한 단계 끌어올리는데 기폭제 역할을 했다.

인터넷부문 세계1위는 지구촌 인터넷인구의 50%이상을 차지하는 미국이다. 다음이 뚝 떨어져 일본· 영국· 캐나다· 독일 순이다. 우리나라도 세계최다 인터넷 이용 10개국에 들어가게 됐으니 인터넷 선진국이라고 할 수 있다. 요즘엔 인터넷 비즈니스로 단숨에 재벌이 된 젊은 사업가의 성공스토리도 들려오고 직장인과 대학생들이 벤처 열풍에 휩싸여 있다. 그러나 인터넷이 짧은 기간에 엄청난 양적 팽창을 하다 보니 질적인 문제가 대두되고 있다. 최근 소비자보호원의 조사에 의하면 인터넷이용자의 약 70%가 불만을 나타내고 있다고 한다. 가장 큰 불만은 인터넷에 접속이 잘 안되고 느리며, 중간에 끊어진다는 점이다.

나. 원천기술 준비 소홀해

또한 모TV방송에서 지난 2월 뉴스추적시간을 통해「초고속 인터넷」이라는 제목으로 방송한 내용에도 동일한 문제점이 지적되고 있다. 특히 초고속통신망으로 인터넷에 접속할 때 통신사업자가 광고로 선전한 만큼의 속도가 보장되지 않는다는 지적을 많이 받았다. 말할 필요도 없이 21세기 전 세계는 인터넷과 전자상거래의 거대한 집합 네트워크로 변화해 갈 것이다. 이제 우리는 앞으로 20년을 내다보면서 인터넷을 준비해 나가야 한다.

우리는 인터넷을 세계최고수준으로 발전시키기 위해서는 첨단기술과 시스템이 먼저 개발돼야 하고, 대용량 데이터베이스의 원천기술과 응용시스템도 균형있게 발전시켜야 한다. 586PC와 응용 소프트웨어만 갖추면 된다는 단순한 생각으로는 다가오는 인터넷시대에 대처할 수 없고, 인터넷의 인프라인 네트워크를 최고 수준으로 구축하는 일이 무엇보다 중요하다. 따라서 인터넷 기간통신망과 가입자 네트워크를 선진국수준으로 초고속화 시키기 위한 계획을 가지고 차분히 구축해 나가야 한다.

지금 우리는 인터넷을 너무 쉽게 생각하여 원천기술은 준비하지 않고, 인터넷을 이용해 돈 버는 일에만 열중하고 있지는 않는지 유의할 일이다. 인터넷의 발전기반 마련에 노력하기보다는 아이디어 하나로 쉽게 돈을 벌 수 있는 있다는 식으로 인터넷 비즈니스를 과대포장하고 있지는 않는지 살펴보자는 뜻이다. 선진국은 이 분야의 첨단기술과 시스템 개발에 엄청난 노력을 투입하면서 장기전을 펼치고 있을 뿐 아니라 인프라 구축에 고도의 인력과 많은 투자를 하고 있다. 우리처럼 무턱대고 인터넷 성공신화에 대해 떠들어대기보다 착실하게 노하우를 축적해 가고 있는 것이다.

앞으로 21세기 선진 인터넷시대에 들어서기 위해서는 넘어야 할 고비가 많다. 준비해야 할 과제가 산처럼 쌓여있는데, 현재 우리가 가지고 있는 몇 가지 초보기술과 수입시스템으로써 TV 선전광고에만 과도한 노력을 낭비하고 있지는 않는지 짚어볼 일이다. 우리는 당장 먹기에 곶감이 달다는 식으로 만족하기보다 세계시장을 개척할 수 있는 중장기계획을 세워나가야 한다. 전 세계는 신기술의 거대한 물결에 휩싸여서 도도히 흘러가고 있다. 미국이 주도하는 디지털경제의 흐름은 향후 수십 년간 지속된다고 보아야 한다. 급할수록 차분하게 준비해야 한다.

15.5 차세대 전자상거래 발전방향

2001년 초 한국정보인증 사장(이정욱)은 우리나라 차세대 전자상거래를 위한 발전방향에 대해 언론과 인터뷰를 가졌다. 본 인터뷰는「기술만큼 강력한 무기는 없다」라는 제목으로 다음과 같이 보도되었다(한국경영인신문, 2001. 1. 15).

가. 기술만큼 강력한 무기는 없다

우리나라 최초의 국가 공인인증기관인 한국정보인증주식회사의 이정욱 사장. 이 사장은 요즘 우리나라 전자공증업무의 새장을 만들어 나가는데 불철주야다. 기술고시 출신인 이 사장은 체신부를 거쳐 한국통신 부사장을 역임하는 등 20여 년 동안 통신 분야에 능통한 전문가로 국내 최초로 전자교환기를 도입했을 뿐만 아니라 전화시설을 2천3백만 회선으로 확장하고 PC통신망 등을 구축하는데 중추적인 역할을 담당했다. 이정욱 사장을 만나 최근 우리나라 IT업계의 현황과 나아갈 방향에 대해 들어보았다.

「오직 기술」한국정보인증주식회사 이정욱 사장이 IT업계에 던진 이 한마디는 실로 언중유골과도 같은 의미심장한 말이다. 이 사장은 독자기술만이 생존의 가장 확실한 무기임을 거듭 강조하며 이제는 젊은 벤처인들이 전문분야에서 독창적인 전문기술을 보유해야 한다는 역할론을 강조했다. 사실 지금까지 기술없는 벤처회사가 다반사였습니다. 필요한 기술을 보유한 벤처를 찾으려고 하면 쓸만한 회사는 없었어요. 그런데 요즘은 우리나라에도 상당한 기술력을 보유한 벤처가 늘어나 이제는 제대로 가고 있는 게 아닌가라고 생각합니다.

이 사장의 이런 평가는 IT업계 전반에 내린 것이라 우리나라 벤처업계에도 희망의 불빛이 서서히 타오르고 있음을 암시했다. 정보인증분야에서도 생체인증기술까지 발전됐다며 앞으로 국내에도 상용화를 위한 시장 확대에 박차를 가하겠다는 의지다. 그러면서 그는 정부에서 전자서명법 등을 빨리 잘 만들어 정책적으로 뒷받침하려는 관심이 높다 면서 정부정책에 대해 긍정적인 반응을 보였다. 정보인증을 포함한 IT분야는 가능한 빨리 서두르고 접근하는게 급선무입니다. 여기서 우물쭈물할 때가 아닙니다. 이것은 선택의 여지가 아니라 필수사항입니다.

21세기 디지털경제축인 이 분야를 빨리 따라 잡아야 합니다. 마치 이 사장은 배수의 진을 치고 필사적인 싸움에 임하도록 병사들을 독려하는 장군과 같은 심정으로 이렇게 말했다. 최근의 벤처업체가 태어나고 사라지는 것에 대해선 생성소멸과정은 필수이며 시간이 가면서 확실한 기술력을 보유한 벤처가 걸러질 것이라고 단언했다. 벤처업계 숫자가 많고 적음은 중요한 것이 아니라는 말도 덧붙인다. 미국 실리콘 밸리에는 4백 개-5백 개 업체가 있지만 모두가 자기기술을 보유하고 있다면 우리나라는 그렇지 않은 점이 차이라는 설명이다. 그만큼 지금껏 우리니라 벤처업계들 중 상당수가 염불(기술)보다는 잿밥(주식)에만 관심을 둬왔다는 반증이다.

나. 초고속 인터넷망부터 시급히 추구해야 한다.

그러나 이 사장은 과연 우리나라가 인터넷 강국이냐는 질문에 몇 가지 의문점을 단다. 우선 그는 질적으로 인터넷 선진국인가라는 부분에 대해서 고개를 흔든다. 단편적인 예로 인터넷인구 중 상당수는 경제주체가 아닌 허수라는 점을 꼽는다. 1천5백만 명이 넘는 인터넷 시대라고 하지만 이 중 청소년이 대거 포함돼 실질적인 경제활동에 참가할 수 있는 사람은 그리 많지 않다는 얘기다. 이와 함께 세상에 공짜는 없다며 인터넷 이용자들은 더 이상 공짜로 움직이지 않음을 역설했다. 이제는 이용자들도 생산적이고 경제 활성화 측면으로 전환되어야 한다는 주문이다.

이를 위해선 컨텐츠 고도화와 전자상거래 활성화를 이끌어 내야 한다고 연신 강조했다. 속도의 편리성 같은 기술적 측면을 고려해 볼 때도 과연 우리나라가 인터넷 선진국인지 문제제기를 한다. 이런 의문에 그는 속도측면에서 가장 문제시 되는 점은 국가를 대표할 만한 고속 인터넷망의 부재를 꼽았다. 지금까지는 골목대장 격으로 회사별로 처리하고 있는 실정이라 수퍼 하이웨이로의 개선이 급선무라는 설명이다. 또한 인터넷 진입로 문제도 하루 빨리 해결되어야 할 과제라고 언급한다.

말하자면 차는 최고급인데 길은 비포장도로라 아무리 달리고 싶어도 제 속도를 낼 수 없다는 비유로 현 상황을 설명했다. 고속 인터넷망 형성과 인터넷 진입로에 대한 문제부터 선진국수준으로 이끌어야 인터넷 강국이 될 수 있다고 확신하고 있다. 인터넷 초고속시대를 열어야 한다고 몇 번이고 강조하는 이 사장은 냉철하게 분석해 우리나라 기술수준은 그 껍데기를 벗기면 일본에 한참 뒤처진 상황이라며 알맹이 기술을 가져야 한다고 강변한다.

그러면서 장기적으로 바라볼 수 있는 안목이 필요하다고 역설한다. 단편적인 예로 그는 일본의 경우 차근차근 광통신망을 설치하고 있는데 반해 우리나라는 중간역이라고 할 수 있는 ADSL에 매달리고 있다며 이는 짚신에 양복을 입혀 놓은 격으로 확실한 인프라 구축으로 전자상거래에 대비해야 한다고 일침한다. 우리나라와 일본의 이런 상황을 비교하면서 그는 몇 번이고 되새김질하며 생각해보게끔 하는 한마디를 내던지기도 한다. 「장기적으로 일본은 내일이 오늘보다 중요하다고 여기지만 우리는 내일보다 오늘이 중요하다고 여긴다. 이것이 문제다」라고.

다. 전자구현으로 부패까지 없앤다

한편 올해로 3차 년도를 맞이하는 한국정보인증주식회사는 등록기관과의 협력과 법률회사와 전자공증 같은 부가사업에 더욱 매진함은 물론 보안기술업체와 협력해 특수한 시큐리티를 구현해 나간다는 계획이다. 특히 올해엔 예전보다 비교해 인증발급 속도는 물론 보다 한 차원 높은 시큐리티를 제공할 것이라고 설명한다. 그러면서 이정욱 사장은 확실한 기술 보유만 이뤄지면 IT업계는 전반적으로 밝을 것이라고 전망했고 인증에 대한 인식도 고조될 것으로 기대했다.

특히 조달청과 국세청을 중심으로 정부에서 전자구현을 위한 다각적인 노력을 하고 있다며 앞으로 전자입찰이 전면 도입된다면 지금처럼 뒷거래가 이뤄지는 부패는 말끔히 사라질 것이라는 희망의 말을 던지기도 했다. 이 사장의 이런 언급은 향후 전자입찰과 전자상거래 같은 방법이 단순한 편리성만 제공하는 것이 아니라 맑고 투명하게 일처리가 이뤄지는 부패 제거의 일대 혁신을 가져오는 예고의 말로 받아들여진다(오일선 기자).

16. 한국정보인증(주)의 간부진

16.1 조직 및 인력운용

가. 초기 간부진 및 조직개편

한국정보인증이 창립된 후 제1기 간부진은 다음과 같이 구성하여 운영하였다(1999년).

(1) 1급 간부직원 : 시스템관리실장 정왕호, 시스템개발실장 김용준, 영업1실장 안삼구, 영업2실장 이재철, 사업지원실장 정표영.

(2) 2급 간부직원 : 시스템기획부장 이규돈, 시스템운영부장 이동석, 시스템개발부장 김주현, 네트워크기획부장 유희열, 네트워크영업부장 최희철, 마케팅기획부장 이용호, 개인사업부장 김종희, 요금관리부장 성욱조, EC사업부장 박정훈, 시스템사업부장 이철호, 재무부장 최병진, 총무부장 김순모.

이후 1999년 12월 한국정보인증은 사업초기의 대외영업활동 강화 및 회사기반을 조기에 구축하기 위해 실장·부장제도를 도입하였으나, 6개월간의 준비기간이 경과하고 본격적인 사업개시에 맞추어 팀 제로 조직을 개편하였다. 그리고 인터넷시장의 활황에 따라 능동적으로 인증시장 상황에 대처하고 이를 위해 탄력적으로 조직을 운영하기 시작하였다. 이에 따라 임원직(상무 이상)은 사업성과에 의한 수익실현 시까지 미보직으로 운영하고, 보직간부를 최소화하여 감축인력을 현장영업 인력으로 보강 운영하였다.

또한 의사결정 체제를 4단계에서 2단계로 축소하였다. 이를 위해 2000년 1월 1일부터 사업기획팀, 시스템운용팀, 공공사업팀, 기업사업팀 등 4팀 체제로 팀 제를 도입 시행하였다. 이러한 조직개편에 따라 1급 간부직원으로 사업기획팀장 이규돈, 시스템운영팀장 정왕호, 공공사업팀장 유희열, 기업사업팀장 안삼구 등이 발령되었다. 그리고 2급 간부직원은 사업기획팀 최병진, 시스템운영팀 이동석, 기업사업팀 이철호, 공공사업1팀 성욱조, 공공사업2팀 김종희 등으로 재편되었다. 이후 사업개발팀이 필요하여 팀장에 장승욱을 특별 채용하였다(2000년 조직 및 인력운영계획, 1999. 12, 한국정보인증주식회사).

나. 창립 2차년도의 인력운용

한국정보인증이 출범한지 1년이 지난 2000년 하반기에는 직원들의 격심한 이직으로 사업 운영에 차질이 우려되는 상황이 벌어졌다. 이것은 한국전자인증이 사업을 확장하고 엔트러스트(Entrust)와 볼티모어 등 해외 유수업체의 국내진출로 이들 회사가 경력직 수십 명을 필요로 하기 때문이었다. 당시 인증서비스 경험을 가진 훈련된 전문인력은 공인인증기관의 인력이 거의 유일한 상황이었다.

이러한 상황에서 이들 회사는 한국정보인증(주) 직원에게 사주, 스톡옵션 및 높은 급여 등 파격적인 대우를 제시하면서 그동안 훈련시켜 놓은 직원들을 빼내가는 일이 벌어져 24명이 한꺼번에 퇴사하는 사태도 발생하였다. 당시 이러한 심각한 이직사태에 대비하여 약간이 여유인력(Over TO)을 확보하는 방안을 이사회에 상정하였으며, 신규인력은 하위직, 기술직 중심으로 충원하는 방안으로 추진하였다. 또한 2000년 내 인증기술연구소를 설립하여 5년간 장기근무가 가능한 선임기술 인력을 확보하는데 주력하였다(인력운영계획/ 제3차 이사회 안건, 2000. 10, 한국정보인증 사장).

2001년 중반 한국정보인증은 다시 조직개편을 단행하였다. 이에 관하여 언론에서 다음과 같이 보도하였다(전자신문 2001. 7. 6).

<보도기사> 한국정보인증(대표 이정욱)이 4일 창립 2주년을 맞아 조직개편을 단행했다. 이 회사는 공격적인 공인인증서 활용 시대에 대비하고 연구기능 강화와 신규고객 창출 확대를 위해 조직을 1실 1소 1본부 체제에서 1실 1소 2단으로 개편했다. 특히 연구기능 강화를 위해 선우종성 전 한국전산원 정보화지원단장을 정보인증기술연구소장으로 영입했다.

16.2 한국정보인증(주) 이사회 구성

한국정보인증(주)의 창립당시 이사회는 대표이사 사장, 비상임이사 9명, 비상임감사 1명 등 11명으로 구성되었으며, 그 내용은 <표 5-24>와 같다. 그리고 2000년도 한국정보인증 이사 중 한국통신과 제일화재해상보험 소속 이사가 변동 선임되었으며, 그 내용은 <표 5-25>와 같다.

<표 5-24> 창립당시 이사회 구성(1999. 7. 1)

① 대표이사 이정욱 / 한국전기통신공사 경영자문위원장

② 비상임감사 김광호 / 포스데이터(주) 대표이사

③ 비상임이사

성명	소속	성명	소속
김선조	한국통신 상품기획단장	유화석	삼성SDS(주) 삼성정보전략팀장
김소헌	제일화재해상보험(주) 감사	정점균	한국무선국관리사업단 기획실장
박명욱	SK텔레콤(주) 신규사업부문장	조영훈	(주)다우기술 영업본부장
신인용	(주)LG인터넷 경영지원그룹장	황기연	(주)일진 대표이사
원좌현	한국정보통신(주) 부사장		

<표 5-25> 2000년도 이사변동(제2차 및 제3차 이사회 의결)

이사회	해임	선임	비고
2000년 제2차 (2000. 3. 14)	한국통신 김선조 상품기획단장	한국통신 김요동 인터넷사업단장	내부인사 이동
2000년 제3차 (2000. 10)	제일화재해상보험 김소헌 감사	제일화재해상보험 김수기 감사	

한편 언론에서는 우리나라 보안서비스 편을 다룬 기획보도에서「전자정보통신업계를 움직이는 사람들」이라는 주제로 한국정보인증을 다음과 같이 소개하였다(전자신문, 2000. 8. 2).

<보도기사> 한국통신 부사장을 지낸 한국정보인증 이정욱 사장(56)은 통신과 IT 분야를 아우르는 몇 명 안 되는 보안업계의 전천후 전문가로 통하고 있다. 체신고등학교를 졸업하고 기술고등고시에 패스한 후 체신부, 한국통신 정보통신본부장, 기획조정실장, 네트워크 본부장 등을 역임해 실무경험이 풍부하고 기획력이 뛰어나다는 주변의 인물평이다. 한국통신학회 부회장, 한국 ISDN포럼 회장, 한국전파진흥협회 부회장 등을 두루 거칠 정도로 대외적인 활동도 왕성하다(강병준 기자).

2001년도 한국정보인증 이사 중 LG전자(주), 삼성SDS(주), SK텔레콤(주), 한국전기통신공사, 한국무선국, 포스데이터(주), 한국정보통신(주) 소속 감사 및 이사가 변동 선임되었다. 이는 2001년도 제1차 이사회에서 의결되었으며, 그 내용은 <표 5-26>과 같다(비상임이사 및 비상임감사 해임 및 선임, 2001. 3. 13, 한국정보인증). 이후 2001년 제2차 이사회(2001. 7)에서 비상임 이사 중 한국무선국관리사업단의 내부인사로 김행길 이사를 해임하고 조수형(신임 기획실장) 이사를 선임하였다. 그리고 제일화재해상보험(주)의 감사가 유정수로 변동됨에 따라 김수기 이사를 해임하고 유정수 이사를 선임하였다.

<표 5-26> 2001년도 이사 및 감사 선임(제1차 이사회 의결)

성명	소속	성명	소속
권영수	LG전자(주) 상무	김영안	삼성SDS 이사
장만원	SK텔레콤 이사	윤종록	한국통신 e-Biz 사업본부장
김행길	한국무선국관리사업단 기획실장	김세희	포스데이터(주) 상무

한편 한국정보인증(대표이사 이정욱)은 주식회사의 외부감사에 관한 법률 제4조에 의하여 외부 감사인으로 삼정회계법인을 선임하였다(외부감사인 선임/ 제1차 이사회, 2001. 3. 13, 한국정보인증 사장). 당시 삼정회계법인은 세계 140여국에 사무소를 가지고 있는 KPMG의 회원사였다. 그리고 기능별로 전문화되고 각 산업별 위원회를 통한 우수한 전문인력을 확보하고 있으며 조직화되어 있는 국내최고의 회계법인으로 평가되어 선임되었다.

2001년 8월 한국정보인증은 임시주주총회를 개최하고 당시 대표이사 이정욱을 해임하고 외부로부터 강영철을 상임이사로 선임하였다. 이때 한국정보인증(주) 임직원들은 이임하는 이정욱 사장에게 감사패를 전달하였다.

> 감 사 패
>
> 사장 이정욱
>
> 우리회사에 1999년 7월 1일 초대사장으로 취임하시어 2001년 8월 10일까지 재임 하시는 동안 회사의 기틀을 세우신 노고에 감사드리며 국내 공인인증제도의 정착과 정보화 사회발전에 크게 공헌하신 바를 기리면서 이 패를 드립니다
>
> 2001년 8월 10일
>
> 한국정보인증주식회사 직원일동

제6장

전화번호의 광역화 및 체계화

1. 2000년대를 위한 전화번호계획

1.1 전국전화번호체계의 개선시도

가. 번호체계개선을 위한 준비

1970년대 우리나라는 자동전화위주로 중심국, 집중국 체제의 지역번호계획을 수립 운영하였다(1976. 5. 19). 이때 전국적으로 총 173개 지역번호를 가지고 시외전화를 하였다. 1980년대에 들어서면서 이용자의 편의향상을 위해 시내통화권 광역화 계획에 따라 당시 읍면단위 통화권(1,599개)을 시군단위 통화권(152개)로 광역화하였다. 이때 중심국 단위로 31개 지역번호를 부여하고, 1986년까지 시외지역번호를 2숫자화하며, 1991년까지 국번호를 3숫자화하는 전국번호체계를 개선하는 계획을 수립하였다(1980. 7. 24).

당시 정보통신 번호계획 업무는 체신부 계획국 계획3과에서 담당하고 있었다. 이어서 1983년-1984년도 출연연구과제로 중장기 종합통신망계획을 수행하였으며, 여기에서 PSTN에 대한 전반적 번호계획, 이동체통신 번호계획, ISDN 번호계획 등 번호계획에 관한 연구도 수행하였다. 당시 전국 지역번호체계는 서울은 0N, 부산, 대구, 대전, 광주, 인천 등 대도시는 0N×, 수원, 전주 등 141개 지역의 중소도시는 0N×× 구조로 되어 있었고, 지역번호는 시군단위 통화권별로 부여하여 전국 147개 지역번호를 운용하였다.

이때 문제점은 지역번호의 길이가 1숫자-3숫자로 불균일하고, 지역번호가 과다하여 이용에 불편한 점이 있었다. 또한 서울 8개 지역 등 일부지역의 경우 번호용량이 부족하고, 이동체통신 등 새로운 서비스가 출현함으로써 체계적인 번호계획이 곤란하게 되었다. 이후 시외지역번호 변동사항은 다음과 같다(시외지역번호 광역화계획, 1996. 4, 한국통신).

① 제주도의 서귀포, 고산, 성산포를 제주(064)로 통합하여 도단위 통화권으로 시범 운용하였다. 그리고 양산 기장을 양산(0523), 서산 태안을 서산(0455)으로 통합하여 총 147개 통

화권이 되었다(1985. 5).

② 2년 후 현풍(0548)이 대구(053)로 편입되고, 1995년 6월 시군통합에 따라 하양(0541)이 대구(053)로 편입되었다. 그리고 1996년 1월 광역시 설치에 따라 강화(0349)가 인천(032)으로 편입됨으로서 총 144개 통화권이 되었다(1987. 12).

나. 통신망 번호체계 및 번호부여방식

1982년 한국전기통신공사가 창립되고, 통신망이 전자교환방식으로 전환되면서 통신망의 번호체계를 본격적으로 검토하였다. 당시 세계적으로 이용되고 있던 정보통신 번호체계는 다음과 같다.

첫째, ITU-T를 중심으로 한 계층적인 프리픽스(Hierarchical Prefix) 번호체계가 있었다. 이 번호체계는 프리픽스를 이용하여 미디어, 서비스, 지역, 요금 등의 정보를 사전에 인식토록 하는 체계적인 번호부여 시스템을 말한다. 미디어, 서비스별로 별개의 프리픽스가 부여되고 프리픽스 내에서 고유의 가입자번호 체계를 갖는다.

둘째, 미국을 중심으로 한 북미계열의 혼합(Hybrid) 번호체계가 있었다. 여기에서는 프리픽스를 이용하나 일부 미디어, 서비스 등은 일정한 프리픽스 내에서 임의로 번호를 부여할 수 있었다.

셋째, 비체계적(Non-hierachical) 번호체계가 있었으며, 이는 이론적 체계로서 실제 존재하지는 않는다. 초기 소규모 통신망에서 적용한바 있었다.

한편 통신망에서 번호체계가 갖추어야 할 요건으로는 용이한 서비스 속성파악의 지표, 요금 등급의 지표, 이용지역구분의 지표, 과금, 라우팅을 용이하게 하는 지표, 번호변화를 최소화할 수 있는 융통성 확보 등이 요구되었다. 여기에서 각 번호체계의 특징을 비교하면 다음과 같다.

① 이용편의 면에서 보면 체계적 부여방식은 프리픽스로 서비스, 요금 등의 파악이 가능하여 편리하다. 그러나 혼합부여방식과 비체계적 부여방식의 경우 프리픽스로 서비스, 요금 등의 파악이 불가하여 다소 불편하다.

② 통신망운용 면에서는 체계적 부여방식이 최소 디지트로서 과금 및 루팅이 가능하여 번호 분석이 용이하고, 통신망 구조가 프리픽스에 의해 단순하다. 반면 혼합부여방식과 비체계적 부여방식에서는 길고 많은 디지트로 과금 및 루팅을 하게 되어 번호분석이 불편하고, 프리픽스에 의한 통신망 구축이 곤란하다.

③ 번호자원의 효율성을 보면 체계적 부여방식에서는 프리픽스에 의해 다수 서비스를 수용할 수 있다. 그러나 혼합부여방식은 특정서비스 수요가 증가하는 경우 번호를 변경해야 하고, 비체계적 부여방식에서는 다수 서비스의 수용이 구조적으로 불가능하다.

미국을 중심으로 한 북미는 ITU-T 번호체계가 정립되기 오래전부터 이를 시행하다보니 뉴미디어 및 서비스를 감안하지 못한 관계로 혼합방식(Hybrid)을 채택할 수밖에 없었다. 반면 비교적 늦게 출발한 후발국들은 ITU-T 연구의 영향으로 체계적 번호구조를 갖추게 되었다. 미국의 경우 전화, 페이저, 이동전화 등이 지역번호 다음에 무작위 국번호로 부여됨으로서 번호 자체만으로는 서비스 매체의 식별이 불가능하였다.

또한 전자교환기의 등장으로 기계식 자동교환기의 번호처리방식(Step by Step)의 한계가 극복되어 번호부여의 융통성이 크게 높아졌으나, 비체계적인 번호는 이용자 관점에서 서비스 인지도 저하와 통신망 관점에서 라우팅 및 과금의 어려움과 통신망 구조가 복잡하여 문제를 야기하였다. 우리나라의 경우 서비스 및 사업자의 다양화에 따른 프리픽스 부족문제는 지역번호 광역화 차원에서 해소가 가능하였다.

1.2 시외전화번호의 광역화

가. 시외전화번호 광역화의 유도

1980년대 중반 당시 우리나라의 번호체계는 기계식 자동교환기 위주로 한 번호체계로서 2000년대의 종합정보통신 서비스에 대비할 수 있는 번호체계의 재정립이 요망되고 있었다. 이에 따라 한국통신 계획국은 당시 번호계획을 검토하여 장기 수요에 대처하고, 이용에 편리한「2000년대를 향한 중장기 번호계획」을 수립하였다(1985. 7. 6, 한국통신 계획국). 이 계획의 주관부서 및 결재자는 제6장 말미의 참고자료 편에 기록되어 있다.

이 계획의 주요내용은 시외전화 지역번호, 국제전화번호, 시내전화번호, 특수전화번호, 이동체 전화번호, 서비스별 식별번호 등에 대해 중장기계획이며, 일대 번호전환계획도 포함되어 있다. 이후 한국통신은 이 기본계획을 일부 조정하여 부분별 번호계획으로 확정하여 시행하였다. 특히 전국의 지역번호를 현행 시군의 기초자치단체에서 광역자치단체 단위인 특별시, 광역시로 전환됨에 따라 전화번호도 도단위로 광역화하였다.

이때 144개 지역번호를 15개 지역번호로 광역화 단순화하고, 서울, 제주, 5개 광역시는 현행을 유지하였다. 그리고 도내 2자리 국번호는 3자리로 확장하였으며 대상 전화가입자는 약 529만 명에 달했다. 그러나 당시 이와 같은 한국통신의 도단위 지역번호 광역화 계획에 대한 관련 기관의 시각은 한국통신과 상당히 달랐다. 당시 정부(정보통신부)는 시외전화 경쟁을 고려하여 지역번호 광역화 추진에 부정적 태도로 일관하다가 1996년 2월 전담반 운영을 통해 광역화를 추진하기로 내부방침을 굳히게 되었다.

그러나 데이콤을 의식하여 광역화의 추진 시기를 확정하지 않고 있었다. 한편 정부, 학계, 연구소, 통신사업자로 구성된 정보통신번호 개선전담반에서는 시외전화 식별번호를 검토하였으며, 번호자원의 관리측면에서 지역번호를 광역화하는 것으로 결정하였다(1995. 2). 그러나 데이콤은 사업영역 축소를 우려하여 적극적인 거부활동을 벌였으나, 언론 및 국회는 대부분 지역번호 광역화에 대해 지지를 표명하였다.

이때 정보통신부는 1996년 5월 중 조직개편 예정으로 있어 담당부서(부가통신과)는 조직개편 이전에 정책결정을 하려고 움직이고 있었다. 이런 상황에서 한국통신은 차관 등 정부관계자, 통신사업자, 기자 등이 참석한 가운데 지역번호 광역화에 대한 공개세미나를 개최하였다(1996. 4. 29). 이 세미나를 통해 지역번호 광역화의 당위성을 재차 피력하고 적극적으로 정부를 설득하여 조기에 이 계획이 시행되도록 유도하였다.

나. 시외전화번호 광역화 추진

1990년대 중반 한국통신 기술기획실(실장 이정욱)에서는 지역번호 광역화를 강력히 추진하면서 이를 위한 앞으로의 시행계획을 수립하였다(지역번호 광역화 추진, 1995, 한국통신 기술기획실). 이 계획의 주요내용은 다음과 같다.

① 한국통신은 정보통신 이용번호를 1996년 이후 단계적으로 전환하는 중장기 번호전환계획을 수립하였다(1987. 3). 다만 서울지역은 1993년부터 4자리 국번호를 부여하도록 결정하였다. 이후 정부(체신부)는 국민편익을 증진하고 체계적인 번호관리를 위해 전기통신번호관리지침을 확정하였다(1990. 2). 이 지침의 주요내용은 시외지역번호를 직할시, 도단위로 번호권을 광역화하고, 시군단위 번호 146개를 시도단위 번호 15개로 조정한다는 것이었다(1995년-2,000년).

② 한국통신의 기계식 자동교환기는 지속적으로 철거하고 1994년에 완전 철거한다. 그리고 국번호는 1996년에 변경한다(1996. 2-1996. 8). 이때 1자리 국번호 및 2자리 국번호를 3자리화로 전환한다. 여기에 해당하는 국번호는 946개이고 가입자 수는 529만 명으로 전국가입자의 30%에 해당된다. 이때 국번호의 골격은 최대한 유지하고 2자리 국번호 NX에 첫 디지트를 추가하여 NNX로 변경한다.

③ 시외지역번호 광역화를 위한 연구과제를 수행한다(1993년-1994년). 이를 위해 중장기 번호전환방안을 세부적으로 검토하고, 전화번호의 이용성향 및 변경방안에 관한 여론조사를 한국갤럽조사연구소를 통해 실시한다. 그리고 국내전기통신번호 장기구조 및 적용방안을 학술위탁연구과제로 하여 학계(한양대학교 산업경영연구소)에 맡겨서 수행한다.

④ 지역번호 광역화는 단계적으로 변경하여 전화이용의 혼란을 최소화하고 통신망을 안정적으로 운용하기 위해 4단계로 분할 시행한다. 146개 지역번호를 15개 지역번호로 변경하는 지역번호 광역화는 1996년 11월에 전국적으로 동시에 전환한다. 이때 대국민 홍보를 시행하고, ACTAS, ARS를 이용하여 변경번호를 안내 방송한다.

이와 같이 시행함으로서 인접지역 통화량이 많은 농어촌지역의 전화이용을 편리하게 하고, 시외지역 접속호의 상당부분을 가입자번호만으로 접속이 가능하였다. 그리고 지역번호를 쉽게 인지하고 다이얼링을 용이하게 하는 등 생활권에 부응하여 전화를 이용하게 함으로써 획기적으로 이용자의 편익을 증진시킬 수 있었다. 또한 146개 번호권에서는 번호의 사용율이 2.7%인데 비해 15개 지역번호로 광역화한 후에는 번호사용율이 21%로 증가하였다.

다. 선진외국의 지역번호 광역화 실태

한국통신은 우리나라의 시외전화 지역번호 광역화를 효율적이고 체계적으로 추진하기 위해 선진외국의 지역번호 광역화 실태를 조사하였다. 그 주요내용은 다음과 같다.

(1) 미국은 주단위의 120여개의 지역번호를 운용중이고, 시외전화번호의 길이는 10자리로 통일하여 운용하고 있다. 호주는 현재 54개의 지역번호를 1997년 6월 4개로 광역화하고 전국의 국번호를 4자리화 하였다. 그리고 시외전화번호의 길이는 10자리로 통일하였다. 한편 프랑스는 전국을 5개의 지역번호로 1996년 10월에 개편 완료하였고, 시외전화번호의 길이를 10자리로 통일하였다.

(2) 중국은 전국을 성(省)단위로 광역화를 추진하여 213개의 지역번호를 39개로 광역화하였다(1995. 6). 시외전화번호 길이는 11자리로 통일하였다. 일본은 1995년에 광도(廣島) 등 11개 지역번호를 3개로 광역화하였으며, 전국적인 광역화는 1997년 하반기 기계식교환기 철거이후 추진하였다. 시외전화번호의 길이는 10자리로 통일하여 운용중이다.

(3) 스위스는 1996년 11월 52개 지역번호를 19개로 광역화 하고, 시외전화번호의 길이는 10자리로 통일하였다. 핀란드는 1996년 8월 56개 지역번호를 12개로 광역화하였으며, 시외전화번호는 10자리로 통일하여 운용 중에 있다. 또한 노르웨이는 1995년 10월 전국 단일 번호권을 완성하였으며, 네델란드, 터키 등도 지역번호 광역화를 추진하고 있다.

2. 전국 지역전화번호의 중장기계획 수립

2.1 시외전화 지역번호 광역화의 기본구상

가. 새로운 지역번호로 변경시도

1980년대 중반 한국통신은 2000년대를 향한 번호계획을 근간으로 시외전화 지역번호를 대폭 개선하는 방침을 다음과 같이 확정하였다(1985. 7. 6, 한국통신 계획국).

첫째, 1980년대의 시내통화권을 행정구역 단위로 지역번호를 광역화하고 지역번호의 수를 대폭 줄인다. 즉 시군단위의 147개 지역번호를 특별시, 직할시, 도단위 지역의 15개 지역번호로 통합 조정한다. 이때 번호체계는 서울지역번호는 N에서 N××××로 변경하고, 기타지역은 N×에서 N××로 변경한다. 여기에서 N은 2- 9이고, ×는 0- 9를 사용토록 한다. 전환 시기는 기존 기계식 자동교환시설의 철거계획을 감안하고 지역별, 연차별로 시행하여 이용자의 혼란을 방지하고 전환에 따른 투자비를 최소화한다.

둘째, 전국 시외전화 지역번호는 특별시, 직할시, 도단위로 15개를 부여하고, 대전, 광주는 수요를 감안하여 별도의 지역번호를 부여한다. 지역별로는 서울 2, 경기도 및 강원도 3, 충청남북도 4, 경상남북도 5, 전라남북도 및 제주도 6을 사용하도록 한다. 이때 각 지역별 수요(2031년), 번호용량(최대사용율 75%)을 감안하여 <표 6-1>, <표 6-2>, <표 6-3>, <표 6-4>와 같이 지역번호계획을 수립하였다.

<표 6-1> 서울, 경기도, 강원도 지역번호

지역별	지역번호	수요	번호용량	비고
서울	02	9,663,000	16,000,000(12,000,000)	번호변경 없음
인천	032	1,460,000	8,000,000(6,000,000)	번호변경 없음
경기도	033	2,452,000	8,000,000(6,000,000)	도 전역
강원도	036	986,000	8,000,000(6,000,000)	도 전역

<표 6-2> 충청남북도 지역번호

지역별	지역번호	수 요	번호용량	비고
충청북도	043	947,000	8,000,000(6,000,000)	도 전역
대전	042	808,000	8,000,000(6,000,000)	번호변경 없음
충청남도	045	1,117,000	8,000,000(6,000,000)	도 전역

<표 6-3> 경상남북도 지역번호

지역별	지역번호	수요	번호용량	비고
대구	053	2,432,000	8,000,000(6,000,000)	번호변경 없음
경상북도	054	2,343,000	8,000,000(6,000,000)	도 전역
부산	051	4,161,000	8,000,000(6,000,000)	번호변경 없음
경상남도	052	3,361,000	8,000,000(6,000,000)	도 전역

<표 6-4> 전라남북도, 제주도 지역번호

지역별	지역번호	수 요	번호용량	비고
전라북도	065	1,732,000	8,000,000(6,000,000)	도 전역
광주	062	1,106,000	8,000,000(6,000,000)	번호변경 없음
전라남도	063	1,714,000	8,000,000(6,000,000)	도 전역
제주도	064	473,000	8,000,000(6,000,000)	도 전역

상기표의 번호용량 표시 중 ( )내의 숫자는 수용 가능한 전화사용자 수를 말한다.

셋째, 시외전화 지역번호 전환계획은 지역별로 국번호의 3숫자화를 추진하고 3숫자화가 완성된 지역부터 도(道)단위로 지역번호를 통합 시행한다. 그리고 전자식 교환시설은 3숫자 국번호를 부여한다.

당시 서울, 부산, 대구, 대전, 광주, 인천 등 대도시지역은 3숫자 국번호를 사용 중이었고, 수원, 마산 등 141개 중소도시지역은 1987년부터 시작된 6차 5개년계획부터 3숫자 국번호를 사용할 계획이었다. 이를 위해 기계식 자동교환시설은 철거를 원칙으로 하되 내용연수가 많이 남아있는 시설은 철거자재를 활용하여 국번호를 추가한다.

나. 종합정보통신망을 위한 번호체계로 전환

1980년대 중반 한국통신 통신망계획부(부장 이정욱)는 당시 번호계획을 검토하여 장기수요에 대처하고, 이용에 편리하며 향후 종합정보통신망에 적합한 중장기 번호계획을 수립하였다. 이를 위한 기본방침은 다음과 같이 정하였다(통신망 현대화계획, 1985. 12. 17, 한국통신 계획국).

첫째, 전국 전화번호의 길이를 지역번호는 2자리, 국번호는 3자리로 통일한다. 그리고 50년 이상 수요(2031년 기준)를 감안한 장기수요에 대처할 수 있는 번호용량을 확보한다.

둘째, 도단위로 시내번호방식을 적용하고, 당시 147개 지역번호를 15개로 조정하는 등 번호권을 광역화한다. 이를 위해 서울지역의 번호체계는 지역번호(N), 국번호(N×××)로 하고, 기타지역은 지역번호(N×), 국번호(N××)로 정하며, 여기에서 N은 2-9이고, ×는 0-9이다.

그리고 전환 시기는 기존 기계식 자동교환시설의 철거계획을 감안하여 지역별 년차별로 시행하여 이용자의 혼란을 방지하고 전환에 따른 투자비를 최소화한다. 이때 결정한 우리나라 시외전화 지역번호는 <표 6-5>와 같다.

<표 6-5> 전국 전화지역번호 계획(제1차 번호계획, 1985. 12)

지역	번호	지역	번호	지역	번호	지역	번호	지역	번호
서울	2	인천	32	경기	33	강원	36	대전	42
충북	43	충남	45	부산	51	경남	52	대구	53
경북	54	광주	62	전남	63	제주	64	전북	65

2.2 시외전화 지역번호의 광역화 실행

가. 도(道)단위 통화권의 시행

우리나라는 1980년대 중반까지 시, 군 위주의 144개 지역번호를 운영하고 있었다. 이때 한국통신은 이용자들의 편의를 획기적으로 증진하고 번호자원의 이용효율성을 크게 높이기 위해 도단위 광역화계획을 처음으로 입안하고 시행방침을 결정하였다(1985년). 그 후 정부도 2000년대 초까지 전국 단일요금 제도를 도입하기로 발표하고, 이에 따른 번호관리지침에서 도단위 광역화 방향을 제시하였다(1990년).

한국통신 기술기획실(실장 이정욱)은 시외통신망을 도단위로 광역화하고, 이를 위해 1996년부터 2000년까지 시외지역번호를 도단위로 변경하는 실행계획을 수립 추진하였다(시외지역번호 광역화 실행계획, 1993, 기술기획실 종합망계획부). 이때 세운 번호계획은 1985년에 한국통신 계획국 통신망계획부에서 수립한 전국 전화지역 번호계획(제1차 번호계획)을 재확인하고 일부지역번호 만을 조정하여 시행하도록 결정하였으며, 그 세부내역은 <표 6-6>과 같다(1994년도 주요업무 발전계획, 1993. 7. 26).

<표 6-6> 도단위 통화권 지역번호(제2차 번호계획, 1993. 7)

지역	번호	지역	번호	지역	번호	지역	번호	지역	번호
서울	2	인천	32	경기	33	강원	36	대전	42
충북	43	충남	45	부산	51	경남	52	대구	53
경북	54	광주	62	전남	63	제주	64	전북	65

예를 들면 충북지역의 경우 당시 시외지역 전화번호로서 충주 0441, 제천 0443, 단양 0444, 음성 0446, 괴산 0445, 진천 0434, 청주 0431, 보은 0433, 영동 0414, 옥천 0475를 사용하고 있었다. 이를 충북 전지역에 043이라는 하나의 지역번호로 단일화하였다. 이를 시행하기 위해 한국통신 기술기획실 통신망계획2국(국장 안승춘)에서는 중장기 번호전환계획을 수립 추진하였다(업무보고, 1994. 3, 기술기획실 통신망계획2국).

이에 따라 한국통신은 1994년에 사내외 유관기관 및 이용자를 대상으로 공청회, 여론조사, 설명회 개최 등을 통하여 의견을 수렴하였다. 그리고 이러한 통화권 광역화에 따른 전화요금의 조정을 검토하고 정부와 협의를 진행하였다. 이때 정부에서는 「전기통신번호에 관한 연구분과회」를 운영하였다(1993.6-1994. 5). 이 회의는 국내외의 전기통신번호 관리현황 및 정책을 연구하고, 국내 전기통신환경에 적합한 전기통신번호 정책방향을 제시하며, 번호발전방향 등에 대한 연차보고서를 발간하는 임무를 가지고 활동하였다.

이 회의의 위원장에 경희대학교 진용옥 교수, 위원으로는 한국통신 이정욱 실장, 데이콤 조성용 전무, 이동통신 성태경 전무, 항만전화 김병석 상무, 통신개발연구소 이명호 실장, 전자통신연구소 강철희 단장, 금성정보통신 송재인 상무, 삼성전자 이세양 상무, 통신기술협회 황인선 전무, 무선호출사업자협의회 유병삼 국장, 체신부 주현경 통신업무과장 등으로 구성되었다. 간사는 체신부 통신업무과(홍완표)에서 담당하였다.

나. 지역번호 광역화 추진의 중간평가

한국통신은 1985년 제1차 번호계획에 의해 146개로 운영되고 있는 지역번호를 특별시, 광역시, 도 단위 중심의 15개 지역번호로 광역화하여 전화이용자의 편의를 향상하고 번호자원의 이용효율성을 높이고자 지역번호 광역화를 추진하여 왔다. 1990년대 중반 시내전화, 시외전화, 국제전화 등 국내 번호체계는 <표 6-7>과 같다.

<표 6-7> 국내번호체계(1990년대)

구분	지역번호	가입자번호	비고
서울	N (1자리)	N××-×××× 3N××-××××	
대도시	N× (2자리)	N×-×××× N××-××××	부산 등 5대광역시, 제주
기타지역	N×× (3자리)	N-×××× N×-×××× N××-××××	수원 외 138개 지역

그리고 국제전화 식별번호는 한국통신 001, 데이콤 002를 사용하고, 국제부가서비스 번호로는 한국통신 007×, 009×를, 데이콤은 003×번을 사용하였다. 또한 한국의 국가번호 82번은 ITU-T에서 관리하고 있다. 한편 당시 국내 전화번호의 구조상 문제점은 다음과 같다.

① 1994년 말 번호권 별 평균사용 율이 2.7%이고, 번호사용 율이 10% 미만인 지역이 141개 지역으로 전체의 97%에 달하고 있는 상황으로 번호자원의 사용율이 저조하였다.

② 생활권과 번호권이 불일치한 지역이 상존하고, 번호권이 과다하여 지역번호의 인지도가 떨어져 있고 다이얼링이 불편하였다. 이때 여론조사결과 번호권 광역화를 찬성하는 사람이 80%에 달하였다.

③ 인접지역 및 30Km 이내 시내요금지역에 통화를 할 때 지역번호를 다이얼링 해야 하므로 불편하였다. 그리고 번호권과 행정구역이 일치하지 않은 지역의 경우 이를 해소해 달라는 민원이 계속되고 있었다.

④ 국민들이 사용하는 지역번호가 너무 많고, 가입자 전화번호도 5자리, 6자리, 7자리, 8자리가 혼용되고 있어 번호처리능력이 저조한 상황이다. 이로 인해 교환기의 상이한 번호처리로 교환효율이 저조하고, 도내 인근지역의 통화(호)가 시외교환기를 경유하는 관계로 통신품질도 저하되었다.

2.3 시외전화 지역번호계획의 보완

1990년대 중반 한국통신 기술기획실(실장 이정욱)은 1993년 결정한 도 단위 통화권 지역번호계획(제2차 번호계획)을 기본으로 그동안 추진해온 지역번호를 특별시, 광역시, 도 단위 중심의 15개 지역번호로 광역화하고, 국내전화번호 체계를 폐쇄번호방식으로 전환하는 지역번호계획을 다음과 같이 보완 개선하였다(지역번호 광역화 기본계획, 1995. 3, 한국통신 기술기획실).

가. 기본방침

우리나라 전화지역번호 광역화는 사회발전에 따른 국민생활권 확장에 부응하고 전화이용의 편의를 증대하며, 그동안의 문제점을 개선하는데 중점을 두고 앞으로의 시행방침을 다음과 같이 정하였다.

첫째, 인접지역 간 시내요금지역에 지역번호를 사용하는 불편을 해소을 해소하고, 지역번호를 간소화하여 다이얼링과 번호인지를 쉽게 하는 방향으로 추진한다. 그리고 차량전화, 휴대폰 등 이동전화망은 이미 전국 단일번호권으로 되어 있는 점을 감안하여 시외전화 통화권의 광역화를 가능한 한 조기 시행토록 한다. 이때 행정구역과 서로 다른 지역은 이를 해소한다.

둘째, 국내 번호체계를 폐쇄번호방식으로 전환한다. 이것은 교환기의 번호접수 및 처리 능률을 향상시키기 위한 조치로서, 미국, 일본 등 주요 외국에서는 이미 폐쇄번호방식을 적용하고 있다. 또한 통신시장 개방과 서비스 다양화에 대비하고 국내 번호자원이 이용효율성을 높이는 차원에서 시행한다.

나. 제3차 번호계획의 주요보완내용

첫째, 현재 시군단위로 만들어진 시외전화 지역번호를 특별시, 광역시, 도 단위의 15개로 대단위 번호체계로 개선하는 기본방침은 변경 없이 전국 시외전화 지역번호를 제2차 번호계획으로부터 <표 6-8>과 같이 보완한다.

<표 6-8> 시외전화 지역번호(제3차 번호계획, 1995. 3)

지역	번호	지역	번호	지역	번호	지역	번호	지역	번호
서울	2	인천	32	경기	31	강원	38	대전	42
충북	49	충남	48	부산	51	경남	52	대구	53
경북	58	광주	62	전남	61	제주	64	전북	69

둘째, 지역번호 및 가입자번호 등 국내 번호체계를 폐쇄번호방식으로 전환한다. 서울은 현재 지역번호 N(1자리), 가입자번호 N××-××××, 3N××-××××구조이고, 폐쇄번호방식으로 전환 후에도 이를 그대로 사용한다. 그리고 5개 대도시의 지역번호 N× (2자리)와 가입자번호 N×-××××, N××-××××와 기타지역의 지역번호 N×× (3자리), 가입자번호 N-××××, N×-××××, N××-××××는 모두 번호 전환 후에는 지역번호는 N× (2자리), 가입자번호는

N××-×××× 구조로 변경되어 동일한 길이의 번호가 된다.

셋째, 광역번호 권에 적합한 교환망 구조로 개선한다. 이를 위해 중심국, 단국 등 대역제 통신망 체계로 운용하고, 광역번호 권에 시외관문국을 지정하여 운용한다. 그리고 통신망 구조를 단계적으로 개선한다. 제1단계(1996. 11-1998)에서 시외교환기가 중계교환기를 겸용하게 하고, 제2단계(1998년 이후)에서는 시외교환기와 중계교환기를 분리 운용토록 한다.

2.4 중장기 번호계획의 실행

한국통신은 전국적인 지역번호 광역화를 1996년에 시행하기 위해 전화이용 편의를 획기적으로 개선하고, 국내번호에 폐쇄번호방식을 적용하여 통신망의 효율성을 높이고자 지역번호 광역화 기본계획을 수립하였다. 이 계획은「2000년대를 향한 중장기 번호계획」의 실행계획으로 만들어 다음과 같이 시행되었다.

가. 지역번호전환의 체계적 실행

이 실행계획에서는 이용자의 전화이용에 혼란을 최소화하도록 방안을 강구하고, 단계적으로 통신망을 재구성하도록 하였는데 이 시행계획의 주요내용은 다음과 같다.

첫째, 1995년 대도시, 기타지역의 시내전화 국번호는 총 3,198개를 운용하고 있었는데, 세부운용상황을 보면 <표 6-9>와 같다. 여기에서 대도시는 서울시와 인천, 대전, 부산, 대구, 광주 등 광역시를 말하고, 이때 2자리 이하 국번호는 전국의 30% 정도였다.

<표 6-9> 전국 시내전화 국번호 운용상황(1995년)

구분	1자리 번호	2자리 번호	3자리 번호	4자리 번호	계
대도시	-	-	1,501	56	1,557
기타지역	1	945	695	-	1,641
계	1	945	2,196	56	3,198

둘째, 국번호 변경은 1996년 2월부터 8월까지 시행 하고, 이때 변경대상 국번호는 다음과 같이 정하였다.

(1) 현재 운용중인 1자리 국번호 및 2자리 국번호 946개(529만 명)를 3자리로 변경하고 국번호 이하 가입자번호는 변경하지 않는다. 현재의 국번호 골격은 최대한 유지하고 2자리 국번(N×)에 첫 디지트를 추가하여 3자리 국번(N××)으로 변경한다.

(2) 전화이용의 혼란을 최소화하고 통신망을 안정적으로 운용하기 위하여 지역별로 단계적으로 변경한다. 지역별 국번호 변경 시기는 1996년 2월에 충북지역을 먼저 실시하고, 4월에는 경기, 경북지역을 실시한다. 이어서 6월에는 경남, 전북, 충남지역을 실시하고, 8월에

는 전남, 강원, 제주지역을 변경한다.

(3) 이를 위한 사전조치사항으로 해당 교환시스템의 데이터를 변경한다. 그리고 가입자 관리시스템, 114안내, SLMOS/ LCR, CTMS 등 통신망관리 지원시스템의 데이터 및 프로그램을 변경한다. 또한 국번호 변경내용을 전사적으로 홍보하고, 안내방송을 최대한 이용한다.

셋째, 지역번호 광역화는 1985년에 수립한 2000년대를 향한 중장기 번호계획(1985. 7. 6, 한국통신 계획국) 내용을 기본으로 하여 시행한다. 그리고 이들 지역번호는 1996년 11월에 전국적으로 동시에 변경하며 이때 변경 대상 지역번호는 1994년 말 현재 운용중인 3자리 지역번호 총 138개이다.

넷째, 루팅체계(Routing)는 단기적으로는 기존 시외교환기를 시외교환기 및 중계교환기로 겸용 운용하고, 중장기적으로 광역번호 권을 기준으로 시외교환기와 중계교환기를 분리 운용한다. 이때 단기적 추진계획(1996. 11-1998)은 다음과 같다.

① 현재 타도 시외교환기에 수용 중인 단국(철원, 영동, 옥천)은 광역화 전 해당 도내 시외교환기로 수용변경하고, 광역화 후에는 동일번호 권에 접속할 때 번호의 구성이 국번호+가입자번호로 되도록 한다. 그리고 광역화 후 타번호 권에 접속할 경우는 번호 구성을 지역번호(14개 지역)+국번호+가입자번호로 한다.

② 발신단국에서 광역번호권 내부통화(호)의 루팅 및 과금처리는 국번호 분석 후 광역화 전의 동일번호권, 시외지역으로 구분하여 루팅하고 시내지역, 인접지역, 시외지역으로 구분하여 과금 처리한다. 또한 광역번호 권 외부통화(호)는 지역번호+국번호를 분석하여 발신시외국으로 루팅하여 과금 처리한다. 그리고 지역번호 디지트를 송출할 때 시외식별번호인 0을 포함하여 송출하고 국제전화, 이동전화망도 첫 디지트 0을 포함하여 송출한다.

③ 발신 시 외국에서는 국번호 또는 지역번호+국번호 1자리/2자리를 분석하여 광역화 이후 동일 번호권인지 타 번호권인지를 구분하여 루팅한다. 이때 서울은 02+국번호 2자리(N×), 기타지역은 국번호 1자리(0N×+N)를 분석 후 루팅한다. 그리고 단대단(End to End) 신호방식은 지속적으로 유지한다. 한편 시내탠덤국, 시외착신국 및 착신단국은 현재의 루팅 체계와 동일하다.

나. 전화이용의 혼란 최소화

당시 한국통신은 이용자의 전화이용에 혼란을 최소화하기 위해 다음과 같은 방안을 강구하였다.

첫째, 국번호의 변경은 교환기 안내방송기능, ACTAS 및 ARS를 이용하여 안내한다.

① 발신 단국교환기가 자기 번호권내에서 과거 국번호 통화가 발생하는 경우 이를 인지한 후 자체 안내방송 트랙으로 루팅하여 「국번호 N×에서 NY까지가 N××에서 NXY로 변경되었습니다」라고 국번호 변경사항에 대한 안내방송을 하도록 한다. 이를 위해 서울, 5개 광

역시 전 지역의 단국교환기에 안내방송기능을 보완하여 시행한다.

② 발신단국은 타 번호권 통화(시외호)를 시외국으로 루팅하고 착신시외국에서 과거 국번호를 인지 후 ACTAS로 루팅함으로써 ACTAS가 과거 국번호 변경에 대한 안내방송을 제공한다. ACTAS는 서울, 부산, 대구, 대전, 인천 등 5개 도시에 설치한다(1995년). 이때 수원 시외국은 인천 ACTAS를 루트 구성하여 활용토록 하고, 광주지역 ACTAS는 1996년 6월 전 설치를 검토한다.

③ 발신단국은 타 번호권 통화(시외호)를 시외국으로 루팅하고 착신시외국에서 과거 국번호를 인지한 후 ARS로 루팅함으로써 ARS가 과거 국번호 변경에 대한 안내방송을 제공한다. 이 시설의 대상지역은 ACTAS 안내서비스 지역을 제외한 전 지역으로 한다.

④ 1996년 시행할 지역별 국번호 변경 및 안내방송 제공방안은 <표 6-10>과 같다. 이때 국번호 변경 후 안내방송기간은 2개월이고, 충북은 대전 ACTAS, 전북은 광주 ACTAS와 해당 시외국과의 루트를 구성하여 타 사업본부 ACTAS를 활용한다.

<표 6-10> 국번호 변경 및 안내방송 제공

대상지역	시행일	변경 국번호	가입자 수 (1,000명)	ACTAS 설치지역
충북	1996. 2	106개	350	대전
경기, 경북	1996. 4	318개	1,790	서울, 인천, 대구
경남, 충남, 전북	1996. 6	356개	2,070	부산, 대전, 광주
전남, 강원, 제주	1996. 8	166개	1,080	광주, 기타지역 VMS활용

둘째, 전 국민을 대상으로 홍보하고, 국제접속을 갖는 모든 국가, 국제전기통신연합 등 표준화 기구에 홍보한다. 이를 위해 신문, 잡지, 방송, 우편, 저널, 청구서 등 가용한 전 매체를 활용하고, 전화번호부, 114안내, 공중전화 스티커 등 가용자원을 최대한 활용한다. 그리고 전사적 홍보 전략을 수립 추진하여 국민 공감대를 형성하고, 번호변경 이전과 번호변경 이후 정착 시 까지 지속적으로 홍보한다.

끝으로 한국통신은 지역번호 광역화를 순조롭게 추진하고 국민들에게 통신서비스를 차질없이 제공하기 위해 내부적으로 전사적인 추진체제를 다음과 같이 갖추었다.

① 기술기획실은 지역번호 광역화 기본계획을 수립하고, 정부에 승인을 요청하며 관련 업무를 협의한다. 그리고 광역번호권의 교환망 구조를 정립하기 위한 기본계획을 수립한다. 한편 경영기획실은 지역번호 광역화에 따른 경영전략을 수립한다.

② 전화본부는 국번호 변경내용을 통보하고 지원하며, ACTAS 안내방송 회선을 구성하고 기능을 보완한다. 그리고 지역번호 광역화에 따른 시내통신망의 구조를 개선하고, ARS 안내방송을 위한 ARS를 증설한다.

③ 통신망본부와 통신망관리단에서는 국번호 변경에 따른 시외교환기의 데이터를 변경하고, 지역번호 광역화에 따른 시외교환기의 구조를 개선한다. 그리고 ACTAS, ARS와 발신시외구간 안내방송을 위한 회선을 구성하고, 지역번호 광역화에 따른 시외망 구조를 개선한다.

④ 운용보전실은 지역번호 광역화 세부추진계획을 수립하고 시행을 총괄한다. 그리고 단국 교환기의 데이터와 안내방송기능을 보완하고, 통신망관리 지원시스템(SLMOS 등)의 데이터를 변경한다. 한편 홍보실은 전사적인 홍보 전략을 수립하고 시행한다.

⑤ 지역사업본부는 단국 교환기의 데이터 및 안내방송기능의 보완작업을 시행하고, ACTAS, ARS 안내방송을 위한 회선을 통신망 관리단과 공동으로 구성한다. 그리고 통신망 관리 지원시스템(SLMOS 등)의 데이터 변경작업 등을 실시한다.

2.5 지역번호 광역화에 대한 정부 협의

가. 지역번호 광역화와 통신사업경쟁

앞에서 설명한 바와 같이 한국통신의 「지역번호 광역화 기본계획」은 특별시, 광역시 도 단위의 15개 지역번호로 간소화하는 것이 골자였다. 한국통신은 특별시, 광역시, 제주의 지역번호는 현재를 유지하고 도내 시, 군의 지역번호는 도 단위 1개로 단일화하는 단계별 번호 광역화 계획을 확정하여 다음과 같이 그 시행에 대해 정부에 승인 요청하였다(1995. 3).

<정부승인 요청사항> 제1단계(1996. 4-1996. 8)에 약 520만 가입자를 대상으로 도내 국번호를 당시의 2자리 국번호에서 3자리로 확장한다. 이를 위해 전국을 4단계로 도별로 분할하여 시행한다. 제2단계에서는 시군의 0Nxx 지역번호를 도단위 0Nx로 단일화하여 지역번호를 광역화한다. 144개의 지역번호를 15개로 광역화는 1995년 11월까지 완료한다.

이에 따라 정부는 정부, 학계, 사업자 등으로 구성된 정보통신번호 개선전담반을 1996년 4월부터 운영하였으며, 정부는 지역번호 광역화추진을 내부방침으로 결정하였다(1996. 2). 그러나 정부는 이 계획의 추진 초기 데이콤을 의식하여 미온적 태도로 일관하다가 공개 세미나를 개최하여 이를 공개 토론하기도 하였다(1996. 4. 29). 이때 한국통신은 정부가 번호광역화의 조기시행을 승인하도록 적극적으로 유도하였으며, 결국 1996년 내에 이를 확정하였다.

한편 지역번호가 도 단위로 광역화되면 도 단위 통화권으로 작동하는 관계로 도내 트래픽이 상당 증가할 것으로 예상되었다. 이를 위해 한국통신은 통신망 구조개선을 시도하였다. 즉 광역화 직후인 초기단계에서는 당시의 시외교환기를 도내 도외 시외교환기로 겸용하고, 광역화 시행 2년 후인 정착단계에서는 트래픽과 도 단위 요금적용 등을 감안하여 점차적으로 시외교환기와 도내 중계교환기로 분리하게 하였다.

이때 한국통신 네트워크본부(본부장 이정욱)에서는 도(道) 내부트래픽을 효율적으로 처리하기 위한 도내 전용탠덤망을 구성하는 등 통신망을 광역교환망 구조로 전환시키는「도단위 교환망 중장기 발전계획」을 수립하였다(1996. 7). 또한 도내 트래픽 특성을 조사하여 경남통화권은 울산과 마산권으로 블럭화하고, 전북은 전주권으로 블럭화하는 등 그에 적합한 통신망 구조로 전환하였다. 이일은 네트워크본부 통신망기획국(국장 홍용표)이 주관하였다. 당시 한국통신은 지역번호 광역화가 통신사업경쟁에 미치는 영향을 다음과 같이 분석하였다.

(1) 번호권을 광역화하게 되면, 도내 시외호의 경우 한국통신은 시내통화 다이얼링방식을 사용하고, 데이콤을 이용 시 082를 추가하여 다이얼링하게 됨으로 경쟁에 유리하다. 그러나 시내전화는 별다른 영향이 없다.

(2) 도단위 통화권을 시행하게 되면, 현재의 도내 시외전화가 시내전화로 흡수되어 시내외 전화요금이 조정된다. 그리고 접속료의 인상, 요금인하로 타 시외사업자의 수입이 감소될 것이다.

(3) 시내전화의 경우, WLL방식 사업자의 광역통신망 구축이 유리하게 되는 등 신규사업자의 사업영역이 확대되어 신규사업자에게 유리할 것이다. 한편 전용회선사업의 경우 현행법상 데이콤은 도내에서 전용회선을 판매할 수 없어 한국통신이 경쟁에서 유리하다.

당시 한국통신은 데이콤과 공동으로 지역번호 광역화에 대한 이용자들의 여론조사를 한국갤럽조사연구소를 통해 조사하였다(1997년 7월). 이 조사의 표본은 일반인 1,500명, 기업인 500명으로 실시하였고, 이때 표본오차는 ±2.5%, 95% 신뢰수준이었다. 질문요지는 현재의 국번호가 1자리 또는 2자리 늘어나더라도 지역번호의 개수를 크게 줄이는 지역번호 광역화에 대한 찬반의견을 조사하였다.

조사결과 일반인은 찬성 95.6%, 반대 4.4%, 기업체의 경우 찬성 91.7%, 반대 8.3%로서 광역화 시행에 대한 찬성도가 극히 높게 나타났다. 이상과 같은 분석 검토결과 지역번호 광역화는 한국통신 입장에서는 많은 투자가 소요되었으나 우리나라 기간통신망의 장기발전 측면에서 필요하였고, 전 국민에 대한 통신서비스의 획기적인 개선이라는 점에서 크게 타당하였다.

나. 시흥시 통화권 조정

1995년 당시 시흥시는 인천통화권(032), 서울통화권(02), 안산통화권(0345) 등 3개의 통화권으로 혼합 운용되고 있었는데, 그 세부내역을 보면 <표 6-11>과 같다. 이 중 문제가 발생한 당시 안산통화권(0345)에 속해 있는 연성동, 정왕동, 거모동, 목감동의 주민여론을 조사하였다(1995. 12).

여론조사 결과 정왕동, 거모동, 목감동은 현행 통화권(0345)을 유지하기를 원하였고, 연성동 지역은 인천통화권(032)으로 조정되기를 희망하였다. 이와 같은 상황에서 정부는 한국통신에게 시흥시 지역번호 개선을 요청하였다(1995. 12). 또한 당시 지역구 국회의원인 제정구 의원 측에서도 이의 조정을 요구하여 왔다. 이에 따라 한국통신은 다음과 같이 통화권을 조정하였다.

① 시흥시 연성동 전역, 거모동 월곶 공유수면 매립지 지역을 안산통화권(0345)에서 인천통화권(032)으로 변경한다.

② 통화권 조정을 위해 교환시설은 가반형교환기(TDX 컨테이너형 2천회선 용량)을 설치하고, 모자국간 국간전송로 9T1을 신설한다. 그리고 가입자선로 400회선을 증설하고 3,300회선을 재배치한다. 이를 위해 소요예산 2억6천만 원을 투입하여 1996년 1월-1996년 11월에 시설공사를 시행한다.

③ 지역번호는 안산(0345)에서 인천(032)로 변경하고, 국번호는 403, 405, 80-89번으로부터 697번을 부여한다. 통화권 조정 및 지역번호 변경은 1996년 12월 1일 0시에 전환토록 한다.

<표 6-11> 경기도 시흥시 통화권 내역

행정구역	통화권	면적(Km²)	가입자(명)	비율(%)
대야동, 신천동, 은행동 신현동, 매화동	인천(032)	47.45	36,756	65
과림동	서울(02)	4.84	897	1.5
연성동, 목감동, 정왕동, 거모동	안산(0345)	77.37	19,003	33.5

2.6 시외전화 지역번호 개선(제4차 번호계획)

가. 정보통신번호 현황 및 향후 추진사항

시외전화 지역번호를 처음 시행한 1980년대와 1996년을 비교하여 보면, 우리나라는 국민생활권이 확대되고, 교통, 경제, 통신환경이 급속히 성장 발전하였다. 먼저 국민 1인당 GNP는 1980년 1,600불로부터 1995년 10,100불로 6.3배 성장하였고, 승용차는 1980년 17만9천대에서 1995년 578만대로 32.3배 증가하였다. 그리고 통신환경은 교환시설이 1980년 202만 회선에서 1996년 3월 2,202만 회선으로 10.9배 증가되고, 장거리통신망의 전자화율은 1980년 9%에서 이미 1994년 12월 100% 완료된 상태였다. 한편 당시 우리나라의 정보통신번호 이용현황을 종합하면 다음과 같다(시외지역번호 광역화계획, 1996. 4, 한국통신).

① 국제통신 식별번호로는 한국통신 001, 데이콤 002를 사용하고, 국제부가서비스 번호

는 데이콤 003x, 한국통신 007x, 009x를 사용함. 그리고 신규사업자용 예비번호로는 004, 005, 006, 008, 확장용 및 국제 UPT를 위해 000을 확보하고, 통신망 식별번호로는 국내통신망 식별번호(001 등)를 사용하고, 예비번호로 016, 018, 019가 있음.

② 지역번호는 서울지역번호(02), 전국 143개 통화권 지역번호로 03x- 06x를 부여하고 있으며, 북한지역을 위한 예비지역번호로 07x-09x도 관리하고 있음. 그리고 예외적으로 착신과금서비스(080), 한국통신 시외전화(081), 데이콤 시외전화(082) 번호도 운용하고 있으며, 특수번호(119 등)와 전화국번호(2xx-9xx) 및 가입자번호를 운용하고 있음.

한국통신은 이와 같은 상황에서 앞으로 정보통신번호를 효율적으로 운용하고 장기적으로 관리해야 할 사항을 다음과 같이 결정하였다.

첫째, PCS, B-ISDN, LEO 등 통신망 진화에 따른 신규서비스가 출현하고, 경쟁이 가속화되고 있으며, 통신시장 개방에 따라 통신사업자가 다원화하고 있다. 이와 같은 신규서비스 및 다수의 신규통신사업자의 출현에 대비하여 식별번호 자원을 확보하고 부여하는 방안을 세워야 한다.

둘째, 북한의 행정구역은 평양특별시, 2개 직할시, 9개 도로 되어 있고, 시군행정구역은 24개시, 147개군 등 총 171개로 되어 있다. 남북통일에 대비해 북한지역의 지역번호 자원을 확보한다.

셋째, 1994년 한국갤럽조사연구소가 조사한 결과 평소 전화이용자가 알고 있는 지역전화번호는 일반가정가입자 4.4개, 기업가입자 7.75개에 불과한 것으로 나타났다.

넷째, 시외전화 자리수는 9자리-11자리, 시내전화 자리수는 7자리-8자리(서울), 5자리-7자리(기타 전국통화권)가 혼용 사용되고 있어 이용이 불편하고 통신망의 효율이 저하되고 있다.

나. 시외전화 지역번호의 계속된 조정 변경

우리나라 시외전화 지역번호계획은 1985년 12월에 처음으로 번호계획(제1차)이 수립된 이후 10여 년 동안 행정구역의 변경, 국민들의 민원, 통신시설의 확장, 정보통신기술의 발전 등의 이유로 수차례 조정 변경되었다. 그래서 1993년에 제2차 번호계획 변경(1993. 7), 1995년 제3차 번호계획(1995. 3) 변경이 있었다.

다음해인 1996년 한국통신은 제3차 번호계획을 기초로 하고 지금까지의 현안사항을 고려하여 일부 도단위 통화권의 지역번호를 (표 6-12>와 같이 다시 변경 조정하였다(시외지역번호 광역화계획, 1996. 4, 한국통신). 이때 변경 조정된 도단위통화권은 강원(38번⇨33번), 충북(49번⇨43), 충남(48번⇨41번), 경북(58번⇨54번), 전북(69번⇨63번)이다. 그리고 당초 계획대로 서울(2)을 제외한 전국 지역번호는 두 자리 숫자의 고정길이 번호로 운용하게 되었다.

<표 6-12> 시외전화 지역번호계획(제4차 번호계획, 1996. 4)

지역	번호	지역	번호	지역	번호	지역	번호	지역	번호
서울	2	인천	32	경기	31	강원	33	대전	42
충북	43	충남	41	부산	51	경남	52	대구	53
경북	54	광주	62	전남	61	제주	64	전북	63

또한 제4차 지역번호와 관련하여 국번호 확장, 지역번호 광역화, 통신망 운용체계 개선 등 주요추진계획은 다음과 같다.

첫째, 도내 시군에 사용 중인 2자리 시내전화 국번호를 광역화에 적합한 3자리 숫자의 국번호로 확장한다. 우리나라 전체 가입자 1,870만 명의 28%인 약 528만 명이 대상이고, 2자리 국번호 앞자리에 백 단위 1자리를 추가하는 방안이다.

예를 들면 수원시는 2자리 국번호에 2를 추가하여 수원시 33-3000번 가입자는 233-3000번으로 변경된다. 이외 구리, 가평, 포천은 5를 추가한다. 혼란을 최소화하기 위해 도별로 2개월 간격으로 분할 시행한다. 1차로 충북 35만 가입자를 시행하고, 2차로 경기, 경북의 179만 가입자, 3차로 경남, 전북, 충남의 206만 가입자. 4차로 전남, 강원, 제주의 108만 가입자에 대하여 시행한다.

둘째, 국번호 확장 전후로 방송, 신문, 전화번호부, 개별통지문, 현수막 등을 통해 대규모 홍보활동을 전개하고, 국제기구, 외국 통신사업자에게 번호변경 안내문을 사전에 발송한다. 그리고 시내전화는 시내교환기에서「방금 거신 50국은 250국번으로 변경되었으니 250국으로 다시 걸어 주십시요」라는 안내방송을 제공한다. 시외전화는 변경전화번호 안내장치(ACTAS)에서 이러한 안내방송을 무료로 시행한다. 또한 국제전화의 경우는 ARS를 통하여 영어로 안내방송을 제공한다.

셋째, 시내전화국번호 확장을 완료한 후 지역번호를 광역화한다. 그리고 지역번호 광역화는 전국적으로 동시에 시행한다. 지역번호 광역화 이후에는 도(道)내 통화는 지역번호 없이 통화하고 다른 도와 통화할 때는 <표 6-13>과 같이 1개의 지역번호로 도내 전 지역과 통화한다.

<표 6-13> 지역번호 광역화 이후 전화이용방법(예)

구분	통화구간	현재	광역화 이후
도내통화	수원- 성남	0342-755-2000	755-2000
타도간 통화	서울- 성남	0342-755-2000	031-755-2000
	서울- 수원	0331-250-2000	031-250-2000

넷째, 통신망 운용체계는 현행 시외교환기를 도내 중계교환기 및 광역번호 권 간 시외교환기로 겸용한다. 그리고 현행 요금체계는 그대로 유지하고, 현재의 지역번호에 의한 과금구분을 지역번호와 국번호 백단위, 십단위로 구분하여 과금한다.

다. 기대효과

한국통신은 시외전화 지역번호 광역화 시행에 따른 기대효과를 다음과 같이 정리하였다(시외지역번호 광역화계획, 1996. 4, 한국통신).

첫째, 이용자 편의를 획기적으로 향상시킨다. 도내의 시군통화는 지역번호 없이 통화할 수 있어 전화번호의 인지 및 다이얼링이 용이하다. 지금까지 도내 시외통화비율을 보면 전북 54%, 경남 40%, 충북 32%, 충남 30%, 강원 45%, 경기 26%, 경북 32%, 전남 36%를 차지하였다.

둘째, 통일이후 북한 지역번호를 위한 예비번호자원을 확보할 수 있다. 예를 들면 평양 038, 평남 039 등을 부여할 수 있게 되었으며 PCS 등 신규서비스에 대하여 예비번호 07x, 08x 등을 활용가능하다.

셋째, 시외전화번호 자리 수를 통일함에 따라 통화접속시간을 크게 단축되었다. 전북, 충북의 경우 지역번호 광역화 후 통화접속시간이 <표 6-14>와 같이 개선되었다.

<표 6-14> 시외전화 지역번호 광역화 전후 접속시간 비교

구분	광역화 전	광역화 후	전후 차이	비고
도내통화	3.1초	1.8초	1.3초 단축	전북, 충북의 실측치 (1995. 9)
타도간 통화	4.4초	2.56초	2.56초 단축	

넷째, 지방자치에 따른 지역발전 및 국민생활권 확대에 부응할 수 있다. 대도시와 도 간을 잇는 광역자치단체에서 전화이용 불균형을 해소하고, 도내 시·군 간 거리감을 축소하여 지역발전을 가져올 수 있다. 또한 행정구역과 지역번호가 서로 다른 지역에서 전화이용 상 불편도 해소하게 된다. 한편 교통, 경제발전에 따른 국민생활권 확장에도 기여하게 되고, 그동안 음식점, 요식업소 및 구내교환기 등에서 시외전화의 무단사용을 차단하는 문제도 해소할 수 있다.

라. 시외전화 지역번호의 최종확정 시행

시외전화 지역번호 제4차 계획을 결정하고 시외전화 광역화를 완성해 가는 도중에 울산시가 울산광역시로 승격되었다(1997. 7. 15). 그때까지 울산시는 행정구역상 경남에 속해 있는 관계로 52번을 사용하도록 계획되어 있었다. 이러한 상황변화에 따라 한국통신은 우리나라 지역번호를 <표 6-15>와 같이 부분 수정하여 최종 확정하였다.

이때 변동내역은 제4차 번호계획에서 정해 놓은 경남지역번호 52번을 울산지역번호로 지정하고, 경남지역은 55번을 사용토록 결정하였다. 결국 우리나라 도(道) 단위 지역번호는 당초 15개에서 16개로 광역화되었으며, 이 지역번호는 27년이 지난 2024년 현재까지 변동 없이 이용되고 있다.

<표 6-15> 시외전화 지역번호계획(최종분, 1997. 7)

지역	번호	지역	번호	지역	번호	지역	번호	지역	번호
서울	2	인천	32	경기	31	강원	33	대전	42
충북	43	충남	41	부산	51	경남	55	대구	53
경북	54	광주	62	전남	61	제주	64	전북	63
울산	52								

3. 통신시장경쟁과 국제전화번호

3.1 국제전화 및 부가서비스 이용번호

가. 국제전화사업 경쟁에 따른 식별번호의 사용

우리나라의 국제전화는 1980년대까지 한국통신이 전담해 오다가 1991년 데이콤이 국제전화사업에 뛰어들면서 국제전화 식별번호가 필요하게 되었다. 1980년대 한국통신이 국제전화사업을 전담할 때의 국제전화 사용번호는 001번을 사용하였다(1983. 8. 1). 이때 한국통신은 국제전화 부가서비스를 위해 007번을 사용하였으며, 그 세부이용번호는 <표 6-16>과 같다(1983. 8. 1).

<표 6-16> 한국통신 국제전화 부가서비스 이용번호

식별번호	이용서비스	식별번호	이용서비스
0070	KT-IVPN	0071	요금즉시서비스(VCDA)
0072	국제가입팩스(00729)	0073	제3자 요금부담
0074	국제통화 문의 및 안내	0075	국제전보
0076	국제신용카드통화	0077	국제수동통화
0078	국제클로버서비스(I-800)	0079	예비

그리고 HCD(고국직통전화), 국제선물카드 등의 부가서비스 이용번호는 <표 6-17>과 같다(1988. 5. 1). 그 후 1991년 데이콤이 국제전화사업을 시작하면서 국제전화서비스번호로 002번을 사용하게 되었고, 부가서비스 번호로 003번을 사용하였다. 이때 부가서비스의 세부이용번호는 <표 6-18>과 같다(1991. 12. 3).

<표 6-17> 한국통신 국제전화 부가서비스 이용번호

식별번호	이용서비스	식별번호	이용서비스
0090	HCD(미국 제외 고국교환)	0091	HCD(미국 고국교환)
0092	예비	0093	예비
0094	예비	0095	예비
0096	국제선불카드(Pre-paid)	0097	예비
0098	예비	0099	예비

<표 6-18> 데이콤 국제전화 부가서비스 이용번호

식별번호	이용서비스	식별번호	이용서비스
0030	예비	0031	요금즉시통보(VCDA)
0032	예비	0033	제3자 요금부담
0034	예비	0035	신용카드서비스
0036	예비	0037	예비
0038	국제 800	0039	HCD

나. 정부의 정책방향

1982년 한국전기통신공사가 창립되면서 정보통신 번호계획업무도 체신부로부터 그대로 이관 받아 1980년대에는 한국통신 계획국에서 담당하여 왔다. 그러다가 통신사업이 경쟁체제가 되면서 번호업무가 다시 정부(정보통신부)로 되돌아가게 되었다. 1990년대 중반 정부는 신규 국제통신사업자인 한국글로벌텔레콤의 식별번호를 부여하기 위해 기존 통신사업자인 한국통신과 데이콤의 부가서비스번호를 변경하고자 두 가지 방안을 검토하였다.

제1안은 신규사업자에게 005번 등 예비번호를 부여하는 방안으로서 이 경우 한국통신과 데이콤의 국제자동전화 식별번호는 변동이 없었다. 제2안은 신규사업자인 온세통신에게 007번 또는 009번을 부여하는 방안이었다. 이 경우 한국통신의 부가서비스 번호인 007× 또는 009×를 타 번호로 전환해야 하는 문제가 발생하였다.

결국 정부는 제3의 통신사업자 선정과 대외개방을 감안하여 국제전화 부가서비스 식별번호의 재정비 방안을 제시하였다(1996. 8). 이 방안의 주요내용은 ① 한국통신이 사용하는 009×는 회수하여 정부에서 예비자원으로 관리하고, 007×는 0079×로 전환한다(예: 0071을 00791로 변경). ② 데이콤은 003×를 0030×로 전환한다(예: 0031을 00301로 변경). ③ 통신사업자가 정부방침을 수용하는 범위 내에서 정책건의 시 이를 수용토록 한다는 것이었다. 한국통신과 데이콤에게 동일한 조건을 수용하되, 한국통신은 다수 서비스를 제공하는 점을 인정할 방침이었다.

3.2 신규 사업자의 국제전화번호

가. 007×번을 변경하는 경우

한국통신은 정부의 국제전화 부가서비스 식별번호 재정비에 대한 방침이 확고하다고 판단하여 당사의 내부방침 결정이 시급하다고 판단하였다. 한국통신의 007×번호를 변경하는 경우 다음과 같이 문제점이 확인되었다.

첫째, 번호변경사항 홍보에 따른 막대한 홍보비가 소요되고 이용자에게 많은 이용 상 불편이 초래된다. 신문 등 매체를 통한 홍보비는 약 30억 원 이상 소요되고, 이용자 혼란에 따른 사회적 비용의 발생도 불가피하다. 또한 외국인에 대한 홍보와 제외국 사업자와의 프리픽스(Prerfix) 변경 등 작업에 많은 시간이 소요될 것이다.

둘째, 한국통신의 경우 0077(국제수동전화), 0075(국제전보) 등 기본서비스가 사용되고 있어, 번호변경 시 특정 이용자 계층의 혼란이 가중될 것이다. 1995년 0077(국제수동)의 매출액은 약 155억 원이며, 이 서비스는 한국통신 만이 제공하고 있고, 이용자 대부분이 노인층 등 사회적으로 보호가 필요한 계층이다. 그리고 0077번, 0075번 등은 1984년부터 당시까지 제공되고 있는 국민 대부분이 인지하고 있는 서비스 번호이다.

셋째, 신규 통신사업자의 출현으로 기존 통신사업자가 사용 중인 번호를 변경하는 나쁜 선례를 남길 수 있다. 1998년 이후 외국 통신사업자가 국내시장에 진출 시 국내기존 통신사업자의 번호변경을 요구하게 되는 빌미를 제공하게 된다.

나. 009×번을 변경하는 경우

1991년 12월 이전에는 한국통신의 국제전화 독점체제로서 ISD 001, 국제전보 005, 대화자부담 008, 고국교환 009번 등 00× 계열을 사용하였다. 이후 국제전화 경쟁체제가 되면서 한국통신 ISD는 001, 부가서비스번호는 007×, 009×번을 사용하게 되었고, 008번 등은 전환계획에 따라 007×로 흡수되었다. 그리고 009번은 고국 교환원 통화이므로 이용자인 외국인의 혼란과 타 사업자의 데이터 변경 등을 감안하여 정부가 문서로 계속 사용을 승인하였다(1993. 4).

한편 데이콤은 ISD 002, 부가서비스 번호 003Y를 부여하였다. 이때 009×를 전환 시 문제점은 다음과 같다.

① 국내에 여행 또는 거주하는 외국인에게 많은 혼란과 불편이 예상된다. 특히 호텔 등의 공중전화 스티커 등도 모두 변경해야 한다.

② 한국통신과 외국 통신사업자의 프리픽스 데이터를 모두 변경해야 하며 상당한 시일이 소요된다. 통상 1개의 통신사업자와 데이터를 변경하는데 약 16주가 걸린다.

③ 한국통신의 경우 타 번호공간으로 전환할 여지가 없어 서비스의 제공이 불가능한 문

제가 발생한다. 007×를 모두 사용하고 있어 전환이 불가능하다.

다. 한국통신의 대응방향

위와 같이 검토됨에 따라 한국통신은 국제전화번호 변경에 대한 정부방침을 수용하는 경우 다음과 같은 내용의 정책건의를 하기로 하였다.

첫째, 대국민의 이용 편익증진이라는 정부의 정책방향에 따라 다수 통신사업자가 출현하여 번호변경이 불가피한 시점까지 기존 통신사업자의 번호변경은 유보한다.

둘째, 신규 국제통신사업자에게는 현재 사용하지 않고 있는 국제전화 식별번호를 부여하는 것이 바람직하다. 국제자동전화로 005번 또는 008번을 부여하여 기존 통신사업자와 동등한 자리 수의 번호를 확보한다.

셋째, 007×를 0079×로 이중 루팅을 하면서 전환하되 0071(요금통보), 0075(국제전보), 0077(국제수동) 등은 현행번호를 유지토록 한다. 009×는 약 2년의 전환기간을 가진 후 0078× 등으로 전환하여 007× 계열에 최소한 5개-6개 번호를 확보한다.

3.3 사전선택제 시행에 따른 식별번호

가. 식별번호 이용방법

1990년 중반 한국통신은 시외전화와 국제전화에 대한 사전선택제가 시행됨에 따라 식별번호 이용방법을 검토 추진하였다. 당시 한국통신의 의견은 지역번호 앞의 0을 삭제하여 단일화하도록 정부에 요청하였다(1997. 9. 20). 이는 정부의 번호계획, 식별번호 이용의 희소성, 통신망의 안정운용을 감안한 방안으로서 M10CN기종을 제외한 전 기종을 대상으로 하였다. 예를 들면 081+2+750-1000의 번호운용체계를 말한다.

당시 정부는 한국통신의 주장을 수용하는 방향으로 추진하였으며 이 방안은 한국전자통신연구소(ETRI), LG, 삼성, 정보통신정책연구원(KISDI)를 통해 검증되었다(1997. 9. 22). 이에 따라 한국통신은 0을 삭제하여 이용하는 방법으로 단일화하는 경우에 대비하여 다음과 같이 조치하였다.

① ACR(140만대), ACR 전화기(약 40만대) 사용자의 시외통화 불통에 따른 민원은 고객보호 측면에서 적극적으로 대처한다. 즉 ACR은 철거하고, 전화기는 ACR 기능스위치를 꺼놓도록 유도한다.

② PABX의 ACR 또는 ACR 소프트웨어에 따른 민원도 사전에 적극 대처한다. 사전선택제를 위한 교환기 기능보완비용(약 104억 원)은 사전선택제 추진전담반을 통해 반영토록 추진한다.

이때 한국통신은 사전선택제 제외기종인 M10CN에 대해서는 이용자의 혼란을 방지하기 위해 타기종과 같이 0을 삭제하여 단일화하는 의견을 제시하였다. 그러나 정부는 N10CN기종은 사전선택제 제외기종임을 감안하여 이용방법은 현재와 같이 0을 삭제하거나 0을 포함하는 이원화 운용을 주장하였다. 이에 따라 한국통신은 한시적으로만 이원화 운용을 허용하고(1997. 11-12), 데이콤 희망자에 한하여 0 삭제기능을 보유토록 하고 ACR 부착을 허용하는 대안을 제시하였다. 그리고 1998년 이후에는 타기종과 같이 0을 삭제토록 하여 단일화를 추진하였다.

나. 국제전화 콜백 서비스에 대한 대책

한편 국회로부터 콜백 서비스를 이용하여 누구나 남북한 통화가 가능하다고 하면서, 이를 위한 통화차단 등의 대책이 무엇인지를 묻는 질의가 있었다. 이에 대해 한국통신 네트워크본부에서는 다음과 같이 답변하였다(1997. 10).

<답변내용> WTO 시장개방에 따라 내년부터 국내에서 외국 통신업체의 통신시스템을 이용하여 상대국 또는 제3국으로 국제전화를 할 수 있는 콜백 서비스 제공이 가능하게 됨. 콜백 서비스란 상대국가의 국제통신요금이 국내보다 쌀 경우 상대방 국가의 발신으로 국내와 전화를 연결케 함으로써 통화요금이 적어지는 서비스임.

따라서 콜백 서비스를 이용하여 북한과의 통화가 이루어질 것에 대비하여 정부에서는 국경 간 콜백 서비스 약정체결 승인요건으로 콜백 사업자의 통신처리장치에 북한지역 국가코드(850)를 삭제토록 하여 차단하는 방안을 검토 중이며, 이는 국가 간 안보차원의 규제 가능조항과 관련하여 WTO 양해안에도 합치된 것으로 알고 있음. 앞으로 한국통신에서는 정부정책과 콜백 서비스 이용성향 등을 고려하여 이와 관련한 대책을 마련하는데 최선을 다하겠음.

4. 대도시와 농어촌의 시내전화 번호계획

4.1 서울시내 전화번호체계

가. 전화번호체계상 문제점

1980년대 중반 서울시내 전화번호체계는 복잡하게 운용되고 있었다. 성북전화국 가입자의 시내전화번호는 국번호 N×, 가입자번호 ××××이고, 광화문전화국 등 대부분 전화국 가입자는 국번호 N××, 가입자번호 ××××를 사용하였다. 그리고 중앙전화국 대대표전화의 경우는 국번호 N××, 가입자번호 ××를 부여하고, 방송공사 DID 전화는 국번호 N×××, 가입자번호 ×××를 사용하였다.

또한 국회사무처와 서울대 병원 등의 DID 전화는 국번호 N×××, 가입자번호 ××××를 이용하였다. 한편 서울지역의 장기전화수요 전망을 보면 1990년 3,744천 회선에서 2001년에는 5,688천 회선으로 늘어날 것으로 전망하였다. 1980년대 중반 서울시내 지역별(Area) 전화수요전망을 보면 <표 6-19>와 같다(1985년).

이때 각 국번호 지역별 번호용량은 100만회선이고, 사용가능용량은 60만 회선으로 전망하였다(2000년대를 향한 중장기 번호계획, 1985. 7. 6, 한국통신 계획국). 당시의 문제점은 번호의 길이가 5개 디지트에서 8개 디지트로 불균일하여 교환효율이 저하되고 있었다. 타지역 호출시 개방번호방식(Open Numbering)을 채택하게 되어 디지트 마감처리에 시간이 걸리는 문제가 있었다.

<표 6-19> 서울시내 전화수요전망 1 (단위 1,000가입자)

지역별	1990년	1992년	1994년	1996년	1998년	2001년
2번지역	308	329	341	353	370	388
3번지역	378	436	488	539	592	644
4번지역	611	686	750	814	887	959
5번지역	480	526	569	612	648	685

<표 6-19> 서울시내 전화수요전망 2 (단위 1,000가입자)

지역별	1990년	1992년	1994년	1996년	1998년	2001년
6번지역	507	585	655	726	811	896
7번지역	471	500	521	542	565	588
8번지역	452	508	562	615	676	738
9번지역	537	600	650	699	745	791
계	3,744	4,170	4,536	4,900	5,294	5,688

나. 국번호 용량 부족문제

2000년대 초 서울시내 전화수요전망을 보면 2번 지역 38만8천회선, 3번 지역 64만4천회선, 4번 지역 95만9천회선, 5번 지역 68만5천회선, 6번 지역 89만6천회선, 7번 지역 58만8천회선, 8번 지역 73만8천회선, 9번 지역 79만1천회선 등 총 568만8천 회선으로 파악되었다. 그 세부내역은 전항의 <표 6-19>에 이미 설명하였다.

특히 우리나라 중심지역인 서울시내 7번 지역에는 원효전화국, 광화문전화국, 혜화전화국, 중앙전화국, 여의도전화국, 용산전화국, 정부청사가 위치하고 있었다. 당시 국번호 사용내역은 <표 6-20>과 같고 이때 국번호 700-709번은 사용하지 않았다. 여기에서 정부는 정부청사를 말한다. 그리고 2031년도 수요가 966만 회선으로 번호용량인 800만 회선을 초과하게 되어 번호용량이 부족한 것으로 예측되었다.

<표 6-20> 서울시내 국번호 7번의 사용내역 1 (1983년 3월)

710 -	711 -	712 원효	713 원효	714 원효	715 원효	716 원효	717 원효	718 원효	719 원효
720 정부	721 -	722 광화문	723 광화문	724 광화문	725 광화문	726 -	727 -	728 -	729 -
730 -	731 -	732 광화문	733 광화문	734 광화문	735 -	736 -	737 -	738 -	739 -
740 -	741 -	742 혜화	743 혜화	744 혜화	745 혜화	746 -	747 -	748 -	749 -
750 -	751 -	752 중앙	753 중앙	754 중앙	755 중앙	756 중앙	757 중앙	758 -	759 -

<표 6-20> 서울시내 국번호 7번의 사용내역 2 (1983년 3월)

760 혜화	761 -	762 혜화	763 혜화	764 혜화	765 혜화	766 -	767 -	768 -	769 -
770 BH	771 중앙	772 중앙	773 -	774 -	775 -	776 중앙	777 중앙	778 중앙	779 중앙
780 여의	781 -	782 여의	783 여의	784 여의	785 -	786 -	787 -	788 -	789 -
790 용산	791 -	792 용산	793 용산	794 용산	795 용산	796 용산	797 용산	798 용산	799 -

또한 4번 지역, 6번 지역, 9번 지역은 1993년 이전에 용량이 부족하고, 3번 지역, 5번 지역, 8번 지역 지역은 2,000년도 이전에 용량이 부족하게 나타나고 있었다. 또한 <표 6-21>에서 보는 바와 같이 1990년대 초반의 서울시내 가용 국번호는 800개로 1995년부터 국번호 부족 상황이 발생하는 것으로 분석되었다(1994년도 주요업무 발전계획, 1993. 7. 26, 한국통신 기술기획실).

<표 6-21> 서울시내 국번호 현황(1993. 7)

구분	1993년	1994년	1995년	1996년	2001년
가입자 수요(천명)	4,849	5,161	5,461	5,732	6,543
국번호 수요	719	766	811	851	971
국번호 용량	800	800	800	800	800
과부족	81	34	-11	-51	-171

앞에서 언급한 바와 같은 문제를 해결하기 위해 서울시내 국번호를 단계별로 전환하기로 하였다. 일부지역의 국번호가 부족하게 되는 단계인 1990도에 타 지역 여유 국번호를 활용

토록 하고, 대부분 지역이 국번호 부족현상이 발생하는 단계인 2,000년에는 4숫자 국번호로 전환한다는 계획을 세웠다. 이때 번호체계는 N+N××××+××××로 맞추어 나가게 하였다.

4.2 서울지역 8자리 전화번호 출현

가. 서울지역 국번호의 용량확장

한국통신은 서울지역 전화국번호의 수요가 지속적으로 증가함에 따라 기존 3자리 국번호를 4자리 수로 확장함으로써 다가오는 21세기 서울지역 전화수요에 효율적으로 대처하고자 국번호 확장계획을 다음과 같이 추진하였다.

(1) 한국통신은 서울지역 4자리 국번호 전환을 위해 1단계(1991년)에는 신규가입자에 한해 4자리 국번을 부여하고, 2단계(1997년)에 가서 기존 3자리 국번호를 4자리로 확장하는 계획을 정부에 승인 요청하였다(1989. 11. 30). 이어서 서울지역 전화국번호를 1993년까지 인접 국번호를 활용하는 등 3자리 국번호를 유지하는 것으로 4자리 국번호 전환계획을 보완하였다(1990. 2. 6). 이에 따라 정부는 교환국번호의 자리수를 최대 4자리로 확대하는 전기통신번호 관리세칙을 확정하였다(1991. 12. 31).

(2) 한국통신은 1단계(1994년)에서 사용치 않는 300대 국번호 23개를 3×××로 4숫자화하여 230개로 확장하고, 2단계(1998년 이후)에서 기존 3자리 국번호를 4자리로 확장하는 내용으로 서울지역 국번호용량 확장계획의 재승인을 요청하였다(1992. 4. 2). 정부는 한국통신이 요청한 서울지역 전화국번호 확장계획을 승인하였다(1992. 7. 31). 주요내용은 국번호 3××를 3×××로 4숫자화하여 230개로 확장하도록 하고, 국번호 확장시기는 1994년부터 신증설 교환시설에 한해 적용하게 하였다. 그리고 기존 국번호의 4자리로의 확장은 별도 승인 후 시행토록 한다는 것이었다.

이에 따라 한국통신은 1994년부터 신설교환기에 4자리 국번호를 사용하는 계획을 시행하였다. 이때 번호 부족지역인 13개 전화국에 4자리 국번호를 사용하고, 당시 3자리 국번호 가입자는 변동 없이 계속 사용하도록 하였다. 그리고 1998년 이후에는 기존 3자리 국번호 앞에「2」를 일괄 추가하여 모든 가입자가 4자리 국번호를 사용하게 하였다. 이와 같은 국번호 전환계획에 따라 서울지역 국번호 상황을 1994년 이전과 이후로 구분하여 비교하여 보면 다음과 같다.

① 번호구조 면에서 보면 1994년 이전에는 3자리 국번호(N××-××××)이고, 1994년 이후에는 3자리 국번호(N××-××××), 4자리 국번호(3×××-××××)가 공동 사용된다. 따라서 국번호 수는 1994년 이전에는 800개이고, 1994년 이후에는 3자리 777개와 4자리 230개를 합쳐 총 1,007개로 늘어난다.

② 최대번호용량은 1994년 이전에는 800만 회선이고, 1994년 이후에는 1,007만회선이

되고, 회선수용용량은 1994년 이전에는 560만 회선이었으나 1994년 이후에는 705만 회선으로 늘어나게 된다.

나. 서울지역 전화번호의 단계별 확장 추진

한국통신은 수요증가에 효율적으로 대처하기 위해 국번호 용량을 확장하기로 하였다. 이때 이용자의 이용혼란 및 체감변화를 최소화하기 위해 국번호는 단계적으로 확장하는 것으로 정하였다. 이 계획의 주요내용은 다음과 같다(서울지역 국번호 용량확장 기본계획, 1997. 6, 한국통신 네트워크본부).

첫째, 기존 3자리 국번호 앞에 서울지역 번호와 같은「2」를 일괄적으로 추가하여 국번호를 확장한다. 그리고 기존 4자리 국번호(3×××) 가입자는 현행을 유지한다.

둘째, 제1단계에서 현용 200대 국번호를 우선적으로 4자리 숫자화하여 신규 국번호 자원 223개(20××, 21××, 23××)를 확보한다(1998. 10). 이때 기존교환기 중 4자리 국번호 처리가 불가한 No.1A 전자교환기는 생산업체와 공동으로 소프트웨어를 개발하여 보완토록 한다(1997. 7-1998. 2).

그리고 M10CN 전자교환기는 조기 철거하여 대체하도록 하며, 이때 대상시설은 2번 국번호 지역에 사용 중인 교환기로서 전농전화국 2만회선, 행당전화국 5만회선이다. 4자리 국번호로의 확장 시기는 1998년 10월 4일 0시로 정하고, 이 시기와 신규교환기로의 절체시점을 일치시켜 가입자 번호변경을 최소화하도록 한다. 이 사업에는 약 160억 원이 소요되고, 1998년 반전자교환기 철거계획에 추가로 반영 시행한다.

셋째, 2006년 전후로 예상되는 제2단계에서는 기존 3자리 국번호(300대-900대)에 전단에「2」를 일괄 추가하여 서울지역 국번호 4자리화를 완성한다. 이렇게 되면 국번호가 당초 1,230개로부터 8,000개로 확장된다. 그리고 4자리 국번호 수용을 위한 관련 시설은 선행하여 보완하고, 이로 인한 이용자들의 혼란을 줄이기 위해 다양한 국내외 홍보 및 방송을 하도록 한다.

한편 한국통신은 이 번호확장계획의 실행을 위한 추진체계와 세부업무분담은 다음과 같이 결정하였다.

① 네트워크본부 통신망기획국은 서울지역 국번호용량 확장계획을 수립하여 정부 승인을 요청하고 관련 업무를 협의한다. 그리고 시내교환계획국에서는 M10CN 교환기의 조기 철거 및 대체(국번호 2××대의 3개 시스템)를 위한 투자사업을 추진한다.

② 시설운용실에서는 No.1A교환기의 소프트웨어를 보완 확대 적용하고 운용중인 교환시설, 가입자선로 집중관리시스템, 지능망 데이터베이스 관련시설에 대한 안내방송을 제공한다. 또한 호 처리를 위한 보완 조치하고 현장 적용시험을 시행한다.

③ 마케팅본부는 사내 가용자원을 통한 이용자 홍보를 시행하고, 114 및 가입자 관리 관

련시스템의 데이터를 보완한다. 그리고 해외주관청에 번호변경 사항을 통보하고 국제기구에도 번호변경 사항을 통보토록 한다.

④ 기획조정실에서는 2번 국번호 지역의 M10CN 교환기 조기철거에 따른 소요예산을 확보한다. 한편 홍보실에서는 언론매체를 통하여 홍보하고, TV, 신문 등에 인터뷰 및 기획특집을 유도한다.

다. 서울통화권 시내국번호 중장기계획

앞에서 설명한 바와 같이 서울통화권의 시내 국번호는 2000년 이후 국번호 수요를 위해 1998년 9월에 서울지역 국번호 200번대(200-299번)를 4숫자화 하기로 하였다. 이어서 이 계획은 정부주관으로 공청회를 거쳐 의견을 수렴한 후 확정되었다(1997. 7. 24). 또한 한국통신은 이 사업의 시행을 위한 세부사항을 다음과 같이 보완 추진하였다(하나로통신 국번호 부여검토, 1997. 7, 한국통신 네트워크본부).

첫째, 1997년 말부터 전자교환기(M10CN 기종) 7만 회선을 대체 추진한다(1997. 12-1998. 9). 이를 위해 소요예산 140억 원을 투입하고, 이용자들에게 불편을 최소화하기 위해 일간지 등 3차에 걸쳐 홍보를 시행한다(1997. 9-12).

둘째, 현재 사용 중인 200-299번대 100개의 국번호는 2를 추가하여 국번호 2200- 2299번으로 변경한다. 이렇게 하여 200개의 국번호를 신규로 확보하고, 2300-2999번 대의 700개는 차기 국번호 전환용으로 보유 관리한다. 이 국번호계획은 정부의 중장기 번호정책방향(1997. 9)에 반영하였으며, 나머지 3자리 국번호(300번대-900번 대)는 4자리숫자 번호로 확장이 불필요하다.

이와 같은 국번호 계획에 따라 서울시내에 총 1,230개의 국번호를 확보함으로써 2006년까지 한국통신 및 하나로 통신의 수요에 대처할 수 있다고 판단하였다. 이 방안에 의해 기존 이용자의 번호변경을 최소화하면서 국번호 수요시기에 제공할 수 있었다. 이때 100인당 전화보급율 포화치를 57대로 추정하였다.

4.3 예비국번호의 부여사용

가. 검토배경 및 시행방안

1980년대 초 당시 우리나라는 전화 이용가입자가 전출 시 사용하던 전화번호는 1개월의 공백 기간 후 타 가입자에게 판매하여 재사용하였다. 그러나 즉시 재사용하게 되는 경우가 발생하고 공백 기간이 짧은 관계로 과거 사용하던 가입자를 찾는 전화가 걸려와 불만이 야기되고 있었다. 1980년 초 한국통신 계획국 도시계획부(부장 이정욱)는 이 문제를 해소하기 위해 예비국번호를 부여하는 방안을 검토하였다.

이것은 전화교환기 시설 수 외에 예비 국번호를 추가로 부여하여 전출된 번호는 일정 기간 비워두는 방안이었다. 예를 들면 시설수가 2만회선인 전자교환기를 운용하는 전화국의 경우 242, 243, 244국번을 사용하는 방안을 말한다. 예비국번호 부여방안에 대해 부분별로 검토하여 보면 다음과 같다(예비국번호 부여방안검토, 1983. 3, 한국통신 계획국, 도시계획부).

첫째, 시설 면에서 기계식 자동교환기와 전자식 교환기 연결 시 시설이 추가로 소요된다. 그리고 시스템 증설 시 발신전화국과 착신전화국 간 중계시설 구성이 곤란하고, 시스템 2를 개통할 때 개통시험이 불가능하다.

둘째, 시설의 유지보수 면에서는 예비국번호를 사용할 때 예비번호 EN과 가입자번호 DN을 일률적으로 부여하는 것이 곤란하다. 예를 들면 M10CN 전자교환기의 경우 EN과 DN의 부여는 EN MOD1, MOD2, ⋯, MOD5이고 DN 0000-1999, 2000-3999, ⋯, 8000-9999로 한다. 이때 DN이 2451이면 EN은 MOD2에 451번째로 판단할 수 있다. 그러나 EN과 DN을 관리하기 위한 별도의 기록부가 요구되므로 유지보수가 곤란하다.

셋째, 전자교환기(M10CN)의 주 기억장치(Main Memory)의 가입자 번호와 장치번호테이블을 변경해야 한다. 또한 1차 발신정보테이블(Primary Calling Information Table)에 1,280워드를 확보해야하고, 1차 착신정보테이블(Primary Called Information Table)에 1,280워드를 확보해야 한다. 그리고 드럼(Drum)에 호 완료정보테이블(Terminating Call Information Table)에 10개 트랙을 확보해야 하고, 과금계산(Taxation Counter)을 위해 8개 트랙을 확보해야 한다.

나. 예비국번호 이용 시 문제점

전자교환기 M10CN기종의 경우 당시 사용 중인 주기억장치의 구조상(Main Memory Layout) 메모리 여유가 96워드 밖에 남아있지 않아 시행이 곤란하였다. 그리고 드럼내의 여유 트랙 15개를 전부 사용하여도 부족하고 사용 중인 트랙도 고장이 발생하는 경우 예비용 트랙이 없어 곤란한 실정이었다. 반면 No.1A 전자교환기는 이러한 문제가 없었다. 이외에도 예비국번호를 부여하는 경우 전자교환기 사용상 몇 가지 문제점이 발견되었는데 그 세부 내용은 다음과 같다.

첫째, 전자교환방식에서 시스템 구별은 프리픽스 만 분석하면 가능토록 되어 있어 예비번호 1개를 2개 시스템에서 공동으로 사용할 수 없다. 만약 공동 사용하는 경우에는 가입자번호까지 분석해야 하므로 CPU에 부하가 증가될 수밖에 없다.

둘째, 시스템 당 국번호를 부여할 때 M10CN 기종은 시스템 당 규모가 작아 많은 수의 예비 국번호가 필요하다. 그리고 예비 국번호로 다수의 국번호를 사용할 경우 지역별로 국번호 부족이 발생하고, 타 지역 국번도 사용해야 한다.

셋째, 기존 기계식 자동교환기의 국간중계방식에서 타 지역 국번호를 혼용하는 것은 중계루트 및 설계가 복잡해지고, 국간 전송로의 구성이 곤란해지며, 사용자 국번호 기억에 혼란을 가져오는 등 중계통신망 구성에 문제가 발생한다.

다. 예비국번호 이용대책

이러한 문제를 현장책임자 중심으로 전문적으로 검토 논의하기 위해 한국통신 계획국 도시계획부(부장 이정욱)에서는 예비국번호 부여방안 1차 검토회의를 개최하였다(예비국번호 부여방안 검토회의록, 1983. 2. 18, 한국통신 계획국 도시계획부). 당시 논의된 주요내용은 다음과 같다.

① 소프트웨어과장 : 전자교환기의 데이터 테이블의 설계(Layout)는 시스템 단위별로 거의 일정하게 되어 있는 관계로 예비국번을 부여한다면 메모리 위치들이 전반적으로 재배치되어야 하며, 1만 회선에 대한 데이터가 추가되어야 함으로 메모리 용량이 부족하므로 불가능함.

② 을지전화국 업무과장 : 도시지역에는 전자교환기 시설이 대량 공급되는 실정임으로 특정국을 제외하고는 시설에 여유가 있음으로 큰 효과를 기대할 수 없으며, 가입자원부관리, 결번관리에 혼란이 야기되며, 시설 여유가 없는 국은 국번호가 필요없는 공중전화, PABX를 여유단자에 수용하고 결번을 활용하는 것이 효과적임.

③ 중앙전화국 기계과장 : 시설 수는 일정한데 번호는 이중 관리해야 함으로 결번관리에 혼란이 야기되며, 기계식 전화국은 불기능한 실정임으로 바람직하지 못함.

④ 월곡전화국 분국장 : 예비 국번호 부여시는 EN과 DN이 상이함으로 별도의 관리부를 비치하여야 하며, 결번 시 마다 점퍼 구성작업이 이루어져야 함으로 불편함.

⑤ 서울지사 전자과장 : 2개 이상 시스템에 동일국번 부여시는 시스템 상호간 불필요한 중계호(Transit Call)가 발생되어 불필요한 국간중계시설이 생기며, 프리픽스 분석을 4자리까지 해야 하므로 접속시간이 길어짐. 그리고 가입자 변동시 안내방법을 강구하여 신속한 안내를 하는 것이 필요함.

이어서 예비국번호 부여방안 2차 검토회의를 개최하였으며, 당시 논의된 주요내용은 다음과 같다(예비국번호 부여방안 검토회의록, 1983. 3. 22, 한국통신 도시계획부).

① 교환보전부장 : 예비 국번호를 부여하여 얻을 수 있는 이점보다 프로그램 변경, 중계루트 구성의 불합리성, 가입자번호와 장치번호 차이에서 오는 유지보수의 곤란 등 실익이 없으므로 근본적인 해결책이 필요함. 그리고 가입자 전출시 1개월 정도 공백 기간을 두고 사용한다는 기본원칙을 판매 시 지킨다면 예비국번호 부여는 필요없음.

② 지사 기술부장 : 대부분의 전화국이 시설의 여유를 갖고 판매하므로 전출 가입자번호는 일정기간 비워두고 결번을 활용하면 가입자 불만은 해소할 수 있음.

예비국번호 부여문제에 대해 위와 같은 심도있는 검토와 논의절차를 거쳐 한국통신은 예비국번호는 No1A 전자교환기를 운용하는 전화국의 경우 초과시설을 활용하기 위해 국번호를 부여하였다. 그리고 M10CN 기종을 운용하는 전화국의 경우에는 가능한 한 발신전용, 공중전화 및 PBX 국선 등으로 활용하였다.

4.4 농어촌지역 번호계획

우리나라 농어촌지역 100개 통화권을 대상으로 전전자교환기(全電子交換機)를 공급하여 자동화계획을 수립하였다(통신 116-287, 농어촌지역 치국 및 통신망계획, 1985. 6. 11). 이 계획에는 모국과 분국에 시내전화를 위한 독립 국번호를 부여하는 등 번호계획도 포함되어 있다. 지역별 전화번호계획의 세부내역은 다음과 같다.

가. 경기지역 농어촌전화번호

경기도지역은 가평, 강화, 광주, 김포, 문산, 발안, 안성, 양평, 원당, 용인, 이천, 여주, 전곡, 포천 등 14개 통화권의 모국(14개국)의 시내전화 국번호를 결정하였다. 또한 청평, 조종, 조암, 남양, 오산, 온수, 신장, 일산, 통진, 금촌, 법원리, 장호원, 연천 등 분국(13개국)의 시내전화 국번호도 <표 6-22>와 같이 결정하였다.

<표 6-22> 경기지역 농어촌전화번호

통화권	국명		번호계획	통화권	국명		번호계획
	모국	분국			모국	분국	
가평	가평		82-83	발안	발안		5 x (52)
		청평	84,86			조암	5 x (58)
		조종	85			남양	7 x (77)
강화	강화		32-35			오산	7 x (72)
		온수	36-37	안성	안성		7 x (72)
광주	광주		62-65	양평	양평		72-76
		신장	66-69	원당	원당		62-65
김포	김포		8 x (82)			일산	66-69
		통진	8 x (87)	용인	용인		3 x (33)
문산	문산		5 x (52)	이천	이천		32-37
		금촌	5 x (55)			장호원	38-39
		법원리	5 x (58)	여주	여주		82-87
전곡	전곡		32,33,35,37	포천	포천		32-36
		연천	34,36	( )내는 1986년도 공급분			

나. 경북지역 농어촌전화번호

경북지역은 고령, 군위, 봉화, 상주, 성주, 영덕, 영양, 예천, 왜관, 울릉, 울진, 의성, 점촌, 청도, 청송, 하양, 현풍 등 17개 통화권의 17개 모국에 시내전화 국번호를 결정하였다. 또한 함창, 후포, 안계, 문경 등 4개 분국에 시내전화 국번호도 부여하였다. 세부내역은 <표 6-23> 및 <6-24>와 같다.

<표 6-23> 경북지역 농어촌전화번호

통화권	국명		번호계획	통화권	국명		번호계획
	모국	분국			모국	분국	
고령	고령		52-57	울진	울진		82-85
군위	군위		8 x (82)			후포	86-87
봉화	봉화		72-75	의성	의성		32-36
상주	상주		30-37			안계	37-38
		함창	38-39	점촌	점촌		52-56
성주	성주		3 x (32)			문경	57-59

<표 6-24> 경북지역 농어촌전화번호

통화권	국명		번호계획	통화권	국명		번호계획
	모국	분국			모국	분국	
영덕	영덕		3 x 기존32	청도	청도		7 x (73)기존 72
영양	영양		8 x (82)	청송	청송		7 x (72)
예천	예천		5 x (52,53)	하양	하양		5 x (52)
왜관	왜관		72-75	현풍	현풍		82-85
울릉	울릉		92-93	( )내는 1986년도 공급분			

다. 경남지역 농어촌전화번호

경남지역은 거제, 거창, 고성, 남해, 밀양, 산청, 양산, 의령, 하동, 함안, 함양, 합천, 창녕 등 13개 통화권을 설정하였다. 이들 통화권은 거창, 밀양, 의령, 창녕 등 13개국을 모국으로 결정하고 옥포, 장승포, 기장, 일광, 칠원, 지족, 수산, 영산 등 8개국을 분국으로 정하였다. 이때 양산통화권의 경우 모국인 양산국은 82번-89번을 부여하고, 분국인 기장은 72번-77번, 일광에는 78번-79번을 사용토록 하였다. 이 통화권에서 사용할 시내전화 국번호 내역은 <표 6-25>와 같다.

<표 6-25> 경남지역 농어촌전화번호

통화권	국명		번호계획	통화권	국명		번호계획
	모국	분국			모국	분국	
거제	거제		3 x (34) 기존32/33	양산	양산		82-89
		옥포	3 x (37)			기장	72-77
		장승포	8 x (82)			일광	78-79
거창	거창		42-47	하동	하동		82-86
고성	고성		72-77	함안	함안		8 x (82)
남해	남해		62-66			칠원	8 x (87)
		지족	67-68	함양	함양		6 x (62,63)
밀양	밀양		5 x 기존52/53	합천	합천		3 x (33) 기존32
		수산	5 x (58)	창녕	창녕		3 x (32)
산청	산청		72-79			영산	3 x (36)
의령	의령		7 x (72)	( )내는 1986년도 공급분			

라. 충북지역 농어촌전화번호

충북지역은 괴산, 단양, 영동, 옥천, 음성, 진천 등 6개통화권으로 구획하였다. 그리고증평은 괴산을 모국으로, 무극은 음성을 모국으로 한 분국을 설정하였다. 이 통화권의시내전화 국번호의 세부내역은 <표 6-26>과 같다.

<표 6-26> 충북지역 농어촌전화번호

통화권	국명		번호계획	통화권	국명		번호계획
	모국	분국			모국	분국	
괴산	괴산		3 x (32)	옥천	옥천		3 x 기존 32
		증평	3 x (36)	음성	음성		7 x (72)
단양	단양		22-25			무극	7 x (78)
영동	영동		4 x (42,43)	진천	진천		3 x (32)

마. 충남지역 농어촌전화번호

충남지역은 공주, 금산, 논산, 당진, 대천, 보은, 부여, 서산, 서천, 예산, 온양, 조치원, 청양, 홍성 등 통화권의 모국(14개국)과 유구, 태안, 장항, 강경, 삽교, 합덕, 광천 등 분국(7개국)의 시내전화 국번호를 <표 6-27>과 같이 결정하였다.

<표 6-27> 충남지역 농어촌전화번호

통화권	국명		번호계획	통화권	국명		번호계획
	모국	분국			모국	분국	
공주	공주		52-57	서산	서산		6 x (62,63)
		유구	58-59			태안	7 x (72,73)
금산	금산		5 x (52,53)	서천	서천		52-56
논산	논산		30-34			장항	57-58
		강경	38-39	예산	예산		3 x (32,33)
당진	당진		5 x (52,53)			삽교	3 x (37)
		합덕	5 x (57)	온양	온양		42-49
대천	대천		32-39	조치원	조치원		6 x (62,63)
보은	보은		4 x (42)	청양	청양		4 x (42)
부여	부여		32-39	홍성	홍성		32-36
						광천	37-38

바. 전북지역 농어촌전화번호

전북지역은 고창, 김제, 무주, 부안, 순창, 임실, 장수, 진안 등의 통화권 모국(8개국)에 시내전화 국번호를 <표 6-28>과 같이 결정하였다.

<표 6-28> 전북지역 농어촌전화번호

통화권	국명		번호계획	통화권	국명		번호계획
	모국	분국			모국	분국	
고창	고창		62-68	순창	순창		5 x (52)
김제	김제		42-49	임실	임실		4 x (42)
무주	무주		22-26	장수	장수		52-54
부안	부안		8 x (83),82	진안	진안		3 x (32)

사. 전남지역 농어촌전화번호

전남지역은 강진, 고흥, 곡성, 광양, 구례, 담양, 무안, 보성, 영광, 영암, 완도, 장성, 장흥, 진도, 함평, 해남, 화순 등 통화권 모국(17개국)과 법성포, 옥곡, 죽교, 벌교 등 분국(4개국)의 시내전화 국번호를 <표 6-29>와 같이 결정하였다.

<표 6-29> 전남지역 농어촌전화번호

통화권	국명		번호계획	통화권	국명		번호계획
	모국	분국			모국	분국	
강진	강진		32-36	영광	영광		52-55
고흥	고흥		3 x (34) 기존 32,33			법성포	56-57
곡성	곡성		62-65	완도	완도		5 x (52,53)
광양	광양		60-64	장성	장성		9 x (92)
		옥곡	65-69	장흥	장흥		6 x (62)
구례	구례		82-84			죽교	6 x (67)
담양	담양		8 x (82)	진도	진도		4 x (42)
무안	무안		5 x (52)	함평	함평		22-26
보성	보성		5 x (52)	해남	해남		32-39
		벌교	5 x (57)	화순	현풍		72-77
영암	영암		7 x (72,73)	( )내는 1986년도 공급 분			

아. 강원지역 농어촌전화번호

강원지역은 삼척, 양구, 양양, 영월, 인제, 정선, 철원, 평창, 홍천, 화천, 횡성 등의 통화권 모국(11개국)과 동송, 와수, 신동, 사음 등 분국(4개국)의 시내전화 국번호를 <표 6-30>과 같이 결정하였다.

<표 6-30> 강원지역 농어촌전화번호

통화권	국명		번호계획	통화권	국명		번호계획
	모국	분국			모국	분국	
삼척	삼척		72-76	철원	철원		5 x (52)
양구	양구		52-53			동송	5 x (55)
양양	양양		72-74			와수	5 x (58)
영월	영월		7 x (72)	평창	대화		32-35
		신동	7 x (78)	홍천	홍천		3 x (32)
인제	인제		62-63	화천	화천		42-43
정선	정선		62-64	횡성	횡성		4 x (42)
		사음	66-67	( )내는 1986년도 공급 분			

5. 특수전화번호의 계열화

5.1 시외전화 및 국제전화 신청번호

가. 1980년대 초 시외전화 신청 및 문의

1980년대 초 우리나라의 시외전화의 문의, 확인을 위해 100번, 109번, 120번 등 3개의 특수번호를 사용하였고, 시외전화의 신청은 전국 지역별로 101번, 1032번, 1033번, 104번, 105번, 106번, 107번, 108번, 123번 등 총 9개의 서로 다른 특수번호를 사용하였다. 그리고 시외전화에 대한 문의 및 확인을 위해서도 100번, 109번, 120번 등 통화방식이나 지역에 따라 달라 불편하였다. 그 세부내역은 <표 6-31>과 같다(1983년).

<표 6-31> 시외전화 신청 및 문의 확인용 전화번호

전화번호	용도	사용내역	비고
100	시외전화 문의 및 확인	대시통화지역	수동즉시지역 제외
101	시외전화 신청	대시통화지역	수동즉시지역 제외
1032	시외전화 신청	경기지역 수동즉시통화구간	가평 외 11개 지역
1033	시외전화 신청	강원지역 수동즉시통화구간	강릉 외 22개 지역
104	시외전화 신청	충청남북도 지역 수동즉시통화구간	대전 외 18개 지역 괴산 외 8개 지역
105	시외전화 신청	전북지역 수동즉시통화구간	전주 외 16개 지역
106	시외전화 신청	전남, 제주지역 수동즉시통화구간	강진 외 14개 지역 제주 외 1개 지역
107	시외전화 신청	부산, 경남지역 수동즉시통화구간	거창 외 24개 지역
108	시외전화 신청	대구, 경북지역 수동즉시통화구간	경주 외 26개 지역
109	시외전화 문의 및 확인	수동즉시통화구간	경기일원지역 제외
120	시외전화 문의 및 확인	수동즉시통화구간	경기일원지역
123	시외전화 신청	경기일원지역 수동즉시통화구간	강화 외 11개 지역

(1) 경기지역 수동즉시통화구간

경기도의 강화, 김포, 반원공단, 수원, 안성, 안양, 여주, 오산, 용인, 이천, 인천, 평택 등 12개 지역의 청구번호 123번, 독촉문의 120번, 상담전화번호 856-5171번을 사용하였다. 한편 가평, 광주, 구리, 동두천, 문산, 성남, 신장, 양평, 원당, 의정부, 장호원, 포천 등 12개 지역은 청구번호 1032번, 독촉문의 109번을 사용하였다.

(2) 강원지역 수동즉시통화구간

강원도는 강릉, 거진, 도계, 동승, 동해, 사음, 삼척, 상동, 속초, 신동, 양구, 양양, 영월, 원주, 인제, 주문진, 철원, 춘천, 태백, 평창, 홍천, 화천, 횡성 등 23개 지역은 청구번호 1033번, 독촉문의 109번을 사용하였다.

(3) 충청남북도 지역 수동즉시통화구간

충청북도는 괴산, 보은, 영동, 옥천, 음성, 제천, 진천, 청주, 충주 등 9개 지역이고, 충청남도는 공주, 광천, 금산, 논산, 당진, 대전, 대천, 부여, 서산, 성환, 예산, 온양, 유구, 조치원, 천안, 청양, 함덕, 해미, 홍성 등 19개 지역이었다. 이 지역은 청구번호 104번, 독촉문의 109번을 사용하였다.

(4) 전북, 전남, 제주지역 수동즉시통화구간

전라북도의 고창, 군산, 김제, 남원, 대야, 무주, 부안, 삼례, 순창, 신태인, 이리, 임실, 장수, 전주, 정주, 진안, 함열 들 17개 지역은 청구번호 105번, 독촉문의 109번을 사용하였다. 전라남도의 강진, 광주, 금성, 목포, 무안, 벌교, 보성, 순천, 여수, 영광, 영암, 완도, 함평, 해남, 화순 등 15개 지역과 제주도의 서귀포, 제주의 2개 지역은 청구번호 106번, 독촉문의 109번을 사용하였다.

(5) 대구, 경북, 부산, 경남지역 수동즉시통화구간

경상북도는 경주, 고령, 구미, 군위, 김천, 대구, 문경, 봉화, 상주, 선산, 성주, 안강, 안동, 영덕, 영양, 영주, 영천, 예천, 울릉, 울진, 의성, 점촌, 청송, 포항, 풍기, 현풍, 후포 등 27개 지역으로서 청구번호 108번, 독촉문의 109번을 사용하였다. 경상남도는 거창, 고성, 고현, 기장, 김해, 남해, 마산, 밀양, 부산, 산청, 삼천포, 양산, 언양, 울산, 의령, 장승포, 진주, 진해, 창녕, 충무, 하동, 함안, 함양, 합천 등 25개 지역이었는데, 청구번호 107번, 독촉문의 109번을 사용하였다.

그리고 시외전화 대시통화지역은 위의 지역을 제외한 지역으로서, 이때 사용한 시외전화와 국제전화의 청구번호는 101번, 독촉문의 100번, 상담전화번호는 254-5161번을 사용하였다. 한편 우리나라 시외전화 중 STD 방식을 사용하는 지역에는 3자리숫자의 특수번호를 사용토록 하였다. 예를 들면 경기도, 강원도의 STD방식 사용지역의 경우 130번-139번을 사용하였는데 세부내용은 <표 6-32>와 같다(1983년).

<표 6-32> STD 방식의 시외전화 지역번호

전화번호	사용지역	전화번호	사용지역
130-139	경기도, 강원도 지역	140-149	충청남북도 지역
150-159	부산, 경남지역 지역	160-169	전라남북도, 제주도 지역

나. 국제전화 신청

1980년대 중반 우리나라의 국제전화의 신청에는 102번과 117번이 사용되었고, 문의, 확인 등을 위해 1030번을 사용하였다. 그 세부내용은 <표 6-33>과 같다(1983년). 국제전화 수동즉시지역은 미국(괌도, 하와이 포함), 서독, 스페인, 싱가포르, 이태리, 자유중국, 카나다, 프랑스, 필립핀, 호주, 홍콩 등 11개 국가이고, 청구번호는 102번, 독촉문의 1030번을 사용하였다. 그리고 국제전화 대시지역은 위의 즉시지역을 제외한 전 지역으로 이를 위한 청구번호는 117번, 독촉문의는 1030번을 사용하였다.

<표 6-33> 국제전화 신청 및 문의 확인용 전화번호

전화번호	용도	사용내역	비고
102	국제전화 신청	국제수동즉시구간	미국 외 10개국
1030	국제전화 문의확인	수동즉시 및 대시지역	
117	국제전화 신청	대시통화구간	즉시통화지역 제외

다. 전화고장, 번호안내 및 긴급신고

1980년대 초 한국통신은 범죄신고 112번, 화재신고 119번, 전화번호안내 114번 등의 특수전화번호를 배정하여 국민들이 편리하게 사용하게 하였다. 그 세부내용은 <표 6-34>와 같다.

<표 6-34> 전신전화업무 및 긴급사항신고 전화번호

전화번호	사용내역	전화번호	사용내역
110	전화고장신고	111	자기전화번호시험
112	범죄신고	113	간첩신고
114	시내전화번호 안내	115	국내 국제 전보신청
116	전화표준시보	118	전화고장수리
119	화재신고 및 구급차 신청	180-189	교통업무 신고

이외에도 각 전화국 민원봉사실은 국번+0000번, 한국통신 각지사의 민원봉사실은 국번+0001번, 복국지에서는 국번+1166-1169번을 전화고장 신고용으로 배정하고, 자석식방식

의 지역에서는 전화고장 신고용으로 60번을 사용하였다. 그 세부내역은 <표 6-35>에서 보는 바와 같다. 이후 1980년대 중반 긴급신고용 및 전신전화업무용 특수번호는 일부 변경 시행되었다.

<표 6-35> 긴급신고, 전보 및 전신전화업무용 특수전화번호

용도	전화번호	용도	전화번호
범죄신고	112	전보(국내 및 국제 전지역)	115
간첩신고	113	전신전화 고장신고	110 국번+1166-1169
대공업무	국번+1113	전화사정 자동안내	국번+1111
화재신고 및 구급요청	119	전화민원봉사실	국번+0000 영업계 0200
밀수신고	국번+0123	시내전화번호 안내	114
교통업무신고	국번+5000, 182		

5.2 특수전화번호의 체계 개선

가. 선진국의 특수전화번호

1980년대 초 일본에서 사용하고 있는 시외전화접수, 각종 긴급신고, 통신망 관리 등을 위한 특수전화번호는 다음과 같다.

① 통신서비스를 위한 부문에서는 시외전화접수(DSA) 100번, 임시접수 102번,착신자부담통화(Collect Call) 106번, 전보접수 115번, 신용통화 등록변경 121번, 대시통화 중계석 접속 181번 등을 사용하고 있다. 그리고 특수서비스 통화접속을 위한 번호로는 열차통화 161번, 수동선박통화 165번, 자동선박통화 166번, 전용선 수용접속 180번을 배정 사용하고 있다.

② 통신서비스 안내업무용으로는 시내전화번호 안내 104번, 시외전화번호 안내 105번, 자동응답장치 접속 122번, 안내대 접수용(부재안내) 141번, 안내업무 분산용 142번을 사용하고 있다. 그리고 각종 긴급신고 및 생활정보서비스 번호로는 경찰신고 110번, 화재신고 119번, 전화시보 117번, 화재정보 토키(Talkee) 133번, 기상정보 177번을 사용하고 있다.

③ 통신시설고장, 통신망관리 및 소통관리부문에서는 시험접수 111번, 국내 중계선 시험 112번, 고장접수 113번, 가입자회선 시험 114번, 전송특성시험 123번, 과금시험 124번, 장애연락처리 131번, 시험통제업무 132번, 즉시망 보전관리 업무 135번, 전화회선통제국 업무 136번, 전송로 고장연락 처리 138번, 소통관리업무(트래픽센터) 190번, 소통정보토키 접속 196번, 소통관리실 업무 199번을 사용하고 있다.

한편 미국의 수동시외전화 신청, 국제수동전화 신청, 전화고장 신고 등을 위한 특수전화 사용상황은 다음과 같다.

① 미국에서는 수동시외전화 신청, 호출통화(P-P), 착신자부담, 회의통화신청 등에 0번을 사용하고, 국제수동전화 신청, 국제호출통화(P-P), 국제착신자부담, 신용카드전화 등을 위하여 01번을 사용하고 있다. 그리고 시외자동 착신자부담(Collect Call)을 위해서는 1+800+××× ××××를 사용하고 있다. ② 미국은 국제자동전화 프리픽스로 011을 사용하고, 시내전화번호 안내를 위해서는 411번을 사용하며, 시외전화번호 안내용으로 1+지역번호(Area Code)+555-1212번을 사용하고 있다. ③ 미국은 경찰, 화재, 병원, 고속도로, 순찰대 등 각종 긴급사항 신고는 911번을 사용하고 있다.

한편 벨기에의 경우는 기상정보 991번, 전화시보 922, 994번, 악의 호 추적, 회의통화 993번을 사용하였다. 전화번호 안내 997번, 전화고장신고 998번을 이용하고 있었으며, 그 외 모니터 998,999번, 기상서비스(Wakeup Service) 999번을 사용하고 있다.

나. 문제점 분석

1980년대 중반까지 우리나라의 특수번호 이용 상의 문제점을 보면 이용형태별로 번호계열화가 되어 있지를 못하고, 또한 각종 대민업무용 전화번호와 신규서비스 전화번호가 체계적이지 못하였다. 당시 특수전화번호 사용현황을 보면 <표 6-36>과 같다.

<표 6-36> 특수전화 사용현황(1985년)

번호별	사용현황	번호별	사용현황	번호별	사용현황
100	대시통화안내	101	대시통화청구	102	즉시통화청구
103-108	예비	109	즉시통화안내	110	전화고장신고
111	자기번호시험	112	범죄신고	113	간첩신고
114	전화번호안내	115	전보신청	116	전화시보
117	국제전화신청	118	전화고장수리 (전공용)	119	화재신고/구급차

이외에도 182번은 교통업무(서울) 및 미아신고 용으로 사용하고 있으며, 120번-129번, 130번-139번, 140번-149번, 150번-159번, 160번-169번, 170번-179번, 180번-189번, 190번-199번은 예비로 관리되고 있었다. 한편 전화번호의 길이가 3숫자 또는 4숫자로 상이하고, 국제전화신청의 경우처럼 동일한 서비스에 대하여 지역에 따라 서로 다른 전화번호를 사용하는 등의 문제가 있었다.

특히 시외전화 대시방식과 즉시방식 별로 문의, 확인 및 신청을 위한 번호가 서로 달랐다. 또한 동일한 서비스의 전화번호가 지역별로 상이할 뿐만 아니라 각종 신고용 전화번호도 유사하여 이용상 상당 불편하였다. 한국통신은 이러한 문제를 해결하기 위해 특수번호 개선방향을 다음과 같이 수립 추진하였다.

첫째, 대시방식의 시외전화 신청 및 문의, 확인을 위한 전화번호와 즉시방식의 시외전화 신청, 문의, 확인을 위한 번호를 단일화한다. 시외전화번호의 안내를 위한 번호를 신설하고 고장신고번호, 영업실 및 민원봉사실 번호 등 각종 신고용 전화번호를 단일화한다.

둘째, 자동차, 열차, 선박 등 이동무선전화를 위한 특수번호를 신규로 지정하고, 무선호출서비스는 현재 사용번호(201-××××)를 그대로 사용토록 한다. 앞으로 시외전화 서비스 수준을 높이기 위해 시외전화 안내, 컬렉트 콜(Collect Call), 호출통화, 신용카드통화(Credit Card Call) 등에 대한 특수번호도 지정한다.

셋째, 통신회선시험 분야에서는 전화회선 통제, 전신회선 통제, 과금시험, 전송로 고장연락, 중계선 시험, 가입자 회선시험, 전송특성시험 등을 위한 특수번호의 사용을 검토한다. 그리고 보다 향상된 소통관리를 위해 소통정보센터, 트래픽센터, 즉시망 보전관리, 자동응답장치 접속 등을 위한 특수번호를 새롭게 지정한다.

넷째, 일상생활정보를 위한 특수전화번호로 기상정보, 재해정보센터, 부재 안내, 기상서비스(Wakeup Service) 등을 위해서도 번호를 지정토록 한다.

다. 특수전화번호의 체계화

1980년대 중반한국통신 계획국 통신망계획부(부장 이정욱)에서는 이러한 문제를 해결하기 위해 특수전화번호를 계열화하고 체계화하였다. 이를 위한 시행방침은 다음과 같다(2000년대를 향한 중장기 번호계획, 1985. 7. 6, 한국통신 계획국).

(1) 특수번호 첫 디지트는 1로 하고 번호의 길이는 3숫자로 통일하며, 이용형태별로 계열화하여 전국적으로 통일한다. 그리고 이미 사용 중인 번호는 변경을 최소화하고, 새로운 서비스에 대비하여 예상 가능한 서비스번호를 부여하는 한편 충분한 예비번호를 확보한다.

(2) 특수전화번호는 10x는 각종 통신업무취급용으로 정하고, 11x는 긴급사항 신고에 사용토록 하였다. 그리고 12x는 각종 고장신고, 13x는 각종 생활정보, 14x는 통신망의 유지보수, 15x는 신규서비스, 16x-19x는 통신망 유지보수를 위한 예비번호로 계열화하였다.

그리고 100번대는 전신전화 서비스을 위해 사용하고 110번대는 주로 범죄신고, 간첩신고, 화재신고 등에 배정하였다. 130번대는 전화, 전기, 수도, 개스, 마약 등의 고장신고용으로 정하였다. 그리고 140번대 및 160번대는 통신망의 각종시험을 위해 사용토록 하였다. 이때 170번-179번, 180번-189번, 190번-199번은 계열화 기본방침에 따라 예비번호로 남기게 되었다. 이때 특수번호 계열화 방침의 세부내역은 <표 6-37>과 같고,이에 따라 우리나라의 특수번호를 <표 6-38>과 같이 계열화하였다.

<표 6-37> 우리나라 특수전화번호 계열화 방침

번호계열	사용계획	번호계열	사용계획
10×	각종 통신업무 취급 (수동전화, 전보)	11×	긴급사항 신고 (범죄, 간첩, 화재)
12×	각종 고장신고(전화, 전기, 개스, 수도, 교통)	13×	각종 생활정보(일기, 뉴스, 시간, 철도, 관광, 스포츠)
14×	통신망의 유지보수 (시험, 소통관리, 통제)	15×	신규 서비스
16×	예비(통신망 유지보수)	17×	예비(통신망 유지보수)
18×	예비(통신망 유지보수)	19×	예비(통신망 유지보수)

<표 6-38> 특수전화번호의 계열화 완성(1985년)

번호별	사용현황	번호별	사용현황	번호별	사용현황
100	수동통화 청구 및 안내	105	전보신청	107	착신자 부담통화
112	범죄신고	113	간첩신고	114	전화번호안내
119	화재신고 및 구급차	120	전화고장신고	121	수도고장신고
122	개스고장신고	123	전기고장신고	127	마약신고
128	종합민원신고	129	긴급구명신고	131	일기예보
132	뉴스	133	철도	134	관광안내
136	전화시보	137	스포츠	140	동기시험
141	자기번호시험	142	1KHz(잡음측정)	143	1KHz(레벨측정)
144	에코장치시험	145	에코손실시험	146	국제1KHz 송출
147	운용요원호출	148	전화고장수리 (전공타합용)	150-159	전화사서함
160	No4 자동시험	161	AXE-10 자동응답	162	디지트송출분석
163	루트분석시험	164	디지트/루트분석		

이와 같은 특수번호의 계열화 시행 시기는 시외전화청구 및 안내번호는 1987년 말 전국 광역자동화 완성 후에 시행하고, 시보, 전화고장, 탁송전보 등 기존 번호의 변경은 2년간 홍보기간을 거친 후 1988년부터 시행하였다. 그리고 전기, 수도, 뉴스 등 신규서비스번호는 관련기관과 협의하여 시설이 가능한 시기에 시행토록 하였다.

라. 착신과금서비스(080) 번호

착신과금서비스를 제공하고 있는 선진국의 경우를 보면 미국은 1967년 AT&T가 최초로 이 서비스(800-N××-××××)를 개시하였다. 그 후 1987년 MCI 등과 국번호를 배분하였고, 1993년 공동 데이터베이스는 록히드사에서 관리하는 방식으로 하여 번호이동성을 구현하였다.

일본의 경우, NTT가 0120을 식별번호로 독점적으로 제공하였으며, NCC는 0077+N× 등을 식별번호로 하여 서비스를 제공하였다. 1995년에는 0120의 사업자들이 국번의 공동사용을 발표하였으며, 1998년 이후에는 다수 사업자 사용을 검토하고 있었다.

한국통신은 1990년대 후반 착신과금서비스를 위해 080번호를 사용하였으며, 1997년 당시 가입자가 약 1만6천명에 이르고 가입자 수는 크게 증가하는 추세에 있었다. 이때 데이콤이 가장 강력하게 080 및 700 서비스번호를 공동으로 사용할 것을 지속적으로 주장하였다. 그리고 SKT, STI 등 이동전화사업자도 이 국번을 공동 사용할 것을 주장하고 나섰다.

한편 정부입장은 1997년 초 정보통신부장관이 미국의 800 서비스 번호변경에 대한 해외동향을 보고받는 자리에서 국내 080 번호의 검토를 지시하였다. 이에 따라 1997년 7월 데이콤이 시내전화 사업권을 확보한 후 재검토할 예정이었다.

6. 초기의 이동통신 전화번호

6.1 차량전화 및 무선호출 전화번호

가. 차량전화

1980년대 중반 우리나라의 이동체 통신은 차량전화와 무선호출서비스가 있었다. 당시 차량전화의 식별번호는 011을 사용하였다. 따라서 차량전화번호는 식별번호(011)+국번호(N×× 또는 N×)+가입자번호(××××)로 구성되고, 무선호출서비스는 시내전화 번호방식과 동일한 N××+××××를 사용하였다.

이때 차량전화는 방식별 번호사용으로 다이얼링이 번잡하고, 기계식 자동교환기 가입자 과금처리상 No.4 전자교환기에 연결해야 하는 등 고가의 시외교환단자를 점유하는 방식으로 되어 있었다. 그리고 ISDN에 대비한 통합번호체계에 불합리하고, 일반전화 번호체계와 상이하여 이용에 불편한 점이 있었다. 한편 무선호출서비스의 경우는 시내통화권과 무선호출서비스권이 불일치하여 서비스지역을 확장할 때 시외전화의 사용이 불편하였다.

그리고 서울과 기타지역은 20×가 가능하였으나 부산지역은 21×를 사용해야하는 문제가 있어 전국적으로 번호의 동일계열화가 곤란하였다. 이와 같은 이동체 통신의 이용번호에 대한 문제점을 해결하기 위해 한국통신은 다음과 같은 방침을 세워 추진하였다(2000년대를 향한 중장기 번호계획, 1985. 7. 6, 한국통신 계획국).

첫째, 이동체 통신서비스를 시내전화 번호체제로 통합하고, 차량전화는 기계식 자동교환기의 철거 및 공통선 신호방식(CCS)을 도입한 후 시내전화 번호방식으로 변경한다. 이때 번호변경 없이 다이얼방법만을 011+N××+××××를 (ON×)+N××+××××로 변경하여 시행한다.

둘째, 차량전화의 시외번호방식을 사용할 때는 국번호 첫 자리와 시외전화 지역번호 첫 자리는 동일하게 부여한다. 즉 서울 2, 충청남북도 4, 경상남북도 5, 전라남북도 및 제주도 6을 사용하게 한다.

셋째, 특수번호는 시내전화 번호와 동일하게 사용하고, 번호용량은 50년 이상을 사용할 수 있도록 충분히 고려하며, 무선호출용 국번호는 가급적 20×+××××방식으로 전국을 통일한다.

위와 같은 방침에 따라 차량전화 번호계획을 <표 6-39>와 같이 수립 시행하였다. 여기에서 수요는 2031년 수요를 말하고, 현행번호방식과 시내전화 번호방식으로 통합하는 경우를 비교하였다. 이를 시내전화방식으로 통합하는 경우 8개 디지트번호로 줄어든다는 것을 알 수 있다.

<표 6-39> 차량전화번호 통합시행계획(1985년)

지역별	수요	현행번호방식을 그대로 사용하는 경우	시내전화 번호방식으로 통합하는 경우
서울	196,000	011+22×+××××	022×+××××
부산	94,000	011+59×+××××	59×+××××
대구	63,000	011+50×+××××	50×+××××
대전	40,000	011+40×+××××	40×+××××
광주	39,000	011+60×+××××	60×+××××
제주	4,000	011+61×+××××	61×+××××

나. 무선호출서비스

1980년대 중반 무선호출서비스 번호계획을 현행번호방식과 중장기 번호계획을 비교하여 보면 <표 6-40>과 같다(1985년). 무선호출서비스 지역을 확장하는 경우 타 통화권에서는 시외통화 호출방식으로 이용한다. 예를 들면 의정부 가입자가 서울을 호출하는 경우 02+20×+××××를 다이얼 해야 한다. 여기에서 수요는 2001년 기준이다.

<표 6-40> 무선호출서비스 중장기번호계획

지역별	수요	현행번호방식	중장기 번호체제	서비스지역
서울	205,480	20×+××××	N20×/N30×+××××	서울, 경기
춘천	8,930	20+××××	20×+××××	강원
부산	86,510	21×+××××	21×+××××	부산, 경남
대구	41,870	20×+××××	20×+××××	대구, 경북
대전	27,590	20×+××××	20×+××××	충청
광주	28,010	20×+××××	20×+××××	전남
전주	12,110	20+××××	20×+××××	전북
제주	4,950	20+××××	20×+××××	제주

6.2 이동통신 번호계획

가. 기타 이동체 통신서비스

한국통신에서는 2000년대를 대비하여 시외전화 식별번호는 0번을 계속 사용하는 것으로 정하였다. 또한 001번은 국제전화(ISD) 식별번호로 사용하고, 앞으로 007번은 ISPS 및 국제전화 신청용으로 사용하는 것으로 정하였다. 그리고 002, 003, 004, 005, 006, 008, 009번은 예비번호로 관리하게 하였다. 한편 차량전화, 열차전화, 선박전화, 항공전화 등 기타 이동통신서비스별 번호는 <표 6-41>과 같이 부여하고, 이는 ISDN 전환단계까지 사용토록 하였다. 또한 패킷교환망, 회선교환망, 텔렉스 등을 위해서도 식별번호를 사용하였다.

<표 6-41> 기타 이동통신서비스별 식별번호계획

번호	사용목적	번호	사용목적	번호	사용목적
011	차량전화	012	열차전화	013	선박전화
014	항공전화	015	패킷교환망 (PSDN)	016	회선교환망 (PSCN)
017	텔렉스	018	예비	019	예비

나. 이동통신(PCS)서비스 식별번호

1997년 1월 한국통신 프리텔(KTF)이 설립되고, 이에 따라 PCS 사업권을 확보하였음에도 불구하고 당시 정부의 식별번호부여가 결정되지 않아 사업 준비에 어려움을 겪고 있었다. 정부의 방침은 01×계열 중 018을 3개 PCS사업자에게 부여하고, 018×(4개 디지트)를 PCS사업자에게 사용토록 하려고 하였다. 이는 향후를 대비하여 번호자원의 남발을 방지한다는 취지였다.

그러나 이동통신업체의 반응은 공정경쟁 및 다이얼링 차원에서 기존 이동통신사업자 번호인 01×와 같은 3개 디지트의 번호계열을 부여할 것을 희망하였다. 당시 01× 번호자원 상황을 보면 011번은 한국이동통신(KMT)의 이동전화용으로 사용하고, 012번은 한국이동통신(KMT)의 페이저용으로 사용하고 있었다. 그리고 013번은 항만전화, 014번은 정보통신망, 015번은 지역 페이저, 017번은 신세기통신에 부여하였으며, 016, 018, 019번은 예비로 보유하고 있는 상황이었다.

이때 정부는 3개 사업자에게 018×번을 부여하여 기존사업자와 차별하는 방안과 3개 사업자에게 01×번 또는 17×번을 부여하여 기존 사업자와 동등한 3자리숫자의 번호를 부여하는 방안을 검토하고 있었다. 이중 첫 번째 방안은 동일성격의 서비스에 대해 차별되는 자리수의 식별번호를 부여하게 됨으로서 공정경쟁차원에서 곤란하였다. 그리고 018번을 3개 사업자가 공동으로 사용케 한다는 것은 마케팅 차원에서 불리하다는 불만이 제기되었다.

당시 한국통신은 2000년대 통신사업의 핵심은 이동통신이 될 것이라는 청사진을 가지고 한국이동통신(KMT)을 설립하여 자회사로 운영하고 있었다. 이 회사는 011번을 사용하고 있었다. 그러나 1990년대 전반기 김영삼 정부시절 한국통신은 이 자회사를 불행하게도 SK그룹으로 넘기는 비운을 맞았다. 그러나 한국통신은 국가기간통신사업자로서 이동통신사업을 하지 않을 수 없는 상황이라 다시 한국통신 프리텔(KTF)을 설립하였다. 이러다 보니 당초 자신의 자회사였던 한국이동통신과 경쟁해야 하는 곤란한 입장이 되었다. 이런 상황에서도 한국통신은 공정경쟁을 다짐하면서 한국통신 프리텔이 가능한 3자리 숫자의 식별번호를 조기에 확보하도록 추진하였다.

7. 시외전화경쟁을 위한 식별번호

7.1 시외전화 식별번호

가. 사업자경쟁 명분과 이용자 불편의 충돌

우리나라는 1996년부터 시외전화서비스를 경쟁하게 되었고, 이를 위한 사업자 식별번호가 필요하게 되었다. 1997년 중반 데이콤은 삼성, 현대, 대우, SK텔레콤, 한국전력, 두루넷 등이 참여하는 그랜드 컨소시엄으로 전국 시외전화서비스를 개시하여, 사업개시 3년 이내 10% 이상의 시장을 확보할 예정이었다. 이처럼 데이콤이 시외전화 시장에 진입함에 따라 식별번호가 필요하였다.

이에 대한 방안을 결정하기 위해 정부는 학계, 연구소 및 통신사업자로 구성된 번호체계

개선전담반을 운영하였다(1995. 4).이때 시외전화 식별번호 부여방안에 대한 통신사업자들의 견해와 전담반의 의견을 정리하면 다음과 같다(시외전화사업 경쟁에 따른 시외전화 식별번호 부여, 1995. 5, 한국통신 경영전략실).

첫째, 신규 시외전화사업자로 선정된 데이콤은 공정경쟁을 위해 한국통신도 식별번호를 사용할 것을 주장하였다. 제1안은 시외전화 식별번호로 한국통신 01, 데이콤 02를 사용한다. 예를 들면 한국통신은 01+02+750-1000, 데이콤은 02+02+750-1000의 방식으로 사용한다. 제2안으로 한국통신은 02+750-1000, 데이콤은 1+02+750-1000으로 사용하는 방안을 주장하였다.

둘째, 한국통신은 이용자 편의를 감안하여 신규사업자에게만 식별번호를 부여토록 한다. 제1안은 016, 018, 019 중 택일하여 부여하거나 제2안으로 091, 092 …… 099 중 택일 사용하는 방안을 제시하였다.

셋째, 번호체계 개선전담반에서는 이용자의 편의와 장기적 관점을 고려하여 사업자에게 3자리 식별번호(0××)를 부여하는 의견을 제시하였다.

이와 같은 의견과 주장을 검토한 후 정부는 08× 계열의 3자리 식별번호를 부여하기로 정하였다. 이처럼 식별번호를 새롭게 사용하는 경우 한국통신은 081-02-750-3000, 데이콤은 082-02-750-3000의 번호구조로 이용하게 된다. 이는 정부의 사업경쟁 우선정책에 밀려 이용자 불편은 감수해야 하는 문제가 발생하였다.

나. 대다수 전화 이용자들에게 불편초래

위와 같이 한국통신이 지금까지 없던 시외전화 식별번호를 새롭게 사용하게 되는 경우, 한국통신에 소속되어 시외전화를 사용하는 수천만 명의 국민들은 지금까지 사용하지 않았던 생소한 3자리수의 식별번호를 추가로 다이얼링 해야만 한다. 이에 따라 다음과 같은 상당한 문제점이 예상되었다(시외전화사업 경쟁에 따른 식별번호 부여, 1995. 5, 한국통신 경영전략실).

첫째, 국민의 편리성을 무시한 일방적 결정으로 이용상 혼란과 저항이 예상되었다.

① 2천만 가입자가 시외전화를 이용할 때 3자리숫자를 추가하여 다이얼링하게 되는 관계로 대혼란이 생기고 불편이 야기될 것이다. 당시 우리나라는 일평균 3,200만 건의 시외전화가 소통되고 있었다. 이 상황에서 이용자는 엄청난 불편을 겪지 않을 수 없다.

② 시외전화를 경유하는 특수번호 사용이 불편하다. 예를 들어 감사원 민원전화의 경우 현재는 02-188번을 돌리면 되는데, 식별번호를 사용하게 되면 081-02-188번을 다이얼링 해야 한다. 이는 이용불편은 물론 특수번호로서의 인식이 결여될 수 있고, 3 디지트가 추가되면 번호기억상에도 큰 불편이 아닐 수 없다.

③ 국민의 기득권을 뚜렷한 이유없이 박탈하게 됨으로써 커다란 국민적 저항이 우려된

다. 과거 한국통신 전화이용에 비해 요금은 같고, 서비스 질이 저하되는데도 3자리수 번호를 더 사용할 이유가 없다. 국민의 불편가중 저항문제는 한국통신 고객에 대한 통신사업자의 의무와 책임이다.

둘째, 통신소통이 지연되고 경제적 추가부담이 불가피한 상황이 발생하는데 그 사유는 다음과 같다.

① 3 디지트 추가에 따른 교환시설 및 전송망의 부하가 가중되어 통화지연이 발생한다. 시외전화 이용이 복잡하게 되어 오접속 등 잠재사고가 증가할 우려가 있고, 시외통화의 접속시간이 현재는 5초-9초 정도 걸리나, 이런 방법으로 전화를 거는 경우 2초- 3초 정도 시간이 더 걸릴 것으로 예상된다.

② 통신망을 재설계해야 하고 보완투자가 필요하다. 교환기 메모리 용량을 확장하고 신호 장비를 추가해야 한다. 이 방안을 시행하는 경우, 정상소통을 위해 약 520억 원의 예산을 들여 통신망 시설을 보완해야 하고, 약 270억 원을 투자하여 신호 송수신장치를 증설해야 한다. 더구나 구식 전자교환기인 No.1A 교환기와 M10CN 교환기는 신호용 수신 장치를 확보하기가 현실적으로 불가능하여 통신서비스 악화가 불가피하다.

셋째, 외국의 경우에도 시외전화경쟁을 위해 이와 같은 디지트 추가사례는 전혀 없다. 일본의 경우 시외전화경쟁을 하고 있으나, 국가적 사업자인 NTT와 같은 보편적 사업자의 통신서비스를 이용할 때는 식별번호 없이 사용하고 신규사업자만 4 디지트를 추가하여 사용한다. 미국, 영국, 호주 등도 동일 통신망 및 선 지정방식 내에서는 추가 디지트의 사용을 하지 않고 있다.

신규 통신사업자의 시장진입으로 기존 통신사업자의 번호체계를 바꾸게 되면 나쁜 선례를 남기게 된다. 결국 통신사업에 경쟁을 도입하면서 기존 사업자 및 이용자에게 식별번호 사용을 강요하는 조치는 전 세계적으로 유례가 없다. 시외전화 이용방법을 비교하면 우리나라는 081+0+지역번호+가입자번호의 최대 14자리수를 사용하게 되어 있으나, 외국의 경우는 0+지역번호+가입자번호의 형태로 11자리수 이하로 되어 있다.

다. 통신사업 경영상 문제발생

대다수의 기존 전화 이용자들에게 식별번호를 추가 이용하게 하는 경우 기간 통신사업자의 경영상 다음과 같은 상당한 문제가 발생할 수 있다(시외전화사업 경쟁에 따른 식별번호 부여, 1995. 5, 한국통신).

첫째, 시외전화 신규경쟁사업자에게는 이중 삼중의 특혜를 주는 조치로서 공정경쟁 원리에 상치될 뿐만 아니라 한국통신 경영상 다음과 같은 중대한 파탄을 초래한다.

① 한국통신도 새로운 식별번호를 사용하면 기존 사업자로서 한국통신이 가져왔던 고객 인지성을 완전히 상실하게 된다. 이는 2개의 완전한 신규 시외전화사업자가 탄생하는 결과

가 된다. 더구나 한국통신에 비해 데이콤에게 요금 3% 차등 혜택이 주어지면 이중 삼중의 특혜를 주는 결과가 된다. 지금까지 아무런 불편 없이 시외전화를 사용하던 국민들은 추가로 3자리 번호를 눌러야 하고, 요금도 신규사업자보다 더 비싸게 되므로 한국통신 시외전화 서비스를 선택할 이유가 없어진다.

② 이렇게 되면 한국통신의 시외전화 시장이 급격하게 잠식됨으로써 시장점유율이 조기에 역전될 것으로 예상된다. 그 결과 한국통신 수익구조가 급격하게 악화될 것으로 예상된다. 한국통신이 더 이상 한국의 국가적사업자(National Carrier)로서 국내통신발전과 공익적 보편적 서비스의 제공을 위한 투자가 불가능해진다. 이는 시외전화 경쟁도입 의도와는 완전히 상반된 결과를 초래하게 될 것이다.

둘째, 통신시장을 대외개방하고 신규사업자를 추가로 허가하는 경우, 번호변경의 요구가 발생할 수 있다. 향후 통신서비스 개방에 따라 외국 사업자가 국내에 진출할 때 기존사업자에게 번호변경을 요구할 수 있는 명분을 주게 되어 계속적으로혼란이 예상된다. 이는 국내 기본통신사업자의 존립기반을 취약하게 하는 결과가 될 것이다.

셋째, 통신서비스와 요금 간, 다른 서비스 간에 다음과 같은 혼란이 발생한다.

① 통신요금이 3분당 40원인 시내전화요금과 3분당 4,460원인 국제전화의 이용방법이 동일하다. 서울-의정부 간 시외전화요금은 3분당 40원이고, 이때 전화번호는 081-0351-750-3221로 14개 디지트를 돌리게 된다. 한편 서울-미국 간 국제전화요금은 3분당 4,460원인데, 전화번호는 001-1-202-372-3381로서 14개 디지트를 다이얼링 한다.

② 보편적 서비스인 공중전화망(PSTN)이 이동통신보다 이용이 훨씬 불편해진다. PSTN 이용할 때는 081-0371-202-1321로서 14개 디지트를 돌리게 되고, 이동통신을 이용할 때는 0371-202-1321로 11개 디지트 만을 다이얼링하면 되기 때문이다.

7.2 정부방침의 부당성 및 이에 대한 건의

정부는 한국통신과 데이콤의 시외전화 식별번호를 사용하도록 조치하면서 국민의 편의성, 공정경쟁의 보장, 외국의 사례 등을 고려하여 종합적으로 판단하였다고 하였다. 그러나 한국통신은 정부가 한국통신이 새로운 식별번호를 사용하도록 정한 방침은 부당하다고 판단하여 그 사유를 다음과 같이 제시하였다(시외전화사업 경쟁에 따른 시외전화 식별번호 부여, 1995. 5, 한국통신 경영전략실).

가. 국민의 편의성을 고려했다는 주장에 대한 반론

전화이용자들이 기존에 사용하지 않던 시외사업자 식별번호 3 디지트를 추가해야 하므로 이용 상 커다란 불편과 국민적 저항이 예상된다.

① 정부의 이번 결정은 국민의 기득권을 무시한 방침이다. 1994년 11월 갤럽 여론조사결

과 2천명의 응답자 중 73% 이상이 시외전화를 걸 때 전화번호 자리수가 9자리-11자리는 길다고 답하였다. 국민적 저항은 정부의 문제인 동시에 한국통신 고객에 대한 문제이며, 한국통신은 국민에게 통신서비스를 제공하는 일차적 책임을 지고 있다.

② 식별번호를 사용할 때 최대 14자리를 다이얼하게 되어 앞에서설명한 바와 같이 국제전화 이용 시의 다이얼링 자리수와 같아진다. 또한 한국통신도 식별번호를 사용하게 되면 국내의 전반적인 전화이용 패턴이 변경되어 국민의 전화이용에 심각한 혼란과 불편을 초래하게 된다. 통신선진국이라고 자부하는 한국이 세계에서 가장 시외전화이용이 불편한 나라로 전락하게 된다. 이것은 세계화를 통해 사회, 경제 전체의 효율성을 증가시키고자 하는 방향과 역방향으로 가는 정책이다.

③ 신규 통신사업자는 식별번호의 사용이 불가피하나 한국통신은 식별번호를 이용하지 않고 기술적으로 현재와 같이 시외전화를 접속할 수 있다. 한국통신도 식별번호를 사용하게 하는 것은 한국통신 통신사업 100년의 역사를 무시하고, 지금 신규로 시장에 첫 발걸음을 들여놓는 후발사업자와 동일선상으로 후퇴시키는 일이다. 이와 같은 정부정책은 오직 경쟁만이 최고의 가치라는 단순논리에 빠져 우리나라 통신사업과 통신기술을 전반적으로 하향조정하는 결과를 초래하게 된다.

④ 한국통신이 식별번호를 사용하는 경우, 다이얼링 디지트의 증가로 약 2초간의 통신지연(호) 등 통신품질이 저하되고, 교환기의 메모리가 부족하여 대대적인 시설 재투자가 불가피하다. 한편 장기적으로 볼 때 모든 이용자가 선택의 여지도 없이 식별번호를 계속하여 사용하는 문제는 전화이용의 불편측면에서 재검토되어야 한다.

⑤ 일본은 기존사업자인 NTT에게는 식별번호를 사용하지 않고 일본텔레콤 등 3개의 신규 통신사업자에게 4자리 식별번호를 사용하도록 결정하였다. 그리고 미국은 사업자 선 지정방식을 적용하여 식별번호를 사용하지 않고 있다. 국제권고안(ITU-T 표준화 권고안 E.163)은 시외식별번호로 0을 사용하게 하고 있다. 한국의 경우 081 또는 082를 시외식별번호로 이용하는 것은 국제권고안을 무시하는 셈이다.

나. 공정경쟁을 위해 불가피하다는 주장에 대한 반론

지금 정부는 신규 통신사업자에게 기존 통신사업자에 비해 3% 요금 차등을 적용하고, 여러 가지 공정한 상호접속을 하도록 조치하였다. 이것으로 공정경쟁 기반조성은 충분하다고 판단되고, 그 이상의 조치는 신규사업자에게 특혜를 준다는 비난을 받게 되어 오히려 공정경쟁을 저해하게 된다. 그 이유는 다음과 같다.

① 우리나라 전화수요는 이미 포화상태에 도달했기 때문에 시외전화 이용자의 대부분은 기존이용자이고, 신규 이용자는 소수에 불과할 것이다.

② 기존 통신사업자를 지금 시외전화사업을 개시하는 신규 후발사업자와 동일 출발선에

강제로 끌어다 놓고 똑같은 조건으로 재출발하라는 것은 신규사업자를 만들어 시장에 진입시키는 의미가 없다. 기존사업자와 신규사업자는 통신서비스 경쟁을 해야 한다.

③ 수십년 동안 시외전화를 편리하게 사용한 기존 이용자들에게 이용 전화번호를 지금 신규로 가입하는 이용자와 강제로 동일하게 이용조건을 맞춘다는 것은 불합리하다. 이것은 단순하게 공정경쟁만을 위해 국민의 편리성을 희생시키는 결과가 된다.

④ 3%의 요금차등 등의 조치는 신규사업자와 신규이용자에게 식별번호를 사용하는데 따른 불이익을 보전해 주어 공정한 경쟁을 유도하려는 배려로 알고 있다. 시외전화 이용자의 대부분을 차지하고 있는 기존이용자를 불편하게 하면서, 소수의 신규이용자에게 특혜를 준다는 것은 오히려 공정경쟁을 저해하게 된다. 공정경쟁은 그 자체보다도 다수 이용자의 편리성이 중시되어야 한다.

다. 대정부 건의사항

한국통신은 우리나라 대표적 기간통신사업자로서 시외전화서비스를 대다수의 국민들에게 제공하고 있다. 이런 상황에서 정부는 오히려 신규 사업자에게 일방적으로 특혜를 주고 있으며, 신규사업자에게 이미 3%의 요금차등을 법적으로 보장한 바 있다. 또한 세계적으로 기존사업자에게 식별번호를 사용하라고 강요한 경우는 없다. 따라서 국민의 불편함과 통신망 운용의 불안정을 감수하면서까지 식별번호 사용을 강요하는 정부의 결정에는 승복할 수 없다.

또한 기존 전화가입자에게 아무런 혜택도 없이 시외전화를 걸 때 추가 전화번호(디지트)를 사용할 것을 강요하는 것은 부당하다. 한국통신은 전 국민이 이용하는 시외전화에 대해 특별한 이유 없이 경쟁이라는 미명 아래 대다수 국민들의 전화이용에 불편을 주는 정부의 결정은 수용할 수 없다는 입장이다.

기존 가입자에게 전화번호(디지트)를 추가로 더 사용하게 하는 조치는 국민의 편리성을 박탈하고 부담을 증가시키는 등 국민적 저항이 매우 클 것으로 예상될 뿐만 아니라 향후 통신시장을 대외개방하고 신규사업자가 생길 때마다 같은 문제로 혼란이 반복될 가능성이 있다. 따라서 한국통신은 시외전화 식별번호 부여에 대해 다음과 같이 건의한다.

(1) 국민의 편리성과 외국 사례를 감안하여 기존사업자에게는 추가번호(디지트)없이 현행대로 유지토록 한다.

(2) 신규사업자는 국내 번호체계에 따라 합리적으로 이용자가 사용하는 전화번호(디지트)를 부여한다.

(3) 금후 공정경쟁을 촉진하고 이용자의 선택권을 확보할 수 있도록 선 지정방식을 검토한다.

7.3 시외전화 식별번호 논란

가. 한국통신의 주장

정부와 데이콤에서는 한국통신과 데이콤 모두 081, 082를 사용하거나 또는 데이콤에게만「1」을 부여하는 방안을 들고 나왔다. 이에 대해 한국통신은 데이콤에게만 082를 부여하여 사용하는 방안을 제시하였다. 즉 한국통신에게 081을 부여하되 사전등록제 이후에 사용하도록 하며, 데이콤은 1996년 1월부터 082를 사용하는 방안이었다.

이에 대해 정부는 한국통신이 제안한 방안대로 데이콤에게 082를 사용하게 하고, 한국통신은 사전등록제 이후 1997년 8월부터 081을 사용하도록 결정하였다(시외전화사업자 식별번호 부여, 1995. 10. 19, 정보통신부장관). 그 세부내용은 다음과 같다.

① 한국통신은 81번을 사용하되, 사전지정제가 정착되는 1997년 8월까지는 사용을 유보하고, 데이콤은 82번을 1996년 1월 1일부터 사용한다. 데이콤의 식별번호를 사용하는 경우 시외전화 식별번호(0)+사업자 식별번호(82)+지역번호(2)+가입자번호(750-2000)로 다이얼링 한다.

② 한국통신과 데이콤은 시외전화사업자 식별번호 사용에 따른 이용자의 불편해소 등을 위해 사전지정제를 조기 도입토록 하고, 이를 위한 세부실행계획을 수립하여 1995년 11월 말까지 보고하여 주시기 바라며(한국통신에서 우리부에 이미 제출한 3단계 도입계획 범위 내에서 작성), 아울러 사전지정제가 지연되는 경우에는 식별번호 불평등과 관련한 접속료 할인을 계속할 예정이다.

이후 1995년 12월 정보통신부는 한국통신에게 시외전화 접속에 대한 보완조치를 다음과 같이 통보하였다(시외전화 접속에 대한 조치, 1995. 12. 15, 정보통신부장관).

① 시외전화 식별번호 부여에 관한 지난번 문서(1995. 10. 19)에서 제시한 바와 같이 지역번호 앞의 0은 원칙적으로 사용치 않으나 시외자동전화 지역번호에 대한 인식 및 기존 이용습관을 고려할 때 많은 이용자들이 0을 사용할 것으로 예상됨. ② 이용자들의 편의를 위해 지역번호 앞에 0을 추가적으로 사용하는 경우에도 통화가 가능하도록 조치요망.

이에 따라 데이콤의 시외전화에서 지역번호 앞에 다시 한번 0을 사용하게 하는 경우, 이 부분의 소통은 결국 한국통신이 담당하게 될 수밖에 없었다. 이 문제 때문에 한국통신은 데이콤의 시외전화 이용방법을 단일화해 줄 것을 요청하였다(데이콤 시외전화 이용방법 단일화 요청, 1995. 12. 18, 한국통신 경영전략실). 이때 세부요청내용은 다음과 같다.

① 지역번호 앞에 0을 추가로 사용하면 향후 시행예정인 사전등록제 적용 시 일부 시내교환기종은 한국통신 식별번호를 이용한 시외통화의 과금이 불가능함. 예를 들면 일부 전자교환기(No.1A, TDX-1A, TDX-1B 등)는 과금데이터 이중관리에 필요한 매모리 부족으로 과금이 불가능함.

② 향후 제3 시외전화사업자가 등장하여 동일한 방법으로 이원화를 요구하는 경우, 국내

번호의 체계적인 관리가 어려워지고 사실상 이용방법이 이원화되어 이용자의 혼란이 가중될 수 있음. 미국, 일본 등 제외국도 모두 시외전화 이용방법은 단일화하여 운용하고 있음.

③ 데이콤의 시외전화 지역번호 앞에 0을 사용하는 경우, 시외프리픽스(0)+사업자번호(82)+시외프리픽스(0)+지역번호+가입자번호로 사용하게 됨으로써 시외프리픽스(0)를 두 번 중복하여 사용하게 됨.

나. 정부의 입장

데이콤의 시외전화 이용방법 단일화에 대한 한국통신의 요청에 대해 정부는 다음과 같이 회신하였다(질의회신, 1995. 12. 19, 정보통신부장관).

① 한국의 대표적 기간통신사업자인 한국전기통신공사가 시외전화서비스 경쟁을 앞두고 이용자의 편익을 외면하는 문제의 제기로 이용자 불편은 물론 통신사업의 경쟁력강화라는 국가정책 추진에도 차질이 우려되고 있음.

② 지역번호 앞의「0」은 원칙적으로 사용치 않으나 시외자동전화 지역번호에 대한 이용자들의 인식 및 기존 이용습관을 고려할 때 많은 이용자들이 0을 사용할 것으로 예상됨.

③ 이용자들의 편의를 위해 사전지정제가 정착될 때까지 지역번호 앞에 0을 사용하는 경우에도 통화가 가능하도록 하여 이용자의 불편이 최소화되는 가운데 시외전화 서비스 경쟁체제가 성공적으로 정착될 수 있도록 조속히 조치하시기 바람.

당시 정부는 국내외 신규 통신사업자에게 통신시장을 개방하고, 모든 통신사업 분야에 가능한 많은 신규사업자를 허가하여 통신사업을 경쟁시키겠다는 방향에만 몰두하고 있었다. 정부는 많은 통신사업자를 만들고 이들을 통한 경쟁만이 국내통신산업을 발전시키고 국민들을 위한 최고의 방안이라고 판단하고 있었다.

그러나 기간통신사업을 수행하기 위해서는 엄청난 기반시설을 갖추어야 하고, 세계적 기술수준을 보유해야만 하였다. 이것은 하루아침에 갖출 수 있는 일이 아니라는 평범한 이치를 당시 정부는 심사숙고하려고 하지 않았다. 한국전기통신공사는 100년의 역사를 가지고 우리나라 정보통신 현대화 및 선진화를 이끌어온 국민기업이었다.

그럼에도 정부 일각에서는 이러한 한국통신의 발전보다는 국내시장에 다수의 신규 통신사업자를 허가하여 시장을 확장시키는데 주력하였다. 그러다보니 세계적 통신기업인 한국통신을 의도적으로 갓 태어난 신규 통신사업자와 같은 조건과 수준으로 맞추는 것이 좋은 경쟁체제를 만드는 것이라는 우를 범하였다. 그러나 시장경제 체제하에서 정부의 힘으로 통신시장의 구조를 변경시키기에는 한계가 있었다.

결국 우리나라의 시외전화 식별번호는 한국통신이 제시한 방안으로 추진되었다. 정부가 힘들게 밀었던 데이콤은 얼마 지나지 않아 여러 가지 이유로 시외전화사업을 지속하지 못하고 도중하차 하였다. 이 과정을 통해 우리는 기업의 과도한 욕심이나 정부의 일방적 지원, 졸속정책은 성공하기 어렵다는 중요한 교훈을 얻었다. 이러한 국가주요정책 시행과정을 다음 세대는 참고하기 바란다.

8. 시내전화경쟁을 위한 식별번호

8.1 선진외국의 신규사업자 번호

가. 식별번호 사용방식

한국통신은 먼저 제외국의 시내전화 경쟁체제 속에서 식별번호 사용사례를 조사하였다. 영국에서는 BT, Mercury, CATV, Lonica(WLL로 사업계획 중) 등이 시내전화 경쟁체제로 가고 있으며 1997년 당시 이들 신규사업자의 시장점유율은 약 5%이고, 국번호는 다수사업자가 공유하는 체제로 운용되고 있었다. 일본은 NTT, TTnet의 시내전화 복점체제이며, 케이블TV의 시내전화 참여를 계획 중에 있었다. 지역사업자인 TTnet은 별도의 통신망식별번호를 사용하여 <표 6-42>와 같이 시내전화를 다이얼링하고 있었다.

<표 6-42> 일본의 통신망 식별번호

구분	NTT 가입자간	TTnet 가입자간	TTnet NTT	NTT TTnet
망식별번호	N×××-××××	N×-××××	03-N×××-××××	091-N×-××××

그리고 미국의 경우는 LECs, CATV, CAPS가 시내경쟁을 하고 있었으며 1997년 당시 이들 신규사업자의 시장점유율은 약 2%정도 도달하고 있었다. 그리고 LECs, CATV사업자도 국번호를 공유하고 있었다.

나. 시내전화 국번호 부여

1998년 한국통신은 미국, 일본, 영국 등 선진국의 시내전화경쟁 및 이에 따른 국번호 부여 상황을 조사하여 우리나라의 신규사업자 국번호 부여방안 수립에 참고하였다(시내전화 국번호 부여에 대한 의견, 1998. 1, 한국통신).

미국의 번호계획(NANP)은 1(프리픽스)+N××(TC)+N××-××××로 11자리 수로 구성되었다. 이때 N11, N00은 특수번호 또는 통신망 식별번호이다. 그리고 국번호는 3자리(N××)로 고정되어 있고, 국번호 고갈 시에는 지역번호(TC)를 2개로 분리하여 사용하고 있다. 시내전화 경쟁사업자는 RBOCs, MFCI, GTE, Teleport 등 다수 사업자가 경쟁하고 있으며, 이들 신규사업자의 시장점유율은 3% 이하이고, 국번호는 각 사업자에게 단(單)단위로 부여하고 있다.

일본은 0(프리픽스)+N×××(TC)+N(×××)-××××로 되어 10자리를 사용하고 있다. 그 내용을 보면 국번호+지역번호는 5자리로 되어 있고, 국번호 고갈시 대처방안은 지역번호자리 수를 축소하거나 국번호를 확장하는 방식이다. 시내전화경쟁 사업자는 NTT, TTnet, CATVs이고, 당시 신규사업자인 TTnet는 2만회선, CATVs는 시험서비스 중에 있었다. 이때 TTnet에게 할당된 국번호는 없고 0081+03+SN을 통해 동경지역 시내중계사업을 1998. 1. 7에 개시한 상태였다.

영국의 경우는 0(프리픽스)+1N×××(TC)+N(××)-××××로 되어 총 12자리 번호를 사용하고 있다. 국번호+지역번호는 6자리로 구성되고, 국번호 고갈시 대처방안은 일본과 마찬가지로 지역번호자리 수를 축소하거나 국번호를 확장하는 방식이다. 조사 당시 시내전화 경쟁 사업자는 BT, Mercury, AT&T, Energies, Migration, Videotron, Cable London, Telewest, Nynex 등 다수 사업자가 있었다.

이때 신규사업자의 시장점유율은 Mercury 1%, 기타 2% 정도였다. 영국에서도 신규사업자에 대한 국번호는 각 사업자에게 단(單)단위로 국번호를 부여하고 있다. 이상 살펴본 바와 같이 선진외국의 경우에는 다수사업자에게 수요와 공급의 원칙에 따라 필요시 최소의 국번호를 부여하고 있음을 알 수 있다.

다. 국번호관리 주체

시내전화서비스의 경쟁을 하고 있는 외국의 국번호 관리실태를 보면 미국은 관리주체가 벨연구소(Bell Lab)이고, 관리방법은 사업자의 교환기 신증설 시 낱개로 부여하고 있다. 영국은 관리주체가 OFTEL이고 여기에서도 사업자가 교환기를 신증설 시 낱개로 부여하고 있다. 그리고 일본의 국번호 관리주체는 일본전신전화공사(NTT)이고, 당시 동경전화, CATVs등 신규사업자에게는 국번호가 부여되지 않고 있었다.

우리나라의 경우 과거 한국전기통신공사가 주체였으나 1990년대에 들어와서 정부는 통신시장 경쟁이라는 명분을 내세워 현재 정부가 전화번호 관리주체가 되어 있다. 우리나라도 선진국과 마찬가지로 그 국가를 대표하는 기간통신사업자를 육성 지원하해야 한다. 따라서 전화번호계획 및 관리와 같은 일은 한국통신이 담당하는 것이 정상적이다. 전화번호 관리와 같은 일은 결코 정부가 직접 나서서 할 일이 아니다.

8.2 신규 전화사업자 번호

가. 신규사업자의 번호부여방안(1996년)

한국통신 네트워크본부(본부장 이정욱)에서는 신규 시내사업자의 출현에 대비하여 효율적인 상호접속 및 시장방어를 위한 번호계획을 수립하였다(시내경쟁에 대비한 네트워크 대응방안, 1996. 8, 한국통신). 이에 대한 국내적용방안으로 한국통신은 독립망 식별번호방식(제1안)과 국번호 공유방식(제2안)의 두 가지 방안을 검토하였다.

제1안은 일본의 경우와 같이 08× 등 별도의 식별번호를 사용하는 독립적 통신망 번호 부여방식이었다. 이때 다이얼링은 한국통신에서 신규사업자로는 08×-N××-×××× 를 사용하고, 신규사업자가 한국통신으로는 02-N××-××××를 사용한다.

제2안은 한국통신이 사용 중인 국번호를 공유하는 방식이었다. 이 경우는 비사용중인 국번호를 신규 사업자에게 부여하고 다이얼링 방법은 한국통신과 동일하였다. 특히 상호접속의 경우 제1안은 소수의 POI접속이 가능하여 단순한 접속체계로 구성될 수 있으나, 제2안에서는 동일지역에서 시내 시외 POI 설정이 필요하여 접속체계가 복잡하게 될 수밖에 없다. 이상 검토한 장단점을 비교하면 <표 6-43>과 같다.

<표 6-43> 독립망 식별번호방식과 국번호 공유방식의 비교

구분	이용자 편의	시장방어 용이성	Portability 구현가능성	상호접속	적용성
제1안	다소불편	용이함	불가능	단순한 접속체계	지역망 사업자에게 적합
제2안	편리함	어려움	가능	복잡한 접속체계	국번호 자원부족 공유곤란(서울)

나. 신규사업자의 번호 부여방안(1997년)

1997년 한국통신은 여러 가지 환경이 변화해 감에 따라 신규사업자에 대한 시내전화 번호부여방안을 정부에 제시하였다(정보통신번호 현안사항보고, 1997. 5. 21, 한국통신 네트워크본부). 그 주요내용은 다음과 같다.

(1) 제1안 : 양 사업자에게 통신망 식별번호를 부여하는 방법

한국통신은 기 부여된 010을, 제2사업자는 020을 사용하게 하는 방식으로서 이 경우 시내전화, 시외전화, 국제전화는 다음과 같이 다이얼링하게 된다.

① 시내전화를 걸 때, 동일통신망 내에서는 750-1000(7자리)을 다이얼링하고, 한국통신 이용자가 제2사업자 이용자에게는 020-750-1000(10자리)을 다이얼링 한다. 그리고 제2사업자가 한국통신에게는 010-750-1000(10자리)을 다이얼링 한다.

② 시외전화는 한국통신 이용자에게는 081-0344-010-750-1000(17자리), 데이콤 이용자에게는 082-0344-020-750-1000(17자리)을 다이얼링 한다. 이때 시외전화 사전등록제를 적용 후에는 기 선택한 시외통신망을 접속 시 081을 생략한다. 국제전화착신의 경우 미국에서 한국으로는 011-82-344-010-750-1000(18자리)을 다이얼링 한다.

이상 제1안의 장점은 시장방어 및 번호관리에 크게 유리하나 몇 가지 단점이 있다. 먼저 일부 전자교환기(No.1A, M10CN)에서 시외전화의 사용이 불가능하다. 이유는 M10CN기종은 16 디지트, No.1A기종은 15 디지트까지만 처리가 가능하기 때문이다. 그리고 디지트

의 증가로 중계회선 및 신호장치의 증설이 필요하고, 국제착신 불가능 사태가 발생할 수 있다. 또한 이용방법이 복잡하여 시내전화, 시외전화 시 이용에 불편이 예상된다.

(2) 제2안 : 제2사업자만 통신망 식별번호를 사용하는 방안

이 방법은 제2사업자에게는 020을 부여하고, 한국통신은 현행을 유지하게 되는데, 이때 시내전화, 시외전화, 국제전화는 다음과 같이 다이얼링하게 된다.

① 시내전화를 걸 때, 동일통신망 내에서는 750-1000(7자리)을 다이얼링하고, 한국통신 이용자가 제2사업자 이용자에게는 020-750-1000(10자리)을 다이얼링 한다. 그리고 제2사업자가 한국통신에게는 010-750-1000(10자리)을 다이얼링 한다.

② 시외전화는 한국통신 이용자가 한국통신 이용자에게 한국통신 시외통신망을 경유하여 연결하는 경우 0344-750-1000, 제2사업자 이용자가 제2사업자 이용자에게 한국통신 시외통신망을 경유하는 경우 750-1000 또는 0344-020-750-1000을 다이얼링 한다.

그리고 한국통신 이용자가 한국통신 이용자에게 데이콤 시외망을 경유하는 경우 다이얼링은082-0344-750-1000, 제2사업자 이용자가 제2사업자 이용자에게 데이콤 시외망을 경유할 때는 082-750-1000 또는 082-0344-020-750-1000을 다이얼링 한다.

③ 국제전화착신의 경우는 한국통신 이용자에는 011-82-344-750-1000, 데이콤 이용자에게는 011-82-020-750-1000 또는 011-82-344-020-750-1000을 다이얼링 한다.

이상 제2안의 장점은 시장방어 및 번호관리에 크게 유리한 반면 몇 가지 단점이 있다. 우선 020+전국규모 가입자번호의 경우, 신규사업자에게는 전국 단일번호권이 허용된다. 그러나 현행 시내전화는 통화권(지역번호)안에서만 통화가 가능하므로 전기통신사업법 등의 변경이 필요하다.

또한 지역번호 광역화의 설득력이 상실된다. 이는 지역번호는 국가번호가 아닌 한국통신 고유의 지역구분번호로 의미가 바뀌었기 때문이다. 다음 지역번호+020+가입자번호로 하는 경우, 제1안의 단점과 동일사항이 발생한다.

(3) 제3안 : 국번호를 양 사업자가 공유하는 방안

현재 한국통신이 사용하지 않고 있는 예비 국번호를 제2사업자에게 할당하는 방식이다. 이용방법은 현행 시내, 시외 통화방식과 동일한데, 이때 한국통신은 사업상 장점은 없고, 시장방어에 불리한 면이 있다.

당시 정부는 국번호 공유와 별도의 방식별 번호를 부여하는 방안을 함께 검토 중이었으나 사업자 간 국번호를 공유하는 방안도 비중 있게 검토하고 있었다. 이때 한국통신은 시내전화의 경우 제1안과 제2안의 통신망 식별번호 부여를 주장하였으나 기술적 문제점이 있는 관계로 설득력이 부족한 상황이었다.

8.3 정부의 정보통신번호 관리방향

가. 신규서비스의 식별번호

1990년대에 들어서면서 통신사업자들은 다양한 신규서비스를 출시하고 있었다. 이에 따라 정부에서는 정부, 학계, 연구소, 통신사업자 등으로 정보통신 번호개선전담반과 실무반을 운영하면서 신규서비스번호를 검토하였다(1995.1-1995. 5). 당시 정부에서 가지고 있는 신규서비스를 위한 식별번호의 계획방향은 다음과 같다.

첫째, PCS서비스 분야에는 3개의 신규사업자가 나서고 있다. PCS 공통식별번호로 018 등을 부여하고 가입자 번호체계를 N××××-××××(8자리)로 하여 국번 첫 자리 N으로 사업자를 구분한다. 향후 PCS 사업자 간 번호이동성을 확보할 필요가 있다.

둘째, 무선데이터 서비스는 3개의 신규사업자가 정해졌다. 유선데이터통신과 같이 014XY를 부여하여 01481, 01482, 01483 등을 사용한다.

셋째, 주파수공용통신(TRS) 서비스는 1개의 전국사업자와 9개의 지역사업자가 지정되었다. 이들에게는 특수망 식별번호 013XY를 부여하였다. 이때 전국사업자에게는 013XY를 사용하게 하고, 지역사업자들은 013XZ를 부여 후 국번호로 구분한다. 실제로는 타 통신망과 연동되는 시점에 번호를 부여한다.

넷째, 발신전용 휴대전화(CT-2) 서비스는 1개의 전국사업자와 10개의 지역사업자로 운영하게 하였다. 전국사업자에게는 016X 등을 부여하고, 지역사업자에게는 016Y를 부여하여 국번으로 사업자를 구분한다. 이들 번호도 타 통신망과 연동되는 시점에 부여한다.

나. 정보통신번호에 대한 공청회

1997년 중반 정부는 정보통신번호 공청회를 통신개발연구원 주관으로 중소기업회관 국제회의실에서 개최하였다(1997. 6. 20). 이때 관련 주제로서 정보통신번호 관리 정책방향(KISDI 엄용섭 박사), 시내전화 번호계획(한양대 경영대학 장석권 교수), 특수번호 관리체제 개선(ETRI 송석재 실장) 등이 발표되었다. 이 공청회에서 논의된 번호관리방향을 요약하면 다음과 같다(정보통신번호 공청회, 1997. 6. 20, 통신개발연구원).

① 시내부문에서는 신규 시내사업자에게 식별번호를 부여하지 않고 국번호를 공동 사용토록 한다. 이를 위해 정부는 국번호 공동사용지침을 마련한 후 국번호를 직접 부여한다. 그리고 한국통신의 서울지역 국번호 용량확장계획을 감안하여 1999년 1월 이후부터 신규사업자에게 국번호를 부여한다. 한편 식별번호 부여방안은 디지트 처리용량문제로 기술적으로 불가능하다.

② 시외부문에서는 제3 사업자까지 08X 계열 3자리 번호를 부여하고, 1998년 이후 신규사업자에게는 08XY 계열의 4자리 번호를 부여한다. 그리고 시외전화 재판매 서비스 제공

자에게는 08XYZ 계열의 5자리 번호를 부여토록 한다. 국제전화 식별번호의 경우, 기존 사업자는 3자리를 유지하고, 1998년 이후 신규사업자에게는 4자리를 부여한다. 그리고 국제부가서비스는 한국통신 0079×, 데이콤 0030×, 온세통신 0036×를 사용하고, 국제회선 재판매 서비스는 00XYZ 계열의 5자리 번호를 부여한다.

③ 특수번호부문은 100번을 종합민원번호로 부여하고, 유사한 번호는 통폐합한다. 101번과 107번은 107번으로 통합하여 시외수동통화번호로 이용하고, 111번과 118번은 109번으로 통합하여 각종 시험용 번호로 한다. 그리고 112번, 113번, 125번, 127번은 112번으로 통합하여 공안계열번호로 사용케 하며, 114번 등 지명도 높은 번호는 현행 유지한다. 한편 14×번, 15×번, 16×번은 4자리화로 개편하여 1411번은 한국통신 연락방, 1412번은 데이콤 연락방으로 사용하게 하는 방안이 제시되었으나, 이는 본 공청회에서 반대 처리되었다. 그 이유는 기존의 4,500만 국민의 편익이 크림스키밍 사업자로 인해 침해되기 때문에 신규사업자는 17× 계열을 17XY로 확장 수용함으로써 독자번호체계를 유지할 수 있다고 보았다.

④ 지역번호 광역화 문제는 금번 공청회에서 다루지 않기로 하고, 차기 정권에서 요금정책과 관련 추진하자는 연기 주장에 대해서는 이의가 제기되었다. 그것은 1997년 5월 실시한 정부, 한국통신, 데이콤, 합동 여론조사에서 국민의 약 80%가 요금권과 번호권은 반드시 일치할 필요가 없다고 하는 응답 때문이었다. 한편 국번호 관리업무는 국번호 관리지침을 확정한 후 정부로 이양토록 한다.

8.4 시내전화 국번호 및 통신망 식별번호

가. 전화번호 운용상황

1997년 말 우리나라의 통화권별 국번호 구조 및 국번호 개수를 보면 서울은 국번호를 N××(777개), 3×××(230개) 등 총 1,007개를 운용하고 있었다. 이것이 1998년 9월 6일 이후에는 1,230개로 확장될 예정이었다. 이때 5대 광역시는 N×× 구조로서 국번호는 800개를 운용하였다. 그리고 울산광역시는 2×× 구조의 국번호를 100개 가지고 있었으며, 제주의 경우 N× 구조의 국번호를 80개 보유하고 있었다. 그 외 135개 통화권은 통화권별 도별로 N×, N×× 구조의 국번호를 각각 혼재하여 사용하고 있었다.

이때 한국통신의 국번호 사용기준은 ① 교환시스템의 신증설 시 통화권별로 단(單)단위 국번호를 부여한다. ② PABX에 부여되는 DID 번호는 100 단위 또는 1,000 단위의 개별번호를 부여한다. 이때 1개 국번호에 다수의 PABX를 수용한다. ③ 가입자는 1개 가입자 당 1개의 개별번호(N××-N×××)를 부여하는 것으로 정하였다(시내전화 국번호 부여에 대한 의견, 1998. 1, 한국통신).

한편 정부의 국번호 사용방향은 공정경쟁을 위해 서울은 5××× 등 1,000 단위로 부여하고, 이를 위해 한국통신은 5××를 25××로 번호전환을 조기에 시행하고, 하나로통신은 일부 비용을 부담토록 한다는 것이었다. 그리고 경기지역을 제외한 다른 지역은 도별로 9×× 등 100 단위를 부여한다는 방침을 가지고 있었다.

나. 한국통신의 전화번호 운용방향

통신망 번호가 통신사업자들 사이에 뜨거운 논란이 일고 있을 때, 한국통신은 번호계획 및 번호운용 상 혼란을 줄이고자 시내전화 국번호와 통신망 식별번호(NDC)를 다음과 같이 제시하였다(시내전화 국번호 부여에 대한 의견, 1998. 1, 한국통신).

(1) 번호의 용도 면에서 통신망 식별번호는 타 통신망을 선택할 때 사용하는 번호이고, 시내전화 국번호는 특정가입자가 수용된 교환시스템을 물리적으로 선택할 때 사용하는 번호를 말한다. 통신망 식별번호의 소요 시기는 사업개시 전 시험운용 및 가입자 홍보 시 필요하고, 시내전화 국번호는 교환시스템 신증설 시에 필요하다. 즉 시내전화 국번호는 해당사업자가 특정지역에 교환국을 신·증설할 경우에만 필요한 번호이다. 시내전화가 경쟁중인 여러 외국에서도 필요시 국번호를 낱개로 부여하고 있다.

(2) 부여하는 번호 수는 통신망 식별번호의 경우 1개 통신망 또는 다수 통신망에 1개를 부여하고, 시내전화 국번호는 교환시스템의 가입자 수용규모에 따라 다수개의 번호를 부여한다.

(3) 공정경쟁측면에서 통신망 식별번호는 동등자리 수(Equal Parity) 보장이 필요하고, 시내전화 국번호는 소요국번호 만 배정하면 된다. 이때 국번호의 수량은 시장진입 장벽 또는 장애물(Bottle Neck)로 작용하지 않는다. 그리고 이용측면에서 보면 통신망 식별번호는 타 통신망을 이용할 때 매번 사용되나, 시내전화 국번호는 특정가입자 선택 시 특정국번호가 사용된다.

한편 서울지역의 경우, 신규사업자(하나로통신)에게 국번호를 부여하기 위해서는 한국통신은 새로운 전화시설을 건설해야 하고, 이의 건설을 위해서는 상당한 공사기간이 소요되는데, 그 세부적인 내용은 다음과 같다(시내전화 국번호 부여에 대한 의견, 1998. 1, 한국통신).

첫째, 현재 M10CN 전자교환기를 사용하고 있는 12만6천명의 가입자 전화번호를 변경해야 한다. 이를 위해 현재 교환시설을 철거하고, 그기에 수용된 가입자들을 다른 전자교환기로 이전해야 하는 큰 공사를 시행하야 하는데, 이를 위해 약 250억 원 이상의 투자예산이 소요되고, 공사기간은 2년 이상이 소요된다.

둘째, 신규사업자에게 도별로 100단위(N××)를 부여하게 되면 번호권 광역화 시 루팅 및 과금이 불가능하고, 거리감, 요금 등 국번호정보가 유실된다.

셋째, 특정사업자에게 방만한 국번호를 부여하는 것은 현 사용 중인 번호의 변경을 야기함으로써 기존 번호계획의 골격을 유지하는 것이 불가능해 진다. 그리고 신규사업자가 매체별, 서비스별로 구분하여 국번호를 배정하고, 그들이 선호하는 번호(전체번호의 6% 이하)를 배정하게 되는 경우, 번호자원을 무분별하게 남용하게 되어 귀중한 번호자원이 사장될 우려가 있다.

다. 제3 시내사업자의 시장진입 및 복수 전화번호 부여 시 문제점

한국통신은 시내전화시장에 제3 사업자, 제4 사업자들이 들어오는 경우 문제점과 신규사업자가 1개 전화에 복수전화번호를 부여하는 경우 발생하는 문제점을 검토하여 제시하였다(시내전화 국번호 부여에 대한 의견, 1998. 1, 한국통신).

<복수전화번호의 문제점> 1999년 이후 WTO 개방체제에 의해 통신서비스 시장이 개방되면 다수의 신규사업자가 시장에 진입할 것으로 예상된다. 더구나 분위기로 보아 일정한 요건만 갖추면 쉽게 시장에 진입할 것으로 생각된다. 당시 영국, 일본, 미국, 호주 등은 모두 다수 사업자가 경쟁을 하고 있었다.

만약 제3 사업자, 제4 사업자가 제2 사업자와 동일한 국번호를 요구할 경우, 수많은 기존 전화사용자의 전화번호를 대폭적으로 변경해야만 한다. 이때 기존 전화사용자의 큰 저항과 막대한 사회적 비용을 감수해야만 하는 상황에 놓이게 된다. 다음 하나로통신의 요구처럼 신규사업자가 1개 전화에 복수전화번호를 부여할 때 문제점을 짚어 본다. 복수번호(Multiple Number) 기능은 ISDN의 기본기능이며 전화교환기에서도 약간의 소프트웨어 보완으로 즉시 적용이 가능하다.

이는 대표번호와 유사한 기능으로서 ISDN에서는 보유기능이나, 국번호 자원관리 및 교환기 메모리를 절약하기 위해 부여하지 않고 있다. 그러나 필요시에는 부번지(Sub-Adress)를 사용하여 다수 단말기를 선택할 수 있다. 이와 같은 상황에서 복수번호를 부여한 경우, 이용자는 그 중 선호하는 1개의 번호만 사용하는 관계로 번호자원 만 낭비하는 결과이다.

한편 신규사업자가 자기고객에게 복수번호를 부여하게 되면 한국통신도 불가피하게 복수번호를 제공할 수밖에 없는 입장이 될 것이다. 그렇게 되면 전국의 번호자원이 현재보다 2배 이상 필요하게 될 것이다. 뿐만 아니라 이동전화, 무선호출에서도 복수번호를 부여하는 쪽으로 가게 됨으로서 번호자원이 고갈되어 대대적으로 기존 번호계획을 변경해야 한다. 결과적으로 번호의 급격한 가수요를 유발시켜 지금까지의 우리나라 국내번호계획의 기반을 와해시키는 상황으로 가게 될 것이다.

라. 한국통신의 국번호 사용방안 제시

1998년 초 한국통신은 신규 시내사업자의 국번호부여에 대해 다음과 같은 방안을 정부 및 신규사업자에게 제시하였다(시내전화 국번호 부여에 대한 의견, 1998. 1, 한국통신).

첫째, 현행 번호계획에 의해서 양 사업자(한국통신, 하나로통신)의 확정된 실제 가입자 수용용량을 포함한 익년도 투자계획을 토대로 충분히 번호부여가 가능하다.

둘째, 전화수요는 인구수, 경제활동수준, 증가추이 등으로 미래의 전화수요 예측이 가능하다. 1997년 말 우리나라의 전화보급율은 100인당 45대까지 올라가 있다. 1997년 일본의 전화보급율은 100인당 약 50대에 도달하였는데 이는 거의 시내전화 포화상태에 도달한 것으로 확인된다. 따라서 우리나라 시내전화시장도 곧 포화상태에 도달할 것이 확실한 상황에서 정부가 나서서 신규사업자를 지정하여 시내전화시장에 진입시킨 것은 잘못이다.

셋째, 서울지역의 국번호는 30××, 20××, 23×× 번호대역을 향후 한국통신, 하나로통신 양사에게 필요시 단(單)단위로 부여한다. 1999년 1월 이후에는 약 230개 이상의 예비 국번호가 사용 가능하고, 수요둔화로 앞으로 몇 년간 매년 50개미만의 국번이 소요될 것으로 예상된다.

넷째, 5대 광역시의 국번호는 필요시 예비 국번호를 양사에게 단단위(單單位)로 부여하고, 기타 지역의 경우에는 국번 3자리화로 번호체계를 정비한 후 필요시 양사에게 단단위로 부여토록 한다. 경쟁을 지향하는 미국, 영국에서도 사업자가 교환기를 신증설할 때 단단위 국번호를 부여하고 있다.

다섯째, 복수번호의 부여는 전혀 불필요하다. 이와 관련하여 ISDN의 부번지로 8개 단말까지 구분이 가능하다. 한편 번호부여 기준 및 부여체계, 지역별 국번호자원 감시체제 확립 등 다수 사업자 환경에 적합한 국번호 관리체계를 정립하여 시행하는 것이 필요하다.

한편 정부는 시내전화 국번부여방안 검토를 위한 실무급회의를 정보통신부 회의실(19층)에서 개최하였다(1998. 2. 5). 이 회의는 정보통신부 정보통신지원국 부가통신과장이 주관하였으며, 한국통신 실무책임자, 하나로통신 실무책임자, 정보통신정책연구원 엄용섭 책임연구원, 전자통신연구원 주성순 실장, 한양대학교 장석권 교수가 참석하였다.

9. 하나로통신(주)의 시내전화 국번호

9.1 하나로통신의 요구사항

가. 요구사항 및 문제점

1997년 정부는 제2의 시내전화사업자로 하나로통신을 선정 발표하였다(1997. 6. 13). 이에 따라 하나로통신은 사업자 구분을 위한 식별번호를 001 등과 같은 식별번호와 서울지역은 5000번대, 기타 통화권은 500번대를 부여하여 줄 것을 요구하였다. 그리고 기존 500번대 국번호(500-599국)는 2500-2599로의 변경도 요구하고, 당시 하나로통신은 기본적으로 전화 1대에 복수 개의 번호를 사용하려고 시도하였다. 이것은 한국통신의 기존가입자를 유치하는 경우 번호변경을 최소화하면서 500번대 국번지역을 집중적으로 마케팅 대상으로 공략하겠다는 전략이었다. 또한 하나로통신의「로」자와「5」자의 유사성을 홍보에 이용하고 복수번호를 부여한다는 전략이 깔려 있었다.

한국통신은 이러한 하나로통신의 요구사항에 대해 검토한 결과 상당 문제가 확인되었다. 하나로통신의 요구를 들어준다면 기존 500번대 국번호 가입자 73만 명(영동, 서초, 반포, 양재, 과천)에 대한 번호변경이 불가피하였다. 그런데 500번대 국번호지역은 국내 최고의 비즈니스 지역으로 업무용 가입자 번호는 실제적으로 번호변경이 불가능한 상황이었다. 더구나 전자교환기(M10CN)에 수용된 가입자 11만3천명에 대해서는 기술적으로도 번호변경이 불가능하였다. 다음 문제는 서울지역에 5000번대 국번호를 부여하는 경우 나머지 143개 통화권에도 동일한 국번호를 요구하는 사태가 발생하여 지금까지의 우리나라 국내번호체계가 완전히 와해될 수 있는 상황이었다.

전화번호변경은 단순한 숫자변경이 아니기 때문에 이용자의 이용습관을 충분히 고려해야 하는 사항이었다. 또한 향후 하나로통신과 대응하여야 하는 과제인 WLL 주파수 배정, 상호접속에 따른 접속계위 및 접속료 산정 등 타 분야에서 정부의 지원을 계속적으로 요구할 것으로 보아 이때 악영향을 미칠 우려가 다분하였다.

나. 한국통신의 대응전략

한국통신은 하나로통신의 국번호 요구사항에 대한 대응전략을 다음과 같이 정하여 추진하였다(하나로통신 서울시내 국번호 요청에 대한 검토, 1997. 6, 한국통신 네트워크본부).

첫째, 정부에서는 신규사업자 지원을 위해 1천개의 국번호를 내부방침으로 확정하고 있다. 한국통신은 하나로통신의 시내전화사업 진입에 따라 발생하는 기존 한국통신 가입자의 불이익을 최소화하도록 노력한다. 그리고 하나로통신의 요구가 부당함을 사내외에 알린다.

둘째, 정부에서 신규사업자에게 1천개의 국번호 부여방침이 변경될 소지가 있으며, 신규 국번호 2000- 2199(200개)를 활용하여 하나로통신에게 적정하게 배정토록 한다. 이때 서울지역 M10CN 전자교환기의 시설 수 및 가입자현황은 <표 6-44>와 같다.

셋째, 정부에서 신규사업자에게 1천개 국번호를 부여하는 방침이 확정하는 경우 다음과 같은 차선안을 검토하여 대비한다.

<제1안> 국번호 6000번대를 부여하고 600번대 국번호 중 미사용 국번 11개에 끝자리를 확장하여 110개를 부여 사용토록 한다. 이렇게 하면 부여 국번호수가 110개가 되고 가입자는 59만 명이 된다. 이때 M10CN 전자교환시설은 28만6천회선(11개 시스템)이 된다.

<제2안> 국번호 9000번대를 부여하고 현 900번대 국번호 중 미사용 국번호 1개에 끝자

리를 확장하여 10개를 부여 사용한다. 이 방안의 경우 부여 국번호수는 10개이고, 수용가입자는 63만 명이 되며, 이때 M10CN 전자교환시설은 29만9천회선(10개 시스템)이 된다.

<표 6-44> 서울시내 M10CN 전자교환기 시설 수 및 가입자 수

지역별	M10CN 시설(회선)	M10CN 개체 비용(백만원)	번호변경 가입자(명)	소요기간 (년)
2×× (22××)	70,000	14,000	520,000	2
3×× (23××)	120,000	24,000	510,000	2
4×× (24××)	150,000	30,000	700,000	2
5×× (25××)	126,000	25,200	730,000	2
6×× (26××)	286,000	57,200	590,000	2
7×× (27××)	68,000	13,600	660,000	2
8×× (28××)	340,000	68,000	620,000	2
9×× (29××)	279,000	55,800	630,000	2
계	1,439,000	287,800	4,960,000	

다. 종합의견

하나로통신과 정부는 한국통신에게 하나로통신(안)을 강력하게 요구할 것으로 예상되었다. 이에 따라 한국통신은 5000번대 국번호 부여를 원하는 하나로통신의 요구는 수용이 불가능하다는 입장을 재확인하였다(하나로통신 서울시내 국번호 요청에 대한 검토, 1997. 6, 한국통신 네트워크본부). 그 사유는 다음과 같다

첫째, 기존 국번호 이용자에게 막대한 불이익을 끼치게 되고, 번호변경에 따른 사업손실에 대해 손해배상을 청구하는 경우 대처방안이 없다.

둘째, 하나로통신의 요구사항은 번호자원을 적정하게 활용한다는 방침과도 위배되고, 경쟁하고 있는 선진국의 번호부여 사례에도 없는 비합리적인 방법이다.

셋째, 하나로통신의 연도별 시설계획과의 합치 여부, 번호계획의 적정한 확정수준의 준수 등을 검토하여야 한다. 그리고 번호부여 방안이 확정된 후 실제 번호를 부여할 때까지 물리적 시간이 2년 이상 소요된다는 점도 감안해야 한다.

결론적으로 한국통신은 대안으로 차선안 중 제1안을 제시하였다. 이는 하나로통신의 서비스 개시에 맞추어 국번호 110개를 제공할 수 있는 방안이고, 2001년까지 하나로통신의 국번호 수요증가 추이를 감안하여 나머지 국번호를 확장하여 활용토록 추진하는 안이었다. 이 방안은 한국통신과 정부의 입장을 십분 반영하는 안이 될 수 있다고 판단하였다.

9.2 하나로통신의 전화번호 요구사항

가. 하나로통신의 요구사항 변화

당초 하나로통신은 식별번호(016 등)와 같이 국번호 첫 자리로 시내사업자가 구분될 수 있도록 ① 서울 2××× 또는 5×××, 기타 143개 지역은 2×× 또는 5××를 부여해 달라. ② 하나로통신 가입자에게는 기본적으로 2개의 가입자번호를 부여해 달라고 요구해왔다(1998. 1. 20 이전).

이러한 하나로통신의 요구를 받아들인다면 한국통신 가입자 중 2××, 5×× 국번에 수용된 가입자는 점진적으로 번호를 전환해야 하고, 공장경쟁 및 복수번호 부여를 위해 충분한 번호자원을 할당해야 하였다. 이때 2006년 국번호 수요를 예측하면 한국통신 1,054개, 하나로통신 500개 등 총 1,554개로 예측되었는데, 연도별 소요예측은 <표 6-45>와 같다.

<표 6-45> 2000년대 국번호 수요예측(가입자 단위: 1,000)

구분		1998년	2000년	2002년	2004년	2006년
한국통신	가입자	5,726	5,951	6,159	6,243	6,324
	국번호	954	992	1,021	1,041	1,054
하나로통신	가입자		1,428			3,000
	국번호		238			500
계		954	1,230			1,554

이때 하나로통신은 국번호 수요산출의 기초 데이터인 가입자 수요 및 투자회선규모가 제시되지 않아 현실적으로 국번호 수요산출이 불가능하였다. 그래서 소요국번을 근거로 가입자 수를 역산하였다. 이러한 수요예측결과 확정 투자계획을 확인 후 하나로통신이 수요를 인정할 때 국번호는 2000년 말에 고갈되고, 한국통신의 수요포화 시 2006년 이후 국번호가 고갈될 것으로 예상되었다. 이때 한국통신의 가입자 수는 시장잠식을 감안한 수치였다.

이후 하나로통신은 서울지역의 5××× 국번호 부여를 집중적으로 요구하고, 이 국번호는 1998년 중 25××로 전환하겠다는 것이었다. 이는 M10CN 5×× 국번 17개는 현행대로 유지하는 방안이었다(1998. 1. 21 이후). 당시 국번호는 N×× 777개, 3△△× 230개 등 총 1,007개였으며, 이중에서 1997년 말 918개를 사용하고 있었고, 1998년에는 약 25개 국번호가 소요되고 있었다.

그리고 1998년 9월 6일 이후에는 2×× 국번호가 22××로 전환되면서 20××번호 100개, 21××번호 100개, 23△△번호 23개 등이 신규로 생성됨으로써 총 1,230개로 늘어나게 되었다. 또한 2005년 전후에는 잔여 3자리 국번호도 N××에서 2N××로 4숫자화 될 계획이었다.

나. 국번호 확장방안 검토

당시 한국통신은 국번호를 확장하기 위한 방안으로 M10CN 전자교환시설을 철거한 후 잔여 N××를 2N××로 확장하여 부여하는 방안(제1안), 3××를 23××로 바꾸고 3×××를 사용하는 방안(제2안), N10CN 전자교환기를 제외한 5××를 25××로 변경 후 5×××를 사용하는 방안(제3안)이 검토되었다. 이들 방안에 대해 국번호 지원, 이용자 혼란, 통신망 운용, 통화품질 등을 검토 비교하여 보면 다음과 같다.

제1안에서는 국번호 N×××(8,000)개를 사용기능하고, 번호변경에 대한 인지가 용이하여 이용자 혼란이 적으며, 전국 시내교환기 및 국제교환기에서 안내방송 제공이 가능하여 통신망 운용이 용이하다. 그리고 번호 길이가 고정되어 통화품질이 향상될 수 있고, 번호구조는 폐쇄번호방식(Closed Numbering)을 적용할 수 있으며, ISDN 기능과 No.7 신호를 확대하는 것이 용이하다. 여기에서 No.7 신호방식은 1997년 12월 상호접속고시에서 2002년까지 적용을 의무화하고 있다. 한편 이 방안의 적용가능 시기는 2004년 이후가 될 것이며, 전자교환기(M10CN기종) 136만회선의 철거가 필요하고 이를 위해 약 2,700억 원의 예산이 소요되어야 한다.

제2안으로는 730개의 국번호를 신규로 사용 가능하고, 번호변경에 대한 인지가 대체로 용이하다. 전국 시내교환기 및 국제교환기에서 안내방송 제공이 가능하여 통신망 운용이 용이하다. 그리고 번호 길이가 고정되어 통화품질이 향상될 수 있고, 3,000대만 4자리가 된다. 번호구조는 부분적 폐쇄번호방식(Closed Numbering)의 적용이 가능하여 ISDN 기능과 No.7 신호를 확대하는 것이 용이하다. 한편 이 방안의 적용가능 시기는 확정시 약 1.5년 이후가 될 것이며, 전자교환기(M10CN기종) 12만회선의 철거가 필요하고 이를 위해 약 240억 원의 예산이 소요된다.

제3안의 경우는 830개의 국번호를 신규로 사용 가능하고, 5××인지 25××인지 구분이 불가능하여 번호변경에 대한 인지가 어렵다. 그리고 서울을 제외한 시내교환기는안내 방송이 불가능하여 통신망 운용에서 크게 불리하다. 이때 서울 시내교환기도 메모리가 부족한 기종은 안내방송이 불가능하고, 번호 길이가 상이하여 PDD가 증가하고 다이얼 착오호가 지속적으로 발생할 수 있다.

또한 번호 길이가 상이한 경우 통화품질이 열악할 수 있고, No.1A 기종 및 ISDN/ No.7 적용기종은 PDD가 5초 정도 증가될 수 있다. 번호구조는 개방번호방식(Open Numbering)으로 낙후된 방식이어서 ISDN 기능과 No.7 신호를 확대하는데 크게 불리하다. 한편 이 방안을 적용하기 위해서는 이용자 및 제 외국사업자에게 홍보하는데 약 1년이 필요하다.

다. 검토의견

앞에서 설명한 선진외국의 신규사업자에 대한 번호부여 경우를 참고하여 한국통신은 신규사업자에 대한 국번호 부여방침을 다음과 같이 검토하여 정부에 건의하였다.

첫째, 시내전화서비스를 경쟁하고 있는 선진국의 경우를 보면 국번호는 실제 소요시점(교환시스템 신증설시)에 최소 국번호를 낱개 단위로 부여하고 있다. 이것은 국번호를 사회적 자원으로 인식하고 관리하고 있다는 점이다. 우리나라의 경우 한국통신이 200대를 확장하여 230개의 국번호를 새롭게 만드는데 약 160억 원 이상이 투입되는 등 번호변경에 따른 많은 사회적 비용이 발생하고 있다.

둘째, 국번호 부여는 통신망 식별번호 선정과는 달리 기존 이용자의 번호변경이 수반되고 있다. 이 경우 발생하는 사업자 및 사회적 비용을 감안하여 신중을 기하여야 한다. 이용자 관점에서 보면 통신망 식별번호는 안 쓰는 번호 1개가 부여되는 것이다.

셋째, 하나로통신이 교환시설 투자회선(가입자 모듈기준)을 확정하고, 시장진입 시기를 토대로 정부의 번호개선전담반에서 수요 및 고갈시점을 예측하여 번호확장 시기 및 방법을 검토해야 한다. 이때 다수 사업자 환경에서 효율적으로 국번호자원을 관리할 수 있는 정부의 국번호 관리계획도 병행 수립하여야 한다. 이후 공청회 등을 통해 사회적 여론을 수렴한 후 확정하는 것이 타당하다.

9.3 한국통신의 대응방안

가. 그동안의 정부 방침

당시 정부의 기본방침은 서울지역 4자리, 기타지역 3자리 국번호로 통일한다는 것이었다. 서울지역은 현행 국번의 4자리 전환계획과 연계하여 가능한 범위 내에서 신규사업자에게 A××× 계열을 부여하고, 조기 전환을 위해 한국통신이 부담할 일부 전자교환기(M10CN 기종)의 대체에 필요한 투자에 대해 필요시 하나로통신이 최대한 지원하는 방안을 강구한다고 정하였다. 이때 정한 하나로통신을 위한 시내전화 국번호부여 방향은 다음과 같다.

① 서울시내 국번호는 미사용 중인 현행 600계열의 국번호를 6××를 6×××로 1자리 확장하여 서비스를 개시할 때 우선 사용한다. 이때 대상 국번호는 609, 621, 622, 623, 624, 626, 627, 628, 641, 673, 674 등 총 11계열이다. 현재 사용 중인 620, 625, 629국은 번호변경 후 하나로통신에 부여하는 것으로 하고 이렇게 되면 총 국번호는 140개가 된다.

② 600계열의 일부 전자교환기(M10CN 기종)총 11대 및 6××를 26××으로 전환하는 것은 2000년 1월 1일까지 완료하고 하나로통신에게 6×××를 부여토록 한다. 이때 대체비용은 하나로통신이 일부 부담한다. 그리고 신설되는 국번호 20××, 21××는 한국통신에 부여한다.

③ 광역시의 경우는 원칙적으로 미사용중인 국번을 100국 단위로 부여하고, 도단위 지역은 미 사용국번 중 가입자 수요 등에 따라 적정국번호를 부여한다.

나. 정부방침의 변경

하나로통신에 대한 국번호 부여방안에 대한 논의는 장기간에 걸쳐 어렵게 진행해왔었다.

그동안 정보통신부는 하나로통신에 대한 국번호 부여방침을 변동 없이 다음과 같이 추진하였다(시내전화 국번호 전환에 대한 대응방안보고, 1998. 7. 22, 한국통신 사업협력실).

첫째, 1999년 4월 6×× 계열의 미 사용국번 11개를 확장하여 하나로통신이 사용하게 하고, 연속된 동일계열 국번을 확보하도록 한국통신이 지원한다.

둘째, 2000년 1월 6×× 계열 국번호 전체 100국을 확장하여 하나로통신이 사용하게 한다. 이때 번호전환이 불가능한 M10CN 전자교환기는 조기에 대체투자를 위해 필요시 하나로통신이 최대한 지원한다.

이후 하나로통신 국번호 사용문제는 양 사 간 계속 협의 진행되었다. 1998년 중반에 들어서면서 정보통신부는 하나로통신에 대한 국번호 부여방침을 변경하여 하나로통신에게 대단히 유리하고 한국통신에게는 불리한 방안으로 변경하였다. 그 내용은 다음과 같다.

① 번호전환에 따른 M10CN 전자교환기의 조기교체비용은 제3기관을 통해 비용을 산정하는 것으로 양사 창구부서 간 합의하였다(1998. 3-1998. 4).

② 한국통신은 M10CN 전자교환기 수용국번호를 제외한 국번호 57개만을 1999년 초에 하나로통신에 제공하도록 의견을 수정하였다(1998. 5. 27).

③ 정부는 통신망 고도화 차원에서 M10CN 전자교환기 교체비용은 한국통신이 전액 부담토록 하고, 1999년에 11개 번호이외에 기존 번호 2개를 추가로 하나로통신에 부여하는 것으로 방침을 변경하였다(1998. 7. 13).

다. 하나로통신과의 협의내용

한국통신은 하나로통신과 최종의견을 정리하여 그 방안을 밝혔다(1998. 7. 21). 한국통신은 1999년 1월 미사용 국번 11개를 확장하여 하나로통신이 사용토록 하고, 번호부족으로 하나로통신이 사업시행이 곤란할 때는 추가번호를 지원할 것을 보장한다는 입장이었다. 그리고 2001년 1월 M10CN 전자교환기에 수용되지 않은 지역중심의 50개 국번호(600-649)를 전환하고, 나머지 50개 국번호는 M10CN 전자교환기 교체 후 일괄 전환토록 하며, 국번호전환에 따른 가입자 홍보, 민원처리 등의 비용은 하나로통신이 부담케 한다는 방안이었다.

한편 하나로통신의 기본적인 입장은 한국통신과 동일하나, 1999년 1월에 하나로통신이 원하는 특정국번호(666, 667)를 전환하고 국번호전환에 따른 비용은 가입자 홍보비용 만 계상하는 것으로 요구사항을 추가하였다. 이러한 특정국번호의 전환을 요구하는 것은 666×를 하나로통신의 고유브랜드로 이미지화하여 마케팅에 활용하기 위한 것으로 보였다.

이러한 하나로통신의 요구에 대해 한국통신은 한국통신의 최종의견을 기본으로 하여 대응하였다. 주요내용은 1999년 4월 가입자 수용율이 가장 낮은 2개 국번 638번, 667번을 추가로 제공하기로 결정하였다. 그리고 Y2K 문제 등을 고려하여 2000년 3월에는 600번- 649번의 50개 국번을 하나로통신에 넘기기로 하였다.

또한 국번호 전환에 따른 실제 발생비용은 하나로통신이 부담토록 요구하기로 하였다. 이때 국번호별 가입자 수는 638국 852명, 666국 9,200명, 667국 897명이었다. 이와 같은 한국통신의 국번전환방안을 하나로통신과 합의한 후 1998년 7월 말경 정부에 보고하였다.

그러나 하나로통신의 시내전화서비스는 당초 한국통신이 우려했던 대로 기반시설에 대한 엄청난 투자규모와 투자기간의 장기소요라는 거대한 벽에 부딪쳐 몇 년을 진행하지 못하고 중단되고 말았다. 또한 곧바로 이동통신이 급속히 발전 확장되면서 유선시내전화 시대는 급격하게 저물어 갔다. 이러한 상황을 불러온 것은 당시 한치 앞을 내다보지 못한 정부와 신규통신사업자의 공동책임이었다.

10. 전화번호의 이동성

10.1 번호이동성의 도입 검토

가. 번호이동성의 정의 및 종류

번호이동성이란 가입자가 자신의 전화번호를 바꾸지 않고도 자유롭게 통신사업자, 가입지역, 서비스 등을 변경하는 능력을 말하고, 이는 시내전화경쟁 시 신규사업자의 가장 강력한 요구조건이었다. 이러한 번호이동성의 종류는 다음과 같이 분류하였다.

① 서비스 제공자를 바꾸어도 전화번호는 그대로 유지되는「서비스 제공자 이동성(Service Provider Portability)」이 있다. 예를 들면 02번 지역 내에서 한국통신 전화번호(200-2000)를 그대로 제2통신사업자 번호(200-2000)로 사용하게 하는 방법으로서 시내전화 경쟁 시 이동성은 서비스 제공자 이동성에 국한된다.

② 가입자가 이사 등 지역적 위치를 바꾸어도 번호가 그대로 유지되는「지리적 이동성(Geogrphic Portabililty)」이 있다. 예를 들면 02번 지역에서 042번 지역으로 한국통신 전화번호(200-2000) 가입자가 이동하였을 경우 그대로 그 전화번호(200-2000)를 사용하게 하는 방법이다.

③ 가입자가 서비스를 이동하여도 번호가 그대로 유지되는「서비스 이동성」이 있다. 예를 들면 PSTN의 한국통신 전화번호(200-2000) 가입자가 ISDN으로 이동하였을 경우 그대로 그 전화번호(200-2000)를 사용하게 하는 방법이다.

나. 번호이동성 도입검토

전화사용자가 거주지를 이전하거나 계약사업자를 변경하더라도 당초의 가입자 번호를 계속 사용할 수 있는 이전 시의 이동성(Geographic Portability)과 사업자를 변경하는 경우의 이동성(Network Operator Portability)를 도입 시행하였다. 이 방안은 1991년 3월 영국 무역산업장관이 의회에 제출한 백서「경쟁과 선택」에서 처음 언급되었다.

이 백서는 1990년대의 영국 전기통신정책이었는데, 당시 경쟁이 가속화됨에 따라 번호이동성의 확보가 이용자의 편익향상과 경쟁 활성화의 주요관건으로 대두된 상황이었다. 이처럼 번호이동성을 도입하는 경우 이용자측면에서는 번호변경에 의한 착신기회상실과 홍보비용의 발생을 방지할 수 있고, 발신자는 고객관리 변경비용이 불필요하다는 장점이 있었다.

그리고 전기통신시장측면에서는 이용자가 사업자를 선택할 수 있는 자유가 증대되어 경쟁을 활성화할 수 있었다. 반면 몇 가지 문제점이 예상되었다. 이용자 측면에서 기존 통신망 설비변경 및 번호유지를 위한 추가비용이 발생하여 전반적인 비용증가를 초래하였다. 그리고 이동성을 제공하기 위해 루팅 테이블참조에 의한 리라우팅 등에 추가시간이 소요되어 전반적인 통화접속에 지연이 발생하였다.

또한 통신사업자 및 국가경제측면에서 보면 기존통신망을 변경 개조하는데 막대한 추가비용이 소요되고, 번호이동성 구현을 위해 사업자간 비용분담이 필요하였다. 또한 최적 루팅이 어려워 통신망운용의 효율성이 저하하고 이동성 구현비용과 이용편익 간 국가적 경제성을 검증할 필요가 있었다. 한편 번호이동성을 실현하는 방법으로는 착신전송방식(RCF), 리라우팅방식(FDID), 지능망방식(IN) 등 세 가지가 있다(시내경쟁에 대비한 네트워크 대응방안, 1996. 8, 한국통신).

10.2 번호이동성의 실행방안

가. 실현방안 및 장단점

앞에서 설명한 바와 같이 번호이동성 실현방법으로는 RCF, FDID, IN 등 세 가지가 있다(시내경쟁에 대비한 네트워크 대응방안, 1996. 8, 한국통신).

첫 번째, 교환기의 착신전송기능을 이용하여 번호이동성을 제공하는 착신전송방식(Remote Call Forwading)이 있다. 이 방식은 기존의 착신통화 전환방식과 동일하다. 이전전의 착신교환기가 번호변경내용을 보관하고 해당 가입자의 호 착신시 변경된 번호로 재루팅하여 이전 교환기로 호를 연결하게 된다.

두 번째, 교환기의 리라우팅 기능을 이용하여 번호이동성을 제공하는 리라우팅 방식(Flexible Direct Inward Dialing 또는 Rerouting, Crankup)이 있다. 여기에서는 발신단국은 가입자번호에 의해 이동전 교환기로 루팅하고, 이동전 교환기는 원 번호를 참조하여 새로운 번호를 발신단국에 전송한다. 그러면 발신단국에서 새로운 번호에 의해 이동후 교환기로 루팅하게 된다. 다시 설명하면 이 방식은 공통선 신호방식 프로토콜을 활용한 것으로서 이전전의 착신교환기의 신호전송(Signalling)을 통해 이전된 교환기를 확인한 후 통화로를 구성하여 호를 연결한다. 이를 위해서는 No.7 신호방식이 적용되어야 하고 교환기 소프트웨어를 대대적으로 보완하여야 한다.

세 번째, 번호관리용 데이터베이스를 운용하여 번호이동성을 제공하는 지능망 방식(Inteligent Network 또는 IN Database)을 들 수 있다. 이때 발신단국 또는 중계교환기는 모든 가입자번호에 대해 번호이동여부를 조회하고 번호 데이터베이스에서 이동여부와 실제번호를 통지한다. 그런 후 데이터베이스에서 받은 실제번호로 이동 후 교환기로 루팅한다. IN(Off-Switch)방식은 역시 No.7 신호방식 프로토콜 및 IN을 활용한다. 발신교환기는 IN의 데이터베이스를 참조하여 이전된 번호로 호를 연결하게 된다.

이상 세 가지 방안에 대해 장단점, 외국적용사례, 국내적용 시의 투자비, 소요기간 등을 비교하면 다음과 같다. 이외에도 국내적용 시 투자비, 소요기간 등에 대해서는 기종별로 세부검토가 필요하였다.

① 착신전송방식(RCF)의 장점은 아날로그 교환기에도 적용이 가능하며, 이전 안된 호의 영향이 적고, 시스템의 보완이 불필요하다는 것이다. 단점으로는 이전호의 접속시간이 길어지고, 최적루팅이 불가능하며, 접속링크수가 많아 통화품질이 크게 저하된다. 또한 다수의 이전가입자 수용이 불가능하고, 이전 시 2개 번호와 가입자카드가 소요된다. 이 방식은 영국(BT/Mercury와 CATV), 미국(로제스타텔레콤과 타임워너)에서 적용하고 있다.

② 리라우팅 방식(FDID)의 장점은 최적 루팅이 가능하고, 이전 안된호의 영향이 적다는 것이다. 단점으로는 공통선 신호방시(No.7)을 적용하여야 하고, 시스템 소프트웨어를 대대적으로 변경해야 하며, 이전호의 접속시간이 길어진다. 이 방식은 영국(BT/Mercury와 CATV), 일본에서 검토 중이다.

③ 지능망 방식(IN)의 장점은 최적루팅이 가능하고, 모든 루팅 데이터가 집중 관리되며, 개인번호서비스를 제공할 수 있다는 것이다. 단점은 모든 호의 접속시간이 약간씩 길어지고, 고처리 대용량 IN 시스템이 필요하며, 고도의 데이터관리 소프트웨어기술이 필요하다. 이 방식은 많은 국가에서 장기 방안으로 검토 중이다.

한편 번호이동성 실현을 위한 설비변경 등 투자비용 즉 통신망 변경비용에 대한비용분담 방안도 검토되었다. 이에 대해 한국통신은 원인제공자, 수익자 부담원칙에 의해 필요 최소한의 비용을 제외한 나머지 비용은 신규사업자에게 분담한다는 원칙을 세웠다. 그러나 당시 정보통신부 및 신규사업자들은 번호이동성의 실현이 신규사업자의 원활한 시장진입을 위한 장벽을 제거하는 것이므로 공정경쟁여건 조성 면에서 대부분의 비용을 한국통신(KT)에 전가시키려 하였다. 이에 따라 제외국의 사례 및 한국통신의 대정부 로비력에 의해 결정되는 상황을 맞게 되었다.

나. 외국에서는 어떻게 하고 있나.

번호이동성을 시도하게 된 배경은 1991년 3월 영국의 무역산업장관이 의회에 제출한 백서인「경쟁과 선택」에서 번호이동성을 최초로 언급 사용하였다. 영국의 OFTEL은 번호이동성을 공정경쟁의 주요관건으로 보고 번호이동성 실행의 6개방안을 제시하였으며 비용 대편익 비교를 시행하였다(1994. 1). OFTEL은 번호이동성, 회계분리 및 표준접속료에 관해 BT(British Telecom)의 면허조건변경을 BT와 협의하였으나 번호이동성은 BT의 동의를 얻지 못하였다(1994. 8-1995. 3).

BT는 초기에 번호이동성 자체를 거부했으나 이후 이동성실현비용을 5억6천만 파운드로 산출하고 비용분담조건(최소 7: 93, 최대 15: 85)을 제시하였다. OFTEL은 번호이동성에 BT와 타협을 이루지 못하자 이를 독점 및 합병위원회(MMC)에 회부하여 의견제시를 요구하였다(1995. 4). MMC는 OFTEL의 요구에 응해 1995년 4월부터 1995년 12월까지 검토를 통해 이동성 실현비용을 2억2천만 파운드로 산출하고, BT와 케이블TV사업자, Videotron간 비용분담(70: 30)을 권고 제시하였다(1995. 12).

OFTEL은 MMC의 검토결과를 토대로 향후 5년간 BT는 1억5천만 파운드, 케이블TV 및 기타 사업자는 6천만 파운드를 충당하여 1999년 말까지 전국적 번호이동성을 확보하기로 최종 결정하였다(1995. 12). 한편 번호이동성에 대해 영국의 케이블TV 여론조사결과 번호이동성이 실현될 경우 BT고객 60%이상이 요금이 상대적으로 저렴한 케이블TV로 사업자 이전을 희망하는 것으로 나타났다(1995년). 그래서 신규사업자에게는 번호이동성 실현은 단기에 대규모 시장을 확보할 수 있는 관건으로 대두되었다.

한편 미국은 1993년 3월 800서비스에 대하여 번호이동성을 적용하였으며, 1998년 12월에는 FCC에서 100개 주요 대도시에 한하여 시내전화 번호이동성을 실현하기로 결정하였다. 이때 로체스타 텔레폰과 타임워너사 간의 사례를 보면 이전한 번호에 대해 전송처리를 한 시간(분 단위)에 상당하는 시간을 이전 사업자로부터 부가요금으로 회수하였다. 단 최초의 100만 달러는 로체스타 텔레폰사가 부담하였다.

다. 한국통신의 시행전략

당시 번호이동성에 대한 국내의 시각을 확인하여 보면, 먼저 정부는 시내전화경쟁 활성화와 WTO 양허안의 이행 관점에서 장기적으로 시행하기를 주장하고, 개정하는 상호접속고시 안에 이미 반영하고 있었다. 한국통신은 번호이동성은 국번호 부여를 의미하고, 식별번호 부여논리가 미약해지는 결과로 보아 이를 시행하는 경우 시장방어에 치명적이라고 보고 있었다. 한편 신규사업자의 경우는 한국통신 가입자의 유인에 가장 필수적인 요소이고 대규모 시장확보를 위한 선결과제라고 보는 입장이었다. 이러한 상황에서 한국통신은 번호이동성 시행에 대해 신중한 입장을 재확인하였다(시내전화 경쟁대응 네트워크발전전략,

1997. 6, 한국통신 네트워크본부). 이때 검토된 내용은 다음과 같다.

첫째, 기술적으로 착신 호 전환(RCF)은 현재도 가능하나 기존 특수서비스 가입자의 서비스 회수가 필요하고, 이전된 가입자는 2개의 번호와 가입자카드를 점유할 뿐만 아니라 통신망 부하와 호품질 저하를 야기시킨다.

둘째, 리라우팅방식(FDID)은 시내통신망까지 공통선신호방식을 적용해야 하고, 현재 8개 기종의 시내교환기의 소프트웨어를 대대적으로 변경해야 가능하다. 공통선신호방식이 적용된 영국의 경우 소프트웨어 보완에 2년이 소요되었다.

셋째, 장기적으로 국내 시내통신망의 고도화 완료후 최적 루팅이 가능한 지능망 방식(IN)으로 실현함이 바람직하다. 번호이동성에 대한 국내 기술표준 제정과 IN 기술력의 확보 및 사업자의 비용분담 등 제반사항이 선결되어야 한다.

이를 종합적으로 검토해 보면 공중전화망(PSTN)에 있어서 번호이동성의 효과는 제한적이나 이에 따른 편익은 사업자 이전으로 전화번호가 변경된 가입자에게 국한되었다. 이동성 실현에는 번호관리의 어려움, 사업자의 독자적 번호운용곤란, 통신망의 운용비용증가 등 많은 문제점이 내재하고 있었다.

한국통신은 8개 기종의 시내교환기를 운용중이고 M10CN 기종 등 아날로그 교환기는 하드웨어와 소프트웨어 보완이 곤란한 상황이었다. 지능망방식을 제외한 2개 방안은 접속시간의 지연, 교환기 부하증가 등 많은 문제점을 안고 있고, 국가 경제적 측면에서 번호이동성에 대한 비용 대 이익의 경제성을 심층 검증할 필요가 있었다.

영국의 경우 심층검토에 2년이 소요되었다. 따라서 국내 교환기에 통화처리 시간이 짧고 라우팅이 효율적인 지능망방식을 이용하여 번호이동성을 실현함이 타당하다고 보았다. 한편 이동성 실현 전까지는 개인번호, UPT 등 논리번호를 가진 부가서비스를 제공함으로서 번호이동성에 대한 불만을 해소할 수 있다고 판단하였다.

11. ISDN 번호 및 인터넷 번호체계

11.1 ISDN 번호계획

가. ISDN 번호계획으로의 전환

1990년대 중반 한국통신 네트워크본부(본부장 이정욱)는 지금까지의 전화번호를 ISDN 번호로 전환하는 N-ISDN 번호계획을 수립 추진하였다(N-ISDN사업 활성화 종합계획, 1996. 6. 10, 한국통신 네트워크본부). 이 계획의 주요내용은 다음과 같다.

첫째, 우리나라 국제전화번호는 Time-T 이후 ISDN 번호체계로 전환한다. Time-T는

1997년 1월 1일 8시 59분(국내시간)을 말하고, 이의 적용대상은 PSTN, ISDN, 이동전화망, 항만전화망 등의 번호계획이 되고, Time-T는 해당국가의 사정에 따라 적용한다. 이때 국제전화 번호계획과 ISDN 번호계획을 비교하면 <표 6-46>과 같다.

<표 6-46> 국제전화번호와 ISDN번호 비교

항목별	국제전화 번호체계	ISDN 번호계획
국제권고	ITU-T E.163	ITU-T E.164
최대 자리 수	12자리	15자리
번호 분석자리 수	국제번호 최초 4-5자리	국제번호 최초 6자리

둘째, 국제 ISDN 번호는 국가코드(CC), 국내착신지 코드(NDC), 가입자번호로 구성되고, 국가코드(Country Code)는 ITU-T 규정에 의해 국제전화번호(E.163)로서 한국은 82로 지정되었다. 그리고 국내착신지 코드(National Destination Code)는 정부의 번호관리세칙에 따라 PSTN/ ISDN 번호로서 010을 할당하였으며, 새로운 사업자의 출현 등 통신망 식별이 요구될 때까지 사용을 유보하고 있다. 통상 NDC는 통신망번호와 지역번호로 구성되며, 지역번호는 현행 지역번호를 사용한다.

셋째, 가입자번호(Subscriber Number)는 교환국번호와 가입자 개별번호로 구성된다. 가입자번호는 기본 억세스(2B+D)를 갖는 가입자는 1개의 가입자번호를 부여하고, 가입자가 다수의 가입자번호를 요구하는 경우에는 복수 가입자번호를 사용토록 한다. 그리고 IPBX 등 구내교환설비의 가입자는 DID 번호부여방식을 준용하고, 구내설비용량에 따라 100단위 또는 1,000단위로 부여하여 관리한다.

넷째, ISDN- PSTN 통신망이 통합된 이후에는 동일 교환시스템 내의 ISDN- PSTN 가입자는 동일 국번호를 사용한다. 이때 가입자번호의 길이는 동일 번호권 내 PSTN과 일치시킨다.

다섯째, 부 번지(Subaddress)는 국제권고에 따라 10진수 사용 시 최대 40자리로 규정하고 있는 20옥텟 이내로 구성한다. 그리고 단순기능 단말기로 부터의 접속을 위해 십진 숫자 만 사용하고, 기본 엑세스의 경우 최대 8개의 단말기 접속이 가능하므로 이용상 편의를 위해 최소한의 길이인 1자리로만 구성한다. 이 부번지는 해당 ISDN 가입자가 부여한다.

여섯째, 통신망 내 접속체계는 국제통화는 국제식별번호(IP)+착신국내 국제번호로 접속된다. 그리고 시외통화는 시외식별번호(0)+지역번호+가입자번호로 접속되고, 시내통화는 가입자번호로 접속된다.

나. 통신망 간 접속번호체계

한국통신 네트워크본부(본부장 이정욱)는 ISDN과 PSTN, PSDN 간 접속번호 체계를 결정하였다(N-ISDN사업 활성화 종합계획, 1996. 6. 10, 한국통신 네트워크본부). 그 세부내용은 다음과 같다.

첫째, ISDN과 PSTN 간 접속번호는 PSTN 내 접속번호와 동일하게 정하고, 신규 ISDN/PSTN 사업자가 출현할 때는 한국통신의 통신망 식별번호 010을 사용한다.

둘째, ISDN과 PSDN간 접속번호는 단기적 방안과 장기적 방안으로 구분 시행한다.

① 단기적 방안1(996년- 1999년)은 NPI접속번호를 사용할 때까지 사용하는 접속번호이다. 이때 ISDN에서 PSDN으로는 전화망에서 PSDN의 현행 정부의 번호관리 접속번호체계를 준수하여, 014XY+메뉴안내+N××-××××(가입자번호)를 사용한다. 반대로 PSDN에서 ISDN으로는 국제권고인 ITU-T X.122를 적용하여, PSDN의 타 통신망 접속 Prefix(0)+ISDN 접속 Escape Code(0)+ISDN 국제번호(82+지역번호+가입자번호)를 사용한다.

② 장기적 방안(1999년 이후)은 국제동향에 따라 추진한다. 이 방안에서는 NPI 접속번호 이용체계를 적용하여, NPI(1디지트)+*(분리자)+TON+착신번호를 사용한다. 여기에서 NPI(Numbering Plan Identification)는 PSTN/ ISDN 1, PSDN 3, Telex 4 등을 말하고, TON(Type of Number)은 국제 00, 국내 0+ (2-9), 특수번호 1××, 가입자번호 2-9 등을 말한다.

이때 ISDN에서 PSTN으로의 접속번호는 3*PSDN 식별번호(4500 등)+가입자번호(N××-××××)이고, PSDN에서 ISDN으로 국제접속하는 경우는 1*00+국가번호+국내착신지번호로 하고, 국내접속인 경우에는 1*02(0+지역번호)+가입자번호를 사용한다.

11.2 인터넷 번호체계

가. 인터넷 번호구성 및 도메인 체계

한국통신은 앞으로 인터넷 번호체계는 대내외 업무수행 시 전화, 팩스번호 수준 이상으로 빈번하게 사용될 것으로 예상하였다. 1990년대 중반 한국통신은 인터넷 번호체계의 대중화로 기존 한국통신 인터넷번호체계의 대표성을 높이기 위해 이를 개선하고자 하였다. 당시 한국통신 인트라넷과 인터넷을 자연스럽게 접목시킬 필요도 있었다.

인터넷 번호는 이용자명@호스트명+기관명+기관성격+국가코드로 구성되었다. 여기에서 기관명+기관성격+국가코드 부분을 기관별 번호체계(도메인 이름)이고, 호스트명+기관명+기관성격+국가코드 부분을 호스트 번호체계이다. 그리고 이용자 명부터 국가코드까지의 전체를 개인별 번호체계(전자우편주소)라고 하였다. 당시 인터넷 도메인 체계는 다음과 같이 구성 운용되었다.

첫째, 인터넷 번호체계는 인터넷상에서 사용기관 네트워크를 구분하는 도메인 이름, 도메인 내에서 사용되는 호스트를 구분하는 호스트 이름, 인터넷 호스트 내의 개인별 전자우편주소로 구분된다.

둘째, 미국 외의 모든 국가는 1단계 도메인으로 국가코드를 부여하고, 2단계 도메인은 기관별 성격에 따른 기관분류 코드를 부여한다. 3단계 도메인으로 기관명을 등록하고, 4단계 도메인은 기관 내에서 사용하는 호스트 이름을 등록한다.

셋째, 도메인은 인터넷 사용기관의 상표권에 해당하며, 한 기관이나 회사에서 자사의 상표권 보호를 위해 다수의 도메인을 등록할 수 있다. 예를 들면 AT&T는 att.com과 attgis.com을 등록하였고, Sprint는 sprint.com과 sprint.net 등 다수의 도메인을 사용하고 있다. 또한 MCI의 경우에도 mci.com, mci.net 등 다수의 도메인을 사용하고 있다.

넷째, 도메인의 등록은 각 국가별로 NIC(Network Information Cemter)에 등록함을 원칙으로 한다. 사용기관이 개별적으로 미국의 InterNIC에 유료등록도 가능하다. 현재 InterNIC의 유료등록비는 연간 1,500US$인데 현재 국내 유료화를 추진하고 있다.

나. 한국통신의 도메인

한국통신 각 부서가 인터넷을 사용하기 위한 도메인(kotel.co.kr)도 KRNIC에 등록하였다(1991. 9). 이 도메인(kotel.co.kr)은 한국통신이 기업 CI를 시행하기 이전인 1991년 연구개발센터에서 인터넷 사용 목적으로 등록한 것으로 KOrea TELecom authority를 나타낸 것이었다. 또한 한국통신은 자신의 인터넷인 코넷(KORNET) 서비스를 제공하기 위해 인터넷 사업자 도메인(kornet.nm.kr)을 KRNIC에 등록하였다(1994. 6).

그러나 이후 한국통신의 영문명칭이 KT(Korea Telecom)로 되고 이 명칭이 국내외에 널리 알려지게 되었다. 이에 따라 인터넷이 기업 활동에 필수적인 현 상황에서는 현 도메인(kotel.co.kr)을 변경할 필요가 대두되었다. 앞으로 사내 전 부서에서 인터넷을 사용하기 위해서는 보다 효율적이고 합리적인 인터넷 도메인 체계의 조정이 필요하게 되었다. 이에 따라 한국통신의 인터넷 번호체계를 다음과 같이 개선하였다(한국통신 인터넷번호체계 개선, 1996. 6, 한국통신 연구개발본부).

(1) 도메인 이름을 kt.co.kr 또는 kt.com으로 조정한다. kt.co.kr은 KRNIC에 등록하여 사용 가능하고, kt.com은 InterNIC에 유료로 등록할 수 있으나 1995년 6월 미국의 Kronos Technologies사가 이미 등록하여 사용 중이다. 그 외 kta.com도 1996년 2월부터 KTA-tator에서 사용 중이며, KoreaTelecom.com 도메인은 사용가능할 것으로 예상된다.

(2) 도메인 내부 주소체계는 한국통신의 도메인 이름을 kt.co.kr이라 할 경우 전국의 사내 네트워크의 규모가 너무 커서 내부 호스트 구분이 불편하다. 따라서 kt.co.kr 도메인 내에 각 부서별 세부 도메인을 정의하여 각 부서별 도메인 하에 호스트 주소체계를 적용토록 한다. 이때 기본 도메인은 kt.co.kr로 하고, 본사(hq.kt.co.kr), 연구개발본부(rnd.kt.co.kr), 지역사업본부(seoul.kt.co.kr, pusan.kt.co.kr 등) 별로 사용한다.

위에서 검토한 바와 같이 사내의 각 부서별로 세부 도메인을 정의하여 사용할 경우 호스트 구분에는 어려움이 없으나 호스트 이름이 5단계가 되어 전자우편 주소체계가 복잡해지는 문제가 있었다(예: lee@hansung.rnd.kt.co.kr). 그래서 전 사원을 대상으로 간소화된 전자우편주소를 부여하려면 전자우편서버(Mail Gateway Server)를 구축하여 도메인 이름만으로 전자우편주소를 부여해야만 하였다.

전자우편배달은 전자우편서버가 실제 사용자의 계정이 있는 호스트로 전달한다. 이와 같이 하면 기존의 주소체계(lee@hansung.rnd.kt.co.kr)에서 조정된 주소체계(lee@kt.co.kr)로 할 수 있다. 이때 한국통신 내 인터넷 정보체계 조정 관련부서는 통합시스템개발단 전산기획국, 전략영업본부 데이터통신국, 연구개발본부 연구협력국과 멀티미디어연구소로 정하였다.

12. 전화번호 안내업무의 전산화

가. 체신부의 안내업무 전산화

체신부는 주요도시를 대상으로 114 안내업무 전산화를 1981년부터 1987년까지 시행하는 계획을 수립하였다. 이 계획에 의하면 1981년 서울, 1984년 부산, 1986년에는 대구지역을 실시하고, 이어서 광주, 인천, 대전지역은 1987년에 시행하는 것으로 추진하였다. 먼저 서울시내 114 안내 업무를 전산화하기 위한 시스템 개발계획을 세웠다.

이 계획에 의하면 을지전화국에 약 5억6천2백만 원의 예산을 투입하여 1977년 10월부터 1979년 10월까지 개발 설치하기로 하였다. 이때 기종은 HP 1000으로 정하였으며 하드웨어는 단일형에서 이중화형으로 변경하였으며 터미널은 256대를 연결 운용하는 것으로 하였다. 그러나 당시 이 시스템을 개발하기 위한 기술 인력이 부족하여 운용 프로그램(O.S) 파악 불능이라는 문제를 안고 있었다.

그래서 한국전기통신연구소(KETRI)로 하여금 이 전산화사업 추진에 지원하도록 하였으며, 전화안내 업무에 대한 실태 및 자료를 조사하게 하였다(1977. 12). 이어서 시스템 규격을 결정하였으며(1978. 9), 현장 설치계획을 확정하였다(1979. 5). 다음 해에는 시스템 주장치 및 주변장치를 설치하고 CRT 100대를 현장에 설치하였으며 기본 자료의 입력을 완료하였다(1980. 5). 그 후 시험운용을 거쳐 본격적인 운용을 개시하였다(1980. 10).

1980년 말에는 CPU(HP 1000) 2대를 비롯하여 콘솔(Console) 1식과 디스크(Disc) 5대를 갖추었다. 그리고 카드 리더 1대, 라인 프린터 1대, 마그네틱 테이프 유니트 1대와 CRT 100대를 운용하였다. 또한 안내대는 100석을 운용하였다. 그런데 이 시스템은 한국전기통신연구소에서 연구용으로 도입된 것이어서 이듬해 체신부에서 인수하였으며 이때 별도의 관세(4천2백만 원)가 소요되었다(1981. 9. 30).

나. 한국전기통신공사의 안내업무 전산화

1982년 한국전기통신공사의 창립된 후 부산시내 안내업무 전산화가 시행되었다. 이때 아미전화국에 안내시스템을 설치하여 1984년 12월에 준공하는 것으로 추진하였다. 이를 위해 소요예산은 498억 원이 편성되었으며, CPU는 을지전화국과 동일한 기종으로 하고 CRT는 86대를 운용하는 것으로 하였다. 이때 안내업무 전산시스템의 국내개발 방안이 검토되었다. 이 경우 개발에 약 2년이 소요되고 개발금액도 약 1억 원이 소요될 뿐만 아니라, 개발기간이 장기간 소요되는 관계로 1984년내 개통이 어렵게 되었다.

한편 시스템 설치에 필요한 원천 프로그램(Source Program)은 한국전기통신연구소가 소유하고 있었으며, 한국전기통신공사가 발족한 지 얼마되지 않은 관계로 공사의 영업국에서 이를 입수하였다. 한국통신은 앞으로의 전산화사업을 위해 연구소의 지원을 받아 사업추진 전담반을 구성하였다.

또한 한국통신은 114 안내업무전산화 시스템의 운용효율을 높이기 위해 자동호량배분장치(Automatic Call Distributor)의 도입을 추진하였다. ACD는 안내대 통화량을 전 좌석에 균등배분하고, 야간에 안내대 통화량을 집중화시키며 각 안내대에 대한 감시하는 기능이 있었다. 한국통신 영업국에서는 1984년에 ACD를 설치하기로 결정하였다(시외 610-2303, 1982. 11. 30).

당초 이 시스템은 신뢰도 증가와 사업기간의 단축을 위해 직도입으로 추진하였으나 체신부 예산심의과정에서 국내 개발하여 공급하도록 변경되었다(1983. 11). 이와 같이 변경되는 바람에 사업일정을 상당 조정하여 1984년에는 국산화계획을 세부적으로 검토하여 규격을 제정하였으며, 1985년에 물자발주, 계약 및 시설공사를 시행하여 1986년에 우선 을지전화국에 설치 운용하게 되었다.

다. 번호안내업무의 실무부서

한국통신은 전화번호 안내를 위해 전국에 3개의 번호안내국을 운영하였다. 우리나라「정보통신선진화 30년」의 완성시기인 1990년 당시 서울번호안내국장에 박성호가 보직되었다. 그리고 부산번호안내국 간부진은 국장 조정태, 총무부장 선동수, 전신전화부장 최일랑, 안내부장 공석, 기술부장 김채상으로 보직되었다.

또한 1990년 당시 대구번호안내국 간부진은 국장 김광희, 업무부장 황용근, 안내부장 이제식, 기술부장 공석으로 보직되었다(2급이상 직원직위 일람표, 1990. 10. 20, 한국전기통신공사). 그 후 1997년 서울번호안내국 간부진은 국장 권영창, 안내부장 문태호, 시설운용부장 지형용, 지원부장 김성엽이 재직하였고, 부산번호안내국은 국장 장종배, 지원부장 이광문, 안내부장 정우현, 시설운용부장 이수원이 보직되었다(2급이상 직원직위 일람표, 1997. 5. 6, 한국전기통신공사).

그리고 광주번호안내국장은 2급행정(최인규), 대구번호안내국장은 2급행정(김정수), 대전번호안내국장은 2급통신기술(최이호), 전주번호안내국장은 2급행정(권병수)로 보직되었다(2급이상 직원직위 일람표, 1997. 5. 6, 한국전기통신공사). 한편 1997년 1월 대전번호안내국은 2층 회의실에서 복지시설 원아 52명을 초청하여 위로회를 가졌다. 신우회 주관으로 이루어진 이 행사는 방학을 해도 오고 갈 때가 없는 복지시설 어린이들을 대상으로 이루어졌다.

이날 안내국을 방문한 어린이들은 114 안내시설 및 홍보관을 견학하고 즐거운 오락시간과 다과회를 가졌다. 또한 특별히 마련한 장갑 등 방한용품과 공중전화카드를 선물하였다. 또한 광주번호안내국(국장 최인규)에서는 전 사원이 1백20만원의 성금을 모금, 9월 8일 성요셉양로원을 찾아 주방기구를 전달하였으며 나주 금천면에 소재한 부활의집도 방문하여 심신장애자들을 위로하고 위문금을 전달하였다(한국통신 뉴스, 1997. 9. 19).

참고자료

(1) 2000년대를 향한 중장기 번호계획(1985. 7. 6)

한국통신은 전화시설이 급증함에 따라 2000년대를 위한 중장기 번호계획을 수립하였다(2000년대를 향한 중장기 번호계획, 1985. 7. 6, 계획국). 이 계획의 주요내용은 시외전화지역번호, 국제전화번호, 시내전화번호, 특수전화번호, 이동체 전화번호, 서비스별 식별번호 등에 대한 중장기계획이 포함되었다. 이 계획은 계획국 종합망과장(우승술), 통신망계획부장(이정욱)이 주관하고 계획국장(이응효), 부사장(배동조), 사장(이우재)의 결재로 확정되었다. 또한 이 계획의 결정을 위한 협조부서로서 기획실장(김정렬), 영업국장(황영선), 기술국장(이희두), 시설국장(강이근), 운용국장(김완수), 국제국장(대리 신찬)이 서명하였다.

제7장

정보통신서비스의 경쟁시대 전개

1. 세계적 개방화의 물결

1.1 통신시장의 개방

가. 미국의 통신시장 개방 압력

1990년대에 들어서면서 세계적인 개방화의 물결에 따라 통신시장은 급속하게 개방되고 있었다. 한미통신협상에 따라 일반통신제품은 1992년 1월 1일부터, 통신망 장비는 1993년 1월 1일부터 개방되었다. 그리고 UR협상타결에 의해 국내의 기본통신서비스가 1997년 1월부터 개방될 처지에 놓였다. 이에 따라 미국의 한국에 대한 통신시장 개방 압력도 거세게 불어 닥치고 있었다.

1993년 미국의 한국에 대한 무역적자는 23억불로서 이것은 1992년 보다 3.4억불이 증가한 상황이었다. 미국은 한국의 통신시장 자유화에 관한 한미 간 양해각서(MOU)에도 불구하고, 한국이 이동통신과 무선호출 및 각종 공용통신서비스 분야에 대해 충분히 개방하지 않고 있다고 판단하고 있었다. 또한 미국 무역대표부(USTR)는 한국통신이 외국 통신망 장비에 대해 시행하고 있는 품질인증 제도를 주시할 것이라고 경고하고 있는 상황이었다.

한국통신이 지속적으로 미국산 전자교환기(AT&T의 5ESS-2000)에 대한 한국시장 진출을 지연할 경우, 이는 한미통신협정 위반사항이 될 것이라고 주장하였다. 미국의 전기통신무역법안(Telecommunications Trade Act of 1988)에 따르면 USTR은 한국통신의 위반행위 판정 후 30일 이내에 제재방안을 강구토록 되어 있었다.

당시 한미통신협의에서 한국통신의 통신사업추진에 영향을 미칠 주요사항으로서 ① 시내, 시외 및 국제전용회선의 공전접속 ② 전용회선의 공동사용범위 확대 ③ 공정경쟁보장제도의 추진 ④ 한국통신 보유의 한국이동통신(KMT) 주식의 매각계획 및 외국기업참여 ⑤ 미국산 전자교환기의 구매 ⑥ 신규 이동전화사업자의 선정절차 ⑦ 신규 이동전화사업에 대한 외국기업의 지분등에 대한 협의가 진행되고 있었다.

나. 우리정부의 정책방향

한편 이러한 미국의 개방드라이브에 맞추어 우리 정부는 선제적으로 기본통신시장의 사업자 수, 사업영역 제한을 철폐하여 경쟁을 확대하는 정책방향을 정하여 추진하였다. 우리 정부의 이러한 강력한 경쟁도입의 목적은 국내 통신사업자의 효율성을 높이고 개방과 국제화시대에 대비하여 국제 경쟁력을 강화한다는 명분을 내세우고 있었다. 그러나 당시 정부는 미국의 통신시장개방 압력보다 더욱 강력하게 우리나라의 통신시장 개방과 한국전기통신공사에 대한 구조조정문제를 들고 나섰다.

당초 정부의 목표는 선진국의 경우와 마찬가지로 체신부가 그동안 담당해온 전기통신사업 부문을 분리하여 한국전기통신공사(KT)를 창립한 후 종전의 체신부가 담당했던 업무와 권한을 그대로 승계한다는 방향이었다. 이에 따라 한국전기통신공사는 미국의 미국전신전화공사(AT&T), 일본의 일본전신전화공사(NTT), 중국의 중국전기통신공사(CT), 영국의 브리티쉬텔레콤(BT), 독일의 도이치텔레콤(DT), 불란서의 프랑스텔레콤(FT), 스웨덴의 스웨덴전기통신공사(ST) 등과 같은 세계적 거대 기간통신사업자로 발전시킨다는 방침이었다.

그러나 1990년대에 들어서면서 정부의 이 방침은 폐기되었다. 정보통신부는 선진국의 경우와 달리 대표적 기간통신사업자를 인정하지 않고 정책사항이 아닌 선진국의 대표 기간통신사업자가 수행하는 세세한 일까지도 직접 관장하기 시작하였다. 이에 발맞추어 통신시장개방이라는 명분을 활용하여 정부는 한국전기통신공사에 대해 강력한 구조조정을 추진하였다.

이와 같은 상황이 되자 한국전기통신공사는 회사규모, 사업범위, 역할 등이 대폭 축소되어 신생 소규모 통신사업자와 동일한 수준과 역할로 하향 평준화되었다. 결국 2000년대부터 우리나라 정보통신분야에 대표 기간통신사업자가 부재한 상황이 되었다.

1.2 통신망장비 시장의 개방

1990년대 중반 한국통신 기술기획실(실장 이정욱)에서는 국제통신 시장의 개방에 대비하여 조달절차 및 제도를 개선하였다(1995년도 주요업무 발전계획, 1995. 2, 기술기획실). 이 계획의 주요내용은 다음과 같다.

가. 국제적 통신망장비 시장의 개방

첫째, 한·미 간 통신시장 개방에 전면적으로 대비하였다. 1992년부터 전기통신제품 개방 및 매년 한·미합의 이행실태 검토회의가 개최되었다. 검토과정에서 AT&T 등 미국업체 관련 조달문제가 정부 간 통상현안으로 비화되는 사례가 발생하곤 하였다. 한·미합의를 완벽하게 준수하고 검토회담을 적극 대응할 필요가 있었다. 특히 미국산 전자교환기(5ESS-2000 기종)의 조달문제를 원만하게 해결하고, 조달정보를 적기에 제공하는 등 통산마찰을 예방하기 위한 활동을 강화하였다.

둘째, WTO 정부조달협정 시행에 철저히 대비하였다. 1994년 정부는 이 협정가입으로 1997년부터 전기통신제품 외의 일반제품을 23개국에 추가 개방할 예정이었다. 1997년 시행에 대비하여 협정시행을 위한 준비계획을 수립해야 하였다. 이를 위해 협정내용을 분석하고 사내에 전파해야 하며 조달절차 관련 제도도 정부의 제도개선과 병행하여 개선해야 하였다.

셋째, 한·EU 간 통신시장개방협상에 효율적으로 대응하였다. 1992년부터 5차에 걸쳐 정부 간 협상이 개최되었다. 1994년 11월 EU측에 대한 협상계획 확정으로 1995년부터 본격 협상이 예상되고 있었다. 협상이 타결되는 경우 EU 15개국에 전기통신제품을 추가 개방하는 문제가 예상되었다. 따라서 개방범위, 시기, 적용조달절차 등 대응방안을 수립하고 정부에 제시하는 등 개방에 대비하였다.

나. 조달부문의 개방대응

통신망 장비를 위한 표준화 규정, 조달규정 및 세칙, 품질보증규정 및 세칙 등 5개 규정내용을「전기통신제품의 표준화 및 조달규정」으로 통합하였다. 여기에서는 개방여부, 통신망 장비 또는 일반통신제품에 관계없이 동일한 절차를 따르도록 하였으며, 제도개선의 주요내용은 다음과 같다.

첫째, 한국통신의 표준화 및 조달방침 결정을 통합 일원화하였다. 당시 표준화 방침을 정하는 물품표준심의위원회와 조달방침을 정하는 제안심의위원회가 별도로 운영되고 있는 것을 표준화 및 조달방침을 결정하는 조달심의위원회로 일원화하였다.

둘째, 제품업체 제안창구가 품질보증단과 보급사업단으로 이원화되어 있는 것을 보급사업단으로 단일화하였다.

셋째, 제품의 시험기간이 표준화 규정, 제안평가지침, 품질인증절차에서 상이한 문제를 시험지침으로 통일하고 단일화하였다. 또한 개발조달 관련 시험제도를 재정립하였다. 당시 개발확인시험 위주로 규정된 것을 개발확인시험과 상용시제품시험으로 강화하였다.

이어서 1990년대 후반 한국통신 네트워크본부(본부장 이정욱)에서는 통신시장 개방 등 사업환경 변화에 능동적으로 대처하고 당시 제도의 비효율성을 제거하기 위해「전기통신제품의 표준화규정」을 제정 추진하였다(업무계획보고, 1996. 5, 네트워크본부 기술기획국/국장 김문수). 이 계획에서는 표준화 및 조달규정을 업무영역별로 분리하였다. 전기통신제품의 표준화규정은 네트워크본부, 전기통신제품의 조달규정은 조달본부에서 담당하게 하였다. 그리고 규격종류를 단순화하고 업무절차를 간소화하며, 규격개정절차를 신설하게 하였다. 이를 위한 세부적 표준화규정은 1996년 4/4분기까지 확정토록 하였다.

2. 통신서비스 시장의 개방

2.1 통신서비스 개방과 한국통신의 대응

가. 시외전화 및 국제통신부터 경쟁시작

국제전화와 데이터통신 분야는 1992년부터 경쟁이 도입되었고 전용회선 사업과 부가통신 사업은 1994년부터 완전 개방되었다. 더구나 1994년에 제2차 통신사업 구조조정 작업이 시작되어 시외전화사업과 개인통신서비스(PCS)에 대한 경쟁도입 방안도 논의되었다. 이러한 상황에서 당시 국내 주요기업체들은 다음과 같이 통신사업에의 참여를 준비하고 있었다.

① 데이콤은 시외교환시설과 장거리 전송로를 확보하여 시외전화사업에 참여를 준비하고 있었으며, 개인통신서비스(PCS) 사업에도 참여를 주장하고 있었다.

② 이동통신사는 전국규모의 이동통신망을 이용한 시외전화사업을 희망하고 있었으며, 이동통신망을 이용한 개인통신서비스(PCS)를 추진하고 있었다.

③ 한국전력에서는 전국 대도시에 시설되어 있는 광통신시설 2,700Km 등 자가 통신설비를 이용하여 통신사업에의 참여를 추진하고, 케이블TV 전송망 사업자로 지정되어 시내전송로 확보를 추진하고 있었다.

④ 신세기이동통신(포항제철)의 경우는 제2 이동통신사업자로 부상하여 한국전력의 영업점포와 광전송로를 이용하여 사업기반을 확보하고, 통신사업에의 참여를 장기적으로 준비하고 있었다.

나. 초기 한국통신의 대응전략

우리나라가 이와 같이 통신사업 전국(戰國)시대에 들어서면서 한국통신 기술기획실(실장 이정욱)에서는 이를 위한 대내외적 대응전략을 세워 나갔다(1994년도 주요업무 발전계획, 1993. 7. 26). 이 계획의 주요내용은 다음과 같다.

첫째, 국내통신망의 지능화를 조기에 추진하고, 국제통신서비스의 고도화를 추진한다. 그리고 데이터통신망을 전국규모로 확장하고 정보통신망의 초고속화를 서둘러 시행하며 주요통신망 간 연동방안을 제시하는 등 기간통신사업자로서의 위상을 정립한다.

둘째, 도(道)단위 통화권의 실행계획을 수립하고 국가 기간통신망의 효율적인 운용방안을 제시하는 등 시외통신망의 광역화를 추진한다. 그리고 핵심장비의 표준화를 조기에 시행하고, 관문교환기 설치기준, 접속방법과 접속기준 등 통신망 상호간 접속체계를 확립한다.

셋째, 통상 관련 정보수집활동을 강화하고 조달정보를 제공하는 등 통상마찰 예방을 위한 대책을 마련한다. 그리고 국제조달제도를 개선 발전시키기 위해 현 제도의 문제점을 보완하고, 선진국 조달제도를 조사 분석하고 지능망 서비스, HiTEL 단말기 접속 등 한국형 공통기술규격을 제정한다. 또한 한미, 한·EC, GATT 등 정부의 조달 관련 대외협상을 지원토록 하며, 이를 위해 통신협력실을 신설한다.

한편 한국통신 기술기획실(실장 이정욱)에서는 통신사업 경쟁도입에 대한 견해를 대내외에 다음과 같이 밝혔다(한국통신의 통신사업 발전방향, 1994. 6. 1, 한국통신 기술기획실).

(1) 국제전화 분야의 경쟁도입에 대해 통신개발연구원에서는 성과를 분석하였다. 그 성과분석에 의하면 사업자의 업무자세가 적극적으로 바뀌어 효율성 증대에는 기여하였으나 경쟁도입에 따른 요금인하가 7-10%에 그쳐 선진국의 경우와 비교하면 상대적으로 미흡하다. 그리고 통화량 증가도 경쟁전과 비교해 볼 때 그다지 큰 차이가 없어 국민 복리증진에 별로 기여하지 못하고 있다.

(2) 세계 총 191개 중 시외통신 분야에 대한 경쟁체제를 도입한 국가는 6개국 정도로 미미한 실정이다. 세계적인 추세는 경쟁도입과 함께 자유화를 취하고 있으나 기본통신 분야는 엄격한 독점을 유지하고 있으며, 그 국가의 기간통신망의 분할을 초래하는 경쟁은 피하고 있다. 또한 경쟁도입 국가들은 자국내 경쟁명분을 내세워 해외진출을 적극 추진하기 위한 목적이 강하다.

(3) 시외통신사업의 경쟁도입을 검토하여 보면 어느 나라에서나 국가 기간통신망은 하나이어야 하며, 국가 전략상 기간통신망의 건설과 운용을 경쟁체제에 맡기는 것은 비능률적이다. 정보통신의 발전방향은 개별통신망을 하나로 통합하는 종합통신망(ISDN)을 구축하는 것인데, 통신사업이 경쟁체제에 들어가면 전화망, 데이터망, 케이블TV망, 방송망 등 각 통신망을 이중으로 건설하게 되어 투자비의 중복 및 운용비의 낭비가 예상된다. 그러나 불가피하게 시외경쟁을 도입하는 경우 ① 사업자별로 필수적인 통신망의 사전확보, ② 시내요금과 시외요금의 격차해소, ③ 요금결정의 자율성 확보, ④ 전국 단일요금제의 시행여부 확정 등과 같은 선결조건을 해결한 후 단계적으로 시행하여야 한다.

(4) 통신서비스의 변화를 전적으로 수용할 수 있어야 한다. 통신방식이 아날로그 방식에서 디지털 방식으로 바뀌고 있으며, 통신속도 면에서도 저속 및 중속도에서 고속 및 초고속 통신으로 변화되고 있다. 통신시스템은 기존의 하드웨어 중심에서 다양한 서비스가 가능하도록 소프트웨어 중심으로 바뀌고 있다. 또한 통신서비스는 음성, 문자의 개별서비스에서 음성, 문자, 영상의 복합된 멀티미디어 서비스로 발전하고 있다.

2.2 통신사업경쟁에 대한 한국통신의 대응

정부에서는 1994년 상반기에 통신사업 구조개편에 따라 시외전화사업에 대한 경쟁도입을 검토하고 있었으며, 관련사업자는 시외전화사업에의 진입을 위해 적극적인 활동을 전개하고 있었다. 한국통신 기술기획실(실장 이정욱)은 제외국의 통신사업 경쟁도입현황을 조사하고 향후 우리나라에 시외전화부문에 경쟁이 도입될 때 예상되는 효과 등을 심층 분석하였다. 그리고 통신시장 경쟁에 효율적으로 대처하고자 시외통신사업 장기발전계획을 수립 시행하였다(시외통신사업 장기발전계획, 1994. 2. 19, 한국통신). 이 계획의 주관부서 및 결재자는 제7장 말미의 참고자료 편에 기록되어 있다. 이 계획의 주요내용은 다음과 같다.

가. 정부의 경쟁도입 기본방향

정부의 통신시장 구조조정에 따라 1991년 12월부터 국제전화사업이 경쟁체제에 돌입하였으며, 이제 이에 대한 성과평가와 함께 시외전화사업에 대한 경쟁도입을 검토하는 단계에 이르렀다. 따라서 관련사업자들은 시외전화시장에 진입을 위해 전력을 다하고 있었다.

이때 정부의 경쟁도입 추진 기본방향은 ① 보편적 서비스 제공기반을 저해하지 않는 범위 내에서 기본통신을 포함한 모든 통신사업분야에 경쟁을 도입한다. ② 기존 법령체계 내 조치 가능한 분야는 조속히 경쟁을 도입하고 1994년 중 통신사업 구조개편 등 통신사업 발전방향을 확정한다. ③ 경쟁도입 초기에는 복점경쟁을 원칙으로 하고, 단계적으로 사업자수를 확대해 나가는 것으로 발표하였다.

그러나 정부의 통신사업 경쟁도입 기본방향을 들여다보면 앞뒤가 모순적이었다. 우선 기본통신을 포함한 모든 통신사업분야에 경쟁을 도입하고, 가능한 조속히 경쟁을 도입하며, 다음에는 통신사업 구조개편을 해 나가면서 단계적으로 경쟁사업자 수를 확대해 나간다고 밝히고 있다. 그러면서 가장 첫 머리에는 보편적 서비스 제공기반을 저해하지 않는 범위 내에서 경쟁을 추진하겠다고 하였다.

통신사업에 이처럼 급속하게 무제한 경쟁을 도입하는데 어떻게 통신사업의 주요부분인 보편적 서비스를 저해하지 않게 사업경쟁을 할 수 있을 것인가. 이것은 겉으로는 한국통신의 보편적 서비스 분야를 보호하는 것처럼 보이지만 실제 다수의 신규 통신사업자를 통신시장에 진입시켜 다수업체를 경쟁하게 하는 복안이었다. 이렇게 되는 경우 이 지침은 금방 무너져 버릴 것이 뻔한 일이었다.

나. 통신선진국들의 상황

세계적으로 총 191개국 중 시외통신 분야에 대한 경쟁 도입국가는 6개국 정도로 미미한 실정이다. 미국의 경우 민간의 자연발생적 시장참여욕구에 대하여 규제완화를 통해 경쟁도입이 이루어졌으며, 규제완화 결정에는 독립규제기관인 FCC 뿐만 아니라 밥무성, 사법부도 적극적으로 개입해왔다.

미국의 경쟁도입과정을 보면 MCI의 전용회선사업 진출(1969), 법무부의 독점금지법 위반소송(1974), MCI 장거리 교환서비스 제공(1974), AT&T의 분할(1984) 등을 들 수 있다. 장거리통신사업자수는 재판매 사업자를 포함하여 500개 이상이며, 이중 AT&T, MCI, US

Sprint 등 상위 3개사가 시장의 90%를 점유하고 있다.

일본은 1984년 말의 전전개혁을 통해 전기통신의 모든 분야에 자유화 정책을 취하였으며, 경쟁도입 배경에는 미국의 개방 압력 및 통산성과 우정성의 주도권 경쟁이 깔려 있다. 경쟁도입과정을 보면 전용회선사업의 경쟁(1986), 장거리교환서비스의 경쟁(1987) 등을 거쳤다. 경쟁참여사업자로는 NTT와 NCC(JT, DDI, TWJ)로 장거리전화서비스 경쟁체제이며, 1992년 말 당시 NTT에서 73% 시장을 점유하고 있었다.

영국은 세계에서 가장 자유로운 통신사업 환경의 나라로서 1981년 영국전기통신공사법으로 BT(British Telecom)를 설립하였다. 이후 1984년 BT의 민영화와 머큐리(Mcrcury)에게 공중통신사업자 면허를 부여함으로써 본격적인 복점체제를 이루었다. BT의 시장점유율은 90%이상, 머큐리는 5%선으로 실질적 경쟁이라 할 수 없으며, 요금 재조정으로 인한 소비자 혜택여부는 불분명하다. 머큐리의 역할은 C&W의 국제화를 겨냥한 거점 확보이며, 경쟁도입은 영국의 세계진출 전략의 일부하고 평가되었다.

한편 대부분의 국가는 시외통신 분야에 대해 단일경영체제를 유지하고 있으며, 이중 주요국가별 통신사업 실태는 다음과 같다.

(1) 독일은 전통적으로 국가 독점에 의한 통신사업을 영위하여 왔으며, 규제와 통신사업 분리가 1989년에 이루어졌고, 전화와 통신망에 대하여는 DBP Telecom에 의한 강력한 독점이 유지되고 있다. 다만 이동통신, 위성통신 등의 주변서비스는 경쟁을 허용하고 있다. 한편 DBP Telecom의 민영화는 외부의 개방 압력이나 자유화논리에서 출발한 것이 아니라, 동독 재건을 위한 투자재원 확보를 위한 것이었다.

(2) 프랑스는 통신망 및 기본통신서비스에 대한 강력한 독점을 유지하고 있다. 공중통신망에 대한 엄격한 독점운영체제하에 70년대 낙후한 상황에서 90년대 최첨단 통신망 보유국으로 부상하였으며, FT(France Telecom)은 1988년까지 PTE 산하에 있다가 1990년 독립하였다. 프랑스는 국내시장 경쟁 명분에도 불구하고 단일경쟁의 통신정책을 수행하고 있다.

(3) 스웨덴의 경우 스웨덴 Telia(구 Televerket)는 정부소유의 공기업으로 전화, 데이터통신, 무선통신, 텔렉스 등 전기통신의 모든 분야의 서비스를 제공하고 있다. 1990년 5월 Tele2가 Telia에 대항하여 음성, 데이터통신서비스를 제공할 목적으로 설립되었다. 제도적으로는 독점이 성립되지 않고 있으나 Telia가 실질적으로 독점을 행하고 있으며, Tele2는 제2 기간통신사업자로 시외분야 경쟁은 수행하지 않는다.

이상 외국의 통신사업추진상황을 분석해보면 세계적인 추세는 경쟁도입 및 확대에 자유화를 취하고 있으나 기본통신 분야에는 엄격한 독점을 유지하고 있으며 기존의 기간통신망의 분할을 초래하는 경쟁은 회피하고 있다. 경쟁도입국가들은 국내경쟁 명분을 내세워 해외진출을 적극 추진하는 양면성을 띄고 있다.

다. 한국통신의 대응전략

한국통신은 통신기술의 디지털화 조기실현과 공통선 신호방식, 지능망 구축 등 통신망 기술발달에 부응하고 통신사업 구조조정에 따른 다원화된 사업 환경을 고려한 장기적 측면에서의 시외통신사업을 추진하였다. 이를 위한 주요내용은 다음과 같다.

(1) 장거리통신망을 보강한다. 교환시설은 종합정보통신망 기반구축을 위해 전량 디지털 방식으로 공급하고, 1993년부터 국내개발 TDX-10을 주력기종으로 공급한다. 그리고 공통선 신호방식을 전환하고 지능망을 1994년까지 도입한다.

(2) 전송시설은 비음성서비스의 확대보급을 위해 시 단위이상지역에 대해 광전송로를 확보하고 디지털화를 1996년까지 완료한다. 그리고 대량 소통저해 문제를 해결하기 위해 전송망을 다원화하고 동기식 전송시스템을 1994년부터 공급한다. 우리나라 5개 통신간선망(경부, 호남, 영동, 중앙, 충청)에 총 4,333Km의 광케이블을 1996년까지 공급한다. 한편 고속 대용량시스템(156Mbps, 622Mbps급)을 개발하여 1994년에는 상용화하고, 초고속 대용량시스템(2Gbps-100Gbps급)도 개발을 서둘러서 늦어도 1998년 이전에 상용화한다.

(3) 통신망의 구조를 개선한다. 교환망의 계위를 1993년부터 총괄국, 중심국, 단국(3계위)에서 시외전화국, 단국(2계위)로 조정한다. 그리고 수도권의 밀집된 트래픽을 효율적으로 분산하여 소통을 크게 개선하고, 2002년까지 수도권 시외통신망을 장기계획에 의해 발전시킨다. 또한 국제통신망의 신뢰성 및 생존성을 확보하기 위해 1998년까지 부산국제관문국을 이원화하고 대전국제관문국을 신설한다.

(4) 공통선 신호방식을 도입한다. 각종 통신망의 능력 및 운용효율을 향상시키고 종합정보통신망의 기반을 구축하기 위해 공통선 신호방식을 도입 전환한다. 공통선 신호망의 기반위에 국내에서 개발중인 지능망시스템에 의해 지능망서비스를 1994년 중반부터 상용화한다. 그리고 차세대 지능망(AIN)을 1997년부터 개발한다.

(5) 초고속 정보통신망을 구축한다. 정부의 초고속 정보통신망 구축계획을 선도 추진하여 음성, 데이터, 영상 등 통합하고 동시에 초고속통신이 가능토록 2010년까지 초고속 정보통신망을 구축한다.

(6) 종합정보통신망 실현을 위해 광대역 ISDN을 구축한다. 국내실정에 적합한 ISDN 모형을 정립하여 PSTN을 진화 발전시켜 단계적으로 ISDN을 실현한다. 이를 위해 국내개발 대용량 디지털교환기(TDX-10A)를 확대 공급한다.

(7) 차세대 통신사업을 추진한다. 장소 대 장소 간 통신방식에서 개인위주 통신방식으로의 진화를 추진한다. 일반가입자가 이동시 착신전화 수신이 가능한 개입번호서비스(PTN)는 1996년에 상용공급하고, 무선휴대전화를 이용한 개인통신서비스(PCS)는 1998년에 상용 공급한다.

한편 한국통신은 우리나라의 경우 통일대비 통신지원 대책이 필요한 특수상황이나 통신망의 진화여건 등을 종합분석해 보면 기간통신망인 장거리통신 분야는 단일사업자에 의해 추진되는 것이 바람직하다고 판단하고 있었다.

2.3 험난한 개방파고에 직면한 한국통신

가. 통신시장 개방물결에 속수무책

한국통신은 앞에서 언급한 바와 같이 주체성 없는 통신시장의 개방물결에 휩싸이면서 엄청난 환경변화를 겪게 되었다. 정보통신사업과 국제전화분야의 복점경쟁이 1991년 12월부터 시작되었고, 1994년 1월부터는 정보검색, 데이터 전송, 전용회선 재판매, 데이터교환기 설치 등 부가통신사업자 분야가 전면 개방되었다. 뿐만 아니라 당시 체신부는 개인통신서비스(PCS)와 시외전화분야에도 경쟁도입을 검토하고 있었으며, 대미조달시장의 개방과 대EC개방 협상도 진행되고 있는 상황이었다. 당시 미국의 통신시장개방 압력에 대한 정부의 정책방향과 및 그 문제점을 살펴보면 다음과 같다.

(1) 당시 우리나라의 통신시장은 규모면에서나 기술발전 면에서 어느 나라보다도 우수하여 미국을 비롯한 선진국들이 호시탐탐 노리는 시장이었다. 이러한 경우 정부는 미국의 시장개방 압력에 대해 국내기업(특히 국가를 대표하는 기간통신사업자)을 최대한 보호하면서 외국기업의 국내시장 진입은 최소로 허용하는 정책이 요구됨에도 불구하고 우리 시장을 그들의 요구를 넘어 초과 개방하는 쪽으로만 흘러가고 있었다.

(2) 정부는 국내 통신시장에서 한국전기통신공사와 같은 대표기업을 규모면에서나 역할면에서 하향 조정하고, 중소 통신기업 여러 개를 신규 허가하는 쪽으로 추진하고 있었다. 이렇게 하여 100년의 역사를 가진 한국전기통신공사와 신규사업자를 동일 레벨로 만들려고 애를 썼었다. 이러다 보니 어느 나라에서나 정책적으로 보호를 받고 있는 대표 기간통신사업자가 붕괴되는 문제가 발생하였다.

(3) 통신사업은 특성상 타 분야와는 달리 여러 개의 기업이 경쟁적으로 참여하여 운영할 수 있는 사업이 아니다. 한 나라에 전력사업이나 철도사업에 4개-5개 기업이 동등하게 참여하여 경쟁적으로 사업을 할 수 없는 경우와 같다. 따라서 세계적으로 통신시장이 개방되어도 각 정부에서는 자기 나라를 대표하는 기간통신사업자를 육성 발전시키고 있다. 일본의 일본전신전화공사(NTT), 영국의 BT(British Telecom), 독일의 DT(Deutsche Telekom), 미국의 AT&T 등이 그 역할을 하고 있다.

나. 너도나도 정신없이 뛰어 든 통신사업

한국통신의 대응전략과는 별개로 정보통신부는 한국통신 외에 여러 개의 통신사업자를 거느리고 싶은 욕심에 다수의 통신사업자를 출현시키려는 쪽으로 급속히 기울고 있었다. 이와 같은 통신사업 경쟁정책에 따라 새로운 통신사업자들이 다수 출현하여, 이들이 독자적으로 건설 운용하는 통신망도 다음과 같이 속속 늘어나고 있었다.

① 시외전화의 제2사업자인 데이콤은 독자적인 시외통신망을 구축 운용하기 시작하였다. 통신망 규모로 보면 서울, 부산, 광주, 대구, 대전 등 5대 도시에 총 17만2천회선의 시외교환기를 보유하게 되었다. 또한 서울, 대전에 17,500회선의 국제교환기도 운용하고 있었다(한국의 정보통신 네트워크 추진계획, 1997. 4, 한국통신).

② SK텔레콤과 신세기통신(주)는 자체적으로 이동통신망을 구축하였다. SK텔레콤은 서울, 부산, 광주, 대구, 대전, 제주 등 6개 도시에 총 26,756회선의 이동전화교환기를 운용하였다. 그리고 신세기통신(주)는 서울에 13,890회선의 이동전화교환기를 운용하게 되었다.

③ SK텔레콤은 9개 도시, 10개 지역통신사업자는 지역별로 무선호출교환기를 설치하였다. 이때 SK텔레콤의 무선호출교환기는 서울, 부산, 대구, 광주, 대전, 전주, 춘천, 원주, 제주 등 9개 도시에 총 15개 시스템(34,499회선)을 운용하였다. 이중 서울의 경우 5개 시스템, 부산과 대구에는 각각 2개 시스템이 설치되었다.

④ 우리나라 전력생산 및 공급에 전념해야할 한국전력까지 신규통신사업자가 되는 일까지 벌어졌다. 한국전력은 상당한 자가통신망을 건설 운용하고 있었는데, 특히 발전소와 변전소 간에 광케이블 약 8천Km를 포설 운용하고 있었으며, 이 통신시설의 전송속도는 T1/E1, 155M/622M, 45M이었다. 당시 한국전력의 통신사업 참여 상황을 보면 <표 7-1>과 같다. 또한 한국전력은 공보처, 연합통신 등 각계 요로를 통해 YTN 인수를 시도하였다.

<표 7-1> 한국전력의 통신사업 참여상황(1997. 4)

사업분야	참여사업자	비율(%)	사업분야	참여사업자	비율(%)
국제전화	온세통신	4.7	이동전화	신세기통신	3.5
회선임대	두루넷 (한전본체)	9.9	부가통신	한전정보 네트워크	100
CATV망	한전본체				

당시 YTN은 케이블TV의 프로그램 공급(P.P) 뉴스채널을 운용하는 회사로서 자본금은 300억 원이었으며, 연합통신이 지분의 30%를 보유하고 있었다. 그런데 1997년 YTN은 그간 적자경영을 면치 못해 매각을 추진하고 있는 상황이었다(특별정보보고, 1997. 5. 26, 무선사업본부). 더구나 한국전력은 국제전화, 시외전화사업 예정자, 시내전화 컨소시엄, 전용회선, 케이블TV사업에 참여하고 있는 공기업으로서 방송사업까지 참여할 경우 방송통신 기업으로 발전할 것으로 예상되었다. 이럴 경우 한국통신의 입지가 약화될 수밖에 없어 한국통신 입장에서는 YTN이 한국전력에 인수되지 않도록 대외적인 노력과 동시에 한국통신은 DBS 방송사업권을 획득하기 위한 대외협력을 강화하였다.

⑤ 도로공사도 신규사업자로 통신사업에 진출하면서 전국 고속도로 상에 자가통신망을

건설하였다. 당시 광케이블 677Km, 통신관로 766Km를 보유하고 있었으며, 서해안, 중앙고속도로변에 자체 광 관로를 건설하고 있었다. 또한 2015년까지 남북 6개 고속도로, 동서 9개 고속도로 상에 광 통신망의 건설을 추진하고 있었다(1997. 4).

⑥ 철도청은 당시 나선케이블 16,577Km, 동축케이블 4,532Km, 광케이블 483Km를 보유하고 있었으며, 2000년까지 3천Km의 광케이블 화를 추진하여 통신회선 임대사업에 참여하려 하고 있었다.

⑦ 지엔지텔레콤(G&G Telecom)은 대한송유관(26%), 현대중공업(10%), 신세기(5%) 등으로 주주를 구성하여 통신사업에 진출한 신규사업자이다. 이 사업자는 1997년- 1998년에 서울-대전, 서울-인천 등 4개 구간에 총 900Km의 광 관로를 건설하여 여기에 2.5G 광 전송장치를 설치 운용하는 것으로 추진하였다. 그리고 1997년 8월에는 회선임대사업을 개시한다는 목표를 가지고 있었다(1997. 4).

이처럼 완전개방상태에서 과열로 치달았던 국가 기간통신사업이 10년을 가지 못하고 참여기관과 기업 대부분이 사업을 중단하였다는 역사적 사실을 우리의 후대는 교훈으로 잊지 말기를 바란다.

3. 시내전화의 무리한 경쟁유도

3.1 시내전화경쟁과 시장점유상황

가. 시내전화시장의 무분별한 개방

1998년 WTO 개방체제에 따른 통신시장의 전면 경쟁체제구축에 대비하여 국내정책동향은 선 국내경쟁, 후 국제경쟁으로 가닥을 잡아 나가고 있었으며, 정부는 신규 시내전화사업자 허가방침을 발표하였다(1996. 2). 당시 시내전화 경쟁도입에 대한 정부 방침은 다음과 같다(시내전화 경쟁대응 네트워크 발전전략, 1997. 6, 한국통신).

① 1997년에 기존기간통신사업자 및 신규기간통신사업자와 민간업체 등의 컨소시엄으로 구성된 전국규모의 시내전화사업자 1개를 허가한다.

② 무선가입자망(WLL), 케이블TV망, 초고속통신망 등 기술방식은 통신사업자가 자율적으로 선택한다. 그리고 전국을 서비스 구역으로 하되 가능한 지역부터 단계적으로 확대하는 것을 허용한다.

③ 시내전화경쟁을 위해 시내사업자 간 번호이동성을 보장하고, 새로운 기술방식에 대한 기술개발 및 표준화를 조기 추진한다. 그리고 보편적 서비스 제도를 개편하고, WLL, 케이블TV전화, LMDS 등 새로운 기술방식의 조기도입촉진을 위해 이의 표준화와 기술개발 등

보완조치를 시행한다.

이어서 정보통신부의 장관, 정책실장 등 정부 고위층은 시내전화분야에의 경쟁도입방침을 언론에 발표하고 그 의지를 천명하고 나섰다(1996. 6). 이와 관련하여 시내전화사업 경쟁에 수반되는 보편적서비스를 위한 기금마련계획도 발표되었다(1996. 7). 또한 초고속 지역사업자를 선정할 때 시내전화사업을 허용하고, 시내전화를 경쟁할 때 문제점에 대한 보완책을 강구하는 등 시내전화사업의 경쟁은 정부의 확고한 방침으로 결정된 상태였다.

한편 이와 관련하여 한국통신정책연구원(KISDI)에서는 새로운 기술인 케이블TV, WLL에 의한 경쟁방향을 제시하고, 대외개방 시 CAP, 회선재판매 허용 등 경쟁 확대를 위한 정책방향을 발표하였다(1996. 5). KISDI는 시내전화사업 경쟁에 대한 공청회를 개최하고 의견수렴을 하였다(1996. 8. 19). 이때 시내전화사업 경쟁의 골자를 보면 전통적인 유선망 중심의 시내전화사업자 허가는 지양하고, 무선가입자(WLL), 케이블TV망 등을 이용하는 시내전화허가를 검토한다는 것이었다. 또한 종합유선방송법 정비 및 유선방송국 사업자(SO)에 대한 규제를 완화하고, 무선가입자망에 대해서는 면허 제도를 도입하며, 보편적 서비스를 위한 기금을 마련하는 등 시내전화사업의 경쟁을 위한 보완조치도 마련하였다.

나. 시내전화사업의 시장규모

1990년대 후반 우리나라 시내전화 가입자는 수요가 포화 치에 도달해 있었고, 대체서비스인 이동전화의 급신장으로 <표 7-2>에서 보는 바와 같이 증가율은 감소추세에 있었다(시내전화 경쟁대응 네트워크 발전전략, 1997. 6, 한국통신). 이와 같은 상황에서도 정부는 시내전화서비스 분야에 경쟁을 도입하겠다고 결정하였다.

<표 7-2> 시내전화서비스의 시장규모 예측

년도별	1996년	1997년	1998년	2000년	2002년
가입자수(1,000명)	19,601	20,720	21,730	23,589	25,007
증가율(%)	5.4	5.7	4.8	4.0	2.7
100인당 가입자수	43.1	45.1	46.8	49.9	52.0

이와 같은 어려운 상황에 직면한 한국통신은 네트워크 측면에서의 경쟁력 제고를 위한 발전계획을 수립하였다(시내경쟁에 대비한 네트워크 대응방안, 1996. 8, 한국통신). 이때 한국통신은 시내전화사업의 경쟁이 시작될 경우 연도별 사업자별 매출액과 시장점유율을 다음과 같이 예상하였다.

① 1998년에는 한국통신 매출액 5조762억 원, 점유율 100%이고, 1999년에는 한국통신 매출액 5조804억 원, 점유율 97.4%, 제2사업자 매출액 1,375억 원, 점유율 2.6%로 예상된다.

② 2000년에는 한국통신 매출액 5조1,863억 원, 점유율 96.9%, 제2사업자 매출액 1,652

억 원, 점유율 3.1%이고, 2002년에 가서는 한국통신 매출액 5조2,042억 원, 점유율 95.5%, 제2사업자 매출액 2,452억 원, 점유율 4.5%가 될 것으로 예측된다.

③ 1999년 시내전화 시장규모는 가입전화 71%, 접속서비스 29%로 보이며, 2004년에는 가입전화 66%, 접속서비스 22%, 멀티미디어 서비스 12%로 예상된다.

④ 신규사업자는 도시지역을 대상으로 크림시키밍(Cream Skimming)하므로 시내전화 수익성이 악화되어 2002년에는 4.5% 시장 잠식이 예상된다.

3.2 제2 시내전화사업자의 출현

가. 경쟁사업자의 컨소시엄

데이콤은 1996년 초부터 그랜드 컨소시엄을 구성하여 지속적으로 시내전화사업에의 진입을 준비하고 사업설명회를 개최하여 그랜드 컨소시엄 구성계획을 발표하였다(1997. 3). 데이콤은 이 컨소시엄을 통해 기간통신시설, 자가 통신시설, 케이블TV망 등의 기존시설을 활용하고, 민간기업의 자금력, 영업력 등을 최대한 활용하여 사업기반을 조기에 구축한다는 구상이었다. 이어서 두루넷이 데이콤 컨소시엄에 참여를 선언함으로서 제2 시내전화사업자는 데이콤 중심의 단일 컨소시엄으로 추진되었다(1997. 4).

이후 정부는 제2의 시내전화사업자(가칭 하나로통신)를 선정 발표하였다(1997. 6. 13). 한국통신은 이 신규사업자의 사업방향, 통신망 구축, 유통전략 등을 조사 분석하였다(시내전화 경쟁대응 네트워크발전전략, 1997. 6, 한국통신 네트워크본부). 그 주요내용은 다음과 같다.

① 이 신규사업자는 1999년 6대 도시를 중심으로 시장에 진입하고자 하고, 전통적인 시내전송망의 한계를 극복한 가입자망을 구축한다. 그리고 종합통신사업자로 부상한다는 목표를 가지고 출발한다. ② 국제통신, 시외전화, 전용회선, 데이터통신 등 기존사업의 한국통신 의존도를 최소화하려고 한다. 그리고 이 시내전화사업 컨소시엄에는 한국전력, 도로공사, SK텔레콤 등이 참여한다. ③ 컨소시엄(가칭 하나로통신)을 구성하여 자가 통신시설, 특정지역 초고속망, 기존 케이블TV망 등을 활용하여 시내전화에 진출한다.

이를 위해 우선 기간통신망시설 보유업체(데이콤, 한국전력)와 자금력과 전국적인 영업망 보유기업인 대기업 등을 주요주주로 구성하였다. 이때 주요주주의 구성은 데이콤 10%, 한국전력 8% 그리고 삼성, 현대, 대우, SK텔레콤, 두루넷 등이 각각 6%로 배정되었다. 또한 통신, 서비스 관련 개발능력 및 기술력을 보유한 기업, 지역연고 영업망 보유기업 등은 중견주주로 구성하고, 벤처캐피털, 멀티미디어 컨텐츠 보유기업, 지역정보화촉진기업 등 중소주주도 참여케 하였다. 투자 및 자본금 규모를 보면 2004년까지 누적투자규모 6조6천억 원이고, 초기자본금은 유상증자로 1조원을 확보하는 것으로 하였다.

나. 경쟁사업자의 통신망 구축 및 서비스 제공계획

경쟁사업자는 FTTO, FTTC 등 광케이블망 구축을 통해 대형건물 및 수요밀집지역을 수용하여 광대역서비스를 제공할 수 있도록 통신망을 구축하는 방침을 가지고 있었다. 그리고 WLL 등을 조기에 구축하여 무선사업의 기반을 조성하고, 케이블TV망을 활용하여 기존 케이블TV 가입자의 전환을 모색하였다. 또한 한국통신(KT)의 광단국과의 접속과 선로의 공동이용 등을 지속적으로 요구한다는 복안을 가지고 있었다.

이와 같이 통신망을 확보하면서 초기에는 기본전화, 저속데이터, 착신자부담 등 부가서비스를 제공한 후 멀티미디어 서비스를 제공하는 쪽으로 가겠다는 목표를 세웠다. 이러한 서비스는 1999년 우선 서울 및 광역시, 제주도 통화권에서 시행하고, 주요 중소도시 통화권은 2001년에 제공하며, 2003년에는 전국 군읍면 지역통화권으로 확장하여 서비스를 제공하는 것으로 정하였다.

이때 경쟁사업자의 판매 및 유통전략으로는 대도시 기업가입자, 대형건물 등의 수요밀집지역 가입자 등을 1차목표 고객으로 설정하고, 복수회선과 복수번호를 기본서비스로 제공하는 것이었다. 그리고 맞춤 서비스, 참여주주를 이용한 번들 서비스를 제공하며 시외전화와 결합시킨 패키지 상품 등을 개발하는 전략도 가지고 있었다. 당시 이들은 매출목표는 <표 7-3>과 같이 수립하였다.

<표 7-3> 제2 시내전화 경쟁사업자의 매출목표

구분	1999년	2001년	2003년	2004년
시장규모(억원)	57,000	70,000	95,000	110,000
매출목표(억원)	3,200	11,300	19,700	24,600
점유율(%)	5.6	16.1	20.7	22.4

당시 이와 같은 제2 시내전화사업자의 장밋빛은 그리 오래가지 못하고 말았다. 즉 하나로통신(주)는 사업적으로 성공하지 못하고 SK텔레콤에 흡수되면서 사라졌다. 그것은 시내전화사업이 다음과 같은 특성과 문제점을 가지고 있음에도 정부 및 제2사업자 측에서 이를 간과하고 무시한데서 비롯되었다. 시내전화사업의 특성을 들여다 보지 못한 정부정책의 착오가 불러온 결과였다.

첫째, 당시 시내전화 매출액이 한국통신 전체 매출액의 70%정도를 차지하고 있다 보니 대기업 입장에서는 너도나도 시내전화사업에 욕심을 낼 수밖에 없어 몇 년 앞을 내다보지 못하고 있었다.

둘째, 정부는 통신사업의 경쟁 프레임에만 갇혀 한국통신이 이 사업을 독점 운용하는 것보다 제2사업자를 이 시장에 진입시켜 경쟁체제를 만들고 싶다는 일념에 금방 다가올 통신

시장이 이동통신으로 전환되는 큰 흐름과 변화를 읽지 못하였다. 2년-3년 내에 이동통신이 급속히 확산되고 있어 유선전화수요가 감소하기 시작하는 시기에 신규로 유선전화사업자를 통신시장에 진입시킨다는 것은 미래예측 부족에서 나온 예상된 실수였다.

셋째, 시내전화사업은 다른 통신사업과 달리 전국적으로 확보해야할 기본 통신망 규모가 방대하였다. 이 사업을 위한 기본 통신망을 확보하기 위해서는 엄청난 투자비가 필요하고 그 기간이 수십 년이 소요될 수밖에 없는 특성을 가진 사업이었다. 한국통신이 100년 걸려 건설한 이 통신망을 신규사업자가 단기간에 확보토록 하여 한국통신과 경쟁을 시키겠다는 구상은 애초부터 잘못된 발상이었다.

3.3 시대적 변화와 한국통신의 대응

가. 케이블TV 전송망 사업

1990년대 중반 한국통신은 케이블TV를 이용한 시내전화시장 진입방안이 대두되었다. 외국의 동향을 조사하여 보면 HFC(Hybrid Fiber Coaxcial)방식의 기술발전에 따라 케이블TV 전송망을 이용하여 시내전화를 제공하는 방식에 대한 상용화 시험을 추진하고 있었다. 또한 SDV(Switched Digital Video)방식도 HFC 방식과 함께 영상 및 통신서비스를 동시 제공을 원하는 통신사업자 및 케이블TV 사업자의 관심을 유도하고 있었다.

그리고 영국 케이블TV 사업자의 경우 광 코어와 동선은 별개로 이용하고 관로 및 맨홀을 공유하여 통신서비스를 제공하고 있었다. 이는 일정 비율의 설비 설치를 의무화하여 보편적 서비스제공을 유도하는 방법이었다. 또한 Bell Atlantic이 자사의 버지니아주 통신망을 케이블TV 업체인 Jones Intercable Inc.에 제공키로 협의하였으며, 일본은 지역계 NCC 및 케이블TV 사업자에게 NTT 가입자망을 허용하는 등 기존 전화사업자의 가입자망을 활용하는 쪽으로 흘러가고 있었다.

한국통신에서는 이러한 새로운 시내전화의 경쟁구도에 대응하기 위해 케이블TV 방식과 무선방식 가입자망(WLL: Wireless Local Loop)에 대하여 기술적용의 용이성, 투자비, 가입자확보의 용이성 등을 검토하여 다음과 같은 전략을 수립 추진하였다.

첫째, 시내전화 신규사업자가 많을수록 통신망의 구성은 복잡화되어 이용자의 혼란 및 안정적 서비스의 제공이 불가능해지므로 가급적 복점경쟁 체제로 유도한다.

둘째, 동종기술 및 매체로의 경쟁은 지양하고 이종매체 및 기술로 경쟁이 바람직하며, 경쟁의 주요목표인 서비스 향상 및 가입자망의 초고속화, 광대역화가 조기에 추진할 수 있는 기술 및 자본을 보유한 업체를 선정함이 바람직하다.

셋째, 향후 두 가지 방식에 대한 기술발전과 장비 가격 등 사업타당성을 고려한 후 우선 1개방식을 선정, 복점체계의 경쟁구도로 정착시킨 다음 제3사업자를 선정하는 것이 통신망의 안정적 운용과 이용자의 혼란을 최소화할 수 있다.

이때 케이블TV 사업 환경의 급격한 변화와 각 부문사업자의 선정 및 지정, 전송망 사업자간 자유경쟁방식이 도입되고 있었다. 이에 따라 6개의 케이블TV 전송망 사업자가 지정되었으며, 방송국사업자(SO)가 전송망사업자(NO)를 선택하는 방식이었다. 그리고 경쟁구조에서 광케이블TV전송망 구축계획은 재고할 필요가 대두됨으로써 현실적 대응방안을 강구해야 하였다. 이때 케이블TV 전송망과 무선방식 가입자망(WLL)에 대해 기술적용의 용이성, 투자비 등을 비교하면 <표 7-4>와 같다.

<표 7-4> 케이블TV와 무선방식가입자망 비교

구분	케이블TV	WLL
기술적용 용이성	기존개발 장비 적용, HFC 가 가능하도록 통신망장비 가 요구됨	개발 장비로 적용, 신무선 기술(W-CDMA)의 적용에 문제없음
사업개시 가능시기	1998년 이후	1998년 이후
투자비/가입자	CATV전송망 10만원 전화용모뎀 40만원	50만 원 정도
목표가입자	도심상업지역 고액가입자	인구밀집지역, 고액가입자
가입자확보 용이성	모뎀설치로 가능	가입자망 구축이 용이
확장성	별도의 케이블포설이 필요	단말장치 만 공급하므로 확장성이 좋음

이러한 상황에서 한국통신 기술기획실(실장 이정욱)에서는 케이블TV 전송망사업의 방향을 제시하고 효율적인 통신망 발전계획을 수립하였다(CATV전송망 발전계획, 1994. 5, 기술기획실). 이 계획의 주관부서 및 결재자는 제7장 말미의 참고자료 편에 기록되어 있다.

이에 따라 한국통신은 케이블TV망의 차질 없는 공급을 추진하였다. 이어서 1994년부터 케이블TV전송로를 18개 방송구역에 시공하여 인수시험을 시행하였다(1994. 8- 1995. 2). 또한 프로그램 공급자와 방송국간 분배망을 위성을 이용하여 구성하였으며, 이를 위해 송신용 1국, 수신용 51국, 이동지구국 2국 등 총 54국의 지구국을 건설하였다. 또한 목동 종합유선방송국을 상용방송국으로 전환 추진하였다.

한편 한국전력은 32개 지역에 총 2백60만단자의 케이블TV 전송망을 보유하고 있었다(1996. 7). 당시 한국전력은 시내전화 시장진입을 위해 케이블TV망을 이용한 전화서비스를 전국적으로 순회하면서 시연을 하였으며, 대전지역에서 상용화 시범을 거쳐 1998년 이후 본격적인 시장진입이 예상되었다. 그리고 일반주거지역의 가입자 수용보다는 대도시 상업지역의 고액가입자 위주로 마케팅할 것으로 예상되었다.

1997년 당시 한국통신과 한국전력 양사가 보유한 광케이블과 동축케이블을 포함한 전체

케이블TV 전송망 규모는 <표 7-5>와 같다. 여기에서 광케이블의 시설규모는 한국통신은 2,066Km, 한국전력은 2,800Km로 확인되었다. 그리고 동축케이블의 설치량은 한국통신 16,000Km, 한국전력 2,800Km로 나타났다(1997. 4).

<표 7-5> 한국통신과 한국전력의 CATV전송망 보유상황

구분	한국통신	한국전력
방송구역 수	21	32
연결가능가구 수	170만	289만
전송방식	450M	750M
광 케이블	2,066Km	2,800Km
동축케이블	16,000Km	26,000Km

당시 한국통신의 케이블TV 전송망 보유상황은 한국전력에 비해 다소 열세에 있었다. 그러나 이 시설은 통신시스템과는 달리 쌍방향 통신기능이 없는 일방향 전송기능을 가진 케이블TV 전용시스템으로 개발 운용되는 설비였다. 따라서 당시 이 설비를 그대로 시내전화, 시외전화, 국제통신 등을 위한 통신용으로 사용하는 것은 불가능한 상황이었다.

나. 무선방식 가입자망(WLL)의 도입

시내전화 경쟁에 있어 첫 번째로 무선방식가입자망(WLL)을 이용한 시내전화사업이 대두되었으며, 이러한 환경변화를 수용하고자 한국통신에서는 제외국의 상황을 조사하였다. 먼저 일본에서는 PHS 사업자인 아스텔동경이 기존의 PHS를 개량해 WLL 서비스를 공급하고 있었으며, 별도의 WLL 사업권은 없는 것으로 확인되었다. 영국은 Ionica가 WLL 상권을 확보하여 1996년 5월에 WLL 서비스를 개시하였는데, BT의 요금보다 15-20% 정도 저렴하였다.

독일은 RWE가 WLL 시험서비스를 허가받아 DECT 시스템을 응용하여 시험사업을 실시하였으며, Thyssen Telecom AG가 DT사에 대항하기 위해 WLL 서비스 도입을 검토하고 있었다. 또한 기타국가에서는 기간통신망의 경제적이고 신속한 구축을 위해 AMPS/D-AMPS를 이용하여 구축 추진하고 있었다.

그러나 국내에서 WLL 장비는 1998년에 개발이 완료될 것으로 예상되며, 국내 타 사업자는 사업권 취득 후 서울 여의도 등에 시범사업을 실시한 후 6대 도시를 중심으로 소위 크림스키밍 형태로 사업을 몰아갈 것으로 생각하였다. WLL 가용주파수 대역은 <표 7-6>에서 보는 바와 같이 송수신에 각각 24.5Mhz를 사용하고 있다. 또한 정부에서는 20Ghz대역에서 광대역 WLL주파수를 확보하여 무선 초고속가입자망 구축을 계획하고 있으나 상용화에는 수년이 소요될 것으로 보였다.

한편 WLL망 구성 시 가입자 수용용량은 최번시 트래픽 0.008어랑을 기준으로 검토하여 보면 3.5Mhz에서 34채널, 5Mhz에서 55채널 그리고 10Mhz의 경우 164채널로 산출되었다. 따라서 제2 시내전화사업자가 10Mhz를 배정받을 경우 서울기준으로 가입자 수용용량은 164만이 가능하고 통신망 구성에 1년 정도 소요될 것으로 판단되었다. 그리고 서울시내를 대상으로 WLL 셀 설계를 하면 200m 반경에 154개, 500m 반경에 160개, 1Km 반경에 20개 등 총 334개로 구성되었다. 그 세부내역은 <표 7-7>과 같다.

<표 7-6> WLL 가용주파수 대역

구분	주파수대역(Mhz)	대역폭(Mhz)	비고
수신 대역	2301.75- 2326.25	24.5	한국통신은 10.5Mhz대역을 할당받았음
송신 대역	2371.75- 2396.25	24.5	

<표 7-7> 서울시내 WLL 구성 검토

서울 면적(㎢)	셀 설계	안테나 형태
면적 605 대지 210	총 기지국수 334개, 200m 반경 154개 500m 반경 160개, 1Km 반경 20개	3 Sectorize 사용

한국통신은 시내전화시장의 경쟁에 대비하여 가입자선로 무선용시스템(WLL) 사업권을 확보하고자 하였다. 이 사업을 통해 유선가입자 선로의 경제성을 높이고 시내전화시장의 공격적 방어를 계획하였다(시내경쟁에 대비한 네트워크 대응방안, 1996. 8, 한국통신). 그리고 한국통신은 이 사업에 필요한 장비를 데이콤과 공동으로 개발 추진하였다. 이렇게 함으로서 국내단일규격의 국제경쟁력을 가진 장비를 확보하려고 노력하였다.

그 후 상용제품은 민간업체에서 개발 생산한다는 구상으로서 통신사업자, 연구소, 제작업체가 역할을 분담하여 표준화하고 상용제품을 개발하게 하였다. 또한 WLL사업권 확보와 연계하여 주파수대역의 채널조정 시 최대한 주파수를 확보하고, WLL 기반기술 및 운용기술을 확보하여 1998년에는 개발을 완료하는 것으로 추진하였다. 그리고 이 서비스 기능은 음성, 데이터서비스(64Kbps×2), N-ISDN 등으로 정하였다. 이를 위한 통신망은 1단계 시범사업의 실시, 2단계 상용화 사업의 개시 등 단계별로 구축하는 것으로 추진하였다.

이에 따라 1단계에서는 WLL 구축에 소요되는 신기술을 확보하고, 국내 전파환경을 분석하여 사업화할 때 예상되는 문제점을 도출 대책을 마련하였다. 이때 사업지역은 대도시 및 농어촌지역으로 하였으며 시행은 1998년-1999년 상반기로 설정하였다. 2단계에 가서는 가입자 선로의 대개체가 도래한 지역에 경제성에 따라 우선 가입자 무선화 장치를 공급하는 방침이었다. 특히 가입자 선로 무선용시스템(WLL)은 가입자 회선의 이원화가 요구되는 주요통신가입자, 가입자선로의 포설이 어려운 지역, 전용회선의 적기개통이 지난한 구간 등에 1999년 하반기부터 제공하게 하였다.

3.4 가입자선로의 공동이용 문제

가. 가입자 선로의 공동이용

정부 일각과 시내전화사업에 참여하고자 하는 신규사업자 측에서는 가입자 선로의 공동이용을 주장하고 나섰다. 이에 대해 한국통신 네트워크본부(본부장 이정욱)는 시내전화사업의 경쟁도입취지에 부합되지 않고, 여러 문제점이 예상되므로 공동이용에 적극적으로 반대 입장을 표명하였다. 가입자 선로를 공동 이용할 경우 발생하는 문제점을 다음과 같이 제시하였다(시내경쟁에 대비한 네트워크 대응방안, 1996. 8, 한국통신).

첫째, 통신망 구성 및 서비스의 안정적 공급에 문제가 크게 생긴다. 그것은 기존 통신망과의 동등접속을 허용하는 경우 1개의 교환노드 및 수십 회선의 국간중계용 전용회선을 임차해야만 시내전화사업이 가능하다. 소규모 자본으로 시장진입이 가능하여 사업자가 난립하는 경우 통신망 혼란 및 안정적 서비스의 제공이 어려워질 수밖에 없다. 또한 특정매체(예: 케이블TV 전송망)로 시장진입 후 대부분의 가입자선로를 공동 이용하겠다고 요구할 때 대처방안이 전무한 상황이다.

둘째, 가입자 선로의 공동이용방안은 정부의 시내전화의 개방취지에 위배된다. 다시 말해 케이블TV, WLL 등 매체를 다양화하여 가입자망의 광대역화를 꾀하는 수단으로 경쟁을 유도한다는 원칙에 부합되지 않는다. 기존의 동선 가입자 선로의 공동 이용은 단지 음성전화시장의 신규사업자 증가 결과만 낳을 뿐이기 때문이다.

셋째, 가입자 선로의 공동이용을 시도한 외국의 사례를 보면 극히 제한적이다. 미국의 일부 주에서 시내전화 사업자가 장거리 전화시장에 진출하는 조건으로 허용하고 있다. 이것은 기존 시내전화사업자와 전화시장을 노리는 케이블TV 사업자의 이해가 맞아 추진된 경우이다. 그리고 일본의 경우 최근 가입자회선의 공동이용 허용에도 불구하고 수익성이 약해 신규사업자의 신청이 미미할 것으로 예상하고 있다.

나. 전화망과 데이터망 간 상호접속의 주도

한국통신 기술기획실에서는 전화계와 데이터통신망 접속 기본계획, 무선호출사업자 접속 기본계획 등 상호접속을 위한 기본계획을 수립하였다(상호접속망 발전기본계획, 1993. 2, 기술기획실 종합망계획부). 이후 정부는 데이터 통신망에 대한 상호접속기준을 제정 고시하였다. 이에 따라 한국통신은 추진체계를 정립하고 급증하는 데이터회선 수요에 효율적으로 대처하기 위해 당초의 전화망과 데이터망 간 상호접속 기본계획을 보완하였다(1996. 1).

여기에는 사업자별 사업추진체계에서 대용량 ICPS를 통한 접속체계로 전환하고, 식별번호 사업자에 대한 접속방식을 단계적으로 수용하며 식별번호 사업자의 서비스제공지역을 확대하는 내용을 담았다. 또한 통신시장의 개방에 따라 다수의 신규 통신사업자의 등장이 예상되고 공중전화망(PSTN)과 타 사업자통신망 간 상호접속이 시행되는 경우에 대비하여 효율성있는 상호접속망 체계를 정립해야 하였다. 전화계망 상호접속 기본계획을 보완하여, 대도시 지역의 시내교환기에 IGS기능을 구현한 다음 여기에 접속한다는 방침을 결정하였다(1996. 3). 또한 시내교환기, 시외교환기를 통한 접속은 1998년 이후 시행하게 되었다.

한편 개발 중인 대용량 ICPS에 대한 성능향상을 추진하고 상용화에 대비하여 전국망과 VAN사업자 간 효율적인 상호접속계획도 수립하였다(1996. 10). 이 계획의 추진배경은 ICPS를 초고속화하고 고기능을 확보하며, 전화망과 데이터망 간 접속체계를 ICPS를 통해 접속하도록 전환하기 위한 것이었다. 이 ICPS망은 서비스 수요를 감안하여 단계적으로 구축하기로 결정하였다. 1단계에서는 대도시에 ICPS망을 구축하고 2단계에 가서 주요 중소도시에 설치하는 것으로 정하였다.

4. 시내전화서비스 경쟁대응전략

4.1 경쟁대응 네트워크 발전전략

가. 기본방침

1990년대 중반 시내전화서비스 분야에 경쟁이 도입됨에 따라 한국통신 네트워크본부(본부장 이정욱)는 이를 네트워크 고도화의 기회로 전환하면서 시내전화사업 경쟁에 대응하는 기본방침을 다음과 같이 수립하였다(시내전화 경쟁대응 네트워크발전전략, 1997. 6, 한국통신 네트워크본부).

첫째, 단기전략(1997년-1999년)은 시내전화시장의 잠식을 최소화하기 위한 취약점을 조기에 보강한다. 기간통신망을 보유한 이점을 최대한 활용하여 경쟁우위를 확보하고, 양적 성장에 부응한 통신망관리의 고도화를 통해 운용비용을 절감하므로서 원가우위를 확보하여 고객만족을 실현한다.

또한 경쟁사업자의 사업전략을 감안하여 서비스 및 고객 유형별 대응전략을 구사한다. 이를 위해 경쟁사업자의 일차적 표적고객에 대한 방어전략으로서 경쟁심화지역에 선투자하고, 일반가입자의 이탈방지를 위해 통화품질을 획기적으로 개선한다. 또한 데이터트래픽의 PSTN망에서의 병목현상을 해소하여 신규서비스 시장에서 우위를 확보한다.

둘째, 장기전략(1997년-2005년)으로 멀티미디어 서비스시장을 주도적으로 확보하고자 하며 이를 위해 시내통신망을 고도화하고, 지능망서비스의 고도화를 지속적으로 추진한다. 또한 기존 시내전화망의 ISDN화 및 지능화를 조기에 추진하여 서비스의 차별화를 실현하고 시내전화망의 디지털화, 신호방식의 개선 등으로 통화품질에서 우위를 확보한다. 그리고 경쟁사업자의 전략무기가 될 지능망서비스를 제공하기 위한 기반을 구축한다.

셋째, 매체 간 경쟁에 대비한 매체의 다각화를 도모한다. 이를 위해 가입자 선로부문의 경제성을 높이기 위해 무선방식 가입자망(WLL)을 조기에 상용화하고, FLMPTS 기술을 개발하여 유무선통합의 기반을 확보토록 한다.

나. 시내전화 경쟁을 위한 대정부 건의사항

한국통신은 정부가 신규 시내전화사업자 선정을 결정함에 따라 앞으로 시내전화사업의 혼란없는 균형발전을 위해 선정조건을 다음과 같이 제시하였다.

① 신규 시내전화사업자에게도 시내전화사업의 공익성, 보편적서비스 제공의무를 부여할 것.

② 신규 시내전화사업자는 현재의 통화권을 기준으로 선정하며 현재의 통화권 범위를 준수하게 할 것.

③ 2개 이상의 통화권을 1대의 시내교환기에 수용하여 서비스 제공하거나 현재의 통화권보다 확대하여 시내전화서비스를 제공하는 것은 불허할 것.

④ 수익성 있는 대도시지역에만 시내전화서비스를 중점적으로 제공하는 것을 방지하기 위해 최소한의 시내전화망 구축 조건을 충족하도록 할 것.

이와 같은 신규 시내전화사업자에 대한 선정조건 등을 바탕으로 한국통신 네트워크본부(본부장 이정욱)는 시내전화경쟁방향을 정부에 건의하였다(시내경쟁에 대비한 네트워크 대응방안, 1996. 8, 한국통신). 이때 주요건의사항은 다음과 같다.

첫째, 지역번호 광역화의 조기승인을 요청한다. 지역번호 광역화는 1985년 이후 한국통신이 지속적으로 추진해온 역점사업이며, 1990년 이후 정부의 일관된 번호정책이다. 광역화의 조기승인으로 이용편익 증진이 가시화될 수 있도록 해야 한다.

둘째, 정부의 상호접속 고시안 내용 중 시내통신망에서의 접속비율, 접속통화료 할인 등 사업자 간 협정으로 해결 가능한 사항 등 형평성이 결여된 독소조항은 삭제되어야 한다.

셋째, 복지통신 등 보편적 서비스의 원활한 제공을 위해 신규사업자의 크림스키밍을 방지할 수 있는 제도적 장치를 마련 후 허가가 필요하다. 즉 케이블TV, 무선방식 가입자망(WLL) 중 1개방식에 한하여 시내전화를 허용한 후 경쟁도입의 타당성 등을 우선 검증한 후 확대 추진토록 한다.

넷째, 번호 이동성의 이익은 시내전화사업자를 변경하는 가입자 일부에게만 한정된다. 그러나 번호이동성 시행을 위한 통신망 보완에 엄청난 예산이 소요되고 번호번역에 따른 호접속 지연 등 많은 문제가 발생된다. 예를 들면 영국의 경우 약 2억2천만 파운드가 소요되었다. 따라서 번호이동성의 실시는 국가경제적인 측면에서 실익이 있는지에 대한 검증을 거친 후 적용여부를 결정함이 바람직하다.

4.2 시내전화서비스 경쟁을 위한 단기전략

가. 경쟁대응 네트워크 발전전략(1997년–1999년)

한국통신은 경쟁사업자의 크림스키밍을 최소화하기 위해 경쟁사업자의 일차 표적시장에 대한 공세적 방어전략을 추진하였다(시내전화 경쟁대응 네트워크발전전략, 1997. 6, 한국통신 네트워크본부). 이 발전전략의 주요내용은 다음과 같다.

첫째, 대형 건물 및 수요 밀집지역의 가입자망을 광케이블 화하여 시내전송로의 광대역화로 다양한 초고속통신서비스 수요에 즉시 대응하여 고객 이탈을 최대한 방지한다. 그래서 1997년 말까지 대도시 및 도심 상업지역에 461개의 광휘더망을 구축하여 대형고객의 광케이블 화 요구를 즉시 수행한다. 이를 위해 상업지역은 전역을 1997년까지 광휘더망을 구축하고, 일반지역 대도시는 1997년까지 30-40% 시설하며, 2000년까지 100% 완성한다. 그리고 일반지역 중소도시의 경우는 1997년까지 5-10%, 2000년까지 20-30% 완료하도록 한다. 또한 도심사업지역의 광케이블 화(FTTO)를 우선 추진하고 대형업무용 건물에 대한 광케이블은 1997년 455구간, 1998년 569구간, 1999년 539구간, 2,000년 520구간 등 2000년까지 총 2,917구간에 포설한다.

둘째, 전자교환기의 IDLC(Intergarted Digital Loop Carrier) 기능을 확보토록 한다. 이 기능은 교환기, 광 전송장치 등의 투자비를 절감하고 상면을 절감하기 위해 필요하다. 또한 A/D 변환으로 품질 및 데이터 전송속도의 저하를 방지할 수 있고, 광케이블 화 및 WLL추진에 필수적이기 때문이다. 이를 달성하기 위해 V5.2 인터페이스 사내기술기준을 1997년 5월까지 확정한다. 그리고 신설교환기는 물론 당시 운용 중인 디지털교환기에 IDLC 기능을 조기에 적용 추진한다. 신설교환기인 TDX-100기종은 IDLC 기능을 포함 개발하여 1999년 이후 상용화를 추진하고, 5ESS-2000기종은 1998년 하반기에 적용토록 추진한다. 한편 운용중인 TDX-10A기종은 1998년까지 기능을 개발하여 하반기부터 적용하고, 디지털 도입기종은 1998년부터 1999년에 시행한다.

셋째, 당시 집단전화와 PABX는 시내전화 경쟁사업자의 최초의 표적시장으로 떠오르면서 최대의 격전지가 되고 있었는데 그 세부내역은 <표 7-8>과 같다. 집단전화 및 PABX는 전체 가입자의 약 16%를 차지하고 있었다. 따라서 이들을 활성화하여 기업고객 및 대형 건물의 시내전화서비스를 차별화하고, 멀티미디어 수요를 선점함으로써 크림스키밍을 최소화한다.

<표 7-8> 집단전화 및 PABX 상황(1997년)

구분	집단전화	PABX	계
설치업체 수	39	105,671	105,700
시설수(회선)	99,566	3,034,273	3,133,839

이때 문제점은 한국통신의 시외전화는 30%이상이 경쟁사로 이탈하고 있었고, 집단전화 및 PABX는 관리가 이원화되어 있는 상황이었다. 그리고 설치 및 개통에 1년 정도 장기간이 소요되는 실정인 데다가 대형 가입자 요구에 즉응할 수 있는 체계도 미흡하였다. 이런 문제를 해소하고자 네트워크본부는 다음과 같은 조치를 하였다.

① 집단전화 등의 업무체계를 단일화한다. 즉 PABX, 집단전화, Centrex, VPN 등의 업무는 전략영업본부가 총괄 담당한다. 지역본부는 투자, 시설공사, 개통지원, 운용보전, 현황관리, 중점간리대상 선정관리 등 지역 내의 관련 업무를 총괄한다. 그리고 현업국은 영업요원과 기술요원으로 집단전화업무 전담팀을 구성하고, 한국통신진흥(주)의 관련 업무인력은 AM요원으로 활용한다.

② 신규대형고객을 선점하기 위해 사전에 수요를 철저히 조사하고, 집단전화, PABX를 무료로 설치한다. 그리고 구내통신 진단 및 노후시설의 무료정비, 노후 PABX 등의 무료개체 또는 광케이블 화 추진, DID 완료율 저조구간(50%미만 구간)의 집중개선 등 기존고객의 방어를 위해 AS를 강화한다.

③ 기업가입자에게 PRI 서비스를 제공하여 ISDN을 활성화하여 영구고객 화한다. 이를 위해 이용약관을 제정하고 요금을 제·개정하는 등 ISDN PRI 서비스의 활성화를 통한 PABX 수용을 적극 추진한다. 또한 집단전화 및 PABX를 적기에 개통하기 위해 주요 인입장비에 대한 예비시설을 사전에 확보하여 돌발 수요에 대처하고, 시설공급주기를 개선하여 원활한 구매조달이 이루어지게 한다.

④ 교환기에 센트렉스(Centrex) 기능을 실현한다. TDX-10A 전자교환기 및 디지털 도입기종에 대한 기능은 1998년-1999년에 추진한다. 그리고 TDX-100, 5ESS-2000 기종 등은 공급초기부터 센트렉스 기능을 보유토록 추진한다. 또한 집단전화 및 PABX 등에 실현 가능한 서비스를 개발한다. 즉 기업고객에게 묶음서비스(Bundle)의 제공을 위해 지능망서비스 등을 개발 보급한다.

나. 보유통신망의 기반구조 개선

기존서비스의 경쟁력을 강화하여 서비스의 차별화를 이루는 쪽으로 사업방향을 잡았다. 이를 위해 한국통신이 보유한 통신망을 인터넷 트래픽의 효율적 처리를 위한 기반구조로 개선하고, 기존통신망의 이점을 최대한 활용하고 급증하는 인터넷 시장수요를 선점하고자 하였다. 따라서 현재 보유한 음성위주의 통신망을 인터넷을 기반으로 한 멀티미디어 환경에 적합한 통신망 기반구조로 발전시키고 통신품질 확보해야만 하였다. 이상과 같은 전략을 위해 한국통신은 세부시행계획을 수립 추진하였다(시내전화 경쟁대응 네트워크발전전략, 1997. 6, 한국통신 네트워크본부). 그 주요내용은 다음과 같다.

첫 번째, 다이얼방식(Dial-up)의 데이터 트래픽에 대한 전화통신망의 병목현상을 해소하고, 멀티미디어 환경에 적합한 차세대 코넷망을 구축하며, 현재의 정보통신망 체계를 인터넷을 고려하여 재편한다. 이를 위해 다음과 같이 시행한다.

① PC통신 트래픽은 대용량 ICPS와 6대 도시 주요단국간 직접루트를 구성하여 다이얼업 접속 인터넷 호는 전화망에서 조기에 분리한다. 그리고 기존 가입자선로에 ADSL 기술을 적용하여 2M급까지의 초고속 인터넷 트래픽을 전화망에서 바이패스 처리한다.

② 서울 및 5개 광역시에 중계용 라우터를 통한 차세대 코넷망(Enhancd Kornet)을 구축한다. ISP들과 차세대 코넷망간의 고속접속을 위해 ATM 정합을 적용하여 라우터의 고속화를 유도한다. 이때 중속계 가입자는 xDSL방식의 가입자 라우터로 128K의 속도를 제공하고, 고속계 가입자는 가입자 수요에 따라 고속라우터를 설치한다. 그리고 PSTN/ISDN 다이얼업 가입자를 위해 단국에 다이얼업 접속용 라우터를 트래픽 규모에 따라 설치한다.

이와 같은 통신망을 서울 및 5개 광역시에는 1998년에 설치하고, 중소도시 및 읍면단위 지역은 1999년-2000년에 구축한다. 그리고 PSTN, Co-LAN, Flame Relay 등 모든 정보통신망을 인터넷 접속관문으로 활용한다. 또한 코넷 기간망(KORNET)을 연차적으로 차세대 코넷망으로 전환수용하고, 초고속정보통신망 구축계획과 연계하여 고품질 차세대 코넷망을 구축하여 ATM망에 수용한다.

두 번째, 고객만족을 위해 품질을 혁신함으로서 서비스 경쟁력을 강화하고자 다음과 같이 시행한다.

① 국제표준품질인증(ISO-9000)획득을 위한 활동을 전개하고, 품질목표의 약속 등 품질방침을 공표한다. 그리고 고객요구수준을 파악하고 이에 대한 품질계획서 작성하며 각종 네트워크의 설계, 운용, 변경 등 절차의 표준화, 내부 품질감사제도의 도입 등 국제적 수준의 품질보증제도를 도입한다.

② 전화국별 선도요원을 선발하여 집중적인 집합교육을 실시하고 점차적으로 교육을 확대 실시하여 전사적 마인드를 확산하는 등 고객접점요원의 활동을 강화한다. 그리고 부정기, 정기시험, 특별정비 등 사전고장 예방활동을 강력히 전개한다.

세 번째, 한국통신 운용통신망의 단대단(End-to-End) 통신품질관리체제를 확립하여 선진국 형 통화품질을 확보한다.

① 운용보전활동을 강화하여 통화완료율을 1996년 63%에서 2000년에는 G7수준인 70%로 향상시킨다. 그리고 100가입자당 고장율도 1996년 10건에서 2000년에는 6건으로 크게 감소시킨다.

② 단대단 통신품질 관리체제를 확립하기 위해 통신품질 자동측정시스템(SENSE)을 구축하고, 통신망품질 평가관리시스템을 도입한다(1997년-1998년). 또한 모든 통신망관리시스템에 표준 프로토콜을 적용연동하며 표준화된 통신망 종합관리시스템을 개발하여 지역단위 통신망관리센터와 전국 종합망관리센터를 구축한다(1998년-2001년).

4.3 시내전화서비스 경쟁을 위한 장기전략

가. 시내통신망의 고도화(1997년-2005년)

한국통신은 멀티미디어 서비스 시장을 선점하기 위해 장기적으로 시내통신망의 고도화를 추진해 나가기로 정하였다. 이를 위해 시내교환망의 디지털화, ISDN화 등을 일찍부터 시작해 왔다. 그 주요내용은 다음과 같다(시내전화 경쟁대응 네트워크발전전략, 1997. 6, 한국통신 네트워크본부).

첫째, 시내교환망의 디지털화를 추진한다. 이를 위해 반전자교환시설을 철거 대체하여 시내통신망을 고도화하고 고품질 서비스를 제공할 수 있는 환경을 구축한다. 이때 철거대상 반전자교환시설은 M10CN 기종 434만7천회선, No.1A 기종 359만회선 등 총 793만7천회선이고 철거대체는 9년간 시행한다(1998년-2006년).

둘째, 시내통신망의 ISDN화를 조기 추진한다. 기존 전화 1회선에 음성, 데이터, 영상 등 여러 가지 서비스 제공이 가능한 디지털 통신망으로 진화시키기 위한 것이다. 이를 위해 ISDN 독립망을 본체 통신망에 통합하고 기존 TDX-10A 전자교환기에 ISDN 기능을 부가개발한다(1997년-1998년). 또한 주요전화국에 ISDN 노드를 확보하여 본체통신망의 ISDN화를 통한 고도화 및 지능화를 완성한다(2002년-2006년).

셋째, 가입자망의 고도화를 추진한다. 가입자통신망 구간에 광케이블을 구축하여 시내전송로를 광대역화 함으로서 다양한 초고속통신서비스를 제공하도록 한다. 이를 위해 가장 현실적인 대안인 기존 가입자선로를 활용하는 xDSL 기술을 도입하여 광케이블화 이전의 초고속가입자망을 건설한다. 한편 가입자망의 광케이블 화를 위해 광간선망을 도심 상업지역에는 1997년까지 구축하고, 모든 중소도시에는 2007년까지 완성한다. 그리고 대형건물의 광케이블 화(FTTO)를 위해 우선적으로 업무용 대형건물(2,400동)에는 광케이블을 1999년까지 공급 완료하고, 2,010년까지는 모든 업무용 건물의 광케이블 화를 완성한다. 또한 2015년까지 가입자 밀집지역에는 전체가입자의 50%까지 광케이블 화(FTTC)를 추진하고, 이때 일반가입자 지역은 전체가입자의 25%수준까지광케이블 화(FTTH)를 달성한다.

나. 지능망서비스의 고도화

한국통신은 지능망 서비스(IN)의 조기에 활성화하고 고도화하며, 지능망 트래픽의 효율적 처리를 위해 운용하고 있는 통신망을 지능망 구조로 개선하고자 하였다. 그리고 고객취향의 지능망서비스를 제공하기 위한 차세대 지능망의 구축 전략을 수립 추진하였다(시내전화 경쟁대응 네트워크발전전략, 1997. 6, 한국통신 네트워크본부). 이 계획의 주요내용은 다음과 같다.

첫째, 지능망 서비스의 제공기반을 확산하여 지능망 트래픽의 효율적 처리를 위한 지능망구조를 개선한다(1998년). 이를 위해 집중형 트래픽 처리를 위한 독립형(Stand alone)

SSP를 구축하여 시외계위 및 탠덤계위의 SSP와 혼합망을 구성한다. 여기에서 독립형 SSP는 예측트래픽에 따라 대도시지역에 설치하고, 시내교환기인 TDX-10A 전자교환기에 SSP 기능을 적용하여 트래픽을 분산한다.

다음에는 예측 트래픽에 따른 지능망 루트를 적기에 확보하여 트래픽 병목현상을 해소한다. 이를 위해 마케팅부서는 수요예측업무를 강화하고, 예측수요에 의한 지능망 회선을 적기에 공급토록 한다. 또한 사업자간 지능망 호처리를 위한 호 접속체계를 확립하기 위해 타 사업자와 한국통신 지능망간을 단계적으로 접속 추진한다. 초기에는 시외교환기(Toll IGS)의 SSP를 통하여 접속한다. 그리고 상호접속 전용STP를 설치한 후에는 한국통신 SCP와 상호접속 전용STP 간을 접속한다.

이렇게 하여 타 사업자 SSP 간의 접속체계를 확보하여 1998년부터 한국통신의 착신 지능망서비스의 이용활성화를 유도한다. 또한 지능망 접속시 모든 사업자에게 동등 접속을 보장하도록 한다. 그리고 공통선 신호방식(No.7)이 적용된 TDX-B 기종과 TDX-10A 기종에 대해서는 이 신호방식이 시내국간, 시내- 시외구간, 시외국간에 조기에 확산되도록 한다. 이 신호방식으로의 안정된 전환을 위해 공통선신호방식 전환추진팀을 구성 운용한다.

둘째, 지능망의 고도화를 위해 초기 지능망을 차세대지능망으로 전환한다. 차세대 지능망을 개발하여 구축하고 초기 UPT 서비스를 1998년부터 제공한다. 이를 위해 TDX-10A 기종 및 TDX-100 기종을 기반으로 하는 차세대지능망을 1998년-2000년에 구축한다. 이때 전용 AIN/SSP와 시내교환기 AIN/SSP를 혼합망으로 구성한다. 차세대지능망 안정화 이후 2000년부터 초기지능망은 서비스별로 단계적으로 전환토록 한다.

그리고 고객 취향의 독자 제작형(Self-making) 차세대지능망 서비스를 보급한다. 이것은 이용자의 취향 및 상황에 따라 원하는 형태의 서비스를 직접 조작하여 이용 가능한 차세대 지능망 서비스를 말한다. 또한 지능망 시스템 및 회선능률을 증대하기 위해 ITU-T 권고 서비스를 중심으로 서비스를 다양화하고, 초기 차세대지능망 서비스는 회의통화, 신용통화 등 25종을 제공하며, 이후 이동망, 광대역망을 기반으로 전자비서, 자동통역 등 다양한 멀티미디어형 지능망 서비스를 제공하는 등 서비스 다양화를 하여 지능망 이용효율을 증대한다.

5. 신규 통신사업자를 위한 통신망 구축

5.1 통신망 설비제공의 기본방침

가. 설비제공 및 정보공개 기본방침

우리나라의 정보통신서비스가 경쟁체제로 진입하게 되자 한국통신 기술기획실(실장 김영재)은 신규 통신사업자를 위한 통신망설비 제공의 기본방향과 상호접속 관문교환기(IGS)의 정보공개계획을 다음과 같이 결정하였다(1993. 5, 기술기획실).

첫째, 전국 통신사업자의 요청에 따라 소요 통신시설을 개방체제로 제공한다. 그리고 시내교환기, 시외교환기 및 국제교환기에 선택적으로 접속 이용할 수 있도록 한다.

둘째, 여러 통신사업자들의 통신망 간 원활한 연결을 위해 상호접속 전용교환기를 신설한다. 이를 위해 경제적이고 기술적으로 우수한 신기종의 집중교환기(TDX-10A)를 서울, 부산, 대구, 인천, 대전, 광주 등 6개 도시에 19개 시스템을 건설한다.

셋째, 고속통신망 구축을 위한 조치로서 필요한 경우, 시내전화국에서 직통 연결한다. 또한 고속신호방식(No.7)을 위한 전용교환기를 6대 도시에 별도 신설한다.

넷째, 상호접속 관문교환기(IGS)의 정보 공개를 위해 정부의 상호접속 기준고시를 준수하고, 통신망 정보범위를 설정하며, 공개 기준지침을 제시한다. 그리고 전국 52개 관문교환기를 선정 공개하고, 그 교환기의 소재지, 기능, 회선 현황 등을 공개한다.

나. 신규 통신사업자의 통신망 장비 설치요건

한국통신은 신규사업자들을 위해 새롭게 건설되는 통신망의 우선적 목표는 경제적이면서 양질의 소통능력을 갖추는 방향으로 정하였다. 그리고 통신망을 구성할 때 접속개소 및 단대단(End-to-End)의 구간거리를 최소화하는데 두었으며, 서비스 트래픽을 처리할 때 경유교환기의 노드수도 최소화하였다. 또한 신규 사업자를 위한 통신망은 PSTN과의 상호접속 요건을 기본적으로 충족토록 하고 향후 통신망을 확장하는 경우 용이하도록 초기부터 핵심설비를 구축하게 하였다. 뿐만 아니라 통신망 구성회선 및 타 통신망 간 연동회선은 이원화로 구성하여 신뢰성을 확보토록 하였다. 당시 수립한 경쟁분야별 통신망 구축방안은 다음과 같다.

첫째, PCS 사업자는 통신망 설비로서 PCS 교환기, 기지국, 기지국 제어장치, 가입자 정보처리장치 등을 갖추어야 하고 교환노드는 서울지역에 2개, 기타 도 단위별로 1개 이상을 시설해야 하며, 무선기지국은 빌딩, 고지, 도로변에 설치해야 한다. 그리고 통신망은 망형(Mesh) 또는 성형(Star)으로 구성하고 PSTN과의 상호접속은 PSTN측은 IGS 교환기, PCS측은 PCS 교환기 또는 전용 IGS에 연결한다. 이때 접속기준은 유럽식 전송방식인 E1을 적용하고 신호방식은 No.7을 사용한다. 또한 정산용 상세과금 자료는 발신 측 교환기에서 처리한다.

둘째, 국제전화사업자의 필수 통신망 시설은 국제관문교환기, 위성지구국 또는 해저케이블 연경을 위한 육양국으로 한다. 교환기노드는 서울, 부산 등 2개 이상을 운용해야하고 위성지구국은 자체적으로 건설 운용해야 한다. 그리고 PSTN과의 상호접속은 기존 사업자의 시외계위국과 연결하고 외국 사업자와는 직접 구성토록 한다. 마찬가지로 접속기준은 접속

단위별로 유럽식 전송방식(E1)을 적용하고 신호는 공통선 신호방식(No.7)을 사용한다. 그리고 정산용 상세과금 자료는 발신 측 교환기가 처리한다.

셋째, TRS 사업자는 제어교환설비와 기지국의 통신망 설비를 보유한다. 전국사업자의 교환노드는 서울지역에 2개와 기타 도 단위별로 1개 이상을 확보하며, 지역사업자의 경우는 지역별로 1개 노드 이상을 갖추어야 한다. 기지국은 고지 및 도로변에 설치하며, 모든 TRS 트래픽은 TRS망에서 발·착신함으로 상호접속은 필요 없다.

넷째, 무선데이터사업자는 무선데이터교환기, 중계교환기, 통신망 제어시스템, 기지국을 설치한다. 교환노드는 서울지역에 2개, 기타 도 단위별로 1개 이상을 시설해야 하며, 기지국은 빌딩, 고지, 도로변에 설치할 수 있다. 그리고 PSTN과의 접속은 PSTN측은 IGS 교환기, 무선데이터측은 무선데이터교환기로 하며, PSDN과의 접속은 PSDN측은 IGS기능을 보유한 PSDN 교환기, 무선데이터측은 무선데이터교환기에 연결한다. 또한 PSDN의 접속기준은 유럽식 전송방식(E1)을 적용하고 접속 프로토콜은 X.75를 사용하며 PSTN과 직접접속은 가입자회선을 이용한다. 이 사업자의 경우에도 정산용 상세과금 자료의 처리는 발신측 교환기가 담당한다.

다섯째, CT-2 사업자는 통신망설비로서 CT-2 교환기, 기지국, CT-2 관리시스템을 준비해야 한다. 교환노드의 경우 전국사업자는 서울지역에 2개 노드, 기타 도 단위별로 1개 이상을 갖추어야 하고, 지역사업자는 지역별로 1개 노드 이상을 시설해야 하며, 기지국은 빌딩, 도로변에 설치해야 한다. 그리고 PSTN과의 접속은 PSTN 측은 IGS 교환기, CT-2측은 CT-2 교환기에 연결한다. 또한 접속기준은 유럽식 전송방식(E1)을 적용하고 신호방식은 No.7 또는 R2 신호를 사용한다. 한편 정산용 상세과금 자료는 가입자관리시스템에서 처리한다.

여섯째, 무선호출사업자는 통신망 장비로서 무선호출교환기와 기지국을 운용해야한다. 교환노드는 서울에 1개 이상을 운용하고, 기지국은 빌딩, 고지, 도로변에 설치하면 된다. PSTN과의 상호접속은 PSTN측은 IGS 교환기, 무선호출측은 무선호출교환기에 연결한다. 접속기준은 일반적인 경우와 동일하게 유럽식 전송방식(E1)을 채택하고 신호방식은 공통선 신호방식(No.7) 또는 R2신호를 사용한다. 또한 정산용 자료처리는 PSTN 교환기에서 시행한다.

5.2 무선호출망 및 전송로 제공

가. 무선통신기지국의 공동사용

한국통신 기술기획실(실장 김영재)에서는 신규지역 무선호출망 간 접속을 위한 기본계획을 수립하였다(신규지역 무선호출망 간 접속망 구축계획, 1993. 2, 기술기획실 종합망계획부). 이를 위한 접속관문국은 시내전화국과 시외전화국으로 이원화하여 접속망의 신뢰성을 확보하였으며, 사업자(10개) 간 동등접속이 되도록 하였다. 그리고 신규사업지역 10개 대도시에 접속관문국을 설정하고, 접속방식, 루팅체계, 접속경로 등의 접속기준도 만들었다.

한편 PCS, TRS, 무선호출, 무선데이터 등 다수의 신규 무선통신사업자가 출현함에 따라 각 사업자 별로 기지국 구축을 추진할 수밖에 없어 기지국의 난립, 전파환경의 혼란과 기지국 부지확보의 어려움 등의 문제점이 대두되었다. 이에 따라 정부는 서비스별 사업자별 기지국 설치에 따른 중복투자와 환경저해를 방지하기 위해 CT-2를 제외한 모든 무선서비스의 상면과 전원, 철탑 등 부대시설을 공동으로 설치하고 관리하는 기지국 공용화를 검토하였다.

정부는 한국통신 및 14개 무선통신사업자의 기지국을 정부산하 한국무선국관리사업단에서 공동기지국을 설치 운용하는 기지국 공용화를 추진하였다. 이를 위해 정부와 15개 무선통신사업자 간 1차 공용화추진회의(1996. 8. 22), 2차 공용화추진회의(1996. 9. 11)를 거친 후 기지국 공용화 기본협정(안)을 사업자들에게 통보하였다. 이어서 3차 공용화추진회의(1996. 9. 20)를 개최한 후 정부는 기지국 공용화 기본협정수정(안)을 통보하였다. 그 주요내용은 다음과 같다.

① 공용화 대상은 이동전화, 무선호출, PCS, TRS, 무선데이터의 기지국으로 하며 기지국 공용화 지역은 기지국 밀집이 예상되는 지역, 그린벨트, 군사시설 보호지역, 터널 등 각각의 기지국을 설치하기가 곤란한 지역으로 정한다.

② 공용화 대상시설은 부지, 건물, 철탑, 전원시설, 도로, 보안시설 및 냉난방 등 부대시설로 하며, 이의 시행을 위해 협의체를 구성 운영한다. 이 협의체의 주체는 한국무선국관리사업단이 되고, 협의회는 한국통신, KMT, 신세기 및 신규 무선통신기간사업자로 구성하며, 그 임무는 기지국공용화 협정을 체결하고, 비용부담비율을 결정하며 소유지분비율을 결정한다.

한국통신은 정부의 기지국공용화 추진기본협정(안)에 대한 검토의견을 정부로 회신하였으며 다시 정부는 기지국공용화 추진 4차 회의를 개최하였다(1996. 10. 4). 이때 한국통신은 기지국공용화에 대한 필요성에 크게 공감하였다.

나. 한국통신의 의견제시

한국통신은 무선호출기지국의 공용화는 신중히 단계적으로 추진할 필요가 있다는 의견을 정부에 회신하고, 국회에 제출하였다(정부에 대한 한국통신 회신 및 정기국회 답변서, 1996. 10, PCS사업 실무추진위원회 시설준비반장 이동훈). 이때 회신의 주요내용은 다음과 같다.

첫째, 이질적인 서비스를 위한 여러 안테나가 단일철탑에 달려있을 경우 혹시 있을지 모르는 전파간섭으로 인해 서비스품질이 악화될 가능성이 있으므로 충분한 기술적 검토가 선행되어야 한다. 이러한 기술적 검토와 병행하여 그린벨트, 군사보호지역, 지하철 등 기지국 확보가 환경을 해치거나 어려운 곳은 우선적으로 공용화를 추진하는 것이 바람직하다. 그러나 모든 기지국이 단일장소로 집중됨으로서 천재지변 등으로 기지국이 파괴될 경우 전체무선통신망이 마비될 우려가 있어 생존성이 매우 취약해 질 수 있다.

둘째, 한국통신은 신규서비스를 제공하기 위한 통신설비를 국사에 설치하고 있기 때문에 한국통신 자체사업의 추진을 위한 상면도 부족한 실정이다. 이에 대한 충분한 검토가 이루어지지 않은 상태에서 무리하게 추진할 경우 사업자에게 커다란 손실을 가져다 줄 수 있기 때문에 시범사업을 통한 기술적인 사항을 검증한 후 기본협정을 추진하는 것이 바람직하다.

셋째, 경쟁사업자들의 창의적인 통신망 구축은 곧 품질과 연결되며 그러한 품질은 가입자 수의 증감을 가져와 소요기지국 수량도 점차 달라져 갈 것이고 따라서 부분적으로 기지국 독립화가 이루어질 것으로 보인다. 그래서 기지국 공용화는 정부가 나서기 이전에 전기통신기본법, 전기통신사업법에 따라 사업자간 자율적 협의에 의해서 추진하는 것을 원칙으로 한다. 다만 필요한 경우 한국통신사업자연합회 또는 기간통신사업자인 한국통신이 주관하여 추진하는 것이 바람직하다.

다. 통신사업자를 위한 전송로 공급

한국통신은 신규 통신사업자의 설비제공을 위해 1998년도 전송로시설 공급계획을 다음과 같이 추진하였다(1998년도 주요업무계획, 1998. 2, 한국통신 네트워크본부).

첫째, 신규 통신사업자 및 기존 통신사업자의 설비제공 요청구간의 수요를 충족하고, 고액가입자 등의 돌발수요에 즉시 대처하도록 한다. 그리고 요청하는 수요의 정확성을 높여 공급규모를 적정하게 조정한다.

둘째, 1998년도 사업으로 전송시설 12,891 DS1, 선로시설 1,463Km를 공급 추진한다. 이를 위한 소요예산은 전송시설 826억3천6백만 원, 선로시설 152억 원이다.

셋째, 실행예산은 전송시설 787억 원으로 배정되어 39억3천6백만 원이 부족하고, 선로시설의 경우 122억 원이 배정되는 상황이어서 30억 원이 부족하다. 이는 전송시설 614 DS1, 선로시설 308Km의 타 통신사업자용 전송로를 제공하지 못하게 되어 사업자간 공정경쟁 관련 분쟁이 발생할 수 있다. 한국통신은 이 문제를 해결하기 위해 1999년 개통분 69억 원은 채무예산으로 확보 추진하였다.

6. 기업용전화(PABX)를 위한 전용망 구축

6.1 통신시장 개방과 구내통신

통신시장의 전면 경쟁 및 구내사업자의 출현 등 통신환경 변화에 능동적으로 대처하기 위해 DID 전용망을 구축하여, 기업전화(PABX)에 대한 번호 이동성을 보장하고 기업통신망을 집중적으로 관리할 필요성이 대두되었다. 특히 한국통신 입장에서는 PSTN의 경쟁분야 취약점을 해소하여 공세적인 시장을 방어하고 신규시장을 적극적으로 개척해야만 하였다. 당시 시내전화시장에서 경쟁할 때 기업용 전화(PABX)는 경쟁의 최대 격전지로 부상되었다.

특히 시내전화시장은 한국통신의 독점체제에서 한국통신과 하나로통신(주)의 복점체제로 구도가 변화하고 있었다. 이때 하나로통신은 1998년 10월 시범서비스를 시작으로 1999년 1월부터는 서울, 6개 광역시, 제주지역에서 상용서비스를 제공한다는 계획이었다. 그리고 하나로통신의 마케팅은 기업고객 위주의 철저한 크림스키밍(Cream- skimming) 전략을 구사하는 것으로 발표되었다.

더구나 당시 사업자 간 번호 이동성(Nummer Portability) 적용이 용이하여 동일 국번호 내 가입자가 기존번호를 유지한 채 하나로통신(주)로 사업자의 변경이 가능하였다.

또한 구내통신사업자가 출현하고 텔레마케팅 (TM: Tele-Marketing)의 활성화에 따라 PABX 시장이 급신장할 것으로 예상되었다. 구내통신사업자는 자사통신망에 대하여 한국통신, 데이콤, 하나로통신 등 접속사업자를 선택할 권한을 가지게 되었다.

뿐만 아니라 경쟁이 심화함에 따라 통신사업자가 부담하는 PABX 및 이의 대개체가 가속화할 전망이고, 대부분의 구내 교환시설이 전자화, 디지털화될 것으로 예상되었다. 이때 기업이 이용하는 PABX는 한국통신의 자회사인 한국통신진흥(주)가 영업, 운용 및 유지보수를 담당하고 있었고, 또한 대형건물을 위한 그룹텔의 개통관리와 구내통신진단도 담당하였다.

그리고 중소기업이 주로 이용하는 센트렉스(Centrex)는 전화국에서 운용 및 유지보수를 맡아 수행하였다. 당시 지역별 PABX 시설 운용상황(전자식)을 보면 <표 7-9>와 같다.

<표 7-9> 전국 PABX 시설상황(전자식, 1997. 6)

지역별	설치대수	국선수용회선			구내회선
		DID	DOD	일반전화	
서울	976	37,791	21,117	10,977	468,432
부산 경남	433	8,282	1,995	6,546	147,842
대구 경북	342	6,236	2,543	2,886	99,851
인천 경기	426	10,055	7,024	2,758	167,404
대전 충남	296	5,006	4,094	804	86,030
광주 전남	363	4,592	3,361	1,536	45,664
전북	156	1,696	2,211	211	37,658
강원	102	1,179	297	965	25,093
충북	106	1,416	988	391	25,995
제주	51	547	286	312	8,917
전국	3,251	76,800	43,919	27,386	1,112,886

1997년 PABX 시장규모는 PABX 6,560억 원, 그룹텔 303억 원, Centrex 23억 원 등 총 6,886억 원으로 예측되었으며, 이는 전체 기본통신시장 매출액의 약 10.6%를 점유하는 규모였다. 당시 PABX 수요증가는 일반전화의 연간 수요증가율(약 3-6%)보다 크게 높게 나타났다. 이때 PABX에 대한 전체수요(전자식+기계식+공전식+간이PABX)를 예측하면 <표 7-10>과 같다.

<표 7-10> PABX 수요예측

연도별	1996년 말	1998년	2,000년	2,001년
DID(회선)	119,075	213,673	283,519	311,627
DOD(회선)	93,785	164,267	218,142	240,466

6.2 PABX사업 추진계획

가. 사업추진 기본방침

한국통신 네트워크본부(본부장 이상복)는 PABX 시장의 급성장과 시내통신부문의 경쟁에 대비하여 PABX 사업계획을 수립 추진하였다(PABX 전용망 구축 기본계획, 1997. 8. 29, 네트워크본부 통신망기획국). 이 계획의 주요내용은 다음과 같다.

(1) 대도시의 PABX와 그룹텔의 수용구역을 전화국 단위에서 통화권 단위로 확대하고, 통화권 단위의 번호 이동성을 제공한다. 이를 위해 발신(DOD)은 현행대로 운용하고 착신(DID)은 통화권 단위로 통신망을 구축한다. 그리고 PABX, 그룹텔의 착신(DID)을 위한 별도의 독립망을 구성하고, 대량호가 착신되는 PABX의 통화품질을 개선할 수 있는 차별화된 통신망을 구축한다.

(2) PABX 집중교환국은 착신노드 수를 줄여 PDD 및 통화완료율을 높이기 위해 통화권내 교환국(국제관문국, 시외국, 단국)과 최대한 직통착신루트로 구성한다. 이때 수용대상으로는 중계선(E1/T1) 접속이 가능한 구내통신사업자를 포함하여 신규 PABX 및 그룹텔로 한다. 그리고 기존 PABX가 중계선 접속을 희망하는 경우에는 국(局)단위로 수용변경한다.

(3) 서울통화권 번호는 서울지역 국번호용량을 확장한 후 20×× 국번호를 PABX 집중국 전용의 국번호로 할당한다. 그리고 20×× 국번호를 번호변경이 없고 통화권내 번호이동성이 보장되는 국번호계열로 특성화하여 1998년 10월 이후 사용토록 한다. 이 경우 하나로통신은 21×× 국번호를 활용하여 서비스가 가능하다.

이에 따라 서울지역 국번호는 2××에서 22××로 확장하고 20××와 21××국번호는 신규로 생성한다. 또한 3××× 국번호를 제외한 2자리 국번호(2×× ~ 9××)도 단계적으로 2를 추가하여 4자리화 한다. 한편 부산, 대구, 인천, 광주, 대전통화권은 기존 3자리 국번호 중 30× 등과 같이 십단위로 국번호를 할당토록 하여, 국번호 변경계획은 없는 방향으로 시행한다.

나. PABX 통신망의 구성

서울통화권은 전국 PABX의 약 50%가 집중된 PABX의 최대 밀집지역이라는 점과통신망 규모 등을 감안하여 신규사업자의 시험서비스 개시 이전에 통신망을 구축하기로 하였다. 서울지역 총 45개 전화국 중 광화문전화국, 중앙전화국 등 5개국이 전체 DID 시설의 47%를 차지하고 있었다(1996. 12). 그리고 이들이 2002년에는 수용의 약 50%를 점유하는 것으로 파악되었으며 이때 광화문전화국과 영동전화국은 전송로집중국이었다.

당시 서울지역의 전화국별 DID 수요(1996년-2002년)는 <표 7-11>과 같이 조사되었다. 이 표에서 보는 바와 같이 서울지역 국번호별로 보면 8개 지역 중 5번 국번호 지역과 7번 국번호 지역의 DID 수요가 전체수요의 67% (1996년), 70%(2002년)를 점유하는 것으로 나타났다.

<표 7-11> 서울지역 전화국별 DID 수요

구분	1996. 12	1998년	2000년	2002년
광화문전화국	5,804	7,070	9,770	12,120
중앙전화국	13,318	13,336	16,380	18,170
여의도전화국	8,555	11,144	13,684	14,973
영동전화국	9,481	14,553	17,853	19,243
신사전화국	3,703	6,255	8,095	9,295
기타전화국(40개)	47,898	56,196	65,782	73,802
계	88,754	102,954	130,424	147,603

이에 따라 광화문전화국 권역과 영동전화국 권역을 위한 PABX를 소통위주의 최적통신망으로 구성하였다(1997년-1998년). 그 세부내용은 다음과 같다.

① 시내통신망의 경우 DID 수요 및 전송로 집중국 등을 고려하여 광화문전화국과 영동전화국에 PABX집중국을 설치하였다. 이때 광화문 권역은 2국, 3국, 7국, 9국으로 묶고, 영동권역은 4국, 5국, 6국, 8국을 대상으로 구성하였다.

② 시외통신망은 서울 시외교환기와 PABX 집중국 간에 직통착신루트를 구성하였고, 국제통신망의 경우는 국제관문국(광화문, 목동)과 PABX집중국 간 직통착신루트를 구성하였으며, 대전과 부산관문국은 시외망을 경유하여 접속하였다.

③ PABX 집중국에 수용된 PABX가 이전할 때는 기존번호를 그대로 유지하었으며, 동일 PABX 권역내에서 이전하는 경우에는 전송로만 변경하여 유지하게 하였다.

④ 타 PABX 권역으로 이전할 때는 PABX 집중국간 국간회선을 구성하여 처리하는 방안

과 메모리 자원이 가능한 TD발신단국은 프리픽스를 확장하여 처리하는 방안 등 2개 방안을 적용하였다. 이때 이전한 PABX의 가입자번호(예: 2001-30××)는 프리픽스(예: 2001AB)를 확장하여 해당 PABX 집중국으로 루팅 처리하였다.

그리고 부산, 대구, 대전, 인천, 광주 등 대도시통화권의 경우는 PABX 집중교환국 선정, 직통착신루트 구성 등 최적의 통신망 구성방침을 수립 추진하였다. 그 세부내용은 다음과 같다.

① 기존 전용탠덤교환기 중 2개 시스템을 PABX 집중교환국으로 선정하여 통신망을 구축한다. 부산, 대구는 1998년 10월 이전에 시행하고, 대전, 인천, 광주는 1998년말에 완료한다.

② 이들 대도시는 A권역과 B권역으로 구분하여 시내통신망을 구성하고, 시외통신망은 해당 통화권 시외교환기와 PABX 집중국 간에 완전 직통착신루트(Full-Direct)로 구성하며, 국제관문국은 시외국을 경유하여 호를 접속한다. 다만 부산과 대전 국제관문국은 통화권내 PABX 집중국과 직통루트를 구성하고 O/F호만 시외통신망을 경유하여 처리한다.

③ 번호이동성에 대해서는 서울통화권의 경우와 동일한 방식을 적용한다. 광역시 통화권은 번호계획 변경이 없으므로 기존 PABX 가입자도 가능한 한 국번호 단위로 PABX 집중국으로 수용변경을 적극 추진한다.

다음 PABX 통신망의 중장기계획(1999년 이후)도 수립하였다. DID는 PABX 집중국을 유지하고, DOD는 E1 중계선을 통해 단국접속이 가능한 PABX는 수용구역내 단국의 IDLC(Intergrated Digital Loop Carrier)에 수용하기로 정하였다. 그리고 시내교환기가 디지털화되고 공통선 신호방식(No.7)이 완전 적용된 이후에는 통화권내 TXT를 최대한 PABX 집중국으로 활용하기로 하였다. 이는 모든 단국은 PABX의 상세 프리픽스(국번호+1자리 또는 2자리)를 분석한 후 호를 처리하고, 공통선 신호방식 완성 이후에는 단국과 TXT 간 양방향 통화로를 활용토록 방향을 정하였다.

다. 기대효과 및 업무추진체계

PABX 통신망을 이상과 같이 추진함으로서 기업통신시장을 최우선으로 방어할 수 있고, 기업고객의 유인효과를 극대화하여 시너지 효과를 창출할 수 있어 전용회선 등 기타서비스 시장선점도 용이하다고 보았다. 그리고 증가하는 구내통신시장에서 경쟁우위를 확보할 수 있다고 판단하였다. 또한 구내통신시설(PABX 등)을 일원적으로 통신망을 관리할 수 있는 이점을 확보할 수 있었다.

이에 따라 통화완료율 향상, 회선개통 및 유지보수 등을 개선할 수 있으며, 통화권내 이전을 할 경우 번호이동성을 제공할 수 있다고 분석하였다. 한국통신은 이 사업을 효율적으로 추진하기 위해 부서별로 분담 추진하였다(PABX 전용망 구축 기본계획, 1997. 8. 29, 네트워크본부 통신망기획국). 이 계획의 주요내용은 다음과 같다.

① 네트워크본부 통신망기획국은 기본계획을 수립 조정하고, 실행계획은 시내교환계획국과 시내전송계획국에서 각각 수립 추진한다.

② 마케팅본부는 수용가입자 수요조사를 실시하고, 전략영업본부에서는 마케팅계획을 수립하고 추진하며 그룹텔 및 한국통신 부담 PABX 투자사업을 추진한다.

③ 시설운용실은 교환시설 및 전송로시설의 운용보전지침을 제정하고, 원스탑(One-Stop) 유지보수체계 및 통화완료율을 향상시키는 업무를 담당한다.

7. 통신사업자 간 상호접속

7.1 신규 시내전화사업자 상호접속

가. 기본방침

정부의 통신사업 구조조정계획에 따라 앞으로 시외전화사업자 선정이 예상되고, 제2 시내전화사업자 등장에 대비하여 한국통신의 기간통신망과 신규 사업자망간의 상호접속 및 번호계획 수립이 필요하였다. 이에 따라 한국통신은 복수사업자에 대비한 시외전화 통신망계획을 수립하고 공중통신망(PSTN)과 이동무선전화 및 무선호출망을 연결하는 통신망계획을 수립하고, 이를 위한 접속지역, 접속교환기 및 접속점에 대한 체계도 정립하였다. 이와 관련하여 한국통신의 추진내용은 다음과 같다.

(1) 1993년 한국통신 기술기획실(실장 이정욱)에서는 신규통신사업자의 출현에 대비하여 통신망 간 상호접속을 위한 기본방침을 결정하였다. 이 계획의 주요내용은 공중통신망을 기본으로 상호접속계획을 수립하고, 이종 통신망 간 단계별 연동 및 사업자 간 정산기술을 개발하는 것이었다(통신망 상호접속 종합발전기본계획, 1993. 7, 한국통신 기술기획실).

(2) 1995년 한국통신 기술기획실(실장 이정욱)에서는 신규사업자를 위한 시외식별번호를 부여하여 이용토록 하였다. 그리고 시외지역번호를 도 단위 15개 번호권으로 축소하고 이를 요금계획과 연계하여 추진토록 방침을 정하였다(1995년도 주요업무 발전계획, 1995. 2, 기술기획실).

(3) 1996년 한국통신 네트워크본부(본부장 이정욱)는 신규 시내전화사업자에 대한 상호접속 기본체계를 수립 추진하였다. 이를 위한 상호접속은 단계별로 필요시설과 접속지역을 확대하는 것으로 정하였다(시내경쟁에 대비한 네트워크 대응방안, 1996. 8, 한국통신).

제1단계(1996년-1998년)에서는 6대 도시에 특번집중교환기를 설치하고 기타 통화권지역은 한시적으로 시외교환기에 접속 운용한다. 이때 기존의 상호접속 전용IGS를 설치 및 운용하며 이 전용IGS는 특번집중교환기 설치 전까지 운용한다. 그리고 제2단계(1999년 이후)

에 가서는 타 사업자의 트래픽 증가에 따라 설치지역을 확대하며, 통화권 광역화 및 도단위 중계망계획 등과 연계 추진한다. 이때 특번집중교환기는 IGS기능, No.7방식, ISDN 기능을 보유한 대용량 전전자교환기로 공급한다.

나. 문제점 및 검토결과

한편 한국통신은 시내통신망 접속체계를 6개 루트로 예상하고 이에 대한 문제점을 다음과 같이 분석하였다.

① 제1루트는 타 사업자 시내망이 한국통신 시내단국교환기와 접속되는 루트이다. 이때에는 한국통신 시내단국교환기의 과부하로 인하여 교환기 증설이 필요하고, 시내단국교환기의 IGS기능의 구현이 곤란하다. 그리고 한국통신 시내단국교환기는 착발신호만 가능하고 중계회선의 증설이 어려워 중계교환기의 역할을 수행하기가 곤란하다. 또한 특번집중교환기에 접속하며 한시적으로 시외교환기에 접속을 허용한다는 상호접속 기본체계에 위배된다.

② 제2루트는 한국통신(KT) 탠덤교환기에 접속되는 경우이다. 그런데 이 탠덤망은 한국통신 자체의 시내 호 처리를 위한 교환기로 타 사업자망은 접속이 불가하다. 더구나 당시의 탠덤교환기는 IGS 및 과금기능을 보유하지 못하여, 타사업자 접속호를 처리하는 경우 시설증설이 필요하다. 이는 상호접속체계에 위배된다. 그리고 탠덤교환기와 시외교환기 간 전송로가 구성되어 있지 않아 시외접속호의 처리가 불가능하다. 이 경우 통신망 체계가 2계위에서 3계위로 늘어나 계위체계에 위배된다. 또한 시외, 국제호처리를 위해 탬덤-시외교환기 간 전송로의 신설이 필요하다.

③ 제3루트는 한국통신의 특번집중교환기에 접속되는 경로를 말한다. 이 방식은 기본체계로서 IGS기능의 구현이 가능하고, 일원적인 상호접속망 관리가 가능하여 상호접속에 적합하다. 이 방안을 위해서는 한국통신의 시외망, 국제망과 접속을 위해서 특번집중교환기와 시외교환기 간 별도의 전송로 구축이 필요하다. 한편 한국통신의 시외통신망, 국제통신망과 접속루트가 구성되지 않아도 082 및 타 사업자통신망은 접속이 가능하다.

④ 제4루트의 경우는 한국통신 시외교환기에 접속하는 방법이다. 이때 통화권내 시내 호를 처리할 때 시외교환기를 경유해야 함으로 한국통신 시외망에 과부하가 우려된다. 이를 한시적으로 허용하는 경우 상호접속체계에는 적합하다.

이상과 같이 검토한 결과 통화권내 시내통화는 특번집중교환기를 설치 접속하여 처리하고, 타 통화권의 통화호는 시외교환기에 접속하여 처리하는 것이 기 수립한 상호접속 기본체계에 적합하였다. 그리고 타 사업자 시내통신망과 타 사업자의 시외통신망, PCS, 무선호출, 이동전화 등의 타 사업자 통신망과의 접속은 특번집중교환기를 통한 접속을 원칙으로 하였다. 또한 타 사업자 시내전화망과 타 사업자통신망 간 직접 접속하는 경우에는 한국통신의 통신망을 통한 우회접속은 불허하였다.

7.2 신규사업자 간 상호접속계획 보완

가. 상호접속체계의 정립

1990년대 후반이 되면서 한국통신은 신규사업자 간 상호접속계획을 보완하였다. 상호접속 고시기준 및 공정경쟁에 적합하도록 시내전화 통신망의 계위 접속을 기반으로 접속체계를 설정하고, 동등접속을 실현하며 공정경쟁 보장을 위한 상호접속을 추진하였다. 이때 한국통신이 정한 신규사업자 간 상호접속체계의 요점은 다음과 같다(시내전화 경쟁대응 네트워크 발전전략, 1997. 6, 한국통신 네트워크본부).

첫째, 한국통신과 신규사업자간은 상호접속전용인 시내집중교환기를 통해 상호접속하는 것을 원칙으로 한다. 그리고 상호접속시스템 및 루트의 이원화 구성으로 안정성을 확보하고, 지역 내 최단거리 접속원칙을 준수한다. 또한 타 사업자통신망 확장계획, 지역번호의 광역화, ISDN, 공통선신호망 구축 등 관련 계획을 감안하여 추진한다.

둘째, 신규사업자 간 상호접속은 아래와 같은 관련근거 및 계획에 의해 체계적이고 효율적으로 시행한다.

① 통신사업자 간 상호접속기준 고시(정보통신부고시 제1995-119호)

② 특번시내집중교환기 구축계획, 특번집중교환기 설치원칙 및 공통선신호망 상호접속계획을 내용으로 하고 있는 상호접속 기본체계(1996. 8. 2)

③ 국제통신, 이동전화 등 서비스별 표준모델, 가급적 접속교환기와 전송로의 이원화 추진을 정하고 있는 상호접속망 표준모델(1996. 9. 17)

④ 상호접속망 구축 세부추진계획(1996. 12. 12). 이 계획에 의하면 특번집중교환기는 1단계(1997년)에서 6대 도시에 19개 시스템(58만회선)을 공급하고, 2단계(1998년- 1999년)에 가서 19개 주요도시에 24개 시스템(57만4천회선)을 공급한다. 그리고 상호접속망은 접속점 및 접속경로, 접속망구성 및 루팅방법 등을 설정하고, 단국과 특번집중국 간, 특번집중국과 타사업자 간을 구성한다.

셋째, 신규사업자의 통신망은 6대 도시에서는 시내중계교환기를 통해 한국통신 통신망과 상호접속하고, 중소도시 및 농어촌지역에서는 인근 대도시 또는 중소도시의 시내중계교환기를 경유하여 한국통신 시내통신망과 상호 접속하도록 한다. 이에 대해서는 세부적으로 다음과 같이 정하였다.

① 교환국 간은 완전망형으로 단일계위 망을 구성하고, 교환기와 접속점 간은 트래픽에 따라 망형 또는 성형으로 구성한다. 그리고 장거리 전송로 및 통신국사가 이미 확보된 지역을 위주로 하여 시단위에 1개 이상 교환기를 설치하고, 원격교환기와 WLL시스템은 주교환기에 직접 접속한다.

② 대도시 지역에서의 시내통신망 상호접속을 위해 중계전용교환기 또는 시내/ 중계겸용

교환기를 구역별로 설치하고, 시내중계교환기는 한국통신 시내단국교환기와 완전 망형으로 구성한다. 그리고 단국과 중계교환기 간 접속은 이원화 또는 단일루트로 접속하고, 동일 통화권 단국간은 직통루트 또는 완전 우회경로로 구성한다. 이때 서울 및 광역시에서는 구역별 시내중계교환기를 경유하여 한국통신 통신망과 접속하고, 대도시 지역에서는 도시별 중계교환기를 경유하여 한국통신 통신망과 접속하되 통신망의 안정성을 위해 인근 대도시 지역으로 우회루트를 구성한다.

③ 중소도시 및 농어촌지역에서의 시내통신망 상호접속은 직통루트 또는 인근 시지역의 시내단국교환기를 경유하여 접속하고, 시단위 이상지역에 시내중계교환기를 설치하는 경우에는 기존 시내통신망과 직접 접속한다. 이를 위해 중소도시지역에서는 통화권별 시내단국교환기를 설치하고 트래픽에 따라 모든 중소도시의 시내중계교환기와 직접 접속하거나 인근 대도시 시내중계교환기를 경유하여 한국통신 통신망과 상호 접속한다. 또한 농어촌지역에서는 주교환기가 설치된 경우 인근 대도시 시내중계교환기를 경유하여 접속한다.

나. 서울특별시 및 광역시 상호접속체계

한국통신은 신규사업자를 위한 시내통신망간 상호접속체계, 호 접속방안 등에 관한 시행계획을 수립하였다. 특히 서울 및 광역시를 위해 상호접속체계를 다음과 같이 설정하여 추진하였다.

① 상호접속전용인 시내집중교환기 설치를 1997년에 완료하고, 상호접속은 시내집중교환기를 통하여 제공한다. 세부적으로는 시내집중교환기와 타 시내사업자의 시내중계교환기를 연결하며, 시내중계교환기가 설치되지 않은 지역의 경우에는 시내집중교환기와 타 시내단국교환기 간을 접속한다.

② 시내집중교환기를 경유한 신규사업자 단국교환기간 루팅은 제한하고, 시내집중교환기 및 시내중계교환기 간은 발착신 이중탠덤방식으로 구성헌다. 서울지역은 타 사업자 시내중계교환기와 각 지역(Area)의 시내집중교환기 간에 이원화 구성한다.

③ 한국통신이 요청하는 경우 시외교환기와 신규시내사업자의 단국교환기 간 상호접속한다. 중소도시 및 농어촌지역의 신규사업자 사업은 중소도시는 2001년, 군 단위는 2003년으로 계획되어 있는 관계로 도 단위번호 및 요금광역화 일정 등과 연계하여 재검토한다.

④ 시내전화 호접속은 식별번호를 이용한다. 예를 들면 한국통신으로부터 신규사업자로 접속할 때는 08×-N××-××××를 이용하고, 신규사업자로부터 한국통신으로 접속할 때는 02-N××-××××를 이용한다. 한편 국번호를 공유하는 방안으로 하는 경우에는 한국통신과 동일한 접속이 이루어진다.

⑤ 한국통신 가입자간 시외전화의 호 접속은 한국통신 시외통신망을 이용할 때는 지역번호를 다이얼링하고, 데이콤 시외망을 이용할 때는 082 식별번호를 다이얼링 한다. 그리고

한국통신 가입자가 신규시내사업자 가입자에게 시외전화를 거는 경우 한국통신 시외통신망을 이용할 때는 지역번호를 다이얼링하고, 데이콤의 시외망을 이용할 때는 082 식별번호를 다이얼링 하여 접속한다. 반면 신규시내사업자 가입자가 한국통신 가입자에게 거는 경우 한국통신 시외통신망을 이용할 때는 081 식별번호를 다이얼링하고, 데이콤 시외망을 이용할 때는 지역번호를 다이얼링 하여 접속한다.

⑥ 국제전화는 어느 가입자나 00×를 다이얼링해야 하고, CT-2, PCS, 공중전화는 사업자간 협의하여 시행한다.

⑦ 사업자 간 신호망 연동은 상호접속전용 STP를 통한 준대응망으로 구성하고, 타 사업자 트래픽은 타 사업자간 신호링크에 의해 처리한다. 상호접속전용 STP간은 신호링크를 독립적으로 운용하고, 1999년까지 이들 STP에 신호관문기능을 부여하여 신호망간 상호 독립성을 보장하며 타 사업자망의 영향으로부터 자체 신호망을 보호한다.

7.3 통신사업자 간 상호접속

가. 상호접속 망 모델 설정

1990년대 중반에 들어서면서 PCS, 국제전화, CT-2, 초고속망 사업자 등 다수의 통신사업자가 출현하고 있어, 사업자 간 협력체제를 구축하고 업무처리 기간을 단축하여 상호접속 업무를 효율적으로 시행할 필요가 대두되었다. 이때 공중전화망 사업자인 한국통신에서 상호접속망 모델을 정립하여 제시함으로서 상호접속업무의 주도권을 확보하고자 하였다.

1996년 중반 한국통신 네트워크본부(본부장 이정욱)에서는「상호접속망 구축 업무처리 지침」을 제정하였다(1996. 5). 이 지침은 상호접속망의 기본모형을 설정, 제시하고 상호접속 업무를 즉각적이고 효율적으로 수행하기 위한 것이었다. 주요내용은 접속체계 및 접속점의 설정은 네트워크본부 통신망기획국에서 주관하고, 설비제공 및 접속회선 검토는 시설운용실이 담당하는 것으로 하였다. 그리고 상호접속 업무의 처리를 위해 한국통신 네트워크본부장과 각 사업자의 부사장급으로 구성된 네트워크운영협의회를 가동하였다.

또한 한국통신 사내업무는 통신망기획심의위원회 및 네트워크발전위원회가 맡아 처리하도록 하였다. 그리고 상호접속 및 설비제공에 대한 업무는 네트워크본부의 기본방침에 의해 처리하고, 공정대책실에서 사업자 간 협정체결 및 대정부 승인을 추진하도록 결정하였다. 이에 따라 한국통신 네트워크본부(본부장 이정욱)는 통신사업자간 상호접속계획을 마련하였다(시내경쟁에 대비한 네트워크 대응방안, 1996. 8, 한국통신). 이 계획의 주요내용은 다음과 같다.

첫째, 특번 집중교환기를 설치한 통화권에서는 타 사업자 시내망과 동일통화권 내의 한국통신 시내통신망과는 특번 집중교환기를 통해 접속한다. 타 사업자 시내망과 한국통신 시외통신망과는 시외교환기를 통해 접속한다. 또한 타 사업자 시내망과 타 사업자망이 한국통신 통신망을 경유하는 경우 특번집중교환기를 통해 접속한다.

둘째, 특번 집중교환기의 미설치 지역의 경우, 타 사업자의 시내망은 한국통신 시내통신망, 시외통신망으로는 시외교환기를 통하여 접속한다. 그리고 타 사업자 시내망과 타 사업자망을 접속하기 위해 한국통신의 통신망을 이용할 경우에는 한국통신의 시외교환기를 통해 접속한다.

셋째, 도 단위 통화권이 적용될 때는 타 사업자 시내망과 한국통신 시내통신망과는 특번집중교환기를 통해 접속한다. 그리고 타 사업자 시내망과 한국통신 시외통신망과는 시외교환기에 접속한다.

나. 2000년대를 향한 상호접속 망 발전계획

1990년대 후반 WTO 등 기본통신협상의 진전과 국내통신사업의 경쟁력을 확보하기 위해 통신부문별 신규통신사업자가 등장하고 있었다. 이에 따라 공중전화망(PSTN)과 다수의 타 사업자망 간 효율적이며 경제적인 상호접속 망을 위한 표준모델을 설정하고 상호접속체계를 시급히 정립해야 하였다. 이를 위해 한국통신 네트워크본부(본부장 이정욱)에서는 상호접속망 발전계획을 최종 확정하여 시행하였다(중장기 네트워크 발전계획, 1996. 9, 한국통신). 이 계획의 주관부서 및 결재자는 제7장 말미의 참고자료 편에 기록되어 있으며 그 주요내용은 다음과 같다.

첫째, 다수 통신사업자간 효율적이고 경제적인 상호접속체계를 설정하여 시행한다.

① 상호접속을 위한 접속제공교환기를 지정하는 방식을 채택하고, 특수번호 집중교환국 단위로 별도의 특수번호 집중교환기에 접속하여 타 사업자 통화를 처리한다.

② 효율적인 상호접속을 위해 상호접속점(POI)을 설정한다. 이를 위해 전송로 집중국에 설치될 특수번호 집중교환기의 수용구역을 상호접속점으로 설정한다. 그리고 트래픽이 적은 통화권은 주변의 여러 통화권을 통합하여 중심지역의 특수번호 집중교환기에 수용한다.

③ 상호접속 망을 구축한다. 이를 위해 공중전화망과 타 사업자망 간을 분리하고, 특수번호 집중교환기 설치 시 타 사업자호, 특수번호를 통합하여 수용한다. 그리고 특수번호 집중교환기가 설치되지 않은 통화권은 타사업자 요구 시 한시적으로 시외교환기에의 접속을 허용한다.

둘째, 상호접속을 위한 특수번호 집중교환기를 대도시 중심으로 단계별로 확장한다.

① 제1단계(1997년-1998년)에는 서울, 대구, 부산, 대전, 광주, 인천 등 6대 도시에 특수번호 집중교환기를 설치한다. 이때 상호접속망의 안정성 확보를 위해 이원화하고, 특수번호 집중교환기 설치 후 운용중인 접속전용 IGS는 시외교환기로 전환한다. 그리고 제2단계(1999년 이후)에는 설치지역을 확대한다. 트래픽 증가에 따라 점진적으로 주요도시에 확대

하고, 통화권 광역화 및 도 단위 중계망계획 등과 연계하여 추진한다.

② 2000년대를 위한 서울, 부산, 대구 등 6대 도시에 대한 특수번호 집중교환기 공급계획은 <표 7-12>와 같다(1997년-2000년).

<표 7-12> 특수번호 집중교환기 공급계획

구분	공급목표	서울	부산	대구	인천	대전	광주
1997-1998년	시스템	8	2	2	2	2	2
	회선(1,000)	339	76	64	58	44	37
1999-2000년	시스템	4	2	1			
	회선(1,000)	161	42	35	32	19	18

③ 특수번호 집중교환기에의 접속이 불가할 때는 타 사업자 요구에 따라 시외교환기로의 접속을 한시적으로 허용한다. 특수번호 집중교환기가 설치되면 그 수용을 전환한다. 그리고 특수번호 집중교환기는 IGS(Interconnection Gateway Switch) 기능, 공통선 신호기능, ISDN 기능을 보유한 대용량 전전자교환기로 공급한다.

④ 특수번호 집중교환기 설치원칙은 특수번호 호(112, 114, 119 등)와 데이터 호(014XY), 망 식별번호 부여 사업자호를 통합 수용하게 하고, 특수번호 집중교환기의 안정성 확보를 위해 이원화를 추진한다. 또한 상호접속전용 신호교환기(STP)를 통한 No.7 신호망과 연동한다.

셋째, 신규서비스별 경제적이고 효율적인 상호접속 망 표준모델을 정립하여 시행하다. 그리고 서비스별(사업자별) 통신품질 향상과 동등접속을 위한 표준루트를 선정하고 접속조건을 확보한다.

다. 네트워크의 개방화

한국통신은 사업자 간 상호접속을 위해 당시 시외전화국 31국, 국제전화국 2국의 접속체계를 가지고 있었다. 이를 개선하기 위해 교환기의 설치를 확대하는 등 네트워크의 개방화를 추진하였다(네트워크의 고도화 추진계획, 1997. 6, 한국통신). 우선 시내통신망의 접속을 확대하기 위해 1999년까지 25개 지역 39개 전화국에 사업자 간 접속용 전용교환기를 설치 추진하였다. 그리고 신규사업자들의 통신수요를 적기에 제공하기 위해 네트워크의 충분한 예비용량을 확보하였다. 연간 3%의 예비율을 누적 확보하여 향후 10년간 30%의 예비율을 확보토록 시도하였다.

또한 인터넷 전용 데이터망의 구축을 구상하였다. 전화망과 인터넷 간 접속회선을 대량 확보하여 상시 소통을 보장하고, 통화점유시간이 길어지는데 대한 방안을 강구하였다. 그리고 인터넷 사업자별 네트워크의 난립에 효율적으로 대처하려고 노력하였다. 국내 인터넷은 초고속전용망 구축으로 인터넷 사업자망을 수용하고, 국제 인터넷의 경우 국제초고속망 참여로 인터넷 사업자망을 수용토록 하였다. 한국통신은 이상과 같은 네트워크의 개방화를 위해 1997년부터 2006년까지 총 3조2,552억 원을 투입하는 재원계획을 수립 추진하였다.

한편 한국통신은 1998년도 사업으로 타사업자 상호접속을 위한 교환시설을 공급 운용하였다(1998년도 주요업무계획, 1998. 2, 한국통신 네트워크본부). 그 주요내용은 다음과 같다.

① 다수 통신사업자 출현에 따른 시내통신망 중심의 상호접속을 추진하고, 시내집중교환기는 접속수요를 고려하여 6대 도시에만 회선을 증설하였다. 그리고 단국접속은 용량이 충만하고 부하량 등을 감안하여 적정회선을 공급하였다.

② 1998년도 사업목표량은 545,113회선으로 정하였으며, 이중 177,227회선은 1997년 착공 1998년 개통으로 집행하고, 367,886회선은 1998년 착공 1998년 개통으로 추진하였다. 이때 본 사업을 위한 소요예산은 914억7천1백만 원인데, 확보예산은 42,4억2천만 원으로 490억5천1백만 원이 부족하였다.

③ 1998년 착공 1998년 개통분 중 상호접속 교환시설 306,332회선(소요예산 501억 원)이 소요예산부족으로 부족하여 접속이 불가한 상황이 발생하였다. 이렇게 되면 타 사업자가 이의를 제기하고 불공정 제소를 하는 등 분쟁이 발생할 소지가 있었다. 이때 시내집중교환기는 서울 8, 부산 3, 대구 2, 인천 2, 대전 2, 광주 2개국 등 총 19개 시스템을 운용하고 있었다.

이와 같은 사업을 추진함에 있어 발생한 예산부족문제는 타 사업 잔여예산 20억 원을 사용하여 상호접속전용 신호중계교환기(STP: Signal Transfer Point) 설치에 충당하였다. 그리고 1997년 착공 1998년 개통분 잔여예산 10억 원을 충당하며, 충당 후 부족예산 471억 원은 채무예산으로 확보하였다. 특히 1998년에는 상호접속 망을 고도화하고 신뢰성을 확보하며 사업자 간 공통선 신호망(No.7) 연동을 위한 전용 신호중계교환기(STP)를 구축하였다.

이를 위해 ITU-T의 화이트버젼(White Version)의 대용량 신형 신호중계기를 공급하고, 한국통신 전용, 상호접속(GW) 전용, 한국통신/ 상호접속(GW)겸용으로 구분하여 구축하였다. 이때 수도권은 전용, 기타지역은 겸용으로 설치하고, 겸용은 신호트래픽을 감안하여 한국통신 전용, 게이트웨이 전용으로 분리하였다. 이처럼 STP의 구축을 위해 1997년에는 규격을 제정하고 기본설계를 실시하고 총 130억 원의 소요예산을 투입하였다.

그리고 1998년에 서울 4개, 대전 2개, 대구 2개, 부산 2개, 광주 2개 등 12개 시스템(2,204링크)을 설치하였으며 1999년 목표는 652링크로 정하였다. 또한 1998년 사업을 위해 설계 및 발주는 1997년 10월-12월에 실시하고, 설치공사 및 개통은 1998월 5월- 10월에 시행하였다. 이와 같이 전화망에 No.7 신호를 적용함으로써 통화완료율을 향상시키고 트래픽 관리가 용이하게 되었으며, 신규 통신사업자를 포함한 상호접속사업자의 요구를 수용하여 성공적으로 전체 기간통신망을 고도화 할 수 있었다.

8. 시외전화 사전등록제 시행

8.1 사전등록제를 위한 준비

가. 전자교환기의 사전등록기능 검토

우리나라에 처음으로 시외전화서비스가 경쟁체제에 들어서자 이용자가 시외식별번호(082 등)를 누르지 않고도 원하는 시외전화사업자를 선택할 수 있는 사전등록제를 도입하게 되었다. 한국통신에서는 이를 위해 우선 전자교환기에 사전등록제 기능을 실현하는 등 「사전등록제 추진기본계획」을 수립하였다(1995. 11). 이 계획에서 시내교환기 전 기종에 대한 등록기능개발을 1996년 1월부터 1997년 6월까지 개발을 완료하도록 정하였다. 이 제도를 시행하기 위한 모든 준비를 1997년 7월까지 완료하여 사전등록제를 1997년 8월부터 시행목표로 정하였다.

특히 이 제도를 위한 기능실행이 불가능한 M10CN 전자교환기에 대해 운용대책을 검토하였다. 당시 M10CN 전자교환기는 4백40만8천 회선에 3백80만 가입자를 운용하고 있었는데 이는 전 시설의 약 19%에 해당하였다. 그러나 M10CN 전자교환기의 사전등록제 기능실현에 대해 검토한 결과 이의 실행이 불가능하다는 결론을 내렸다. 그 이유는 교환기 구조상 기본적으로 설계되지 않은 기능이기 때문에 이 기능을 살리려면 하드웨어 면에서 메모리를 확장해야하며, 소프트웨어 패키지를 변경해야 하나 이는 현실적으로 불가능하였다.

한편 사전등록기능을 실현하기 위해서는 가입자데이터 프로그램(SDH), 호 처리 프로그램, 과금 프로그램, 지원 프로그램(CDMAP) 등의 보완이 필요하였다. 이에 대한 검토결과는 다음과 같다.

① 가입자데이터 프로그램의 경우 가입자 정보테이블에 사업자를 표시할 수 있는 비트의 여유가 없으며, 소프트웨어 패키지를 변경해야하나 불가능하였다. 그리고 호 처리 프로그램을 검토하여보면 통화상태감시 및 종료, 복구 등 가입자 정보를 호처리시 통화량 저장기(Call Buffer)에 저장하기 위한 비트 여유가 없으며, 이 경우 메모리 확장과 소프트웨어 패키지를 변경해야 하나 불가능하였다.

② 과금 프로그램에 있어서는 마그네틱 테잎(MT)에 과금정보를 수록할 때 사업자 정보를 표시할 수 있는 비트 여유가 없었다. 또한 지원 프로그램의 경우에도 가입자 표시 등 가입자 정보가 추가됨으로서 가입자 관리를 위한 지원 프로그램을 보완하여야 하나 원천파일(Source File)을 확보하지 못하고 있었다.

이에 따라 한국통신은 M10CN 전자교환기 가입자에 대한 사전등록제를 시행하기 위해 4개의 방안을 검토하였다. 검토결과 사전등록제를 시행할 때 M10CN 가입자의 시외전화 이용상 혼란을 없애고 투자비용을 최소화할 수 있는 제1안을 적용하는 것이 바람직하다고 판단하여 정부에 건의하는 등 다각적인 노력을 하였다. 당시 검토된 4개 방안의 세부내용은 다음과 같다.

<제1안> 당시 방식대로 한국통신은 식별번호(081)를 사용하지 않고 데이콤은 식별번호(082)를 사용한다. 현행 방식을 그대로 적용하므로 이용자의 이용상 혼란이 발생하지 않으나, 데이콤과의 공정성 위배로 마찰이 우려된다.

<제2안> 한국통신과 데이콤이 동일하게 식별번호를 사용하고 ACR을 부착한다. 한국통신이 통신망 식별번호를 사용할 경우 081+지역번호 프리픽스 테이블(Prefix Table)을 추가 구성해야 하나 프리픽스 테이블 용량부족으로 불가능하며, 시스템 구조상 용량확장이 불가하다. 이것은 M10CN의 프리픽스 테이블의 최대용량은 3,200워드(Word)인데 당시 사용량은 2,639워드(수성전화국의 경우)로서 여유가 561워드 밖에 남아있지 않았다.

이런 상태에서 081번호를 사용하기 위해서는 약 2,200워드가 추가로 소요된다. 반면 데이콤 통신망 식별번호를 사용할 경우 082를 데이콤 접속교환기에서 처리함으로 문제가 없었다. 한편 가입자마다 사업자통신망 자동선택장치(ACR)를 부가하여 사용할 경우 한국통신은 081+지역번호 프리픽스 테이블을 구성해야 하나 이것이 불가함으로 ACR 사용도 사실상 불가능하다.

<제3안> 한국통신 통신망을 사용할 때 당시 방식대로 유지하고 데이콤 사용가입자에게 ACR 장치를 한국통신이 구매해 준다. 이때 M10CN 전자교환기에 수용된 가입자가 380만에 이르고 이중 약 15%가 데이콤 통신망을 사용한다고 가정하고 ACR단가를 3만원으로 하여 산정하면 약 171억 원이나 소요된다. 더구나 이 방안은 ACR 장치에 대한 고장수리, 불량부품교체 등 유지보수는 물론 ACR 고장 등으로 인한 이용자불만의 접수처리까지 한국통신이 담당해야만 한다.

<제4안> 당시 방식대로 시외전화요금을 차등 적용한다.

나. 사전등록제 기술요구사항

한국통신에서는 시외전화 사전등록제의 실시를 앞두고 이 제도를 실현하기 위해 시내교환기에 적용할 기준 및 성능을 규정하는 사전등록제 기술요구서를 만들었다(1996. 9). 이 규정에는 전기통신망간 상호접속기준인 정보통신부 고시(제1995-119호, 1995. 9. 25)와 한국통신의 사전등록제 추진기본계획(전략 1220-11374, 1995. 11. 30)을 적용하였다. 그리고 일반사항으로 시외전화사업자 수는 5개 이상, 적용방식은 루트분리방식과 식별번호 추가방식을 겸용하는 것으로 설정하였다.

여기에서 루트분리방식이란 시내교환기에서 사업자별로 루트를 분리하여 송출하는 방식이며, 식별번호 추가방식의 경우에는 시내교환기에서 사업자별 식별번호를 추가하여 송출하는 방식을 말한다. 또한 등록방법은 운용자가 MMC방식에 의해 등록할 수 있어야 하며 일반가입자, 자국가입자 및 PABX가입자별로 등록이 가능해야 하였다. 이외에도 이용방법, 과금기능, 특수서비스 기능, 데이터관리기능, 트래픽 측정 및 통계기능 등 주요사항에 대해 다음과 같이 규정하였다.

(1) 사전 등록된 가입자가 지정한 사업자통신망을 이용하는 방법은 시외식별번호+지역번호+국번호+가입자번호를 다이얼 한다. 예를 들면 서울지역의 경우 02-750-1234로 하면 된다. 그리고 사전 등록된 가입자가 지정하지 않은 사업자통신망을 이용하는경우에는 통신망식별번호+지역번호+국번호+가입자번호 순으로 돌린다. 예를 들면 서울지역의 경우 08X-2-750-1234와 같다. 한편 사전등록을 하지 않은 가입자는 통신망식별번호가 있으면 해당 사업자망으로 접속하고 통신망 식별번호가 없으면 한국통신(KT) 통신망으로 접속하여야 한다.

(2) 과금기능은 발신 단국에서 발신 호에 대한 과금, 비과금이 모두 가능하여야 한다. 발신단국 과금은 상세과금 내역에 사업자별 구분이 가능하여야 하며, 상세과금 내역에 발신호, 전환호 등 호 종류의 구분이 가능해야 한다. 또한 IGS에서의 과금을 위하여 번호송출 요구 시 발신번호의 송출이 가능하여야 하며, 착신통화 전환된 시외호의 경우에는 발신번호 대신 호 전환 가입자번호의 송출이 가능하여야 한다.

(3) 특수서비스는 가입자가 사전등록한 통신망 및 타 통신망에 대해 허용과 제한이 가능하여야 하며, 특정 프리픽스 및 사업자별로 제한이 가능해야 한다.

(4) 데이터 관리기능으로는 가입자별로 사전등록 및 삭제가 가능해야 하고, 가입자별로 사전등록 사업자의 변경이 가능해야 한다. 또한 가입자별로 사전등록 사업자의 확인이 가능해야 하고 사업자별 사전등록 가입자를 확인할 수 있어야 한다.

(5) 트래픽 측정 및 통계기능에는 운용자의 요구와 입력한 시간일정에 따라 사업자별로 트래픽을 측정할 수 있어야 하고, 측정결과는 운용자가 지정한 주기에 따라 출력되어야 한다. 중계선 관련 측정항목으로는 시외사업자별 중계선 점유 시 도수, 중계선 점유 수, 오버플로우 수, 완료호 수, 트래픽 밀도 등으로 한다. 그리고 가입자 관련 측정항목에는 사업자별 시도호수, 사업자별 완료호수, 사업자별 통화완료율 등으로 한다.

한편 이 기술요구서는 시내용 전전자교환기 표준규격제정 시까지 적용하며, 이 기술요구서에 명시되지 않은 사항은 필요한 경우 교환설비 관련 기술기준, 기술요구서 및 제반규격서의 기준을 준용하게 하였다. 또한 기존 통신망과의 연동, 정합, 유지보수 편의, 정부정책 및 사업자간 협의결과 필요한 경우 기술요구서 이외의 사항을 구매계약서에 추가로 정할 수 있게 하였으며, 이미 운용중인 교환기의 성능상 개발이 불가능한 경우에는 예외로 할 수 있도록 조치하였다.

8.2 시외전화 사전선택제의 시행

가. 사전선택제 시행 전 준비

1997년 제2 시외전화사업자인 데이콤은 시외통신망으로 서울, 부산, 광주, 대구, 대전 등 5대 도시에 총 17만2천회선의 시외교환기를 운용하고 있었다. 그리고 서울, 대전에 17,500회선의 국제교환기를 운용하였다(한국의 정보통신 네트워크 추진계획, 1997. 4, 한국통신). 한국통신은 시외전화 사전선택제 시행을 위해 가입자데이터 입력, 프리픽스 데이터 입력, 녹음안내방송 변경 등 세 가지 중요한 작업을 수행해야 하였다. 이 작업은 당시 네트워크본부(본부장 이상복) 시설운용실(실장 이경준) 교환운용국(국장 송준갑)에서 주관하여 시행하였다.

첫째, 가입자데이터 입력작업은 연인원 3,191명이 동원되어 당시 운용 중인 전자교환기 7개 기종 총 855개 시스템에 수용된 약 1,695만5천명의 가입자에 대해 1997년 10월 31일부터 11월 2일까지 3일간에 걸쳐 시행되었다. 이때 가입자데이터 작업 상황을 지역별로 보면 서울지역이 427만6천명으로 가장 많았고, 그 뒤를 이어 부산, 경기, 대구 순으로 많은 작업을 하였다. 세부내역은 <표 7-13> 및 <표 7-14>와 같다.

<표 7-13> 가입자데이터 입력 작업

기종별	시스템 수	가입자 수	기종별	시스템 수	가입자 수
5ESS	38	1,797,597	AXE-10	84	1,637,375
S1240	29	1,607,840	TDX-1A	147	810,046
No.1A	58	3,141,963	TDX-1B	350	4,474,672
TDX-10A	121	3,434,593	집단전화	28	51,513

<표 7-14> 지역별 가입자데이터 입력 작업

본부별	가입자 수	입력대상	본부별	가입자 수	입력대상
서울	4,275,941	501,214	경기	4,273,390	391,013
부산	2,213,990	211,444	대구	1,706,211	150,421
충남	1,310,510	112,947	충북	569,326	46,067
전남	1,179,940	87,898	전북	624,728	53,554
강원	522,444	35,745	제주	227.696	14,402
통신진흥	51,513	2,199	계	16,955,599	1,606,904

둘째, 프리픽스 데이터 입력작업은 총 982개 시스템을 대상으로 OMC와 각 운용국에서 연인원 3,892명을 동원하여 1997년 10월 28일부터 10월 30일까지 3일간에 걸쳐 시행되었

다. 이때 M10CN 기종 155개 시스템의 경우 시외루트를 분리 재구성하였다.

셋째, 녹음안내방송의 변경 및 지역번호 0번 삭제를 위한 데이터 변경은 M10CN 과 집단전화를 제외한 총 827개 시스템을 대상으로 실시하였다. 이를 위해 676개 시스템에 대하여는 현장 직접녹음을 하였으며, 151개 시스템은 메모리 칩을 교체하였다.

나. 사전선택제 시행과 관련 부사장 친서

한국통신 부사장(이정욱)은 시외전화 사전선택제 시행과 관련하여 전 임직원들에게 경영자 친서를 전달하였다(사전선택제 시행과 관련 부사장 친서, 1997. 9. 29, 한국통신 뉴스/시외전화 사전선택제 시행과 관련하여, 1997. 10, 한국통신 사지). 이 친서의 내용은 다음과 같다.

<친서 내용> 전국에서 한국통신의 발전을 위하여 불철주야 애쓰시는 사원 여러분! 유난히 무덥던 여름도 가고 결실의 계절인 가을이 찾아왔습니다. 특히 금년 여름은 그동안 한국통신이 경험하지 못했던「시외전화 사전선택제」시행이라는 비상사태를 당하여 전사원이 한마음이 되어 고객 확보에 혼신의 힘을 기울인 땀으로 얼룩진 여름이 아니었나 생각합니다. 사내 일각에서는 시외전화 사전선택제의 시행방법이 중간에 변경됨에 따라 허탈감과 함께 불만의 목소리도 큰 것으로 알고 있습니다.

이제 시외전화 사전선택제 시행방법과 우편 조회 대상기준이 모두 확정되었습니다. 따라서 그동안의 추진경위를 사원 여러분께 설명하고 앞으로 남은 기간 동안 최선의 노력을 기울여 나가도록 당부 드리고자 합니다. 정부는 지난 1995년 9월 대국민 서비스 향상 및 공정경쟁 환경을 정착시킬 목적으로 시외전화 사전선택제를 도입한다는 정책을 확정한 바 있습니다. 약 2년의 준비기간을 거쳐 금년 7월부터 본격적 시행을 위하여 시행방법 및 시기 등이 논의되기 시작하였습니다.

사원 여러분께서도 아시다시피 당초 시행방안은 2천만 전체 가입자를 대상으로 한국통신과 데이콤 중 하나를 선택하는 우편투표 방식 이었습니다. 이 경우 응답하는 사람보다 무응답자가 훨씬 많을 것으로 예상되었습니다. 이 제도를 먼저 시행해본 나라의 경우, 무응답이 거의 70-80%에 달한다는 것입니다. 특히 이 많은 무응답자들에 대해 응답해온 비율에 따라 두 사업자에게 강제 배분하는 방안이었습니다. 그러나 시외전화가 우리 수익의 큰 비중을 차지하는 현실을 감안할 때 이러한 방식으로 시외전화 사전선택제를 시행하는 것은 우리의 존립기반 자체를 위협하는 것으로 우리로서는 도저히 수용하기 어려운 것이었습니다.

게다가 2천만 명의 고객을 우편조회 대상으로 하게 되면 마케팅 활동에 엄청난 노력을 기울여야 하는 어려움도 피할 수 없는 큰 일이 아닐 수 없었습니다. 그래서 시외전화 사전선택제에 대한 우리의 확고한 방안을 설정하였습니다. 우리 회사에서는 2천만 전체 가입자를 대상으로 할 것이 아니라 경쟁사가 자기 고객에 한하여 선택하도록 하는 효율적인 방안을 제시하였습니다. 또한 당초 방안대로 시행하였을 때의 문제점을 정부 및 관련기관에 소상히 전달하고 강력한 설득활동을 병행하였습니다.

이러한 노력의 결과 지난 9월초 다행히도 우리의 건의가 받아들여져 경쟁사의 고객에 한해 우편 조회하는 방식으로 최종 확정되었습니다. 많은 노력 끝에 경쟁사에서는 이 방안을 일단 수용하면서도 데이콤의 고객범위에 대하여는 여전히 이견을 나타냈습니다. 데이콤에서는 시외전화경쟁 도입 후 단한번이라도 데이콤을 이용한 고객은 자기 고객이라고 주장하였습니다. 이렇게 하는 경우 그 대상이 1천만 명 이상이 되어 우리 한국통신 입장에서는 많은 손실이 예상되었습니다.

우리는 데이콤 고객이라는 것은 최근 3개월 동안 데이콤을 50% 이상 이용한 고객으로 정해야 한다는 것을 계속 주장하였습니다. 결국 우리들의 결집된 노력 덕분에 이 문제에 대해서도 우리의 주장이 받아 들여졌습니다. 그래서 데이콤 고객을 212만으로 한정하여 이들에게만 우편조회를 실시하고 여기에 소요되는 비용은 경쟁사가 부담하도록 되었습니다. 일부 사원들이 이 과정에서 우리가 경쟁사에 끌려 다닌 것이 아니냐는 의문을 갖고 있는 것으로 듣고 있으나 결코 그런 것이 아님을 이해해주시기 바랍니다.

결과적으로 2천만 대상 중에서 1천8백만은 한국통신 고객으로 인정하고 데이콤 고객은 2백만으로 제한하여 마케팅 활동을 하게 된 것입니다. 우리 경영진은 협상과정과 그 결과를 그때그때 사원 여러분께 신속하게 전달하고 싶었으나 대외적인 차원에서 그렇게 할 수 없었음을 양해해주시기 바랍니다. 지금까지는 시외전화 사전선택제가 우리가 세운 방안대로 잘 되어가고 있다고 생각합니다. 그러나 지금까지의 노력 못지않게 앞으로의 대응이 더욱 중요합니다.

지난 9월 18일부터 시외전화 사전선택제 추진위원회에서는 최종 결정한 2백12만 가입자에게 우편신청서를 발송하고 있습니다. 우편물을 받은 고객은 한국통신을 선택해서 회신해주어야 우리의 고객으로 등록됩니다. 우리는 어느 때보다도 고객만족을 실현하고 고객의 믿음을 얻는 것이 중요합니다. 이를 위해 전화가설, 통신시설운용, 영업창구, 114안내 등 모든 고객접점 부서에서 고객만족 실현에 각별한 노력을 기울여야 하겠습니다. 그동안 시외전화 사전선택제에 대비하여 전 사원이 기울인 평생고객 확보 노력은 결코 헛된 것이 아니며 우리 회사 발전에 밑거름이 될 것이 확실합니다.

이번 시외전화 사전선택제는 끝이 아니라 새로운 시작입니다. 시외전화 사전선택제가 시행되는 11월 1일 이후부터는 우리 한국통신을 선택한 고객의 이탈은 철저히 막고, 경쟁사를 선택한 고객은 우리 고객으로 되돌아올 수 있도록 더 많은 노력을 해야 할 것입니다. 이 새로운 제도의 시행으로 이용방법이 동일해진 이상 우리가 제공하는 서비스에 불만을 갖게 되면 고객은 언제든지 우리를 떠나게 될 것입니다.

따라서 당장의 이해에 연연하기보다는 긴 안목에서 고객 만족에 최선을 다 하는 것만이 우리 시장을 굳건히 지켜나갈 수 있는 최선의 방법임을 알아야 하겠습니다. 이제 본격적인 단계에 돌입하고 있는「시외전화 사전선택제」시행과정에서 6만 전사원은 한마음이 되어 우리의 시외전화시장을 굳건히 지켜나갈 수 있도록 힘을 모아줄 것을 간곡히 당부 드립니다. 직원 여러분의 건투를 빕니다. 감사합니다. 1997년 9월 26일 부사장 이정욱.

9. 첨단서비스 개발과 해외시장 진출

9.1 차세대 지능망서비스의 도입

가. 지능형 통신서비스 확대

한국통신은 이용자의 다양한 욕구에 부응하고자 지능형 통신서비스를 제공하고 첨단 무선서비스의 개발을 서둘렀다. 이에 따라 국민들에게 새로운 서비스를 제공하기 위한 연도별 서비스계획을 <표 7-15>와 같이 결정하였다(1995년도 업무계획보고, 1995. 3, 기술기획실). 또한 지능망 서비스를 지속적으로 고도화하고 차세대지능망을 적극 도입하여 서비스의 다양화를 추진하는 방침을 수립하였다(시내경쟁에 대비한 네트워크 대응방안, 1996. 8, 한국통신). 이때 차세대지능망서비스는 <표 7-16>과 같이 도입 추진키로 하였다.

<표 7-15> 년도별 첨단서비스계획

년도별	1995년	1996년	1997년
서비스계획	• 착신자 요금부담 • 신용통화 • 정보료 수납대행	• 가상사설망 • 개인번호	• 전화투표 • 여론조사

<표 7-16> 차세대 지능망서비스 도입계획

년도별	1998년	2000년	2002년
서비스계획	• 국제표준지능망 서비스 셋트(CS-1)의 23개 서비스 제공 • 기존지능망 서비스와 병행운용	• 국제표준지능망 서비스 셋트(CS-2)의 16개 서비스 제공 • 유무선통합서비스 제공	• 국제표준지능망 서비스 셋트(CS-3)의 광대역 부가서비스 제공

이에 따라 한국통신에서는 1995년도에 지능형 신규서비스를 개발 시행하는 계획을 추진하였다. 그 주요내용은 다음과 같다.

① 전화에 의한 상담, 예약, 주문 시 착신 측에서 전화요금을 납부하는 착신자 요금부담서

비스를 제공한다(1995. 2). 이는 일반 대중의 요금부담을 경감하고 기업의 판매증대효과를 위한 방안이다.

② 사용한 통화요금을 이용자의 지정된 신용번호로 요금을 부과하는 신용통화서비스도 시행한다(1995. 2). 또한 정보이용료를 전화요금과 통합 수납하여 정보제공자에게 정산하는 정보료 수납대행서비스를 실시한다(1995. 4). 이는 민간사업자의 데이터베이스 개발의욕을 고취하기 위함이다.

또한 1995년부터 이미 제공하고 있는 광역 착신과금, 신용통화서비스 그리고 1996년에 도입한 가상사설망, 전화투표, 전국대표번호, 정보료 수납대행, 개인번호 서비스 등의 조기 활성화를 추진하였다.

나. 새로운 신규서비스의 개발 제공

한국통신은 이외에도 특수전화서비스, 원격통신서비스, 무선통신서비스 등의 새로운 서비스를 개발 제공하는 계획을 수립 추진하였다.

① 부재 시나 이동시 연락방에 녹음 및 청취를 할 수 있는 141 연락방, 통화중이나 부재중 호의 메시지를 저장하고 전달하는 전화메시지전달, 문자표시전화기 버튼으로 직접검색을 할 수 있는 번호안내 직접검색, 상대방을 사전 입력하고 음성으로 다이얼 하는 음성다이얼 등의 특수전화서비스를 제공한다.

② 신규 원격통신서비스를 위해 시범사업을 실시하였다. 금융기관, 상가 등과 경찰서 간 방범센서에 의한 자동범죄 신고를 위한 무인범죄신고 망 서비스를 서울, 대구, 대전 각 2개 경찰서에 3천명의 이용자를 대상으로 1995년 5월-1996년 4월에 구축한다.

그리고 의료 및 산재보험에 대한 청구, 심사, 지급업무를 전산온라인 화하는 의료정보망(MEDI-NET) 서비스를 의료보험연합회 및 서울대 등 100개 병원에 1995년 9월- 1996년 2월에 구축한다. 또한 비디오 프로그램을 컴퓨터에 저장하여 전화선을 통해 가입자가 원하는 시간에 프로그램을 선택 시청할 수 있는 전화비디오 서비스(VDT)를 서울 등 6개 도시에 시범서비스를 1995년 10월까지 확대한다.

9.2 연구개발의 강화 및 해외시장 진출

가. 연구개발의 강화 및 첨단기술 개발촉진

한국통신은 통신시장개방에 대응하여 세계적 첨단정보통신의 기술력을 확보하고, 투자의 효율성을 감안한 연구개발 투자체제를 확립하였다. 또한 정보통신 관련 기술개발의 선도적 역할을 수행하고자 노력하였다. 이에 따라 연구개발방향을 초고속정보통신망 구축에 필요한 연구개발, 고도통신사업에 필요한 연구개발, 차세대 통신사업을 위한 연구개발로 설정하였다(1995년도 업무계획보고, 1995. 3, 기술기획실). 이를 위해 1995년도에는 연구개발

투자규모는 4,249억 원으로 매출액 대비 7%까지 끌어 올렸으며 전년도와 비교한 내용은 <표 7-17>과 같다.

<표 7-17> 한국통신의 연구개발 투자규모

구분	1994년	1995년	비 고
연구개발 투자규모	3,402억 원	4,249억 원	847억 원 증액
투자비율(%)	6.2	7.0	매출액 대비비율

그리고 1995년도 중요한 연구개발 사업으로는 ① ATM 교환기, 10G 광전송장치, 지능망 서비스 기술개발 등 기간통신망의 고도화 및 지능화를 위한 연구개발 ② PCS, 광케이블TV, VDT, 고선명 TV, 위성전송장치 개발 등 첨단정보통신서비스의 제공능력 확보를 위한 연구개발 ③ 통신망 관리시스템, 품질평가 및 관리기술개발 등 고객중심의 품질개선 및 운용보전 능력의 강화를 위한 연구개발 ④ 광대역 종합정보통신망(HAN/B-ISDN) 기반기술 개발, 개방과 경쟁에 대비한 경영전략을 위한 연구개발등을 추진 시행하였다.

한편 한국통신 기술기획실(실장 이정욱)은 자체연구소의 연구개발 생산성을 향상하기 위해 연구소 개선방안을 수립 추진하였다(1995년도 업무계획보고, 1995. 3, 기술기획실). 그 주요내용은 다음과 같다.

첫째, 연구조직을 분야별로 특화시켜 육성하고 연구팀 간 경쟁촉진으로 연구생산성을 제고하는 등 연구소 조직 및 운영체제를 개선한다.

둘째, 해외과학자를 계약직으로 초빙하여 활용하고 신규연구인력 83명을 확보하는 등 우수 연구인력을 확보하고 육성한다. 1995년 말 연구인력은 총 1,444명으로 확충하고 신규 연구원의 현장경험기간을 확대하며 사업과 직결된 실용화연구를 촉진한다.

셋째, 연구수행체계를 선행연구, 본 연구개발, 후속개발의 3단계로 구분 시행하여 사업화를 촉진하는 등 연구수행 관리방법을 개선한다. 그리고 철저한 개발확인시험의 실시로 시행착오를 최소화하고 시스템개발 단계에서부터 품질보증제도를 적용한다.

넷째, 첨단 연구건물을 확보하기 위해 대전 대덕연구단지에 대덕2 연구센터를 건설 한다. 연구센터는 연면적 1만6천 평(대지 3만8천 평)의 규모로 1994년 4월-1997년 8월에 건설하며, 지방이전에 따른 직원이주대책을 강구한다.

나. 해외사업진출 및 국제협력강화

한국통신은 경쟁과 개방에 대응하여 해외사업의 진출을 본격화하고 세계화를 위한 첨단통신기반을 확충 추진하였다. 이때 해외사업의 추진방향과 전략은 다음과 같다.

① 해외사업은 소규모사업부터 시작하여 노하우를 축적한 후 점차 확대하고, 자본합작 및 국제금융차입 등으로 투자 부담을 최소화하며, 해외사무소를 마케팅 기지화하여 수익창

출활동으로 전환한다.

② 1995년도 주요 해외사업으로는 필리핀 Retelcom사에 150억 원(20%)의 지분참여 사업, 베트남 하이퐁 등 3개 도시에 4만회선의 통신망 확장사업, 인도의 마두라스 등 7대 도시의 무선호출 합작사업 등이 진행 중에 있었다. 또한 인도네시아, 마다가스카르, 하바로프스크 등의 전화망건설 사업을 계약추진하였다.

③ 외국통신사업자 특히 지역별 주요사업자와 직원교류, 공동개발, 기술교류 등을 통해 해외진출 기반조성을 강화하였다. 그리고 아시아, 동구, 남미 등 진출가능국과의 교류활동을 계속하였으며, TTC, T1위원회, ETSI 등 국제표준기구에 적극 참가하였다.④ 개발도상국 기술지원에도 적극 활동하였다. 이를 위해 중국, 미얀마 등을 대상으로 4개 과정 90명의 기술요원 초청훈련을 시행하였으며, 아태, 아프리카, 중남미 등 3개국에 6명의 ITU전문가를 파견하였다. 그리고 중국(연길), 인도네시아, 이란 등 3개국에 기술지원 용역사업도 추진하였다.

⑤ WTO의 기본통신시장의 개방에도 대응하였다. 이를 위해 요금구조개선, 접속료 정비 등 외국사업자의 진입요인을 최소화하고, 통신장비조달에 관한 제반규정을 통합 재정비하는 등 국내시장개방에 대비한 대응능력 제고방안을 강구하였다.

그리고 상대국에 대한 제도적 진출 장애요인을 검토하여 쌍무협상 시 개방을 요구하였으며, 상대국 주도사업자 및 글로벌 사업자와의 전략적 제휴도 검토하였다. 이처럼 해외시장 진출을 위한 대상국 선정 및 진출방안을 모색하는 한편 정부의 다자간 협상도 적극적으로 지원하였다.

참고자료

(1) 시외통신사업 장기발전계획(1994. 2. 19).

1990년대 중반 한국통신은 통신기술의 발달과 통신시장의 개방 및 경쟁에 효율적으로 대처하고자 시외전화사업 장기발전계획을 수립 시행하였다(시외통신사업 장기발전계획, 기통 1231-2428). 이 계획은 기술기획실 담당책임자(최황락, 3급통신), 부장(서명자 미확인), 통신망계획2국장(안승춘)이 주관하고 기술기획실장(이정욱), 부사장(김상국), 사장(조백제)의 결재로 확정 시행되었다.

(2) 케이블TV전송망 발전계획(1994. 5)

1990년 중반 한국통신은 정부로부터 케이블TV 전송망사업자로 지정됨에 따라 케이블TV 전송망사업의 방향을 제시하고 효율적인 전송망 구축을 위한 중장기계획을 수립하였다(케이블TV전송망 발전계획, 1994. 5). 이 계획은 기술기획실 전송망계획부장(김용군), 통신망계획2국장(안승춘)이 주관하고 기술기획실장(이정욱)의 결재로 확정 시행되었다.

(3) 중장기 상호접속망 발전계획(1996. 9)

한국통신은 공중전화망(PSTN)과 다수의 타 사업자망 간의 상호접속을 위한 중장기 계획을 수립 시행하였다(중장기 네트워크 발전계획, 1996. 9, 한국통신). 이 계획의 주요내용은 ① 다수의 사업자간 효율적이며 경제적인 상호접속체계의 정립, ② 서울, 부산, 대구 등 6대도시에 특수번호 집중교환기 설치, ③ 신규서비스별 상호접속망 표준모델의 설정 등이었다. 이 계획은 네트워크본부 종합조정부장(박찬경), 종합기획국장(엄재건)이 주관하고 본부장(이정욱), 부사장(김노철), 사장(이준)이 결재하여 확정 시행되었다.

제8장
한국전기통신공사 설립과 통신선진화전략

1. 한국전기통신공사의 창립

1.1 정보통신사업의 새로운 출발

가. 정부의 전기통신사업을 공사체제로 전환

1982년 1월 1일 한국전기통신공사가 창립되면서 그동안 체신부가 수행해온 전기통신사업을 이관 받아 수행하게 되었다. 이때 정부는 한국전기통신공사 설립기념우표를 발행하면서 다음과 같이 발표하였다.

<설립기념우표 발행사> 1982년 1월 1일은 한국전기통신공사가 설립되는 날이다. 1898년에 우리나라에 처음으로 수동식전화가 궁중(덕수궁)에 설치된 후 1935년에 서울중앙전화국 현 남대문분국 자리에 단단식(step by step)의 스트로져(Strowger)형 다이얼 자동전화가 선을 보인 이후 자동전화시설 현대화 및 확장에 노력하였다.

1979년에 최초로 아날로그 방식의 전자교환기를 서울 영동 및 당산전화국에 각 1만회선씩 설치한 것을 효시로 1980년도부터 본격적인 전자교환기 대량공급시대에 들어가서 경제개발 제5차 5개년계획 기간 동안에는 년 100만회선 이상씩 전자식으로 시설을 확장할 계획으로 추진 중에 있다.

전화시설의 대폭적인 확장과 새로운 기술수요의 충족을 위해서는 국가직영기업형태로서는 감당하기 어려운 시점에 도달하게 되어 이를 타개하기 위하여 공사체제의 기업에 맡겨보다 운용의 능율성을 제고하며, 예산회계 상의 탄력성을 보장하며 우수인력의 확보와 재원조달의 용이성이 있어 대통령의 재가를 받아 1980년 12월 19일 공사체재로의 전환을 위한 역사적인 결정을 내리게 된 것이다.

그동안 1년간의 설립준비를 끝내고 이제 새로 탄생하게 될 공사는 그 설립규모로는 자본금 2조5천억 원과 종업원 약 3만5천명을 거느린 명실 공히 국내 최대기업임에 틀림없으며,

그 주요업무는 전신전화시설의 설치와 보전, 영업에 관한 업무를 관장하되 우편과 전신전화 업무를 함께하고 있는 우체관서의 전신전화영업에 관한 업무는 당분간 체신부가 위탁경영하며, 앞으로 사업의 내용과 규모가 민영화에 적합한 것은 가능한 조기에 단계적으로 민영화할 것이다.

이제 전기통신에 관한 국민의 여망에 부응하고 새로운 서비스의 개발, 신기술의 도입 등 발전적이고 사회 선도적인 역할을 담당할 한국전기통신공사의 새로운 탄생을 축하하고 장족의 발전이 있길 바라면서 이 기념우표를 발행한다.

한편 그동안 체신부 계획국에서 전담해온 전기통신사업은 그대로 한국전기통신공사 계획국으로 이관되었다. 이때 전국 시내전화공급을 주관해온 체신부 계획국 계획3과장(이정욱)은 한국전기통신공사 계획국 도시계획부장으로 보임되면서 공사 전환직전의 체신부 계획국 간부들 명의의 기념패를 받았다.

> 기 념 패
>
> 통신기정(通信技正) 이정욱(李廷旭)
>
> 1981년 체신부 계획국 계획3과장에 부임하여 전자교환기사업 등 한국의 전기통신현대화 추진의 주역을 담당한 재임 시의 노고를 기리고 1982년 1월 1일 발족하는 한국전기통신공사로 자리를 옮기게 된 귀하의 앞날에 무궁한 발전과 행운이 있기를 기원하며 이 패를 드립니다.
>
> 1981년 12월 26일
>
> 체신부 계획국 국장 이응효(李膺孝)
>
> 계획1과장 이민강(李敏剛) 계획2과장 이계철(李啓徹)
>
> 계획4과장 김낙성(金洛性) 국제협력담당관 이형우(李亨雨)

나. 공사창립 첫해의 통신사업

한국전기통신공사 계획국(국장 이응효)은 공사창립 첫해인 1982년도 주요사업계획을 다음과 같이 수립 추진하였다(1982년도 주요사업계획 및 당면과제, 1981. 11, 한국전기통신공사 계획국).

1982년 예산규모는 세입 1조7,448억 원, 세출 1조7,448억 원으로 편성되었다. 이때 세입예산에서는 전화수입이 7,933억 원(전체의 45.5%를 차지)으로 편성되었고, 세출예산에서는 가입전화 투자에 8,365억 원(전체 세출의 47.9% 차지), 장거리 전화 부문에 1,762억원 등 전기통신시설 투자비에 1조1706억원(전체 세출예산의 67% 차지)을 배정하였다. 한편 세입예산을 위해 차관금 2,539억원, 사채발행 2,000억원을 추진하였다. 그 세부내역은 <표 8-1> 및 <표 8-2>와 같다.

<표 8-1> 1982년도 세입예산 세부내역

구분	세부내역	예산(억원)	비율(%)
손익계정 9,023억 원 (51.7%)	전신	452	2.6
	전화	7,933	45.5
	전용	468	2.7
	수탁 및 사업외	170	0.7
자본계정	설비부담	1,422	8.1
	전화채권	1,040	6.0
	차관금	2,539	14.6
	예탁금회수 및 기타	213	1.2
부정재원 (不定財源)	사채발행	2,000	11.5
	요금조정	750	4.3
	우편대체자금차입 등	461	2.6
계		174,480	100

<표 8-2> 1982년도 세출예산 세부내역(1)

구분	세부내역	예산(억원)	비율(%)
손익계정 5,238억 원 (30.0%)	인건비	1,770	
	경상비	3,223	
	방위세	195	
	예비비	50	
계		5,238	30.0

<표 8-2> 1982년도 세출예산 세부내역(2)

구분	세부내역		예산(억원)	비율(%)
자본계정 12,210억 원 (70.0%)	투자비 11,706억원 (67.1%)	가입전화	8,365	47.9
		장거리전화	1,762	10.1
		전신 및 국제	81	0.5
		기초시설	998	5.7
		시설개체/ 기타	500	2.9
	원금상환		504	2.9
계			12,210	70.0

1.2 통신망 현대화를 위한 차관도입

가. 차관도입계획

한국통신은 전국 전화자동화 및 현대화를 위해 투입해야할 막대한 소요예산 중 상당 부분을 차관에 의하여 조달하고 있었다. 1981년 하반기 통신시설 현대화를 위한 차관도입계획은 다음과 같다(1982년도 주요사업계획 및 당면과제, 1981. 11, 체신부 계획국). 먼저 1981년 하반기 통신시설 현대화를 위한 차관도입상황을 보면 협정액 10억9천만 불, 인출액 5억2천3백만 불(48.0%), 상환액 1억7백만 불(20.8%), 미상환액 4억1천4백만 불(79.2%)이었다.

이중 1961년-1980년에 시행된 사업으로 차관선이 KFW, OECF, EXIM인 EMD, 반송, 마이크로웨이브 등의 사업은 완료되었다. 이를 위해 소요된 차관액은 2억5천1백만 불이었다. 그리고 전자교환기 및 전송로사업을 위한 차관액은 총 8억3천9백만 불이 도입되었으며 세부내역은 <표 8-3>과 같다(1981. 10. 31). 이때 EXIM, BBL, EDC 등의 협정차관조건은 <표 8-4>와 같다.

또한 전자교환기(Ⅱ) 및 시외 전자교환기 등 2차 사업분 No.1A 전자교환기 115만회선 및 No.4 전자교환기 6만 회선에 대한 차관협정이 1981년 11월 말 완료를 목표로 추진 중이었다. 이 사업을 위해 2억9천7백만 불의 미국 EXIM 차관을 추진하였으며, 사업기간은 1982년-1985년이었다.

<표 8-3> 전자교환기 및 전송로사업을 위한 차관도입상황

사업별	차관선	차관액 (백만불)	목표량 (천회선)	사업기간
ESS(Ⅰ) 1, 2차	벨기에 BBL	384	M10CN 1,310	1980년-1983년
ESS(Ⅱ), 시외, 국제 등 1차	미국 EXIM	344	No.1A 440 No.4 158	1980년-1982년 1982년-1983년
PCM	카나다 EDC	81	DE-4 382	1981년-1983년
MW	미국 EXIM	30	MW 20	1981년-1983년

<표 8-4> 협정차관조건

차관선	차관비율	거치	상환	이자율	약정료
미국 EXIM	85%	3년	10년	8.375%	0.5%
벨기에 BBL	85%	3년	10년	7.5- 7.75%	0.5%
카나다 EDC	85%	3년	10년	8.625%	0.5%
상업은행	15%	3년	7년	LIBOR+ 0.625-0.875%	0.375- 05%

한편 그동안 우리나라 전기통신 담당조직이 체신부에서 한국전기통신공사 전환 후 차관 추진은 7개 사업에 총 차관액은 10억8천3백만 불이며, 세부내역은 다음과 같다(1982년도 주요사업계획 및 당면과제, 1981. 11, 체신부 계획국).

첫째, 중용량 시외전자교환기 25만회선 사업을 위한 1억5천만 불 차관사업은 1981년 국회동의 예정이고 기종 결정 후 추진한다. 사업기간은 1983년-1984년이다.

둘째, 전자교환기(2기종) 3차분 No.1A 및 No.4 전자교환기 사업을 위한 미국 EXIM 차관 2억1천4백만 불 사업은 1980년 입법회의 동의를 받았으며, 1985년-1985년에 시행한다. 그리고 전자교환기(1기종) 3차분 M10CN 사업을 위한 벨기에 BBL 차관 1억2천5백만 불 사업은 1980년 입법회의 동의를 받았으며, 1984년부터 시행한다.

셋째, 기타 신규차관사업으로 TDM 630회선 사업을 위해 3억5천2백만 불, 마이크로웨이브 3만8천 회선을 위해 4천7백만 불, 스크린케이블 81개 지역사업을 위한 8천2백만 불, 광통신 2,531Km 사업을 위한 9천1백만 불, 자동차 다이얼전화 17Km사업을 위한 2천2백만 불 등이 추진되었다. 이들 사업기간은 1983년-1986년으로 추진되었다.

나. 차관업무의 공사전환

1982년 1월 1일자로 체신부의 전기통신사업 부문이 한국전기통신공사로 전환됨에 따라 그동안 체신부가 추진해온 통신시설 현대화를 위한 차관업무도 공사로 전환하게 되었다. 이때 차관업무 전환방법을 다음과 같이 정하여 추진하였다(1982년도 주요사업계획 및 당면과제, 1981. 11, 체신부 계획국).

첫째, 기 협정된 차관은 권리와 의무를 공사가 승계한다. 이를 위한 원리금 채무조서는 체신부 경리국에서 작성한다.

둘째, 국회동의가 미확정된 차관은 공사에서 승계하여 추진한다. 1980년 국회동의 분은 전자교환기(1기종) 1억2천5백만 불, 전자교환기(2기종) 2억1천4백만 불 사업 등 2건이다. 1981년 국회동의예정 분은 중용량 시외전자교환기 1억5천만 불 1건이다.

셋째, 차주(借主)는 현재 정부에서 공사로 변경하고, 사업주는 현재 체신부에서 공사로 변경한다. 그리고 현재는 차관을 위해서는 국회동의가 필요하다. 그러나 공사전환 후에는 공공차관은 국회동의가 필요하나, 상업차관의 경우에는 필요하지 않다.

넷째, 현재 차관협정체결 대주(貸主)는 재무부이나, 공사전환 후에는 공사가 대주가 된다. 이때 공공차관은 재무부장관의 인가를 받아야 하고, 상업차관의 경우는 체신부장관의 인가를 받아 시행한다.

다섯째, 원리금 상환을 위한 전대(轉貸)계약은 현재는 체신부- 재무부이나, 공사전환 후에는 기 협정분을 포함하여 공공차관은 공사-재무부 간에 시행한다. 한편 상업차관은 공사에서 직접 시행한다.

2. 공사창립 당시 통신사업 및 통신망 운용규모

2.1 창립 첫해의 통신사업 규모

가. 투자사업 예산규모 및 문제점

한국전기통신공사 발족 첫해인 1982년도 투자사업 예산규모는 총 1조1,206억8천5백만 원으로 계획됨으로서 체신부 당시인 1981년도에 비하여 13.4%가 증가된 예산규모로 계획되었다. 이중 가입전화 사업부문에 8,364억6천3백만 원, 장거리전화 사업부문에 1,762억5천4백만 원이 배정되었다.

그리고 1982년도 예산 중 외자 3억5,281만2천 달러, 내자 8,684억2천4백만 원으로 편성되었으며, 그중 가입전화 부문에 외자 2억5,593만2천 달러, 내자 6,534억7천2백만 원을 배정하고, 장거리전화 부문에는 외자 9,688만 달러, 내자 1,069억8천5백만 원이 투입하는 것으로 계획되었다. 이때 사업별 예산세부내역은 <표 8-5>와 같다(1982년도 전기통신 투자사업계획, 1981. 11, 체신부 계획국).

<표 8-5> 1982년도 전기통신투자사업 예산규모(단위: 백만원)

사업별	1981년	1982년	증가율(%)
가입전화	707,298	836,463	18.3
장거리전화	152,026	176,254	15.9
전신	4,820	5,887	22.1
국제통신	3,346	2,256	-32.6
기초설비	121,007	99,825	-17.5

한국전기통신공사는 창립 첫 사업연도인 1982년도 투자사업 사업추진에 있어 다음과 같은 문제점을 안고 사업을 집행해야 하는 어려움에 직면하였다. 이를 해소하기 위한 긴급 조치가 필요하였다(1982년도 전기통신 투자사업계획, 1981. 11, 체신부 계획국).

① 1983년도 전자교환기사업 준비예산이 부족하다. 이 사업을 위한 1983년도 소요예산은 553억 원인데 비해 1982년 예산에는 315억 원이 반영되는 바람에 238억 원이 부족하다. 이 문제에 대한 긴급대처방안으로서 KTC, GSS 등 국내업체와 협의하여 조립납품대금을 6개월 지급 이월토록 한다.

② 1983년도 1/4분기 선로 및 관로 시설비의 경우, 1983년도 1/4분기 개통분이 21만 회선으로 669억 원의 예산이 소요되나 1982년도 예산에는 4만8천회선분 153억 원 만이 반영되어 있어 516억 원이 부족하다.

③ 진주-순천 간에 동축케이블 95Km를 포설하게 되었는데, 소요예산 34억 원이 부족한 실정이다. 이 사업은 우리나라 기간전송로의 망형화 완성을 위해 필요하다.

④ 마이크로웨이브 차관사업 일부의 이월이 불가피하여 <표 8-6>과 같이 당초계획을 수정하여 추진토록 한다.

<표 8-6> 마이크로웨이브 건설사업 수정시행계획(단위: 채널)

구분	1981년	1982년	1983년	비고
당초계획	6,060	6,540	7,500	차관 최종인출 기일은 1983년 9월 30일
수정계획	3,060	6,000	11,040	

나. 가입전화시설

1982년 한국전기통신공사 창립 첫해의 교환시설, 선로시설 등 가입전화시설계획은 그 전해인 1981년 체신부에서 수립되었다. 세부내역은 다음과 같다(1982년도 전기통신 투자사업계획, 1981. 11, 체신부 계획국).

(1) 교환시설 : 기 계약 또는 추진 중인 전자교환기 사업은 준공하고, 전자교환시설은 시스템단위로 시설하였다. 기계식 자동교환기 및 수동식 교환시설의 신규공급은 1983년부터 공급을 억제하고, 기계식 철거 정비분은 재배치분에 한하여 조치하였으며, 방식변경대상은 1981도 계획 이월 대상국과 노후 전화국을 반영토록 하였다.

1981년도 교환시설 개통목표량은 95만4천회선이고, 소요예산은 3,668억9천4백만 원으로 추진되었다. 1982년도에는 교환시설 개통목표량 83만4천회선, 소요예산 4,087억2천9백만 원으로 계획되었다. 1982년도 외자는 B$가 6,644만2천 달러이고 US$는 1억6,315만3천 달러였다. 이때 1982년도 전자교환기 사업추진목표는 <표 8-7>과 같다.

<표 8-7> 1982년도 전자교환기 사업추진목표(단위 1,000회선)

구분	1980년도분	1981년도분	1982년도분	1983년도분 (선행사업)	계
M10CN	430	120	310	(350)	860
No.1A	40	180	280	(260)	500
TDM	-	18	18	-	36
계	470	318	608	(610)	1,396

다음 1982년도 기계식 자동교환기의 신증설 목표량은 EMD방식 175,200회선, ST방식 140,800회선으로서 총 31만6천회선 규모였다. 이중 1981년도 국고채 사업분이 7만6천회선이고 1982년 개통분이 24만회선으로 되어 있었으며, 1982년 개통분을 위한 소요예산은 639

억3천7백만 원을 확보 추진하였다. 동시에 18억7천5백만 원의 예산을 들여 자석식교환기 1만9천 회선을 철거시설을 재배치 활용하였다. 그리고 전국 31개 복국지에 국간중계시설 83,900회선을 신증설하였으며, 이를 위해 269억8천9백만 원의 예산을 사용하였다. 한편 자석식교환시설 4만회선을 증설하고 이에 필요한 소요예산 6억3천5백만 원을 투입하였다.

(2) 선로시설 : 1982년도 교환시설 개통목표에 맞추어 선로시설을 확보하고, 가능한 한 PCM 시설을 확대 공급하였다. 자연부락단위 통신지원은 연차계획에 의하여 추진하고, 수동식국은 경제성을 고려하여 점차적으로 통합하였다. 서울, 부산지역의 대용량 시내전화국간에는 광통신장비를 차관으로 추진하였다. 1982년 선로시설을 위한 소요예산은 총 2,518억1천6백만 원으로 계획하였으며, 사업별 목표량 및 소요예산은 <표 8-8>과 같고 PCM 시설 공급에는 520억6천2백만원의 예산을 투입하였는데 세부내역은 <표 8-9>와 같다.

<표 8-8> 1982년도 가입전화 선로시설 확장계획

사업별	목표량 (1,000회선)	사업내용	예산 (백만원)
자동식	852	<1982년 개통분> 전자교환 554천회선, 기계식 240천회선, 공중전화 10천회선 <1983년도분 일부> 48천회선	188,894
자석식	40		7,822
국간중계	111.4	실선 111.4천회선, PCM 37.5천회선 등 총 148.9천회선	41,853

<표 8-9> 1982년도 PCM시설 확장계획

사업별	목표량 (1,000회선)	사업내용	예산 (백만원)
국간 PCM	381시스템 9,144채널	24-B 132시스템(3,168채널) KD-4 249시스템(5,976채널)	7,072
텐덤 PCM	2,601시스템 124,848채널	물자확보 2차분 61,200채널 제세 및 공사비 1차분 124,848채널	43,467
MW PCM	318시스템 7,632채널	부산지역	1,523

이외에도 DE-4 실장용 케이블 186Km(소요예산 65억9천8백만 원)를 부산지역에 공급하고, 수동식국 33개국을 통합하는데 필요한 선로시설 10.6Km(소요예산 1,0억7천8백만 원)를 공급 추진하였다. 그리고 자연부락 및 국민학교를 위한 통신지원으로 55억7천1백만 원의 예산을 투입하여 3,048회선을 공급하였다. 당시 자연부락 총 10,726개에 대해 1982년에

2,000개 부락, 1983년 이후에 8,726개 부락을 지원하는 것으로 계획되었다. 또한 전화가 없는 총 1,863개 국민학교에 대해서는 1981년에 815개 학교, 1982년에 1,048개 학교에 전화를 공급 추진하였다.

이때 관로시설은 자동식 85만2천회선(소요예산 793억8천8백만 원), 국간중계 11만1,400회선(소요예산 19,111백만원) 등 총 984억9천9백만 원의 예산을 투입하여 추진하였다. 한편 1982년 전화기 공급은 자석식 2만4천대, 공중전화 1만대 등 총 3만4천대를 공급하고 이를 위한 소요예산 48억6천7백만 원을 확보하였다.

다. 장거리전화시설

체신부는 한국전기통신공사 창립 첫해인 1982년 장거리전화 시설계획을 수립 추진하였다(1982년도 전기통신 투자사업계획, 1981. 11, 체신부 계획국). 그 주요내역은 다음과 같다.

(1) 기본방침

첫째, 시외교환기 및 국제교환기는 외국제품을 도입 설치한다. 1982년에는 대용량교환기는 설치공사를 시행하며, 중용량 교환기는 차관협정을 하고 도입계약을 체결한다. 그리고 기존 장거리 자동전화시설은 원칙적으로 증설을 억제하고 소요구간에 재배치 활용토록 한다. 한편 반자동 시외대의 TSPS화를 추진한다.

둘째, 장거리전송로의 다중화를 추진하고, 신형 DE-4 PCM을 도입 설치한다. 그리고 분산된 시외전화국 시설을 통합운용하고, TV전송로를 보강하여 고품질 화한다.

셋째, 도서통신방식을 개선하기 위한 시험을 실시하고, 수도권지역에 대한 이동무선전화시설을 사전 준비한다. 또한 정부기관의 행정 및 경비전화선로를 통합한다.

넷째, 1982년도 장거리전화시설 확장을 위한 전송로시설, 교환시설, 선로시설, 해상통신, 시외전화국 시설 등의 사업에 총 소요예산은 1,762억5천4백만 원으로 배정하여 추진한다. 이를 위한 소요예산은 차관 692억6천9백만 원(9,688만 달러), 내자 1,069억8천5백만 원으로 조달한다.

(2) 장거리전송로시설

1982년도 장거리전송로의 확장을 위해 마이크로웨이브(MW), 동축반송, PCM 반송사업 등에 총 703억2천9백만 원의 예산으로 추진하며 사업별 내용은 다음과 같다.

① MW시설의 목표량은 100개 시스템(6천 채널)이고, 예산은 323억5천7백만 원(1,130만 US$)이다. 이 사업은 사업기간이 1981년-1983년이고, 미국 EXIM 차관(3천만 불)으로 계약 추진한다. 당시 아날로그 MW 17,220채널은 1981년 3월 17일에 계약하고, 디지털 MW 2.880채널은 1981년 5월 15일에 계약되었다.

② 동축반송시설 목표량은 125개 시스템(7,500채널)이고, 예산은 196억9천7백만 원으로 편성되었다. 이 설비는 DDD, STD및 ESS 구간에 공급되고, 서울-대전 간 60M화를 위해 추

진하여 이 구간의 전송용량을 2,700채널에서 10,800채널로 대용량화한다. 또한 케이블반송시설은 105개 시스템을 소요예산 5억6천만 원으로 재배치한다.

③ PCM 반송시설은 24B 시설 125개 시스템(3천 채널)을 용량여유분으로 일부 충당하고, KD-4 시설 84개 시스템(2,016채널) 등 총 209개 시스템(5,016채널)을 공급한다. 이 사업을 위한 소요예산 39억6천2백만 원을 확보한다. 또한 DE-4 시설 582개 시스템(13,968채널)은 67억3천1백만 원(468만2천 캐나다 달러)을 들여 추진한다.

④ 방송국 요청에 의해 난청지역해소를 위한 반송방송시설 14개 시스템을 소요예산 4억4천5백만 원을 투입하여 설치한다. 이때 제2규격(0.05-6.4KHz)에서 제3규격(0.05- 10KHz)로 개량한다. 그리고 KBS 및 MBC TV의 전국중계망 2개 루트를 47억3천만 원의 예산을 투입하여 보강한다.

⑤ 이동가입전화 1식을 8천만 원을 들여서 시설하고, 서비스지역을 실사하고 측량을 실시한다. No.4 전자교환기를 아날로그와 PCM에 접속하기 위해 A/D 변환장치 6개 시스템을 설치한다(소요예산 7천2백만 원). 그리고 도서통신의 개선을 위해 가입자무선장치를 1개도서에 설치하여 시범적으로 운용하고, 소통품질을 개선하기 위해 UHF 144채널을 14개 지역에 공급한다. 이때 가입자무선 시범사업에 6억8백만 원, UHF 시설을 위하여 10억8천6백만 원의 예산을 투입한다.

(3) 장거리교환시설

1982년도 장거리교환시설의 확장을 위해 STD, 시외/국제 전자교환기, 시외대, 반자동시외대의 SPS화 등의 사업에 총 793억2천9백만 원(8천90만 US$)을 투자하여 추진하였다. 사업별 내역은 다음과 같다.

① STD 1,580회선 증설, 신호정합장치, 시외전자교환기 입중계 장치 등을 위해 45억 원을 배정하고, 시외대 115대 신증설, 재배치 13대 등을 설치하고 이를 위한 예산 5억2천4백만 원을 확보한다. 그리고 1억9천2백만 원의 예산으로 ATTM을 10개국에 설치하고, 반자동시외대의 TSPS화를 위하여 2억 원의 예산을 투입한다.

② 시외/국제전자교환기 11만8천회선의 확장을 소요예산은 739억1천2백만 원을 투입하여 추진한다. 세부내용은 혜화시외국 5만3천회선, 부산시외국 4만회선, 대구시외국 2만5천회선, 구로시외국 4만회선을 공급하고 시행기간은 1981년11월-1984년 1월으로 계획되었다. 이 사업은 미국 EXIM 차관으로 추진토록 한다.

③ 그 외 1982년 장거리전화 사업으로 해상통신과 시외국 시설사업을 시행한다. 해상통신사업은 해상 송수신기 6대, 항만 송수신기 5대 등을 8억4천1백만 원의 예산으로 시행한다. 시외국 시설은 광주, 진주, 울산, 춘천, 목포 등 5개국을 대상으로 하며, 예산은 20억1천8백만 원이 소요된다.

(4) 장거리 선로시설

1982년도 장거리선로시설의 주요사업인 동축케이블, 시외케이블, 관로시설 등의 건설에 총 237억3천7백만 원의 예산으로 추진하였으며, 사업별 내역은 다음과 같다.

① 점촌-안동 간 65Km에 동축케이블(세심 6T)을 건설하며, 소요예산은 23억8천2백만 원을 사용한다. 그리고 시외케이블 1,000Km를 건설하며 소요예산은 192억3천8백만 원이 투입된다. 이 사업에 의해 중심국 이하 중단거리용 선로, 기존 나선로의 대체, 군읍소재지 상호간 선로 등을 설치한다.

② 정부기관의 행정전화 및 경비전화의 선로 924회선을 통합한다. 이를 위한 예산은 15억1천8백만 원이 소요되며, 그동안의 통합실적을 보면 1980년 24억6천5백만 원, 1981년 10억 원, 1982년 9억2천4백만 원 등 총 43억8천9백만 원이 투입되었다.

③ 동서고속도로 건설과 병행하여 관로 20Km를 건설하고, 이를 위한 예산은 6억9천9백만 원의 소요된다. 이 사업은 대구-광주 간 180Km 중 일부구간에 관로시설을 하는 것이다.

라. 전신시설, 국제통신시설 및 기초시설

1982년도 전신시설 및 국제통신시설 확장계획도 그동안 체신부가 담당해 왔던 관계로 1981년 11월 체신부가 수립하여 1982년 1월 창립된 한국전기통신공사로 이관되었다. 1982년 전신시설사업의 기본방향은 국내 및 국제가입전신 수요를 완전 충족하고, 공중전보시설을 현대화하며 고속 팩시밀리를 확대 공급하였다. 전체예산은 58억8천7백만 원으로 정하여 추진하였으며, 세부사업내용은 <표 8-10>과 같다(1982년도 전기통신 투자사업계획, 1981. 11, 체신부 계획국).

<표 8-10> 1982년도 전신시설 계획

사업별	목표량	소요예산 (백만원)	사업내용
반송전신	600회선	1,147	EDS 가입자수용 전송로 공단지원 및 전용회선 확보
젠텍스	130대	613	중계통신량 과다국에 설치
팩시밀	20대	222	대도시 및 공단지역에 설치
가입전신 단말기	900대	3,126	전자식 단말기 공급
가입전신 부가장치	-	405	
데이터통신모뎀	300대	374	

한편 1982년 국제통신시설 기본방향은 국제통신 교환시설을 전자교환기로 전환하고, 국제통신전송로를 계속적으로 확장하는데 두었다. 그리고 태평양지역과 인도양지역의 위성

통신회선을 확장하고 이동지구국 공사 및 국제반자동시설 공사를 마무리하였다. 이 사업을 위해 전송로와 교환시설 등의 확장에 총 22억5천6백만 원의 예산을 투입하였으며, 사업별 내용은 <표 8-11>과 같다.

그리고 1982년도 기초시설사업의 추진방향은 1984년도 시설국의 대지를 확보하고, 1983년도 시설국의 국사를 확보하는 것으로 정하였으며, 통신구 및 기초관로는 유관기관 도로계획과 일치하도록 병행 시공하는 방침을 세웠다. 1982년도 기초시설 사업예산은 총 998억2천5백만 원으로 편성되었으며, 대지매입 8개국, 건물 등 44개국, 통신구 21Km, 기초관로 50Km 등 세부사업 내용은 <표 8-12>와 같다.

<표 8-11> 1982년도 국제통신시설 계획

사업별		목표량	소요예산 (백만원)	사업내용
전송로	위성통신	98회선	1,653	태평양지역 70회선 인도양지역 28회선 제4지구국 기초시설
	이동지구국	끝매기	98	
교환시설	국제반자동	끝매기	206	1981년 계획의 마무리
	통신품질장치	1식	299	

<표 8-12> 1982년도 기초시설 계획

사업별	목표량	소요예산 (백만원)	사업내용
대지매입	8개국	1,743	가입전화 6국, 장거리전화 2국
건물 및 구축물	44개국	45,601	가입전화 38국, 장거리전화 6국
통신구	21Km	42,098	통신구병행 17Km, 단독구간 4Km
기초관로	50Km	7,400	
도로유관사업	31Km	2,983	

한국통신은 1982년 서울시내 통신망의 기반시설로서 기초관로 시설 및 통신구 시설을 대량 확장 건설하였다(통신투자사업 추진현황, 1983. 3, 한국통신 중앙건설사무소 시설본부). 그 세부내역은 다음과 같다.

① 서울시내 지하철 병행 311공구 551m, 312공구 713m, 313공구 656m, 314공구 1,928m, 315공구 992m, 316공구 300m, 403공구 936m, 404공구 1,879m, 405공구 1,094m 등 총 9,049m의 기초관로시설을 건설하였다(1983. 6-1983. 12). 이 공사에는 한일개발, 한신

공영, 경남기업, 대림산업, 공영토건, 극동건설, 유한건설, 삼호, 남광토건 등이 담당구간별로 각각 시공하였다. 공사감독은 중앙건설사무소 조시민, 곽재영이 수행하였다.

② 서울시내 통신구 시설은 이대앞-충정로 1,320m, 미아리고개 300m, 금호대로 300m, 무학재고개 200m, 왕십리로터리-펌프장 228m 등 총 3,601m를 건설하였다(1983. 2-1983. 12). 이 공사는 현대건설, 동산토건, 동아건설산업, 월성건설에서 담당구간별로 각각 시공하였으며, 이 공사는 중앙건설사무소 박강현, 우종춘, 홍강표, 김규진, 김영호, 이규남, 신재열이 감독업무를 수행하였다.

또한 1983년에도 서울시내 통신망에 대한 장기수요에 대처하기 위해 기초관로 시설 및 지하철 병행구, 통신시설 부족구간 등에 기반시설을 대량 확장하였다(통신투자사업 추진현황, 1983. 3, 한국통신 중앙건설사무소 시설본부). 그 주요내용은 다음과 같다.

① 서울시내 지하철 병행 311공구 352m, 312공구 784m, 313공구 339m, 315공구 542m, 316공구 320m, 403공구 409m, 404공구 273m, 405공구 665m 등 총 3,684m의 기초관로시설을 건설하였다(1983. 4-1983. 12).

② 서울지하철 2호선 2,286m, 서울지하철 3호선 1,065m, 서울지하철 4호선 5,640 m 등 지하철 병행 통신구를 건설하였다(1983. 2-1983. 12). 이 공사는 서울지하철본부에 위탁 시공하였으며, 당시 공사감독자는 중앙건설사무소 우종춘, 조시연, 이혁, 이창희, 곽재영이 선임되었다. 또한 부산지하철 3,303m 지하철 병행통신구도 건설되었다(1983. 2-1983. 12). 이 공사는 부산지하철본부에 위탁 시공하였으며, 당시 이 공사는 중앙건설사무소 김익규가 감독업무를 수행하였다.

③ 독립문-서소문 500m, 서소문-중앙일보 420m, 이화동-을지로 6가 420m등의 구간에 공동구를 건설하였다(1983. 2- 1983. 12). 이 공사는 한국전력에 위탁 시공하였으며, 이 공사는 중앙건설사무소 이창희가 감독하였다.

④ 이대앞-충정로 1,086m, 당산전화국-지하철 연결 720m, 무학재고개 300m, 미아리고개 400m, 경복아파트-도산로 900m, 금호대로 1,500m, 금호대교 1,575m 등 총 6,431m의 단독통신구는 한국통신이 직접 건설하였다 (1983.2-1984. 6). 이때 시공업체로는 현대건설, 삼호, 신림건설, 남광토건 등이 참여하였으며, 이 공사는 중앙건설사무소 홍강표, 이규남, 박강현, 김영호, 조맹덕, 원상길이 각각 감독업무를 수행하였다.

2.2 조직, 예산 및 통신망운영 규모

가. 조직, 정원 및 예산규모

우리나라 「정보통신 선진화 30년」이 되는 1990년대 중반 한국전기통신공사의 임무는 ① 전기통신시설의 설치, 운용, 영업, ② 전기통신에 관한 연구, 기술개발, 인력양성, ③ 전기통신 기자재의 시험 및 검사업무 등을 수행하게 되어 있었다(1994년). 이러한 임무를 통해 공중전기통신사업의 합리적 경영과 기술진흥을 도모하여 국민생활의 편익을 증진하고 공공복지향상에 이바지하는 것이었다(1994. 12). 이때 한국전기통신공사의 인원은 총 61,472명이었으며, 정원의 세부내역은 <표 8-13>과 같다.

<표 8-13> 한국통신의 정원(1994. 12)

구분	임원	집행간부	일반직	별정직	연구직	기능직	계
정원	11	11	54,742	295	1,361	5,052	61,472

당시 조직은 본사 1개, 직할기관 12개, 사업본부 10개, 현업기관 394개 등 417개 기관을 운영하였다(일반현황, 1994. 12, 기술기획실). 본사 임원진으로 이사회, 사장, 부사장, 감사가 있으며, 본사는 경영기획실, 기술기획실, 인력관리실, 재무관리실, 전화본부, 통신망본부, 정보통신본부, 국제통신본부, 운용보전실, 총무실, 비상계획실, 홍보실로 구성되었다.

그리고 직할기관으로 연구개발원, 사업개발단, 위성사업단, 중앙연수원, 품질보증단, 전산사업단, 통신시설사업단, 건설사업단, 보급사업단, 기업통신지원단, 통신망관리단, 중앙통신관리단 등 12개 기관을 가지고 있었다. 또한 지역사업본부로는 서울, 부산, 경기, 전남, 대구, 충남, 전북, 강원, 충북, 제주 등 10개 기관이 있었으며, 현업기관은 전화국, 전신국, 전화건설국, 번호안내국, 전산국 등 총 394개국을 운영하였다.

당시 연간예산규모는 수입 7조813억 원, 지출 7조813억 원으로 편성되었으며 세부내역은 <표 8-14>와 같다(1994년). 이때 자본금 규모는 법정 자본금 5조원, 납입자본금 1조4,396억 원이었으며, 발행주식 총수는 287,917천주이고 이는 정부보유 244,843천주(85%), 민간보유 43,074천주(15%)로 구성되었다.

<표 8-14> 연간예산규모(단위: 억원)

구 분	수입			지출		
	수익	자본조달	계	비용	자본	계
연간예산	62,919	7,894	70,813	34,720	36,093	70,813

나. 공사의 시설운영규모

이때 공사의 시설규모를 보면 가입전화시설 20,484천회선, 가입자 수 17,305천명, 공중전화 29만2천대를 운용하였다. 장거리통신 분야는 교환시설 83만5천회선, 전송시설 1,098천 회선을 보유하고 있었으며, 국제통신시설 규모는 교환시설 14,752회선, 위성통신 6,191회선, 해저광케이블 4,179회선을 운용하고 있었다. 그리고 정보통신을 위해 패킷데이터 1만7천회선, 전화정보 87,500회선, 팩시밀리 4만1천회선, 전용회선 52만8,800회선의 시설을 운용하였다(1994년).

(1) 가입전화시설의 운용상황

1990년대 중반 가입전화시설은 전자식교환기 20,456,083회선, 기계식 자동교환기 27,800회선으로 총 20,483,883회선을 운용하였다(1994. 8). 이때 계약자수는 전자식 17,286,929명으로 수용율은 88.1%, 기계식은 17,794명으로 수용율이 64%이었으며, 100인당 보급률은 38.9명을 달성하였다. 당시 일반전화 계약자를 시도별로 구분하여 보면 서울이 4,911천명으로 가장 높고 제주가 189천명으로 가장 낮게 나타나고 있다(1994. 8. 30). 시도별 전화계약자 세부내역을 보면 <표 8-15>와 같으며, 이 표의 계약자수에 공중전화는 포함되지 않았으며 수용율의 단위는 %이다.

<표 8-15> 일반전화시설 및 계약자 수

시도별	시설수	계약자수	수용율	시도별	시설수	계약자수	수용율
서울	5,704,000	4,911,496	87.4	충남	761,105	635,543	85.2
인천	1,385,800	1,137,139	83.1	광주	543,852	463,780	86.9
경기	2,798,726	2,207,186	80.1	전남	887,892	745,494	85.9
부산	1,692,216	1,456,026	87.5	전북	796,337	682,299	87.5
경남	1,686,766	1,441,232	86.8	강원	645,398	568,534	89.9
대구	1,129,029	970,154	87.4	충북	581,741	496,578	86.9
경북	1,092,076	941,917	87.8	제주	221,456	189,090	87.1
대전	557,444	458,225	83.6				

그리고 시내교환시설은 총 20,783천 회선을 운용하고 있었으며, 이중 M10CN, No1A 등 반전자식 교환기가 7,937천회선이고, TDX-1A, TDX-1B, TDX-10, AXE-10, 5ESS, S1240 등 전전자식 교환기는 12,846천 회선을 차지하고 있었다. 이때 국내기종 점유율은 37.6% 이고 100인당 보급률은 41.8대를 달성하였다. 이들 기종별 세부내역은 <표 8-16>과 같다(1994. 12).

<표 8-16> 시내교환시설 기종별 내역(단위: 천회선)

구분	기종별	시설수	구분	기종별	시설수
반전자식	M10CN	4,347		TDX-10	2,277
	No.1A	3,590	전전자식 (도입기종)	AXE-10	1,748
전전자식 (국산기종)	TDX-1A	1,033		5ESS	1,678
	TDX-1B	4,499		S1240	1,611

(2) 장거리 통신시설 및 국제통신시설 운용상황

장거리 통신을 위한 교환시설을 기종별로 보면 국산 전자교환기인 TDX-10 기종은 27만6천회선으로 늘어나 있었으며, 그리고 외국산 전자교환기인 AXE-10 기종응 34만1천회선, No.4 기종은 21만8천회선 등 총 총 83만5천회선을 운용하였다. 당시의 국제통신 교환시설 규모와 운용상황은 <표 8-17>과 같다(1994. 8). 이때 국제통신을 위한 국제교환시설은 서울과 부산에 14,752회선을 보유하고 있었고, 텔렉스는 서울에 13,500회선을 가지고 있었다. 그리고 전송시설은 총 1,097,868회선을 운용하였으며 전송방식별로 보면 <표 8-18>과 같다(1994. 8).

<표 8-17> 국제교환시설 규모 및 운용상황(단위: 회선)

시설별	용도별	국제통신국	시설수	운용수	비고
국제교환 시설	전화	서울 AXE-10	8,000	3,854	INMARSAT 10
		부산 AXE-10	3,200	1,206	
		광화문 ISPS	552	0	
		목동관문국	3,000	1,681	
		계	14,752	6,741	
	텔렉스	서울 EDS	12,500	5,222	
		서울 ELTEX	1,000	492	
		계	13,500	5,714	

<표 8-18> 장거리통신용 전송방식별 시설내역

방식별	아날로그방식			디지털방식			
	A-MW	동축	계	D-MW	PCM	광통신	계
회선수	132	1,056	1,188	119,430	81,096	896,154	1,096,680

<표 8-19> 국제위성시설 규모 및 운용상황(단위: 회선)

국제통신국	시설수	운용수	비고	국제통신국	시설수	운용수	비고
금산1 지구국	1,595	996	태평양	보은1 지구국	1,480	1,125	태평양
금산2 지구국	1,387	439	인도양	보은2 지구국	1,353	875	인도양
보은3 지구국	228	16	인도양	금산해사 지구국	27	17	태평양 인도양
서울 제1지구국	121	61	용산 태평양	계	6,191	3,529	

한편 국제위성시설은 금산 1지구국, 금산 2지구국, 보은 1지구국, 보은 2지구국, 보은 3지구국, 금산해사지구국, 서울 1지구국 등 7개 위성통신지구국을 보유하고 있었으며 운용상황은 위에서 나타낸 <표 8-19>와 같다. 한편 해저케이블로는 동축케이블 399회선과 광케이블 3,780회선 등 총 4,179회선을 보유하였다. 이때 한국통신은 동축케이블 399회선, 광케이블 3,128회선 등 총 3,527회선을 운용하고 있었다.

3. 기간통신망의 대량 확장 및 초고속화

3.1 기간통신망의 현대화 추진

가. 통신망 현대화 중장기 발전계획

(1) 통신망 현대화의 기본방향

1980년대 중반 한국통신은 전기통신발전을 위한 기본과제로서 장래 통신수요를 완전 충족하고, 종합정보통신망을 구성하는 것으로 목표를 정하였다. 또한 첨단기술을 연구 개발하고 고급기술 인력을 확보하여 정보의 대중화를 실현하여 복지사회를 건설한다는 쪽으로 방향을 잡았다. 이러한 목표를 달성하기 위해 한국통신 통신망계획부(부장 이정욱)에서는 통신망 현대화 방침을 수립 추진하였다(통신망현대화계획, 1985. 12. 17, 한국통신 계획국 통신망계획부). 이 계획의 주요내용은 다음과 같다.

첫째, 도시 및 농어촌지역 통신수요를 완전 충족하기 위해 통신시설의 대량 확장과 현대화를 추진한다. 둘째, 컴퓨터와 통할 수 있는 체제로의 변용을 위해 단계적으로 전 통신망을 디지털화한다. 셋째, 이종통신망을 연동화시키고 종합정보통신서비스를 개발하여 정보화사회에 대처한다.

또한 한국통신은 위와 같은 통신망현대화 목표를 달성하기 위해 5차 5개년계획부터 8차 5개년계획까지 총 25조원을 투입하여 단계별 목표를 정하여 추진하였다(통신망현대화계획, 1985. 12. 17, 한국통신 계획국 통신망계획부). 이 계획의 주요내용은 다음과 같다.

① 5차 5개년계획(1982년-1986년)의 목표는 통신시설의 대량 확장 및 현대화로 정하고 총 5조4130억 원을 투입한다. 이 기간에 전화적체를 해소하고, 시외전화 자동즉시망을 완성하며, 공중정보통신망을 구축하여 서비스를 개시한다. 또한 이동체 통신서비스를 시행하고, 전국광역자동화를 완성하며 행정통신망을 건설 운용한다.

② 6차 5개년계획(1987년-1991년)의 목표는 디지털통신망의 기반을 구축하며, 이를 위해 총 5조5300억 원을 투자한다. 이때 발전전략은 전전자교환기 공급을 확대하고, 광통신시

설을 대량공급하며, 수준 높은 올림픽통신을 지원한다. 그리고 시내전송로 및 시외전송로를 전량 디지털방식으로 공급하고, 10호 이상 자연마을에 대한 가입구역 화를 완료한다.

③ 7차 5개년계획(1992년-1996년)의 주요목표는 디지털통신망을 구축하는 것으로서 이 기간에 총 6조4200억 원을 투입한다. 이를 위해 교환 및 전송로를 전량 디지털방식으로 공급하고, 표준교환기종을 공급하며, 해사위성지구국을 운용한다. 그리고 시외전송로에 광통신방식 및 위성통신을 공급한다. 또한 통신방송위성을 운용하고, 전송로의 디지털화를 완성한다.

④ 8차 5개년계획(1997년-2001년)의 장래 정책목표는 종합정보통신망의 구축으로 정하고 이를 위해 총 7,932억 원을 투자한다. 이때에는 시내전송로를 전량 광통신으로 공급하고, 종합정보통신서비스를 개발하여 시행한다. 2002년 이후에는 전 통신망의 디지털화를 완성하고 이종 통신망의 종합정보통신망으로 통합 완성한다.

(2) 중장기 통신망 확장계획

한국통신 계획국 통신망계획부(부장 이정욱)는 위와 같은 중장기 발전전략에 따라 가입전화, 장거리전화, 이동체전화, 국제전화, 정보통신에 대한 중장기 통신망 확장계획을 수립 추진하였다. 이때 세운 시설별 중장기 확충계획은 <표 8-20>과 같다(통신망현대화계획, 1985. 12. 17, 한국통신). 여기에서 전용회선은 전량 디지털방식으로 정하였다. 이 계획의 주관부서 및 관련자는 제8장 말미의 참고자료 편에 기록되어 있다.

당시 우리나라의 통신망은 공중전화망과 텔렉스 교환망이 근간을 이루어왔으나, 새로운 서비스요구에 따라 1983년 공중전화망을 개방하였다. 이에 따라 한국통신은 미래의 첨단통신서비스를 위한 발전방향을 ① 기존 공중전화망(PSTN)을 이용하면서 시설의 확장이나 대체하는 경우 이를 디지털화한다. ② 가입자회선 설치비를 절감하고 기존선로의 이용율을 높이기 위해 가입자 선로를 디지털화하고 기능을 통합한다. ③ 공중전화망과 패킷교환망의 연동화를 추진한다. ④ 기존의 개발된 기술과 앞으로 개발이 확실시되는 미래 기술을 바탕으로 통신망을 개선 발전시킨다는 쪽으로 설정하였다.

한국통신이 이와 같이 통신망을 디지털화하려는 목적은 비용절감 면과 통신망의 효율 면에서 이점이 크기 때문이었다. 먼저 비용절감 면에서 보면 교환기와 전송로 간에 A/D 변환장치 비용을 절감하고, 교환기 대용량화 및 전송장비의 초다중화에 따른 분할손을 방치할 수 있다는 장점 때문이었다. 그리고 시스템의 소형화에 의한 설치 상면적 감소로 기존 국사 활용을 증대하고, 중계선의 양방향 운용으로 중계비용을 절감할 수 있다고 판단하였다. 또한 전전자(全電子) 방식이므로 반도체소자의 집적도를 향상시키고, 대량생산에 의해 상대적 가격하락을 가져올 수 있다고 분석되었다.

한편 통신망의 디지털화는 시내, 시외 및 탠덤을 위한 겸용교환망의 구성이 가능하여 시스템 활용성이 높아지는 효과도 크게 나타났었다. 그리고 공통선 신호방식(No.7) 도입이 가능하여 호 접속시간이 단축되고 통신망 관리, 새로운 서비스 제공기반이 조성된다는 장점이 있었다. 뿐만 아니라 비폐쇄(Non Blocking)접속이 가능하며, 우회중계 또는 다단중계망의 구성으로 중계루트의 효율을 증대시키는 장점도 확인되었다.

<표 8-20> 중장기 통신망 확장계획

사업별	시설별	6차5개년계획 (1987년-1991년)	7차5개년계획 (1992년-1996년)	8차5개년계획 (1997년-2001년)
가입전화		5,970,000	6,271,000	6,666,000
장거리전화	교환시설	100,000	275,000	415,000
	전송로	204,000	254,000	511,000
이동체전화	차량	32,000	94,000	105,000
	페이징	81,000	133,000	158,000
국제전화	교환시설	3,400	4,600	7,900
	전송로	2,400	3,500	4,400
정보통신	전용회선	31,100	71,000	151,000
	비디오텍스	16,000	898,000	1,755,000
	화상회의	9,000	10,000	15,000
투자비(억원)		5,530	6,420	7,931

나. 연속되는 5개년계획의 추진

제5차 5개년계획에 이어 제6차 5개년계획이 진행되면서 통신부문에서는 특히 이종통신망의 연동화, 새로운 통신매체의 보급개발 등을 추진하였다(제6차 경제사회발전 5개년계획 통신부문계획, 1986, 10, 통신부문계획위원회). 이 계획의 주요내용은 다음과 같다.

(1) 이종통신망의 연동화 및 새로운 통신매체의 개발보급

그동안 운영해온 개별통신망을 상호 연동하여 통신의 이용범위를 확장하고, 종합정보통신망으로 전환하기 위한 기반을 구축하며, 연동장비는 중복투자를 최대한 제한하는 방침을 수립한다. 이를 위해 1987년-1988년에 연동장비를 개발하고, 기술기준을 설정하고 텔렉스망과 패킷교환망은 1987년, 전화망과 텔렉스망은 1988년, 전화망과 패킷교환망 간은 1991년에 각각 연동을 시행한다. 한편 새로운 통신매체의 개발보급을 위해 다음과 같이 시행한다.

① 영상회의서비스를 위해 원거리 상호간 영상 및 음성회선을 설치하고, 상대방과 서면을 보면서 음성을 청취하며 현장감 있는 회의를 진행하게 한다. 이를 위해 시범서비스는 1987년-1988년에 실시하고 상용서비스는 1989년에 시행한다. 그리고 텔레텍스 서비스는

전기통신망을 이용하고, 다기능 단말기로 문서작성, 편집, 인쇄 등 문서통신을 시행하게 한다. 1986년-1987년에 시험서비스를 실시하고 1988년에 사용서비스를 추진한다.

② 전화사서함 서비스는 전화로 음성정보를 컴퓨터에 저장하고 이를 상대방이 필요시 전화로 수신한다. 이 서비스는 우선 1986년-1988년에 올림픽을 위해 제공하며, 1989년에 상용서비스를 제공한다. 또한 비디오텍스 서비스는 정보은행에 통신망을 연결하고 TV화면으로 각종 정보를 검색하는 대화형 영상정보 서비스로 제공한다. 이를 위해 시험시스템을 1986년에 구축하고, 1987년에는 시험 운용하며, 1988년 이후부터 수도권에 시행하는 것을 시작으로 단계적으로 확대한다.

③ 원격검침서비스, 원격감시 및 경보서비스 등 원격제어서비스를 개발한다. 원격검침서비스는 전화회선을 이용하여 전기, 가스, 수도, 자동검침을 시행하고, 이를 위한 시스템은 1987년-1988년에 개발하고, 1989년에 시험 운용하며, 상용서비스는 1990년에 제공한다. 그리고 원격감시 및 경보서비스도 전화회선을 이용하여 화재예방, 방범 등 경보송출하게 하며, 이 서비스에 대하여는 1988년-1990년에 시범운용하고, 1991년에는 상용서비스를 제공한다.

(2) 통신기술개발 및 투자규모

정부와 한국통신은 우리나라의 통신기술의 선진화를 위해 자주기술개발의 기반을 확립하기 위한 계획을 다음과 같이 수립 추진하였다.

첫째, 중점연구개발 분야로서 ISDN구축을 위한 핵심기술, VLSI 등 통신용 핵심부품 및 소자기술, 학술 및 정책연구 등 기초연구, 생산성향상 제조기술 등으로 정한다.

둘째, 한국통신, 전자통신연구소 등 관련기관 간 연구개발체제를 분담 전문화한다.

① 한국전기통신공사는 전자통신 분야 연구개발을 종합관리하고 지원하며, 통신망 구축, 운용 및 관리기술을 자체 개발한다.

② 전자통신연구소는 첨단전자통신기술을 개발하고 산업체에 대하여 기술을 지도한다. 그리고 데이터통신(주)는 정보통신망을 구축 운용하고 관리기술을 개발한다.

③ 통신정책연구소는 정보화사회 추진정책을 연구하고, 학계는 인력양성 및 기초연구를 수행하며, 산업체연구소에서는 생산 및 설계기술을 개발한다.

셋째, 통신사업자는 총 매출액의 3% 이상을 연구개발에 투자한다. 1987년-1991년 투자규모는 약 3,500억 원 수준을 확보한다.

한편 6차 5개년계획 기간 통신부문의 총 재원규모는 정부(체신부) 2조7,328억 원, 한국전기통신공사 13조6,362억 원으로 정하고, 투자규모는 체신부 2,971억 원, 통신공사 5조5,035억 원으로 정하여 추진하였다. 그리고 통신공사와 체신부의 각각 연도별 재원계획 및 투자규모는 <표 8-21>과 같다. 그리고 6차5개년계획 기간 한국전기통신공사의 통신시설별 투자비내용은 <표 8-22>와 같다. 그 중 가입전화부문이 34,889억원으로 가장 규모가 크고, 장거리전화 3,686억원, 국제전화 809억원 등 총 55,035억원으로 편성되었다.

<표 8-21> 6차 5개년계획 기간 재원 및 투자규모(단위: 억원)

구분	기관별	1987년	1988년	1989년	1990년	1991년	계
재원규모	통신공사	24,451	25,851	27,373	28,436	30,251	136,362
	체신부	4,339	4,727	5,238	6,050	6,974	27,328
투자규모	통신공사	11,480	10,782	10,786	10,982	11,005	55,035
	체신부	527	541	489	733	681	2,971

<표 8-22> 6차 5개년계획 기간 한국통신의 투자비(단위: 억원)

시설별	1987년	1988년	1989년	1990년	1991년	계
가입전화	7,600	6,634	6,729	6,958	6,968	34,889
장거리전화	1,028	672	740	633	613	3,686
국제통신시설	155	209	172	191	82	809
이동체통신	123	94	162	133	230	742
정보통신	229	99	99	102	157	686
기초시설	420	425	534	596	659	2,634
시설개체	582	678	594	557	398	2,809
운용 및 장비	676	748	807	733	684	3,648
기타	667	1,223	949	1,079	1,214	5,132
계	11,480	10,782	12,786	10,982	11,005	55,035

다. 국가기간통신망의 기본구조 정립

(1) 전국통신망의 계위 설정

한국통신 통신망계획부(부장 이정욱)에서는 우리나라 기간통신망의 교환망 계위를 결정하였다(통신망현대화계획, 1985. 12. 17, 한국통신 계획국 통신망계획부). 이때 주요내용은 당시 전국 전화국을 단국(125개국), 중심국(49개국), 총괄국(4개국)을 설정하는 등 교환망 계위(Hierarchy of Toll Switching Network)를 확정하였다. 이 계획의 주관부서 및 관련자는 제8장 말미의 참고자료 편에 기록되어 있다.

이에 따라 총괄국 상호 간은 망형(Full Mesh)으로 구성하고, 중심국 이상은 원칙적으로 망형을 구성하게 하였다. 그리고 중심국에서 관할구역 내의 통화권 모국에는 성형(Star)으로 구성하고, 통화량이 많은 인접지역 및 시내통신망의 전자교환기 상호간에도 경제성을 감안하여 직통회선(High Usage Route)을 구성하게 하였다. 특히 인접 통화권 모국 상호간의 직통회선은 시범지역을 선정하여 시행 후 확대하는 것으로 하였다.

한편 시외-국제관문국 간 루팅은 국제발신관문국을 분산 수용하는 방식으로 정하였다.

그래서 서울혜화관문국에는 구로, 대전, 총괄국지역을 수용하고, 부산관문국에는 대구, 광주, 총괄국지역을 수용하였다. 이때 회선은 국제관문국과 통괄국 상호간은 성형으로 구성하고, 국제관문국 상호간은 우회기능을 부여하였다.

(2) 기간전송로 건설기본방침

당시 한국통신 계획국 통신망계획부(부장 이정욱)에서는 기간통신망의 기간전송로, 광케이블 및 디지털 마이크로웨이브(MW) 설비 등의 건설방침을 결정하였다(통신망현대화계획, 1985. 12. 17, 한국통신 계획국 통신망계획부). 이 계획의 주관부서 및 관련자는 제8장 말미의 참고자료 편에 기록되었다. 먼저 국가기간통신망의 건설방침은 다음과 같이 결정하여 시행하였다.

첫째, 국가기간통신망의 전송로 건설을 위한 전송방식은 1987년부터 전량 디지털방식으로 건설하고, 비음성서비스 확대보급을 위해 시단위 이상은 광전송로를 확보한다.

둘째, 통신망의 신뢰성 확보를 위해 격자망(Grid)을 구축하고, 다원화구간에 평시 분산수용 운용하며, 전송로망 관리시스템을 설치하는 쪽으로 추진한다. 또한 중심국 이상은 유사시를 대비하여 무선방식의 예비시설을 확보하고, 주요도시 및 대규모 전송로 집중지역의 일부시설은 지하화 한다.

셋째, 전송방식은 중심국 이상의 장거리 구간에는 장파장 단일모드 광통신방식이나 대용량 디지털 MW방식으로 시설한다. 그리고 중심국 이상-시단위 구간, 도시주변지역, 특정지역 통신지원 등 단거리구간에는 장파장 다중모드 광통신방식, 중용량 디지털 MW 방식, 케이블 PCM방식 중에서 적정한 방식을 선정하여 설치토록 한다.

넷째, 광통신단국 장치는 소요용량에 따라 6.3M, 45M, 90M, 140M, 400M, 565M를 공급하되 당 공사의 표준화방식에 따른다. 그리고 디지털 MW방식은 소요용량에 따라 2G, 4G, 6G, 8G, 11G, 20G를 공급한다. 또한 광통신방식과 MW방식 상호 간은 MUX부위 이하는 동일장치로 공급한다.

또한 한국통신의 통신망현대화계획(1985. 12. 17)에서는 광케이블 건설 및 디지털 MW 시설을 위한 시설방침을 수립 추진하였다. 먼저 광케이블 건설방침은 다음과 같이 정하여 시행하였다.

① 시설용량은 15년 수요를 감안하되, 경제성 분석에 의한 최대단위로 결정하고, 장거리 기간전송로는 직매 또는 관로화 한다.

② 기간전송로의 건설에 있어 산악, 교량, 대하천 등 취약지역과 수요증가가 경미한 특정지역은 직매 또는 수저화 한다.

③ 기간전송로는 장애, 재해 등 주루트고장 시를 대비하여 구간별 예비전송로를 확보하여 자동절체가 가능토록 한다.

④ 광케이블은 1985년부터 1996년까지 12년간에 걸쳐 총 49개 구간, 4,486.6 Km,

127,445.4 코어Km를 건설하며, 연도별 시설계획은 <표 8-23>과 같이 수립 시행한다.

<표 8-23> 기간통신망의 광케이블 건설계획

시행년도	구간	거리 (Km)	코어Km	시행년도	구간	거리 (Km)	코어Km
1985	5	216.2	4,996.8	1986	4	300.5	15,308.4
1987	3	535.1	19,263.6	1988	6	533.4	10,802.4
1989	4	501.7	12,008.4	1990	4	381.9	13,748.4
1991	4	346.9	9,403.2	1992	4	302.0	6,110.4
1993	6	416.1	16,926.0	1994	2	282.4	6,777.6
1995	5	349.0	6,508.9	1996	2	321.4	5,618.4

그리고 디지털 MW 시설은 기간망의 주요지역에만 단말장치를 설치하고 중간 분기는 최소화하며, 대전 이북지역은 동서 루트로 설치하는 것을 방침으로 정하였다. 그리고 수용회선이 적은 기존 중계소는 점차 폐쇄하고, 구간별 회선속에 따라 전송용량을 선별 시설하였다. 즉 대용량구간에는 20G를 시설하고, 중용량 구간에는 4G, 6G, 8G를 공급하였다. 한편 단거리 분기구간에는 11G, 소용량 구간에는 2G를 설치토록 시설방침을 정하였다.

3.2 기간통신망의 초고속화

한국통신은 초고속정보통신망 구축을 크게 두 분야로 구분하여 추진하였다. 하나는 정보전달망 분야이고 다른 하나는 멀티미디어 응용서비스 분야이다. 이를 위한 초고속정보통신망 구축방향을 제시하였다(한국통신의 초고속정보통신망 구축방향/ 기술기획실장 이정욱, 1994. 12, 한국통신 경영과 기술8p). 이 계획의 주요내용은 다음과 같다.

가, 정보전달망의 초고속화

정보전달망의 초고속화를 위해 기존 전화망을 고도화시키는 1단계와 일반가정까지 광케이블로 연결하여 전국 통신망의 초고속화를 완성하는 2단계로 나누어 추진한다. 정보전달망의 1단계 사업으로는 우선 종합정보통신망(ISDN)을 전국으로 확장한다. ISDN은 1991년 서울, 대전, 제주지역의 500 가입자를 대상으로 ISDN 시범서비스를 실시하고 1993년 12월부터는 서울, 부산, 광주 등 전국 11개 도시를 대상으로 상용서비스를 제공하고 있다. 1995년에는 대용량 TDX-10 ISDN 교환기를 공급하고 1996년부터는 기존 음성교환기에 ISDN 기능을 부가하여 전국적인 ISDN 통신망을 구축한다.

다음은 초고속 전용통신망을 구축토록 한다. 현재 패킷교환망은 최대 64Kbps 속도를 제공하고 있으나, 1995년부터는 1.5Mbps의 고속전송이 가능한 프레임릴레이 서비스를 제공한다.

기업, 연구소, 대학 등에 기존통신망과 별도로 광케이블을 이용한 초고속 직통전용전송로를 구축하여 1997년부터 45M급, 2002년부터는 156M급의 초고속 전용서비스를 제공한다.

또한 통신망 신뢰성을 획기적으로 향상시킨다. 통신망을 초고속화해 나가는 과정에서 통신망의 장애는 국가경제와 사회에 미치는 영향이 매우 크기 때문에 통신망의 고도화를 위해서는 통신망의 신뢰성 향상이 반드시 수반되어야 한다. 이를 위해 국제통신망은 위성 및 해저광케이블로 이원화하고 국제관문국도 다원화한다.

장거리통신망은 전국토의 남북 간 및 동서횡단 축을 연결하는 격자형 광통신망으로 구축하고 마이크로웨이브를 이용한 유무선 이원화를 추진한다. 시내통신망은 전송로의 다원화를 통한 자동 복구망을 구축함과 동시에 일부 가입자선로의 무선화도 적극 검토하여 추진한다.

정보전달망의 발전 제2단계에서는 광대역 종합정보통신망(B-ISDN)을 구축한다. 이 통신망은 ATM 교환기, 100G 전송장치 및 가입자광케이블로 구성되며, 기존의 ISDN, 초고속 전용통신망 및 데이터통신망을 점진적으로 흡수 통합한다. 우선적으로 B-ISDN의 조기구축을 위해 가입자선로의 광 케이블화를 적극 추진한다. 이를 위해 1992년 대형 업무용 빌딩을 대상으로 30개 구간에 시범적으로 광케이블을 공급하였으며, 1995년에는 100개 구간에 국내에서 개발한 동기식 광 가입자전송장치를 공급하고 2015년까지는 가입자선로의 광케이블 화를 완성토록 한다.

국간 전송망도 대용량 동기식 광전송망을 구축한다. 국간전송망은 1993년까지는 90M. 565M의 중소용량의 비동기식 전송장치를 공급하였으나, 1994년부터는 2.5G 대용량 동기식 광 전송장치를 공급하고, 1995년부터는 시내통신망 및 기간통신망에 확대 적용하여 2010년까지 100G-Tera급의 동기식 광 전송망을 완성한다.

한편 동북아시아지역 내 국제통신의 중심국 역할을 수행하기 위해 대용량 해저광케이블의 국내 육양을 적극 추진하고, 전 세계를 광케이블로 연결하는 글로벌 네트워크 사업에도 적극 참여한다. 또한 통신망의 광케이블화와 병행하여 지상통신의 한계성을 극복하고 통신과 방송의 융합추세에 대응하기 위해 1995년 발사예정인 통신과 방송 복합위성인 무궁화위성을 이용하여 위성통신망도 구축한다.

나. 멀티미디어 응용서비스의 개발

한국통신은 정보전달망의 구축과 병행하여 멀티미디어 서비스 개발에도 박차를 가해야 한다. 우선 정보통신선진국으로의 견인차 역할을 하고 있는 하이텔(HITEL) 사업을 육성 발전시키도록 한다. 하이텔은 현재 전국에서 약 30만 가입자가 사용 중이며, 생활정보, 교육정보, 여행정보 등 330여종의 정보를 제공 중에 있다. 이를 보다 발전시키기 위해 1996년까지 단말기 100만대를 보급하고 국민들이 필요로 하는 생활정보를 대규모 데이터베이스로 개발 구축하여 통신망의 통신 속도를 현재보다 10배 이상 고속화시킬 계획이다.

다음 멀티미디어 서비스를 개발 보급한다. 전화비디오 서비스는 기존의 전화선을 이용하여 국민들이 원하는 비디오 프로그램을 직접 선택하는 방식의 새로운 영상통신사업으로서 1994년말 강남 일부지역에 시험사업을 실시하고 1996년부터는 상용서비스를 제공할 예정이다. 케이블TV는 통신과 방송의 융합추세에 따라 통신망 하부구조의 단일화를 추진하여 궁극적으로 가정에서 전화회선 하나로 전화는 물론 PC, 케이블TV를 동시에 수용할 수 있도록 발전시킬 예정이다. 그밖에 금융관련 정보통신서비스, 원격의료, 원격교육, 전자출판, LAN 간 상호접속 등 다양한 정보통신서비스를 지속적으로 개발 제공토록 한다.

결론적으로 한국통신은 음성통신망과 데이터통신망을 고속화하고 지능화하여 앞으로 도래할 21세기 멀티미디어 시대에 대비해야 한다. 우리나라의 최대 기간통신사업자인 한국통신은 국민의 생활을 보다 향상시키고 국가경쟁력을 강화하기 위해 범국가적으로 추진하고 있는 초고속정보통신망 구축사업에 적극 참여할 방침이다.

이를 위해 1단계로 공중통신망(PSTN)을 ISDN으로 발전시키고 기업, 학교기관 등 대규모 이용자를 위해 초고속정보통신망의 건설을 추진하여 장기적으로는 광대역 ISDN으로 발전시켜 초고속정보통신망으로 완성하고자 한다. 특히 국민들이 실제 피부로 느낄 수 있는 다양한 멀티미디어 응용서비스 개발에 역점을 두어 추진해야 한다.

3.3 기간통신망의 고품질화 및 고도화

가. 정보통신망의 고품질화

한국통신은 1995년 말 시내전화, 시외전화, 국제통신, 데이터통신 등 주요통신을 위해 운용하고 있는 통신망시설 규모는 다음과 같다(중장기 네트워크 발전계획, 1996. 9. 10, 한국통신 네트워크본부).

① 시내교환기 21,684천 회선, 국간중계교환 2,849천 회선, 전용텐덤망 293천 회선, 가입자선로 35,602천 회선 ② 통신구 시설 277,918Km ③ 케이블TV 전송망 1,159천 회선 ④ 시외교환시설 1,434천 회선, 신호중계기 1,098링크, 초고속디지털 마이크로웨이브 시설 144,102 회선, 초고속 광 전송시외회선 1,413천 회선, 초고속 광관로 3,007Km, 초고속광케이블 9,986Km ⑤ 전용회선 909천 회선, 디지털회선분배시스템 42개 국소

이러한 상황에서 한국통신은 2000년대를 대비한 통신사업의 장기비전 및 추진전략을 세웠다(1998년도 시내통신시설 투자사업계획 수립지침, 1996. 6, 한국통신 네트워크본부). 이 계획의 주요내용은 다음과 같다.

① 단기적으로는 기본통신시설을 고품질화하고 지속적으로 확충한다. 그리고 전화수요를 차질없이 충족하며 적정 판매 여유시설을 확보한다. 한편 전송로시설을 광통신화하여 초고속정보통신망의 기반을 구축한다.

② 중기전략으로는 교환시설을 디지털화하고 전화망의 지능화를 적극 추진한다. 그리고 ATM, SDM방식, 광가입자망의 구축으로 초고속정보통신망(NII)을 본격 추진한다. 또한 가입자선로의 광케이블시설을 확대 공급한다.

③ 장기적으로 시내교환시설의 디지털화는 2005년에 완성하고, 전체 교환기에 대한 ISDN기능은 2010년에 구현한다. 그리고 모자국간 전송로망의 광통신화는 2001년에 마무리하고, 전송망의 동기식 광전송망으로의 전환은 2005년, 가입자선로의 광케이블화는 2015년에 완성한다.

나. 정보통신망의 고도화

우리나라는 1995년말 당시 일반전화시설이 2,100만 회선을 이미 돌파했고 정보화시대를 성큼 앞당긴 데이터통신망도 전국 읍면단위까지 확장됨으로써 국가기간통신망은 이제 전국적인 기반을 갖춘 정보통신망으로서의 면모를 갖기에 이르렀었다. 이에 한국통신 네트워크본부(본부장 이정욱)는 2000년대를 대비한 우리나라의 정보통신망의 발전방향을 제시하였다(한국의 정보통신 네트워크 발전방향, 1996. 7). 이 계획의 주요내용은 다음과 같다.

(1) 우리나라의 통신망은 크게 전화통신망과 데이터통신망으로 분류되며. 전화통신망은 통신시설규모면에서 세계 9위에 이르렀고 전화보급율은 100인당 41.5대로 1가구 2전화시대를 열게 되었다. 또한 데이터통신망은 전국 213개 전화국에 패킷교환기가 설치되었고 서울, 부산 등 전국 12개 도시에서 인터넷 망이 운용되고 있다. 또한 PC 보급율이 증가하고 사회전반적인 정보화 수요계층의 확산으로 장래 데이터통신망의 수요는 폭발적인 증가를 보일 것이다.

그러나 21세기의 멀티미디어시대를 대비하고 통신시장 개방에 따른 선진통신사업자들과의 경쟁에서 우위를 점하기 위해서는 기존의 통신망으로는 기술적 구조적 한계점에 도달해 있어 근본적이고도 일대 혁신적인 네트워크 발전전략이 필요한 시점에 있다. 따라서 우리나라의 정보화를 한 차원 높게 끌어올리고 국제적으로 정보통신선진국으로 도약하기 위해서 향후 5년간 집중적으로 추진해야할 전략분야로서「네트워크 고도화」를 설정하여 정보통신망의 인프라스트락처를 발전시켜 나간다.

(2) 정보통신망의 고도화를 위해 한국통신은 앞으로 5년간 집중적으로 고도통신 분야 사업을 추진토록 한다.

이 사업의 주요내용은 ① 지능망 및 ISDN을 통한 기간통신망의 지능화를 본격 추진한다. ② 초고속정보통신망을 건설하여 전국적인 초고속정보통신망을 완성하고 초고속정보통신망의 세계화를 추진한다. ③ 가입자 통신망의 고속화 및 가정용 댁내장비의 개발 보급을 통한 멀티미디어통신을 실현한다. ④ 핵심통신시설의 집중운용관리 및 실시간 네트워크 관리체제를 구축하여 선진국 수준의 통신품질을 확보한다. ⑤ 통신망 간 통화루트를 개선하고 통신사업자들의 통신품질 향상을 위한 네트워크 종합관리체제의 구축 등으로 정하였다.

위와 같이 추진함으로써 방대한 규모의 전화통신망과 데이터통신망을 고속화하고 지능화하여 국민들의 통신이용모형을 음성통신 50%, 비음성통신 50%로 크게 변화시켜 다가오는 21세기 정보화사회에 적극 대비해야 할 것이다. 이를 위해 차세대 통신사업의 방대한 기지역할은 물론 개방과 경쟁에서 정보통신의 국가산업을 선도할 수 있는 경제성과 기술성에서 우수한 선진국형 네트워크를 건설 운용해야 한다.

이러한 목표를 달성하기 위해서는 앞에서 제시한 5대 전략과제를 반드시 완수해야 하고 지금이 이러한 전략과제를 본격적으로 추진해야 할 중요한 시점이다. 한국통신의 고도통신사업이 성공적으로 수행되어야만 우리나라는 2000년대 초에 정보통신선진국으로 진입하게 될 것이고 한국통신은 세계 속의 첨단기업으로 발전할 것이다.

다. 1990년대-2000년대 통신망 발전계획

1990년대 후반 세계적인 정보통신 추세는 통신과 컴퓨터 기술의 융합, 통신과 방송서비스의 융합, 인터넷의 급팽창 및 이동통신 수요의 급성장 등 정보통신기술의 급격한 발전과 그로 인한 변혁이 이루어지고 있었다. 한편 우리나라 통신시장은 국제전화, 시외전화 경쟁에 이어 PCS, TRS, CT-2 사업에 신규사업자가 진입해 초기부터 치열한 경쟁이 예상되고 1998년부터는 기본통신시장의 대외개방이 이루어질 전망이었다.

당시 한국통신 네트워크본부(본부장 이정욱)는 급속히 진행 중인 정보통신산업의 환경변화를 수용할 수 있고, 우리나라의 정보통신 네트워크를 한 차원 높게 끌어올려 국제적으로 정보통신선진국으로 도약하기 위해 중장기 네트워크 발전계획을 수립하였다(중장기 네트워크 발전계획의 수립, 1996. 9. 9, 한국통신 네트워크본부). 이 계획의 주관부서 및 결재자는 제8장 말미의 참고자료 편에 기록되어 있다. 이 계획의 주요내용은 다음과 같다.

① 기간통신망의 지능화 본격추진, 초고속 정보통신망의 건설, 멀티미디어 통신의 실현, 선진국 수준의 통신품질확보, 네트워크 종합관리체제 구축 등을 포함한 정보통신 네트워크 발전계획을 수립한다. 그리고 시내통신망, 시외통신망, 국제통신망, 가입자망, 초고속전용통신망, ISDN, 무선망활성화, 상호접속망, 신호망, 동기망, 지능망, 과금 및 통신망 관리 등을 포함한 부문별 중장기 네트워크 발전계획을 수립한다.

② 경쟁과 개방에 대응하여 경제적 효율성을 높이고, 통신망의 신뢰성과 안정성을 위하여 루트를 다원화 하는 등 시설확충에 따른 투자효율성을 제고한다. 또한 초고속정보통신망의 기반구조를 확립한다. 이를 위해 대도시 지역 간에 우선 구축하고 중소도시까지 확대하고, 통신망은 ATM 교환망으로 구축하고 공중통신망의 프로토콜을 표준화하여 통신망간 호환성을 확보토록 한다.

③ 교환기의 현대화 및 디지털화를 점진적으로 추진하고, 전국 시외통신망의 루트를 다원화한다. 그리고 국제통신망을 최적화하여 설비의 효율성을 제공하며, 초고속 전용통신망

을 건설한다. 한편 통신망의 ISDN 기능을 총체적으로 구현하고, 통신망의 고도화 및 지능화를 지속적으로 추진한다. 그리고 가입자 선로의 광케이블화를 지속적으로 추진하고, 동기식광전송망을 구축한다.

이상과 같은 우리나라의 중장기 네트워크 발전계획을 위한 연도별 소요예산계획을 <표 8-24>와 같이 수립 추진하였다.

<표 8-24> 중장기 네트워크 발전계획을 위한 소요예산(단위: 억원)

사업별	1997년	1998년	1999년
시내전화	21,150	22,463	24,023
시외전화	2,542	2,981	2,721
국제전화	739	937	959
전용시설	882	1,015	1,073
운용보전	8,323	7,380	7,612
계	33,636	34,776	36,388

3.4 기간통신망의 종합관리체제 구축

가. 다수 사업자별 통신망에 대한 종합관리방향

1996년 정부는 개인휴대통신(PCS), 주파수공용통신(TRS), 국제전화 등 7개 역무에 대하여 총 27개 신규통신사업자를 선정 발표하였다(1996. 6. 10). 뿐만 아니라 1996년 하반기에는 초고속정보통신망 하부구조의 조기구축을 위해 공항, 항만 및 공단 등 226개 특정지역에 기존의 기간통신사업자와 케이블TV의 전송망사업자를 겸하는 초고속망사업자를 신규로 선정할 예정으로 관련 법규를 제정하고 있었다. 이처럼 통신사업환경이 다원화, 개방화 체제로 급변함에 따라 동일하거나 서로 다른 유형의 서비스를 제공하는 많은 통신망이 출현하게 되었다. 이에 따라 이들 사업자통신망 상호간 공정한 상호접속문제가 중요하게 대두되었고, 또한 이들 다수의 통신망을 효율적으로 운영 관리하는 관리체제의 구축이 절실히 요구되었다.

이에 우리나라 기간통신망(Mother Network)의 운영관리를 책임지고 있는 한국통신은 기존의 음성위주의 통신망은 물론 새로이 각광받고 있는 위성, 무선통신망 및 향후 멀티미디어 서비스를 제공하는 광대역통신망에 이르기까지 다양한 통신망을 선진국 수준으로 관리해야 하였다. 또한 다수의 통신사업자 환경에 효율적으로 대응할 수 있는 네트워크의 종합관리를 단계적으로 추진하였다. 이러한 상황에서 한국통신 네트워크본부(본부장 이정욱)는 향후 네트워크 종합관리를 위한 추진방향을 제시하였다(한국의 정보통신 네트워크 발전방향, 경영과 기술, 1996. 7, 한국통신). 그 주요내용은 다음과 같다.

첫째, 통신사업자 간 상호접속의 모형을 개선한다. 이용자의 소통거리를 최소화하기 위하여 최소한 도(道) 단위로 트래픽을 처리토록 추진하고 신규사업자 통신망은 가능한 한 시내통신망(PSTN)에서 직접 접속토록 한다. 신규통신사업자의 설비조건으로 전국규모의 통신사업자는 대도시 및 도별로 최소한 1대 이상의 교환기를 설치하여 통신망을 구성토록 하고, 지역통신사업자는 지역별 중심도시에 1대 이상의 교환기로 통신망을 구성토록 한다.

둘째, 원활한 상호접속을 위한 기초통신망을 확보한다. 체계적인 시설을 확보하기 위해 신규통신사업자는 중장기 설비계획을 수립하고 사업개시 1년반 전에 설비계획을 확정하여 한국통신에 통보하고, 한국통신은 사업자별 설비계획을 기초로 통신시설 종합계획을 수립 시행토록 한다.

셋째, 통신사업자 별 통신망의 종합관리체계를 구축한다. 통신사업자 별로 통신망의 운영 책임구간을 설정하여 운영하고 한국통신은 소통위주의 종합관리를 시행한다. 또한 시내통신망, 시외통신망, 국제통신망, 무선호출통신망, PCS통신망 등에 대한 표준모형을 설정하고 기간통신망의 건설 및 운영계획을 공개하여 기간통신망을 기반으로 공정경쟁이 실현될 수 있도록 통신환경을 구축한다.

넷째, 유사시를 대비하여 전국통신망을 통합운영 관리한다. 통신사업자의 통신망은 평시 소통위주의 종합관리를 시행토록 하고 국방부, 내무부, 한국전력 등 공공기관의 통신망은 유사시 한국통신에서 통합운영관리체제로 전환하여 대처토록 한다. 이를 위해 주요통신망의 이원화를 추진하고 주요 통신망간의 연동 및 우회루트 구성은 물론 관련부서간의 긴밀한 협조체제를 유지하기 위해 전국 주요통신망 운영협의회를 구성토록 한다.

나. 한국통신의 통신망과 신규사업자의 통신망

앞으로 우리나라에 다수 신규통신사업자의 출현에 대비하여 한국통신은 기간통신사업자로서의 책임을 다하기 위해 통신망 종합관리발전계획을 수립 추진하였다(한국의 정보통신 네트워크 발전계획, 1995. 5, 한국통신 네트워크본부). 이 계획의 주요내용은 다음과 같다.

첫째, 통신망의 접속모형을 개선한다. 이용자의 소통거리를 최소화하기 위해 최소한 도 단위로 트래픽을 처리하였다. 그리고 신규사업자 통신망은 가능한 한 시내통신망(PSTN)에서 직접 접속함으로서 통신품질을 향상시키고 접속지연을 예방하였다. 이에 따라 신규사업자의 설비조건을 강화하여 전국규모의 통신사업자는 대도시 및 도별로 최소한 1대 이상의 교환기를 설치하여 통신망을 구성토록 하였다. 한편 지역통신사업자는 지역별 중심도시에 1대 이상의 교환기로 통신망을 구성하게 하였다.

둘째, 통신사업자 별로 통신망의 운영책임구간을 설정하여 운용하고 한국통신은 소통위주의 종합관리를 시행하는 「통신소통 종합관리」 방안을 추진하였다. 이때 종합관리대상은 <표 8-25>와 같다. 여기에는 TRS, PCS, CT-2, 무선데이터통신 분야의 신규사업자도 포함된다. 그리고 유사시에는 한국통신의 통합운영관리체제로 전환되도록 하였다. 또한 사업자간 통신망의 효율적인 운용과 통신소통을 종합적으로 관리 추진하기 위해 사업자간 통신망 운용위원회를 구성 운용하고자 시도하였다.

<표 8-25> 통신소통 관리대상(1996. 5)

구분	기존사업자		신규사업자	
	사업자명	사용번호	사업자명	사용번호
국제전화	한국통신	001	데이콤	002
시외전화	한국통신	-	데이콤	082
이동통신			한국이동통신 한국이동통신 지역사업자 신세기통신	011 012 015 017
데이터통신 (PC통신)			한국PC통신 데이콤 현대정보기술 에이텔 삼성데이터시스템	01410 01420 01431 01432 01433

셋째, 신규 통신사업자 별 중장기설비계획을 수립하여 체계적인 시설을 확보해나가는 「기초통신망 확보계획」을 수립하였다. 이를 위해 신규사업자는 사업개시 1.5년 전에 설비계획을 확정하게 하며, 사업자별 설비계획을 기초로 한국통신은 통신시설 종합계획을 수립하였다.

넷째, 한국통신은 전체통신망을 체계적으로 관리하는 전담기구로서 본사직할기구의 통신망관리단을 운영하였다. 1995년 당시 통신망관리단의 간부진을 보면 단장(관리급) 남교중, 통신망관리국장 이오희, 시설운용국장 김종현, 관리국장 김창수로 보임되었다(2급이상 직원직위 일람표, 1995. 5. 6, 한국전기통신공사).

다. 신규사업자를 위한 초기단계의 조치

1990년대 중반 우리나라에는 다수의 신규 통신사업자가 등장함에 따라 한국통신은 신규사업자를 위해 최대한 간편한 통신망을 구성하여 그때까지의 한국통신 고객을 유치할 수 있도록 허용하였다(한국의 정보통신 네트워크 발전계획, 1995. 5, 한국통신 네트워크본부). 이후 2000년대에 대비하여 효율적인 통신망 관리체제로 발전시키기 위해 우리나라의 중장기 네트워크 발전계획을 수립 추진하였다(중장기 네트워크 발전계획, 1996. 9, 한국통신 네트워크본부). 이들 2개 계획의 주요내용은 다음과 같다.

(1) 초기 국제통신망과 시외통신망의 운용

첫째, 국제통신망의 통화루트를 개선한다. 1995년-1996년 데이콤은 서울과 대전에 국제교환기 17,500회선, 상호접속회선 2,520회선을 운용하고 있었다. 이때 한국통신- 데이콤 간 통신망은 이용자-시내전화국(KT)-시외전화국(KT)-국제전화국(KT)-국제전화 국(DA)-위성지구국(DA)으로 구성 운용되었다. 즉 국제전화국(KT)와 국제전화국 (DA)이 직접 연결되어 운용되고 있어 국제교환기를 이중으로 통과하고 있는 상황이었다.

그러다 보니 데이콤은 국제전화국과 위성지구국 만을 건설하면 지금까지의 한국통신의 기존 국제전화고객을 유치할 수 있었다. 이 문제를 다소나마 해결하기 위해 시외교환기(DA)와 국제교환기(DA) 간 직접 연결을 유도하였다. 이를 위해 서울, 부산, 대구, 대전, 광주에 설치되어 있는 시외교환기(DA)에서 직통회선으로 변경을 추진하였다(1996. 12).

둘째, 시외통신망을 표준모형으로 발전시킨다. 데이콤에서 서울, 부산, 대구, 대전, 광주 등 5대 대도시에 시외교환기 17만2천회선, 상호접속회선 6만회선을 운용하고 있었다. 당시 데이콤은 도시별로 시외전화국 하나만 건설하면 그동안의 한국통신 시외전화고객을 유치하여 영업을 할 수 있는 특혜를 얻었다.

예를 들어 서울-진주 간 시외통화의 경우 서울가입자-서울시내전화국(KT)-서울시외전화국(KT)-서울시외전화국(DA)-부산시외전화국(DA)-진주시외전화국(KT)-진주시내전화국(KT)-진주가입자 방식으로 연결되는 상황이었다. 이 경우 시내전화국 및 시외전화국을 6개국이나 과다하게 경유하고 있어 통신설비가 과다하게 운용되고, 통화접속시간에 영향을 주게 되었다. 한국통신은 단기적으로는 시외국(KT)과 시외국(DA) 간 연결회선을 증설하고, 장기적으로는 시내전화국(KT)에서 시외전화국(DA)으로 직접 연결을 추진하였다.

(2) 초기 이동통신망의 구성

초기에는 이동전화망의 루트를 단축하는 방안을 강구하였다. 한국이동통신(주)는 5대 광역시, 신세기통신(주)는 서울에 이동전화교환기를 운용하고 있었으며, 그 세부내역은 <표 8-26>과 같다(1996. 5). 여기에서 접속회선은 한국통신과 각 이동통신회사 간의 연결회선을 말한다. 이들 이동통신사업자들이 교환국과 기지국을 건설하면 한국통신은 이 통신망을 서울 시외전화국으로 연결하여 이동전화서비스를 제공하였다.

<표 8-26> 초기 이동통신망의 구성(단위: 회선)

구분	이동전화교환기 설치지역	시설수	접속회선
한국이동통신	서울(2),부산, 광주, 대구, 대전	216,756	46,446
신세기통신	서울	13,860	1,500

이때 서울시내 가입자가 서울시내로 연결하는 경우, 서울가입자-서울시내전화국(KT)-서울시외전화국(KT)-서울교환국(KMT)-서울기지국(KMT)-서울가입자로 접속되게 하였다. 그리고 강릉시내 가입자가 강릉시내로 접속할 때는 강릉가입자-강릉시내전화국(KT)-강릉시외전화국(KT)-서울시외전화국(KT)-서울교환국(KMT)-강릉기지국(KMT)-강릉가입자로 구성되는 방식이었다.

이 경우는 한국이동통신(KMT)에서 강릉교환국을 보유하지 못한 관계로 강릉에서 서울로 다시 강릉으로 연결되었다. 또한 제주시내 가입자가 제주시내 가입자에게 통화할 때에도 제주시내가입자-제주시내국(KT)-제주시외국(KT)-광주시외국(KT)-광주교환국(KMT)-제주기지국(KMT)-제주시내가입자로 연결되었다. 이에 따라 통화루트가 장거리통신망으로 구성되고, 시외전화국을 과다하게 경유하게 되어 소통이 불량해 지는 문제가 발생하였다. 따라서 한국통신은 도 단위로 이동통신교환기를 설치하고, 전체 통신망 간에 고속신호방식(No.7신호)을 도입 추진하였다.

다음에는 무선호출의 통신품질을 향상시키기 위해 노력하였다. 초기 무선호출통신망은 <표 8-27>과 같이 구성되었으며, 여기에서 접속회선은 한국통신과 각 이동통신회사 간의 연결회선을 말한다.

<표 8-27> 초기 무선호출통신망의 구성(1996. 5)

구분	무선호출교환기 설치지역	시설수(회선)	접속회선
한국이동통신	서울(5), 부산(2), 광주(1), 대구(2), 대전(1), 전주(1), 춘천(1), 원주(1), 제주(1)	34,499	24,702
지역이동통신	지역별(1)	38,667	25,770

한국이동통신(주)는 9개 도시에, 그리고 19개 지역통신사업자는 지역별로 무선호출교환기를 설치하여 운용하였다. 이 통신망은 신규사업자가 무선호출교환국과 기지국을 구축하면 한국통신은 시내전화국 또는 시외전화국과 연결하여 무선호출서비스를 제공하였다.

예를 들어 서울시내에서 서울시내로 호출하는 경우를 보면, 서울가입자-서울시내 전화국(KT)-서울시내 전화집중국(KT)-무선호출 서울교환국(KMT)-서울기지국(KMT)-서울가입자로 통신망이 연결되게 하였다. 그리고 전주시내에서 서울시내로 호출할 때는 전주가입자-전주시내전화국(KT)-전주시외전화국(KT)-무선호출서울교환국(KMT)-서울기지국(KMT)-서울가입자로 연결 구성하였다.

라. 전체통신망의 종합관리체제 확립

(1) 전체통신망의 종합관리 방향

통신시장이 개방되고 통신사업이 경쟁체제로 들어서면서 통신사업자 개별통신망도 여기저기 생겨나게 되었다. 이때 한국통신은 우리나라의 대표적인 기간통신사업자로서 전체 통신망을 종합적이고 체계적으로 관리하고자 노력하였다. 한국통신은 우리나라의 전체통신망을 종합 관리하는 역할을 다하기 위해 1997년 총 1,984억 원의 소요예산을 확보하여 실행계획을 수립하여 시행하였다(네트워크의 고도화 추진계획, 1997. 6, 한국통신). 이 계획의 주요내용은 다음과 같다.

첫째, 국제표준 품질인증(ISO-9000)자격을 획득하기 위한 활동을 전개한다. 이를 위해 앞에서 기술한 바와 같이 품질 고도화의 원년을 선포하고, 고객요구수준을 파악하여 이에 대한 품질계획서를 작성한다. 그리고 각종 네트워크의 설계, 운용, 변경 등의 절차를 표준화하고 내부품질감사 제도를 도입하며, 통신부문 생산, 시공, 운용업체를 대상으로 국내 품질인증 공인기관으로 도약한다.

둘째, 모든 통신망 관리시스템에 표준프로토콜을 적용 연동하고, 지역단위 통신망관리센터는 1998년, 전국 종합망관리센터는 2001년, 차세대 집중관리시스템은 2006년에 구축 완성하여 표준화된 통신망 종합관리체제를 갖추도록 추진한다.

셋째, 전체통신망의 종합품질평가를 시행한다. 이를 위해 통신품질 자동측정시스템(NPMS)은 1997년, 통신망 품질평가 관리시스템(SENSE)은 1998년, 신규 서비스망 품질평가 관리시스템은 2001년에 구축함으로서 통신품질측정 및 분석시스템을 완비한다. 또한 항목별 품질관리에서 종합관리체제로 전환토록 한다.

(2) 종합관리를 위한 한국통신의 준비

1990년대 중반 한국통신의 통신망의 관리실태를 보면 시내통신망, 시외통신망, 데이터통신망, 국제통신망의 운용관리를 위한 컴퓨터시스템은 총 34종 610개 시스템을 운용하고 있었다. 그리고 OMC, SLMOS, TMC, PMC, RNMC, TNMC 등 6개 종류 96개의 운용관리센터를 보유하고 있었으며, 이들은 특정분야업무를 대상으로 시스템을 개발하고, 시스템별 독립된 데이터베이스를 구축하였다.

그러나 당시 통신망 관리의 문제점을 보면 먼저 통신망 관리의 구조 및 모델, 정보관리구조 및 체제 면에서 이들 운용관리시스템 간 상호연동을 위한 기본환경이 갖추어지지 못한 상황이었다. 또한 교환기, 전송장비 등 NE의 통신망관리 기능을 정립하지도 못하고 있었다. 다음 문제는 통신망관리 관련조직이 분산되어 있었고, 통신망자료 수집시간이 길어 의사결정이 지연되고 있었다. 그리고 유사한 데이터의 중복관리로 자원 활용이 비효율적이었다.

한국통신 네트워크본부(본부장 이정욱)는 이러한 문제점을 해결하고 우리나라 방대한 통신망을 기술적이고 효율적으로 관리하기 위한 기본방침 및 발전계획을 결정하여 추진하였다(중장기 네트워크 발전계획, 1996. 9. 10, 한국통신 네트워크본부). 이 계획의 주요내용은 다음과 같다.

첫째, 통합통신망 관리체제를 완성한다. 이를 위해 준비단계(1996년-1997년), 구축단계

(1998년-1999년), 운용단계(2,000년 이후)로 구분하여 단계별로 계획을 세워 추진한다. 그리고 국제표준의 통신망(TMN) 개념을 통신망 운용관리체제 하부기반으로 도입 적용한다.

둘째, 하나의 서비스 제공에 관련된 업무는 통신시설의 종류에 관계없이 하나의 운용관리센터에서 일괄 관리한다. 그리고 한국통신의 운용관리조직은 모든 정보통신서비스 관리단위로 전환한다.

셋째, 준비단계에서는 TMN통신망 관리플랫폼을 개발하고, RNMS, TNMS 등 대상시스템의 선정, 적용, 시험 및 보완을 수행하며, TMN 기술표준화를 시행하는 등 TMN의 기반을 조성한다. 또한 프레임 릴레이(FR) X.25 연동망을 구성하고, X.25 및 LAN을 사용하는 통신망 운용관리시스템을 수용하여 MIH(Management Information Highway)를 구축한다.

넷째, 구축단계에서는 운용관리시스템의 통신기능(MIH 연결)을 보완하고, 데이터구조를 표준코드체계로 통일하는 등 기능을 보완한다. 그리고 보완 불가능한 OS는 대체 개발하는 등 신규 OS를 개발하여 차세대 통신망 운용관리 및 TMN망 관리플랫폼을 사용토록 한다. 또한 동일서비스 관리시스템을 연동하는 등 운용시스템 간 연동을 통해 데이터베이스의 공유체제를 구축한다. 운용단계에 가서는 서비스관리 중심의 운용체제를 구축토록 한다.

3.5 선진국수준의 통신품질 확보

가. G7국가수준의 통신품질활동

한국통신의 가입자회선이 2000년대에는 통신시설 면에서 G7 수준에 버금가는 약 2천7백만 회선이 될 것으로 예상되면서 효율적이고 체계적인 통신망 시설관리의 필요성이 더욱 중요시 되고 있었다. 한국통신과 정부는 6차 5개년계획의 주요사항으로 선진수준의 품질보증제도를 확립하였다(제6차 경제사회발전 5개년계획 통신부문계획, 1986. 10, 통신부문계획위원회). 이 계획의 주요내용은 다음과 같다.

① 순기품질 보증제도를 확립하고, 통신기자재별 국제공인수준의 통신품질을 확보한다. 또한 생산업체에 품질기술을 지도하고 육성한다.

② 품질보증규정을 1985년-1986년 중반에 개정하고, 품질보증활동을 1985년 중반부터 시작하여 5개년계획 동안 실시한다. 그리고 1986년 중반부터 5개년계획 동안 품질정보전산화를 추진하고, 시험기술능력의 선진화 및 품질보증기술 연구를 1985년부터 시작하여 5개년계획 기간에 시행한다. 5개년계획 기간에 이를 위한 소요예산 총 78억 원을 투입한다.

이후 1990년대 후반기에 들어서면서 한국통신은 본격적으로 정보통신품질을 선진국 수준으로 끌어올리는데 주력하였다. 그때까지 우리나라는 통신시설에 대한 품질은 주로 고장과 통화완료율 위주로 관리해 오고 있었다. 당시 전화고장신고 10.4건, 통화완료율 61.8%로 나타나 있으며, 전자교환기 운용수준은 95점으로 평가되었다. 그러나 회선잡음, 전송손실 등의 통신망 품질은 관리하지 못하고 있었다(1995년). 특히 PC통신, 음성정보통신, 114 안내, 이동통신 등 일부 서비스의 통신소통이 저조한 실정이었다.

이런 상황에서 한국통신 네트워크본부장(이정욱)는 G7 수준의 통신품질 확보를 위해 2000년까지 통신서비스 고장 및 신고를 6건 이하로 줄이고, 통화완료율을 70% 수준까지 높일 계획이었다. 이의 실현을 위한 관리방향을 결정하였다(한국의 정보통신 네트워크 발전방향, 경영과 기술, 1996. 7, 한국통신). 이 계획의 주요내용은 다음과 같다.

첫째, 현재 분야별 개별적으로 운영 중인 시스템들을 전자교환기 집중운용관리시스템(MOVE), 전원설비 집중운용관리시스템(PMS), 전용회선 집중운용시스템(DELMONS), 선로시설 집중운용관리시스템(TOMS), 전화설치관리시스템(TIMS) 등의 집중운용관리시스템으로 개발 운영한다. 그리고 통신시설 고장에 대한 과학적인 측정분석을 위해 고장자동측정시스템(SLMOS), 전자교환기 운용분석시스템(EDAS)을 개발 운용하여 1999년까지는 전국적으로 집중운용관리시스템을 확대 설치해 광역전화국 체제로 전환한다.

둘째, 네트워크 운용상태를 실시간적으로 관리해 현재 63%인 운용상태 실시간 관리를 2002년에는 70% 수준까지 향상시켜 통화완료율을 획기적으로 개선한다. 트래픽의 흐름과 통화루트의 자동관리를 위해 지역통신망 관리시스템(RNMS), 시외통신망 관리시스템(TNMS), 디지털전송망 관리시스템(DTMS), 국간중계회선 종합관리시스템(TRUMAN) 등을 개발 운용한다. 또한 통화완료율을 구간별로 자동 측정하고 분석하기 위해 트래픽/ 통화완료율 관리시스템(CTMS), 패킷통신망 트래픽자동분석시스템(HITS) 시스템을 개발 운용하여 1999년까지는 선진국 형 통신망관리체계로 발전시킨다.

셋째, 통신품질을 종단 간 관리하는 방식을 도입하여 선진국 형태의 통신품질관리체제로 발전시킨다. 통신품질의 자동측정 및 분석을 위해 통신품질 자동측정시스템(NPMS), 통신망품질 평가관리시스템(SENSE), 통신시설 종합운용관리시스템(OMAS) 등을 개발 운용하고, 효율적이고 체계적인 통신망관리를 위해 종합통신망관리(TMN) 체제를 점차적으로 도입해 나간다.

나. 통신품질 관리목표

1996년도 전화고장신고 등 5개 주요항목에 대하여 통신품질 관리목표를 <표 8-28>과 같이 정하여 추진하였다.

<표 8-28> 통신품질 관리목표(1996년)

항목	전화고장 신고	통화완료율	전자교환기 운용수준	회선품질	전송손실
관리목표	10.0건	63.0%	95점	-53dB이상	11dB이하

통신망 품질은 PDD, DTD, 소통율, 전송손실, 잡음, S/N비, BER 등을 End-To-End 방식으로 자동측정하고 분석 시행하게 하였으며, 특히 통화완료율을 획기적으로 개선 추진하였다. 1990년대 중반 한국통신 네트워크본부(본부장 이정욱)은 우리나라의 통신품질을 2,000년까지 G7국가 수준으로 향상시키는 계획을 수립 추진하였다. 2000년까지 통신고장 및 신고 6건, 통화완료율 70%, 회선손실 11dB 이하, 에러발생 1×10^{-6} 이하로 정하여 추진하였다(중장기 네트워크 발전계획, 1996. 9, 한국통신 네트워크본부).

<표 8-29> 통화완료율 개선목표(1996년)

년도별	1996년	1997년	1998년	1999년	2000년
목표(%)	63	64	65	66	70이상

이어서 한국통신은 1997년을「통신품질 고도화의 해」로 정하고 선진국 형 품질관리 지표를 도입하였다(네트워크의 고도화 추진계획, 1997. 1 /한국의 정보통신 네트워크 추진계획, 1997. 4. 17). 이때부터 시내전화, 시외전화, 국제전화, PC통신, 이동통신 등 서비스별로 통화완료율을 관리하기 시작하였다. 그리고 시내, 시외, 국제, PC통신, 이동통신 등 서비스별 통화완료율을 관리하고, 발신음 지연(DTD), 다이얼 후 접속지연(PDD), 회선잡음, 회선손실 등 제2차적인 통신서비스 품질을 중점적으로 관리하기 시작하였다.

다. 통신망관리시스템의 개발 보급

한국통신은 통신품질 자동측정시스템(NPMS), 통신망품질 평가관리시스템(SENSE) 등 통신품질을 자동측정하고 분석 관리하는 시스템을 도입하였다(1996년-1998년). 이들 시스템의 세부내역은 <표 8-30>과 같다.

<표 8-30> 통신품질의 자동측정 및 분석관리(단위: 시스템)

명칭	세부사항	시설계획	시행기간
NPMS	통신품질 자동측정시스템	196	1997년
SENSE	통신망품질 평가관리시스템	1	1998년
OMAS	통신시설 종합운용관리시스템	12	1996년

또한 통신시설 고장을 과학적으로 측정 분석하고 핵심 통신시설을 집중관리하기 위해 고장자동측정시스템 등 7개 시스템을 한국통신 연구소에서 1990년부터 1995년까지 개발하여 1995년부터 2000년까지 보급 설치하는 계획을 추진하였다. 그리고 통신망의 운용상태를 자동적으로 감시하는 통신망 관리시스템과 주요통신 구간의 통화량을 과학적으로 관리하는 트래픽 관리시스템 등 6개 시스템을 1994년부터 1999년까지 설치 추진하였다. 이들 시스템의 세부내역은 <표 8-31> 및 <표 8-32>와 같다.

<표 8-31> 고장측정 및 운용관리시스템의 개발 설치(단위: 시스템)

명칭	세부사항	시설계획	시행기간
SLMOS	고장자동측정시스템	41	1998년
DELMONS	전용회선 집중운용시스템	9	1995년
MOVE	전자교환기 집중운용관리시스템	43	1999년
PMS	전원설비 집중운용관리시스템	43	2000년
EDAS	전자교환기 운용분석시스템	43	1999년
TOMS	선로시설 집중운용관리시스템	10	1996년
TIMS	전화설치관리시스템	41	1999년

<표 8-32> 통신망관리 및 통화량관리시스템의 도입(단위: 시스템)

명칭	세부사항	시설계획	시행기간
RNMS	지역통신망 관리시스템	10	1999년
TMMS	시외통신망 관리시스템	1	1994년
DTMS	디지털전송망 관리시스템	11	1996년
TRUMAN	국간중계회선 종합 관리시스템	11	1997년
CTMS	트래픽/ 통화완료율 관리시스템	10	1996년
HITS	패킷통신망트래픽 자동분석시스템	1	1996년

3.6 통신품질 개선을 위한 또 다른 노력

가. 지역 망관리센터의 구축 운용

한국통신 네트워크본부(본부장 이정욱)에서는 지역사업본부 단위로 1개의 통신망관리센터를 구축 운영하는 계획을 수립 추진하였다(1997년도 통신망건설 확장계획 수립지침, 1996. 8, 한국통신 네트워크본부). 이 계획의 주요내용은 다음과 같다.

첫째, 지역망 관리센터를 지역단위 통신망의 종합소통관리 거점으로 육성하고, 자체 개발한 지역 통신망관리시스템(RNMS)을 기반으로 설치한다. 그리고 지역단위의 운용관리시스템은 지역 통신망관리센터에 통합설치 운용하고, 통신망 운용관리시스템은 전용데이터망(CAMA망)으로 단계적으로 전환한다.

둘째, 지역 통신망관리센터는 1994년 서울에 30억원으로 구축하고, 1996년 부산, 대구, 충남에 90억원을 들여 설치하였다. 그리고 1997년 경기, 전남지역에 90억원, 1998년 전북, 강원, 충북, 제주에 90억원을 투자하여 설치한다.

한편 1997년 지역통신망관리센터 구축은 (1) 통신망관리센터 위치는 사업본부와 동일한 건물에 설치하는 것을 원칙으로 하고, 이때 구축되는 통신망관리센터 내에 RNMS, CTMS, DTMS, TRUMAN, OMAS 등을 통합 설치한다. (2) RNMS는 본부 내 전 시내교환기를 수용하고, 시외통신망의 경우도 단위별 시외교환기를 수용한다. 그리고 교환기는 CMD, SMART를 이용하여 수용하고, DCN (Data Communication Network)은 CAMA망을 이용하여 구성한다. 이를 위해 CAMA망 수용에 따른 패킷포트를 추가 설치하는 방법으로 추진하였다.

또한 통신망관리센터의 구축과 동시에 단대단(End-to-End) 통신망의 품질을 자동측정하고 평가하기 위해 통신망품질 자동측정시스템(NPMS)을 확대 설치하고, 통신망품질 평가관리시스템(SENSE)을 위한 기반시스템을 구축 추진하였다. 이때 NPMS를 위해 주장치(HOST) 1개 시스템, 측정기 196대를 연도별로 구축 추진하였다. 그 내역을 보면 1994년-1995년에는 주장치 1개 시스템, 측정기 80대를 설치하고, 1996년에는 총 32억 원의 예산을 투입하여 주장치에 CPU를 증설하고 측정기는 60대를 설치하였다.

또한 SENSE는 1억원의 예산을 들여서, 1996년도에 시스템 연구개발을 완료하고, 1997년도에 설치 추진하였다. 당시 소요장비는 서울통신운용연구단에서 일괄 구매하고, SENSE의 주장치는 서울통신운용연구단에 설치하고, NPMS를 위한 측정기는 전화국 전자교환실에 설치하였다. 이때 시험을 위한 제어용 번호(×××-1899)는 측정기 당 1회선을 구성하고, 측정용 번호(×××-2899)는 수용시스템 당 1회선을 구성하였다.

나. 고장(A/S) 접수체계 개선

1990년대 후반 한국통신은 고장(A/S) 접수번호 체계 및 처리실태를 조사 분석하여 고장접수 처리체계를 일원화하고 발전대책을 수립하였다(네트워크부문 경영환경의 능동적 대응을 위한 각 전담반별 중간보고, 1998. 6. 17, 한국통신 네트워크본부). 이를 위해 망관리계획부장 외 11명으로 전담반을 구성하여 2주간(1998. 5. 18-5. 30) 운영하였다.

여기에서는 네트워크본부, 무선본부, 기업영업단, 위성사업단의 관장시설을 포함하여 한국통신 내 전체 통신시설을 대상으로 고장접수, 시험, 통보과정까지를 실태를 조사하였다. 우선 고장접수번호, 고장접수방법, 고장접수처리체계 등 국내의 고장신고의 접수번호체계를 면밀히 조사하였다. 그리고 미국, 일본, 영국, ITU 권고 등 선진외국의 신고번호 및 고장접수체계를 분석하였으며, 고장접수번호 통합화 방안과 통합하는 경우 운영방안을 검토하였다.

당시 통신서비스는 총 19개 종류가 있었으며, 고장신고번호는 공중망 46종, 지능망 11종 등 총 57개로 조사되었다. 그리고 고장신고 발생건수(연간)는 공중전화, ISDN을 포함한 전화부문 6,800만호, 전용부문 70만호, 데이터부문 50만호 등 총 7,000만호 이었다. 이에 대한 고장신고 실태조사결과 다음과 문제점이 확인되었다(네트워크부문 경영환경의 능동적 대응을 위한 각 전담반별 중간보고, 1998. 6. 17, 한국통신 네트워크본부).

(1) 서비스별로 고장신고번호는 다원화되어 있는 반면 고객이 원하는 고장신고번호를 확인할 수 있는 수단이 없는 것이 문제였다. 114 안내는 전화를 제외한 다른 서비스의 고장신고번호가 수록되어 있지 않았고, 100번 안내는 서비스별 고장신고를 인지하지 못하는 상태이었으며, 110번은 다른 서비스에 대한 고장신고번호를 인지하지 못하였다.

(2) 고장(A/S) 서비스 접수처리체계가 비 표준화된 상태였다. 서비스별 관리권역에 따라 상이하였고, 서비스별 안내문안, 접수 응대요령 등이 서로 달랐다. 또한 고장통보체계 등도 각기 상이하였다.

(3) 서비스별로 독립적인 소규모 고장접수실을 운영함으로서 조직적 지원이 어렵고 인력의 분산손실이 발생하고 있었다. 즉 전화고장을 제외한 약 2%의 신고를 처리하는데 50개의 콜 센터를 운영하고, 접수요원이 535명이나 투입되어 있었다. 당시 전화고장 접수요원은 1,504명이었다.

(4) 기술적 동질성에 근거하여 구분하여 합리적인 고장접수 처리를 하지 못하고 있었다. ISDN의 경우 전화 고장접수요원이 1차적인 시험만 가능하고, ISDN실로 재확인하여 고장 여부를 확인하는 체제였다. 이외에도 기타 서비스 접수 후 타부서로 이관하는 등 여러 가지 문제점이 있었다.

이와 같은 실태조사결과를 기초로 고장접수번호 일원화 방안을 강구하고, 이에 따른 대책을 다음과 같이 수립 추진하였다.

첫째, SLMOS를 이용한 가설, 수리, 개통확인 및 만족도를 조사하고 적성과 전문성을 고려한 우수인력을 접점부서에 배치한다. 그리고 전문인력의 타부서 전보를 제한하고 현장요원의 교육을 강화한다.

둘째, 비현실적으로 관리되고 있는 신고, 고장율, 전화가설 약속시간 준수율 등 통계자료를 현실화한다. 그리고 SLMOS/LCR 시스템을 개량하고 전국 통신망의 연동을 위한 LAN 환경을 구축한다. 또한 고장 접수업무를 사업자 위주에서 고객 위주로 개선하고, 현장 A/S 요원에게 PCS 단말기와 휴대용 공구가방을 보급한다.

셋째, 이를 시행하기 위해 3년간(1998년-2000년)에 걸쳐 총 963억 원의 예산을 투입하여 SLMOS/LCR 대체, PCS 단말기확보, 휴대공구함 보급, 피뢰탄기반 설치 등을 시행한다.

다. 통신망 시설검열의 강화

한국통신 네트워크본부(본부장 이정욱)에서는 선진국 수준의 통신품질을 확보하고 운용성과를 최대한 높이기 위해 통신망 분야별로 시설검열을 시행하였다(1996년도 통신망건설 및 통신시설 운용대책, 1996. 9, 한국통신 네트워크본부).

1996년도 시설검열은 지역사업본부 29개 기관, 통신망관리단 2개 기관, 국제통신분야 2개 기관 등 총 33개 기관을 대상으로 1996년 7월 1일부터 7월 20일까지 시행하였다. 이때 검열반은 4팀 26명으로 구성하여 경영목표 및 관리목표 추진실적, 통신시설의 품질개선을 위한 이행실적, 시설운용보전의 문제점 도출, 재해대비 사전조치 실태 등에 대하여 검열하였다. 이때 시행한 시설별 검열결과, 종합평가, 향후대책 등은 다음과 같다.

(1) 통화완료율 관리부문에서는 통화완료율 향상을 위한 기관단위의 총체적 노력이 미흡하였다. 무응답, 송수화기 방치 등 불완료성 민원신고가 30- 70%를 점유하고 있어 만성적인 불완료성 항목에 대한 개선이 부진하였고, 공공기관 등 DID회선 부족구간 해소도 미흡하였다.

(2) 전자교환기 부문에서는 전반적으로 운용관리가 미흡하여 운용수준(NSPMP)에 미달하였다. 특히 TDX-10(Toll) 시스템의 프로세스분야에 대한 정보메시지가 과다하고, TDX 계열 교환기의 고장관리가 부실하였다.

그리고 국간중계시설의 중복고장 등 부진항목에 대한 개선노력이 미흡하였고, 시설과다 수용교환기의 트래픽 증가에 따른 과부하 및 발신지연이 발생하고 있었다. 또한 PBA 고장수리 인수시험결과 재수리 의뢰율이 60% 정도로 과다하고, 소도시 전화국의 전자교환기 운용기술이 부족하였다. 또한 과금자료 오류발생을 방지하기 위한 검토분석과 대책도 미흡하였다.

(3) 전송부문의 경우에는 국간 운용품질관리가 미흡하였다. 특정구간의 동일회선에 중복고장과 전송로경보(CGA) 고장이 수시로 발생하였으나 그 원인분석 및 조치가 미흡하였고, 가입자 광 전송장치(FLC)의 현장기술력도 미흡하였다. 그리고 투자공사에 대한 준공 및 인수요원의 사전교육이 미흡하였으며, 전송시설 신 장비에 대한 운용능력이 상당 부족한 상황이었다.

또한 DM센터의 고장관리 및 DCS출력 메시지의 관리가 미흡하였고, 동기식 광 전송시설 확대에 따른 유지보수용 측정기도 부족하였다. 이러다보니 고장의 약 80%를 차지하는 다중화장치 수리기간이 3개월이나 소요되고 있었다.

(4) 선로시설부문을 보면 SLMOS/ LCR에 대한 정기 운용진단이 미흡한 수준이었고, 개인정보보호교육을 전 직원을 대상으로 실시해야 하였으나 상당 부진하였다. 그리고 선로정비가 완료된 구간에 소대케이블의 가설이 미흡한 점 등 선로시설 특별정비 완료구간의 관리가 부실한 편이었다. 또한 선로도면의 전산화(TOMS)를 위한 현행자료의 입력도 지연되고 있었다.

(5) 전원시설부문의 경우 전기안전관리자로의 선임을 기피하는 현상이 있었고, 구형 직류전원장치(No.1A 및 M10CN 기종)의 조기 대체가 상당 부진하였다. 발동발전기 이동용 운전 준비시간과 축전지 용량 검토 등 장시간 정전대책도 미흡한 상태였다.

(6) 운용보전장비 부문에서는 집중운용보전시스템은 지속적으로 증가하고 있으나 연구과제 종료 후 후속개발이 이루어지지 않는 등 지원체제는 미흡하였다. 그리고 신기종이 도

입될 때, 장비가 확보되지 못한 상황에서 시스템이 개통됨으로써 운용상 문제가 되고 있었고, 신장비에 대한 운용능력이 부족하다보니 활용도도 크게 떨어지고 있었다.

한편, 기술인력 운용부문은 운용인력부족, 우수인력부족 등 여러 가지 문제점이 확인되었다. 이를 요약하면 다음과 같다.

① 운용인력 부족으로 인하여 현장의 유지보수 및 고객서비스가 미흡하였다. 소요인력에 비하여 정원 충족율이 42-64% 수준이고, 교육, 휴가 등 실질적인 인력 가동율은 정원의 87% 수준에 머물러 있었다.

② 우수인력 부족으로 인해 현장의 작업능률이 저하되고 있었다. 인력이 부족하다보니 자구책으로 일용인부 사용이 증가되는 추세이나 일용인부도 구하기 어려운 실정이었다. 또한 소도시 지역 전화국은 대도시 연고지 전출로 기술수준이 저하되었다.

③ 중소도시, 농어촌지역은 관할면적이 넓어 분기국사 관리에 어려움이 많고, 대규모 공단조성지역 및 신도시 개발지역은 선로시설 이전, 도로 유관공사 등 업무량이 폭증하여 인력이 크게 부족하였다. 이처럼 인력이 부족하면 민원처리가 지연되어 대외공신력이 실추되는 문제가 발생하였다. 이 문제에 더하여 현업조직을 자주 개편하는 바람에 일부부서 업무는 계속 정착되지 못하고 있었다.

라. 시설검열 종합평가

한국통신이 운용하고 있는 통신시설 운용상황에 대한 1996년도 검열결과를 종합평가하면 다음과 같다.

첫째, 시설운용과 관리의 수준은 전반적으로 발전하고 있으며, 경영목표를 달성하기 위한 노력은 기관장 지휘 하에 전 직원이 동참하고 있었다. 특히 시외전화사업의 경쟁으로 경쟁의식이 크게 고취되었다.

둘째, 시설의 안정적 운용과 좋은 품질생산을 위해 노력하고 있는 등 현업기관장을 비롯한 관리자의 통신망 운용관리에 대한 대응력은 적절하였다. 그러나 현업기관장 대부분이 관할지역의 통신망루트를 숙지하지 못하고 있어 원할한 소통관리가 되지 않고 있었으며, 그중에서도 국간중계 및 시외회선루트 등은 반드시 숙지하도록 지도가 필요하였다.

셋째, 시설운용 평가결과 부진기관의 현장여건을 검토하여 보면, 잦은 투자공사 시행, 국가적인 대단위 사업장 및 신도시 형성, 대도시 주변지역의 급속한 발전으로 인한 시설공급 등이 주요원인이었다.

1996년 시행한 평가결과 우수기관은 표창패와 부상금을 포상하였으며, 최우수기관에는 3천만 원, 우수기관에는 각 2천만 원, 장려기관에는 각 1천만 원의 부상금을 수여하였다. 당시 수상한 우수본부 및 전화국은 다음과 같다. 그리고 시설검열결과 지역본부별 성적을 보면 80점 점수대(84-89점)에 분포되었으며, 세부내역은 <표 8-33>과 같다.

① 최우수기관 : 철원전화국(국장 최수용) ② 우수기관 : 전남광주전화국(국장 남창현), 서울통신망운용국(국장 이상구), 증평전화국(국장 이우성), 주안전화국(국장 안남혁), 구로전화국(국장 하규현) 등 5개 기관 ③ 장려기관 : 창원전화국(국장 박병수), 범어전화국(국장 이지원), 아산전화국(국장 강동삼), 금산위성지구국(국장 강성윤), 오산전화국(국장 박찬성), 동대문전화국 (국장 조영윤) 등 6개 기관 ④ 우수요원 사장표창 12명.

<표 8-33> 1996년도 통신시설 운용평가결과

기관별	종합성적	기관별	종합성적	기관별	종합성적
서울	87.60	경기	89.02	부산	84.17
대구	87.84	충남	87.02	충북	85.52
전남	87.80	전북	85.06	강원	87.98
제주	85.69	통신망관리단	89.18	국제분야	86.89

끝으로 이번 시설검열 평가결과 지역본부에서 조치해야 할 사항과 본사 차원에서 지원할 사항을 다음과 같이 정하여 시행하였다.

첫째, 지역본부에서는 기관 단위의 목표달성을 위한 전 부서 간 상호협력 체제를 구축한다. 특히 시설운용실과 마케팅 부서간의 밀접한 관계유지가 필요하고, 부진요인의 정확한 판단을 위한 전담반을 편성 운영하여 조기에 문제점을 해소하도록 한다.

둘째, 집중운용보전 시스템 운용국의 역할을 강화한다. 전산 자료의 활용을 위한 분석 및 통제체제를 조성하고, 출력데이터를 심층 분석하여 보전작업계획에 반영토록 한다. 그리고 인력, 예산, 물자를 적극적으로 지원하는 등 운용보전 환경여건을 개선하기 위한 지원대책을 시행한다.

셋째, 본사에서는 문제점 해결을 위해 운용보전지침 및 사업계획에 반영하는 등 제도적으로 지원한다. 그리고 시설유지보수 및 보전사업계획에서 불합리한 사항을 개선하고, 지원조치사항을 지속적으로 관리한다.

4. 새로운 통신서비스의 도입 및 선진화

4.1 데이터통신 및 쌍방향통신 개시

1980년대 초반까지 우리나라의 전기통신서비스는 전신과 전화가 주종을 이루어 오고 있었다. 그러나 사회구조가 농업사업사회에서 산업사화, 정보사회로 변천되고 이용자의 통신서비스 욕구도 다양화됨에 따라 데이터통신 및 영상통신의 필요성이 점증되고 있어 한국통신에서는「정보통신 기본계획」을 다음과 같이 수립 시행하였다(정보통신 기본계획, 1984. 10. 4, 한국통신). 이 계획의 주관부서 및 결재자는 제8장 말미의 참고자료 편에 기록되어 있다. 이 계획의 주요내용은 다음과 같다.

가. 종합정보통신망으로의 전환 시도

1980년대에 들어서면서 정보통신기술의 발전으로 음성뿐만 아니라 데이터, 화상 등 다양한 통신서비스를 함께 수용할 수 있는 디지털 전기통신망의 건설이 세계적인 추세였다. 우리나라에서도 2000년대 초에 ISDN을 실현하기 위한 종합적인 계획이 수립 중에 있었으나 당시의 통신망으로부터 ISDN으로의 전환과정에서 우선순위가 높은 각종 정보통신서비스를 제공하기 위한 계획을 다음과 같이 수립 추진하였다.

첫째, 현재 운용하고 있는 전화망, 텔렉스망, 데이터망, 전용회선 등의 개별통신망으로부터 통합디지털망(IDN)을 거쳐 종합정보통신망(ISDN)으로 발전시킨다. 먼저 1980년대에는 IDN의 기반을 구축한다. 이를 위해 도시 및 농어촌지역에 디지털 전자교환기를 전면 공급하고, 시외교환기의 디지털화를 완성하고 시내통신망 및 장거리통신망에 디지털 전송로를 대량 공급한다.

둘째, 시내통신망의 디지털화는 2001년에 교환시설 70%, 전송로시설 100%를 달성한다. 한편 시외통신망의 디지털화는 교환시설은 1986년에 100%, 전송로시설은1996년에 100% 달성한다. 이를 위한 시설별 디지털화 계획은 <표 8-34> 및 <표 8-35>와 같다.

<표 8-34> 시내통신망 디지털화 계획(단위: 1,000회선)

구분		1983년	1986년	1991년	1996년	2001년
교환시설	시설수	5,696	8,900	14,000	18,500	22,500
	디지털화율(%)	0.14	10	30	50	70
전송시설 (국간)	시설수	606	1,126	1,684	2,311	3,022
	디지털화율(%)	28	45	80	95	100

<표 8-35> 장거리통신망 디지털화 계획(단위: 1,000회선)

구분		1983년	1986년	1991년	1996년	2001년
교환시설	시설수	110	543	642	768	910
	디지털화율(%)	76	100	100	100	100
전송시설	시설수	132	234	441	577	788
	디지털화율(%)	30	50	90	100	100

셋째, 1990년대에는 기계식 자동교환기를 대량 철거 대체하고 전송로의 디지털화를 완

성하며, 이종통신망 간 상호 인터페이스를 시행한다. 그리고 2000년대에는 공간분할 전자교환기를 대량 철거 대체하고, 이종통신망을 통합하며, 종합정보통신망을 실현한다.

한편 한국통신은 정보통신서비스 제공방침과 이를 위한 통신망 확보방침을 다음과 같이 정하여 추진하였다.

첫째, 통신망에 의한 전기통신서비스는 교환전송서비스, 통신처리서비스, 데이터처리서비스로 분류한다. 이때 교환전송서비스란 단말기 상호간에 회선을 설정하여 정보의 가공없이 정보를 전달하는 서비스를 말한다. 여기에는 전화망, 텔렉스망, 패킷교환망, 전용회선 등이 있고 장래의 종합정보통신망도 이에 속한다.

둘째, 통신처리서비스는 통신망 내에서 정보의 의미와 내용을 바꾸지 않고 다양한 처리를 하여 정보전달을 효과적으로 수행하는 서비스를 말한다. 여기에는 프로토콜(Protocol) 변환, 포맷(Format) 변환, 미디어 및 속도변환, 동보통신, 코드(Cord) 변환 등이 있다. 그리고 데이터처리서비스는 이용자 정보의 의미, 내용에 관한 처리를 하는 서비스로서 정보검색, 파일 편집, 갱신, 계산처리 등이 있다.

셋째, 정보통신서비스를 수용하기 위한 교환시설 및 전송로 설비 등 기본적인 통신망을 건설 운용한다. 그리고 통신망 내에서 정보전달을 효과적으로 수행하기 위한 각종 통신처리장치를 제공한다.

넷째, ISDN으로의 전환과정에서 현재의 전화망, 텔렉스망, 패킷망 등 개별통신망의 상호연동을 위해 연동장치를 도입한다. 또한 공사 사업에 필요한 데이터베이스(Data Base)도 건설한다.

나. 디지털 데이터 전용회선의 공급

1980년대 중반 컴퓨터 등 정보단말 기기의 활발한 보급으로 데이터 전용회선 수요가 증가하는 추세에 있어 한국통신은 이용자에게 고속 양질의 디지털 전용회선을 공급하여 서비스를 개선하였다. 이를 위해 2.4Kbps, 4.8Kbps, 9.6Kbps, 56Kbps 등 다양한 전송 속도을 제공하고 BER 10^{-8}의 고품질 전송서비스를 제공토록 노력하였다. 당시 전송속도에 따른 이용상황은 <표 8-36>과 같다(정보통신 기본계획, 1984. 10. 4, 한국통신). 여기에서 모뎀을 사용한 저속도통신은(1,200bps-2,400bps) 품질이 불량하였다.

<표 8-36> 전송속도에 따른 이용현황(1983. 7)

속도(bps)	600이하	1,200	2,400	4,800	7,200	9,600	계
회선수	56	6,481	1,848	274	13	7	8,679

이 사업의 추진 방향은 제1단계(1985년-1986년)에서는 기존 DE-4 PCM 장치에 데이터 포트를 공급하여 56Kbps까지의 디지털 전송을 실현한다. 제2단계인 1987년부터는 KD-4

또는 신 방식에 의해 전국적인 서비스를 제공하고, 광대역 전용회선(T1, T2, T3)을 공급하여 화상회의, TV 프로그램 등을 전송하였다. 이를 위한 연도별 디지털 전용회선의 공급계획은 <표 8-37>과 같다(정보통신 기본계획, 1984. 10. 4, 한국통신). 이를 위해 1985년-1991년까지 디지털회선을 매년 1,200회선-8,400회선을 공급 추진하고 특히 1985년-1987년에는 서울, 부산, 대구에 공급하고, 1987년부터는 전국으로 공급을 확대하였다.

<표 8-37> 디지털 전용회선 공급계획

구 분	1985년	1986년	1987년	1988년	1989년	1990년	1991년
데이터회선수요	17,180	22,050	28,250	35,100	42,800	52,100	62,800
연간 신규수요	3,880	4,870	6,200	6,850	7,700	9,300	10,700
디지털공급회선	1,200	3,600	4,500	5,000	6,000	7,200	8,400
투자비(백만원)	1,250	3,600	4,500	5,000	6,000	7,200	8,400

다. FAX 전용통신망 건설

당시 FAX 기종은 G1(6분), G2(3분), G3(1분)가 있고, 전화망 및 전용회선을 이용하여 G3 규격으로 A4를 1분간에 전송하는 중속기가 가장 보편적으로 이용되고 있었다. 그러나 앞으로 디지털 통신망에는 G4 규격으로 A4를 5초간에 전송하는 고속기가 이용될 것으로 전망하였다. 그러나 당시 상황은 PSTN에 의한 데이터 전송은 과금 펄스의 영향을 받아 전송품질이 불량하고, 장시간 사용할 경우 시외요금이 적용되어 부담이 과중한 점이 있었다. 이를 해결하기 위해 양질의 데이터를 전송하고, 전자사서함, 복수주소전송 등 다양한 서비스를 제공하기 위한 전용통신망을 건설 추진하였다. 이때 회선구성방안 및 시행계획은 다음과 같이 추진하였다.

① 제1안은 회선교환방식(Circuit Switching)으로 구성한다. 이 방안은 가입자 측의 전화기와 팩스단말기는 NT(Network Termination)에 연결되고, 전화국 측에서는 LT(Line Termination)를 통해 전화교환기와 데이터교환기에 각각 접속된다. 이때 LT에서 호출 종류를 식별하여 데이터 호출인 경우 별도로 설치된 데이터 교환기에 의해 교환접속 처리하게 된다. 전국통신망은 서울, 대전, 대구, 부산, 광주에 데이터교환기를 설치하여 완전망형(Full Mesh)의 전용통신망으로 구성하고 이를 PSTN에 접속한다.

② 제2안은 메시지 교환방식(Message Switching)으로서 이는 데이터를 축적, 송출할 수 있는 컴퓨터시스템을 설치하여 구성하게 된다. 가입자측의 전화기 및 팩스단말기의 연결방식은 제1방안과 같고, 이들 단말기가 접속된 PSTN은 메시지교환기인 컴퓨터(Store and Forward)와 연결된다. 그리고 발신 측과 착신 측에 각각 이 컴퓨터를 설치하여 컴퓨터 상호간에 56Kbps 디지털회선의 고속전송로로 접속 구성한다. 이와 같이 구성하여 축적과 송출

기능(Store and Forward)의 컴퓨터 시스템에 의해 메시지가 교환된다. 또한 G3와 G4 등 속도가 다른 기종간의 통신도 가능하다.

③ 메시지 교환기의 개발에는 장시간이 소요되므로 제1안을 1985년-1987년에 개발 추진하여 도입 실시한다. 1985년도에 NT, LT 등 가입자선로 전송장치를 개발하고, 1986년-1987년에 데이터교환기를 시험설치하고 시험 운용한다. 앞으로 디지털통신망과 아날로그 통신망간의 원활한 속도변환, 코드변환 등 통신처리를 위해 1988년 이후에 메시지교환방식을 개발 추진토록 한다.

라. 텔리텍스(Teletex) 서비스

새로운 문자통신방식인 텔리텍스 서비스의 조기정착을 위해 텔렉스(Telex)망과 연동화하고 고속회선 교환방식을 도입하여 이용자의 편의를 도모하고자 하였다. 이를 통해 문서편집, 보관, 검색 등 워드 프로세싱을 제공하고, 2,400bps 전이중방식의 고속문서통신 서비스를 제공하며, 문서편집 검색작업과 수신을 동시에 할 수 있게 하였다.

그리고 텔렉스망과의 상호통신 및 회선교환방식에 의한 국내와 국외간에 2.4Kbps- 56Kbps의 고속문서통신 서비스도 제공하였다. 또한 혼합형 단말장치(Mixed Mode Termlnal)를 사용하여 장차 팩스와 비디오텍스 등을 복합적으로 사용하게 하였다. 당시 한국통신의 텔리텍스 서비스 개발상황 및 추진방향은 다음과 같다(정보통신 기본계획, 1984. 10. 4, 한국통신).

① 텔리텍스 서비스 개발은 전자통신연구소(KETRI)에 출연 연구과제로 추진하였다. 1982년에는 기초연구를 시행하고, 1983년에는 워드프로세서 개발 및 간이형 텔리텍스를 시험 제작하였다. 그리고 1984년에는 한국형 텔리텍스를 개발하여 시험 및 표준안을 작성하였다.

② 한국형 텔리텍스 단말기를 시험제작하여 시험 운용하였다(1984. 9-1984. 10). 이때 시험제품 15대를 제작하여 체신부, 공사, 연구소 등에 설치 운용하였으며 소요예산은 출연연구비에 포함되었다. 1985년 이후 한국형 텔리텍스 표준화에 의해 국내 생산회사에서 제작한 단말기를 이용하여 시범 운용하는 것으로 추진하였다. 이를 위해 단말기 50대를 체신부, 공사, 연구소, 데이콤 등에 설치하고, 물자비는 150백만원으로 계획되었다.

③ PSTN과 텔렉스망과 상호 연동장치를 1985년-1987년에 개발하여 텔리텍스와 텔렉스간의 통신을 제공한다. 또한 텔렉스 수요의 대치 공급방안으로 EDS 전신교환기에 2,400bps의 회선교환기능을 추가하거나 기존 디지털 시외교환기에 회선교환기능을 부여하여 1987년에는 회선교환기능을 도입한다.

④ 회선교환시설은 5차5개년계획 기간(1985년-1986년)에 24억원을 투자하여 2천회선, 6차5개년계획 기간(1987년-1991년)에는 60억 원을 투자하여 5천 회선, 7차5개년계획 기간(1992년-1996년)에는 60억 원을 투자하여 5천 회선을 공급한다.

마. 비디오텍스 및 화상회의 서비스

비디오텍스(Videotex) 서비스는 전화회선과 TV로서 데이터베이스(Data Base)에 저장된 사업정보, 생활정보 등을 검색하여 제공받을 수 있는 쌍방향 정보통신서비스를 말한다. 이 서비스의 내부 데이터베이스로는 일반뉴스, 스포츠뉴스, 일기예보, 구인, 정부 공지사항, 상품안내, 물가정보, 부동산정보, 주식시세, 교통안내, 관광안내, 극장안내, 병원안내, 유학안내, 생활법률, 인허가절차, 자격시험, 신간안내 등이 있다.

그리고 외부 데이터베이스로는 호텔, 철도, 항공, 연주회 등의 예약업무가 있고, 예금, 대부, 보험 등 은행업무(Home Banking)와 백과사전, 요리법, 교육 프로그램 등 교육분야가 있다. 또한 전자식 전화번호부, 전자사서함 등 부가적 서비스도 있다. 이 서비스의 개발실적과 추진계획을 정리하면 다음과 같다(정보통신 기본계획, 1984. 10. 4, 한국통신).

첫째, 한국통신은 비디오텍스 서비스를 한국전기통신연구소(KETRI)에 출연연구과제로 개발하였다. 이에 따라 1983년에 기초연구를 시행하고, 1983년에는 시험용 데이터베이스를 작성하고 한국형 비디오텍스 단말기의 잠정규격 안을 작성하였다. 그리고 1984년에는 잠정규격 안에 의한 시험운용을 실시하였다(1984. 11-1984. 12). 이때 시험용 데이터베이스 및 단말기 15대를 설치하여 한국형 비디오텍스 방식의 타당성을 검증하였다.

둘째, 국내생산회사에서 생산된 단말기를 공사, 체신부 등 관련 부서에 설치하고 1985년-1987년 시범운용을 통해 한국형 비디오텍스 표준안을 확정한다. 이를 위해 1억4천만 원의 예산을 투자하여 단말기 40대, 데이터베이스용 컴퓨터를 설치한다.

셋째, 상용서비스 1단계(1988년-1989년)에서는 관문 프로세서(Gateway Processor)를 도입하여 여기 PSTN과 비디오텍스 데이터베이스, 114 데이터베이스 등을 접속한다. 초기 시험 운용할 때는 GP에서 비디오텍스 데이터베이스 기능을 겸할 수 있으나 통신망의 확장단계에서는 서비스 균형을 유지하고 통신망의 융통성을 확보하기 위해 데이터베이스와 통신망 기능의 GP를 분리한다. 이용량이 증가함에 따라 대도시지역에서 GP는 계층적 구조로 발전하게 된다. 1988년도에는 관문시스템(Gateway System)을 서울 3개, 부산 1개를 설치한다.

넷째, 상용서비스 2단계인 1990년도에는 서울 5개, 부산 4개, 대구 1개, 대전 1개, 광주 1개 등 총 12개 관문시스템을 설치하고, 1992년도에는 중심국 단위로 1개 시스템을 공급하여 전국주요도시에 총 17개 시스템을 설치한다. 이에 따른 호스트(Host) 시스템은 관련기관과 공동으로 추진한다.

한편 한국통신은 장거리 구간이나 국제간에 통신회선을 이용하여 상호 간 화상과 음성으로 연결하여 회의를 진행할 수 있는 화상회의 서비스를 추진하였다. 이것은 시간과 경비의 절감, 신속한 의사결정, 개인의 생산성 향상을 위해 원격지간에 TV화면을 통해 회의를 진행하는 방식이었다. 이때 팩스나 데이터 단말기기를 함께 사용함으로써 회의 진행효과를 증진시킬수 있다.

또한 코딩(Coding)기술의 발전으로 통신회선을 더욱 저속으로도 가능하며 화면품질은 향상되었다. 이 서비스의 외국 이용상황을 보면 미국은 1982년 뉴욕-워싱턴 간에 서비스가 개시되었고, 1983년 42개 주요도시에 서비스를 공급하였다. 이때 일반용 단말장치는 이용자가 자가 설치하고 공중용 단말장치는 전화회사에서 설치하였다. 일본의 경우 1983년에 4대 도시에 이 서비스를 공급하였고, 단말장치는 이용자가 자가설치하였다.

그리고 정부종합청사-과천 제2청사 간에 우선 시범 운용하고(1984년 12월), 이후 서울, 부산, 대구, 대전, 광주, 전주의 정부기관, 국영기업, 금융기관 등에 공급 추진하였다(1987년-1988년). 또한 1989년-1991년에는 창원, 춘천, 제주에 확대하기로 정하였다. 초기에는 화상회의시스템을 공사에서 시설 운용하고, 기업체내 자영시설 보급을 위해 전송로 및 제어시설을 공급하였다.

바. 텔리미트리 및 음성사서함 서비스

텔리미트리(Telemetry) 서비스는 전화회선을 이용하여 수용가의 전기, 수도, 개스 미터를 원격 검침하는 서비스로서 시행계획은 다음과 같이 정하여 추진하였다.

① 수도, 전기, 개스 등 각종 미터(Meter)를 자동 검침하는 것은 트래픽이 적은 야간을 이용하여 시행한다. 그리고 검침결과를 한국전력, 수도국에서 요금처리를 할 수 있도록 자기테이프에 수록하여 데이터파일을 작성한다. 그 외에도 센서에 의해 화재, 방범 등 경보를 검출하는 부가적 서비스도 수행한다.

② 이를 위해 전화선과 미터를 결합하는 결합장치(Coupler)를 개발하여 컴퓨터로부터 명령을 받아 미터 눈금을 송출한다. 그리고 전자식 미터는 사용량을 전기적 신호로 바꿀 수 있는 코드변환기(Encoder) 기능을 내장하고, 수동검침을 위해 재래식 계기와 동일한 눈금을 표시한다. 이것은 자동시스템 장치 및 오류 발생 시 확인을 위한 것이다.

다음 음성사서함서비스는 우편물의 사서함 제도와 마찬가지로 음성 메시지에 대한 사서함 서비스를 도입하였다. 당시 구상한 이 서비스의 내용 및 시스템 구성방식은 다음과 같다(정보통신 기본계획, 1984. 10. 4, 한국통신).

① 메시지 송달 및 자동응답서비스이다. 이것은 사서함 가입자에게 송달되는 음성메시지를 저장하고, 사서함 가입자의 전화로 착신되는 전화에 대해 응답하고, 메시지를 저장하며 미리 작성된 메시지를 송출한다. 그리고 하나의 메시지를 다수의 음성사서함에 송달하는 동보서비스도 수행한다. 또한 사서함에 메시지가 들어오면 사서함 가입자의 전화로 도착을 통보하고 페이징 가입자의 경우 자동으로 페이징 호출한다.

② 자동호출서비스이다. 음성사서함 가입자가 메시지를 저장한 후 사서함 시스템에서 자동으로 착신번호를 호출하여 메시지를 전달한다. 그리고 사서함 가입자가 자기의 비밀코드에 의해 저장된 메시지를 인출하고, 다수의 메시지를 전진 또는 후퇴를 선택 청취할 수 있으

며, 필요 없는 메시지는 지우거나 타인의 사서함으로 전환할 수 있다.

③ 이 서비스를 위한 시스템은 전화국 교환기와 음성사서함 장치가 연결되고, 음성사서함 장치는 대용량 디스크에 접속된다. 이때 가입자 수에 따라 음성사서함의 접속포트(Access Port)수 및 디스크 용량을 확장한다. 그리고 시스템 용량은 최소 1,000가입자용으로부터 증설이 가능하다.

④ 이 서비스의 이용을 위해서는 관문번호, 사서함번호, 비밀번호 등이 있다. 관문번호는 음성사서함 장치에 접속하기 위한 번호로서 일반가입자번호(예: 750-2000) 또는 특수번호(예: 130)를 쓸 수 있다. 사서함번호는 음성사서함에 가입한 이용자에게 부여되는 개별번호이고, 비밀번호는 사서함 가입자 자신만 알고 있는 번호로서 메시지의 수취시 반드시 필요하다.

⑤ 이 서비스의 추진일정은 기술검토 및 기본계획수립 1984년 하반기, 규격제정 1985년 1/4분기, 구매발주 및 시스템 설치 1985년 하반기, 상용서비스 1986년 하반기에 시행한다.

4.2 영상통신서비스의 시도

가. 전화비디오 서비스의 개시

통신기술의 발전에 따라 통신서비스는 음성위주의 전화서비스에서 영상 통신서비스로 발전하고 있었다. 한국통신은 이러한 환경에서 경쟁에 대비하고 새로운 영상서비스의 사업영역의 개척을 위한 교두보를 확보한다는 면에서 전화비디오 사업을 추진하였다. 이 서비스는 기존의 가입자동선을 이용하여 가입자가 직접 원하는 시간에 원하는 프로그램을 선택하여 볼 수 있는 새로운 영상통신방식으로 발전하고 있었다.

1990년대 초반 한국통신 기술기획실(실장 이정욱)은 이 새로운 영상서비스를 도입 시행하기 위해「전화비디오사업 기본계획」을 수립하였다(1993. 12. 2, 한국통신 기술기획실). 이 계획의 주관부서 및 결재자는 제8장 말미의 참고자료 편에 기록되어 있다. 이 계획의 주요내용은 영상신호를 기간통신사업자의 시설을 활용하여 가입자에게 전달하고, 영상 선택권을 시청자가 원하는 시간에 전달하는 시청의 개인성과 통신의 부가가치를 창조하는 새로운 영상서비스를 출현시키는 것이었다.

또한 기존의 전화서비스와 같이 수요발생 시 즉시 접속하여 서비스가 가능하다는 점이었다. 이 사업으로 가능한 서비스를 보면 가입자가 원하는 시간에 원하는 프로그램을 선택하여 볼 수 있는 VoD(Video on Demand) 서비스, 가입자가 비디오 게임 제공자를 접속하여 이용할 수 있게 하는 비디오게임 서비스, 비디오 음악, 멀티미디어 원격 과외교육 등이 있다. 또한 가입자가 비디오 정보제공자의 영상을 직접 검색하여 영상쇼핑, 영상광고, 학습영상 데이터베이스, 영상안내 등 다양한 비디오 검색서비스가 있으며, 공중파방송 비디오 서비스도 있다.

1993년 당시 미국에서는 Bell Atlantic, Nynex, US West, Ameritech 등에서 시범사업을 추진 중이었고, 시범사업 결과에 의해 1994년부터 B.A에서 상용공급예정이었다. 그 외에도 호주 텔레콤, 싱가폴 텔레콤, 브리티시 텔레콤, 홍콩 텔레콤, 대만 DGT 등에서 시범사업을 계획하고 있었다. 한편 장비제작사들의 동향을 보면 미국의 AT&T, NT, Raynet 등 다수의 제작사들이 ADSL 등 다양한 통신장치를 개발하고 있었으며, 국내의 경우 금성정보통신(주)에서 AT&T의 핵심칩과 기술지원으로 관련 장치를 개발하고 있었다.

이러한 상황에서 한국통신은 이 사업을 추진하는 방침을 다음과 같이 정하였다(전화비디오사업 기본계획, 1993. 12, 2, 한국통신 기술기획실).

첫째, 성장한계에 와있는 전화사업에서 영상분야 신규 사업으로 영역을 개척하는 목표를 가지고 국내 사업 환경 및 해외 기술동향을 감안하여 단계별로 추진한다.

① 1단계(1994-1995)에서는 전화비디오 서비스의 시범사업을 추진한다. 이때 상용화에 대비한 가입자 반응 및 서비스제도를 예측하고, 영상서비스에 대한 시장조사 및 서비스를 개발하여 영상정보제공 활성화 기반을 조성한다. 그리고 네트워크 컴포넌트 구성방법, 가입자선로 특성시험, 통신망 접속방안 등 국내망과 적합성 및 기술적 가능성을 검토한다.

② 2단계(1996년 이후)에서는 시험사업결과에 따라 상용공급하며, 가입자들의 서비스반응에 의해 전국적 통신망 공급을 확대한다. 또한 동선방식의 가입자 선로를 광 통신방식으로 진화방안을 추진한다.

둘째, 앞으로 사업화할 경우 영상정보요금의 회수대행제도를 실시하거나 또는 자회사로 하여금 정보제공사업에 진출하게 하는 등 정보제공 활성화를 위한 기반을 확보한다. 그리고 사업의 원활한 추진을 위해 선진기업과 컨설팅을 수행한다.

셋째, 관련 기술의 정립을 위해 연구과제화를 추진한다. 선진 메이커의 여러 가지 통신망 구현방안을 검토한 후 국내망과 유연한 접목을 위한 과금, 통신망관리, 접속기준 등 한국형 기술을 정립한다. 전화비디오의 보급 확산을 위해 광케이블과 동축케이블의 하이브리드 또는 FTTC 광 가입자망 구조로 진화하는 방안을 연구한다.

앞에서 설명한 바와 같이 이 서비스의 도입에 대비한 문제점을 도출하여 최적의 통신망 기술을 정립하고 상용화에 대비하고자 1단계에서 시험사업을 계획하였다. 이때 ① 선진제작사의 다양한 통신망 구조를 국내 통신망에 접목시켜 한국형 모델을 선정하도록 하며, 이때 필요하다면 외국 전문회사의 기술을 도입토록 한다. ② 기존동선을 이용한 ADSL구조 및 선로특성시험을 시행하게 하며, 이때 CAP 및 DMT방식을 시험 후 방식을 결정한다. 그리고 영상스윗칭 기능은 DCS방식으로 하고 상용화할 때 ATM방식으로 추진한다. ③ 영상 데이터베이스는 관련 제작사와 협조하여 제공하며, 향후 MPEG2 및 FTTC 등 통신망 진화에 따른 전화비디오 구현방안을 검토한다는 방침으로 추진하였다.

한편 공사방법은 국내 최초 시도이므로 관련 기술이 미비하고 서비스 제공의 시한성이 있으며 구성요소가 다양하여 턴키방식으로 시행하는 것으로 정하였다. 그리고 공사규모는 100가입자규모로 1994년에 시공하는 것으로 추진하였으며, HE는 초기 수요가 예상되는 강남지역에 설치하고 ADSL은 영동전화국 관내 및 인근지역에 설치하는 것으로 정하였다. 이때 제공서비스는 전기통신사업의 영역을 유지하기 위해 영상정보 제공서비스로 제한하였으며, 하이텔 등의 전기통신 영상 데이터베이스는 1994년-1995년에 제공하는 방안을 강구하였다. 이를 위해 약 20억 원의 예산을 투입하였으며, 기업통신사업본부가 담당 추진하게 하였다.

이어서 기술기획실(실장 이정욱)에서는 2단계 상용서비스 계획을 수립하였으며, 그 골격은 다음과 같다.

첫째, 이 사업을 위해 동선 가입자선로에서 광통신 방식으로 통신망 발전진화방안을 추진한다. 그 시행 시기는 1995년 이후로 정한다. 그리고 본격적인 VoD 서비스를 제공하여 홈쇼핑 등 다양한 서비스를 개발하여 전화비디오 서비스를 확산한다. 이러한 상용서비스는 1996년 이후부터 제공한다.

둘째, ATM 방식을 도입하고 영상, 음성 및 데이터의 동시처리가 가능한 효율적인 전송로를 확보한다. 그리고 통신망 관리 등 관련 기술을 정립한다. 이를 기반으로 하여 전국망을 구축한다. 또한 상용서비스에 대한 기술지원, 가입자선로의 진화방안제시 등 상용서비스를 위한 지원은 한국통신 시스템개발센터가 담당한다.

셋째, 케이블TV보다 우월한 서비스가 되도록 발전시켜 높은 요금을 지불할 수 있는 주거지역 가입자계층부터 확산시킨다. 단기적으로는 전화영상 노래방, 비디오 게임, 영화, 중고대학의 입시용 과외공부 등 특수 수요계층의 가입자 구릅을 마케팅 대상으로 추진한다.

이때 전화비디오 서비스를 위한 연구개발의 목표는 전화비디오 서비스 개발과 전달능력을 조속히 확보하고 가입자 접속기능을 확보하는데 있었다. 이에 따라 전화비디오 요소기술을 확보하고 B-ISDN 진화로 연계토록 하며, 사업화될 때 사업부서에 관련기술을 이관토록 하였다. 이를 위해 연구개발원 시스템개발센터는 기존동선과 광케이블을 활용 가능하도록 ADSL 및 광 가입자망 접속기술을 개발하였다. 또한 광전송 기반기술인 광소자 및 접속기술 분야는 국내 산업기술로 기반을 조성하는 방침으로 추진하였다.

한편 이 사업을 효율적이고 체계적으로 추진하기 위해 부서별로 업무를 분담하여 추진하였다(전화비디오사업 기본계획, 1993. 12, 2, 한국통신 기술기획실).

① 전화비디오 사업을 중장기 경영계획에 반영하고 신상품의 도입결정은 경영기획실이 맡고, 기술기획실에서는 상용서비스 제공 기본계획을 세우고, 관련부서별 역할을 정립하며 시스템 표준화를 추진한다.

② 시스템개발센터는 표준망 구조 정립 및 발전방안을 수립하고, 장치별 접속표준을 설정하는 등 전화비디오 연구과제를 추진한다. 기업통신사업본부에서는 시험사업계획과 영

상 데이터베이스의 제공방안을 수립하고 시험사업을 분석하며 상용서비스를 위한 통신망을 구축한다.

③ CATV 시범사업단은 그외 시험사업을 인수하고 시험사업 운영계획을 세워서 시험사업을 운영한다. 그리고 통신시설사업단은 이 사업을 위한 시설공사를 집행하고 감독한다.

또한 한국통신은 가입자계 전달방안을 ADSL구조, FTTC구조, FTTH구조, 광/동축케이블 하이브리드 구조, 동축케이블 구조 등으로 구분하고, 각 방식별 기술적 사항을 다음과 같이 검토하였다.

① ADSL구조에서는 기존 동선가입자 선로를 활용하여 1.5Mbps급 영상신호를 4- 5Km 거리를 무중계 전송한다. 한편 FTTC구조는 본격적 광가입자망의 구조로서 막대한 투자비가 소요되므로 서비스가 충분히 보급되기 이전에는 시도하기 어렵다. 그리고 FTTH구조는 모든 가정에 광 가입자망을 구축하는 방식으로서 가까운 장래에 실현은 불가능하다.

② 광/동축케이블 하이브리드 구조는 AM광케이블+동축케이블의 나뭇가지형(Tree & Branch) 분배망 구조로서 케이블TV와 VDT 서비스를 상호 보완적으로 제공하는 경우 케이블TV 전송망 사업에 경제성을 확보할 수 있는 방식이다. 그리고 VDT 보급이 성숙된 환경에서 적합하다. 한편 동축케이블 구조는 동축케이블방식의 케이블TV 프렌차이즈 사업구역 내에 VDT 서비스 제공을 위해서는 광대역 전송대역이 필요하여 적용이 불가능하다.

이상과 같이 검토한 결과 한국통신은 가입자계 전달방안의 추진방향을 다음과 같이 결정하였다(전화비디오사업 기본계획, 1993. 12, 2, 한국통신 기술기획실).

첫째, 광 가입자망 구축은 대도시 대형건물(FTTB) 공급단계에 있으나 주거지역의 기존 동선은 2000년대 초반까지 사용될 전망으로 ADSL 방식을 채택하여 추진한다.

둘째, VDT 보급진전과 가입자계 광케이블화, 케이블TV 사업진전에 따라 ADSL구도에서 광· 동축케이블 하이브리드, FTTC 광 가입자망 구도로 진화시킨다.

나. 유선방송서비스의 시작

1990년대 중반에 들어서면서 한국통신은 새로운 분야인 영상사업을 개발하여 수익창출을 시도하였다. 그래서 선진국에서 경쟁적으로 개발하고 있는 아이비전(IVISION) 서비스를 조기에 개발 추진하였다. 한국통신은 아이비전 서비스(종전의 전화비디오)를 미래의 핵심사업으로 정착시키기 위해 단계별로 추진하게 되었다(초고속정보통신사업 종합추진계획, 1996. 6, 한국통신 초고속통신추진본부). 이 계획의 단계별 주요목표는 다음과 같다.

① 단기목표(1994년-1997년)는 시험 및 시범사업을 통해 아이비전 서비스의 상용화 기반을 구축한다. 이를 위해 기술개발 및 시설운용능력을 배양하고, 장비표준화 및 응용서비스를 개발한다. 그리고 경쟁력있는 서비스체제를 구축하고, 민간업체의 우수아이디어를 활용한 다양한 프로그램을 개발하고, 수요창출을 위한 홍보활동을 시행한다.

② 중기목표(1998년-2000년)는 경쟁력있는 서비스로 관련 시장을 선점하는 것이다. 이를 달성하기 위해 상용화 초기 아이비전 서비스를 대량으로 공급하여 영상시장을 선점하고, ADSL 방식을 이용한 아이비전 서비스를 보급 확산한다. 그리고 FTTC 구도의 광가입자망을 이용한 아이비전 서비스를 개발 구현하고, 국민의 편익증진을 위한 다양한 프로그램을 개발하여 영상사업에 진출한다.

③ 장기목표(2001년 이후)는 아이비전을 멀티미디어 핵심서비스로 정착시키고 수익증대활동을 강화하는 것으로 정하였다. 이 목표를 이루기 위해서는 ADSL과 FTTC 광가입자망을 이용한 서비스를 제공하고, 초고속통신망 구축과 연계하여 다양한 멀티미디어 서비스를 제공한다.

한국통신은 당시 아이비전은 통신과 방송의 결합서비스이고, 통신+컴퓨터+가전기술의 결합으로서 정보통신산업을 활성화하고 국민복지 향상에 기여할 것이라고 판단되었다. 이에 따라 이 사업추진을 위한 소요예산은 1996년부터 2000년까지 총 4,940억 원을 투입하는 것으로 정하였으며, 이 기간 동안 수입은 833억 원으로 예상되었다. 사업성 검토결과 2003년 이후에는 손익분기점(누계)에 도달할 것으로 판단하였다(초고속정보통신사업 종합추진계획, 1996. 6, 한국통신 초고속통신추진본부).

4.3 멀티미디어 통신의 기반구축

가. 멀티미디어 서비스의 상황조사

한국통신은 멀티미디어 사업추진에 대한 국내외의 상황을 조사하였으며, 정보통신선진국에서는 시작단계에 있음이 확인하였다. AT&T는 최근 2-3년간 20여개 회사와 제휴하여 멀티미디어용 기기와 서비스를 개발하고 있었으며, US West사는 1995년까지 오하마, 아이다호 등 5개 도시의 81만 가입자에게 VoD, 대화형 게임, 홈쇼핑 등의 서비스를 제공할 계획이었다. 이를 위해 총 750백만 불을 투입한다고 발표하였으며 특히 Time Warner사와 공동으로 올란도에서 4천 세대를 대상으로 VoD, 홈쇼핑, TV전화 등의 멀티미디어 서비스를 시험적으로 제공하고 있었다(1994. 12).

Bell Atlantic에서는 버지니아 북부지역 2천 가입자를 대상으로 VDT 시험서비스를 제공하고 있었다(1994년). 일본 NTT는 찌요다 파이롯 프랜트로 동경의 오오데마치 및 마루노우치 지역에 광 가입자망을 구축하고 NTT 뉴미디어센터를 설립하여 멀티미디어 시대의 고속광대역 통신기반을 구축하였다. 그리고 싱가폴 텔레콤은 후지쓰와 공동으로 ATM망을 구성하여 멀티미디어 통신서비스, 원격의료진단서비스 등을 제공하고 있었다.

한편 국내의 경우는 데이콤에서 초고속 정보통신망의 서비스 가능성 확인을 위하여 ATM 교환기 등을 이용하여 서울, 대전에 테스트베드를 구축하였다. 이를 KDD와 연결하고, 전국 서비스로 확장하여 기업, 일반가정, 공공기관 등에 최첨단 멀티미디어 서비스를 제공한다는 구상이었다. 한국전력은 21세기 정보통신사업 진출을 목표로 부가통신, 전용회선 사업 등에 본격 참여하여 VAN 망과 케이블TV 망 등을 연결하여 홈뱅킹, 홈쇼핑, 전자신문 등의 멀티미디어 서비스를 제공한다는 구상을 가지고 있었다.

나. 한국통신의 멀티미디어사업 추진방향

1990년대 중반에 들어서면서 한국통신은 멀티미디어 사업을 본격적으로 추진하기 시작하였다. 이 사업은 음성, 데이터, 영상 등이 모두 가능한 멀티미디어 서비스를 공급하기 위한 것이다. 전화 1회선으로 전화, PC통신 및 케이블TV 등 멀티미디어 서비스가 가능한 광대역 통신을 제공하고자 하며, 국내외 전문기업체와 제휴하여 사업성이 있는 멀티미디어 서비스를 개발하는 방향으로 추진하였다.

먼저 데이터 및 영상통신 등 다양한 멀티미디어 서비스를 개발 공급하고, 초고속정보통신망 구축의 일환으로 정보화 시범사업을 추진하겠다는 방향을 제시하였다(사장특별지시 제2호 실천계획, 1994. 2). 이에 따라 초고속정보통신 추진위원회를 3차에 걸쳐 개최하여 정보화시범사업 추진방안 등을 협의하였다(1994. 4). 이에 따라 한국통신은 초고속정보통신망의 구축, 전화비디오 사업 등 첨단서비스의 개발 및 보급 확대를 1995년도 경영목표로 확정하였다(1994. 10).

이어서 기업통신지원단에서 시범사업의 추진방식, 시범지역 및 규모 등을 검토하였으며, 그 용역결과가 보고되었다(1994. 12). 그리고 고도통신서비스 개발 및 보급을 본격화하고, 멀티미디어 시대에 대비하여 2000년까지 서비스를 개발하고 확산하는 것을 장기전략 경영계획으로 설정하였다(1995. 1).

다. 멀티미디어 통신의 인프라 확보

컴퓨터와 정보통신기술이 급속도로 발전하고 이용자들의 다양한 서비스 충족 욕구가 가속화됨에 따라 멀티미디어시대는 한층 빠른 속도로 밀려오고 있었다. 이에 따라 한국통신 기술기획실(실장 이정욱)은 다가오는 멀티미디어 시대를 위한 인프라의 확보방안을 제시하였다(한국통신의 초고속정보통신망 구축방향, 1994. 12, 한국통신 사지8p). 이 방안의 주요내용은 다음과 같다.

멀티미디어란 통신, 컴퓨터, 방송 그리고 TV 등의 가전제품이 하나로 통합되어 종합적으로 서비스를 제공받을 수 있는 정보전달의 총체적 수단이라고 말할 수 있다. 그리고 이러한 멀티미디어의 등장을 가능하게 한 것이 우리가 흔히 말하고 있는 초고속정보통신망이다. 멀티미디어시대의 인프라라고 말할 수 있는 초고속정보통신망은 광대역 멀티미디어 정보전달을 위한 물리적인 기반, 즉 정보의 고속도로로서 국민의 생활을 고도로 편리하게 할 뿐만 아니라 관련 산업을 육성하고 국가경쟁력을 강화하는 핵심적인 사회간접자본으로 부상하고 있다.

따라서 초고속정보통신망은 범국가적 차원에서 추진하는 것이 바람직하며 이를 위해서 국가는 정보화사회에 맞게 법, 제도 등을 새롭게 정비해야 하고 그에 따른 국민의 도덕관 및 생활관에 대한 새로운 정립을 하여야 한다. 아울러 이용자는 정보이용기술을 습득하고 정보활용에 대한 인식을 넓혀야 하며, 산업체는 멀티미디어 관련 산업을 지속적으로 육성해 나가야 한다. 또한 통신사업자는 안정적이고 경제적인 고도통신망을 구축해야 한다.

최근 정부는 초고속정보통신망 기반구축계획을 수립한 바 있다. 이에 따르면 초고속 국가정보통신망을 공공재원으로 구축하여 연구소, 대학, 주요기업 등 선도집단이 저렴한 요금으로 멀티미디어 정보를 이용할 수 있는 여건을 조성하며, 일반국민들이 보편적으로 다양한 정보를 이용할 수 있는 초고속 공중정보통신망은 통신사업자가 구축토록 계획하고 있다. 또한 멀티미디어 정보산업의 국제경쟁력을 강화하기 위하여 산학연 공동으로 핵심기술과 응용기술의 연구개발을 추진할 계획이다.

라. 멀티미디어 서비스 도입추진

한국통신 기술기획실(실장 이정욱)에서는 멀티미디어 사업을 위한 단계별 서비스 도입계획을 수립 추진하였다(1995년도 주요업무 발전계획, 1995. 2, 기술기획실). 이 계획의 주요내용은 다음과 같다.

① 제1단계(1995년-1997년)는 홈쇼핑, 전자신문, 전자도서관 등 멀티미디어 정보검색서비스를 제공하고, 원격회의, 의료, 교육, 영농 등 양방향 멀티미디어 통신서비스도 공급한다.

② 제2단계(1998년-2001년)에서는 광대역 전화비디오 서비스와 HDTV급 멀티미디어 통신서비스를 가능하게 한다.

③ 3단계(2002년-2015년)에 가서는 원격지간 공동작업기능을 포함한 재택근무를 실현하고, 가상현실 등 3차원 영상정보전송의 실감통신 서비스를 제공한다.

이와 같이 한국통신은 전화수입에 편중된 사업구조의 한계를 극복하고 고부가의 서비스 발굴을 위한 멀티미디어 사업을 추진하였다(1996. 3). 이를 위해 영상 및 소프트웨어 사업을 추진하고, 서비스의 멀티미디어화 및 통신망을 고속화하는데 박차를 가하였다. 멀티미디어 시대의 선두주자로서의 기반을 확보하기 위해 여의도지역에 멀티미디어센터를 구축하여 멀티미디어서비스 시범사업을 추진하였다(1995. 2). 그리고 멀티미디어 사업을 추진하기 위한 환경을 검토하였다.

가입자 통신망은 한국통신 뿐만 아니라 모든 통신사업자가 공유하는 기반시설이며 시설규모, 설치비용 면에서 전체통신망의 75%를 점유하고 있었다. 당시 한국통신은 가입자 선로시설을 무려 3,556만8천 회선을 보유하고 있었다(1996. 5). 이 시설을 구축 확보하기 위해서는 15년-20년의 장기간이 소요되었다. 한국통신은 그동안 전화용(음성급)인 지절연 동선

케이블은 공급을 중단하였으며, 1991년부터 특성이 우수한 폼스킨 케이블과 광케이블로 전량 공급하여 왔다.

그러나 1990년대 중반 한국통신이 운용하고 있는 가입자케이블은 지절연 케이블 55.6%, 폼스킨 케이블 44%, 광케이블 0.4%로 구분되었으며, 특히 동선케이블은 ISDN 이용하는 경우 2Km 이내로 거리가 제한되는 어려움을 안고 있었다. 또한 주택 및 대형건물의 통신설비는 전화위주의 동선케이블로 설치되어 케이블TV 수용이 불가한 상황이었다. 영상통신을 위한 동축케이블이나 광케이블을 포설하기에는 배관설비의 미비 등 관련 기초시설이 불비한 상태이었으며, 더구나 건축법에는 이를 위한 의무조항도 없는 실정이었다. 그래서 멀티미디어 통신을 실현할 수 있는 기반통신망으로의 성능을 갖추기에는 갈 길이 멀었다.

한편 ISDN 서비스를 위한 가정용 장비의 경우, ISDN용 가정용 정합장치(NT)의개발이 미진하고, ISDN 단말기 가격도 고가(25만원)여서 이를 낮출 수 있는 방안이 마련되어야 하였다. 그래서 단기적으로는 국민들이 중급수준의 정보통신(N-ISDN)을 이용할 수 있도록 하고, 장기적으로는 고품질의 광대역통신망(B-ISDN)으로 발전하는 방향으로 추진하였다. 당시 멀티미디어 통신 서비스를 위한 두 가지 통신망의 특성을 요약하면 <표 8-38>과 같다.

<표 8-38> N-ISDN과 B-ISDN

구분	케이블	댁내장비	전송속도
N-ISDN	동선케이블	NT/고속모뎀	144-512Kbps
B-ISDN	광케이블	FLC	45Mbps

앞에서 설명한 바와 같이 1980년대 중반에 접어들면서 한국통신은 기간통신망을 고속화하고 정보통신망을 지능화하여 경제성과 기술성에서 우수한 선진국 형 네트워크를 건설 운용하고자 집중 노력하였다. 그 중에서도 멀티미디어통신을 실현하기 위해서 2015년까지 각 가정에 100% 광케이블을 공급하고, 기술발전, 경제성 등에 따라 광케이블 외에 동선, 무선 등 다양한 매체를 활용하는 빙향으로 전환하였다. 또한 차세대 통신사업의 전진기지 역할을 담당하며, 개방과 경쟁에서 정보통신이 국가산업을 선도할 수 있는 위치로 끌어올린다는 국가적 목표를 달성한다는 신념으로 이 사업을 밀고 나갔다.

마. 통신망의 광대역화

우선 가입자통신망의 고속화를 서둘러야 한다. 초고속정보통신망 구축의 궁극적인 목표는 음성전달만의 전화서비스도 데이터전용서비스도 아닌 음성, 데이터, 영상전송이 모두 가능한 다양한 멀티미디어 서비스의 실현이었다. 이러한 멀티미디어 서비스를 일반가입자에게 제공하기 위해서는 가입자통신망의 고속화가 절실히 필요하였다. 가입자통신망은 한국통신 뿐만 아니라 모든 통신사업자가 공유하는 기반시설이며 시설규모, 설치비용 면에서 전체통신망의 75%를 점유하고, 구축하는데 15년-20년의 장기간이 소요된다.

현재의 가입자통신망 시설규모는 3,556만 회선으로 괄목할 만한 성장을 이룩했으나 아직도 지절연케이블이 전체의 절반(55.6%)을 넘고 있어 특성 면에서 크게 미흡한 실정이었다. 즉 전화위주의 동선케이블로는 케이블TV 등 신규 멀티미디어 통신수용이 불가하여 영상통신을 위한 동축케이블이나 광케이블을 따로 설치하여야 한다. 이러한 문제점을 극복하고 모든 가입자에게 멀티미디어 서비스를 효율적 능동적으로 제공하기 위해 가입자망의 ISDN화, 광케이블 화 및 멀티미디어 통신을 위한 댁내장비의 개발 보급 등 가입자망의 단계적 고도화가 시급한 실정이었다.

이때 한국통신 네트워크(본부장 이정욱)는 멀티미디어통신을 위한 실현방안을 다음과 같이 제시하였다(한국의 정보통신 네트워크 발전방향, 경영과 기술 1996. 7, 한국통신).

첫째, 가입자통신망의 단계적 고속화를 추진한다. 기존 동선케이블을 효과적으로 활용하기 위해서 단기적으로 중급수준의 통신망(N-ISDN)을 완성한다. 이 통신망이 확산되면 가입자는 64Kbps-2Mbps급의 통신속도가 보장되게 되며, 현재의 전화망을 활용한 통신속도에 비해 최소 4배 이상의 가입자 통신속도가 개선되고, 수많은 PC통신이용자가 전화나 PC통신을 동시에 이용 가능하게 될 것이다.

장기적으로는 광대역통신망(B-ISDN) 구축계획의 일환으로 가입자망의 광케이블화 및 광대역 교환기를 전면 공급한다. 우선 도시 상업지역 및 대형 아파트단지 등에 광케이블을 공급하고 통신수요 밀집지역에는 공동 환형케이블 망(Feeder망)을 건설하여 신축아파트 및 신 공단지역의 신축대형건물을 비롯하여 초고속사업 특정지역(226개)에 광케이블을 조기에 공급한다.

둘째, 멀티미디어 통신을 위한 댁내장비를 개발 보급한다. 멀티미디어 서비스의 실현은 가입자 전송로의 고속화 뿐 만 아니라 댁내장비를 적시에 개발하여 보급해야 한다. 가정용 댁내장비로는 일반전화와 PC통신이 동시 사용가능한 개량형 NT를 개발하여 1998년부터 보급하며, 초고속모뎀(512Kbps급)을 1997년까지 공급할 예정이다. 또한 광· 전기신호 변환장치 및 가입자용 광 전송장치(FLC형)를 1997년까지 개발하여 보급하고, 도시지역 상업용 광 전송장치(FLC-A/B형)는 1998년부터 공급한다.

셋째, 유무선의 가입자망 다양화에 따라 효율적인 멀티미디어 서비스를 복합적으로 제공하기 위해 유선의 광케이블방식과 무선통신방식의 복합통신망으로 발전시키고, 음성통신과 영상통신(케이블TV 등)의 통합전송로를 구축한다.

또한 한국통신은 멀티미디어 서비스 및 장비 개발에 적극적으로 나서야 하였다. B-ISDN 통신기술을 이용한 다양한 광대역 멀티미디어 애플리케이션의 창조 및 개발을 서둘렀다. 이를 위해 IP 및 시스템 개발업체와 ATM 네트워크를 기반으로 하는 멀티미디어 서비스를 공동으로 개발하기로 방향을 정하였다. 이러한 공동개발목적은 다양한 멀티미디어 응용서비스를 창조, 개발하고, 광대역 멀티미디어 네트워크 이용을 실험하며, 관련기술을 개발하는데 있었다. 또한 멀티미디어 서비스를 조기에 상용화하고자 하는 의도도 담겨있었다.

한국통신은 멀티미디어 서비스를 위한 추진방침을 다음과 같이 정하여 추진하였다(초고속정보통신사업 종합추진계획, 1996. 6, 한국통신 초고속통신추진본부).

① ATM 통신망을 기반으로 하는 광대역 멀티미디어 응용서비스를 개발하고, 공동개발 및 이용참여업체에게 ATM 네트워크 및 고속회선을 제공한다. 그리고 ATM 네트워크는 초고속 국가통신망을 확장 활용하여 응용서비스를 개발하도록 하고, 이에 업체의 자발적인 참여를 유도한다. 이때 개발에 필요한 연구기자재는 개발업체 현물출자 등의 방법으로 참여한다.

② 표준화된 멀티미디어 응용서비스 개발 플랫폼을 지원하고, 개발된 서비스를 공중통신망 시범사업에 적용하여 사업가능성을 검증한 후 상용화를 추진한다.

한국통신은 멀티미디어 서비스 개발을 위해 초기단계인 1996년에는 기본계획을 수립하고, 참여업체 수요조사를 실시하였다. 그리고 1997년에는 네트워크를 구성하고 장비를 구매하는 것으로 계획을 세웠다. 그리고 이 사업을 위해 1997년 50억원, 1998년 5억원, 1999년 5억원, 2000년 10억원 등 총 70억원의 예산을 투입하기로 계획하였다. 이후 멀티미디어 서비스의 단계별 추진계획은 다음과 같이 수립하였다.

① 제1단계(1998년-1999년)는 서비스 개발 및 시범단계로서 멀티미디어 서비스 공동개발을 위한 협의체를 구성하고 추진체계를 확립한다. 그리고 고속데이터통신 서비스, 공중멀티미디어 검색서비스, 분배형 영상서비스 등을 참여업체와 공동 개발한다. 또한 개발한 서비스에 대한 기술적합성을 검증하고, 시범사업에 적용하여 서비스를 보완 한다.

② 제2단계(2000년-2002년)는 상용화 단계로서, 초고속 국가통신망 구축계획과 연계하여 상용화를 추진한다. 그리고 대형 기업고객위주로 최고 155M급 서비스를 제공하는 등 초기시장을 확보하며, 일반가입자의 초기수요를 창출한다.

③ 제3단계(2003년-2015년)에서는 일반가입자에게는 최고 155M급 서비스, 기업가입자에게는 최고 622M급 서비스를 전국으로 확대 제공한다.

4.4 멀티미디어 서비스의 실현

가. 멀티미디어 서비스의 시범사업 방향

한국통신은 21세기 고도 정보화사회의 주역으로서의 위상을 제고함은 물론 미래 정보화사회의 모습을 부분적으로 가시화할 필요가 있었다. 그래서 멀티미디어 서비스에 대한 이용자의 욕구를 충족시키고 아울러 최첨단의 다양한 수입원 창출을 유도하기 위해 시범사업을 시행하였다. 본 시범사업은 1995년부터 1997년까지 3년간 여의도 지역에서 시행하며, 그

목표를 다음과 같이 정하였다(멀티미디어 서비스 시범사업 기본계획, 1995. 2, 한국통신).

첫째, 다양한 멀티미디어 응용서비스를 개발한다. 시범사업지역 내 일정구역 또는 일정 가입자에게 최첨단 멀티미디어 서비스를 제공하며, 응용서비스는 가까운 장래에 실용화될 서비스를 선정한다. 이에 따라 년도별 서비스 시범계획을 <표 8-39>와 같이 수립하였다.

<표 8-39> 멀티미디어 응용서비스 연도별 시범계획

1995년	1996년	1997년
VDT(MPEG Ⅱ) 원격교육, 원격진료 전자신문 홈쇼핑, 화상회의 위성방송, 인터넷 서비스	LAN-to-LAN, 쌍방향 TV 증권 및 금융정보서비스 공중정보서비스 전자도서관/ 박물관 쌍방향 정보통신	재택근무서비스 가상현실서비스

둘째, 멀티미디어 정보센터를 설치한다. 여기에서 대국민 홍보 및 마인드 확산을 위해 멀티미디어 관련 장치와 서비스 등을 전시하고 교육 및 시험장도 제공한다. 그리고 멀티미디어 데이터베이스를 구축하고, 최첨단 멀티미디어 서비스를 시연한다. 또한 멀티미디어 응용서비스를 개발하고 시험환경을 구축하여 개방한다.

셋째, 시범지역 내 광 통신망의 기반을 구축한다. 이를 위해 여의도 지역 내 광대역 영상교환기를 설치하고, 초고속 전송로(155Mbps-2.5Gbps급)를 구축하여 이를 국가 초고속정보통신망의 선도시험망, B-ISDN의 시험망과 접속한다. 그리고 한국통신의 기존망 및 ISDN, FR 등의 신규통신망과 연계시킨다. 또한 가입자 광케이블망을 구축하기 위해 대형 건물에는 FTTO 방식을 적용하고 아파트 등 주거 밀집지역에는 FTTC 방식으로 설치한다.

나. 멀티미디어 서비스 및 제공방안

한국통신은 멀티미디어 서비스를 위해 서비스별 제공방안을 수립 추진하였다(멀티미디어 서비스 시범사업 기본계획, 1995. 2, 한국통신). 이 계획의 주요내용은 다음과 같다.

(1) 전화비디오(VDT) 서비스 : 통신회선을 이용하여 국민들이 원하는 비디오 프로그램을 직접 선택하는 새로운 영상통신방식으로 비디오 게임, 영상음악, 원격교육, 영상쇼핑, 영상학습 등 다양한 서비스를 제공한다. 이 서비스는 영화, 기록물, 스포츠 프로그램 등의 비디오 프로그램을 디지털로 압축하여 비디오 서버에 보관하고 고객이 원하는 시간에 선택하여 검색할 수 있으며 재생, 제어, 검색 등도 가능하다.

첫 번째 단계에서는 서울 반포전화국 관내 100가입자를 대상으로 시험서비스를 1994년 11월부터 1995년 12월까지 실시하며, 이를 위해 60분 기준 100편 분량의 영상 오락 프로그램을 제공한다.

두 번째 단계는 서울, 대전, 부산, 대구, 인천, 광주 등 전국 1천 가입자로 확대하여 시범서비스를 제공한다. 첫 번째 단계에서 시험 운용중인 VDT 서비스보다 성능 면에서 개선된 방식의 최첨단 장비 및 기술을 적용하여 시범한다. 고품질 영상신호를 위해 기존 MPEG Ⅰ(1.5Mbps)의 VTR품질에서 MPEG Ⅱ(6Mbps)의 방송국 품질로 전환한다. 그리고 가입자망은 기존 동선을 이용한 영상전송장치(ADSL)에서 광케이블을 활용한 FTTC 방식으로 구성한다.

세 번째 단계에서는 영상정보의 확보 및 민간업체의 참여 유도를 위해 영상정보료 수납 대행 서비스를 도입한다. 한편 방송사, 언론사, 민간 프로그램업체 등과 상호협조체제를 구축하여 다양한 영상 데이터베이스, 소프트웨어 등을 확보하여 시범효과를 극대화 시킨다. 1995년에는 영화, 영상노래반주, 영상게임 등을 제공하고, 1996년에는 뉴스, TV드라마, 다큐멘타리, 영상학습, 영상전시관 등을 공급한다. 그리고 1997년에는 영상백과사전, 관광안내, 역사, 지리, 지역문화정보 등 지역정보안내를 제공하게 추진하였다.

(2) 원격교육서비스 : 가정, 학교 간 또는 학교 간을 교육용 데이터베이스를 통신망을 이용하여 원격그룹지도, 원격자율학습 등을 하는 서비스이다. 본 시범사업에서는 여의도 지역내 학교-학교, 학교-가정간 서비스를 제공하고, 교육방송(EBS)과 협조하여 기존 방송시설 등을 최대한 활용한다는 시도였다. 또한 강원도 홍천군 관내 5개 국민학교와 분교 간에 원격강의 시범서비스를 실시하였다(1995. 2-1997. 12).

(3) 원격의료서비스 : 종합병원과 단일병원 또는 2차, 3차 진료기관 간, 혹은 가정 간에 초고속 정보통신망을 구성하여 원격의료영상정보를 전송하고 검색하며 의료정보망 서비스를 제공하는 서비스이다. 여의도지역 내 종합병원과 타 지역 병원 간 원격의료 서비스를 제공하는 것으로 45Mbps급 이상의 초고속 전용회선을 통해 영상정보를 전송한다는 구상이었다. 이를 통하여 검진용 영상자료를 교환하고 원격으로 진료하며 진료를 지원할 수 있으며, 원격화상회의를 통한 검진소견회의, 의료정보교환 등을 할 수 있다.

(4) 전자신문서비스 : 음성, 영상, 문자 등으로 구성된 뉴스정보를 실시간으로 이용자에게 제공하는 서비스로서 원하는 시간에 필요한 정보를 선택하여 검색가능하다. 즉 뉴스, 사설, 논평 등을 실시간 제공을 목표로 신문사, 통신사 등과 제휴하여 기존 데이터베이스를 최대한 활용하고 가정 위주로 제공하고자 하였다.

(5) 홈쇼핑서비스 : 가정 또는 사무실에서 멀티미디어 단말기를 이용하여 저장된 상품 카탈로그나 가상매장을 보고 물건을 구매할 수 있는 서비스이다. 즉 전자 카탈로그, 상품구매, 물가정보, 품질정보안내 등의 서비스를 하는 것으로 백화점, 기업체, 소비자보호원 등과 협조하여 다양한 정보를 가정 위주로 제공하게 추진하였다.

(6) 화상회의서비스 : 기업체의 본사와 지사 간, 타 회사 간에 멀티미디어 단말기를 이용하여 화상을 직접 보면서 회의를 할 수 있는 서비스이다. 이를 위해 멀티미디어 정보센터, 한국통신의 용산 소프트웨어프라자 및 광화문 전시장을 상호 연결하여 시범을 수행하고, 한편 기업체 및 일반 이용자에게 시설을 대여하는 방안도 시도하였다.

(7) 위성방송서비스 : 무궁화위성과 지상에 설치된 위성통신시설을 통해 국내구간에서 음성, 데이터, 비디오 등 다양한 정보를 제공하는 서비스이다. 예를 들면 사내 TV방송, 원격 설교, 원격강의, 경마, 스포츠 및 각종 행사의 중계 등을 제공하며, 화상회의, 고속 팩시밀리, 원격출판, 인쇄 등의 서비스도 할 수 있다. 이를 위해 멀티미디어센터에 위성방송시스템을 설치 운용하고, 한편 기업, 학교 등에 시설을 대여하는 방안도 추진하였다.

(8) 인터넷서비스 : 국제학술연구망(INTERNET)의 국내통신망인 KORNET를 통해 이용자가 국내외 인터넷서비스를 이용하여 다양한 정보를 제공받을 수 있는 서비스이다. 예를 들면 전자우편, 파일검색 및 전송, 뉴스, 문헌 데이터베이스 검색, 정보교환, 원격로그인 등을 실시할 수 있다. 이의 실행을 위해 멀티미디어 정보센터 내에 인터넷 단말기를 설치 운영하고, 여의도 지역 내의 연구소, 기업, 학교 등과 연결하여 이러한 서비스를 제공하였다.

다. 멀티미디어 서비스의 시범운영

한국통신은 멀티미디어 사업을 효율적으로 조기에 진입시키기 위하여「멀티미디어 정보센터」를 설치 운영하였다. 이것은 미래 정보화사회의 생활상을 실현해보고, 가시화함으로서 국민적 공감대를 형성하고자 하는 시도로서 최첨단 멀티미디어 모델 주택과 인텔리전트 모델 사무실을 구현하고자 하였다. 그리고 초고속 멀티미디어 서비스의 수요를 창출하고, 이 서비스의 적합성을 검증하며 첨단 통신서비스를 시연한다는 구상이었다. 또한 이를 통해 정보통신 관련업체들의 개발제품에 대한 시험기회를 제공하기로 하였다. 이에 따라 이 정보센터의 설치추진방침을 다음과 같이 정하였다(멀티미디어 서비스 시범사업 기본계획, 1995. 2, 한국통신).

첫째, 기존의 상설전시관과 달리 서비스 시연내용과 시설 면에서 대폭 고도화하여 미래 지향적인 최첨단 전시 센터로 설치한다. 초기에는 여의도전화국과 인접한 지역에 기존 건물을 임대하여 설치하고, 향후 여의도전화국 신축계획과 연계하여 별도 건물을 신축하여 이전한다.

둘째, 일산, 분당 등의 정보센터, 광화문전시관 등과 연계하여 이 정보센터의 활용성을 극대화한다. 그리고 시범사업 종료 후에는 신규 멀티미디어 서비스의 개발 및 시험센터로서 유지하여 멀티미디어 서비스를 위한 인큐베이터 기능을 수행토록 한다.

한국통신은 다양한 수요가 밀집된 소형 도시모델인 여의도 및 대덕지역에 멀티미디어 시범사업을 추진하여 그 결과를 사업방향 설정과 지표로 활용하여 조기에 사업기반을 확보하고자 하였다. 이때 두 지역의 연도별 멀티미디어 시범사업 추진계획은 <표 8-40>과 같다. 이 멀티미디어 시범사업을 위해 서울 여의도지역에 503억 원, 대전 대덕지역에 575억 원 등 총 1,238억 원의 예산이 투입되는 것으로 계획되었으며, 이 기간 동안 수입은 여의도 시범사업 0원, 대덕시범사업 242억 원으로 산정되었다.

<표 8-40> 멀티미디어 시범사업의 연도별 추진계획

시범지역	1995년	1996년	1997년
여의도	-ATM 교환망 구축 -서비스 개발	-여의도 전지역 광통신망 구축완료 -시험서비스 제공	-통신망 간 연동 -시범서비스 제공
대덕지역	-광가입자망 구성 -ATM 노드 설치	-시범가입자 확대 -서비스 확대보급	-첨단영상서비스 제공 -상용화 추진

그리고 한국통신은 멀티미디어 시범사업의 연도별 추진계획을 위한 시행방침을 결정하였다(초고속정보통신사업 종합추진계획, 1996. 6, 한국통신 초고속통신추진본부). 이 시행방침의 주요내용은 다음과 같다.

① 1998년 이후는 초고속공중통신 시범사업과 연계 추진한다. 그리고 멀티미디어 사업방향 설정을 위해 단기간 내에 다양한 접근방식의 시범사업을 추진한다. ② 국내 개발한 ATM 교환기의 공급을 원칙으로 하되 개발상황을 고려하여 직도입 등 탄력적으로 대응한다. ③ 서비스 개발은 민간업체와 협력사업으로 추진하고, 개발된 서비스를 전체 시범사업에 확대 적용한다. 그리고 멀티미디어 단말기(정합장치 포함) 표준화 및 대량생산을 통한 가격인하를 유도한다. ④ 타 시범망, 기존통신망, 무선망, 초고속국가망, 공중통신망 등과 연동이 가능하도록 추진한다.

1996년 말에는 여의도 멀티미디어 시범사업 개통행사를 멀티미디어 정보센터, 63빌딩 연회장(3층)에서 가졌다(1996. 12. 6). 이 행사에는 정보통신부 장관, 국회 통신기술과학위원회 위원장 및 위원, 한국정보통신진흥협회 회장, 지역구 국회의원, 시범가입자 대표, 삼성전자(주) 부사장, IP 대표 등 150여명이 참석하였다. 이 행사는 초고속통신추진본부(본부장 안승춘)가 주관하였다. 또한 한국통신은 멀티미디어 서비스의 시범사업을 위해 <표 8-41>과 같이 관련 업무를 분담하였다.

<표 8-41> 멀티미디어 서비스 시범사업을 위한 업무분담

부서별	업무분담	비고
기술기획실	멀티미디어 시범사업추진 기본계획 수립	사업총괄관리
경영기획실	멀티미디어 정보센터 조직 신설	인력충원
재무관리실	멀티미디어 정보센터 장기국사확보	건물신축
전화본부	멀티미디어 시범망 구축 지원	시내통신망
통신시스템 개발센터	시범사업을 위한 규격검토 등 구축지원	시범사업 성과분석
기업통신지원단	멀티미디어 시범사업추진 총괄 시범망 구축 및 시스템 도입 멀티미디어 정보센터 설치 및 운영	시범망 구축 및 시설도입 총괄
서울사업본부	멀티미디어 시범사업 추진지원	국사확보 등

라. 멀티미디어 기술 및 서비스 개발

한국통신은 1995년부터 2000년까지 멀티미디어 기반기술개발에 44억7천만 원, 온라인 번역서비스 개발에 169억 원, 멀티미디어 영어학습서비스 개발에 34억2천만 원 등 총 247억 9천만 원을 투입하는 계획을 수립하였다. 이때 수입은 온라인 번역서비스 71억 원, 멀티미디어 영어학습서비스 38억4천만 원 등 초 109억4천만 원으로 예상되었다. 당시 이 사업은 1999년에 손익분기점에 도달할 것으로 예상하였다. 이를 위해 기반 소프트웨어 개발, 응용서비스 개발 등의 추진계획을 수립 시행하였다. 이 계획의 주요내용은 다음과 같다.

(1) 기반 소프트웨어의 개발

한국통신은 초고속통신망에서 멀티미디어 서비스 개발을 지원하는 기반 소프트웨어및 통신 소프트웨어를 개발 추진하였다. 세부적으로는 멀티미디어 서버 및 클라이언트 시스템을 개발하고, 멀티미디어 네트워크 인터페이스를 개발하며, 멀티미디어 통신서비스용 저작도구를 개발하였다. 이때 초고속통신추진본부(본부장 안승춘)는 단계별 개발계획을 수립 추진하였다(초고속정보통신사업 종합추진계획, 1996. 6, 한국통신 초고속통신추진본부).

① 1995년에는 멀티미디어 서버 및 클라이언트 시스템을 설계하고 멀티미디어 통신서비스용 저작도구를 개발한다. 그리고 테스트베드를 구축하고, 통신노래방 시스템, 상품주문 및 검색시스템 등의 시험용 서비스를 개발한다.

② 1996년에는 멀티미디어 서버 및 클라이언트 시스템을 개발하고, 멀티미디어 네트워크 인터페이스를 개발한다. 멀티미디어 통신서버용 저작도구(TeleART)를 개발하고, 홈쇼핑, 그룹웨어 통신서비스 등 초고속 응용서비스를 개발한다.

③ 1997년에는 멀티미디어 서버 및 클라이언트 시스템을 응용하고, 응용서비스를 시험한다. 그리고 초고속통신서비스 플랫폼을 구현하고, 초고속통신 응용서비스를 개발하며, VR 통신서비스를 개발한다.

④ 1998년에는 초고속통신 응용서비스 적용시험을 시행하며, 초고속통신 서비스 관리시스템을 개발한다.

(2) 멀티미디어 응용서비스 개발

한국통신은 이용자가 PC통신 네트워크에 의한 정보검색 등을 통하여 얻은 외국어 자료를 온라인에서 한국어로 자동 번역할 수 있는 서비스를 개발 추진하였다. 이를 위해 한일, 한영, 한독, 한서 번역을 목표로 하고, 단계별로 많이 사용하는 번역대상언어로 확대하였다. 그리고 언어의 특성에 따라 지속적으로 서비스의 고급화 및 다양화를 추진하고, 번역시스템을 활용 발전시켜 다양한 응용서비스를 개발하여 제공하고자 하였으며, 단계별 추진계획을 수립하였다(초고속정보통신사업 종합추진계획, 1996. 6, 한국통신 초고속통신추진본부). 이 계획의 주요내용은 다음과 같다.

① 1단계(1996년-1997년)는 사업기반조성을 위해 한일 번역서비스의 시범사업을 시행

하고, 번역대상 언어 확대를 위한 대상을 발굴하여 개발을 추진한다.

② 2단계(1998년-1999년)에서는 사업 활성화를 위해 1단계 시범사업을 상용서비스로 전환하고 온라인 번역대상 언어를 확대한다.

③ 3단계(2000년-2002년)는 사업성숙 및 확대단계로서 한국어-타국어 번역서비스, 타국어-타국어 번역서비스를 제공하고, 다양한 응용서비스를 개발 추진한다.

다음에는 세계어로 자리 잡은 영어학습에 필요한 모든 정보를 멀티미디어 형태로 표현하여 통신망을 통해 제공하는「멀티미디어 영어학습 서비스」를 추진하였다. 이를 위해 1996년에는 직장영어, TOEIC, 1997년에는 학생영어, 주부영어, 1998년에는 영어게임 서비스를 제공하는 목표를 수립 추진하였다. 이때 추진방침은 다음과 같다.

① 동화상(MPEG), 정지화상(JPEG), 애니메이션, 음성 및 음향, 텍스트 등을 복합적인 정보형태(Multimedia)로 표현하여 정보이용자에게 제공한다. ② 현 인터넷 www 서비스보다 진보된 품질의 멀티미디어 서비스를 개발한다. ③ www 구축 및 멀티미디어 DBMS 응용기술 등의 자체기술력을 확보하도록 추진한다.

이와 같은 멀티미디어 서비스는 통신망의 진화계획에 따라 단계별로 개발 제공하는 것으로 정하였다. 1단계(1996년-1998년)에서는 서비스개발을 하고, 이 서비스는 인터넷을 경로로 하여 제공한다는 것이었다. 2단계(1999년-2002년)에서는 사업성을 확보토록 하며 이때 서비스는 인터넷과 초고속통신망을 경로로 하여 제공하게 하였다. 그리고 3단계(2003년-2015년)에 가서 본격 사업화하며, 이들 서비스는 인터넷과 초고속통신망을 통해 이용한다는 계획이었다.

4.5 특수통신사업의 추진

한국통신 초고속통신추진본부(본부장 안승춘)은 일반가입자선로를 이용하여 전화통화에 지장 없이 각종 데이터를 송수신하는 데이터통신서비스를 추진하였다(초고속정보통신사업 종합추진계획, 1996. 6, 한국통신 초고속통신추진본부). 이 계획의 주요내용은 다음과 같다.

가. 원격통신서비스

원격통신서비스의 도입단계인 1993년-1996년에는 서울, 대구, 대전 중 3개 지역에 원격통신 시스템을 구축하고 시스템을 개선하였다. 특히 1994년에는 안전관리분야, 신용카드조회분야, 무인방범서비스에 대한 상용서비스를 제공하였다. 그리고 확장단계(1997년-1999년)에서는 부산, 인천, 광주, 청주 등 4개 지역에 원격통신센터를 신설하고, 이때 안전관리분야, 신용카드조회분야, 계측 및 제어분야, 무인방범서비스를 제공하고 응용서비스도 개발하는 목표를 정하였다.

그 후 발전단계(2000년 이후)에 가서는 전국망을 구축하고, 주사장치 설치국 등 집중화지역을 전주, 원주, 제주로 확대할 계획이다. 이 단계에서는 안전관리분야, 신용카드조회분야, 계측 및 제어분야, 무인방범서비스, 자판기 등 무인관리서비스를 제공토록 추진하였다. 이를 위한 시행방침은 다음과 같이 정하였다.

첫째, 국민의 생활편익 증진을 위한 새로운 서비스를 개발 보급하고, 원격통신시스템의 신뢰성을 향상시키고, 안전성을 확보하며 고품질 서비스를 제공한다. 그리고 무인방범 시범서비스에 대하여는 성과분석 후 확대 적용한다.

둘째, 서비스지역은 단계적으로 확장하여 2000년까지 전국망을 구축한다. 전국을 10개 서비스지역권으로 형성하고 센터국을 중심으로 대도시 지역망을 구축한다.

셋째, 표적고객을 선정하여 판매활동을 강화한다. 안전관리분야 등 지역본부별 주요고객을 선정하고, 선정된 업체에 대한 원격통신서비스의 이점 등을 설명하여 TSS방식으로의 전환을 유도한다. 그리고 DM 및 방문 등으로 상품에 대한 홍보활동을 전개한다. 또한 카드조회사와 협의하여 위탁판매대리점을 지정하여 수수료를 지급하여 판매를 촉진하고, 단말기 설치 및 개통을 지원한다. 이때 이 서비스에 대한 판매수요는 1996년 11,086, 1998년 16,825, 2000년 21,710으로 예측한다.

한국통신은 위와 같은 멀티미디어 서비스계획을 실행하기 위해 시설공급계획을 결정하여 추진하였다. 1993년-1994년에는 서울, 대구, 대전에 주장치 3대, 주사장치 15대, 집선 장치 141대를 설치하였다. 그리고 1995년-1996년에는 사업초기에 발생된 문제점을 개선하고, 시스템을 보강하였으며 이때 집선 장치는 8대를 설치하였다.

그리고 1997년-1999년에는 부산, 인천, 광주, 청주에 주장치 4대를 설치하고, 주사장치 18대, 집선 장치 220대를 공급하며 1997년부터는 이미 설치된 국의 수요에 따라 집선 장치만 증설하게 히였다. 2000년 이후에는 청주, 원주, 제주에 주장치 2대를 설치하고, 주사장치 7대, 집선 장치 25대를 공급할 계획이었다. 한편 이 기간(1996년-2000년) 투입예산은 총 109억 원, 영업수입은 총 133억 원으로 산정되었으며, 연도별 내역은 <표 8-42>와 같다(초고속정보통신사업 종합추진계획, 1996. 6, 한국통신 초고속통신추진본부).

<표 8-42> 원격통신서비스의 투입예산 및 영업수입 예상(단위: 백만원)

연도별	1996년	1997년	1998년	1999년	2000년	계
투입예산	3,300	2,900	2,000	1,500	1,200	10,900
수입	500	1,000	2,000	3,700	6,100	13,300

나. EDI 서비스

한국통신은 기업 간 또는 기관 간 상호 교환되는 청구, 지급 및 거래정보 등의 문서전달체제를 표준화된 전자식 자료교환(SDI) 방식으로 컴퓨터를 이용하여 송수신하는 정보통신서비스를 추진하였다. EDI 사업은 우선 의료정보망에의 적용을 시작으로 국가대형 EDI로 확대 발전시키는 등 다음과 같이 단계별 추진계획을 수립하였다.

① 단기목표(1996년-1997년)에서 의료정보망(MEDiCOM)은 1996년 10월까지 상용화하고, EDI 중계시스템 1식을 구축하며, 협정, 약관, 요금, 전산망 고지 등 EDI 영업활동 기반을 구축한다. 그리고 국내외 중계서비스 기반도 구축한다.

② 중기목표(1998년-2000년)에서는 의료정보망을 전국 확대한다(5,000 가입자). 그리고 중계시스템을 1식 확장하고, 보험, 국민연금업무 EDI를 추진하고, 국제중계 관문국 서비스를 제공한다.

③ 장기목표(2000년-2003년)로는 국가 대형EDI로 전환 확대하고, 지역 노드를 대도시 5개 지역에 구축하며, 차세대 의료정보망을 구축한다. 그리고 매세지 중계사업자(ADMD)로 중심역할을 하게 한다.

그리고 한국통신은 EDI 사업을 위한 백본 네트워크 구축, 대상 업무의 발굴, 국제표준시스템으로의 발전, 국제관문국의 설치 등 시행계획을 수립 추진하였다(초고속정보통신사업 종합추진계획, 1996. 6, 한국통신 초고속통신추진본부). 이 계획의 주요내용은 다음과 같다.

① 초고속정보통신망을 EDI 백본 네트워크로 활용하고, 대상 업무 개발 및 가입자 확대에 따른 단계별로 발전시킨다. 이를 위해 초고속정보통신망을 기반으로 EDI 중계망을 구축하고, 서울, 부산, 대구, 인천, 광주, 대전 등 6개 도시를 거점으로 통신망을 구성한다.

② 차세대 의료정보망(New MEDiCOM)을 구축한다. 이를 위해 의료 복지관련기관과 업체가 공동으로 이용 가능한 플랫폼을 구축하고, 의료 EDI 서비스의 고도화를 추진하며, 초고속정보통신망과 연계 추진한다. 그리고 의료정보망 부가서비스를 적극 개발보급하고, 국제표준형 시스템 구축으로 국제관문국 역할을 수행한다.

③ EDI 대상 업무를 지속적으로 발굴하고, 사업화를 추진하고, 사내업무 EDI화로 생산성을 향상하며, 소프트웨어 개발 및 판매전담 협력업체 육성 및 경쟁을 유도한다. 그리고 EDI 요금제도 및 이용약관을 1996.6-1996. 10에 제정하는 등 EDI 사업을 주도할 마케팅활동기반을 조성한다. 이를 위해 보험, 국민연금, 공무원 연금, 대한교원공제회, 체신공제조합 등을 대상으로 국가 대형업무의 EDI 사업화를 발굴한다. 이를 위한 사업타당성 조사 분석을 1997년에 실시하고, 업무분석 및 이용자 SW는 1998년에 개발하며, 1999년에는 시범서비스 및 상용화를 개시한다.

④ 국제표준형 시스템을 구축하여 국제관문국(Gate Way) 서비스를 제공토록 한다. 이를 위해 VAN 사업자(Private Management Domain)의 상호간 메시지 교환처리, 해외 메시지의 중계교환 등 메시지 관문교환기능을 수행한다. 그리고 PRMD 사업자에 대한 통신망 구축 및 메시지 중계에 대한 중계료 징수 등 상호접속환경을 제공한다. 또한 소프트웨어 개발 및 판매전담 협력업체를 육성한다. 이를 위해 이용자 소프트웨어의 업 그레이드 업체를 협력사

로 활용하고, 협력사의 영업활동을 경쟁 유도한다.

⑤ 사내업무 EDI화로 업무능률을 향상시킨다. 한국통신 업무를 대상으로 하여 1996년 11월-1997년 5월에 업무분석을 실시하고, 이용자 소프트웨어는 1997년 6월-1997년 12월에 개발하며, 서비스는 1998년에 개시한다.

이와 같은 EDI 사업에 대한 연도별 투입예산, 수입, 손익 등은 <표 8-43>과 같으며 이 사업은 1998년 말부터 손익분기점에 도달하는 것으로 분석되었다.

<표 8-43> EDI 사업 투입예산 및 수입(단위: 억원)

구분	1996년	1997년	1998년	1999년	2000년
투입예산	16	64	64	75	67
수입	1	19	150	264	390
손익	-15	-48	86	189	323

5. 전화망의 대량 확장 10년

5.1 전화시설 1천만 회선 돌파

1970년대에 들어서면서 우리나라는 고도 경제성장에 힘입어 전화수요가 폭발적으로 늘어나고 있었다. 그 후 매년 공급량이 늘어나 1980년대에는 매년 100만회선 이상을 공급하게 되었으며, 드디어 1987년에는 우리나라 전화가 1천만 회선을 돌파하게 되었다. 정부는 이를 기념하기 위해 세종문화회관에서 전두환 대통령 참석 하에 전국전화자동화 및 1천만 회선 개통기념식을 개최하였다(1987. 7. 1).이때 정부는 유공자에게 훈장 및 포장을 수여하였으며 그 세부내역은 시리즈1의 제5장에 기록되어 있다.

또한 체신부는 이 업적을 기리기 위해 전화 1천만회선 돌파라는 특집을 제작하였다. 이 특집에서 그동안 이 사업을 주관해온 책임자(한국전기통신공사 관리급 이정욱)는「전화망의 대량확장 10년」이라는 제목으로 우리나라의 전화확장 10년의 과정을 소개하였다(전화망의 대량확장 10년, 1987. 9, 체신부). 그 주요내용은 다음과 같다.

가. 통신혁명의 시작

1971년도 통신사업으로 7만5천 회선을 공급하기 시작한 것이 그 후 매년 공급량이 늘어나 1976년에는 12만 회선을 공급하게 되었다. 그러나 그 정도의 전화공급량으로는 증가하는 수요에 비해 태부족이어서, 1976년에는 수요 대 시설부족량이 70만대를 넘어서고 있었으며 전국적으로 많은 전화적체가 쌓이고 있었다. 당시 도시지역에는 주로 EMD 방식과 스트로저 방식의 기계식 자동교환기를 설치하고 있었고, 농어촌지역에는 공전식과 자석식교환기도 상당수 시설 운용되고 있었다.

이러한 교환 설비들은 시스템의 용량이 작은 반면 차지하는 용적은 대단히 크고 기술적으로도 이미 뒤떨어진 것들이었다. 따라서 이들 교환기를 가지고 앞으로 대량으로 공급하는 데는 경제성 및 기술적인 면에서 한계에 부닥치고, 더구나 이 기종을 가지고 장기적으로 통신망을 확장해 나갈 수 없는 실정이었다. 전화망을 대량 확장하고 대량 소통을 시켜야 한다는 양면에서 볼 때, 기존의 기계식 자동교환기는 이에 적합지 못하였다. 또한 선진국에서와 마찬가지로 우리나라 국민들도 전기통신에서 고속처리를 희망하고 있고 전화를 통한 여러 가지 생활서비스를 요구하기에 이르렀다.

이와 같은 추세에 맞추어 1976년 12월 28일 정부는 전자교환기를 도입하기로 방침을 세우게 되었고, 그 다음해 9월에는 우리나라에 도입 운용할 전자교환기종을 결정하였는데, 그것이 M10CN이라고 하는 벨지움(ITT/BTM)에서 개발 생산된 제품이었다. 전자교환기의 도입 초기에는 생산국 기술진에 의하여 시설확장사업을 시작할 수밖에 없었는데, 우리나라 최초 설치대상인 영동전화국과 당산전화국을 현장 답사하면서 어떻게 해야 할지 막막하기만 하던 시기였다. 나는 벨지움에서 온 기술진과 함께 최초의 현장답사에서 기계실, 시험실, 동력실의 가용면적, 계고, 환경조건 등을 확인시키면서, 그들에게 현장조건에 문제가 없느냐고 연신 묻고 있을 수밖에 없었다.

전자교환기에 대한 경험과 지식이 전혀 없는 실정이어서 기본계획에서부터 설계, 시공, 시험 및 개통에 이르기까지 생산국에 의존할 수밖에 없었다. 이렇게 해서 1978년 12월에 당산전화국과 영동전화국에 전자교환기가 착공되고 1년 후인 1979년 12월에 개통됨으로써 시내전화 대량 확장의 주역인 전자교환기 시대로 들어서게 되었다.

나. 전화 대량공급 10년

영동전화국과 당산전화국의 두 시범시스템이 개통되고, 다시 1979년 11월에 미국 ATT사의 No.1A 전자교환기를 제2기종으로 선정 채택함으로써 시내전화 대량공급에 박차를 가하게 되었다. 오늘날 신청 즉시 국민들에게 전화개통을 가능하게 한 것은 이러한 전자교환기 도입 결정과 이의 대량공급으로 제4차 5개년계획(1977년-1981년) 과 제5차 5개년계획(1982년-1986년)을 수립하여 강력히 추진한 결과였다. 4차 5개년 계획 기간에는 전국적으로 총 217만 회선을 증설하여 이 계획이 완료된 1981년에는 전국의 전화가 349만 회선에 달하게 되었다.

특히 1979년부터는 전자교환기 위주로 시설확장계획이 전환하기 시작하였는데, 1979년에 2만회선, 1980년에 34만4천회선, 1981년에 44만4천회선 등 총 80만8천 회선을 공급하여 본격적인 전자교환기 시대로 진입하게 되었다. 그후 1982년부터 1986년까지 계속된 제5차

5개년계획 기간에는 통신부문에서 특히 괄목할만한 발전을 이루었다고 평가되고 있다. 품질좋은 통신망을 건설하여 국민들이 원하는 시기에 원하는 만큼의 전화를 경제적으로 제공하는 데에 통신공사는 사업의 최우선순위를 두고 추진하였다.

그래서 1983년부터는 기계식 자동교환기의 공급을 전면 중단하였고, 농어촌지역의 광역자동화사업에 집중적으로 투자하였으며, 섬마을 전화를 인근 육지의 대도시 전화국으로 수용하여 자동화하는데 전력을 다하였다. 이를 위하여 매년 100만회선 이상의 전자교환기를 확장해 나감으로써 과거 수십 년 간 남아있던 만성적인 전화적체를 대부분 해소하게 되었고 국토의 최북단과 최남단인 마라도까지 완전 자동전화통신망이 건설되었다.

다시 말하면 1985년을 기점으로 시설공급이 수요를 전반적으로 상회하게 되었으며 농어촌 일부지역은 전화적체가 남아 있으나 도시지역은 대부분 신청 즉시 전화가설이 가능하게 되었다. 이에 따라 1986년 말 현재 전국의 전화시설은 876만6천 회선으로 확장되었고, 100인당 보급률은 18대에 도달되었으며, 전자교환기 비율도 65%로 크게 향상되었다.

한편 장거리통신 부문에서도 대도시에는 No.4 전자교환기를 공급하고, 중소도시에는 AXE-10 전자교환기를 설치함으로써 전전자방식으로 전면 전환하였으며, 기간전송로에는 광통신방식을 도입하여 광대역전송로를 확보하기 시작하였다. 이와 같은 첨단기술 장비의 도입에 따라 전국 자동즉시 망을 효율적으로 완성하게 되었고, 시외전화 수요를 충족할 수 있는 만큼의 장거리통신망을 확보함으로써 2000년대 국토의 균형있는 발전을 기할 수 있는 기반을 마련하였다.

5.2 10년 동안 어려웠던 과제들

앞에서 설명한 바와 같이 체신부는 1987년「전화 1,000만회선 돌파」라는 특집을 제작하였다. 이 특집에서 그동안 이 사업을 주관해온 실무책임자(한국전기통신공사 관리급 이정욱)는 전화망의 대량확장 10년 동안 어려웠던 과제들을 발표하였다(전화망의 대량확장 10년, 1987. 9, 체신부). 주요내용은 다음과 같다.

가. 부족재원은 외국차관으로 확보

매년 100만회선 이상의 시내전화를 10여년에 걸쳐 계속 확장해 나가고 있는 우리나라의 경우는 아마 세계적으로 보아도 다섯 손가락 안에 드는 대단위 통신사업국가임에 틀림없다. 이 사실은 전기통신의 선진국들의 통신망 확장계획과 비교해 보면 확실하다. 이러한 대단위의 전자교환기 증설을 위해서는 막대한 투자재원이 필요한데 내자 사정이 여의치 못한 우리나라에서는 외국 차관의 도입이 불가피하였다.

전자교환기의 도입에는 미국 수출입은행(EXIM) 차관과 벨지움 은행(BBL) 차관을 주로 이용하였고, PCM과 마이크로웨이브 시설 등 전송로시설의 도입에는 캐나다은행(EDC) 차관과 미국 수출입은행 차관을 함께 사용하였다. 4차 5개년계획과 5차 5개년계획 중 계획된 차관협정총액은 약 20억불이었으며 대부분 3년 거치에 10년 상환 조건이었다. 그리고 이자율은 7.5-8.625%이고 착수금 차관은 LIBOR+0.625-0.875%였는데, 1980년에 들어서면서 내자조달 사정이 호전됨에 따라 집행과정에서 이자부담 등을 종합적으로 판단하여 상당부분을 사용치 않고 반환하였다.

나. 전자교환기의 특성에 맞는 공급방안

우리나라 최초의 전자교환기 설치국인 영동전화국과 당산전화국은 생산국인 벨지움의 기술진에 의하여 설계 및 시공되었다. 그러나 1979년도 전자교환기 사업부터는 우리들 자신이 기본계획을 세우고 설계를 담당해야 할 입장이었다. 더구나 1979년도 사업분은 1977년에 모든 공급계획을 완료해야 하였는데, 어느 지역에 어떤 방법으로 공급해야 장기적으로 보아 문제가 없고 경제성도 있을 것인가 하는 것이 큰 고민거리가 아닐 수 없었다.

전자교환기에 대하여는 당시 기술적으로 우수한 점만을 생산국 기술진으로부터 여러번 들었기 때문에 한국통신 입장에서는 서울을 비롯한 대도시의 중심부 통신망부터 이 전자교환기로 혁신하고자 하였다. 그래서 최우선적으로 서울 중심지인 중앙, 을지, 신촌, 용산, 동대문, 광화문, 혜화, 성북전화국 등을 전자교환기 공급대상 전화국으로 정하였다. 당시 이들 전화국은 대량수요 전화국일 뿐만 아니라 중계교환국을 겸하고 있기 때문에 시내통신망으로 보아 1급 전화국으로 관리하고 있었다.

이러한 공급방침을 설정하여 3개월에 걸쳐 국별 공급량을 정하고, 설계를 실시한 결과 전자교환기 물량이 예상보다 엄청나게 많이 산출되었고, 경제성도 없는 것으로 나타나서 실패로 끝나고 말았다. 즉시 ITT 연구소의 카바레로 박사 등 2명의 벨지움 전문가를 내한케 하여 검토한 결과 우리나라와 같이 대량의 전화수요를 수용하면서 동시에 중계교환국을 겸하는 대도시 대용량 요구지역에는 맞지 않는다는 것을 확인하였다. 이번에 우리나라가 최초로 도입한 전자교환기(M10CN 기종)는 실제 가입자 수용용량이 중용량 급에 속하는 교환기였다.

그래서 대도시지역 중 비교적 수요가 적고 중계교환국이 아닌 중용량 전화국으로 공급대상 지역을 변경하였다. 1차 대상지역을 공릉, 구로, 봉천, 창동, 가좌, 개봉 등 당시 서울 변두리 지역으로 옮겼다. 다음에는 국간중계통신망 구성방식을 전자교환기 특성에 맞게 개선하여 기존 기계식 자동교환방식과는 달리 전화국간에 직통회선(Direct Route) 위주로 설계도 변경하였다. 한걸음 더 나아가 1983년에는 이러한 도입 초기의 경험을 바탕으로 하고, 그간의 전자교환기 운용특성을 근거로 하여 경제성 있게 교환기를 공급하는 방안을 구체적으로 모색하였다.

즉 국별 공급소요량이 3만회선 이하인 중용량 전화국에는 제1기종인 M10CN을 공급하고, 3만 회선 이상의 대용량 전화국에는 제2기종인 No.1A 전자교환기를 공급토록 방침을 확정하였다. 이 공급방침은 전국에 걸쳐 전자교환기를 대량으로 확장하는 동안에 계속 적용함으로써 우리나라 통신망이 기술적으로 발전된 골격을 갖추고 경제성 있게 건설되는 근간이 되었다.

다. 전자교환기의 생산 및 구매방안

1979년과 1980년의 전자교환기 도입 초기에는 외국 생산국의 완제품을 직도입하였으나 그 후로는 전량을 국내 조립생산에 의하여 공급하였다. 전자교환기를 국내에서 조립 생산하는데 필요한 원자재를 금성반도체, 삼성반도체, 동양정밀 등 국내 생산업체에게 어떻게 효율적으로 조달하느냐가 여간 어려운 일이 아니었다. 당시 전자교환기의 국내 조립생산을 위해서는 외국 생산국으로부터의 직수입물자(Direct Supply), 국내에서 구매하는 내자물자가 있었다.

또한 체신부(1982년 이후에는 한국전기통신공사)가 조달해 주는 내부조달물자(Infeeding), 전원자재 및 케이블 등 관급자재로 구분되어 물자조달이 되고 있었다. 따라서 시내전화가 신증설되는 전화국별로 자재조달계획을 세우는 것도 문제이려니와 사업종료 후 경제성을 분석하는데도 어려움이 이만저만이 아니었다. 이런 연유로 신증설 공사 과정에서 어느 한 분야의 자재조달에 문제가 발생하여도 전 공정의 공사가 지연되어 애를 태우던 일들이 지금은 하나의 값진 경험으로 남게 되었다.

1980년부터 1983년까지 국내 조립생산에 대한 경험과 생산기술이 축적됨에 따라 1984년도 사업분 부터는 M10CN 기종은 전량 국내에서 생산하고, No1A 기종의 경우에는 차관조건상 일부만 직수입하고 대부분을 국내에서 조립생산하게 되었다. 그리고 이때부터 전자교환기 설치공사도 전량 국내업체에 의하여 시행하게 되었다.

또한 전자교환기의 구매방안도 중요한 과제였다. 시내전화망의 투자비를 분석해보면 교환설비가 36%, 선로시설비가 44%, 건물 등 기초시설비가 20%로 구분되는 것이 대체적인 경향이다. 그러나 교환기종의 선정에 따라 선로시설비와 기초시설비도 증감 변동되므로 교환기 선택은 전체 통신망의 경제성을 좌우한다. 따라서 전자교환기의 경제성있는 공급이야말로 신중히 검토되어야 할 필수적인 과제이다. M10CN 기종이나 No1A 기종의 경우를 막론하고 초기에는 국내 조립 생산할 때가 생산국으로부터 직도입하는 경우보다 고가일 수밖에 없었다.

그 이유는 도입 초기에는 생산량이 과소하여 단위회선 당 부담이 증가하고, 국산화 및 조립율이 낮아 고정비 등의 원가부담액이 증대되었다. 또한 기술축적이 안된 상태에서 기술개발비가 집중적으로 부담되어 생산가에 가중되었기 때문이다. 이 기술개발비는 교환기종과 도입연도에 따라 다르지만 국내조립 초년도에는 회선당 가격의 10%를 상회하는 경우도 있었는데, 그 것은 제조기술사용료, 운용 소프트웨어 사용권, 기술지원비, 기술훈련비 등이 추가로 소요되었기 때문이었다.

그러나 대체로 국내 조립생산 3차 년도부터는 습득곡선(Lesrning Curve)에 의하여 국내 조립가격이 떨어지기 시작하여 그 이후부터는 직도입의 경우보다 경제성을 갖게되는 것이 일반적인 추세였다. 그리고 동종의 교환기라도 연도별로 가격이 상이한바 있었는데, 그 이유를 분석해 보면 우선 설치 전화국의 시설물량(회선수), 교환기 용량(CPU) 및 통화량에 따라 각각 상이하였다. 또한 신설국이냐 증설국이냐에 따라 회선당 가격이 상이하였으며, 국산화할 경우 시설투자비, 기술료 등의 추가부담이 발생하여 연도별로 가격이 상이하였다.

라. 국제표준보다는 한국식 조기개통

전화 대량공급 10년 중 특히 전반기 5년간의 전자교환기 신증설 추진계획을 지금에 와서 들여다보면 계획기간 내에 시설을 완공하여 개통시키기에 많은 시간을 할애하여 공정을 관리하고 애쓴 흔적을 찾아 볼 수 있다. 그만큼 당초에 세운 계획대로 확장공사가 진행되기도 어려웠고, 제때에 개통되어 국민들에게 전화개통이 여의치 못했음을 반증하는 일들이다. 과거 기계식 자동교환기의 경우는 교환기의 시스템 단위 증설이 아닌 스위치 단위로 증설할 수 있었기 때문에 공사도 간편하고 시공기간도 짧았다.

그러나 전자교환기의 경우는 시설 확장이 시스템 단위로 되어야 하므로 설치공사의 개통시험에 고도의 기술이 필요하고 일정한 공정이 반드시 필요하였다. 더구나 전자교환기를 도입하여 조기에 많은 전화적체를 해소하겠다는 다소 의욕에 찬 계획은 대부분 건설공정이 외국에 비해 일정을 단축하여 강행하고 있었다. 예를 들어 전화국을 신설 개통하는 경우 국제전신전화자문위원회(CCITT)에서는 4년이라는 기간을 권고하고 있지만, 당시 우리나라 실정은 개발지역이 순식간에 수없이 생겨나서 전화수요가 급증하는 관계로 단축일정계획에 따라 추진할 수밖에 없었다.

이러한 여건으로 해서 연도별 통신사업 확장계획이 수립 추진되면 매년 예외없이 특별추진대책을 검토하여 밀고 나가지 않을 수 없는 형편이었다. 즉 공사기간을 표준일정보다 단축하고 인수시험을 사전에 실시하며, 가장 어려운 과제의 하나인 국간중계 구성 및 시험도 조기 완료토록 강행하였다. 한편 체신청 주관의 개통추진위원회와 통신시설사무소 주관의 종합개통협의회를 관계책임자로 구성하여 사업추진의 전반적인 공정을 관리 보완해 나갔다.

초기의 시공경험을 얻은 후에는 사업별 계획기간과 공정을 여러 번 검토하여 1982년부터는 전자교환기 건설공정을 30개월로 기준일정을 정함으로써 정상궤도에 들어서게 되었다. 또한 초기(1980년-1982년)에는 이 사업의 착공 자체가 지연되는 일이 여러 번 있었는데 그 원인은 다음과 같이 지적할 수 있다.

첫째, 경제기획원, 상공부, 조달청, BTM, ATTI 등 유관기관과의 대외업무 협조체제가 미흡한 점을 들 수 있다. 이러다 보니 차관협정이 지연되고 기술검토에 장기간이 소요되었을 뿐만 아니라 행정 소요일수가 과다하게 소요되었다.

둘째, 신기술 도입에 따른 초기의 경험부족도 문제였다. 당시 신기술설비를 도입하여 단기간에 대량 공급하고 있었으나 이에 관한 경험과 지식이 없는 탓으로 큰 문제의식없이 전 사업공정을 지나치게 단축하려는 착오를 범하였다.

셋째, 내자가 부족한 점도 문제를 가중시켰으며, 우후죽순처럼 생겨나는 개발지역에 대하여 조급하게 전화적체를 해소하겠다고 계획변경을 이리저리 한 것도 전체 사업공정을 흐트려 놓아 결과적으로 사업지연을 가져온 원인이 되었다.

마. 신개발지역에 시급한 전화공급

1970년대에 들어오면서 전국 여러 지역이 다발적으로 개발되면서 이 지역에 개발 시기에 맞추어 전화를 늦지 않게 공급해야 하는 어려움에 부닥치게 되었다. 대도시 주변지역을 개발하는 경우 대지개발과 주택건설에 2년 정도만 소요되면 입주가 시작되곤 하였다. 그러나 택지개발이 확정되는 시점에서 동시에 전화공급계획을 확정하더라도 그때부터 전화국 부지를 확보하고 건물을 신축해야 한다. 그런 다음에 교환기를 설치하고 신 개발지 전역에 케이블 공사를 착공하게 된다. 전화국 부지를 물색하여 구매하고 건물을 완공하는데 최소한 2년이 소요되어야 하고, 교환설비와 선로시설 등 통신시설공사에 1년 정도가 소요됨으로 전체 기간은 3년이 걸리게 된다.

따라서 신 개발지의 입주에 맞추어 전화를 공급하기 위해서는 주민의 입주 시기를 기준으로 최소한 4년 전에는 전화공급계획을 확정하여야 한다. 제4차 5개년계획과 제5차 5개년계획 기간에는 전국적으로 많은 지역이 개발되었다. 위에서 설명한 바와 같은 여건에서 개발지역에 있어 주민의 입주 시기에 맞추어 전화국을 신축하여 신규전화를 개통한다는 것은 참으로 어려운 일 중의 하나였다. 어떤 지역은 계획대로 주민의 입주와 척척 맞아 떨어지기도 하였으나, 서울 강남과 강서지역 등 일부 지역에서는 입주 시기와 상당한 시차가 발생하는 곤경에 빠져 안절부절 못할 때도 있었다.

한편 신개발지의 경우 전화공급량의 결정도 난제 중의 난제였다. 어떤 지역에 대해 현재 개발이 착수되지도 않은 상태에서 앞으로 4년 후를 추정하여 전화시설량을 확정하고 공사를 진행하여 나중에 주택형성이 완료되었을 때 공급한 시설량이 크게 남지도 않고 부족하지도 않게 한다는 것은 정말 고민스러웠던 과제였다.

바. 앞으로의 발전방향

우리나라는 5차 5개년계획이 완료된 1987년에는 전국의 전화가 1천만대를 넘어서는 통신선진국에 들어서게 되었으며, 6차 5개년계획 기간에는 우리나라의 모든 가정이 전화 혜택을 받는 소위「전국민 전화문화권시대」에 진입할 것으로 판단된다. 즉 6차 5개년계획이 끝나는 1991년에는 가입전화시설이 총 1,200만 회선을 초과하게 될 것이다. 따라서 앞으로 전기통신의 기본과제는 장래의 통신수요를 완전 충족하면서 장기적으로는 종합정보통신망으로 진화시켜 나가는데 있다.

이러한 발전 방향에 맞추어 우리는 관련되는 첨단기술을 연구개발해야 하고 필요한 고급기술 인력을 확보해야 할 것이다. 지금까지의 축적된 경험과 발전된 통신체계를 바탕으로 하여 전국적으로는 정보의 대중화를 실현하고 다양한 통신서비스를 통하여 복지사회를 건설하고자 한다. 이와 같은 발전전략에 따라 앞으로의 정책의 기본방향을 다음과 같이 요약할 수 있다.

첫째, 도시 및 농어촌지역의 통신수요를 완전충족하기 위해 통신시설을 계속 확장하고 현대화를 지속적으로 추진한다.

둘째, 컴퓨터와 통신할 수 있도록 단계적으로 전 통신망의 디지털화(Digitalization)를 계획적으로 수행해 나간다.

셋째, 현재 우리가 건설하여 운용하고 있는 전화통신망, 텔렉스망 및 데이터 전용통신망을 연동화 내지 통합하여 미래 정보화사회에 대비하는 것이다. 따라서 6차 5개년계획 기간에 디지털망의 기반을 조성하고, 7차 5개년계획 기간에는 디지털통신망을 구축하며, 8차 5개년계획 기간에는 드디어 종합정보통신망(ISDN)을 완성하고자 한다.

6. 통신시장개방에 대한 통신사업전략

6.1 통신산업의 환경변화

가. 한국통신의 대응방안

한국통신은 1990년대 중반 통신산업의 환경변화와 그에 대응하는 입장을 발표하였다(한국통신의 초고속정보통신망 구축방향, 기술기획실장 이정욱, 1994. 12, 한국통신 사지). 그 주요내용은 다음과 같다.

<발표내용> 1980년대에 들어 우리나라의 전기통신 역사에 커다란 두 가지 획이 그어졌다. 신청하고 몇 달씩 기다려야 했던 만성적 전화 적체를 말끔히 해소한 것이 그 하나이고, 전국전화자동화를 통해 어디에서나 통화를 가능케 한 것이 나머지 하나이다. 이어서 1990년대에는 통신망의 디지털화를 통한 종합정보통신망(ISDN)의 구축과 하이텔, 위성통신, 케이블TV 등 다양한 뉴미디어 통신이 등장하였다.

앞으로 21세기에는 언제, 어디서나, 누구와도 그리고 어떠한 형태의 정보라도 주고 받을 수 있는 멀티미디어 시대가 도래할 것이다. 이러한 멀티미디어 시대에 대비하여 세계의 통신사업자들은 급속하게 변모해 가고 있다. 사업의 다각화를 위하여 기존의 통신분야 외에

다양한 사업 분야에 진출하고 있으며, 해외통신망 사업에도 적극 참여하여 기업의 국제화를 꾀하고 있다. 뿐만 아니라 통신과 방송의 융합추세에 부응하여 타 미디어와 제휴를 추진하고 있으며, 세계통신시장을 장악하기 위해 전 세계를 연결하는 해저케이블망의 구축과 프로젝트 21, 이리듐 프로젝트 등 범세계적인 휴대전화 망 구축을 서두르고 있다.

세계통신시장의 변화 흐름에 따라 우리나라의 통신시장 환경도 바야흐로 대전환기를 맞이하고 있다. 우선 국내통신시장의 개방이다. 대미 통신시장 개방협상에 의하여 1992년에 일반용품이 개방되었고, 이어서 1993년에 통신망 장비, 1994년에는 국내 VAN시장이 개방되었으며 UR 협상에 따라 1997년부터는 기본통신마저 개방될 처지에 놓여있다. 그리고 또 하나는 단일 통신사업자 체제에서 복수 통신사업자 체제로의 전환이다.

이미 경쟁에 돌입한 국제전화와 데이터통신 분야 외에 이동통신과 무선호출사업 등이 잇달아 경쟁체제로 들어서고 있다. 거기에다 한국전력, 도로공사 등 자가통신사업자들 마저 케이블TV, 전용회선 및 시외전화사업에 참여할 채비를 서두르고 있는 실정이다. 이처럼 우리의 통신시장은 밖으로는 시장개방의 위협 속에서, 안으로는 시장경쟁의 소용돌이 속에서 일대 변혁을 맞이하고 있다.

당시 정부는 선진국으로부터 밀려오는 통신시장의 개방 위협으로부터 국내사업자를 보호하기 보다는 보다 광범위하게 개방하고 적극적으로 경쟁체제를 만들었다. 이와 같은 정책에 대하여는 후세를 위하여 경쟁체제의 타당성 및 강력한 드라이브 정책, 관련 산업의 발전, 경쟁체제를 위한 통신망의 구축 운용의 경제성, 대국민 서비스 면에서 객관적으로 평가되어야 할 것이다.

나. 통신시장개방의 험난한 길

한국통신은 1990년대에 접어들면서 우리나라는 통신사업여건이 급격하게 변화하고 있는 가운데, 당시 체신부는 통신사업에 대한 강한 경쟁의지를 가지고 있었다. 이에 따라 국제통신사업의 경쟁이 먼저 시작되었으며, 부가통신사업자가 다수 출현하여 부가통신사업도 완전 개방되고 있었다. 그리고 시외전화사업에도 경쟁이 밀려오고 있었으며, 주파수 공용통신, 무선데이터통신 등 경쟁도입이 예상되는 상황이었다. 또한 전화, 전용회선 등 기본통신사업까지 점진적으로 경쟁이 확대될 조짐을 보이고 있었다.

이처럼 정부의 통신시장 개방정책이 추진되면서 한전, 도로공사, 철도청 등 주요기관이 통신사업에 참여를 서두르고 있었으며, 외국 업체가 국내시장에 참여하려는 거센 물결이 밀려오고 있었다. 1994년 한국통신 기술기획실(실장 이정욱)에서는 앞으로 한국통신이 가야 할 사업방향을 다음과 같이 설정하였다(1994년도 주요업무 발전계획, 1993. 7. 26, 한국통신).

① 1994년을「국제화를 향한 한국통신의 도약 원년」으로 선포한다. 이를 위해 정보사회의 욕구충족을 위한 첨단통신망을 구축하고, 세계수준의 통신기술력을 확보한다. 통신사업의

국제화를 추진하고 국제화를 추진해 나갈 인재를 양성해 나간다.

② 환경변화에 적극 대응하기 위해 한국통신의 조직을 정책, 경쟁, 개방 등 대응기능을 강화하는 쪽으로 개편하고, 서비스 사업본부의 본사화로 사업추진체계를 구축한다. 그리고 통신공사 주식의 10% 추가 매각, 통신공사 자회사의 주식매각 및 민영화 등 통신사업의 민영화를 지속적으로 추진한다.

③ 국내통신망의 지능화, 국제통신망의 광역화, 초고속 정보통신망의 주도적 건설 등 통신망의 고도화를 추진한다. 그리고 차세대교환기의 개발, 전자교환기의 표준화 완성, 전송시설의 고속화 및 대용량화, 종합정보통신망 장비의 상용화 등 핵심통신기술을 본격 개발한다.

④ 통신시장개방에 적극적으로 대응하고, 차세대 통신사업을 적극적으로 추진하며, 통신사업을 주도하는 연구개발을 추진한다.

한편 이와 같은 통신시장 개방정책으로 인해 더욱 문제가 되는 것은 통신망 자체보유업체가 증가하는데 있었다. 당시 데이콤이 국제통신망과 전용통신망을 독립적으로 보유 운용하게 되었으며, 이동통신 12개 업체는 별도의 이동통신망을 가지게 되었다. 이런 상황에서 정부는 정보통신 분야의 기간통신사업자를 지정하지 않고 있었으며, 7개 정보통신사업자가 동등한 입장에서 각각 데이터통신망을 구축함으로서 우리나라의 데이터통신망은 난립상태가 되었다.

이러한 상황은 단지 통신사업의 경쟁이라는 명분은 있을지 모르지만 국가 전체적으로 보아 기간통신망의 건설, 운용, 관리라는 면에서는 너무 많은 문제를 야기하였다. 이러한 사업경쟁을 해온지 10여년이 지난 시점에서 이러한 경쟁구도를 국가전략적인 면, 종합투자면, 다수사업자의 경영면 등을 종합 검토하여 보면 그 타당성을 찾아보기 힘들다.

특히 우리나라 전력사업과 통신사업을 비교하여 보면 전력사업은 지금도 국가 기간사업으로 한국전력이 효율적으로 잘 운용되고 있는 점을 본다면 통신사업은 다수사업자에 의한 경쟁, 분할, 중복투자, 고가의 통신요금 유발현상 등을 볼 때 아쉬운 점이 많다고 하겠다. 이것은 당시 미국의 통신시장 개방이라는 압력과 이것을 최고의 통신사업정책으로 받아들여 스스로 앞장서서 시행한 정부의 산물이었다.

그러나 한국통신은 이런 험난한 파고를 헤쳐 나가는 것이 우리나라의 통신기술과 통신사업을 2001년에 정보통신선진국으로 진입시키는데 있다고 긍정적으로 받아들였다. 이 난관을 극복하기 위한 큰 목표를 세우고 우리나라를 대표하는 기간통신사업자로서의 역할과 책임을 다하고자 발전계획을 수립 추진하였다(1994년도 주요업무 발전계획, 1993. 7. 26, 한국통신 기술기획실). 이 계획의 주요내용은 다음과 같다.

첫째, 전화사업을 종합정보통신사업으로 발전시킨다. 이를 위해 광대역 종합정보통신망(ISDN)을 개발 구축하고, 고도의 지능망 서비스를 제공한다.

둘째, 컴퓨터 통신사업을 선진국수준으로 발전시킨다. 이의 실현을 위해 초고속 정보통신망을 구축 운용하고 최첨단 데이터통신 서비스를 제공한다.

셋째, 세계 광역통신사업을 본격 추진한다. 이를 뒷받침하기 위해 무궁화 위성통신망을 건설 운용하고 광대역 이동통신서비스를 제공한다.

이때 한국통신은 이와 같은 사업목표를 달성하기 위한 몇 가지 핵심적인 전략을 세워 추진하였다. 먼저 국내통신망의 지능화, 국제통신망의 광역화, 정보통신망의 초고속화 등 통신망의 고도화를 추진하기로 하였다. 그리고 전자교환기의 표준화 완성, 전송시설의 고속 대용량화, 종합정보통신망(ISDN) 장비의 상용화 등 핵심통신장비를 본격 개발토록 하였다. 또한 통신시장개방에 적극적으로 대응하고, 차세대 통신사업에 적극적으로 참여하며, 통신사업을 주도하는 연구개발사업을 추진하였다.

다. 격심한 경쟁 속에서의 통신사업전략

통신시장개방이라는 국내외 상황에 직면하여 한국통신 기술기획실(실장 이정욱)에서는 1994년도 통신사업전략을 수립 추진하였다(1994년도 주요업무 발전계획, 1993. 7. 26). 그 주요내용은 다음과 같다.

첫째, 중장기 기술발전전략(TOP) 실행계획을 수립 시행한다. 이를 위해 1993년 1월부터 6월까지 TOP전략 실행방안을 연구하여 이를 바탕으로 하여 서비스계획, 통신망 계획, 소요기술계획에 대한 실행계획을 수립한다(1993. 7-1993. 10).

둘째, 통신사업경쟁에 따른 대비책의 일환으로 전자교환기 사업방침, 광대역전송로 사업방침, 전자교환기 정보공개 등을 추진한다.

① 전자교환기 사업방침으로 미국 AT&T의 전자교환기를 국내시장 공급예정자로 지정하였다(1993. 5). 그리고 캐나다 NT사의 전자교환기도 국내시장에 참여하도록하고, 국내개발 TDX-10 전자교환기를 기술성이 우수하고 경제성이 있는 개량형 모델로 개발 진화시키는 발전계획을 수립 추진하였다.

② 광대역전송로의 확보를 위해 기본적으로 국산개발제품을 공급하고 국산제품의 상용공급 전까지는 외자 도입하여 사업을 추진하는 것으로 방침을 정하였다. 특히 이 대책은 타 사업자가 자가통신망을 구축하여 통신사업에 진출하려는 움직임에 대응하여 수립되었다(1993. 6).

③ 전자교환기의 정보공개를 추진하였다. 통신사업자 간 상호접속을 위한 관문교환기에 대한 기능, 특성, 소재지와 회선운용현황, 회선운용계획, 기술예고 등 정보공개계획도 수립하였다(1993. 5).

셋째, 통신망의 핵심장비는 국내개발 조달하고 사업추진 상 시급한 장비는 일정기간 외국제품을 조달하는 통신망장비 조달방침을 결정하였다. 이때 국내개발조달 16건, 외국제품 조달 10건으로 정해 사업을 추진하였으며, 그 세부내역은 <표 8-44>와 같다.

넷째, 통신망의 표준화, 물품표준화, 설치표준화, 운용표준화 등 기술표준화를 추진하였다. 당시 이러한 시설의 표준화는 총 68건 중 17건을 완료하고 51건을 추진하였다(1993. 7). 그 세부내역은 <표 8-45>와 같다.

다섯째, 연구개발사업을 적극 추진하였다. 당시 총 173개의 연구 과제를 수행하였다. 이를 위한 예산규모는 2,294억 원으로 편성되었으며, 이중 한국통신 연구소의 자체집행 분은 1,279억 원이고, 1,015억 원은 관련 연구기관에 출연하였다. 한편 한국통신 대덕 제2연구센터는 1994년 초에 착공하는 것으로 추진하였다. 그리고 연구인력은 정원 1,311명, 현원 1,136명, 결원 175명으로 되어 있었으며, 이중 박사학위 소지자는 95명으로 전체 연구원의 8.4%로 구성되었다(1993. 6. 30).

그리고 1994년도 연구과제 선정방향은 우선적으로 당시 통신사업의 개선 발전을 위한 서비스, 기술 및 시스템을 개발하게 하였다. 이때 한국통신 사업전략의 핵심은 2001년에 우리나라를 정보통신선진국으로 진입시킨다는 목표이었으며, 이를 위해 한국통신은 첨단통신기업으로서 주도적인 역할을 다한다는데 두었다.

<표 8-44> 주요 통신망장비 조달방침

구분	교환시설	전송시설
국내개발조달 (16건)	TDX-10/1B 교환기	초소형 지구국 안테나
	KT-Mail 시스템	디지털 배분가 등
	가상사설망 시스템 등	
외국제품조달 (10건)	국제고속데이터 교환기	광 케이블TV 전송장치
	국내용 패킷교환기 등	위성비디오 수신장치 등

<표 8-45> 시설별 기술표준화 내역

분야별	주요내용	대상건수
교환시설	No.7 신호방식 부가서비스, 가상사설망 서비스 기준 등	12
전송시설	622Mbps, 2.5Gbps 전송기술기준 등	34
통신망	ISDN 품질기준, ISDN 단말장치 접속기준 등	22

6.2 정보통신선진국으로 가는 길목

가. 선진국형 고도통신사업의 본격추진

한국통신은 1990년대 중반부터 차세대 통신사업을 준비하기 시작하였다. 1995년 말에는 기본통신시설이 2,168만 회선이 되고, ISDN도 전국 73개 지역까지 확장되며, 데이터통신망 또한 전국 읍·면단위까지 확장됨으로써 국가기간통신망이 완성단계에 도달하게 되었다. 이러한 상황에서 선진국형의 고도통신사업을 본격 추진하기 위해서는 기간통신망을 고속화하고 지능화해야 하며, 21세기에 정보통신선진국이 되기 위해서는 초고속 정보통신망, 고도통신사업, 차세대 통신사업을 이때부터 본격적으로 추진해야만 하였다.

이와 같은 목표를 달성하기 위해 한국통신 기술기획실(실장 이정욱)에서는 이를 반영하여 1995년도 주요사업계획을 수립 추진하였다(1995년도 주요업무 발전계획, 1995. 2, 기술기획실). 이 계획의 주요내용은 다음과 같다.

① 초고속 정보통신망의 구축 추진, ② 멀티미디어 서비스의 도입 추진, ③ 개인통신서비스 사업의 적극 추진, ④ 국가기간통신망의 지능화 추진, ⑤ 전국적인 ISDN 확산 구축, ⑥ 통신사업경쟁에 대비한 통신망계획 수립, ⑦ 경쟁력있는 전자교환기 개발, ⑧ 멀티미디어 서비스를 위한 위성통신기술 개발, ⑨ 시내통신망의 광케이블화 추진, ⑩ 고도통신사업을 위한 연구개발 강화, ⑪ 연구개발 체계의 개선, ⑫ 통신시장 개방대응(조달부문), ⑬ 통신시장 개방에 대비한 조달절차 및 제도개선

나. 단말기 및 전원장치의 발전계획

1990년대 중반 초고속 정보통신망 건설과 더불어 통신서비스가 다양해지고 지능화, 멀티미디어화 및 개인화가 진전됨에 따라 한국통신 기획조정실(실장 이정욱)에서는 이에 상응하는 단말기분야도 발전시켜 통신망 효율을 극대화시키기 위한「단말기 발전계획」을 수립하였다(1995. 6). 이 사업의 추진방침으로는 단말기술 발전에 대한 통신사업자의 역할을 정립하고, 단말기술의 표준을 제시하며, 단말기의 국내표준을 주도하는 것으로 정하였다.

그 주요계획은 서비스발전과 연계된 단말기술 발전모델을 제시하여 관련 계획과 연계 추진하도록 하였다. 그리고 멀티미디어 서비스용 단말기의 규격을 개발하고, 화상전화기, 멀티미디어 하이텔서비스 등 영상화 및 대화형 통신화를 하는데 있었다. 이를 위한 세부발전계획은 1995년 4/4분기까지 확정하도록 추진하였다.

또한 한국통신 네트워크본부(본부장 이정욱)는 당시 무정전 전원장치의 문제점을 개선하고 직류전원장치의 기술발전계획을 수립하였다(업무계획보고, 1996. 5, 네트워크본부 기술기획국장 김문수). 먼저 무정전 전원장치의 성능개선 및 운용관리계획을 수립하였다. 이 계획은 당시 무정전 전원장치의 문제점을 개선하여 고품질의 통신전원을 확보, 관리하기 위함이었다.

이를 위한 추진방침으로 저소음화 및 신뢰성을 개선하고 통신용과 사무용을 분리 운용하는 방향을 정하였다. 이에 따라 통신용 전원의 안정화를 꾀하고 저소음화로 환경을 개선하고자 하였으며, 이 계획의 핵심은 다음과 같으며, 이 계획은 직류전원장치의 기술발전계획과 연계 추진하며 그 세부시행계획은 1996년 4/4분기까지 확정토록 하였다.

① 인버팅 기능만을 사용하는 분산형으로 개선하고, 직류전압 및 소요용량 범위(DC 140V, 50KVA 이하)를 설정하는 등 무정전 전원장치의 성능을 개선한다.

② 사무용과 통신용을 분리 수용하고, 전용분전반 설치기준을 설정하는 등 무정전 전원장치의 운용관리를 개선한다.

다음에는 직류전원장치 기술발전계획도 수립하였다. 이것은 정보통신의 고도화, 광대역화, 지능화 및 개인화 발전추세에 알맞은 직류전원공급기술을 확보하기 위한 것이었다. 이 계획의 추진방침은 여러 종류의 소요전압과 대용량 통신시설에 적용하고 배전전압의 고전압화(DC 140V)로 인한 전압강하를 최소화하기 위한 직류전원장치 기술을 확보하며, TDX-100 전자교환기와 병행 공급하는 것으로 결정하였다.

이에 관련된 주요내용으로는 부하군별 분산급전방식으로 구성하고, 주정류시스템은 고전압으로 하고 전부동방식을 적용하며, 분산급전시스템은 PDR(Power Distribution Rack) 방식과 Unit방식을 혼용하는 것으로 하였다. 이렇게 함으로서 통신시설의 디지털화에 적합한 직류전원기술을 확보할 수 있고, 급전방식개선으로 경제성, 안정성, 운용효율을 극대화할 수 있기 때문이었다. 이를 위한 연구과제를 1997년-1998년에 수행하는 것으로 정하였다.

다. 기술자문위원회의 운영

한국통신 기술기획실(실장 이정욱)에서는 기술기획 및 기술개발과 각종 사업의 효율적인 추진을 위해 학계, 연구계 또는 관련단체의 전문가로 하여금 경험과 자문을 받고자 기술자문위원회를 운영하였다(기술운영위원회 운영, 1994. 4, 기술기획실). 이 계획의 주관부서 및 결재자는 제8장 말미의 참고자료 편에 기록되어 있다.

이 위원회의 임무는 전기통신기술 장기발전전략 자문, 연구개발전략에 대한 자문, 기술기준, 표준화 추진전략에 대한 자문, 주요사업계획에 대한 자문, 산학연 간 기술정보의 상호교류 등이었다.

위원장에는 고려대학교 김덕진 교수가 선임되었으며 전기통신기술 관련 연구소, 학계, 협회의 전문가 20인 이내로 구성 운영하였다. 이 위원회는 3개의 분과위원회로 전문화하여 운영되었다.

① 하이텔 분과위원회(5명) 김덕진(고려대학교 교수), 박한규(연세대학교 교수), 신현길(한국외국어대학교 교수), 오성백(통신개발연구원 연구위원), 진용옥(경희대학교 교수)

② 위성통신 분과위원회(7명) 나정웅(한국과학기술원 교수), 조성준(한국항공대학교 교수), 이충웅(서울대학교 교수), 노오현(서울대학교 교수), 김종상(서울대학교 교수), 정상구(아주대학교 교수), 이재홍(서울대학교 부교수)

③ 통신망 분과위원회(8명) 안수길(서울대학교 교수), 김재균(한국과학기술원 교수), 성기수(한국과학기술연구원 연구위원), 김대영(충남대학교 교수), 김정기(중앙대학교 교수), 조국현(강운대학교 부교수), 최양희(서울대학교 교수), 이상덕(통신개발연구원 연구실장)

라. 한국통신기술(주) 설립

한국통신은 1985년 제7차 이사회에서 전기통신기술에 관한 기술조사, 해외기술용역사업 등을 담당할 한국통신기술(KTAI) 설립을 의결하였다(1985. 12. 20). 이 회사의 설립목적은 첨단 전기통신기술에 관한 타당성 조사, 기술자료 조사 및 기본설계, 해외기술용역사업 및 투자사업, 정보처리에 관한 기술용역, 신 통신기술교육 및 협력, 기타 전기통신 관련 기술용역사업 등을 수행하는 것으로 정하였다. 이 회사는 수권 자본금 110억 원, 납입 자본금 28억 원으로 하여 1986년 초에 설립등기를 마쳤다(1986. 1. 28).

그리고 1987년에는 세계용역업자 총연맹(FIDIC)에 가입하였으며(1987. 5. 12), 이후 TDX 수출촉진실무위원회를 발족시켰다(1989. 6. 20). 한편 이사회 이사장에는 KTAI 대표이사(전광선)를 선임하였다. 그리고 상임이사에 KTAI 전무이사(박하구), 상무이사(박성원), 상무이사(신찬)를 선임하였으며, 비상임이사로는 한국통신 경영기획실장(진강현), 기술기획실장(김영재), 전화사업본부장(신현대), 정보통신부 통신진흥과장(노희도)을 선정하였다. 그리고 감사에는 KTAI 감사(이민강)가 선임되었다(1993. 6. 28). 이 회사는 서울특별시 강남구 역삼동 676번지 삼부빌딩에 있었다.

마. 한국통신기술협회(TTA)에 출연

한국통신은 우리나라의 전기통신방식 등에 관한 기술표준과 전기통신 기자재의 표준규격을 작성하고 보급하는 일을 전담할 한국통신기술협회(TTA)의 설립을 주도적으로 추진하였다. 이 TTA(Telecommunications Technology Association)는 체신부 산하 통신진흥협의회에서 설립을 검토한 후 창립이사회를 개최하여 설립등기를 마쳤다(1988. 12). 그 후 전기통신기본법 제3조에 의해 법정협회로 재설립되었다(1992. 8). 초기 이사회는 기금출연사 대표 13명으로 구성되었으며, 그 내역은 <표 8-46>과 같다. 그 후 1990년대 후반에 들어서면서 이사진이 다소 변경되었으며, 이사장에는 한국통신 부사장(이정욱)이 선임되었다(1997. 3-1998. 7).

<표 8-46> 한국통신기술협회(TTA) 이사회 구성

당연직 이사	선임직 이사
한국전기통신공사 사장 (주)데이콤 부사장 한국전자통신연구소 소장 한국이동통신(주) 사장 체신부 통신기술심의관 한국통신기술협회 사무총장	한국전기통신공사 제2부사장 금성정보통신(주) 사장 대우통신(주) 사장 삼성전자(주) 사장 대한전선(주) 사장 동양전자통신(주) 사장 금성전선(주) 사장

당시 이 협회의 주요사업은 다음과 같이 정하였다. ① 전기통신방식, 통신절차, 접속 등의 국내기술표준과 전기통신 기자재의 표준규격의 작성하고 보급한다. ② 국내외 전기통신 최신기술 및 표준화 자료를 조사, 연구, 번역, 보급하고, 전기통신관련 국제기구 연구체제 및 국내연구단을 구성하고 운영한다. ③ 전기통신관련 국제회의를 국내유치하고 각종 발표회를 개최하며, 전기통신표준 심의회 사무국을 운영한다.

이 협회에 대한 기금출연금은 52억 원으로 결정되었으며, 이를 위해 한국통신이 41억5천만 원(80%)을 출연하고 기타 17개 참가사에서 10억5천만 원(20%)을 부담하였다. 이때 이 협회에는 통신사업자(5), 제조업체(82), 협회(7), 연구기관(3), 기타(4) 등 총 101개사가 참가하였다.

6.3 한국통신의 출자기관화

가. 통신사업 환경변화와 대응책

1990년 중반에 접어들면서 정부는 WTO의 시장개방에 능동적으로 대처하기 위해 선 국내경쟁을 시행하고 후 국제경쟁 원칙을 밝혔다. 이에 따라 1997년 이후 신규 통신사업자를 추가로 선정하여 전면적 국내경쟁을 유도하는 쪽으로 가고 있었고, 1998년 이후에는 WTO 협상결과에 따라 단계적으로 국제경쟁으로 확대하겠다는 것이었다. 그 중에서도 시내전화 서비스분야는 1998년 이후 조기에 경쟁체제를 도입한다는 강한 의지를 가지고 있었다. 이때 초고속정보통신망 구축은 국가경쟁력 강화할 수 있는 미래 정보사회의 기반구조로 인식하여 국가전략사업으로 범정부 차원에서 추진되고 있었다.

한편 통신사업자간 공정경쟁 환경을 조성한다는 명분에 따라 정부는 한국통신에 대한 규제를 열심히 하고 있는 상황이었다. 더구나 논리적, 실질적으로 시행이 불가능한 한국통신의 기본통신망을 모든 통신사업자들이 공유한다는 개념을 내세워 동등한 통신망 접속을 요구하는 논리를 펴면서 한국의 통신사업은 일대 혼란에 빠져 들었다. 또한 유선통신, 무선통신, 데이터통신, 전용통신 등 모든 분야의 통신사업이 무차별적으로 경쟁에 돌입되었다. 더구나 특정지역 초고속망사업자라는 통신사업특성상 돌연변이형의 사업자 승인으로 통신사업 구도가 크게 변화되고 있었다. 이에 따라 이론상 공단, 공항, 항만 등 고수익지역에 민간기업의 진출이 가능해 지고, 자가망설비 보유자도 통신사업에 진출이 가능하게 되었다.

이러한 정부정책에 의해 바야흐로 우리나라는 통신사업 춘추전국시대에 접어들게 되었다. 이에 따라 경쟁사업자 간에는 기본통신망 공유 및 동등접속 시비가 심화되었고, 초고속정보통신, PCS 등 사업에 대규모 신규투자가 증가하는 현상이 벌어지게 되었으며, 복점 및 경쟁심화로 상대적으로 매출 증가는 둔화되기 시작하였다. 그러나 당시의 통신시장 환경을 보면 이동통신, PCS, 무선데이터 수요는 급증하는 반면 기본통신시장(전화)의 성장률은 둔화되고 있었다. 그리고 인터넷을 통한 음성서비스 제공 등으로 소프트웨어 사업자가 통신망

서비스 사업에 진출하고 있었으며, 해저케이블, 위성통신 등을 통한 글로벌 네트워크 구축을 선점하는 경쟁도 벌어지게 되었다. 또한 재벌 민간기업의 신규사업 진출로 공격적 경쟁이 심화되는 바람에 통신서비스에 대한 고객의 욕구는 고도화, 다양화되고 있었다.

한편 네트워크 환경 면에서 보면, 통신시설규모는 세계 9위권이나 초고속정보통신망 및 멀티미디어 서비스 제공능력은 미흡하였다. 이를 해결하기 위해서는 가입자 광케이블화 및 동기식 전송망을 조기에 구축하여야 하고, 기간통신망의 공통선 신호방식(No.7)을 조속히 도입하여야 하였다. 그리고 당시 패킷통신망, 인터넷망과 연동미비로 데이터통신은 제한적으로 이용되고 있는 실정이었다. 결과적으로 당시 우리나라 통신사업은 공공성, 적정성, 경제성, 통신품질 확보 등이 경쟁지상주의에 매몰된채 무한경쟁 쪽으로만 과속하고 있었다.

나. 한국통신의 출자기관 전환

1997년 7월 임시국회 본회의에서 「공기업의 경영구조개선 및 민영화에 관한 법률」이 통과됨에 따라 한국통신은 출자기관으로 전환이 확정되었다(1997. 7. 30). 이에 따라 1981년 3월 14일에 제정된 한국전기통신공사법이 폐지되고 1997년 10월 1일부터 특별법과 상법의 적용을 받는 출자기관으로 바뀌게 되었다. 여기에서 정부투자기관은 정부가 자본금의 50% 이상을 출자하여 설립한 국영기업체를 말하고, 정부출자기관이란정부가 자본금의 50%이하를 출자한 기업을 말한다.

한국통신은 출자기관 전환에 맞추어 전문경영인 책임하에 일반주식회사 형태로 경영체제를 바꾸는 내용으로 정관을 변경했다. 그동안 집행간부, 관리급 등으로 구분된 임원직 제도를 부사장, 전무이사, 상무이사, 업무이사 등으로 바꾸었다. 또한 주식의 해외매각을 통해 외국인도 한국통신 주식을 취득할 수 있도록 하였다. 당시 이 법안의 통과로 한국통신 외에 담배인삼공사, 가스공사, 한국중공업 등 4개 회사도 출자기관으로 전환되었다.

출자기관 전환에 따른 주된 변화는 크게 두 가지로 구분할 수 있었다. 첫째는 회사의 기관구성 및 임원선임 절차가 정부의 통제로 부터 벗어난다는 점이고, 둘째는 자율경영 및 책임경영체제를 구축할 수 있는 여건을 조성하였다는 점을 들었다. 정부에서는 한국통신 등 4대 공기업의 사장을 공모방식으로 선임키로 결정하였다. 1996년 12월 28일 취임한 이계철 사장은 사장공모 절차를 거치기 위해 형식적인 사표를 제출하고 1997년 11월 15일 이임식을 갖고 퇴임하였다. 한국통신에서는 사장추천위원회의 심사 추천과정을 거쳐 1997년 12월 8일 열리는 주주총회에서 새 사장을 선출하도록 되어 있었다.

이에 따라 신임사장이 선임될 때까지 이정욱 부사장이 사장직무대행을 수행하였다(한국통신 사지 19p, 1997. 12/ KT 20년사 437p). 1997년 12월 8일에 열린 한국통신 임시주주총회에서 이정욱 부사장은 총회의장으로서 신임 사장으로 이계철 전임사장을 선임하였다. 그리고 이정욱 부사장을 비롯한 5명의 집행간부를 상임이사로 선임하고 최고의사결정기구인

이사회도 구성되었다. 이로서 1998년 1월 한국통신은 정부출자기관으로 전환되었다(KT 20년사 438p). 그러나 이후 공기업의 출자기관화 목적인 정부의 통제로부터 벗어나 자율경영을 하도록 한다는 것은 명분에 그치고 정부의 통제와 간섭은 별로 달라진 것이 없었다.

그동안 우리나라의 정보통신발전을 이끌어 왔던 많은 책임자들이 있었으나 이에 대한 역사적 기록이 미비하였다. 여기에서는 정보통신 선진화 30년(1970년대-1990년대)의 완성시기의 한국통신 임원중심으로 공식기록과 자료에 의해 그 명단을 수록하기로 하였다. 따라서 1997년 10월 한국통신이 정부출자기관으로 전환되기 전 정부투자기관(국영기업)으로서의 마지막 임원진 명단과 1998년 1월 정부출자기관으로 전환된 후 제1기 임원진 등의 세부명단은 제8장 말미의 참고자료 편에 기록되어 있다.

7. 2000년대를 향한 10대 사업전략

1994년 한국통신 기술기획실(실장 이정욱)에서는 우리나라가 2000년대 초에 정보통신 선진국으로 진입하고 정보통신 선진화의 목표를 달성하기 위해 반드시 완수해야 할 10대 전략을 결정하였다(한국통신의 통신사업 발전방향, 1994. 5. 30, 기통일 1210-09477, 기술기획실). 이 계획의 주관부서 및 결재자는 제8장 말미의 참고자료 편에 기록되어 있다. 이 계획의 주요내용은 정보통신서비스의 고도화를 위한 5대 발전과제와 2000년대를 대비한 5대 발전과제를 각각 선정한 것이었다. 그 세부내용은 다음과 같다.

7.1 정보통신서비스의 고도화를 위한 5대 발전과제

한국통신은 통신사업 중장기 전략으로서 「고도통신사업의 본격 추진」으로 설정하였다. 우리나라의 전화시설이 1993년 말에 2천만 회선을 돌파하였고 데이터 통신망도 전국 읍면 단위까지 확장됨으로서 국가기간통신망이 완성단계에 이르렀다고 판단하였다. 이처럼 방대한 규모의 전화통신망과 데이터 통신망을 고속화하고 지능화하여 국민들의 통신이용 모형을 음성통신 50%, 정보통신 50%로 크게 전환하여 다가오는 21세기 정보사회를 주도하고자 하였다. 이와 같은 구상을 차질 없이 실현하기 위해 한국통신은 향후 5년간 집중적으로 추진해야 할 5대 주요발전과제를 설정하였다.

가. 선진국형 첨단통신서비스의 개발

2000년대를 위한 지능형 통신서비스를 개발하고 멀티미디어 서비스를 개발하는 것으로 목표를 정한다. 먼저 지능형 통신서비스를 개발하기 위해 당시 통신망에 컴퓨터를 결합하여 통신망의 지능화를 추진함과 동시에 공통선 신호망(No.7 신호)을 가미하여 통신망의 고도화를 추진한다. 그리고 새로운 서비스의 실현을 위해 1994년-1995년에는 신용통화 서비스와 가상사설망(VPN) 서비스를 제공하고, 1996년-1997년에는 음성인식 서비스와 개인통신 서비스를 국민들이 이용할 수 있도록 한다.

다음 전자교환기와 전송로를 고품질화하여 전화선으로 영상통신 등 멀티미디어 서비스가 가능하도록 진화시킨다. 단기적으로는 1995년부터 국민들이 중급수준의 영상통신방식으로 케이블TV와 전화비디오를 볼 수 있도록 추진한다. 그리고 장기적으로는 고품질 광대역통신망(B-ISDN)을 위한 시스템을 1992년-2001년까지 10년간 집중적으로 개발하며, 특히 21세기 초고속 광대역 통신서비스를 위해 광대역 교환기(ATM)와 광대역 전송시스템(10G급)은 1998년까지 개발 완료한다.

나. 신형 전자교환기의 개발

당시 국내개발 최근 기종인 TDX-10 전자교환기는 1991년 초기공급 이후 후속개발이 미진하고 교환기 생산 4개사는 수출용과 국내공급용으로 이원화하여 생산 공급하고 있는 실정이었다. 그리고 회선 당 가격을 국제시장 가격과 비교할 때 인하할 필요가 있으며 이 기종은 프로세서, 신호장치, 전원장치 등에 대한 최적설계를 다시 해야할 입장이었다. 그리고 그동안 이 전자교환기의 운용과정에서 나타난 중요문제로는 통화중 절단현상이 발생하고, 유지보수를 위한 기능이 다소 부족한 것이었다. 또한 교환기의 소프트웨어 구조도 현재의 단층구조로 부터 앞으로 확장성이 용이하고 처리속도가 빠르도록 계층구조를 고급화 시켜야하였다.

이러한 문제점을 해결하기 위해 우리나라 현용 전자교환기에 대하여 ① 단기적으로는 현재의 전자교환기(TDX-10)의 문제점을 개선하고 2년 이내에 실현될 신규서비스 및 기능을 추가 개발하도록 한다. ② 장기적으로는 ISDN, IN과 고도통신서비스 등 향후 5년 이내에 실현될 신규서비스 기능이 부가된 가장 경제적이고 기술적으로 우수한 신형 국산 전자교환기를 개발토록 한다. ③ 1992년부터 1998년까지 7년간 총 3,747억 원을 투자하여 광대역 전자교환기(ATM)를 개발하여 2000년대 초고속 정보시대에 대비토록 한다는 내용의 중장기 발전계획을 세워 추진한다.

다. 초고속 정보통신망의 건설

정부에서는 초고속통신망 구축방향을 정하였다. 우선 국가기관, 대학 등 국가주요그룹의 초고속 정보통신 수요를 위해 초고속 국가정보통신망을 구축한다. 이를 위해 통신사업자의 광케이블시설을 최대한 이용하여 건설하고 건설비용 약 1조2천억 원은 정부보유 주식매각대금, 배당금, 전파사용료 등 정부재정으로 충당한다. 또한 초고속 국가정보통신망의 종합적 건설 및 관리를 위해 기획단을 구성한다.

그리고 일반 국민이 멀티미디어 정보를 주고받을 수 있는 초고속 공중정보통신망을 구축한다. 이것은 광대역 ISDN 구축과 동일한 개념으로서 통신사업자가 구축하여 대규모 수요기관을 우선 수용하고 단계적으로 일반 가정에 확대한다. 이를 위한 소요예산 약 43조원을 투입하도록 한다. 이러한 상황에서 한국통신은 정부의 기본구상을 근간으로 하여 가장 기술적, 경제적으로 우수한 초고속 정보통신망 건설방안을 다음과 같이 제시하였다.

첫째, 초고속 국가통신망과 초고속 공중통신망은 통신망 구조와 구축내용 면에서 동일한 것이기 때문에 양대 통신망의 계획, 건설, 운용을 한국통신이 담당해야 하고, 초고속 공중통신망의 기반위에 초고속 국가통신망을 구축한다.

둘째, 우리나라의 초고속 정보통신망 건설은 3단계로 추진한다. 1단계는 종합정보통신망(ISDN)을 구축하는 계획으로서 이를 위해 1996년부터 전화공급은 ISDN기능이 부가된 TDX-10 교환기로 공급하고 장거리통신망의 ISDN화를 조기 추진토록 한다. 2단계는 초고속 전용통신망을 건설 운용한다. 이 전용 데이터통신망은 직통 초고속전송로 방식으로 건설하여 전송속도를 현재의 10배 이상으로 고속화시키고 공공기관, 연구기관, 대학 등을 전담 수용한다. 3단계에 가서는 초고속 공중통신망을 완성하고, 광대역 ISDN에 의해 전국통신망의 초고속화를 실현한다.

라. 가입자선로에 첨단기술 도입

1970년대-1980년대 우리나라는 1 가정에 1 전화 시대를 달성하기 위해 전력 질주하였으나 앞으로의 세계적인 추세는 전화 1회선으로 전화 2대, PC 1대, 케이블TV 1채널을 실어 보내는 쪽으로 가고 있다. 한국통신은 이 새로운 서비스가 가능하도록 통신망의 기본구조를 개선해야 한다. 이를 위한 단기대책으로 가입자선로 다중화장치를 개발하여 구내배선 부족 지역부터 시범공급 후 확대 공급한다. 그리고 가입자선로 무선화장치를 개발하여 도서지방이나 농공단지 등에서 시험 운용 후 확대 공급토록 한다.

장기대책으로는 가입자선로의 광케이블화를 연차적으로 확대하여 2015년까지 전 통신망의 광케이블화를 완성한다. 당시 한국통신과 한국전력이 케이블TV 전송망사업자로 지정됨에 따라 한국전력은 전국 대도시의 케이블TV 전송망을 차지하고 이를 바탕으로 통신사업에 진출하기 위해 사력을 다하고 있는 실정이다. 이런 상황을 고려하여 한국통신은 광케이블 도입을 서둘러야 한다.

마. 종합정보통신망(ISDN)의 조기 추진

우리나라 기간통신망의 ISDN화를 완성하기 위한 실행방안을 다음과 같이 결정하여 이를 적극 추진한다.

첫째, 우선 전자교환기를 ISDN용 교환기로 개발하고 장거리 통신망도 디지털화 및 공통선 신호방식 도입 등 ISDN을 실현할 수 있도록 고도화한다. 이를 위해 우리나라의 주력교환기인 TDX-10 전자교환기를 ISDN용 교환기로 재개발하고 이는 1994년 말에 완료한다. 그리고 ISDN용 시외교환기의 개발과 장거리통신망의 공통선 신호방식은 1996년에 실현토록 추진한다.

둘째, 가입자 선로를 FS케이블이나 광케이블로 전환하는 등 케이블의 성능을 획기적으로 개선한다.

셋째, ISDN 전화기, 터미널 어뎁터, 동화상전화기 등 다양한 단말기를 개발하여 국민들이 구매 사용할 수 있는 여건을 마련한다. 기본단말기인 ISDN 전화기, 터미널 어뎁터 등은 한국통신이 개발하여 이미 제조업체에 기술 전수한 바 있으며, 고기능 단말기인 동화상 전화기, ISDN 비디오텍스 등은 제조업체에서 자체 개발 중에 있다.

1990년대 전반기 ISDN 운용상황을 보면 대도시 ISDN 서비스를 위해 소용량 교환기(TDX-1B)를 공급하고 있었고, 시외교환기의 No.7 신호기능의 미비로 시외통신망을 거치지 못하고 있는 실정이었다. 한편 전국적인 ISDN의 확대공급을 위해 임시시설(P-MUX)을 설치하여 가입자를 수용함으로써 정상적인 통신망으로 환원 시 가입자 전화번호 변경이 불가피한 상황이었다. 또한 ISDN 전화기를 임대방식으로 공급하고 있으나 원가 회수에 8년 이상이 소요되는 것으로 분석되어 사업수익성이 없는 것으로 확인되었다. 한국통신은 이러한 문제들을 해소하기 위해 다음과 같이 개선 조치하였다.

① ISDN용 시외교환기를 도입한 후 정상적인 통신망으로 ISDN을 구성하도록 한다. 그리고 ISDN 가입자의 월구수용을 억제하여 가입자 전화번호 변경을 최소화하고 대도시에는 소용량교환기(TDX-1B)의 추가 설치를 중지한다.

② 1996년부터 ISDN용 대용량교환기(TDX-10)를 전면 공급하고 정상적인 통신망으로 환원한 후 적극적인 영업활동을 전개한다. 그리고 ISDN 전화기는 1994년까지만 사급으로 하고 1995년부터 자급제로 전환한다.

7.2 정보통신 선진화를 위한 5대 발전과제

한국통신은 우리나라가 2000년대 초에 정보통신선진국으로 진입하고 정보통신 선진화의 목표를 달성하기 위해 반드시 완수해야 할 5대 전략과제를 결정하여 추진하였다.

가. 차세대 통신사업의 본격추진

한국통신은 2000년대에 대비한 주요통신사업으로서 위성통신, 개인통신서비스, 케이블TV, 전화비디오 등을 선정하여 본격 추진하였으며 그 주요내용은 다음과 같다.

첫 번째, 위성통신사업을 본격 추진한다. 이 사업의 기본방침은 지상통신의 한계로 나타나고 있는 동시성, 광역성 및 고신뢰성을 실현하기 위해「무궁화호 위성」을 계획대로 1995년에 발사 추진한다. 직접위성방송(DBS), 영상서비스, 고속데이터통신, 고선명TV(HDTV) 등 고도통신서비스에 이용하도록 준비한다. 위성기술을 확보하여 앞으로 차세대위성을 독자적으로 설계, 제작할 수 있는 기술력을 보유하게 한다. 무궁화위성을 위한 총 소요예산은 3,450억 원이며, 위성체는 중형급(600Kg급) 주위성 및 예비위성 2기와 통신용 중계기 12개,

방송용 중계기 3개를 탑재하며, 미국 Florida주 Cape Canaveral에서 1995년에 발사예정이다.

앞으로 무궁화위성을 위해 동경 116도(주위성), 113도(예비위성)의 2궤도를 확보한다. 그리고 무궁화 위성방송(DBS)의 전송방식이 디지털로 확정됨에 따라 방송에 필요한 송수신장비를 조속히 개발한다. 또한 한국, 중국, 필리핀 등 아시아지역을 위한 지역 통신위성의 개발도 조기 추진이 필요하며, 특히 통신과 방송사업 영역이 점진적으로 통합되어 가는 추세에 따라 한국통신도 방송사업 참여를 적극적으로 시도한다.

두 번째, 개인통신서비스(PCS : Personal Communications Service)을 적극적으로 확산 보급한다. 미국의 경우 PCS 이용자가 5년 내에 전체 인구의 33%, 10년 내에 90%로 급증할 것으로 예측되고 있다. 우리나라의 경우 보행자 위주의 저속통신방식(Low Tier)과 차량위주의 고속통신방식(High Tier)을 병행 제공하는 계획으로서 2001년에 약 250만대의 수요가 예상된다. 한국통신은 이 사업의 추진방향을 다음과 같이 설정하였다.

① 개인통신서비스(PCS)는 공중전화망(PSTN)과 이동통신망의 2개 통신망에서 제공하는 것이 기술적으로 용이하고 경제성이 있다. 그리고 PCS는 전자교환기(TDX-10), 기지국, 무선접속기술 등을 한 개의 PCS 시스템으로 묶어서 1994년-1997년에 개발하여 공중통신망(PSTN)으로부터 제공한다.

② 무선통신사업 추진위원회를 운영하고 무선통신기술연구소를 신설하는 등 전사적으로 사업을 추진한다. 장기적으로는 저궤도 위성통신(예 Project 21)을 이용하여 초고속 광역통신망을 구축하는 방향으로 추진한다.

세 번째, 케이블TV 사업에 과감하게 진입한다. 세계적인 통신망의 발전방향은 가정에서 1개의 통신선로를 이용하여 전화, PC, FAX, 케이블TV를 동시에 이용할 수 있도록 추진하고 있다. 이 목표를 달성하기 위해 개인주택에서 전화국까지의 가입자 선로는 광케이블로 대체하고, 기간통신망은 광대역 ISDN(B-ISDN)으로 진화시킨다. 이런 면에서 케이블TV 전송망은 통신사업자가 건설해 나아가는 것이 기술발전방향에 부합될 뿐만 아니라 국가적으로 보아 중복투자를 줄일 수 있어 가장 경제적인 방안이다.

현재 우리나라의 종합유선방송사업은 방송국운용자(SO), 프로그램 공급자(PP), 전송망사업자(NO)로 구분하여 추진되고 있다. 한국통신은 정부로부터 전송망사업자로 지정을 받아 한국전력과 경쟁적으로 전송망사업을 수행하고 있다. 그러나 케이블TV 전송망을 국영기업인 한국통신과 한국전력이 치열한 경쟁방식으로 건설한다는 것은 국가경제발전에 도움이 되지 못하기 때문에 재검토가 요구된다.

네 번째, 전화비디오(VoD) 사업을 확대 추진한다. 기존 전화회선을 이용하여 국민들이 원하는 비디오 프로그램을 직접 선택하는 방식의 새로운 영상통신사업(Video On Demand)으로서 1994년에 시험사업을 시행하고 1996년부터 상용서비스를 개시할 예정이다. 전화비디오를 통해서 비디오게임, 비디오음악, 멀티미디어교육, 영상쇼핑, 영상광고, 영상학습 데이터베이스 등 다양한 영상분야의 새로운 서비스를 제공할 수 있다. 앞으로 케이블TV사업과 경쟁력을 갖출 수 있도록 시스템 공급계획과 프로그램 개발계획을 전문적으로 수립 추진해야 한다.

나. 국가정보의 대규모 데이터베이스 개발구축

세계의 선진국들은 1980년대에 들어서면서 2000년대의 정보화사회 실현을 위해 정보통신시스템 및 데이터베이스(DB) 분야를 집중적으로 개발해 왔다. 1990년대에 진입하면서 한국통신은 정보통신을 제2의 주력사업으로 설정하고 대표적인 사업으로 하이텔(HiTEL)을 확정하였다. 이것은 곧 국가정보를 대규모 데이터베이스화하는 계획으로서 앞으로 정보를 가진 자가 국가를 지배하고 세계를 다스리게 되는 시기에 대비하기 위한 것이었다.

하이텔을 선진국 최고 수준으로 발전시키기 위해서는 하이텔 단말기의 대량보급, 대규모 데이터베이스의 개발구축, 데이터 통신망의 초고속화 추진 등 3가지 목표를 달성해야만 하였다. 그리고 이 사업의 성공적인 추진을 위해 미국, 프랑스 등 선진국의 국가사회 정보화의 전개방향도 검토하였다. 검토결과 한국통신은 초기 우리나라 컴퓨터통신은 프랑스 방식을 채택하였다. 이에 대한 내용은「정보통신 선진화 30년」제2권(제5장)에 자세히 기술되어 있다.

그중 주요과제로 데이터베이스(DB)를 개발 구축하는 것으로 설정하였다. 우선 각 정부부처, 공공단체, 연구기관에서 보유하고 있는 국가 주요정보를 체계적으로 데이터베이스화하고, 국민들의 생활에 필요한 생활정보를 대규모 데이터베이스로 개발 구축하고자 하였다. 이를 위해 한국통신은 수익성보다 공공성 DB 개발에 주력하고, 한국PC통신(주)는 대규모 상업성 DB를 개발 운영하며, 일반 DB 사업자들은 중소규모의 생활 DB를 개발토록 역할 분담하는 것으로 정하였다.

다. 전화정보서비스의 추진

지금까지 전화기는 통화 위주만으로 사용되고 있으나 2000년대에는 음성전화 부분에 50%, 생활정보통신 부분에 50%로 이용구조를 개선한다. 이를 위해 전화정보를 전문분야 정보와 생활정보로 구분하여 각각 대규모 데이터베이스로 개발하여 이 서비스를 활성화하고자 하였다. 이와 같이 추진함으로써 국민들은 전화기를 이용하여 필요한 모든 분야의 정보를 얻을 수 있고, 우리공사는 이용 통화량의 급증으로 사업수익이 크게 증가할 것으로 내다보았다.

이에 따라 1990년대 초반 한국통신은 국산 전자교환기(TDX)를 이용하여 전국적으로 전화정보망을 구축하여 전화정보사업을 추진하였다. 이때 총 87,500회선을 운용하였는데 초기의 지역별 전화정보망 시설을 보면 <표 8-47>과 같다(일반사항, 1994. 12, 기술기획실). 그후 1997년 한국통신의 전화정보시설은 전화·광고사서함 512포트, 전화동아리 856포트, 연락방 1,024포트, 전화수첩 240포트, 생활정보 2,784포트 등 총 4,826포트를 운용되었다(시설운용현황보고, 1997. 8, 정보통신운용국).

<표 8-47> 전화정보망 시설규모(1994. 12)

지역별	교환기종	시설수(회선)	지역별	교환기종	시설수(회선)
서울	TDX-10	25,000	대전	TDX-1B	5,400
	TDX-1B	2,000	광주	TDX-1B	5,000
	겸용교환기	(8,000)	전주	TDX-1B	4,100
부산	TDX-10	15,000	원주	TDX-1B	5,500
대구	TDX-10	10,000	청주	TDX-1B	5,500
인천	TDX-10	10,000	계		87,500(8,000)

라. 한국통신 인력의 전문화 추진

1990년대 중반 통신서비스는 음성전화 위주에서 고도정보통신 위주로 급변하고 통신시설은 기계식 자동교환기에서 전자식교환기, 광교환기로 첨단 기술화하고 있었다. 그리고 통신속도 면에서는 저속도 아날로그방식에서 초고속 디지털방식으로 최고급 수준의 기술로 발전하고 있었다. 이에 따라 한국통신 기술기획실(실장 이정욱)에서는 이러한 기술의 급속한 발전에 따라 인력의 전문화 추진방안을 제시하였다(한국통신의 통신사업 발전방향, 1994. 5. 30, 기술기획실 통신망계획1국 종합계획부). 이 계획의 주요내용은 다음과 같다.

① 우리 공사의 직원채용은 4급과 6급을 필기시험방식으로 공개채용하고 있으나, 민간기업체에서는 우수한 인력을 서류전형방식으로 선점하고 있는 실정이다. 앞으로 4급은 초급간부이므로 서류심사에 의한 특별채용으로 변경할 필요가 있다.

② 채용분야도 현재는 통신기술과 행정으로만 분류하고 있어 전문지식과 첨단기술을 요구하는 정보통신사업에 적합하지 못한 면이 있다. 급변하는 기술발전과 사업환경에 대응하기 위해 <표 8-48>과 같이 전문분야별로 전문가를 채용해야 한다.

<표 8-48> 전문분야별 직원채용방식

구 분	통신시스템 및 기술분야	영업 및 사무분야
전문분야별 채용 인력의 세분화	전자교환 분야	법률·법학 분야
	전송시설 분야	회계 분야
	무선통신 분야	경제·경영 분야
	전력시설 분야	마케팅 분야
	컴퓨터 분야	소프트웨어 분야

③ 전 간부와 전 직원의 전문화를 위해 전문분야별로 보직 및 인사관리를 시행한다. 전문분야별로 최우수사원을 선정하여 승진시키는 우수사원제를 도입한다.

④ 공사 직원의 사업경쟁력을 높이고 우수한 직원을 확보하기 위해 봉급수준과 보수체계를 대폭 개선한다. 특히 첨단통신 분야인 전자교환기, 광 전송시스템, 첨단무선통신설비, 컴퓨터시설, 전력시설 등을 계획하고 운용하는 직원들에게는 특수기술수당을 지급하여 대우를 개선한다.

마. 근무환경을 선진국 수준으로 개선

앞으로 한국통신의 현장조직을 고도통신사업을 성공적으로 수행할 수 있는 방향으로 개편을 서둘러야 한다. 즉 선진국형 정보통신사업을 수행할 수 있는 조직, 다양한 통신서비스를 최고 수준으로 판매할 수 있는 조직, 첨단기술의 통신망 및 시스템을 운용할 수 있는 조직으로 획기적으로 바꾸어야 한다. 그리고 전화국, 운용국, 중계소 건물과 사무실을 충분히 확보하고 전자교환실, PCM실, 시험실, 전력실, 통신구 및 사무실 환경을 첨단수준으로 개선해 나아가야 한다. 모든 선로보수 요원들이 소형자동차를 운용하고 최신형의 측정 장비 및 유지보수설비를 갖추도록 해야 한다.

8. 정보통신선진화 완성기에 닥친 시련

8.1 시내통신시설의 현대화 완성

가. 시내전화사업(1996년-1999년)

1990년대 후반 우리나라는 시내통신망 현대화의 완성시기에 도달하였다. 이때 시내전화사업의 기본목표는 우선 전화 수요를 지속적으로 충족하고, 통신시설의 현대화로 고품질 서비스를 제공하는 것으로 정하였다. 그리고 지능망을 구축하고, ISDN 서비스를 전국적으로 확대하여 전화서비스를 고도화하고자 하였다. 또한 시내전송로망의 품질을 향상시키고 국간전송로의 디지털화를 완성하며, 초고속통신망의 기반을 구축하는 것을 목표로 하였다. 이와 같은 목표를 달성하기 위해 다음과 같이 정하여 추진하였다(중장기 네트워크 발전계획, 1996. 9. 10, 한국통신 네트워크본부).

첫째, 반전자 교환시설을 단계적으로 철거하여 2005년에는 교환시설의 디지털화를 완성하고, 통신망의 ISDN 기능을 총체적으로 구현한다. 둘째, 통신망의 고도화 및 지능화를 지속적으로 추진하고, 가입자 선로에 광케이블 공급을 확대한다. 셋째, 동기식 광 전송망의 기반을 구축하고, 초고속정보통신망 구축을 위한 전송로의 광통신화를 실현한다.

또한 시내전화 교환시설은 정확한 수요예측을 기반으로 국별 공급목표량 산정에 적정을 기하여 과잉 또는 부족공급국이 발생하지 않도록 하고, 장기적인 안목에서 합리적이고 경제적인 투자계획을 수립한다. 앞에서 언급하였듯이 반전자교환기는 단계적으로 철거하여 2005년까지 시내교환기의 디지털화를 완성한다. 당시 조사된 시내전화수요는 1996년 117

만6천 회선, 1997년 110만5천 회선, 1998년 98만1천 회선으로 예측되었으며, 이를 기반으로 수립한 시내전화교환시설의 공급계획(1996년-1999년)은 <표 8-49>와 같다. 그리고 소요예산은 1997년 2,398억 원, 1998년 2,664억 원, 1999년 2,995억 원으로 편성하였다.

<표 8-49> 시내교환시설 공급계획(단위 1,000회선)

구분	1996년	1997년	1998년	1999년
시내교환시설 신증설	1,105	1,025	999	950
반전자교환시설 철거	54	109	531	331
반전자교환시설 재배치	186	179	152	94

한편 1996년도 시내전화분야의 사업목표는 교환시설 110만5천 회선, 가입자선로 188만 회선, 초고속 국간전송시설 58만9천 회선, 통신구 15.4Km, ISDN 교환기 1만4천 회선으로 정하여 추진하였다. 이중 ISDN 교환기 공급이 부진하여 정보통신부에 목표량 변경을 요청하였다. 이 사업을 위해 시내전화사업 1조4,052억 원, 초고속시내망 2,212억 원, ISDN 등 기타 181억 원의 예산이 편성되어 집행하였다(1996년도 통신망건설 및 통신시설 운용대책, 1996. 9, 한국통신 네트워크본부).

나. 1998년도 시내통신망 확장

한국통신 네트워크본부(본부장 이정욱)는 1998년도 시내통신시설 투자 방침을 다음과 같이 정하여 추진하였다(1998년도 시내통신시설 투자사업계획 수립지침, 1996. 6, 한국통신 네트워크본부).

(1) 기본목표 및 확장방침

첫째, 기본통신시설을 적기에 수요충족하고, 종합정보통신망의 기반을 구축하며, 교환망과 전송망을 고도화, 현대화시킨다. 그리고 시내교환망을 안정화하여 신뢰성을 향상시키며, 멀티미디어 등 첨단서비스에 대비하여 시설을 투자한다.

둘째, 전면적인 경쟁돌입에 대응한 품질을 확보하고 전략적 투자를 하며, 수익창출 및 품질경쟁에서 우위를 확보하기 위한 투자사업을 적극 추진한다. 그리고 적정시설을 투자하여 수요, 판매, 공급 간의 균형을 유지토록 한다.

셋째, 통신망을 이원화하고 다원화하여 통신망의 안정성과 신뢰성을 확보토록 한다. 그리고 종합적 통신망(Total Network) 구조분석을 통해 취약분야 해소에 주력하고, 기존시설 등 가용자원을 최대한 활용하여 투자의 효율성을 높이도록 한다. 또한 중장기 경영방향과 경영목표를 구현할 실행계획을 수립한다.

넷째, 예산편성, 가이드라인 시달 전 사업순기 상 조기설계추진을 위해 단위사업별 시행시기, 타당성 등을 고려하여 투자의 우선순위를 감안한다. 이때 제1순위 사업은 국가정책사업,

채무변제, 계속비사업 등 의무불이행시 공사에 직접적인 피해가 예상되는 사업으로 정하였다. 제2순위 사업은 기본통신 유지사업, 적체예방 최저수준, 전략사업, 경쟁사업, 장기계속사업, 새로운 서비스 창출사업 등으로 정하였다. 그리고 제3순위에는 적체예방 적정수준, 통신시설 안정화 등으로 하고, 제4순위로는 과잉투자사업, 수익성이 적은 사업으로 구분하였다.

다섯째, 시내통신망 확장을 위한 중기계획의 가용재원 범위 내에서 단계별로 집행한다. 교환시설은 제1단계(Y-1년 8월-12월)에는 전년도 착공이 필요한 선행사업을 집행하고, 제2단계(Y년 1월-12월)에서 시행 우선순위에 의해 본 사업을 추진한다. 그리고 전송시설은 제1단계(Y-2년 9월-12월)에서 전년도 착공이 필요한 긴급한 선행사업을 집행하고, 제2단계(Y-1년 1월-5월)에서 시행 우선순위에 의해 본 사업을 추진하며, 제3단계(Y-1년 6월-8월)에 가서는 재원규모를 고려하여 차순위 본 사업을 설계한다.

(2) 공급기종 및 공급목표량

1998년도 시내교환시설은 전량 디지털 교환방식으로 공급하고, 합리적 공급주기와 공급단위를 적용한다. 그리고 투자의 효율성을 고려하여 공급목표를 결정하고 TDX-10, TDX-1B 기종 등 국내개발전자교환기에 의해 ISDN 노드를 확장한다. 공급계획 수립 시에는 신경제 5개년계획 및 장기경영계획, TOP실현을 위한 ISDN진화 및 통신망 통합계획, 한국의 정보통신망 발전전략(1996. 5), 장기치국계획, 장기국번호 전환계획, 상호접속망 발전기본계획, 전자교환시설 공급 및 시설현황 등을 고려하여 수립한다.

이외에도 전자실, 시험실 및 동도시설 등 국사시설현황 및 수용용량을 감안하고, 정보통신 관련분야의 시설공급 및 신규서비스 보급계획과의 연계성도 고려한다. 공급대상국으로는 1997년 말까지 공급된 시설로서 1999년 3월 이전에 적체발생이 예상되는 전화국, 차기공급 상면확보를 위해 시설철거 및 재배치 소요전화국, 장기치국계획상 신설치국 또는 폐국으로 수용변경 소요국 등으로 선정한다. 이때 국별 공급목표량은 가입전화 및 공중전화의 최근(1995년 12월 이후)에 조사된 수요를 적용하고, 개통 후 1.5년 동안 수요충족이 가능한 공급소요량을 산출한다.

또한 공급소요량 산정 시 기존시설에 대한 국별 특성을 감안하여 실제 판매 가능한 가용시설수를 산정하여 적용한다. 국별 최소공급단위는 모국 500회선, 자국 100회선으로 정하고, TDX-1B 기종의 SRSS 최소 공급량은 가입자보드 단위(16회선)로 공급한다. 그리고 공중전화 및 PABX, DID/DOD 시설은 산정된 공급목표량 범위 내에서 배분토록 한다. 특히 1998년도부터는 ISDN기능의 부가가 가능하고 공통선신호방식(CCS7)의 적용이 가능한 교환기로 공급하기로 한다.

한편 공급시점으로부터 8년간의 공급소요가 2만회선 미만인 전화국은 소형 전전자교환기(STD)를 공급하고, 2만회선 이상인 전화국에는 대형 전전자교환기(LTD)를 공급한다. 그리고 기존 시스템용량의 범위 내 회선증설은 동일기종을 공급하는 것을 원칙으로 한다. 또한 도시지역의 소형 복수시스템 설치국은 단계적으로 대형을 공급한 후 본부 내 소형시스템 소요국에 재배치한다.

(3) 철거 및 재활용

시내통신망의 구조를 개선하기 위해 효율적 철거 및 재활용방안도 검토한다. 신설치국, 통화권조정 등 수용변경에 따라 모국 교환기종과 상이한 기존의 자국 전자식 교환시설은 철거한다. 그리고 통합국사의 분리, 불량국사로 이전하게 되어 발생되는 자국의 전자교환시설도 철거대상에 포함한다. 이때 철거된 시설은 가급적 지역본부별로 당년도에 재활용하고, 자국 상면이 부족한 경우 기존 랙의 여유 공간을 최대한 이용하여 재활용한다.

한편 그동안 긴급조치로 운용해온 가반형 교환시설의 관리방안도 정한다. 임시 지원된 가반형 교환시설은 정상 교환시설이 공급될 때 철거를 원칙으로 하고, 철거된 시설은 지역본부별로 당년도에 최대한 재활용한다. 지역본부 간 관리전환 시에는 시스템 성능, 냉난방기, 정류기, 축전지 등 시설관리상태 등을 철저히 확인하여 인수인계한다. 이후에도 국사이전 등 설치상면확보 필요국에 임시로 활용토록 하고, 신설치국 확정으로 효율적인 투자를 위해 치국 시까지 활용한다.

(4) 국번호 계획

1998년도 시내통신망의 국번호는 중장기 국번호계획 및 교환시설 수에 의거 순차적으로 부여하고, 기종별 시스템 용량기준으로 1만회선당 1개의 국번호를 부여한다. 이때 중장기 예측수요 및 국번호 잔여용량, 3자리 국번호 전환계획, 기존 국번호와 중복여부 등을 고려한다. 그리고 N00(N=2-9) 국번호는 신규서비스용으로 이용하기 위해 부여대상에서 제외한다. 이에 대한 세부시행계획은 다음과 같다.

① 서울지역 PSTN 국번호는 3자리 국번호지역 및 번호부족지역은 4자리 국번호를 부여한다(기통 1223-19078, 1992. 10. 22 참조). 이때 4자리 국번호는 3자리 국번호지역의 잔여 3자리 국번호 후단에 디지트를 추가한다. 그리고 이미 할당된 3자리 여유 국번호는 해당지역에 사용한다. 기타지역의 경우는 1996년 1자리 국번호, 2자리 국번호의 3자리 화에 따른 중장기 번호계획에 의한 3자리 국번호를 부여한다. 이때 국번호 이하의 가입자번호는 변경없다(기이 1222-2070, 1995. 3. 15 참조).

② 동일국사에 다수 시스템이 설치된 경우 국번호를 효율적으로 관리하고 라우팅 문제를 고려하여 가급적 하나의 시스템에 DID 국번호를 수용한다. 구내시설용량에 따라 최소 100 단위로 부여한다(기통 1223-14937, 1991. 9. 17 참조).

③ ISDN 국번호는 PSTN 국번호와 같이 통합사용을 전제로 부여하고, 일차군 가입자접속(PRI)에 의한 ISDN 사설교환기용 국번호는 DID 국번호 부여 기준에 준한다.

(5) 개통시기 및 목표량 조정

시내통신시설의 개통 시기는 적체발생 2개월 전에 개통함을 원칙으로 하되 가용재원, 물자 생산 및 시공능력 등을 감안하여 년 평준화가 될 수 있도록 조정한다. 최초개통은 사업연도 1월, 최종개통은 11월로 하되 년말개통을 가급적 지양한다. 그리고 SRSS 공급 및 설치공사는 TDX-1B 기종의 공급업체와 동일업체에서 공급 설치한다. 한편 사업목표량을 변경하거나 조정할 때는 다음과 같이 관련부서 간 협의를 거쳐 시행한다.

① 설계 및 물자확보 등 관련사업 추진부서인 건설단 또는 건설국과 사전 협의를 마친 후 변경 승인 요청 ② 모국별 목표량 범위 내에서 모자국간의 목표량 조정 시에는 사업본부 및 건설단에 통보 ③ 모국단위 목표량 중 타국(모국) 간 조정 및 지역본부 간 목표량 변경 시에는 사업본부 승인 후 시행

다. ISDN 실현을 위한 첫 단계 진입

ISDN 교환시설의 공급대상국은 1995년 말까지 공급된 시설 및 1996년-1997년도 중기계획 시설로서 1999년 3월 이전에 적체발생이 예상되는 국으로 정하였다. 또한 동일국내 ISDN 부가교환기의 용량이 충만한 국과 1998년도 PSTN 시설공급계획에 따른 시스템 신설국도 대상으로 선정하였다. 그리고 주요전화국에 ISDN노드를 조기에 확보하기 위해 PSTN 신증설시 ISDN 기능을 부가하고, 개통 후 1.5년 동안 수요충족이 가능한 공급소요량을 산출하며, 국별 공급량은 공급단위에 맞추어 산정하며 이때 정한 공급단위 및 국별 공급기준은 다음과 같다.

첫째, TDX-1B 기종 및 TDX-10A 기종의 ISDN 전자교환기 50회선 단위로 공급한다. 그리고 원격가입자 수용장치의 경우, RASM-N은 50회선 단위로 공급하고, PMUX는 보드단위(E1당 11회선), 일차군접속회선(PRI)은 보드단위(1회선)로 공급한다. 여기에서 RASM은 Remote Access Switching Module를 말한다.

둘째, 국별 공급기종은 1998년도 시스템 신설 및 회선증설 대상국은 동일기종으로 ISDN 기능을 부가하고, 기존 TDX-1B 기종에 대한 ISDN 기능부가국은 시스템용량 범위 내에서 회선을 증설한다.

셋째, 원격가입자 수용장치 중 PMUX는 TDX-1B ISDN 교환기 수용국중 자국(RSS, SRSS) 관내 ISDN 수요가 공급단위 이상 발생국과 농어촌통화권 중 TDX-1B 교환기 미설치로 ISDN 서비스 제공이 불가능한 국에 공급한다. 그리고 RASM-N은 TDX-10A ISDN 교환기 수용 통화권 중 Y+3년 이내 교환기 신설계획이 없는 국에 공급한다.

8.2 장거리통신망 및 국제통신망의 현대화 완성

가. 시외전화사업(1996년–1999년)

1990년대 후반 우리나라의 시외통신망과 국제통신망은 현대화 완성시기에 접어들었다. 이때 시외전화사업의 기본목표는 우선 시외전화수요의 충족을 위한 기본통신시설을 확충하고, 통신망 고도화를 위한 공통선신호망을 확장하는데 두었다. 그리고 시외경쟁 우위 선

점을 위해 통신망 시설을 고품질화하고 안정화하며, 광대역 종합정보통신망 및 초고속정보통신망의 기반을 구축하고자 하였다. 또한 전송로의 초다중화에 따라 광케이블 시설로 현대화하고, 통신망시설의 대용량화 및 고도화에 따른 전원시설도 공급하는 것을 목표로 정하였다. 이 목표를 달성하기 위한 시설방침을 다음과 같이 정하여 추진하였다(중장기 네트워크 발전계획, 1996. 9. 10, 한국통신 네트워크본부).

첫째, 시외회선 증가를 충족하기 위해 통신망시설을 신증설하고, 수도권 및 대도시지역 통신망 중장기 발전계획과의 연계성을 유지한다. 그리고 통신망의 안정성 및 신뢰성 확보를 위해 지역별로 시외국사를 분산 추진한다.

둘째, 공통선 신호방식을 확대하고, 이를 위해 신호중계교환(STP) 시설과 신호링크를 확보한다. 그리고 고속 광대역 전송시설의 품질확보를 위해 동기신호망을 보강 개선하고, 동기식 전송망을 지속적으로 확대 공급하며, 초고속전용통신망을 구축한다.

셋째, 전송루트를 다원화하고, 자동복구전송망을 구축하며, 돌발수요 및 시설관리의 효율화를 위해 구간별로 전송시설을 대군화하여 공급한다. 그리고 광 전송단일구간 및 취약구간은 유무선 이원화하고, 이날로그 군 통합시설의 디지털화도 추진한다.

넷째, 동기식 전송로의 공급을 확대하고, 광대역화에 적합한 광케이블을 확보한다. 그리고 통신시설의 신증설에 따라 전원시설을 적기에 공급하고, 온습도 관리 등 최적의 환경을 구축한다. 또한 노후 전원시설은 적기에 대개체하여 화재발생 등 전력사고를 사전에 예방토록 한다.

이러한 방침에 따라 시외교환기는 1996년에는 신설 25만4천회선 증설 6만8천회선, 1997년에는 신설 4만회선 증설 8만6천회선, 1998년에는 신설 40만4천회선 증설 3만4천회선, 1999년에는 신설 5만회선 증설 3만5천회선을 추진하였다. 그리고 신호중계교환기(STP)는 1990년 228링크, 1997년 408링크, 1998년 240링크를 공급 추진하였다. 또한 시외전송시설 분야에서는 1996년부터 1999년까지 초고속 디지털 마이크로웨이브(MW)시설, 초고속 광전송로, 시외선로시설 등을 아래와 같이 공급 추진하였다.

① 초고속 디지털 MW시설은 1996년 10,956회선, 1997년 15,384회선, 1998년 22,273회선, 1999년 23,807회선을 공급 추진한다. 이때 노후시설대체는 1997년 42대, 1998년 84대, 1999년 168대를 시행한다.

② 초고속 광 전송시외회선은 1996년 43만7천회선, 1997년 31만3천회선, 1998년 31만2천회선, 1999년 33만회선을 증설하고, 초고속전용망(STM-1)은 1997년 191시스템, 1998년 200시스템, 1999년 266시스템을 공급한다. 그리고 B-DCS는 1996년 10개 국소, 1997년 11개 국소, 1998년 14개 국소, 1999년 12개 국소에 공급한다.

③ 초고속광관로는 1996년 136Km, 1997년 245Km, 1998년 212Km, 1999년 214Km를 설치 추진하였으며, 초고속광케이블은 1996년 1,242Km, 1997년 1,227Km, 1998년 1,062Km, 1999년 1,068Km를 건설한다.

당시 중장기 시외통신사업(1997년-1999년)을 위한 연도별 예산규모는 <표 8-50>과 같이 수립되었다(중장기 네트워크 발전계획, 1996. 9. 10, 한국통신 네트워크본부). 표에서 보는 바와 같이 이때 연도별 총 예산규모는 1997년 2,542억4천6백만 원, 1998년 2,981억8천2백만 원, 1999년 2,721억6천1백만 원으로 편성되었다.

<표 8-50> 시외통신사업 예산규모(단위: 백만원)

사업별	1997년	1998년	1999년	비 고
시외교환시설	24,628	60,850	17,234	No.4 철거, 시험장비, 동기신호망 보강 포함
시외전송시설	164,815	173,986	192,180	노후시설대체, CATV 전송로 포함
시외선로시설	58,123	52,441	55,084	초고속 광관로, 초고속 광케이블
시외전원시설	6,680	10,905	7,663	교환전원, D-MW, 광반송 등 전송전원 포함

1996년도 시외전화분야의 사업목표를 보면 교환시설 공급 32만2천회선, 전송로 시설 38만1천회선, 초고속 광케이블 1,242Km, 해저케이블 185Km로 정하여 추진하였다. 이 사업을 위한 성립예산은 시외전화사업 1,365억 원, 초고속시외통신망 2,029억 원으로 편성되어 집행되었다(1996년도 통신망건설 및 통신시설 운용대책, 1996. 9, 한국통신 네트워크본부).

나 국제전화사업(1996년-1999년)

국제전화사업의 기본목표는 기본통신설비를 수요에 맞게 확충하고, 국제통신망을 고도화하며, 첨단성능의 통신망을 구축하는 것으로 하였다. 이를 달성하기 위한 추진방침은 다음과 같다(중장기 네트워크 발전계획, 1996. 9. 10, 한국통신 네트워크본부).

첫째, 국제통신수요를 충족하고 품질을 고도화하여 경쟁력을 강화한다. 이를 위해 국제통신수요 증가에 따른 소요설비를 지속적으로 확보하고, 국제통신망을 디지털화하며, 서비스 개선을 위해 적극적으로 시설을 보강한다.

둘째, 국제통신시설의 안정화 및 글로벌화를 추진한다. 이를 위해 국제관문국 및 국제통신센터를 신설하고, 비 인텔샛트계 국제위성통신망을 구축한다. 그리고 범 세계적인 국제해저광케이블의 건설 및 운용에 참여한다.

셋째, 위성이동통신 및 휴대통신설비를 신설하는 등 첨단기술의 설비를 도입한다. 그리고 국제통신 텔리포트를 구축하고, 국제 초고속정보통신망을 실현한다.

1996년도 국제통신분야의 사업목표는 위성시설 180회선, 해저케이블 6,360회선을 확장하는 것으로 추진하였다. 이 사업을 위한 성립예산은 593억 원으로 편성되어 집행되었다

(1996년도 통신망건설 및 통신시설 운용대책, 1996. 9, 한국통신 네트워크본부). 이후 국제전화사업을 위한 대전관문국, 목동관문국 등 교환시설 및 전송시설에 대한 세부 신증설계획을 보면 <표 8-51>과 같다. 이때 목동국제통신센터의 전송시설을 위해 167억 원, 국제초고속정보통신망을 위해 90억 원을 배정하였다.

<표 8-51> 교환시설 및 전송시설 신증설계획(1997년-1999년)

구분	사업내용	공급년도	목표량	예산(백만원)
교환시설	대전관문국	1997	10,000회선	4,500
	목동관문국	1999	10,000회선	5,000
	국제위성휴대통신 관문국	1999	1국	4,800
전송시설	디지털회선 증배장치	1997-1999	18시스템	2,800
	국제전송 다중시설	1997-1999	3식	8,700
	대전관문국 전송시설 증설	1997	1식	3,700
	목동국제통신센터	1999	1식	16,730
	국제초고속정보통신망	1998	1식	9,000

이때 소요예산을 보면 교환시설분야에는 1997년 45억 원, 1998년 50억 원, 1999년 98억 원을 투입하고, 전송시설을 위해서는 1997년 98억 원, 1998년 147억8천만 원,1999년 172억 5천만 원을 투입하게 정하였다. 한편 국제통신을 위한 위성시설로는 위성디지털화, 인말샛트 디지털서비스 도입 등을 추진하였으며, 세부 신증설내역은 <표 8-52>와 같다. 이때 전체 소요예산 규모는 1997년 88억2천만 원, 1998년 197억 원, 1999년 440억 원으로 편성되었다. 특히 금산위성지구국 시설통합을 위해 30억 원, 위성휴대통신지구국 건설을 위한 소요예산 374억 원을 책정하였다.

<표 8-52> 위성시설 신증설계획(1997년-1999년)

구분	사업내용	공급년도	목표량	예산(백만원)
위성 지구국	위성 디지털화(IDR)	1997-1999	18시스템	3,000
	금산위성지구국 시설통합	1998	1식	3,000
인말샛트	디지털서비스 도입	1997-1998	1시스템	4,620
	통신시설 보강	1997-1999	3식	6,000
	DAMA 서비스 도입	1998-1999	1식	2,500
국제위성 통신	전송로 다원화	1998-1999	5국	16,000
	위성휴대통신지구국 건설	1999	1식	37,400

8.3 IMF사태가 통신사업에 미친 영향

가. 시설투자계획의 전반적 축소

IMF사태로 인해 1998년도 주요 기간통신사업자의 설비투자규모는 전년대비평균 29% 감소하여 제조업체의 경영난이 심화되고 있었다. 특히 주요통신사업자의 설비투자 규모의 50%를 차지하고 있는 한국통신의 경우 경영개선 등을 이유로 설비투자를 추가로 축소할 계획이 있어 제조업체 생존에 지대한 영향이 우려되었다. 1998년도 주요 통신사업자의 통신시설 투자규모는 <표 8-53>과 같다. 여기에서 기타 사업자는 데이콤, 하나로통신, 온세통신, SK텔레콤, 신세기통신, KT프리텔, LG텔레콤, 한솔PCS를 말한다.

<표 8-53> 1998년도 주요통신사업자의 시설투자규모

주요 통신사업자	1997년 투자실적	1998년 투자계획	비고
한국전기통신공사	32,044억원	25,500억원	-20%
기타 통신사업자	41,600억원	26,805억원	-36%
계	73,644억원	52,305억원	-29%

또한 당초 한국통신은 아날로그 전자교환기(M10CN, No.1A)의 디지털방식으로의 전환을 1998년부터 2006년까지 9년간 진행하게 계획되어 있었다. 이를 위한 투자규모는 1조 4,525억 원에 달하는 대형사업으로서 연도별 시행계획은 <표 8-54>와 같이 수립되었다(통신공사 설비투자계획 축소에 대한 검토, 1997, 정보통신부 통신정책실).

<표 8-54> 아날로그 전자교환기의 디지털 전환계획

연도별	1998년	1999년	2000년	2001년	2002년
회선수(1,000)	237	438	696	821	994
투자액(억원)	433	801	1,273	1,502	1,819
연도별	2003년	2004년	2005년	2006년	계
회선수(1,000)	1,079	1,147	1,232	1,293	7,937
투자액(억원)	1,974	2,100	2,254	2,370	14,525

그러나 한국통신은 IMF사태로 인해 설비투자를 추가로 감축하지 않을 수 없게 되었다. 당초 1998년 설비투자는 전년대비 20% 축소할 계획이었으나 30-40%로 더욱 감축하지 않을 수 없는 상황으로 가고 있었다. 또한 당초 1998년 시내교환기 투자계획은 165만 회선이었으나 50만 회선을 더욱 축소하게 되었고, 이에 따라 전송 및 선로설비의 투자도 축소하게 되었다. 특히 1999년에는 교환기분야의 신증설 및 이미 수립된 아날로그 교환기의 디지털 전환계획도 1998년 대비 70-80%로 대폭 축소가 불가피하였다.

한국통신이 설비투자를 추가로 감축하게 되면 제조업체의 재고가 증가하고 공장 가동율이 저하될 전망이었다. 제조업체는 개통까지의 소요기간을 고려하여 통상 9개월전부터 부품을 확보하고 생산에 착수하고 있었다. 통신공사가 당해연도 물량을 축소하고 당시 설치중인 장비도 계약취소를 요구하게 되면 이미 생산된 제품이 재고로 증가될 수밖에 없었다. 또한 1999년 설비투자도 대폭 축소를 검토하고 있어 장비발주가 되지 않아 공장 가동율이 급격하게 저하될 것으로 전망하였다.

나. 통신사업축소에 대한 한국통신의 고민

통신공사가 투자를 축소하면 대기업의 생산이 축소되고 이에 따라 중소기업의 도산도 연쇄적으로 일어날 우려가 큰 상황이었다. 시스템 업체당 대략 50여개의 중소기업과 협력관계에 있기 때문에 통신공사의 투자축소는 시스템업체에 부품을 공급하는 중소기업에 치명적인 영향을 미칠 것으로 예상되었다. 결국 통신공사가 IMF 사태로 인한 경영개선을 이유로 설비투자를 대폭 축소하고 있으나 이는 초고속정보통신망의 조기구축을 위한 통신망의 현대화, 통신산업의 육성 등의 측면에서 바람직하지 못하였다.

한편 IMF로 인해 전반적으로 설비투자가 위축된 상태에서는 오히려 국가적인 차원에서 통신공사 등 정부출자기관이 설비투자를 확대하여 산업을 활성화시키는 것이 바람직하다는 판단도 대두되었다. 이 경우 통신공사 등 통신사업자가 자금 확보가 어려워 설비투자를 축소하는 경우 정부는 다각적인 지원방안을 강구할 필요가 있었다. 이런 점을 고려하여 당시 통신공사는 아날로그 전자교환기를 디지털교환기로 전환하는 계획 등 기간통신망에 대한 투자는 가급적 당초 계획대로 추진하는 등 설비투자의 추가감축을 억제하는 방향으로 관계자와 협의하였다.

이러한 상황에서 통신공사는 인력구조의 조정, 자회사 매각 등 다각적인 노력을 시도하여 설비투자는 확대하는 방안이 필요하다고 판단하였다. 당시 1998년도 주요통신사업자들의 설비투자전망을 보면 1997년도에 총 7조3,644억 원을 투자하였으나, 1998년도에는 한국통신 2조5,500억 원, 데이콤 1,753억 원, SK텔레콤 4,000억 원 등 총 5조2,305억 원을 투자함으로서 전년도에 비하여 크게 감소한 상태였다.

당시 우리나라의 주요통신사업자(9개 통신업체)는 1997년도 통신설비 투자규모에 비해 1998년도에는 평균 29% 감축한 것으로 확인되었다. 특히 KT프리텔, SK텔레콤, LG텔레콤 등 이동통신 3사는 전년도에 비해 50% 이상 감축하였으며 데이콤도 40% 가까이 줄었다. 이때 한국통신은 설비투자 감축규모를 20% 선에서 버티고 있었다.

이를 통신사업자 별로 보면 <표 8-55>와 같다(통신공사 설비투자계획 축소에 대한 검토, 1997, 정보통신부 통신정책실). 여기에서 온세통신의 경우는 1998년에 시외전화사업 투자로 설비투자가 증가하는 현상을 보였다. 이때 세계적 통신사업자들의 설비투자비율을 보면

<표 8-56>과 같다. 여기에서 AT&T와 FT는 1995년 기준이고, 그 외는 1996년 기준이다.

<표 8-55> 1998년도 주요통신사업자 설비투자 전망(단위: 억원)

사업자	1997년 투자액	1998년 투자액	비고	사업자	1997년 투자액	1998년 투자액	비고
한국통신	32,044	25,500	-20%	데이콤	2,905	1,753	-40%
하나로통신	-	5,567	-	온세통신	280	545	+95%
SK텔레콤	8,100	4,000	-51%	신세기통신	6,115	4,360	-29%
KT프리텔	8,100	3,100	-62%	LG텔레콤	8,100	3,500	-57%
한솔PCS	8,000	4,400	-45%	계	73,644	52,305	-29%

<표 8-56> 세계적 통신사업자들의 설비투자비율

구분	AT&T	NTT	BT	FT	DT	KT
투자비율(%)	15.0	28.9	23.9	20.7	40.2	41.2

다. IMF사태에 따른 통신투자사업 시행 방향

한국통신은 우리나라「정보통신 선진화 30년」의 완성시기이면서 IMF사태의 혼란에 빠졌던 1998년 통신망 확장사업의 목표달성을 위해 최선의 노력을 기울인 기본방침을 정하여 추진하였다(1998년도 주요업무계획, 1998. 2, 한국통신 네트워크본부). 당시 추진한 세부내용은 다음과 같다.

첫째, EVA 목표달성을 위한 초긴축 네트워크 투자가 불가피하여 1997년 예산 3조763억 원에 비해 35%를 축소한 1조9,875억 원의 투자재원을 확보하여 추진한다.

둘째, 교환시설의 공급주기를 1997년에 Y+18개월로부터 1998년에는 대도시 Y+14개월, 농어촌 Y+16개월로 변경한다. 그리고 선로시설의 공급주기는 1997년에 1.43배로부터 1998년에는 일반지역 1.43배, 밀집지역 1.1-1.4배로 조정 시행한다.

셋째, 판매 시기는 Y+14개월(1998. 1-1999. 2)로 하고, 시설공사 1단계는 1997년에 착공하여 1998년 개통하는 것으로 시행한다(1997. 7-1998. 6). 그리고 2단계는 1998년에 착공하여 1998년에 개통하고(1998. 1-1998. 12), 3단계에서는 1998년에 착공하여 1999년에 개통하는 것으로 시행한다(1998. 7-1999. 2).

넷째, 통신망 확장의 우선순위를 4순위로 구분하여 집행한다. 1순위는 시내통신, 시외통신, 국제통신 등 기본통신망을 확충사업으로 정하고, 2순위로 전용통신, 통신사업자 소요분, 데이터통신 등을 위한 회선을 확보하는데 둔다. 그리고 3순위는 통신망 고도화 및 지능화 사업, 4순위로는 통신망 집중운용관리시스템을 도입하는 부문으로 정한다.

이와 같은 방침에 따라 집행할 경우 1998년 소요예산은 2조5,484억5천3백만 원인데 비해 실행예산은 1조9,874억7천3백만 원으로 5,609억8천만 원이 부족한 상황이었다. 당시 부족예산은 채무예산에 반영하여 추진하였으며, 부족예산 세부내역은 <표 8-57>와 같다.

<표 8-57> 1998년도 투자사업예산 세부내역(단위: 백만원)

구분	소요예산	실행예산	부족예산	비고
시내통신사업	1,824,206	1,387,955	-436,251	① 97착공 98개통 소요 1,148,780 실행 1,148,780 ② 98착공 98개통 소요 1,061,715 실행 838,693 부족 223,022 ③ 98착공 99개통 소요 337,958 실행 - 부족 337,958
시외통신사업	288,585	266,399	-22,186	
국제통신사업	93,602	89,602	-4,000	
전용회선사업	107,467	107,467	-	
데이터통신사업	107,181	69,400	-37,781	
초고속정보통신	60,600	21,220	-39,380	
기타	66,812	45,430	-21,382	
계	2,548,453	1,987,473	-560,980	

8.4 IMF사태에 대한 대책

가. IMF사태로 인해 발생한 문제와 한국통신의 대책

IMF 체제하에서 기본통신사업의 성장이 정체되고 시설운용, 재원조달, 재무구조 등에서 상당 문제가 발생하였다. 그 내용을 정리하면 다음과 같다(1998년도 투자 및 구매사업 추진현황, 1998. 5. 14, 한국통신 기획조정실).

첫째, 가입자가 1997년 12월 이후 1998년 5월 당시 12만1천 건이 감소하였고, 교환시설, 전송시설, 선로시설 등에서 약 4,000억 원 상당의 유휴시설이 발생하였다.

둘째, 재원조달에 차질이 전망되었다. 매출, 설비비 감소와 금융비 증가로 내부재원이 결함이 생기기 시작하였다. 실행매출액을 9조5,775억 원으로 계획하였으나 매출전망은 9조775억 원으로 5천억 원이 감소될 전망이었다. 그리고 설비비는 가입자 순증목표를 75만 회선으로 계획하였으나 실제 가입자증가는 0로 전망되어 약 2천억 원의 수입이 감소되는 것으로 파악되었다. 또한 금융비 추가부담규모는 2천억 원으로 늘어나게 되었다.

셋째, 재무구조가 악화되고 있다. 1995년 이후 매년 2천억 원 수준의 순이익이 감소되어 1997년은 797억 원의 당기순이익이 발생하였다. 매출액 성장은 완만하나 비용지출은 급증 추세이다. 부채비율은 1996년 184%에서 1997년 217%로 악화되었다. 반면 투자수익율은 1996년 1.28%에서 1997년 0.47%로 급락하였다. 매출액 대비 설비투자지출이 과다한 실정이었다.

이러한 상황에서 한국통신은 1998년 투자사업의 경쟁력을 향상시키고 기업 가치를 높이는데 목표를 두고 다음과 같은 방향으로 추진하였다(1998년도 투자 및 구매사업 추진현황, 1998. 5. 14, 한국통신 기획조정실).

첫째, 투자사업목표량 및 투자규모를 합리적으로 조정한다. 1998년 투자예산은 중앙조달물자비 1조2,654억 원, 지방조달 및 공사비 9,750억 원, 토지 및 건물 3,096억 원 등 총 2조5,500억 원으로 편성하여 추진한다. 이는 1997년도 예산규모 3조2,044억 원과 비교할 때 79.6% 수준이다.

둘째, 수요와 재무여건을 감안할 때 투자사업규모의 축소가 불가피하나 경제난 극복을 위한 장기수요를 고려하여 공급목표를 조정한다. 시설별로는 시내교환 117만회선, 상호접속교환 37만4천회선, 가입자선로 110만2천회선, 광케이블 5,328Km, ISDN 4만2천회선, 국간중계 57만2천 회선을 공급한다. 특히 기초시설인 시내교환 공급목표는 현실적 요인과 업계여건을 고려하여 117만 회선으로 공급목표를 조정한다. 이렇게 되면 기본통신망 투자규모는 1997년 1조8,468억 원에서 1998년 1조6,659억 원으로 전년도의 90% 수준을 유지토록 한다.

셋째, 투자사업의 상반기 시행규모를 당초 50%에서 60%로 확대한다. 국내 경제상황을 고려하여 상반기 집행규모를 당초 1조2,767억 원에서 1조5,300억 원으로 확대시행한다.

넷째, 1999년도 기본통신 투자사업계획을 조기에 수립한다. 교환시설 대개체, 초고속기간망 구축사업 등 고용창출과 기업지원 효과가 큰 사업 분야를 조기에 확정 시행토록 한다.

나. 한국통신의 긴축예산 운용

한국통신의 1998년 구매예산규모는 1조2,654억 원이며, 상반기에 구매계획의 63%가 계약 완료되었다. 주요장비별 구매계획 액을 보면 교환기 2,515억 원, 전송장비 4,399억 원, 케이블 2,493억 원, 기타 3,247억 원으로 배정되었다. 이중 많은 사업을 조기발주 집행함으로서 상반기 중 84% 수준을 발주하였다. 당시 전체 예산에 대한 분기별 예산배정내역은 <표 8-58>과 같다(1998년도 투자 및 구매사업 추진현황, 1998. 5. 14, 한국통신 기획조정실).

<표 8-58> 1998년 중앙조달물자 구매일정

구분	1/4분기	2/4분기	3/4분기	4/4분기	계
예산규모(억원)	6,200	4,429	1,265	760	12,654
점유비(%)	49	25	10	6	100

이때 구매추진상황을 보면 IMF 사태이후 수요급감 및 재무구조 악화로 투자축소가 불가피하게 발생할 것으로 예상되었으나 업계여건을 고려하여 시내교환기의 경우 적정수준이 86만4천회선 임에도 불구하고 132만9천 회선을 구매하고 30만1천 회선은 구매 보류하였

다. 구매 완료된 132만회선 중 117만 회선은 재배치 방안을 강구하고, 15만9천 회선은 재고로 보유하였다. 그러나 재배치 등 활용부진에 따라 재고 누적이 늘어남에 따라 1998년 통신시설 재고총액은 1,436억 원이었으며, 이중 교환기 157억 원, 케이블 476억 원으로 파악되었다. 당시 시설별 재고누적 상황을 보면 <표 8-59>와 같다.

<표 8-59> 1998년 시설별 재고누적 발생상황

시설별	교환기	전송장비	케이블	기타	계
재고발생(억원)	157	328	475	476	1,436

이때 구매 보류된 30만1천 회선에 대해서는 업계의 협력이 필요한 상황이어서 한국통신은 앞으로의 설비투자방향을 재설정하지 않을 수 없었다. 당시 전화수요는 포화수준에 도달하였으며, 경제 불안으로 수요가 감소될 뿐만 아니라 이동통신서비스의 보편화로 유선전화 이용량도 급격히 감소되고 있었다. 그리고 매출둔화와 설비비 예수금 감소에 의한 자금수지 악화로 1998년에 약 7천억 원 규모의 자금을 추가로 차입해야 하는 상황이 되었다.

특히 1998년은 하반기 중에 주식을 해외매각한다는 정부방침을 감안할 때 기업의 가치를 최대한 재고시켜야 할 중요한 시점이었다. 이에 따라 경영여건을 고려하여 설비투자를 탄력적으로 대처할 필요가 있었다. 당시 업계 측의 한국통신 설비투자 확대요구에 대해서는 경영상황을 감안할 때 수용이 어려운 실정이나 사안별로 최선의 대책을 강구하였다. 이 대책의 세부내용은 다음과 같다.

(1) 반전자교환기 대체는 내용연수와 상면확보 등을 고려하여 1998년에는 영동전화국 등 5개 전화국에 대해 우선 시행한다. (2) 정보화 촉진을 위한 종합정보통신망(ISDN)사업은 단말기 가격의 고가 등으로 아직까지 수요가 적은 실정이나 미래를 보고 1998년도에도 대도시를 중심으로 확대 추진한다. (3) 도입 전자교환기의 CAMA 실현에 대해서는 밀레니엄버그(Y2K)와 연계한 교환기 고도화를 통해 해소방안을 강구토록 한다. (4) 전송, 케이블 등 당시 미집행된 물자구매분(4,736억 원)에 대해서는 가능한 조기에 사업을 추진하여 관련 업계의 어려움을 덜도록 노력한다. (5) 앞으로 한국통신 주식의 해외매각 시 기업가치에 미치는 영향과 상반기 경영성과 분석결과에 따라 투자재원을 탄력적으로 조정 시행한다.

이후 한국통신은 1998년도 추가사업예산으로 네트워크부문(반전자교환기의 조기 대개체 등 14종)에 3,219억 원, 위성부문(무궁화3호 위성)에 897억 원, 건물 및 기타부문(도로유관 등 4종)에 393억 원 등 총 4,509억 원을 반영하였다. 그리고 1998년 하반기에는 1조원 규모의 외상계약사업(채무사업)을 추진하였다. 한편 실업대책과 연계된 투자사업으로 반전자교환기 조기대체 등 6개 사업에 총 3,280억 원을 추가사업으로 추진하였다. 이때 계획된 추가사업별 내역(1998년-1999년)은 <표 8-60>과 같다.

<표 8-60> 실업대책과 연계한 추가사업

주요사업명	목표량	예산(억원)	시행기간
반전자교환기 조기대체	490천회선	910	1998년-1999년
No.4 시외교환기로의 대체	242천회선	256	1998년-1999년
이동통신기지국 광코어 제공	2,300구간	1,320	1998년-1999년
CAMA	384시스템	384	1998년
가입자 광전송장치(FTTO)	258개 건물	285	1998년
ISDN 교환시설 공급	29천회선	125	1998년

다. 언론보도사항

IMF 사태로 한국통신의 1998년도 통신시설사업이 크게 축소됨에 따라 장비시장이 위축될 전망임을 언론에서는「통신장비시장 위축될 듯」이라는 제목으로 다음과 같이 보도하였다(전자신문, 1998. 5. 4).

<기사내용> 주요 기간통신사업자들이 신규사업 축소를 골격으로 한 사업 전면 재조정을 추진함에 따라 교환기업체를 비롯한 통신장비업체들은 올 한해 생산위축에 따른 매출감소가 불가피할 전망이다. 2일 관련업계에 따르면 국내 통신장비시장에서 최대 수요처 중 하나였던 한국통신이 최근 네트워크 부문 특별대책회의를 갖고 올해 예산 1조9천7백71억 원을 최종 확정한데 이어 하반기 본격 투자가 예상됐던 하나로통신도 사업축소를 중심으로 한 사업 재조정작업을 추진하고 있는 것으로 알려졌다.

특히 이들 두 사업자의 투자축소는 교환기, 광케이블 등 통신장비시장의 커다란 위축을 가져올 것이 확실시돼 통신장비업체들은 해외시장 개척을 통한 위기극복이 요구되고 있는 실정이다. 한국통신은 지난달 말 이정욱 부사장 주재로 네트워크 부문 특별대책회의를 갖고 올해 네트워크 부문 총예산을 전년 대비 34%가량 줄인 1조9천7백71억 원으로 확정했다. 해마다 전년 대비 20% 이상씩 투자를 늘려왔던 한국통신이 설비투자를 감소한 것은 창사 이래 처음 있는 일이다.

이 같은 네트워크 부문 예산은 올해 자금차입 악화와 제로성장의 가입자 증가율 등으로 투자재원 마련이 여의치 않은데다 주변 영업환경이 극도로 악화됨으로써 총매출이 전년 대비 7천억 원 가량 줄어들 것이란 판단에 따른 것이다. 한국통신은 네트워크 부문 예산에 대해 교환시설은 물론이고 선로, 중계전송, 초고속데이터 등 전 부문에 걸쳐 30% 이상씩 규모를 축소한 것으로 전해지고 있다.

특히 통신품질 제고에 필요한 가입자 노후선로 교체나 사회간접자본 투자인 통신주 이관 및 지중화 작업 등 도로 유관공사조차도 예산을 전혀 배정하지 않았다. 특히 이미 발주한 물량일지라도 공사 진척도가 50% 이상 넘지 않으면 계약파기를 통고하고 있는 상황이어서 5

월 이후 신규발주를 위한 예산지원은 거의 없을 것으로 예상된다.하반기 이후 본격적인 투자가 예상됐던 하나로통신 조차도 국제통화기금(IMF)에 따른 사업재조정작업을 추진한 결과 사업구역을 서울, 인천, 부산, 울산으로 대폭 축소 조정함으로써 시설투자를 절반 가까이 줄인 것으로 알려지고 있다.

특히 투자내용도 일반가입자선로에 대한 투자를 전면 보류키로 한 것으로 전해져 선로 등 통신장비 및 통신공사에 대한 시장수요 위축이 불가피할 전망이다. 설비투자를 대부분 완료한 상태인 휴대폰이나 PCS사업자, 삐삐사업자 등도 마케팅 지원을 제외하고는 대부분의 시설투자를 전면 보류 또는 연기하고 있어 올해 통신장비업체 및 통신공사업체들의 IMF 체감도는 더욱 높을 것으로 예상된다(조시룡 기자).

8.5 IMF사태 당시 통신산업 육성 노력

가. 정부의 정보화 촉진 노력

IMF사태를 극복하기 위해 정부는 경제회생을 위한 정보화를 촉진하고 정보통신산업을 육성하기 위한 촉진방안을 다음과 같이 제시하였다(경제회생을 위한 국가사회정보화 촉진방안, 1998. 5. 21, 정보통신부, 행정자치부, 기획예산위원회).

(1) IMF극복을 위한 정보통신의 역할 강조

경제위기 극복을 위한 당면과제로서 정부·공기업의 구조개혁과 금융·기업의 구조조정이 필요하고, 외국인 투자유치 및 수축증대와 신규 고용창출이 시급하다. 그리고 사회전반의 구조개혁을 위해서는 정보화가 필수적이다. 이에 따라 조직, 인력, 예산을 줄이면서도 효율성, 투명성을 확보하고, 정보화투자는 정보통신산업 발전을 위한 수요기반을 제공한다.

또한 우리경제의 성장과 수출증대, 고용창출 및 외국인 투자유치를 위해서는 정보통신산업의 전략적 육성이 필요하다. 단기적으로는 현 경제위기를 극복하고, 종국적으로는 IMF사태 이후에 대비하며, 정보통신산업은 세계적 성장산업으로 우리도 기술경쟁이 가능하다. 이와 관련하여 미국의 사례를 보면 정보기술을 이용하여 1993년부터 1998년 3월까지 35만명(16%)의 공무원을 감축하고, 1,370억불의 예산을 절감하면서도 행정서비스 수준은 향상되었다. 그리고 정보산업은 1990년 이래 경기호황을 주도하여 향후 미국경제를 주도할 핵심 산업으로 평가되고 있다. 1993년-1996년간 성장기여도 28%, 신규고용 61만 명 창출, 향후 10년간 약 130만 명의 고용을 창출할 것으로 전망하고 있다.

(2) 경제 활력고취를 위한 정보화추진

정부는 IMF사태로 인한 경제난을 극복하고 우리경제의 활력을 고취하기 위한 정보화추진방안을 다음과 같이 제시하였다.

첫째, 정보화투자를 지속적으로 확대한다. 경제위기에 따라 사회전반의 정보화투자가 위축될 우려가 있다. 30% 내외의 공공부문 정보화예산 증가율이 1998년에는 6,280억 원(5.2%)으로 축소되었다. 그리고 시스템통합(SI)사업은 매출액이 4조863억 원으로 전년대비 15.8% 감소할 것으로 전망된다. 인력, 예산을 줄이면서도 생산성을 향상시키기 위해서는 정보화 투자의 확대가 절실하다. 미국은 1990년대 초 불황기에도 정보화투자를 확대하여 1997년에 3%의 고성장과 4.9%의 저실업을 달성하였다. 미국은 기업설비투자 중 정보기술 분야 비중이 1960년대의 3%에서 1996년 45%로 증대되었다.

둘째, 금융생산성을 지원하는 정보화를 추진한다. 이를 위해 금융정보화로 금융의 투명성을 확보하고 생산성을 제고하기 위해 금융기관간의 정보망을 연계하여 신용정보 등을 공동 활용하고 무담보 신용대출로의 전환에 기여토록 한다. 그리고 수납업무의 정보화로 금융기관의 경쟁력을 향상시킨다.

셋째, 구조조정을 위한 기업정보화를 지원한다. 이를 위해 전자상거래 활성화 기반조성으로 기업혁신을 촉진한다. 1998년 중 전자상거래기본법, 전자서명법 등의 법령을 제정하고, 전자서명 등 기술개발과 다양한 시범사업을 추진한다. 한편 미국의 경우 유나이티드 항공사는 부품재고비율을 10억불에서 2억불로 감소하였고, 전자서점 아마존(Amazon)은 1996년 1,600만 불에서 1997년 1억4,800만 불로 매출을 증대하였다.

그리고 중소기업 경영정보화를 위한 자금융자를 1998년에 570억 원을 지원한다. 또한 기업의 물류비용을 절감하기 위한 범국가적 물류체계를 개선하며, 이를 위해 한국통신이 물류망 사업에 참여토록 한다. 이에 따라 1998년 중 물류정보화 추진전략을 재정립하고, 1998년-2000년까지 국내외 물류망 간 상호 연계하여 물류정보의 공동 활용체계를 구축하여 물류관련 일괄서비스를 제공한다. 1996년의 연간 총 물류비용은 64조원에 달하므로, 이 비용의 2%만을 절감하더라도 1조원 이상의 절감이 예상된다.

넷째, 사회전반의 정보화를 확산한다. 이를 위해 세계에서 컴퓨터를 제일 잘 쓰는 나라가 될 수 있도록 전 국민을 대상으로 정보화교육을 확대 실시한다. 한국통신에서 1990년부터 시작한 초등학교 지원용 컴퓨터의 보급을 1996년에 완료하였다. 이 사업에는 총 640억 원을 들여 XT급 386 컴퓨터 131,525대를 보급하였고, 하이텔 단말기는 총 661억9천만 원을 투입하여 1991년-1996년에 31만대를 공급하였다.

한편 학생(교육부), 공무원, 주부 등(행자부), 장애인, 노령자(복지부) 등 대상별로 교육목표, 방법을 달리하여 정보화 교육을 실시한다. 이때 정보통신부는 교육프로그램을 개발하고 강사인력을 양성 지원한다. 정보화교육을 통한 정보화수요확대로 정보기기 등의 가격하락을 유도하고 이를 통해 정보화수요를 재창출한다. 또한 정보문화운용협의회를 구성하여 민간의 자발적 정보화운동을 지원하고, 사회구조의 전반적 변화에 대비하여 전자정부구현 등 9개 부문 92개 법령을 정비한다.

나. 경제위기 극복을 위한 통신산업 발전대책

정부는 IMF사태로 인한 경제위기를 극복하기 위한 정보통신산업 분야의 발전대책을 다음과 같이 제시하였다.

첫째, 정보인프라의 조기구축으로 성장잠재력을 확충한다. 정보인프라는 정보화와 지식정보사회의 핵심기반시설이므로 IMF사태 이후 국가경쟁력 확보를 위해 차질 없는 추진이 필요하다. 따라서 정보인프라 투자는 경제 불황기에도 지속적으로 확대할 필요가 있다. 만약 투자위축으로 정보통신기술, 고급인력 등 핵심기반이 무너질 경우 산업의 특성상 재구축에 장시간이 소요되므로 지속적 투자확대가 필요하다. 한국통신의 경우 투자규모가 1997년 3조2천억 원에서 1998년 2조5,500억 원으로 전년대비 80% 수준으로 감축되었다. 이에 따라 중소납품업체에게 어려움이 발생하고 있다.

둘째, 초고속정보통신망 구축을 촉진한다. 미국, 일본 등 선진국들은 이를 2010년까지 완료하는 것으로 조기추진 추세이다. 이에 대응하여 우리도 2010년을 목표로 조기구축이 불가피하다. 이를 위해 총 소요재원 32조원은 한국통신 등 통신사업자부문에서 30조원, 정부가 2조원을 조달하게 되어 있다. 1998년-2002년 기간 중 기대효과는 고용유발 14만 명, 무역수지개선 10조4천억 원, 거래비용절감 46조원-109조원, GDP기여도 1.13%로 전망된다. 그리고 가입자망에 대한 민간투자지원을 위해 저금리융자 등 다양한 지원방안을 강구한다. 기존 가입자선로를 이용한 ADSL 기술을 활용하여 1998년에 1천 가입자를 시범 운용하고, 학교 등 공공기관 가입자망 고도화는 정부재원으로 추진토록 한다.

셋째, 신규고용을 창출하여 실업문제를 해소한다. 정보통신부문에 향후 5년간 44만명 신규고용 창출이 가능하다. 1997년 말 고용인력 92만 명에서 2002년 136만 명으로 늘어나는 것으로 추진한다. 이를 위해 우선 소프트웨어, 멀티미디어, ASIC 지원센터 등 창업지원시설을 확충하고, 정보통신 전문창업 투자조합을 설립하여 경영활동을 지원하는 등 정보통신벤처 창업으로 신세대 고용을 창출한다.

다음에는 벤처기업의 자금, 기술, 판로 등을 종합 지원한다. 이를 위해 기술개발자금을 장기 저리로 융자지원(1998년 2,721억 원)하고 국책연구기관을 통한 기술지도 및 개발기술을 이전한다. 또한 한국통신 등 공공기관이 벤처기업제품을 구매하도록 유도한다. 한국통신에 대한 창업지원은 창업사 선정을 마치고 약 30억원의 지원이 결정되었다(1998. 6). 이와 같이 추진하여 국내에서도 MS, 우리시스템스와 같은 세계일류의 벤처기업이 생겨나도록 지원한다.

넷째, 지식집약산업인 소프트웨어를 미래성장 주도산업으로 육성한다. 생산목표는1998년 30억불 선에서 출발하여 2002년에는 128억불로 확대해 나간다. 이를 위해 해외창업, 선진기술습득을 위한 해외지원센터를 활성화하고, 영세 소프트웨어 업체의 자금 및 보증지원을 위한 공제사업을 확충한다. 1998년에 300억 원을 조성하여 총 5,237억 원 보증지원효과를 실현한다. 또한 내수시장 활성화를 위해 소프트웨어 수요를 예보하고 공공기관의 소프트웨어 구입예산을 1997년 10%에서 1998년 18%로 올리는 등 확대해 나간다. 한편 대학졸업자를 인턴사원으로 채용하는 경우 훈련비를 지원토록 한다(1998년 100억 원).

다섯째, 정보통신산업의 세계화 전략체제를 구축한다. 국내 정보통신시장에 대한 외국인투자를 활성화하고 세계일류수준의 경쟁력을 확보하여 해외시장에 진출한다. 이러한 목표를 달성하기 위해 다음과 같이 조치한다.

① 투자형태에 맞는 차별화된 지원으로 외국인 투자유치를 촉진한다. 다국적 기업이 아시아권 생산기지 건설을 위해 국내 자회사에 투자하는 경우 인력 및 토지취득을 지원한다(예; 모토롤라). 그리고 선진국 통신사업자가 국내사업자에 대하여 경영참여목적으로 투자하는 경우에는 지분한도, 인수합병에 대한 규제를 완화토록 한다(예; BCI). 또한 선진국 기관투자자(Tiger Fund)가 단순 투자목적으로 주식을 취득하는 경우에는 외국인 지분한도 및 투자절차를 개선한다.

② 선진기술 및 경영기법 활용하기 위해 전략적 제휴를 확대한다. 유럽 1위인 DT와 유럽 4위인 FT가 미국 장거리통신사업 3위인 Sprint사의 지분 20%를 인수하는 등 통신사업자 간의 전략적 제휴가 활발한 상황이다. 1999년 세계적 통신사업자들이 국내에 진출하기 전에 국내통신사업자의 자율적 구조조정을 유도한다.

③ 시장선점을 통해 정보통신 장비 수출을 확대한다. 이동전화(CDMA) 시스템을 상용화한 경험을 바탕으로 세계시장을 선점하고 핵심부품 국산화에 주력한다. 이를 위해 수출금융지원을 확대하고 통신사업자와 장비제조업체가 공동으로 진출할 수 있게 지원한다. 그리고 고속모뎀, 평판 디스플레이, 인텔리전트 TV 등 시장 확대가 예상되는 수출유망품목은 상용기술과 차세대 기술개발을 연계하여 조기에 상품화하고, 세계시장을 선점하도록 추진한다.

다. 공공부문 구조개혁을 위한 전자정부 구현

행정자치부는 어려운 IMF사태를 이겨나가기 위해 공공부문 구조개혁을 위한 전자정부 구현방안을 다음과 같이 제시하였다(경제회생을 위한 국가사회정보화 촉진방안, 1998. 5. 21, 정보통신부, 행정자치부, 기획예산위원회).

(1) 정부의 비전과 목표

우리정부는 온라인 열린 정부로 정하고 정보기술을 활용한 행정개혁을 통해 생산성을 높이고 국민위주의 질 높은 서비스를 제공하는 21세기 지식정보 사회형 전자정부를 구현하고자 하였다. 그리고 정부경쟁력을 세계일류 수준의 작고 강한 정부를 실현하기 위해 다음과 같이 시행방안을 정하였다.

첫째, 누구나 언제 어디서나 한 번에 서비스되는 정부를 실현한다. 집 안팎에서 밤낮으로 가능한 원스톱 전자민원서비스를 가능하게 하고, 구비서류 없이 신청만 하면 되는 간편한 전자민원서비스를 제공한다.

둘째, 민간기업 수준을 뛰어넘는 생산성 높은 일류정부를 만든다. 공문서나 자료가 전자적으로 생산 처리되는 종이없는 행정을 실현하고, 전자화된 행정정보가 물 흐르듯 유통되는 신속 정확한 행정이 되도록 한다.

셋째, 정보 네트워크로 국민과 하나 되는 투명한 정부가 되게 한다. 누구나 쉽게 드나들 수 있는 행정정보가 풍부한 네트워크를 구축하고, 국민과 공무원이 언제나 가까이 대화할 수 있는 빠른 네트워크를 만들어 간다. 그리고 정보공개와 정보보호가 잘 어울린 효율적인 정보자원 관리체계를 구축토록 한다.

(2) 행정의 생산성 향상

당시 우리나라는 행정 정보화와 행정개혁을 지속적으로 추진함에도 불구하고 IMD 발표에 의하면 정부경쟁력은 세계 46개국 중 18위에서 1998년 34위로 오히려 저하되었다(1998. 4. 19). 이 문제를 해결하기 위해 다음과 같은 개선방안을 수립하여 시행하였다.

첫째, 종이 없는(Paperless) 행정처리방식을 도입하여 신속하게 행정을 처리하고 비용을 절감한다. 1998년 말까지 중앙행정기관에 전자결재시스템을 설치하여 운영하고 전자문서 유통제도를 도입한다. 전자결재시스템은 1996년에 시범운용을 시작으로 현재 정착단계수준이고 1998년 1월-3월간 전자결재건수는 전체문서의 41%인 100,879건을 처리하였다. 그리고 1999년에는 시군구와 각급 산하기관으로 확대하고 생산되는 모든 행정문서의 전자화를 추진한다. 이렇게 되면 매월 종이사용량 20%이상, 문서유통시간 70%이상, 사무관리비용 50%이상 감축이 가능하다.

둘째, 1998년 하반기에 대통령, 총리실, 장관실 등에 국정전자상황시스템을 설치 운영한다. 이를 통해 고위정책결정자가 국정상황을 즉시에 파악할 수 있도록 주요경제지표, 정책현안정보 등을 제공한다. 그리고 행정정보의 기관 간 공동 활용을 촉진하여 민원사무의 간소화를 확대한다. 이를 위해 1998년 하반기에 행정기관의 모든 행정정보를 데이터베이스화하여 정보소재 안내서비스를 제공토록 한다.

셋째, 시군구에 종합행정 정보화를 촉진한다. 주민자동차, 부동산 등 업무별로 개발 운영되고 있는 정보시스템을 통합 표준화하여 민원서비스의 편리성을 제공한다. 이 서비스는 1998년 중 시범사업을 실시하고, 1999년 하반기에 실시될 지방자치단체 행정개혁과 연계하여 2000년부터 전 시군구로 확대한다. 이를 바탕으로 2002년까지 행정기관 제출 민원서류를 폐지하며, 이를 전면 시행할 때 연간 1조6천억 원의 경제적 절감효과가 예측된다.

(3) 행정정보 제공 및 고위정보관리자 제도의 도입

1998년 말까지 청와대를 비롯한 전 중앙행정기관의 인터넷 홈페이지 운영을 개선하여 국민에게 필요한 정보를 즉시 제공토록 한다. 21세기는 인터넷이 이 기능을 담당하게 되며 전 세계로 각종 정보를 가장 손쉽게 알리는 수단이 되어가고 있다. 영국은 중앙행정기관 및 지방자치단체를 모두 통합한 정부정보서비스(GIS)를 인터넷상에서 운영하여 국민들에게 제공하고 있다. 우리정부도 1998년 10월까지 행정규제정보를 제공하는 데이터베이스를 수축하고 인터넷을 통해 검색, 질의, 응답하는 서비스를 제공토록 한다.

그리고 행정기관에 고위정보관리자(CIO)제도를 도입한다. 이를 위해 부처내 및 부처간 정보화를 통한 행정개혁의 선도자로서 CIO를 조기에 임명하고 제도화를 추진한다. 1998년 상반기에 부처는 차관, 청은 차장을 CIO로 임명하고 CIO를 중심으로 정보보호, 인력감축에 대한 보완책을 병행하여 정보기술을 이용한 전반적 행정개혁을 추진한다.

라. 공공부문의 정보자원관리 개선

IMF 사태에 직면하여 정부(기획예산위원회)는 공공부문 정보자원관리 개선방안을 제시하였다. 기획예산위원회에서는 각 분야의 정보화가 상당히 진전되고 있으나 계획과 예산의 괴리 및 기관별, 업무별 정보화로 국민편익증진과 전반적인 행정의 효율성 향상은 미흡하다고 보았다. 그리고 실질적인 정보화 효과를 거두려면 분야별 정보화를 연계하여 종합적이고 외부에 위탁하는 전략적인 노력이 필요하다고 판단하여 다음과 같은 방안을 제시하였다(경제회생을 위한 국가사회정보화 촉진방안, 1998. 5. 21, 정보통신부, 행정자치부, 기획예산위원회).

(1) 정보자원의 연계, 통합 및 외부위탁

중앙정부의 정보화 예산은 연평균 38%로 늘어났으며 중앙과 지방의 전산인력은 연평균 18% 이상 증가되었다. 당시 전산예산상황은 <표 8-61>, 전산인력 상황은 <표 8-62>과 같다(1993년-1997년). 이 표에서 보면 우리나라 정부기관(중앙부처 및 지방자치단체)의 전산예산은 1993년 1,633억 원이었으나 1997년에는 7,911억 원으로 크게 늘어났다. 그리고 전산인력은 1993년 4,262명으로부터 1996년에는 6,944명으로 증가되었음을 알 수 있다.

<표 8-61> 우리나라의 전산예산(단위: 억원)

구분	1993년	1994년	1995년	1996년	1997년
중앙부처	1,633	2,071	2,572	3,421	5,911
지방자치단체	-	-	-	1,655	2,000
계	1,633	2,071	2,572	5,076	7,911

<표 8-62> 우리나라의 전산인력(단위: 명)

구분	1993년	1994년	1995년	1996년	1997년
중앙부처	2,574	2,596	2,601	3,191	미확인
지방자치단체	1,688	3,172	3,753	3,753	
계	4,262	5,768	6,354	6,944	

그러나 기관별, 업무별 정보화로 중복투자가 되고, 관리 운영상의 비효율이 발생하여 국민 불편을 초래하였다. 4대 보험의 경우 보험별로 정보시스템이 구축되어 국민은 해당지역과 기관을 일일이 확인하여 직접 방문해야 하며 중복신고 등으로 불편한 상황이다. 이때 자체인력에만 의존하여 관리 운영하는 것은 급변하는 정보기술의 수용에 한계가 있었다. 기획예산위원회는 이와 같은 문제점을 개선하는 방안과 추진계획을 다음과 같이 제시하였다.

첫째, 기관별, 업무별 공급자 중심으로 구축된 정보자원을 국민에 대한 행정서비스 중심으로 연계 통합한다. 이를 위해 내부인력에 의한 정보자원관리 운영을 전문업체에 대폭 위탁함으로써 예산을 절감하고 효율성을 제고토록 한다. 외국 정부기관의 외부위탁사례를 보면 영국은 1993년부터 교통부와 국세청이 정보시스템의 관리 운영을 미국 EDS사에 외부위탁하고 있으며, 미국의 경우에도 국방성, 농무성, GSA 등의 연방정부와 주정부들이 다양한 업무에 관하여 외부에 위탁하고 있다.

둘째, 1998년 중에 기획예산위원회는 정보통신부 등 관계부처 관계자들로 전담반을 구성하여 구체적인 실천방안을 마련한다. 이를 위해 실태조사, 경제성분석을 통해 연계 통합 대상을 선정하고, 법과 제도를 정비하고 지침을 작성하여 외부위탁 기반환경을 조성한다.

셋째, 파급효과가 큰 4개 사업을 우선추진대상으로 선정하여 1998년부터 추진한다. 이를 위해 의료보험(복지부), 고용보험 및 산재보험(노동부), 연금보험(복지부, 교육부, 국방부, 행자부) 등의 정보자원을 통합하여 4대 사회보험 통합정보시스템을 구축한다. 그리고 행자부, 건교부, 대법원의 부동산정보시스템을 연계시키고, 체신금융전산시스템은 외부위탁을 추진한다. 또한 정보자원의 연계, 통합 및 외부위탁 지원을 위해 한국전산원에 「국가정보화센터」를 운영한다.

(2) 정부부처 간 정보화계획의 협의강화

그동안 정보화추진위원회를 중심으로 한 범정부적인 정보화 추진체계는 국가사회 정보화에 기여하였다. 그러나 분야별 정보화계획의 종합 조정과 예산편성과의 연계가 미흡하여 전략적인 정보화추진에 애로가 있었다. 예를 들면 1998년 정보화촉진 시행계획상 총 소요예산 1조8,551억 원 중 1998년도 예산에 실제 반영된 것은 6,218억 원으로 33.5% 수준이었다. 국무조정실 주관으로 관계부처회의를 개최하여 세부추진방안을 확정한 후 1999년도 예산부터 시행 추진한다.

한편 공공부문의 투자가 경제적 타당성 위주로 추진되어 장기적 비효율성 개선의 핵심수단인 정보화에 대한 고려가 미흡하다. 도로, 철도, 항만 등 대형투자사업에 도입하여 활용할 경우 투자효율제고는 물론 산업구조의 고도화도 가능하다. 우선 대형투자사업을 대상으로 계획수립 단계에서 부터 정보화 관련사항을 분석하여 정보화계획을 반영토록 의무화한다. 1998년 중 정보화촉진기본법에 관련근거를 마련한다.

9. 노동조합 파업 시 기간통신망의 관리 및 운용

9.1 노조 파업사태 시 통신망 운용대책

1996년 5월 한국통신은 노사분규에 따라 일부 전화국의 부분적 및 전면적인 비상사태 발생에 대비하여 통신시설의 안정운용대책(1996. 5. 23, 한국통신 네트워크본부), 통신시설 안정운용 세부대책(1996, 5. 30, 한국통신 네트워크본부) 등 통신시설의 안정운용대책을 수립 추진하였다. 이 계획의 주관부서 및 결재자는 제8장 말미의 참고자료 편에 기록되어 있다. 이들 2개 대책의 주요내용은 다음과 같다.

가. 주요전화국의 안정운용방침

당시 한국통신 노사분규는 노동조합원의 작업장 점거농성으로 통신시설의 정상운용이 불가능한 상황이 초래되는 예상 시나리오로서 이에 대비한 안정운용대책을 수립하였다.

① 서울시내의 안정운용 주요대상국은 중앙전화국, 광화문전화국, 영동전화국으로 정한다. 기본방향은 주요통신시설의 자체경비태세를 강화하고, 필수요원을 최대한 활용하여 기본적인 유지보수업무를 수행한다. 그리고 집중감시 지원업무의 책임제를 실시하고, 주요통신시설에 대한 안정운용방안을 강구한다.

② 전자교환기, 전송시설 및 전력시설은 자체유지보수요원으로 운용하고, 집중운용보전 시스템에 의해 원격으로 감시하며, 긴급복구지원반을 편성 운영한다. 비상시 최소 기본인력에 의해 일정기간 정상운용은 가능하나 시설손괴, 전원차단 등의 행위 시 정상운용이 불가능해질 우려가 있다. 시험실 운영은 현장요원을 동원하고, 고장발생상태에 따라 탄력적인 운용이 불가피하다. 이는 현장요원 다수가 노조원으로 정상적 업무수행이 곤란하다.

③ 비상시 주요시설에 간부직 및 비노조 요원이 상주근무토록 하고, 집중운용시스템의 실시간 감시를 강화한다. 그리고 자체경비를 강화하고 필수요원을 지정하여 사전에 인근전화국과 외부인력을 동원할 수 있도록 조치한다. 이때 필수운용요원은 간부직, 비노조원, 노조원 중 불참자를 대상으로 자체확보하고 부족인력은 지역본부에 지원 요청한다. 이외에도 본사, 지역본부, 직할기관 및 외부 동원인력을 활용한다.

④ 주요시설 방호계획을 수립하고 업무목적 외 출입을 통제한다. 이를 위해 우선순위, 배치인력 및 근무대책 등의 시행계획을 수립하고, 행정분야 간부직 및 방호원을 상주 배치한다. 자체통제 곤란하게 되는 경우에는 경찰 등에 경비지원을 요청하고, 주요시설을 손괴하는 등 불법과격행위자에 대하여는 감시하고 고발 등의 조치를 한다.

⑤ 부분적 파업이 시도되는 1단계에서는 내부인력을 동원하여 운용하고, 집중운용센터의 감시를 강화하며 지원책임제를 시행한다. 이때 1차지원은 강남 OM센터, 2차지원은 서

울통신운용연구단이 담당한다. 전면적 파업이 시도되는 2단계에서는 기술분야 간부직 및 파업불참자를 대상으로 자체전화국 동원인력을 최대한 배치한다. 이때 본사 주관으로 자회사, 관련업체 전문인력 등 내·외부 인력을 투입하여 대처한다. 또한 특수교육을 이수한 군부대 통신요원도 동원한다.

⑥ 당시 노사단체협약 제4조에 의하면 ① 과장급 이상의 직위에 보직된 직원, ② 청원경찰 및 안보, 경호통신 담당직원, ③ 인사, 노무, 감사 및 비상계획 담당직원, ④ 연수원 교수요원, 관리급 이상의 비서 및 승용차 운전자, ⑤ 기타 공사와 조합이 합의로써 정하는 직원 등은 노동조합 조합원이 될 수 없다고 규정하고 있다.

나. 서울시내 주요전화국의 주요시설 및 동원가능인력

당시 서울중앙전화국의 주요 핵심시설은 전자교환시설 15만8천회선(4층-5층), 중계전송시설 13만7천회선(3층), 시험실 30만6천회선(2층), 전력시설 발동발전기(1,000KW) 1대, 변압기 10대(2층)이었다. 그리고 주요회선 운용상황을 보면 병무청, 지방검찰청 등 1순위 가입자 18개 가입자 398회선이고, 전용회선은 국방부 산하기관, 한국은행 등 9개 가입자 223회선을 운용하고 있었다. 한편 현원 271명 중 동원가능인력은 내부인력 30명, 외부인력 0명으로 총 30명으로 정하였으며 이때 행정분야 간부직(10)은 제외하였다. 세부내역은 <표 8-66>과 같다.

<표 8-66> 서울중앙전화국의 인력상황

구분	동원가능인력				노조원	합계
	편제인원	청경	비노조원	소계		
행정직	10	11	14	35	57	92
기술직	9	-	7	16	163	179
계	19	11	21	51	220	271

광화문전화국의 주요 핵심시설로는 전자교환시설 15만8천회선(3층-4층), 중계전송시설 87만9천회선(2층), 시험실 23만1천회선(2층), 전력시설 정류기 98대, 축전지 42조(3층)를 운용하고 있었다. 그리고 주요회선 운용상황을 보면 주요 정부부처의 90개 가입자 1,021회선이고, 전용회선 82개 가입자 3,077회선을 운용하고 있었다. 한편 현원 229명 중 동원가능인력은 내부인력 38명, 외부인력 0명으로 총 38명으로 정하였으며 이때 행정 분야 간부직(9)은 제외하였다. 세부내역은 <표 8-67>와 같다.

영동전화국의 주요 핵심시설로는 전자교환시설 25만8천회선(4층-5층), 중계전송시설 62만회선(3층), 시험실 37만6천회선(2층), 전력시설 발동발전기 2대(1,000KW), 수전설비 4,300KVA(1층)를 보유하고 있었다. 그리고 주요회선 운용상황을 보면 군부대, 경찰서 등 1순위 가입자 7개 가입자 41회선이고, 전용회선은 검찰청 등 4개 가입자 654회선을 운용하고 있었다. 한편 현원 373명 중 동원가능인력은 내부인력 56명 외부인력 11명 등 총 67명으로 정하였으며, 이때 행정 분야 간부직(9) 및 방호원(3)을 제외하였다. 그 세부내역은 <표 8-68>과 같다.

<표 8-67> 광화문전화국의 인력상황

구 분	동원가능인력				노조원	합계
	편제인원	방호원	비노조원	소계		
행정직	9	-	23	32	40	72
기술직	11	-	4	15	142	157
계	20	-	27	47	182	229

<표 8-68> 영동전화국의 인력상황

구분	동원가능인력				노조원	합계
	편제인원	방호원	비노조원	소계		
행정직	9	3	25	37	64	101
기술직	13	-	18	31	241	272
계	22	3	43	68	305	373

다. 전국 통신시설의 안정운용 기본방침

한국통신 노조파업으로 비상사태가 발생하는 경우, 주요통신시설의 운용상 비상상황을 예상하여 대처하도록 하였다. 비상예상 상황은 다음과 같다.

① 일부 전화국, 일부 노동조합원이 직원 출근을 저지하거나 작업장을 점거 농성하는 부분적 비상사태(1단계)가 발생할 수 있다. 이 경우 정기점검 등 일상적인 유지보수업무가 일부 불가능해진다.

② 전국 전화국, 전 조합원이 동시에 파업하는 전면적 비상사태(2단계)가 발생할 수 있다. 이 경우 일상적인 유지보수업무의 수행이 중단되고, 집중운용보전시스템, 전자교환기 MT 교체 등 주요시설 운용관리업무의 정상운용이 불가능해진다. 또한 시외통신망 및 국제통신망 등 주요 기간통신망에 대한 적극적인 운용방해도 예상된다.

③ 주요통신시설의 손괴시도(3단계)가 발생할 수 있다. 주요통신시설의 스위치 개폐 등 손괴로 시설고장이 유발되고, 실화 및 방화 등으로 인한 화재발생도 우려된다.

1996년 당시 전국 주요전화국 시설로는 전자교환실 433개실, 전력실 316개실, PCM실 322개실, 시험실 334개실, 전공실 506개실 등 총 1,911개실이 운영되고 있었다. 이중 특별관리대상은 서울시내의 광화문, 영동, 여의도, 혜화, 구로, 중앙 등 6개 전화국으로 지정하였다. 또한 시외통신망 분야는 통신망운용국 12국, 중계소 121개소이고, 국제통신망의 경우 국제통신망운용국 1국, 위성지구국 2국, 해저중계국 3국이 관리대상으로 정하였다. 이들 주요대상 시설의 관리기본방침은 다음과 같이 정하여 시행하였다.

① 외부선동 가담자의 침투를 방지한다. 경비인력을 총동원하고 간부직이 지원하여 경비를 강화하고, 외부인 출입자는 철저하게 통제하며 순찰을 강화한다. 또한 경찰 및 유관기관과의 협조체제를 지속적으로 유지한다.

② 중요시설에 대한 방호를 강화하고 통신시설의 안정운용에 최선을 다한다. 이를 위해 근무자 외에는 출입을 제한하고 관리직을 상주시키고, 통신시설의 안정운용을 위해 중요시설별로 간부직 및 미 참여직원을 최대한 활용한다. 그리고 부족인력에 대한 동원대책과 지원대책을 마련하고 상황에 따른 단계별 행동계획을 수립 실시한다.

라. 단계별 시설방호 및 경비

노조파업 1단계인 부분적 비상사태 시의 주요시설 방호 및 경비는 다음과 같이 조치하는 것으로 정하였다.

① 정문 출입통제를 강화한다. 소속직원 외 출입자는 신분확인 및 기록관리하고, 자동차 트렁크 등을 확인하고, 인화물질, 위험물 등 시위용품 반입을 차단한다.

② 통제구역에는 지정된 근무자에 한하여 신분확인 후 출입조치하고, 출입문 잠금장치 상태를 확인하고 열쇠관리를 철저히 시행한다. 관리직으로 순찰조를 편성하여 근무상황을 상시 파악하고 하이텔 게시판 입력 등 PC조작 및 외부와의 전화통화 등도 감시한다.

③ 유사시 경찰 등 외부인력 지원체제를 구축하고, 정문통제를 보강하며 필요시 담장외곽 경비도 강화한다. 또한 돌발 상황에 대비한 출동 및 긴급지원 조치사항을 경찰서, 소방서, 병원, 군부대, 한국전력 등과 사전협의한다.

다음 노조파업 2단계인 전면적 비상사태 시의 주요시설 방호 및 경비는 다음과 같이 조치하는 것으로 정하였다.

① 전 직원 비상소집하고 미가담자를 설득하여 개인별 업무를 부여하는 등 사태의 확산방지에 주력하는 등 비상근무체제에 돌입한다.

② 출입문 잠금장치 및 출입자 통제관리를 한층 강화한다. 필요시 자물쇠를 교체하고 열쇠는 담당부장 또는 과장이 보관하고 각 실별 전자키의 비밀번호를 변경하여 보안을 유지한다. 그리고 기술부서 관리직은 해당 주요시설의 현장에 상주 근무하고, 관리직이 순찰하여 근무동태를 지속적으로 파악한다.

③ 중요시설 안정운용에 필요한 각 실별 최소필수요원을 적정배치하고 외부지원인력에 대하여는 명단입수 및 신분증 확인 등 출입관리를 철저히 한다. 한편 중요시설 방호 및 필수 비상근무요원의 신상보호대책을 강화한다. 이를 위해 1차로 간부직 및 경비요원, 행정 분야 미가담자로 자체경비하고, 2차로 자체경비 불가능할 경우 경찰 등 유관기관에 지원을 요청한다.

한편 노조파업 3단계인 주요시설이 손괴되는 비상사태 시의 주요시설 방호 및 경비는 다음과 같이 조치하는 것으로 정하였다.

① 유관기관과 비상전화 등 연락체계를 점검하고 전화소통상태를 확인하며, 상호연락책임자를 지정한다. 유사시 유관기관 지원대책을 재확인하고 인근 전화국 간에 정보를 교환한다.

② 각종시설 위해 가담자에 대한 현장 사진촬영, 인적사항 등 증거자료를 수집하고 경찰관서에 신고 조치한다. 기타 사항은 2단계 행동요령을 지속적으로 유지한다.

9.2 시내교환시설 안정운용대책

1996년 당시 시내교환시설은 7개 기종, 959개 시스템, 22,541천 회선을 운용하고 있었다. 이를 위한 최소 소요인력은 1,048명이고, 동원가능인력은 내부동원이력 728명, 외부동원인력 320명으로 구성되었다. 여기에서 내부동원인력은 자체 550명, 내부 178명이고, 외부동원인력은 공급업체 221명, KTI 27명, ETRI 72명으로 편성되었다.

가. 부분적 비상사태인 1단계 운용대책

첫째, 해당 현업기관의 업무처리 우선순위에 따라 시행한다. 1순위 업무는 시스템 정상동작 운용상태 감시 및 긴급복구이고, 2순위 업무는 과금테이프 생산 및 교체이다. 그리고 신규가입자, 전출입가입자 처리는 3순위, 준 긴급경보이상 중요고장의 우선처리는 4순위로 조치한다.

둘째, 기관별 최소 필수인원을 지역본부 자체로 배치하고, 기관장은 분야별 필수요원 명단을 확보한다. 기술지원을 위해 해당 현업기관장은 과장, 부장, 일용인부 및 가용 필수요원을 최대한 활용하여 시설 운용에 투입한다. 또한 인력 및 기술인력 부족시 OMC 운용지원센터 소장에게 기술지원을 요청한다.

셋째, 지역본부에서는 집중운용보전센터의 운용체제를 강화하고, 정상적 운용센터는 현행대로 운영하며 지역본부 담당국장이 센터운영을 직접 지휘한다. 그리고 비정상적인 운용센터는 전자교환기(ESS) 기종별 부족인력을 자체인력으로 충원 조정하고, 현업기술지원을 받는 등 센터의 운용팀 부족인력을 보강한다. 또한 관내 시스템 상태감시 및 대형고장예방에 주력하고 현업기관 기술지원 요청사항을 처리한다.

나. 전면적 비상사태인 2단계 운용대책

첫째, 현업기관의 업무처리 우선순위는 1단계와 동일하고, 최소 필요요원을 배치한다. 현업교환시설은 부장(분국장), 과장, 일용인부 등이 운용하고, 필요요원 배치계획은 <표 8-69>와 같다. 이때 부족인력 및 기술지원은 지역본부 운용지원센터 소장 또는 담당국장에게 요청한다.

둘째, 관리자(과장, 부장, 분국장, 국장)는 시건 장치번호를 수시로 변경관리하고, 숙지하여 출입을 통제한다. 그리고 관리자 교육용 교재를 활용하고 이미 교육받은 대로 과금 MT 등의 교체작업을 수행하며, 과금 및 백업테이프 보관상자 열쇄를 직접 보관 관리한다. 또한 시스템 중요고장 발생시 OMC에 긴급기술지원을 요청하고 긴급복구를 실시한다. 또한 과장은 주요시설 현장에 상주 근무한다.

셋째, 지역본부는 교환통제운용센터(OMC)를 운용하고, 교환시설 집중운용보전을 담당한다. 당시 총 관리대상은 OMC 27개, 교환시스템은 1,048개로 파악되었다. 이를 위한 교환통제운용센터의 구성 및 업무는 다음과 같이 정하고, 인력은 <표 8-70>과 같이 운용한다.

① 감시통제반은 전자교환기(ESS)를 원격감시하고, 운용국을 지휘 통제하며 고장을 수배한다. 또한 예비 PBA 공급을 통제한다.

② 원격기술지원반은 MMC를 직접 조치하고, 전화에 의한 원격기술을 지원한다.

③ 긴급복구반은 시스템을 긴급복구조치하고, 운용국의 주요고장을 순회 수리한다.

<표 8-69> 2단계의 필요인력 배치계획

국수 (분국포함)	최소필요 인원	활용가능인원				과부족
		관리자	인부	기타	계	
398	1,048	564	86	728	1,378	330

<표 8-70> 교환통제운용센터(OMC)의 인력운용계획

현원	가용인원	최소운용요원				부족인원
		감시통제	원격지원	긴급복구	계	
652	167	130	116	108	354	187

그리고 전면적 비상사태(2단계)시 대형고장방지 및 긴급복구, 긴급복구반 편성, 중요고장수리, 불통구간 조치, 과금업무처리 등에 대한 업무처리요령은 정하였다. 주요내용은 다음과 같다.

첫째, 대형고장 발생을 방지하기 위해 중요작업은 잠정 중단하고, 타 분야 및 공급사의 전문요원으로 OMC 긴급복구반의 우수기량자를 확보하여 긴급복구반 활용을 극대화한다. 그리고 OMC 및 운용연구단 긴급복구반의 결위 요원은 공사 내 이직, 전직, 승진 등에 의해 타부서 근무자와 공급사의 공사 인수시험, AS 요원으로 재편성한다. 또한 긴급복구반별 관할지역을 확대하여 복구반 활용을 극대화하고, 승합차에 긴급복구자재를 상시탑재하며 긴급복구 차량을 상시 대기 조치한다. 그리고 지역본부별로 기종별 중요 PBA를 사전에 확보하고, 긴급복구반은 CPU, 하드웨어, 소프트웨어 분야별로 휴대전화를 확보한다. 한편 긴급복구반은 통제센터의 고장수리반을 겸한다.

둘째, 중요고장수리는 시스템 고장유발 가능고장 위주로 수리한다. 그리고 OMC 감시통제반에서 고장을 인지하여 수리여부를 판단 조치하고, OMC 고장수리반은 상시 순회정비체제를 유지한다. 이때 1차 수리는 운용국 근무자, 지원요원이 실시하고, 2차수리는 지원요원, 고장수리반에서 처리하고 OMC에서 기술 지원한다.

셋째, 가입자 데이터 및 고장수리는 가입전화설치 관련부서와의 유기적 협조체제를 구축하고, 가입자 민원신고를 최선 처리한다. 이를 위해 과장, 부장 및 전자교환실 일용인부를 최대한 활용한다. 이때 일반단순 가입자 데이터는 운용국 자체에서 처리하고, 특수서비스 가입자 대이터는 OMC에서 지원하여 원격 처리한다. 그리고 불복구, 발신불량 등 가입자 고장신고 접수는 운용국에서 자체 처리한다.

넷째, 과금 업무처리의 기본지침은 통화료 수입손실을 최우선 방지하고, 운용국 관리자에 대한 기초교육을 시행하며, 필요 시 과금테이프 생산주기을 연장한다. 이 업무는 운용국 고장, 부장, 분국장이 처리 담당하고, OMC 원격지원의 경우 지원인원이 처리한다. 이때 과금테이트의 생산주기 연장은 <표 8-71>을 참고하여 시행한다.

<표 8-71> 기종별 과금테이프 생산주기 연장

기종별	시스템수	현재	연장가능여부
M10CN	155	1회/ 1일-2일	불가
No.1A	58	1일 1회-2회	불가
AXE-10	84	1회/ 2일-3일	불가
TDX-1A/1B	481	1회/ 1일-4일	불가
TDX-10	117	1회/ 1일	1회/ 2일
5ESS	35	1회/ 1주	1회/ 2주
S1240	29	2회/ 1주	불가

다. 주요시설 손괴시인 3단계 운용대책

기간 통신망의 중요 소프트웨어가 손괴되거나 하드웨어가 손괴된 3단계에서의 업무처리 요령은 다음과 같이 정하였다.

첫째, 소프트웨어 고장시 자기테이프 보관함에 있는 백업테이프를 활용하여 시스템의 정상가동을 시행하며, 필요한 경우 OMC에 기술지원을 요청한다. 이때 과장, 부장은 마그네틱 테이프를 다음과 같이 관리한다.

① 보관함 여부를 확인하고 키를 관리한다. ② 백업테이프는 1주 전, 2주 전, 3주 전 및 최근 테이프, 소프트웨어 변경 전후 테이프, 주요작업 전후 테이프 등을 관리하고, 과금수록 및 자료용 테이프 현황도 관리한다. ③ 백업테이프는 이원화 관리하고, 이에 대한 보관책임자는 국장/ 분국장이 되고, 테이프의 인수인계 책임자는 담당부장 또는 과장이 된다. 이때 대상 테이프는 최근 테이프, 3주 전 테이프의 2종류를 보관토록 한다.

둘째, 소프트웨어가 손괴된 경우 OMC에서 시스템별 백업테이프를 보관하고 긴급시 현업기술지원 등으로 가능한 한 최신 백업테이프를 보관한다. 또한 과장, 부장은 입출력장치의 패스워드를 확인하고 변경 관리한다.

셋째, 중요 하드웨어 손괴 시에 대비하여 예비 PBA, 드럼, 디스크, MTU 등 교환기 부품을 확보 관리한다. 전화국별로 자국관리 부품현황을 작성하여 일일 확인 관리한다(과장, 부장). 그리고 자국 부족분은 최 인근기관 보유분, 신증설공사 분, PBA 관리국 보유분 등을 활용한다. 이때 인수인계책임자는 담당과장, 부장이 된다. 필요한 경우 지역 OMC에 통제관리를 요청하여 타 OMC 보관분 또는 공급사 보관분도 활용한다.

넷째, 중요 하드웨어 손괴 시 OMC 센터장은 관할 PBA 관리국별, 기종별 예비부품리스트를 작성하여 현행으로 관리한다. 그리고 전화국별 예비 PBA를 보급하고, 신증설공사장 현황을 관리하며, 예비부품활용을 통제한다. 또한 부족예비부품을 공급지원하고 기술지원을 요청하는 등 공급사 간 긴밀히 협조한다.

라. 긴급복구의 지휘 및 보고체계

시내통신망 교환시설의 긴급복구를 위한 지원요청 및 결과보고체계는 다음과 같이 정하여 시행하였다.

① 교환시설의 긴급복구를 위한 전체적인 지휘통제는 본사 네트워크본부 시설운용실(시내교환운용국)이 담당한다. 그리고 긴급지원상황이 발생한 경우 각 지역본부, 서울통신운용연구단, 공급회사들을 직접 지휘 통제한다. 이를 위한 비상연락망은 주간에는 02-750-5621/5622, 야간에는 본사 당직실 또는 상황실로 지정 운영한다.

② 각 지역본부는 현업기관 지원요청을 받고 긴급복구 및 지원업무를 수행한다. 이때 본사 네트워크 시설운용실로 지원을 요청하고 결과를 보고하며 이에 따른 지휘통제를 받아 임무를 수행한다. 이때 필요한 경우 서울통신운용연구단과 긴밀하게 지원업무를 협의한다.

③ 서울통신운용연구단은 현업기관에 대해 긴급복구 및 지원업무를 수행한다. 그리고 지역본부로부터의 지원요청에 따라 지원업무를 실시하고, 그 결과를 본사 네트워크본부 시설운용실로 보고한다.

④ 현업기관(교환담당부장 또는 과장)은 교환시설 긴급복구를 수행하며, 필요한 경우 서울통신운용연구단, 지역본부, PBA관리국, 공급회사로부터 긴급복구 및 지원을 받아 업무를 실시한다.

9.3 시외통신시설 안정운용대책

가. 부분적 비상사태인 1단계 대책

1996년 당시 시외교환시설은 143만4천 회선을 운용하고 있었으며, 전송시설로는 광통신 134만5천 회선, 디지털 MW 14만8천 회선, PCM 5만8천 회선 등 총 155만1천 회선을 운용하였다. 이 통신망의 운용을 위한 최소 소요인력은 교환기 분야 90명, 전송시설 분야 310명 등 총 400명이고, 동원가능인력은 내부동원 320명, 외부동원 80명으로 계획하였다.

여기에서 내부동원인력은 간부직과 노조파업 미 참여자로 구성하고, 외부인력은 업체와 KTI 인력으로 구성하게 하였다. 이때 지역망 운용국과 통신망관리단의 운용대책은 다음과 같이 정하였다.

첫째, 지역망 운용국의 업무처리는 우선순위에 따라 시행한다. 즉 1순위는 시스템 운용상태의 감시 및 긴급복구, 2순위는 전송로 불량구간 폐쇄 및 우회중계 조치, 3순위는 중요장애처리 및 경보시설 점검으로 정한다. 그리고 간부직 및 필수요원을 활용하여 시설을 운용하고, 인력이 부족한 경우 통신망관리단에 기술지원을 요청한다.

둘째, 통신망관리단은 OMC, 통신망관리센터, 소통관리실의 운용체제를 강화한다. 특히 집중관리실에서는 현업기관장에 대한 동향보고를 접수 관리한다. 그리고 예비루트 현황 및 절체루트를 순위별로 파악하고, 기술지원 및 부족인력을 지원하는 등 시외통신망을 총괄 감시 관리한다.

나. 전면적 비상사태인 2단계 운용대책

한국통신은 전면적 비상사태 시 지역망운용국 및 통신망관리단의 업무처리요령은 다음과 같이 정하였다.

첫째, 지역망 운용국의 업무처리 우선순위는 1단계와 동일하고, 최소 필요인원은 부장(분국장), 과장, 소장, 필수요원 등으로 정한다. 교환기는 기종별로 2명, 무선중계소 1명, 유선중계소 1명, 전력(PMC) 2명으로 배치한다. 이때 관리자(과장, 부장, 분국장, 국장)의 조치사항은 다음과 같다.

① 시건장치 번호는 수시로 변경관리하고 출입을 통제하며, 시설상태를 감시하고 테이프를 확보한다. ② 시스템 백업테이프는 기관장이 직접 관리하고 공급업체 요원을 지원 요청한다. 이때 담당과장은 주요시설현장에 상주 근무한다.

둘째, 통신망관리단은 시외통신망을 관리, 통제, 지휘한다. 교환시설을 위해 시외망관리센터, OMC에 기종별 지원반을 편성 운용하고, 전송시설을 위해서는 소통관리실에 전송방식별 지원반을 편성 운용한다. 그리고 관리단 시외망시설국에는 시설부서별 복구반을 편성하고 자체지원인력이 부족할 때는 본사 시설운용실에 요청한다.

셋째, 대형고장을 방지하고 긴급복구를 실시한다. 이때에는 중요작업 및 공사중단을 지시하고, 시설별 공급사 및 타 분야 전문요원을 확보한다. 그리고 장거리건설국 요원을 최대한 확보하고 이동용장비의 분산배치계획을 검토한다. 또한 긴급복구 및 지원반 무선호출기 및 휴대전화를 지급하고, 지역본부 간 협조체제방안을 강구한다.

다. 주요시설 손괴시인 3단계 운용대책

장거리통신망 시외교환시설의 소프트웨어 및 주요 하드웨어가 손괴되거나, 전송시설의

2.5G 광 전송장치, B-DCS 장비, 마이크로웨이브(MW) 장비 등 주요시설에 손괴가 발생한 경우에 대비한 운용지침은 다음과 같다.

첫째, 시외교환시설의 소프트웨어 고장 시에는 백업테이프를 활용하여 시스템을 정산 가동하고, 이때 과장 또는 부장은 마그네틱테이프(MT)를 다음과 같이 관리한다.

① MT 보관함 여부를 확인하고 키를 관리하며, 보관함에 MT 보관이 정상인지를 확인한다. 이때 No.4 전자교환기는 지네릭과 ODA 각 1개, 30-B 테이프 3개, AXE-10 전자교환기와 TDX-10 전자교환기는 OS용 테이프 2개를 보관하고 있어야 한다.

② 백업테이프는 이원화하여 별도 보관관리하고, 보관책임자는 지역망운용국장 또는 분국장으로 한다. 그리고 입출력장비의 패스워드를 장악 관리한다. 한편 OMC는 시스템별 백업테이프를 보관한다. 이때 긴급 시 현업기술지원 등으로 가능한 한 최근 백업테이프를 보관토록 한다.

둘째, 교환시설의 중요 하드웨어 고장 시에는 부품을 교체하여 시스템을 정상 가동시키고, 필요시 OMC에 기술지원을 요청한다. 그리고 자국보유분 예비 PBA는 과장, 부장이 장악 관리하고, 자국부족분 PBA는 최인근 기관분을 활용한다. 또한 PBA 관리국 및 운용연구단용을 활용하고, 지역본부의 OMC 보관분도 활용 강구한다.

셋째, 시스템 복구를 위해 단계별로 조치한다. 1단계는 No.4 전자교환기의 경우 MMC에서 상태(Phase) 3, 4를 인위적으로 발생시켜 복구하고, AXE-10 전자교환기와 TDX-10 전자교환기는 전원 로딩으로 복구한다. 그리고 2단계는 시스템별 긴급복구절차에 따라 복구를 수행하고, 3단계에서는 OMC 및 통신망관리단 시설부서에 지원 요청한다.

넷째, 2.5G 광 전송장치는 광 전송유니트 9개 외 28개 품목 등 확보된 유니트를 활용하여 복구한다. 그리고 장비제작사(Nothern Telecom)와 2,5G전송망 간 원격모뎀을 이용하여 복구한다. 이때 NT 한국지사의 기술지원과 2.5G 광 전송유니트 2개 외 15개 품목의 AS 보유품을 활용하여 복구한다. 또한 시스템 고장 시 B-DCS에 의해 전송로를 우회 구성하여 복구한다.

다섯 번째, B-DCS장치 피해 시에 대비하여 설치국소 당 백업용으로 시스템 소프트웨어 2개, 운용 데이터베이스 4개 등 광 디스크 6개를 보유한다. 이때 백업 디스크(Back-up Disk)를 활용하여 복구한다. 그리고 공급사(Alcatel)와 B-DCS 간 원격모뎀을 이용하여 복구하고, 절체코드를 이용하여 수동절체 복구한다. 이때 1,280 포트용 절체코드는 6개 국소에 확보되어 있고, 예비유니트 및 백업테이프는 중계소장이 직접 관리한다.

여섯 번째, MW 장비 피해시는 장거리건설국 및 대도시에 분산 보관되어 있는 이동용 MW 장비를 활용하여 복구한다. 이를 위해 TCM-623D 16대, 재해 장비로 TCM- 904B 6대, TCM-903A 4대 등이 비축하고 있다. 그리고 장거리건설국 및 통신망운용국에 보유중인 예비 유니트를 활용하여 복구한다. 이를 위한 보유 예비 유니트로는 변조기(MOD) 16개, 복조기(DEMOD) 13개, 파라보라 안테나 12종 47면, 도파관(WG) 5종 5,420m 등이 있다. 또한 기술지원은 공급사인 대영전자에 요청한다.

9.4 국제통신시설 안정운용대책

가. 1단계 운용대책

1996년 당시 국제통신시설 규모는 교환시설 3만3천 회선을 보유하였으며, 전송시설로는 위성통신시설 8천회선, 해저케이블 1만4천회선 등 2만2천 회선을 운용하였다. 이 통신망의 운용을 위해서는 최소 83명이 필요하였다. 이에 따라 자체인력 51명, 내부인력 27명, 외부인력 5명 등을 동원하도록 계획하였다. 이때 부분적 비상사태(1단계)시 현업기관의 시설별 업무처리 우선순위 등 운용대책은 다음과 같이 정하였다.

① 현업기관의 과장, 부장은 자체 가용인원의 주요시설 배치 및 감독, 업무처리 우선순위에 의한 시설별 상태를 파악한다. 그리고 실별로 출입하는 인원을 통제하고 시설보호 상태를 조사하고 내부, 외부의 지원요원의 소재를 파악하며 대기를 요청한다.

② 광화문, 목동, 부산국제전화국의 교환시설의 우선순위를 정하여 업무를 처리한다. 업무처리 1순위는 시스템 정상동작 운용상태를 확인 조치하고, 데이터베이스의 백업테이프 생산을 확인 보관한다. 그리고 업무처리 2순위는 B-Number 테이블 및 루트, 신호링크를 점검하고, 회선운용상태를 확인 조치한다. 3순위는 과금테이프를 교체 관리하고, 4순위는 운용요령책자 관리 및 예비품을 확인 보관한다.

③ 광화문, 목동, 부산국제전화국의 전송시설의 우선순위를 정하여 업무를 처리한다. 업무처리 1순위는 해저중계국, 위성지구국 간 예비전송로의 점검 등 시스템 정상동작 운용상태를 확인하고, 2순위는 DCME, DCS이 데이터 백업테이프를 생산 보관한다. 3순위는 회선구성업무의 처리이고, 4순위는 고장처리 및 예비품을 확인 보관한다.

④ 금산위성지구국과 보은위성지구국의 1순위 업무는 안테나 동작상태 등 운용점검하고 인텔샛트 연락망을 점검한다. 2순위는 주 캐리어, 파일럿, 표준주파수를 감시하고 조정하며 주 정보감시를 조치한다. 3순위는 방송중계 프로그램을 확인하여 정상 중계가 되도록 하고, 4순위는 긴급복구자재 및 예비품을 확인 보관한다.

⑤ 부산해저중계국, 제주해저중계국, 태안해저중계국의 해저시설에 대한 1순위 업무는 시스템 정상동작 운용상테를 확인하고, 상대국가의 국제타합선을 점검한다. 2순위업무는 케이블 급전 상태를 확인하고 주 경보를 우선 조치하며, 3순위는 긴급복구시설을 점검하고 국내 측 전송로를 점검한다. 4순위는 예비품을 확인 보관한다.

⑥ 광화문전화국에 있는 방송중계시설의 1순위 업무는 장비상태 및 시험화면에 대한 이상유무를 확인하고, 2순위는 방송중계 청약 및 중계 프로그램을 확인한다. 그리고 3순위 처

리업무는 국내구간 및 국제구간의 중계채널상태를 점검하고, 4순위는 예비품을 확인하고 보관한다.

⑦ 금산위성지구국 등 6개 국소의 전력시설의 1순위 업무는 수전설비, 통신용 전원설비를 점검하고, 2순위는 축전지 상태를 확인한다. 그리고 3순위 처리업무는 발전설비 가동상태를 확인하고 4순위는 예비품, 소모품을 확인하고 보관한다.

⑧ 본사 국제통신계획국에서는 내부인력 및 외부인력의 동원을 준비하고 분야별 기술지원반을 편성한다. 그리고 시설공급사와 기술지원체계를 협의하고 예비품을 파악하며, 외국주관청 간 연락망을 준비한다.

나. 2단계 및 3단계 운용대책

한국통신 노동조합의 전면적 비상사태(2단계)시 현업기관 및 본사 시설운용실(국제통신계획국)의 업무처리지침은 다음과 같다.

첫째, 현업기관의 업무처리 우선순위는 1단계와 동일하고, 지원요원은 시설별 현원의 30%선에서 배치한다. 각 국장은 시설운용상태의 관리를 강화하고, 담당과장은 주요시설현장에 상주근무하며, 지원요원을 적정 배치한다. 그리고 부족인력 및 기술지원사항은 본사에 요청한다. 이때 관리자의 조치사항은 다음과 같다.

① 자동개폐장치 번호는 수시로 변경관리하고 출입문을 통제하며, 시스템 백업 테이프는 기관장이 직접 관리한다. ② 긴급복구자재, 예비품 보관상태를 수시 확인하고 긴급복구계획을 직접 관리한다. 한편 본사 시설운용실(국제통신계획국)은 국소별 상황에 따라 내부 및 외부의 기술인력을 지원하고 국제회선의 신증설은 중지하며, 투자사업 시설을 복구자제로 전환 확보한다.

둘째, 가장 어려운 상황인 주요시설이 손괴(3단계)될 때, 국제교환시설, 전송시설, 위성통신시설, 해저중계시설 등에 대한 현업기관의 업무처리지침은 다음과 같다.

① 국제교환시설 부분은 관련 시외교환실에 미 피해시설로 긴급 우회중계를 요청하고, 시스템 운용중단 원인을 규명하며 긴급복구를 실시한다. 이때 자체복구가 불가능할 경우 본사로 지원을 요청한다. 한편 시스템 운용중단이 장기화할 때는 국제간 회선을 절체하고 외국사업자에게 착신호의 우회전환을 요청한다.

② 전송시설의 경우에는 우선 국제전송로의 예비루트를 이용하여 복구하고, 긴급복구자재가 필요할 때는 본사에 요청한다. 또한 외국사업자 및 생산자에게 시설 긴급복구를 위한 지원을 요청한다.

③ 위성시설은 예비안테나를 이용하여 긴급복구를 시행하고 부족자재는 본사에 요청하며, 안테나 제작회사 등에 긴급수리를 요청한다. 해저케이블 시설은 각 장치별 보유 유니트로 긴급교체하고 상대국가에 통보하여 보유중인 예비품을 긴급송부 요청하며, 외국 제작회

사에 긴급제작을 의뢰한다.

④ 전력시설은 지역별 PMC에 복구자재, 인원 및 기술지원을 통보하고, 시설공급사에 시설수리 및 복구를 요청한다.

한편 시설운용실 국제통신계획국에서는 AT&T, KDD 등 외국주관청과 국제간 회선을 긴급복구하고, 인텔셋트 복구용 위성(183도) 상태를 확인한다. 또한 회선복구 작업기관에 작업을 지시하고, 시설복구를 위한 기술지원 인원 및 장비를 긴급 조달한다.

다. 국제통신시설의 긴급복구 지휘 및 보고체계

국제통신시설의 긴급복구를 위해 본사 네트워크본부 시설운용실에 국제통신시설 안정운용대책반을 편성 운용한다. 이때 국제통신시설의 긴급복구를 위한 지원요청 및 결과보고체계는 다음과 같이 정하여 시행하였다.

① 반장은 국제통신계획국장이 되고, 국제통신계획부는 상황파악, 인원동원계획, 긴급복구업무 등를 주관한다. 그리고 국제교환시설부는 국제교환시설 운용대책, 국제전력시설 운용대책을 관장한다. 또한 국제위성시설부는 국제위성시설 운용대책, 국제전송1/2부는 국제해저시설 운용대책을 담당한다.

② 국제교환시설부는 부산국제전화국과 국제통신망운용국(서울위성지구국)을 지원한다. 그리고 국제위성시설부는 국제통신망운용국(서울위성지구국), 금산위성지구국, 보은위성지구국을 지원한다. 또한 국제전송1/2부는 부산해저중계국, 제부해저중계국, 태안해저중계국을 지원한다.

③ 국제통신시설 운용기관에 대한 지원이 필요한 경우 본사 국제통신시설 안정운용대책반에서 AXE-10 전자교환기(ERICSSON), 5ESS 전자교환기(LG정보통신), 위성시설(하이게인) 등 외부에 지원을 요청하여 긴급복구토록 조치한다.

9.5 전용시설 안정운용대책

1996년 당시 전용시설(DCSII-A)은 서울 11, 경기 6, 부산 7, 대구 5, 충남 3, 충북 3, 전남 3, 전북 1, 강원 3, 제주 1등 총 43개 국소에서 운용되고 있었다. 이 시설을 위한 최소 소요인력이 43명으로 판단됨에 따라, 인력동원계획은 내부인력 50명, 외부인력 9명을 동원하는 계획을 수립 시행하였다. 여기에서 내부동원인력은 본사 8명, 현업 42명이고, 외부동원이력은 LG 8명, 퇴직자 1명으로 편성되었다. 그리고 전용시설은 정기점검 등 일상적 유지보수 일부가 불가한 부분적 사태(1단계), 일상적 유지보수업무가 전면중지가 되는 전면사태(2단계), 시설손괴가 발생하는 적극적 운용방해 사태(3단계) 등 상황전개에 따라 업무처리대책을 다음과 같이 수립 시행하였다.

<1단계> 부분적 비상사태 발생시 대책

① 해당 현업기관의 업무처리는 우선순위에 따라 시행한다. 즉 1순위는 시스템 정상동작 운용상태의 감시, 2순위는 데이터 백업 테이프 생산 및 보관관리로 한다. 그리고 3순위는 회선구성업무 처리, 4순위는 중요고장 처리로 정한다. 그리고 해당 현업기관장은 과장, 부장, 일용인부 등 가용 사능한 필수요원을 최대한 활용하여 시설을 운용한다. 이때 기술부족 시 OMC에 원격으로 기술지원을 요청한다.

② 구로전화국에 소재하고 있는 고객지원센터 남서울지점(DCS-OMC)은 현업기관이 지원요청을 하는 경우 원격단말기로 현업업무를 지원하고, 인력 및 기술부족 시에는 LG정보통신에 지원을 요청하고 본사에 보고한다. 한편 지역본부는 DCS 국별 부족인력을 파악하고 타국인력에 대하여 지원 조치한다. 그리고 관내 시스템 상태를 파악하고 대형고장 예방에 주력한다.

<2단계> 전면적 비상사태 발생시 대책

① 현업기관의 업무처리 우선순위는 1단계와 동일하고 최소 필요요원을 국소당 1명을 배치한다. 이를 위해 현업 담당과장, 부장, 일용인부 등을 활용하고, 담당과장은 상주 근무장소를 DCS실로 이동한다. 또한 지역본부 담당국장은 부족인력 및 기술지원을 요청하고, 담당과장은 DCS-OMC로 상황을 통보한다. 이때 관리자(과장, 부장, 국장)는 시스템 리부팅에 필요한 제너릭 테이프(Generic Tape), 데이터 백업테이프를 보관 관리한다. 그리고 예비유니트 보관함 열쇠를 직접관리하고, 시스템 중요고장이 발생할 때 DCS-OMC에 긴급 기술지원을 요청한다.

② DCS-OMC는 전국 시스템 상태를 중점 감시하고, 전국 DCS 근무자의 지원현황을 파악한다. 그리고 공급사(LG)의 기술지원요원에 대한 소재를 파악하고 필요시 직접 지원을 요청한다. 한편 담당과장은 OMC에서 상주 근무한다. 지역본부는 DCS국별 부족인력을 파악하고 타국인력 지원을 조치하며, 관내 시스템 상태를 파악하고 대형고장예방에 주력한다.

<3단계> 가장 치명적인 주요시설이 손괴 시 대책

① 현업기관에서는 과장, 부장이 현장을 직접 지휘하고, 테이프 및 예비유니트를 직접 관리한다. 그리고 자체인력 및 기술로 복구가 불가한 경우에는 지역본부에 지원을 요청한다.

② DCS-OMC는 본사 주무부처(전용운용부)의 근무장소를 DCS-OMC로 이동하여 지휘한다. 또한 긴급복구자재를 지원조치하며 공급사(LG) 기술진의 지원을 요청한다.③ 지역본부는 본부 내 예비유니트 및 인력지원을 조치하고 외부인력 지원이 필요하면 지원 요청한다. 또한 긴급복구자재가 필요한 경우 자재 보관책임자에게 직접 지원을 요청한다.

한편 전용회선시설의 피해를 입었을 경우 긴급복구 지휘 및 보고체계는 다음과 같이 정하여 시행하였다.

① 전용시설의 긴급복구를 위한 전체적인 지휘통제는 본사 네트워크본부 시설운용실(전용운용부)이 담당한다. 이때 긴급지원상황이 발생한 경우 본사는 각 지역본부, DCS-OMC, 공

급회사(LG정보통신)를 직접 지휘 통제한다. 이때 비상연락망은 주간에는 02-750-5685/5686, 야간에는 본사 당직실(750-3991/ 3992/ 3993)로 지정 운영한다.

② 각 지역본부는 현업기관(DCS운용국) 지원요청을 받고 긴급복구 및 지원업무를 수행한다. 이때 본사 네트워크 시설운용실로 지원요청 및 결과보고하며 지휘통제를 받아 임무를 수행한다. 그리고 필요한 경우 LG정보통신에 지원을 요청한다. LG정보통신의 책임자는 영업부장(김인태)로 정하고 연락망은 주간 02-3777-2666이고, 야간 0344-912-2149로 정한다.

③ DCS-OMC는 현업기관으로부터의 긴급복구 및 지원업무를 수행한다. 그리고 지원결과는 본사 시설운용실로 보고한다. 이때 비상연락망은 02-830-0299, 0499이다.

④ 현업기관(DCS 운용국)은 긴급 상황발생시 DCS-OMC에 감시 및 지원을 받아 업무를 실시하고, 필요한 경우 지역본부에도 지원요청을 한다.

9.6 전원시설 안정운용대책

당시 한국통신이 운영 중인 전국의 통신용 전원시설은 수전설비 355,246KVA, 발전기 1,702대 등으로 세부내역은 <표 8-72>와 같다. 그리고 가용인력은 필수소요인원 569명으로 확인되었으며, 동원인력으로는 내부동원 620명, 외부동원 148명이 가능하였다. 외부동원 인력은 제조업체 및 공사업체 123명, 인부 25명으로 편성하였다. 이때 업무수행의 1순위는 수·배전 시설 및 통신용 전원시설의 운용하고 동작관리에 두었다. 그리고 2순위 업무는 상용전원의 정전, 입전 시 발전기 운전 및 수배전반 절체작업으로 정하고, 3순위로는 청사전력시설의 안전점검 및 정비로 정하였다.

<표 8-72> 한국통신의 전원시설규모(1996년)

수전설비	변압기	정류기	축전지	발전기	UPS
355,245KVA	1,576대	14,689대	156,263개	1,702대	477대

한편 비상사태의 진행에 따라 전원시설에 대한 단계별 대책을 다음과 같이 수립 시행하였다.

첫째, 본사 시설운용실은 사태진행에 따라 지역본부 및 현업기관의 동태를 수시로 확인하고, 집중운용보전센터의 경보 등 전원시설의 운용상태를 확인한다. 그리고 인원동원상태 및 지원가능인력에 대한 동원에 대비하고, 긴급복구용 물자를 확보하고 관리상태를 확인한다.

둘째, 지역본부는 현업기관의 전원시설 운용상태를 수시로 파악하고, 근무인원 동태 및 긴급복구반 연락망을 확인한다. 그리고 집중운용보전센터의 경보 및 운용실태를 확인하고, 지원인력의 소재와 시설별 지원인원을 확인하며, 긴급복구물자의 관리상태를 확인한다.

셋째, 부분적 비상사태(1단계)시 현업기관은 전력실 직원을 소집하여 가담을 예방하고,

과장 및 부장은 2단계로의 사태진행을 최대한 예방한다. 그리고 전원공급계통을 확인하고 평상시 전압, 전류치를 숙지하며, 내부 외부의 동원인력에 대한 소재를 파악하고 예비품의 보관상태를 확인한다.

넷째, 전면적 비상사태(2단계)시 현업기관에서는 과장은 주요시설 현장에 상주근무하고, 가담자의 전력실 출입을 통제하며, 외부에 설치된 분전함 등의 개폐문을 잠그고 스티커 등으로 봉인 조치한다. 그리고 방화 등에 의한 시설피해가 큰 장소인 유류탱크 등에는 청경, 방호원 및 미가담자를 배치하고, 자체 시설운용이 불가능할 때는 지역본부에 인력지원을 요청한다.

다섯째 전력시설 손괴(3단계)시 현업기관에서는 외부에 설치된 분전함 등의 이상유무를 확인한다. 한편 외부에서 의도적으로 시설장애를 유발하였거나 고장을 발생하게 한 경우에는 다음의 고장조치요령에 따라 긴급조치토록 한다.

① 정전이 발생하였을 때는 전자교환기 등의 중요부하에는 3시간 이상 축전지 예비율이 있다. 한국전력에 정전사유 및 복구예상시간을 확인하고, 30분 이상 복구가 지연되는 경우 발전기를 가동한다. 이때 발전전압을 확인한 후 전원을 투입하고, 발전기 용량을 감안하여 전자교환기 등의 중요부하를 우선 공급한다. 또한 상용전원 입전시에는 5분정도 전원의 안정상태를 확인한 후 절체한다.

② 수전반의 주차단기(VCB) 차단 시에는 부하 측부터 차단기를 차단한 후 주 차단기를 재투입하고, 주 차단기의 재투입이 불가능할 때는 발전전원을 공급한다. 그리고 정류장치 등 통신용 전원공급이 차단된 경우에는 전원 스위치를 원상복구하거나 발전전원을 공급하고, 전원공급이 불가할 때는 즉시 긴급복구지원을 요청한다.

③ 고장 또는 손괴시설의 긴급복구는 전원기기의 단순정지 시 재가동 시행하고, 자체 발전시설의 가동이 불가능한 경우는 이동용 발전차를 지원 요청한다. 또한 시설손괴 시 지역본부에 긴급복구를 요청하고 일부기기의 고장 시에는 고장기기를 분리한 후 재가동토록 한다.

전원시설에 피해가 발생하여 긴급복구 지휘 및 및 보고체계는 다음과 같이 정하여 시행하였다.

① 전원시설의 긴급복구를 위한 전체적인 지휘통제는 본사 네트워크본부 시설운용실(시내교환운용국 전력시설부)이 담당한다. 본사는 긴급상황이 발생한 경우 각 지역본부(전력담당부)를 직접 지휘 통제한다. 비상연락망은 주간에는 02-750-5683/5684, 야간에는 02-474-2420으로 지정하여 운영한다. ② 각 지역본부는 현업기관(전력담당과장) 지원요청을 받고 긴급복구 및 지원업무를 수행하며, 지역 PMC를 지휘 통제한다. ③ 지역 PMC는 현업기관으로부터의 긴급복구 및 지원업무를 수행하고, 지역본부의 지휘통제를 받아 업무를 수행한다. ④ 현업기관은 긴급 상황발생시 지역 PMC에 긴급복구 및 지원을 요청하여 업무를 실시하고, 필요한 경우 지역본부에도 지원을 요청한다.

9.7 전면 파업사태와 통신망운용대책 보완

1996년 6월 초 한국통신은 심각한 노사분규가 발생하여 전면적 파업사태에 직면하였다. 이때 네트워크본부(본부장 이정욱)는 전면 통신파업이라는 국가적위험이 다가오자 지금까지의 대책을 긴급히 추가 보강하여 ① 비상시 단계별 조치사항(1996. 6. 1, 한국통신 네트워크본부), ② 비상시 통신망 운용대책(1996. 6. 1, 한국통신 네트워크본부)을 수립 시행하였다. 그 주요내용은 다음과 같다.

가. 통신망 운용의 단계별 조치

<제1단계> 쟁의발생 신고이전단계(1996. 6. 1-6. 4)

① 시설운용 필수요원을 점검 관리한다. 당시 필수요원은 시내통신망 7,768명, 시외통신망 713명, 국제통신망 50명, 집중운용센터 520명 등 총 9,051명으로 한다. 이를 위해 동원인력명단 및 비상소집 연락망을 확인하고 단계별 동원인력 배치계획을 점검한다.

② 통신운용실에 실장제도를 시행한다(1996. 6. 7). 이를 위해 전자교환실, OMC, 전력실 등의 교환분야 918개실과 반송실, TMC, 중계소 등의 전송분야 418개실을 대상으로 정한다. 또한 RNMS, TNMS 등의 통신망관리 분야 25개실과 시험실, SLMOS, 전공실 등 선로분야 802개실도 대상에 포함한다.

③ 특별관리 대상기관을 선정하여 특별관리기간(1996년 6월 1일부터 상황 종료시까지) 동안 관리한다. 이에 따라 국제통신망운용국 등 4개 기관은 네트워크본부에서 직할관리하고, 광화문전화국, 중앙전화국, 여의도전화국, 혜화전화국, 구로전화국은 서울본부가 직할관리한다.

<제2단계> 쟁의발생 신고이후 및 파업이전단계(1996. 6. 5-6. 19)

① 통신망 소통상황실을 30일간 운영한다(1996. 6. 1-6. 30). 본사에 종합상황실(실장 국장)을 두고 각 분야별 부장 및 과장급으로 일일 5명을 배치 운영하고, 지역본부, 통신망관리단도 3명-5명이 근무한다.

② 집중운용보전센터 중심으로 통신시설 운용상태를 원격감시하고, 관리자는 통신시설 운용실을 확인 점검한다. 그리고 현업기관 간부직 근무위치를 사무실에서 시설운용실 현장으로 이동 배치한다(1996. 6. 1부터 상황종료 시까지).

③ 대형고장 발생에 대비하여 긴급복구조를 편성하고 복구 장비를 정비하며 긴급복구 우선순위를 설정하는 등 긴급복구체제를 정비한다. 또한 군 통신 인력의 동원 체제를 정비토록 한다. 이때 동원인원은 3,100명 선으로 하여 사태발생시 즉시 동원하는 방법을 최종 확인한다.

<제3단계> 파업개시 및 불법파업단계(1996. 6. 20 이후)

① 고장수리, 전화가설, 정기점검 업무 등 정상적인 유지보수업무는 중단하고, 시설투자공사 및 대개체 공사도 전면 중단토록 한다. 그리고 모든 업무수행은 부장, 과장 전결로 권한

을 위임한다.

② 주요시설 업무의 목적 외는 출입을 통제하고, 자체방호요원으로 방호하며 불가 시에는 경찰 등 외부인력을 요청하는 등 시설방호대책을 강구한다.

③ 총 9,051명의 필수요원을 배치 운용한다. 전자교환실 1,681명, 전송실 1,314명, 전력실 713명, 시험실 1,792명, 전공실 3,551명으로 배치하여 시설별 비상운용 체제로 전환한다.

④ 군 통신인력 동원은 A그룹(통신전문요원)과 B그룹(시설방호요원)으로 구분하여 시행한다. A그룹은 교환 300명, 전송 300명, 전원 300명, 전용 100명, 무선 100명 등 총 1,100명을 시설운용실에 투입한다. 그리고 B그룹은 주요시설 방호경비를 위해 1개 전화국 당 5명씩 총 2,000명을 배치 운용한다.

나. 비상시 통신망 운용대책

한국통신 네트워크본부는 노동쟁의가 심화되어 통신파업이라는 위험 상황이 현실로 다가오자 비상시 통신시설별로 운용상 취약분야를 분석하고 이에 대한 비상운용대책을 다음과 같이 재점검 시행하였다(비상시 통신망 운용대책, 1996. 6. 한국통신).

첫째, 전자교환실의 운용상 취약사항은 전자교환시스템 기능마비(시스템다운), 시스템 부분마비 또는 오동작, 과금상태 불량, 각종 소프트웨어 오입력에 의한 시스템 운용상태 불안정 등을 들 수 있다. 이에 대한 대책은 다음과 같다.

① 시스템 기능마비에 대비한 지원테이프(Back-up) 보유를 확인하고, 소프트웨어 및 데이터 입력시 과장이 직접 현장을 지휘한다. 그리고 과금테이프 생산 및 교체작업은 과장이 직접 시행한다. ② 과금 및 지원용 테이프 보관상자 시건장치는 부장이 확인하고 열쇄 보관관리도 부장이 시행한다. 또한 데이터 입출력 비밀번호는 과장이 확인하고, 이의 변경도 과장이 직접 시행한다.

둘째, 전력시설의 운용상 취약사항은 전력공급 불안정, 통신용 전원 정격치 이상상태 발생, 상용전원 공급중단, 정전 시 발동발전기 전원공급 불가 등이 발생할 수 있다. 이에 대한 대비책은 다음과 같이 시행한다.

① 과장이 전력실에 상주 근무하고, 전원감시 장치를 24시간 감시하며 메시지를 분석한다. 통신용 전원 공급계통이 운용을 과장이 직접 현장을 지휘한다. ② 긴급복구용 장비 리스트는 과장이 직접 관리하고, 디스콘봉, 각종 수동절체 등도 과장이 보관 관리한다.

셋째, 시내국간중계 집중국의 운용상 취약사항은 서울지역 소통마비 현상이 발생하고, 시내중계교환시스템의 기능이 마비되어 시스템다운이 될 수 있다는 점이다. 또한 시스템 부분 마비 또는 오동작이 우려되고, 각종 소프트웨어 오입력에 의한 운용상태 불안정도 발생할 수 있다. 이에 대한 대책을 다음과 같이 수립 시행한다.

① 현재 서울지역 중계집중국 시설은 총 8개 전화국 9개 시스템 298천회선에 이르고 있

다. TDX-10교환기 설치국소로는 전농, 혜화, 광화문, 신촌, 영등포, 구로, 영동, 송파전화국이고, 5ESS 설치국소는 신촌전화국이다. ② 시스템 기능마비 복구를 위한 지원테이프(Back-up)를 확보하고, 각종 프로그램 및 데이터의 입력전 부장이 반드시 검증 시행한다. 그리고 소프트웨어 입력 작업 시 과장이 직접 현장을 지휘한다. ③ 부장이 지원테이프의 보관상테를 확인하고 관리한다. 또한 부장이 긴급복구용 주요자재(PBA 등) 목록을 작성하고 수불을 통제 관리한다.

넷째, 통신시설 집중운용센터(OMC, PMC)의 운용상 취약사항은 전자교환기, 전력시설 등의 통신시설 집중감시가 마비되거나, 관할시스템 고장 시 원격기술지원 및 현장출동 고장수리가 불가한 상황이다. 그리고 관할국 예비 PBA 지원이 어렵게 되거나, 정전 시 분기국사 전력시설 원격제어가 불가하게 되는 상황을 말한다. 이에 대한 대책을 다음과 같이 수립 시행한다.

① 현 OMC를 교환운용통제 상황센터로 전환하여 운용하고, 감시통제반, 원격기술지원반, 긴급복구반을 구성 운용한다. 집중운용센터를 지역본부 직영체제로 운영하고, 타 분야에 근부하는 전자교환기(ESS) 요원, 공급사 인력 등으로 긴급복구반을 재편성한다. ② 각종 데이터 입력시 부장 및 과장이 사전 검증을 실시하고, 원격 데이터입력 등 제어업무는 센터소장 또는 과장이 지휘 통제한다.

다섯 번째, 전송시설의 운용상 취약분야는 광단국 유니트가 불량하거나, 국간중계망 및 전용회선의 DCS시설의 공통부 유니트 불량, 테이프 불량, 터미널 오동작을 들수 있다. 이에 대한 대비책은 다음과 같이 수립 시행한다.

① 시스템 기능마비에 대비한 백업 테이프를 과장이 직접 확보하고, 운용터미널 입력 전 과장이 직접 현장을 확인한다. 또한 백업 테이프 생산 및 교체작업은 과장이 직접 현장을 지휘한다. ② 부장이 절체코드, 예비유니트 보유리스트를 관리하고 수불을 통제한다. 그리고 운용터미널 비밀번호 변경관리를 과장이 직접 시행토록 한다.

여섯 번째, 시외통신망의 운용상 취약분야는 고장감시 및 유니트 교체 등 분석수리가 미흡하고, 국간중계통신망의 불량구간을 점검하고 수리하는 일이 미흡해 진다는 점이다. 또한 MT 교체 및 각종 데이터 입력이 지연되는 문제가 발생할 수 있다. 이에 대한 대책을 다음과 같이 수립 시행한다.

① 비상시 특별기간에는 실장, 과장 등 책임직이 직접 시설을 운용한다. 특히 데이터 입력, MT의 교체, 고장수리, 주요회선의 확인 및 관리업무를 직접 수행한다. ② 백업 테이프 및 예비유니트는 실장, 과장 등 책임직이 직접 관리하고, 시스템 다운 등 중요사항의 발생에 대비하여 장비 제작사와 원격 모뎀을 연결하여 복구체제를 준비한다.

일곱 번째, 국제통신망의 운용상 취약부문으로는 국제 관문교환기의 과금테이프를 일일 2회-4회 교체하여야 하는 일이 미 시행될 수 있고 주요회선 고장시 루팅변경이 불량하게 될 수 있다. 또한 위성전환을 위한 안테나 트랙킹 불량상태가 발생할 수 있고, 국제회선 고장 시 긴급복구 작업의 불량상태도 발생할 수 있다. 이 문제에 대한 대책을 다음과 같이 수립 시행한다.

① 관리자가 국제관문교환기 재부하용(Reloading) 테이프를 직접 관리하고, 과금테이프 교체시는 담당과장 등 책임직 입회하에 시행토록 한다. ② 교환, 위성, 전송 등 분야별 협력업체와 비상연락체제를 구축하여 인원 및 물자를 지원받을 수 있게 조치한다. 협력업체로는 에릭슨, LG정보통신, 하이게인 및 대우통신 등이 있다. 또한 비노조원 및 간부직으로 시설 안정운용팀을 구성 운용토록 한다.

9.8 비상사태 시 현장조직 및 인력동원

가. 비상사태 시 현장조직개선

1990년대 중반 한국통신은 전국적으로 OMC, PMC, TMC, RNMS, TMNS, SLMOS, OMAS 등의 집중운영센터가 운용되고 있었다. 이때 현업기관의 통신시설 운영실은 <표 8-73>과 같이 운영되고 있었다. 각 운용실장은 소관 통신시설의 실질적인 현장관리 책임자로서 고도의 기술을 요하는 작업을 직접수행하고 운용요원의 작업분배 및 OJT를 담당하며 과장의 업무를 보조수행하고 있었다.

<표 8-73> 현업기관 통신운영실 사례

관리 부서명	운용실 명칭	관리 부서명	운용실 명칭
교환시설과	전자실	전력과	전력실
중계전송과	반송실	소통관리과	시험실
전송1과	나선요원실	전송2과	전람요원실
집중센터	기종별 담당실장		

이들은 소관시설의 운용요원 중 통솔능력이 가장 우수한 필수요원이로 대부분이 4급, 5급, 6급의 기술직으로 보임되었다. 그러나 당시 이들은 인사제도적인 임명 절차없이 과장, 부장이 구두로 임의 선임되고 있었다. 그럼에도 이들은 소관시설의 실제적인 운용책임을 맡아 업무량이 과다하고, 관리책임에 상응한 처우가 전무하다보니 선임되는 것을 기피하는 실정이었다.

반면 이들 대부분이 노동조합 조합원이기 때문에 조직상 명령체계의 이행이 불투명한 실정이었다. 이러한 문제를 해결하기 위해 한국통신 네트워크본부(본부장 이정욱)는 비상사태 발생 시 주요통신시설의 안정적 운용을 위해 현업기관 실장제도를 다음과 같이 추진하였다.

첫째, 공식적인 인사명령에 의해 실장을 선임하고 그 책임과 권한을 명확하게 정한다. 그리고 직무 및 책임에 상응한 실장직무수당을 지급한다.

둘째, 노사 단체협약 제4조에 의한 보직자 또는 조합원이 될 수없는 직원으로 관리하여 조합원에서 제외토록 한다. 이때 노사단체협약 제4조에서는 노동조합 조합원이 될 수없는 직원은 ① 과장급 이상의 직위에 보직된 직원, ② 청원경찰 및 안보, 경호통신 담당직원, ③ 인사, 노무, 감사 및 비상계획 담당직원, ④ 연수원 교수요원, 관리급 이상의 비서 및 승용차 운전자, ⑤ 기타 공사의 조합이 합의로써 정하는 직원 등으로 정하고 있었다.

본 실장제도의 도입에 따라 실장의 소관업무에 대한 책임의식을 고취시키고, 비상사태시 주요 핵심시설의 관리를 철저히 시행하는 등 현업기관 주요통신실의 운용을 강화하였다. 이를 위해 1996년 6월 10일부터 6월 30일까지 실장을 임명하고 통신운용실 신 명칭도 확정하였다(1996. 6. 15). 이에 따라 통신운용실장의 권한과 책임을 명확히 하고, 통신운용실을 기종별로 전문화하였으며, 적정한 시설관리규모를 정하여 책임운용체제로 전환하였다.

예를 들어 전자교환실의 운용규모는 2만회선 미만일 경우 기종 수, 시스템 수에 관계없이 1개의 운용실을 두는 것으로 하였다. 그리고 2만회선 이상으로서 단일기종일 경우에는 1개의 운용실, 2만회선 이상으로서 복수기종의 경우에는 기종별로 1개의 운용실을 두는 것으로 하였다.

1996년 6월에 들어서면서 한국통신 네트워크본부는 유사시 통제구역 출입에는 관리자와 근무자는 비밀번호를 사용하고 그 외의 자는 암구호를 이용하게 하는 등 통제 및 보안관리의 철저한 시행을 지시하였다(1996. 6. 2). 이때 출입문 전자번호키 비밀번호 보안유지에 철저를 기하고 유사시에는 비밀번호 변경주기를 단축하게 하였다. 또한 통신구 등 무인운용시설의 열쇄는 관리자가 직접 관리하고 마스터키는 관리책임자 간 직접 인수인계하도록 하였다. 또한 현업기관 간부직의 현장근무상황을 점검하였다(1996. 6. 5-6. 11). 당시 현장근무상황은 <표 8-74>와 같이 확인되었다.

<표 8-74> 현업기관 관리자 현장근무 상황(1996. 6)

구분	국수	실수	실인원	관리자현장근무
시내전화국	5	58	499	30
시외통신망운용국	3	16	233	12
국제통신암운용국	1	10	99	10
계	9	84	831	52

이때 점검기관은 광화문전화국, 중앙전화국, 여의도전화국, 혜화전화국, 구로전화국 등 5개 시내전화국과 서울통신망운용국, 남서울통신망운용국, 부산통신망운용국 등 3개시외국 그리고 국제통신망운용국 등 9개의 특별관리기관을 대상으로 시행하였다.

다음에는 전국적으로 통신시설 공사현장과 재난 위험시설로 지정된 통신시설에 대해 안전관리실태에 대한 점검을 다음과 같이 실시하였다.

첫째, 선로시설 공사현장 156개소, 통신구 공사현장 39개소, 통신구 시설 399국소 등 대상으로 시설운용기관 자체점검을 실시하였다(1996. 5. 31-6. 29).

둘째, 선로공사 현장 18개소, 통신구공사 현장 4개소 등 22개소와 통신구 시설 27국소는 네트워크본부에서 직접 점검을 시행하였다(1996. 6. 13-6. 20). 이때 주로 취약시설의 관리상황과 공사현장 시설보호대책 등을 점검하였다.

셋째, 전국의 인수공 총 584,388기에 대한 특별관리기간을 설정하였다(1996. 6. 1-6. 30). 특히 잠금장치가 설치된 인수공 16,914기와 보안등급이 1등급- 3등급인 인수공 6,843기에 대하여 특별점검 및 관리하였다.

나. 비상사태 시 긴급인력동원

한국통신은 통신시설 운용 비상사태 발생에 대비하여 1996년 6월 17일부터 부사장을 반장으로 하는 「네트워크관리 종합상황실」을 본사 9층에 설치 운영하였다. 이때 종합상황실의 편성 및 운용은 다음과 같이 시행하였다.

① 종합상황실은 종합상황반, 영업대책반, 시설운용반, 시설방호반, 홍보반, 감사반으로 구성한다. ② 종합상황반은 기획조정실, 총무실, 재무실, 공정대책실 간부로 구성한다. ③ 영업대책반은 마케팅본부, 전략영업본부, 해외사업본부 간부로 편성한다. ④ 시설운용반은 네트워크본부, 시설운용실, 무선사업본부, 초고속통신본부 간부로 구성한다. ⑤ 시설방호반은 비상계획실, 홍보반은 홍보실, 감사반은 감사실 간부로 편성한다. ⑥ 이때 각반 반장은 1급으로 선임한다. ⑦ 본 종합상황실은 상황종료 시까지 24시간 운영하고, 매일 2회(9시, 18시) 상황보고하며, 상황보고 후 비상대책회의를 개최한다.

당시 한국통신은 통신시설운용 비상사태에 대비하여 주요대책내용을 현업기관에 시달하기 위한 임원회의를 개최하였다(1996. 6. 17 15:00-18:30). 이 회의에는 사장, 부사장, 네트워크본부장 등 12명, 지역본부장 10명이 참석하였다. 또한 이 회의에서는 통신시설 안정운용대책, 주요통신시설 안전관리지침, 현업기관의 통신운용실 실장운용계획, 노사현안 및 대응조치계획 등이 협의되고 시달되었다.

한편 한국통신은 비상사태 발생 시 군 병력을 동원하는 계획을 국방부 군수국과 협의하였다(1996. 6. 12). 주요협의내용은 국방부와 군 병력(1,518명) 지원계획과 배치계획이었다. 국방부에서는 실제투입 1주전에 사전요청하기를 희망하였으며, 이때 동원병력의 출장비, 숙식비 등은 한국통신 기준을 적용하기로 협의하였다. 그러나 시설방호 병력지원은 재검토하기로 하였다. 이 회의에는 국방부 군수협력과장 외 1명, 정보통신부 담당관, 한국통신 국장이 참석하였다.

이에 따라 군통신 병력 총 1,519명의 지원을 요청하였으며, 1996년 6월 20일 이후 한국통신이 요청 시 즉시 지원하는 것으로 결정되었다(1996. 6. 18). 그 세부지원내역은 <표 8-75>와 같다. 또한 한국통신은 통신장비업체의 전문인력 지원도 요청하였다. 먼저 LG정보통신 등 30개 업체에 기술요원을 요청하였다(1996. 6. 17). 이를 시설별로 보면 교환분야 8개 업체, 전송분야 7개 업체, 전력분야 11개 업체, 국제통신분야 4개 업체로 결정되었다.

<표 8-75> 한국통신 비상사태 시 군 통신병력 지원규모

교환시설	전송시설	무선통신	전력시설	정보통신	위성통신	계
405	423	45	439	161	45	1,518

9.9 비상사태 장기화에 따른 조치

가. 1997년도 비상운용체제

한국통신은 1996년 중반부터 시작된 노동조합파업에 대비한 비상운용체제는 해를 넘겨 1997년까지 계속되었다. 노사분규로 인한 비상운용체제가 장기화함에 따라 한국통신 네트워크본부(본부장 이정욱)에서는 그동안의 비상사태 대비책을 전면 재점검하여 보다 체계적인 통신망 안정운용대책을 재수립 시행하였다(비상사태에 대비한 통신망 운용대책, 1997. 1. 13, 한국통신). 이때 한국통신은 노조투쟁으로 발생할 수 있는 비상사태를 다음과 같이 부분적 비상사태와 전면적 비상사태로 구분하여 관리하기로 하였다.

① 부분적 비상사태는 일부 전화국 직원의 출근저지 또는 작업장 점거 농성이 발생하는 경우를 말한다. 이때에는 고장접수, 고장수리, 전화가설 등 민원업무 일부가 불가하게 되고, 전자교환기, 광통신시설의 정기점검 등 일상적인 유지보수업무 일부도 불가하게 된다.

② 전면적 비상사태는 전국 전화국과 전체 조합원이 동시에 파업하는 경우이다. 이때는 민원업무 및 일상적인 유지보수업무 수행이 중단된다. 또한 주요도시의 시외교환시설, 국제통신시설 및 기간통신망 등 주요 통신망에 대한 적극적인 운용방해가 발생하는 경우도 여기에 해당된다.

③ 사태발생정도에 따라 시설운용방안을 강구한다. 주요시설 방호계획을 수립하고 업무목적외 출입통제를 강화하고 자체 통제가 곤란한 경우에는 경비지원을 요청한다. 또한 필수요원을 확보하여 기본적인 시설운영을 수행한다.

그리고 당시 시내통신망, 시외통신망, 국제통신망, 통신시설 집중운용센터 등 주요통신시설의 관리대상과 필수요원을 재점검하였다(1997. 1).

① 시내통신망의 통신운용실수는 총 1,893개실이고, 운용인원은 18,106명이며, 이때 필수요원은 8,022명(44%)을 확보하였다. 이때 보직자 및 운용사무요원은 제외하였으며, 그 세부내용은 <표 8-76>과 같다.

<표 8-76> 시내통신망의 관리대상 및 필수요원

구분	전자교환실	전송운용실	전력운용실	선로시설 운용실	케이블/고객 설비운용실
실수	511	292	213	314	563
인원	2,765	2,215	1,372	3,069	8,685
필수인원	1,222	1,016	544	1,462	3,778

② 시외통신망의 통신운용실수(국수)는 총 154개실이고, 운용인원은 2,396명이며, 이때 필수요원은 459명(19%)을 선임하였다. 그리고 국제통신망의 통신운용실수는 21개실(국수)이고, 운용인원은 702명이며, 이때 필수요원은 50명(7%)을 지정하였다. 국제통신망의 경우 행정 및 교환원이 포함되었다. 그 세부내용은 <표 8-77>과 같다.

<표 8-77> 시외통신망 및 국제통신망의 관리대상 및 필수요원

구분	시외통신망			국제통신망	
	통신망운용국	중계소	번호안내국	통신망운용국	국제전화국
실수(국수)	101(12)	40(121)	13(6)	11(1)	10(2)
인원	1,268	981	147	143	559
필수인원	118	311	30	20	30

③ 통신시설 집중운용센터는 총 104개실이고, 운용인원은 1,161명이며, 필수요원은 526명(45%)을 지정하였다. 이에 관한 세부내역은 <표 8-78>과 같다.

<표 8-78> 통신시설 집중운용센터의 관리대상 및 필수요원

구분	전자교환기 집중운용센터	전원시설 집중운용센터	전용회선 집중운용센터	전국통신망 관리센터
실수(센터수)	42(28)	39(39)	22(9)	1(1)
인원	762	356	27	16
필수인원	354	155	9	8

또한 한국통신은 노동조합파업에 대비한 비상체제를 운용하기 위한 필수요원 확보방안을 다음과 같이 결정 시행하게 하였다.

① 현업기관의 현장책임자를 실장으로 임명하였다. 1996년 7월 1일부터 전자교환실, 전송운용실, 전력운용실, 선로시설운용실 등의 책임자를「실장」으로 편제화하였다. 직제규정에 의해 시내통신망 분야 1,893개실, 시외통신망 분야 154개실, 국제통신망 분야 21개실, 통신시설 집중운용센터 104개실 등 전국적으로 2,172실에 대해 실장을 임명하였다. 이에 따라

실장직무수당은 60만원/년으로 정하였으며, 보직기준은 일반직 3급 내지 6급 중 기술력과 통솔력이 우수한 직원을 선발토록 하였다. 이때 노사 간 협의에 의하여 3급 이상 보직자는 노동조합 가입을 제외하였다.

② 비상시 내·외부 전문인력을 활용한다. 한국통신 유사시 한국통신 연구소 인력 300명과 전자통신연구소(ETRI) 인력 74명을 투입토록 한다. 이때 한국통신은 교환기술연구소 52명, 통신운용연구단 330명, 전송기술연구소 82명, 선로기술연구소 70명, 무선통신연구소 59명, 멀티미디어연구소 122명 등 전체연구원 총 715명 중 300명(50%)을 활용하게 계획하였다.

③ 외부로부터 전문인력을 지원받도록 한다. 자회사 등 동원가능인력 300명을 투입한다. 또한 통신제조업체, 시공업체(일용인부 포함)로부터 시험분야 660명, 선로분야 1,330명, SLMOS 150명 등 총 2,140명을 지원받아 활용한다. 한편 군통신 인력동원은 국방부 군수국 군수협력과의 지원 하에 총 1,518명을 지원받아 시행한다.

④ 한국통신 현업기관장에게 통신망 종합관리방안 등 시설운용교육을 실시한다. 우선적으로 국장급의 시설운용 관리능력을 위한 교육을 1차(1996. 9. 6-9. 7)로 146명을 실시하고 2차(1996. 11. 1-11. 2)로 169명에 대해 지리산 수련관에서 실시하였다. 또한 부장 및 과장에 대한 시설운용 전문교육을 인력개발본부 주관으로 실시하였다(1996년 2월-10월). 이 교육은 TDX-10 운용관리 등 12개 과정으로 전문화하여 시행하였다.

⑤ 전국 통신시설국장 및 운용국장 회의를 대전 인력개발본부에서 개최하였다(1996. 12. 23). 이 회의에서 필수요원 확보계획을 설명하고 비상시 비상인력을 차질없이 확보할 수 있도록 조치하였다.

나. 특별관리대상의 추가 지정

한국통신의 노동조합파업에 대비한 비상운용체제가 해를 넘겨 1997년까지 계속되자 한국통신 네트워크본부(본부장 이정욱)에서는 그동안의 비상사태 대비책을 재점검하여 특별관리대상을 추가 지정하였다(비상사태에 대비한 통신망 운용대책, 1997. 1. 13, 한국통신).

첫 번째로 국제통신망의 특별관리대상으로 국제통신망운용국과 부산국제전화국의 운용시설 33,600회선으로 정하였으며, 세부내역은 <표 8-79>와 같다. 그리고 비상시 특별관리대상의 국제통신시설은 국제통신계획국장이 직접 운용하고, 부별 담당업무는 다음과 같이 분담 수행하게 하였다.

① 국제망계획부장은 인력동원, 시설보호 및 대책강구, 외국주관청과의 협력 업무를 담당한다. ② 국제교환시설부장은 국제전화서비스를 통제하고, 국제교환시설을 운용관리한다. 그리고 국제전송시설2부장은 국제 ITMC시설을 운용관리하고 전송시설을 통제한다. ③ 비상근무요원은 현업 비노조원(부장 3명)을 최대한 활용하고, 네트워크본부 및 전략영업본부의 유경험자(9명)을 확보한다. 한편 Ericsson 및 LG정보통신의 전문요원을 지원받아 활용한다.

<표 8-79> 국제통신망 특별관리대상

국명	구분	시설(회선)	필수요원
국제통신망운용국	광화문 ISC실	20,000	10
	목동 ISC실	6,000	10
부산국제전화국		7.600	15

두 번째로는 시외통신시설의 특별관리대상으로 서울통신망운용국, 남서울통신망운용국, 부산통신망운용국의 운용시설 51만 회선으로 정하였으며, 국별 세부내역은 <표 8-80>과 같다. 비상시 특별관리대상의 시외통신시설은 비상대책운용본부를 구성하여 관리하고, 여기에 종합상황반, 시설운용반, 시설방호반을 운용하였다.

<표 8-80> 시외통신시설 특별관리대상

국명	시설장소	시설(회선)	필수요원
서울통신망운용국	혜화전화국	189,000	11
남서울통신망운용국	구로전화국	198,000	10
부산통신망운용국		123,000	9

이때 본부장은 통신망관리단장이 되고, 종합상황반장은 시외망관리국장, 시설운용반장은 시외망시설국장, 시설방호반장은 사업지원국장이 맡아 수행하게 하였다. 특히 정문출입통제를 강화하고 통제구역 및 제한구역관리를 철저히 하는 등 시설방호업무를 강화하였다. 그리고 시내통신시설의 특별관리대상으로 광화문전화국, 중앙전화국, 여의도전화국, 혜화전화국, 구로전화국의 운용시설 총 75만 회선으로 정하였으며, 세부내역은 <표 8-81>과 같다.

이때 시내통신시설 특별관리대상은 한국통신 서울본부에서 주요시설의 방호계획을 수립하고 출입통제 관리하는 등 직할 운영관리하게 하였다. 또한 비상시 이들 특별관리대상에 대해서는 강남 OMC에서 1차 지원하고, 2차 지원은 서울통신운용연구단이 담당하도록 하는 등 지역운용센터 지원책임제를 실시하였다.

<표 8-81> 시내통신시설 특별관리대상

국명	시설(회선)	필수요원	비 고
광화문전화국	113,000	26	국가주요기관(세부내역 생략)
중앙전화국	158,000	25	
여의도전화국	63,000	22	
혜화전화국	159,000	26	
구로전화국	257,000	75	

10. 통신산업 발전을 위한 대외활동

10.1 주요국과의 국제협력 추진

가. 한국의 ITU이사국 진출과 국제회의 참석

한국통신 중앙전산소장(이정욱)은 1989년 4월 멕시코, 카나다, 미국 3개국을 방문하여 통신관계책임자를 만나 한국의 ITU 이사국 진출문제, 통신시장개방 문제, 통신사업 협력문제 등에 대하여 협의하였다(1989. 4. 10-4. 22). 이를 위해 멕시코 교통체신성 차관 면담(1989. 4. 11), 주멕시코 한국대사 탁나현 면담 및 만찬(1989. 4. 12)을 하였다. 카나다에서는 통신성 방문하여 통신관계협의를 하였다(1989. 4. 14).

특히 차관보 Mr. Hepburn, 국제국장 Gabriel Warren, 외무성 아태국장 Perron, 동아시아부과장 Carolyn, 통신성 과장 3명 등과 회의를 통해서 오는 프랑스 니스에서 열리는 ITU전권위원회에서 한국을 관리이사국으로 밀어줄 것을 요청하여 캐나다 측으로부터 약속을 받았다. 대신 캐나다가 ITU에서 추진하는 CCIR과 CCITT의 통합추진 등에 대해서는 우리 측에서 밀어주기로 하였다.

또한 출장팀은 주미 한국대사관을 방문하여 손(孫) 공사를 만나 통신협상문제를 논의하였다(1989. 4. 18). 그리고 미국 상무성의 NTIA(National Telecommunication & Information Administration)을 방문하여 우리나라 통신시장 개방문제에 대해 의견을 교환하였다. 또한 오는 5월 프랑스 니스에서 열릴 ITU 전권위원회 미국대사(Marshall)를 만나 우리나라의 이사국 진출을 지지해줄 것을 부탁하였다. 그는 당시 모토롤라사(Motorola Inc.)의 수석부사장이었다.

이어서 IC&C(International Computors and Communications) 회의에 참석하였으며, 이때 미국연방통신위원회(FCC : Federal Communications Commission)를 방문하여 위원장(Mr. Patrick)과 법률고문을 만나 우리나라와의 협력문제에 대하여 협의하였다(1989. 4. 19). 또한 국제위성통신기구(INTELSAT)를 방문하여 현황을 설명을 듣고 공사의 미국사무소가 될 장소도 확인하였다(1989. 4. 20).

1994년 10월에는 중국 북경에서 AIC가 주최한 1994 Asia Pacific Telecom Forum이 열렸다. 이 포럼에서 한국통신 기술기획실장(이정욱)은 「The Current Status of Korea's Telecom sector and the Prospects for Future Development」라는 제목으로 발표하였다(1994. 10. 24). 당시 이 회의에 참석하기 위해 서울을 떠난 비행기는 제주도 남쪽까지 남하하여 상해를 거쳐 다시 천진(Tian Jin)공항에 도착하였다. 무려 3시간 30분이 걸렸다.

1994년 12월에는 필리핀 마닐라에서 개최된 통신발전세미나에서 한국통신 기술기획실장(이정욱)은 「The Present Status of Korea's Telecommunications and the Prospects for Future Development」라는 제목으로 발표하였다(1994. 12. 13). 이 세미나에는 350여명이 참석하였으며 특히 필리핀 교통체신부(DOTC) 차관(Josepina Lichauco)이 참석하여 한국의 통신발전내용에 큰 관심을 표시하였다. 또한 PT&T를 방문하여 사장(Santiago)으로부터 회사 설명을 들었다. 그의 장녀(Maureen V. Santiago)는 Capital Wireless, Inc.의 부사장이고, 차녀(Marlyn E. Santiago)는 PTT의 부사장이며 동시에 필리핀 무선통신회사(Philippine Wireless, Inc)이 사장으로 있었다.

나. 정보통신장비의 표준화 및 기술이전

1990년대 중반 한국통신은 우리나라 정보통신장비의 표준화를 주도적으로 추진해 나갔다. 특히 1995년 당시 표준화를 추진한 주요 정보통신장비는 다음과 같다(1995년도 업무계획보고, 1995. 6, 기획조정실).

첫째, 최초조달을 위한 장비로서 데이터 포트장치(P32-T), 가입자선로 다중화장치, 레이저 통신장비, 동기식 마이크로웨이브 장치, 가입자무선장치, 선박무선통신장치, 무선송수신장치(700Mhz) 등 7건에 대한 제품규격을 제정하여 공급자격을 부여하고자 하였다(1995. 6-1996. 3).

둘째, 개발조달을 위한 장비로서 디지털 광케이블TV시스템(SWAN), 622Mbps 동기식 광전송장치, 2.5G 동기식 광전송장치, 광가입자 전송장치(FLC-A), 도서가입자 무선집중 운용시스템, 광섬유케이블 분배함, 광단자함, 광분배반, 휘더용 광접속함, 주화/카드 겸용 공중전화기, 공중전화기 집중관리시스템 등 11건에 대한 제품규격을 제정하고 공급자격을 부여할 계획이었다(1994. 9-1996. 4).

셋째, 후속조달을 위한 장비는 AM 광케이블TV 시스템(PON), 음성/데이터 다중화장치(VDM), PCM 중계장치, FS 공기주입형 케이블(관로용), FS절연 젤리충전형 케이블, 관리용 공중전화기 개량 개선 등 6건에 대한 제품규격을 제정하여 공급자격을 주는 것을 추진하였다(1995. 9-1995. 11). 그 외 불연접속관의 공급방침은 1995년 7월에 결정할 예정이었다.

또한 한국통신이 자체개발한 기술 11건, 출연 연구한 기술 7건 등 총 18건을 전문업체에 기술이전도 추진하였다. 이때 주요 기술이전 사항은 다음과 같다.

① 통신시스템개발센터에서 개발한 FLC/표준형, FLC/분기형 등 광가입자 전송장치

② 선로기술연구소에서 개발한 광접속함체, 단자함, 인수공 등 선로접속자재, 그리고 공관로 관구방지, 수용관로 관구마개, 내부 삽입형 관접속부 지수장치 등 관로 표준공법, 또한 광케이블 포설기술, 광케이블 이동방지장치, 동선케이블 이동방지장치 등 광케이블 포설 및 보호기술

③ ETRI에서 개발한 옥내용 광콘센트 등 광케이블TV시스템 기술과 단심 단일모드 광 커

넥터

④ 항공우주연구소가 개발한 위성용 HEAT PIPE 기술, 위성체 성능평가장치 기술, 태양전자판 전개장치 기술, 디지털 태양센서 기술, 밧데리 충전기 기수 등 위성 BUS 시스템.

한편 한국통신 네트워크본부 기술기획국(국장 김문수)에서는 통신시스템의 소프트웨어 버전의 관리체계를 확립하여 소프트웨어의 형상관리를 능률화하기 위한「통신시스템 소프트웨어 형상관리계획」을 수립하였다(업무계획보고, 1996. 5, 네트워크본부 기술기획국). 이 계획의 주요내용은 ① 교환기 소프트웨어 버전을 일치화하고 원천기술을 확보하여 교환기 소프트웨어 개량 개선업무를 원활하게 하는 등 자체 기술력을 확보한다, ② 전자교환기, 집중운용보전시스템, 정보통신시스템에 대한 관리기관, 방법 및 체계 등 소프트웨어 운용관리체계를 확립한다 등이었다. 이에 대한 세부시행계획은 1996년 4/4분기 내에 확정토록 하였다

다. 네트워크 부문 원가분석체계 정립

한국통신은 내부거래제도의 운용실태를 분석하여 문제점을 도출하고, 통신망서비스의 원가산출방법을 강구하며, 통신망 효율성을 검증하기 위한 기반을 구축하고자 하였다. 당시 네트워크 원가는 역무별 원가계산 및 책임회계제도에 의해 산출되고 있었다. 여기에서 역무별 원가계산방법은 통신서비스별로 원가를 산정하고, 타 사업자 접속통화료 및 회선설비 제공대가를 산정하기 위한 목적으로 사용되었다.

이를 위한 절차를 보면 기관단위비용을 산출하고 역무, 기능과 관련성에 따라 자산을 분류하였다. 그리고 직접비를 산출하고, 간접비(공통비용)를 배분하고, 자산 및 적정운전자본을 반영하여 투자보수규모를 산출하여 서비스원가를 산정하였다. 또한 책임회계제도는 책임회계단위별 권한을 부여하고 책임을 부과하여 내부거래를 위한 사업부문간 경영성과를 측정하였다.

이 제도에서는 사업본부, 지역본부, 현업기관을 수익중심점으로 하고, 본사의 각 실을 비용중심점으로 하였다. 이를 위한 절차로는 먼저 책임회계단위를 설정하고, EVA 개선목표(경영계약), 내부거래 전후의 손익개선목표 등 이익목표를 설정하여 관리하였다. 그리고 책임회계단위 간 내부거래를 하고 부문별로 결산하며, 내부경영평가와 연계하여 분석 평가하였다. 그러나 당시의 원가계산제도는 몇 가지 문제점을 가지고 있었다. 그 세부내용은 다음과 같다.

첫째, 당시 원가계산제도는 실제 투입된 생산원가 산출이 미흡하였다. 역무별 원가계산은 서비스별 판매 원가를 산출하기 위한 것으로서, 정부에서 고시한 기준에 의해 접속료율을 산출하기 위한 통신망 원가 재산정 방안이었다. 그리고 책임회계제도는 기능별 수입 및 비용 분류기준이 불투명하여 사업부문 간 이견이 발생하였으며, 과다한 간접비용 발생으로 공통비 배분의 신뢰성이 저하하였다.

둘째, 투자사업 및 통신망 운용의 효율성 검증이 곤란하였다. 네트워크부문 사업에 원가분석결과를 활용하는 체계가 되어 있질 못하였고 통신망 공급자로서 원가분석기능이 취약하였다. 또한 통신망 원가를 산정할 때 네트워크부문은 배제되었다.

이러한 문제점을 개선하기 위해 네트워크부문 원가분석시스템을 구축하였다(네트워크부문 경영환경의 능동적 대응을 위한 각 전담반별 중간보고, 1998. 6. 17, 한국통신 네트워크본부). 이에 따라 생산원가 산출을 위한 원가구조를 분석하고, 원가항목과 비원가항목을 구분하며, 직접원가와 간접원가의 분류기준을 정립하였다. 이를 위해 다음과 같이 추진하였다.

① 직접원가와 간접원가(보조비)의 구분, 원가항목과 비원가항목의 분류, 투자보수 기준자산 파악 등 네트워크부문 원가구조를 분석한다.

② AT&T, BT, NTT 등 선진국 통신사업자의 통신망 원가분석실태를 조사한다. 그리고 당시 재무관리시스템을 분석하고, 재무시스템을 이용한 네트워크부문 원가관리를 위한 전산시스템의 구축방안을 검토한다.

이와 같이 시행함으로서 통신망 투자시업 및 통신망 운용의 효율성을 높이고, 네트워크분리에 대비한 회계분리를 준비하였다. 또한 네트워크부문의 정확한 경영성과를 측정하고, 생산원가에 의한 실제비용을 산정하여 요금의 객관성을 확보하고자 하였다.

라. 통신산업 육성을 위한 노력

한국통신과 정부는 6차 5개년계획의 주요사항으로 통신산업을 육성하기 위해 중점육성품목 및 유망기업에 대한 지원을 지속적으로 추진하였다. 그 주요내용은 다음과 같다(제6차 경제사회발전 5개년계획 통신부문계획, 1986. 10, 통신부문계획위원회).

① 전자교환기 등 주요통신장비 소요핵심부품, 통신사업발전에 필요한 통신기기 등 중점육성품목을 발굴한다. 그리고 통신기자재가 소요되는 사업계획을 수립할 때는 구매물량, 구매방법 및 국산화계획 등을 명시토록 한다.

② 유망중소기업에 대하여 종합 지원한다. 이를 위해 ETRI와 중소기업공단이 연계한 전문기관의 기술지도를 시행하고, 체신금융을 개발자금으로 지원하며, 통신공사의 구매력을 통해 판로를 지원한다.

③ 년간 100만불 이상의 외자도입 통신시설을 대상으로 절충교역(OFFSET) 추진에 의하여 지원한다. 그리고 외국도입선의 국내생산부품 사용을 의무화하고, 외국도입선의 첨단기술을 국내전수하는 것을 의무화한다.

또한 통신장비 생산회사와의 협력도 강화하였다. 1998년 중순 Notel Korea 사장(Mr. William Blair Healy)이 한국에 부임하면서 인사차 한국통신 부사장(이정욱)을 예방하였다(1998. 6. 29). Healy 사장은 Australia Royal Military College를 1978년에 졸업하고 University of New South Wales에서 전기공학을 전공하였다(1982). 당시 한국통신 부사장과 노텔코리아

사장 간의 면담내용은 다음과 같다.

① Nortel은 통신장비를 생산하는 세계적인 생산업체로 한국에서도 대우, 성미전자, SK C&C와 협력하여 광전송시스템, 데이터 통신장비를 판매하고 있으며, 우리 한국통신에게도 광전송장치 및 패킷교환기를 납품하는 등 그동안 많은 협력관계를 유지하고 있음.

② 최근에 Nortel은 네트워크 장비업체인 Bay Networks를 91억 달러에 인수하였는바, 이와 같은 거대기업을 인수한 특별한 배경에 대해 의견을 교환함

③ Healy 사장은 부임하기전 아시아 및 남태평양지역 사업계획 및 영업활동의 책임자였던 관계로 아태지역 시장 및 한국의 통신상황에 관련된 상호 관심사를 논의함.

④ 통신분야에 있어 한국과 캐나다의 동반자적 관계는 아태지역 통신발전에 크게 기여할 것으로 판단됨으로 한국통신과 Nortel의 협력지속방안을 논의함.

Nortel은 1895년 Northern Electric and Manufacturing Company Ltd.로 설립되었다. 그 후 1914년 Wire and Cable Company와 합병하여 Northern Electric Company Ltd.가 탄생하였으며, 1976년 Northern Telecom Ltd.로 회사명이 변경되었다. 이 회사는 캐나다 Ontario주 Brampton시에 있으며, 당시 직원 수는 7만3천명이었다.

10.2 국민적 문화체육사업에의 참여

가. 전기통신미래관 건립추진

한국통신은 머지않아 다가올 정보화사회에 대한 미래상을 국민들에게 인식시키고 전기통신의 사회적 중요성을 홍보하기 위해 비영리 공익문화사업의 하나로 전기통신미래관의 건립을 추진하였다. 이 전기통신미래관은 경기도 과천시의 서울대공원 내에 연건평 4천여평 규모로 건설하여 통신의 역사를 전시할 역사관, 우주과학 및 첨단기술 등을 보여줄 과학관을 계획하였다. 그리고 학생들을 위한 전기통신기술에 대한 실험실습관도 구성하며 로봇, 특수효과, 특수영상 등 최신기법으로 건설하여 1990년 말에 개관할 예정이었다. 그러나 추진과정에서 본 전기통신미래관은 대전 엑스포공원에 건설하는 것으로 변경 추진되었다.

나. 사격부 창단

한국통신은 1985년 12월 본사 15층 대회의실에서 한국전기통신공사 사격부를 창단하였다(1985. 12. 9). 이날 창단식에는 이영호 체육부장관, 오형근 88올림픽 사격단장을 비롯한 300여명의 내외귀빈과 임직원 그리고 선수, 가족, 보도진들이 참석하였다. 이날 창단된 사격부는 국내 실업팀으로는 유일하게 16개 올림픽 전 종목에 걸쳐 최현주(크레이), 이문호(크레이), 김진희(권총), 최재수(권총) 등 남녀 19명의 선수로 구성되었다. 한편 사격부 감독에는 전 경기인 출신 박기림씨, 코치에 전 국가대표와 국가대표 코치를 지낸 정광영씨와 한국 신기록보유자인 김태석씨가 임명되었다.

다. 프로야구 001상 운영

1990년대에 들어서면서 한국통신은 일간스포츠사와 공동으로 프로야구 001상을 제정하여 운영하였다. 「1997년 프로야구 001상」 연말시상식이 서울 르네상스 호텔에서 개최되었다. 이 시상식에서 이정욱 한국통신 사장대행은 수상자들에게 축사를 하였으며, 이 행사에 대해 한국통신 뉴스와 일간스포츠에서 다음과 같이 보도하였다.

<이정욱 사장대행의 축사> 존경하는 홍재형 초재님, 그리고 이 자리를 빛내주신 내외 귀빈여러분과 야구인 가족 여러분. 오늘 여러분을 모시고 97프로야구 001상 연말시상식을 갖게 됨을 매우 기쁘게 생각합니다. 일간스포츠사와 공동으로 제정한 「001상」은 지난 5년간 우리나라 야구의 발전과 경기력 향상에 이바지해 왔으며, 또한 야구가 대중으로부터 사랑받는 국민적 경기로 발전하는데 노력하여 왔습니다.

그간 001상이 성공적으로 운영되도록 도와주신 관계자 여러분께 거듭 감사의 말씀을 드립니다. 저희 한국통신은 국민기업으로서 이 나라의 정보화사회를 실현하는 본연의 임무를 다하기 위해 노력을 기울이는 동시에 우리나라의 국민스포츠 발전에도 작은 부분이나마 참여하고 있습니다. 한국통신은 여자필드 하키팀과 사격팀, 싸이클팀을 운영하고 있으며 지난 97년 6월에는 제1회 한국통신배 국제여자하키대회를 개최한 바 있습니다. 그리고 야구는 001상을 통하여 야구발전에도 참여하여 왔습니다. 특히 야구는 우리 국민들이 가장 아끼고 사랑하는 스포츠이고, 항상 최고의 인기를 누리고 있는 스포츠라 말할 수 있을 것입니다.

이제 프로야구는 우리 국민들속에 최고 인기스포츠로 확고히 자리 잡았으며, 기량과 수준면에서도 장족의 발전을 거듭해 왔습니다. 팬들의 환호가 메아리쳤던 그라운드에서 기라성 같은 동료들을 물리치고 오늘 최고의 선수, 최고의 지도자로 선정된 수상자 여러분들은 야구를 사랑하는 모든 팬들의 자랑이며 보람입니다. 영광스러운 이 자리에 서게 되신 여러분께 30만 정보통신가족을 대신하여 축하를 드리며 우리나라 야구의 무궁한 발전과 여러분의 건승을 기원합니다. 감사합니다.

<한국통신 뉴스, 1997. 12. 3> 한국통신 마케팅본부에서는 2일 오전 서울 르네상스 호텔에서 이정욱 사장직무대행, 우승술 마케팅본부장, KBO총재, 한국일보 사장, 일간스포츠 사장, 프로야구구단 사장, 감독, 선수 등 2백명이 참석한 가운데 97 프로야구 「001상」 시상식을 가졌다. 프로야구 001상은 일간스포츠사가 제정하여 5년째 프로야구 경기력 우수선수에게 우리 한국통신이 지난 1993년도부터 후원하는 행사이다. 또한 일간스포츠 사에서는 연중 시상을 후원사와 협의 진행하며 시상관련 보도 시 1면 톱 25회, 2면-4면에 25회, TV보도 4회 등 프로야구 001상의 후원사인 우리 한국통신을 홍보하고 있어 기업이미지 향상에 크게 도움이 되고 있다. 프로야구 001상 수상자내역은 다음과 같다.

① 001 9월 3상: 001수훈상 이대진(해태), 001기능상 심재학(LG), 001감투상 박경완(쌍방울) ② 001 연간 3상: 001수훈상 김기태(쌍방울), 001기능상 유지현(LG), 001감투상 이종

범(해태) ③ 001최고 선수상: 001최고투수상 이대진(해태), 001최고타자상 이승엽(삼성) ④ 001아마 야구인상: 001아마야구 지도자상 주성노(인하대), 001아마야구 최고선수상 김동주(고대) ⑤ 001프로 야구인상: 001프로야구 감독상 김응용(해태), 001프로야구 코치상 유종겸(LG), 001프로야구 특별상 김학호(KBO)

<일간스포츠, 1997. 12. 3> 일간스포츠와 한국통신이 공동 주최한 97년 001 최고투수상, 최고타자상, 001 연간 3상 시상식 및 야구인의 모임이 2일 낮 르네상스 서울호텔(서울 강남구 역삼동) 3층 다이아몬드 볼룸에서 200여명의 야구인들이 참석한 가운데 열려 올 한해 한국야구를 빛낸 주인공들을 기렸다. 이날 본상 시상식에선 해태와 삼성의 고졸스타들인 이대진(23)과 이승엽(21)이 나란히 최고 투수상과 최고 타자상의 영광을 안아 크리스털 트로피와 함께 100돈쭝(500만원 상당)의 순금메달을 목에 걸었다.

앞서 열린 부문별 시상식에선 해태를 9번이나 한국시리즈서 우승시킨 김응룡(56) 감독과 국가대표팀을 세계 정상권으로 도약시킨 주성노(45) 인하대 감독이 각각 프로 감독상과 아마야구 지도자상을 차지했다. 이날 시상식엔 홍재형 KBO총재, 한국통신 이정욱 부사장을 비롯 프로야구단 사장들과 감독들이 참석해 성황을 이뤘다<구자겸 기자>.

11. 저자의 주요발표문 및 언론논평

11.1 각종행사 및 발표문

가. 신산업경영대상 수상

한국통신 기획조정실장(이정욱)은 1995년도 신산업경영대상 기술부문을 수상하였다(1995. 4. 12). 이 상은 신산업경영대상시상위원회(위원장 오명)에서 수여하였다.

한편 한국통신 사지(韓國通信 社紙)에서는 신산업경영대상의 수상내용을 다음과 같이 소개하였다(한국통신 1995년 6월호, 20P).

<기사내용> 오직 태크너크랫의 길을 고집해온 한국통신 이정욱 기획조정실장. 그는 지난 4월 12일 21세기 경영인클럽이 제정한 95년도 신산업경영대상에서 기술부문의 대상을 수상하였다. 이 실장은 지난 63년 체신부(현 정보통신부)를 시작으로 정보통신분야에 투신, 지금까지 통신망현대화와 통신산업 발전에 기여한 공이 매우 크다.

특히 1978년부터 국가통신망 현대화를 위한 종합발전계획을 수립 추진하여 그 이듬해 우리나라에 최초로 전자교환기(M10CN)를 도입, 영동, 당산전화국에 개통함으로써 국내 전기통신 역사상 한 획을 긋는 역할을 해낸 것이다. 또한 21세기 세계경제의 중심국가로서 올해부터 본격화되고 있는 우리나라 초고속정보통신망 건설 프로젝트에도 깊숙이 관여하

고 있다.

또한 한국통신의 R&D 투자를 매출액 대비 7% 수준으로 끌어 올려 우리나라의 통신기술 개발 중요성을 실천하는 한편 산업발전을 통한 정보사회로의 조기진입에 일익을 담당하고 있다. 주요경력으로는 경북 성주출신으로서 연세대 전자공학과를 졸업하고 1963년 체신부에 입사, 1970년 제5회 기술고등고시에 합격한 정통파 엔지니어. 지난 1987년에는 전국 전화시설 1천만 회선 돌파 기념으로 대통령표창과 국민포장을 수상하기도 하였다.

> 新産業經營大賞
>
> 管理大賞 技術部門
>
> 李廷旭 한국통신 企劃調整室長
>
> 위의 분은 1963년 遞信部 참여 이래 대용량 국내표준 전자교환기인 TDX-10 공동개발사업을 주도했고 1991년에는 한국PC통신(주) 설립을 추진하여 情報化사회를 촉진하는 등 국내 정보산업발전에 크게 기여했으므로 新産業經營大賞 施賞委員會가 21세기경영인클럽 창립을 기념하여 제정한 올해의 管理大賞 技術部門 수상자로 선정하여 기념패를 증정합니다.
>
> 1995년 4월 12일
>
> 新産業經營大賞 施賞委員會
>
> 委員長 工學博士 吳 明

나. 아침경영강좌

1997년 3월 한국통신은 본사 15층에서 정보통신사업 발전방향에 대한 부사장(이정욱)의 강의가 있었다. 이 내용을 한국통신 사지에서는 다음과 같이 보도하였다(정보통신사업 발전방향에 대한 아침경영강좌, 1997. 4, 한국통신).

<기사내용> 1997년 3월 15일 오전 8시부터 10시까지 본사 15층에서 3백30여명이 참석한 가운데 정보통신사업 발전방향에 대해서 이정욱 부사장의 강의가 있었다. 본사와 사업부서는 전직원, 서울본부는 2급 기관장 이상, 재경기관은 1급 직원 이상을 참석대상으로 한 이번 경영강좌의 주제는 국내외 환경변화, 한국통신이 가장 중요하게 수행해야 할 과제, 통신시장 확보를 위한 지속적인 경쟁, 네트워크 확보경쟁의 본격화, 통신품질경쟁의 개시, 조직보완과 인력구조 개선, 1997년도 당면과제의 돌파, 충실한 경영 등 8개 분야였다.

이중에서 특히 시내전화경쟁과 시외전화 사전등록제 시행에 따른 영업방식의 전환, 인터넷 전화사용에 따른 시장잠식우려, 통신품질경쟁에 따른 완전한 승리, 우수하고 충분한 통신망 확보, 우리 조직의 진화발전과 한국형 모델 등에 대해 강조했다. 빈자리가 없어 상당수 서 있기도 한 이번강좌에 참석한 사원들은 시종일관 진지한 분위기속에서 강의를 경청했다.

11.2 저자에 대한 언론논평

저자는 1970년 기술고시에 합격한 후 체신부 전남전신전화건설국장, 본부 계획국 계획3과장을 역임하고 1982년 한국전기통신공사가 창립되면서 계획국 도시계획부장으로 전환되었다. 이후 한국전기통신공사 계획국 통신망계획부장, 사업개발단장, 정보통신사업본부장, 기술기획실장, 기획조정실장, 연구개발원장, 네트워크본부장, 부사장, 사장대행 직을 거쳤다. 그동안 저자는 주로 국가기간통신망의 확장계획 수립 및 건설을 수행하였다. 또한 1999년에는 한국정보인증(주)의 초대 사장에 선임되면서 전자상거래의 선진화에도 기여하였다. 이에 대해 언론(주로 정기간행물)에서는 다음과 같이 논평하였다.

(1) 국내 통신업계를 움직이는 실세

한국통신에는 유달리 체신고 출신들이 많다. 체신고는 국내 정보통신계를 움직이는 실세라 말해도 무색하지 않다. 국립학교인 체신고는 일제 때부터 이어져 왔으나 9기 배출을 마지막으로 명맥이 끊겼다. 그러나 배출해낸 인재들이 대부분 정보통신부와 한국통신에 포진하고 있다. 그러나 한국통신 내에서 체신고 출신은 점차 행정고시와 기술고시 출신으로 물갈이 되고 있다는 것이 내부 관계자의 말이다. 이정욱 부사장은 기획조정실장, 연구개발원장, 네트워크본부장을 지냈으며 탁월한 기획력과 추진력을 겸비한 것으로 평이 나있다. 1970년 기술고등고시에 합격한 그는 체신부 재직 시 우리나라에 처음으로 전자교환기 도입을 계획했고 한국통신의 통신망 기획, 기술개발분야에서 많은 시간을 보냈다.

이 부사장은 지난 6월 3일 경기도 양평에서 열린 한국컴퓨터기자클럽(KCRC) 하계 연수 세미나에서 통신의 자주화와 통신사업자의 전문화를 역설한 바 있다. 그는 자주화와 관련해 국내 통신망의 독특한 환경이 있는 만큼 여기에 적합한 기술개발이 뒤따라야 한다는 소신을 갖고 있고 통신장비 국내 제조사에 대해서는 밥상을 차려놓고 숟갈을 물어주어야만 온다고 꼬집기도 했다. 또 전문화와 관련해서는 황금알을 구하고자 다수의 통신사업자가 생겼지만 무엇보다 선투자를 통한 서비스 안정화를 기하는 등 사업자의 전문화가 요구된다고 말했다(통신사업자 인맥 대연구,1997. 9, 월간 경영과 컴퓨터 152p, 154p).

(2) 한국통신의 최근 변화를 주도하는 사람

한국통신이 정부투자기관에서 출자회사로 전환됨과 동시에 적어도 외형적으로는 민간기업 형태로 조직이 새롭게 개편했다. 그러나 한국통신의 앞날은 결코 순탄하지 않다. IMF 체제와 경기침체로 인해 사회전반의 거품이 걷히면서 통신수익이 대폭 격감하는가 하면 하나로통신, 두루넷 등 고속 멀티미디어 서비스를 기반으로 한 경쟁사업자와의 치열한 시장쟁탈전도 눈앞에 다가오고 있다. 한국통신은 이에 대해 2010년까지 점차적으로 약 35조원을 투입해 초고속망을 구축하고 과도기적 단계로 ADSL을 도입하는 등 경쟁기반을 마련한다는 전략이다.

이같은 한국통신의 최근 변화를 주도하는 사람은 다름 아닌 이정욱 부사장이다. 한국통신이 과거 체신부로부터 독립됨과 동시에 지금까지 근 15년 이상 요직에 있으면서 강한 추진력을 바탕으로 한국통신의 전략을 제시해온 인물이다. 그동안 한 번도 내부 승진에 의한 사장이 배출되지 못한 한국통신으로서는 향후 이 부사장에 거는 기대가 크다(텔레콤 리더, 1998. 3, tele.COM 44p 박종환 기자).

(3) 한국통신을 움직이는 사람들

체신고 출신으로 한국통신 본사에 있는 인물은 약 30명 선. 이정욱 부사장을 비롯해 강병태 기업영업단장, 송용팔 정시스템본부장, 한수도 재무실장 등이 임원급으로 자리잡고 있다. 영업, 기술, 회계 등 주요임원급은 모두 체신고 출신이 꿰차고 있는 셈이다. 가히 한국통신을 움직이는 사람들이라 해도 과언이 아니다. 이정욱 부사장은 체신고 8기로 기술고등고시에 합격하고 1988년 중앙전산소장을 마치고 강원사업본부장, 정보통신사업본부장, 기획조정실장을 거쳐 올초 한국통신 조직개편 때 네트워크본부장 겸 부사장으로 발령받았다.

체신고 출신으로 일찌감치 출세가도를 달린 인물 중 하나이다. 국산전자교환기 개발에도 참여한 엔지니어 출신으로 업무역량에 있어서는 한국통신 내 누구보다도 뛰어나다는 평을 받고 있다. 경북 성주 출신으로 매사에 겸손하다는 게 이 부사장을 아는 사람들의 얘기다. 한편 한국통신의 이정욱 부사장은 한국전력의 김정부 부사장과 함께 국내 통신산업의 양대 산맥으로 불리운다(격변기의 통신산업 인맥 대탐구, 1998. 7, tele.COM 창간1주년 기념호 102p)

(4) TDX-10A와 TDX-100의 개발을 주도

체신고를 나오고 기술고시를 합격한 사람 중 대표적인 인물은 박성득 한국전산원장, 이정욱 전 한국통신 부사장, 최명선 전파연구소장이 있다. 이정욱 전 부사장은 체신부에서 계획국 과장을 끝으로 공직생활을 마치고 지난 1982년 한국통신에 합류한 이래 한국통신 내 주요 요직을 모두 거친 통신 엔지니어 출신. 지난 6월말까지 한국통신 부사장에 재직했다. 업무역량에 있어서는 한국통신 내 누구보다도 뛰어나다는 게 주위의 평가.

이 전 부사장은 지난 1979년 국내에서 최초로 전자교환기를 도입한 주역중 하나로서 국산 전전자교환기(TDX-10A)를 개발해 전국으로 1천만회선까지 확장시킨 인물이다. 통신산업 현대화 공로로 지난 79년에는 대통령 표창을 수상하기도 했다. 또한 부사장을 물러나기 직전인 올 6월말까지 차세대 전자교환기인 TDX-100의 개발을 주도했다. 풍부한 실무경험을 토대로 국내 통신망 발전에 많은 기여를 했다는 게 주위의 평이다.

88년 중앙전산소장을 마치고 한국통신 정보통신사업본부장, 기획조정실장, 네트워크본부장, 부사장을 거쳐 지난 7월 인사 때 연구개발본부 연구위원으로 발령받았다. 매사에 겸손하다는 게 이 부사장을 아는 사람들의 얘기다. 경북 성주산으로 체신고를 나와 연세대 전자공학과, 서울대 행정대학원, 국방대학원을 졸업했다. 해박한 지식과 부하들을 배려하는 마음 씀씀이로 부하직원들로부터 많은 신망을 받고 있다(기술고등고시 통신업계 중심세력으로 부상, 1998. 8, tele.COM 100-101p).

(5) 전자교환기를 1천만회선으로 확장

한국통신에 대구·경북 출신이 다수 포진해 있다. 체신부 사무관으로 사회생활을 시작했던 이정욱 전 부사장이 경북 성주 출신. 체신고를 나와 연세대에서 전자공학을 전공했으며 서울대 행정대학원과 국방대학원을 졸업했다. 지난 1982년 한국통신에 합류한 이래 한국통신 내 주요 요직을 두루 거쳤으며 지난 6월말까지 한국통신 부사장으로 재직했다. 지난 1979년 국내에서 최초로 전자교환기를 도입한 것은 물론 국산 전전자교환기(TDX-10A)를 개발해 전국적으로 1천만 회선까지 확장시켰으며 차세대 전자교환기인 TDX-100의 개발을 주도하기도 했다(격변기의 통신산업 인맥 대탐구, 1998. 9, tele.COM 115p)

(6) 한국정보인증 초대사장으로 선임

인터넷기반의 전자상거래에 있어 거래 당사자 간의 신원을 확인해주고 전자인증서를 발급해주는 정부공인 제1호 인증사업자가 될 한국정보인증(주)가 정식 출범하고 본격적인 업무에 들어갔다. 지난달 1일 한국통신과 SK텔레콤, 삼성SDS를 비롯한 9개 주요주주와 하나로통신, 한국신용정보 등 13개 일반주주가 참여한 자본금 200억 원의 인증회사가 탄생한 것이다. 한국정보인증은 앞으로 국내 제1의 인증기관이 되기 위해 기반 다지기에 본격 나설 계획이다. 한국정보인증의 초대 사장에는 이정욱 전 한국통신 부사장이 선임됐다. 추진력과 정보통신업계에 폭넓은 인맥을 형성하고 있는 이 사장 인터라, 초기 위상 정립에 적임자라는 게 관련업계의 평가이다(한국정보인증 초대사장 이정욱, 1999. 8, tele.COM 183p).

(7) 한국정보인증의 초대 사령탑

한국정보인증은 전자인증서 발급을 목적으로 1999년 7월 1일 설립된 전문 인증업체이다. 국내 제1의 공인인증기관을 목표로 하고 있는 이 업체는 한국통신, SK텔레콤, 삼성SDS 등 국내 내노라 하는 통신업체들이 자본금을 공동 출자함으로서 설립부터 이목을 집중시켰다. 여기에 오랫동안 통신업계에 몸담으면서 국내 통신망 구축에 앞장서온 이정욱 한국통신 부사장이 초대 사령탑으로 나섰다(텔레콤 리더, 1999. 12, tele.COM 40p).

(8) 인터넷 보안전문가로 화려한 변신

이정욱 한국정보인증 사장은 체신부에서 계획국 과장을 끝으로 공직생활을 마치고 지난 82년 한국통신에 합류한 이래 한국통신 내 주요 요직을 모두 거친 통신 엔지니어 출신. 이 사장은 지난 1979년 국내에서 최초로 전자교환기를 도입한 주역중의 하나로서 국산 전전자교환기(TDX-10A)를 개발해 전국적으로 2천3백만 회선까지 확장시킨 인물이다. 통신산업 현대화 공로로 지난 1979년에는 대통령 표창을 수상하기도 했다. 또한 한국통신 부사장을 물러나기 직전까지 차세대 전자교환기인 TDX-100의 개발을 주도했다.

풍부한 실무경험을 토대로 국내 통신망과 인터넷 발전에 많은 기여를 했다. 한국통신 하이텔을 설립하고 PC통신을 국내에 최초로 도입한 장본인. 한국통신 기획조정실장, 네트워크본부장, 부사장을 거쳐 지난 6월부터 한국정보인증 사장으로 재직하고 있다. 특유의 친화력으로 국내 전자상거래의 기반이 되는 한국정보인증을 설립 그랜드컨소시엄을 만들어 냈다. 최근에는 선진 전자상거래 실현에 일익을 담당하기 위해 분주하게 뛰고 있다.

전자상거래에 인증과 보안을 결합시켜 전자상거래의 신뢰를 높이는 것이 목표. 「전문가가 되라, 건강하라, 용기있게 추진하라」가 경영방침이다. 경북 성주산으로 체신고를 나와 연세대 전자공학과, 서울대 행정대학원, 국방대학원을 졸업했다. 해박한 지식과 부하들을 배려하는 마음 씀씀이로 부하직원들로부터 많은 신망을 받고 있다. 매사에 겸손하다는 게 이 사장을 아는 사람들의 얘기다(통신전문가에서 인터넷 보안전문가로 화려한 변신, 1999. 12, Network Computing 88p).

(9) 초고속정보통신망 건설을 총괄주도

한국전기통신공사(현KT) 등 정보통신산업계에서 다년간 근무하면서 전문성을 축적해온 이정욱 회장은 최근 BcN과 홈네트워크라는 저서를 낼 정도로 이 분야에서 공히 인정받고 있는 전문가로 통한다. 연세대 전자공학과를 나와 기술고등고시에 합격한 후 체신부 과장, 한국전기통신공사 부사장, 한국정보인증 대표이사 등을 거쳐 현 일진전기 부회장에 이르기까지 정보통신업계에서 30여 년간 일 하면서 업계를 리드해온 산증인과도 같다.

그는 국내 최초로 전자교환기를 도입해 도시지역, 농어촌, 도서벽지에 이르기까지 통신망을 현대화하고 총 전화시설을 2천3백만 회선으로 확장하는데 기여한 공로로 대통령 표창 및 국민포장을 수상한 바 있다. TDX-10 개량형, TDX-100 등 신형 국산전자교환기를 개발해 국산기종 총 1천만 회선을 보급 달성으로 동탑산업훈장도 수여했다. 국내 초고속정보통신망의 건설을 총괄 주도한 그는 국내 최초로 국가공인인증기관(한국정보인증)을 설립해 공인인증서의 대량 보급체제를 구축한 주역이기도 하다. 이밖에 플라스틱 광케이블을 국내 최초로 도입해 국산화 생산하고 BcN형 홈네트워크 실현을 위해 한국POF통신포럼을 창립하기도 했다(초고속정보통신망 주도, 2005. 4, CEO Report 7p).

(10) 국내 정보통신산업발전을 이끌어낸 주역

21세기에 들어서면서 정보통신과 방송이 융합되는 새로운 시대가 전개되고 있으며, 국내 IT환경은 우수한 기술력을 바탕으로 세계적인 방향인 4G로 발전해 가고 있다. (사)한국정보통신감리협회는 이러한 차세대 방송통신설비와 통신망을 구축할 때 가장 중요한 설계기술과 감리기술수준을 한 단계 끌어올려 이를 전면적으로 적용하도록 촉진제 역할을 하고 있다. 또한 엔지니어링 산업을 획기적으로 발전시키기 위한 정보통신기술관리법의 입법을 추진하고 있으며, 이를 현장에서 실행할 수 있는 전문인력 양성에도 매진중이다.

이정욱(李廷旭) 협회장은 이처럼 방송통신융합시대를 대비하여 초고속 광대역 인프라를 구축하기 위한 차세대 엔지니어링의 성장엔진을 가속화하기 위한 자리의 중심에 서 있었다. 어느 한쪽에 치우침 없는 중용의 인생철학으로 무한 열정을 쏟으며 쉼 없이 전진하는 이 회장. 대구 달성 출생인 이 회장은 대학에서 전자공학을 전공하면서 통신에 첫발을 내딛게 된다. 기술고등고시를 패스하고 체신부 공무원으로 들어가면서 통신과 인연을 맺었다. 체신부와 한국전기통신공사(KT 전신)에서 근무하면서 당시 제4차, 제5차, 제6차 경제개발계획에 이르기까지 참여하여 우리나라 통신망 현대화계획을 세우고 매년 100만회선 이상의 전화시설을 대량 건설하는 업무를 담당해 왔다(국내 정보통신산업을 이끌어 낸 주역, 2011. 4, 주간인물 32-33p).

11.3 취임사 및 이임사

가. 한국전기통신공사 부사장 취임사

한국전기통신공사 제8대 부사장(이정욱) 취임식이 종로구 세종로 100번지 한국통신 본사 15층 대회의실에서 본사 전 임직원이 참석한 가운데 개최되었다(1997. 2. 10). 이때 신임 부사장은 「관리기능위주의 조직에서 사업이 우선시되는 조직으로」라는 제목의 취임사를 하였다(취임사, 1997. 3, 한국통신).

<취임사> 여러 가지로 부족한 사람이 오늘 한국통신 부사장으로 임명을 받았습니다. 이것은 오로지 6만 사원 여러분의 성원과 선배 여러분의 지도 덕분이라고 생각됩니다. 저는 오늘 6만 사원 여러분께 첫인사를 드리는 이 자리에서 한국통신이 우선적으로 해야 할 일이 무엇인가를 생각해 보았습니다. 먼저 말씀드리고자 하는 것은 국민, 통신 산업계, 정부가 한국통신에 바라는 점이 무엇인가 하는 것입니다.

국민 입장에서는 품질 좋고 값싼 통신서비스, 새롭고 편리한 선진국 형 통신서비스를 바랄 것입니다. 산업계에서는 한국통신이 신속하게 설비를 제공해 줌으로써 신규통신사업이 조기에 출발되기를 기대할 것이며, 또한 국산장비의 공급을 한국통신이 주도해 주기를 원할 것입니다. 정부에서는 우리나라의 기간통신망을 충분히 확장하고 현재 운영 중인 방대한 통신망을 초고속화, 지능화시킬 것을 요구하고 있습니다.

다시 말하자면 통신망의 고도화를 통해서 국가경쟁력이 크게 신장되기를 희망하고 있다는 것입니다. 따라서 한국통신은 이러한 요구를 충족할 수 있는 방향으로 통신사업을 수행해야 합니다. 한국통신 입장에서만 생각해서는 안 된다고 봅니다. 또한 한국통신은 우리나라 통신사업이 정상적인 경쟁이 될 수 있도록 그 기반을 마련할 책임을 가지고 있습니다.

이런 점을 감안할 때 한국통신이 가장 중요하게 수행해야할 과제로서 기간통신망의 충분한 확장, 통신망의 고도화, 통신품질의 선진국 수준 확보를 제시하지 않을 수 없습니다. 이와 같은 기반이 갖추어져 있을 때 상품경쟁과 시장경쟁이 이루어져야 한다고 봅니다. 날로 심화되고 있는 경쟁에 대비하여 빠른 기간 내에 풀어야할 몇 가지 주요과제가 있습니다.

첫째, 제일 시급한 과제는 한국통신 조직을 개방과 경쟁, 초고속통신과 멀티미디어 통신

시대에 맞는 미래형으로 다듬어 가는 일입니다. 우리는 작년에 개편된 조직에 의하여 일을 해나가고 있습니다. 앞으로 기간통신사업자로서 역할을 다 할 수 있고 보다 능률적인 조직이 될 수 있도록 꾸준히 보완해 나가야 할 것입니다. 이러한 조직을 보완해 나가는 과정에서 외국의 조직을 급하게 도입하거나 모방해서는 결코 성공할 수 없다고 생각합니다.

한국 실정에 맞고 한국식으로 일하는데 적합한 조직인 한국형 모델로 발전시켜야 합니다. 그리고 장기적으로는 아직도 잔존하고 있는 조직의 관료성에서 과감히 탈피, 기업형 조직으로 변화해야 합니다. 다시 말씀드려서 관리기능위주의 조직보다는 사업이 우선시 되는 조직으로 보완되어야 할 것입니다. 또한 개인중심으로 프로젝트가 추진되기보다 조직이 일하는 방식으로 유도하고자 합니다.

둘째, 한국통신의 인력구조도 크게 개선되어야 할 것입니다. 초고속정보통신과 멀티미디어 통신시대를 끌고갈 수 있는 인력구조, 개방과 경쟁에서 주도적 통신사업자로 생존할 수 있는 인력구조로 발전시켜야 합니다. 그렇게 하기 위해서는 인력채용방법도 변경해야 합니다. 신문공고형 등의 소극적인 채용방법에서 탈피하여 대학방문 형과 같은 적극적인 채용방법으로 전환하여 우수하고 젊은 인력을 선점하지 않으면 안됩니다.

한국통신의 경영이 방만하다고 지적받는 것 중 대표적인 것이「인력과다문제」입니다. 과학적 방법에 의한 인력규모에 대한 진단을 서둘러야 합니다. 항상 방어적인 입자에만 서있는 인력규모문제를 자신있게 대답하지 못한다면 한국통신의 중장기계획에 대한 자신감을 갖기 어렵고 대외적 대응력도 그만큼 약해질 수밖에 없을 것입니다.

셋째, 통신사업의 경쟁범위도 확대해야 할 것입니다. 지금까지 우리는 시외전화와 국제전화 경쟁에서 광고위주의 고객유치경쟁에 주력해 왔습니다. 이러한 일차적인 시장경쟁은 마케팅 위주의 상품경쟁이며, 요금에 의한 서비스 경쟁이라는 점에서 우리가 절대로 소홀히 해서는 안되는 분야입니다. 그러나 앞으로 통신망 확보경쟁과 통신품질경쟁이 점점 중요하게 다가오고 있습니다.

저는 이 네트워크 확보경쟁을 2차적인 시장경쟁, 통신품질경쟁을 3차적인 시장경쟁이라고 지칭하고자 합니다. 우수한 통신망을 누가 먼저 얼마나 갖추느냐에 따라 경쟁의 승패는 판가름 나게 되어 있습니다. 우리는 금년부터 본격적으로 시외전화사업의 경쟁에 대비해야 합니다. 한국통신은 대형건물에 첨단통신설비를 사전에 공급하고 신도시와 공단지역에 광케이블을 초기에 건설해야 합니다. 또 가입자통신망에 과감하게 광케이블과 무선방식을 도입하여 유무선 복합통신망으로 전환해야 할 것입니다.

우리는 국가기간통신망의 초고속화를 서둘러야 하며, 한편으로는 우리의 장거리통신망을 잘 관리해야 합니다. 우리의 시외통신망이 경쟁사업자들의 공격에 의하여 부지불식간에 침식당해서는 절대 안 됩니다. 우리는 이 공격을 잘 막아내야 할 뿐 아니라 표준형으로 보호관리하고 진화 발전시켜서 한국통신의 통신망이 2000년대에 국가기간통신망으로서의 역량을 다 할 수 있도록 해야 할 것입니다. 또한 국제통신회선 확보에도 전력을 다 해야 할 것입니다.

국제통신을 위한 통신고속도로 건설에 조금이라도 소홀할 경우에 우리는 주도적 통신사업자로서의 위치를 상실할지도 모릅니다. 한국-미국, 한국-일본, 한국-중국, 한국-영국 등 전 세계국가 간에 국제통신회선을 계속 늘려나가야 합니다. 이미 일부 국가와는 국제회선확보면에서 경쟁사업자에게 밀리는 현상이 나타나고 있습니다. 이것은 심각한 상황이 아닐 수 없습니다. 제3 위성지구국, 제4 위성지구국, 제5 국제해저광케이블, 제6 국제해저광케이블, 제7 국제해저광케이블 건설을 서둘러야 한국통신이 21세기에 생존할 수 있을 것입니다.

넷째, 21세기 정보화시대에서 한국통신이 선진국 형 통신사업자가 되기 위해서는 통신품질경쟁에서 승리해야 합니다. 우리의 주력상품인 시내전화, 시외전화, 국제전화, 데이터통신, 인터넷통신이 우선 잘 걸리는지, 통화완료율이 선진국 수준인지, 접속지연이 없는지, 에러없이 통신되는지, 잡음이나 손실이 없는지 등을 진단하고 그 수준을 한단계 끌어올릴 수 있는 대책이 절실히 요청되고 있습니다. 그래서 1997년을「통신품질 고도화의 해」로 설정하고 선진국 수준의 통신품질 확보에 전사적인 노력을 기울이고자 합니다.

끝으로 힘있는 한국통신을 건설해 나가고자 합니다. 우리는 무엇보다도 현재 한국통신이 처해 있는 상황을 확실하게 이해할 필요가 있습니다. 지금 세계 통신강대국들은 통신시장개방, 통신사업의 무한경쟁, 대규모 통신사업자의 분할을 주도하고 있으며, 그러한 물결이 계속 우리나라에 넘어 들어오고 있습니다. 이에 따라 한국통신이 가장 먼저 개방, 경쟁, 분할의 공격목표가 되고 있는 실정입니다.

이러한 시기에 부분적이기는 하지만 한국통신의 대외적 이미지가 투쟁과 대립으로 비쳐지고 있다면 이것은 현재의 어려운 상황을 헤쳐 나가는데 도움이 되지 못할 것입니다. 따라서 현실에 대한 상황인식과 이러한 무차별 공격을 방어하기 위하여 앞으로 한국통신이 우선적으로 해야 할 과제가 무엇인가에 대해서도 우리 모두가 의견을 같이 하도록 많은 노력을 기울여야 할 것입니다. 또 모든 사원, 간부, 경영진은 한국통신의 장래에 대해 다함께 걱정해야 합니다. 외부의 어느 누구도 한국통신의 현재와 미래에 대해서 우리 만큼 염려하는 사람은 없습니다.

우리 사원들 모두는 이 난관을 극복할 수 있도록 지혜와 힘을 모아야할 것입니다. 우리 한국통신 내의 지휘체계도 새롭게 확립되어야 할 것입니다. 한국통신의 힘을 다른데에 소모해서는 안 됩니다. 3면 공격으로부터 한국통신을 방어하고 경쟁력을 길러내는데 전력을 다해야할 때입니다. 그렇게 하려면 무엇보다 우리나라 정보통신기술을 발전시키는데 앞장서야 하고, 우리들의 밑천이자 자산인 통신망을 충분히 확보해야 하며, 그 성능을 고도화시키는데 많은 열정과 성의를 쏟아야 할 것입니다.

우리 6만사원은 지금의 한국통신을 힘 있는 한국통신, 새로운 한국통신으로 발전 변화시켜야 합니다. 지금까지 그렇게 해왔듯이 앞으로도 한국통신은 우리나라의 국가발전을 선도하는 그룹으로써 기술, 긍지, 화합의 상징으로 비쳐져야할 것입니다. 이것을 바탕으로 선진국형 통신서비스를 국민들에게 창출해 나갈 때 반드시 한국통신은 세계적 통신기업이 될 것입니다. 이계철 사장님의 경영방침을 받들어 이러한 목표를 달성하는데 사원 여러분과 함께 혼신의 노력을 다하고자 합니다. 감사합니다.

나. 격변의 시대, 1997년 12월 조회사

한국전기통신공사 이정욱 사장대행은 종로구 세종로 100번지 한국통신 본사 15층 대회의실에서 12월 임직원 조회를 개최되었다(1997. 12. 1). 사장대행은 이 자리에서 격변의 1997년 한해를 보내면서 6만 임직원에게「새로운 한국통신 출범에 우리 모두 힘을 모읍시다」라는 제목의 조회사를 하였다(조회사, 1997. 12. 1, 한국통신 뉴스).

<조회사> 전국에서 한국통신의 발전을 위해 노력하고 있는 6만 직원 여러분! 여러 가지 큰 변화가 있었던 1997년도 이제 12월에 들어섰습니다. 나라 전체로 보면 IMF의 자금지원을 받아야 할 정도로 경제가 나빠지고 제15대 대통령선거를 앞두고 있어 사회가 다소 불안정한 감이 없지 않지만 지금이 우리에게는 대단히 중요한 시기입니다. 우선 이달에는 한국통신이 출자기관으로 전환되어 새로운 체제로 출범하게 됩니다. 이러한 시점에서 저는 여러분과 함께 한국통신의 현재 경영상황을 짚어보고자 합니다.

가장 먼저 경쟁이 도입된 국제통신사업에서는 지난 11월부터 온세통신이 가세함으로써 치열한 경쟁에 들어가 있습니다. 한국통신의 시장점유율이 경쟁도입 후 처음으로 69%대로 떨어지는 쓴 맛을 보았습니다. 앞으로 다양한 국제통신 상품을 개발하고 국제통신 소통을 향상시켜서 다시 70%대로 올려놓아야 할 것입니다. 그동안 우리는 전 직원이 한마음이 되어 시외전화 시장을 지켜왔습니다. 지난 11월 1일부터 시외전화 사전선택제를 시행한 결과 한국통신은 시장의 약 89%를 지키고 있습니다. 이것은 전화국마다 가족까지 동원되어 여름내내 땀 흘리며 고객을 확보해온 결과라고 생각되어 이 자리를 빌어 우리 한국통신을 지키기 위해 많은 노력을 기울인 사원 여러분께 감사의 말씀을 드립니다.

그러나 사전선택제 시행 이후에도 양사의 영업활동에 의해 약 30만의 많은 고객이 계속 이동하고 있는 실정을 명심해야 할 것입니다. 한편 금년에는 시내전화사업에도 경쟁이 도입되었습니다. 제2시내통신사업자가 설립되어 시내전화 시장에 진입하고 있는데 우선 대도시 위주로 시내전화국을 치국하여 통신시설 설계에 착수한 것으로 듣고 있습니다. 이에 대비하여 우리는 대형건물, 신도시, 공단에 기반통신시설을 조기에 공급하고 가입자 통신망에 신방식 도입을 서둘러야 하겠습니다.

다음에는 금년도 우리공사의 매출액 달성전망을 살펴보고자 합니다. 우리 공사의 97년도 수입과 지출규모는 총 9조3천2백억 원입니다. 그 중 97년도 매출액 수입은 7조5천9백억 원이고. 1조3천6백억 원을 외부차입해서 자금수급을 해나가고 있습니다. 97년 매출액 목표 7조5천9백억 원 중에서 약 98%를 달성할 것으로 예상하고 있으나, 시내전화부문은 매월 90% 수준에 머물고 있는 부진한 실정입니다. 금년도 시내전화 요금이 45원으로 인상되었음에도 불구하고 전체수입이 늘어나지 않고 통화량도 감소하고 있습니다. 이것은 경기침체에도 원인이 있겠으나 상당부분이 이동무선통신 분야로 대체된 것으로 추정되고 있습니다. 또한 시외전화와 국제통화 수익은 경쟁이 치열해지고 요금인하가 계속되면서 성장률이 감소하고 있는데, 97년에 비해 98년에는 매출액이 줄어들 것으로 예상되고 있습니다.

다시 말씀드려서 기본통신시장의 격심한 경쟁으로 매출은 완만한 성장을 하고 있는 반면, 영업비용의 증가폭이 너무 커지고 있는 실정입니다. 영업비용 중에서도 비중이 큰 부분은 우리공사의 노무비와 경쟁 본격화에 따른 마케팅 비용입니다. 이러한 영향으로 한국통신의 97년도 이익수준이 유례없는 최하위 상태로 감소할 것으로 예상되고 있습니다. 만약 금년도 당기순이익이 이처럼 저조한 상태가 되면 일정 수준의 주주배당이 공란해지고 주식상장도 더욱 어려워지게 될 것입니다. 이것은 한국통신에게는 전례 없는 위기가 아닐 수 없습니다. 우리는 이러한 위기를 극복하기 위하여 모든 방법을 동원해서 최소한도 수준의 이익을 확보해야 하고, 결손방지를 위하여 전사적으로 노력해야 할 것입니다.

이렇게 어려운 환경 속에서 한국통신은 출자기관 전환계획을 차질 없이 추진해 나가야 할 입장입니다. 이미 여러분들도 알고 계시는 바와 같이 한국통신은 정부의 민영화특별법에 따라 오는 12월 8일 주주총회에서 새로운 임원을 선임하여 출자기관으로 출범하게 되었습니다. 이에 맞추어 정부와 국민은 한국통신이 경쟁에 적합한 경영체제로 다시 태어나기를 희망하고 있고, 조직과 인력구조면에서는 민간기업 형으로 변화할 것을 강력히 요청하고 있습니다.

앞으로 우리공사의 최고 의결기구인 이사회는 과거와는 달리 상임이사와 비 상임이사로 구성되고 상임이사는 우리공사의 경영진 중에서 선정되고, 이사회 의장은 한국통신 사장이 맡게 되었습니다. 따라서 앞으로는 보다 한국통신 중심의 능률적이 이사회를 운영하게 될 것입니다. 또한 신임사장은 사장추천위원회에서 선정하여 주주총회에서 확정토록 되었습니다. 우리공사의 사장추천위원회는 비 상임이사 중에서 3명, 전직 사장 중에서 1명, 민간인 1명의 5명으로 구성되어 운영되고 있습니다. 정부에서는 사장선임의 공정성과 객관성을 유지하기 위하여 현직사장이 공모에 응할 경우 사표를 받기로 함에 따라 이계철 사장께서도 지난 15일 퇴임하시게 된 것입니다.

금번 출자기관 전환과 함께 직원들의 신분보장에 대하여 다소 의문을 가지고 있는 사람들이 있다고 들었습니다. 이제 민간기업형의 인사제도가 도입됨으로써 관리급 이상의 경영진은 재임용되면서 임기제가 종전보다 강하게 적용될 것입니다. 그러나 대부분 직원의 경우에는 관련법에 신분보장이 명시되어 있어 종전과 비교하여 변동사항이 없다는 것을 말씀드립니다. 그러나 한국통신이 치열한 경쟁에서 이기고 미국의 AT&T, 일본의 NTT, 불란서의 FT, 독일의 DT와 같은 세계적 정보통신기업이 되기 위해서는 인력구조의 개선이 가장 시급한 과제입니다.

여러분도 잘 알고 계시는 바와 같이 정보통신사업은 최첨단 지식과 기술을 요구하고 있고 차세대 기술개발 없이는 어떠한 경쟁에서도 이길 수 없습니다. 미래의 정보통신사업을 주도적으로 끌고 나가기 위해서는 전문 인력이 반드시 필요합니다. 21세기 우리나라의 정보화사회의 실현을 책임지고 있는 한국통신은 현재의 인력수준을 전문인력 구조로 개선해야 할 것입니다. 이러한 개선은 전문 인력을 매년 신규 채용함으로써 점진적으로 이루어지게 될 것이고, 선진국과 마찬가지로 능력과 업적을 중시하는 방향으로 인사가 이루어져야 할 것입니다. 이와 같이 전문 인력을 분야별로 확보하고 능력위주의 인사를 하고자 하는 것이 신인사제도의 기본 틀이 될 것입니다.

앞에서 말씀드린 바와 같이 새로운 한국통신의 출범을 위한 주주총회가 오는 12월 8일에 열릴 예정입니다. 이번 주주총회에서는 사장, 상임이사, 비 상임이사 등 임원을 선임하여 새로운 체제를 확정하게 될 뿐만 아니라 국민과 주주들로부터 신 한국통신의 출범을 승인받는 날이 될 것입니다. 우리는 이 뜻 깊은 날을 맞이하여 평화롭고 안정된 분위기에서 주주총회를 치러야 합니다. 이날은 새로운 한국통신의 모습과 능력을 국민들에게 보여주는 기회가 될 것이며, 미래를 향한 한국통신의 발전가능성을 고객으로부터 평가받는 날이 될 것입니다.

한국통신은 우리나라의 정보통신을 선두에서 이끌어 나갈 수 있는 대표적인 종합통신사업자이고, 치열한 경쟁에서 주도적으로 첨단기술 개발을 해낼 수 있는 능력을 보유한 고도통신사업자라는 점을 국민 앞에 자신 있게 선언해야 합니다. 한국통신은 누가 뭐라 해도 우리나라를 대표하여 세계통신시장에 진출해야 할 글로벌 정보통신사업자라는 확신을 국민에게 줄 수 있도록 노사가 함께 힘을 모아 주시기를 바랍니다.

우리 한국통신의 기업목표는 우리나라 정보화사회의 실현에 있습니다. 이를 위하여는 통신망확장과 고도화에 전력을 다해야 할 것이며, 차세대 정보통신 기술개발에 앞장서야 할 것입니다. 우리는 기간통신망을 2010년까지 3,500만 회선으로 늘려야 하고, 방대한 통신망의 지능지수를 끌어올려서 초고속통신망으로 진화시켜서 한국통신의 위상을 드높여야 합니다. 앞으로 계속하여 한국통신이 수익성과 공익성을 조화롭게 수용하면서 기업발전은 물론 나아가서는 국가발전에 큰 역할을 할 수 있어야 할 것입니다. 이러한 거시적 목표를 달성하기 위하여 한국통신은 고객우선 경영과 첨단기술 경영에 역점을 두고, 조직모형도 그룹경영체제로 발전하게 될 것입니다.

끝으로 정부에서는 현재의 경재위기를 극복하기 위하여 범국가적인 절약운동을 전개하고 있습니다. 한국통신은 우리나라 정보통신산업을 주도하고 있는 만큼 국가경제 회복에 어떤 기업보다 앞장서야 할 것입니다. 국내외 투자사업 규모를 적정하게 재조정하고 경상비 및 외화절감을 위한 실천운동을 적극적으로 개시해야 할 것입니다. 특히 불요불급한 해외여행 및 연수를 억제하고, 6만 전 직원이 일상생활에서부터 절약운동에 솔선수범해 주시기를 바랍니다. 97년 12월 새롭게 출발하는 한국통신이 21세기에는 우리나라를 정보통신 선진국으로 진입시키는데 주도적인 역할을 다할 수 있도록 우리 모두 힘을 모읍시다. 감사합니다.

다. 한국전기통신공사 부사장 이임사

한국전기통신공사 제8대 부사장(이정욱) 이임식이 종로구 세종로 100번지 한국통신 본사 15층 대회의실에서 본사 임직원이 참석한 가운데 개최되었다(1998. 7. 4). 이때의 이임사 내용은 다음과 같다.

<이임사> 친애하는 한국통신 임직원 여러분! 오늘 저는 한국통신 부사장이라는 중책을 물러나면서 한국통신 가족 여러분에게 이임 인사를 드리고자 합니다. 지금으로부터 30여년 전 체신부 사무관으로 임용되면서부터 저는 우리나라 정보통신망 확장에 노력하여 왔습니다. 체신부 건물이 덕수궁 옆에 있든 시절 그곳에서 같이 근무했든 동지 여러분에 대한 추억도 새삼스럽게 스쳐 지나갑니다. 당시 우리나라의 통신망현대화계획을 수립하여 우리나라 최초로 전자교환기를 도입하기 시작한 일이 생생하게 떠오릅니다.

국내자금이 워낙 부족하여 외국차관을 밑받침으로 외국 통신장비를 도입하여 통신망을 확장해나갔습니다. 그러는 도중 한국통신이 창립되었습니다. 1980년대 초부터 한국통신은 도시지역과 농어촌은 물론 도서벽지에 이르기까지 전자교환기를 공급하여 이제는 우리나라 전화시설을 총 2,300백만 회선으로 확장하였습니다. 1979년 통신망현대화계획을 수립할 당시 우리나라의 전체 전화시설이 160만 회선이었으니까 지난 20년간 15배가 늘어난 셈입니다. 또한 통신망현대화를 위해 한국통신은 국산 전자교환기인 TDX개발을 주도하여 왔습니다. 이제는 대용량 전자교환기로서 국제경쟁력을 갖춘 TDX-10A 기종을 1996년 말에 완성하였습니다.

이러한 성과는 이 교환기 개발에 참여한 임직원 여러분의 열정과 노력의 결과라고 생각하고 여러분과 함께 자부심을 가지고 떠납니다. 또한 이 교환기를 건설하고 운용하고 있는 수많은 직원 여러분에게도 감사의 말씀을 전하고 싶습니다. 한편 우리는 지난해부터 치열한 시외전화경쟁을 치르고 있습니다. 전 직원이 뭉쳐서 어려운 시기를 잘 극복해내고 있습니다. 이에 대해서도 한국통신 역사에 성공스토리로 남을 것입니다.

전국에 계신 6만 임직원 여러분! 그러나 한국통신은 앞으로 더욱 심한 풍랑과 바람을 견뎌 내야 합니다. 경쟁은 더욱 격심해지고 한국통신의 재무구조는 점점 어려워지고 있는 실정입니다. 이러한 난관을 극복하기 위해서는 해야 할일이 많다고 생각합니다. 우선 현재의 조직을 개방과 경쟁, 초고속통신과 멀티미디어 통신시대에 맞게 보완 발전시켜 나가야 합니다. 조직은 개혁하는 것이 아니라 진화 발전시키는 것이 바람직하고 외국의 조직을 도입하거나 모방하기 보다는 한국형 전문화 모델로 발전시켜야 합니다.

다음 한국통신의 인력구조를 초고속통신과 멀티미디어 통신시대를 끌고 갈수 있는 구조로 개선되어야 합니다. 다시 말해 경쟁과 개방 환경에서 주도적인 통신사업자로 생존하기 위해서는 한국통신의 전체인력이 분야별 전문가집단으로 전환되어야 합니다. 이러한 기반 위에 한국통신은 우리나라의 종합통신사업자로 계속 발전시켜야 합니다. 시내전화, 시외전화, 국제통신, 데이터통신과 무선통신 등 5대 핵심통신사업을 반드시 수행해야 합니다.

또한 한국통신은 우리나라의 정보통신 기술개발과 정보통신 산업육성의 책임도 있다고 봅니다. 앞으로 국제경쟁력을 갖춘 신형 정보통신 장비 개발을 주도해야 하고 특히 차세대 전자교환기인 TDX-100의 개발을 완성하여 주시기를 당부 드립니다. 그동안 여러분과 함께 일했던 날들을 자랑스럽게 생각하고 여러분이 보내주신 따뜻한 성원과 격려를 가슴깊이 간직하겠습니다. 여러분과 여러분의 가정에 건강과 행운이 가득하시기를 기원합니다. 안녕히 계십시오.

라. 부사장 퇴임에 관한 언론보도

① 조선일보(1998. 7. 3) 한국통신은 이정욱(李廷旭) 부사장을 연구개발본부 연구위원으로 임명, 일선에서 은퇴시켰다. 한국통신측은 부사장은 외부 전문경영인을 영입할 계획이라고 밝혔다<황순현 기자>

② 동아일보(1998. 7. 3) 한국통신은 그동안 한국통신의 실무를 주도해온 핵심간부들이 대거퇴직하거나 지방으로 전출됐다. 이정욱(李廷旭) 부사장도 연구개발본부 연구위원으로 현업에서 물러났다<김학진 기자>

③ 한국일보(1998. 7. 3) 한국통신이 공기업 개혁의 격랑 속에 유례없는 대규모 인사를 단행했다. 한통을 이끌어온 전무급 이상 5인방을 퇴진시킨 것을 비롯해 터줏대감으로 불리던 부사장 등 실세들을 대거 면직시키거나 외각으로 발령을 냈다. 한국통신 내 체신고 인맥의 대부로 불리는 이정욱(李廷旭) 부사장이 연구개발본부 연구위원으로 발령됨에 따라 사실상 퇴진하게 됐다. 외부인사영입이 거론되고 있는 후임 부사장에는 국민회의 모 전문위원이 하마평에 오르고 있다. 전무급인 이광세 총무실장과 김정수 기획조정실장이 옷을 벗었고 후임에 각각 상무급인 박학송 전남본부장과 송영한 홍보실장이 바통을 이어받았다<김광일 기자>.

④ 한국경제(1998. 7. 3) 한국통신은 상임이사 가운데 이정욱(李廷旭) 부사장은 연구개발본부 연구위원으로 위촉돼 일선에서 물러났다. 전무급인 김정수 기획조정실장과 이광세 총무실장은 퇴진하고 이계순 조달본부장은 경기본부장, 우승술 마케팅본부장은 인력개발본부장으로 각각 자리를 옮겼다. 그밖에 남중수 사업협력실장은 충북본부장으로 전보됐다<문희수 기자>.

⑤ 전자신문(1998. 7. 3) 그동안 한국통신을 이끌어왔던 이정욱 부사장과 우승술 마케팅 본부장(전무)은 각각 연구개발본부 연구위원과 인력개발본부장으로 전보됐다. 또한 이들 2명과 함께 등기이사였던 이계순 조달본부장이 경기본부장으로 전보 배치됐으며 김정수 기획조정실장과 이광세 총무실장이 의원면직됐다. 남중수 사업협력실장은 충북본부장으로 전보됐다<조시룡 기자>.

11.4 이 책을 마무리 하면서

가. KT에 남기고 싶은 말

한국통신과 kt의 임원출신 모임인 kt리더스포럼 회장(이정욱)은「우리가 바로 세워야 할 kt의 정보통신 역사」라는 기고문을 kt동우회 회지(향기로운 삶)에 발표하였다(2015. 봄). 이 발표문은 우리나라 정보통신 선진화를 완성한 이후 한국통신이 남기고 싶은 말을 정리한 것이다.

<발표문> 한국통신은 지난 100년 동안 우리나라 정보통신발전을 선도해 오면서 통신역사의 주축이 되어 왔습니다. 그러한 한국통신의 역사가 최근 타인들에 의하여 일부 왜곡되고 훼손되는 일이 일어나고 있는 것은 안타까운 일이 아닐 수 없습니다. 모름지기 역사는 노력하고 관리하고 기록하는 자의 것이라고 하듯이 주인들이 잘 관리하고 보전해야 한다고 생각합니다. 제가 한국통신을 떠난 지도 어언 15년이라는 세월이 흘렀습니다. 그동안 주위로부터 한국통신과 kt에 대한 많은 평가와 이야기를 들었으며 언론에 보도되는 내용도 관심을 가지고 살펴보았습니다.

한국통신은 1982년에 창립되어 kt로 이어져 오는 동안 한국을 대표하는 기간통신사업자로서의 역할과 책임을 다했으며, 우리나라를 정보통신선진국으로 이끌어 온 빛나는 업적은 누구도 부인 못할 것입니다. 특히 한국통신의 1세대들은 정부에서 수행하든 국가통신사업을 이관 받아 한국통신을 창립하고 정보통신 격동의 시대를 헤쳐 왔습니다. 당시의 임직원들은 퇴직 후에도 이 역사적 업적을 자랑스럽게 생각하고 큰 자부심을 가지고 살아가고 있습니다.

그러나 일각에서는 한국통신이 그 동안의 역할과 이룩한 큰 업적은 보지 못한 채 색안경을 쓰고 방만 경영, 부정부패, 직원 무능력 등 부정적으로 폄하하고 있는 경우를 보면서 우리나라 통신현대화를 위해 밤낮없이 뛰었든 한국통신의 노력이 어이 없이 무너져 내리는 것 같아 실망스러웠습니다. 그래서 kt의 전·현직 직원들 모두는 지금부터라도 고의적으로 훼손된 역사와 왜곡된 부분이 있다면 적극적으로 바로 잡아 kt의 역사를 다시 써야 한다고 생각합니다. 앞으로 바로 잡아야 할 부분이 여러 가지가 있지만 우선 생각나는 것부터 예를 들어 봅니다.

(1) 한국통신이 국가의 경제개발 5개년계획과 연동하여 매년 100만회선의 자동전화시설을 공급하여 전국 전화자동화 완성, 1가구 2전화 시대의 달성과 2000년대 인터넷시대를 위한 방대한 통신망을 구축 완성하였다. 그러나 1997년 6월 시내전화부분에 제2사업자로「하나로통신」이 선정되었다. 우리가 알고 있는 바와 같이 이 사업부분은 실질적으로 경쟁이 불가능하고 사업성도 없는 분야이기 때문에 이 신설회사는 전체시장의 10%도 점유하지 못한 채 연명만 해온 것이 사실이다. 그럼에도 국민 90%에게 시내전화서비스를 책임지고 있는 kt의 중요성은 제쳐둔 채 하나로통신이 새로운 통신시대를 여는 기대주로 세간에 잘못 알려지게 된 점.

(2) 한국통신은 국산전자교환기(TDX) 개발에 앞장서서 대부분의 연구개발비와 많은 개발인력을 부담하였고 후속개발로 대용량 TDX까지 개발 완성하였다. 그러나 역사적 평가에서 정작 한국통신의 업적과 전자교환기 개발단 직원들의 밤낮 없는 개발노력은 지금까지도 소외되거나 무시되고 있는 점.

(3) 한국통신은 21세기에 닥쳐오는 인터넷 시대에 대비하여 20여년에 걸쳐 전국통신망을 초고속인터넷에 적합한 광케이블로 확장하였을 뿐만 아니라 초고속인터넷 장비인 ADSL을 주도적로 개발 보급하였다. 그러한 kt의 노력은 어둠에 가려진채 하나로통신이 이 서비스를 세계 최초로 상용화했으며 이를 계기로 한국은 인터넷강국으로 비상했다고 하는 주장이 널리 퍼져 있는 점.

(4) 1998년 정보통신부는 외국인들이 가질 수 있는 한국통신 지분한도를 49%까지 확대한 것을 큰 업적으로 대통령에게 보고하였고 이로 인하여 한국통신의 외국인 지분은 대량으로 늘어나게 되었다. 한편 2002년 3에는 대통령에게 새해 업무보고를 하면서「kt의 민영화로 인한 부작용을 최소화하기 위해 kt의 공익적 역할을 유지 할 수 있는 방안을 강구하겠다」고 보고했다(전자신문 2014. 2. 14).

당시 kt의 외국지분을 늘리기 위해 경영진이 미국을 찾아다니면서까지 주식을 판매하였다. 이 방안이 장기적으로 보아 한국의 정보통신 발전과 국익을 위하여 유익하였는지에 대하여는 회의적인 시각이 있는 점, 이렇게 외국인 지분을 대규모로 늘려서 kt를 민영화시킨 후 당초계획과는 달리 kt에게 어떠한 공익적 역할도 부여되지 않고 있는 점.

(5) 한국통신(정부투자기관)에서 kt(민영화)로 전환되면서 주력상품을 찾지 못하여 흑자경영이 어려움이 있는데다 많은 자회사를 만들어 거느리는 바람에 이것이 경영에 부담을 주고 있다는 소문이 있는 점. 또한 최근 kt의 사업손실 보전을 위해 수십 개의 노른자위 전화국을 매각하였다는 소문이 증폭되고 있는 점.

(6) 최근에는 kt 내부뿐만 아니라 외부에까지 원래kt, 올래kt 라는 말이 나돌면서 사내에 불협화음이 증폭됐으며 직원들의 사기는 떨어지고 매출도 하락했다고 언론에서 보도하고 있는 점(전자신문, 2014. 3. 7). 특히 전 직원의 90%이상을 차지하는 소위 원래kt가 당시 일

부로부터 무능력자 그룹으로 질타를 당하여 이들이 소외감, 박탈감, 무력감에 빠져 있어 회사운영을 위축시켰다는 소문이 널리 퍼져 있는 점.

(7) 한국통신은 1980대부터 1990년대에 걸쳐 전 세계를 연결하는 총 8개의 대규모 대용량의 국제해저광통신망을 건설하여 국제통신은 물론 국제인터넷을 위한 국제통신망으로 운용하고 있다. 그러나 한국을 대표하는 kt의 이러한 엄청난 투자와 글로벌화 역할이 정부와 일반 국민들에게 알려지지 못하여 개혁대상으로만 인식되고 있는 점.

(8) 한국통신은 2001년 12월 창립 20주년을 맞아 회사 명칭을 케이티(kt)로 변경하였으나 최근 Korea Telecom과 전화국 명칭을 다시 사용하고 있다. 이렇게 몇 년을 내다보지 못한 전략으로 kt이미지 홍보에 혼란을 가져와 마케팅에 부정적이라는 여론이 있는 점.

그 외에도 부정적인 여론에 대한 정리가 필요한 부분이 많이 있습니다만 특히 위에서 거론한 점들에 대하여 객관적이고 정당한 평가를 하여 kt의 역사를 바로 세워야 한다고 생각합니다. 「kt리더스포럼」에서는 이처럼 왜곡되고 훼손된 kt의 정보통신 역사를 바로 잡는데 적은 힘이나마 보태고자 합니다.

2005년에 설립된 kt임원친목회는 퇴직임원들의 유일한 친목단체로서 그동안 선배 동료들의 적극적인 참여로 지속적으로 발전하여 왔습니다. 앞으로 새로운 도약을 위해 현직임원들도 참여할 수 있는 방안으로 모임을 확대하였습니다. 그래서 본 모임의 명칭을 2015년 1월부터 「kt리더스포럼」으로 변경하였습니다.

이 포럼에서는 kt의 정보통신역사의 관리 및 보존과 kt사업발전을 위한 지원활동을 중점적으로 수행하려고 합니다. 본 포럼에서는 2015년부터 우선 「kt의 정보통신역사에 남기고 싶은 이야기」라는 주제를 정하여 발표회를 시작하였습니다. 2014년 9월 첫 발표를 시작한 이래 현재 5회까지 발표가 이어지고 있으며 앞으로 계속될 것입니다. 이러한 취지에 적합한 발표주제라면 kt동우회 회원 누구나 발표할 수 있으니 많은 참여 있기를 바랍니다.

다른 하나는 국산전자교환기(TDX) 1천만회선 개통기념비를 복원하는 일입니다. 한국통신에서는 1997년 11월 16일 당시 한국통신 본사(현 kt광화문 사옥) 15층 강당에서 TDX 1천만회선 개통기념식을 거행하였습니다. 이 자리에는 김영삼 대통령이 참석하셨고, 대통령께서는 기념사에서 다음과 같은 축하 연설을 하였습니다. 「전전자교환기 1천만 회선 개통은 정부와 민간이 손을 잡고 함께 노력을 기울인지 10여년 만에 이룩한 쾌거입니다. 이제 우리는 1가구 1전화시대를 열어 정보통신의 대중화를 앞당겼고 세계9위의 통신선진국으로 발돋움하였습니다.

기념식이 끝난 후 김영삼 대통령은 kt광화문 사옥 현관에 「정보통신기술자립(情報通信技術自立)」이라는 기념비를 당시 강봉균 정보통신부장관과 함께 직접 제막하였습니다. 그러나 2년도 채 지나지 않아 우리는 이 기념비가 그 자리에서 없어진 사실을 알게 되었습니다. 이 기념비는 우리의 기술력으로 전자교환기(TDX)를 개발하여 이를 대량 공급하여 전국통신망을 자동화 완성하였음을 축하하고 이를 기반으로 우리나라가 정보통신선진국으로 진입한 역사적 이정표입니다.

따라서 이 기념비를 찾아 대통령께서 제막하신 원래의 장소에 복원하여 kt가 이룩한 위대한 업적을 국민모두가 세종로에서 볼 수 있게 해야 할 것입니다. 또한 우리 후배들에게는 kt맨으로서의 긍지와 자랑이 되는 역사적 보물로 보존되기를 희망합니다. kt동우회 회원여러분의 많은 관심과 응원을 부탁드립니다.

나. 정보통신 특별공로상 수상

2023년 과학정보통신의 날 기념식이 2023년 4월 21일 한국과학기술회관 국제회의실에서 개최되었다. 이 자리에서 저자는 정부로부터 정보통신 특별공로상을 수상하였다. 이날 행사에는 한덕수 국무총리, 이종호 과학기술정보통신부장관 등 정부고위관계자들이 참석하여 이 날을 기념하고 과학기술정보통신 분야의 유공자들을 표창하였다.

표 창 장 (전)한국정보통신감리협회 회장 이 정 욱 제68회 정보통신의 날을 맞이하여 대한민국 정보통신분야가 세계 최고수준으로 발전하는데 기여하신 그간의 노력과 열정에 존경과 감사의 마음을 담아 이 공로상을 수여합니다. 2023년 4월 21일 과학기술정보통신부장관 이종호

이번 정보통신 특별공로상을 수여함에 있어 정부는 저자의 업적 중 특히 우리나라 통신망에 최초로 전자교환기 도입을 확장하고 전자상거래를 위한 공인인증서 시스템개발을 주관하는 등 정보통신산업 발전에 기여하였다는 점을 구체적으로 명시하였다(2023년 과학정보통신의 날 기념식 책자 88p, 2023. 4. 21, 과학기술정보통신부, 방송통신위원회).

참고자료

(1) 정보통신 기본계획(1984. 10. 4)

1980년대 진입하면서 우리나라의 통신이용자는 데이터통신 및 영상통신에 대한 요구가 점증되고 있어 한국통신에서는 이를 위한 시행계획을 수립 추진하였다(정보통신 기본계획, 1984. 10. 4, 한국통신). 이 계획의 주요내용은 ① 종합정보통신망으로의 전환, ② 디지털 데이터 전용회선의 공급, ③ FAX 전용통신망 건설, ④ 텔리텍스 서비스 제공, ⑤

비디오텍스 및 화상회의 서비스 공급, ⑥ 텔리미트리 및 음성사서함 서비스 개시 등이었다. 이 계획은 계획국 종합망과장(우승술), 통신망계획부장(이정욱)이 주관하고, 계획국장(이응효), 부사장(배동조), 사장(이우재)의 결재로 확정 시행되었다.

(2) 통신망현대화계획(1985. 12. 17)

1980년대 중반 한국통신은 장래 통신수요를 완전 충족하고, 전국규모의 방대한 기간통신망을 종합정보통신망으로 발전시키기 위한 통신망현대화 계획을 수립 추진하였다(통신망현대화계획, 1985. 12. 17, 한국통신 계획국 통신망계획부). 이 계획의 주요내용은 다음과 같다.

① 도시 및 농어촌지역 통신수요를 완전 충족하기 위해 통신시설의 대량 확장과 현대화를 추진한다.

② 컴퓨터와 통할 수 있는 체제로의 변용을 위해 단계적으로 전 통신망을 디지털화한다.

③ 이종통신망을 연동화시키고 종합정보통신서비스를 개발하여 정보화사회에 대처한다.

④ 통신망현대화를 위해 5차 5개년계획부터 8차 5개년계획까지 총 25조원을 투입한다.

⑤ 전국 전화국을 단국(125개국), 중심국(49개국), 총괄국(4개국)을 설정한다.

이 계획은 통신망계획부의 이정욱, 우승술, 장건, 서용희, 한상빈, 손일동, 김승호, 신용균, 최창규, 최황락, 남일성, 김준채, 윤영식, 이상훈, 여홍구, 김경희 등이 주관 추진하였다.

(3) 전화비디오사업 기본계획(1993. 12, 2)

1990년대에 진입하면서 전 세계적으로 통신기술의 발전에 따라 통신서비스는 음성위주의 전화서비스에서 영상통신서비스로 발전하고 있었다. 이때 한국통신은 새로운 영상서비스 사업영역의 개척을 위한 교두보로서 전화비디오 사업계획을 수립 추진하였다(1993. 12, 2, 한국통신 기술기획실). 이 계획은 기술기획실의 부장(강환태), 통신망기획국장(안승춘)이 주관하고 실장(이정욱), 제2부사장(김낙성), 사장(조백제)의 결재로 확정되었다.

(4) 한국통신 기술자문위원회의 운영(1994. 4)

한국통신은 기술기획 및 기술개발과 각종 사업의 효율적인 추진을 위해 학계, 연구계 또는 관련단체의 전문가로 하여금 경험과 자문을 받고자 기술자문위원회를 운영하였다(기술운영위원회 운영, 1994. 4, 기술기획실). 이 계획의 주요내용은 ① 이 위원회는 전기통신기술 장기발전전략, 연구개발전략 등에 대한 자문 등을 담당한다, ② 이 위원회는 고려대학교 김덕진 교수를 위원장으로 하여 전기통신기술 관련 연구소, 학계, 협회의 전문가 20인 이내로 구성 운영한다, ③ 이 위원회는 하이텔 분과위원회, 위성통신 분과위원회, 통신망 분과위원회 등 3개의 분과위원회로 운용한다. 이 계획은 기술기획실 종합계획부장(오재길), 통신망계획1국장(박학송)이 주관하고 기술기획실장(이정욱), 부사장(김상국), 사장(조백제)의 결재로 확정되었다.

(5) 한국통신의 통신사업 발전방향(1994. 5. 30)

1990년대 중반 한국통신은 우리나라가 2000년대 초에 정보통신선진국으로 진입하기 위해 완수해야할 10대 전략을 결정하였다(한국통신의 통신사업 발전방향, 1994. 5. 30, 기통일 1210-09477, 기술기획실 통신망계획1국 종합계획부). 이 계획의 주요내용은 정보통신 선진화를 달성하기 위한 전략과제로서 통신서비스의 고도화를 위한 5대 발전과제와 2000년대를 대비한 5대 발전과제를 각각 정하였다. 이 계획은 기술기획실 종합계획부장(오재길), 통신망계획1국장(박학송)이 주관하고 기술기획실장(이정욱), 부사장(김상국), 사장(조백제)의 결재로 확정되었다.

(6) 통신시설의 안정운용대책(1996. 5. 23)

1996년 5월 한국통신은 격심한 노사분규를 겪게 되었다. 이로 인해 전화국 운용상 전면적인 비상사태 발생에 대비하여 통신시설의 안정운용대책을 수립 추진하였다(통신시설의 안정운용대책, 1996. 5. 23, 한국통신 네트워크본부). 이때 한국통신 산하의 전국 전화국의 비상운용 책임실무부서는 네트워크본부 종합기획국(국장 엄재건), 시설운용실 시내교환운용국(국장 송준갑), 시내전송운용국(국장 김태설), 시외통신운용국(국장 이활만), 국제통신망운용국(국장 김준)으로 지정되었다. 이 대책은 시설운용실장(김기천), 본부장(이정욱), 부사장(김노철), 사장(이준)의 결재로 확정 시행되었다.

(7) 통신시설 안정운용 세부대책(1996, 5. 30)

1996년 5월 한국통신은 심각한 노사분규가 발생함에 따라 일부 전화국의 부분적 및 전면적인 비상사태에 대비하여 전자교환시설, 전송시설, 장거리통신시설, 국제통신시설 등 통신시설별 안정운용대책을 수립 추진하였다(통신시설의 안정운용 세부대책, 1996. 5. 30, 한국통신 네트워크본부). 이 계획은 시설운용실장(김기천), 본부장(이정욱), 부사장(김노철), 사장(이준)의 결재로 확정 시행되었다.

(8) 중장기 네트워크 발전계획(1996. 9. 9)

1990년대 중반 한국통신은 우리나라의 방대한 전국규모의 기간통신망을 성능면에서 지금보다 한 차원 높게 끌어올려 장차 정보통신선진국으로 도약하기 위한 기반이 되도록 하겠다는 구상을 실현해 나가고 있었다. 이에 따라 2000년대를 향한 중장기 네트워크 발전계획을 수립하였다(중장기 네트워크 발전계획의 수립, 네트2510-3162, 1996. 9. 9, 한국통신 네트워크본부). 이 계획은 네트워크본부 시설계획부 4급행정(이재춘), 시설계획부장(오경래), 종합기획국장(엄재건)이 주관하고 시설운용실장(김기천), 네트워크본부장(이정욱), 사장(이준)의 결재로 확정 시행되었다.

(9) 1997년 한국통신(정부투자기관) 임원진

우리나라의「정보통신 선진화 30년」의 마무리 기간이면서 한국통신이 정부투자기관으로서의 마지막 해인 1997년 후반 임원진에는 사장 이계철, 부사장 이정욱, 감사 장해익이 재직하였다. 그리고 실본부장 43명 등 보직내용은 다음과 같다(주요전화번호, 1997. 8. 1, 한국통신).

① 기획조정실장 김정수, 총무실장 이광세, 재무실장 한수도, 공정대책실장 남중수, 홍보실장 송영한, 비상대책실장 홍정헌, 감시실장 신영수, 경영지원실장 남중수

② 마케팅본부장 우승술, 종합시스템개발단장 이기식, 전산지원단장 박태규, 전략영업본부장 송용팔, 네트워크본부장 이상복, 시설운용실장 이경준, 통신망관리단장 이상일, 중앙통신관리단장 최학권, 조달본부장 이계순, 건설단장 김진수

③ 연구개발본부장 이용경, 표준연구단장 홍기수, 통신망연구소장 이상훈, 교환기술연구소장 박용기, 전송기술연구소장 이종락, 선로기술연구소장 김현우, 무선통신연구소장 윤명상, 멀티미디어연구소장 최동휘, 통신경제연구소장 이필환

④ 인력개발본부장 김홍구, 해외사업본부장 강민호, 무선사업본부장 서용희, 위성사업본부장 황보한, 초고속통신추진본부장 김기천

⑤ 서울본부장 김태무, 서울통신운용연구단장 조완행, 부산본부장 유재우, 경기본부장 이명구, 전남본부장 박학송, 대구본부장 남교중, 충남본부장 성조경, 전북본부장 조남진, 강원본부장 박영학, 충북본부장 권구원, 제주본부장 김석조

(10) 1998년 한국통신(정부출자기관) 임원진

1998년 1월 한국통신이 정부투자기관에서 정부출자기관으로 전환된 후 제1기 임원진에는 사장 이계철, 부사장 이정욱, 감사 장해익으로 보임되었다. 이때 실본부장 41명의 보직내용은 다음과 같다(2급이상 직원 직위 일람표, 1998. 4. 25, 한국전기통신공사).

① 기획조정실장 김정수, 사업협력실장 남중수, 재무실장 한수도, 총무실장 이광세, 홍보실장 송영한, 비상대책실장 홍정헌, 감시실장 신영수

② 마케팅본부장 우승술, 기업영업단장 강병태, 정보화사업단장 고원상, 네트워크본부장 공석, 월드컵통신사업단장 공석, 통신망관리단장 이상일, 중앙통신관리단장 공석, 조달본부장 이계순, 건설단장 성인수

③ 연구개발본부장 이용경, 통신망연구소장 이상훈, 가입자망연구소장 이종락, 무선통신연구소장 윤명상, 멀티미디어연구소장 최동휘, 망관리기술연구소장 김현우, 기술평가센터 소장 홍기수

④ 정보시스템본부장 송용팔, 통합시스템개발단장 이기식, 인력개발본부장 김홍구, 해

외사업본부장 조남진, 무선사업본부장 서용희, 위성본부장 황보한

⑤ 서울본부장 김진수, 서울통신운용연구단장 조완행, 부산본부장 유재우, 경기본부장 이명구, 전남본부장 박학송, 대구본부장 남교중, 충남본부장 김기천, 전북본부장 정태원, 강원본부장 박태규, 충북본부장 권구원, 제주본부장 김석조

(11) 1982년 한국전기통신공사 창립 후 1990년대 정보통신 선진화 완성기까지의 사장 및 부사장 명단(1982년-2000년)

가. 사장

성명	재임기간	성명	재임기간
이우재	1981. 11. 16-1988. 12. 29	이해욱	1988. 12. 30-1993. 3. 31
조백제	1993. 4. 1-1995. 6. 6	이 준	1995. 6. 7-1996. 12. 27
이계철	1996. 12. 28-1997. 11. 15	이계철	1997. 12. 8-2000. 12. 31

나. 부사장

성명	재임기간	성명	재임기간
배동조	1982. 1. 18-1986. 1. 31	경상현	1982. 1. 18-1984. 6. 30
이응효	1986. 3. 11-1988. 1. 28	황영선	1988. 2. 19-1990. 6. 30
서정욱	1990. 1. 8- 1990. 12. 28	조병일	1990. 7. 1- 1992. 3. 25
김락성	1991. 1. 12-1994. 1. 12	김상국	1992. 3. 26-1995. 3. 24
신동호	1995. 3. 25-1995. 6. 15	김노철	1995. 6. 16-1997. 2. 9
이정욱	1997. 2. 10-1998. 7. 6	성영소	1998. 7. 8- 2000. 12. 30

인명부

ㄱ

김

ㄴ,ㅁ

ㅂ

ㅅ

ㅇ

이

ㅈ

ㅊ, ㅍ

ㅎ

외국인